# 中国高被引分析报告 2016

曾建勋 主编

·北京·

图书在版编目(CIP)数据

中国高被引分析报告.2016/曾建勋主编.—北京:科学技术文献出版社,2017.8
ISBN 978-7-5189-3047-0

Ⅰ.①中… Ⅱ.①曾… Ⅲ.①期刊—文献计量学—统计资料—中国—2016 Ⅳ.① G255.2

中国版本图书馆 CIP 数据核字(2017)第 168783 号

中国高被引分析报告 2016

| 策划编辑: | 周国臻 | 责任编辑: | 赵 斌 | 白建刚 | 崔灵菲 | 王瑞瑞 | 责任校对: | 文 浩 | 责任出版: | 张志平 |
|---|---|---|---|---|---|---|---|---|---|---|

出 版 者　科学技术文献出版社
地　　址　北京市复兴路 15 号　邮编 100038
编 务 部　(010)58882938,58882087(传真)
发 行 部　(010)58882868,58882874(传真)
邮 购 部　(010)58882873
网　　址　www.stdp.com.cn
发 行 者　科学技术文献出版社发行　全国各地新华书店经销
印 刷 者　北京地大彩印有限公司
版　　次　2017 年 8 月第 1 版　2017 年 8 月第 1 次印刷
开　　本　787×1092　1/16
字　　数　824 千
印　　张　36
书　　号　ISBN 978-7-5189-3047-0
定　　价　298.00 元

版权所有　违法必究

购买本社图书,凡字迹不清、缺页、倒页、脱页者,本社发行部负责调换

# 中国高被引分析报告 2016

**主任编委** 戴国强

**主　　编** 曾建勋

**编写人员** 赵　捷　杨代庆　李旭林　王　星　苏　静
　　　　　张闪闪　张卓然　范如霞　江俊鹏　李永泽
　　　　　邹欣欣　徐少明　赵莹莹　池国强　王　娜
　　　　　丁遒劲　刘敏健　丹　英

通信地址：北京市海淀区复兴路 15 号　100038
　　　　　中国科学技术信息研究所　信息资源中心
网　　址：http://www.istic.ac.cn
电　　话：010-58882369　58882061
传　　真：010-58882321
电子信箱：library@istic.ac.cn

# 前　言

近几年来，基于引文进行文献情报计算、知识关联分析已成为科学监测和科学评价的重要手段。针对期刊的各种计量指标如总被引频次、影响因子等不断深入人心，被社会广为应用。然而，除了基于引文的期刊影响力分析外，还可以进行文献计量指标的深度分析，特别是针对地区、论文、作者、研究机构、期刊、图书、会议等进行高被引指数分析，从中了解高影响力的学者、研究机构（大学）、地区（城市）和学术期刊在某一学科领域的影响和贡献，获得各个领域学术研究的进展、影响和趋势报告，为科技人员提供一种动态的、综合的、基于网络的研究分析环境。

为了更加科学地利用海量科学论文引文数据，遴选各学科高被引科学论文，合理测算科研机构的学术影响力，探索科研基础能力的评估方法，使引文统计分析结果更具有可应用性，我们基于"中国知识链接数据库"，全面深化学科高被引分析，编制成《中国高被引分析报告 2016》。报告以我国正式出版的各学科 6000 余种中、英文期刊（不包括少数民族语种期刊和港、澳、台地区出版的期刊）为统计源刊，经过对期刊引文数据的规范化处理，依托"中国知识链接数据库"进行统计分析、数据挖掘和知识链接，再以图谱、表格等方式加以展现，按年编卷出版。

《中国高被引分析报告 2016》以高被引论文为基础，按论文所属学科类别统计，从主题、期刊、作者、机构、图书、会议等多个角度分学科进行高影响力分析，全面展现各个学科领域的高被引情况。按学科领域反映高被引论文、高被引期刊、高被引作者、高被引机构、高被引图书、高被引国外期刊、高被引学术会议等，并利用共词分析、共被引分析、合作分析等方法，借助可视化工具进行论文主题关联分析、作者合著和作者共被引关系分析、期刊共被引关系分析及机构科研合作关系分析，力求直观地展现领域内各种学术主体的被引、合作和主题关联情况。

在整个编写过程中，尽管力求严格规范、细致准确、精益求精。但是，由于一些实际情况，如期刊的更名合并、引用文献著录不规范、期刊缩简写各异或学报版本迭更、作者重名、机构演化变更等，给我们的统计、分析和编写工作带来了很大困难，错误和疏漏在所难免，诚望广大读者不吝赐教，批评指正。

编　者
2017 年 6 月

# 目 录

第1章 绪 论 ..................................................................................................................1
   1.1 数据来源 ..........................................................................................................1
   1.2 高被引分析指数 ..............................................................................................2
   1.3 分析框架和方法 ..............................................................................................4
   1.4 其他说明 ..........................................................................................................6

第2章 数学学科高被引分析 ........................................................................................7
   2.1 学科论文概况 ..................................................................................................7
   2.2 高被引论文分析 ..............................................................................................8
   2.3 研究主题关联分析 ..........................................................................................8
   2.4 学科高影响力期刊分析 ..................................................................................9
   2.5 高被引作者分析 ............................................................................................11
   2.6 高被引机构分析 ............................................................................................14
   2.7 高被引图书、国外期刊及学术会议 ............................................................16

第3章 物理学科高被引分析 ......................................................................................18
   3.1 学科论文概况 ................................................................................................18
   3.2 高被引论文分析 ............................................................................................19
   3.3 研究主题关联分析 ........................................................................................19
   3.4 学科高影响力期刊分析 ................................................................................20
   3.5 高被引作者分析 ............................................................................................23
   3.6 高被引机构分析 ............................................................................................26
   3.7 高被引图书、国外期刊及学术会议 ............................................................28

第4章 化学学科高被引分析 ......................................................................................29
   4.1 学科论文概况 ................................................................................................29
   4.2 高被引论文分析 ............................................................................................30
   4.3 研究主题关联分析 ........................................................................................31
   4.4 学科高影响力期刊分析 ................................................................................31
   4.5 高被引作者分析 ............................................................................................34
   4.6 高被引机构分析 ............................................................................................37
   4.7 高被引图书、国外期刊及学术会议 ............................................................39

## 第 5 章　天文学、地球科学学科高被引分析 .................................................. 40
### 5.1　学科论文概况 .................................................. 40
### 5.2　高被引论文分析 .................................................. 41
### 5.3　研究主题关联分析 .................................................. 42
### 5.4　学科高影响力期刊分析 .................................................. 42
### 5.5　高被引作者分析 .................................................. 44
### 5.6　高被引机构分析 .................................................. 48
### 5.7　高被引图书、国外期刊及学术会议 .................................................. 50

## 第 6 章　生物科学学科高被引分析 .................................................. 51
### 6.1　学科论文概况 .................................................. 51
### 6.2　高被引论文分析 .................................................. 52
### 6.3　研究主题关联分析 .................................................. 53
### 6.4　学科高影响力期刊分析 .................................................. 53
### 6.5　高被引作者分析 .................................................. 56
### 6.6　高被引机构分析 .................................................. 59
### 6.7　高被引图书、国外期刊及学术会议 .................................................. 61

## 第 7 章　预防医学、卫生学学科高被引分析 .................................................. 62
### 7.1　学科论文概况 .................................................. 62
### 7.2　高被引论文分析 .................................................. 63
### 7.3　研究主题关联分析 .................................................. 64
### 7.4　学科高影响力期刊分析 .................................................. 64
### 7.5　高被引作者分析 .................................................. 67
### 7.6　高被引机构分析 .................................................. 70
### 7.7　高被引图书、国外期刊及学术会议 .................................................. 72

## 第 8 章　中国医学学科高被引分析 .................................................. 73
### 8.1　学科论文概况 .................................................. 73
### 8.2　高被引论文分析 .................................................. 74
### 8.3　研究主题关联分析 .................................................. 75
### 8.4　学科高影响力期刊分析 .................................................. 75
### 8.5　高被引作者分析 .................................................. 78
### 8.6　高被引机构分析 .................................................. 81
### 8.7　高被引图书、国外期刊及学术会议 .................................................. 83

## 第 9 章　基础医学学科高被引分析 .................................................. 84
### 9.1　学科论文概况 .................................................. 84
### 9.2　高被引论文分析 .................................................. 85
### 9.3　研究主题关联分析 .................................................. 86

| | | |
|---|---|---|
| 9.4 | 学科高影响力期刊分析 | 86 |
| 9.5 | 高被引作者分析 | 89 |
| 9.6 | 高被引机构分析 | 92 |
| 9.7 | 高被引图书、国外期刊及学术会议 | 94 |

## 第 10 章 临床医学学科高被引分析 ............................................................. 95
| | | |
|---|---|---|
| 10.1 | 学科论文概况 | 95 |
| 10.2 | 高被引论文分析 | 96 |
| 10.3 | 研究主题关联分析 | 96 |
| 10.4 | 学科高影响力期刊分析 | 97 |
| 10.5 | 高被引作者分析 | 100 |
| 10.6 | 高被引机构分析 | 103 |
| 10.7 | 高被引图书、国外期刊及学术会议 | 105 |

## 第 11 章 内科学学科高被引分析 ................................................................. 106
| | | |
|---|---|---|
| 11.1 | 学科论文概况 | 106 |
| 11.2 | 高被引论文分析 | 107 |
| 11.3 | 研究主题关联分析 | 107 |
| 11.4 | 学科高影响力期刊分析 | 108 |
| 11.5 | 高被引作者分析 | 111 |
| 11.6 | 高被引机构分析 | 114 |
| 11.7 | 高被引图书、国外期刊及学术会议 | 116 |

## 第 12 章 外科学学科高被引分析 ................................................................. 117
| | | |
|---|---|---|
| 12.1 | 学科论文概况 | 117 |
| 12.2 | 高被引论文分析 | 118 |
| 12.3 | 研究主题关联分析 | 119 |
| 12.4 | 学科高影响力期刊分析 | 119 |
| 12.5 | 高被引作者分析 | 122 |
| 12.6 | 高被引机构分析 | 125 |
| 12.7 | 高被引图书、国外期刊及学术会议 | 127 |

## 第 13 章 妇产科学、儿科学学科高被引分析 ............................................. 128
| | | |
|---|---|---|
| 13.1 | 学科论文概况 | 128 |
| 13.2 | 高被引论文分析 | 129 |
| 13.3 | 研究主题关联分析 | 130 |
| 13.4 | 学科高影响力期刊分析 | 130 |
| 13.5 | 高被引作者分析 | 133 |
| 13.6 | 高被引机构分析 | 136 |
| 13.7 | 高被引图书、国外期刊及学术会议 | 138 |

## 第 14 章　肿瘤学学科高被引分析 .................................................. 139
### 14.1　学科论文概况 .................................................................. 139
### 14.2　高被引论文分析 .............................................................. 140
### 14.3　研究主题关联分析 .......................................................... 141
### 14.4　学科高影响力期刊分析 .................................................. 141
### 14.5　高被引作者分析 .............................................................. 144
### 14.6　高被引机构分析 .............................................................. 147
### 14.7　高被引图书、国外期刊及学术会议 .............................. 149

## 第 15 章　神经病学与精神病学学科高被引分析 ...................... 150
### 15.1　学科论文概况 .................................................................. 150
### 15.2　高被引论文分析 .............................................................. 151
### 15.3　研究主题关联分析 .......................................................... 152
### 15.4　学科高影响力期刊分析 .................................................. 152
### 15.5　高被引作者分析 .............................................................. 155
### 15.6　高被引机构分析 .............................................................. 158
### 15.7　高被引图书、国外期刊及学术会议 .............................. 160

## 第 16 章　皮肤病学与性病学学科高被引分析 .......................... 161
### 16.1　学科论文概况 .................................................................. 161
### 16.2　高被引论文分析 .............................................................. 162
### 16.3　研究主题关联分析 .......................................................... 163
### 16.4　学科高影响力期刊分析 .................................................. 163
### 16.5　高被引作者分析 .............................................................. 166
### 16.6　高被引机构分析 .............................................................. 169
### 16.7　高被引图书、国外期刊及学术会议 .............................. 171

## 第 17 章　眼科学学科高被引分析 .............................................. 172
### 17.1　学科论文概况 .................................................................. 172
### 17.2　高被引论文分析 .............................................................. 173
### 17.3　研究主题关联分析 .......................................................... 174
### 17.4　学科高影响力期刊分析 .................................................. 174
### 17.5　高被引作者分析 .............................................................. 177
### 17.6　高被引机构分析 .............................................................. 180
### 17.7　高被引图书、国外期刊及学术会议 .............................. 182

## 第 18 章　耳鼻喉科学学科高被引分析 ...................................... 183
### 18.1　学科论文概况 .................................................................. 183
### 18.2　高被引论文分析 .............................................................. 184
### 18.3　研究主题关联分析 .......................................................... 185

| | | |
|---|---|---|
| 18.4 | 学科高影响力期刊分析 | 185 |
| 18.5 | 高被引作者分析 | 188 |
| 18.6 | 高被引机构分析 | 191 |
| 18.7 | 高被引图书、国外期刊及学术会议 | 193 |

## 第 19 章 口腔医学学科高被引分析 ... 194

| | | |
|---|---|---|
| 19.1 | 学科论文概况 | 194 |
| 19.2 | 高被引论文分析 | 195 |
| 19.3 | 研究主题关联分析 | 196 |
| 19.4 | 学科高影响力期刊分析 | 196 |
| 19.5 | 高被引作者分析 | 199 |
| 19.6 | 高被引机构分析 | 202 |
| 19.7 | 高被引图书、国外期刊及学术会议 | 204 |

## 第 20 章 特种医学学科高被引分析 ... 205

| | | |
|---|---|---|
| 20.1 | 学科论文概况 | 205 |
| 20.2 | 高被引论文分析 | 206 |
| 20.3 | 研究主题关联分析 | 206 |
| 20.4 | 学科高影响力期刊分析 | 207 |
| 20.5 | 高被引作者分析 | 210 |
| 20.6 | 高被引机构分析 | 213 |
| 20.7 | 高被引图书、国外期刊及学术会议 | 215 |

## 第 21 章 药学学科高被引分析 ... 216

| | | |
|---|---|---|
| 21.1 | 学科论文概况 | 216 |
| 21.2 | 高被引论文分析 | 217 |
| 21.3 | 研究主题关联分析 | 218 |
| 21.4 | 学科高影响力期刊分析 | 218 |
| 21.5 | 高被引作者分析 | 221 |
| 21.6 | 高被引机构分析 | 224 |
| 21.7 | 高被引图书、国外期刊及学术会议 | 226 |

## 第 22 章 农业科学与工程学科高被引分析 ... 227

| | | |
|---|---|---|
| 22.1 | 学科论文概况 | 227 |
| 22.2 | 高被引论文分析 | 228 |
| 22.3 | 研究主题关联分析 | 229 |
| 22.4 | 学科高影响力期刊分析 | 229 |
| 22.5 | 高被引作者分析 | 232 |
| 22.6 | 高被引机构分析 | 235 |
| 22.7 | 高被引图书、国外期刊及学术会议 | 237 |

## 第23章 植物保护学科高被引分析 .................................. 238
- 23.1 学科论文概况 .................................. 238
- 23.2 高被引论文分析 .................................. 239
- 23.3 研究主题关联分析 .................................. 240
- 23.4 学科高影响力期刊分析 .................................. 240
- 23.5 高被引作者分析 .................................. 243
- 23.6 高被引机构分析 .................................. 246
- 23.7 高被引图书、国外期刊及学术会议 .................................. 248

## 第24章 农作物学科高被引分析 .................................. 249
- 24.1 学科论文概况 .................................. 249
- 24.2 高被引论文分析 .................................. 250
- 24.3 研究主题关联分析 .................................. 251
- 24.4 学科高影响力期刊分析 .................................. 251
- 24.5 高被引作者分析 .................................. 254
- 24.6 高被引机构分析 .................................. 257
- 24.7 高被引图书、国外期刊及学术会议 .................................. 259

## 第25章 园艺学科高被引分析 .................................. 260
- 25.1 学科论文概况 .................................. 260
- 25.2 高被引论文分析 .................................. 261
- 25.3 研究主题关联分析 .................................. 262
- 25.4 学科高影响力期刊分析 .................................. 262
- 25.5 高被引作者分析 .................................. 265
- 25.6 高被引机构分析 .................................. 268
- 25.7 高被引图书、国外期刊及学术会议 .................................. 270

## 第26章 林业学科高被引分析 .................................. 271
- 26.1 学科论文概况 .................................. 271
- 26.2 高被引论文分析 .................................. 272
- 26.3 研究主题关联分析 .................................. 272
- 26.4 学科高影响力期刊分析 .................................. 273
- 26.5 高被引作者分析 .................................. 275
- 26.6 高被引机构分析 .................................. 279
- 26.7 高被引图书、国外期刊及学术会议 .................................. 281

## 第27章 畜牧、动物医学学科高被引分析 .................................. 282
- 27.1 学科论文概况 .................................. 282
- 27.2 高被引论文分析 .................................. 283
- 27.3 研究主题关联分析 .................................. 284

| | | |
|---|---|---|
| 27.4 | 学科高影响力期刊分析 | 284 |
| 27.5 | 高被引作者分析 | 287 |
| 27.6 | 高被引机构分析 | 290 |
| 27.7 | 高被引图书、国外期刊及学术会议 | 292 |

## 第 28 章　水产、渔业学科高被引分析　293
| | | |
|---|---|---|
| 28.1 | 学科论文概况 | 293 |
| 28.2 | 高被引论文分析 | 294 |
| 28.3 | 研究主题关联分析 | 295 |
| 28.4 | 学科高影响力期刊分析 | 295 |
| 28.5 | 高被引作者分析 | 298 |
| 28.6 | 高被引机构分析 | 301 |
| 28.7 | 高被引图书、国外期刊及学术会议 | 303 |

## 第 29 章　一般工业技术学科高被引分析　304
| | | |
|---|---|---|
| 29.1 | 学科论文概况 | 304 |
| 29.2 | 高被引论文分析 | 305 |
| 29.3 | 研究主题关联分析 | 305 |
| 29.4 | 学科高影响力期刊分析 | 306 |
| 29.5 | 高被引作者分析 | 309 |
| 29.6 | 高被引机构分析 | 312 |
| 29.7 | 高被引图书、国外期刊及学术会议 | 314 |

## 第 30 章　矿业工程学科高被引分析　315
| | | |
|---|---|---|
| 30.1 | 学科论文概况 | 315 |
| 30.2 | 高被引论文分析 | 316 |
| 30.3 | 研究主题关联分析 | 317 |
| 30.4 | 学科高影响力期刊分析 | 317 |
| 30.5 | 高被引作者分析 | 320 |
| 30.6 | 高被引机构分析 | 323 |
| 30.7 | 高被引图书、国外期刊及学术会议 | 325 |

## 第 31 章　石油、天然气工业学科高被引分析　326
| | | |
|---|---|---|
| 31.1 | 学科论文概况 | 326 |
| 31.2 | 高被引论文分析 | 327 |
| 31.3 | 研究主题关联分析 | 328 |
| 31.4 | 学科高影响力期刊分析 | 328 |
| 31.5 | 高被引作者分析 | 331 |
| 31.6 | 高被引机构分析 | 334 |

  31.7  高被引图书、国外期刊及学术会议 .................................................................. 336

**第 32 章 冶金工业学科高被引分析** ........................................................................ 337
  32.1  学科论文概况 .............................................................................................. 337
  32.2  高被引论文分析 .......................................................................................... 338
  32.3  研究主题关联分析 ...................................................................................... 339
  32.4  学科高影响力期刊分析 .............................................................................. 339
  32.5  高被引作者分析 .......................................................................................... 342
  32.6  高被引机构分析 .......................................................................................... 345
  32.7  高被引图书、国外期刊及学术会议 .......................................................... 347

**第 33 章 金属学与金属工艺学科高被引分析** .......................................................... 348
  33.1  学科论文概况 .............................................................................................. 348
  33.2  高被引论文分析 .......................................................................................... 349
  33.3  研究主题关联分析 ...................................................................................... 350
  33.4  学科高影响力期刊分析 .............................................................................. 350
  33.5  高被引作者分析 .......................................................................................... 353
  33.6  高被引机构分析 .......................................................................................... 356
  33.7  高被引图书、国外期刊及学术会议 .......................................................... 358

**第 34 章 机械、仪表工业学科高被引分析** .............................................................. 359
  34.1  学科论文概况 .............................................................................................. 359
  34.2  高被引论文分析 .......................................................................................... 360
  34.3  研究主题关联分析 ...................................................................................... 361
  34.4  学科高影响力期刊分析 .............................................................................. 361
  34.5  高被引作者分析 .......................................................................................... 364
  34.6  高被引机构分析 .......................................................................................... 367
  34.7  高被引图书、国外期刊及学术会议 .......................................................... 369

**第 35 章 能源与动力工程学科高被引分析** .............................................................. 370
  35.1  学科论文概况 .............................................................................................. 370
  35.2  高被引论文分析 .......................................................................................... 371
  35.3  研究主题关联分析 ...................................................................................... 372
  35.4  学科高影响力期刊分析 .............................................................................. 372
  35.5  高被引作者分析 .......................................................................................... 375
  35.6  高被引机构分析 .......................................................................................... 378
  35.7  高被引图书、国外期刊及学术会议 .......................................................... 380

**第 36 章 电工技术学科高被引分析** .......................................................................... 381
  36.1  学科论文概况 .............................................................................................. 381
  36.2  高被引论文分析 .......................................................................................... 382

36.3　研究主题关联分析 .................................................................................. 382
　　36.4　学科高影响力期刊分析 .......................................................................... 383
　　36.5　高被引作者分析 ...................................................................................... 386
　　36.6　高被引机构分析 ...................................................................................... 389
　　36.7　高被引图书、国外期刊及学术会议 ...................................................... 391

第37章　无线电电子学、电信技术学科高被引分析 ................................................ 392
　　37.1　学科论文概况 .......................................................................................... 392
　　37.2　高被引论文分析 ...................................................................................... 393
　　37.3　研究主题关联分析 .................................................................................. 394
　　37.4　学科高影响力期刊分析 .......................................................................... 394
　　37.5　高被引作者分析 ...................................................................................... 397
　　37.6　高被引机构分析 ...................................................................................... 400
　　37.7　高被引图书、国外期刊及学术会议 ...................................................... 402

第38章　自动化技术学科高被引分析 ........................................................................ 403
　　38.1　学科论文概况 .......................................................................................... 403
　　38.2　高被引论文分析 ...................................................................................... 404
　　38.3　研究主题关联分析 .................................................................................. 404
　　38.4　学科高影响力期刊分析 .......................................................................... 405
　　38.5　高被引作者分析 ...................................................................................... 408
　　38.6　高被引机构分析 ...................................................................................... 411
　　38.7　高被引图书、国外期刊及学术会议 ...................................................... 413

第39章　计算机技术学科高被引分析 ........................................................................ 414
　　39.1　学科论文概况 .......................................................................................... 414
　　39.2　高被引论文分析 ...................................................................................... 415
　　39.3　研究主题关联分析 .................................................................................. 415
　　39.4　学科高影响力期刊分析 .......................................................................... 416
　　39.5　高被引作者分析 ...................................................................................... 419
　　39.6　高被引机构分析 ...................................................................................... 422
　　39.7　高被引图书、国外期刊及学术会议 ...................................................... 424

第40章　化学工业学科高被引分析 ............................................................................ 425
　　40.1　学科论文概况 .......................................................................................... 425
　　40.2　高被引论文分析 ...................................................................................... 426
　　40.3　研究主题关联分析 .................................................................................. 427
　　40.4　学科高影响力期刊分析 .......................................................................... 427
　　40.5　高被引作者分析 ...................................................................................... 430
　　40.6　高被引机构分析 ...................................................................................... 433

|        | 40.7 | 高被引图书、国外期刊及学术会议 | 435 |

## 第41章 轻工业、手工业学科高被引分析 ... 436
- 41.1 学科论文概况 ... 436
- 41.2 高被引论文分析 ... 437
- 41.3 研究主题关联分析 ... 438
- 41.4 学科高影响力期刊分析 ... 438
- 41.5 高被引作者分析 ... 441
- 41.6 高被引机构分析 ... 444
- 41.7 高被引图书、国外期刊及学术会议 ... 446

## 第42章 建筑科学学科高被引分析 ... 447
- 42.1 学科论文概况 ... 447
- 42.2 高被引论文分析 ... 448
- 42.3 研究主题关联分析 ... 449
- 42.4 学科高影响力期刊分析 ... 449
- 42.5 高被引作者分析 ... 452
- 42.6 高被引机构分析 ... 455
- 42.7 高被引图书、国外期刊及学术会议 ... 457

## 第43章 水利工程学科高被引分析 ... 458
- 43.1 学科论文概况 ... 458
- 43.2 高被引论文分析 ... 459
- 43.3 研究主题关联分析 ... 459
- 43.4 学科高影响力期刊分析 ... 460
- 43.5 高被引作者分析 ... 462
- 43.6 高被引机构分析 ... 465
- 43.7 高被引图书、国外期刊及学术会议 ... 467

## 第44章 交通运输学科高被引分析 ... 469
- 44.1 学科论文概况 ... 469
- 44.2 高被引论文分析 ... 470
- 44.3 研究主题关联分析 ... 470
- 44.4 学科高影响力期刊分析 ... 471
- 44.5 高被引作者分析 ... 473
- 44.6 高被引机构分析 ... 477
- 44.7 高被引图书、国外期刊及学术会议 ... 479

## 第45章 航空、航天学科高被引分析 ... 480
- 45.1 学科论文概况 ... 480
- 45.2 高被引论文分析 ... 481

45.3　研究主题关联分析 ................................................................................ 481
　　45.4　学科高影响力期刊分析 ........................................................................ 482
　　45.5　高被引作者分析 .................................................................................... 484
　　45.6　高被引机构分析 .................................................................................... 487
　　45.7　高被引图书、国外期刊及学术会议 .................................................... 489

第46章　环境科学、安全科学学科高被引分析 ................................................. 491
　　46.1　学科论文概况 ........................................................................................ 491
　　46.2　高被引论文分析 .................................................................................... 492
　　46.3　研究主题关联分析 ................................................................................ 492
　　46.4　学科高影响力期刊分析 ........................................................................ 493
　　46.5　高被引作者分析 .................................................................................... 495
　　46.6　高被引机构分析 .................................................................................... 498
　　46.7　高被引图书、国外期刊及学术会议 .................................................... 500

第47章　哲学、社会科学学科高被引分析 ......................................................... 502
　　47.1　学科论文概况 ........................................................................................ 502
　　47.2　高被引论文分析 .................................................................................... 503
　　47.3　研究主题关联分析 ................................................................................ 503
　　47.4　学科高影响力期刊分析 ........................................................................ 504
　　47.5　高被引作者分析 .................................................................................... 506
　　47.6　高被引机构分析 .................................................................................... 509
　　47.7　高被引图书、国外期刊及学术会议 .................................................... 511

第48章　经济学科高被引分析 ............................................................................. 513
　　48.1　学科论文概况 ........................................................................................ 513
　　48.2　高被引论文分析 .................................................................................... 514
　　48.3　研究主题关联分析 ................................................................................ 515
　　48.4　学科高影响力期刊分析 ........................................................................ 515
　　48.5　高被引作者分析 .................................................................................... 518
　　48.6　高被引机构分析 .................................................................................... 521
　　48.7　高被引图书、国外期刊及学术会议 .................................................... 523

第49章　文化传播学科高被引分析 ..................................................................... 524
　　49.1　学科论文概况 ........................................................................................ 524
　　49.2　高被引论文分析 .................................................................................... 525
　　49.3　研究主题关联分析 ................................................................................ 525
　　49.4　学科高影响力期刊分析 ........................................................................ 526
　　49.5　高被引作者分析 .................................................................................... 528
　　49.6　高被引机构分析 .................................................................................... 531

  49.7 高被引图书、国外期刊及学术会议 ............................................................ 533

**第 50 章 图书情报档案学科高被引分析** ............................................................ 535
  50.1 学科论文概况 ............................................................................................ 535
  50.2 高被引论文分析 ........................................................................................ 536
  50.3 研究主题关联分析 .................................................................................... 536
  50.4 学科高影响力期刊分析 ............................................................................ 537
  50.5 高被引作者分析 ........................................................................................ 540
  50.6 高被引机构分析 ........................................................................................ 543
  50.7 高被引图书、国外期刊及学术会议 ............................................................ 545

**第 51 章 教育学科高被引分析** ............................................................................ 546
  51.1 学科论文概况 ............................................................................................ 546
  51.2 高被引论文分析 ........................................................................................ 547
  51.3 研究主题关联分析 .................................................................................... 547
  51.4 学科高影响力期刊分析 ............................................................................ 548
  51.5 高被引作者分析 ........................................................................................ 551
  51.6 高被引机构分析 ........................................................................................ 554
  51.7 高被引图书、国外期刊及学术会议 ............................................................ 556

**参考文献** ............................................................................................................ 557

# 第 1 章 绪 论

## 1.1 数据来源

《中国高被引分析报告 2016》统计了我国正式出版的各学科 6000 余种中、英文期刊（不包括少数民族语种期刊和港、澳、台地区出版的期刊），经过期刊引文数据规范化处理，依托"中国知识链接数据库"进行统计分析、数据挖掘和知识链接，再以图谱、表格等方式加以展现，按年编卷出版。

根据论文主题，《中国高被引分析报告 2016》参考《中国图书资料分类法（第四版）》的学科分类，按照"突出基础、科技类学科，兼顾人文、社科类学科"的原则将统计源论文划分为 50 个学科，详情见表 1-1。

表 1-1 《中国高被引分析报告 2016》学科分类

| 章节 | 学科名称 | 章节 | 学科名称 |
| --- | --- | --- | --- |
| 2 | 数学 | 22 | 农业科学与工程 |
| 3 | 物理（含力学） | 23 | 植物保护 |
| 4 | 化学（含晶体学） | 24 | 农作物 |
| 5 | 天文学、地球科学（含地理学） | 25 | 园艺 |
| 6 | 生物科学 | 26 | 林业 |
| 7 | 预防医学、卫生学（含一般理论、现状与发展、外国民族医学） | 27 | 畜牧、动物医学（含狩猎、蚕、蜂） |
| 8 | 中国医学 | 28 | 水产、渔业 |
| 9 | 基础医学 | 29 | 一般工业技术 |
| 10 | 临床医学 | 30 | 矿业工程 |
| 11 | 内科学 | 31 | 石油、天然气工业 |
| 12 | 外科学 | 32 | 冶金工业 |
| 13 | 妇产科学、儿科学 | 33 | 金属学与金属工艺 |
| 14 | 肿瘤学 | 34 | 机械、仪表工业 |
| 15 | 神经病学与精神病学 | 35 | 能源与动力工程（含原子能技术） |
| 16 | 皮肤病学与性病学 | 36 | 电工技术 |
| 17 | 眼科学 | 37 | 无线电电子学、电信技术 |
| 18 | 耳鼻喉科学 | 38 | 自动化技术（计算机技术除外） |
| 19 | 口腔医学 | 39 | 计算机技术 |
| 20 | 特种医学 | 40 | 化学工业 |
| 21 | 药学 | 41 | 轻工业、手工业 |

| 章节 | 学科名称 | 章节 | 学科名称 |
|---|---|---|---|
| 42 | 建筑科学 | 47 | 哲学、社会科学（含马克思主义、政治、法律） |
| 43 | 水利工程 | 48 | 经济 |
| 44 | 交通运输 | 49 | 文化传播（含语言文字、文学、艺术、历史，地理除外） |
| 45 | 航空、航天 | 50 | 图书情报档案 |
| 46 | 环境科学、安全科学 | 51 | 教育（含体育） |

"中国知识链接数据库"共收录2010—2014年的论文1552.95万篇，比上一个5年统计周期的论文数量增长10.23%，在2015年累积被引频次为500.07万次，比2014年度增长9.41%。

## 1.2 高被引分析指数

为全面反映、客观评判学者、机构及期刊等各个科研主体的高被引情况，本书选取了发文量、被引频次、被引率、5年影响因子、高被引论文、高影响力期刊、高被引作者、高被引机构、高被引图书及高被引学术会议等多种角度来揭示学科被引情况。具体包括以下内容。

**（1）发文量/载文量**

发文量：在数据统计的时间范围内，某学者或机构在国内正式期刊上发表的学术论文数量；载文量：在数据统计的时间范围内，某期刊登载的学术论文数量。学科发文量：在数据统计的时间范围内，某学者或机构在国内正式期刊上发表的主题隶属于某学科的学术论文数量；学科载文量：在数据统计的时间范围内，某期刊登载的主题隶属于某学科的学术论文数量。

- 5年发文量/5年载文量

统计发文量/载文量的时间范围限定为：5年（2010—2014年），不限定论文主题所属学科。

- 学科5年发文量/学科5年载文量

统计发文量的时间范围限定为：5年（2010—2014年）；同时，论文主题范围限定为：本书所划分的50个学科中的某一个学科。为便于统计，一篇学术论文只隶属于一个学科。

- （期刊）学科载文量占比

某期刊的5年发文中，主题涉及某一学科的学术论文数量占该刊5年发文量的比例。

- 2015年学科发文量

某机构的2015年发文中，主题涉及某一学科的学术论文数量。

**（2）被引频次**

在文献计量学领域，被引频次常被用于体现学术论文受其他学者关注的程度，并进一步用于反映学术论文的影响力（被引频次并不必然是学术水平的直接体现）。一般情况下，"被引频次"指学术论文被其他学术论文引用的次数。本书在统计被引频次时不排除自引。

- 总被引频次

在统计范围内，被统计对象所发表（或刊载）全部学术论文的被引频次的累计值。
- 2015 年被引频次

被统计对象 5 年（2010—2014 年）发文在 2015 年被其他学术论文引用的次数。若同一被统计对象发表（或刊载）的两篇或多篇论文同时被一篇论文引用，则只计作一次被引。
- 最高被引频次

被统计对象 5 年间所发表的论文中，在 2015 年被引用最多的论文的被引频次。
- 篇均被引频次

用作统计的论文集合的平均被引用次数。
- 学科被引频次

在统计范围内，被统计对象所发表/刊载的某学科论文的被引频次。

（3）被引率

以期刊被引率为例（同理可计算学者和机构的论文被引率）：期刊前 5 年刊载的学术论文中，在统计当年获得过引用的论文占载文总数的比例。被引率反映期刊论文被利用的情况，被引率越高的期刊，其刊载论文的被引用概率越高。具体算法为：

$$期刊被引率 = \frac{期刊前5年刊载并在统计当年被引用过的论文数量}{期刊前5年刊载的论文数量} \times 100\%。$$

（4）5 年影响因子

5 年影响因子主要用于反映期刊所载论文的总体被引情况。
- 期刊 5 年影响因子

期刊前 5 年刊载的所有学术论文在统计当年的篇均被引频次。具体算法为：

$$期刊5年影响因子 = \frac{期刊前5年刊载的论文在统计当年的总被引频次}{期刊前5年刊载的论文数量}。$$

- 期刊的学科 5 年影响因子

期刊前 5 年刊载的所有学术论文中，隶属于某一学科的论文在统计当年的篇均被引频次。具体算法为：

$$期刊的学科5年影响因子 = \frac{期刊前5年刊载的某学科论文在统计当年的总被引频次}{期刊前5年刊载的某学科论文数量}。$$

（5）高被引论文

某学科 2015 年被引用过的论文中，按论文被引频次高低排序，排位在前 1% 的论文定义为"高被引论文"。

（6）学科高影响力期刊

前 5 年内刊载过某学科论文的期刊中，将期刊的学科载文量占比、学科被引频次和学科 5 年影响因子都较高的期刊定义为"学科高影响力期刊"。在 2015 年被某学科论文引用较多的国外期刊定义为"高被引国外期刊"。

（7）高被引作者

前5年内发表过某学科论文的作者中，将学科论文累计被引频次高低排在前列的作者定义为"高被引作者"。本书只统计论文的第一作者。

5年发文期刊分布特指同一作者的学科5年发文发表在多少种期刊上。

（8）高被引机构

本书将机构划分为高等院校和科研院所两种类型。前5年内发表过某学科论文的机构中，将学科论文累计被引频次排在前列的高等院校和科研院所分别定义为"高被引高等院校"和"高被引科研院所"。对于医学类学科，则视具体被引情况列出"高被引医院""高被引高等院校"或"高被引科研院所"等类型的机构。需要说明的是，本书将出现在高被引机构中的行政管理单位归入"科研院所"类别。

（9）高被引图书

在某学科内2015年发表的论文中，将引用频次排在前列的图书（合并同一图书的版次）定义为"高被引图书"。本书只统计图书的第一作者。

## 1.3 分析框架和方法

本书按照50个学科来分别统计学术论文的发表和被引，不但从整体上展现学科内论文发表和被引的数量分布和地区分布等概况，还从期刊、作者、机构、图书、会议等侧面反映学科内学术影响力情况，更进一步利用共现、共被引及合著等方法揭示各学术主体之间内在的主题关联。本书的分析框架如图1-1所示。

（1）高被引论文分析

①高被引论文TOP 10。列出学科内2015年被引频次排名前10位的学术论文的题名、第一作者姓名、来源期刊、发表年份、总被引频次（2015年之前）及2015年的被引频次等指数。

②热点研究主题。一方面，由于论文被引存在较长时滞，分析高被引论文的主题难以贴切反映学科的最新研究热点；另一方面，分析2015年发表的各学科全部论文的主题，数据量又较大。为此，我们分别抽取各个学科高被引论文的施引文献，借助关键词共现分析来获得各学科的热点主题分布情况，并以知识图谱的形式加以展现。在热点主题关联图中，节点大小代表关键词文档词频的相对高低，链接粗细反映共现次数多少；节点颜色、位置和距离未赋予特定意义。

共词分析是一种研究词语共现现象的计量分析方法，其原理是：具有概念内涵的两个词语在指定范围内多次共同出现，则假定它们之间存在着某种主题关联，共现频率越高则认为主题关联越紧密。

（2）学科高影响力期刊分析

①学科高影响力期刊TOP 10。对于各学科内2015年学科5年影响因子排名前10位的学术期刊，列出期刊的学科5年载文量、5年载文总量、2015年被引频次、高被引论文数量、

5年影响因子、学科5年影响因子等指数。

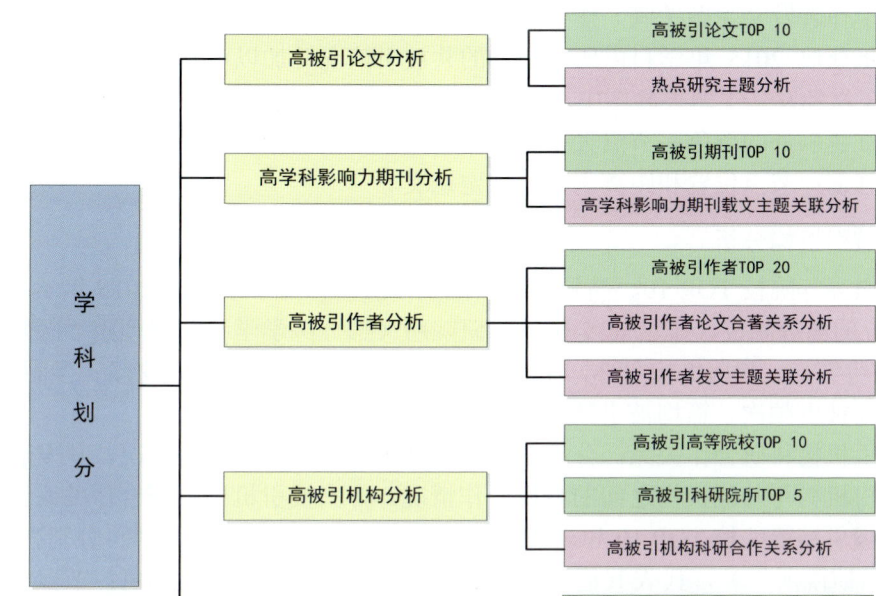

图1-1 "中国高被引分析"分析框架

②学科高影响力期刊载文主题关联。期刊共被引分析可以揭示期刊在载文主题方面的内在关联。利用共被引分析获取 2015 年学科内各期刊之间的共被引情况并加以可视化，以揭示期刊的载文主题关联。在期刊载文主题关联图中，红色节点代表高学科影响力期刊 TOP 10，代表其他期刊的节点则随机赋予红色以外的颜色；节点大小反映期刊的学科5年影响因子的相对高低；链接粗细表示共被引关联强弱；节点位置和距离未赋予特定意义。

共被引分析是一种研究两篇文献同时被引用现象的计量分析方法，其原理是：两篇文献被多篇文献同时引用，就假定它们之间具有某种主题关联性或相似性，共被引次数越多表明主题越接近。

**（3）高被引作者分析**

①高被引作者 TOP 20。对于学科内 2015 年学科被引频次排名前 20 位的作者，列出作者的姓名、单位、5 年发文量、学科5年发文量、学科5年发文期刊分布、学科被引频次、被引率、篇均被引等指数。

②高被引作者科研合作关系。在不区分作者的论文署名次序的前提下，分析高被引作者 TOP 20 的论文合著情况，从发表论文的角度揭示高被引作者与其他学者之间的科研合作情况。在高被引作者论文合著关系图中，红色节点代表高被引作者 TOP 20，代表其他作者的节点随机赋予红色以外的颜色；节点大小反映作者的学科5年发文量的相对高低；链接粗细表

示合著关联强弱；节点位置和距离未赋予特定意义。

③高被引作者发文主题关联。作者共被引分析可以揭示作者在发文主题方面的关联。利用共被引分析获取 2015 年学科内所有作者的共被引情况并加以可视化，以揭示作者的发文主题关联。在作者发文主题关联图中，红色节点代表高被引作者 TOP 20，代表其他作者的节点随机赋予红色以外的颜色；节点大小反映作者的学科被引频次的相对高低；链接粗细表示共被引关联强弱；节点位置和距离未赋予特定意义。

（4）**高被引机构分析**

①高被引高等院校 TOP 10、高被引科研院所 TOP 5。对于学科内 2015 年学科被引频次排名前 10 位的高等院校、排名前 5 位的科研院所（部分医学学科分别列出"医院""高等院校/科研院所"），列出机构名称，学科 5 年发文量、2015 年学科发文量，学科被引频次、被引率、最高被引频次、篇均被引频次等指数。

②高被引机构科研合作关系。分析学科内高被引机构的论文合著情况，从发表论文的角度揭示高被引机构与其他机构之间的科研合作情况。在高被引机构科研合作关系图中，红色节点代表高被引高等院校 TOP 10 和高被引科研院所 TOP 5（部分医学学科分别列出"医院""高等院校/科研院所"），代表其他机构的节点随机赋予红色以外的颜色；节点大小反映机构的学科 5 年发文篇均被引频次的相对高低；链接粗细表示合著关联的强弱；节点位置和距离未赋予特定意义。

（5）**高被引图书、国外期刊及学术会议**

①高被引图书 TOP 10。对于学科内 2015 年学科被引频次排名前 10 位的图书，列出主要责任者、题名、出版社和被引频次。

②高被引国外期刊 TOP 10。对于学科内 2015 年学科被引频次排名前 10 位的国外期刊，列出期刊名称和被引频次。

③高被引学术会议。对于学科内 2015 年学科被引频次较高的中外文学术会议，列出会议名称。

## 1.4 其他说明

（1）在统计论文被引时，本书将 2010—2014 年（共 5 年）的论文数据都统计在内。如果在统计的时间范围内期刊更名，则将更名前后的被引频次累加为新刊名的被引频次。

（2）在统计中，同一机构的重名作者无法排重，只能按同一作者对待，并对有多个机构的高被引作者进行合并归一。

（3）为了便于统计，当一位作者有 2 个或 2 个以上的作者机构时，均按其第一个机构名称进行统计。如果统计机构被引频次，则只计算第一作者的第一个机构名称。

（4）所有论文分类遵循《中国图书资料分类法（第四版）》。由于标引过程中对论文的理解偏差，可能存在论文所分学科不精确的现象。

# 第 2 章 数学学科高被引分析

## 2.1 学科论文概况

2010—2014 年，数学学科共有 72694 位来自 19474 所机构的论文第一作者在 2952 种期刊上发表了 91760 篇学术论文。其中，80%以上的论文产出自 3354 所机构、52129 位作者，发表在 397 种期刊上。在前 5 年发表的这些论文中，有 10796 篇在 2015 年获得过引用，整体被引率为 11.8%，总被引频次为 16270 次，篇均被引 0.18 次；其中，高被引论文有 122 篇，单篇论文最高被引频次为 22 次，累计被引 1469 次，篇均被引 12.04 次（表 2-1）。另外，2015 年数学学科共发表论文 17585 篇，其中有 285 篇在当年获得过引用，总共被引 344 次。

表 2-1 数学学科论文分布情况

| 年份 | 论文篇数 | 2015 年被引频次 | 2015 年被引率（%） | 2015 年高被引论文 | | | |
|---|---|---|---|---|---|---|---|
| | | | | 论文篇数 | 最高被引频次 | 总被引频次 | 篇均被引频次 |
| 2010 | 19260 | 2991 | 10.0 | 22 | 16 | 299 | 13.59 |
| 2011 | 21438 | 3639 | 10.8 | 26 | 20 | 405 | 15.58 |
| 2012 | 19432 | 3753 | 12.6 | 26 | 21 | 371 | 14.27 |
| 2013 | 15549 | 3695 | 16.1 | 32 | 22 | 259 | 8.09 |
| 2014 | 16081 | 2192 | 9.8 | 16 | 14 | 135 | 8.44 |
| 合计 | 91760 | 16270 | 11.8 | 122 | 22 | 1469 | 12.04 |

从数学学科论文的地域分布来看，2015 年被引频次较高的 5 个省、直辖市或自治区依次是江苏、陕西、北京、广东和河南（图 2-1）；5 年论文产出量较多的 5 个省、直辖市或自治区依次是江苏、陕西、河南、山东和北京（图 2-2）。

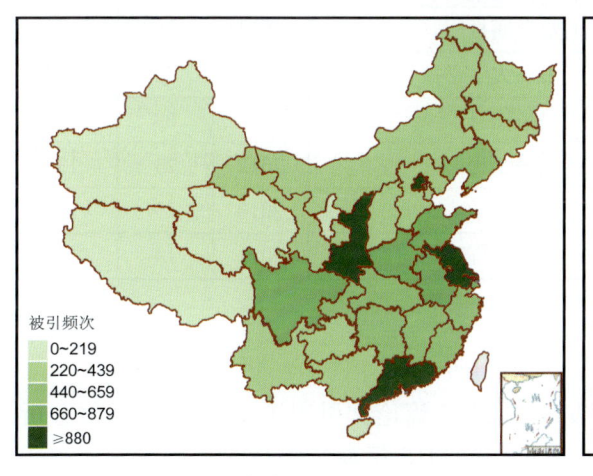

图 2-1 2015 年数学学科地区被引分布

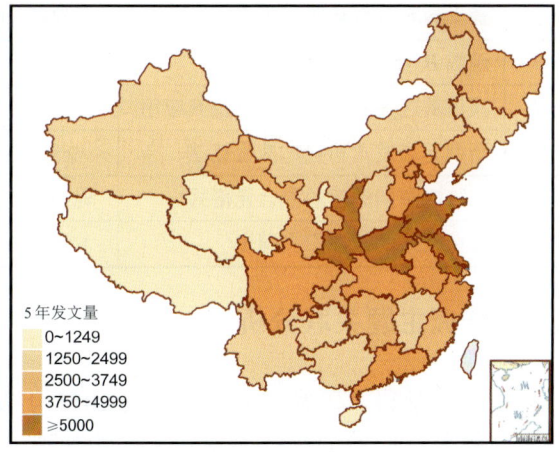

图 2-2 数学学科 5 年论文产出地区分布

## 2.2 高被引论文分析

在数学学科，2015 年被引频次位居前 10 位的论文（表 2-2）平均被引频次为 37.58 次，是全部 122 篇高被引论文篇均被引频次的 3.1 倍。其中，被引频次最高的论文是邓雪于 2012 年发表的《层次分析法权重计算方法分析及其应用研究》，随后 2 篇分别是刘瑞江于 2010 年发表的《正交试验设计和分析方法研究》和史静珲于 2012 年发表的《量表编制中内容效度指数的应用》。

从论文分布来看，刊载高被引论文数量居前的 3 种期刊分别是《金融研究》（5 篇）、《吉首大学学报（自然科学版）》（5 篇）和《山东大学学报（理学版）》（4 篇），而《系统工程理论与实践》刊载了高被引论文 TOP 10 中的 2 篇；发表高被引论文较多的 2 位学者分别是华东交通大学的吴跃生（10 篇）、山东大学的史开泉（5 篇）；产出高被引论文数量居前的 3 所机构分别是华东交通大学（10 篇）、山东大学（8 篇）和上海理工大学（3 篇），而江苏大学产出了高被引论文 TOP 10 中的 2 篇。

表 2-2  数学学科高被引论文 TOP 10

| 序号 | 论文题名 | 第一作者 | 期刊名称 | 发表年份 | 被引频次 总频次 | 被引频次 2015 年 |
|---|---|---|---|---|---|---|
| 1 | 层次分析法权重计算方法分析及其应用研究 | 邓雪 | 数学的实践与认识 | 2012 | 196 | 146 |
| 2 | 正交试验设计和分析方法研究 | 刘瑞江 | 实验技术与管理 | 2010 | 173 | 89 |
| 3 | 量表编制中内容效度指数的应用 | 史静珲 | 中南大学学报（医学版） | 2012 | 117 | 59 |
| 4 | 基于 MB-LDA 模型的微博主题挖掘 | 张晨逸 | 计算机研究与发展 | 2011 | 61 | 33 |
| 5 | 评测指标权重确定的结构熵权法 | 程启月 | 系统工程理论与实践 | 2010 | 95 | 24 |
| 6 | 随机森林方法研究综述 | 方匡南 | 统计与信息论坛 | 2011 | 51 | 16 |
| 7 | 数学教育之取势明道优术 | 章建跃 | 数学通报 | 2014 | 55 | 15 |
| 7 | 函数 $P$-集合 | 史开泉 | 山东大学学报（理学版） | 2011 | 55 | 15 |
| 7 | 浅议灰色关联度分析方法及其应用 | 孙芳芳 | 科技信息 | 2010 | 69 | 15 |
| 10 | 新型元启发式布谷鸟搜索算法 | 李煜 | 系统工程 | 2012 | 23 | 13 |
| 10 | 二阶椭圆问题新的混合元格式 | 陈绍春 | 计算数学 | 2010 | 29 | 13 |
| 10 | 复杂网络的线性广义同步 | 卞秋香 | 系统工程理论与实践 | 2011 | 14 | 13 |

## 2.3 研究主题关联分析

在数学学科，高被引论文累计被 2015 年发表的 1215 篇论文引用了 1469 次。通过分析施引文献关键词的词频及关键词之间的共现关系，获得 2015 年数学学科的热点主题和主题关联，如图 2-3 所示（共现 5 次以下不显示）。由图 2-3 可知："优美图""非连通图""优美标号"等关键词的文档词频较高，是 2015 年学科的研究热点；以"优美图""非连通图""优美标号"等关键词为主要节点的多个概念相互关联,构成了学科内最为突出的研究主题簇。

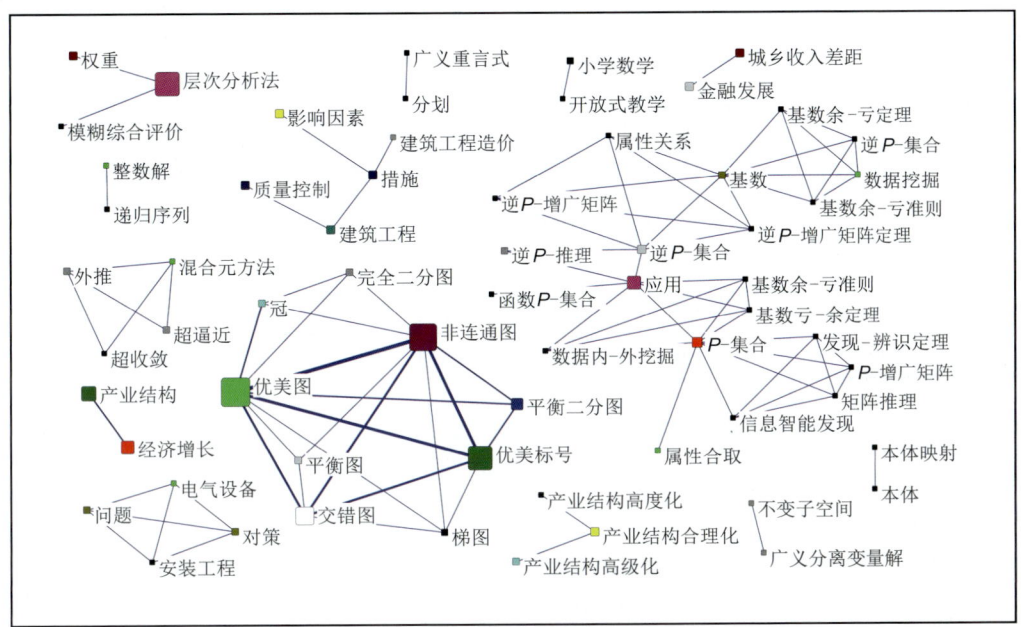

图 2-3　数学学科 2015 年热点主题关联

## 2.4　学科高影响力期刊分析

### 2.4.1　学科高影响力期刊 TOP 10

在数学学科,学科 5 年影响因子位居前 10 位的期刊见表 2-3,排在前 3 位的期刊分别是《数理统计与管理》《统计与信息论坛》和《计算数学》。在表 2-3 中,学科载文量占其总载文量比例最大的期刊是《计算数学》;前 5 年学科载文在 2015 年被引率最高的期刊是《数理统计与管理》;期刊 5 年影响因子较高的前 3 种期刊分别是《数理统计与管理》《统计与信息论坛》和《运筹与管理》;学科 5 年影响因子与期刊 5 年影响因子差异最大的期刊是《吉首大学学报(自然科学版)》。表 2-3 中期刊的学科 5 年影响因子和前 5 年学科载文的 2015 年被引率对比如图 2-4 所示,2010—2015 年期刊 5 年影响因子的变动情况如图 2-5 所示。

表 2-3　数学学科高影响力期刊基本指数

| 序号 | 期刊名称 | 前 5 年载文量 | | | 2015 年学科被引 | | | 5 年影响因子 | | h 指数(学科) |
|---|---|---|---|---|---|---|---|---|---|---|
| | | 学科(篇) | 占比(%) | 总量(篇) | 频次 | 被引率(%) | 高被引论文篇数 | 期刊(2015) | 学科(2015) | |
| 1 | 数理统计与管理 | 372 | 50.9 | 731 | 290 | 38.4 | 4 | 0.795 | 0.780 | 7 |
| 2 | 统计与信息论坛 | 161 | 12.2 | 1324 | 96 | 31.7 | 2 | 0.621 | 0.596 | 6 |
| 3 | 计算数学 | 199 | 88.8 | 224 | 92 | 24.6 | 1 | 0.415 | 0.462 | 4 |

| 序号 | 期刊名称 | 前5年载文量 | | | 2015年学科被引 | | | 5年影响因子 | | h指数(学科) |
|---|---|---|---|---|---|---|---|---|---|---|
| | | 学科(篇) | 占比(%) | 总量(篇) | 频次 | 被引率(%) | 高被引论文篇数 | 期刊(2015) | 学科(2015) | |
| 4 | 吉首大学学报（自然科学版） | 240 | 25.7 | 935 | 106 | 14.6 | 5 | 0.246 | 0.442 | 7 |
| 5 | 运筹与管理 | 165 | 13.5 | 1225 | 68 | 24.8 | 1 | 0.587 | 0.412 | 6 |
| 6 | 上海理工大学学报 | 124 | 18.1 | 685 | 45 | 24.2 | 0 | 0.545 | 0.363 | 6 |
| 7 | 应用数学和力学 | 233 | 28.9 | 806 | 83 | 21.0 | 2 | 0.306 | 0.356 | 4 |
| 8 | 生物数学学报 | 349 | 74.6 | 468 | 116 | 26.1 | 0 | 0.308 | 0.332 | 3 |
| 9 | 统计与决策 | 838 | 10.3 | 8154 | 277 | 21.1 | 0 | 0.438 | 0.331 | 8 |
| 10 | 系统科学与数学 | 580 | 62.9 | 922 | 188 | 20.0 | 2 | 0.349 | 0.324 | 5 |

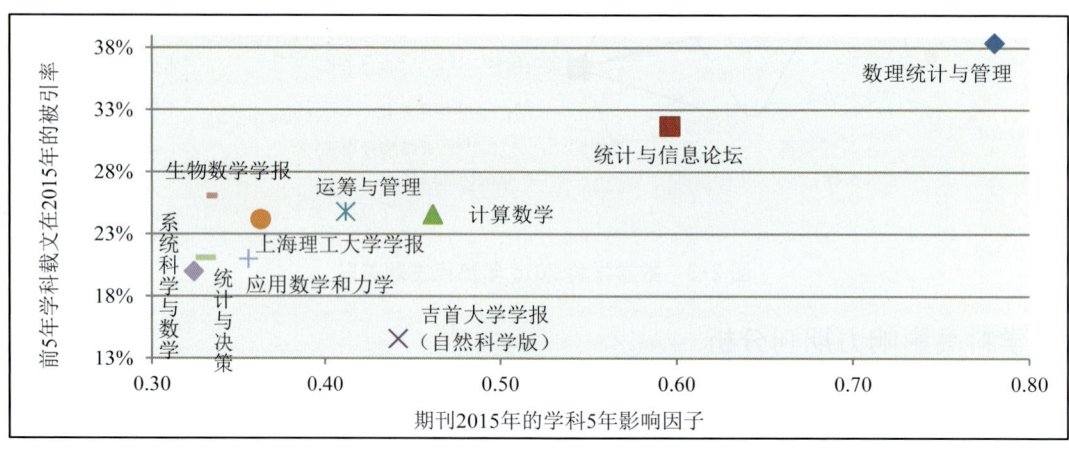

图 2-4  数学学科高影响力期刊对比

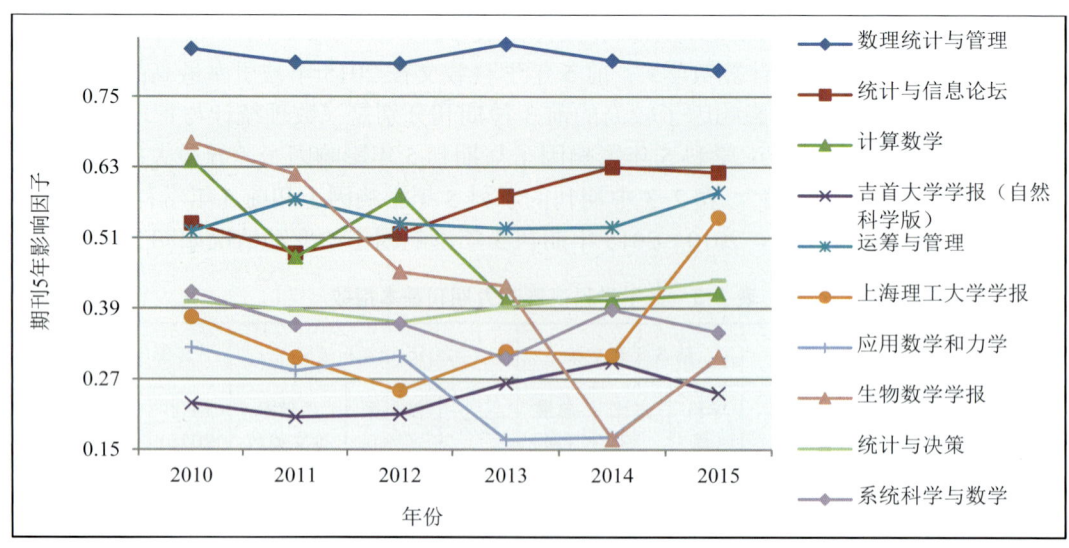

图 2-5  数学学科期刊 5 年影响因子变动

## 2.4.2 学科高影响力期刊载文主题关联

通过期刊共被引分析，获得数学学科高影响力期刊及与其他期刊之间的载文主题关联，如图2-6所示（共被引9次以下不显示）。结果显示，数学学科的高影响力期刊相互链接较为紧密，基本主导了该学科的期刊共被引网络，显示出该学科高影响力期刊可能共同刊载了许多相近的研究主题，热点研究主题分散在多种期刊上。《系统工程理论与实践》的学科5年影响因子较高，显示出该刊在学科内学术影响力较大；《模糊系统与数学》与《计算机工程与应用》、《西南大学学报（自然科学版）》与《西南师范大学学报（自然科学版）》等期刊之间的链接较强，意味着它们之间可能分别有较多相同或相近的载文主题。

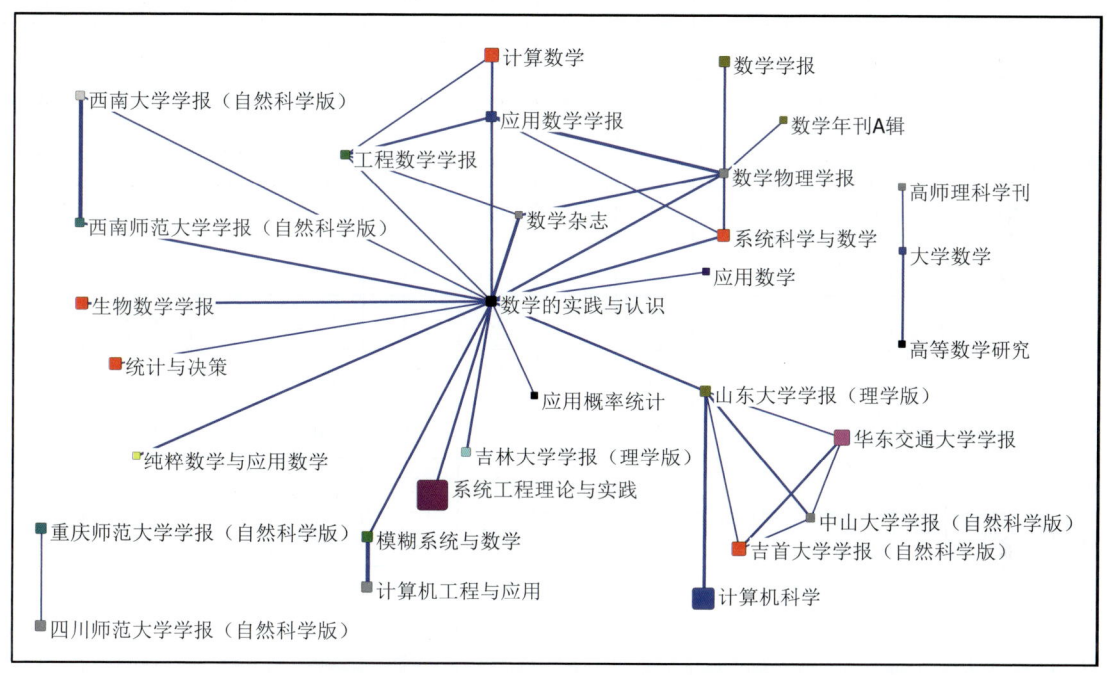

图 2-6　数学学科高影响力期刊载文主题关联

## 2.5 高被引作者分析

### 2.5.1 高被引作者 TOP 20

2010—2014年，在72694位数学学科论文的第一作者中，在2015年学科被引频次位居前20位的学者的发文及被引情况见表2-4。其中，学科发文总被引频次较高的3位作者分别是华南理工大学的邓雪（146次）、上海财经大学的干春晖（141次）和华东交通大学的吴跃生（117次）。高被引作者的5年学科发文数量从1篇到81篇不等，同时，作者学科发文的期刊分布也在1种到42种之间变化。在发文超过5篇的所有作者中，篇均被引较高的3位作者分别是山东大学的史开泉（篇均7.25次）、湖南科技大学的匡能晖（篇均2.33次）和惠州学院的张玲（篇均2.20次）；前5年发表学科论文较多的3位作者分别是华东交通大学的吴跃生（81篇）、广东第二师范学院的杨必成（67篇）和泰州师范高等专科学校的管训贵（64篇）。高被引作者的学科发文量和被引量对比如图2-7所示。

表2-4 数学学科高被引作者 TOP 20

| 序号 | 姓名 | 作者单位 | 前5年发文 | | | 前5年学科发文在2015年的被引 | | | | h指数（学科） |
|---|---|---|---|---|---|---|---|---|---|---|
| | | | 学科发文（篇） | 期刊分布（种） | 发文总量（篇） | 总频次 | 被引率（%） | 最高（次） | 篇均（次） | |
| 1 | 邓雪 | 华南理工大学 | 4 | 4 | 11 | 146 | 25.0 | 146 | 36.50 | 2 |
| 2 | 干春晖 | 上海财经大学 | 1 | 1 | 5 | 141 | 100.0 | 141 | 141.00 | 2 |
| 3 | 吴跃生 | 华东交通大学 | 81 | 42 | 83 | 117 | 30.9 | 11 | 1.44 | 9 |
| 4 | 刘瑞江 | 江苏大学 | 1 | 1 | 8 | 89 | 100.0 | 89 | 89.00 | 2 |
| 5 | 史开泉 | 山东大学 | 8 | 3 | 12 | 58 | 75.0 | 15 | 7.25 | 7 |
| 6 | 石东洋 | 郑州大学 | 32 | 12 | 34 | 41 | 46.9 | 9 | 1.28 | 4 |
| 7 | 杜先存 | 红河学院 | 39 | 26 | 42 | 31 | 50.0 | 7 | 0.79 | 3 |
| 7 | 林文贤 | 韩山师范学院 | 32 | 17 | 34 | 31 | 28.2 | 4 | 0.97 | 3 |
| 9 | 杨甲山 | 邵阳学院 | 40 | 25 | 42 | 29 | 50.0 | 3 | 0.73 | 2 |
| 10 | 叶志强 | 厦门大学 | 1 | 1 | 2 | 27 | 100.0 | 27 | 27.00 | 1 |
| 11 | 金瑾 | 毕节学院 | 38 | 19 | 41 | 25 | 19.4 | 5 | 0.66 | 3 |
| 11 | 杨必成 | 广东第二师范学院 | 67 | 28 | 67 | 25 | 100.0 | 5 | 0.37 | 2 |
| 11 | 程启月 | 中国人民解放军国防大学 | 2 | 2 | 4 | 25 | 23.7 | 24 | 12.50 | 1 |
| 14 | 邢家省 | 北京航空航天大学 | 33 | 6 | 34 | 23 | 33.3 | 5 | 0.70 | 3 |
| 15 | 雍龙泉 | 陕西理工学院 | 23 | 15 | 35 | 21 | 21.7 | 14 | 0.91 | 2 |
| 16 | 马亮亮 | 攀枝花学院 | 29 | 18 | 32 | 20 | 100.0 | 3 | 0.69 | 2 |
| 16 | 莫嘉琪 | 安徽师范大学 | 25 | 11 | 34 | 20 | 27.3 | 4 | 0.80 | 2 |
| 16 | 何荣满 | 方远建设集团股份有限公司 | 1 | 1 | 2 | 20 | 34.5 | 20 | 20.00 | 1 |
| 16 | 刘春辉 | 赤峰学院 | 44 | 9 | 45 | 20 | 48.0 | 3 | 0.45 | 2 |
| 20 | 高荣海 | 贵州师范大学 | 11 | 9 | 11 | 18 | 90.9 | 4 | 1.64 | 2 |

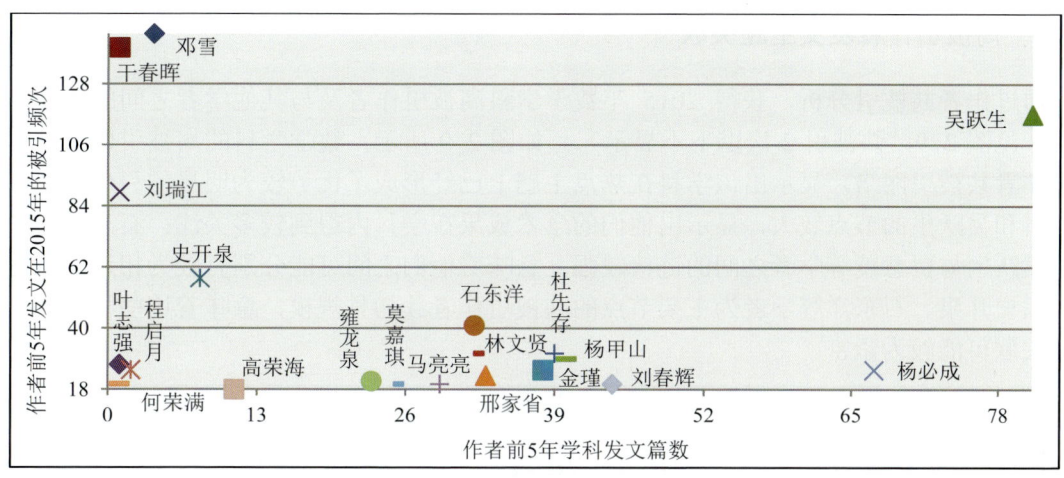

图 2-7  数学学科高被引作者学科发文及被引对比

## 2.5.2 高被引作者科研合作关系

通过作者合著分析，获得 2015 年数学学科高被引作者及与其他学者之间的科研论文合作关系（不考虑论文署名次序），如图 2-8 所示（合著 3 次以下不显示）。可以看出，数学学科的高被引作者的论文合作现象比较普遍。学者吴跃生和杨必成的发文量较多；石东洋的论文合作网络最为突出，在该学科的研究人员中表现出一定的集聚效应；杜先存和万飞、赵金娥等学者之间的合作关系最为紧密，显示出他们可能属于同一支科研团队。

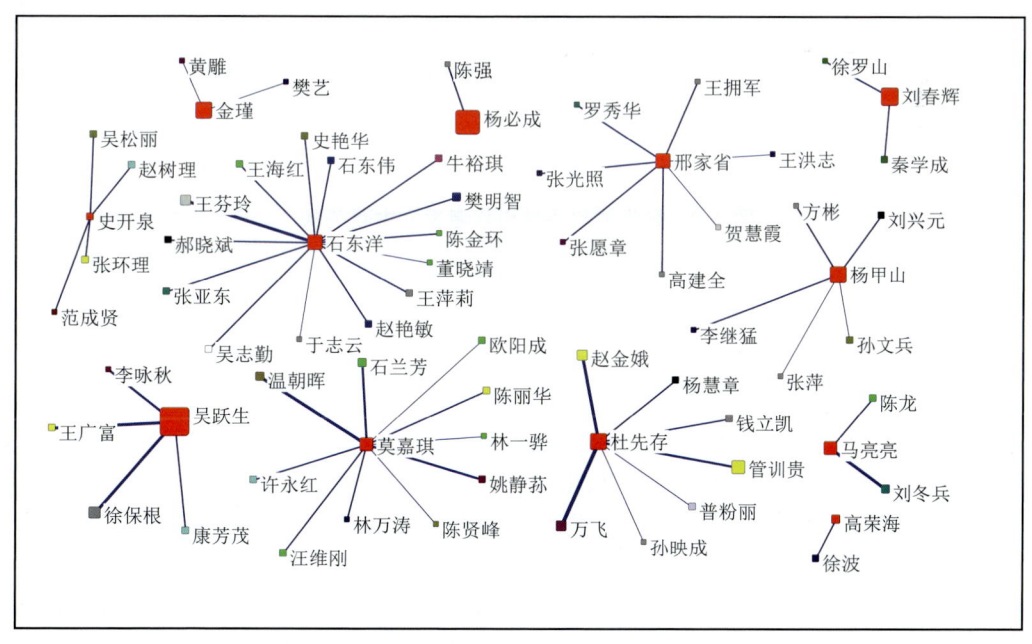

图 2-8  数学学科高被引作者科研论文合作关系

### 2.5.3 高被引作者发文主题关联

通过作者共被引分析,获得 2015 年数学学科高被引作者及与其他学者之间的发文主题关联(见图 2-9,共被引 2 次以下不显示)。如图 2-9 所示,数学学科的高被引作者基本主导了作者共被引网络,显示出该学科在热点主题上已经形成了优势较为明显的科研力量。学者邓雪和吴跃生的节点较大,显示出他们的学术成果在学科内得到较多关注;石东洋与陈绍春、吴跃生与贾慧羡等学者之间的链接较强,意味着他们之间可能分别有较为相近的研究主题;以史开泉、石东洋等学者为主要节点的共被引作者簇初具规模,意味着这些学者的研究主题关联可能较为紧密。

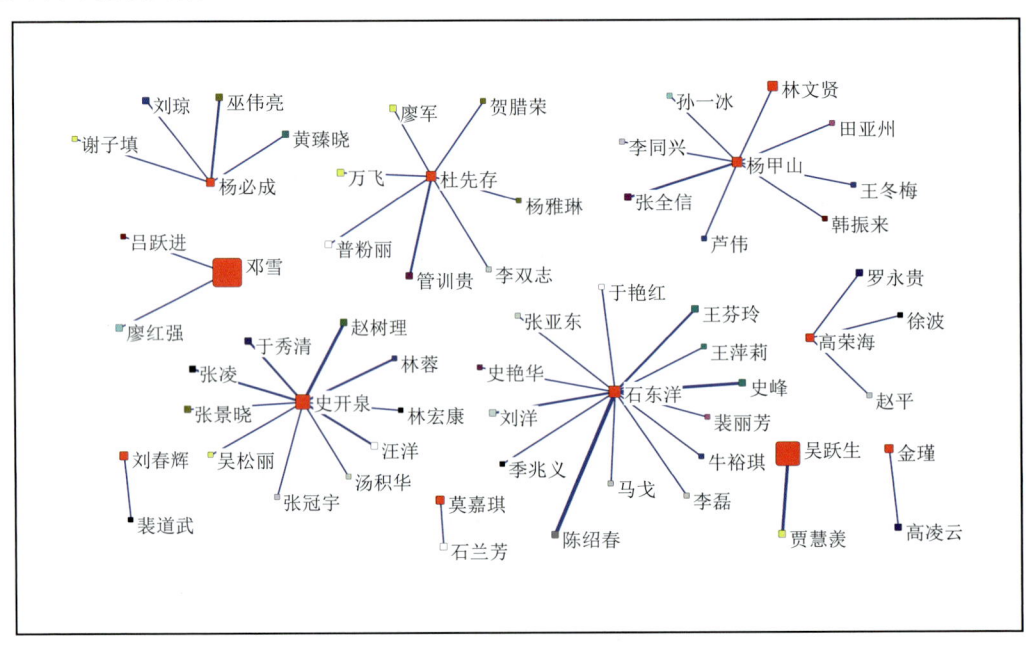

图 2-9　数学学科高被引作者发文主题关联

## 2.6　高被引机构分析

### 2.6.1　高被引机构

为便于比较,本书将数学学科的高被引机构分为高等院校和科研院所两种类型。其中,被引频次 TOP 10 高等院校和被引频次 TOP 5 科研院所的发文及被引情况分别见表 2-5 和表 2-6。其中,总被引频次较高的 3 所高等院校分别是陕西师范大学、华南理工大学和西北工业大学,中国科学院数学与系统科学研究院、北京应用物理与计算数学研究所和中国科学院武汉岩土力学研究所是总被引频次较高的 3 所科研院所;前 5 年学科发文在 2015 年的被引率最高的高等院校和科研院所分别是西安交通大学和中国科学院地理科学与资源研究所,篇均被引最高的高等院校和科研院所分别是上海财经大学和中国科学院地理科学与资源研究所。上述高被引机构的论文被引率和篇均被引频次对比如图 2-10 所示。

表 2-5  数学学科高被引高等院校 TOP 10

| 序号 | 第一作者单位 | 学科发文量（篇） | | 前 5 年学科发文在 2015 年的被引 | | | |
|---|---|---|---|---|---|---|---|
| | | 前 5 年 | 2015 年 | 频次 | 被引率(%) | 最高（次） | 篇均（次） |
| 1 | 陕西师范大学 | 800 | 139 | 233 | 16.4 | 7 | 0.29 |
| 2 | 华南理工大学 | 147 | 23 | 210 | 25.2 | 146 | 1.43 |
| 3 | 西北工业大学 | 480 | 84 | 166 | 20.8 | 11 | 0.35 |
| 4 | 上海财经大学 | 71 | 11 | 157 | 18.3 | 141 | 2.21 |
| 5 | 山东大学 | 192 | 29 | 142 | 22.4 | 15 | 0.74 |
| 6 | 华东交通大学 | 205 | 30 | 136 | 20.0 | 11 | 0.66 |
| 7 | 上海理工大学 | 353 | 63 | 133 | 19.3 | 13 | 0.38 |
| 8 | 江苏大学 | 188 | 27 | 130 | 17.6 | 89 | 0.69 |
| 9 | 西南大学 | 377 | 62 | 113 | 17.8 | 9 | 0.30 |
| 10 | 西安交通大学 | 211 | 39 | 102 | 26.1 | 8 | 0.48 |

表 2-6  数学学科高被引科研院所 TOP 5

| 序号 | 第一作者单位 | 学科发文量（篇） | | 前 5 年学科发文在 2015 年的被引 | | | |
|---|---|---|---|---|---|---|---|
| | | 前 5 年 | 2015 年 | 频次 | 被引率(%) | 最高（次） | 篇均（次） |
| 1 | 中国科学院数学与系统科学研究院 | 121 | 20 | 61 | 20.7 | 11 | 0.50 |
| 2 | 北京应用物理与计算数学研究所 | 95 | 12 | 26 | 24.2 | 2 | 0.27 |
| 3 | 中国科学院武汉岩土力学研究所 | 33 | 4 | 17 | 27.3 | 4 | 0.52 |
| 4 | 中国科学院地理科学与资源研究所 | 10 | 3 | 14 | 80.0 | 3 | 1.40 |
| 5 | 中国科学院力学研究所 | 14 | 2 | 12 | 28.6 | 5 | 0.86 |

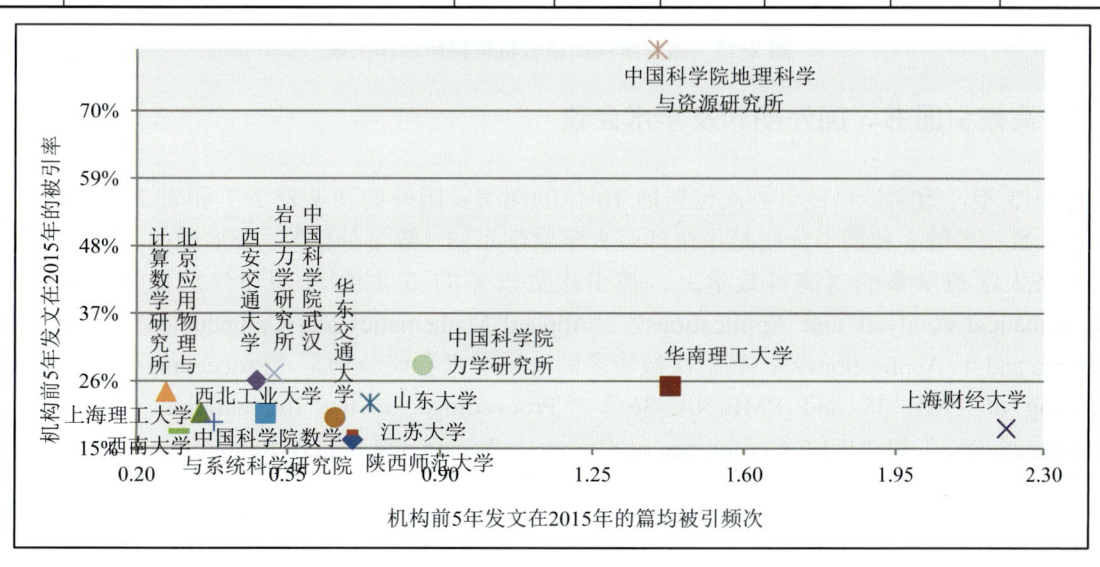

图 2-10  数学学科高被引机构论文篇均被引及被引率对比

### 2.6.2 高被引机构科研合作关系

通过合著分析，获得数学学科高被引机构之间及其与其他机构之间的科研合作关联，如图 2-11 所示（合作 12 次以下不显示）。分析得知，数学学科的机构合作链接较为紧密，表明学科内机构合作现象比较普遍；高被引机构部分主导了机构合作网络，显示出这些机构已经在学科内具有了一定的科研优势；安徽大学和合肥师范学院、陕西师范大学和西安工业大学等机构之间的链接较强，表明它们的学术合作较为频繁。

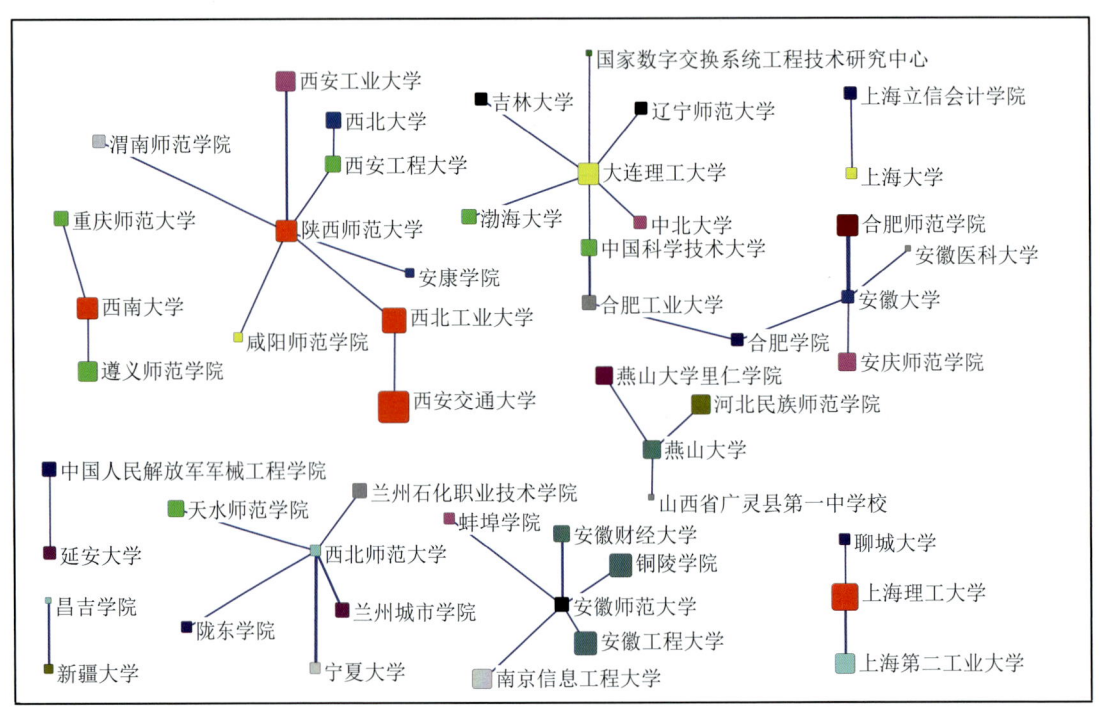

图 2-11  数学学科高被引机构科研合作关联

### 2.7 高被引图书、国外期刊及学术会议

2015 年，数学学科被引频次位居前 10 位的图书及国外期刊见表 2-7 和表 2-8。其中，被引次数较多的 3 种图书分别是华东师范大学数学系的《数学分析》、姜启源的《数学模型》和同济大学数学系的《高等数学》；被引次数较多的 3 种国外期刊分别是《Journal of Mathematical Analysis and Applications》《Applied Mathematics and Computation》和《Linear Algebra and its Applications》；被引次数较多的 3 场学术会议分别是"Proceedings of the Joint Meeting of PME 38 and PME-NA 36""Proceedings of the International Congress of Mathematicians"和"IEEE Conference on Computer Vision and Pattern Recognition"。

表 2-7 数学学科高被引图书 TOP 10

| 序号 | 责任者 | 图书名称 | 出版社 | 2015 年被引频次 |
|---|---|---|---|---|
| 1 | 华东师范大学数学系 | 数学分析 | 高等教育出版社 | 99 |
| 2 | 姜启源 | 数学模型 | 高等教育出版社 | 74 |
| 3 | 同济大学数学系 | 高等数学 | 高等教育出版社 | 67 |
| 4 | 匡继昌 | 常用不等式 | 山东科学技术出版社 | 52 |
| 5 | 马知恩 | 传染病动力学的数学建模与研究 | 科学出版社 | 45 |
| 5 | 王高雄 | 常微分方程 | 高等教育出版社 | 45 |
| 7 | 王国俊 | 非经典数理逻辑与近似推理 | 科学出版社 | 41 |
| 8 | 马知恩 | 常微分方程定性与稳定性方法 | 科学出版社 | 39 |
| 8 | 裴礼文 | 数学分析中的典型问题与方法 | 高等教育出版社 | 39 |
| 10 | 程其襄 | 实变函数与泛函分析基础 | 高等教育出版社 | 35 |
| 10 | 同济大学应用数学系 | 高等数学 | 高等教育出版社 | 35 |

表 2-8 数学学科高被引国外期刊 TOP 10

| 序号 | 期刊名称 | 2015 年被引频次 |
|---|---|---|
| 1 | Journal of Mathematical Analysis and Applications | 2614 |
| 2 | Applied Mathematics and Computation | 1722 |
| 3 | Linear Algebra and its Applications | 1126 |
| 4 | Fuzzy Sets and Systems | 939 |
| 5 | Computers & Mathematics with Applications | 937 |
| 6 | Nonlinear Analysis | 858 |
| 7 | Journal of Differential Equations | 830 |
| 8 | Journal of Computational and Applied Mathematics | 712 |
| 9 | Nonlinear Analysis: Theory, Methods & Applications | 662 |
| 10 | Applied Mathematics Letters | 651 |

# 第 3 章　物理学科高被引分析

## 3.1　学科论文概况

2010—2014 年，物理学科共有 66693 位来自 12391 所机构的论文第一作者在 2822 种期刊上发表了 75396 篇学术论文。其中，80%以上的论文产出自 1690 所机构、50399 位作者，发表在 321 种期刊上。在前 5 年发表的这些论文中，有 12809 篇在 2015 年获得过引用，整体被引率为 17%，总被引频次为 20061 次，篇均被引 0.27 次；其中，高被引论文有 191 篇，单篇论文最高被引频次为 30 次，累计被引 1441 次，篇均被引 7.54 次（表 3-1）。另外，2015 年物理学科共发表论文 13693 篇，其中有 304 篇在当年获得过引用，总共被引 351 次。

表 3-1　物理学科论文分布情况

| 年份 | 论文篇数 | 2015 年被引频次 | 2015 年被引率（%） | 2015 年高被引论文 | | | |
|---|---|---|---|---|---|---|---|
| | | | | 论文篇数 | 最高被引频次 | 总被引频次 | 篇均被引频次 |
| 2010 | 15502 | 3792 | 16.1 | 34 | 19 | 264 | 7.76 |
| 2011 | 15726 | 3700 | 15.4 | 25 | 17 | 223 | 8.92 |
| 2012 | 16131 | 4190 | 16.8 | 34 | 19 | 256 | 7.53 |
| 2013 | 13883 | 5149 | 22.4 | 67 | 30 | 477 | 7.12 |
| 2014 | 14154 | 3230 | 14.6 | 31 | 16 | 221 | 7.13 |
| 合计 | 75396 | 20061 | 17.0 | 191 | 30 | 1441 | 7.54 |

从物理学科论文的地域分布来看，2015 年被引频次较高的 5 个省、直辖市或自治区依次是北京、江苏、陕西、上海和四川（图 3-1）；5 年论文产出量较多的 5 个省、直辖市或自治区依次是北京、江苏、陕西、上海和四川（图 3-2）。

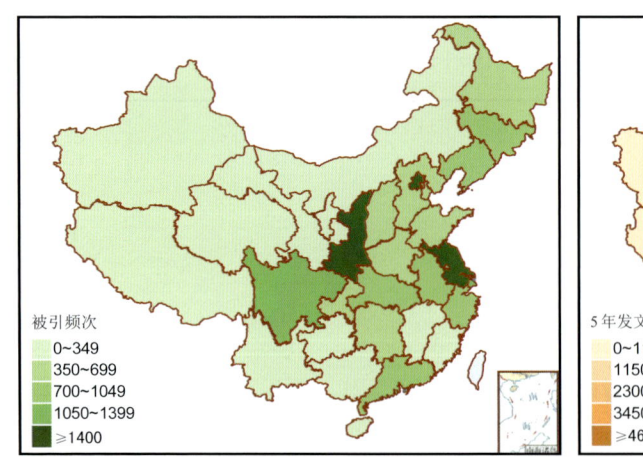
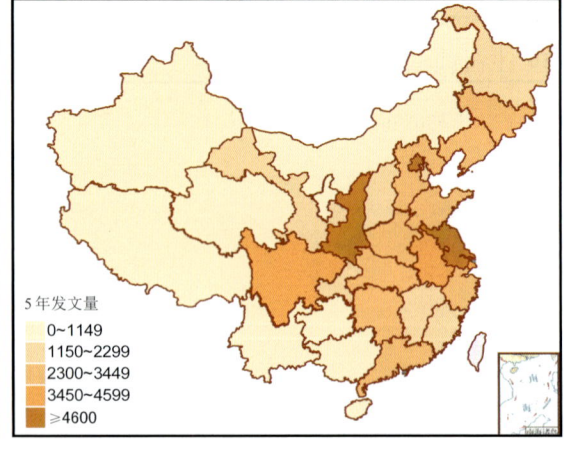

图 3-1　2015 年物理学科地区被引分布　　　图 3-2　物理学科 5 年论文产出地区分布

## 3.2 高被引论文分析

在物理学科，2015 年被引频次位居前 10 位的论文（表 3-2）平均被引频次为 12.7 次，是全部 191 篇高被引论文篇均被引频次的 1.7 倍。其中，被引频次较高的论文是苏安于 2013 年发表的《实现高品质滤波功能的一维光子晶体量子阱滤波器》，随后是贾远于 2012 年发表的《公路工程施工当中关键部位的施工技术》。

从论文分布来看，刊载高被引论文数量居前的 3 种期刊分别是《光学学报》（34 篇）、《中国激光》（27 篇）和《物理学报》（21 篇），而《物理学报》刊载了高被引论文 TOP 10 中的 3 篇；发表高被引论文居前的 3 位学者分别是河池学院的苏安（4 篇）、北京航空航天大学的潘兵（3 篇）和南京邮电大学的李永涛（2 篇）；产出高被引论文数量居前的 3 所机构分别是中国科学院长春光学精密机械与物理研究所（15 篇）、天津大学（7 篇）和北京航空航天大学（5 篇）。

表 3-2 物理学科高被引论文 TOP 10

| 序号 | 论文题名 | 第一作者 | 期刊名称 | 发表年份 | 被引频次 总频次 | 被引频次 2015 年 |
|---|---|---|---|---|---|---|
| 1 | 实现高品质滤波功能的一维光子晶体量子阱滤波器 | 苏安 | 中国激光 | 2013 | 27 | 16 |
| 2 | 公路工程施工当中关键部位的施工技术 | 贾远 | 内蒙古煤炭经济 | 2012 | 25 | 14 |
| 3 | CFD 模拟方法的发展成就与展望 | 阎超 | 力学进展 | 2011 | 33 | 13 |
| 3 | 利用可调谐半导体激光吸收光谱法同时在线监测多组分气体浓度 | 张志荣 | 光学精密工程 | 2013 | 21 | 13 |
| 5 | 功能梯度材料与结构的若干力学问题研究进展 | 仲政 | 力学进展 | 2010 | 30 | 12 |
| 5 | 混沌时间序列重构相空间参数选取研究 | 张淑清 | 物理学报 | 2010 | 37 | 12 |
| 5 | 基于 Duffing 振子的变尺度微弱特征信号检测方法研究 | 赖志慧 | 物理学报 | 2012 | 16 | 12 |
| 5 | 白光 LED 用荧光粉的研究进展 | 曾琦华 | 中国稀土学报 | 2011 | 24 | 12 |
| 5 | 全桥型 MMC-MTDC 直流故障穿越能力分析 | 赵成勇 | 中国科学（技术科学） | 2013 | 11 | 12 |
| 10 | 全局耦合网络的参量辨识与时空混沌同步 | 吕翎 | 物理学报 | 2011 | 23 | 11 |

## 3.3 研究主题关联分析

在物理学科，高被引论文累计被 2015 年发表的 1299 篇论文引用了 1441 次。通过分析施引文献关键词的词频及关键词之间的共现关系,获得 2015 年物理学科的热点主题和主题关联,如图 3-3 所示(共现 5 次以下不显示)。由图 3-3 可知:"光谱学""光学设计""光子晶体"等关键词的文档词频较高,是 2015 年学科的研究热点;以"光子晶体""缺陷""影响""缺陷模"等关键词为主要节点的多个概念相互关联,构成了学科内最为突出的研究主题簇。

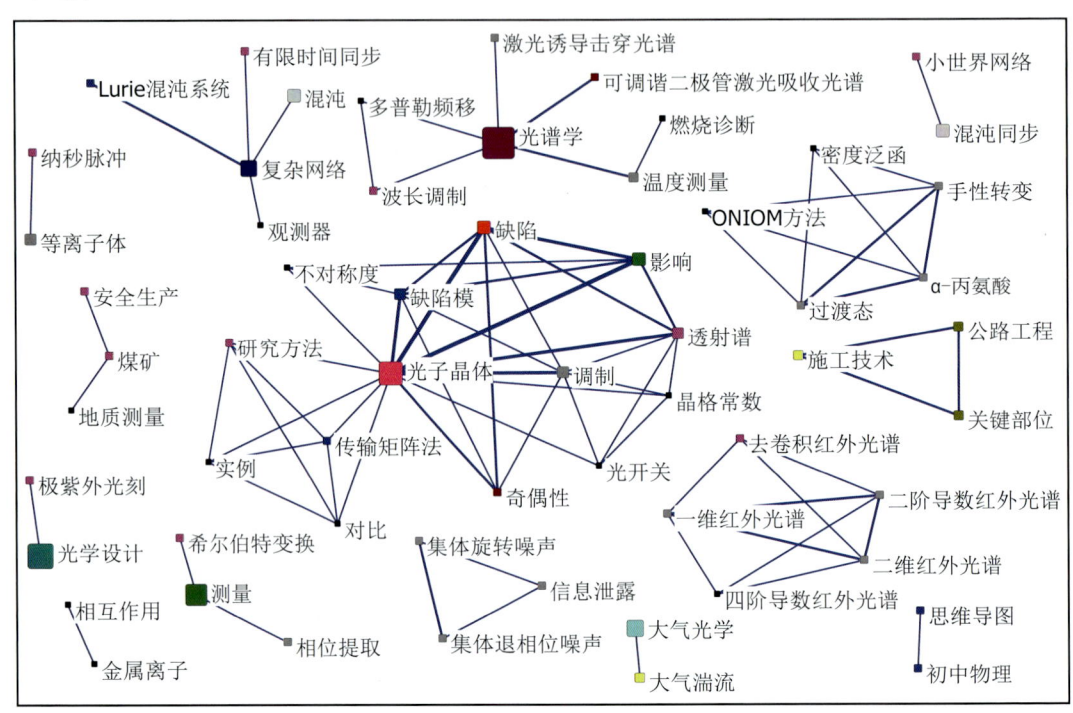

图 3-3　物理学科 2015 年热点主题关联

## 3.4　学科高影响力期刊分析

### 3.4.1　学科高影响力期刊 TOP 10

在物理学科,学科 5 年影响因子位居前 10 位的期刊见表 3-3,排在前 3 位的期刊分别是《力学进展》《光学学报》和《声学学报》。在表 3-3 中,学科载文量占其总载文量比例最大的期刊是《爆炸与冲击》;前 5 年学科载文在 2015 年被引率最高的期刊是《力学进展》;期刊 5 年影响因子较高的前 3 种期刊分别是《力学进展》《光学学报》和《声学学报》;学科 5 年影响因子与期刊 5 年影响因子差异最大的期刊是《力学进展》。表 3-3 中期刊的学科 5 年影响因子和前 5 年学科载文的 2015 年被引率对比如图 3-4 所示,2010—2015 年期刊 5 年影响因子的变动情况如图 3-5 所示。

表 3-3　物理学科高影响力期刊基本指数

| 序号 | 期刊名称 | 前 5 年载文量 | | | 2015 年学科被引 | | | 5 年影响因子 | | h 指数 (学科) |
|---|---|---|---|---|---|---|---|---|---|---|
| | | 学科（篇） | 占比（％） | 总量（篇） | 频次 | 被引率（％） | 高被引论文篇数 | 期刊(2015) | 学科(2015) | |
| 1 | 力学进展 | 125 | 54.1 | 231 | 155 | 42.4 | 6 | 1.333 | 1.240 | 7 |
| 2 | 光学学报 | 1739 | 44.4 | 3915 | 1448 | 39.5 | 34 | 0.912 | 0.833 | 10 |
| 3 | 声学学报 | 339 | 57.9 | 585 | 208 | 37.2 | 1 | 0.562 | 0.614 | 5 |
| 4 | 力学学报 | 433 | 54.3 | 798 | 224 | 33.3 | 0 | 0.555 | 0.517 | 5 |
| 5 | 物理学进展 | 67 | 80.7 | 83 | 32 | 20.9 | 1 | 0.446 | 0.478 | 3 |
| 6 | 爆炸与冲击 | 691 | 100.0 | 691 | 325 | 28.9 | 2 | 0.470 | 0.470 | 4 |
| 7 | 实验力学 | 239 | 38.3 | 624 | 101 | 28.0 | 1 | 0.452 | 0.423 | 4 |
| 8 | 光子学报 | 768 | 34.8 | 2209 | 323 | 28.1 | 2 | 0.512 | 0.421 | 6 |
| 9 | 中国科学：物理学力学天文学 | 474 | 46.8 | 1013 | 178 | 20.3 | 4 | 0.397 | 0.376 | 6 |
| 10 | 大学物理实验 | 895 | 67.8 | 1321 | 329 | 22.3 | 3 | 0.400 | 0.368 | 5 |

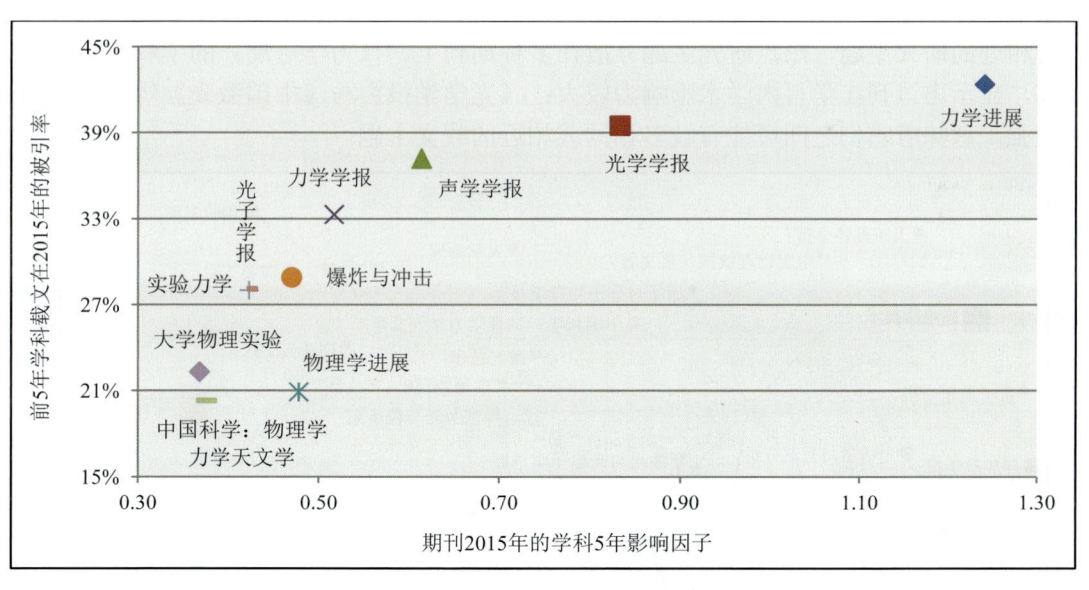

图 3-4　物理学科高影响力期刊对比

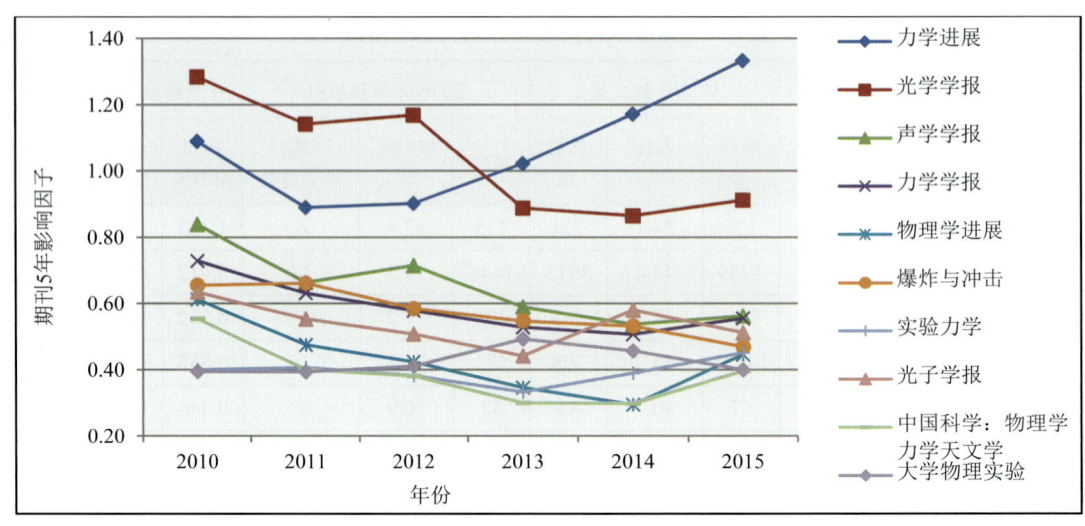

图 3-5 物理学科期刊 5 年影响因子变动

### 3.4.2 学科高影响力期刊载文主题关联

通过期刊共被引分析，获得物理学科高影响力期刊及与其他期刊之间的载文主题关联，如图 3-6 所示（共被引 11 次以下不显示）。结果显示，物理学科的高影响力期刊相互链接较为紧密，部分主导了该学科的期刊共被引网络，显示出该学科高影响力期刊可能共同刊载了许多相近的研究主题，热点研究主题分散在多种期刊上。《力学进展》的学科 5 年影响因子较高，显示出该刊在学科内学术影响力较大；《光学学报》与《中国激光》等期刊之间的链接较强，意味着它们之间可能有较多相同或相近的载文主题。

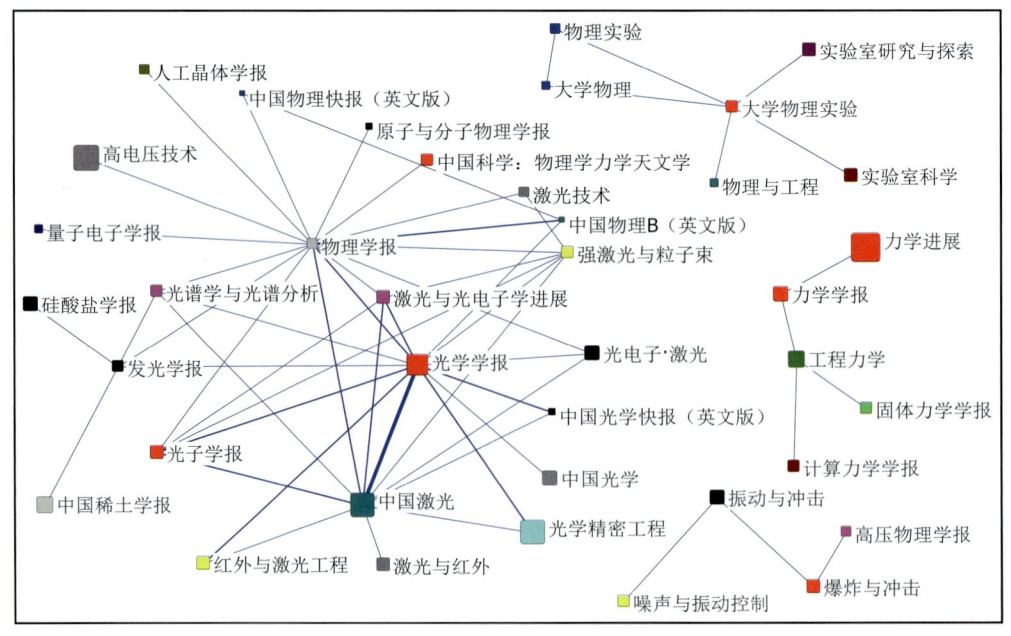

图 3-6 物理学科高影响力期刊载文主题关联

## 3.5 高被引作者分析

### 3.5.1 高被引作者 TOP 20

2010—2014 年，在 66693 位物理学科论文的第一作者中，在 2015 年学科被引频次位居前 20 位的学者的发文及被引情况见表 3-4。其中，学科发文总被引频次较高的 3 位作者分别是河池学院的苏安（65 次）、中国科学院长春光学精密机械与物理研究所的薛庆生（39 次）和湖南文理学院的吴晓（38 次）。高被引作者的 5 年学科发文数量从 1 篇到 54 篇不等，同时，作者学科发文的期刊分布也在 1 种到 21 种之间变化。在发文超过 5 篇的所有作者中，篇均被引较高的 3 位作者分别是北京航空航天大学的潘兵（篇均 5.60 次）、安徽师范大学的莫嘉琪（篇均 4.40 次）和中国矿业大学（北京）的杨仁树（篇均 2.50 次）；前 5 年发表学科论文较多的 3 位作者分别是重庆工商大学的刘启能（54 篇）、武夷学院的卢道明（48 篇）和湖南文理学院的吴晓（46 篇）。高被引作者的学科发文量和被引量对比如图 3-7 所示。

表 3-4 物理学科高被引作者 TOP 20

| 序号 | 姓名 | 作者单位 | 前 5 年发文 | | | 前 5 年学科发文在 2015 年的被引 | | | | h 指数 (学科) |
|---|---|---|---|---|---|---|---|---|---|---|
| | | | 学科发文（篇） | 期刊分布（种） | 发文总量（篇） | 总频次 | 被引率（%） | 最高（次） | 篇均（次） | |
| 1 | 苏安 | 河池学院 | 29 | 13 | 30 | 65 | 51.7 | 16 | 2.24 | 5 |
| 2 | 薛庆生 | 中国科学院长春光学精密机械与物理研究所 | 17 | 4 | 27 | 39 | 70.6 | 6 | 2.29 | 4 |
| 3 | 吴晓 | 湖南文理学院 | 46 | 16 | 62 | 38 | 28.3 | 6 | 0.83 | 4 |
| 4 | 黄志洵 | 中国传媒大学 | 35 | 2 | 40 | 29 | 40.0 | 4 | 0.83 | 3 |
| 5 | 潘兵 | 北京航空航天大学 | 5 | 2 | 8 | 28 | 100.0 | 10 | 5.60 | 3 |
| 6 | 梅凤翔 | 北京理工大学 | 23 | 7 | 25 | 27 | 47.8 | 6 | 1.17 | 4 |
| 7 | 付秀华 | 长春理工大学 | 22 | 6 | 24 | 25 | 54.5 | 4 | 1.14 | 3 |
| 8 | 刘启能 | 重庆工商大学 | 54 | 21 | 69 | 22 | 25.9 | 5 | 0.41 | 2 |
| 8 | 莫嘉琪 | 安徽师范大学 | 5 | 2 | 7 | 22 | 80.0 | 11 | 4.40 | 4 |
| 10 | 杨志平 | 河北大学 | 43 | 13 | 44 | 21 | 30.2 | 5 | 0.49 | 3 |
| 11 | 钱晓凡 | 昆明理工大学 | 8 | 5 | 8 | 19 | 75.0 | 8 | 2.38 | 2 |
| 11 | 丁克良 | 北京建筑工程学院 | 1 | 1 | 1 | 19 | 100.0 | 19 | 19.00 | 1 |
| 11 | 张一方 | 云南大学 | 26 | 6 | 51 | 19 | 50.0 | 2 | 0.73 | 2 |
| 14 | 毛北行 | 郑州航空工业管理学院 | 22 | 11 | 40 | 18 | 27.3 | 4 | 0.82 | 4 |
| 14 | 潘继环 | 河池学院 | 12 | 7 | 17 | 18 | 58.3 | 6 | 1.50 | 3 |
| 14 | 卢道明 | 武夷学院 | 48 | 9 | 50 | 18 | 20.8 | 5 | 0.38 | 3 |

| 序号 | 姓名 | 作者单位 | 前5年发文 | | | 前5年学科发文在2015年的被引 | | | | h指数(学科) |
|---|---|---|---|---|---|---|---|---|---|---|
| | | | 学科发文(篇) | 期刊分布(种) | 发文总量(篇) | 总频次 | 被引率(%) | 最高(次) | 篇均(次) | |
| 17 | 厚宇德 | 河北大学 | 23 | 7 | 41 | 17 | 30.4 | 6 | 0.74 | 3 |
| 18 | 张淼 | 长春工程学院 | 23 | 11 | 26 | 16 | 43.5 | 4 | 0.70 | 2 |
| 19 | 张志荣 | 中国科学院安徽光学精密机械研究所 | 4 | 3 | 5 | 15 | 75.0 | 13 | 3.75 | 1 |
| 19 | 甄峰 | 南京大学 | 1 | 1 | 21 | 15 | 100.0 | 15 | 15.00 | 5 |
| 19 | 杨仁树 | 中国矿业大学(北京) | 6 | 4 | 38 | 15 | 100.0 | 5 | 2.50 | 4 |

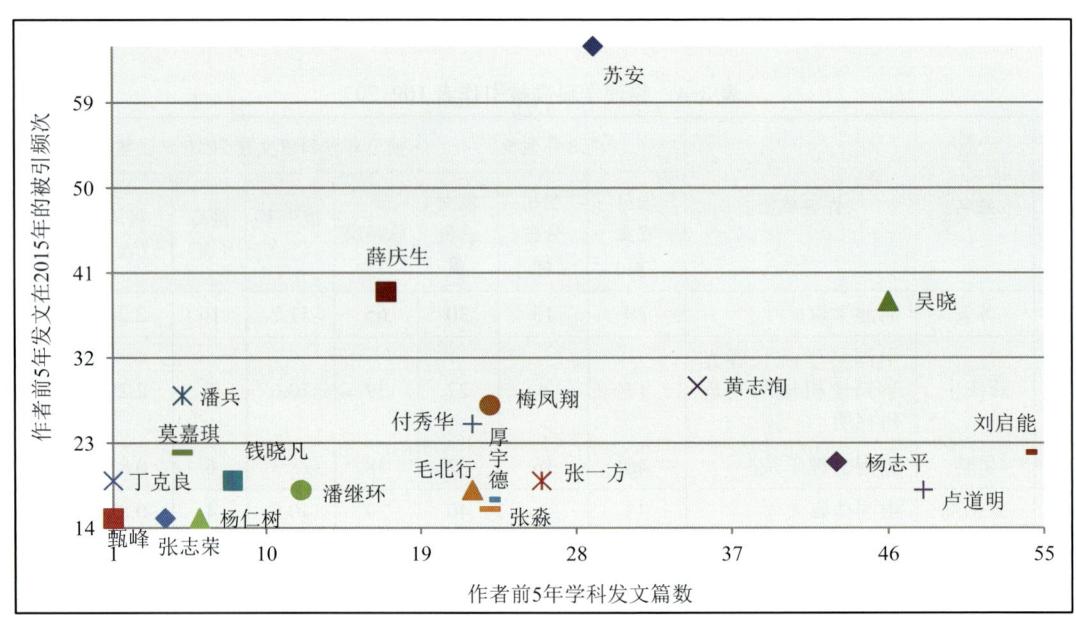

图3-7 物理学科高被引作者学科发文及被引对比

## 3.5.2 高被引作者科研合作关系

通过作者合著分析,获得2015年物理学科高被引作者及与其他学者之间的科研论文合作关系(不考虑论文署名次序),如图3-8所示(合著4次以下不显示)。可以看出,物理学科的高被引作者的论文合作现象比较普遍。学者刘启能、卢道明和吴晓的发文量较多;杨志平的论文合作网络最为突出,在该学科的研究人员中表现出一定的集聚效应;吴晓和杨立军、黄狮,付秀华和张静等学者之间的合作关系最为紧密,显示出他们可能分别属于同一支科研团队。

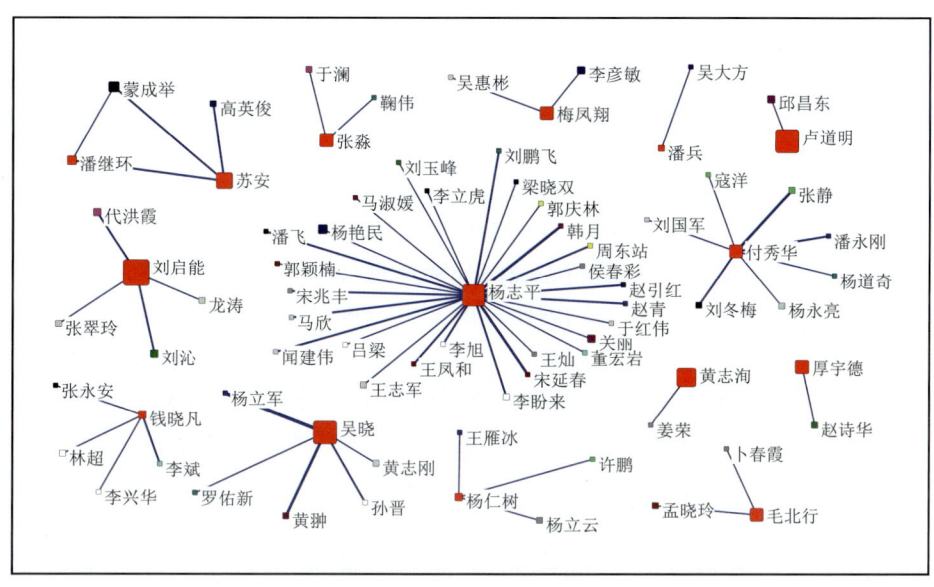

图 3-8 物理学科高被引作者科研论文合作关系

### 3.5.3 高被引作者发文主题关联

通过作者共被引分析，获得 2015 年物理学科高被引作者及与其他学者之间的发文主题关联（见图 3-9，共被引 2 次以下不显示）。如图 3-9 所示，物理学科的高被引作者基本主导了作者共被引网络，显示出该学科在热点主题上已经形成了优势较为明显的科研力量。学者苏安和薛庆生的节点较大，显示出他们的学术成果在学科内得到较多关注；毛北行与吕翎、苏安与潘继环等学者之间的链接较强，意味着他们之间可能分别有较为相近的研究主题；以薛庆生、潘兵等学者为主要节点的共被引作者簇初具规模，意味着这些学者的研究主题关联可能较为紧密。

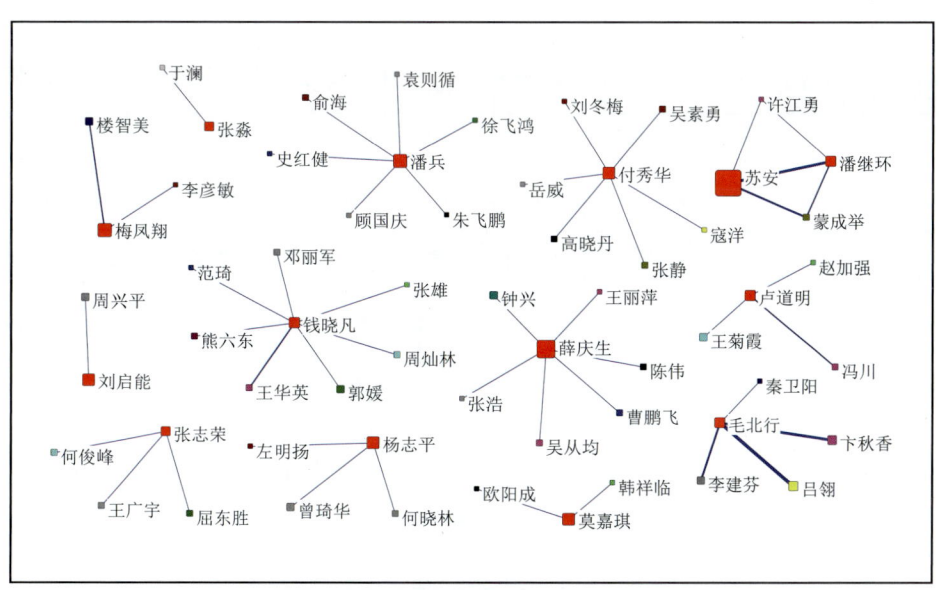

图 3-9 物理学科高被引作者发文主题关联

## 3.6 高被引机构分析

### 3.6.1 高被引机构

为便于比较，本书将物理学科的高被引机构分为高等院校和科研院所两种类型。其中，被引频次 TOP 10 高等院校和被引频次 TOP 5 科研院所的发文及被引情况分别见表 3-5 和表 3-6。其中，总被引频次较高的 3 所高等院校分别是北京理工大学、天津大学和南京理工大学，中国科学院长春光学精密机械与物理研究所、中国科学院安徽光学精密机械研究所和中国科学院上海光学精密机械研究所是总被引频次较高的 3 所科研院所；前 5 年学科发文在 2015 年的被引率最高的高等院校和科研院所分别是天津大学和中国科学院上海光学精密机械研究所，篇均被引最高的高等院校和科研院所分别是天津大学和中国科学院长春光学精密机械与物理研究所。上述高被引机构的论文被引率和篇均被引频次对比如图 3-10 所示。

表 3-5 物理学科高被引高等院校 TOP 10

| 序号 | 第一作者单位 | 学科发文量（篇） | | 前 5 年学科发文在 2015 年的被引 | | | |
|---|---|---|---|---|---|---|---|
| | | 前 5 年 | 2015 年 | 频次 | 被引率(%) | 最高(次) | 篇均(次) |
| 1 | 北京理工大学 | 623 | 115 | 305 | 27.0 | 10 | 0.49 |
| 2 | 天津大学 | 484 | 90 | 277 | 30.0 | 12 | 0.57 |
| 3 | 南京理工大学 | 567 | 107 | 269 | 28.4 | 11 | 0.47 |
| 4 | 西北工业大学 | 743 | 108 | 255 | 22.7 | 5 | 0.34 |
| 5 | 大连理工大学 | 615 | 104 | 253 | 25.5 | 9 | 0.41 |
| 6 | 清华大学 | 663 | 94 | 251 | 22.8 | 8 | 0.38 |
| 7 | 四川大学 | 601 | 95 | 227 | 21.6 | 9 | 0.38 |
| 8 | 哈尔滨工业大学 | 480 | 76 | 220 | 29.0 | 8 | 0.46 |
| 9 | 国防科学技术大学 | 491 | 66 | 214 | 25.7 | 9 | 0.44 |
| 10 | 浙江大学 | 448 | 70 | 206 | 25.9 | 10 | 0.46 |

表 3-6 物理学科高被引科研院所 TOP 5

| 序号 | 第一作者单位 | 学科发文量（篇） | | 前 5 年学科发文在 2015 年的被引 | | | |
|---|---|---|---|---|---|---|---|
| | | 前 5 年 | 2015 年 | 频次 | 被引率(%) | 最高(次) | 篇均(次) |
| 1 | 中国科学院长春光学精密机械与物理研究所 | 643 | 126 | 528 | 36.5 | 10 | 0.82 |
| 2 | 中国科学院安徽光学精密机械研究所 | 291 | 50 | 189 | 32.3 | 13 | 0.65 |
| 3 | 中国科学院上海光学精密机械研究所 | 242 | 37 | 180 | 37.2 | 11 | 0.74 |
| 4 | 中国工程物理研究院激光聚变研究中心 | 230 | 36 | 94 | 22.2 | 7 | 0.41 |
| 5 | 中国科学院声学研究所 | 178 | 30 | 90 | 34.3 | 5 | 0.51 |

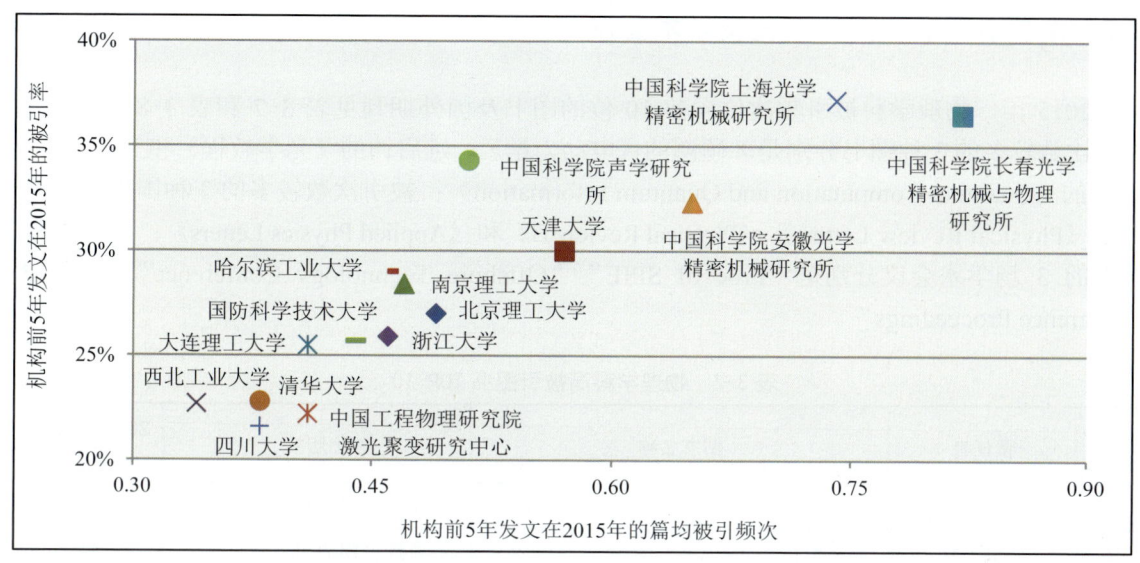

图 3-10　物理学科高被引机构论文篇均被引及被引率对比

### 3.6.2　高被引机构科研合作关系

通过合著分析，获得物理学科高被引机构之间及其与其他机构之间的科研合作关联，如图 3-11 所示（合作 51 次以下不显示）。分析得知，物理学科的机构合作链接比较紧密，表明学科内机构合作现象比较普遍；高被引机构基本主导了机构合作网络，显示出这些机构已经在学科内具有了一定的科研优势；中国科学院高能物理研究所和中国科学技术大学等机构之间的链接较强，表明它们的学术合作较为频繁。

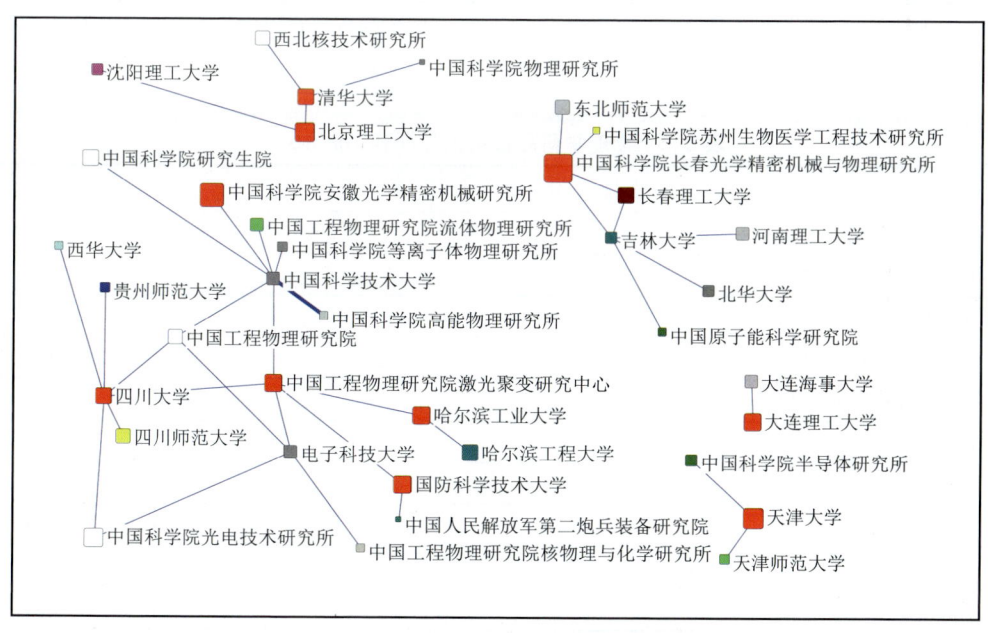

图 3-11　物理学科高被引机构科研合作关联

## 3.7 高被引图书、国外期刊及学术会议

2015 年，物理学科被引频次位居前 10 位的图书及国外期刊见表 3-7 和表 3-8。其中，被引次数较多的 3 种图书分别是郭硕鸿的《电动力学》、姚启钧的《光学教程》和 NIELSEN M A 的《Quantum Computation and Quantum Information》；被引次数较多的 3 种国外期刊分别是《Physical Review Letters》《Physical Review B》和《Applied Physics Letters》；被引次数较多的 3 场学术会议分别是"Proc of SPIE""Offshore Technology Conference"和"AIP Conference Proceedings"。

表 3-7　物理学科高被引图书 TOP 10

| 序号 | 责任者 | 图书名称 | 出版社 | 2015 年被引频次 |
| --- | --- | --- | --- | --- |
| 1 | 郭硕鸿 | 电动力学 | 高等教育出版社 | 36 |
| 2 | 姚启钧 | 光学教程 | 高等教育出版社 | 33 |
| 3 | NIELSEN M A | Quantum Computation and Quantum Information | Cambridge University Press | 29 |
| 4 | 周世勋 | 量子力学教程 | 高等教育出版社 | 26 |
| 5 | 杜功焕 | 声学基础 | 南京大学出版社 | 25 |
| 6 | 唐晋发 | 现代光学薄膜技术 | 浙江大学出版社 | 22 |
| 7 | 赵凯华 | 电磁学 | 高等教育出版社 | 18 |
| 8 | 曾谨言 | 量子力学 | 科学出版社 | 17 |
| 8 | 漆安慎 | 力学 | 高等教育出版社 | 17 |
| 10 | 刘鸿文 | 材料力学 | 高等教育出版社 | 16 |
| 10 | 马文蔚 | 物理学 | 高等教育出版社 | 16 |

表 3-8　物理学科高被引国外期刊 TOP 10

| 序号 | 期刊名称 | 2015 年被引频次 |
| --- | --- | --- |
| 1 | Physical Review Letters | 10778 |
| 2 | Physical Review B | 6112 |
| 3 | Applied Physics Letters | 5174 |
| 4 | Physical Review A | 5041 |
| 5 | Journal of Applied Physics | 3191 |
| 6 | Optics Express | 2763 |
| 7 | Nature | 2490 |
| 8 | Optics Letters | 2335 |
| 9 | Science | 2296 |
| 10 | Applied Optics | 1844 |

# 第 4 章　化学学科高被引分析

## 4.1　学科论文概况

2010—2014 年，化学学科共有 89107 位来自 14950 所机构的论文第一作者在 2941 种期刊上发表了 101104 篇学术论文。其中，80%以上的论文产出自 1821 所机构、66245 位作者，发表在 292 种期刊上。在前 5 年发表的这些论文中，有 23519 篇在 2015 年获得过引用，整体被引率为 23.3%，总被引频次为 36677 次，篇均被引 0.36 次；其中，高被引论文有 301 篇，单篇论文最高被引频次为 46 次，累计被引 2247 次，篇均被引 7.47 次（表 4-1）。另外，2015 年化学学科共发表论文 18342 篇，其中有 591 篇在当年获得过引用，总共被引 691 次。

表 4-1　化学学科论文分布情况

| 年份 | 论文篇数 | 2015 年被引频次 | 2015 年被引率（%） | 2015 年高被引论文 | | | |
|---|---|---|---|---|---|---|---|
| | | | | 论文篇数 | 最高被引频次 | 总被引频次 | 篇均被引频次 |
| 2010 | 21081 | 7665 | 22.9 | 67 | 39 | 523 | 7.81 |
| 2011 | 21214 | 7825 | 23.0 | 51 | 28 | 448 | 8.78 |
| 2012 | 21197 | 7862 | 24.0 | 56 | 31 | 409 | 7.30 |
| 2013 | 19155 | 8309 | 27.4 | 75 | 46 | 552 | 7.36 |
| 2014 | 18457 | 5016 | 18.8 | 52 | 28 | 315 | 6.06 |
| 合计 | 101104 | 36677 | 23.3 | 301 | 46 | 2247 | 7.47 |

从化学学科论文的地域分布来看，2015 年被引频次较高的 5 个省、直辖市或自治区依次是北京、江苏、广东、浙江和上海（图 4-1）；5 年论文产出量较多的 5 个省、直辖市或自治区依次是北京、江苏、广东、山东和上海（图 4-2）。

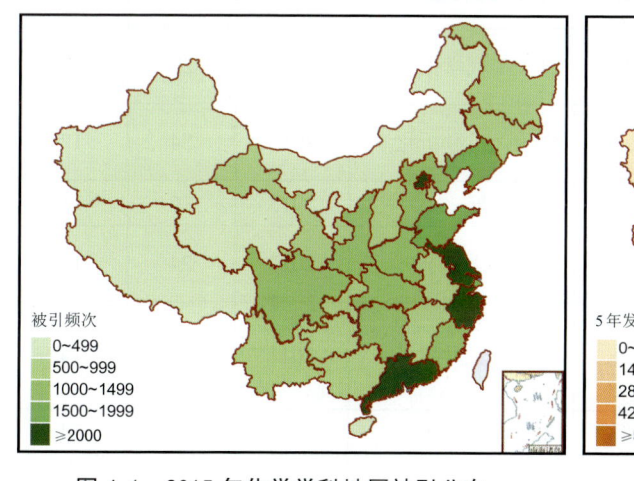

图 4-1　2015 年化学学科地区被引分布

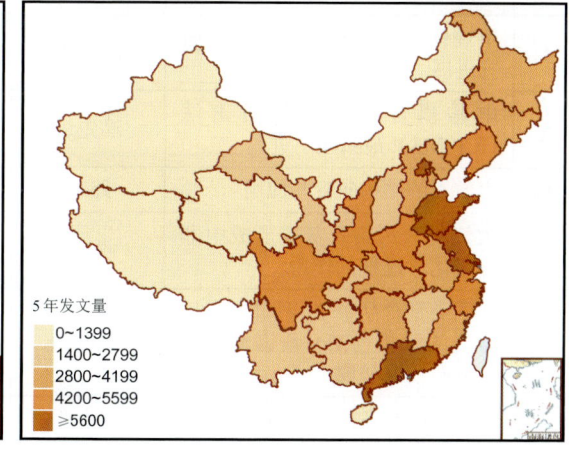

图 4-2　化学学科 5 年论文产出地区分布

## 4.2 高被引论文分析

在化学学科，2015 年被引频次位居前 10 位的论文（表 4-2）平均被引频次为 22.58 次，是全部 301 篇高被引论文篇均被引频次的 3.0 倍。其中，被引频次最高的论文是 Liu Yongsheng 于 2010 年发表的《Reappraisement and refinement of zircon U-Pb isotope and trace element analyses by LA-ICP-MS》，随后 2 篇分别是阮桂色于 2011 年发表的《电感耦合等离子体原子发射光谱（ICP-AES）技术的应用进展》和胡耀娟于 2010 年发表的《石墨烯的制备、功能化及在化学中的应用》。

从论文分布来看，刊载高被引论文数量居前的 3 种期刊分别是《光谱学与光谱分析》（25 篇）、《色谱》（23 篇）和《分析测试学报》（15 篇），而《中国无机分析化学》刊载了高被引论文 TOP 10 中的 2 篇；发表高被引论文居前的 3 位学者分别是西南科技大学的杨勇辉（2 篇）、华东交通大学的刘燕德（2 篇）和上海海洋大学的牟艳莉（2 篇）；产出高被引论文数量居前的 3 所机构分别是浙江工业大学（5 篇）、上海交通大学（4 篇）和中国科学院生态环境研究中心（4 篇），而北京矿冶研究总院产出了高被引论文 TOP 10 中的 2 篇。

表 4-2　化学学科高被引论文 TOP 10

| 序号 | 论文题名 | 第一作者 | 期刊名称 | 发表年份 | 被引频次 总频次 | 被引频次 2015 年 |
|---|---|---|---|---|---|---|
| 1 | Reappraisement and refinement of zircon U-Pb isotope and trace element analyses by LA-ICP-MS | Liu Yongsheng | 科学通报（英文版） | 2010 | 148 | 87 |
| 2 | 电感耦合等离子体原子发射光谱（ICP-AES）技术的应用进展 | 阮桂色 | 中国无机分析化学 | 2011 | 68 | 28 |
| 3 | 石墨烯的制备、功能化及在化学中的应用 | 胡耀娟 | 物理化学学报 | 2010 | 74 | 24 |
| 4 | 甲烷化催化剂及反应机理的研究进展 | 胡大成 | 过程工程学报 | 2011 | 27 | 19 |
| 5 | 电感耦合等离子体质谱法（ICP-MS）最新应用进展 | 冯先进 | 中国无机分析化学 | 2011 | 54 | 17 |
| 6 | 木质素的结构研究与应用 | 路瑶 | 化学进展 | 2013 | 16 | 15 |
| 7 | 大气复合污染及灰霾形成中非均相化学过程的作用 | 朱彤 | 中国科学 B 辑 | 2010 | 24 | 14 |
| 7 | 不同类别食品中 21 种邻苯二甲酸酯的气相色谱—质谱测定及其分布情况研究 | 吴惠勤 | 分析测试学报 | 2011 | 54 | 14 |
| 7 | 石墨烯的制备研究进展 | 袁小亚 | 无机材料学报 | 2011 | 28 | 14 |
| 10 | $TiO_2$ 负载 Pt 对光催化去除低浓度 NO 性能的影响 | 封煜 | 分子催化 | 2013 | 17 | 13 |

| 序号 | 论文题名 | 第一作者 | 期刊名称 | 发表年份 | 被引频次 总频次 | 2015年 |
|---|---|---|---|---|---|---|
| 10 | 再谈什么是活化能——Arrhenius活化能的定义、解释、以及容易混淆的物理量 | 罗渝然 | 大学化学 | 2010 | 24 | 13 |
| 10 | 北京市城区冬季雾霾天气$PM_{2.5}$中元素特征研究 | 王秦 | 光谱学与光谱分析 | 2013 | 14 | 13 |

## 4.3 研究主题关联分析

在化学学科，高被引论文累计被2015年发表的2043篇论文引用了2247次。通过分析施引文献关键词的词频及关键词之间的共现关系，获得2015年化学学科的热点主题和主题关联，如图4-3所示（共现6次以下不显示）。由图4-3可知："光催化""石墨烯""微波消解"等关键词的文档词频较高，是2015年学科的研究热点；以"光催化""$TiO_2$""水分解"等关键词为主要节点的多个概念相互关联，构成了学科内最为突出的研究主题簇。

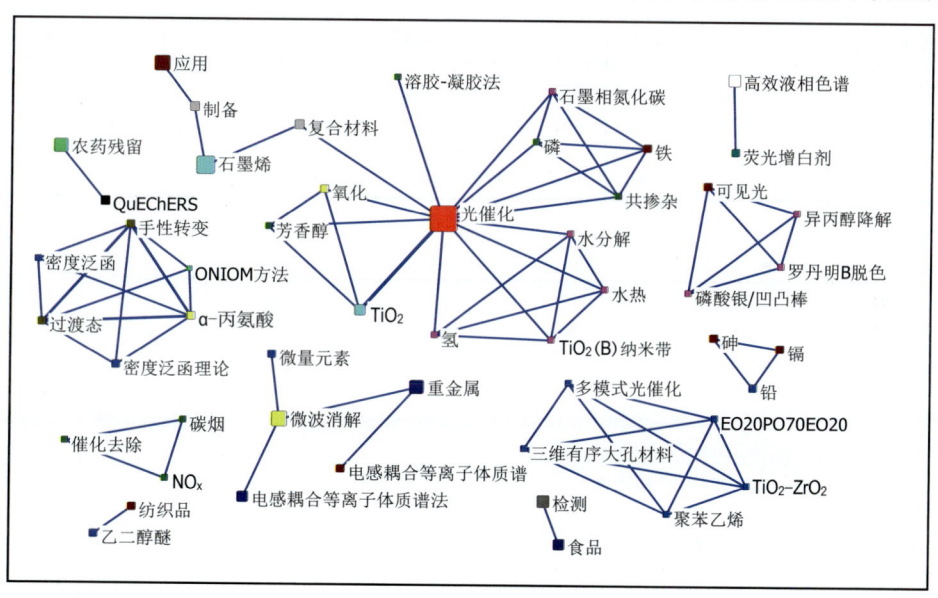

图4-3 化学学科2015年热点主题关联

## 4.4 学科高影响力期刊分析

### 4.4.1 学科高影响力期刊 TOP 10

在化学学科，学科5年影响因子位居前10位的期刊见表4-3，排在前3位的期刊分别是《分子催化》《色谱》和《岩矿测试》。在表4-3中，学科载文量占其总载文量比例最大的期刊是《中国无机分析化学》；前5年学科载文在2015年被引率最高的期刊是《岩矿测试》；期刊5年影响因子较高的前3种期刊分别是《岩矿测试》《分子催化》和《色谱》；学科5年影响因子与期刊5年影响因子差异最大的期刊是《中国酿造》。表4-3中期刊的学科5年影响因子和前5年学科载文的2015年被引率对比如图4-4所示,2010—2015年期刊5年影响因子的变动情况如图4-5所示。

表4-3 化学学科高影响力期刊基本指数

| 序号 | 期刊名称 | 前5年载文量 | | | 2015年学科被引 | | | 5年影响因子 | | h指数(学科) |
|---|---|---|---|---|---|---|---|---|---|---|
| | | 学科(篇) | 占比(%) | 总量(篇) | 频次 | 被引率(%) | 高被引论文篇数 | 期刊(2015) | 学科(2015) | |
| 1 | 分子催化 | 411 | 83.9 | 490 | 389 | 41.6 | 15 | 0.929 | 0.946 | 8 |
| 2 | 色谱 | 1291 | 99.2 | 1301 | 1196 | 44.5 | 23 | 0.920 | 0.926 | 8 |
| 3 | 岩矿测试 | 360 | 40.8 | 882 | 314 | 45.8 | 3 | 0.957 | 0.872 | 6 |
| 4 | 中国酿造 | 346 | 10.0 | 3445 | 262 | 44.5 | 2 | 0.616 | 0.757 | 7 |
| 5 | 中国无机分析化学 | 461 | 99.4 | 464 | 341 | 38.2 | 3 | 0.744 | 0.740 | 4 |
| 6 | 冶金分析 | 1000 | 85.1 | 1175 | 736 | 45.0 | 1 | 0.654 | 0.736 | 5 |
| 7 | 分析测试学报 | 1472 | 88.0 | 1672 | 1043 | 38.1 | 15 | 0.676 | 0.709 | 7 |
| 8 | 分析化学 | 1333 | 66.9 | 1992 | 939 | 37.6 | 15 | 0.747 | 0.704 | 7 |
| 9 | 光谱学与光谱分析 | 1774 | 41.0 | 4322 | 1241 | 35.3 | 25 | 0.658 | 0.700 | 9 |
| 10 | 质谱学报 | 384 | 98.2 | 391 | 253 | 34.6 | 5 | 0.647 | 0.659 | 5 |

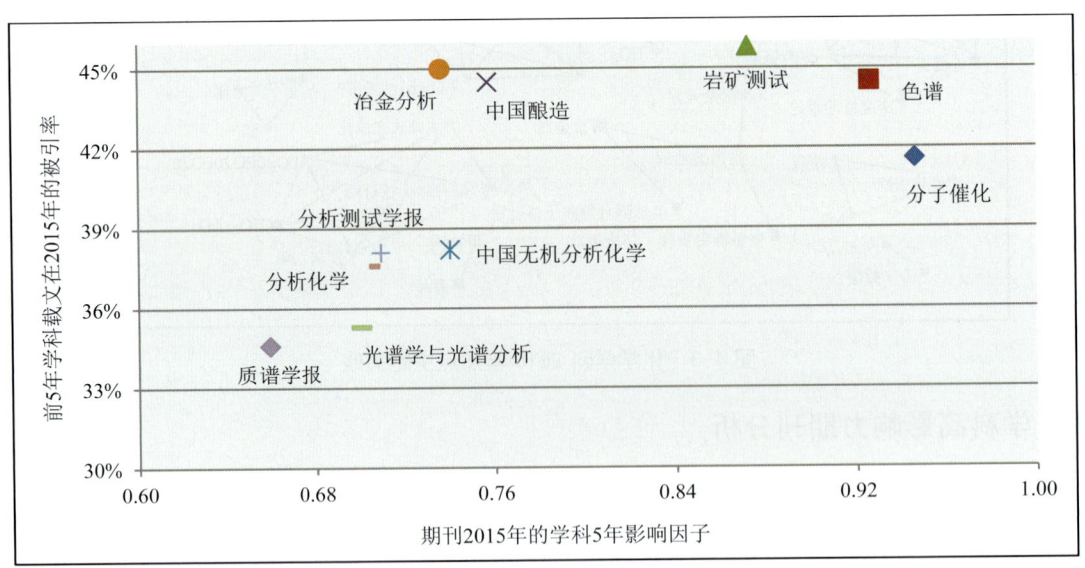

图4-4 化学学科高影响力期刊对比

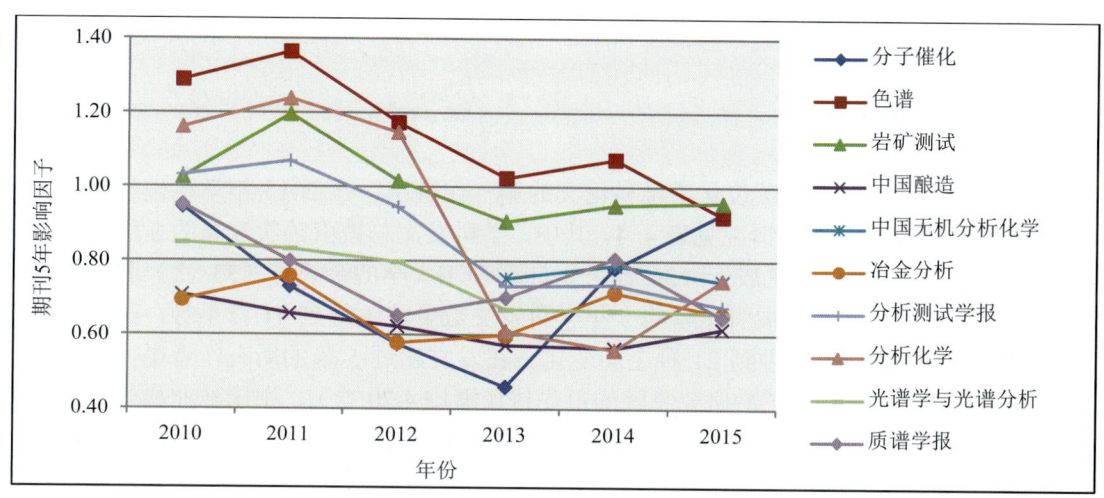

图 4-5 化学学科期刊 5 年影响因子变动

### 4.4.2 学科高影响力期刊载文主题关联

通过期刊共被引分析，获得化学学科高影响力期刊及与其他期刊之间的载文主题关联，如图 4-6 所示（共被引 28 次以下不显示）。结果显示，化学学科的高影响力期刊相互链接较为紧密，基本主导了该学科的期刊共被引网络，显示出该学科高影响力期刊可能共同刊载了许多相近的研究主题，热点研究主题分散在多种期刊上。《分子催化》的学科 5 年影响因子较高，显示出该刊在学科内学术影响力较大；《分析测试学报》与《色谱》《分析化学》等期刊之间的链接较强，意味着它们之间可能有较多相同或相近的载文主题。

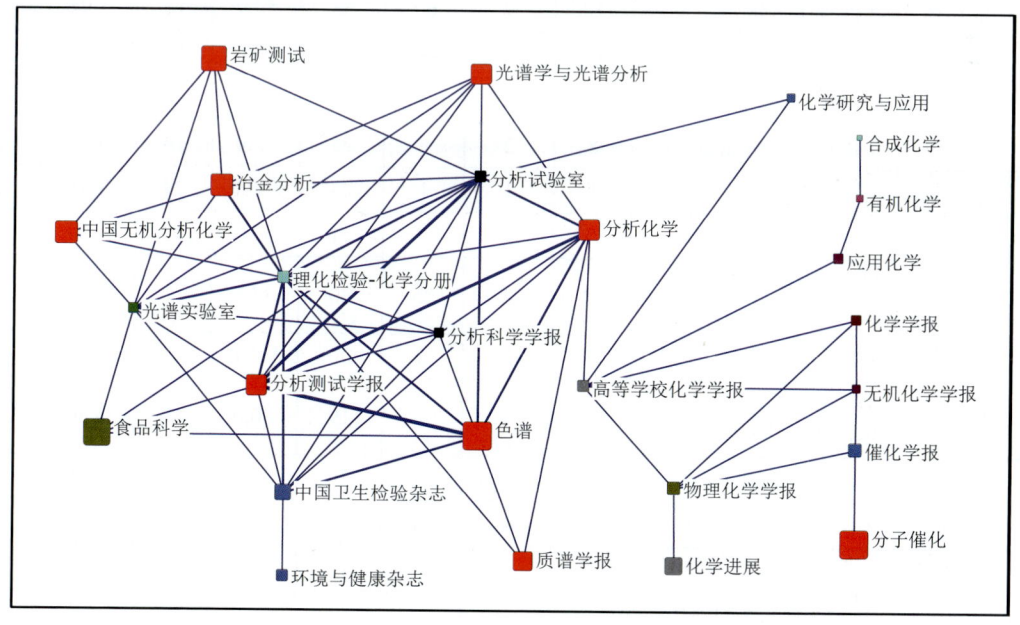

图 4-6 化学学科高影响力期刊载文主题关联

## 4.5 高被引作者分析

### 4.5.1 高被引作者 TOP 20

2010—2014 年，在 89107 位化学学科论文的第一作者中，在 2015 年学科被引频次位居前 20 位的学者的发文及被引情况见表 4-4。其中，学科发文总被引频次较高的 3 位作者分别是深圳出入境检验检疫局的王成云（36 次）、江西理工大学的余长林（33 次）和华东交通大学的刘燕德（31 次）。高被引作者的 5 年学科发文数量从 1 篇到 41 篇不等，同时，作者学科发文的期刊分布也在 1 种到 21 种之间变化。在发文超过 5 篇的所有作者中，篇均被引较高的 3 位作者分别是北京矿冶研究总院的冯先进（篇均 4.20 次）、中国林业科学研究院亚热带林业研究所的钟冬莲（篇均 3.80 次）和中国广州分析测试中心的吴惠勤（篇均 3.13 次）；前 5 年发表学科论文较多的 3 位作者分别是宝鸡文理学院的张来新（48 篇）、深圳出入境检验检疫局的王成云（41 篇）和同济大学的李可群（33 篇）。高被引作者的学科发文量和被引量对比如图 4-7 所示。

表 4-4 化学学科高被引作者 TOP 20

| 序号 | 姓名 | 作者单位 | 前 5 年发文 | | | 前 5 年学科发文在 2015 年的被引 | | | | h 指数（学科） |
|---|---|---|---|---|---|---|---|---|---|---|
| | | | 学科发文（篇） | 期刊分布（种） | 发文总篇量（篇） | 总频次 | 被引率（%） | 最高（次） | 篇均（次） | |
| 1 | 王成云 | 深圳出入境检验检疫局 | 41 | 21 | 74 | 36 | 43.9 | 6 | 0.88 | 3 |
| 2 | 余长林 | 江西理工大学 | 17 | 9 | 60 | 33 | 52.9 | 11 | 1.94 | 4 |
| 3 | 刘燕德 | 华东交通大学 | 11 | 6 | 40 | 31 | 63.6 | 11 | 2.82 | 4 |
| 4 | 阮桂色 | 北京矿冶研究总院 | 3 | 2 | 3 | 30 | 66.7 | 28 | 10.00 | 2 |
| 5 | 吴惠勤 | 中国广州分析测试中心 | 8 | 2 | 8 | 25 | 75.0 | 14 | 3.13 | 3 |
| 6 | 胡耀娟 | 南京师范大学 | 1 | 1 | 1 | 24 | 100.0 | 24 | 24.00 | 1 |
| 7 | 冯先进 | 北京矿冶研究总院 | 5 | 4 | 5 | 21 | 60.0 | 17 | 4.20 | 2 |
| 8 | 成勇 | 攀钢集团研究院有限公司 | 24 | 4 | 25 | 20 | 37.5 | 5 | 0.83 | 3 |
| 8 | 杨勇辉 | 西南科技大学 | 2 | 2 | 2 | 20 | 100.0 | 11 | 10.00 | 2 |
| 10 | 钟冬莲 | 中国林业科学研究院亚热带林业研究所 | 5 | 4 | 7 | 19 | 80.0 | 12 | 3.80 | 2 |
| 10 | 宋华 | 东北石油大学 | 28 | 11 | 132 | 19 | 35.7 | 4 | 0.68 | 3 |
| 12 | 马康 | 中国计量科学研究院 | 7 | 4 | 21 | 18 | 71.4 | 6 | 2.57 | 3 |
| 12 | 牟艳莉 | 上海海洋大学 | 3 | 3 | 4 | 18 | 100.0 | 8 | 6.00 | 3 |
| 14 | 王娜 | 国土资源部沈阳地质矿产研究所 | 4 | 3 | 6 | 17 | 100.0 | 6 | 4.25 | 3 |
| 15 | 曾志 | 华南师范大学 | 7 | 4 | 7 | 16 | 57.1 | 7 | 2.29 | 3 |

| 序号 | 姓名 | 作者单位 | 前5年发文 | | | 前5年学科发文在2015年的被引 | | | | h指数（学科） |
|---|---|---|---|---|---|---|---|---|---|---|
| | | | 学科发文（篇） | 期刊分布（种） | 发文总量（篇） | 总频次 | 被引率（%） | 最高（次） | 篇均（次） | |
| 16 | 赵地顺 | 河北科技大学 | 14 | 11 | 56 | 15 | 50.0 | 4 | 1.07 | 4 |
| 16 | 马强 | 中国检验检疫科学研究院 | 8 | 5 | 9 | 15 | 75.0 | 5 | 1.88 | 3 |
| 16 | 孙国祥 | 沈阳药科大学 | 19 | 3 | 61 | 15 | 52.6 | 4 | 0.79 | 2 |
| 16 | 庞艳华 | 辽宁出入境检验检疫局 | 6 | 5 | 13 | 15 | 83.3 | 6 | 2.50 | 3 |
| 16 | 胡松青 | 中国石油大学（华东） | 7 | 5 | 14 | 15 | 85.7 | 4 | 2.14 | 3 |

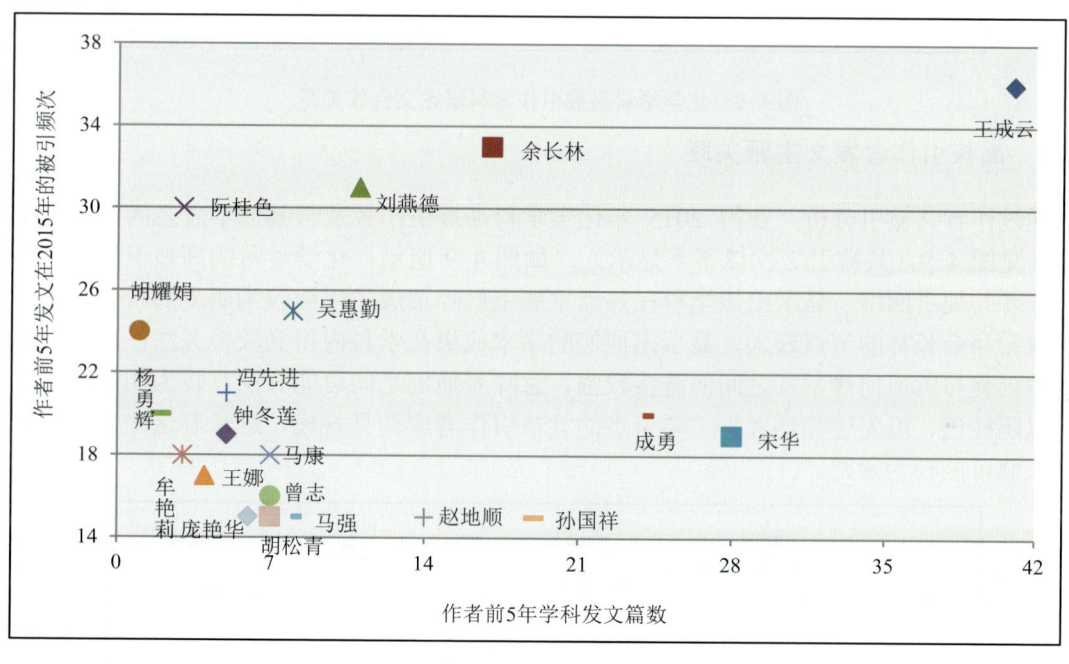

图 4-7　化学学科高被引作者学科发文及被引对比

## 4.5.2　高被引作者科研合作关系

通过作者合著分析，获得2015年化学学科高被引作者及与其他学者之间的科研论文合作关系（不考虑论文署名次序），如图4-8所示（合著5次以下不显示）。可以看出，化学学科的高被引作者的论文合作现象比较普遍。学者王成云和宋华的发文量较多；王成云的论文合作网络最为突出，在该学科的研究人员中表现出一定的集聚效应；吴惠勤和黄芳、黄晓兰、朱志鑫等学者之间的合作关系最为紧密，显示出他们可能属于同一支科研团队。

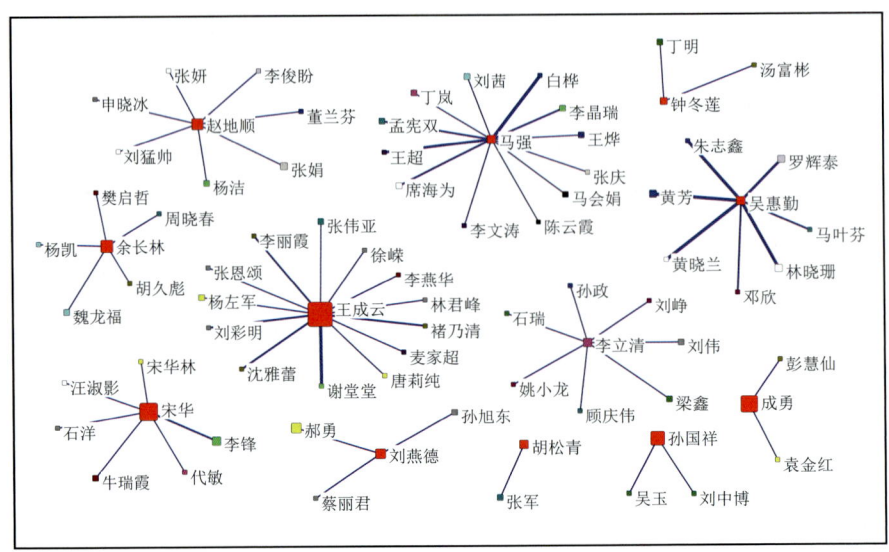

图 4-8  化学学科高被引作者科研论文合作关系

### 4.5.3 高被引作者发文主题关联

通过作者共被引分析，获得 2015 年化学学科高被引作者及与其他学者之间的发文主题关联（见图 4-9，共被引 2 次以下不显示）。如图 4-9 所示，化学学科的高被引作者基本主导了作者共被引网络，显示出该学科在热点主题上已经形成了优势较为明显的科研力量。学者王成云和余长林的节点较大，显示出他们的学术成果在学科内得到较多关注；成勇与朱霞萍、牟艳莉与黄何何等学者之间的链接较强，意味着他们之间可能分别有较为相近的研究主题；以阮桂色、冯先进等学者为主要节点的共被引作者簇初具规模，意味着这些学者的研究主题关联可能较为紧密。

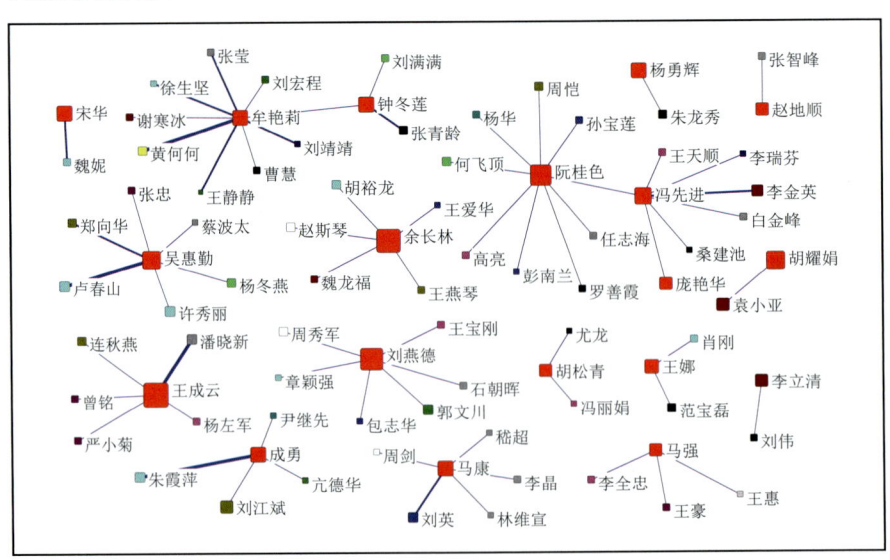

图 4-9  化学学科高被引作者发文主题关联

## 4.6 高被引机构分析

### 4.6.1 高被引机构

为便于比较，本书将化学学科的高被引机构分为高等院校和科研院所两种类型。其中，被引频次 TOP 10 高等院校和被引频次 TOP 5 科研院所的发文及被引情况分别见表 4-5 和表 4-6。其中，总被引频次较高的 3 所高等院校分别是浙江大学、四川大学和浙江工业大学，中国科学院大连化学物理研究所、中国科学院兰州化学物理研究所和中国科学院长春应用化学研究所是总被引频次较高的 3 所科研院所；前 5 年学科发文在 2015 年的被引率最高的高等院校和科研院所分别是中南大学和中国石化石油化工科学研究院，篇均被引最高的高等院校和科研院所分别是中南大学和中国石化石油化工科学研究院。上述高被引机构的论文被引率和篇均被引频次对比如图 4-10 所示。

表 4-5 化学学科高被引高等院校 TOP 10

| 序号 | 第一作者单位 | 学科发文量（篇） | | 前 5 年学科发文在 2015 年的被引 | | | |
|---|---|---|---|---|---|---|---|
| | | 前 5 年 | 2015 年 | 频次 | 被引率(%) | 最高（次） | 篇均（次） |
| 1 | 浙江大学 | 752 | 133 | 326 | 28.1 | 9 | 0.43 |
| 2 | 四川大学 | 989 | 150 | 317 | 21.2 | 7 | 0.32 |
| 3 | 浙江工业大学 | 696 | 134 | 301 | 26.0 | 9 | 0.43 |
| 4 | 华东理工大学 | 773 | 127 | 264 | 21.6 | 7 | 0.34 |
| 5 | 中南大学 | 549 | 80 | 261 | 30.4 | 6 | 0.48 |
| 6 | 吉林大学 | 711 | 115 | 242 | 21.0 | 7 | 0.34 |
| 7 | 华南理工大学 | 586 | 71 | 234 | 25.3 | 9 | 0.40 |
| 8 | 河北大学 | 451 | 66 | 210 | 25.1 | 7 | 0.47 |
| 9 | 江南大学 | 509 | 80 | 209 | 26.1 | 6 | 0.41 |
| 10 | 太原理工大学 | 494 | 88 | 204 | 25.9 | 11 | 0.41 |

表 4-6 化学学科高被引科研院所 TOP 5

| 序号 | 第一作者单位 | 学科发文量（篇） | | 前 5 年学科发文在 2015 年的被引 | | | |
|---|---|---|---|---|---|---|---|
| | | 前 5 年 | 2015 年 | 频次 | 被引率(%) | 最高（次） | 篇均（次） |
| 1 | 中国科学院大连化学物理研究所 | 324 | 59 | 155 | 30.9 | 5 | 0.48 |
| 2 | 中国科学院兰州化学物理研究所 | 204 | 23 | 140 | 33.8 | 9 | 0.69 |
| 3 | 中国科学院长春应用化学研究所 | 297 | 40 | 117 | 23.6 | 6 | 0.39 |
| 4 | 中国科学院山西煤炭化学研究所 | 131 | 15 | 105 | 45.0 | 9 | 0.80 |
| 5 | 中国石化石油化工科学研究院 | 98 | 19 | 86 | 46.9 | 7 | 0.88 |

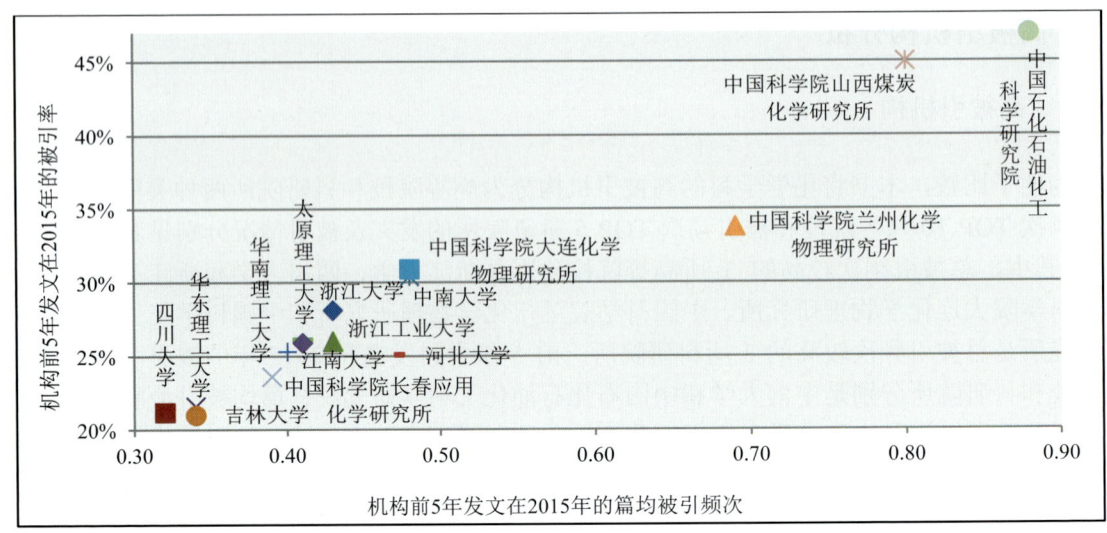

图 4-10　化学学科高被引机构论文篇均被引及被引率对比

### 4.6.2　高被引机构科研合作关系

通过合著分析，获得化学学科高被引机构之间及其与其他机构之间的科研合作关联，如图 4-11 所示（合作 58 次以下不显示）。分析得知，化学学科的机构合作链接较为紧密，表明学科内机构合作现象比较普遍；高被引机构部分主导了机构合作网络，显示出这些机构已经在学科内具有了一定的科研优势；吉林大学和中国科学院长春应用化学研究所、中国科学院大连化学物理研究所和大连理工大学等机构之间的链接较强，表明它们的学术合作较为频繁。

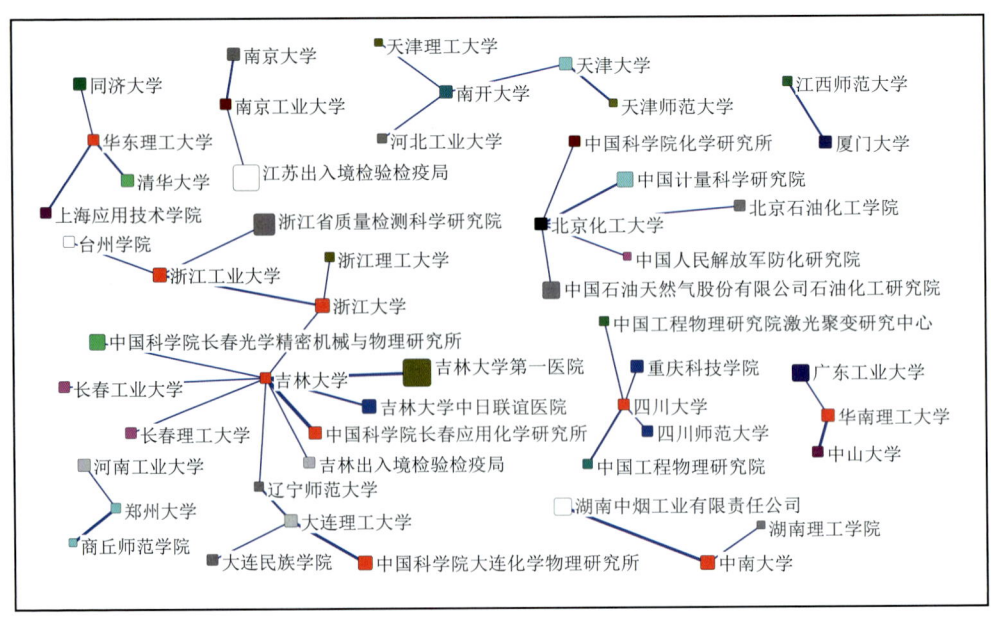

图 4-11　化学学科高被引机构科研合作关联

## 4.7 高被引图书、国外期刊及学术会议

2015 年，化学学科被引频次位居前 10 位的图书及国外期刊见表 4-7 和表 4-8。其中，被引次数较多的 3 种图书分别是许金钧的《荧光分析法》、辛仁轩的《等离子体发射光谱分析》和傅献彩的《物理化学》；被引次数较多的 3 种国外期刊分别是《Journal of the American Chemical Society》《Angewandte Chemie International Edition》和《Chemical Communications》；被引次数较多的 3 场学术会议分别是"ACS Symposium Series""The 7th International Conference on Gas Hydrates"和"224th ACS National Meeting: Division of Medicinal Chemistry"。

表 4-7 化学学科高被引图书 TOP 10

| 序号 | 责任者 | 图书名称 | 出版社 | 2015 年被引频次 |
| --- | --- | --- | --- | --- |
| 1 | 许金钧 | 荧光分析法 | 科学出版社 | 38 |
| 2 | 辛仁轩 | 等离子体发射光谱分析 | 化学工业出版社 | 37 |
| 3 | 傅献彩 | 物理化学 | 高等教育出版社 | 34 |
| 4 | 武汉大学 | 分析化学 | 高等教育出版社 | 31 |
| 5 | 牟世芬 | 离子色谱方法及应用 | 化学工业出版社 | 29 |
| 6 | 陆婉珍 | 现代近红外光谱分析技术 | 中国石化出版社 | 25 |
| 7 | 邢其毅 | 基础有机化学 | 高等教育出版社 | 23 |
| 8 | 徐如人 | 分子筛与多孔材料化学 | 科学出版社 | 21 |
| 9 | 王恩波 | 多酸化学导论 | 化学工业出版社 | 20 |
| 10 | 中国实验室国家认可委员会 | 化学分析中不确定度的评估指南 | 中国计量出版社 | 19 |

表 4-8 化学学科高被引国外期刊 TOP 10

| 序号 | 期刊名称 | 2015 年被引频次 |
| --- | --- | --- |
| 1 | Journal of the American Chemical Society | 10918 |
| 2 | Angewandte Chemie International Edition | 5427 |
| 3 | Chemical Communications | 4941 |
| 4 | Chemical Reviews | 3394 |
| 5 | Science | 2858 |
| 6 | Journal of Chromatography A | 2820 |
| 7 | Organic Letters | 2811 |
| 8 | Analytical Chemistry | 2761 |
| 9 | Macromolecules | 2742 |
| 10 | Journal of Physical Chemistry C | 2733 |

# 第 5 章 天文学、地球科学学科高被引分析

## 5.1 学科论文概况

2010—2014 年，天文学、地球科学学科共有 183242 位来自 35560 所机构的论文第一作者在 4590 种期刊上发表了 207426 篇学术论文。其中，80%以上的论文产出自 7552 所机构、137817 位作者，发表在 406 种期刊上。在前 5 年发表的这些论文中，有 60339 篇在 2015 年获得过引用，整体被引率为 29.1%，总被引频次为 132971 次，篇均被引 0.64 次；其中，高被引论文有 701 篇，单篇论文最高被引频次为 127 次，累计被引 11526 次，篇均被引 16.44 次（表 5-1）。另外，2015 年天文学、地球科学学科共发表论文 50310 篇，其中有 1905 篇在当年获得过引用，总共被引 2449 次。

表 5-1 天文学、地球科学学科论文分布情况

| 年份 | 论文篇数 | 2015 年被引频次 | 2015 年被引率（%） | 2015 年高被引论文 | | | |
|---|---|---|---|---|---|---|---|
| | | | | 论文篇数 | 最高被引频次 | 总被引频次 | 篇均被引频次 |
| 2010 | 34045 | 26378 | 33.7 | 138 | 113 | 2437 | 17.66 |
| 2011 | 41411 | 28071 | 29.6 | 126 | 100 | 2268 | 18.00 |
| 2012 | 44870 | 29711 | 28.9 | 151 | 124 | 2617 | 17.33 |
| 2013 | 41295 | 31235 | 33.8 | 162 | 127 | 2690 | 16.60 |
| 2014 | 45805 | 17576 | 21.2 | 124 | 92 | 1514 | 12.21 |
| 合计 | 207426 | 132971 | 29.1 | 701 | 127 | 11526 | 16.44 |

从天文学、地球科学学科论文的地域分布来看，2015 年被引频次较高的 5 个省、直辖市或自治区依次是北京、江苏、湖北、四川和陕西（图 5-1）；5 年论文产出量较多的 5 个省、直辖市或自治区依次是北京、江苏、山东、湖北和河南（图 5-2）。

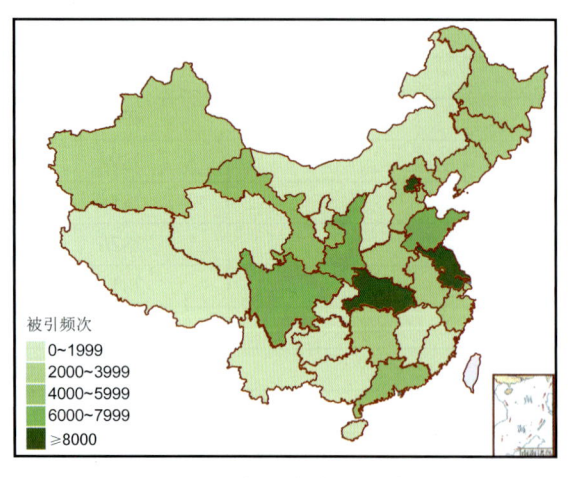

图 5-1 2015 年天文学、地球科学学科
地区被引分布

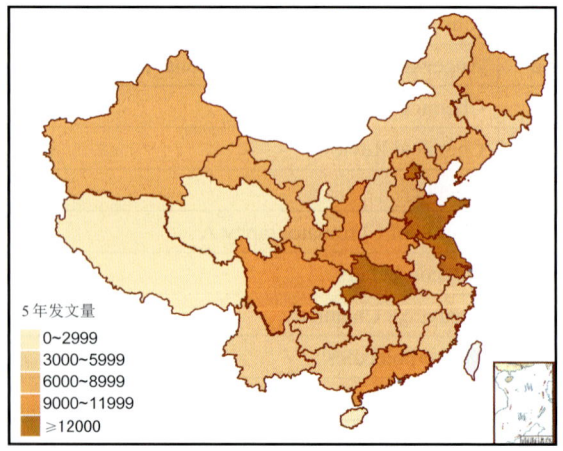

图 5-2 天文学、地球科学学科 5 年论文
产出地区分布

## 5.2 高被引论文分析

在天文学、地球科学学科，2015年被引频次位居前10位的论文（表5-2）平均被引频次为64.3次，是全部701篇高被引论文篇均被引频次的3.9倍。其中，被引频次最高的论文是邹才能于2010年发表的《中国页岩气形成机理、地质特征及资源潜力》，随后2篇分别是杨元喜于2010年发表的《北斗卫星导航系统的进展、贡献与挑战》和邹才能于2011年发表的《中国油气储层中纳米孔首次发现及其科学价值》。

从论文分布来看，刊载高被引论文数量居前的3种期刊分别是《地球物理学报》（88篇）、《岩石学报》（71篇）和《地学前缘》（26篇），而《地质通报》刊载了高被引论文TOP 10中的2篇；发表高被引论文居前的3位学者分别是武汉大学的李德仁（8篇）、中国地质科学院矿产资源研究所的唐菊兴（5篇）和中国地质大学（北京）的邓军（4篇）；产出高被引论文数量居前的3所机构分别是中国地质大学（北京）（34篇）、中国科学院地质与地球物理研究所（32篇）和中国地质科学院矿产资源研究所（27篇），而中国石油勘探开发研究院产出了高被引论文TOP 10中的2篇。

表5-2 天文学、地球科学学科高被引论文 TOP 10

| 序号 | 论文题名 | 第一作者 | 期刊名称 | 发表年份 | 被引频次 总频次 | 被引频次 2015年 |
|---|---|---|---|---|---|---|
| 1 | 中国页岩气形成机理、地质特征及资源潜力 | 邹才能 | 石油勘探与开发 | 2010 | 412 | 148 |
| 2 | 北斗卫星导航系统的进展、贡献与挑战 | 杨元喜 | 测绘学报 | 2010 | 202 | 71 |
| 2 | 中国油气储层中纳米孔首次发现及其科学价值 | 邹才能 | 岩石学报 | 2011 | 167 | 71 |
| 4 | 华南构造演化的基本特征 | 舒良树 | 地质通报 | 2012 | 129 | 62 |
| 5 | IPCC第一工作组第五次评估报告对全球气候变化认知的最新科学要点 | 沈永平 | 冰川冻土 | 2013 | 72 | 55 |
| 6 | 川南龙马溪组页岩气储层纳米孔隙结构特征及其成藏意义 | 陈尚斌 | 煤炭学报 | 2012 | 107 | 53 |
| 7 | 页岩气含气量和页岩气地质评价综述 | 李玉喜 | 地质通报 | 2011 | 95 | 48 |
| 8 | 2013年1月中国东部持续性强雾霾天气产生的气象条件分析 | 张人禾 | 中国科学（地球科学） | 2014 | 30 | 47 |
| 9 | 论地理国情监测的技术支撑 | 李德仁 | 武汉大学学报（信息科学版） | 2012 | 88 | 44 |
| 9 | 页岩储层微观孔隙结构特征 | 杨峰 | 石油学报 | 2013 | 71 | 44 |

## 5.3 研究主题关联分析

在天文学、地球科学学科，高被引论文累计被 2015 年发表的 6661 篇论文引用了 11526 次。通过分析施引文献关键词的词频及关键词之间的共现关系，获得 2015 年天文学、地球科学学科的热点主题和主题关联，如图 5-3 所示（共现 17 次以下不显示）。由图 5-3 可知："页岩气""地球化学""应用"等关键词的文档词频较高，是 2015 年学科的研究热点；以"页岩气""龙马溪组"等关键词为主要节点的多个概念相互关联，构成了学科内最为突出的研究主题簇。

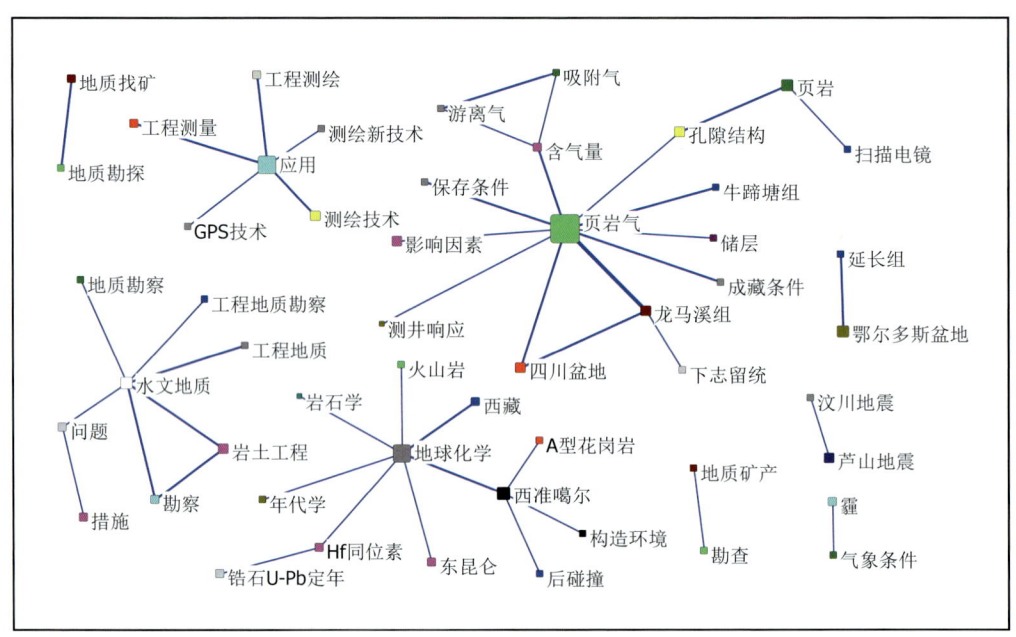

图 5-3　天文学、地球科学学科 2015 年热点主题关联

## 5.4 学科高影响力期刊分析

### 5.4.1 学科高影响力期刊 TOP 10

在天文学、地球科学学科，学科 5 年影响因子位居前 10 位的期刊见表 5-3，排在前 3 位的期刊分别是《岩石学报》《地理学报》和《地球物理学报》。在表 5-3 中，学科载文量占其总载文量比例最大的期刊是《岩石学报》；前 5 年学科载文在 2015 年被引率最高的期刊是《岩石学报》；期刊 5 年影响因子较高的前 3 种期刊分别是《地理学报》《岩石学报》和《地球物理学报》；学科 5 年影响因子与期刊 5 年影响因子差异最大的期刊是《地理学报》。表 5-3 中期刊的学科 5 年影响因子和前 5 年学科载文的 2015 年被引率对比如图 5-4 所示，2010—2015 年期刊 5 年影响因子的变动情况如图 5-5 所示。

表 5-3　天文学、地球科学学科高影响力期刊基本指数

| 序号 | 期刊名称 | 前 5 年载文量 | | | 2015 年学科被引 | | | 5 年影响因子 | | h 指数 (学科) |
|---|---|---|---|---|---|---|---|---|---|---|
| | | 学科（篇） | 占比（%） | 总量（篇） | 频次 | 被引率（%） | 高被引论文篇数 | 期刊(2015) | 学科(2015) | |
| 1 | 岩石学报 | 1786 | 99.9 | 1788 | 5109 | 64.2 | 71 | 2.861 | 2.861 | 20 |
| 2 | 地理学报 | 442 | 44.5 | 993 | 1260 | 60.2 | 21 | 3.524 | 2.851 | 20 |
| 3 | 地球物理学报 | 2282 | 99.8 | 2286 | 5659 | 55.7 | 88 | 2.486 | 2.480 | 19 |
| 4 | 矿床地质 | 576 | 98.8 | 583 | 1181 | 56.8 | 15 | 2.050 | 2.050 | 13 |
| 5 | 地质学报 | 941 | 97.9 | 961 | 1916 | 54.9 | 24 | 2.017 | 2.036 | 14 |
| 6 | 地理科学 | 546 | 44.2 | 1234 | 1016 | 55.9 | 7 | 2.288 | 1.861 | 15 |
| 7 | 气象 | 1163 | 94.1 | 1236 | 2121 | 61.0 | 12 | 1.821 | 1.824 | 12 |
| 8 | 地理科学进展 | 445 | 38.6 | 1154 | 793 | 58.9 | 3 | 2.028 | 1.782 | 13 |
| 9 | 地学前缘 | 977 | 90.1 | 1084 | 1728 | 50.6 | 26 | 1.815 | 1.769 | 16 |
| 10 | 地球学报 | 487 | 79.3 | 614 | 856 | 51.3 | 11 | 1.627 | 1.758 | 12 |

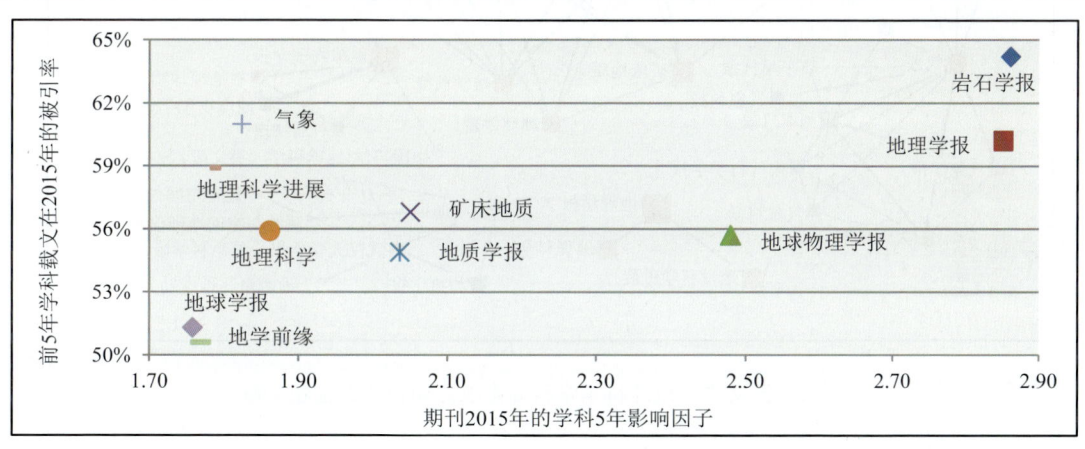

图 5-4　天文学、地球科学学科高影响力期刊对比

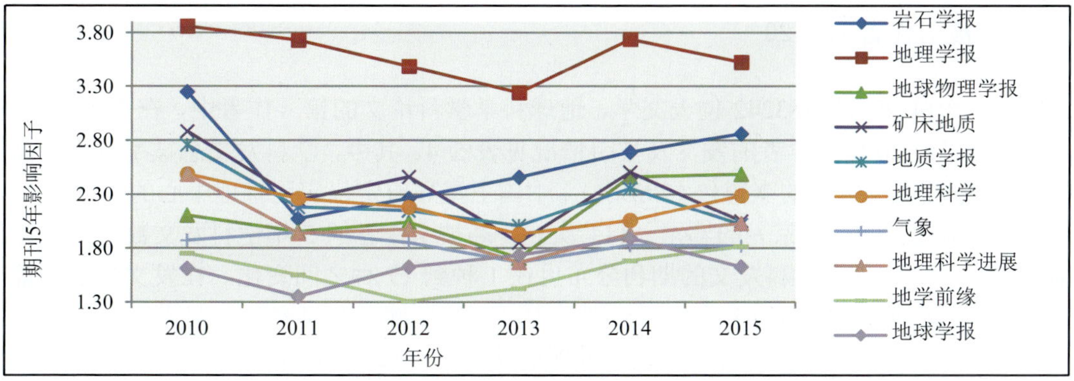

图 5-5　天文学、地球科学学科期刊 5 年影响因子变动

### 5.4.2 学科高影响力期刊载文主题关联

通过期刊共被引分析，获得天文学、地球科学学科高影响力期刊及与其他期刊之间的载文主题关联，如图5-6所示（共被引100次以下不显示）。结果显示，天文学、地球科学学科的高影响力期刊相互链接较为紧密，基本主导了该学科的期刊共被引网络，显示出该学科高影响力期刊可能共同刊载了许多相近的研究主题，热点研究主题分散在多种期刊上。《岩石学报》的学科5年影响因子较高，显示出该刊在学科内学术影响力较大；《地质学报》与《岩石学报》、《地球物理学报》与《地球物理学进展》等期刊之间的链接较强，意味着它们之间可能分别有较多相同或相近的载文主题。

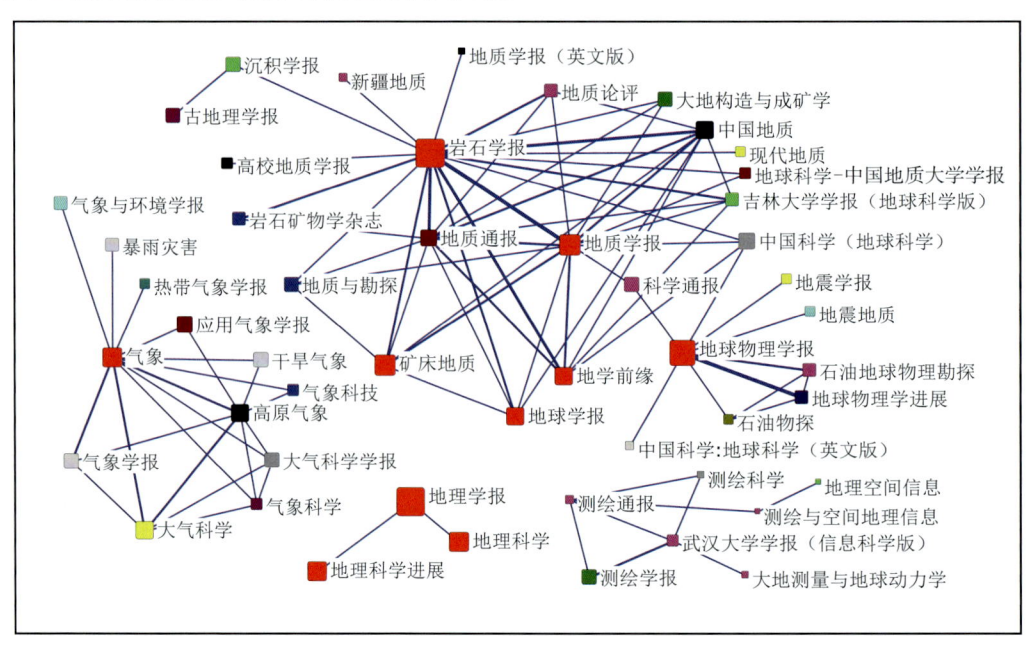

图 5-6　天文学、地球科学学科高影响力期刊载文主题关联

## 5.5　高被引作者分析

### 5.5.1　高被引作者 TOP 20

2010—2014年，在183242位天文学、地球科学学科论文的第一作者中，在2015年学科被引频次位居前20位的学者的发文及被引情况见表5-4。其中，学科发文总被引频次较高的3位作者分别是武汉大学的李德仁（293次）、中国卫星导航定位应用管理中心的杨元喜（111次）和中国地质大学（北京）的邓军（111次）。高被引作者的5年学科发文数量从2篇到36篇不等，同时，作者学科发文的期刊分布也在1种到17种之间变化。在发文超过5篇的所有作者中，篇均被引较高的3位作者分别是中国石油勘探开发研究院的邹才能（篇均17.20次）、中国科学院寒区旱区环境与工程研究所的沈永平（篇均16.00次）和中国气象局气象干部培训学院的俞小鼎（篇均14.20次）；前5年发表学科论文较多的3位作者分别是北京

大学的王绍武（42 篇）、大庆油田勘探开发研究院的陈可洋（41 篇）和中国科学院地质与地球物理研究所的秦四清（36 篇）。高被引作者的学科发文量和被引量对比如图 5-7 所示。

表 5-4　天文学、地球科学学科高被引作者 TOP 20

| 序号 | 姓名 | 作者单位 | 前 5 年发文 | | | 前 5 年学科发文在 2015 年的被引 | | | | h 指数（学科） |
|---|---|---|---|---|---|---|---|---|---|---|
| | | | 学科发文（篇） | 期刊分布（种） | 发文总量（篇） | 总频次 | 被引率（%） | 最高（次） | 篇均（次） | |
| 1 | 李德仁 | 武汉大学 | 25 | 8 | 32 | 293 | 80.0 | 44 | 11.72 | 10 |
| 2 | 杨元喜 | 中国卫星导航定位应用管理中心 | 2 | 2 | 3 | 111 | 100.0 | 71 | 55.50 | 3 |
| 2 | 邓军 | 中国地质大学（北京） | 11 | 5 | 15 | 111 | 90.9 | 31 | 10.09 | 5 |
| 4 | 唐菊兴 | 中国地质科学院矿产资源研究所 | 9 | 4 | 10 | 104 | 88.9 | 33 | 11.56 | 6 |
| 5 | 张旗 | 中国科学院地质与地球物理研究所 | 32 | 8 | 32 | 101 | 62.5 | 22 | 3.16 | 5 |
| 6 | 秦四清 | 中国科学院地质与地球物理研究所 | 36 | 5 | 37 | 98 | 58.3 | 15 | 2.72 | 5 |
| 7 | 王登红 | 中国地质科学院矿产资源研究所 | 21 | 8 | 23 | 97 | 81.0 | 15 | 4.62 | 6 |
| 8 | 高林志 | 中国地质科学院地质研究所 | 19 | 5 | 19 | 90 | 89.5 | 14 | 4.74 | 6 |
| 9 | 邹才能 | 中国石油勘探开发研究院 | 5 | 4 | 38 | 86 | 80.0 | 71 | 17.20 | 10 |
| 10 | 张强 | 中国气象局兰州干旱气象研究所 | 19 | 9 | 23 | 82 | 73.7 | 23 | 4.32 | 5 |
| 11 | 周涛发 | 合肥工业大学 | 9 | 5 | 10 | 81 | 77.8 | 17 | 9.00 | 6 |
| 12 | 沈永平 | 中国科学院寒区旱区环境与工程研究所 | 5 | 1 | 6 | 80 | 60.0 | 55 | 16.00 | 3 |
| 13 | 舒良树 | 南京大学 | 3 | 3 | 4 | 75 | 66.7 | 62 | 25.00 | 3 |
| 14 | 杨经绥 | 中国地质科学院地质研究所 | 9 | 3 | 9 | 74 | 100.0 | 20 | 8.22 | 6 |
| 15 | 俞小鼎 | 中国气象局气象干部培训学院 | 5 | 4 | 5 | 71 | 100.0 | 29 | 14.20 | 4 |
| 16 | 张金川 | 中国地质大学（北京） | 4 | 3 | 4 | 70 | 100.0 | 31 | 17.50 | 4 |
| 16 | 徐锡伟 | 中国地震局地质研究所 | 7 | 4 | 7 | 70 | 100.0 | 20 | 10.00 | 5 |
| 16 | 许志琴 | 中国地质科学院地质研究所 | 8 | 2 | 9 | 70 | 75.0 | 28 | 8.75 | 5 |

| 序号 | 姓名 | 作者单位 | 前5年发文 | | | 前5年学科发文在2015年的被引 | | | | h指数（学科） |
|---|---|---|---|---|---|---|---|---|---|---|
| | | | 学科发文（篇） | 期刊分布（种） | 发文总量（篇） | 总频次 | 被引率（%） | 最高（次） | 篇均（次） | |
| 19 | 柏道远 | 湖南省地质调查院 | 35 | 17 | 36 | 68 | 51.4 | 10 | 1.94 | 5 |
| 20 | 丁文龙 | 中国地质大学（北京） | 8 | 6 | 10 | 67 | 75.0 | 26 | 8.38 | 4 |
| 20 | 汤井田 | 中南大学 | 24 | 8 | 29 | 67 | 62.5 | 13 | 2.79 | 4 |

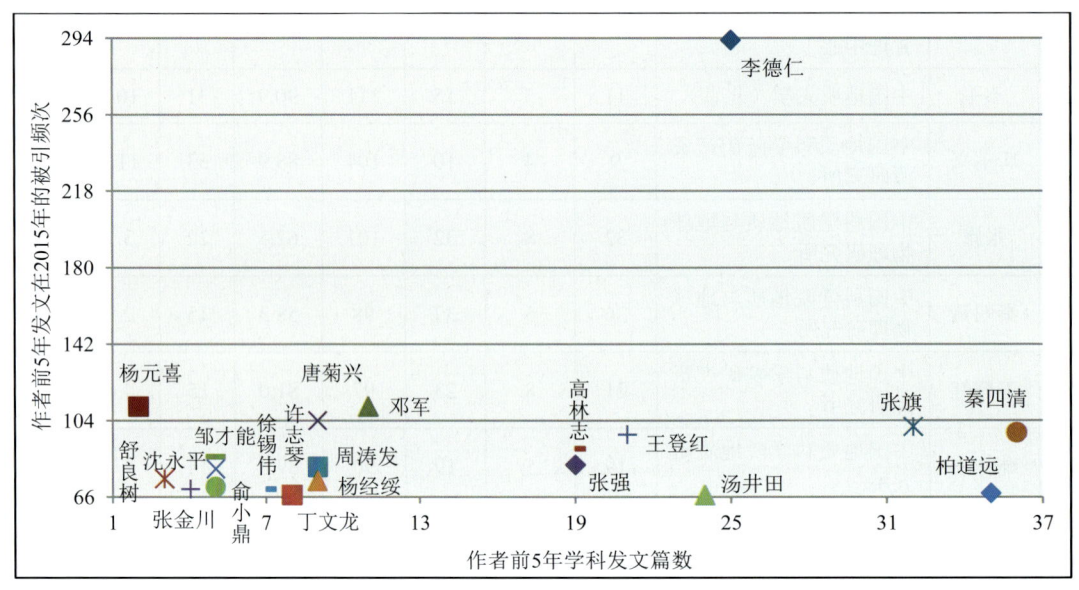

图 5-7　天文学、地球科学学科高被引作者学科发文及被引对比

## 5.5.2　高被引作者科研合作关系

通过作者合著分析，获得 2015 年天文学、地球科学学科高被引作者及与其他学者之间的科研论文合作关系（不考虑论文署名次序），如图 5-8 所示（合著 9 次以下不显示）。可以看出，天文学、地球科学学科的高被引作者的论文合作现象比较普遍。学者秦四清、柏道远和张旗的发文量较多；柏道远、王登红和唐菊兴的论文合作网络最为突出，在该学科的研究人员中表现出一定的集聚效应；周涛发和袁峰、王登红和唐菊兴等学者之间的合作关系最为紧密，显示出他们可能分别属于同一支科研团队。

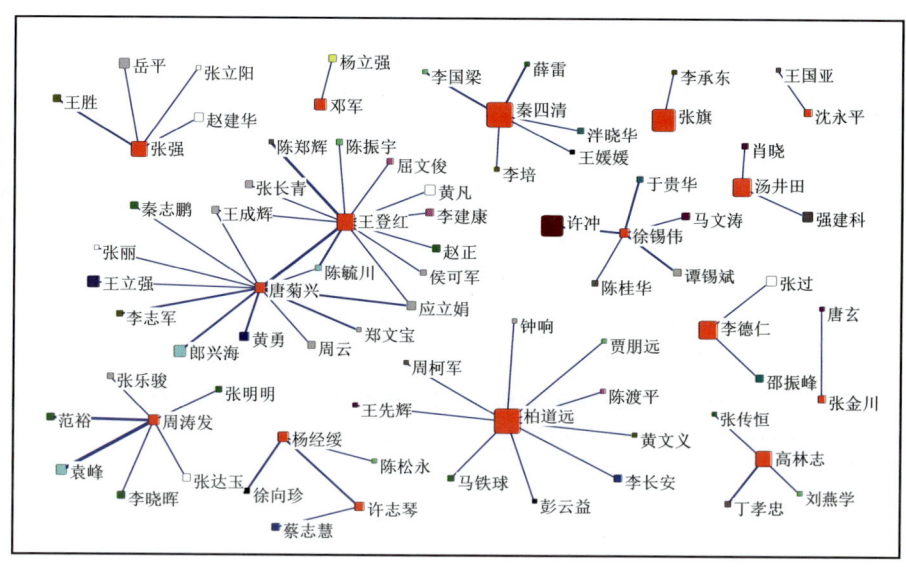

图 5-8　天文学、地球科学学科高被引作者科研论文合作关系

### 5.5.3　高被引作者发文主题关联

通过作者共被引分析，获得 2015 年天文学、地球科学学科高被引作者及与其他学者之间的发文主题关联（见图 5-9，共被引 6 次以下不显示）。如图 5-9 所示，天文学、地球科学学科的高被引作者基本主导了作者共被引网络，显示出该学科在热点主题上已经形成了优势较为明显的科研力量。学者李德仁的节点较大，显示出其学术成果在学科内得到较多关注；李德仁与唐新明、张金川与李玉喜等学者之间的链接较强，意味着他们之间可能分别有较为相近的研究主题；以唐菊兴、徐锡伟等学者为主要节点的共被引作者簇人数较多且有一定网络规模，意味着这些学者的研究主题关联可能较为紧密。

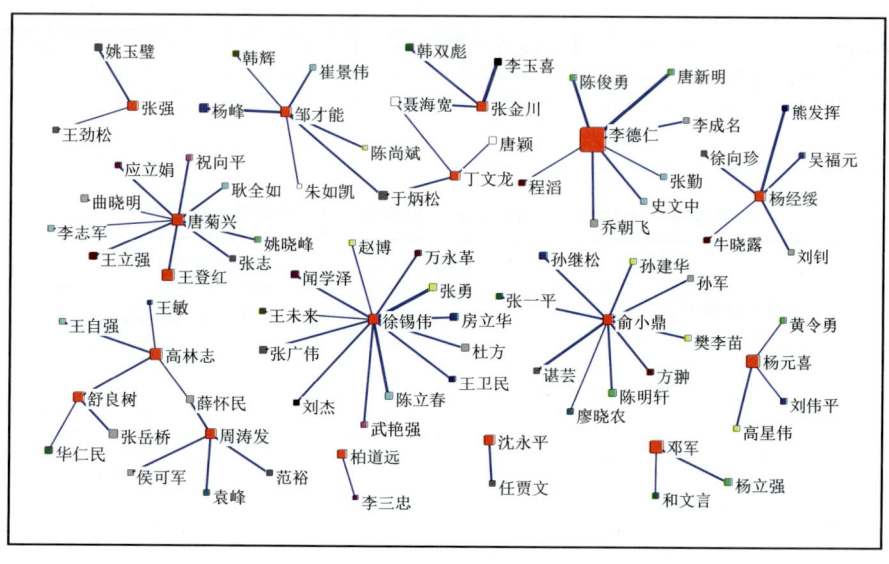

图 5-9　天文学、地球科学学科高被引作者发文主题关联

## 5.6 高被引机构分析

### 5.6.1 高被引机构

为便于比较，本书将天文学、地球科学学科的高被引机构分为高等院校和科研院所两种类型。其中，被引频次 TOP 10 高等院校和被引频次 TOP 5 科研院所的发文及被引情况分别见表 5-5 和表 5-6。其中，总被引频次较高的 3 所高等院校分别是中国地质大学（北京）、中国地质大学（武汉）和南京信息工程大学，中国科学院地质与地球物理研究所、中国地质科学院矿产资源研究所和中国科学院地理科学与资源研究所是总被引频次较高的 3 所科研院所；前 5 年学科发文在 2015 年的被引率最高的高等院校和科研院所分别是南京大学和中国科学院地理科学与资源研究所，篇均被引最高的高等院校和科研院所分别是北京大学和中国地质科学院矿产资源研究所。上述高被引机构的论文被引率和篇均被引频次对比如图 5-10 所示。

表 5-5  天文学、地球科学学科高被引高等院校 TOP 10

| 序号 | 第一作者单位 | 学科发文量（篇） | | 前 5 年学科发文在 2015 年的被引 | | | |
|---|---|---|---|---|---|---|---|
| | | 前 5 年 | 2015 年 | 频次 | 被引率(%) | 最高（次） | 篇均（次） |
| 1 | 中国地质大学（北京） | 3425 | 555 | 4387 | 45.1 | 31 | 1.28 |
| 2 | 中国地质大学（武汉） | 2672 | 533 | 2545 | 41.1 | 21 | 0.95 |
| 3 | 南京信息工程大学 | 2454 | 482 | 2518 | 45.0 | 14 | 1.03 |
| 4 | 武汉大学 | 2800 | 417 | 2378 | 35.2 | 44 | 0.85 |
| 5 | 成都理工大学 | 3856 | 581 | 2366 | 28.0 | 36 | 0.61 |
| 6 | 吉林大学 | 2089 | 349 | 2113 | 40.1 | 24 | 1.01 |
| 7 | 南京大学 | 1504 | 279 | 1909 | 45.3 | 62 | 1.27 |
| 8 | 北京大学 | 1475 | 272 | 1901 | 40.9 | 40 | 1.29 |
| 9 | 兰州大学 | 1370 | 248 | 1570 | 41.7 | 19 | 1.15 |
| 10 | 中国石油大学（北京） | 1248 | 214 | 1456 | 43.8 | 44 | 1.17 |

表 5-6  天文学、地球科学学科高被引科研院所 TOP 5

| 序号 | 第一作者单位 | 学科发文量（篇） | | 前 5 年学科发文在 2015 年的被引 | | | |
|---|---|---|---|---|---|---|---|
| | | 前 5 年 | 2015 年 | 频次 | 被引率(%) | 最高（次） | 篇均（次） |
| 1 | 中国科学院地质与地球物理研究所 | 1203 | 206 | 2369 | 51.6 | 25 | 1.97 |
| 2 | 中国地质科学院矿产资源研究所 | 733 | 53 | 1585 | 53.9 | 33 | 2.16 |
| 3 | 中国科学院地理科学与资源研究所 | 865 | 147 | 1556 | 56.8 | 42 | 1.80 |
| 4 | 中国地质科学院地质研究所 | 686 | 50 | 1337 | 49.9 | 28 | 1.95 |
| 5 | 中国科学院寒区旱区环境与工程研究所 | 817 | 146 | 1222 | 53.6 | 55 | 1.50 |

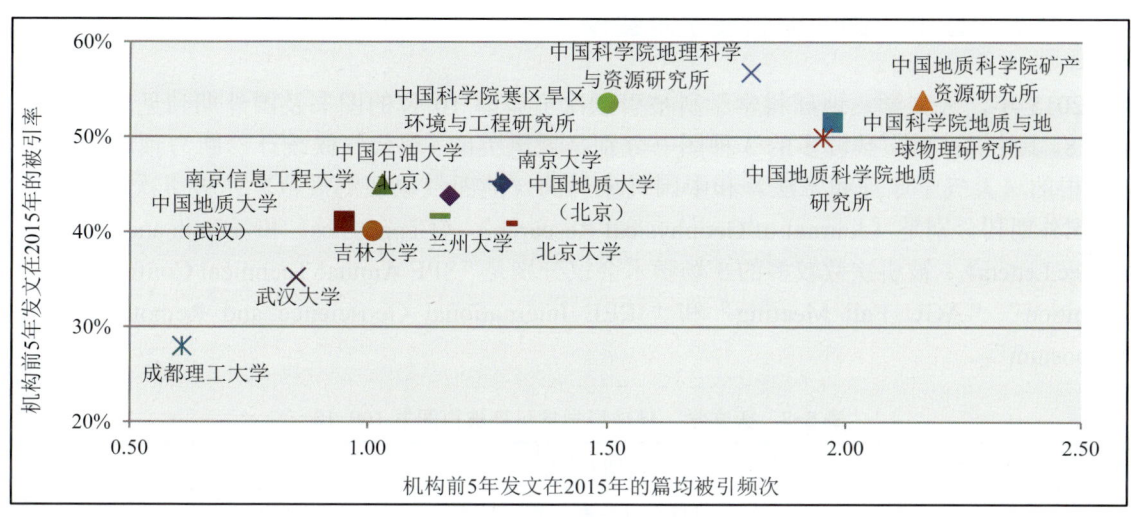

图 5-10　天文学、地球科学学科高被引机构论文篇均被引及被引率对比

## 5.6.2　高被引机构科研合作关系

通过合著分析，获得天文学、地球科学学科高被引机构之间及其与其他机构之间的科研合作关联，如图 5-11 所示（合作 137 次以下不显示）。分析得知，天文学、地球科学学科的机构合作链接较为紧密，表明学科内机构合作现象比较普遍；高被引机构基本主导了机构合作网络，显示出这些机构已经在学科内具有了一定的科研优势；中国地质大学（北京）和中国地质科学院矿产资源研究所、中国地质科学院地质研究所等机构之间的链接较强，表明它们的学术合作较为频繁。

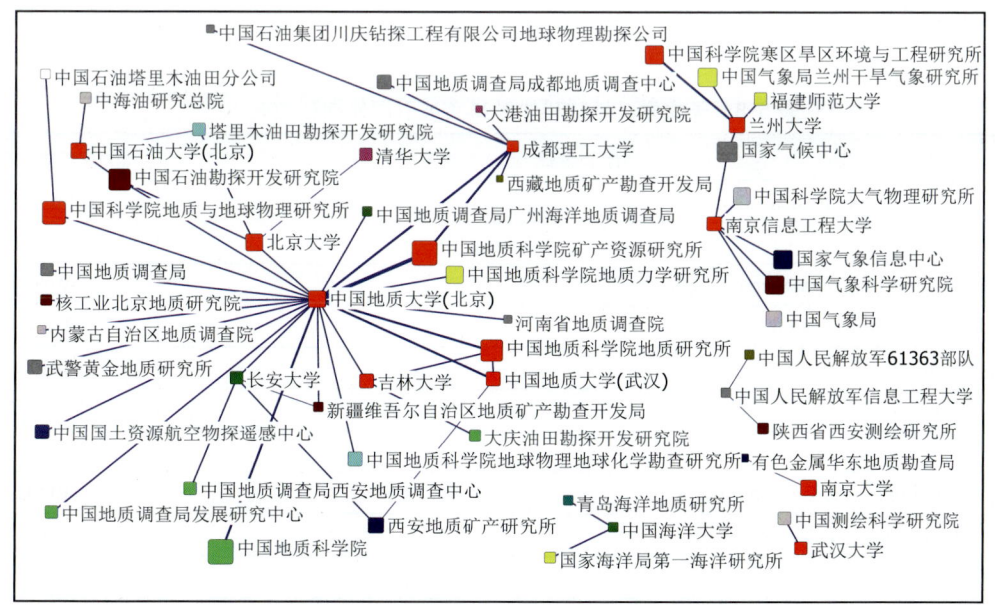

图 5-11　天文学、地球科学学科高被引机构科研合作关联

## 5.7 高被引图书、国外期刊及学术会议

2015 年，天文学、地球科学学科被引频次位居前 10 位的图书及国外期刊见表 5-7 和表 5-8。其中，被引次数较多的 3 种图书分别是魏凤英的《现代气候统计诊断与预测技术》、朱乾根的《天气学原理和方法》和中国气象局的《地面气象观测规范》；被引次数较多的 3 种国外期刊分别是《Journal of Geophysical Research》《Geophysics》和《Earth and Planetary Science Letters》；被引次数较多的 3 场学术会议分别是"SPE Annual Technical Conference and Exhibition""AGU Fall Meeting"和"IEEE International Geoscience and Remote Sensing Symposium"。

表 5-7 天文学、地球科学学科高被引图书 TOP 10

| 序号 | 责任者 | 图书名称 | 出版社 | 2015 年被引频次 |
|---|---|---|---|---|
| 1 | 魏凤英 | 现代气候统计诊断与预测技术 | 气象出版社 | 284 |
| 2 | 朱乾根 | 天气学原理和方法 | 气象出版社 | 186 |
| 3 | 中国气象局 | 地面气象观测规范 | 气象出版社 | 160 |
| 4 | 李征航 | GPS 测量与数据处理 | 武汉大学出版社 | 118 |
| 5 | 陶诗言 | 中国之暴雨 | 科学出版社 | 114 |
| 6 | 张倬元 | 工程地质分析原理 | 地质出版社 | 95 |
| 7 | 张国伟 | 秦岭造山带与大陆动力学 | 科学出版社 | 92 |
| 8 | 内蒙古自治区地质矿产局 | 内蒙古自治区区域地质志 | 地质出版社 | 91 |
| 9 | 俞小鼎 | 多普勒天气雷达原理与业务应用 | 气象出版社 | 81 |
| 10 | 李金铭 | 地电场与电法勘探 | 地质出版社 | 70 |

表 5-8 天文学、地球科学学科高被引国外期刊 TOP 10

| 序号 | 期刊名称 | 2015 年被引频次 |
|---|---|---|
| 1 | Journal of Geophysical Research | 9333 |
| 2 | Geophysics | 5256 |
| 3 | Earth and Planetary Science Letters | 4986 |
| 4 | Geophysical Research Letters | 4834 |
| 5 | Nature | 4814 |
| 6 | Science | 4172 |
| 7 | Chemical Geology | 4107 |
| 8 | Geochimica et Cosmochimica Acta | 4079 |
| 9 | The Astrophysical Journal | 3712 |
| 10 | Journal of Climate | 3688 |

# 第 6 章 生物科学学科高被引分析

## 6.1 学科论文概况

2010—2014 年，生物科学学科共有 110606 位来自 20207 所机构的论文第一作者在 3823 种期刊上发表了 117479 篇学术论文。其中，80%以上的论文产出自 3443 所机构、86208 位作者，发表在 492 种期刊上。在前 5 年发表的这些论文中，有 32805 篇在 2015 年获得过引用，整体被引率为 27.9%，总被引频次为 57814 次，篇均被引 0.49 次；其中，高被引论文有 402 篇，单篇论文最高被引频次为 71 次，累计被引 4053 次，篇均被引 10.08 次（表 6-1）。另外，2015 年生物科学学科共发表论文 20522 篇，其中有 805 篇在当年获得过引用，总共被引 943 次。

表 6-1 生物科学学科论文分布情况

| 年份 | 论文篇数 | 2015 年被引频次 | 2015 年被引率（%） | 2015 年高被引论文 | | | |
|---|---|---|---|---|---|---|---|
| | | | | 论文篇数 | 最高被引频次 | 总被引频次 | 篇均被引频次 |
| 2010 | 22632 | 12313 | 30.3 | 74 | 56 | 920 | 12.43 |
| 2011 | 26079 | 12648 | 26.7 | 82 | 54 | 861 | 10.50 |
| 2012 | 25502 | 12073 | 27.0 | 75 | 38 | 715 | 9.53 |
| 2013 | 21351 | 12932 | 33.8 | 115 | 71 | 1057 | 9.19 |
| 2014 | 21915 | 7848 | 22.2 | 56 | 40 | 500 | 8.93 |
| 合计 | 117479 | 57814 | 27.9 | 402 | 71 | 4053 | 10.08 |

从生物科学学科论文的地域分布来看，2015 年被引频次较高的 5 个省、直辖市或自治区依次是北京、江苏、广东、山东和上海（图 6-1）；5 年论文产出量较多的 5 个省、直辖市或自治区依次是北京、江苏、广东、山东和上海（图 6-2）。

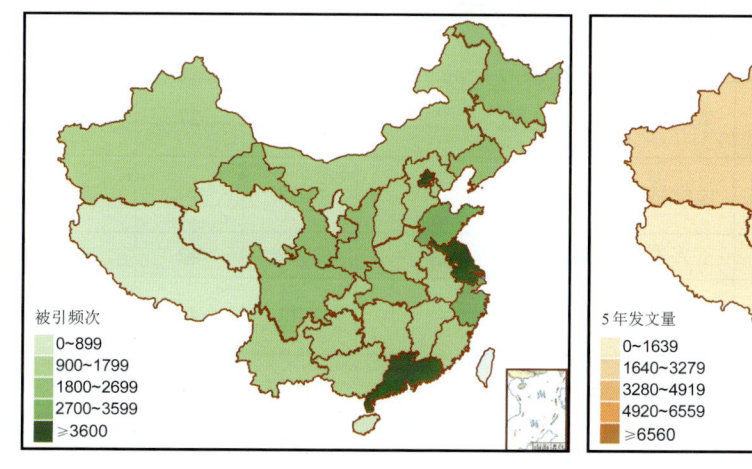

图 6-1 2015 年生物科学学科地区被引分布

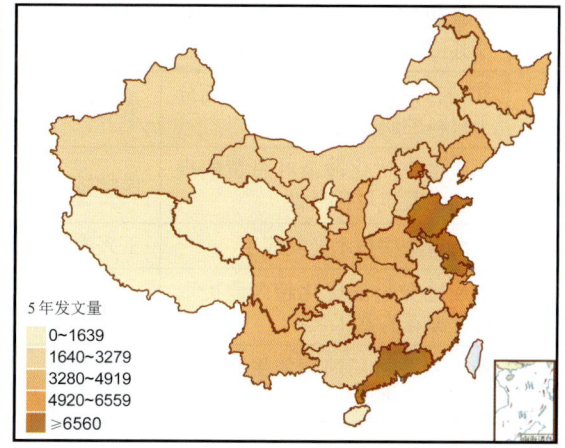

图 6-2 生物科学学科 5 年论文产出地区分布

## 6.2 高被引论文分析

在生物科学学科，2015年被引频次位居前10位的论文（表6-2）平均被引频次为24.9次，是全部402篇高被引论文篇均被引频次的2.5倍。其中，被引频次最高的论文是杜家菊于2010年发表的《使用SPSS线性回归实现通径分析的方法》，随后2篇分别是叶子飘于2010年发表的《光合作用对光和$CO_2$响应模型的研究进展》和陈根云于2010年发表的《关于净光合速率和胞间$CO_2$浓度关系的思考》。

从论文分布来看，刊载高被引论文数量居前的3种期刊分别是《生态学报》（48篇）、《应用生态学报》（27篇）和《植物生态学报》（23篇），而《食品科学》和《植物生态学报》分别刊载了高被引论文TOP 10中的2篇；发表高被引论文居前的3位学者分别是山东省花生研究所的张智猛（3篇）、湖南环境生物职业技术学院的杨宁（3篇）和北京林业大学的司静（2篇）；产出高被引论文数量居前的3所机构分别是中国科学院植物研究所（9篇）、甘肃农业大学（8篇）和西北农林科技大学（8篇）。

表6-2 生物科学学科高被引论文 TOP 10

| 序号 | 论文题名 | 第一作者 | 期刊名称 | 发表年份 | 被引频次 | |
|---|---|---|---|---|---|---|
| | | | | | 总频次 | 2015年 |
| 1 | 使用SPSS线性回归实现通径分析的方法 | 杜家菊 | 生物学通报 | 2010 | 119 | 51 |
| 2 | 光合作用对光和$CO_2$响应模型的研究进展 | 叶子飘 | 植物生态学报 | 2010 | 84 | 33 |
| 3 | 关于净光合速率和胞间$CO_2$浓度关系的思考 | 陈根云 | 植物生理学通讯 | 2010 | 43 | 23 |
| 4 | 南亚热带森林不同演替阶段植物与土壤中N、P的化学计量特征 | 刘兴诏 | 植物生态学报 | 2010 | 80 | 22 |
| 5 | 转录组研究新技术：RNA-Seq及其应用 | 祁云霞 | 遗传 | 2011 | 52 | 21 |
| 5 | 3D打印技术制备生物医用高分子材料的研究进展 | 贺超良 | 高分子学报 | 2013 | 27 | 21 |
| 7 | 响应面法优化薄荷叶总黄酮提取工艺及抗氧化活性 | 侯学敏 | 食品科学 | 2013 | 34 | 20 |
| 7 | 高通量测序技术及其应用 | 王兴春 | 中国生物工程杂志 | 2012 | 42 | 20 |
| 9 | 响应面分析法优化超声波提取槟榔原花青素工艺 | 陈健 | 食品科学 | 2011 | 46 | 19 |
| 9 | 城市景观格局演变的生态环境效应研究进展 | 陈利顶 | 生态学报 | 2013 | 27 | 19 |

## 6.3 研究主题关联分析

在生物科学学科，高被引论文累计被 2015 年发表的 3229 篇论文引用了 4053 次。通过分析施引文献关键词的词频及关键词之间的共现关系，获得 2015 年生物科学学科的热点主题和主题关联，如图 6-3 所示（共现 6 次以下不显示）。由图 6-3 可知："干旱胁迫""产量""种子萌发"等关键词的文档词频较高，是 2015 年学科的研究热点；以"干旱胁迫""种子萌发""幼苗生长"等关键词为主要节点的多个概念相互关联，构成了学科内最为突出的研究主题簇。

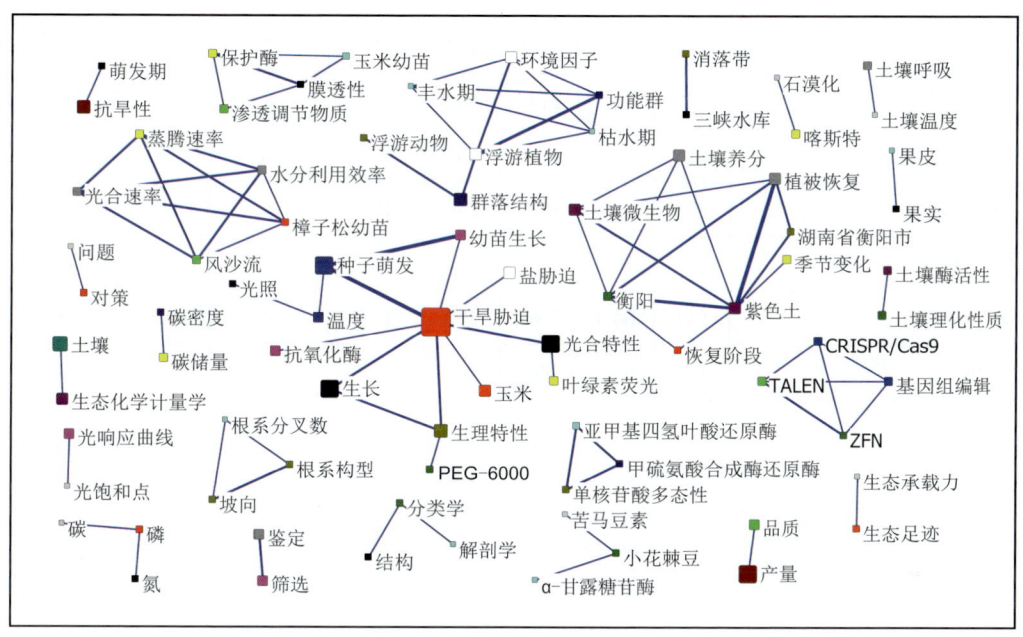

图 6-3　生物科学学科 2015 年热点主题关联

## 6.4 学科高影响力期刊分析

### 6.4.1 学科高影响力期刊 TOP 10

在生物科学学科，学科 5 年影响因子位居前 10 位的期刊见表 6-3，排在前 3 位的期刊分别是《植物生态学报》《应用生态学报》和《生态学报》。在表 6-3 中，学科载文量占其总载文量比例最大的期刊是《西北植物学报》；前 5 年学科载文在 2015 年被引率最高的期刊是《应用生态学报》；期刊 5 年影响因子较高的前 3 种期刊分别是《植物生态学报》《应用生态学报》和《生态学报》；学科 5 年影响因子与期刊 5 年影响因子差异最大的期刊是《生态学报》。表 6-3 中期刊的学科 5 年影响因子和前 5 年学科载文的 2015 年被引率对比如图 6-4 所示，2010—2015 年期刊 5 年影响因子的变动情况如图 6-5 所示。

表 6-3  生物科学学科高影响力期刊基本指数

| 序号 | 期刊名称 | 前 5 年载文量 | | | 2015 年学科被引 | | | 5 年影响因子 | | h指数（学科） |
|---|---|---|---|---|---|---|---|---|---|---|
| | | 学科（篇） | 占比（%） | 总量（篇） | 频次 | 被引率（%） | 高被引论文篇数 | 期刊(2015) | 学科(2015) | |
| 1 | 植物生态学报 | 529 | 66.6 | 794 | 1071 | 62.0 | 23 | 2.091 | 2.025 | 11 |
| 2 | 应用生态学报 | 854 | 29.7 | 2872 | 1561 | 62.1 | 27 | 1.917 | 1.828 | 14 |
| 3 | 生态学报 | 1729 | 34.5 | 5012 | 2709 | 57.4 | 48 | 1.847 | 1.567 | 17 |
| 4 | 中国水稻科学 | 381 | 65.7 | 580 | 450 | 52.5 | 7 | 1.372 | 1.181 | 8 |
| 5 | 生态学杂志 | 1206 | 44.0 | 2744 | 1365 | 52.2 | 8 | 1.201 | 1.132 | 10 |
| 6 | 生物多样性 | 414 | 69.8 | 593 | 458 | 46.9 | 5 | 1.153 | 1.106 | 8 |
| 7 | 植物学报 | 272 | 60.0 | 453 | 290 | 41.9 | 5 | 1.095 | 1.066 | 7 |
| 8 | 西北植物学报 | 2275 | 99.8 | 2279 | 1943 | 41.9 | 13 | 0.853 | 0.854 | 9 |
| 9 | 菌物学报 | 511 | 64.4 | 794 | 393 | 31.7 | 4 | 0.924 | 0.769 | 8 |
| 10 | 遗传 | 598 | 59.9 | 998 | 446 | 35.1 | 5 | 0.764 | 0.746 | 7 |

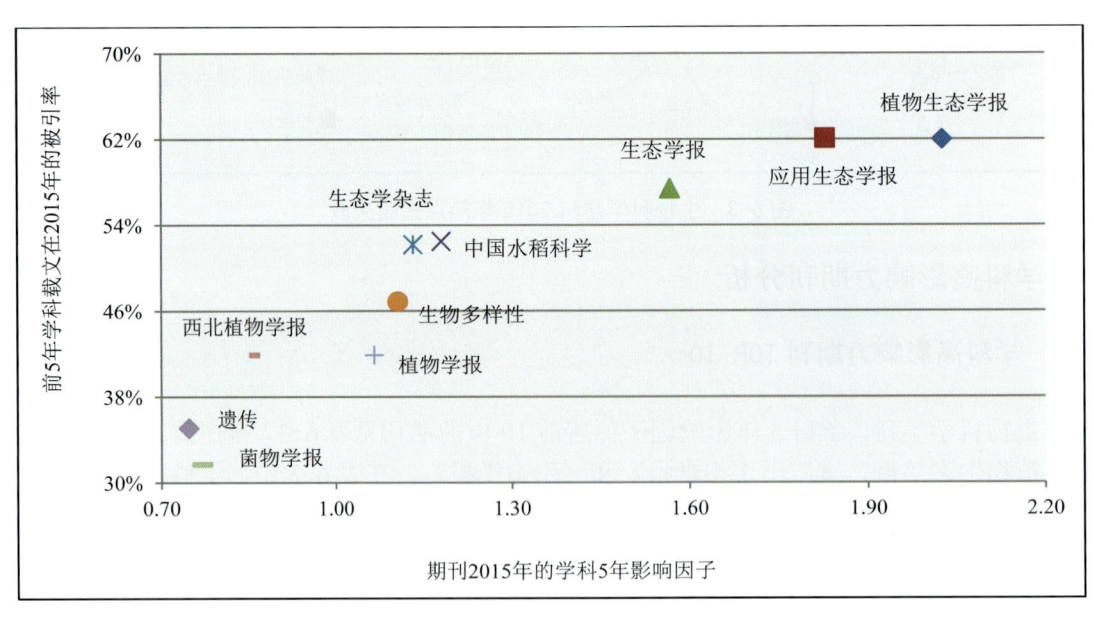

图 6-4  生物科学学科高影响力期刊对比

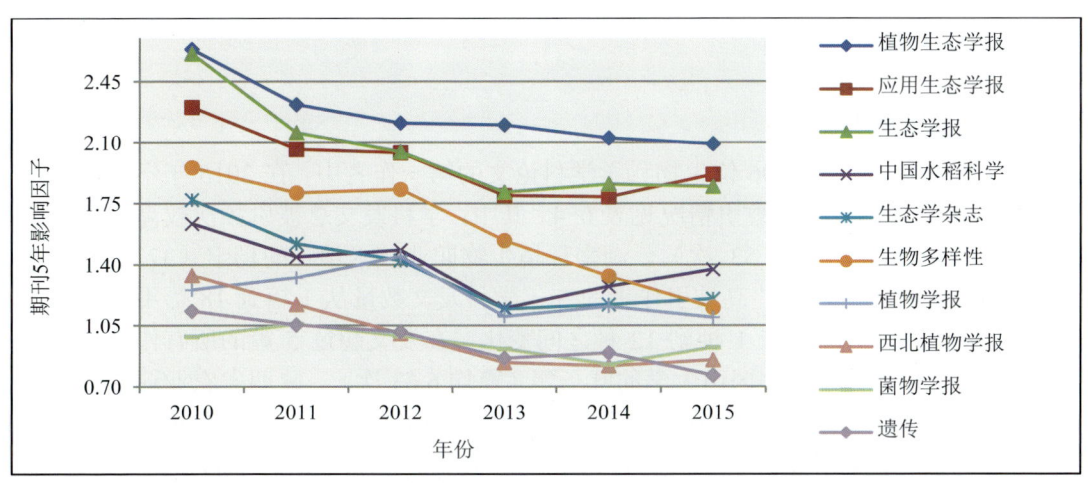

图 6-5　生物科学学科期刊 5 年影响因子变动

## 6.4.2　学科高影响力期刊载文主题关联

通过期刊共被引分析,获得生物科学学科高影响力期刊及与其他期刊之间的载文主题关联,如图 6-6 所示(共被引 21 次以下不显示)。结果显示,生物科学学科的高影响力期刊相互链接较为紧密,基本主导了该学科的期刊共被引网络,显示出该学科高影响力期刊可能共同刊载了许多相近的研究主题,热点研究主题分散在多种期刊上。《植物生态学报》和《应用生态学报》的学科 5 年影响因子较高,显示出它们在学科内学术影响力较大;《生态学报》与《生态学杂志》《应用生态学报》等期刊之间的链接较强,意味着它们之间可能有较多相同或相近的载文主题。

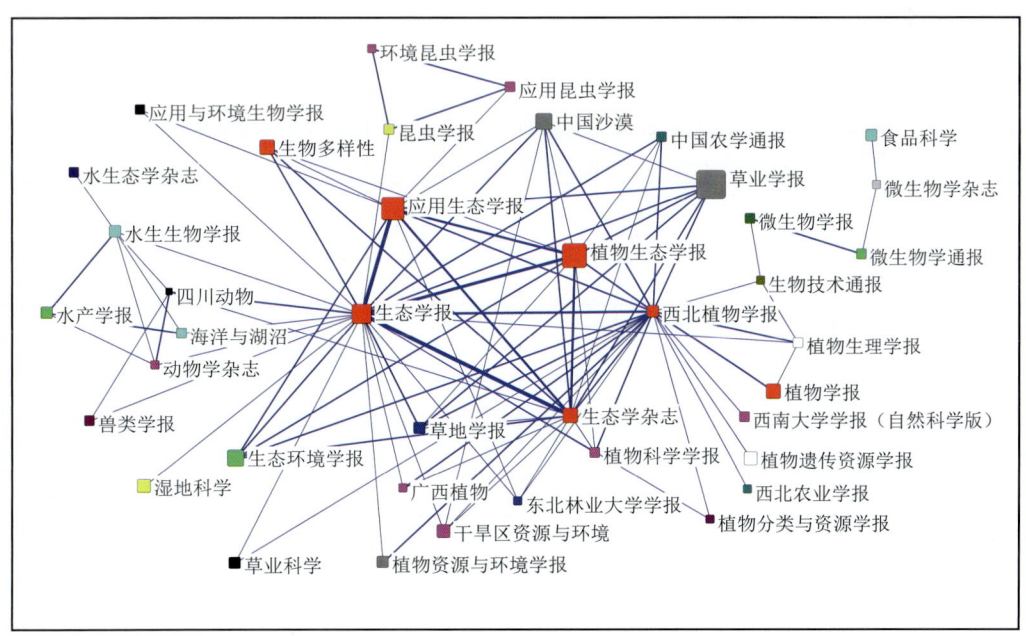

图 6-6　生物科学学科高影响力期刊载文主题关联

## 6.5 高被引作者分析

### 6.5.1 高被引作者 TOP 20

2010—2014 年，在 110606 位生物科学学科论文的第一作者中，在 2015 年学科被引频次位居前 20 位的学者的发文及被引情况见表 6-4。其中，学科发文总被引频次较高的 3 位作者分别是井冈山大学的叶子飘（53 次）、湖南环境生物职业技术学院的杨宁（37 次）和东北林业大学的张会慧（32 次）。高被引作者的 5 年学科发文数量从 1 篇到 18 篇不等，同时，作者学科发文的期刊分布也在 1 种到 12 种之间变化。在发文超过 5 篇的所有作者中，篇均被引较高的 3 位作者分别是井冈山大学的叶子飘（篇均 6.63 次）、陕西省农业遥感信息中心的李登科（篇均 4.60 次）和东北林业大学的张会慧（篇均 4.00 次）；前 5 年发表学科论文较多的 3 位作者分别是韩山师范学院的曾宪锋（66 篇）、陕西师范大学的郑哲民（56 篇）和中国鼠疫布氏菌病预防控制基地的马立名（40 篇）。高被引作者的学科发文量和被引量对比如图 6-7 所示。

表 6-4　生物科学学科高被引作者 TOP 20

| 序号 | 姓名 | 作者单位 | 前 5 年发文 | | | 前 5 年学科发文在 2015 年的被引 | | | | h 指数（学科） |
|---|---|---|---|---|---|---|---|---|---|---|
| | | | 学科发文（篇） | 期刊分布（种） | 发文总量（篇） | 总频次 | 被引率（%） | 最高（次） | 篇均（次） | |
| 1 | 叶子飘 | 井冈山大学 | 8 | 5 | 9 | 53 | 50.0 | 33 | 6.63 | 4 |
| 2 | 杨宁 | 湖南环境生物职业技术学院 | 4 | 2 | 26 | 37 | 75.0 | 17 | 9.25 | 9 |
| 3 | 张会慧 | 东北林业大学 | 8 | 7 | 16 | 32 | 75.0 | 10 | 4.00 | 5 |
| 4 | 张智猛 | 山东省花生研究所 | 4 | 4 | 13 | 30 | 75.0 | 11 | 7.50 | 6 |
| 4 | 陈利顶 | 中国科学院生态环境研究中心 | 3 | 2 | 5 | 30 | 100.0 | 19 | 10.00 | 4 |
| 6 | 赵哈林 | 中国科学院寒区旱区环境与工程研究所 | 18 | 12 | 34 | 28 | 38.9 | 19 | 1.56 | 3 |
| 7 | 陈爱葵 | 广东第二师范学院 | 3 | 2 | 5 | 25 | 100.0 | 19 | 8.33 | 3 |
| 8 | 李帅锋 | 中国林业科学研究院资源昆虫研究所 | 8 | 5 | 12 | 24 | 87.5 | 5 | 3.00 | 4 |
| 8 | 陈健 | 北京林业大学 | 2 | 2 | 3 | 24 | 100.0 | 19 | 12.00 | 2 |
| 8 | 司静 | 北京林业大学 | 4 | 3 | 8 | 24 | 75.0 | 13 | 6.00 | 4 |
| 8 | 孙翔宇 | 陕西师范大学 | 1 | 1 | 5 | 24 | 100.0 | 24 | 24.00 | 2 |
| 12 | 种培芳 | 甘肃农业大学 | 6 | 4 | 15 | 23 | 66.7 | 10 | 3.83 | 4 |
| 12 | 李登科 | 陕西省农业遥感信息中心 | 5 | 4 | 5 | 23 | 60.0 | 11 | 4.60 | 2 |
| 12 | 陈根云 | 中国科学院上海生命科学研究院 | 1 | 1 | 1 | 23 | 100.0 | 23 | 23.00 | 1 |

# 第6章 生物科学学科高被引分析

| 序号 | 姓名 | 作者单位 | 前5年发文 | | | 前5年学科发文在2015年的被引 | | | | h指数（学科） |
|---|---|---|---|---|---|---|---|---|---|---|
| | | | 学科发文（篇） | 期刊分布（种） | 发文总量（篇） | 总频次 | 被引率（%） | 最高（次） | 篇均（次） | |
| 12 | 戴玉成 | 北京林业大学 | 6 | 2 | 16 | 23 | 50.0 | 14 | 3.83 | 4 |
| 16 | 单立山 | 甘肃农业大学 | 6 | 6 | 8 | 22 | 83.3 | 10 | 3.67 | 2 |
| 16 | 刘兴诏 | 中国科学院华南植物园 | 1 | 1 | 1 | 22 | 100.0 | 22 | 22.00 | 1 |
| 16 | 王兴春 | 山西农业大学 | 6 | 4 | 7 | 22 | 33.3 | 20 | 3.67 | 2 |
| 19 | 图力古尔 | 吉林农业大学 | 16 | 5 | 19 | 21 | 50.0 | 10 | 1.31 | 2 |
| 19 | 祁云霞 | 内蒙古农业大学 | 1 | 1 | 2 | 21 | 100.0 | 21 | 21.00 | 1 |
| 19 | 贺超良 | 中国科学院长春应用化学研究所 | 1 | 1 | 1 | 21 | 100.0 | 21 | 21.00 | 1 |
| 19 | 张佳宁 | 甘肃省科学技术情报研究所 | 3 | 3 | 10 | 21 | 100.0 | 19 | 7.00 | 2 |

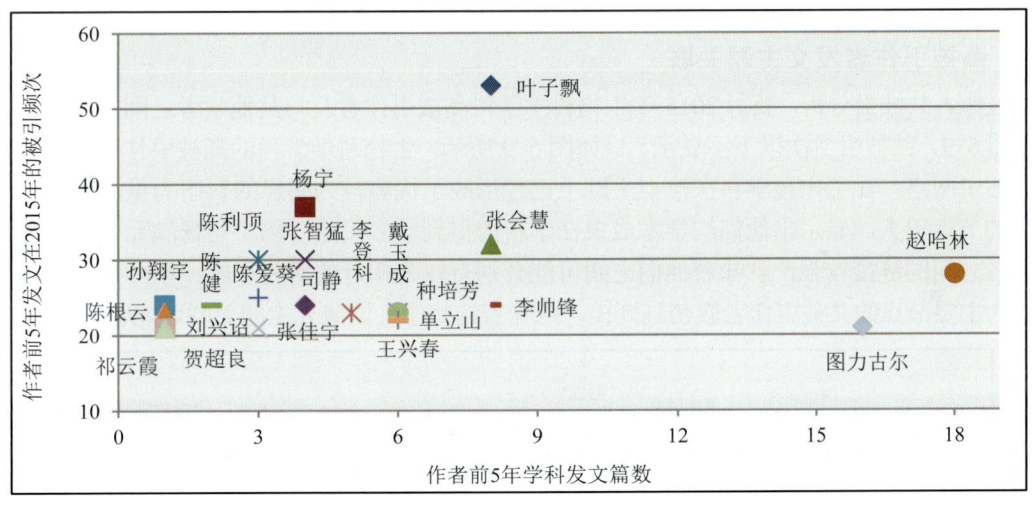

图 6-7　生物科学学科高被引作者学科发文及被引对比

## 6.5.2　高被引作者科研合作关系

通过作者合著分析，获得 2015 年生物科学学科高被引作者及与其他学者之间的科研论文合作关系（不考虑论文署名次序），如图 6-8 所示（合著 3 次以下不显示）。可以看出，生物科学学科的高被引作者的论文合作现象比较普遍。学者赵哈林和图力古尔的发文量较多；张会慧的论文合作网络最为突出，在该学科的研究人员中表现出一定的集聚效应；张会慧和孙广玉、李帅峰和苏建荣等学者之间的合作关系最为紧密，显示出他们可能分别属于同一支科研团队。

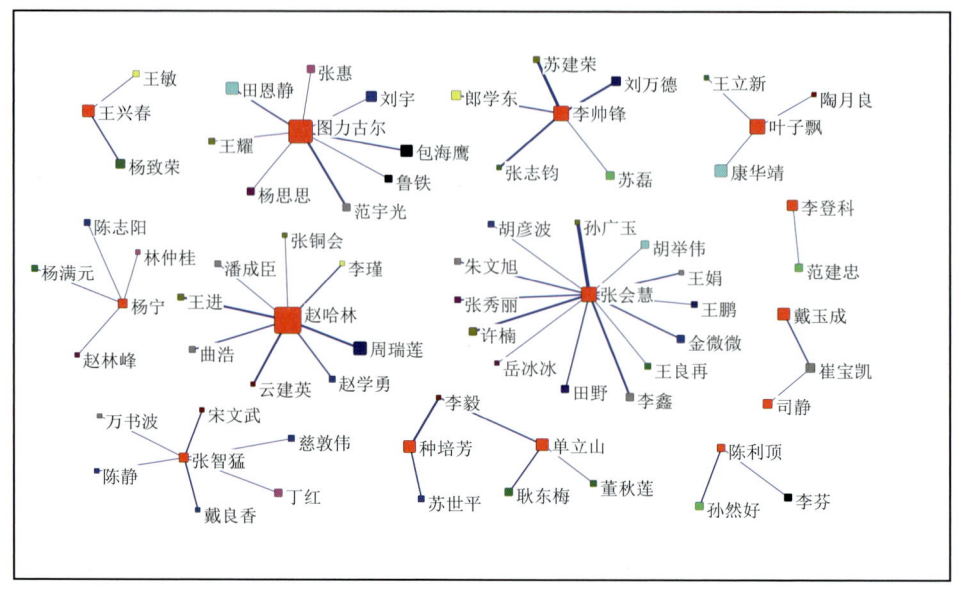

图 6-8　生物科学学科高被引作者科研论文合作关系

### 6.5.3　高被引作者发文主题关联

通过作者共被引分析，获得 2015 年生物科学学科高被引作者及与其他学者之间的发文主题关联（见图 6-9，共被引 2 次以下不显示）。如图 6-9 所示，生物科学学科的高被引作者基本主导了作者共被引网络，显示出该学科在热点主题上已经形成了优势较为明显的科研力量。学者叶子飘和杨宁的节点较大，显示出他们的学术成果在学科内得到较多关注；杨宁与杨满元、赵哈林与王进等学者之间的链接较强，意味着他们之间可能分别有较为相近的研究主题；以叶子飘、刘兴诏等学者为主要节点的共被引作者簇初具规模，意味着这些学者的研究主题关联可能较为紧密。

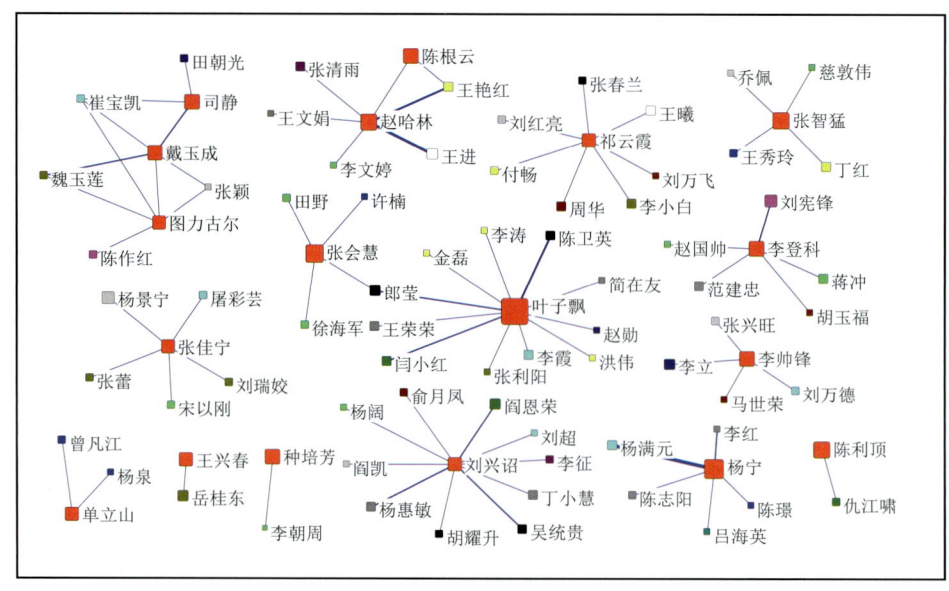

图 6-9　生物科学学科高被引作者发文主题关联

## 6.6 高被引机构分析

### 6.6.1 高被引机构

为便于比较，本书将生物科学学科的高被引机构分为高等院校和科研院所两种类型。其中，被引频次 TOP 10 高等院校和被引频次 TOP 5 科研院所的发文及被引情况分别见表 6-5 和表 6-6。其中，总被引频次较高的 3 所高等院校分别是西北农林科技大学、南京农业大学和北京林业大学，中国科学院植物研究所、中国科学院新疆生态与地理研究所和中国科学院寒区旱区环境与工程研究所是总被引频次较高的 3 所科研院所；前 5 年学科发文在 2015 年的被引率最高的高等院校和科研院所分别是兰州大学和中国科学院寒区旱区环境与工程研究所，篇均被引最高的高等院校和科研院所分别是兰州大学和中国科学院沈阳应用生态研究所。上述高被引机构的论文被引率和篇均被引频次对比如图 6-10 所示。

表 6-5　生物科学学科高被引高等院校 TOP 10

| 序号 | 第一作者单位 | 学科发文量（篇） | | 前 5 年学科发文在 2015 年的被引 | | | |
|---|---|---|---|---|---|---|---|
| | | 前 5 年 | 2015 年 | 频次 | 被引率(%) | 最高（次） | 篇均（次） |
| 1 | 西北农林科技大学 | 1468 | 217 | 1117 | 38.0 | 17 | 0.76 |
| 2 | 南京农业大学 | 961 | 124 | 851 | 40.2 | 12 | 0.89 |
| 3 | 北京林业大学 | 921 | 135 | 729 | 37.1 | 19 | 0.79 |
| 4 | 东北林业大学 | 989 | 161 | 634 | 33.9 | 11 | 0.64 |
| 5 | 西南大学 | 899 | 146 | 519 | 32.0 | 9 | 0.58 |
| 6 | 上海海洋大学 | 702 | 105 | 480 | 36.9 | 16 | 0.68 |
| 7 | 甘肃农业大学 | 525 | 83 | 475 | 39.0 | 10 | 0.90 |
| 8 | 华南农业大学 | 878 | 122 | 471 | 31.3 | 13 | 0.54 |
| 9 | 兰州大学 | 461 | 71 | 429 | 40.3 | 12 | 0.93 |
| 10 | 中国海洋大学 | 767 | 116 | 425 | 33.9 | 8 | 0.55 |

表 6-6　生物科学学科高被引科研院所 TOP 5

| 序号 | 第一作者单位 | 学科发文量（篇） | | 前 5 年学科发文在 2015 年的被引 | | | |
|---|---|---|---|---|---|---|---|
| | | 前 5 年 | 2015 年 | 频次 | 被引率(%) | 最高（次） | 篇均（次） |
| 1 | 中国科学院植物研究所 | 269 | 31 | 343 | 40.9 | 14 | 1.28 |
| 2 | 中国科学院新疆生态与地理研究所 | 344 | 59 | 338 | 45.9 | 9 | 0.98 |
| 3 | 中国科学院寒区旱区环境与工程研究所 | 217 | 33 | 318 | 56.7 | 19 | 1.47 |
| 4 | 中国科学院沈阳应用生态研究所 | 185 | 25 | 273 | 53.0 | 17 | 1.48 |
| 5 | 中国科学院水生生物研究所 | 301 | 42 | 216 | 39.2 | 8 | 0.72 |

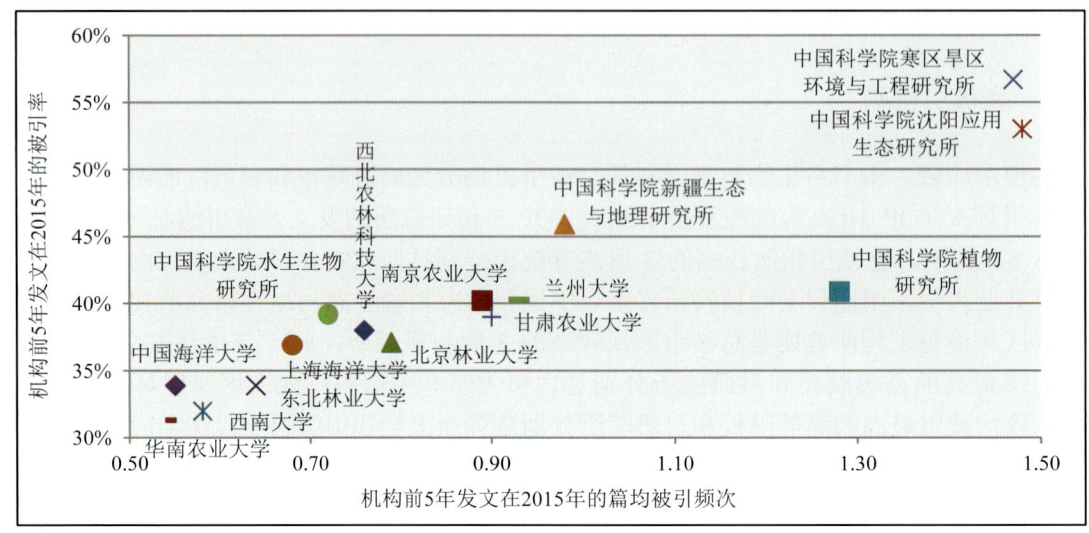

图 6-10　生物科学学科高被引机构论文篇均被引及被引率对比

### 6.6.2　高被引机构科研合作关系

通过合著分析，获得生物科学学科高被引机构之间及其与其他机构之间的科研合作关联，如图 6-11 所示（合作 62 次以下不显示）。分析得知，生物科学学科的机构合作链接较为紧密，表明学科内机构合作现象比较普遍；高被引机构部分主导了机构合作网络，显示出这些机构已经在学科内具有了一定的科研优势；南京农业大学和江苏省农业科学院、中国海洋大学和中国水产科学研究院黄海水产研究所等机构之间的链接较强，表明它们的学术合作较为频繁。

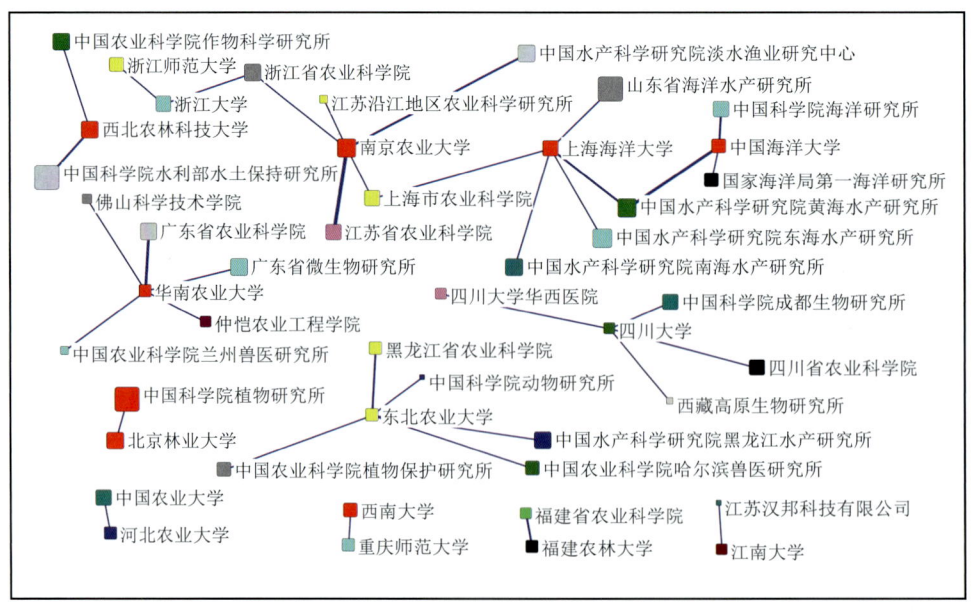

图 6-11　生物科学学科高被引机构科研合作关联

## 6.7 高被引图书、国外期刊及学术会议

2015 年，生物科学学科被引频次位居前 10 位的图书及国外期刊见表 6-7 和表 6-8。其中，被引次数较多的 3 种图书分别是李合生的《植物生理生化实验原理和技术》、张志良的《植物生理学实验指导》和中国科学院中国植物志编辑委员会的《中国植物志》；被引次数较多的 3 种国外期刊分别是《Proceedings of the National Academy of Sciences of the United States of America》《Nature》和《Science》；被引次数较多的 3 场学术会议分别是"Proceedings of the National Academy of Sciences of the United States of America""Proceedings of IEEE International Conference on Intelligent Robots and Systems"和"Lysozymes: Model Enzymes in Biochemistry and Molecular Biology"。

表 6-7　生物科学学科高被引图书 TOP 10

| 序号 | 责任者 | 图书名称 | 出版社 | 2015年被引频次 |
| --- | --- | --- | --- | --- |
| 1 | 李合生 | 植物生理生化实验原理和技术 | 高等教育出版社 | 147 |
| 2 | 张志良 | 植物生理学实验指导 | 高等教育出版社 | 82 |
| 3 | 中国科学院中国植物志编辑委员会 | 中国植物志 | 科学出版社 | 78 |
| 4 | 东秀珠 | 常见细菌系统鉴定手册 | 科学出版社 | 61 |
| 5 | 鲍士旦 | 土壤农化分析 | 中国农业出版社 | 55 |
| 6 | 张金屯 | 数量生态学 | 科学出版社 | 52 |
| 7 | 鲁如坤 | 土壤农业化学分析方法 | 中国农业科技出版社 | 50 |
| 8 | 张荣祖 | 中国动物地理 | 科学出版社 | 48 |
| 9 | 王学奎 | 植物生理生化实验原理和技术 | 高等教育出版社 | 43 |
| 10 | 郑光美 | 中国鸟类分类与分布名录 | 科学出版社 | 38 |

表 6-8　生物科学学科高被引国外期刊 TOP 10

| 序号 | 期刊名称 | 2015 年被引频次 |
| --- | --- | --- |
| 1 | Proceedings of the National Academy of Sciences of the United States of America | 8451 |
| 2 | Nature | 8112 |
| 3 | Science | 6795 |
| 4 | Journal of Biological Chemistry | 5598 |
| 5 | PLoS One | 5554 |
| 6 | Plant Physiology | 4656 |
| 7 | Cell | 4545 |
| 8 | The Plant Cell | 3555 |
| 9 | Nucleic Acids Research | 3022 |
| 10 | The Plant Journal | 2648 |

# 第 7 章 预防医学、卫生学学科高被引分析

## 7.1 学科论文概况

2010—2014 年,预防医学、卫生学学科共有 269061 位来自 48463 所机构的论文第一作者在 3592 种期刊上发表了 333345 篇学术论文。其中,80%以上的论文产出自 16608 所机构、197868 位作者,发表在 274 种期刊上。在前 5 年发表的这些论文中,有 87766 篇在 2015 年获得过引用,整体被引率为 26.3%,总被引频次为 165778 次,篇均被引 0.50 次;其中,高被引论文有 1084 篇,单篇论文最高被引频次为 194 次,累计被引 13522 次,篇均被引 12.47 次(表 7-1)。另外,2015 年预防医学、卫生学学科共发表论文 56768 篇,其中有 3502 篇在当年获得过引用,总共被引 4375 次。

表 7-1 预防医学、卫生学学科论文分布情况

| 年份 | 论文篇数 | 2015 年被引频次 | 2015 年被引率(%) | 2015 年高被引论文 | | | |
|---|---|---|---|---|---|---|---|
| | | | | 论文篇数 | 最高被引频次 | 总被引频次 | 篇均被引频次 |
| 2010 | 52098 | 26994 | 27.6 | 145 | 108 | 2266 | 15.63 |
| 2011 | 66842 | 33695 | 26.6 | 208 | 164 | 2778 | 13.36 |
| 2012 | 82425 | 38314 | 23.9 | 239 | 174 | 3378 | 14.13 |
| 2013 | 70912 | 40715 | 29.5 | 300 | 194 | 3326 | 11.09 |
| 2014 | 61068 | 26060 | 14.6 | 192 | 122 | 1774 | 9.24 |
| 合计 | 333345 | 165778 | 26.3 | 1084 | 194 | 13522 | 12.47 |

从预防医学、卫生学学科论文的地域分布来看,2015 年被引频次较高的 5 个省、直辖市或自治区依次是北京、广东、江苏、浙江和上海(图 7-1);5 年论文产出量较多的 5 个省、直辖市或自治区依次是北京、江苏、广东、浙江和山东(图 7-2)。

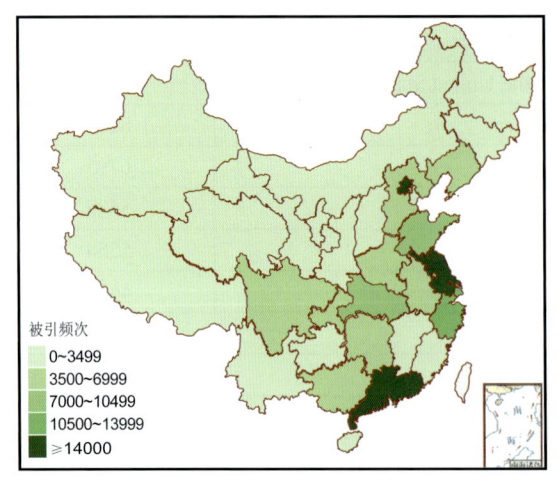

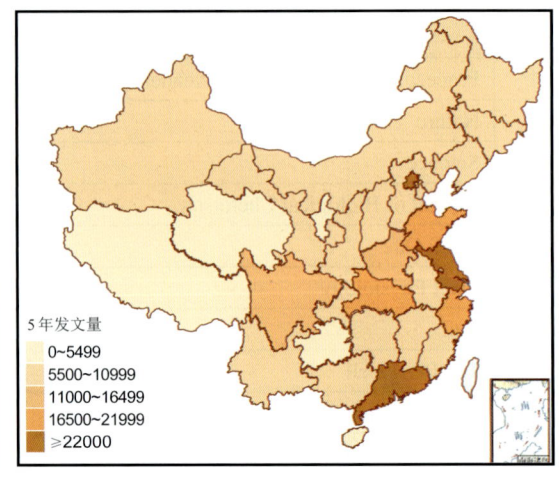

图 7-1 2015 年预防医学、卫生学学科地区被引分布　　图 7-2 预防医学、卫生学学科 5 年论文产出地区分布

## 7.2 高被引论文分析

在预防医学、卫生学学科，2015 年被引频次位居前 10 位的论文（表 7-2）平均被引频次为 58.6 次，是全部 1084 篇高被引论文篇均被引频次的 4.7 倍。其中，被引频次最高的论文是王秀芳于 2011 年发表的《品管圈活动对住院病人护理工作满意度的影响》，随后 2 篇分别是梁铭会于 2012 年发表的《品管圈在医疗质量持续改进中的应用研究》和汪四花于 2011 年发表的《品质管理活动在病房用药安全质量管理中的应用》。

从论文分布来看，刊载高被引论文数量居前的 3 种期刊分别是《中华医院感染学杂志》（105 篇）、《中华流行病学杂志》（39 篇）和《中国医院管理》（32 篇），而《中华护理杂志》和《中国疫苗和免疫》分别刊载了高被引论文 TOP 10 中的 2 篇；发表高被引论文居前的 3 位学者分别是中国疾病预防控制中心免疫规划中心的武文娣（3 篇）、华中科技大学同济医学院的陈丽（2 篇）和青岛大学医学院的周晓彬（2 篇）；产出高被引论文数量居前的 3 所机构分别是中国疾病预防控制中心（23 篇）、北京大学（12 篇）和华中科技大学同济医学院（12 篇），而浙江大学医学院附属第二医院产出了高被引论文 TOP 10 中的 3 篇。

表 7-2 预防医学、卫生学学科高被引论文 TOP 10

| 序号 | 论文题名 | 第一作者 | 期刊名称 | 发表年份 | 被引频次 总频次 | 被引频次 2015 年 |
|---|---|---|---|---|---|---|
| 1 | 品管圈活动对住院病人护理工作满意度的影响 | 王秀芳 | 全科护理 | 2011 | 120 | 76 |
| 2 | 品管圈在医疗质量持续改进中的应用研究 | 梁铭会 | 中国医院管理 | 2012 | 107 | 68 |
| 2 | 品质管理活动在病房用药安全质量管理中的应用 | 汪四花 | 中华护理杂志 | 2011 | 150 | 68 |
| 4 | 品质管理中的护理文化 | 王惠琴 | 中华护理杂志 | 2010 | 129 | 66 |
| 5 | 中国 2011 年疑似预防接种异常反应监测数据分析 | 武文娣 | 中国疫苗和免疫 | 2013 | 82 | 60 |
| 6 | 中国 2012 年疑似预防接种异常反应监测数据分析 | 武文娣 | 中国疫苗和免疫 | 2014 | 62 | 52 |
| 7 | 中国 2008—2009 年手足口病报告病例流行病学特征分析 | 常昭瑞 | 中华流行病学杂志 | 2011 | 153 | 51 |
| 8 | 品管圈在护理质量管理中的实践和成效分析 | 邵翠颖 | 护理与康复 | 2012 | 116 | 50 |
| 9 | 品管圈活动在 ICU 医护人员手消毒管理中的应用 | 潘海燕 | 中华医院感染学杂志 | 2012 | 74 | 48 |
| 10 | 2011 年中国大陆手足口病流行特征分析 | 靳妍 | 疾病监测 | 2012 | 103 | 47 |

## 7.3 研究主题关联分析

在预防医学、卫生学学科，高被引论文累计被2015年发表的10663篇论文引用了13522次。通过分析施引文献关键词的词频及关键词之间的共现关系，获得2015年预防医学、卫生学学科的热点主题和主题关联，如图7-3所示（共现16次以下不显示）。由图7-3可知："品管圈""医院感染"等关键词的文档词频较高，是2015年学科的研究热点；"监测"和"疑似预防接种异常反应"概念之间的共现次数较多，显示出它们之间主题关联较为紧密；以"医院感染""现患率"等关键词为主要节点的多个概念相互关联，构成了学科内最为突出的研究主题簇。

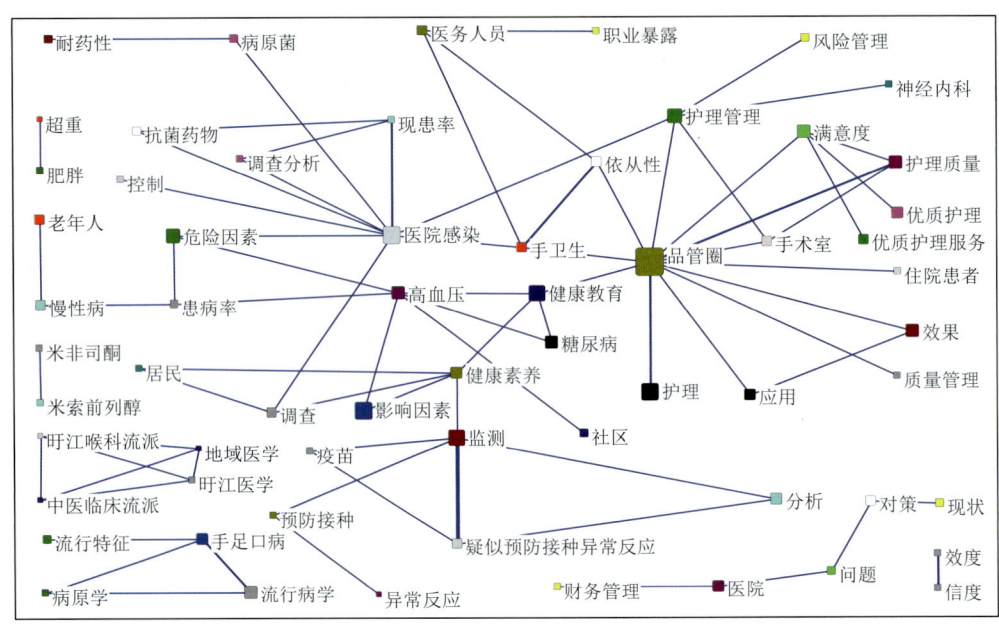

图7-3　预防医学、卫生学学科2015年热点主题关联

## 7.4 学科高影响力期刊分析

### 7.4.1 学科高影响力期刊 TOP 10

在预防医学、卫生学学科，学科5年影响因子位居前10位的期刊见表7-3，排在前3位的期刊分别是《中华诊断学电子杂志》《中华流行病学杂志》和《中华预防医学杂志》。在表7-3中，学科载文量占其总载文量比例最大的期刊是《中国医院管理》；前5年学科载文在2015年被引率最高的期刊是《中国医院管理》；期刊5年影响因子较高的前3种期刊分别是《中国循证医学杂志》《中华流行病学杂志》和《中华医院感染学杂志》；学科5年影响因子与期刊5年影响因子差异最大的期刊是《中华诊断学电子杂志》。表7-3中期刊的学科5年影响因子和前5年学科载文的2015年被引率对比如图7-4所示，2010—2015年期刊5年影响因子的变动情况如图7-5所示。

表 7-3 预防医学、卫生学学科高影响力期刊基本指数

| 序号 | 期刊名称 | 前 5 年载文量 | | | 2015 年学科被引 | | | 5 年影响因子 | | h 指数 (学科) |
|---|---|---|---|---|---|---|---|---|---|---|
| | | 学科 (篇) | 占比 (%) | 总量 (篇) | 频次 | 被引率 (%) | 高被引论文篇数 | 期刊 (2015) | 学科 (2015) | |
| 1 | 中华诊断学电子杂志 | 21 | 12.5 | 168 | 53 | 19.0 | 2 | 0.804 | 2.524 | 6 |
| 2 | 中华流行病学杂志 | 1209 | 61.1 | 1979 | 2015 | 53.3 | 39 | 1.589 | 1.667 | 16 |
| 3 | 中华预防医学杂志 | 1091 | 65.1 | 1675 | 1679 | 50.7 | 28 | 1.345 | 1.539 | 15 |
| 4 | 护理与康复 | 528 | 15.9 | 3313 | 783 | 50.0 | 11 | 0.929 | 1.483 | 12 |
| 5 | 中华医院感染学杂志 | 6586 | 46.4 | 14182 | 9407 | 53.3 | 105 | 1.366 | 1.428 | 20 |
| 6 | 中国医院管理 | 2322 | 95.0 | 2444 | 3155 | 53.4 | 32 | 1.345 | 1.359 | 12 |
| 7 | 中国疫苗和免疫 | 407 | 48.3 | 843 | 525 | 33.9 | 7 | 1.343 | 1.290 | 13 |
| 8 | 中国感染控制杂志 | 538 | 50.2 | 1072 | 665 | 46.3 | 8 | 1.241 | 1.236 | 11 |
| 9 | 中国循证医学杂志 | 388 | 26.7 | 1451 | 465 | 42.3 | 7 | 1.766 | 1.198 | 15 |
| 10 | 中华疾病控制杂志 | 1006 | 49.0 | 2054 | 1182 | 51.1 | 4 | 1.184 | 1.175 | 10 |
| 10 | 中国计划生育学杂志 | 652 | 40.0 | 1629 | 766 | 42.3 | 12 | 1.121 | 1.175 | 12 |

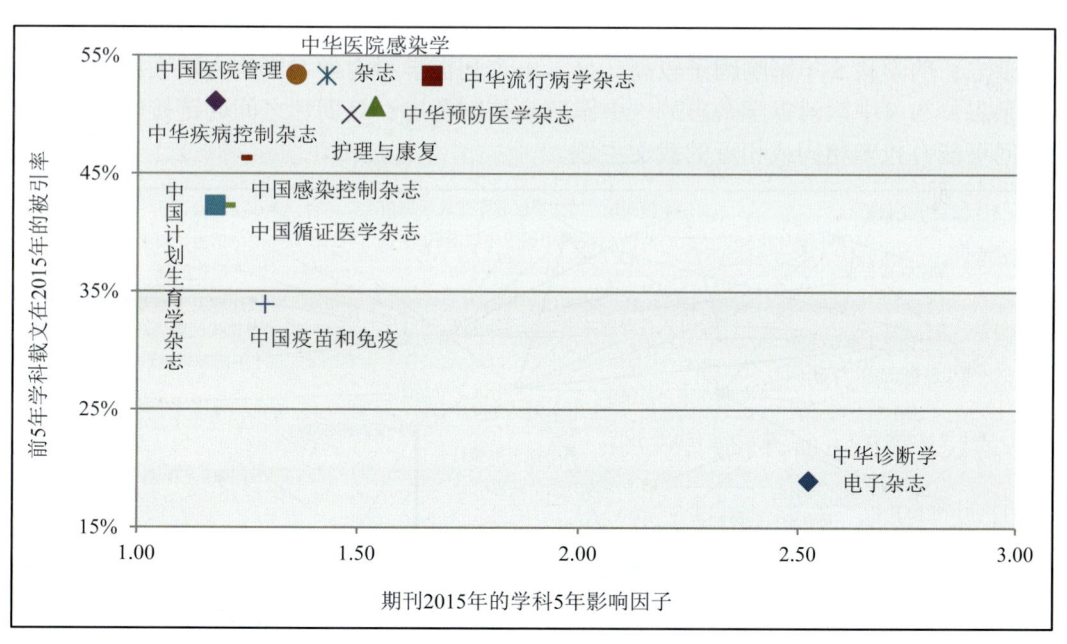

图 7-4 预防医学、卫生学学科高影响力期刊对比

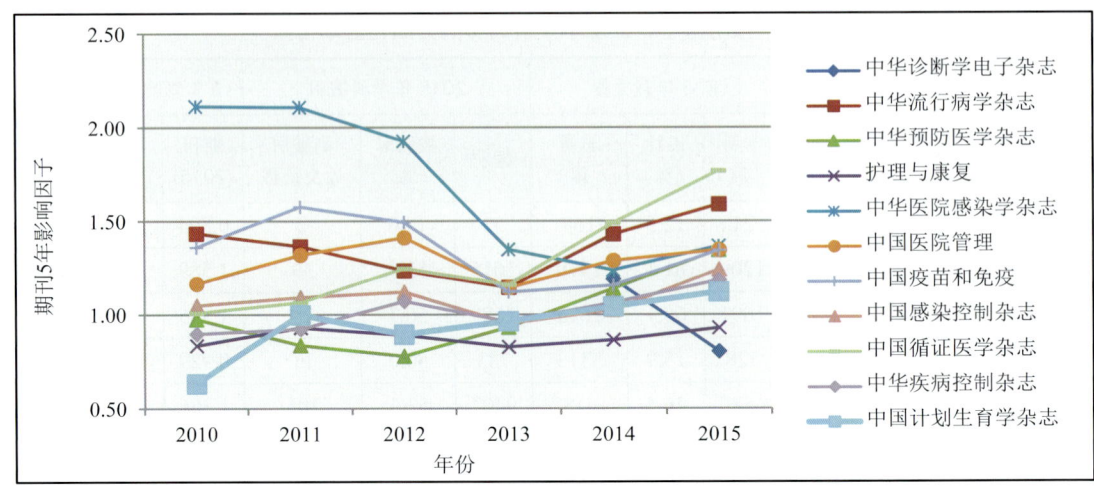

图 7-5　预防医学、卫生学学科期刊 5 年影响因子变动

### 7.4.2　学科高影响力期刊载文主题关联

通过期刊共被引分析，获得预防医学、卫生学学科高影响力期刊及与其他期刊之间的载文主题关联，如图 7-6 所示（共被引 69 次以下不显示）。结果显示，预防医学、卫生学学科的高影响力期刊相互链接较为紧密，基本主导了该学科的期刊共被引网络，显示出该学科高影响力期刊可能共同刊载了许多相近的研究主题，热点研究主题分散在多种期刊上。《中华护理杂志》的学科 5 年影响因子较高，显示出该刊在学科内学术影响力较大；《中华医院感染学杂志》与《中国消毒学杂志》《中国感染控制杂志》等期刊之间的链接较强，意味着它们之间可能有较多相同或相近的载文主题。

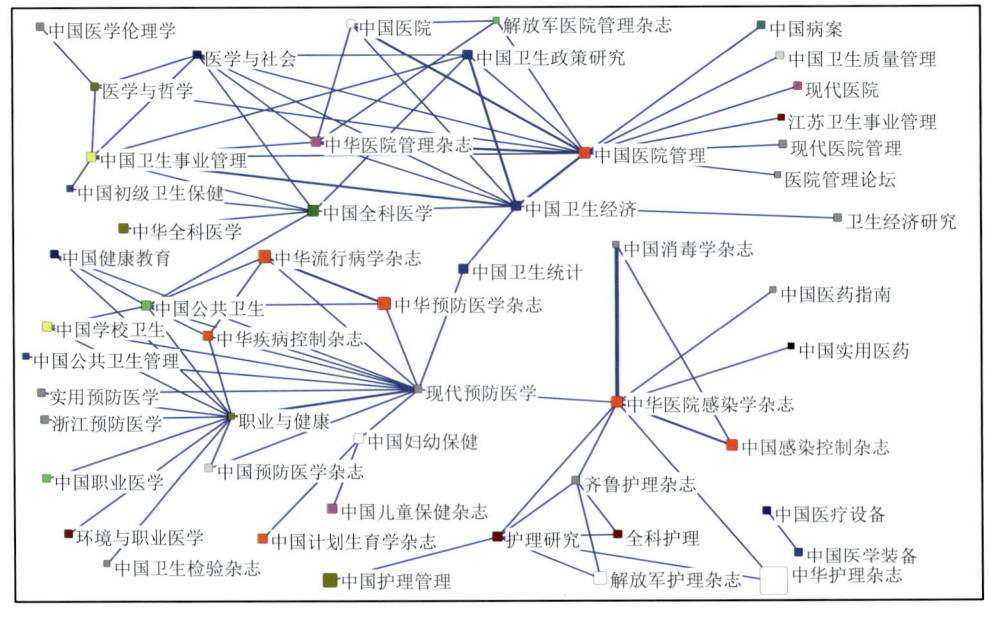

图 7-6　预防医学、卫生学学科高影响力期刊载文主题关联

## 7.5 高被引作者分析

### 7.5.1 高被引作者 TOP 20

2010—2014 年，在 269061 位预防医学、卫生学学科论文的第一作者中，在 2015 年学科被引频次位居前 20 位的学者的发文及被引情况见表 7-4。其中，学科发文总被引频次较高的 3 位作者分别是中国疾病预防控制中心的武文娣（198 次）、华中科技大学同济医学院附属同济医院的郑大喜（132 次）和南方医科大学南方医院的张万岱（117 次）。高被引作者的 5 年学科发文数量从 1 篇到 113 篇不等，同时，作者学科发文的期刊分布也在 1 种到 14 种之间变化。在发文超过 5 篇的所有作者中，篇均被引较高的 3 位作者分别是中国疾病预防控制中心的李镒冲（篇均 15.80 次）、中国疾病预防控制中心的武文娣（篇均 15.25 次）和济宁医学院的杨志寅（篇均 8.20 次）；前 5 年发表学科论文较多的 3 位作者分别是中国农业大学的范志红（133 篇）、右江民族医学院的赵云（113 篇）和华中科技大学同济医学院附属同济医院的郑大喜（79 篇）。高被引作者的学科发文量和被引量对比如图 7-7 所示。

表 7-4 预防医学、卫生学学科高被引作者 TOP 20

| 序号 | 姓名 | 作者单位 | 前 5 年发文 | | | 前 5 年学科发文在 2015 年的被引 | | | | h 指数（学科） |
|---|---|---|---|---|---|---|---|---|---|---|
| | | | 学科发文（篇） | 期刊分布（种） | 发文总量（篇） | 总频次 | 被引率（%） | 最高（次） | 篇均（次） | |
| 1 | 武文娣 | 中国疾病预防控制中心 | 13 | 2 | 14 | 198 | 69.2 | 60 | 15.25 | 4 |
| 2 | 郑大喜 | 华中科技大学同济医学院附属同济医院 | 79 | 11 | 85 | 132 | 59.5 | 10 | 1.67 | 5 |
| 3 | 张万岱 | 南方医科大学南方医院 | 1 | 1 | 5 | 117 | 100.0 | 117 | 117.00 | 4 |
| 4 | 杨莘 | 首都医科大学宣武医院 | 3 | 2 | 14 | 106 | 100.0 | 87 | 35.33 | 6 |
| 5 | 赵云 | 右江民族医学院 | 113 | 12 | 133 | 80 | 38.1 | 5 | 0.71 | 4 |
| 6 | 李镒冲 | 中国疾病预防控制中心 | 5 | 4 | 6 | 79 | 60.0 | 72 | 15.80 | 2 |
| 6 | 梁铭会 | 华中科技大学同济医学院 | 4 | 2 | 4 | 79 | 100.0 | 68 | 19.75 | 3 |
| 8 | 鲍勇 | 上海交通大学 | 58 | 12 | 68 | 78 | 48.3 | 15 | 1.34 | 4 |
| 9 | 王秀芳 | 复旦大学附属中山医院青浦分院 | 1 | 1 | 2 | 76 | 100.0 | 76 | 76.00 | 1 |
| 10 | 汪四花 | 浙江大学医学院附属第二医院 | 2 | 2 | 4 | 68 | 50.0 | 68 | 34.00 | 3 |
| 11 | 王惠琴 | 浙江大学医学院附属第二医院 | 2 | 2 | 5 | 66 | 50.0 | 66 | 33.00 | 3 |
| 11 | 方鹏骞 | 华中科技大学同济医学院 | 41 | 14 | 46 | 66 | 56.1 | 16 | 1.61 | 3 |
| 13 | 史静琤 | 中南大学 | 1 | 1 | 2 | 59 | 100.0 | 59 | 59.00 | 2 |
| 14 | 李六亿 | 北京大学第一医院 | 15 | 5 | 18 | 57 | 53.3 | 35 | 3.80 | 4 |

| 序号 | 姓名 | 作者单位 | 前5年发文 | | | 前5年学科发文在2015年的被引 | | | | h指数(学科) |
|---|---|---|---|---|---|---|---|---|---|---|
| | | | 学科发文(篇) | 期刊分布(种) | 发文总量(篇) | 总频次 | 被引率(%) | 最高(次) | 篇均(次) | |
| 15 | 王力红 | 首都医科大学宣武医院 | 8 | 4 | 11 | 53 | 75.0 | 26 | 6.63 | 4 |
| 16 | 常昭瑞 | 中国疾病预防控制中心 | 1 | 1 | 4 | 51 | 100.0 | 51 | 51.00 | 3 |
| 17 | 侯胜田 | 北京中医药大学 | 14 | 8 | 35 | 50 | 64.3 | 12 | 3.57 | 5 |
| 17 | 邵翠颖 | 嘉兴市第二医院 | 2 | 2 | 3 | 50 | 50.0 | 50 | 25.00 | 2 |
| 19 | 毛雪丹 | 中国疾病预防控制中心营养与食品安全所 | 4 | 3 | 6 | 49 | 100.0 | 35 | 12.25 | 3 |
| 19 | 李玲 | 北京大学 | 26 | 11 | 63 | 49 | 46.2 | 17 | 1.88 | 4 |

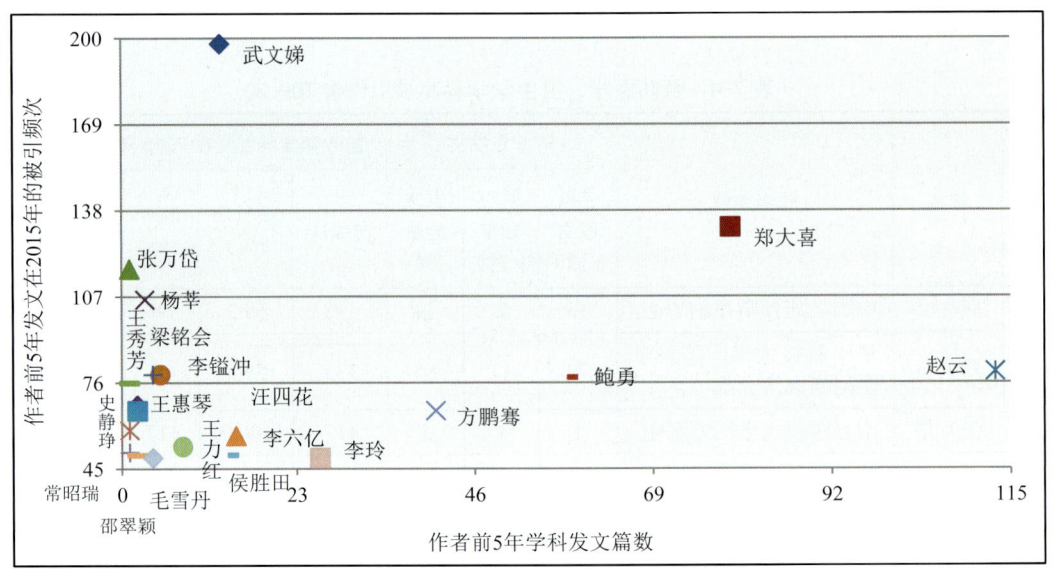

图 7-7 预防医学、卫生学学科高被引作者学科发文及被引对比

## 7.5.2 高被引作者科研合作关系

通过作者合著分析，获得2015年预防医学、卫生学学科高被引作者及与其他学者之间的科研论文合作关系（不考虑论文署名次序），如图7-8所示（合著5次以下不显示）。可以看出，预防医学、卫生学学科的高被引作者的论文合作现象比较普遍。学者赵云、郑大喜的发文量较多；方鹏骞、鲍勇、王力红等作者的论文合作网络最为突出，在该学科的研究人员中表现出一定的集聚效应；王力红和李小莹、李六亿和任军红等学者之间的合作关系最为紧密，显示出他们可能分别属于同一支科研团队。

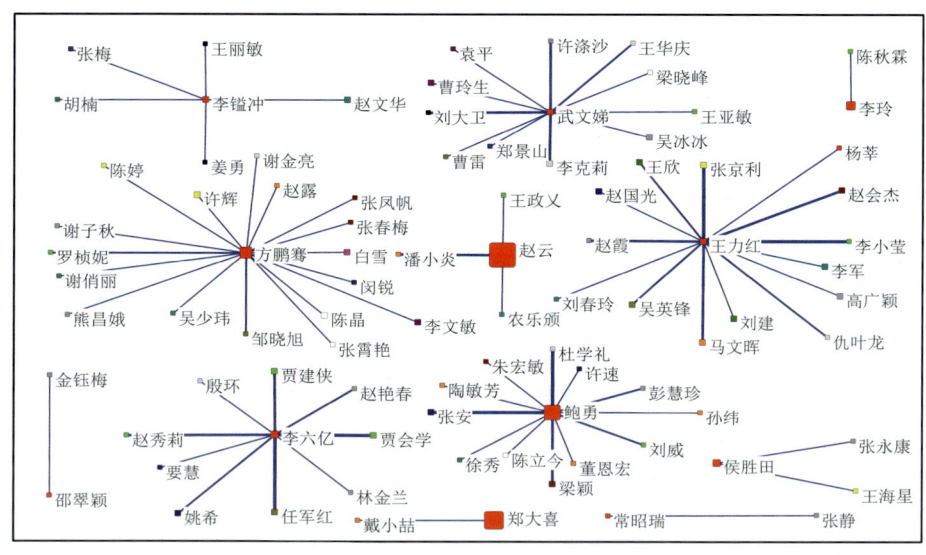

图 7-8　预防医学、卫生学学科高被引作者科研论文合作关系

## 7.5.3　高被引作者发文主题关联

通过作者共被引分析，获得 2015 年预防医学、卫生学学科高被引作者及与其他学者之间的发文主题关联（见图 7-9，共被引 4 次以下不显示）。如图 7-9 所示，预防医学、卫生学学科的高被引作者基本主导了作者共被引网络，显示出该学科在热点主题上已经形成了优势较为明显的科研力量。学者武文娣和郑大喜的节点较大，显示出他们的学术成果在学科内得到较多关注；汪四花与潘海燕、武文娣与赵占杰等学者之间的链接较强，意味着他们之间可能分别有较为相近的研究主题；以武文娣为主要节点的共被引作者簇人数较多，意味着这些学者的研究主题关联可能较为紧密。

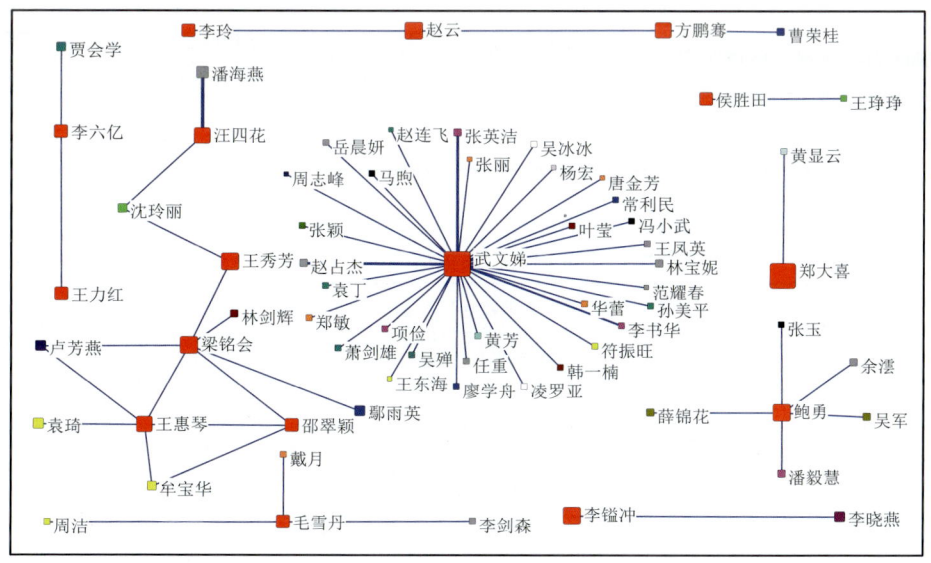

图 7-9　预防医学、卫生学学科高被引作者发文主题关联

## 7.6 高被引机构分析

### 7.6.1 高被引机构

为便于比较，本书将预防医学、卫生学学科的高被引机构分为医院和高等院校/科研院所两种类型。其中，被引频次 TOP 10 医院和被引频次 TOP 5 高等院校/科研院所的发文及被引情况分别见表 7-5 和表 7-6。其中，总被引频次较高的 3 所医院分别是中国人民解放军总医院、四川大学华西医院和首都医科大学宣武医院，华中科技大学同济医学院、北京大学和复旦大学是总被引频次较高的 3 所高等院校/科研院所；前 5 年学科发文在 2015 年的被引率最高的医院和高等院校/科研院所分别是首都医科大学宣武医院和华中科技大学同济医学院，篇均被引最高的医院和高等院校/科研院所分别是浙江大学医学院附属第二医院和华中科技大学同济医学院。上述高被引机构的论文被引率和篇均被引频次对比如图 7-10 所示。

表7-5 预防医学、卫生学学科高被引医院 TOP 10

| 序号 | 第一作者单位 | 学科发文量（篇） | | 前 5 年学科发文在 2015 年的被引 | | | |
|---|---|---|---|---|---|---|---|
| | | 前 5 年 | 2015 年 | 频次 | 被引率(%) | 最高（次） | 篇均（次） |
| 1 | 中国人民解放军总医院 | 1254 | 194 | 960 | 37.3 | 21 | 0.77 |
| 2 | 四川大学华西医院 | 793 | 119 | 665 | 36.4 | 22 | 0.84 |
| 3 | 首都医科大学宣武医院 | 545 | 77 | 612 | 40.2 | 87 | 1.12 |
| 4 | 华中科技大学同济医学院附属同济医院 | 632 | 98 | 506 | 35.8 | 12 | 0.80 |
| 5 | 南方医科大学南方医院 | 470 | 85 | 497 | 38.5 | 117 | 1.06 |
| 6 | 南京军区南京总医院 | 525 | 75 | 398 | 39.6 | 14 | 0.76 |
| 7 | 北京大学第三医院 | 414 | 62 | 386 | 35.7 | 20 | 0.93 |
| 8 | 新疆医科大学第一附属医院 | 676 | 120 | 376 | 30.2 | 14 | 0.56 |
| 9 | 浙江大学医学院附属第二医院 | 240 | 33 | 363 | 33.8 | 68 | 1.51 |
| 10 | 复旦大学附属中山医院 | 375 | 76 | 347 | 30.9 | 22 | 0.93 |

表7-6 预防医学、卫生学学科高被引高等院校/科研院所 TOP 5

| 序号 | 第一作者单位 | 学科发文量（篇） | | 前 5 年学科发文在 2015 年的被引 | | | |
|---|---|---|---|---|---|---|---|
| | | 前 5 年 | 2015 年 | 频次 | 被引率(%) | 最高（次） | 篇均（次） |
| 1 | 华中科技大学同济医学院 | 1231 | 178 | 1230 | 42.9 | 68 | 1.00 |
| 2 | 北京大学 | 1337 | 229 | 1208 | 38.1 | 17 | 0.90 |
| 3 | 复旦大学 | 1236 | 214 | 1028 | 38.8 | 20 | 0.83 |
| 4 | 安徽医科大学 | 958 | 154 | 864 | 41.4 | 13 | 0.90 |
| 5 | 山东大学 | 1066 | 181 | 846 | 39.9 | 16 | 0.79 |

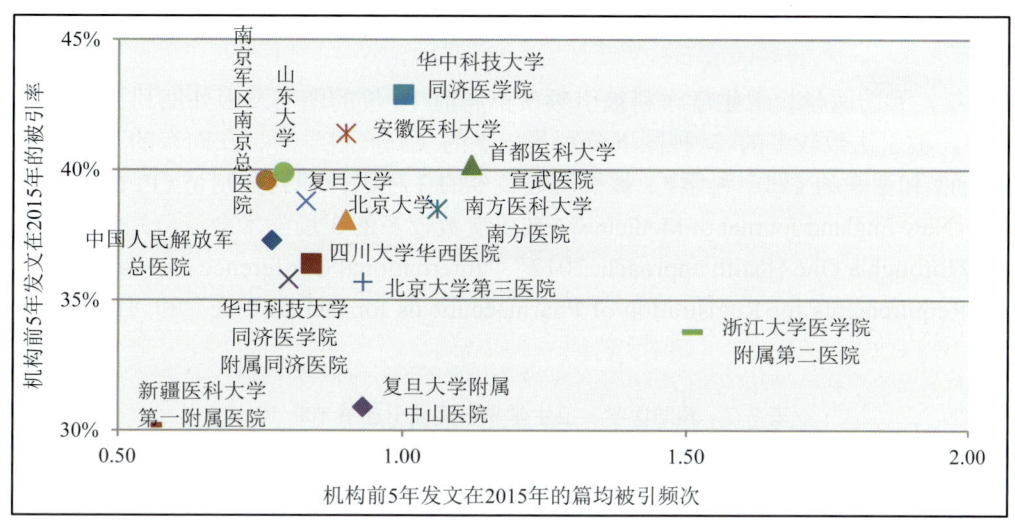

图 7-10 预防医学、卫生学学科高被引机构论文篇均被引及被引率对比

## 7.6.2 高被引机构科研合作关系

通过合著分析,获得预防医学、卫生学学科高被引机构之间及其与其他机构之间的科研合作关联,如图 7-11 所示(合作 126 次以下不显示)。分析得知,预防医学、卫生学学科的机构合作链接比较紧密,表明学科内机构合作现象比较普遍;高被引机构部分主导了机构合作网络,显示出这些机构已经在学科内具有了一定的科研优势;复旦大学和上海市卫生局、上海市疾病预防控制中心,江苏省疾病预防控制中心与东南大学等机构之间的链接较强,表明它们的学术合作较为频繁。

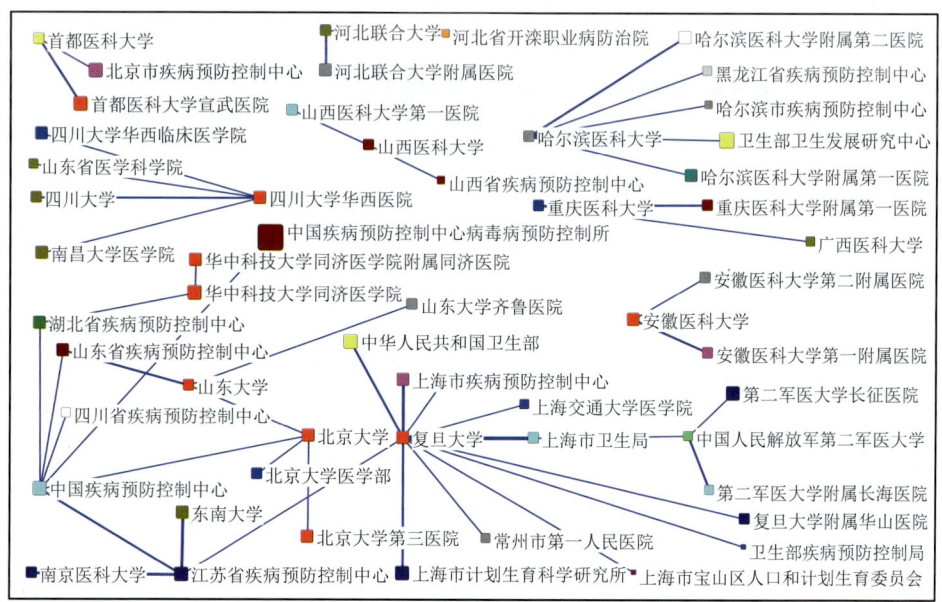

图 7-11 预防医学、卫生学学科高被引机构科研合作关联

## 7.7 高被引图书、国外期刊及学术会议

2015 年，预防医学、卫生学学科被引频次位居前 10 位的图书及国外期刊见表 7-7 和表 7-8。其中，被引次数较多的 3 种图书分别是乐杰的《妇产科学》、汪向东的《心理卫生评定量表手册》和谢幸的《妇产科学》；被引次数较多的 3 种国外期刊分别是《PLoS One》《The Lancet》和《New England Journal of Medicine》；被引次数较多的 3 场学术会议分别是"Improving food safety through a One Health approach, 2012""International Conference on Harmonization of Technical Requirements for Registration of Pharmaceuticals for Human Use"和"IEEE Ultrason Symp"。

表 7-7　预防医学、卫生学学科高被引图书 TOP 10

| 序号 | 责任者 | 图书名称 | 出版社 | 2015 年被引频次 |
| --- | --- | --- | --- | --- |
| 1 | 乐杰 | 妇产科学 | 人民卫生出版社 | 184 |
| 2 | 汪向东 | 心理卫生评定量表手册 | 中国心理卫生杂志社 | 106 |
| 3 | 谢幸 | 妇产科学 | 人民卫生出版社 | 79 |
| 4 | 李立明 | 流行病学 | 人民卫生出版社 | 70 |
| 5 | 中国营养学会 | 中国居民膳食指南 | 西藏人民出版社 | 66 |
| 6 | 孙振球 | 医学统计学 | 人民卫生出版社 | 64 |
| 7 | 刘湘云 | 儿童保健学 | 江苏科学技术出版社 | 62 |
| 7 | 季成叶 | 儿童少年卫生学 | 人民卫生出版社 | 62 |
| 9 | 何凤生 | 中华职业医学 | 人民卫生出版社 | 61 |
| 10 | 叶应妩 | 全国临床检验操作规程 | 东南大学出版社 | 60 |

表 7-8　预防医学、卫生学学科高被引国外期刊 TOP 10

| 序号 | 期刊名称 | 2015 年被引频次 |
| --- | --- | --- |
| 1 | PLoS One | 1478 |
| 2 | The Lancet | 1383 |
| 3 | New England Journal of Medicine | 1167 |
| 4 | Journal Of The American Medical Association | 743 |
| 5 | Nature | 602 |
| 6 | British Medical Journal | 554 |
| 7 | Proceedings of the National Academy of Sciences of the United States of America | 536 |
| 8 | Environmental Health Perspectives | 528 |
| 9 | Science | 498 |
| 10 | Circulation | 489 |

# 第 8 章　中国医学学科高被引分析

## 8.1　学科论文概况

2010—2014 年，中国医学学科共有 246063 位来自 40172 所机构的论文第一作者在 2503 种期刊上发表了 309803 篇学术论文。其中，80%以上的论文产出自 6322 所机构、173193 位作者，发表在 155 种期刊上。在前 5 年发表的这些论文中，有 104068 篇在 2015 年获得过引用，整体被引率为 33.6%，总被引频次为 190978 次，篇均被引 0.62 次；其中，高被引论文有 1251 篇，单篇论文最高被引频次为 215 次，累计被引 13864 次，篇均被引 11.08 次（表8-1）。另外，2015 年中国医学学科共发表论文 63392 篇，其中有 4120 篇在当年获得过引用，总共被引 4974 次。

表 8-1　中国医学学科论文分布情况

| 年份 | 论文篇数 | 2015 年被引频次 | 2015 年被引率（%） | 2015 年高被引论文 | | | |
|---|---|---|---|---|---|---|---|
| | | | | 论文篇数 | 最高被引频次 | 总被引频次 | 篇均被引频次 |
| 2010 | 55188 | 31328 | 31.7 | 188 | 140 | 2237 | 11.90 |
| 2011 | 58679 | 38230 | 34.9 | 271 | 191 | 3070 | 11.33 |
| 2012 | 67204 | 44605 | 34.9 | 306 | 215 | 3611 | 11.80 |
| 2013 | 64753 | 46553 | 37.6 | 292 | 190 | 3181 | 10.89 |
| 2014 | 63979 | 30262 | 28.5 | 194 | 122 | 1765 | 9.10 |
| 合计 | 309803 | 190978 | 33.6 | 1251 | 215 | 13864 | 11.08 |

从中国医学学科论文的地域分布来看，2015 年被引频次较高的 5 个省、直辖市或自治区依次是北京、广东、江苏、河南和浙江（图 8-1）；5 年论文产出量较多的 5 个省、直辖市或自治区依次是广东、北京、江苏、河南和山东（图 8-2）。

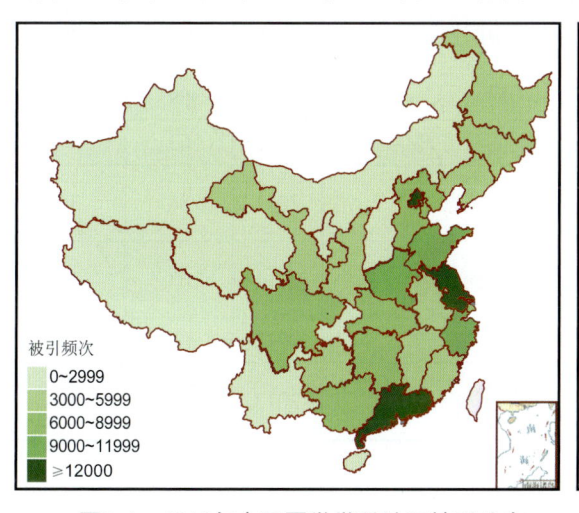
图8-1　2015年中国医学学科地区被引分布

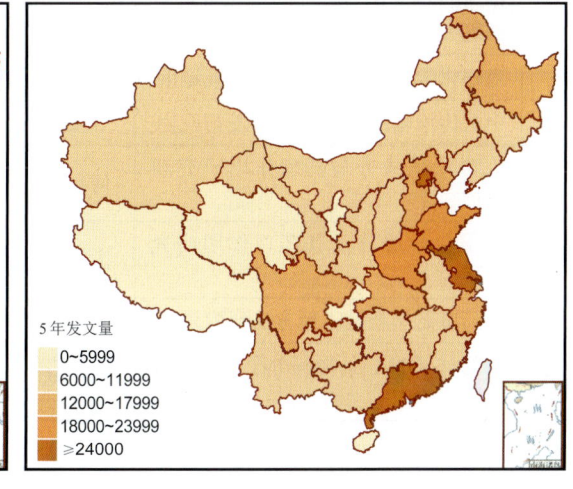
图8-2　中国医学学科5年论文产出地区分布

## 8.2 高被引论文分析

在中国医学学科，2015 年被引频次位居前 10 位的论文（表 8-2）平均被引频次为 38.9 次，是全部 1251 篇高被引论文篇均被引频次的 3.5 倍。其中，被引频次最高的论文是张蕾于 2012 年发表的《黄芪中有效成分药理活性的研究进展》，随后 2 篇分别是李健于 2012 年发表的《基于中医传承辅助系统的治疗肺痈方剂组方规律分析》和金玉青于 2013 年发表的《川芎的化学成分及药理作用研究进展》。

从论文分布来看，刊载高被引论文数量居前的 3 种期刊分别是《中国实验方剂学杂志》（186 篇）、《中国中药杂志》（51 篇）和《中国实用护理杂志》（40 篇），而《中国中药杂志》刊载了高被引论文 TOP 10 中的 3 篇；发表高被引论文居前的 3 位学者分别是上海美优制药有限公司的张明发（4 篇）、中国医学科学院北京协和医学院药用植物研究所的陈士林（3 篇）和浙江农林大学的诸燕（3 篇）；产出高被引论文数量居前的 3 所机构分别是北京中医药大学（36 篇）、南京中医药大学（35 篇）和天津中医药大学（21 篇），而中国医学科学院北京协和医学院药用植物研究所产出了高被引论文 TOP 10 中的 2 篇。

表 8-2　中国医学学科高被引论文 TOP 10

| 序号 | 论文题名 | 第一作者 | 期刊名称 | 发表年份 | 被引频次 总频次 | 被引频次 2015 年 |
|---|---|---|---|---|---|---|
| 1 | 黄芪中有效成分药理活性的研究进展 | 张蕾 | 中国中药杂志 | 2012 | 91 | 52 |
| 2 | 基于中医传承辅助系统的治疗肺痈方剂组方规律分析 | 李健 | 中国实验方剂学杂志 | 2012 | 119 | 46 |
| 3 | 川芎的化学成分及药理作用研究进展 | 金玉青 | 中药与临床 | 2013 | 64 | 42 |
| 4 | 糖尿病周围神经病变中医诊疗规范初稿 | 庞国明 | 中华中医药杂志 | 2010 | 102 | 39 |
| 5 | 当归化学成分及药理作用研究进展 | 李曦 | 中药材 | 2013 | 59 | 38 |
| 6 | 中医传承辅助系统软件开发与应用 | 卢朋 | 中国实验方剂学杂志 | 2012 | 63 | 37 |
| 7 | 大黄化学成分与药理作用研究新进展 | 傅兴圣 | 中国新药杂志 | 2011 | 86 | 35 |
| 8 | 栀子化学成分及其药理作用研究进展 | 孟祥乐 | 中国新药杂志 | 2011 | 63 | 34 |
| 8 | 中药鉴定学新技术新方法研究进展 | 陈士林 | 中国中药杂志 | 2012 | 100 | 34 |
| 10 | 中药材 DNA 条形码分子鉴定指导原则 | 陈士林 | 中国中药杂志 | 2013 | 89 | 32 |

## 8.3 研究主题关联分析

在中国医学学科，高被引论文累计被 2015 年发表的 11522 篇论文引用了 13864 次。通过分析施引文献关键词的词频及关键词之间的共现关系，获得 2015 年中国医学学科的热点主题和主题关联，如图 8-3 所示（共现 15 次以下不显示）。由图 8-3 可知："疗效""临床疗效""中药"等关键词的文档词频较高，是 2015 年学科的研究热点；以"冠心病""风湿病""疗效"等关键词为主要节点的多个概念相互关联，构成了学科内最为突出的研究主题簇。

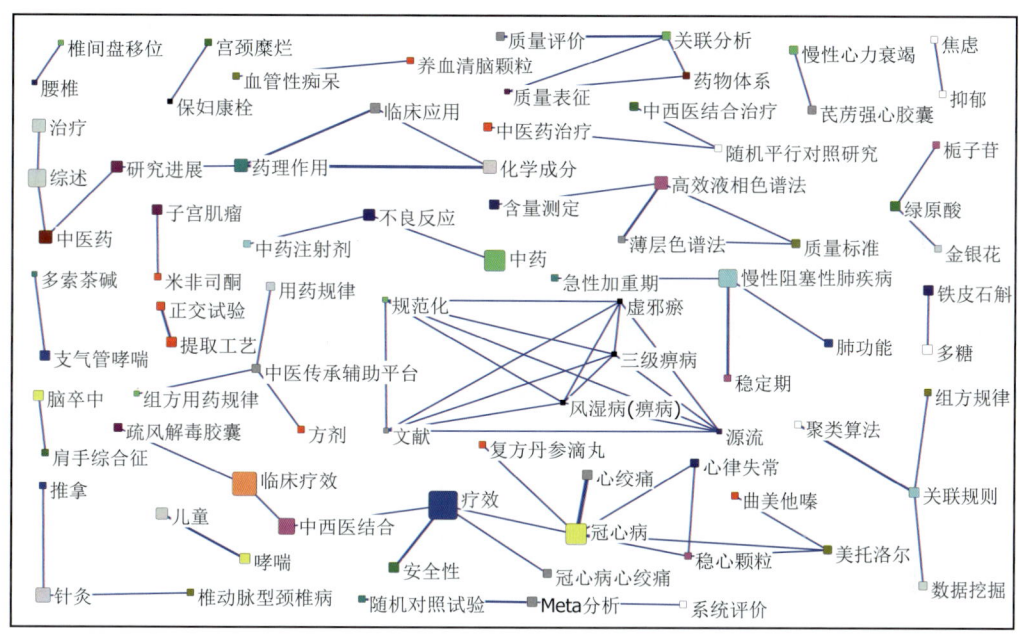

图 8-3 中国医学学科 2015 年热点主题关联

## 8.4 学科高影响力期刊分析

### 8.4.1 学科高影响力期刊 TOP 10

在中国医学学科，学科 5 年影响因子位居前 10 位的期刊见表 8-3，排在前 3 位的期刊分别是《药物评价研究》《中国中西医结合杂志》和《中国中西医结合急救杂志》。在表 8-3 中，学科载文量占其总载文量比例最大的期刊是《中国实验方剂学杂志》；前 5 年学科载文在 2015 年被引率最高的期刊是《中国中西医结合杂志》；期刊 5 年影响因子较高的前 3 种期刊分别是《中国中西医结合杂志》《中国实验方剂学杂志》和《针刺研究》；学科 5 年影响因子与期刊 5 年影响因子差异最大的期刊是《药物评价研究》。表 8-3 中期刊的学科 5 年影响因子和前 5 年学科载文的 2015 年被引率对比如图 8-4 所示，2010—2015 年期刊 5 年影响因子的变动情况如图 8-5 所示。

表 8-3  中国医学学科高影响力期刊基本指数

| 序号 | 期刊名称 | 前5年载文量 | | | 2015年学科被引 | | | 5年影响因子 | | h指数(学科) |
|---|---|---|---|---|---|---|---|---|---|---|
| | | 学科（篇） | 占比（%） | 总量（篇） | 频次 | 被引率（%） | 高被引论文篇数 | 期刊(2015) | 学科(2015) | |
| 1 | 药物评价研究 | 104 | 16.9 | 616 | 201 | 54.8 | 7 | 0.929 | 1.933 | 8 |
| 2 | 中国中西医结合杂志 | 1153 | 54.4 | 2118 | 1995 | 63.2 | 37 | 1.705 | 1.730 | 14 |
| 3 | 中国中西医结合急救杂志 | 423 | 47.5 | 891 | 627 | 47.5 | 14 | 1.228 | 1.482 | 10 |
| 4 | 中医正骨 | 716 | 31.8 | 2250 | 917 | 51.4 | 14 | 1.000 | 1.281 | 10 |
| 5 | 中国实验方剂学杂志 | 10333 | 98.1 | 10533 | 13098 | 51.8 | 186 | 1.255 | 1.268 | 16 |
| 6 | 中国中药杂志 | 3539 | 70.2 | 5041 | 4437 | 52.3 | 51 | 1.192 | 1.254 | 12 |
| 7 | 北京中医药大学学报 | 1143 | 96.9 | 1180 | 1389 | 47.5 | 25 | 1.213 | 1.215 | 10 |
| 8 | 结合医学学报（英文版） | 428 | 56.2 | 761 | 519 | 52.1 | 0 | 0.993 | 1.213 | 7 |
| 9 | 南京中医药大学学报 | 957 | 93.5 | 1024 | 1137 | 52.6 | 8 | 1.191 | 1.188 | 8 |
| 10 | 针刺研究 | 488 | 84.7 | 576 | 576 | 52.3 | 3 | 1.253 | 1.180 | 7 |

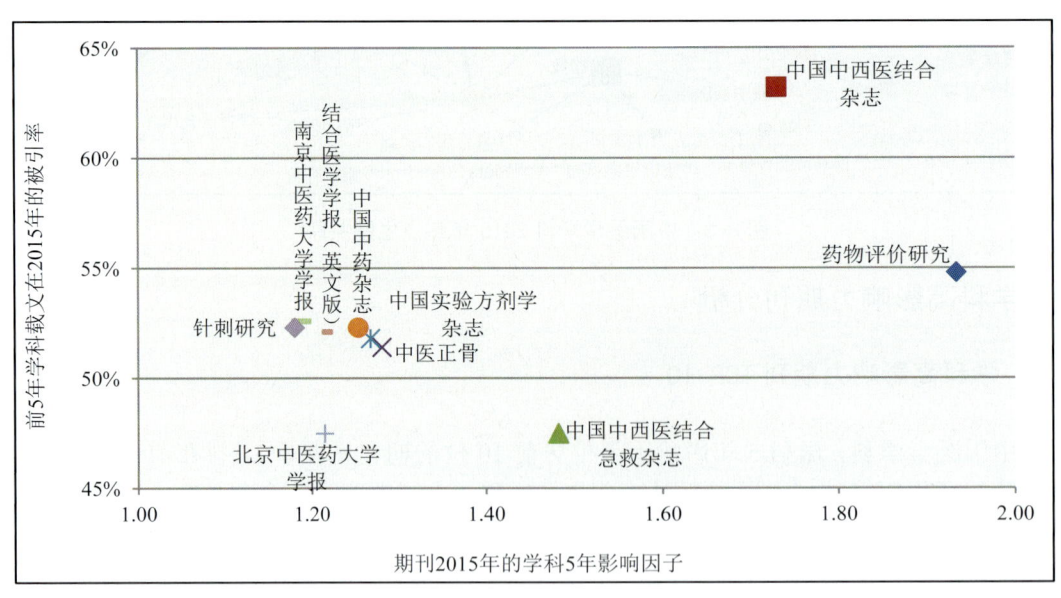

图 8-4  中国医学学科高影响力期刊对比

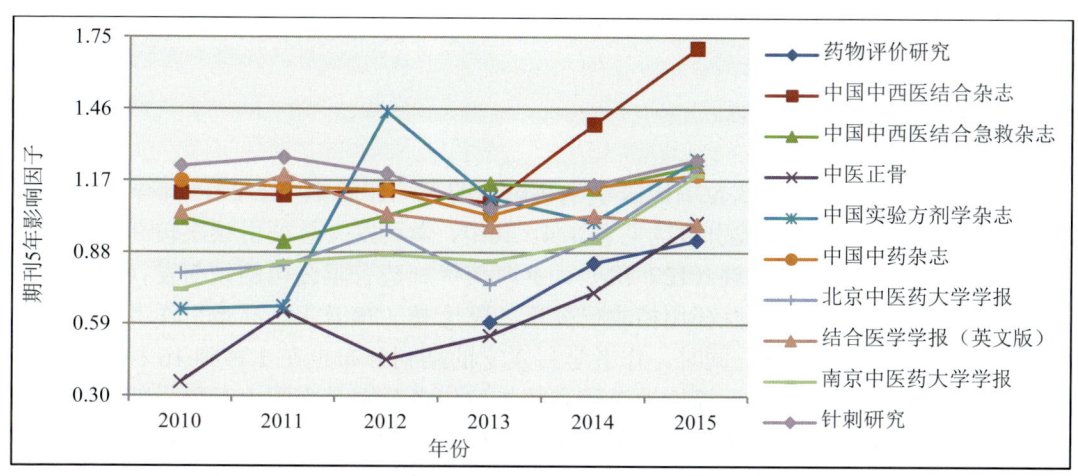

图 8-5 中国医学学科期刊 5 年影响因子变动

## 8.4.2 学科高影响力期刊载文主题关联

通过期刊共被引分析，获得中国医学学科高影响力期刊及与其他期刊之间的载文主题关联，如图 8-6 所示（共被引 151 次以下不显示）。结果显示，中国医学学科的高影响力期刊相互链接较为紧密，基本主导了该学科的期刊共被引网络，显示出该学科高影响力期刊可能共同刊载了许多相近的研究主题，热点研究主题分散在多种期刊上。《中国中西医结合杂志》的学科 5 年影响因子较高，显示出该刊在学科内学术影响力较大；《中国实验方剂学杂志》与《时珍国医国药》《中国中药杂志》等期刊之间的链接较强，意味着它们之间可能有较多相同或相近的载文主题。

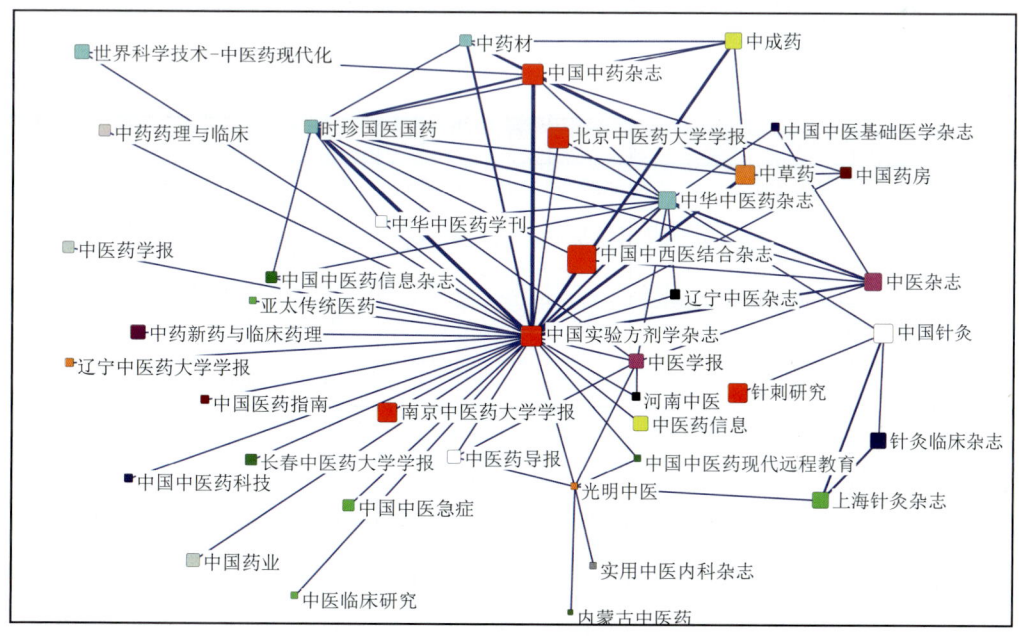

图 8-6 中国医学学科高影响力期刊载文主题关联

## 8.5 高被引作者分析

### 8.5.1 高被引作者 TOP 20

2010—2014 年，在 246063 位中国医学学科论文的第一作者中，在 2015 年学科被引频次位居前 20 位的学者的发文及被引情况见表 8-4。其中，学科发文总被引频次较高的 3 位作者分别是北京中医药大学的吴嘉瑞（127 次）、上海美优制药有限公司的张明发（120 次）和中国医学科学院北京协和医学院药用植物研究所的陈士林（78 次）。高被引作者的 5 年学科发文数量从 1 篇到 82 篇不等，同时，作者学科发文的期刊分布也在 1 种到 16 种之间变化。在发文超过 5 篇的所有作者中，篇均被引较高的 3 位作者分别是中国中医科学院中药研究所的李健（篇均 11.00 次）、上海交通大学附属第六人民医院的孟祥乐（篇均 8.20 次）和河南省开封市中医院的庞国明（篇均 6.83 次）；前 5 年发表学科论文较多的 3 位作者分别是北京中医药大学的吴嘉瑞（82 篇）、河南中医学院的王付（80 篇）和河南中医学院的许敬生（73 篇）。高被引作者的学科发文量和被引量对比如图 8-7 所示。

表 8-4 中国医学学科高被引作者 TOP 20

| 序号 | 姓名 | 作者单位 | 前 5 年发文 | | | 前 5 年学科发文在 2015 年的被引 | | | | h 指数（学科） |
|---|---|---|---|---|---|---|---|---|---|---|
| | | | 学科发文（篇） | 期刊分布（种） | 发文总量（篇） | 总频次 | 被引率（%） | 最高（次） | 篇均（次） | |
| 1 | 吴嘉瑞 | 北京中医药大学 | 82 | 14 | 99 | 127 | 51.2 | 17 | 1.55 | 5 |
| 2 | 张明发 | 上海美优制药有限公司 | 28 | 8 | 112 | 120 | 78.6 | 20 | 4.29 | 7 |
| 3 | 陈士林 | 中国医学科学院北京协和医学院药用植物研究所 | 4 | 2 | 11 | 78 | 75.0 | 34 | 19.50 | 4 |
| 4 | 王琦 | 北京中医药大学 | 33 | 11 | 42 | 75 | 60.6 | 8 | 2.27 | 6 |
| 5 | 李建生 | 河南中医学院 | 32 | 10 | 56 | 62 | 56.3 | 10 | 1.94 | 6 |
| 6 | 梅全喜 | 广州中医药大学附属中山医院 | 28 | 13 | 46 | 60 | 60.7 | 16 | 2.14 | 5 |
| 7 | 李修伟 | 黑龙江建龙钢铁有限公司炼铁厂 | 1 | 1 | 1 | 59 | 100.0 | 59 | 59.00 | 1 |
| 7 | 李孟慧 | 北京协和医院 | 1 | 1 | 6 | 59 | 100.0 | 59 | 59.00 | 2 |
| 9 | 李健 | 中国中医科学院中药研究所 | 5 | 3 | 6 | 55 | 40.0 | 46 | 11.00 | 2 |
| 10 | 仝小林 | 中国中医科学院广安门医院 | 31 | 16 | 44 | 54 | 74.2 | 7 | 1.74 | 5 |
| 11 | 段金廒 | 南京中医药大学 | 16 | 6 | 19 | 53 | 81.3 | 11 | 3.31 | 4 |
| 12 | 张蔷 | 天津大学 | 1 | 1 | 2 | 52 | 100.0 | 52 | 52.00 | 1 |
| 13 | 张保国 | 河南大学 | 32 | 1 | 32 | 51 | 71.9 | 7 | 1.59 | 4 |

| 序号 | 姓名 | 作者单位 | 前 5 年发文 | | | 前 5 年学科发文在 2015 年的被引 | | | | h指数(学科) |
|---|---|---|---|---|---|---|---|---|---|---|
| | | | 学科发文（篇） | 期刊分布（种） | 发文总量（篇） | 总频次 | 被引率（%） | 最高（次） | 篇均（次） | |
| 13 | 孙远征 | 黑龙江中医药大学附属第二医院 | 61 | 10 | 68 | 51 | 37.7 | 5 | 0.84 | 4 |
| 15 | 张声生 | 首都医科大学附属北京中医医院 | 10 | 5 | 18 | 47 | 80.0 | 17 | 4.70 | 5 |
| 16 | 王付 | 河南中医学院 | 80 | 11 | 108 | 46 | 32.5 | 7 | 0.58 | 3 |
| 17 | 罗钦宏 | 广州中医药大学 | 3 | 2 | 4 | 44 | 100.0 | 19 | 14.67 | 4 |
| 18 | 傅兴圣 | 南京中医药大学 | 8 | 8 | 15 | 43 | 75.0 | 35 | 5.38 | 4 |
| 18 | 金玉青 | 成都中医药大学 | 2 | 2 | 2 | 43 | 100.0 | 42 | 21.50 | 1 |
| 20 | 孟祥乐 | 上海交通大学附属第六人民医院 | 5 | 5 | 7 | 41 | 40.0 | 34 | 8.20 | 2 |

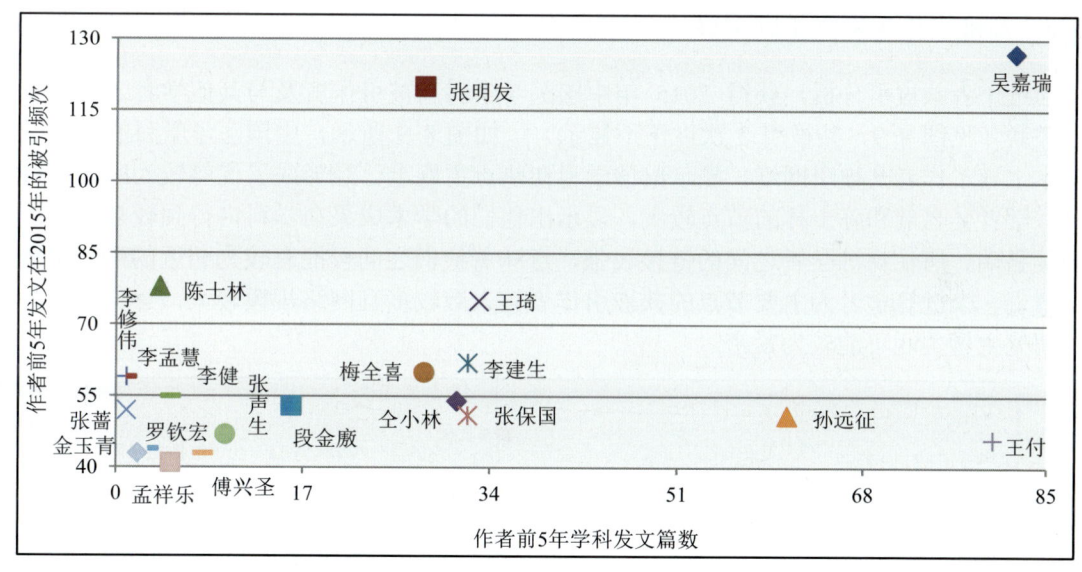

图 8-7　中国医学学科高被引作者学科发文及被引对比

## 8.5.2　高被引作者科研合作关系

通过作者合著分析，获得 2015 年中国医学学科高被引作者及与其他学者之间的科研论文合作关系（不考虑论文署名次序），如图 8-8 所示（合著 9 次以下不显示）。可以看出，中国医学学科的高被引作者的论文合作现象比较普遍。学者吴嘉瑞和王付的发文量较多；段金廒的论文合作网络最为突出，在该学科的研究人员中表现出一定的集聚效应；唐于平和段金廒、吴嘉瑞和张冰等学者之间的合作关系最为紧密，显示出他们可能分别属于同一支科研团队。

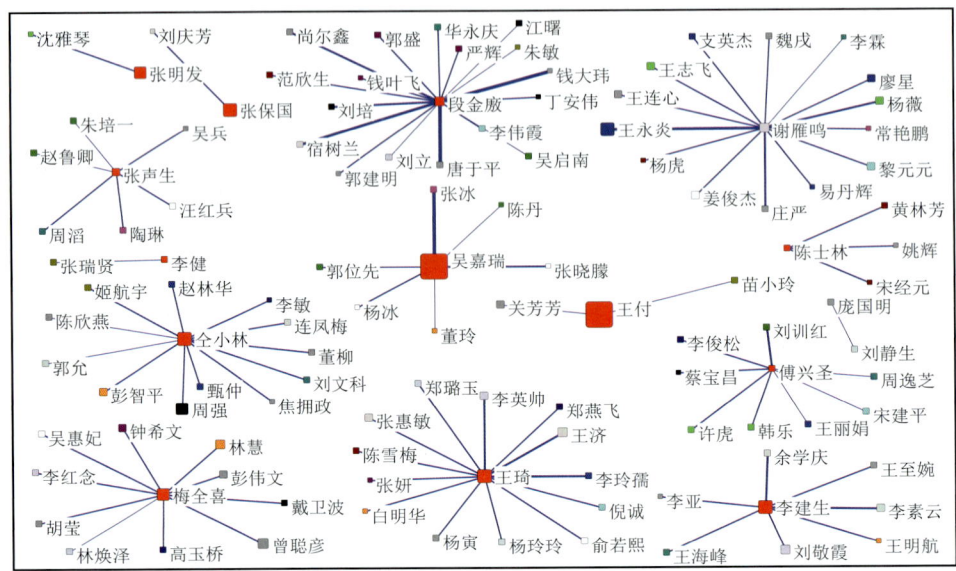

图 8-8　中国医学学科高被引作者科研论文合作关系

### 8.5.3　高被引作者发文主题关联

通过作者共被引分析，获得 2015 年中国医学学科高被引作者及与其他学者之间的发文主题关联（见图 8-9，共被引 3 次以下不显示）。如图 8-9 所示，中国医学学科的高被引作者基本主导了作者共被引网络，显示出该学科在热点主题上已经形成了优势较为明显的科研力量。学者吴嘉瑞和陈士林的节点较大，显示出他们的学术成果在学科内得到较多关注；李健与吴嘉瑞、唐仕欢等学者之间的链接较强，意味着他们之间可能有较为相近的研究主题；以吴嘉瑞、李健等学者为主要节点的共被引作者簇人数较多且网络规模较大，意味着这些学者的研究主题关联可能较为紧密。

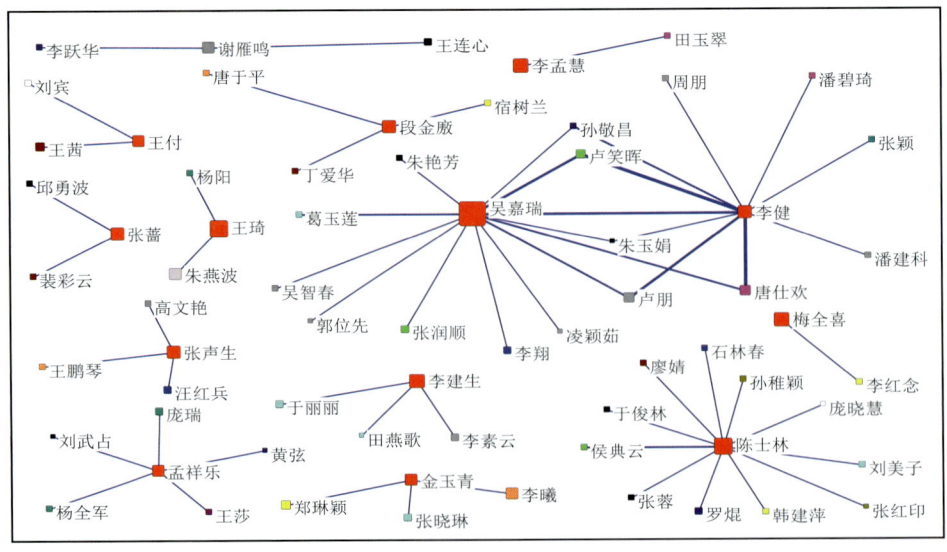

图 8-9　中国医学学科高被引作者发文主题关联

## 8.6 高被引机构分析

### 8.6.1 高被引机构

为便于比较，本书将中国医学学科的高被引机构分为医院和高等院校/科研院所两种类型。其中，被引频次 TOP 10 医院和被引频次 TOP 5 高等院校/科研院所的发文及被引情况分别见表 8-5 和表 8-6。其中，总被引频次较高的 3 所医院分别是中国中医科学院广安门医院、河南中医学院第一附属医院和广东省中医院，南京中医药大学、北京中医药大学和天津中医药大学是总被引频次较高的 3 所高等院校/科研院所；前 5 年学科发文在 2015 年的被引率最高的医院和高等院校/科研院所分别是中国中医科学院西苑医院和南京中医药大学，篇均被引最高的医院和高等院校/科研院所分别是中国中医科学院广安门医院和南京中医药大学。上述高被引机构的论文被引率和篇均被引频次对比如图 8-10 所示。

表 8-5  中国医学学科高被引医院 TOP 10

| 序号 | 第一作者单位 | 学科发文量（篇） | | 前5年学科发文在2015年的被引 | | | |
|---|---|---|---|---|---|---|---|
| | | 前5年 | 2015年 | 频次 | 被引率(%) | 最高（次） | 篇均（次） |
| 1 | 中国中医科学院广安门医院 | 1902 | 363 | 1663 | 42.6 | 20 | 0.87 |
| 2 | 河南中医学院第一附属医院 | 1505 | 236 | 963 | 35.1 | 11 | 0.64 |
| 3 | 广东省中医院 | 1238 | 170 | 866 | 36.9 | 10 | 0.70 |
| 4 | 北京中医药大学东直门医院 | 1069 | 181 | 857 | 38.5 | 16 | 0.80 |
| 5 | 上海中医药大学附属曙光医院 | 926 | 159 | 784 | 40.6 | 25 | 0.85 |
| 6 | 天津中医药大学第一附属医院 | 1078 | 178 | 775 | 36.5 | 15 | 0.72 |
| 7 | 中国中医科学院西苑医院 | 872 | 159 | 760 | 42.8 | 12 | 0.86 |
| 8 | 上海中医药大学附属龙华医院 | 887 | 129 | 670 | 39.0 | 10 | 0.76 |
| 9 | 广州中医药大学第一附属医院 | 951 | 137 | 635 | 36.3 | 12 | 0.67 |
| 10 | 首都医科大学附属北京中医医院 | 830 | 93 | 628 | 33.3 | 20 | 0.76 |

表 8-6  中国医学学科高被引高等院校/科研院所 TOP 5

| 序号 | 第一作者单位 | 学科发文量（篇） | | 前5年学科发文在2015年的被引 | | | |
|---|---|---|---|---|---|---|---|
| | | 前5年 | 2015年 | 频次 | 被引率(%) | 最高（次） | 篇均（次） |
| 1 | 南京中医药大学 | 5535 | 842 | 4358 | 39.4 | 35 | 0.79 |
| 2 | 北京中医药大学 | 5379 | 839 | 3973 | 34.7 | 30 | 0.74 |
| 3 | 天津中医药大学 | 4684 | 838 | 2624 | 30.0 | 14 | 0.56 |
| 4 | 成都中医药大学 | 4984 | 838 | 2612 | 29.0 | 42 | 0.52 |
| 5 | 山东中医药大学 | 5343 | 905 | 2336 | 25.4 | 13 | 0.44 |

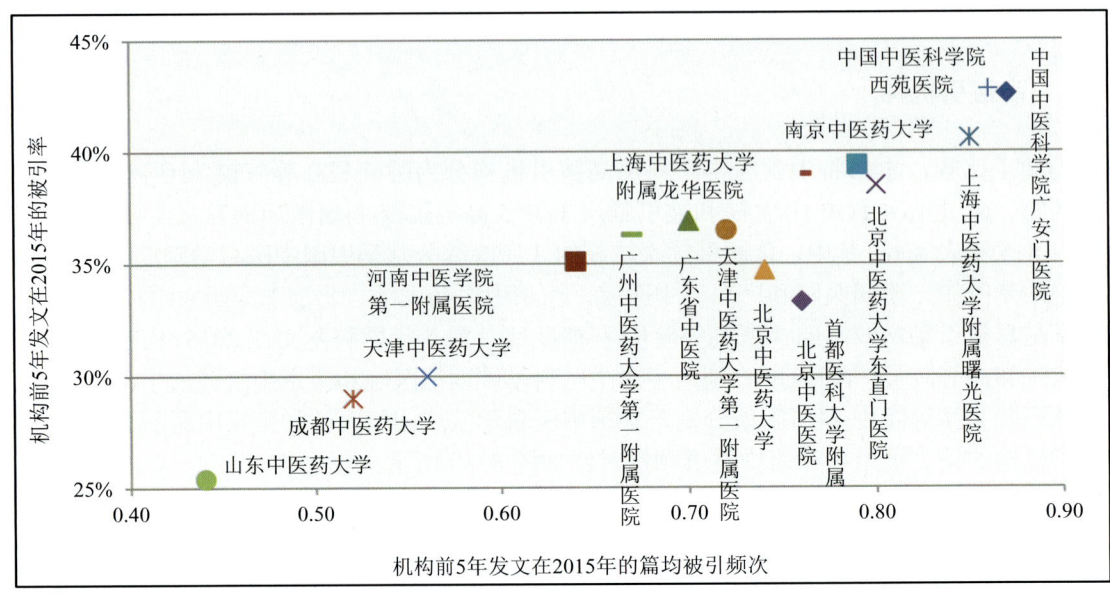

图 8-10　中国医学学科高被引机构论文篇均被引及被引率对比

## 8.6.2　高被引机构科研合作关系

通过合著分析，获得中国医学学科高被引机构之间及其与其他机构之间的科研合作关联，如图 8-11 所示（合作 350 次以下不显示）。分析得知，中国医学学科的机构合作链接比较紧密，表明学科内机构合作现象比较普遍；高被引机构基本主导了机构合作网络，显示出这些机构已经在学科内具有了一定的科研优势；天津中医药大学和天津中医药大学第一附属医院、湖南中医药大学与湖南中医药大学第一附属医院等机构之间的链接较强，表明它们的学术合作较为频繁。

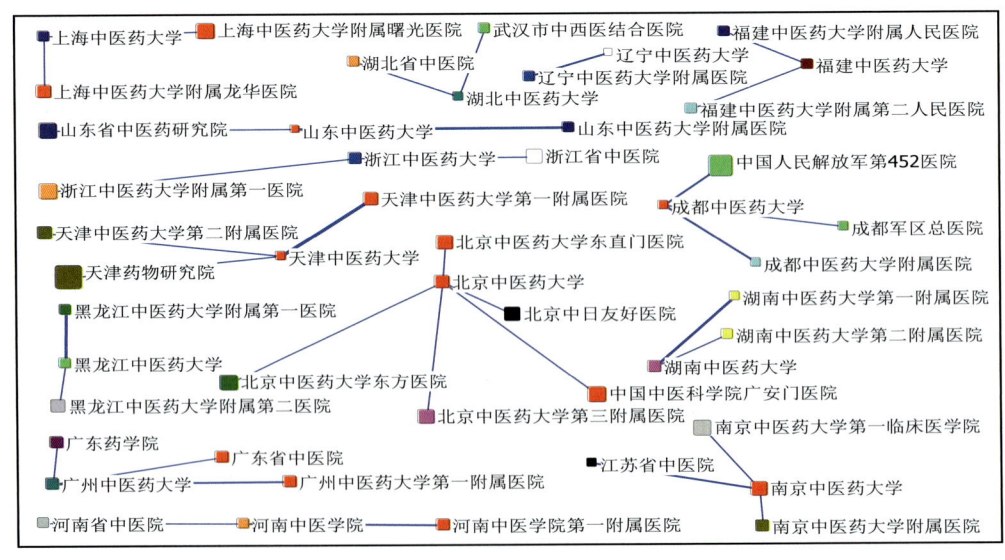

图 8-11　中国医学学科高被引机构科研合作关联

## 8.7 高被引图书、国外期刊及学术会议

2015 年，中国医学学科被引频次位居前 10 位的图书及国外期刊见表 8-7 和表 8-8。其中，被引次数较多的 3 种图书分别是国家中医药管理局的《中医病证诊断疗效标准》、郑筱萸的《中药新药临床研究指导原则》和周仲瑛的《中医内科学》；被引次数较多的 3 种国外期刊分别是《Journal of Ethnopharmacology》《PLoS One》和《Phytochemistry》；被引次数较多的 3 场学术分别会议是 "Program and Abstracts of the XVI International AIDS Conference" "Conference Proceeding IEEE Engineering in Medicine and Biology Society" 和 "Proceedings of the 6th Symp.on Operating System Design and Implementation"。

表 8-7 中国医学学科高被引图书 TOP 10

| 序号 | 责任者 | 图书名称 | 出版社 | 2015 年被引频次 |
|---|---|---|---|---|
| 1 | 国家中医药管理局 | 中医病证诊断疗效标准 | 南京大学出版社 | 906 |
| 2 | 郑筱萸 | 中药新药临床研究指导原则 | 中国医药科技出版社 | 780 |
| 3 | 周仲瑛 | 中医内科学 | 中国中医药出版社 | 467 |
| 4 | 乐杰 | 妇产科学 | 人民卫生出版社 | 440 |
| 5 | 陈灏珠 | 实用内科学 | 人民卫生出版社 | 363 |
| 5 | 高学敏 | 中药学 | 中国中医药出版社 | 356 |
| 7 | 张玉珍 | 中医妇科学 | 中国中医药出版社 | 343 |
| 8 | 陆再英 | 内科学 | 人民卫生出版社 | 325 |
| 9 | 徐叔云 | 药理实验方法学 | 人民卫生出版社 | 226 |
| 10 | 叶任高 | 内科学 | 人民卫生出版社 | 201 |

表 8-8 中国医学学科高被引国外期刊 TOP 10

| 序号 | 期刊名称 | 2015 年被引频次 |
|---|---|---|
| 1 | Journal of Ethnopharmacology | 1677 |
| 2 | PLoS One | 1300 |
| 3 | Phytochemistry | 1285 |
| 4 | Journal of Natural Products | 865 |
| 5 | Chemical & Pharmaceutical Bulletin | 785 |
| 6 | New England Journal of Medicine | 768 |
| 7 | Journal of Agricultural and Food Chemistry | 761 |
| 8 | Planta Medica | 760 |
| 9 | Nature | 754 |
| 10 | Journal of Biological Chemistry | 728 |

# 第 9 章 基础医学学科高被引分析

## 9.1 学科论文概况

2010—2014 年，基础医学学科共有 137530 位来自 22423 所机构的论文第一作者在 2513 种期刊上发表了 136867 篇学术论文。其中，80%以上的论文产出自 3545 所机构、105454 位作者，发表在 353 种期刊上。在前 5 年发表的这些论文中，有 43026 篇在 2015 年获得过引用，整体被引率为 31.4%，总被引频次为 78049 次，篇均被引 0.57 次；其中，高被引论文有 530 篇，单篇论文最高被引频次为 93 次，累计被引 6360 次，篇均被引 12.00 次（表 9-1）。另外，2015 年基础医学学科共发表论文 27136 篇，其中有 1561 篇在当年获得过引用，总共被引 1943 次。

表 9-1 基础医学学科论文分布情况

| 年份 | 论文篇数 | 2015年被引频次 | 2015年被引率（%） | 2015年高被引论文 | | | |
|---|---|---|---|---|---|---|---|
| | | | | 论文篇数 | 最高被引频次 | 总被引频次 | 篇均被引频次 |
| 2010 | 22890 | 10770 | 27.5 | 68 | 46 | 795 | 11.69 |
| 2011 | 24453 | 13759 | 31.0 | 97 | 72 | 1265 | 13.04 |
| 2012 | 27091 | 16348 | 32.6 | 113 | 84 | 1501 | 13.28 |
| 2013 | 30275 | 21159 | 36.9 | 133 | 93 | 1567 | 11.78 |
| 2014 | 32158 | 16013 | 28.5 | 119 | 85 | 1232 | 10.35 |
| 合计 | 136867 | 78049 | 31.4 | 530 | 93 | 6360 | 12.00 |

从基础医学学科论文的地域分布来看，2015 年被引频次较高的 5 个省、直辖市或自治区依次是北京、广东、江苏、上海和浙江（图 9-1）；5 年论文产出量较多的 5 个省、直辖市或自治区依次是北京、广东、江苏、上海和浙江（图 9-2）。

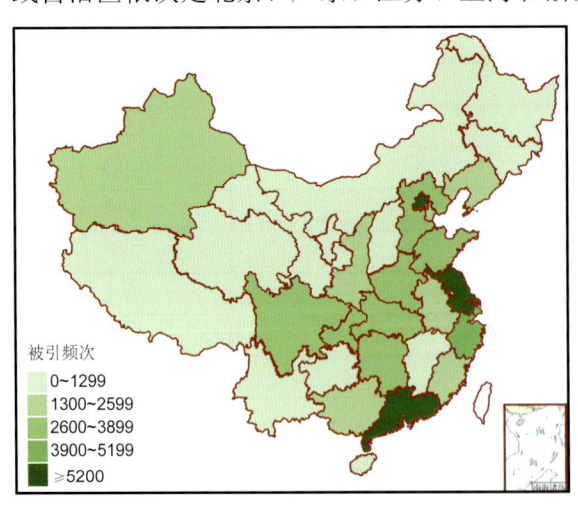

图 9-1 2015年基础医学学科地区被引分布

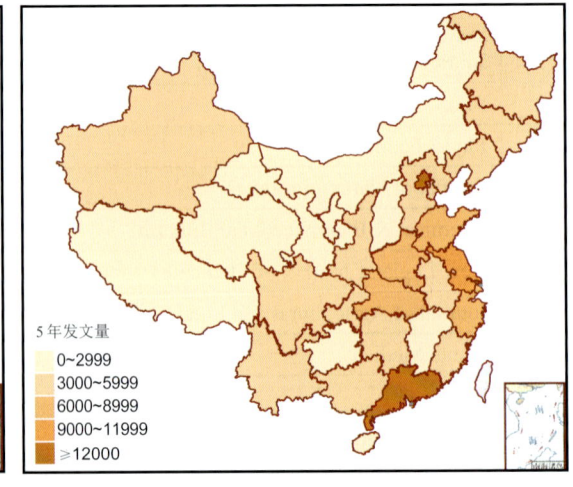

图 9-2 基础医学学科5年论文产出地区分布

## 9.2 高被引论文分析

在基础医学学科，2015 年被引频次位居前 10 位的论文（表 9-2）平均被引频次为 69.5 次，是全部 530 篇高被引论文篇均被引频次的 5.8 倍。其中，被引频次最高的论文是汪复于 2013 年发表的《2012 年中国 CHINET 细菌耐药性监测》，随后 2 篇分别是胡付品于 2012 年发表的《2011 年中国 CHINET 细菌耐药性监测》和胡付品于 2014 年发表的《2013 年中国 CHINET 细菌耐药性监测》。

从论文分布来看，刊载高被引论文数量居前的 3 种期刊分别是《中华医院感染学杂志》（60 篇）、《中国组织工程研究》（51 篇）和《中国组织工程研究与临床康复》（34 篇），而《中国感染与化疗杂志》刊载了高被引论文 TOP 10 中的 4 篇；发表高被引论文居前的 2 位学者分别是浙江大学附属第一医院的杨青（3 篇）和北京大学第一医院的肖永红（3 篇）；产出高被引论文数量居前的 3 所机构分别是北京大学第一医院（9 篇）、浙江大学附属第一医院（7 篇）和复旦大学附属华山医院（7 篇），而复旦大学附属华山医院产出了高被引论文 TOP 10 中的 4 篇。

表 9-2 基础医学学科高被引论文 TOP 10

| 序号 | 论文题名 | 第一作者 | 期刊名称 | 发表年份 | 总频次 | 2015 年 |
|---|---|---|---|---|---|---|
| 1 | 2012 年中国 CHINET 细菌耐药性监测 | 汪复 | 中国感染与化疗杂志 | 2013 | 176 | 140 |
| 2 | 2011 年中国 CHINET 细菌耐药性监测 | 胡付品 | 中国感染与化疗杂志 | 2012 | 324 | 99 |
| 3 | 2013 年中国 CHINET 细菌耐药性监测 | 胡付品 | 中国感染与化疗杂志 | 2014 | 49 | 79 |
| 4 | 降钙素原在细菌感染中临床应用的研究 | 胡可 | 中华医院感染学杂志 | 2011 | 164 | 76 |
| 5 | 2010 年中国 CHINET 细菌耐药性监测 | 朱德妹 | 中国感染与化疗杂志 | 2011 | 383 | 71 |
| 6 | 全国医院感染监控网医院感染病原菌分布及变化趋势 | 文细毛 | 中华医院感染学杂志 | 2011 | 177 | 50 |
| 6 | Mohnarin 2008 年度全国细菌耐药监测 | 肖永红 | 中华医院感染学杂志 | 2010 | 496 | 50 |
| 8 | 心房颤动:目前的认识和治疗建议——2012 | 黄从新 | 中华心律失常学杂志 | 2012 | 79 | 49 |
| 9 | 中国成人糖尿病流行与控制现状——2010 年中国慢病监测暨糖尿病专题调查报告解读 | 徐瑜 | 中华内分泌代谢杂志 | 2014 | 50 | 45 |
| 10 | 糖尿病肾病发病机制研究进展 | 李敏州 | 中国实验方剂学杂志 | 2012 | 63 | 36 |

## 9.3 研究主题关联分析

在基础医学学科，高被引论文累计被 2015 年发表的 5555 篇论文引用了 6360 次。通过分析施引文献关键词的词频及关键词之间的共现关系，获得 2015 年基础医学学科的热点主题和主题关联，如图 9-3 所示（共现 11 次以下不显示）。由图 9-3 可知："耐药性""抗菌药物""病原菌"等关键词的文档词频较高，是 2015 年学科的研究热点；以"耐药性""抗菌药物""病原菌""鲍曼不动杆菌"等关键词为主要节点的多个概念相互关联，构成了学科内最为突出的研究主题簇。

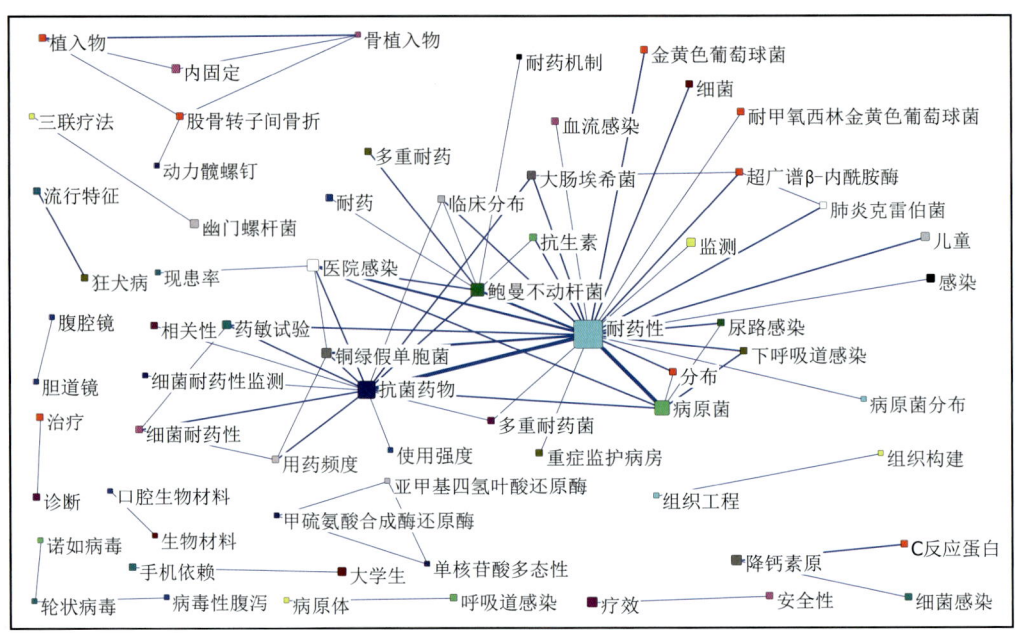

图 9-3　基础医学学科 2015 年热点主题关联

## 9.4 学科高影响力期刊分析

### 9.4.1 学科高影响力期刊 TOP 10

在基础医学学科，学科 5 年影响因子位居前 10 位的期刊见表 9-3，排在前 3 位的期刊分别是《中国感染与化疗杂志》《中国抗生素杂志》和《中国血液净化》。在表 9-3 中，学科载文量占其总载文量比例最大的期刊是《中国临床心理学杂志》；前 5 年学科载文在 2015 年被引率最高的期刊是《中国抗生素杂志》；期刊 5 年影响因子较高的前 3 种期刊分别是《中国感染与化疗杂志》《疾病监测》和《中国血液净化》；学科 5 年影响因子与期刊 5 年影响因子差异最大的期刊是《中国感染与化疗杂志》。表 9-3 中期刊的学科 5 年影响因子和前 5 年学科载文的 2015 年被引率对比如图 9-4 所示，2010—2015 年期刊 5 年影响因子的变动情况如图 9-5 所示。

表 9-3　基础医学学科高影响力期刊基本指数

| 序号 | 期刊名称 | 前5年载文量 | | | 2015年学科被引 | | | 5年影响因子 | | h指数（学科） |
|---|---|---|---|---|---|---|---|---|---|---|
| | | 学科（篇） | 占比（%） | 总量（篇） | 频次 | 被引率（%） | 高被引论文篇数 | 期刊(2015) | 学科(2015) | |
| 1 | 中国感染与化疗杂志 | 399 | 57.3 | 696 | 1050 | 49.6 | 21 | 1.938 | 2.632 | 12 |
| 2 | 中国抗生素杂志 | 312 | 25.8 | 1209 | 450 | 52.9 | 8 | 0.849 | 1.442 | 10 |
| 3 | 中国血液净化 | 633 | 50.8 | 1247 | 765 | 46.3 | 12 | 1.195 | 1.209 | 10 |
| 4 | 中国临床心理学杂志 | 1540 | 99.8 | 1543 | 1700 | 49.4 | 16 | 1.102 | 1.104 | 10 |
| 5 | 中华心律失常学杂志 | 97 | 13.6 | 713 | 99 | 37.1 | 1 | 0.494 | 1.021 | 6 |
| 6 | 疾病监测 | 333 | 20.8 | 1600 | 313 | 37.2 | 9 | 1.246 | 0.940 | 15 |
| 7 | 中南大学学报（医学版） | 236 | 18.1 | 1301 | 189 | 41.1 | 2 | 1.067 | 0.801 | 10 |
| 8 | 国际病毒学杂志 | 401 | 73.0 | 549 | 320 | 28.9 | 6 | 0.820 | 0.798 | 8 |
| 9 | 中国微生态学杂志 | 1179 | 50.2 | 2347 | 909 | 42.5 | 2 | 0.718 | 0.771 | 7 |
| 9 | 中国组织工程研究 | 10471 | 92.6 | 11303 | 8075 | 37.6 | 51 | 0.753 | 0.771 | 13 |

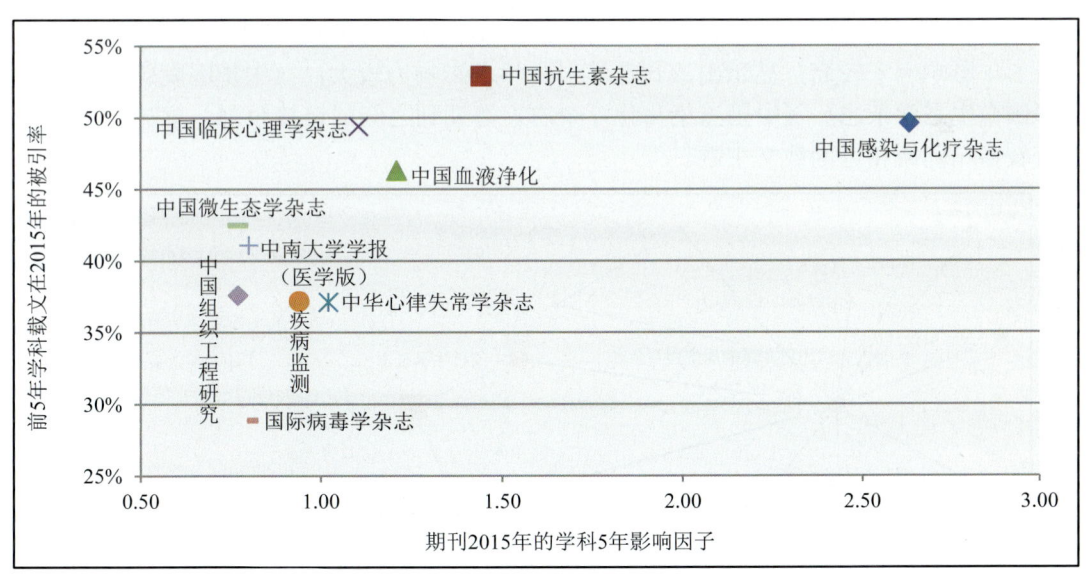

图 9-4　基础医学学科高影响力期刊对比

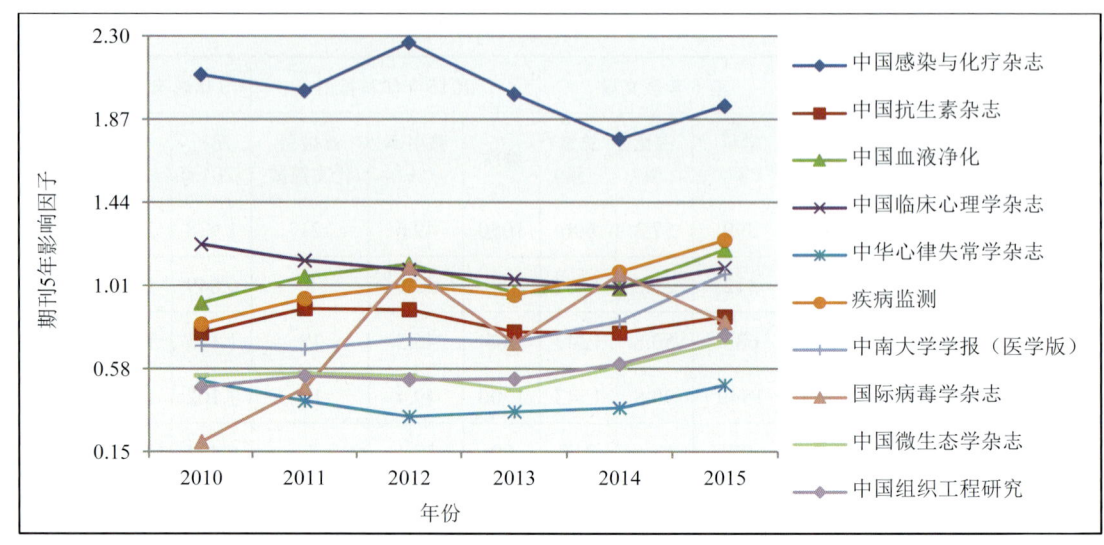

图 9-5　基础医学学科期刊 5 年影响因子变动

### 9.4.2 学科高影响力期刊载文主题关联

通过期刊共被引分析，获得基础医学学科高影响力期刊及与其他期刊之间的载文主题关联，如图 9-6 所示（共被引 31 次以下不显示）。结果显示，基础医学学科的高影响力期刊相互链接较为紧密，基本主导了该学科的期刊共被引网络，显示出该学科高影响力期刊可能共同刊载了许多相近的研究主题，热点研究主题分散在多种期刊上。《中国感染与化疗杂志》的学科 5 年影响因子较高，显示出该刊在学科内学术影响力较大；《中华医院感染学杂志》与《中国微生态学杂志》《中国感染与化疗杂志》等期刊之间的链接较强，意味着它们之间可能有较多相同或相近的载文主题。

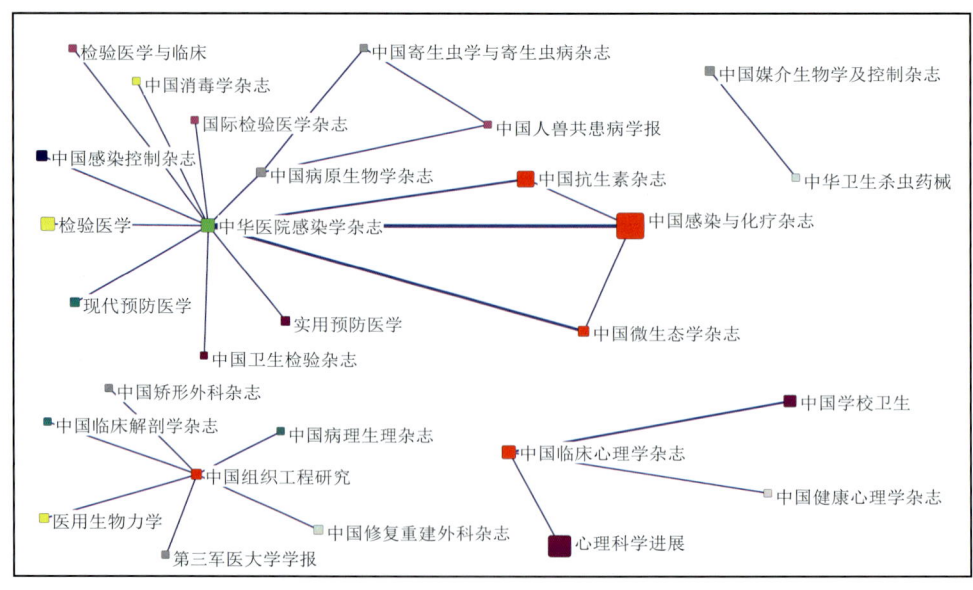

图 9-6　基础医学学科高影响力期刊载文主题关联

## 9.5 高被引作者分析

### 9.5.1 高被引作者 TOP 20

2010—2014 年，在 137530 位基础医学学科论文的第一作者中，在 2015 年学科被引频次位居前 20 位的学者的发文及被引情况见表 9-4。其中，学科发文总被引频次较高的 3 位作者分别是复旦大学附属华山医院的胡付品（185 次）、复旦大学附属华山医院的汪复（161 次）和复旦大学附属华山医院的朱德妹（107 次）。高被引作者的 5 年学科发文数量从 1 篇到 44 篇不等，同时，作者学科发文的期刊分布也在 1 种到 9 种之间变化。在发文超过 5 篇的所有作者中，篇均被引较高的 3 位作者分别是复旦大学附属华山医院的胡付品（篇均 30.83 次）、复旦大学附属华山医院的朱德妹（篇均 15.29 次）和北京大学第一医院的肖永红（篇均 14.40 次）；前 5 年发表学科论文较多的 3 位作者分别是中国人民解放军第 102 医院的张理义（44 篇）、重庆医科大学附属第一医院的李文桂（29 篇）和中国人民解放军第二军医大学的鲁娟（20 篇）。高被引作者的学科发文量和被引量对比如图 9-7 所示。

表 9-4 基础医学学科高被引作者 TOP 20

| 序号 | 姓名 | 作者单位 | 前 5 年发文 | | | 前 5 年学科发文在 2015 年的被引 | | | | h 指数（学科） |
|---|---|---|---|---|---|---|---|---|---|---|
| | | | 学科发文（篇） | 期刊分布（种） | 发文总量（篇） | 总频次 | 被引率（%） | 最高（次） | 篇均（次） | |
| 1 | 胡付品 | 复旦大学附属华山医院 | 6 | 1 | 7 | 185 | 66.7 | 99 | 30.83 | 4 |
| 2 | 汪复 | 复旦大学附属华山医院 | 3 | 1 | 4 | 161 | 66.7 | 140 | 53.67 | 2 |
| 3 | 朱德妹 | 复旦大学附属华山医院 | 7 | 1 | 9 | 107 | 100.0 | 71 | 15.29 | 5 |
| 4 | 胡可 | 中南大学湘雅医院 | 1 | 1 | 1 | 76 | 100.0 | 76 | 76.00 | 1 |
| 5 | 刘文忠 | 上海交通大学医学院附属仁济医院 | 3 | 2 | 18 | 73 | 100.0 | 56 | 24.33 | 4 |
| 6 | 肖永红 | 北京大学第一医院 | 5 | 2 | 11 | 72 | 100.0 | 50 | 14.40 | 4 |
| 7 | 文细毛 | 中南大学湘雅医院 | 2 | 1 | 5 | 62 | 100.0 | 50 | 31.00 | 4 |
| 8 | 黄从新 | 武汉大学人民医院 | 5 | 2 | 31 | 50 | 40.0 | 49 | 10.00 | 3 |
| 9 | 徐瑜 | 上海交通大学医学院附属瑞金医院 | 1 | 1 | 1 | 45 | 100.0 | 45 | 45.00 | 1 |
| 10 | 杨青 | 浙江大学附属第一医院 | 5 | 3 | 9 | 42 | 100.0 | 12 | 8.40 | 6 |
| 11 | 周必英 | 遵义医学院 | 17 | 9 | 23 | 36 | 64.7 | 7 | 2.12 | 5 |
| 12 | 习慧明 | 北京协和医院 | 1 | 1 | 1 | 33 | 100.0 | 33 | 33.00 | 1 |
| 12 | 申延清 | 青岛大学附属医院 | 2 | 1 | 2 | 33 | 50.0 | 33 | 16.50 | 2 |
| 14 | 施晓群 | 上海交通大学医学院附属瑞金医院 | 1 | 1 | 2 | 32 | 100.0 | 32 | 32.00 | 1 |
| 14 | 张辉 | 北京协和医院 | 2 | 1 | 4 | 32 | 100.0 | 24 | 16.00 | 2 |

| 序号 | 姓名 | 作者单位 | 前5年发文 学科发文（篇） | 前5年发文 期刊分布（种） | 前5年发文 发文总量（篇） | 前5年学科发文在2015年的被引 总频次 | 前5年学科发文在2015年的被引 被引率（%） | 前5年学科发文在2015年的被引 最高（次） | 前5年学科发文在2015年的被引 篇均（次） | h指数（学科） |
|---|---|---|---|---|---|---|---|---|---|---|
| 16 | 张海龙 | 深圳市疾病预防控制中心 | 6 | 4 | 8 | 30 | 66.7 | 16 | 5.00 | 3 |
| 17 | 王进 | 北京大学第一医院 | 4 | 2 | 6 | 29 | 100.0 | 25 | 7.25 | 2 |
| 18 | 张理义 | 中国人民解放军第102医院 | 44 | 6 | 71 | 28 | 38.6 | 3 | 0.64 | 3 |
| 19 | 凌保东 | 川北医学院 | 1 | 1 | 2 | 27 | 100.0 | 27 | 27.00 | 1 |
| 19 | 张祎博 | 上海交通大学医学院附属瑞金医院 | 2 | 1 | 4 | 27 | 100.0 | 20 | 13.50 | 3 |

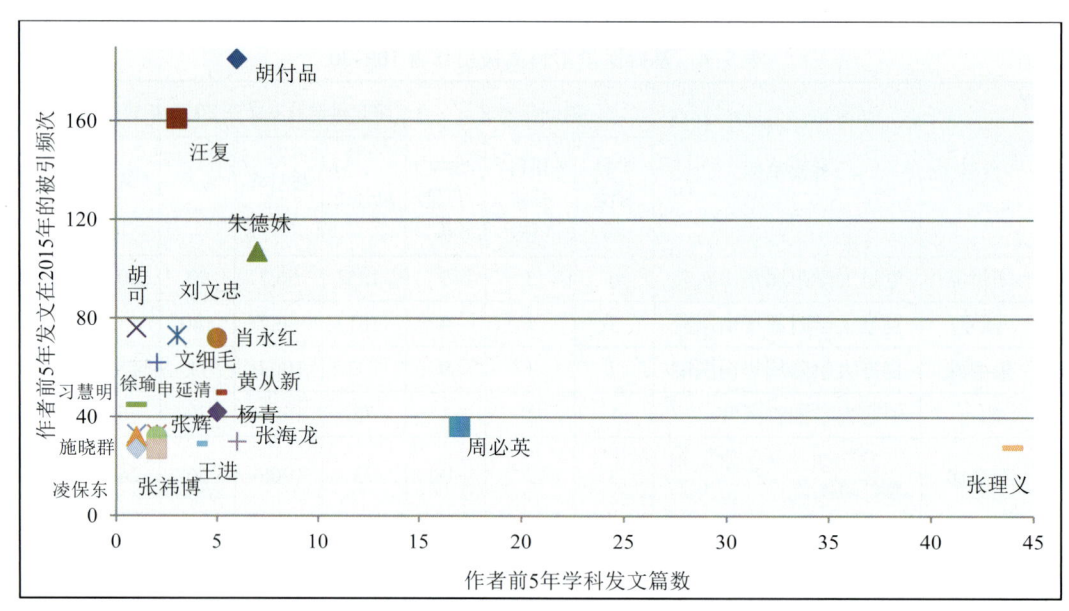

图 9-7 基础医学学科高被引作者学科发文及被引对比

## 9.5.2 高被引作者科研合作关系

通过作者合著分析，获得2015年基础医学学科高被引作者及与其他学者之间的科研论文合作关系（不考虑论文署名次序），如图9-8所示（合著20次以下不显示）。可以看出，基础医学学科的高被引作者的论文合作现象比较普遍。学者张理义的发文量较多；朱德妹的论文合作网络最为突出，在该学科的研究人员中表现出一定的集聚效应；朱德妹与汪复、胡付品等学者之间的合作关系最为紧密，显示出他们可能属于同一支科研团队。

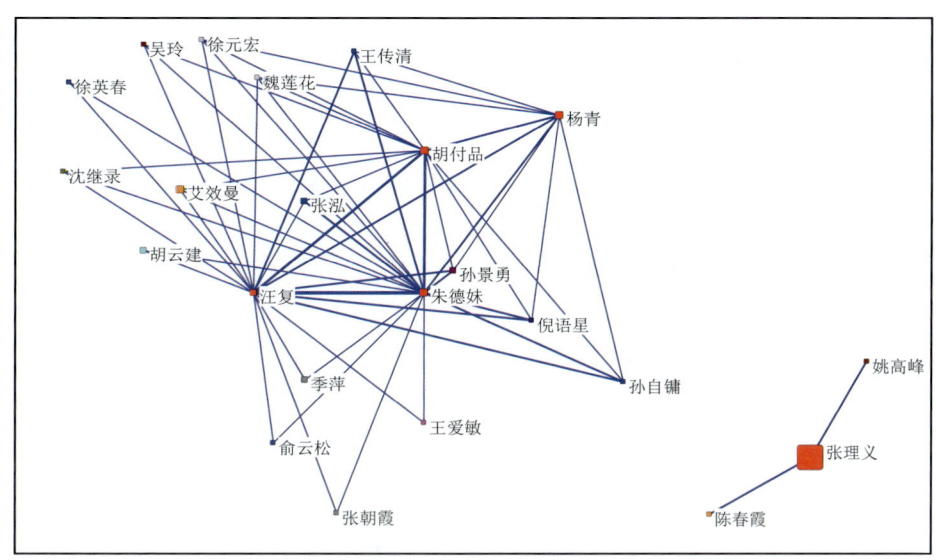

图 9-8 基础医学学科高被引作者科研论文合作关系

## 9.5.3 高被引作者发文主题关联

通过作者共被引分析，获得 2015 年基础医学学科高被引作者及与其他学者之间的发文主题关联（见图 9-9，共被引 3 次以下不显示）。如图 9-9 所示，基础医学学科的高被引作者基本主导了作者共被引网络，显示出该学科在热点主题上已经形成了优势较为明显的科研力量。学者胡付品和汪复的节点较大，显示出他们的学术成果在学科内得到较多关注；胡付品与汪复、朱德妹等学者之间的链接较强，意味着他们之间可能有较为相近的研究主题；以胡付品、朱德妹等学者为主要节点的共被引作者簇人数较多且网络规模较大，意味着这些学者的研究主题关联可能较为紧密。

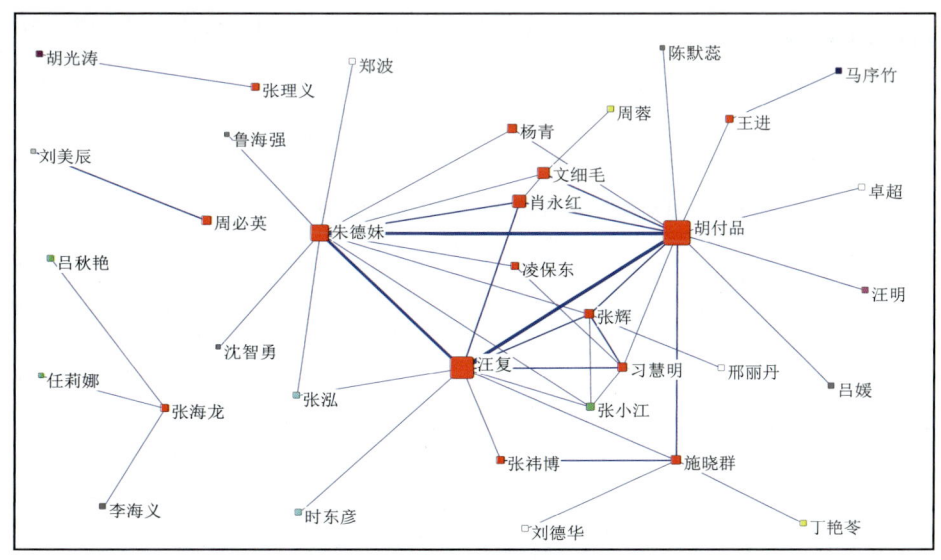

图 9-9 基础医学学科高被引作者发文主题关联

## 9.6 高被引机构分析

### 9.6.1 高被引机构

为便于比较，本书将基础医学学科的高被引机构分为医院和高等院校/科研院所两种类型。其中，被引频次 TOP 10 医院和被引频次 TOP 5 高等院校/科研院所的发文及被引情况分别见表 9-5 和表 9-6。其中，总被引频次较高的 3 所医院分别是复旦大学附属华山医院、中国人民解放军总医院和重庆医科大学附属第一医院，南方医科大学、中国人民解放军第三军医大学和安徽医科大学是总被引频次较高的 3 所高等院校/科研院所；前 5 年学科发文在 2015 年的被引率最高的医院和高等院校/科研院所分别是北京大学第一医院和安徽医科大学，篇均被引最高的医院和高等院校/科研院所分别是复旦大学附属华山医院和中国人民解放军第三军医大学。上述高被引机构的论文被引率和篇均被引频次对比如图 9-10 所示。

表 9-5　基础医学学科高被引医院 TOP 10

| 序号 | 第一作者单位 | 学科发文量（篇） | | 前 5 年学科发文在 2015 年的被引 | | | |
|---|---|---|---|---|---|---|---|
| | | 前 5 年 | 2015 年 | 频次 | 被引率(%) | 最高（次） | 篇均（次） |
| 1 | 复旦大学附属华山医院 | 197 | 31 | 581 | 37.6 | 140 | 2.95 |
| 2 | 中国人民解放军总医院 | 987 | 168 | 541 | 30.5 | 9 | 0.55 |
| 3 | 重庆医科大学附属第一医院 | 783 | 131 | 466 | 31.3 | 14 | 0.60 |
| 4 | 新疆医科大学第一附属医院 | 648 | 102 | 393 | 31.6 | 11 | 0.61 |
| 5 | 北京协和医院 | 394 | 71 | 377 | 34.5 | 33 | 0.96 |
| 6 | 北京大学第一医院 | 281 | 52 | 371 | 44.8 | 50 | 1.32 |
| 7 | 中南大学湘雅二医院 | 520 | 105 | 366 | 36.2 | 13 | 0.70 |
| 8 | 四川大学华西医院 | 533 | 91 | 335 | 35.3 | 13 | 0.63 |
| 9 | 中南大学湘雅医院 | 321 | 51 | 327 | 35.2 | 76 | 1.02 |
| 10 | 上海交通大学医学院附属瑞金医院 | 335 | 63 | 296 | 31.9 | 45 | 0.88 |

表 9-6　基础医学学科高被引高等院校/科研院所 TOP 5

| 序号 | 第一作者单位 | 学科发文量（篇） | | 前 5 年学科发文在 2015 年的被引 | | | |
|---|---|---|---|---|---|---|---|
| | | 前 5 年 | 2015 年 | 频次 | 被引率(%) | 最高（次） | 篇均（次） |
| 1 | 南方医科大学 | 880 | 146 | 388 | 26.6 | 12 | 0.44 |
| 2 | 中国人民解放军第三军医大学 | 669 | 100 | 372 | 29.0 | 16 | 0.56 |
| 3 | 安徽医科大学 | 570 | 94 | 317 | 31.2 | 11 | 0.55 |
| 4 | 重庆医科大学 | 760 | 140 | 308 | 26.4 | 7 | 0.41 |
| 5 | 山西医科大学 | 614 | 73 | 251 | 24.4 | 7 | 0.41 |

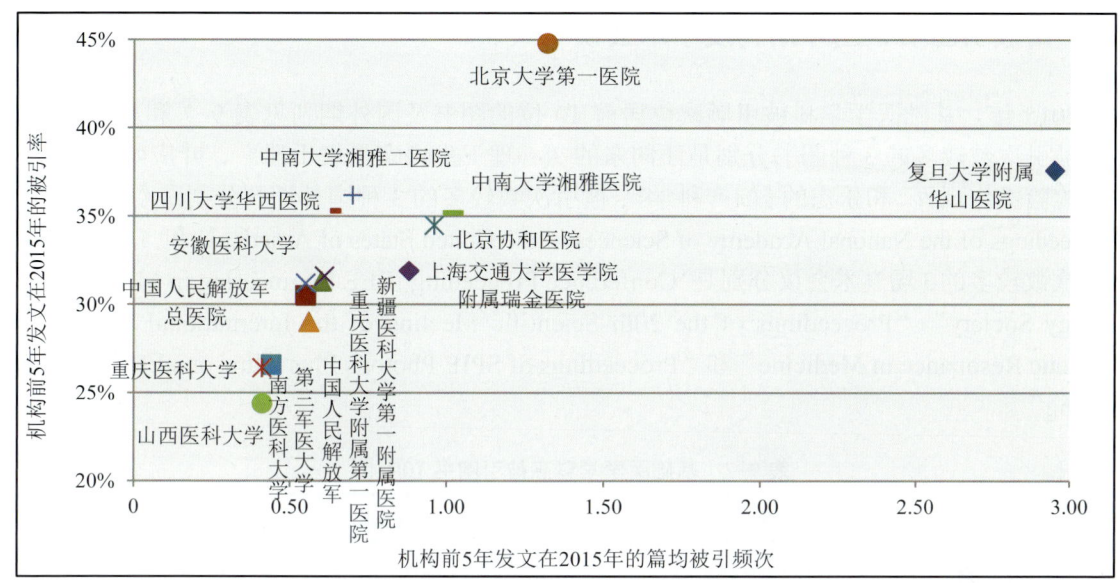

图 9-10　基础医学学科高被引机构论文篇均被引及被引率对比

## 9.6.2　高被引机构科研合作关系

通过合著分析，获得基础医学学科高被引机构之间及其与其他机构之间的科研合作关联，如图 9-11 所示（合作 81 次以下不显示）。分析得知，基础医学学科的机构合作链接比较紧密，表明学科内机构合作现象比较普遍；高被引机构基本主导了机构合作网络，显示出这些机构已经在学科内具有了一定的科研优势；重庆医科大学和重庆医科大学附属第一医院、南方医科大学与南方医科大学南方医院等机构之间的链接较强，表明它们的学术合作较为频繁。

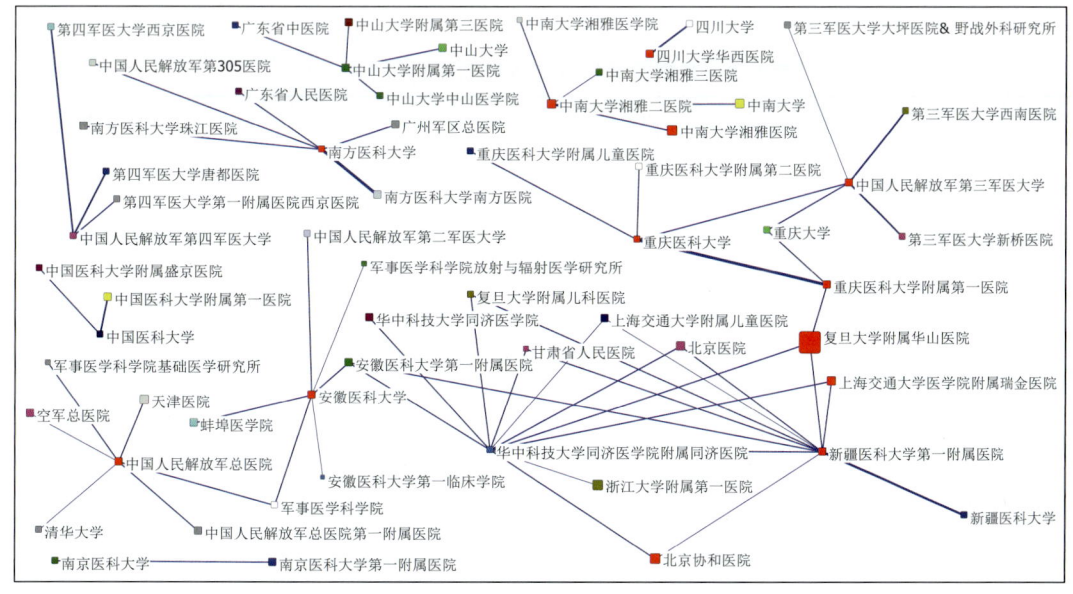

图 9-11　基础医学学科高被引机构科研合作关联

## 9.7 高被引图书、国外期刊及学术会议

2015 年,基础医学学科被引频次位居前 10 位的图书及国外期刊见表 9-7 和表 9-8。其中,被引次数较多的 3 种图书分别是汪向东的《心理卫生评定量表手册》、叶应妩的《全国临床检验操作规程》和乐杰的《妇产科学》;被引次数较多的 3 种国外期刊分别是《PLoS One》《Proceedings of the National Academy of Sciences of the United States of America》和《Nature》;被引次数较多的 3 场学术会议分别是"Conference Proceeding IEEE Engineering in Medicine and Biology Society""Proceedings of the 20th Scientific Meeting of the International Society for Magnetic Resonance in Medicine"和"Proceedings of SPIE Photons Plus Ultrasound:Imaging and Sensing"。

表 9-7　基础医学学科高被引图书 TOP 10

| 序号 | 责任者 | 图书名称 | 出版社 | 2015 年被引频次 |
| --- | --- | --- | --- | --- |
| 1 | 汪向东 | 心理卫生评定量表手册 | 中国心理卫生杂志杂志社 | 138 |
| 2 | 叶应妩 | 全国临床检验操作规程 | 东南大学出版社 | 80 |
| 3 | 乐杰 | 妇产科学 | 人民卫生出版社 | 52 |
| 4 | 张作记 | 行为医学量表手册 | 中华医学电子音像出版社 | 48 |
| 5 | 陈灏珠 | 实用内科学 | 人民卫生出版社 | 38 |
| 6 | 汪向东 | 心理卫生评定量表手册(增订版) | 中国心理卫生杂志杂志社 | 37 |
| 7 | 陆再英 | 内科学 | 人民卫生出版社 | 34 |
| 8 | 谢幸 | 妇产科学 | 人民卫生出版社 | 30 |
| 9 | 张明园 | 精神科评定量表手册 | 湖南科学技术出版社 | 28 |
| 9 | 胥少汀 | 实用骨科学 | 人民军医出版社 | 28 |

表 9-8　基础医学学科高被引国外期刊 TOP 10

| 序号 | 期刊名称 | 2015 年被引频次 |
| --- | --- | --- |
| 1 | PLoS One | 5123 |
| 2 | Proceedings of the National Academy of Sciences of the United States of America | 3610 |
| 3 | Nature | 3362 |
| 4 | Journal of Biological Chemistry | 3184 |
| 5 | Science | 2565 |
| 6 | Journal of Immunology | 2507 |
| 7 | Cell | 2088 |
| 8 | New England Journal of Medicine | 1895 |
| 9 | Blood | 1869 |
| 10 | Journal of Virology | 1807 |

# 第 10 章 临床医学学科高被引分析

## 10.1 学科论文概况

2010—2014 年，临床医学学科共有 483536 位来自 56409 所机构的论文第一作者在 2089 种期刊上发表了 592162 篇学术论文。其中，80%以上的论文产出自 5461 所机构、341553 位作者，发表在 136 种期刊上。在前 5 年发表的这些论文中，有 179257 篇在 2015 年获得过引用，整体被引率为 30.3%，总被引频次为 358487 次，篇均被引 0.61 次；其中，高被引论文有 2210 篇，单篇论文最高被引频次为 433 次，累计被引 31257 次，篇均被引 14.14 次（表 10-1）。另外，2015 年临床医学学科共发表论文 123183 篇，其中有 9497 篇在当年获得过引用，总共被引 12244 次。

表 10-1 临床医学学科论文分布情况

| 年份 | 论文篇数 | 2015 年被引频次 | 2015 年被引率（%） | 2015 年高被引论文 | | | |
|---|---|---|---|---|---|---|---|
| | | | | 论文篇数 | 最高被引频次 | 总被引频次 | 篇均被引频次 |
| 2010 | 64880 | 33687 | 27.6 | 233 | 176 | 3225 | 13.84 |
| 2011 | 103110 | 61937 | 30.3 | 389 | 301 | 5617 | 14.44 |
| 2012 | 147428 | 99234 | 32.2 | 532 | 423 | 9119 | 17.14 |
| 2013 | 145268 | 98145 | 32.4 | 571 | 433 | 8142 | 14.26 |
| 2014 | 131476 | 65484 | 27.1 | 485 | 340 | 5154 | 10.63 |
| 合计 | 592162 | 358487 | 30.3 | 2210 | 433 | 31257 | 14.14 |

从临床医学学科论文的地域分布来看，2015 年被引频次较高的 5 个省、直辖市或自治区依次是广东、江苏、浙江、河南和湖北（图 10-1）；5 年论文产出量较多的 5 个省、直辖市或自治区依次是江苏、广东、河南、山东和湖北（图 10-2）。

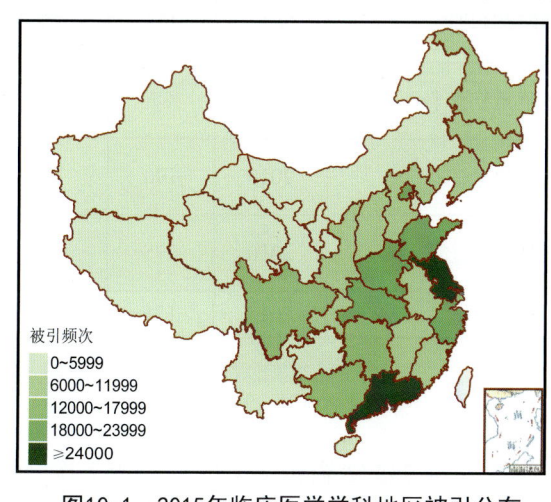

图10-1 2015年临床医学学科地区被引分布

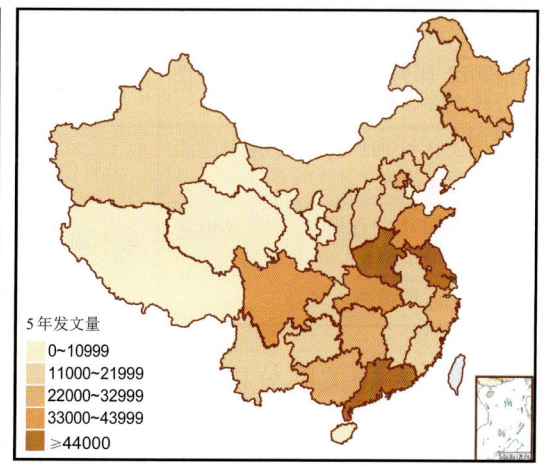

图10-2 临床医学学科5年论文产出地区分布

## 10.2 高被引论文分析

在临床医学学科，2015 年被引频次位居前 10 位的论文（表 10-2）平均被引频次为 84.8 次，是全部 2210 篇高被引论文篇均被引频次的 6.0 倍。其中，被引频次最高的论文是覃桂荣于 2012 年发表的《出院患者延续护理的现状及发展趋势》，随后 2 篇分别是李明子于 2010 年发表的《临床路径的基本概念及其应用》和许晨耘于 2012 年发表的《品管圈活动在手术病理标本安全管理中的应用》。

从论文分布来看，刊载高被引论文数量居前的 3 种期刊分别是《护士进修杂志》（253 篇）、《中华护理杂志》（220 篇）和《中国实用护理杂志》（153 篇），而《中华护理杂志》刊载了高被引论文 TOP 10 中的 4 篇；发表高被引论文居前的 3 位学者分别是兰溪市人民医院的金丽萍（3 篇）、重庆市第三人民医院的景良洪（2 篇）和郑州大学第一附属医院的王新歌（2 篇）；产出高被引论文数量居前的 3 所机构分别是四川大学华西医院（17 篇）、复旦大学（16 篇）和中国人民解放军总医院（15 篇）。

表 10-2 临床医学学科高被引论文 TOP 10

| 序号 | 论文题名 | 第一作者 | 期刊名称 | 发表年份 | 被引频次 总频次 | 被引频次 2015 年 |
| --- | --- | --- | --- | --- | --- | --- |
| 1 | 出院患者延续护理的现状及发展趋势 | 覃桂荣 | 护理学杂志 | 2012 | 230 | 111 |
| 2 | 临床路径的基本概念及其应用 | 李明子 | 中华护理杂志 | 2010 | 460 | 109 |
| 3 | 品管圈活动在手术病理标本安全管理中的应用 | 许晨耘 | 中国护理管理 | 2012 | 183 | 106 |
| 4 | 品管圈活动在精神科老年病房基础护理质量管理中的作用 | 章飞雪 | 中华护理杂志 | 2013 | 166 | 97 |
| 5 | 335 起护理不良事件分析及对策 | 杨莘 | 中华护理杂志 | 2010 | 436 | 87 |
| 6 | 中国鲍曼不动杆菌感染诊治与防控专家共识 | 陈佰义 | 中国医药科学 | 2012 | 133 | 75 |
| 7 | 2012 国际严重脓毒症及脓毒性休克诊疗指南 | 高戈 | 中华危重病急救医学 | 2013 | 87 | 74 |
| 8 | 集束化护理理念及其临床应用的研究进展 | 单君 | 护士进修杂志 | 2010 | 190 | 73 |
| 9 | 呼吸机相关性肺炎与呼吸机集束干预策略 | 陈永强 | 中华护理杂志 | 2010 | 275 | 60 |
| 10 | 延续性护理研究综述 | 付伟 | 中国实用护理杂志 | 2010 | 121 | 56 |

## 10.3 研究主题关联分析

在临床医学学科，高被引论文累计被 2015 年发表的 24372 篇论文引用了 31257 次。通过分析施引文献关键词的词频及关键词之间的共现关系，获得 2015 年临床医学学科的热点主题和主题关联，如图 10-3 所示（共现 46 次以下不显示）。由图 10-3 可知："护理""护理干预""生活质量"等关键词的文档词频较高，是 2015 年学科的研究热点；以"护理""糖尿病""生活质量"等关键词为主要节点的多个概念相互关联，构成了学科内最为突出的研究主题簇。

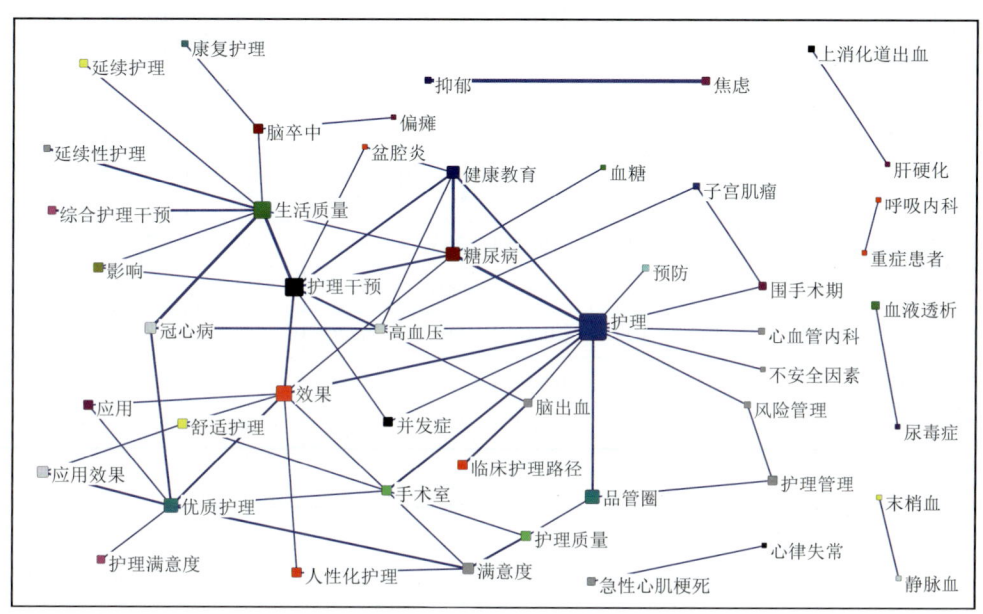

图 10-3　临床医学学科 2015 年热点主题关联

## 10.4　学科高影响力期刊分析

### 10.4.1　学科高影响力期刊 TOP 10

在临床医学学科，学科 5 年影响因子位居前 10 位的期刊见表 10-3，排在前 3 位的期刊分别是《中华护理杂志》《中华危重病急救医学》和《护士进修杂志》。在表 10-3 中，学科载文量占其总载文量比例最大的期刊是《护士进修杂志》；前 5 年学科载文在 2015 年被引率最高的期刊是《中华护理杂志》；期刊 5 年影响因子较高的前 3 种期刊分别是《中华护理杂志》《护士进修杂志》和《中国护理管理》；学科 5 年影响因子与期刊 5 年影响因子差异最大的期刊是《广东医学》。表 10-3 中期刊的学科 5 年影响因子和前 5 年学科载文的 2015 年被引率对比如图 10-4 所示，2010—2015 年期刊 5 年影响因子的变动情况如图 10-5 所示。

表 10-3　临床医学学科高影响力期刊基本指数

| 序号 | 期刊名称 | 前 5 年载文量 | | | 2015 年学科被引 | | | 5 年影响因子 | | h 指数（学科） |
|---|---|---|---|---|---|---|---|---|---|---|
| | | 学科（篇） | 占比（%） | 总量（篇） | 频次 | 被引率（%） | 高被引论文篇数 | 期刊(2015) | 学科(2015) | |
| 1 | 中华护理杂志 | 1625 | 62.6 | 2595 | 7220 | 69.8 | 220 | 4.321 | 4.443 | 30 |
| 2 | 中华危重病急救医学 | 492 | 31.3 | 1572 | 996 | 52.2 | 6 | 1.759 | 2.024 | 14 |
| 3 | 护士进修杂志 | 6641 | 98.9 | 6714 | 12876 | 54.0 | 253 | 1.933 | 1.939 | 26 |
| 4 | 中国护理管理 | 2089 | 80.2 | 2606 | 3830 | 52.1 | 58 | 1.911 | 1.833 | 19 |
| 5 | 广东医学 | 1786 | 20.2 | 8845 | 3114 | 56.4 | 51 | 1.082 | 1.744 | 17 |
| 6 | 肠外与肠内营养 | 172 | 24.5 | 702 | 283 | 53.5 | 4 | 1.370 | 1.645 | 9 |
| 7 | 护理管理杂志 | 1109 | 46.7 | 2376 | 1816 | 57.0 | 14 | 1.834 | 1.638 | 15 |
| 8 | 贵阳中医学院学报 | 582 | 19.0 | 3060 | 858 | 56.7 | 7 | 0.855 | 1.474 | 10 |
| 9 | 中华医学杂志 | 1155 | 19.2 | 6000 | 1682 | 57.7 | 11 | 1.096 | 1.456 | 15 |
| 10 | 重庆医学 | 1785 | 16.2 | 11003 | 2533 | 50.6 | 30 | 1.177 | 1.419 | 20 |

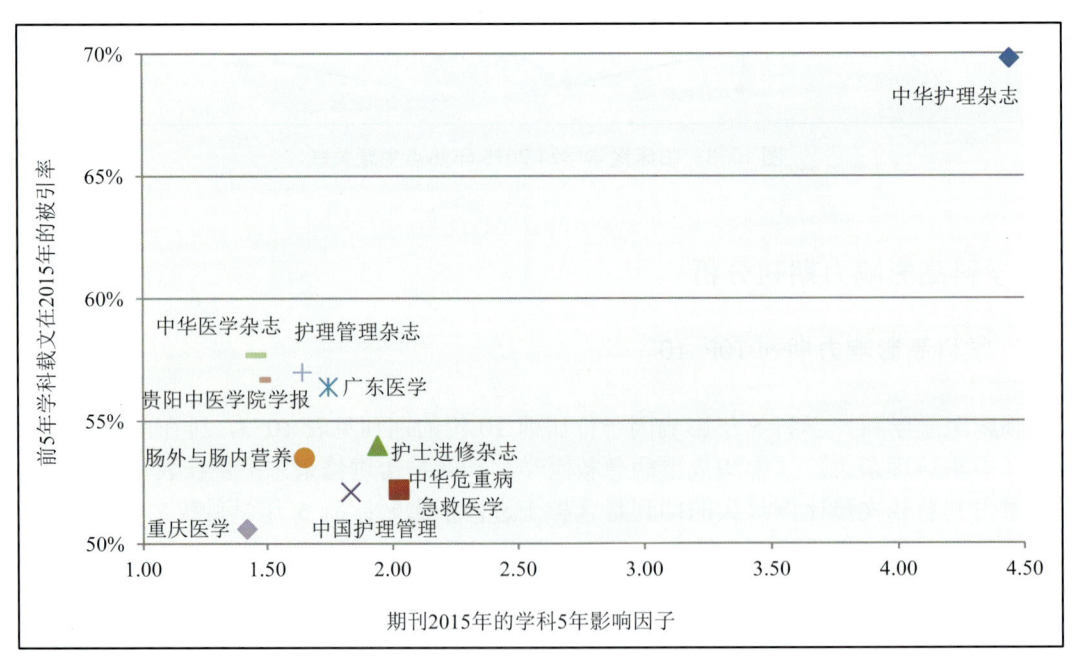

图 10-4　临床医学学科高影响力期刊对比

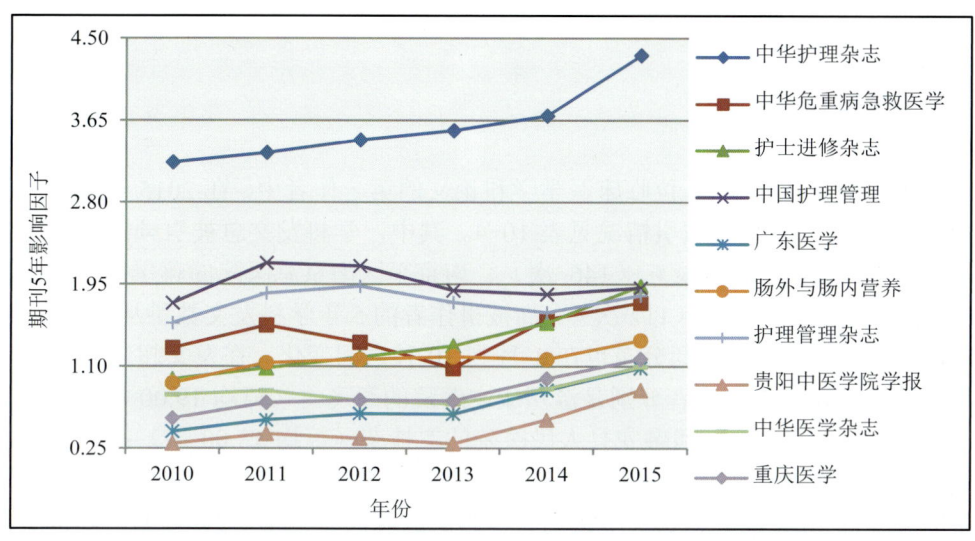

图 10-5 临床医学学科期刊 5 年影响因子变动

### 10.4.2 学科高影响力期刊载文主题关联

通过期刊共被引分析,获得临床医学学科高影响力期刊及与其他期刊之间的载文主题关联,如图 10-6 所示(共被引 446 次以下不显示)。结果显示,临床医学学科的高影响力期刊相互链接较为紧密,基本主导了该学科的期刊共被引网络,显示出该学科高影响力期刊可能共同刊载了许多相近的研究主题,热点研究主题分散在多种期刊上。《中华护理杂志》的学科 5 年影响因子较高,显示出该刊在学科内学术影响力较大;《护士进修杂志》与《中国实用护理杂志》《齐鲁护理杂志》等期刊之间的链接较强,意味着它们之间可能有较多相同或相近的载文主题。

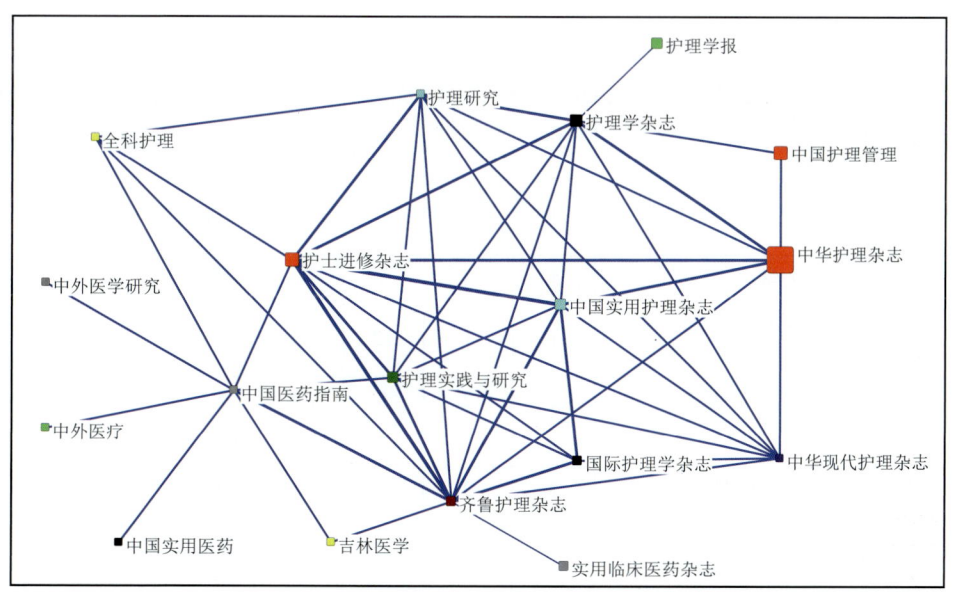

图 10-6 临床医学学科高影响力期刊载文主题关联

## 10.5 高被引作者分析

### 10.5.1 高被引作者 TOP 20

2010—2014 年，在 483536 位临床医学学科论文的第一作者中，在 2015 年学科被引频次位居前 20 位的学者的发文及被引情况见表 10-4。其中，学科发文总被引频次较高的 3 位作者分别是海南省人民医院的许晨耘（146 次）、南京军区南京总医院的蒋琪霞（125 次）和广西融安县人民医院的覃桂荣（117 次）。高被引作者的 5 年学科发文数量从 1 篇到 40 篇不等，同时，作者学科发文的期刊分布也在 1 种到 10 种之间变化。在发文超过 5 篇的所有作者中，篇均被引较高的 3 位作者分别是温州康宁医院的章飞雪（篇均 19.00 次）、南通大学的单君（篇均 16.80 次）和广西融安县人民医院的覃桂荣（篇均 13.00 次）；前 5 年发表学科论文较多的 3 位作者分别是南京军区南京总医院的蒋琪霞（40 篇）、中国人民解放军第二军医大学的刘晓虹（29 篇）和长春中医药大学附属医院的熊桂华（29 篇）。高被引作者的学科发文量和被引量对比如图 10-7 所示。

表 10-4 临床医学学科高被引作者 TOP 20

| 序号 | 姓名 | 作者单位 | 前 5 年发文 | | | 前 5 年学科发文在 2015 年的被引 | | | | h 指数（学科） |
|---|---|---|---|---|---|---|---|---|---|---|
| | | | 学科发文（篇） | 期刊分布（种） | 发文总量（篇） | 总频次 | 被引率（%） | 最高（次） | 篇均（次） | |
| 1 | 许晨耘 | 海南省人民医院 | 4 | 3 | 4 | 146 | 50.0 | 106 | 36.50 | 2 |
| 2 | 蒋琪霞 | 南京军区南京总医院 | 40 | 10 | 58 | 125 | 77.5 | 19 | 3.13 | 7 |
| 3 | 覃桂荣 | 广西融安县人民医院 | 9 | 9 | 10 | 117 | 44.4 | 111 | 13.00 | 2 |
| 4 | 章飞雪 | 温州康宁医院 | 6 | 6 | 11 | 114 | 83.3 | 97 | 19.00 | 4 |
| 5 | 李明子 | 北京大学 | 3 | 2 | 3 | 109 | 33.3 | 109 | 36.33 | 1 |
| 6 | 曾宪涛 | 湖北医药学院附属太和医院 | 15 | 2 | 28 | 91 | 93.3 | 23 | 6.07 | 7 |
| 7 | 余盛龙 | 广州医学院附属第三医院 | 1 | 1 | 1 | 86 | 100.0 | 86 | 86.00 | 1 |
| 8 | 单君 | 南通大学 | 5 | 3 | 6 | 84 | 80.0 | 73 | 16.80 | 4 |
| 9 | 陈佰义 | 中国医科大学附属第一医院 | 1 | 1 | 12 | 75 | 100.0 | 75 | 75.00 | 2 |
| 10 | 高戈 | 北京医院 | 2 | 2 | 5 | 74 | 50.0 | 74 | 37.00 | 1 |
| 11 | 王新歌 | 郑州大学第一附属医院 | 3 | 2 | 7 | 69 | 100.0 | 51 | 23.00 | 2 |
| 12 | 李萍 | 杭州师范大学 | 3 | 2 | 5 | 65 | 100.0 | 35 | 21.67 | 2 |
| 13 | 刘义兰 | 华中科技大学同济医学院附属协和医院 | 7 | 4 | 12 | 63 | 85.7 | 41 | 9.00 | 5 |
| 14 | 吴欣娟 | 北京协和医院 | 7 | 2 | 14 | 61 | 85.7 | 26 | 8.71 | 4 |

| 序号 | 姓名 | 作者单位 | 前5年发文 | | | 前5年学科发文在2015年的被引 | | | | h指数（学科） |
|---|---|---|---|---|---|---|---|---|---|---|
| | | | 学科发文（篇） | 期刊分布（种） | 发文总量（篇） | 总频次 | 被引率（%） | 最高（次） | 篇均（次） | |
| 15 | 程宝珍 | 安徽医科大学附属省立医院 | 4 | 4 | 4 | 58 | 75.0 | 52 | 14.50 | 2 |
| 16 | 付伟 | 杭州师范大学 | 1 | 1 | 2 | 56 | 100.0 | 56 | 56.00 | 1 |
| 16 | 陆忠红 | 东莞市企石医院 | 2 | 2 | 3 | 56 | 100.0 | 48 | 28.00 | 2 |
| 16 | 穆荣红 | 新乡医学院第三附属医院 | 5 | 5 | 5 | 56 | 60.0 | 49 | 11.20 | 2 |
| 19 | 刘慧琳 | 北京大学第三医院 | 3 | 3 | 14 | 55 | 66.7 | 39 | 18.33 | 3 |
| 20 | 徐建鸣 | 复旦大学附属中山医院 | 11 | 3 | 11 | 54 | 63.6 | 34 | 4.91 | 4 |
| 20 | 林晓珠 | 上海交通大学医学院附属瑞金医院 | 2 | 1 | 14 | 54 | 100.0 | 47 | 27.00 | 4 |
| 20 | 黎介寿 | 南京军区南京总医院 | 5 | 1 | 12 | 54 | 80.0 | 34 | 10.80 | 5 |

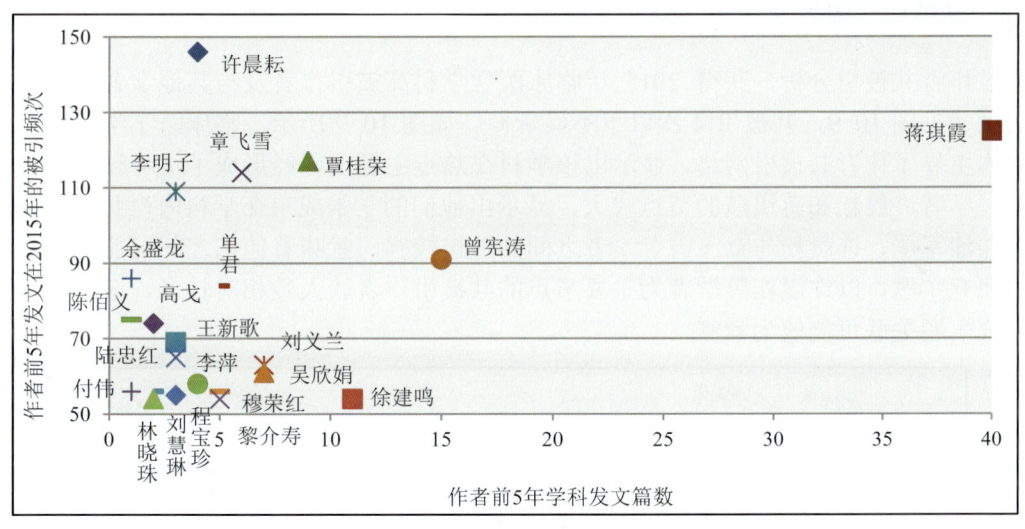

图 10-7　临床医学学科高被引作者学科发文及被引对比

## 10.5.2　高被引作者科研合作关系

通过作者合著分析，获得 2015 年临床医学学科高被引作者及与其他学者之间的科研论文合作关系（不考虑论文署名次序），如图 10-8 所示（合著 4 次以下不显示）。可以看出，临床医学学科的高被引作者的论文合作现象比较普遍。学者蒋琪霞、曾宪涛的发文量较多；蒋琪霞的论文合作网络最为突出，在该学科的研究人员中表现出一定的集聚效应；蒋琪霞和周昕、彭青等学者之间的合作关系最为紧密，显示出他们可能属于同一支科研团队。

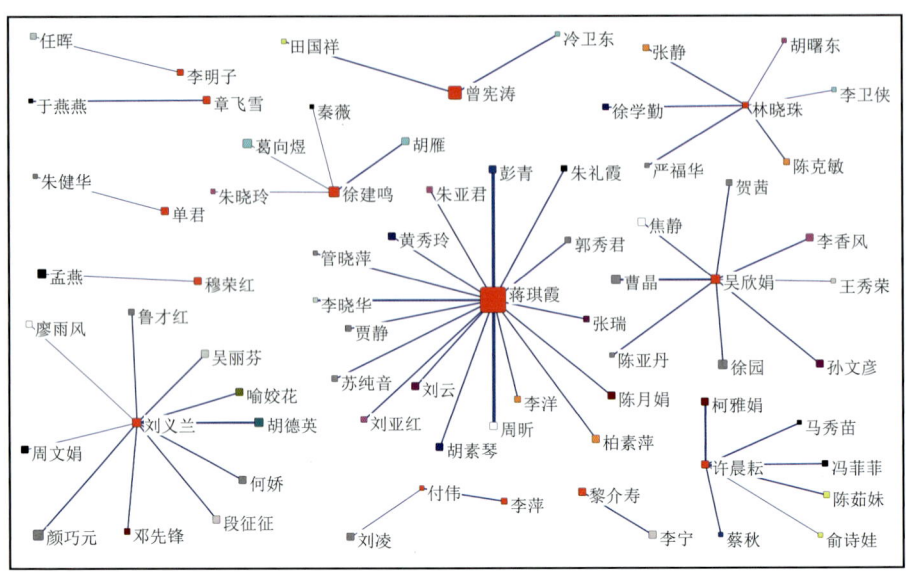

图 10-8　临床医学学科高被引作者科研论文合作关系

### 10.5.3　高被引作者发文主题关联

通过作者共被引分析，获得 2015 年临床医学学科高被引作者及与其他学者之间的发文主题关联（见图 10-9，共被引 4 次以下不显示）。如图 10-9 所示，临床医学学科的高被引作者基本主导了作者共被引网络，显示出该学科在热点主题上已经形成了优势较为明显的科研力量。学者许晨耘和蒋琪霞的节点较大，显示出他们的学术成果在学科内得到较多关注；余盛龙与漆军华、许晨耘与章飞雪等学者之间的链接较强，意味着他们之间可能分别有较为相近的研究主题；以许晨耘等学者为主要节点的共被引作者簇人数相对较多，意味着这些学者的研究主题关联可能较为紧密。

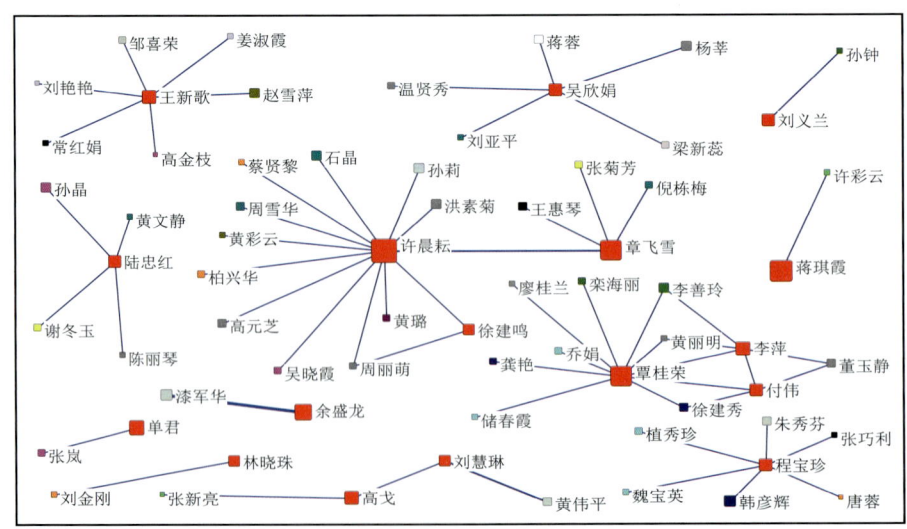

图 10-9　临床医学学科高被引作者发文主题关联

## 10.6 高被引机构分析

### 10.6.1 高被引机构

为便于比较，本书将临床医学学科的高被引机构分为医院和高等院校/科研院所两种类型。其中，被引频次 TOP 10 医院和被引频次 TOP 5 高等院校/科研院所的发文及被引情况分别见表 10-5 和表 10-6。其中，总被引频次较高的 3 所医院分别是中国人民解放军总医院、四川大学华西医院和华中科技大学同济医学院附属同济医院，复旦大学、北京大学和中南大学是总被引频次较高的 3 所高等院校/科研院所；前 5 年学科发文在 2015 年的被引率最高的医院和高等院校/科研院所分别是中国人民解放军总医院和北京大学，篇均被引最高的医院和高等院校/科研院所分别是南京军区南京总医院和北京大学。上述高被引机构的论文被引率和篇均被引频次对比如图 10-10 所示。

表 10-5 临床医学学科高被引医院 TOP 10

| 序号 | 第一作者单位 | 学科发文量（篇） | | 前 5 年学科发文在 2015 年的被引 | | | |
|---|---|---|---|---|---|---|---|
| | | 前 5 年 | 2015 年 | 频次 | 被引率(%) | 最高（次） | 篇均（次） |
| 1 | 中国人民解放军总医院 | 2128 | 359 | 2012 | 41.3 | 30 | 0.95 |
| 2 | 四川大学华西医院 | 1969 | 388 | 1772 | 37.1 | 39 | 0.90 |
| 3 | 华中科技大学同济医学院附属同济医院 | 1561 | 274 | 1403 | 35.5 | 28 | 0.90 |
| 4 | 南京医科大学第一附属医院 | 1454 | 232 | 1200 | 38.5 | 41 | 0.83 |
| 5 | 北京协和医院 | 1635 | 291 | 1162 | 31.9 | 26 | 0.71 |
| 6 | 南京军区南京总医院 | 1140 | 206 | 1153 | 38.6 | 41 | 1.01 |
| 6 | 华中科技大学同济医学院附属协和医院 | 1615 | 390 | 1153 | 29.2 | 41 | 0.71 |
| 8 | 广西医科大学第一附属医院 | 1128 | 207 | 1053 | 38.2 | 18 | 0.93 |
| 9 | 中山大学附属第一医院 | 1261 | 227 | 935 | 32.2 | 44 | 0.74 |
| 10 | 苏州大学附属第一医院 | 938 | 163 | 876 | 36.8 | 46 | 0.93 |

表 10-6 临床医学学科高被引高等院校/科研院所 TOP 5

| 序号 | 第一作者单位 | 学科发文量（篇） | | 前 5 年学科发文在 2015 年的被引 | | | |
|---|---|---|---|---|---|---|---|
| | | 前 5 年 | 2015 年 | 频次 | 被引率(%) | 最高（次） | 篇均（次） |
| 1 | 复旦大学 | 439 | 104 | 739 | 50.8 | 21 | 1.68 |
| 2 | 北京大学 | 332 | 71 | 704 | 51.5 | 109 | 2.12 |
| 3 | 中南大学 | 423 | 72 | 514 | 41.4 | 24 | 1.22 |
| 4 | 中国医学科学院北京协和医学院 | 324 | 53 | 495 | 44.4 | 26 | 1.53 |
| 4 | 天津中医药大学 | 362 | 70 | 495 | 43.4 | 20 | 1.37 |

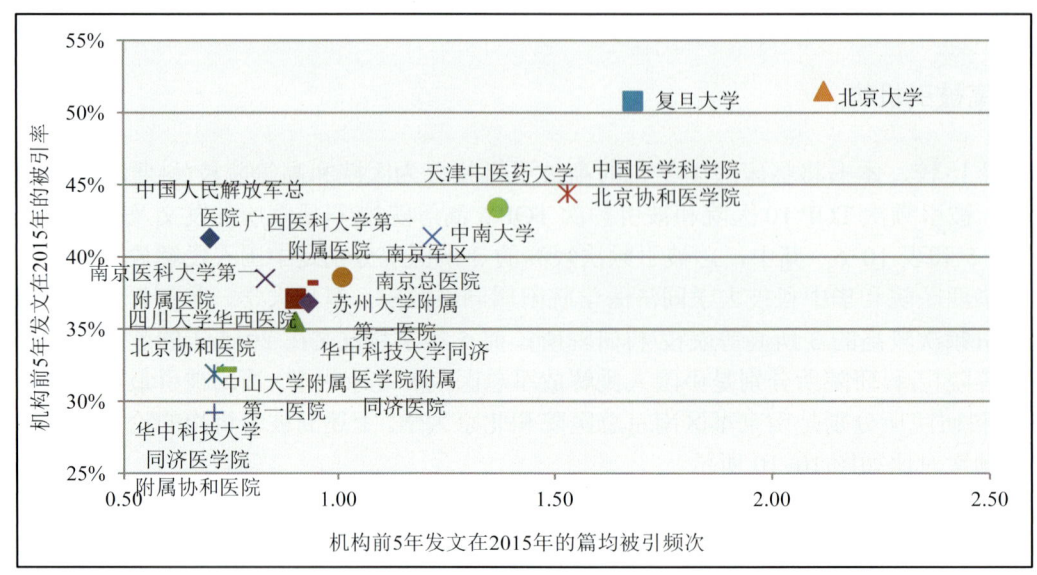

图 10-10　临床医学学科高被引机构论文篇均被引及被引率对比

## 10.6.2　高被引机构科研合作关系

通过合著分析，获得临床医学学科高被引机构之间及其与其他机构之间的科研合作关联，如图 10-11 所示（合作 45 次以下不显示）。分析得知，临床医学学科的机构合作链接比较紧密，表明学科内机构合作现象比较普遍；高被引机构基本主导了机构合作网络，显示出这些机构已经在学科内具有了一定的科研优势；南京医科大学第一附属医院和南京医科大学、中山大学附属第一医院与中山大学等机构之间的链接较强，表明它们的学术合作较为频繁。

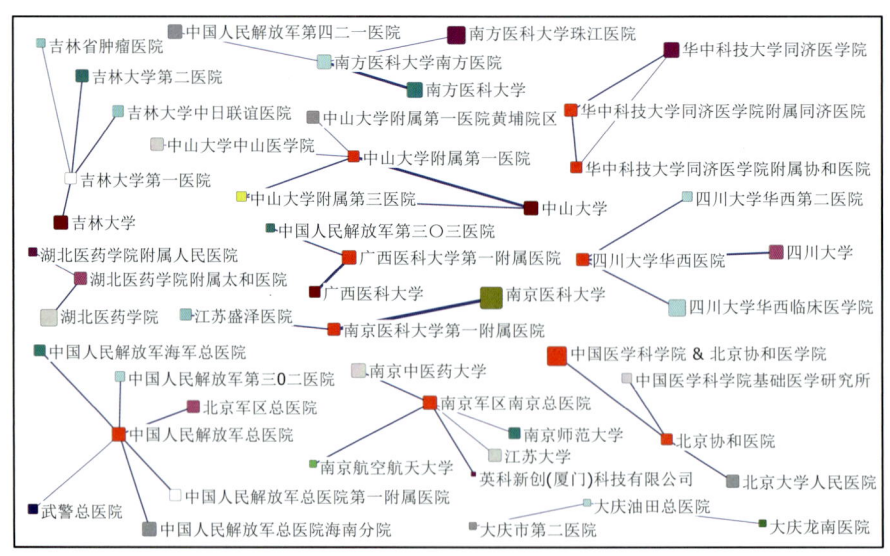

图 10-11　临床医学学科高被引机构科研合作关联

## 10.7 高被引图书、国外期刊及学术会议

2015 年，临床医学学科被引频次位居前 10 位的图书及国外期刊见表 10-7 和表 10-8。其中，被引次数较多的 3 种图书分别是乐杰的《妇产科学》、尤黎明的《内科护理学》和叶应妩的《全国临床检验操作规程》；被引次数较多的 3 种国外期刊分别是《New England Journal of Medicine》《Radiology》和《PLoS One》；被引次数较多的 3 场学术会议分别是"Conference Proceeding IEEE Engineering in Medicine and Biology Society""WOCN National Conference"和"Proceedings of the International Society for Magnetic Resonance in Medicine"。

表 10-7 临床医学学科高被引图书 TOP 10

| 序号 | 责任者 | 图书名称 | 出版社 | 2015 年被引频次 |
| --- | --- | --- | --- | --- |
| 1 | 乐杰 | 妇产科学 | 人民卫生出版社 | 521 |
| 2 | 尤黎明 | 内科护理学 | 人民卫生出版社 | 457 |
| 3 | 叶应妩 | 全国临床检验操作规程 | 东南大学出版社 | 412 |
| 4 | 李小寒 | 基础护理学 | 人民卫生出版社 | 329 |
| 5 | 陆再英 | 内科学 | 人民卫生出版社 | 328 |
| 6 | 吴在德 | 外科学 | 人民卫生出版社 | 278 |
| 7 | 叶任高 | 内科学 | 人民卫生出版社 | 277 |
| 8 | 谢幸 | 妇产科学 | 人民卫生出版社 | 260 |
| 9 | 汪向东 | 心理卫生评定量表手册 | 中国心理卫生杂志杂志社 | 229 |
| 10 | 陈灏珠 | 实用内科学 | 人民卫生出版社 | 218 |

表 10-8 临床医学学科高被引国外期刊 TOP 10

| 序号 | 期刊名称 | 2015 年被引频次 |
| --- | --- | --- |
| 1 | New England Journal of Medicine | 2055 |
| 2 | Radiology | 1973 |
| 3 | PLoS One | 1646 |
| 4 | Critical Care Medicine | 1617 |
| 5 | Circulation | 1425 |
| 6 | The Lancet | 1422 |
| 7 | Stroke | 1259 |
| 8 | American Journal of Roentgenology | 1165 |
| 9 | Journal of The American Medical Association | 1042 |
| 10 | Chest | 903 |

# 第 11 章　内科学学科高被引分析

## 11.1　学科论文概况

2010—2014 年，内科学学科共有 389599 位来自 56879 所机构的论文第一作者在 2009 种期刊上发表了 447996 篇学术论文。其中，80%以上的论文产出自 7001 所机构、281466 位作者，发表在 290 种期刊上。在前 5 年发表的这些论文中，有 151645 篇在 2015 年获得过引用，整体被引率为 33.8%，总被引频次为 297613 次，篇均被引 0.66 次；其中，高被引论文有 1684 篇，单篇论文最高被引频次为 342 次，累计被引 27154 次，篇均被引 16.12 次（表 11-1）。另外，2015 年内科学学科共发表论文 108449 篇，其中有 8215 篇在当年获得过引用，总共被引 10327 次。

表 11-1　内科学学科论文分布情况

| 年份 | 论文篇数 | 2015年被引频次 | 2015年被引率（%） | 2015年高被引论文 | | | |
|---|---|---|---|---|---|---|---|
| | | | | 论文篇数 | 最高被引频次 | 总被引频次 | 篇均被引频次 |
| 2010 | 89972 | 45638 | 28.1 | 253 | 190 | 3957 | 15.64 |
| 2011 | 87606 | 59083 | 33.8 | 313 | 251 | 6440 | 20.58 |
| 2012 | 86961 | 66609 | 37.1 | 353 | 270 | 6208 | 17.59 |
| 2013 | 89235 | 74800 | 40.1 | 470 | 342 | 7207 | 15.33 |
| 2014 | 94222 | 51483 | 30.5 | 295 | 205 | 3342 | 11.33 |
| 合计 | 447996 | 297613 | 33.8 | 1684 | 342 | 27154 | 16.12 |

从内科学学科论文的地域分布来看，2015 年被引频次较高的 5 个省、直辖市或自治区依次是广东、北京、江苏、河南和浙江（图 11-1）；5 年论文产出量较多的 5 个省、直辖市或自治区依次是广东、江苏、河南、北京和山东（图 11-2）。

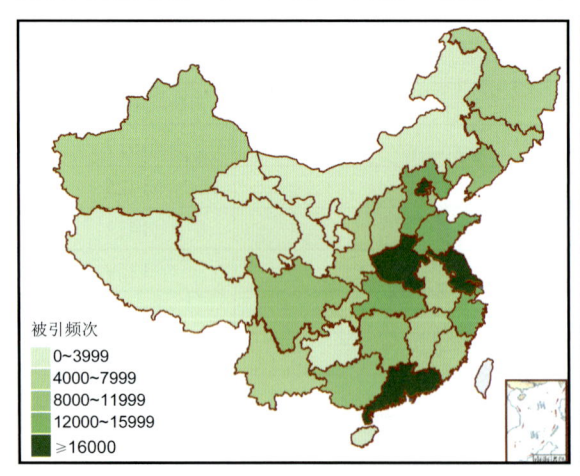

图 11-1　2015 年内科学学科地区被引分布

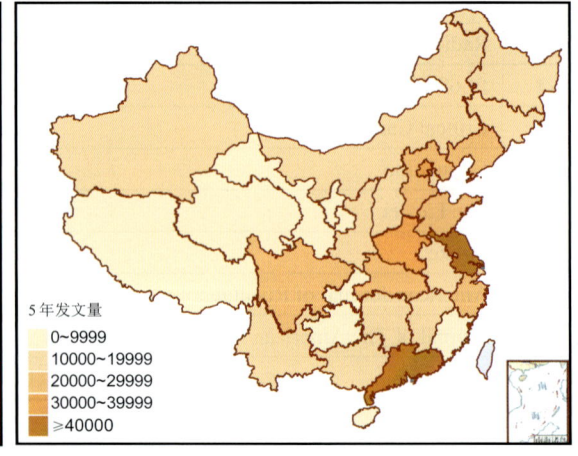

图 11-2　内科学学科 5 年论文产出地区分布

## 11.2 高被引论文分析

在内科学学科,2015 年被引频次位居前 10 位的论文(表 11-2)平均被引频次为 70.2 次,是全部 1684 篇高被引论文篇均被引频次的 4.4 倍。其中,被引频次最高的论文是柳涛于 2012 年发表的《慢性阻塞性肺疾病诊断、处理和预防全球策略(2011 年修订版)介绍》,随后 2 篇分别是张万岱于 2010 年发表的《中国自然人群幽门螺杆菌感染的流行病学调查》和孙胜男于 2011 年发表的《糖尿病患者自我管理现状及影响因素分析》。

从论文分布来看,刊载高被引论文数量居前的 3 种期刊分别是《中国老年学杂志》(134 篇)、《中国全科医学》(84 篇)和《中华护理杂志》(45 篇),而《中国循环杂志》和《中华护理杂志》分别刊载了高被引论文 TOP 10 中的 2 篇;发表高被引论文居前的 3 位学者分别是阜外心血管病医院的王文(4 篇)、中国疾病预防控制中心寄生虫病预防控制所的周晓农(3 篇)和中国疾病预防控制中心寄生虫病预防控制所的夏志贵(3 篇);产出高被引论文数量居前的 3 所机构分别是中国疾病预防控制中心(26 篇)、中国人民解放军总医院(16 篇)和中国医科大学附属第一医院(15 篇)。

表 11-2 内科学学科高被引论文 TOP 10

| 序号 | 论文题名 | 第一作者 | 期刊名称 | 发表年份 | 被引频次 总频次 | 被引频次 2015 年 |
|---|---|---|---|---|---|---|
| 1 | 慢性阻塞性肺疾病诊断、处理和预防全球策略(2011 年修订版)介绍 | 柳涛 | 中国呼吸与危重监护杂志 | 2012 | 381 | 126 |
| 2 | 中国自然人群幽门螺杆菌感染的流行病学调查 | 张万岱 | 现代消化及介入诊疗 | 2010 | 293 | 117 |
| 3 | 糖尿病患者自我管理现状及影响因素分析 | 孙胜男 | 中华护理杂志 | 2011 | 231 | 87 |
| 4 | 氨氯地平阿托伐他汀钙片治疗高血压合并冠心病的疗效观察 | 余盛龙 | 广东医学 | 2011 | 190 | 86 |
| 5 | 2010 年中国成年人高血压患病情况 | 李镒冲 | 中华预防医学杂志 | 2012 | 153 | 72 |
| 6 | 中国心血管病报告 2013 概要 | 陈伟伟 | 中国循环杂志 | 2014 | 36 | 65 |
| 7 | 冠心病患者冠状动脉病变严重程度与冠心病危险因素的相关分析 | 高阅春 | 中国循环杂志 | 2012 | 109 | 64 |
| 8 | 吲达帕胺联合氨氯地平治疗高血压合并冠心病患者的疗效观察 | 谢玉霞 | 重庆医学 | 2013 | 96 | 60 |
| 9 | 应用综合康复护理措施改善老年慢性阻塞性肺疾病患者肺功能 | 王亚勤 | 中华护理杂志 | 2012 | 121 | 58 |
| 10 | 第四次全国幽门螺杆菌感染处理共识报告 | 刘文忠 | 胃肠病学 | 2012 | 118 | 56 |

## 11.3 研究主题关联分析

在内科学学科,高被引论文累计被 2015 年发表的 23696 篇论文引用了 27154 次。通过分析施引文献关键词的词频及关键词之间的共现关系，获得 2015 年内科学学科的热点主题和主题关联，如图 11-3 所示（共现 52 次以下不显示）。由图 11-3 可知："高血压""冠心病""慢性阻塞性肺疾病"等关键词的文档词频较高，是 2015 年学科的研究热点；以"冠心病""高血压""糖尿病"等关键词为主要节点的多个概念相互关联，构成了学科内最为突出的研究主题簇。

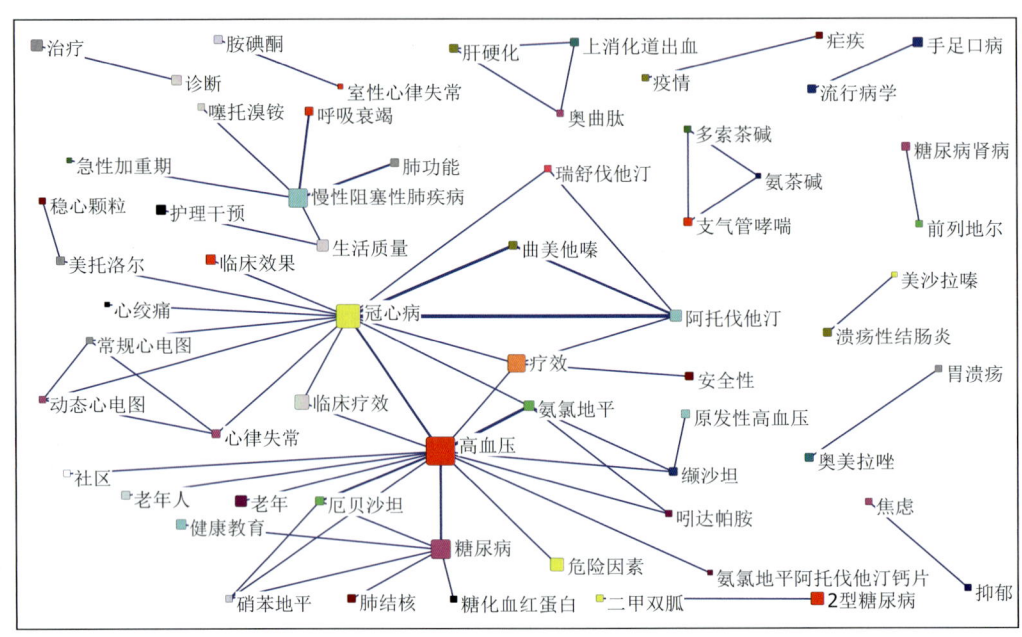

图 11-3　内科学学科 2015 年热点主题关联

## 11.4　学科高影响力期刊分析

### 11.4.1　学科高影响力期刊 TOP 10

在内科学学科，学科 5 年影响因子位居前 10 位的期刊见表 11-3，排在前 3 位的期刊分别是《中华心血管病杂志》《中华结核和呼吸杂志》和《中国防痨杂志》。在表 11-3 中，学科载文量占其总载文量比例最大的期刊是《中华高血压杂志》；前 5 年学科载文在 2015 年被引率最高的期刊是《中国全科医学》；期刊 5 年影响因子较高的前 3 种期刊分别是《中华心血管病杂志》《中华结核和呼吸杂志》和《中国全科医学》；学科 5 年影响因子与期刊 5 年影响因子差异最大的期刊是《中华心血管病杂志》。表 11-3 中期刊的学科 5 年影响因子和前 5 年学科载文的 2015 年被引率对比如图 11-4 所示，2010—2015 年期刊 5 年影响因子的变动情况如图 11-5 所示。

表 11-3 内科学学科高影响力期刊基本指数

| 序号 | 期刊名称 | 前5年载文量 | | | 2015年学科被引 | | | 5年影响因子 | | h指数（学科） |
|---|---|---|---|---|---|---|---|---|---|---|
| | | 学科（篇） | 占比（%） | 总量（篇） | 频次 | 被引率（%） | 高被引论文篇数 | 期刊（2015） | 学科（2015） | |
| 1 | 中华心血管病杂志 | 740 | 47.5 | 1559 | 2145 | 47.2 | 21 | 2.174 | 2.899 | 14 |
| 2 | 中华结核和呼吸杂志 | 1131 | 62.1 | 1821 | 2293 | 46.1 | 32 | 1.713 | 2.027 | 18 |
| 3 | 中国防痨杂志 | 759 | 57.7 | 1315 | 1505 | 51.5 | 24 | 1.588 | 1.983 | 11 |
| 4 | 中国全科医学 | 2576 | 31.2 | 8261 | 4820 | 55.8 | 84 | 1.661 | 1.871 | 22 |
| 5 | 中国呼吸与危重监护杂志 | 521 | 54.6 | 955 | 758 | 44.5 | 14 | 1.243 | 1.455 | 10 |
| 6 | 中华内科杂志 | 1072 | 56.1 | 1910 | 1548 | 42.3 | 21 | 1.399 | 1.444 | 18 |
| 7 | 中国老年学杂志 | 5582 | 31.7 | 17605 | 8001 | 49.0 | 134 | 1.162 | 1.433 | 19 |
| 8 | 中华高血压杂志 | 1315 | 79.7 | 1649 | 1852 | 35.5 | 14 | 1.315 | 1.408 | 10 |
| 9 | 南方医科大学学报 | 539 | 18.4 | 2930 | 748 | 52.7 | 7 | 1.079 | 1.388 | 12 |
| 10 | 中国医学科学院学报 | 118 | 14.1 | 836 | 161 | 44.9 | 3 | 1.140 | 1.364 | 10 |

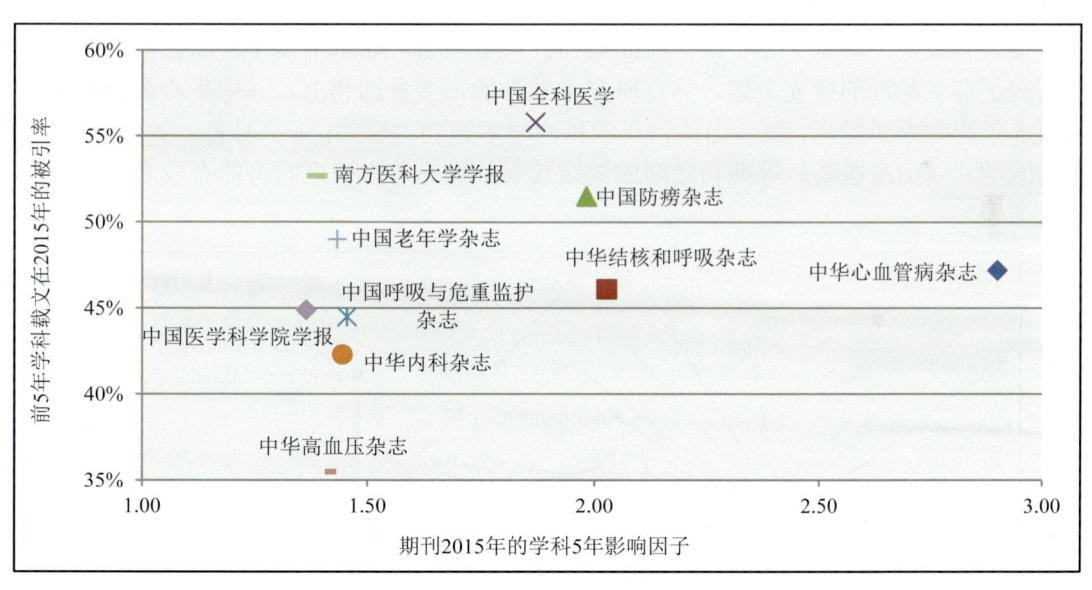

图 11-4 内科学学科高影响力期刊对比

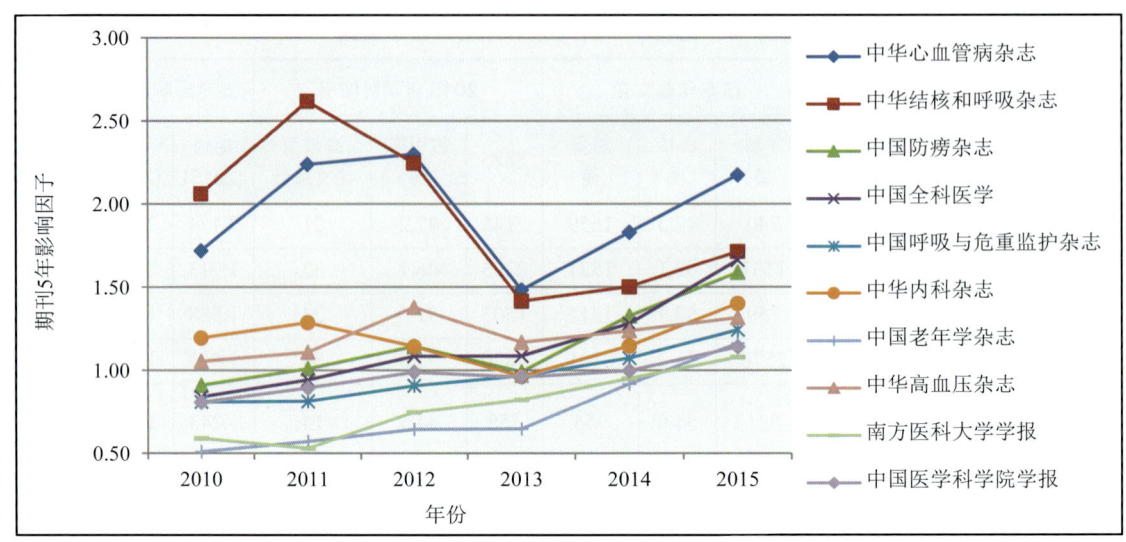

图 11-5 内科学学科期刊 5 年影响因子变动

## 11.4.2 学科高影响力期刊载文主题关联

通过期刊共被引分析,获得内科学学科高影响力期刊及与其他期刊之间的载文主题关联,如图 11-6 所示(共被引 156 次以下不显示)。结果显示,内科学学科的高影响力期刊相互链接较为紧密,基本主导了该学科的期刊共被引网络,显示出该学科高影响力期刊可能共同刊载了许多相近的研究主题,热点研究主题分散在多种期刊上。《中华心血管病杂志》的学科 5 年影响因子较高,显示出该刊在学科内学术影响力较大;《中国老年学杂志》与《中国全科医学》《山东医药》等期刊之间的链接较强,意味着它们之间可能有较多相同或相近的载文主题。

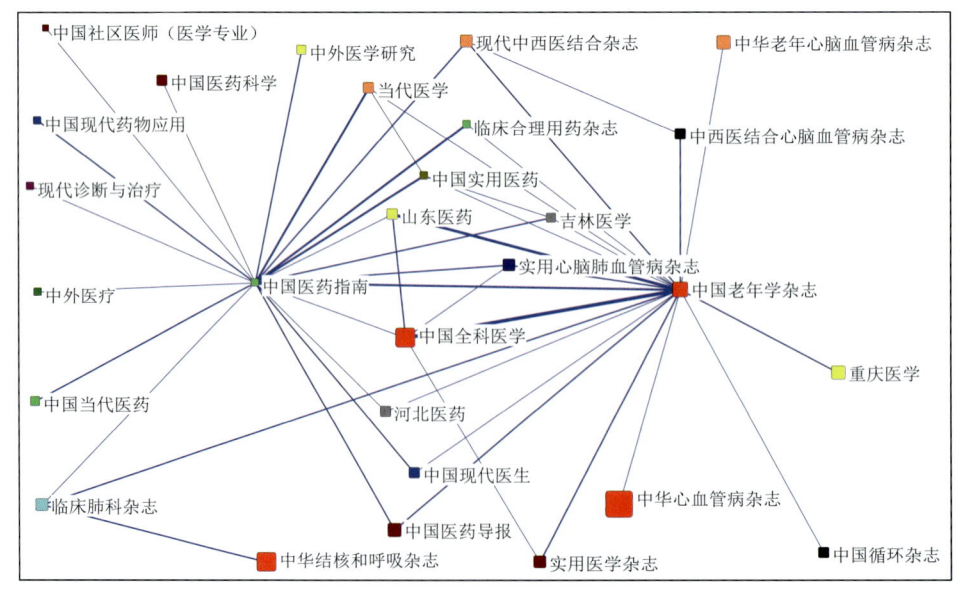

图 11-6 内科学学科高影响力期刊载文主题关联

## 11.5 高被引作者分析

### 11.5.1 高被引作者 TOP 20

2010—2014 年，在 389599 位内科学学科论文的第一作者中，在 2015 年学科被引频次位居前 20 位的学者的发文及被引情况见表 11-4。其中，学科发文总被引频次较高的 3 位作者分别是北京协和医院的柳涛（159 次）、阜外心血管病医院的王文（113 次）和首都医科大学附属北京安贞医院/北京市心肺血管疾病研究所的高阅春（92 次）。高被引作者的 5 年学科发文数量从 1 篇到 62 篇不等，同时，作者学科发文的期刊分布也在 1 种到 24 种之间变化。在发文超过 5 篇的所有作者中，篇均被引较高的 3 位作者分别是首都医科大学附属北京安贞医院/北京市心肺血管疾病研究所的高阅春（篇均 18.40 次）、中国疾病预防控制中心寄生虫病预防控制所的夏志贵（篇均 14.60 次）和第三军医大学新桥医院的钱桂生（篇均 11.00 次）；前 5 年发表学科论文较多的 3 位作者分别是济南医院的王建华（69 篇）、北京大学人民医院的郭继鸿（63 篇）和北京大学人民医院的胡大一（62 篇）。高被引作者的学科发文量和被引量对比如图 11-7 所示。

表 11-4 内科学学科高被引作者 TOP 20

| 序号 | 姓名 | 作者单位 | 前 5 年发文 | | | 前 5 年学科发文在 2015 年的被引 | | | | h 指数（学科） |
| --- | --- | --- | --- | --- | --- | --- | --- | --- | --- | --- |
| | | | 学科发文（篇） | 期刊分布（种） | 发文总量（篇） | 总频次 | 被引率（%） | 最高（次） | 篇均（次） | |
| 1 | 柳涛 | 北京协和医院 | 4 | 3 | 6 | 159 | 100.0 | 126 | 39.75 | 3 |
| 2 | 王文 | 阜外心血管病医院 | 31 | 14 | 42 | 113 | 48.4 | 51 | 3.65 | 6 |
| 3 | 高阅春 | 首都医科大学附属北京安贞医院/北京市心肺血管疾病研究所 | 5 | 4 | 5 | 92 | 80.0 | 64 | 18.40 | 2 |
| 4 | 胡大一 | 北京大学人民医院 | 62 | 24 | 227 | 90 | 45.2 | 21 | 1.45 | 4 |
| 5 | 孙胜男 | 北京积水潭医院 | 1 | 1 | 4 | 87 | 100.0 | 87 | 87.00 | 3 |
| 6 | 王毅 | 绵阳市疾病预防控制中心 | 44 | 13 | 160 | 75 | 63.6 | 6 | 1.70 | 5 |
| 7 | 夏志贵 | 中国疾病预防控制中心寄生虫病预防控制所 | 5 | 4 | 5 | 73 | 80.0 | 31 | 14.60 | 3 |
| 8 | 孙宁玲 | 北京大学人民医院 | 40 | 14 | 67 | 72 | 45.0 | 17 | 1.80 | 5 |
| 9 | 熊瑛 | 乐山职业技术学院 | 2 | 2 | 8 | 68 | 100.0 | 49 | 34.00 | 3 |
| 10 | 钱桂生 | 第三军医大学新桥医院 | 6 | 4 | 10 | 66 | 83.3 | 39 | 11.00 | 3 |
| 11 | 陈伟伟 | 国家心血管病中心 | 2 | 2 | 4 | 65 | 50.0 | 65 | 32.50 | 2 |
| 12 | 谢玉霞 | 新疆医科大学附属中医医院 | 3 | 3 | 5 | 61 | 66.7 | 60 | 20.33 | 1 |

| 序号 | 姓名 | 作者单位 | 前5年发文 | | | 前5年学科发文在2015年的被引 | | | | h指数（学科） |
|---|---|---|---|---|---|---|---|---|---|---|
| | | | 学科发文（篇） | 期刊分布（种） | 发文总量（篇） | 总频次 | 被引率（%） | 最高（次） | 篇均（次） | |
| 12 | 马超 | 中国疾病预防控制中心免疫规划中心 | 6 | 1 | 6 | 61 | 83.3 | 31 | 10.17 | 3 |
| 14 | 陈永强 | 香港威尔斯亲王医院 | 1 | 1 | 1 | 60 | 100.0 | 60 | 60.00 | 1 |
| 15 | 王亚勤 | 浙江省人民医院 | 3 | 3 | 3 | 58 | 33.3 | 58 | 19.33 | 1 |
| 16 | 周晓农 | 中国疾病预防控制中心寄生虫病预防控制所 | 10 | 4 | 10 | 55 | 90.0 | 18 | 5.50 | 4 |
| 17 | 纪立农 | 北京大学人民医院 | 17 | 8 | 45 | 53 | 35.3 | 28 | 3.12 | 4 |
| 18 | 杨文 | 开封市第一人民医院 | 2 | 2 | 3 | 52 | 100.0 | 51 | 26.00 | 1 |
| 19 | 石蕊 | 天津医科大学 | 2 | 2 | 2 | 51 | 100.0 | 49 | 25.50 | 2 |
| 20 | 蔡柏蔷 | 北京协和医院 | 13 | 8 | 16 | 50 | 69.2 | 21 | 3.85 | 5 |

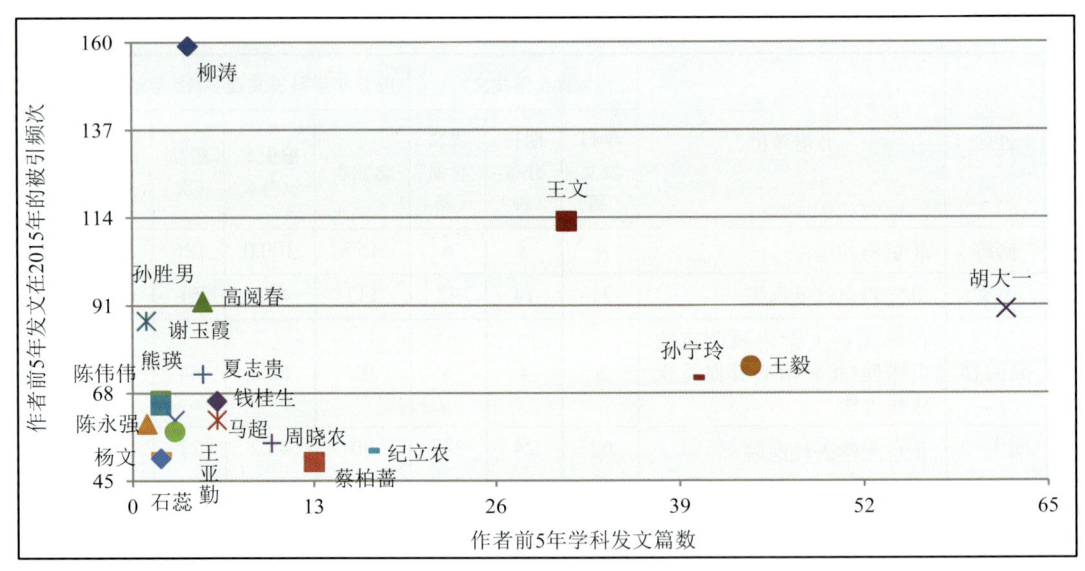

图 11-7　内科学学科高被引作者学科发文及被引对比

### 11.5.2　高被引作者科研合作关系

通过作者合著分析，获得2015年内科学学科高被引作者及与其他学者之间的科研论文合作关系（不考虑论文署名次序），如图11-8所示（合著6次以下不显示）。可以看出，内科学学科的高被引作者的论文合作现象比较普遍。学者胡大一和郭继鸿的发文量较多；胡大一的论文合作网络最为突出，在该学科的研究人员中表现出一定的集聚效应；王毅和樊静、李六林、赵西和等学者之间的合作关系最为紧密，显示出他们可能属于同一支科研团队。

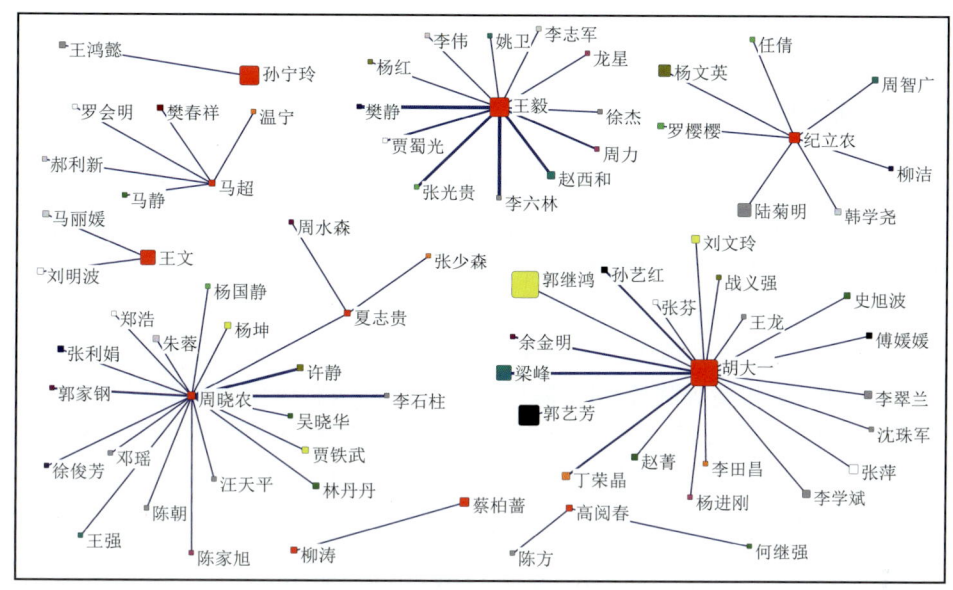

图 11-8 内科学学科高被引作者科研论文合作关系

### 11.5.3 高被引作者发文主题关联

通过作者共被引分析，获得 2015 年内科学学科高被引作者及与其他学者之间的发文主题关联（见图 11-9，共被引 5 次以下不显示）。如图 11-9 所示，内科学学科的高被引作者基本主导了作者共被引网络，显示出该学科在热点主题上已经形成了优势较为明显的科研力量。学者柳涛和孙胜男的节点较大，显示出他们的学术成果在学科内得到较多关注；陈翀昊与杨文、石蕊等学者之间的链接较强，意味着他们之间可能有较为相近的研究主题；以夏志贵等学者为主要节点的共被引作者簇初具规模，意味着这些学者的研究主题关联可能较为紧密。

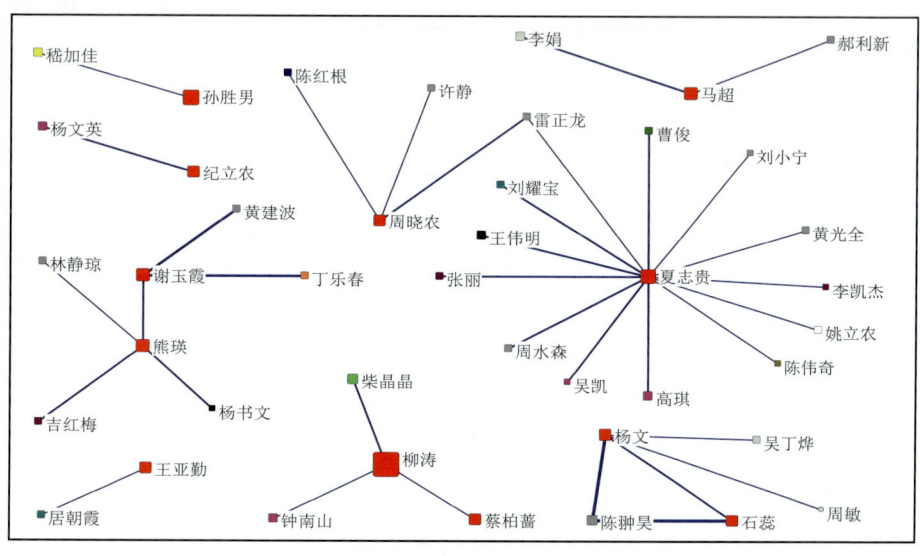

图 11-9 内科学学科高被引作者发文主题关联

## 11.6 高被引机构分析

### 11.6.1 高被引机构

为便于比较，本书将内科学学科的高被引机构分为医院和高等院校/科研院所两种类型。其中，被引频次 TOP 10 医院和被引频次 TOP 5 高等院校/科研院所的发文及被引情况分别见表 11-5 和表 11-6。其中，总被引频次较高的 3 所医院分别是中国人民解放军总医院、首都医科大学附属北京安贞医院和北京协和医院，天津医科大学、南京中医药大学和中国医学科学院北京协和医学院是总被引频次较高的 3 所高等院校/科研院所；前 5 年学科发文在 2015 年的被引率最高的医院和高等院校/科研院所分别是首都医科大学附属北京安贞医院和中国医学科学院北京协和医学院，篇均被引最高的医院和高等院校/科研院所分别是首都医科大学附属北京安贞医院和中国医学科学院北京协和医学院。上述高被引机构的论文被引率和篇均被引频次对比如图 11-10 所示。

表 11-5 内科学学科高被引医院 TOP 10

| 序号 | 第一作者单位 | 学科发文量（篇） | | 前 5 年学科发文在 2015 年的被引 | | | |
|---|---|---|---|---|---|---|---|
| | | 前 5 年 | 2015 年 | 频次 | 被引率(%) | 最高(次) | 篇均(次) |
| 1 | 中国人民解放军总医院 | 2506 | 382 | 2155 | 39.6 | 23 | 0.86 |
| 2 | 首都医科大学附属北京安贞医院 | 1690 | 396 | 1463 | 41.7 | 14 | 0.87 |
| 3 | 北京协和医院 | 1787 | 249 | 1438 | 32.8 | 126 | 0.80 |
| 4 | 中国医科大学附属第一医院 | 1394 | 235 | 1061 | 32.1 | 22 | 0.76 |
| 5 | 阜外心血管病医院 | 1639 | 484 | 1051 | 28.1 | 51 | 0.64 |
| 6 | 四川大学华西医院 | 1472 | 223 | 1042 | 33.9 | 22 | 0.71 |
| 7 | 南京医科大学第一附属医院 | 1465 | 219 | 994 | 34.0 | 19 | 0.68 |
| 8 | 吉林大学第一医院 | 1259 | 173 | 969 | 32.8 | 21 | 0.77 |
| 9 | 北京大学人民医院 | 1215 | 188 | 960 | 33.5 | 28 | 0.79 |
| 10 | 郑州大学第一附属医院 | 1491 | 228 | 901 | 32.3 | 22 | 0.60 |

表 11-6 内科学学科高被引高等院校/科研院所 TOP 5

| 序号 | 第一作者单位 | 学科发文量（篇） | | 前 5 年学科发文在 2015 年的被引 | | | |
|---|---|---|---|---|---|---|---|
| | | 前 5 年 | 2015 年 | 频次 | 被引率(%) | 最高(次) | 篇均（次） |
| 1 | 天津医科大学 | 708 | 100 | 706 | 40.0 | 49 | 1.00 |
| 2 | 南京中医药大学 | 814 | 136 | 664 | 39.6 | 32 | 0.82 |
| 3 | 中国医学科学院北京协和医学院 | 363 | 59 | 538 | 47.7 | 48 | 1.48 |
| 4 | 天津中医药大学 | 749 | 127 | 510 | 33.8 | 10 | 0.68 |
| 5 | 安徽医科大学 | 402 | 64 | 365 | 40.3 | 14 | 0.91 |

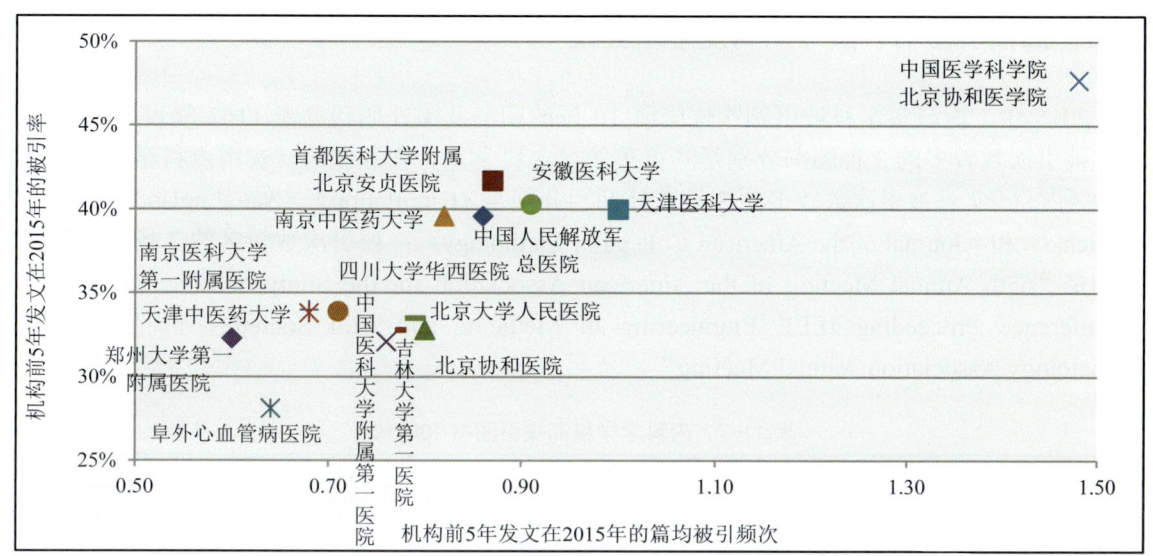

图 11-10　内科学学科高被引机构论文篇均被引及被引率对比

### 11.6.2　高被引机构科研合作关系

通过合著分析，获得内科学学科高被引机构之间及其与其他机构之间的科研合作关联，如图 11-11 所示（合作 109 次以下不显示）。分析得知，内科学学科的机构合作链接比较紧密，表明学科内机构合作现象比较普遍；高被引机构部分主导了机构合作网络，显示出这些机构已经在学科内具有了一定的科研优势；新疆医科大学第一附属医院和新疆医科大学、中国医科大学附属第一医院与中国医科大学、中国医科大学附属盛京医院等机构之间的链接较强，表明它们的学术合作较为频繁。

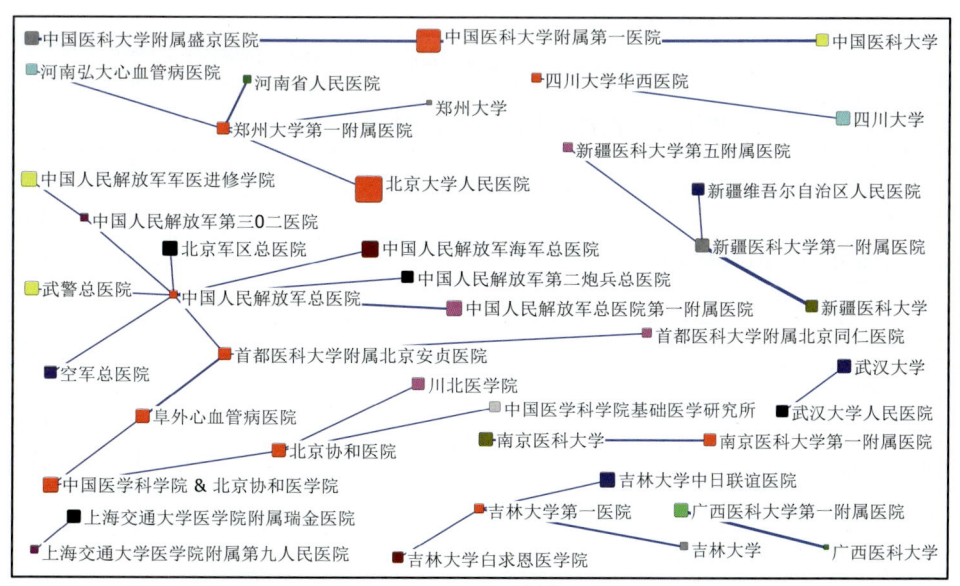

图 11-11　内科学学科高被引机构科研合作关联

## 11.7 高被引图书、国外期刊及学术会议

2015年，内科学学科被引频次位居前10位的图书及国外期刊见表11-7和表11-8。其中，被引次数较多的3种图书分别是陆再英的《内科学》、陈灏珠的《实用内科学》和叶任高的《内科学》；被引次数较多的3种国外期刊分别是《Circulation》《New England Journal of Medicine》和《Journal of the American College of Cardiology》；被引次数较多的3场学术会议分别是"65th Annual Meeting of the American Association for the Study of Liver Diseases""Conference Proceeding IEEE Engineering in Medicine and Biol Society"和"European Hematology Association Annual Meeting"。

表 11-7 内科学学科高被引图书 TOP 10

| 序号 | 责任者 | 图书名称 | 出版社 | 2015年被引频次 |
|---|---|---|---|---|
| 1 | 陆再英 | 内科学 | 人民卫生出版社 | 1091 |
| 2 | 陈灏珠 | 实用内科学 | 人民卫生出版社 | 889 |
| 3 | 叶任高 | 内科学 | 人民卫生出版社 | 677 |
| 4 | 葛均波 | 内科学 | 人民卫生出版社 | 521 |
| 5 | 郑筱萸 | 中药新药临床研究指导原则 | 中国医药科技出版社 | 380 |
| 6 | 郑筱萸 | 中药新药临床研究指导原则（试行） | 中国医药科技出版社 | 257 |
| 7 | 胡亚美 | 诸福棠实用儿科学 | 人民卫生出版社 | 245 |
| 7 | 王吉耀 | 内科学 | 人民卫生出版社 | 245 |
| 9 | 乐杰 | 妇产科学 | 人民卫生出版社 | 180 |
| 9 | 张之南 | 血液病诊断及疗效标准 | 科学出版社 | 180 |

表 11-8 内科学学科高被引国外期刊 TOP 10

| 序号 | 期刊名称 | 2015年被引频次 |
|---|---|---|
| 1 | Circulation | 11279 |
| 2 | New England Journal of Medicine | 9467 |
| 3 | Journal of the American College of Cardiology | 7693 |
| 4 | PLoS One | 6290 |
| 5 | The Lancet | 5773 |
| 6 | Hepatology | 4641 |
| 7 | Diabetes Care | 4314 |
| 8 | European Heart Journal | 4232 |
| 9 | American Journal of Cardiology | 3987 |
| 10 | Journal of The American Medical Association | 3705 |

# 第 12 章 外科学学科高被引分析

## 12.1 学科论文概况

2010—2014 年,外科学学科共有 272942 位来自 38386 所机构的论文第一作者在 1691 种期刊上发表了 330508 篇学术论文。其中,80%以上的论文产出自 4689 所机构、193980 位作者,发表在 256 种期刊上。在前 5 年发表的这些论文中,有 112315 篇在 2015 年获得过引用,整体被引率为 34.0%,总被引频次为 216055 次,篇均被引 0.65 次;其中,高被引论文有 1325 篇,单篇论文最高被引频次为 229 次,累计被引 15742 次,篇均被引 11.88 次(表 12-1)。另外,2015 年外科学学科共发表论文 68659 篇,其中有 5787 篇在当年获得过引用,总共被引 7227 次。

表 12-1 外科学学科论文分布情况

| 年份 | 论文篇数 | 2015 年被引频次 | 2015 年被引率(%) | 2015 年高被引论文 | | | |
|---|---|---|---|---|---|---|---|
| | | | | 论文篇数 | 最高被引频次 | 总被引频次 | 篇均被引频次 |
| 2010 | 65587 | 32233 | 27.8 | 229 | 169 | 2566 | 11.21 |
| 2011 | 66124 | 42941 | 33.3 | 226 | 179 | 3166 | 14.01 |
| 2012 | 65406 | 48861 | 37.0 | 259 | 207 | 3597 | 13.89 |
| 2013 | 68779 | 54975 | 39.1 | 318 | 229 | 3816 | 12.00 |
| 2014 | 64612 | 37045 | 32.5 | 293 | 186 | 2597 | 8.86 |
| 合计 | 330508 | 216055 | 34.0 | 1325 | 229 | 15742 | 11.88 |

从外科学学科论文的地域分布来看,2015 年被引频次较高的 5 个省、直辖市或自治区依次是广东、江苏、北京、浙江和上海(图 12-1);5 年论文产出量较多的 5 个省、直辖市或自治区依次是广东、江苏、河南、北京和浙江(图 12-2)。

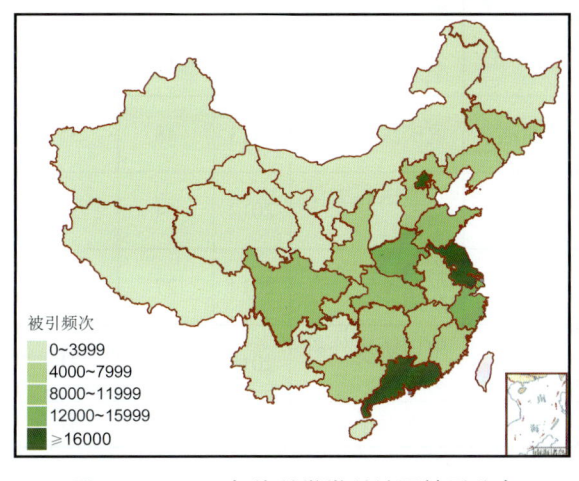

图 12-1 2015 年外科学学科地区被引分布

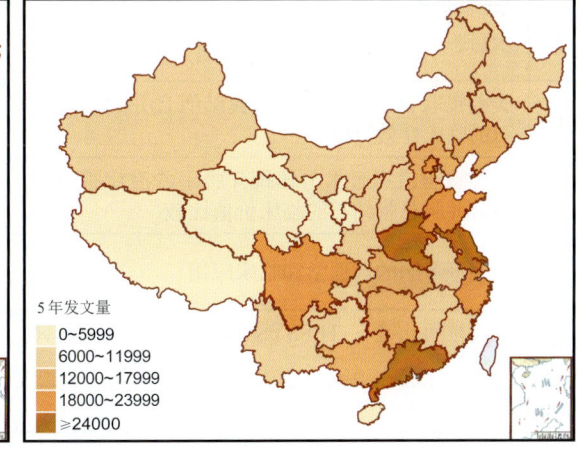

图 12-2 外科学学科 5 年论文产出地区分布

## 12.2 高被引论文分析

在外科学学科，2015 年被引频次位居前 10 位的论文（表 12-2）平均被引频次为 38.4 次，是全部 1325 篇高被引论文篇均被引频次的 3.2 倍。其中，被引频次最高的论文是周跃于 2010 年发表的《椎间孔镜 YESS 与 TESSYS 技术治疗腰椎间盘突出症》，随后 2 篇分别是黄天雯于 2011 年发表的《骨科无痛病房护理工作模式的建立》和王洪伟于 2011 年发表的《腰椎间盘突出症疼痛发生机制的研究进展》。

从论文分布来看，刊载高被引论文数量居前的 3 种期刊分别是《临床麻醉学杂志》（51 篇）、《中国实用外科杂志》（51 篇）和《中国老年学杂志》（50 篇），而《临床麻醉学杂志》和《中国矫形外科杂志》分别刊载了高被引论文 TOP 10 中的 2 篇；发表高被引论文居前的 3 位学者分别是吉林大学中日联谊医院的孙辉（4 篇）、第三军医大学新桥医院的王洪伟（4 篇）和北京大学人民医院的姜保国（2 篇）；产出高被引论文数量居前的 3 所机构分别是北京大学人民医院（22 篇）、中国人民解放军总医院（15 篇）和上海交通大学附属第六人民医院（13 篇），而第三军医大学新桥医院产出了高被引论文 TOP 10 中的 2 篇。

表 12-2 外科学学科高被引论文 TOP 10

| 序号 | 论文题名 | 第一作者 | 期刊名称 | 发表年份 | 被引频次 总频次 | 被引频次 2015 年 |
| --- | --- | --- | --- | --- | --- | --- |
| 1 | 椎间孔镜 YESS 与 TESSYS 技术治疗腰椎间盘突出症 | 周跃 | 中华骨科杂志 | 2010 | 108 | 50 |
| 2 | 骨科无痛病房护理工作模式的建立 | 黄天雯 | 中华护理杂志 | 2011 | 180 | 48 |
| 3 | 腰椎间盘突出症疼痛发生机制的研究进展 | 王洪伟 | 中国矫形外科杂志 | 2011 | 88 | 43 |
| 4 | 经皮椎体成形术和经皮椎体后凸成形术治疗骨质疏松性椎体压缩骨折 | 杨丰建 | 中国脊柱脊髓杂志 | 2011 | 122 | 40 |
| 5 | 术后恶心呕吐防治专家意见（2012） | 吴新民 | 临床麻醉学杂志 | 2012 | 73 | 38 |
| 6 | 腹腔镜联合胆道镜治疗胆囊结石合并胆总管结石的临床疗效分析 | 谢浩 | 重庆医学 | 2013 | 48 | 35 |
| 6 | 腹腔镜胆道探查术与传统开腹手术治疗胆囊结石合并胆总管结石的临床价值比较 | 于江涛 | 安徽医科大学学报 | 2012 | 64 | 35 |
| 8 | 盐酸羟考酮的药理学和临床应用 | 徐建国 | 临床麻醉学杂志 | 2014 | 27 | 33 |
| 9 | 经皮椎间孔镜下 TESSYS 技术治疗腰椎间盘突出症 | 赵伟 | 中国矫形外科杂志 | 2012 | 52 | 31 |
| 9 | 不同术式治疗急性胃穿孔的临床效果观察 | 王展福 | 海南医学 | 2012 | 80 | 31 |

## 12.3 研究主题关联分析

在外科学学科，高被引论文累计被 2015 年发表的 12555 篇论文引用了 15742 次。通过分析施引文献关键词的词频及关键词之间的共现关系，获得 2015 年外科学学科的热点主题和主题关联，如图 12-3 所示（共现 37 次以下不显示）。由图 12-3 可知："腹腔镜""疗效""临床疗效"等关键词的文档词频较高，是 2015 年学科的研究热点；以"腹腔镜""胆道镜""胆囊结石""胆总管结石"等关键词为主要节点的多个概念相互关联，构成了学科内最为突出的研究主题簇。

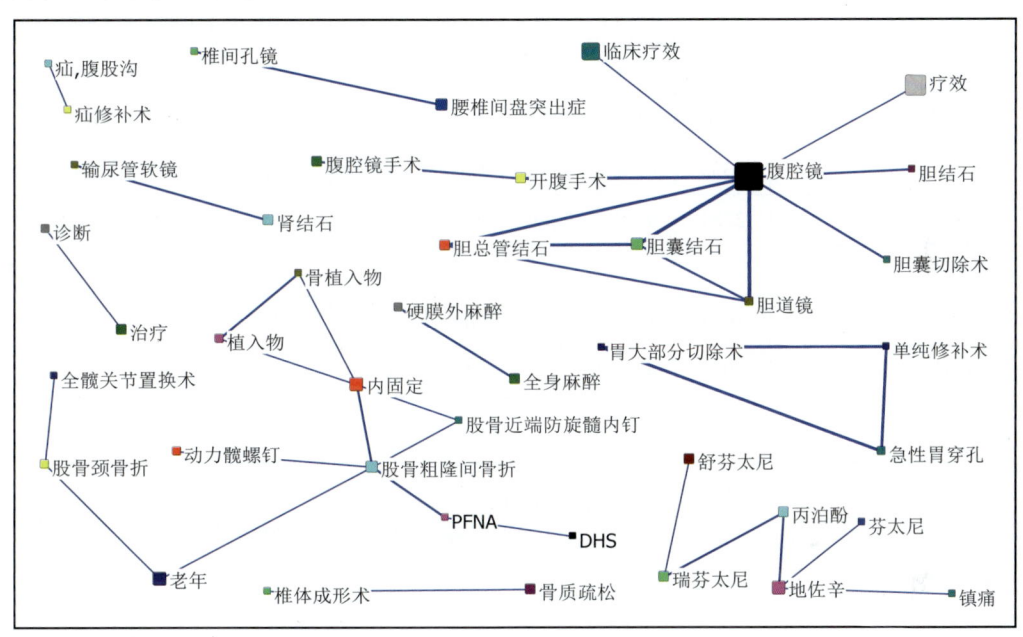

图 12-3　外科学学科 2015 年热点主题关联

## 12.4 学科高影响力期刊分析

### 12.4.1 学科高影响力期刊 TOP 10

在外科学学科，学科 5 年影响因子位居前 10 位的期刊见表 12-3，排在前 3 位的期刊分别是《中华骨科杂志》《北京大学学报（医学版）》《中国微创外科杂志》和《中国脊柱脊髓杂志》。在表 12-3 中，学科载文量占其总载文量比例最大的期刊是《中国实用外科杂志》；前 5 年学科载文在 2015 年被引率最高的期刊是《中国骨伤》；期刊 5 年影响因子较高的前 3 种期刊分别是《中华骨科杂志》《中国微创外科杂志》和《中国骨伤》；学科 5 年影响因子与期刊 5 年影响因子差异最大的期刊是《北京大学学报（医学版）》。表 12-3 中期刊的学科 5 年影响因子和前 5 年学科载文的 2015 年被引率对比如图 12-4 所示，2010—2015 年期刊 5 年影响因子的变动情况如图 12-5 所示。

表 12-3　外科学学科高影响力期刊基本指数

| 序号 | 期刊名称 | 前 5 年载文量 | | | 2015 年学科被引 | | | 5 年影响因子 | | h 指数（学科） |
|---|---|---|---|---|---|---|---|---|---|---|
| | | 学科（篇） | 占比（%） | 总量（篇） | 频次 | 被引率（%） | 高被引论文篇数 | 期刊（2015） | 学科（2015） | |
| 1 | 中华骨科杂志 | 938 | 68.2 | 1375 | 1537 | 51.5 | 24 | 1.568 | 1.639 | 12 |
| 2 | 北京大学学报（医学版） | 247 | 20.6 | 1201 | 384 | 51.8 | 7 | 1.281 | 1.555 | 10 |
| 3 | 中国微创外科杂志 | 1238 | 53.8 | 2300 | 1803 | 54.1 | 16 | 1.492 | 1.456 | 13 |
| 3 | 中国脊柱脊髓杂志 | 1138 | 75.4 | 1509 | 1657 | 48.2 | 25 | 1.339 | 1.456 | 12 |
| 5 | 中华显微外科杂志 | 971 | 71.1 | 1365 | 1381 | 53.0 | 14 | 1.381 | 1.422 | 11 |
| 6 | 中国骨伤 | 1339 | 77.8 | 1722 | 1865 | 54.3 | 16 | 1.383 | 1.393 | 10 |
| 7 | 中国实用外科杂志 | 2281 | 99.8 | 2286 | 2878 | 46.5 | 51 | 1.265 | 1.262 | 13 |
| 8 | 中华泌尿外科杂志 | 807 | 46.1 | 1752 | 1013 | 42.1 | 23 | 1.096 | 1.255 | 12 |
| 9 | 实用医学杂志 | 1655 | 15.1 | 10959 | 2004 | 45.3 | 27 | 1.073 | 1.211 | 16 |
| 10 | 中国内镜杂志 | 1054 | 45.1 | 2335 | 1259 | 50.7 | 9 | 1.145 | 1.194 | 12 |

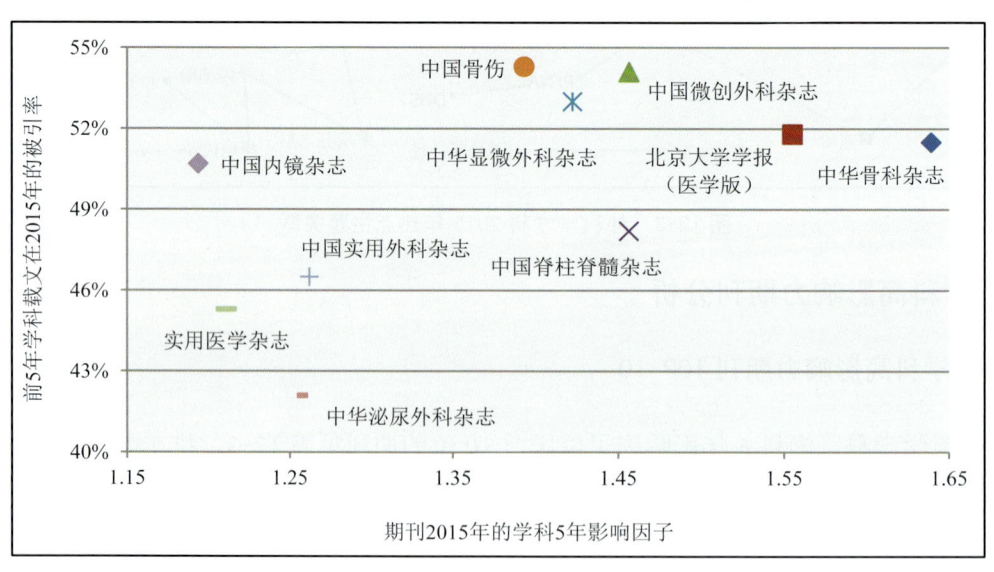

图 12-4　外科学学科高影响力期刊对比

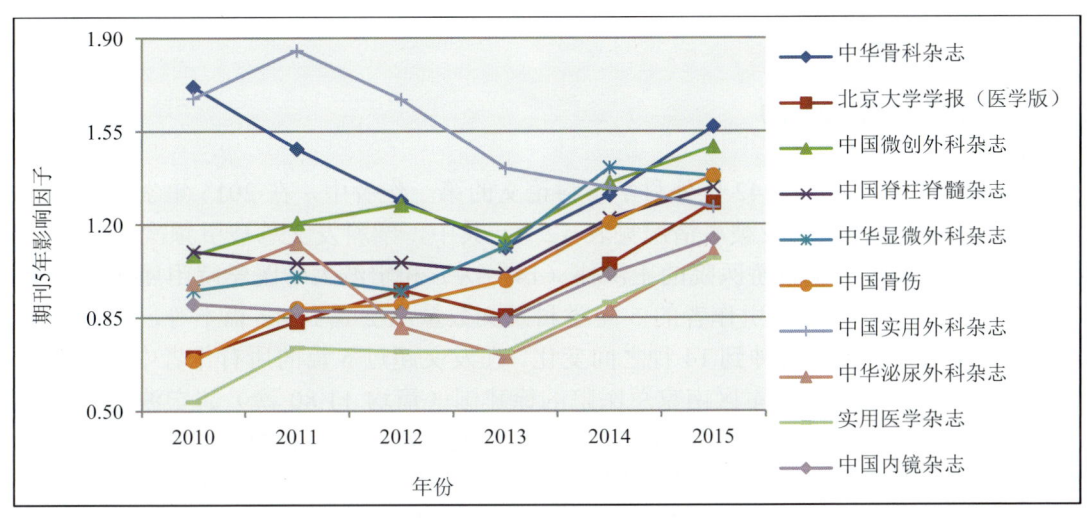

图 12-5　外科学学科期刊 5 年影响因子变动

## 12.4.2　学科高影响力期刊载文主题关联

通过期刊共被引分析，获得外科学学科高影响力期刊及与其他期刊之间的载文主题关联，如图 12-6 所示（共被引 149 次以下不显示）。结果显示，外科学学科的高影响力期刊相互链接较为紧密，基本主导了该学科的期刊共被引网络，显示出该学科高影响力期刊可能共同刊载了许多相近的研究主题，热点研究主题分散在多种期刊上。《中华骨科杂志》的学科 5 年影响因子较高，显示出该刊在学科内学术影响力较大；《中国矫形外科杂志》与《中国骨与关节损伤杂志》等期刊之间的链接较强，意味着它们之间可能有较多相同或相近的载文主题。

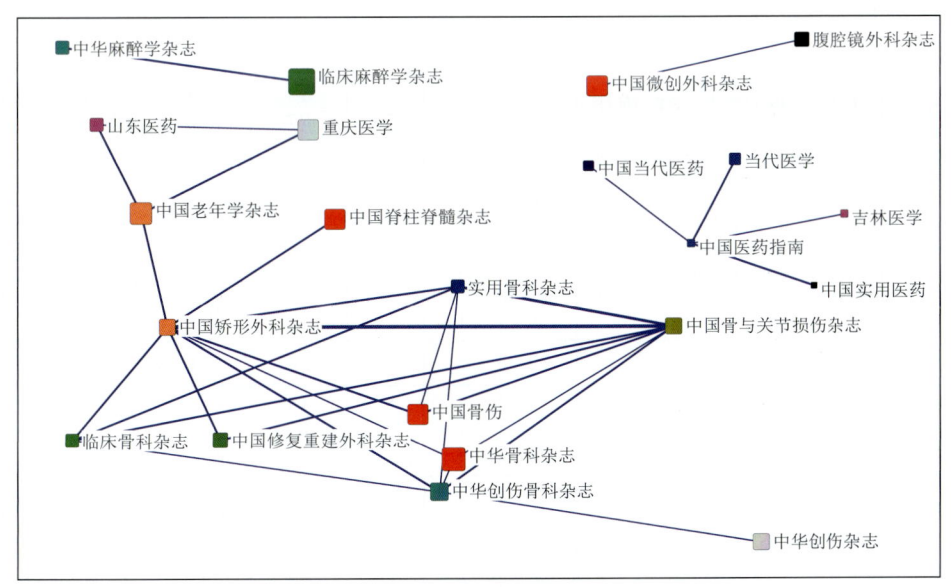

图 12-6　外科学学科高影响力期刊载文主题关联

## 12.5 高被引作者分析

### 12.5.1 高被引作者 TOP 20

2010—2014 年，在 272942 位外科学学科论文的第一作者中，在 2015 年学科被引频次位居前 20 位的学者的发文及被引情况见表 12-4。其中，学科发文总被引频次较高的 2 位作者分别是第三军医大学新桥医院的王洪伟（147 次）和宁波大学医学院附属宁波市第一医院的程跃（84 次）。高被引作者的 5 年学科发文数量从 2 篇到 42 篇不等，同时，作者学科发文的期刊分布也在 1 种到 14 种之间变化。在发文超过 5 篇的所有作者中，篇均被引较高的 3 位作者分别是南京军区南京总医院的徐建国（篇均 11.80 次）、宁波大学医学院附属宁波市第一医院的程跃（篇均 7.00 次）和北京大学人民医院的李运（篇均 7.00 次）；前 5 年发表学科论文较多的 3 位作者分别是兰州军区兰州总医院的张功林（65 篇）、哈尔滨医科大学附属第一医院的孙备（42 篇）和深圳平乐骨伤科医院的贾斌（35 篇）。高被引作者的学科发文量和被引量对比如图 12-7 所示。

表 12-4 外科学学科高被引作者 TOP 20

| 序号 | 姓名 | 作者单位 | 前 5 年发文 | | | 前 5 年学科发文在 2015 年的被引 | | | | h 指数（学科） |
|---|---|---|---|---|---|---|---|---|---|---|
| | | | 学科发文（篇）| 期刊分布（种）| 发文总量（篇）| 总频次 | 被引率（%）| 最高（次）| 篇均（次）| |
| 1 | 王洪伟 | 第三军医大学新桥医院 | 26 | 7 | 66 | 147 | 80.8 | 43 | 5.65 | 6 |
| 2 | 程跃 | 宁波大学医学院附属宁波市第一医院 | 12 | 4 | 16 | 84 | 100.0 | 25 | 7.00 | 4 |
| 3 | 孙备 | 哈尔滨医科大学附属第一医院 | 42 | 6 | 49 | 77 | 64.3 | 10 | 1.83 | 5 |
| 3 | 郑民华 | 上海交通大学医学院附属瑞金医院 | 29 | 14 | 50 | 77 | 75.9 | 10 | 2.66 | 5 |
| 5 | 俞光荣 | 同济大学附属同济医院 | 31 | 11 | 35 | 67 | 54.8 | 15 | 2.16 | 4 |
| 6 | 顾玉东 | 复旦大学附属华山医院 | 21 | 5 | 31 | 65 | 71.4 | 20 | 3.10 | 4 |
| 7 | 姜保国 | 北京大学人民医院 | 11 | 5 | 17 | 61 | 72.7 | 21 | 5.55 | 5 |
| 8 | 徐建国 | 南京军区南京总医院 | 5 | 1 | 18 | 59 | 40.0 | 30 | 11.80 | 4 |
| 9 | 孙辉 | 吉林大学中日联谊医院 | 12 | 5 | 14 | 58 | 75.0 | 14 | 4.83 | 5 |
| 10 | 叶颖江 | 北京大学人民医院 | 14 | 5 | 35 | 57 | 85.7 | 22 | 4.07 | 5 |
| 11 | 周跃 | 第三军医大学新桥医院 | 4 | 4 | 13 | 55 | 75.0 | 50 | 13.75 | |
| 12 | 廖利民 | 中国康复研究中心北京博爱医院 | 8 | 7 | 11 | 51 | 62.5 | 24 | 6.38 | 4 |
| 13 | 黄天雯 | 中山大学附属第一医院 | 2 | 2 | 15 | 48 | 50.0 | 48 | 24.00 | 2 |
| 14 | 唐举玉 | 中南大学湘雅医院 | 12 | 5 | 17 | 46 | 66.7 | 13 | 3.83 | 4 |

| 序号 | 姓名 | 作者单位 | 前5年发文 | | | 前5年学科发文在2015年的被引 | | | | h指数(学科) |
|---|---|---|---|---|---|---|---|---|---|---|
| | | | 学科发文(篇) | 期刊分布(种) | 发文总量(篇) | 总频次 | 被引率(%) | 最高(次) | 篇均(次) | |
| 15 | 陈双 | 中山大学孙逸仙纪念医院 | 12 | 5 | 14 | 44 | 83.3 | 15 | 3.67 | 4 |
| 16 | 张文龙 | 唐山市第二医院 | 21 | 10 | 28 | 42 | 85.7 | 4 | 2.00 | 4 |
| 16 | 徐云钦 | 中国人民解放军第98医院 | 12 | 4 | 14 | 42 | 50.0 | 17 | 3.50 | 4 |
| 16 | 杨文增 | 河北大学附属医院 | 33 | 9 | 53 | 42 | 48.5 | 10 | 1.27 | 3 |
| 19 | 杨丰建 | 复旦大学附属华东医院 | 6 | 5 | 7 | 40 | 16.7 | 40 | 6.67 | 1 |
| 19 | 张连阳 | 第三军医大学大坪医院野战外科研究所 | 22 | 14 | 35 | 40 | 68.2 | 9 | 1.82 | 4 |
| 19 | 张世民 | 同济大学附属同济医院 | 9 | 6 | 12 | 40 | 66.7 | 18 | 4.44 | 4 |
| 19 | 董家鸿 | 中国人民解放军总医院肝胆外科医院 | 10 | 4 | 46 | 40 | 60.0 | 14 | 4.00 | 6 |
| 19 | 李国新 | 南方医科大学南方医院 | 6 | 4 | 36 | 40 | 100.0 | 15 | 6.67 | 5 |

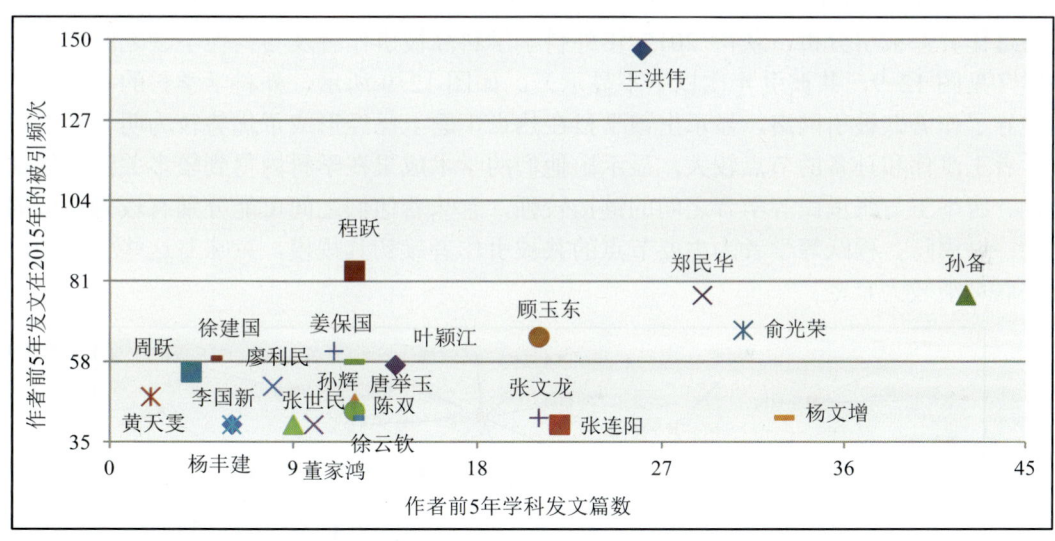

图 12-7  外科学学科高被引作者学科发文及被引对比

## 12.5.2 高被引作者科研合作关系

通过作者合著分析，获得2015年外科学学科高被引作者及与其他学者之间的科研论文合作关系（不考虑论文署名次序），如图12-8所示（合著15次以下不显示）。可以看出，外科学学科的高被引作者的论文合作现象比较普遍。学者孙备、杨文增和俞光荣的发文量较多；姜保国的论文合作网络最为突出，在该学科的研究人员中表现出一定的集聚效应；周跃和李长青、王洪伟，姜保国和张培训等学者之间的合作关系最为紧密，显示出他们可能分别属于同一支科研团队。

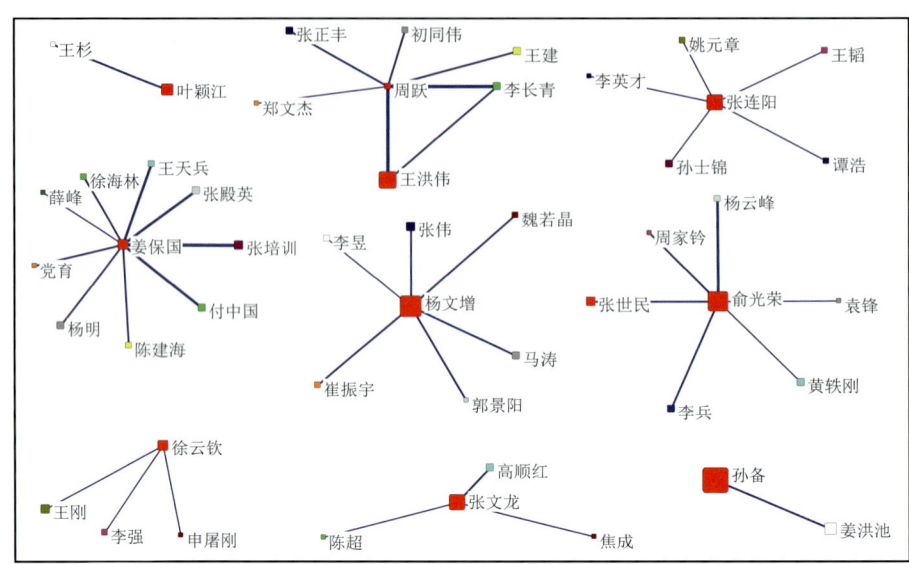

图 12-8　外科学学科高被引作者科研论文合作关系

### 12.5.3　高被引作者发文主题关联

通过作者共被引分析，获得 2015 年外科学学科高被引作者及与其他学者之间的发文主题关联（见图 12-9，共被引 4 次以下不显示）。如图 12-9 所示，外科学学科的高被引作者基本主导了作者共被引网络，显示出该学科在热点主题上已经形成了优势较为明显的科研力量。学者王洪伟和孙备的节点较大，显示出他们的学术成果在学科内得到较多关注；周跃与刘昊楠、唐举玉与张世民等学者之间的链接较强，意味着他们之间可能分别有较为相近的研究主题；以周跃、程跃等学者为主要节点的共被引作者簇初具规模，意味着这些学者的研究主题关联可能较为紧密。

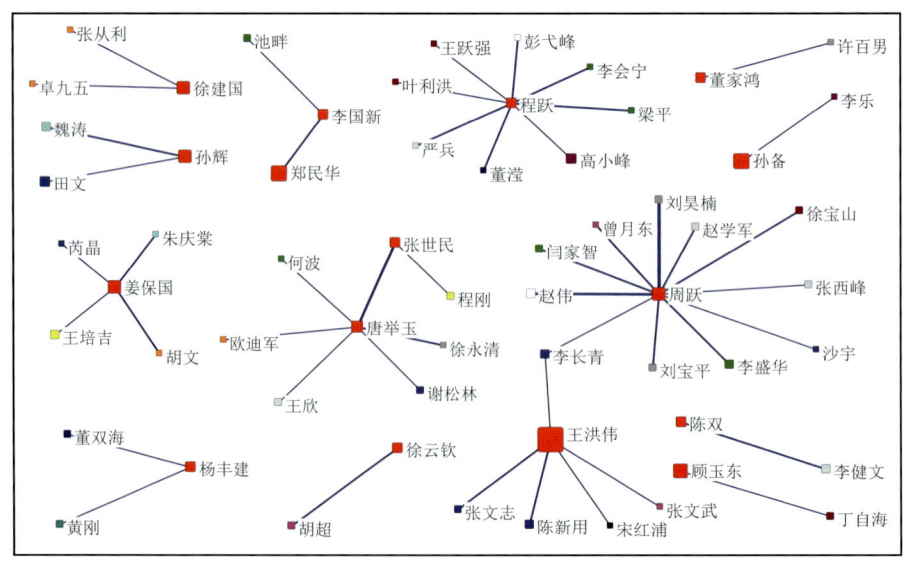

图 12-9　外科学学科高被引作者发文主题关联

## 12.6 高被引机构分析

### 12.6.1 高被引机构

为便于比较，本书将外科学学科的高被引机构分为医院和高等院校/科研院所两种类型。其中，被引频次 TOP 10 医院和被引频次 TOP 5 高等院校/科研院所的发文及被引情况分别见表 12-5 和表 12-6。其中，总被引频次较高的 3 所医院分别是中国人民解放军总医院、四川大学华西医院和上海交通大学附属第六人民医院，第三军医大学大坪医院野战外科研究所、南京中医药大学和天津医科大学是总被引频次较高的 3 所高等院校/科研院所；前 5 年学科发文在 2015 年的被引率最高的医院和高等院校/科研院所分别是北京大学第三医院和第三军医大学大坪医院野战外科研究所，篇均被引最高的医院和高等院校/科研院所分别是北京大学人民医院和第三军医大学大坪医院野战外科研究所。上述高被引机构的论文被引率和篇均被引频次对比如图 12-10 所示。

表 12-5 外科学学科高被引医院 TOP 10

| 序号 | 第一作者单位 | 学科发文量（篇） | | 前 5 年学科发文在 2015 年的被引 | | | |
|---|---|---|---|---|---|---|---|
| | | 前 5 年 | 2015 年 | 频次 | 被引率(%) | 最高(次) | 篇均(次) |
| 1 | 中国人民解放军总医院 | 1739 | 293 | 1407 | 37.6 | 16 | 0.81 |
| 2 | 四川大学华西医院 | 1619 | 272 | 1265 | 37.6 | 15 | 0.78 |
| 3 | 上海交通大学附属第六人民医院 | 982 | 138 | 1036 | 43.0 | 28 | 1.05 |
| 4 | 北京大学人民医院 | 623 | 86 | 888 | 45.7 | 38 | 1.43 |
| 5 | 南京军区南京总医院 | 935 | 152 | 868 | 40.3 | 30 | 0.93 |
| 6 | 北京协和医院 | 1022 | 163 | 855 | 37.4 | 24 | 0.84 |
| 7 | 北京大学第三医院 | 713 | 123 | 799 | 48.4 | 18 | 1.12 |
| 8 | 郑州大学第一附属医院 | 1209 | 208 | 787 | 33.6 | 17 | 0.65 |
| 9 | 北京积水潭医院 | 879 | 95 | 781 | 37.9 | 13 | 0.89 |
| 10 | 中山大学附属第一医院 | 925 | 115 | 773 | 36.6 | 48 | 0.84 |

表 12-6 外科学学科高被引高等院校/科研院所 TOP 5

| 序号 | 第一作者单位 | 学科发文量（篇） | | 前 5 年学科发文在 2015 年的被引 | | | |
|---|---|---|---|---|---|---|---|
| | | 前 5 年 | 2015 年 | 频次 | 被引率(%) | 最高（次） | 篇均（次） |
| 1 | 第三军医大学大坪医院野战外科研究所 | 512 | 73 | 455 | 40.4 | 11 | 0.89 |
| 2 | 南京中医药大学 | 467 | 68 | 336 | 39.0 | 16 | 0.72 |
| 3 | 天津医科大学 | 415 | 71 | 335 | 39.5 | 12 | 0.81 |
| 4 | 南方医科大学 | 311 | 60 | 268 | 37.0 | 19 | 0.86 |
| 5 | 浙江中医药大学 | 336 | 34 | 207 | 33.6 | 6 | 0.62 |

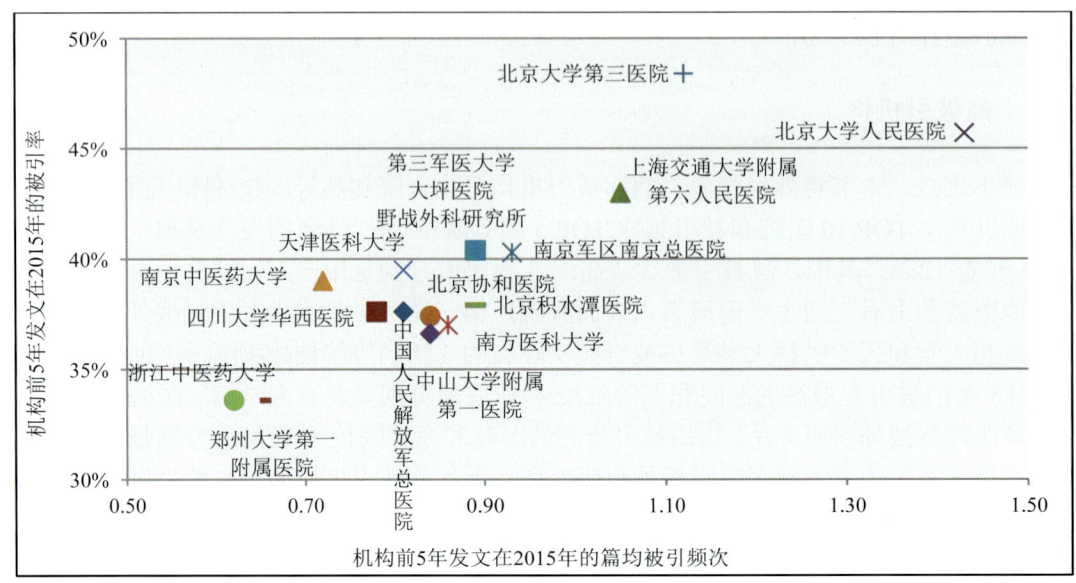

图 12-10　外科学学科高被引机构论文篇均被引及被引率对比

### 12.6.2　高被引机构科研合作关系

通过合著分析，获得外科学学科高被引机构之间及其与其他机构之间的科研合作关联，如图 12-11 所示（合作 89 次以下不显示）。分析得知，外科学学科的机构合作链接比较紧密，表明学科内机构合作现象比较普遍；高被引机构基本主导了机构合作网络，显示出这些机构已经在学科内具有了一定的科研优势；四川大学华西医院和北京积水潭医院、北京大学人民医院等机构之间的链接较强，表明它们的学术合作较为频繁。

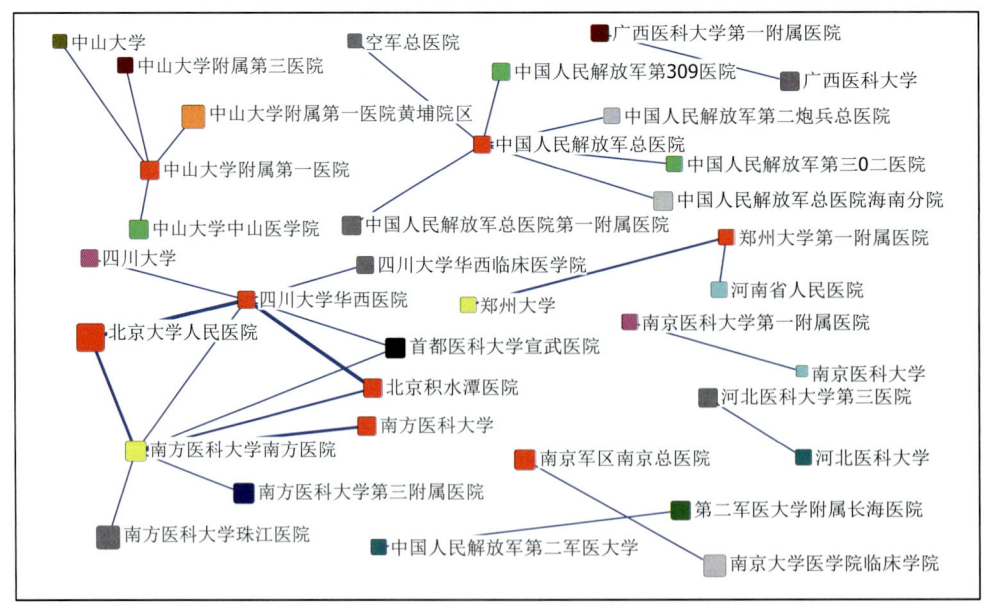

图 12-11　外科学学科高被引机构科研合作关联

## 12.7 高被引图书、国外期刊及学术会议

2015 年,外科学学科被引频次位居前 10 位的图书及国外期刊见表 12-7 和表 12-8。其中,被引次数较多的 3 种图书分别是胥少汀的《实用骨科学》、吴在德的《外科学》和庄心良的《现代麻醉学》;被引次数较多的 3 种国外期刊分别是《Spine》《Journal of Bone and Joint Surgery, American volume》和《Clinical Orthopaedics and Related Research》;被引次数较多的 3 场学术会议分别是 "Proceedings of the 6th World Congress of Endoscopic Surgery" "The 20th international liver transplantation society annual meeting" 和 "Transplantation proceedings"。

表 12-7 外科学学科高被引图书 TOP 10

| 序号 | 责任者 | 图书名称 | 出版社 | 2015 年被引频次 |
|---|---|---|---|---|
| 1 | 胥少汀 | 实用骨科学 | 人民军医出版社 | 454 |
| 2 | 吴在德 | 外科学 | 人民卫生出版社 | 431 |
| 3 | 庄心良 | 现代麻醉学 | 人民卫生出版社 | 338 |
| 4 | 王亦璁 | 骨与关节损伤 | 人民卫生出版社 | 333 |
| 5 | 陈孝平 | 外科学 | 人民卫生出版社 | 240 |
| 6 | 国家中医药管理局 | 中医病证诊断疗效标准 | 南京大学出版社 | 238 |
| 7 | 那彦群 | 中国泌尿外科疾病诊断治疗指南 | 人民卫生出版社 | 195 |
| 8 | 王海燕 | 肾脏病学 | 人民卫生出版社 | 165 |
| 9 | 吴阶平 | 吴阶平泌尿外科学 | 山东科学技术出版社 | 149 |
| 10 | 王忠诚 | 神经外科学 | 湖北科学技术出版社 | 147 |

表 12-8 外科学学科高被引国外期刊 TOP 10

| 序号 | 期刊名称 | 2015 年被引频次 |
|---|---|---|
| 1 | Spine | 7429 |
| 2 | Journal of Bone and Joint Surgery, American volume | 5531 |
| 3 | Clinical Orthopaedics and Related Research | 3959 |
| 4 | Journal of Urology | 2987 |
| 5 | New England Journal of Medicine | 2722 |
| 6 | Injury | 2709 |
| 7 | Journal of Bone and Joint Surgery, British volume | 2579 |
| 8 | European Spine Journal | 2412 |
| 9 | Anesthesia & Analgesia | 2323 |
| 10 | Journal of Orthopaedic Trauma | 2194 |

# 第 13 章  妇产科学、儿科学学科高被引分析

## 13.1  学科论文概况

2010—2014 年，妇产科学、儿科学学科共有 177735 位来自 34079 所机构的论文第一作者在 1475 种期刊上发表了 206428 篇学术论文。其中，80%以上的论文产出自 6301 所机构、127254 位作者，发表在 178 种期刊上。在前 5 年发表的这些论文中，有 71560 篇在 2015 年获得过引用，整体被引率为 34.7%，总被引频次为 148741 次，篇均被引 0.72 次；其中，高被引论文有 808 篇，单篇论文最高被引频次为 142 次，累计被引 12026 次，篇均被引 14.88 次（表 13-1）。另外，2015 年妇产科学、儿科学学科共发表论文 48749 篇，其中有 4020 篇在当年获得过引用，总共被引 5184 次。

表 13-1  妇产科学、儿科学学科论文分布情况

| 年份 | 论文篇数 | 2015 年被引频次 | 2015 年被引率（%） | 2015 年高被引论文 ||||
|---|---|---|---|---|---|---|---|
| | | | | 论文篇数 | 最高被引频次 | 总被引频次 | 篇均被引频次 |
| 2010 | 41709 | 22968 | 28.8 | 125 | 102 | 1906 | 15.25 |
| 2011 | 39222 | 29767 | 35.9 | 146 | 120 | 2287 | 15.66 |
| 2012 | 39344 | 34195 | 38.2 | 163 | 141 | 3284 | 20.15 |
| 2013 | 42396 | 35818 | 39.5 | 191 | 142 | 2589 | 13.55 |
| 2014 | 43757 | 25993 | 31.4 | 183 | 127 | 1960 | 10.71 |
| 合计 | 206428 | 148741 | 34.7 | 808 | 142 | 12026 | 14.88 |

从妇产科学、儿科学学科论文的地域分布来看，2015 年被引频次较高的 5 个省、直辖市或自治区依次是广东、江苏、北京、河南和浙江（图 13-1）；5 年论文产出量较多的 5 个省、直辖市或自治区依次是广东、河南、江苏、山东和浙江（图 13-2）。

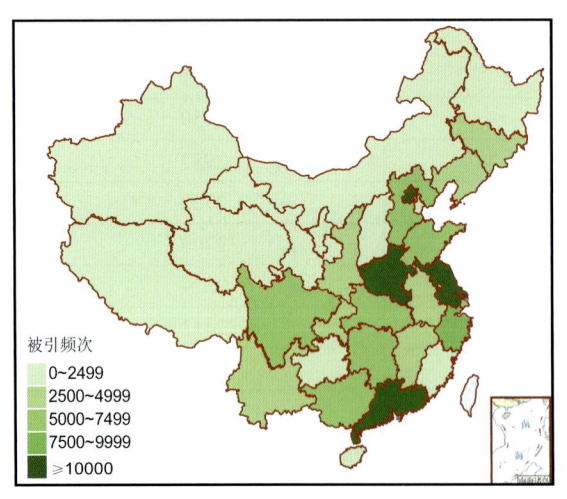 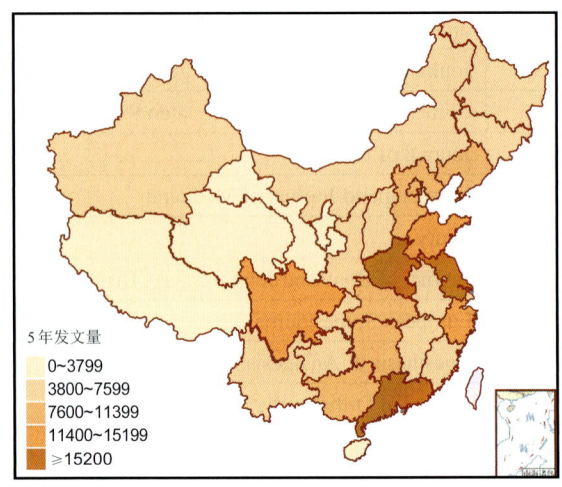

图 13-1  2015 年妇产科学、儿科学学科地区被引分布    图 13-2  妇产科学、儿科学学科 5 年论文产出地区分布

## 13.2 高被引论文分析

在妇产科学、儿科学学科，2015 年被引频次位居前 10 位的论文（表 13-2）平均被引频次为 44.5 次，是全部 808 篇高被引论文篇均被引频次的 3.0 倍。其中，被引频次最高的论文是汪新妮于 2012 年发表的《预防性宫体注射卡前列素氨丁三醇在产后出血高危因素孕妇剖宫产术中的效果》，随后 2 篇分别是张方芳于 2014 年发表的《产后出血原因及相关危险因素 135 例临床分析》和罗方媛于 2012 年发表的《难治性产后出血的五种止血手术疗效的比较及止血失败原因分析》。

从论文分布来看，刊载高被引论文数量居前的 3 种期刊分别是《中国妇幼保健》（76 篇）、《实用妇产科杂志》（69 篇）、《中华妇产科杂志》（37 篇），而《广东医学》《实用妇产科杂志》和《中华妇产科杂志》分别刊载了高被引论文 TOP 10 中的 2 篇；发表高被引论文居前的 3 位学者分别是浙江大学医学院附属儿童医院的陈志敏（3 篇）、四川大学华西第二医院的刘兴会（3 篇）和中山大学附属第一医院的陈玉清（3 篇）；产出高被引论文数量居前的 3 所机构分别是北京大学第一医院（21 篇）、四川大学华西第二医院（16 篇）和北京协和医院（16 篇），而青海红十字医院产出了高被引论文 TOP 10 中的 2 篇。

表 13-2 妇产科学、儿科学学科高被引论文 TOP 10

| 序号 | 论文题名 | 第一作者 | 期刊名称 | 发表年份 | 被引频次 | |
|---|---|---|---|---|---|---|
| | | | | | 总频次 | 2015 年 |
| 1 | 预防性宫体注射卡前列素氨丁三醇在产后出血高危因素孕妇剖宫产术中的效果 | 汪新妮 | 广东医学 | 2012 | 90 | 54 |
| 2 | 产后出血原因及相关危险因素 135 例临床分析 | 张方芳 | 实用妇产科杂志 | 2014 | 63 | 53 |
| 3 | 难治性产后出血的五种止血手术疗效的比较及止血失败原因分析 | 罗方媛 | 中华妇产科杂志 | 2012 | 87 | 51 |
| 4 | 妊娠晚期孕妇 B 族链球菌带菌状况的检测及带菌对妊娠结局的影响 | 时春艳 | 中华妇产科杂志 | 2010 | 79 | 46 |
| 5 | 中国人工流产的现状与对策建议 | 吴尚纯 | 中国医学科学院学报 | 2010 | 122 | 43 |
| 5 | 无保护会阴接生法降低初产妇会阴侧切率的效果观察 | 马明华 | 青海医药杂志 | 2012 | 68 | 43 |
| 7 | 盆底肌肉训练对女性盆底功能障碍性疾病的康复效果 | 陈燕辉 | 广东医学 | 2012 | 73 | 41 |
| 8 | 子宫压迫缝合术在产后出血治疗中的临床应用研究 | 刘艳 | 实用妇产科杂志 | 2012 | 56 | 39 |
| 9 | 儿童难治性肺炎支原体肺炎的诊治现状和进展 | 曹兰芳 | 临床儿科杂志 | 2010 | 150 | 38 |
| 10 | 盐酸左氧氟沙星在盆腔炎治疗中的临床疗效及安全性评估 | 黄华民 | 中国妇幼保健 | 2012 | 71 | 37 |

## 13.3 研究主题关联分析

在妇产科学、儿科学学科,高被引论文累计被 2015 年发表的 10204 篇论文引用了 12026 次。通过分析施引文献关键词的词频及关键词之间的共现关系,获得 2015 年妇产科学、儿科学学科的热点主题和主题关联,如图 13-3 所示(共现 31 次以下不显示)。由图 13-3 可知:"产后出血""剖宫产""腹腔镜"等关键词的文档词频较高,是 2015 年学科的研究热点;以"剖宫产""产后出血"等关键词为主要节点的多个概念相互关联,构成了学科内最为突出的研究主题簇。

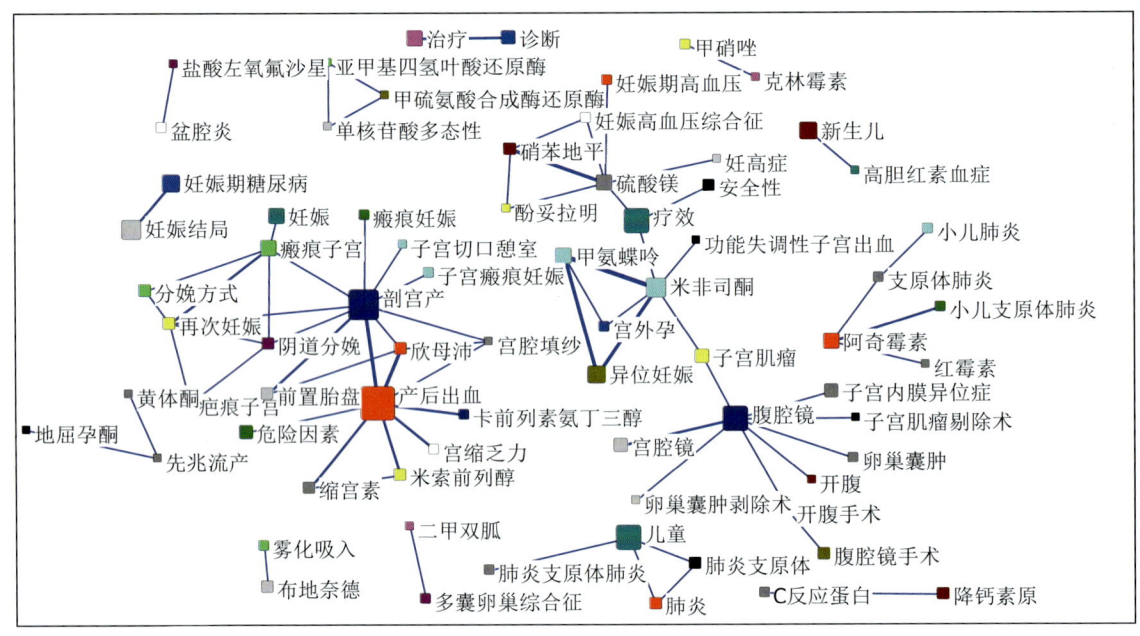

图 13-3 妇产科学、儿科学学科 2015 年热点主题关联

## 13.4 学科高影响力期刊分析

### 13.4.1 学科高影响力期刊 TOP 10

在妇产科学、儿科学学科,学科 5 年影响因子位居前 10 位的期刊见表 13-3,排在前 3 位的期刊分别是《中华妇产科杂志》《实用妇产科杂志》和《中山大学学报(医学科学版)》。在表 13-3 中,学科载文量占其总载文量比例最大的期刊是《中华实用儿科临床杂志》;前 5 年学科载文在 2015 年被引率最高的期刊是《中山大学学报(医学科学版)》;期刊 5 年影响因子较高的前 3 种期刊分别是《中华妇产科杂志》《实用妇产科杂志》和《中华儿科杂志》;学科 5 年影响因子与期刊 5 年影响因子差异最大的期刊是《中山大学学报(医学科学版)》。表 13-3 中期刊的学科 5 年影响因子和前 5 年学科载文的 2015 年被引率对比如图 13-4 所示,2010—2015 年期刊 5 年影响因子的变动情况如图 13-5 所示。

表 13-3　妇产科学、儿科学学科高影响力期刊基本指数

| 序号 | 期刊名称 | 前5年载文量 | | | 2015年学科被引 | | | 5年影响因子 | | h指数（学科） |
|---|---|---|---|---|---|---|---|---|---|---|
| | | 学科（篇） | 占比（%） | 总量（篇） | 频次 | 被引率（%） | 高被引论文篇数 | 期刊（2015） | 学科（2015） | |
| 1 | 中华妇产科杂志 | 751 | 50.6 | 1485 | 1609 | 50.2 | 37 | 1.960 | 2.142 | 19 |
| 2 | 实用妇产科杂志 | 1522 | 69.7 | 2184 | 3191 | 50.5 | 69 | 1.804 | 2.097 | 19 |
| 3 | 中山大学学报（医学科学版） | 137 | 13.8 | 993 | 271 | 55.5 | 8 | 1.103 | 1.978 | 11 |
| 4 | 中华儿科杂志 | 870 | 66.6 | 1307 | 1532 | 47.6 | 25 | 1.790 | 1.761 | 18 |
| 5 | 临床儿科杂志 | 1215 | 63.9 | 1902 | 1957 | 53.0 | 22 | 1.241 | 1.611 | 12 |
| 6 | 中国实用妇科与产科杂志 | 1497 | 81.4 | 1839 | 2250 | 50.2 | 34 | 1.336 | 1.503 | 14 |
| 7 | 中华妇幼临床医学杂志（电子版） | 584 | 49.4 | 1183 | 761 | 48.3 | 6 | 1.108 | 1.303 | 9 |
| 8 | 中华实用儿科临床杂志 | 3073 | 82.3 | 3732 | 3877 | 49.7 | 7 | 1.137 | 1.262 | 15 |
| 9 | 中国妇幼保健 | 8333 | 55.6 | 14996 | 10230 | 47.9 | 76 | 1.042 | 1.228 | 16 |
| 10 | 中国新生儿科杂志 | 696 | 81.6 | 853 | 844 | 45.7 | 4 | 1.165 | 1.213 | 8 |

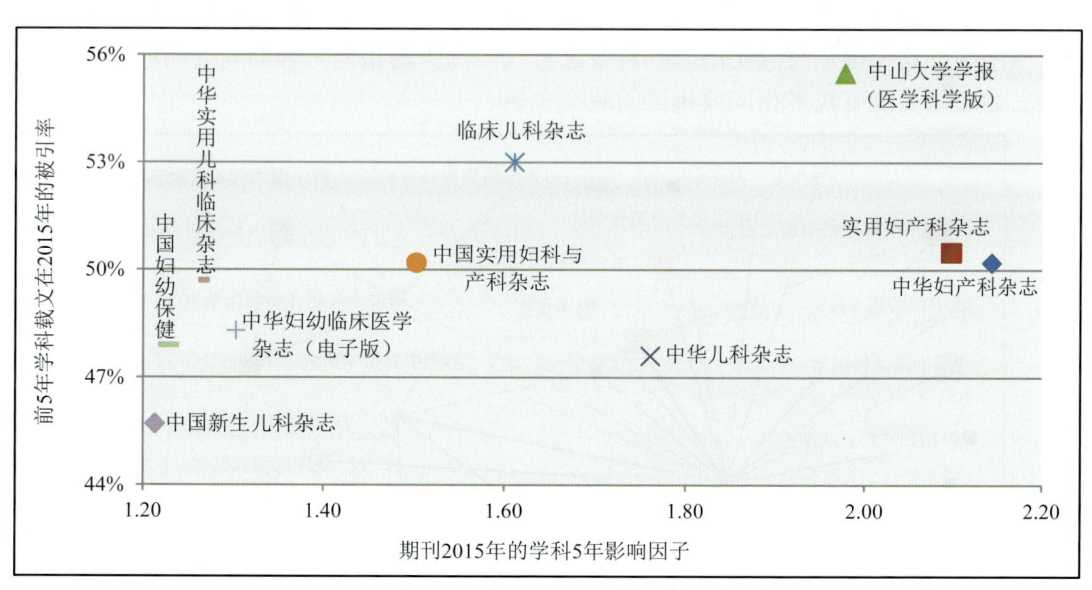

图 13-4　妇产科学、儿科学学科高影响力期刊对比

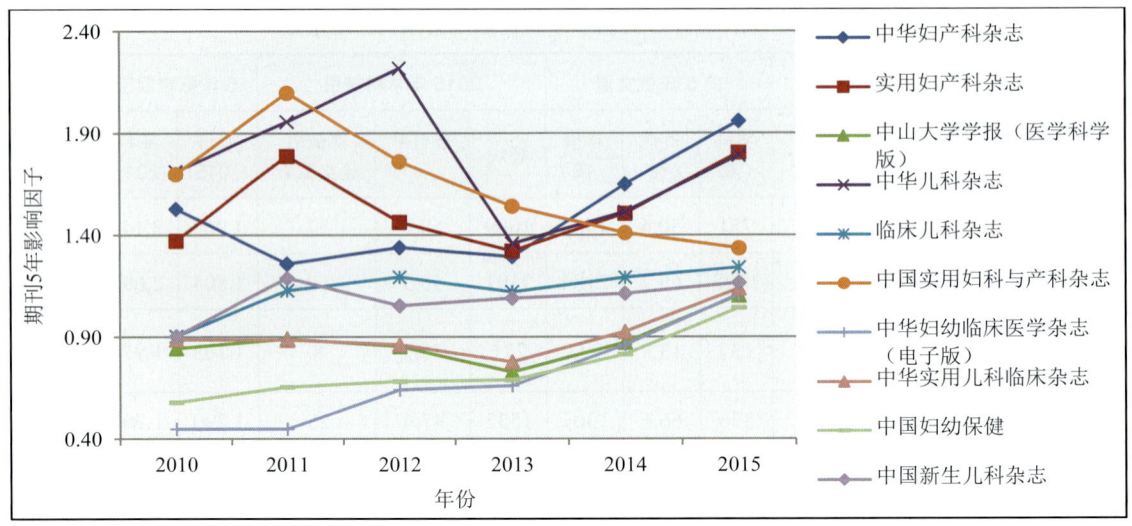

图 13-5　妇产科学、儿科学学科期刊 5 年影响因子变动

### 13.4.2　学科高影响力期刊载文主题关联

通过期刊共被引分析，获得妇产科学、儿科学学科高影响力期刊及与其他期刊之间的载文主题关联，如图 13-6 所示（共被引 153 次以下不显示）。结果显示，妇产科学、儿科学学科的高影响力期刊相互链接较为紧密，基本主导了该学科的期刊共被引网络，显示出该学科高影响力期刊可能共同刊载了许多相近的研究主题，热点研究主题分散在多种期刊上。《实用妇产科杂志》和《中华妇产科杂志》5 年影响因子较高，显示出该刊在学科内学术影响力较大；《中国妇幼保健》与《实用妇产科杂志》《中国医药指南》等期刊之间的链接较强，意味着它们之间可能有较多相同或相近的载文主题。

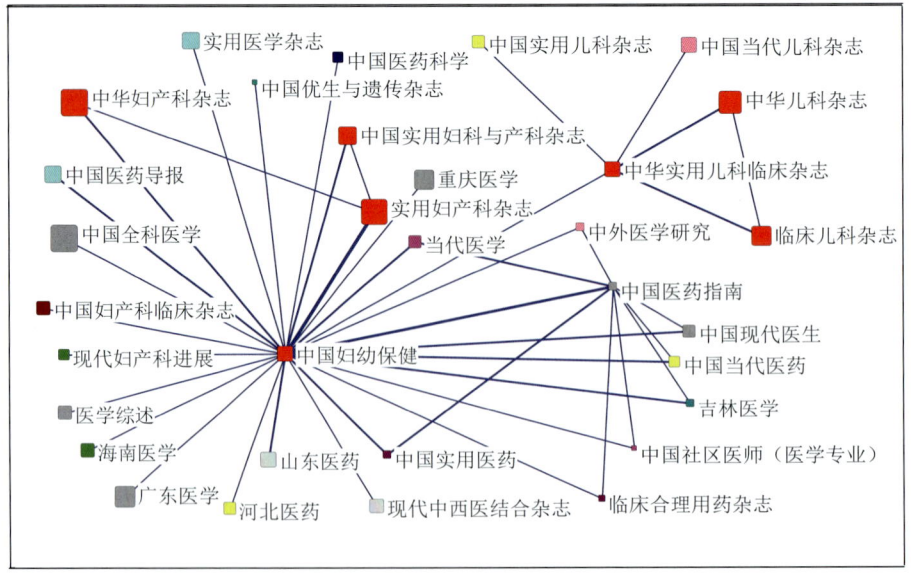

图 13-6　妇产科学、儿科学学科高影响力期刊载文主题关联

## 13.5 高被引作者分析

### 13.5.1 高被引作者 TOP 20

2010—2014 年，在 177735 位妇产科学、儿科学学科论文的第一作者中，在 2015 年学科被引频次位居前 20 位的学者的发文及被引情况见表 13-4。其中，学科发文总被引频次较高的 3 位作者分别是北京大学第一医院的杨慧霞（96 次）、四川大学华西第二医院的刘兴会（80 次）和北京大学第一医院的廖秦平（73 次）。高被引作者的 5 年学科发文数量从 1 篇到 29 篇不等，同时，作者学科发文的期刊分布也在 1 种到 12 种之间变化。在发文超过 5 篇的所有作者中，篇均被引较高的 3 位作者分别是梧州市人民医院的许全珍（篇均 9.40 次）、北京大学第一医院的时春艳（篇均 9.29 次）和北京大学第一医院的廖秦平（篇均 8.11 次）；前 5 年发表学科论文较多的 4 位作者分别是中国医科大学附属第一医院的施萍（32 篇）、北京协和医院的朱兰（30 篇）、北京大学第一医院的杨慧霞（29 篇）和南方医科大学南方医院的陈春林（29 篇）。高被引作者的学科发文量和被引量对比如图 13-7 所示。

表 13-4 妇产科学、儿科学学科高被引作者 TOP 20

| 序号 | 姓名 | 作者单位 | 前 5 年发文 | | 前 5 年学科发文在 2015 年的被引 | | | | h 指数（学科） |
|---|---|---|---|---|---|---|---|---|---|
| | | | 学科发文（篇） | 期刊分布（种） | 发文总量（篇） | 总频次 | 被引率（%） | 最高（次） | 篇均（次） | |
| 1 | 杨慧霞 | 北京大学第一医院 | 29 | 12 | 51 | 96 | 65.5 | 17 | 3.31 | 7 |
| 2 | 刘兴会 | 四川大学华西第二医院 | 16 | 6 | 20 | 80 | 62.5 | 27 | 5.00 | 4 |
| 3 | 廖秦平 | 北京大学第一医院 | 9 | 5 | 9 | 73 | 100.0 | 25 | 8.11 | 5 |
| 4 | 洪建国 | 上海交通大学附属第一人民医院 | 15 | 4 | 21 | 65 | 66.7 | 30 | 4.33 | 5 |
| 4 | 时春艳 | 北京大学第一医院 | 7 | 5 | 9 | 65 | 71.4 | 46 | 9.29 | 3 |
| 6 | 陈志敏 | 浙江大学医学院附属儿童医院 | 9 | 4 | 12 | 57 | 77.8 | 18 | 6.33 | 4 |
| 7 | 张方芳 | 攀枝花市妇幼保健院 | 3 | 3 | 4 | 55 | 100.0 | 53 | 18.33 | 2 |
| 8 | 汪新妮 | 汕尾市人民医院 | 1 | 1 | 3 | 54 | 100.0 | 54 | 54.00 | 3 |
| 9 | 罗方媛 | 四川大学华西第二医院 | 4 | 3 | 4 | 53 | 75.0 | 51 | 13.25 | 1 |
| 10 | 肖兵 | 四川省妇幼保健院 | 15 | 3 | 16 | 51 | 73.3 | 27 | 3.40 | 4 |
| 11 | 陈玉清 | 中山大学附属第一医院 | 10 | 5 | 34 | 50 | 90.0 | 12 | 5.00 | 6 |
| 11 | 陈春林 | 南方医科大学南方医院 | 29 | 5 | 43 | 50 | 58.6 | 14 | 1.72 | 4 |
| 13 | 许全珍 | 梧州市人民医院 | 5 | 5 | 7 | 47 | 80.0 | 32 | 9.40 | 2 |

| 序号 | 姓名 | 作者单位 | 前5年发文 | | | 前5年学科发文在2015年的被引 | | | | h指数(学科) |
|---|---|---|---|---|---|---|---|---|---|---|
| | | | 学科发文(篇) | 期刊分布(种) | 发文总量(篇) | 总频次 | 被引率(%) | 最高(次) | 篇均(次) | |
| 14 | 黄华民 | 青海红十字医院 | 4 | 4 | 5 | 44 | 100.0 | 37 | 11.00 | 2 |
| 14 | 吴尚纯 | 国家人口计生委科学技术研究所 | 2 | 2 | 4 | 44 | 100.0 | 43 | 22.00 | 2 |
| 16 | 李力 | 第三军医大学大坪医院野战外科研究所 | 15 | 5 | 22 | 43 | 46.7 | 25 | 2.87 | 3 |
| 16 | 马明华 | 青海红十字医院 | 2 | 1 | 4 | 43 | 50.0 | 43 | 21.50 | 1 |
| 18 | 高霞 | 湖北医药学院附属人民医院 | 16 | 5 | 25 | 42 | 62.5 | 11 | 2.63 | 4 |
| 19 | 韩悦 | 贵阳市第二人民医院 | 4 | 4 | 4 | 41 | 50.0 | 31 | 10.25 | 2 |
| 19 | 方鹤松 | 首都儿科研究所 | 3 | 1 | 4 | 41 | 100.0 | 26 | 13.67 | 3 |
| 19 | 陈燕辉 | 暨南大学医学院第四附属医院/广东省广州市红十字会医院 | 1 | 1 | 1 | 41 | 100.0 | 41 | 41.00 | 1 |

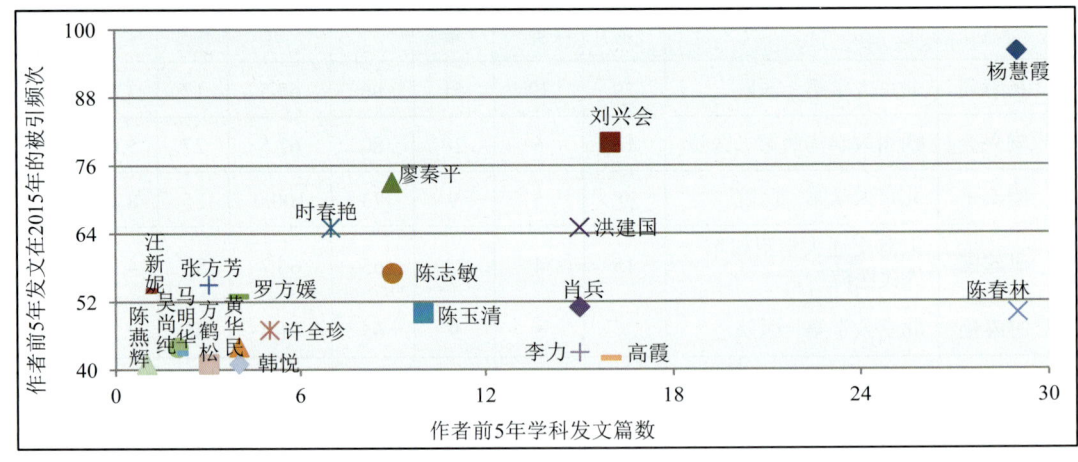

图13-7 妇产科学、儿科学学科高被引作者学科发文及被引对比

### 13.5.2 高被引作者科研合作关系

通过作者合著分析,获得2015年妇产科学、儿科学学科高被引作者及与其他学者之间的科研论文合作关系(不考虑论文署名次序),如图13-8所示(合著4次以下不显示)。可以看出,妇产科学、儿科学学科的高被引作者的论文合作现象比较普遍。学者陈春林和杨慧霞的发文量较多;陈春林的论文合作网络最为突出,在该学科的研究人员中表现出一定的集聚效应;陈春林和刘萍、欧阳振波,高霞和张毅等学者之间的合作关系最为紧密,显示出他们可能分别属于同一支科研团队。

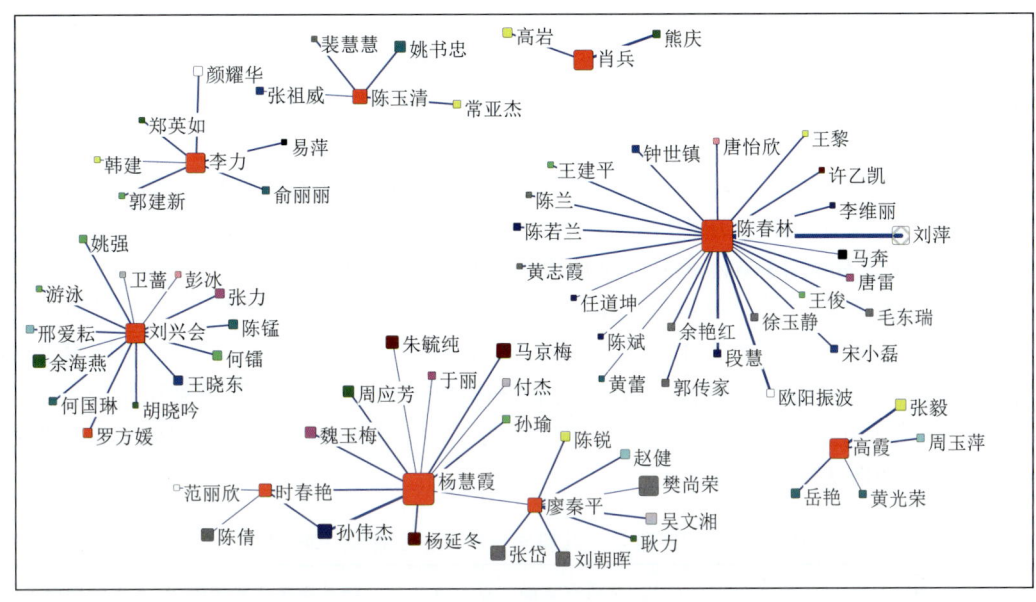

图 13-8　妇产科学、儿科学学科高被引作者科研论文合作关系

### 13.5.3　高被引作者发文主题关联

通过作者共被引分析，获得 2015 年妇产科学、儿科学学科高被引作者及与其他学者之间的发文主题关联（见图 13-9，共被引 4 次以下不显示）。如图 13-9 所示，妇产科学、儿科学学科的高被引作者基本主导了作者共被引网络，显示出该学科在热点主题上已经形成了优势较为明显的科研力量。学者杨慧霞和刘兴会的节点较大，显示出他们的学术成果在学科内得到较多关注；马明华与刘佩蓉、陈志敏与刘金荣等学者之间的链接较强，意味着他们之间可能分别有较为相近的研究主题；以时春艳、黄华民等学者为主要节点的共被引作者簇初具规模。

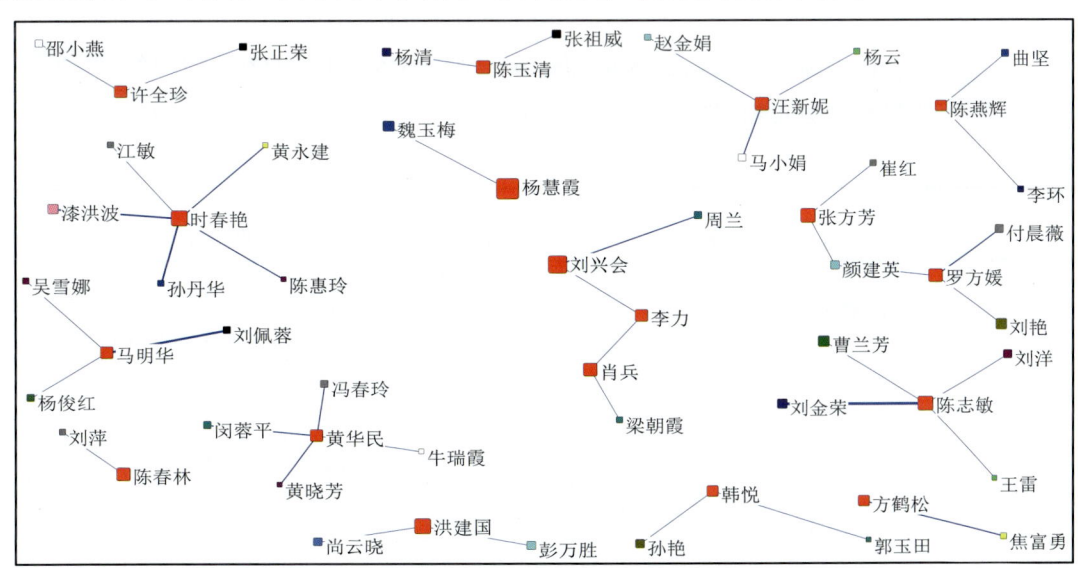

图 13-9　妇产科学、儿科学学科高被引作者发文主题关联

## 13.6 高被引机构分析

### 13.6.1 高被引机构

为便于比较，本书将妇产科学、儿科学学科的高被引机构分为医院和高等院校/科研院所两种类型。其中，被引频次 TOP 10 医院和被引频次 TOP 5 高等院校/科研院所的发文及被引情况分别见表 13-5 和表 13-6。其中，总被引频次较高的 3 所医院分别是中国医科大学附属盛京医院、北京大学第一医院和四川大学华西第二医院，首都儿科研究所、南京中医药大学和北京大学是总被引频次较高的 3 所高等院校/科研院所；前 5 年学科发文在 2015 年的被引率最高的医院和高等院校/科研院所分别是北京协和医院和北京大学，篇均被引最高的医院和高等院校/科研院所分别是北京大学第一医院和北京大学。上述高被引机构的论文被引率和篇均被引频次对比如图 13-10 所示。

表 13-5 妇产科学、儿科学学科高被引医院 TOP 10

| 序号 | 第一作者单位 | 学科发文量（篇） | | 前 5 年学科发文在 2015 年的被引 | | | |
|---|---|---|---|---|---|---|---|
| | | 前 5 年 | 2015 年 | 频次 | 被引率(%) | 最高（次） | 篇均（次） |
| 1 | 中国医科大学附属盛京医院 | 1146 | 189 | 1079 | 39.0 | 25 | 0.94 |
| 2 | 北京大学第一医院 | 764 | 113 | 1060 | 42.7 | 46 | 1.39 |
| 3 | 四川大学华西第二医院 | 802 | 134 | 993 | 41.9 | 51 | 1.24 |
| 4 | 北京协和医院 | 671 | 98 | 921 | 46.8 | 20 | 1.37 |
| 5 | 重庆医科大学附属儿童医院 | 931 | 155 | 821 | 37.9 | 17 | 0.88 |
| 6 | 首都医科大学附属北京妇产医院 | 546 | 92 | 652 | 43.6 | 30 | 1.19 |
| 7 | 中山大学附属第一医院 | 473 | 90 | 547 | 40.6 | 21 | 1.16 |
| 8 | 复旦大学附属儿科医院 | 529 | 95 | 546 | 44.6 | 17 | 1.03 |
| 9 | 首都医科大学附属北京儿童医院 | 669 | 119 | 470 | 34.2 | 12 | 0.70 |
| 10 | 复旦大学附属妇产科医院 | 362 | 51 | 462 | 43.6 | 23 | 1.28 |

表 13-6 妇产科学、儿科学学科高被引高等院校/科研院所 TOP 5

| 序号 | 第一作者单位 | 学科发文量（篇） | | 前 5 年学科发文在 2015 年的被引 | | | |
|---|---|---|---|---|---|---|---|
| | | 前 5 年 | 2015 年 | 频次 | 被引率(%) | 最高（次） | 篇均（次） |
| 1 | 首都儿科研究所 | 184 | 23 | 255 | 50.0 | 30 | 1.39 |
| 2 | 南京中医药大学 | 272 | 48 | 213 | 46.0 | 8 | 0.78 |
| 3 | 北京大学 | 98 | 17 | 164 | 51.0 | 14 | 1.67 |
| 4 | 第三军医大学大坪医院野战外科研究所 | 92 | 16 | 138 | 45.7 | 25 | 1.50 |
| 5 | 天津医科大学 | 130 | 27 | 122 | 41.5 | 7 | 0.94 |

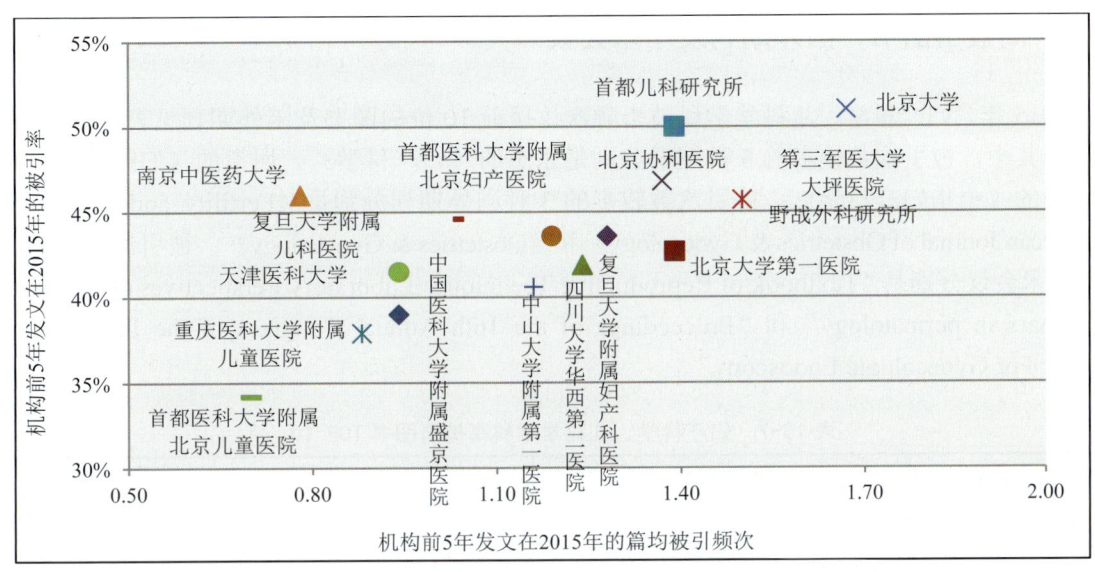

图 13-10　妇产科学、儿科学学科高被引机构论文篇均被引及被引率对比

### 13.6.2　高被引机构科研合作关系

通过合著分析，获得妇产科学、儿科学学科高被引机构之间及其与其他机构之间的科研合作关联，如图 13-11 所示（共被引 35 次以下不显示）。分析得知，妇产科学、儿科学学科的机构合作链接比较紧密，表明学科内机构合作现象较为普遍；高被引机构基本主导了机构合作网络，显示出这些机构已经在学科内具有了一定的科研优势；中国医科大学和中国医科大学附属盛京医院、复旦大学附属儿科医院和复旦大学附属妇产科医院等机构之间的链接较强，表明它们的学术合作较为频繁。

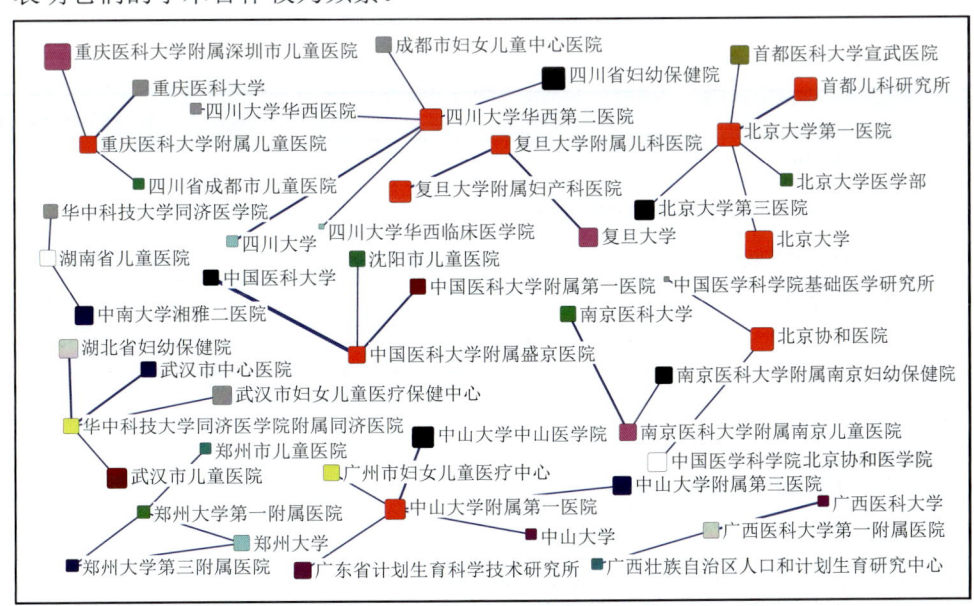

图 13-11　妇产科学、儿科学学科高被引机构科研合作关联

## 13.7 高被引图书、国外期刊及学术会议

2015年，妇产科学、儿科学学科被引频次位居前10位的图书及国外期刊见表13-7和表13-8。其中，被引次数较多的3种图书分别是乐杰的《妇产科学》、谢幸的《妇产科学》和曹泽毅的《中华妇产科学》；被引次数较多的3种国外期刊分别是《Fertility and Sterility》《American Journal of Obstetrics & Gynecology》和《Obstetrics & Gynecology》；被引次数较多的3场学术会议分别是"Textbook of Reproductive Techniques:Laboratory Perspectives 4th edition""Seminars in perinatology"和"Proceedings of the 16th Annual Congress of the International Society For Gynecologic Endoscopy"。

表13-7 妇产科学、儿科学学科高被引图书 TOP 10

| 序号 | 责任者 | 图书名称 | 出版社 | 2015年被引频次 |
|---|---|---|---|---|
| 1 | 乐杰 | 妇产科学 | 人民卫生出版社 | 1792 |
| 2 | 谢幸 | 妇产科学 | 人民卫生出版社 | 1280 |
| 3 | 曹泽毅 | 中华妇产科学 | 人民卫生出版社 | 556 |
| 4 | 胡亚美 | 诸福棠实用儿科学 | 人民卫生出版社 | 527 |
| 5 | 邵肖梅 | 实用新生儿学 | 人民卫生出版社 | 424 |
| 6 | 丰有吉 | 妇产科学 | 人民卫生出版社 | 404 |
| 7 | 金汉珍 | 实用新生儿学 | 人民卫生出版社 | 231 |
| 8 | 胡亚美 | 实用儿科学 | 人民卫生出版社 | 217 |
| 9 | 沈晓明 | 儿科学 | 人民卫生出版社 | 209 |
| 10 | 王卫平 | 儿科学 | 人民卫生出版社 | 177 |

表13-8 妇产科学、儿科学学科高被引国外期刊 TOP 10

| 序号 | 期刊名称 | 2015年被引频次 |
|---|---|---|
| 1 | Fertility and Sterility | 3847 |
| 2 | American Journal of Obstetrics & Gynecology | 2674 |
| 3 | Obstetrics & Gynecology | 2536 |
| 4 | Human Reproduction | 2424 |
| 5 | Pediatrics | 1854 |
| 6 | PLoS One | 1608 |
| 7 | New England Journal of Medicine | 1552 |
| 8 | Ultrasound in Obstetrics & Gynecology | 1506 |
| 9 | The Lancet | 1408 |
| 10 | European Journal of Obstetrics & Gynecology and Reproductive Biology | 1217 |

# 第 14 章 肿瘤学学科高被引分析

## 14.1 学科论文概况

2010—2014 年,肿瘤学学科共有 199078 位来自 23668 所机构的论文第一作者在 1711 种期刊上发表了 226277 篇学术论文。其中,80%以上的论文产出自 2529 所机构、144621 位作者,发表在 299 种期刊上。在前 5 年发表的这些论文中,有 74059 篇在 2015 年获得过引用,整体被引率为 32.7%,总被引频次为 135670 次,篇均被引 0.6 次;其中,高被引论文有 913 篇,单篇论文最高被引频次为 148 次,累计被引 11149 次,篇均被引 12.21 次(表 14-1)。另外,2015 年肿瘤学学科共发表论文 48715 篇,其中有 3412 篇在当年获得过引用,总共被引 4282 次。

表 14-1 肿瘤学学科论文分布情况

| 年份 | 论文篇数 | 2015 年被引频次 | 2015 年被引率(%) | 2015 年高被引论文 | | | |
|---|---|---|---|---|---|---|---|
| | | | | 论文篇数 | 最高被引频次 | 总被引频次 | 篇均被引频次 |
| 2010 | 47075 | 21923 | 27.1 | 137 | 103 | 1625 | 11.86 |
| 2011 | 46099 | 27092 | 32.1 | 191 | 134 | 2383 | 12.48 |
| 2012 | 44867 | 30596 | 35.5 | 180 | 134 | 2670 | 14.83 |
| 2013 | 44316 | 33715 | 39.3 | 239 | 148 | 2782 | 11.64 |
| 2014 | 43920 | 22344 | 29.9 | 166 | 98 | 1689 | 10.17 |
| 合计 | 226277 | 135670 | 32.7 | 913 | 148 | 11149 | 12.21 |

从肿瘤学学科论文的地域分布来看,2015 年被引频次较高的 5 个省、直辖市或自治区依次是广东、北京、江苏、上海和河南(图 14-1);5 年论文产出量较多的 5 个省、直辖市或自治区依次是江苏、广东、河南、北京和山东(图 14-2)。

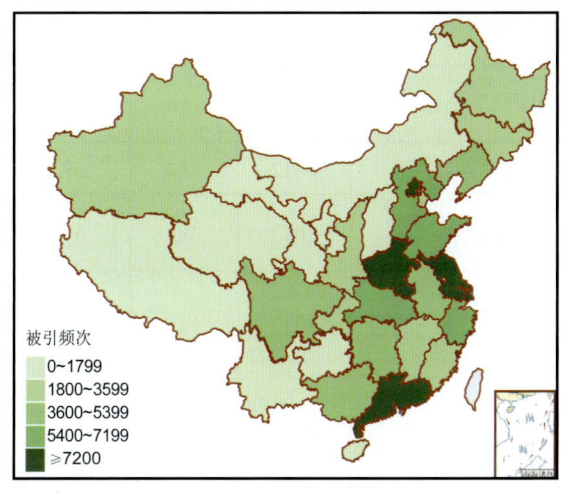

图 14-1 2015 年肿瘤学学科地区被引分布

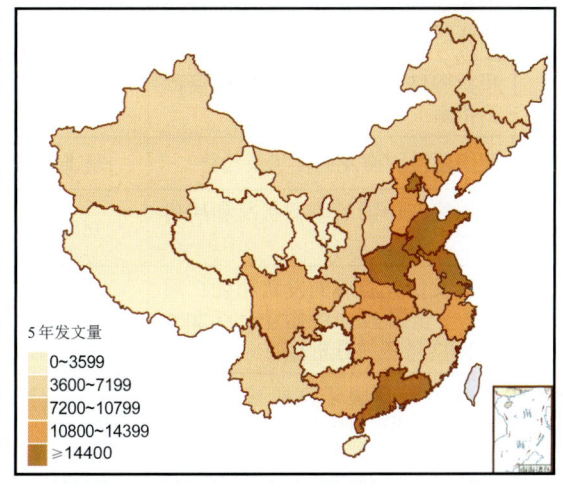

图 14-2 肿瘤学学科 5 年论文产出地区分布

## 14.2 高被引论文分析

在肿瘤学学科，2015 年被引频次位居前 10 位的论文（表 14-2）平均被引频次为 90.3 次，是全部 913 篇高被引论文篇均被引频次的 7.4 倍。其中，被引频次最高的论文是陈万青于 2014 年发表的《中国 2010 年恶性肿瘤发病与死亡》，随后 2 篇分别是郑荣寿于 2012 年发表的《中国肿瘤登记地区 2008 年恶性肿瘤发病和死亡分析》和陈万青于 2013 年发表的《中国 2009 年恶性肿瘤发病和死亡分析》。

从论文分布来看，刊载高被引论文数量居前的 3 种期刊分别是《中华肿瘤杂志》（28 篇）、《中国肿瘤》（26 篇）和《中国老年学杂志》（25 篇），而《中国肿瘤》刊载了高被引论文 TOP 10 中的 4 篇；发表高被引论文居前的 3 位学者分别是全国肿瘤防治研究办公室/国家癌症中心的陈万青（8 篇）、全国肿瘤登记中心的张思维（2 篇）和中国医学科学院肿瘤医院的韩苏军（2 篇）；产出高被引论文数量居前的 3 所机构分别是郑州大学第一附属医院（11 篇）、福建医科大学附属协和医院（9 篇）和复旦大学附属中山医院（9 篇），而国家癌症中心产出了高被引论文 TOP 10 中的 4 篇。

表 14-2 肿瘤学学科高被引论文 TOP 10

| 序号 | 论文题名 | 第一作者 | 期刊名称 | 发表年份 | 被引频次 总频次 | 被引频次 2015 年 |
|---|---|---|---|---|---|---|
| 1 | 中国 2010 年恶性肿瘤发病与死亡 | 陈万青 | 中国肿瘤 | 2014 | 272 | 224 |
| 2 | 中国肿瘤登记地区 2008 年恶性肿瘤发病和死亡分析 | 郑荣寿 | 中国肿瘤 | 2012 | 290 | 95 |
| 3 | 中国 2009 年恶性肿瘤发病和死亡分析 | 陈万青 | 中国肿瘤 | 2013 | 188 | 89 |
| 4 | 中国肺癌发病死亡的估计和流行趋势研究 | 陈万青 | 中国肺癌杂志 | 2010 | 231 | 87 |
| 5 | 中国前列腺癌发病现状和流行趋势分析 | 韩苏军 | 临床肿瘤学杂志 | 2013 | 104 | 78 |
| 6 | 甲状腺结节和分化型甲状腺癌诊治指南 | 高明 | 中国肿瘤临床 | 2012 | 116 | 70 |
| 7 | 我国恶性肿瘤发病现状及趋势 | 吴菲 | 中国肿瘤 | 2012 | 154 | 67 |
| 7 | 乳腺癌在中国的流行状况和疾病特征 | 郑莹 | 中国癌症杂志 | 2013 | 96 | 67 |
| 7 | 中国女性乳腺癌的发病和死亡现况——全国 32 个肿瘤登记点 2003—2007 年资料分析报告 | 黄哲宙 | 肿瘤 | 2012 | 141 | 67 |
| 10 | 腹腔镜与开腹子宫肌瘤剔除术后肌瘤残留、复发及妊娠结局的比较 | 李孟慧 | 中华妇产科杂志 | 2011 | 113 | 59 |

## 14.3 研究主题关联分析

在肿瘤学学科，高被引论文累计被 2015 年发表的 9312 篇论文引用了 11149 次。通过分析施引文献关键词的词频及关键词之间的共现关系，获得 2015 年肿瘤学学科的热点主题和主题关联，如图 14-3 所示（共现 25 次以下不显示）。由图 14-3 可知："腹腔镜""乳腺癌""子宫肌瘤"等关键词的文档词频较高，是 2015 年学科的研究热点；以"腹腔镜""乳腺癌""子宫肌瘤"等关键词为主要节点的网络规模较大，构成了学科内较为突出的研究主题簇。

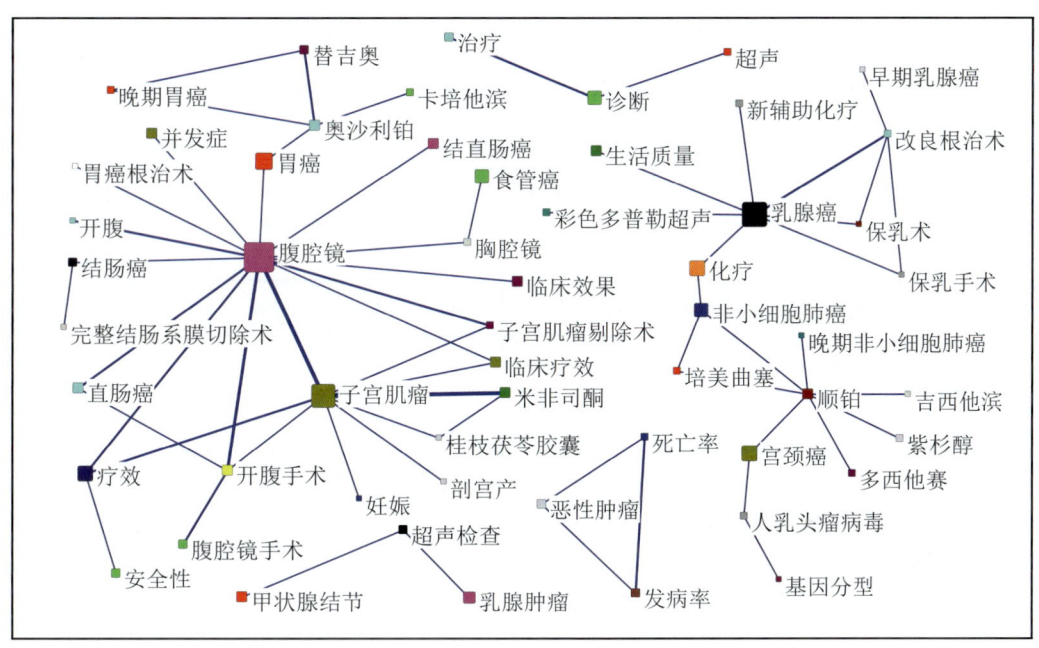

图 14-3　肿瘤学学科 2015 年热点主题关联

## 14.4　学科高影响力期刊分析

### 14.4.1　学科高影响力期刊 TOP 10

在肿瘤学学科，学科 5 年影响因子位居前 10 位的期刊见表 14-3，排在前 3 位的期刊分别是《介入放射学杂志》《中国肿瘤》和《中华肿瘤杂志》。在表 14-3 中，学科载文量占其总载文量比例最大的期刊是《临床肿瘤学杂志》；前 5 年学科载文在 2015 年被引率最高的期刊是《中华肿瘤杂志》；期刊 5 年影响因子较高的前 3 种期刊分别是《介入放射学杂志》《中国肿瘤》和《中华肿瘤杂志》；学科 5 年影响因子与期刊 5 年影响因子差异最大的期刊是《中国医学影像学杂志》。表 14-3 中期刊的学科 5 年影响因子和前 5 年学科载文的 2015 年被引率对比如图 14-4 所示，2010—2015 年期刊 5 年影响因子的变动情况如图 14-5 所示。

表 14-3 肿瘤学学科高影响力期刊基本指数

| 序号 | 期刊名称 | 前5年载文量 | | | 2015年学科被引 | | | 5年影响因子 | | h指数（学科） |
|---|---|---|---|---|---|---|---|---|---|---|
| | | 学科（篇） | 占比（%） | 总量（篇） | 频次 | 被引率（%） | 高被引论文篇数 | 期刊(2015) | 学科(2015) | |
| 1 | 介入放射学杂志 | 563 | 34.2 | 1645 | 831 | 49.7 | 16 | 1.348 | 1.476 | 12 |
| 2 | 中国肿瘤 | 1167 | 87.8 | 1329 | 1686 | 38.4 | 26 | 1.312 | 1.445 | 13 |
| 3 | 中华肿瘤杂志 | 1108 | 84.5 | 1312 | 1503 | 51.7 | 28 | 1.287 | 1.356 | 12 |
| 4 | 中华胃肠外科杂志 | 943 | 43.4 | 2175 | 1243 | 48.0 | 25 | 1.228 | 1.318 | 12 |
| 5 | 中国医学影像学杂志 | 434 | 29.6 | 1466 | 553 | 50.5 | 9 | 1.076 | 1.274 | 10 |
| 6 | 中国癌症杂志 | 1041 | 99.0 | 1052 | 1184 | 44.8 | 13 | 1.144 | 1.137 | 8 |
| 7 | 中华消化外科杂志 | 419 | 33.7 | 1242 | 469 | 44.9 | 7 | 1.182 | 1.119 | 10 |
| 7 | 中国肺癌杂志 | 784 | 89.4 | 877 | 877 | 44.5 | 7 | 1.070 | 1.119 | 8 |
| 9 | 临床肿瘤学杂志 | 1618 | 99.6 | 1624 | 1709 | 40.0 | 21 | 1.057 | 1.056 | 11 |
| 10 | 中华放射肿瘤学杂志 | 731 | 73.2 | 998 | 752 | 41.9 | 8 | 0.944 | 1.029 | 8 |

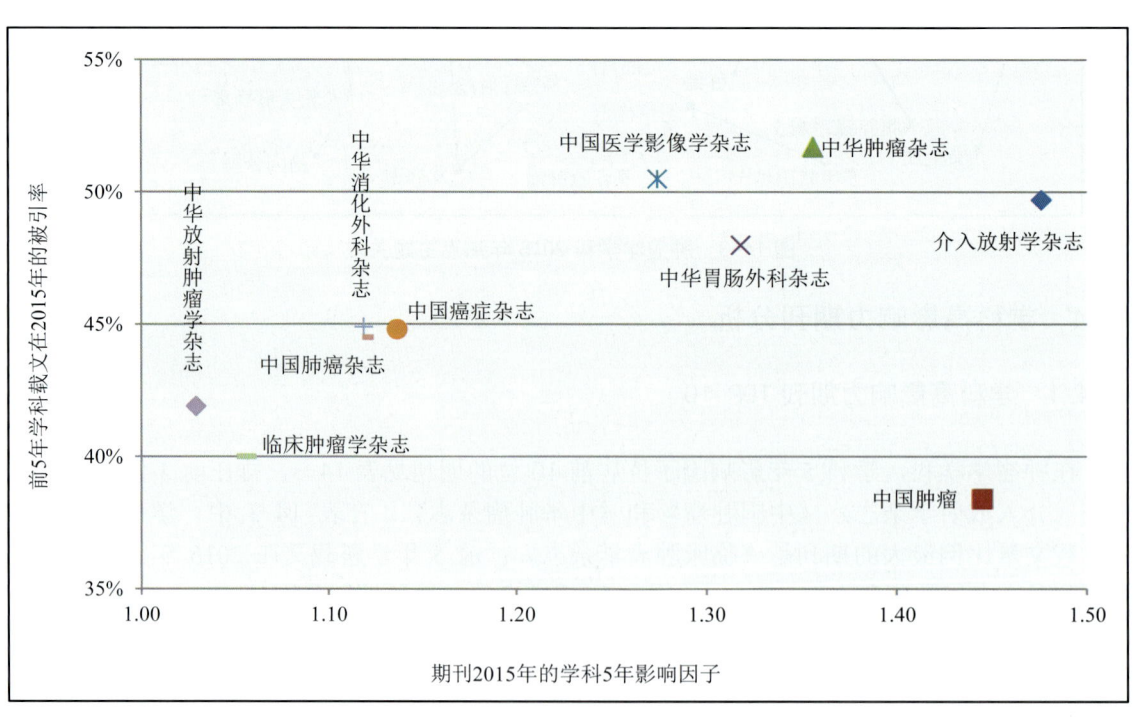

图 14-4 肿瘤学学科高影响力期刊对比

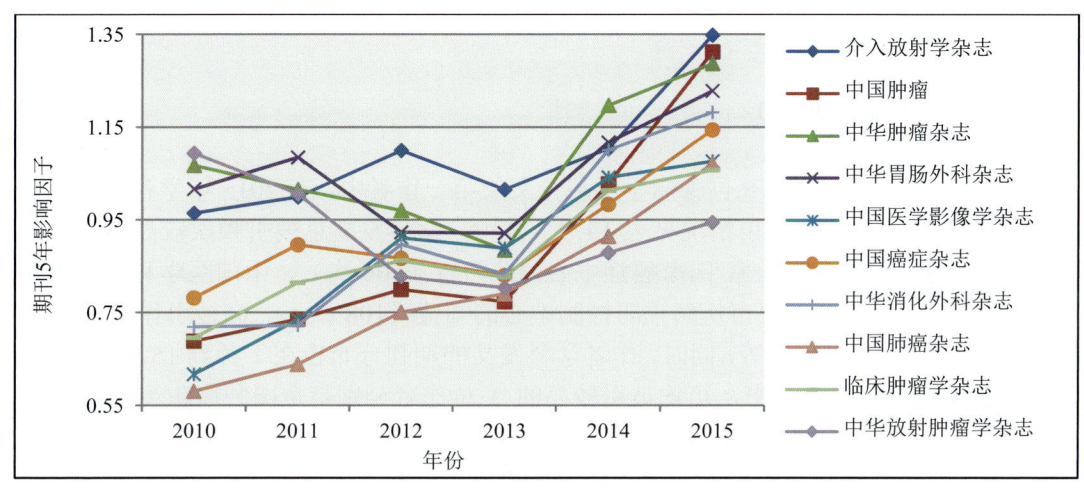

图 14-5　肿瘤学学科期刊 5 年影响因子变动

### 14.4.2　学科高影响力期刊载文主题关联

通过期刊共被引分析，获得肿瘤学学科高影响力期刊及与其他期刊之间的载文主题关联，如图 14-6 所示（共被引 66 次以下不显示）。结果显示，肿瘤学学科的高影响力期刊相互链接较为紧密，基本主导了该学科的期刊共被引网络，显示出该学科高影响力期刊可能共同刊载了许多相近的研究主题，热点研究主题分散在多种期刊上。《中华肿瘤杂志》的学科 5 年影响因子较高，显示出该刊在学科内学术影响力较大；《现代肿瘤医学》与《中华肿瘤杂志》《实用癌症杂志》《临床肿瘤学杂志》等期刊之间的链接较强，意味着它们之间可能有较多相同或相近的载文主题。

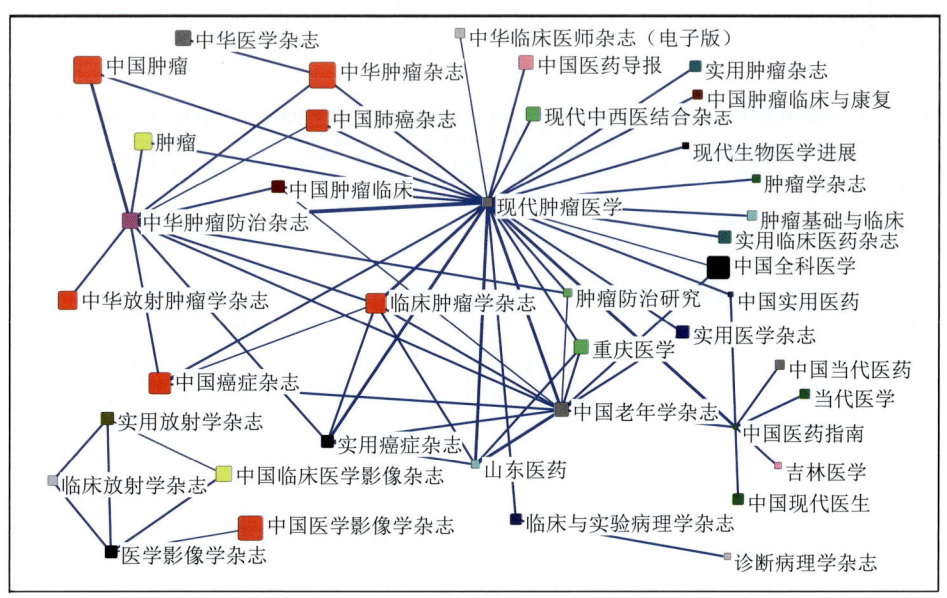

图 14-6　肿瘤学学科高影响力期刊载文主题关联

## 14.5 高被引作者分析

### 14.5.1 高被引作者 TOP 20

2010—2014 年，在 199078 位肿瘤学学科论文的第一作者中，在 2015 年学科被引频次位居前 20 位的学者的发文及被引情况见表 14-4。其中，学科发文总被引频次较高的 3 位作者分别是全国肿瘤防治研究办公室/国家癌症中心的陈万青（506 次）、中国医学科学院肿瘤医院的韩苏军（131 次）和上海市疾病预防控制中心的郑莹（108 次）。高被引作者的 5 年学科发文数量从 1 篇到 31 篇不等，同时，作者学科发文的期刊分布也在 1 种到 15 种之间变化。在发文超过 5 篇的所有作者中，篇均被引较高的 3 位作者分别是全国肿瘤防治研究办公室/国家癌症中心的陈万青（篇均 46.00 次）、中国医学科学院肿瘤医院的韩苏军（篇均 21.83 次）和上海市疾病预防控制中心的郑莹（篇均 9.00 次）；前 5 年发表学科论文较多的 3 位作者分别是兰州军区兰州总医院的张百红（64 篇）、南京市高淳人民医院的高福平（58 篇）和北京军区总医院的郭智（31 篇）。高被引作者的学科发文量和被引量对比如图 14-7 所示。

表 14-4 肿瘤学学科高被引作者 TOP 20

| 序号 | 姓名 | 作者单位 | 前 5 年发文 | | | 前 5 年学科发文在 2015 年的被引 | | | | h 指数（学科） |
|---|---|---|---|---|---|---|---|---|---|---|
| | | | 学科发文（篇） | 期刊分布（种） | 发文总量（篇） | 总频次 | 被引率（%） | 最高（次） | 篇均（次） | |
| 1 | 陈万青 | 全国肿瘤防治研究办公室/国家癌症中心 | 11 | 3 | 12 | 506 | 81.8 | 87 | 46.00 | 5 |
| 2 | 韩苏军 | 中国医学科学院肿瘤医院 | 6 | 4 | 7 | 131 | 66.7 | 78 | 21.83 | 3 |
| 3 | 郑莹 | 上海市疾病预防控制中心 | 12 | 7 | 13 | 108 | 25.0 | 67 | 9.00 | 3 |
| 4 | 郑荣寿 | 国家癌症中心 | 2 | 2 | 2 | 95 | 50.0 | 95 | 47.50 | 1 |
| 5 | 黄哲宙 | 上海市疾病预防控制中心 | 2 | 1 | 2 | 75 | 100.0 | 67 | 37.50 | 2 |
| 6 | 高明 | 中国抗癌协会头颈肿瘤专业委员会 | 1 | 1 | 1 | 70 | 100.0 | 70 | 70.00 | 1 |
| 7 | 吴菲 | 广州市疾病预防控制中心 | 2 | 1 | 2 | 67 | 50.0 | 67 | 33.50 | 1 |
| 8 | 赫捷 | 中国医学科学院北京协和医学院肿瘤医院 | 3 | 2 | 4 | 58 | 100.0 | 55 | 19.33 | 2 |
| 9 | 余佩武 | 第三军医大学西南医院 | 25 | 15 | 34 | 55 | 52.0 | 27 | 2.20 | 5 |
| 9 | 邹小农 | 中国医学科学院肿瘤医院 | 1 | 1 | 1 | 55 | 100.0 | 55 | 55.00 | 1 |
| 11 | 陈琼 | 河南省肿瘤医院 | 1 | 1 | 1 | 42 | 100.0 | 42 | 42.00 | 1 |
| 12 | 黄昌明 | 福建医科大学附属协和医院 | 13 | 7 | 29 | 41 | 69.2 | 10 | 3.15 | 5 |

| 序号 | 姓名 | 作者单位 | 前5年发文 | | | 前5年学科发文在2015年的被引 | | | | h指数（学科） |
|---|---|---|---|---|---|---|---|---|---|---|
| | | | 学科发文（篇） | 期刊分布（种） | 发文总量（篇） | 总频次 | 被引率（%） | 最高（次） | 篇均（次） | |
| 13 | 李国新 | 南方医科大学南方医院 | 10 | 5 | 36 | 40 | 90.0 | 12 | 4.00 | 5 |
| 14 | 张思维 | 全国肿瘤登记中心 | 1 | 1 | 1 | 39 | 100.0 | 39 | 39.00 | 1 |
| 14 | 张渊 | 上海市浦东新区人民医院 | 9 | 4 | 14 | 39 | 77.8 | 11 | 4.33 | 5 |
| 14 | 樊嘉 | 复旦大学附属中山医院 | 12 | 12 | 20 | 39 | 91.7 | 11 | 3.25 | 4 |
| 17 | 李龙 | 西安交通大学第一附属医院 | 8 | 7 | 10 | 37 | 37.5 | 33 | 4.63 | 2 |
| 17 | 支修益 | 首都医科大学 | 6 | 4 | 18 | 37 | 50.0 | 34 | 6.17 | 2 |
| 19 | 郭智 | 北京军区总医院 | 31 | 14 | 56 | 36 | 48.4 | 6 | 1.16 | 4 |
| 19 | 徐琪 | 唐山市工人医院 | 4 | 4 | 7 | 36 | 100.0 | 17 | 9.00 | 4 |

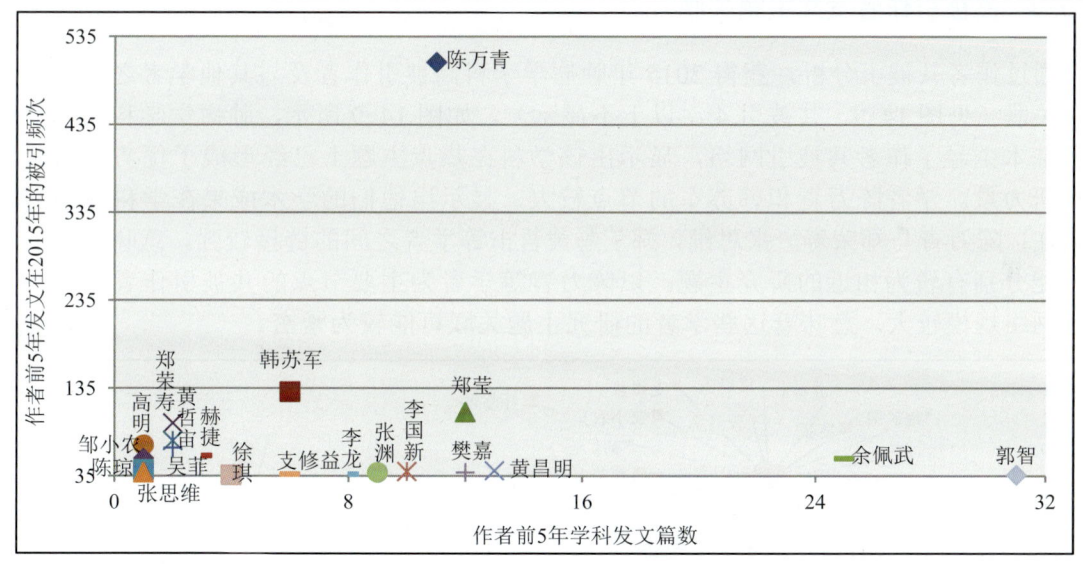

图 14-7　肿瘤学学科高被引作者学科发文及被引对比

## 14.5.2　高被引作者科研合作关系

通过作者合著分析，获得 2015 年肿瘤学学科高被引作者及与其他学者之间的科研论文合作关系（不考虑论文署名次序），如图 14-8 所示（合著 4 次以下不显示）。可以看出，肿瘤学学科的高被引作者的论文合作现象比较普遍。学者郭智、余佩武和黄昌明的发文量较多；樊嘉的论文合作网络最为突出，在该学科的研究人员中表现出一定的集聚效应；陈万青和张思维、郭智和陈惠仁等学者之间的合作关系最为紧密，显示出他们可能分别属于同一支科研团队。

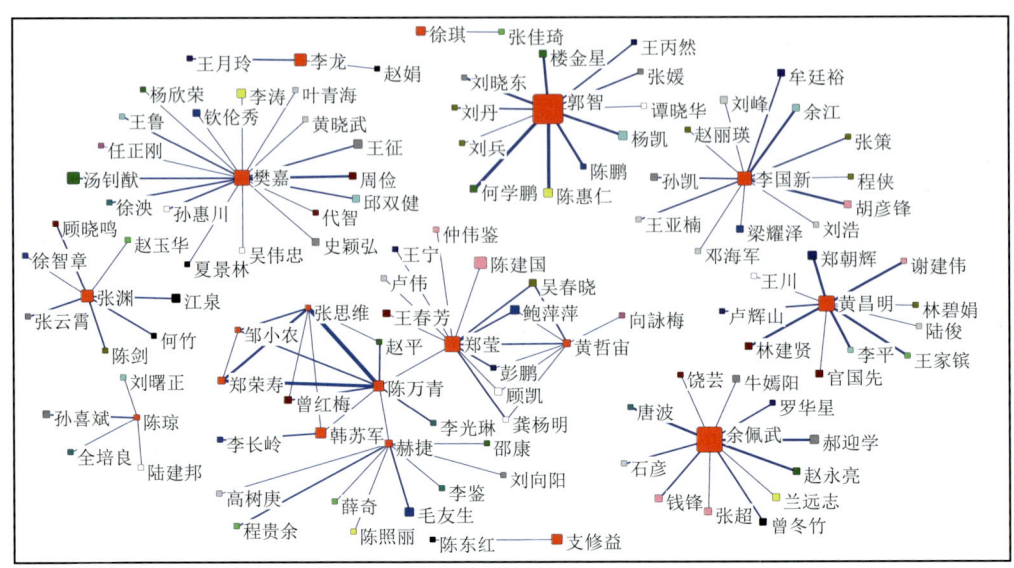

图 14-8　肿瘤学学科高被引作者科研论文合作关系

### 14.5.3　高被引作者发文主题关联

通过作者共被引分析，获得 2015 年肿瘤学学科高被引作者及与其他学者之间的发文主题关联（见图 14-9，共被引 4 次以下不显示）。如图 14-9 所示，肿瘤学学科的高被引作者基本主导了作者共被引网络，显示出该学科在热点主题上已经形成了优势较为明显的科研力量。学者陈万青和韩苏军的节点较大，显示出他们的学术成果在学科内得到较多关注；陈万青与郑荣寿、张思维，郑莹与黄哲宙等学者之间的链接较强，意味着他们之间可能分别有较为相近的研究主题；以陈万青等学者为主要节点的共被引作者簇人数较多且网络规模较大，意味着这些学者的研究主题关联可能较为紧密。

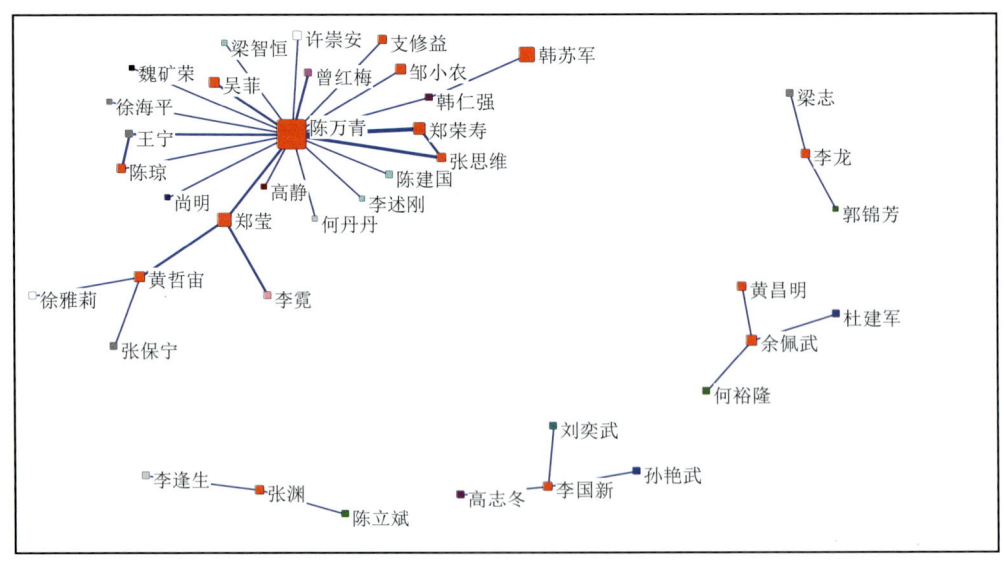

图 14-9　肿瘤学学科高被引作者发文主题关联

## 14.6 高被引机构分析

### 14.6.1 高被引机构

为便于比较，本书将肿瘤学学科的高被引机构分为医院和高等院校/科研院所两种类型。其中，被引频次 TOP 10 医院和被引频次 TOP 5 高等院校/科研院所的发文及被引情况分别见表 14-5 和表 14-6。其中，总被引频次较高的 3 所医院分别是中国人民解放军总医院、郑州大学第一附属医院和天津医科大学肿瘤医院，重庆医科大学、天津医科大学和安徽医科大学是总被引频次较高的 3 所高等院校/科研院所；前 5 年学科发文在 2015 年的被引率最高的医院和高等院校/科研院所分别是中国医学科学院北京协和医学院肿瘤医院和中国医学科学院肿瘤医院肿瘤研究所，篇均被引最高的医院和高等院校/科研院所分别是中国医学科学院北京协和医学院肿瘤医院和中国医学科学院肿瘤医院肿瘤研究所。上述高被引机构的论文被引率和篇均被引频次对比如图 14-10 所示。

表 14-5 肿瘤学学科高被引医院 TOP 10

| 序号 | 第一作者单位 | 学科发文量（篇） | | 前 5 年学科发文在 2015 年的被引 | | | |
|---|---|---|---|---|---|---|---|
| | | 前 5 年 | 2015 年 | 频次 | 被引率(%) | 最高（次） | 篇均（次） |
| 1 | 中国人民解放军总医院 | 1675 | 268 | 1173 | 36.4 | 20 | 0.70 |
| 2 | 郑州大学第一附属医院 | 1858 | 296 | 1039 | 29.3 | 12 | 0.56 |
| 3 | 天津医科大学肿瘤医院 | 1313 | 150 | 903 | 34.5 | 15 | 0.69 |
| 4 | 河北医科大学第四医院 | 1270 | 160 | 886 | 33.9 | 14 | 0.70 |
| 5 | 中国医学科学院北京协和医学院肿瘤医院 | 857 | 141 | 857 | 40.5 | 55 | 1.00 |
| 6 | 四川大学华西医院 | 1232 | 215 | 839 | 33.1 | 14 | 0.68 |
| 7 | 北京协和医院 | 1112 | 136 | 835 | 36.3 | 14 | 0.75 |
| 8 | 中国医科大学附属盛京医院 | 1348 | 244 | 734 | 29.2 | 10 | 0.54 |
| 9 | 南方医科大学南方医院 | 968 | 151 | 698 | 35.7 | 19 | 0.72 |
| 10 | 上海交通大学医学院附属瑞金医院 | 1015 | 174 | 697 | 34.1 | 13 | 0.69 |

表 14-6 肿瘤学学科高被引高等院校/科研院所 TOP 5

| 序号 | 第一作者单位 | 学科发文量（篇） | | 前 5 年学科发文在 2015 年的被引 | | | |
|---|---|---|---|---|---|---|---|
| | | 前 5 年 | 2015 年 | 频次 | 被引率(%) | 最高（次） | 篇均（次） |
| 1 | 重庆医科大学 | 507 | 79 | 241 | 26.2 | 13 | 0.48 |
| 2 | 天津医科大学 | 368 | 57 | 236 | 34.2 | 9 | 0.64 |
| 3 | 安徽医科大学 | 305 | 49 | 226 | 35.4 | 9 | 0.74 |
| 4 | 中国医学科学院肿瘤医院肿瘤研究所 | 168 | 10 | 216 | 51.2 | 16 | 1.29 |
| 5 | 广西医科大学 | 437 | 69 | 211 | 27.7 | 7 | 0.48 |

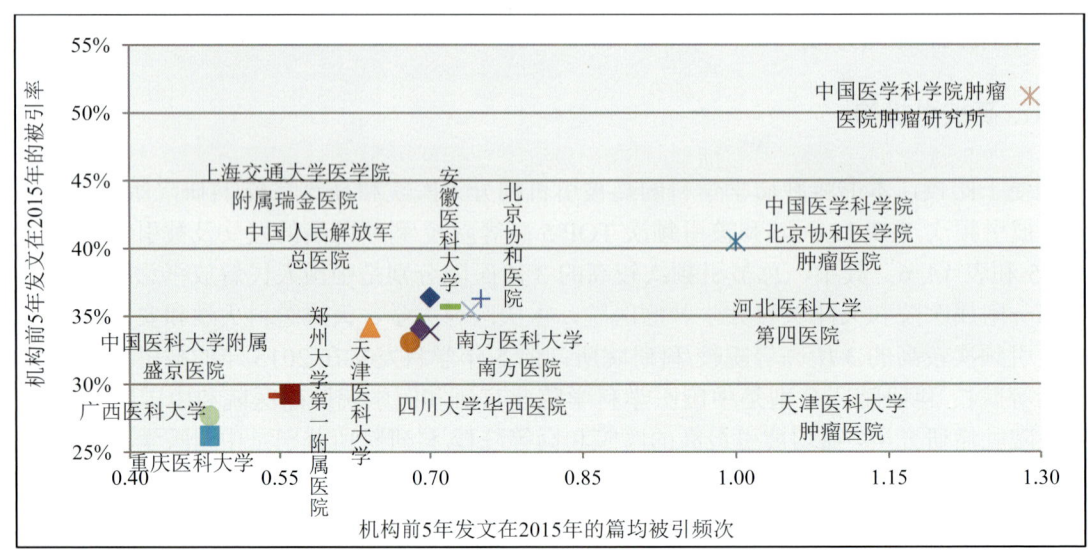

图 14-10　肿瘤学学科高被引机构论文篇均被引及被引率对比

### 14.6.2　高被引机构科研合作关系

通过合著分析，获得肿瘤学学科高被引机构之间及其与其他机构之间的科研合作关联，如图14-11所示（合作110次以下不显示）。分析得知，肿瘤学学科的机构合作链接比较紧密，表明学科内机构合作现象较为普遍；高被引机构基本主导了机构合作网络，显示出这些机构已经在学科内具有了一定的科研优势；郑州大学第一附属医院和郑州大学、中国医科大学与中国医科大学附属第一医院、广西医科大学与广西医科大学第一附属医院等机构之间的链接较强，表明他们的学术合作较为频繁。

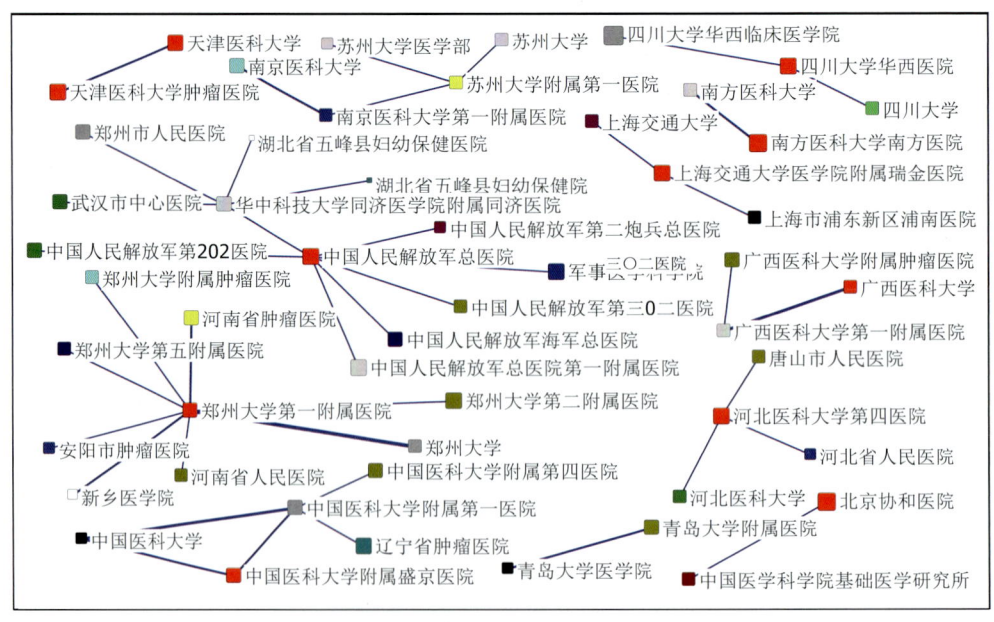

图 14-11　肿瘤学学科高被引机构科研合作关联

## 14.7 高被引图书、国外期刊及学术会议

2015年,肿瘤学学科被引频次位居前10位的图书及国外期刊见表14-7和表14-8。其中,被引次数较多的3种图书分别是孙燕的《临床肿瘤内科手册》、殷蔚伯的《肿瘤放射治疗学》和张之南的《血液病诊断及疗效标准》;被引次数较多的3种国外期刊分别是《Journal of Clinical Oncology》《Cancer Research》和《PLoS One》;被引次数较多的3场学术会议分别是"ASCO Annual Meeting""2014 ESMO Annual Meeting Proceedings"和"ASH 56th Annual Meeting"。

表14-7 肿瘤学学科高被引图书 TOP 10

| 序号 | 责任者 | 图书名称 | 出版社 | 2015年被引频次 |
|---|---|---|---|---|
| 1 | 孙燕 | 临床肿瘤内科手册 | 人民卫生出版社 | 249 |
| 2 | 殷蔚伯 | 肿瘤放射治疗学 | 中国协和医科大学出版社 | 239 |
| 3 | 张之南 | 血液病诊断及疗效标准 | 科学出版社 | 214 |
| 4 | 乐杰 | 妇产科学 | 人民卫生出版社 | 148 |
| 5 | 周际昌 | 实用肿瘤内科学 | 人民卫生出版社 | 140 |
| 6 | 谢幸 | 妇产科学 | 人民卫生出版社 | 125 |
| 7 | 吴在德 | 外科学 | 人民卫生出版社 | 102 |
| 8 | 孙燕 | 内科肿瘤学 | 人民卫生出版社 | 100 |
| 9 | 曹泽毅 | 中华妇产科学 | 人民卫生出版社 | 84 |
| 10 | 汤钊猷 | 现代肿瘤学 | 复旦大学出版社 | 70 |

表14-8 肿瘤学学科高被引国外期刊 TOP 10

| 序号 | 期刊名称 | 2015年被引频次 |
|---|---|---|
| 1 | Journal of Clinical Oncology | 10001 |
| 2 | Cancer Research | 7804 |
| 3 | PLoS One | 6252 |
| 4 | Cancer | 5868 |
| 5 | Clinical Cancer Research | 5126 |
| 6 | New England Journal of Medicine | 4747 |
| 7 | Blood | 4257 |
| 8 | International Journal of Radiation Oncology·Biology·Physics | 4071 |
| 9 | International Journal of Cancer | 3803 |
| 10 | Oncogene | 3684 |

# 第 15 章 神经病学与精神病学学科高被引分析

## 15.1 学科论文概况

2010—2014 年，神经病学与精神病学学科共有 101759 位来自 19297 所机构的论文第一作者在 1551 种期刊上发表了 114236 篇学术论文。其中，80%以上的论文产出自 3829 所机构、74018 位作者，发表在 211 种期刊上。在前 5 年发表的这些论文中，有 42482 篇在 2015 年获得过引用，整体被引率为 37.2%，总被引频次为 83478 次，篇均被引 0.73 次；其中，高被引论文有 559 篇，单篇论文最高被引频次为 87 次，累计被引 7122 次，篇均被引 12.74 次（表 15-1）。另外，2015 年神经病学与精神病学学科共发表论文 25617 篇，其中有 2220 篇在当年获得过引用，总共被引 2816 次。

表 15-1 神经病学与精神病学学科论文分布情况

| 年份 | 论文篇数 | 2015 年被引频次 | 2015 年被引率（%） | 2015 年高被引论文 | | | |
|---|---|---|---|---|---|---|---|
| | | | | 论文篇数 | 最高被引频次 | 总被引频次 | 篇均被引频次 |
| 2010 | 23047 | 13414 | 30.7 | 87 | 59 | 1577 | 18.13 |
| 2011 | 22659 | 16896 | 37.4 | 114 | 79 | 1519 | 13.32 |
| 2012 | 22628 | 18499 | 39.8 | 118 | 87 | 1570 | 13.31 |
| 2013 | 23070 | 20575 | 43.2 | 121 | 79 | 1389 | 11.48 |
| 2014 | 22832 | 14094 | 34.8 | 119 | 78 | 1067 | 8.97 |
| 合计 | 114236 | 83478 | 37.2 | 559 | 87 | 7122 | 12.74 |

从神经病学与精神病学学科论文的地域分布来看，2015 年被引频次较高的 5 个省、直辖市或自治区依次是广东、河南、北京、江苏和山东（图 15-1）；5 年论文产出量较多的 5 个省、直辖市或自治区依次是河南、广东、江苏、北京和山东（图 15-2）。

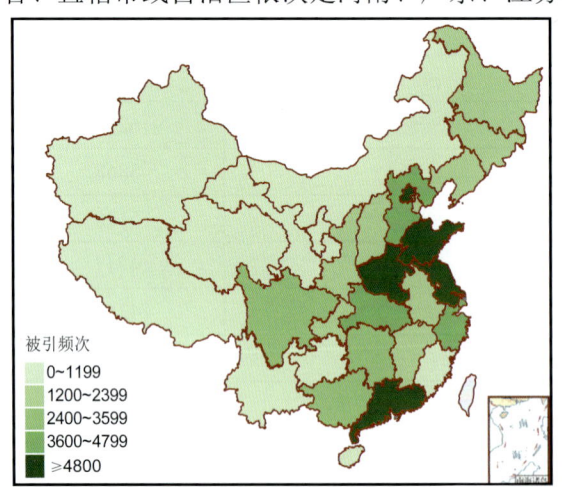

图 15-1 2015 年神经病学与精神病学学科地区被引分布

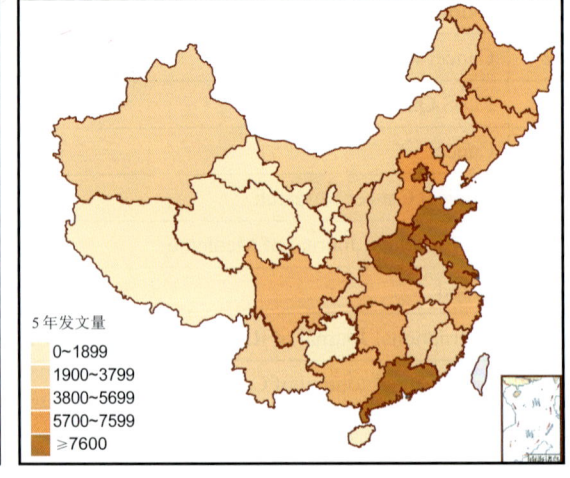

图 15-2 神经病学与精神病学学科 5 年论文产出地区分布

## 15.2 高被引论文分析

在神经病学与精神病学学科，2015年被引频次位居前10位的论文（表15-2）平均被引频次为40.2次，是全部559篇高被引论文篇均被引频次的3.2倍。其中，被引频次最高的论文是段泉泉于2012年发表的《焦虑及抑郁自评量表的临床效度》，随后2篇分别是刘林晶于2012年发表的《氨磺必利与利培酮治疗首发精神分裂症疗效和安全性对照研究》和钱春荣于2011年发表的《延续护理对脑卒中患者出院后独立生活能力和出院护理满意度的影响》。

从论文分布来看，刊载高被引论文数量居前的3种期刊分别是《中国老年学杂志》（33篇）、《中国全科医学》（33篇）和《中国心理卫生杂志》（25篇），而《中国心理卫生杂志》刊载了高被引论文TOP 10中的2篇；发表高被引论文居前的3位学者分别是重庆市第三人民医院的吴娟（2篇）、四川大学华西医院的游潮（2篇）和郑州大学的张春慧（2篇）；产出高被引论文数量居前的3所机构分别是北京大学（8篇）、上海交通大学医学院附属上海市精神卫生中心（7篇）和南京医科大学附属脑科医院（6篇）。

表15-2 神经病学与精神病学学科高被引论文 TOP 10

| 序号 | 论文题名 | 第一作者 | 期刊名称 | 发表年份 | 被引频次 总频次 | 被引频次 2015年 |
|---|---|---|---|---|---|---|
| 1 | 焦虑及抑郁自评量表的临床效度 | 段泉泉 | 中国心理卫生杂志 | 2012 | 153 | 99 |
| 2 | 氨磺必利与利培酮治疗首发精神分裂症疗效和安全性对照研究 | 刘林晶 | 中国神经精神疾病杂志 | 2012 | 110 | 45 |
| 3 | 延续护理对脑卒中患者出院后独立生活能力和出院护理满意度的影响 | 钱春荣 | 第三军医大学学报 | 2011 | 105 | 41 |
| 4 | 脑卒中患者早期康复护理干预措施的研究进展 | 李慧 | 中华护理杂志 | 2010 | 150 | 40 |
| 5 | 临床护理路径在脑出血患者护理中的应用 | 王金兰 | 中国实用护理杂志 | 2010 | 107 | 34 |
| 6 | 流调中心抑郁量表全国城市常模的建立 | 章婕 | 中国心理卫生杂志 | 2010 | 125 | 33 |
| 7 | 盐酸多奈哌齐治疗老年痴呆的疗效研究 | 杨红 | 中国全科医学 | 2013 | 43 | 29 |
| 7 | 进一步重视和规范高血压脑出血的外科治疗 | 游潮 | 中华神经外科杂志 | 2011 | 72 | 29 |
| 9 | 6374例高血压脑出血患者临床特点的分析及治疗方法的选择 | 张荣军 | 中华神经医学杂志 | 2013 | 36 | 26 |
| 9 | 高血压脑出血病理生理机制研究进展 | 邓平 | 中华脑血管病杂志（电子版） | 2010 | 78 | 26 |

## 15.3 研究主题关联分析

在神经病学与精神病学学科，高被引论文累计被 2015 年发表的 5434 篇论文引用了 7122 次。通过分析施引文献关键词的词频及关键词之间的共现关系，获得 2015 年神经病学与精神病学学科的热点主题和主题关联，如图 15-3 所示（共现 16 次以下不显示）。由图 15-3 可知："脑梗死""急性脑梗死""脑卒中"等关键词的文档词频较高，是 2015 年学科的研究热点；以"脑梗死""急性脑梗死""脑卒中""精神分裂症"等关键词为主要节点的多个概念相互关联，构成了学科内最为突出的研究主题簇。

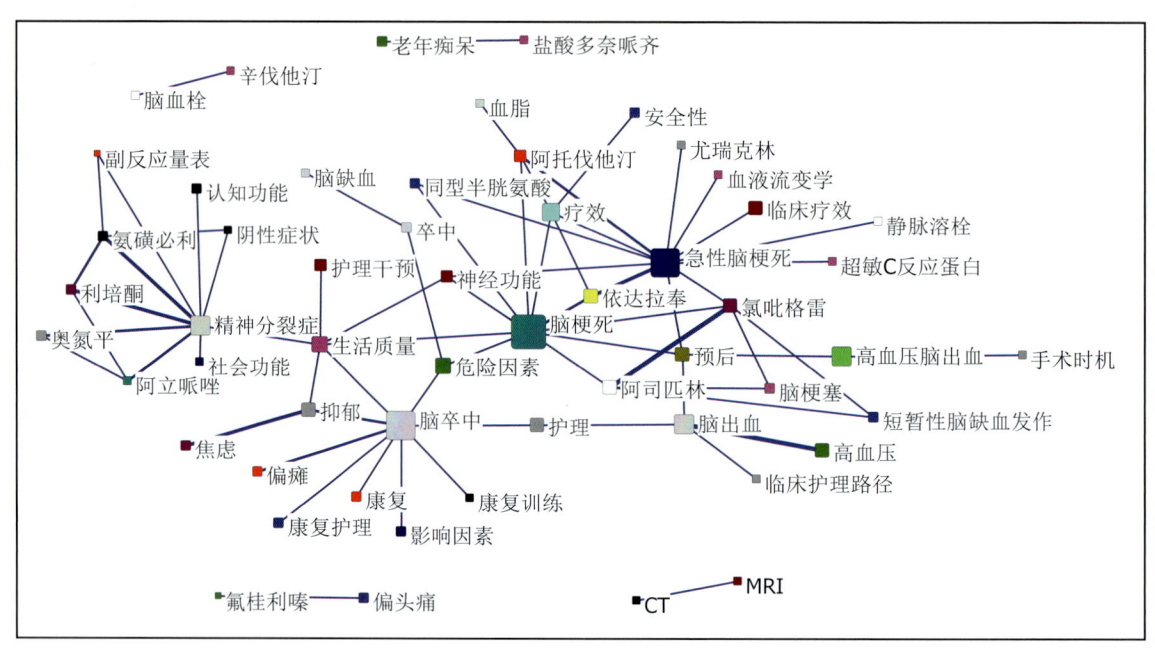

图 15-3　神经病学与精神病学学科 2015 年热点主题关联

## 15.4 学科高影响力期刊分析

### 15.4.1 学科高影响力期刊 TOP 10

在神经病学与精神病学学科，学科 5 年影响因子位居前 10 位的期刊见表 15-3，排在前 3 位的期刊分别是《中国心理卫生杂志》《中华神经科杂志》和《中华物理医学与康复杂志》。在表 15-3 中，学科载文量占其总载文量比例最大的期刊是《精神医学杂志》；前 5 年学科载文在 2015 年被引率最高的期刊是《中国心理卫生杂志》；期刊 5 年影响因子较高的前 3 种期刊分别是《中国心理卫生杂志》《中华神经科杂志》和《中华物理医学与康复杂志》；学科 5 年影响因子与期刊 5 年影响因子差异最大的期刊是《浙江大学学报（医学版）》。表 15-3 中期刊的学科 5 年影响因子和前 5 年学科载文的 2015 年被引率对比如图 15-4 所示，2010—2015 年期刊 5 年影响因子的变动情况如图 15-5 所示。

表 15-3 神经病学与精神病学学科高影响力期刊基本指数

| 序号 | 期刊名称 | 前5年载文量 | | | 2015年学科被引 | | | 5年影响因子 | | h指数（学科） |
|---|---|---|---|---|---|---|---|---|---|---|
| | | 学科（篇） | 占比（%） | 总量（篇） | 频次 | 被引率（%） | 高被引论文篇数 | 期刊(2015) | 学科(2015) | |
| 1 | 中国心理卫生杂志 | 572 | 49.3 | 1161 | 1253 | 64.2 | 25 | 1.850 | 2.191 | 13 |
| 2 | 中华神经科杂志 | 673 | 45.4 | 1484 | 1137 | 37.0 | 5 | 1.404 | 1.689 | 13 |
| 3 | 中华物理医学与康复杂志 | 337 | 19.1 | 1762 | 492 | 58.8 | 2 | 1.152 | 1.460 | 10 |
| 4 | 浙江大学学报（医学版） | 89 | 13.2 | 676 | 106 | 41.6 | 2 | 0.689 | 1.191 | 7 |
| 5 | 中华神经医学杂志 | 1018 | 53.3 | 1909 | 1208 | 45.6 | 20 | 0.992 | 1.187 | 12 |
| 6 | 精神医学杂志 | 725 | 73.9 | 981 | 844 | 52.6 | 3 | 1.076 | 1.164 | 7 |
| 7 | 中国神经精神疾病杂志 | 886 | 73.0 | 1214 | 975 | 47.1 | 11 | 1.070 | 1.100 | 10 |
| 8 | 中华脑血管病杂志（电子版） | 179 | 62.2 | 288 | 191 | 43.0 | 1 | 0.969 | 1.067 | 5 |
| 9 | 中国康复理论与实践 | 969 | 44.0 | 2201 | 1011 | 49.3 | 2 | 1.056 | 1.043 | 9 |
| 10 | 中华神经外科疾病研究杂志 | 249 | 22.9 | 1086 | 255 | 48.6 | 2 | 0.799 | 1.024 | 7 |

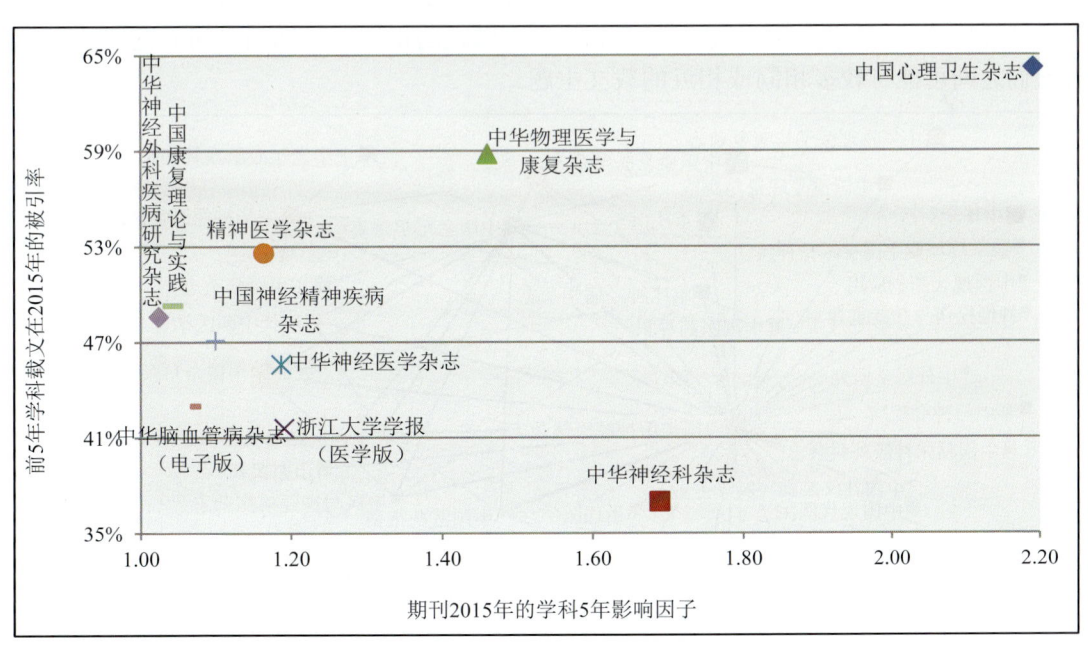

图 15-4 神经病学与精神病学学科高影响力期刊对比

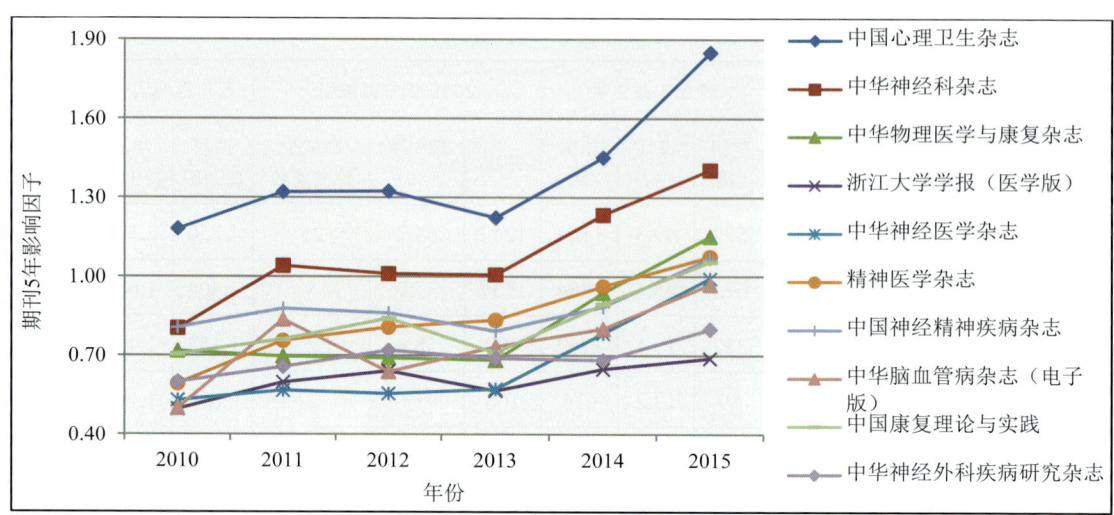

图 15-5 神经病学与精神病学学科期刊 5 年影响因子变动

### 15.4.2 学科高影响力期刊载文主题关联

通过期刊共被引分析，获得神经病学与精神病学学科高影响力期刊及与其他期刊之间的载文主题关联，如图 15-6 所示（共被引 58 次以下不显示）。结果显示，神经病学与精神病学学科的高影响力期刊相互链接较为紧密，基本主导了该学科的期刊共被引网络，显示出该学科高影响力期刊可能共同刊载了许多相近的研究主题，热点研究主题分散在多种期刊上。《中国心理卫生杂志》的学科 5 年影响因子较高，显示出该刊在学科内学术影响力较大；《中国实用神经疾病杂志》与《中国老年学杂志》《中国医药指南》等期刊之间的链接较强，意味着它们之间可能有较多相同或相近的载文主题。

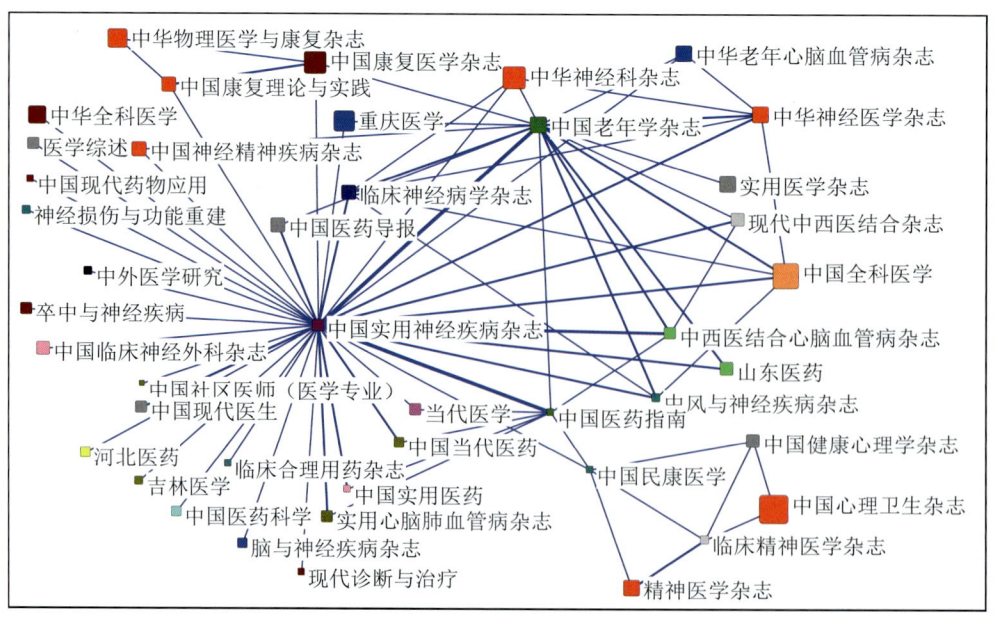

图 15-6 神经病学与精神病学学科高影响力期刊载文主题关联

## 15.5 高被引作者分析

### 15.5.1 高被引作者 TOP 20

2010—2014 年,在 101759 位神经病学与精神病学学科论文的第一作者中,在 2015 年学科被引频次位居前 20 位的学者的发文及被引情况见表 15-4。其中,学科发文总被引频次较高的 3 位作者分别是北京大学的段泉泉(100 次)、武汉市第五医院的李强(48 次)和中国人民解放军第三军医大学的钱春荣(48 次)。高被引作者的 5 年学科发文数量从 1 篇到 21 篇不等,同时,作者学科发文的期刊分布也在 1 种到 9 种之间变化。在发文超过 5 篇的所有作者中,篇均被引较高的 3 位作者分别是武汉市第五医院的李强(篇均 6.00 次)、石河子大学医学院第一附属医院的刘春红(篇均 5.40 次)和广州中医药大学附属中山医院的王本国(篇均 4.80 次);前 5 年发表学科论文较多的 3 位作者分别是南京医科大学附属脑科医院的喻东山(54 篇)、山东省临沂市精神卫生中心的孙振晓(40 篇)和南京医科大学附属脑科医院的汪春运(36 篇)。高被引作者的学科发文量和被引量对比如图 15-7 所示。

表 15-4 神经病学与精神病学学科高被引作者 TOP 20

| 序号 | 姓名 | 作者单位 | 前 5 年发文 | | | 前 5 年学科发文在 2015 年的被引 | | | | h 指数(学科) |
|---|---|---|---|---|---|---|---|---|---|---|
| | | | 学科发文(篇) | 期刊分布(种) | 发文总量(篇) | 总频次 | 被引率(%) | 最高(次) | 篇均(次) | |
| 1 | 段泉泉 | 北京大学 | 2 | 1 | 2 | 100 | 100.0 | 99 | 50.00 | 1 |
| 2 | 李强 | 武汉市第五医院 | 8 | 7 | 10 | 48 | 100.0 | 20 | 6.00 | 5 |
| 2 | 钱春荣 | 中国人民解放军第三军医大学 | 4 | 3 | 10 | 48 | 100.0 | 41 | 12.00 | 4 |
| 4 | 刘林晶 | 温州康宁医院 | 3 | 3 | 5 | 46 | 66.7 | 45 | 15.33 | 1 |
| 4 | 陈祎招 | 南方医科大学珠江医院 | 4 | 3 | 5 | 46 | 100.0 | 26 | 11.50 | 3 |
| 6 | 游潮 | 四川大学华西医院 | 4 | 3 | 5 | 41 | 75.0 | 29 | 10.25 | 3 |
| 7 | 李慧 | 中国医学科学院北京协和医学院 | 1 | 1 | 2 | 40 | 100.0 | 40 | 40.00 | 1 |
| 8 | 谢建秀 | 广东省东莞市厚街镇赤岭社区卫生服务站 | 1 | 1 | 2 | 39 | 100.0 | 39 | 39.00 | 1 |
| 9 | 甄君 | 中山大学附属第五医院 | 16 | 9 | 28 | 36 | 62.5 | 11 | 2.25 | 4 |
| 9 | 贾建平 | 首都医科大学宣武医院 | 14 | 8 | 24 | 36 | 85.7 | 6 | 2.57 | 5 |
| 11 | 王金兰 | 肇庆市第一人民医院 | 2 | 2 | 6 | 34 | 50.0 | 34 | 17.00 | 2 |
| 12 | 章婕 | 中国科学院心理研究所 | 1 | 1 | 1 | 33 | 100.0 | 33 | 33.00 | 1 |
| 12 | 徐建国 | 南京军区南京总医院 | 1 | 1 | 18 | 33 | 100.0 | 33 | 33.00 | 4 |

| 序号 | 姓名 | 作者单位 | 前5年发文 | | | 前5年学科发文在2015年的被引 | | | | h指数（学科） |
|---|---|---|---|---|---|---|---|---|---|---|
| | | | 学科发文（篇） | 期刊分布（种） | 发文总量（篇） | 总频次 | 被引率（%） | 最高（次） | 篇均（次） | |
| 14 | 蔡敏 | 重庆市中山医院 | 4 | 3 | 4 | 33 | 50.0 | 20 | 8.25 | 2 |
| 15 | 杨红 | 上海市杨浦区老年医院 | 1 | 1 | 1 | 29 | 100.0 | 29 | 29.00 | 1 |
| 15 | 周经霞 | 海南省农垦总医院 | 4 | 2 | 4 | 29 | 75.0 | 23 | 7.25 | 2 |
| 15 | 蒋菊芳 | 南京医科大学附属无锡精神卫生中心 | 4 | 2 | 13 | 29 | 75.0 | 21 | 7.25 | 3 |
| 15 | 甘景梨 | 中国人民解放军第九十一中心医院 | 21 | 9 | 36 | 29 | 47.6 | 9 | 1.38 | 3 |
| 19 | 李春霞 | 广东医学院附属医院 | 2 | 2 | 6 | 28 | 100.0 | 25 | 14.00 | 3 |
| 19 | 马云 | 首都医科大学附属北京安定医院 | 6 | 6 | 9 | 28 | 83.3 | 19 | 4.67 | 4 |

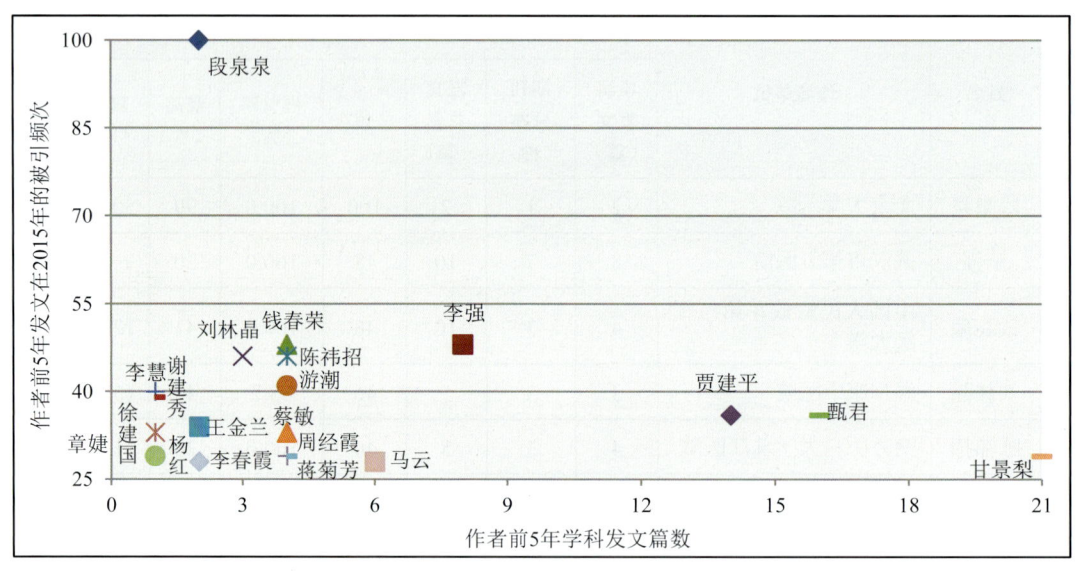

图 15-7 神经病学与精神病学学科高被引作者学科发文及被引对比

## 15.5.2 高被引作者科研合作关系

通过作者合著分析，获得 2015 年神经病学与精神病学学科高被引作者及与其他学者之间的科研论文合作关系（不考虑论文署名次序），如图 15-8 所示（合著 5 次以下不显示）。可以看出，神经病学与精神病学学科的高被引作者的论文合作现象比较普遍。学者甘景梨、甄君和贾建平的发文量较多；贾建平的论文合作网络最为突出，在该学科的研究人员中表现出一定的集聚效应；甘景梨和高存友、段惠峰等学者之间的合作关系最为紧密，显示出他们可能属于同一支科研团队。

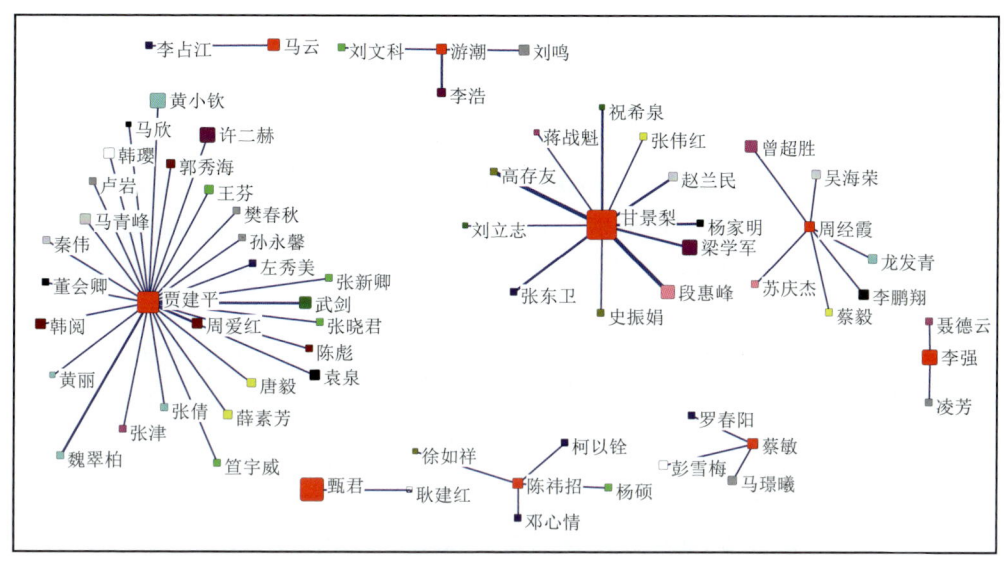

图 15-8　神经病学与精神病学学科高被引作者科研论文合作关系

### 15.5.3　高被引作者发文主题关联

通过作者共被引分析，获得 2015 年神经病学与精神病学学科高被引作者及与其他学者之间的发文主题关联（见图 15-9，共被引 3 次以下不显示）。如图 15-9 所示，神经病学与精神病学学科的高被引作者基本主导了作者共被引网络，显示出该学科在热点主题上已经形成了优势较为明显的科研力量。学者段泉泉和李强的节点较大，显示出他们的学术成果在学科内得到较多关注；杨红与李爱萍、蔡敏与李强、易峰与刘林晶等学者之间的链接较强，意味着他们之间可能分别有较为相近的研究主题；以刘林晶、李强等学者为主要节点的共被引作者簇初具规模，意味着这些学者的研究主题关联可能较为紧密。

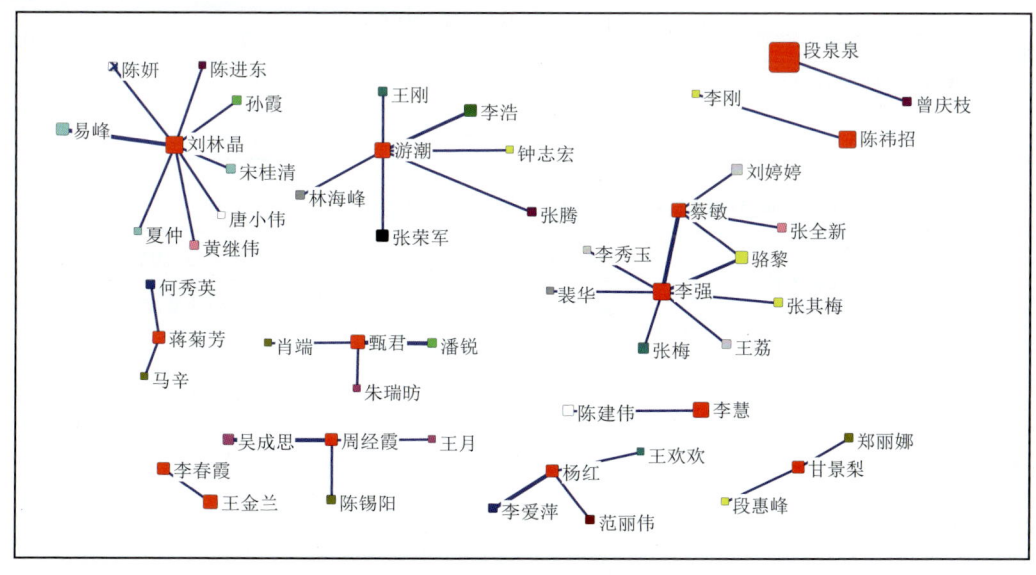

图 15-9　神经病学与精神病学学科高被引作者发文主题关联

## 15.6 高被引机构分析

### 15.6.1 高被引机构

为便于比较，本书将神经病学与精神病学学科的高被引机构分为医院和高等院校/科研院所两种类型。其中，被引频次 TOP 10 医院和被引频次 TOP 5 高等院校/科研院所的发文及被引情况分别见表 15-5 和表 15-6。其中，总被引频次较高的 3 所医院分别是首都医科大学宣武医院、南京医科大学附属脑科医院和四川大学华西医院，北京大学、天津中医药大学和河北联合大学是总被引频次较高的 3 所高等院校/科研院所；前 5 年学科发文在 2015 年的被引率最高的医院和高等院校/科研院所分别是中山大学附属第三医院和北京大学，篇均被引最高的医院和高等院校/科研院所分别是中山大学附属第三医院和北京大学。上述高被引机构的论文被引率和篇均被引频次对比如图 15-10 所示。

表 15-5　神经病学与精神病学学科高被引医院 TOP 10

| 序号 | 第一作者单位 | 学科发文量（篇） | | 前 5 年学科发文在 2015 年的被引 | | | |
|---|---|---|---|---|---|---|---|
| | | 前 5 年 | 2015 年 | 频次 | 被引率(%) | 最高（次） | 篇均(次) |
| 1 | 首都医科大学宣武医院 | 881 | 129 | 603 | 36.2 | 9 | 0.68 |
| 2 | 南京医科大学附属脑科医院 | 510 | 59 | 359 | 33.1 | 21 | 0.70 |
| 3 | 四川大学华西医院 | 385 | 69 | 340 | 30.9 | 29 | 0.88 |
| 4 | 首都医科大学附属北京天坛医院 | 480 | 46 | 328 | 34.8 | 9 | 0.68 |
| 5 | 复旦大学附属华山医院 | 391 | 58 | 305 | 34.0 | 13 | 0.78 |
| 6 | 郑州大学第一附属医院 | 423 | 62 | 303 | 35.9 | 11 | 0.72 |
| 7 | 重庆医科大学附属第一医院 | 413 | 60 | 296 | 35.1 | 9 | 0.72 |
| 8 | 吉林大学第一医院 | 567 | 99 | 294 | 27.7 | 9 | 0.52 |
| 9 | 中国人民解放军总医院 | 424 | 63 | 280 | 37.3 | 7 | 0.66 |
| 10 | 中山大学附属第三医院 | 253 | 54 | 244 | 46.6 | 7 | 0.96 |

表 15-6　神经病学与精神病学学科高被引高等院校/科研院所 TOP 5

| 序号 | 第一作者单位 | 学科发文量（篇） | | 前 5 年学科发文在 2015 年的被引 | | | |
|---|---|---|---|---|---|---|---|
| | | 前 5 年 | 2015 年 | 频次 | 被引率(%) | 最高（次） | 篇均（次） |
| 1 | 北京大学 | 270 | 46 | 480 | 53.0 | 99 | 1.78 |
| 2 | 天津中医药大学 | 338 | 61 | 236 | 34.6 | 11 | 0.70 |
| 3 | 河北联合大学 | 234 | 56 | 204 | 41.5 | 10 | 0.87 |
| 4 | 首都医科大学 | 231 | 32 | 183 | 35.9 | 7 | 0.79 |
| 5 | 山西医科大学 | 231 | 33 | 139 | 30.3 | 9 | 0.60 |

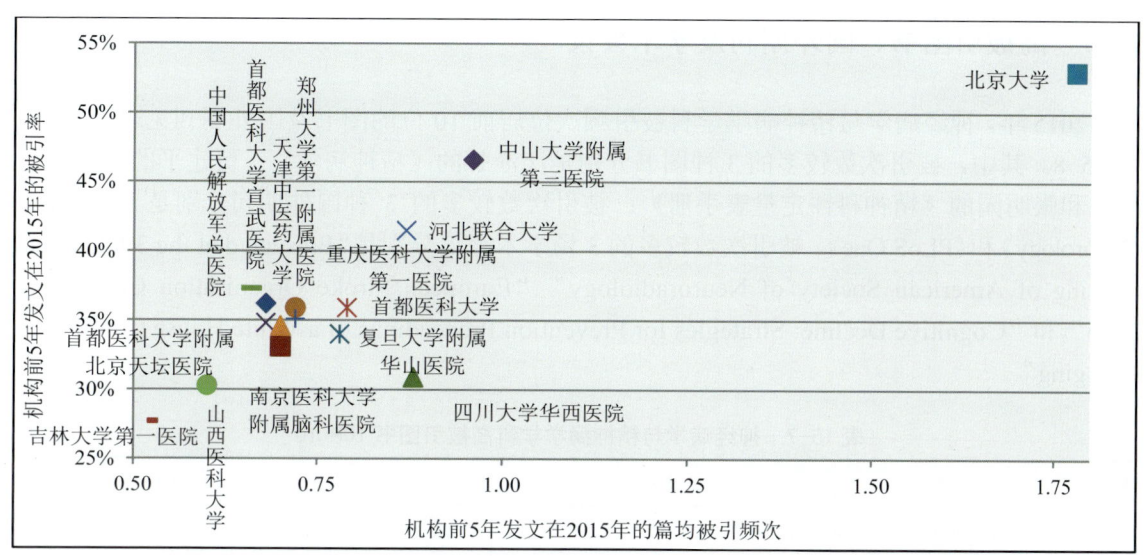

图 15-10  神经病学与精神病学学科高被引机构论文篇均被引及被引率对比

## 15.6.2 高被引机构科研合作关系

通过合著分析，获得神经病学与精神病学学科高被引机构之间及其与其他机构之间的科研合作关联，如图 15-11 所示（合作 54 次以下不显示）。分析得知，神经病学与精神病学学科的机构合作链接较为紧密，表明学科内机构合作现象较为普遍；高被引机构尚未形成合作网络；首都医科大学附属北京天坛医院和首都医科大学、南京医科大学附属脑科医院和东南大学等机构之间的链接较强，表明它们的学术合作较为频繁。

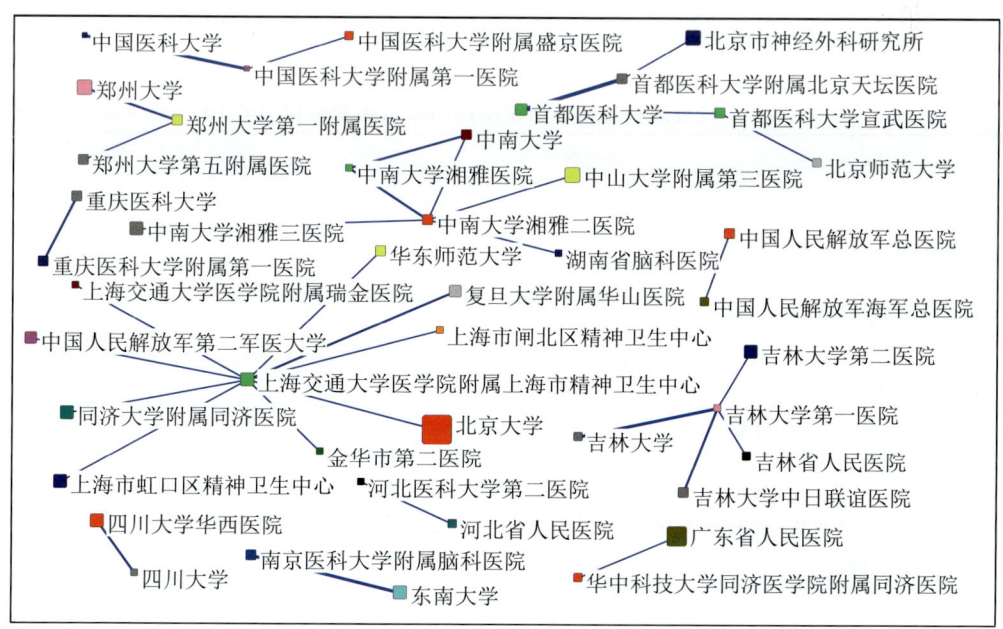

图 15-11  神经病学与精神病学学科高被引机构科研合作关联

## 15.7 高被引图书、国外期刊及学术会议

2015 年,神经病学与精神病学学科被引频次位居前 10 位的图书及国外期刊见表 15-7 和表 15-8。其中,被引次数较多的 3 种图书分别是沈渔邨的《精神病学》、贾建平的《神经病学》和张明园的《精神科评定量表手册》;被引次数较多的 3 种国外期刊分别是《Stroke》《Neurology》和《PLoS One》;被引次数较多的 3 场学术会议分别是"Presented at the 39th annual meeting of American Society of Neuroradiology" "European Stroke Organisation Conference 2015" 和 "Cognitive Decline: Strategies for Prevention.Proceedings of a White House Conference on Aging"。

表 15-7 神经病学与精神病学学科高被引图书 TOP 10

| 序号 | 责任者 | 图书名称 | 出版社 | 2015 年被引频次 |
| --- | --- | --- | --- | --- |
| 1 | 沈渔邨 | 精神病学 | 人民卫生出版社 | 274 |
| 2 | 贾建平 | 神经病学 | 人民卫生出版社 | 245 |
| 3 | 张明园 | 精神科评定量表手册 | 湖南科学技术出版社 | 230 |
| 4 | 王维治 | 神经病学 | 人民卫生出版社 | 192 |
| 5 | 吴江 | 神经病学 | 人民卫生出版社 | 179 |
| 6 | 中华医学会精神科分会 | 中国精神障碍分类与诊断标准 | 山东科学技术出版社 | 143 |
| 7 | 汪向东 | 心理卫生评定量表手册 | 中国心理卫生杂志杂志社 | 98 |
| 8 | 饶明俐 | 中国脑血管病防治指南 | 人民卫生出版社 | 85 |
| 9 | 张作记 | 行为医学量表手册 | 中华医学电子音像出版社 | 77 |
| 10 | 郝伟 | 精神病学 | 人民卫生出版社 | 60 |

表 15-8 神经病学与精神病学学科高被引国外期刊 TOP 10

| 序号 | 期刊名称 | 2015 年被引频次 |
| --- | --- | --- |
| 1 | Stroke | 7891 |
| 2 | Neurology | 3749 |
| 3 | PLoS One | 1804 |
| 4 | The Lancet | 1565 |
| 5 | The Lancet Neurology | 1456 |
| 6 | New England Journal of Medicine | 1437 |
| 7 | Journal of Neuroscience | 1426 |
| 8 | Journal of Neurology, Neurosurgery, and Psychiatry | 1256 |
| 9 | Brain Research | 1175 |
| 10 | Epilepsia | 1149 |

# 第 16 章　皮肤病学与性病学学科高被引分析

## 16.1　学科论文概况

2010—2014 年，皮肤病学与性病学学科共有 24793 位来自 9061 所机构的论文第一作者在 1334 种期刊上发表了 29142 篇学术论文。其中，80%以上的论文产出自 3475 所机构、18410 位作者，发表在 178 种期刊上。在前 5 年发表的这些论文中，有 8823 篇在 2015 年获得过引用，整体被引率为 30.3%，总被引频次为 15155 次，篇均被引 0.52 次；其中，高被引论文有 112 篇，单篇论文最高被引频次为 16 次，累计被引 1158 次，篇均被引 10.34 次（表 16-1）。另外，2015 年皮肤病学与性病学学科共发表论文 5977 篇，其中有 293 篇在当年获得过引用，总共被引 344 次。

表 16-1　皮肤病学与性病学学科论文分布情况

| 年份 | 论文篇数 | 2015 年被引频次 | 2015 年被引率（%） | 2015 年高被引论文 ||||
|---|---|---|---|---|---|---|---|
| | | | | 论文篇数 | 最高被引频次 | 总被引频次 | 篇均被引频次 |
| 2010 | 6187 | 2492 | 24.8 | 17 | 12 | 228 | 13.41 |
| 2011 | 5765 | 2964 | 30.1 | 18 | 12 | 183 | 10.17 |
| 2012 | 6137 | 3592 | 33.1 | 21 | 15 | 271 | 12.90 |
| 2013 | 5736 | 3697 | 35.1 | 22 | 16 | 238 | 10.82 |
| 2014 | 5317 | 2410 | 28.4 | 34 | 13 | 238 | 7.00 |
| 合计 | 29142 | 15155 | 30.3 | 112 | 16 | 1158 | 10.34 |

从皮肤病学与性病学学科论文的地域分布来看，2015 年被引频次较高的 5 个省、直辖市或自治区依次是广东、江苏、北京、浙江和四川（图 16-1）；5 年论文产出量较多的 5 个省、直辖市或自治区依次是广东、江苏、北京、山东和河南（图 16-2）。

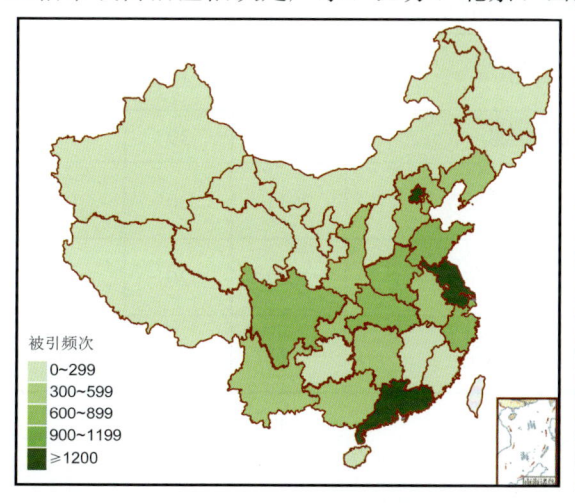
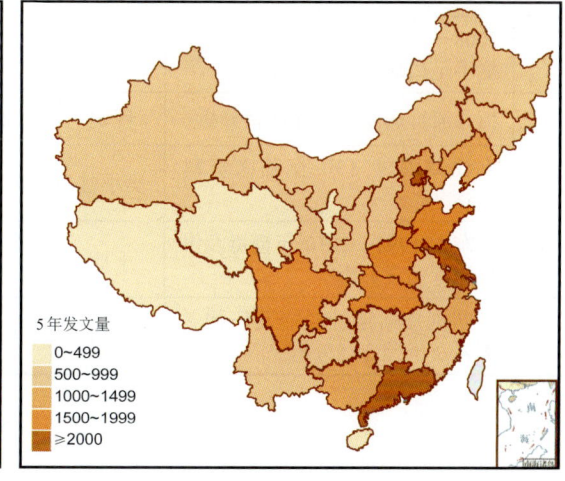

图 16-1　2015 年皮肤病学与性病学学科地区被引分布　　图 16-2　皮肤病学与性病学学科 5 年论文产出地区分布

## 16.2 高被引论文分析

在皮肤病学与性病学学科，2015 年被引频次位居前 10 位的论文（表 16-2）平均被引频次为 21.7 次，是全部 112 篇高被引论文篇均被引频次的 2.1 倍。其中，被引频次最高的论文是龚向东于 2014 年发表的《2000—2013 年中国梅毒流行特征与趋势分析》，随后 2 篇分别是丁晓岚于 2010 年发表的《中国六省市银屑病流行病学调查》和薛大奇于 2012 年发表的《我国梅毒防治面临的挑战及对策》。

从论文分布来看，刊载高被引论文数量居前的 3 种期刊分别是《中国皮肤性病学杂志》（32 篇）、《疾病监测》（11 篇）和《临床皮肤科杂志》（6 篇），而《中国皮肤性病学杂志》《疾病监测》分别刊载了高被引论文 TOP 10 中的 2 篇；发表高被引论文较多的学者是同济大学附属东方医院的黄明欢（2 篇）；产出高被引论文数量居前的 3 所机构分别是中国疾病预防控制中心病毒病预防控制所（3 篇）、北京大学人民医院（2 篇）和中国疾病预防控制中心（2 篇）。

表 16-2 皮肤病学与性病学学科高被引论文 TOP 10

| 序号 | 论文题名 | 第一作者 | 期刊名称 | 发表年份 | 被引频次 | |
|---|---|---|---|---|---|---|
| | | | | | 总频次 | 2015 年 |
| 1 | 2000—2013 年中国梅毒流行特征与趋势分析 | 龚向东 | 中华皮肤科杂志 | 2014 | 53 | 49 |
| 2 | 中国六省市银屑病流行病学调查 | 丁晓岚 | 中国皮肤性病学杂志 | 2010 | 75 | 24 |
| 3 | 我国梅毒防治面临的挑战及对策 | 薛大奇 | 中国性科学 | 2012 | 48 | 23 |
| 4 | 2011—2012 年全国手足口病疫情监测分析 | 曹洋 | 疾病监测 | 2013 | 20 | 22 |
| 5 | 带状疱疹及后遗神经痛 | 林志淼 | 临床皮肤科杂志 | 2010 | 78 | 20 |
| 6 | 2008—2011 年我国大陆地区重症手足口病流行特征分析 | 杨芳 | 疾病监测 | 2013 | 18 | 19 |
| 7 | 梅毒流行病学和诊疗现状分析 | 程娟 | 传染病信息 | 2012 | 39 | 16 |
| 8 | 女性黄褐斑 130 例临床资料分析 | 吴小红 | 中国皮肤性病学杂志 | 2011 | 30 | 15 |
| 8 | 广东省 1995—2010 年梅毒及淋病流行病学分析 | 王成 | 中国公共卫生 | 2013 | 20 | 15 |
| 10 | 带状疱疹后遗神经痛发病相关因素及干预方法分析 | 杨梅 | 现代预防医学 | 2013 | 22 | 14 |

## 16.3 研究主题关联分析

在皮肤病学与性病学学科，高被引论文累计被 2015 年发表的 1018 篇论文引用了 1158 次。通过分析施引文献关键词的词频及关键词之间的共现关系，获得 2015 年皮肤病学与性病学学科的热点主题和主题关联，如图 16-3 所示（共现 5 次以下不显示）。由图 16-3 可知："手足口病""梅毒""流行病学"等关键词的文档词频较高，是 2015 年学科的研究热点；以"手足口病""梅毒""流行病学"等关键词为主要节点的多个概念相互关联，构成了学科内最为突出的研究主题簇。

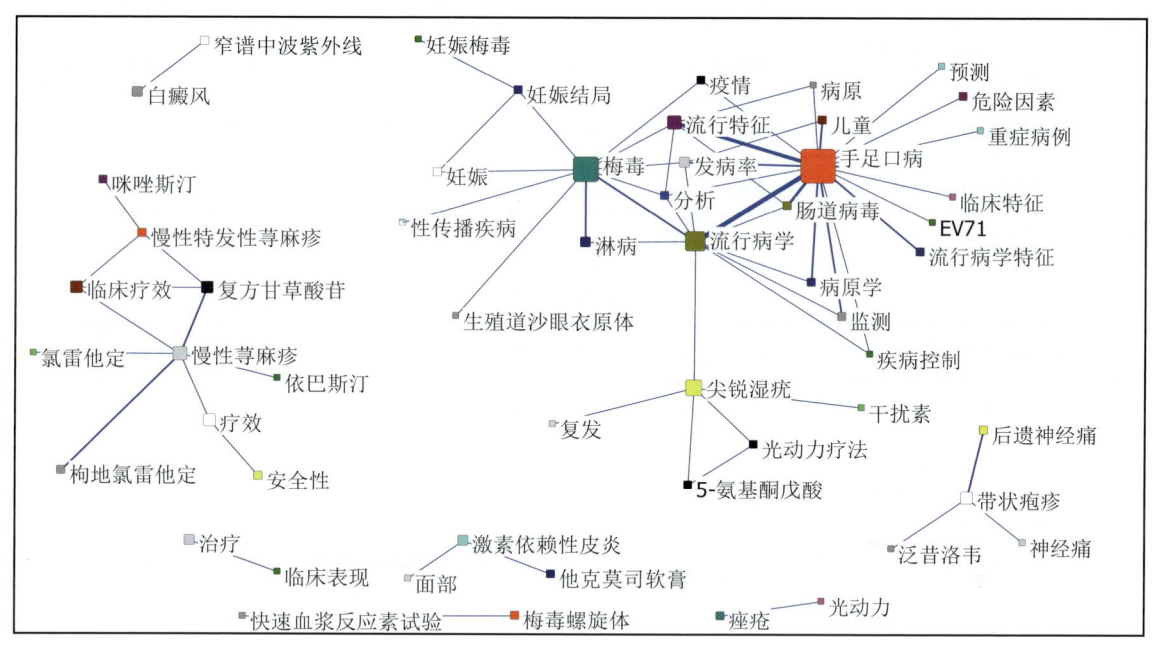

图 16-3　皮肤病学与性病学学科 2015 年热点主题关联

## 16.4 学科高影响力期刊分析

### 16.4.1 学科高影响力期刊 TOP 10

在皮肤病学与性病学学科，学科 5 年影响因子位居前 10 位的期刊见表 16-3，排在前 3 位的期刊分别是《中国皮肤性病学杂志》《中国真菌学杂志》和《中国艾滋病性病》。在表 16-3 中，学科载文量占其总载文量比例最大的期刊是《中国中西医结合皮肤性病学杂志》；前 5 年学科载文在 2015 年被引率最高的期刊是《中国中西医结合皮肤性病学杂志》；期刊 5 年影响因子较高的前 3 种期刊分别是《中国艾滋病性病》《中国皮肤性病学杂志》和《中国中西医结合皮肤性病学杂志》；学科 5 年影响因子与期刊 5 年影响因子差异最大的期刊是《中国真菌学杂志》。表 16-3 中期刊的学科 5 年影响因子和前 5 年学科载文的 2015 年被引率对比如图 16-4 所示，2010—2015 年期刊 5 年影响因子的变动情况如图 16-5 所示。

表 16-3　皮肤病学与性病学学科高影响力期刊基本指数

| 序号 | 期刊名称 | 前 5 年载文量 | | | 2015 年学科被引 | | | 5 年影响因子 | | h 指数（学科） |
|---|---|---|---|---|---|---|---|---|---|---|
| | | 学科（篇） | 占比（%） | 总量（篇） | 频次 | 被引率（%） | 高被引论文篇数 | 期刊（2015） | 学科（2015） | |
| 1 | 中国皮肤性病学杂志 | 1892 | 61.0 | 3101 | 1547 | 35.6 | 32 | 0.671 | 0.818 | 10 |
| 2 | 中国真菌学杂志 | 171 | 29.5 | 579 | 129 | 32.2 | 2 | 0.496 | 0.754 | 5 |
| 3 | 中国艾滋病性病 | 179 | 10.3 | 1732 | 126 | 34.1 | 1 | 0.899 | 0.704 | 8 |
| 4 | 中国中西医结合皮肤性病学杂志 | 905 | 77.6 | 1166 | 592 | 37.8 | 2 | 0.598 | 0.654 | 6 |
| 5 | 中华皮肤科杂志 | 798 | 37.9 | 2107 | 450 | 27.7 | 4 | 0.541 | 0.564 | 7 |
| 6 | 皮肤性病诊疗学杂志 | 694 | 74.3 | 934 | 379 | 30.0 | 4 | 0.484 | 0.546 | 5 |
| 7 | 中医外治杂志 | 206 | 13.3 | 1548 | 92 | 32.5 | 0 | 0.453 | 0.447 | 5 |
| 8 | 实用皮肤病学杂志 | 564 | 62.0 | 910 | 244 | 27.3 | 0 | 0.379 | 0.433 | 5 |
| 9 | 皮肤病与性病 | 625 | 48.8 | 1280 | 270 | 26.2 | 2 | 0.391 | 0.432 | 5 |
| 10 | 临床皮肤科杂志 | 1489 | 64.7 | 2302 | 564 | 21.8 | 6 | 0.308 | 0.379 | 6 |

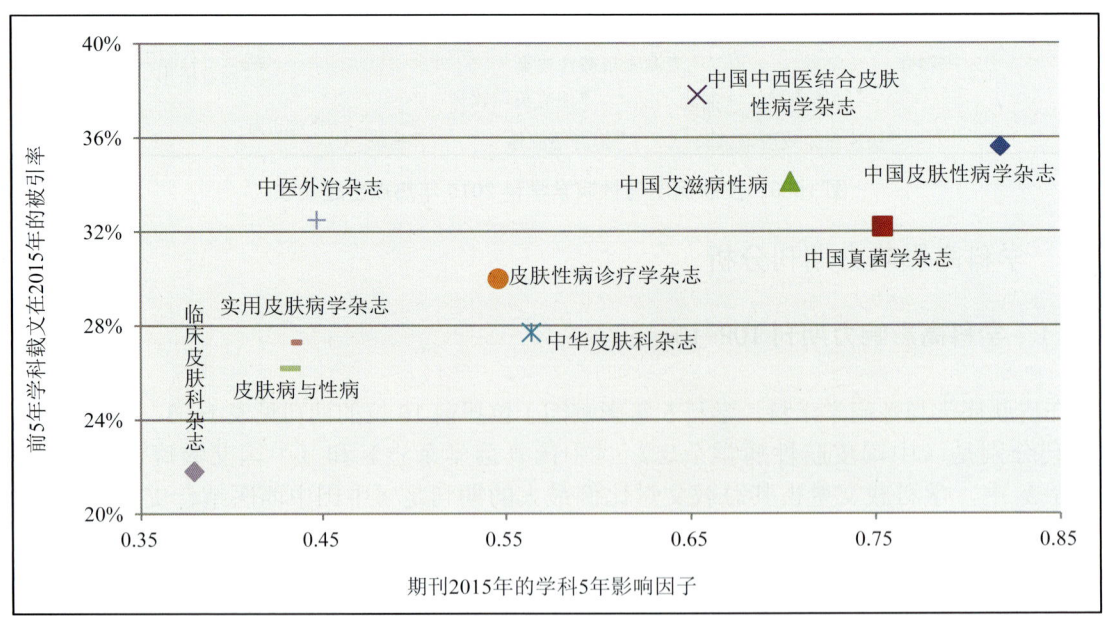

图 16-4　皮肤病学与性病学学科高影响力期刊对比

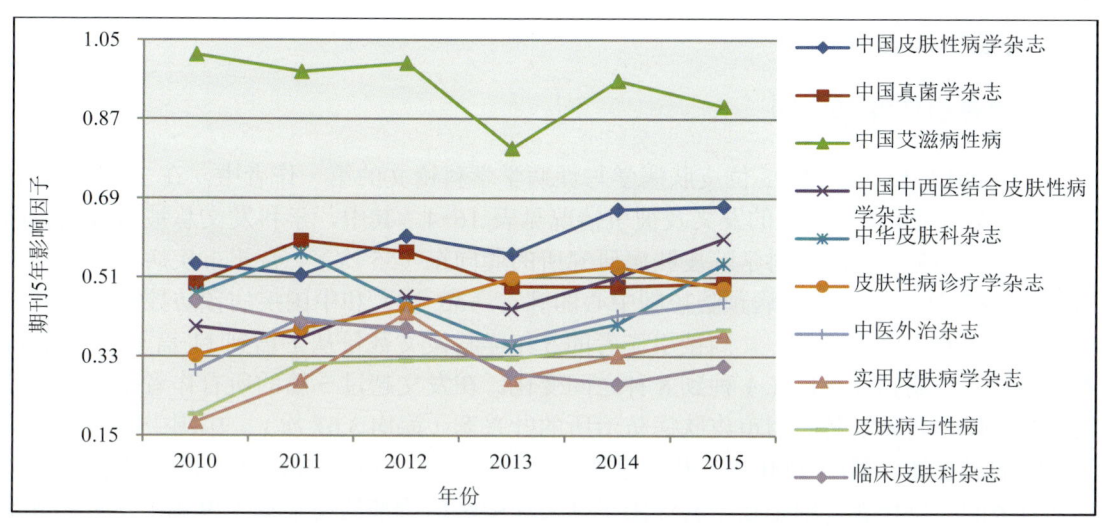

图 16-5　皮肤病学与性病学学科期刊 5 年影响因子变动

### 16.4.2　学科高影响力期刊载文主题关联

通过期刊共被引分析，获得皮肤病学与性病学学科高影响力期刊及与其他期刊之间的载文主题关联，如图 16-6 所示（共被引 15 次以下不显示）。结果显示，皮肤病学与性病学学科的高影响力期刊相互链接较为紧密，基本主导了该学科的期刊共被引网络，显示出该学科高影响力期刊可能共同刊载了许多相近的研究主题，热点研究主题分散在多种期刊上。《中国皮肤性病学杂志》的学科 5 年影响因子较高，显示出该刊在学科内学术影响力较大；《中国皮肤性病学杂志》与《中国中西医结合皮肤性病学杂志》《中国美容医学》等期刊之间的链接较强，意味着它们之间可能有较多相同或相近的载文主题。

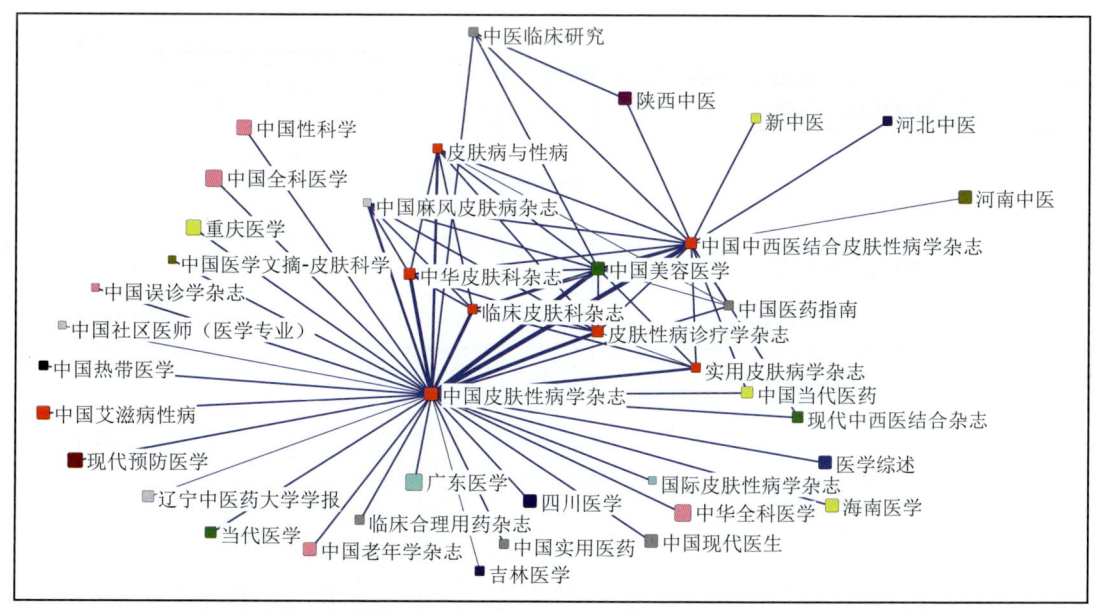

图 16-6　皮肤病学与性病学学科高影响力期刊载文主题关联

## 16.5 高被引作者分析

### 16.5.1 高被引作者 TOP 20

2010—2014 年，在 24793 位皮肤病学与性病学学科论文的第一作者中，在 2015 年学科被引频次位居前 20 位的学者的发文及被引情况见表 16-4。其中，学科发文总被引频次较高的 4 位作者分别是中国医学科学院皮肤病研究所的龚向东（55 次）、台州市疾病预防控制中心的靳妍（47 次）、中国疾病预防控制中心的郭青（30 次）和中国疾病预防控制中心病毒病预防控制所的王琦（30 次）。高被引作者的 5 年学科发文数量从 1 篇到 11 篇不等，同时，作者学科发文的期刊分布也在 1 种到 8 种之间变化。在发文超过 5 篇的所有作者中，篇均被引较高的 3 位作者分别是广州市皮肤病防治所的叶兴东（篇均 3.67 次）、中国中医科学院广安门医院的吴小红（篇均 3.00 次）和北京协和医院的李军（篇均 2.83 次）；前 5 年发表学科论文较多的 3 位作者分别是辽宁省沈阳皇姑协和中医门诊部的周宝宽（29 篇）、衡水市第二人民医院的李俊峰（29 篇）和北京医院的常建民（21 篇）。高被引作者的学科发文量和被引量对比如图 16-7 所示。

表 16-4 皮肤病学与性病学学科高被引作者 TOP 20

| 序号 | 姓名 | 作者单位 | 前 5 年发文 | | | 前 5 年学科发文在 2015 年的被引 | | | | h 指数（学科） |
|---|---|---|---|---|---|---|---|---|---|---|
| | | | 学科发文（篇） | 期刊分布（种） | 发文总量（篇） | 总频次 | 被引率（%） | 最高（次） | 篇均（次） | |
| 1 | 龚向东 | 中国医学科学院皮肤病研究所 | 2 | 1 | 3 | 55 | 100.0 | 49 | 27.50 | 2 |
| 2 | 靳妍 | 台州市疾病预防控制中心 | 1 | 1 | 2 | 47 | 100.0 | 47 | 47.00 | 2 |
| 3 | 郭青 | 中国疾病预防控制中心 | 1 | 1 | 4 | 30 | 100.0 | 30 | 30.00 | 2 |
| 3 | 王琦 | 中国疾病预防控制中心病毒病预防控制所 | 1 | 1 | 2 | 30 | 100.0 | 30 | 30.00 | 1 |
| 5 | 丁晓岚 | 北京大学人民医院 | 4 | 2 | 5 | 27 | 50.0 | 24 | 6.75 | 2 |
| 6 | 郝飞 | 第三军医大学西南医院 | 10 | 4 | 15 | 25 | 70.0 | 10 | 2.50 | 3 |
| 6 | 薛大奇 | 北京大学医学部 | 2 | 1 | 5 | 25 | 100.0 | 23 | 12.50 | 2 |
| 8 | 曹洋 | 中国疾病预防控制中心 | 1 | 1 | 6 | 22 | 100.0 | 22 | 22.00 | 2 |
| 8 | 叶兴东 | 广州市皮肤病防治所 | 6 | 3 | 10 | 22 | 66.7 | 8 | 3.67 | 3 |
| 10 | 缪梓萍 | 浙江省疾病预防控制中心 | 1 | 1 | 2 | 21 | 100.0 | 21 | 21.00 | 1 |
| 10 | 林志淼 | 北京大学第一医院 | 8 | 2 | 9 | 21 | 25.0 | 20 | 2.63 | 1 |
| 12 | 谢海莉 | 广西皮肤病防治研究所 | 8 | 5 | 12 | 20 | 100.0 | 7 | 2.50 | 2 |
| 13 | 杨芳 | 四川大学 | 1 | 1 | 7 | 19 | 100.0 | 19 | 19.00 | 2 |

| 序号 | 姓名 | 作者单位 | 前5年发文 | | | 前5年学科发文在2015年的被引 | | | | h指数（学科） |
|---|---|---|---|---|---|---|---|---|---|---|
| | | | 学科发文（篇） | 期刊分布（种） | 发文总量（篇） | 总频次 | 被引率（%） | 最高（次） | 篇均（次） | |
| 14 | 吴小红 | 中国中医科学院广安门医院 | 6 | 3 | 8 | 18 | 50.0 | 15 | 3.00 | 2 |
| 14 | 黄明欢 | 同济大学附属东方医院 | 2 | 2 | 4 | 18 | 100.0 | 9 | 9.00 | 3 |
| 16 | 李军 | 北京协和医院 | 6 | 4 | 6 | 17 | 83.3 | 7 | 2.83 | 2 |
| 16 | 程娟 | 中国人民解放军第三〇二医院 | 4 | 2 | 4 | 17 | 50.0 | 16 | 4.25 | 1 |
| 16 | 吴一菲 | 云南省第一人民医院 | 11 | 8 | 12 | 17 | 72.7 | 4 | 1.55 | 2 |
| 16 | 张禁 | 中国人民解放军第195医院 | 7 | 6 | 10 | 17 | 42.9 | 11 | 2.43 | 2 |
| 20 | 鲁东平 | 深圳市宝安区慢性病防治院 | 8 | 3 | 10 | 16 | 62.5 | 8 | 2.00 | 2 |

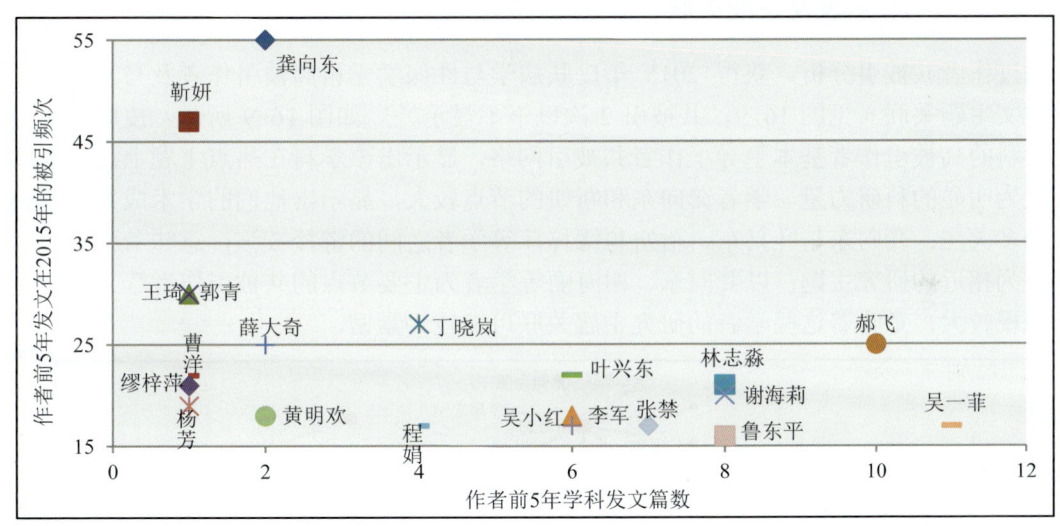

图 16-7　皮肤病学与性病学学科高被引作者学科发文及被引对比

## 16.5.2　高被引作者科研合作关系

通过作者合著分析，获得2015年皮肤病学与性病学学科高被引作者及与其他学者之间的科研论文合作关系（不考虑论文署名次序），如图16-8所示（合著3次以下不显示）。可以看出，皮肤病学与性病学学科的高被引作者的论文合作现象比较普遍。学者吴一菲、郝飞和谢海莉的发文量较多；郝飞的论文合作网络最为突出，在该学科的研究人员中表现出一定的集聚效应；郝飞和杨希川，姜功平和张禁等学者之间的合作关系最为紧密，显示出他们可能分别属于同一支科研团队。

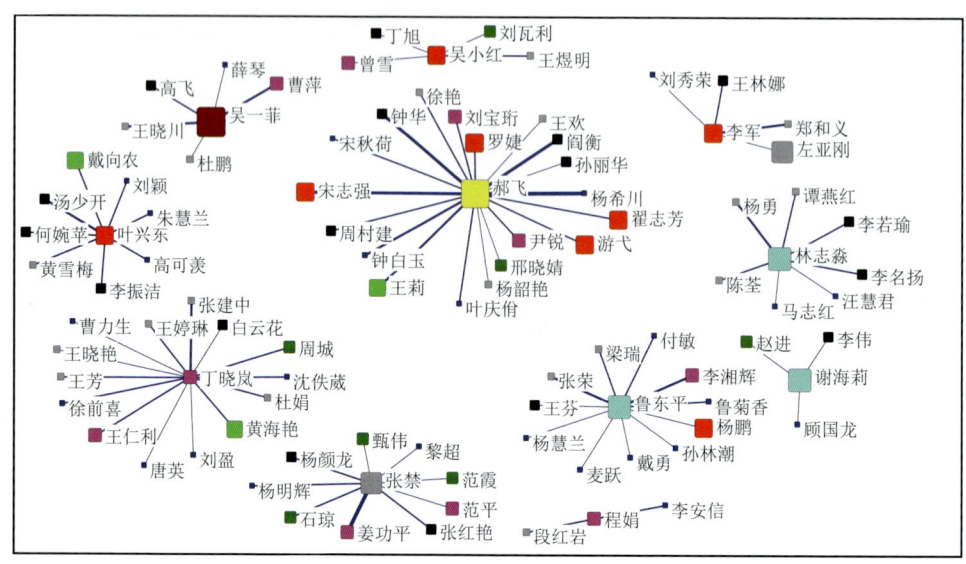

图 16-8　皮肤病学与性病学学科高被引作者科研论文合作关系

### 16.5.3　高被引作者发文主题关联

通过作者共被引分析，获得 2015 年皮肤病学与性病学学科高被引作者及与其他学者之间的发文主题关联（见图 16-9，共被引 2 次以下不显示）。如图 16-9 所示，皮肤病学与性病学学科的高被引作者基本主导了作者共被引网络，显示出该学科在热点主题上已经形成了优势较为明显的科研力量。学者龚向东和靳妍的节点较大，显示出他们的学术成果在学科内得到较多关注；龚向东与叶兴东、靳妍与缪梓萍等学者之间的链接较强，意味着他们之间可能有较为相近的研究主题；以龚向东、谢海丽等学者为主要节点的共被引作者簇人数较多且网络规模较大，意味着这些学者的研究主题关联可能较为紧密。

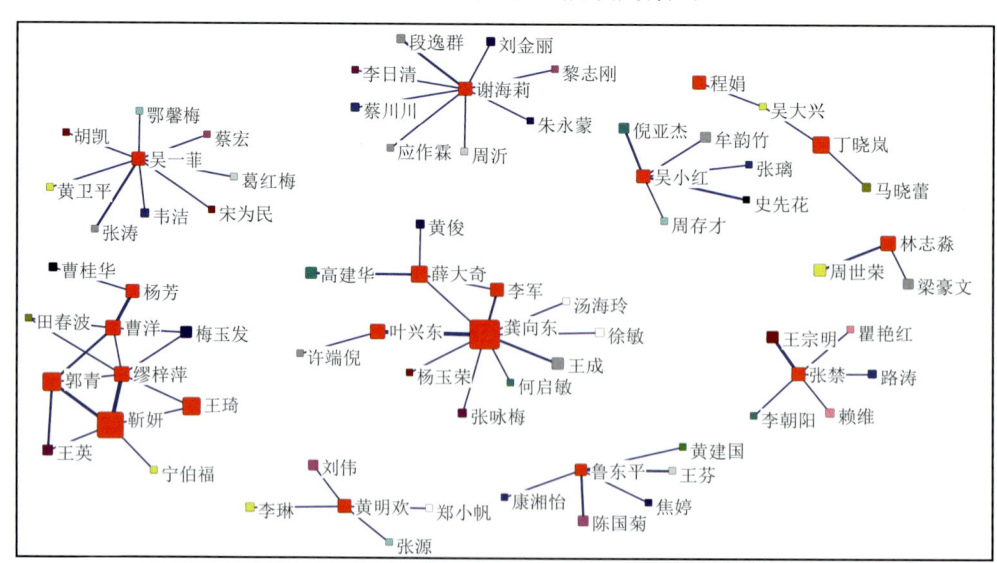

图 16-9　皮肤病学与性病学学科高被引作者发文主题关联

## 16.6 高被引机构分析

### 16.6.1 高被引机构

为便于比较,本书将皮肤病学与性病学学科的高被引机构分为医院和高等院校/科研院所两种类型。其中,被引频次 TOP 10 医院和被引频次 TOP 5 高等院校/科研院所的发文及被引情况分别见表 16-5 和表 16-6。其中,总被引频次较高的 3 所医院分别是北京大学第一医院、北京协和医院和上海市皮肤病医院,中国医学科学院皮肤病研究所、南京中医药大学和天津中医药大学是总被引频次较高的 3 所高等院校/科研院所;前 5 年学科发文在 2015 年的被引率最高的医院和高等院校/科研院所分别是中山大学附属第一医院和天津医科大学,篇均被引最高的医院和高等院校/科研院所分别是中山大学附属第一医院和天津医科大学。上述高被引机构的论文被引率和篇均被引频次对比如图 16-10 所示。

表 16-5 皮肤病学与性病学学科高被引医院 TOP 10

| 序号 | 第一作者单位 | 学科发文量(篇) | | 前 5 年学科发文在 2015 年的被引 | | | |
|---|---|---|---|---|---|---|---|
| | | 前 5 年 | 2015 年 | 频次 | 被引率(%) | 最高(次) | 篇均(次) |
| 1 | 北京大学第一医院 | 134 | 17 | 89 | 32.1 | 20 | 0.66 |
| 2 | 北京协和医院 | 185 | 21 | 86 | 29.2 | 7 | 0.46 |
| 3 | 上海市皮肤病医院 | 120 | 18 | 82 | 30.8 | 9 | 0.68 |
| 4 | 中山大学附属第一医院 | 92 | 13 | 79 | 40.2 | 8 | 0.86 |
| 5 | 四川大学华西医院 | 156 | 21 | 77 | 27.6 | 7 | 0.49 |
| 6 | 北京军区总医院 | 110 | 17 | 69 | 33.6 | 5 | 0.63 |
| 7 | 中山大学附属第三医院 | 88 | 10 | 66 | 33.0 | 6 | 0.75 |
| 8 | 成都市第二人民医院 | 148 | 34 | 65 | 25.7 | 6 | 0.44 |
| 9 | 中国医科大学附属第一医院 | 82 | 11 | 63 | 36.6 | 7 | 0.77 |
| 10 | 第三军医大学西南医院 | 116 | 19 | 61 | 24.1 | 10 | 0.53 |

表 16-6 皮肤病学与性病学学科高被引高等院校/科研院所 TOP 5

| 序号 | 第一作者单位 | 学科发文量(篇) | | 前 5 年学科发文在 2015 年的被引 | | | |
|---|---|---|---|---|---|---|---|
| | | 前 5 年 | 2015 年 | 频次 | 被引率(%) | 最高(次) | 篇均(次) |
| 1 | 中国医学科学院皮肤病研究所 | 226 | 22 | 151 | 23.9 | 49 | 0.67 |
| 2 | 南京中医药大学 | 89 | 10 | 67 | 42.7 | 5 | 0.75 |
| 3 | 天津中医药大学 | 117 | 27 | 55 | 32.5 | 6 | 0.47 |
| 4 | 天津医科大学 | 51 | 9 | 54 | 45.1 | 9 | 1.06 |
| 5 | 成都中医药大学 | 126 | 14 | 47 | 26.2 | 5 | 0.37 |

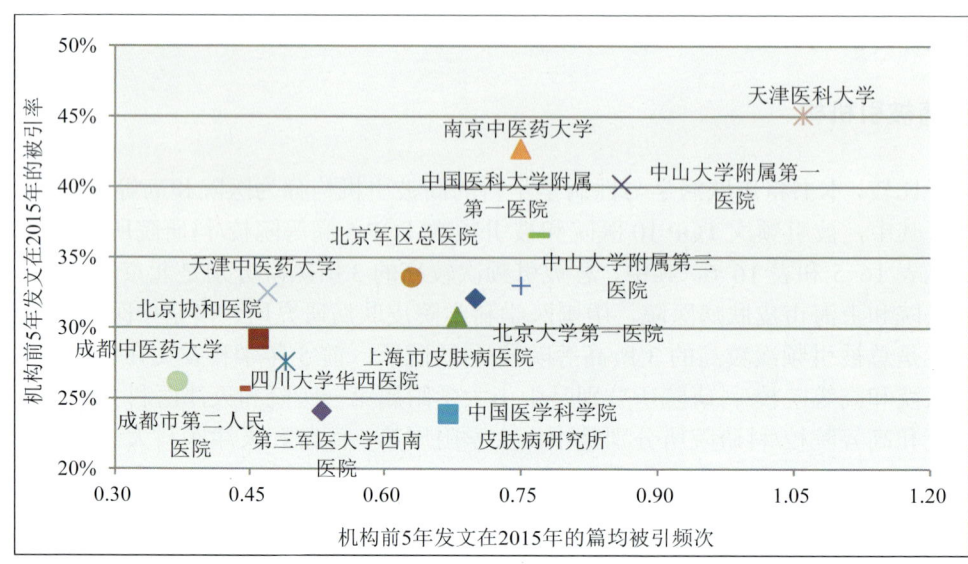

图 16-10　皮肤病学与性病学学科高被引机构论文篇均被引及被引率对比

## 16.6.2　高被引机构科研合作关系

通过合著分析，获得皮肤病学与性病学学科高被引机构之间及其与其他机构之间的科研合作关联，如图 16-11 所示（合作 19 次以下不显示）。分析得知，皮肤病学与性病学学科的机构合作链接比较紧密，表明学科内机构合作现象较为普遍；高被引机构尚未形成合作网络；安徽医科大学第一附属医院和山东省皮肤病性病防治研究所等机构之间的链接较强，表明它们的学术合作较为频繁。

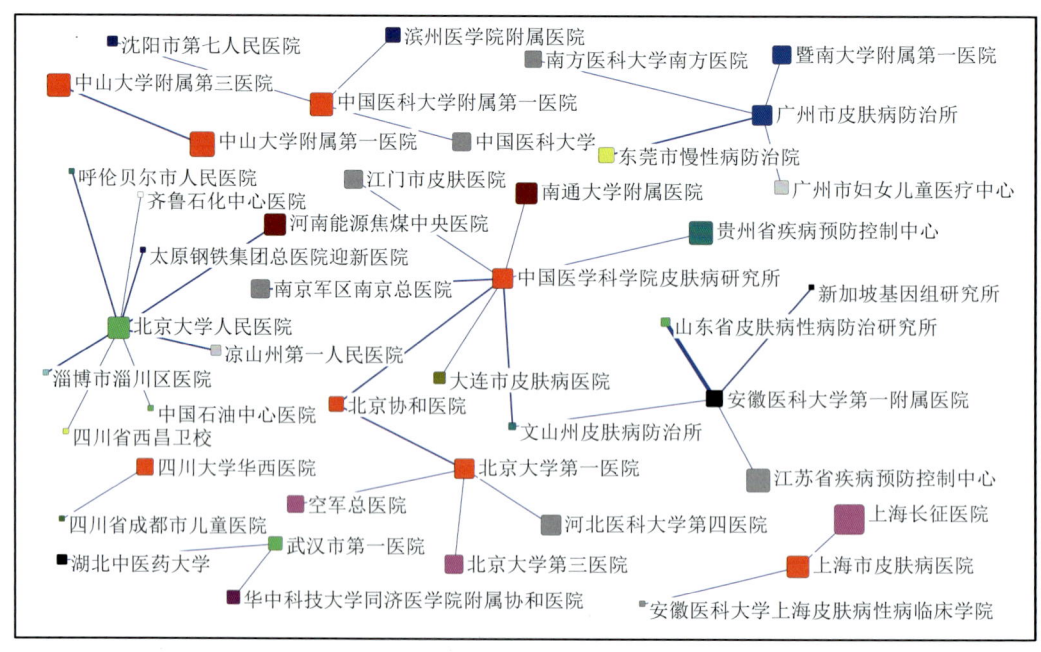

图 16-11　皮肤病学与性病学学科高被引机构科研合作关联

## 16.7 高被引图书、国外期刊及学术会议

2015 年，皮肤病学与性病学学科被引频次位居前 10 位的图书及国外期刊见表 16-7 和表 16-8。其中，被引次数较多的 3 种图书分别是赵辨的《中国临床皮肤病学》、赵辨的《临床皮肤病学》和张学军的《皮肤性病学》；被引次数较多的 3 种国外期刊分别是《British Journal of Dermatology》《Journal of The American Academy of Dermatology》和《Journal of Investigative Dermatology》；被引次数较多的 3 场学术会议分别是"Proceedings of the 2011 National HIV Prevention Conference""Textbook of Dermatology. 5th Ed"和"Textbook of Dermatology. 6th Ed"。

表 16-7 皮肤病学与性病学学科高被引图书 TOP 10

| 序号 | 责任者 | 图书名称 | 出版社 | 2015 年被引频次 |
| --- | --- | --- | --- | --- |
| 1 | 赵辨 | 中国临床皮肤病学 | 江苏科学技术出版社 | 442 |
| 2 | 赵辨 | 临床皮肤病学 | 江苏科学技术出版社 | 433 |
| 3 | 张学军 | 皮肤性病学 | 人民卫生出版社 | 245 |
| 4 | 国家中医药管理局 | 中医病证诊断疗效标准 | 南京大学出版社 | 41 |
| 5 | 李曰庆 | 中医外科学 | 中国中医药出版社 | 35 |
| 6 | 郑筱萸 | 中药新药临床研究指导原则 | 中国医药科技出版社 | 30 |
| 7 | 杨国亮 | 现代皮肤病学 | 上海医科大学出版社 | 27 |
| 8 | 王侠生 | 杨国亮皮肤病学 | 上海科学技术文献出版社 | 24 |
| 8 | 靳培英 | 皮肤病药物治疗学 | 人民卫生出版社 | 24 |
| 10 | 刘辅仁 | 实用皮肤科学 | 人民卫生出版社 | 22 |

表 16-8 皮肤病学与性病学学科高被引国外期刊 TOP 10

| 序号 | 期刊名称 | 2015 年被引频次 |
| --- | --- | --- |
| 1 | British Journal of Dermatology | 796 |
| 2 | Journal of The American Academy of Dermatology | 655 |
| 3 | Journal of Investigative Dermatology | 546 |
| 4 | Journal of the European Academy of Dermatology and Venereology | 357 |
| 5 | Archives of Dermatology | 292 |
| 6 | International Journal of Dermatology | 284 |
| 7 | PLoS One | 219 |
| 8 | Journal of Allergy and Clinical Immunology | 196 |
| 9 | Dermatologic Surgery | 195 |
| 9 | Clinical and Experimental Dermatology | 195 |

# 第 17 章 眼科学学科高被引分析

## 17.1 学科论文概况

2010—2014 年，眼科学学科共有 27927 位来自 8565 所机构的论文第一作者在 1059 种期刊上发表了 36983 篇学术论文。其中，80%以上的论文产出自 2621 所机构、19242 位作者，发表在 139 种期刊上。在前 5 年发表的这些论文中，有 11104 篇在 2015 年获得过引用，整体被引率为 30.0%，总被引频次为 19029 次，篇均被引 0.51 次；其中，高被引论文有 142 篇，单篇论文最高被引频次为 20 次，累计被引 1401 次，篇均被引 9.87 次（表 17-1）。另外，2015 年眼科学学科共发表论文 7121 篇，其中有 419 篇在当年获得过引用，总共被引 502 次。

表 17-1 眼科学学科论文分布情况

| 年份 | 论文篇数 | 2015 年被引频次 | 2015 年被引率（%） | 2015 年高被引论文 | | | |
| --- | --- | --- | --- | --- | --- | --- | --- |
| | | | | 论文篇数 | 最高被引频次 | 总被引频次 | 篇均被引频次 |
| 2010 | 8186 | 3292 | 25.1 | 24 | 19 | 244 | 10.17 |
| 2011 | 7432 | 3756 | 30.1 | 32 | 20 | 331 | 10.34 |
| 2012 | 7068 | 4024 | 32.3 | 34 | 20 | 317 | 9.32 |
| 2013 | 7492 | 4745 | 35.6 | 26 | 16 | 269 | 10.35 |
| 2014 | 6805 | 3212 | 27.5 | 26 | 15 | 240 | 9.23 |
| 合计 | 36983 | 19029 | 30.0 | 142 | 20 | 1401 | 9.87 |

从眼科学学科论文的地域分布来看，2015 年被引频次较高的 5 个省、直辖市或自治区依次是广东、北京、河南、江苏和山东（图 17-1）；5 年论文产出量较多的 5 个省、直辖市或自治区依次是广东、北京、河南、江苏和山东（图 17-2）。

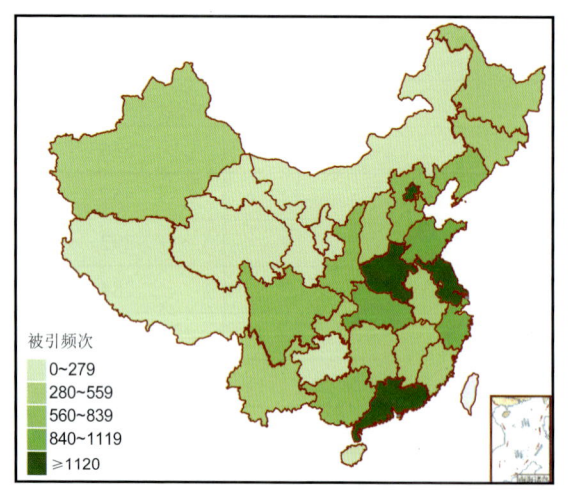

图 17-1 2015 年眼科学学科地区被引分布

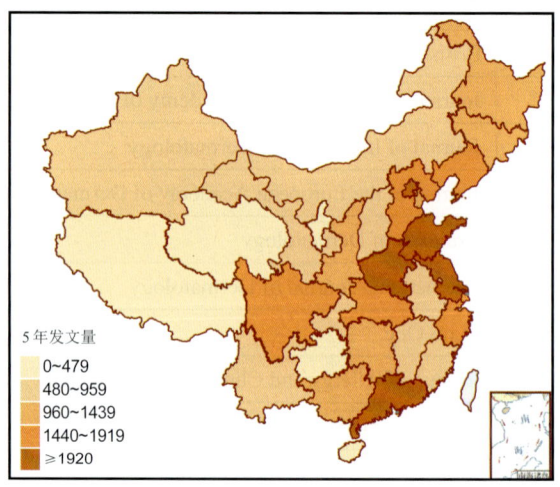

图 17-2 眼科学学科 5 年论文产出地区分布

## 17.2 高被引论文分析

在眼科学学科，2015 年被引频次位居前 10 位的论文（表 17-2）平均被引频次为 18.7 次，是全部 142 篇高被引论文篇均被引频次的 1.9 倍。其中，被引频次最高的论文是孟杨于 2011 年发表的《超声乳化白内障吸除、人工晶状体植入联合小梁切除术治疗白内障合并青光眼效果观察》，随后 2 篇分别是郑志于 2012 年发表的《糖尿病视网膜病变临床防治：进展、挑战与展望》和丛晨阳于 2012 年发表的《干眼症发病机制和治疗方法的研究进展》。

从论文分布来看，刊载高被引论文数量居前 3 位的期刊分别是《国际眼科杂志》（16 篇）、《中华眼科杂志》（15 篇）、《眼科新进展》（12 篇）和《中国实用眼科杂志》（12 篇），而《中国实用眼科杂志》刊载了高被引论文 TOP 10 中的 3 篇；发表高被引论文较多的学者分别是浙江大学医学院附属第二医院的姚克（2 篇）；产出高被引论文数量居前的 3 所机构分别是北京大学第一医院（3 篇）、首都医科大学附属北京同仁医院（3 篇）和中山大学中山眼科中心（3 篇）。

表 17-2 眼科学学科高被引论文 TOP 10

| 序号 | 论文题名 | 第一作者 | 期刊名称 | 发表年份 | 被引频次 总频次 | 被引频次 2015 年 |
|---|---|---|---|---|---|---|
| 1 | 超声乳化白内障吸除、人工晶状体植入联合小梁切除术治疗白内障合并青光眼效果观察 | 孟杨 | 山东医药 | 2011 | 59 | 33 |
| 2 | 糖尿病视网膜病变临床防治：进展、挑战与展望 | 郑志 | 中华眼底病杂志 | 2012 | 51 | 29 |
| 3 | 干眼症发病机制和治疗方法的研究进展 | 丛晨阳 | 国际眼科杂志 | 2012 | 36 | 23 |
| 4 | 我国青少年近视现患率及相关因素分析 | 谢红莉 | 中华医学杂志 | 2010 | 56 | 19 |
| 5 | 超声乳化白内障吸除联合小梁切除治疗青光眼合并白内障分析 | 李奇根 | 中国实用眼科杂志 | 2010 | 28 | 15 |
| 6 | 同期实施小梁切除与超声乳化术治疗青光眼合并白内障的疗效 | 吴燕 | 中国老年学杂志 | 2012 | 15 | 14 |
| 6 | 同轴 1.8mm 微切口超声乳化白内障手术临床效果评价 | 姚克 | 中华眼科杂志 | 2011 | 50 | 14 |
| 6 | 白内障超声乳化联合人工晶状体植入术治疗闭角型青光眼合并白内障的疗效观察 | 谢丽莲 | 成都医学院学报 | 2011 | 54 | 14 |
| 9 | 三种手术方式治疗青光眼合并白内障疗效的比较 | 吴永青 | 中国实用眼科杂志 | 2010 | 31 | 13 |
| 9 | 青光眼合并白内障患者治疗方案中的手术顺序探讨 | 赵阳 | 中国实用眼科杂志 | 2010 | 26 | 13 |

## 17.3 研究主题关联分析

在眼科学学科，高被引论文累计被 2015 年发表的 1156 篇论文引用了 1401 次。通过分析施引文献关键词的词频及关键词之间的共现关系，获得 2015 年眼科学学科的热点主题和主题关联，如图 17-3 所示（共现 7 次以下不显示）。由图 17-3 可知："白内障""青光眼""超声乳化"等关键词的文档词频较高，是 2015 年学科的研究热点；以"白内障""青光眼""超声乳化"等关键词为主要节点的多个概念相互关联，构成了学科内最为突出的研究主题簇。

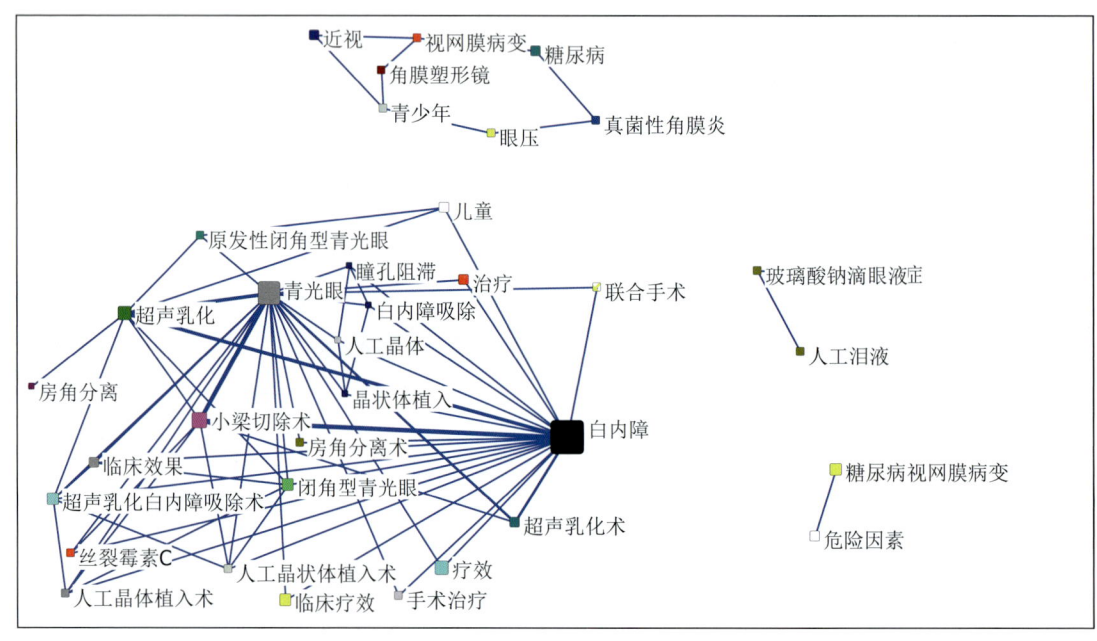

图 17-3　眼科学学科 2015 年热点主题关联

## 17.4 学科高影响力期刊分析

### 17.4.1 学科高影响力期刊 TOP 10

在眼科学学科，学科 5 年影响因子位居前 10 位的期刊见表 17-3，排在前 3 位的期刊分别是《中华眼科杂志》《眼科新进展》和《中华眼底病杂志》。在表 17-3 中，学科载文量占其总载文量比例最大的期刊是《中华眼底病杂志》；前 5 年学科载文在 2015 年被引率最高的期刊是《中华眼科杂志》；期刊 5 年影响因子较高的前 3 种期刊分别是《中华眼科杂志》《眼科新进展》和《中华眼底病杂志》；学科 5 年影响因子与期刊 5 年影响因子差异最大的期刊是《中国中医眼科杂志》。表 17-3 中期刊的学科 5 年影响因子和前 5 年学科载文的 2015 年被引率对比如图 17-4 所示，2010—2015 年期刊 5 年影响因子的变动情况如图 17-5 所示。

表 17-3 眼科学学科高影响力期刊基本指数

| 序号 | 期刊名称 | 前 5 年载文量 | | | 2015 年学科被引 | | | 5 年影响因子 | | h 指数（学科） |
|---|---|---|---|---|---|---|---|---|---|---|
| | | 学科（篇） | 占比（%） | 总量（篇） | 频次 | 被引率（%） | 高被引论文篇数 | 期刊（2015） | 学科（2015） | |
| 1 | 中华眼科杂志 | 1296 | 82.2 | 1576 | 1098 | 36.3 | 15 | 0.825 | 0.847 | 10 |
| 2 | 眼科新进展 | 1760 | 86.5 | 2035 | 1161 | 35.1 | 12 | 0.624 | 0.660 | 7 |
| 3 | 中华眼底病杂志 | 1046 | 93.6 | 1118 | 675 | 33.0 | 9 | 0.619 | 0.645 | 7 |
| 4 | 中国斜视与小儿眼科杂志 | 320 | 81.6 | 392 | 183 | 34.1 | 0 | 0.566 | 0.572 | 4 |
| 4 | 中国实用眼科杂志 | 2191 | 81.1 | 2703 | 1254 | 30.9 | 12 | 0.551 | 0.572 | 9 |
| 6 | 国际眼科杂志 | 3893 | 81.6 | 4769 | 2164 | 31.5 | 16 | 0.564 | 0.556 | 8 |
| 7 | 中国中医眼科杂志 | 718 | 76.2 | 942 | 390 | 32.5 | 2 | 0.495 | 0.543 | 5 |
| 8 | 眼科 | 647 | 83.5 | 775 | 333 | 29.4 | 3 | 0.520 | 0.515 | 6 |
| 9 | 临床眼科杂志 | 951 | 72.5 | 1311 | 476 | 30.6 | 4 | 0.496 | 0.501 | 7 |
| 10 | 中华眼视光学与视觉科学杂志 | 773 | 76.4 | 1012 | 377 | 29.2 | 1 | 0.486 | 0.488 | 5 |

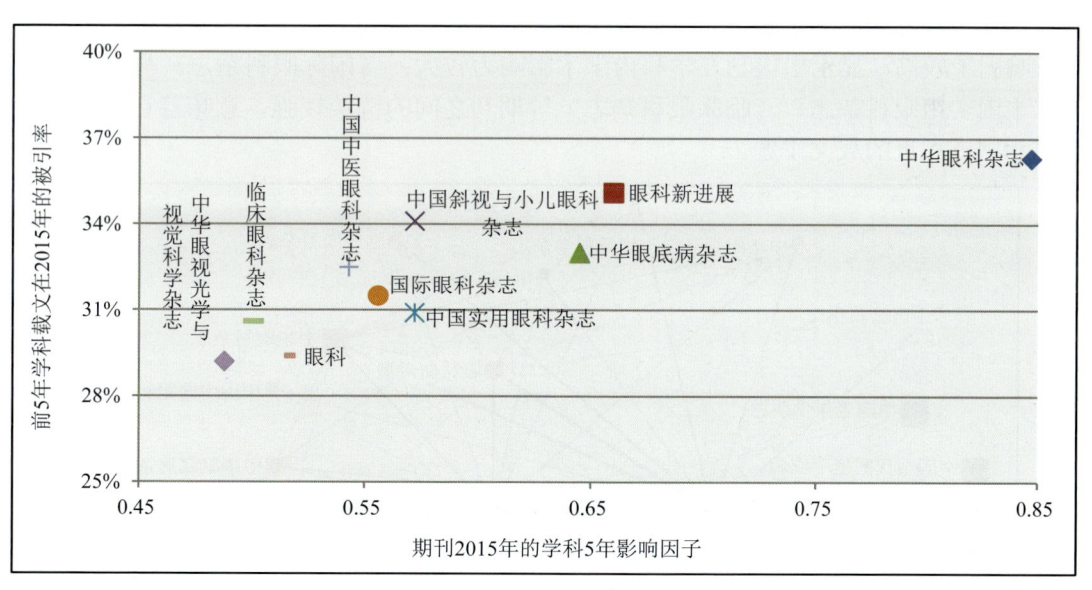

图 17-4　眼科学学科高影响力期刊对比

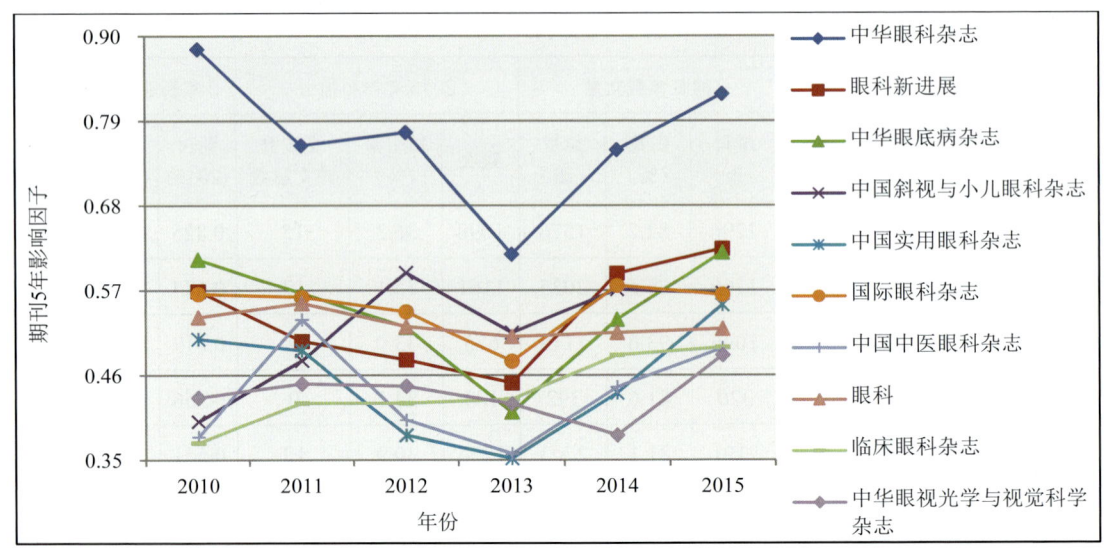

图 17-5　眼科学学科期刊 5 年影响因子变动

### 17.4.2　学科高影响力期刊载文主题关联

通过期刊共被引分析，获得眼科学学科高影响力期刊及与其他期刊之间的载文主题关联，如图 17-6 所示（共被引 29 次以下不显示）。结果显示，眼科学学科的高影响力期刊相互链接较为紧密，基本主导了该学科的期刊共被引网络，显示出该学科高影响力期刊可能共同刊载了许多相近的研究主题，热点研究主题分散在多种期刊上。《中华眼科杂志》的学科 5 年影响因子较高，显示出该刊在学科内学术影响力较大；《国际眼科杂志》与《眼科新进展》《中国实用眼科杂志》《临床眼科杂志》等期刊之间的链接较强，意味着它们之间可能有较多相同或相近的载文主题。

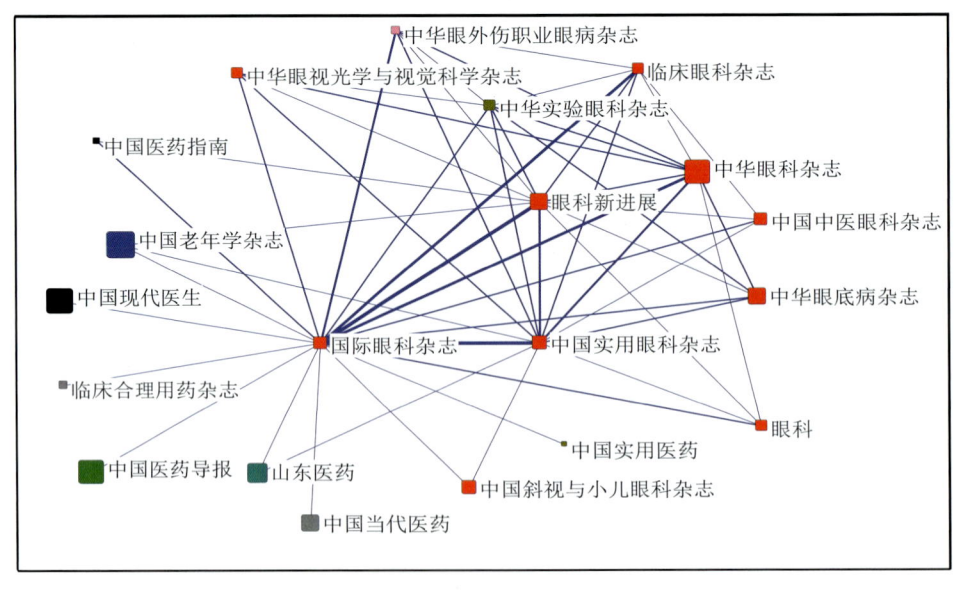

图 17-6　眼科学学科高影响力期刊载文主题关联

## 17.5 高被引作者分析

### 17.5.1 高被引作者 TOP 20

2010—2014 年，在 27927 位眼科学学科论文的第一作者中，在 2015 年学科被引频次位居前 20 位的学者的发文及被引情况见表 17-4。其中，学科发文总被引频次较高的 3 位作者分别是浙江大学医学院附属第二医院的姚克（34 次）、遵义市第一人民医院的孟杨（33 次）和上海交通大学附属第一人民医院的郑志（29 次）。高被引作者的 5 年学科发文数量从 1 篇到 16 篇不等，同时，作者学科发文的期刊分布也在 1 种到 8 种之间变化。在发文超过 5 篇的所有作者中，篇均被引较高的 3 位作者分别是浙江大学医学院附属第二医院的姚克（篇均 3.78 次）、郴州市第一人民医院的谢丽莲（篇均 3.60 次）和南通大学附属医院的管怀进（篇均 3.00 次）；前 5 年发表学科论文较多的 3 位作者分别是沧州市中心医院的孙则红（23 篇）、陕西省人民医院的石一宁（18 篇）和首都医科大学附属北京同仁医院的李建军（17 篇）。高被引作者的学科发文量和被引量对比如图 17-7 所示。

表 17-4 眼科学学科高被引作者 TOP 20

| 序号 | 姓名 | 作者单位 | 前 5 年发文 | | | 前 5 年学科发文在 2015 年的被引 | | | | h 指数（学科）|
|---|---|---|---|---|---|---|---|---|---|---|
| | | | 学科发文（篇）| 期刊分布（种）| 发文总量（篇）| 总频次 | 被引率（%）| 最高（次）| 篇均（次）| |
| 1 | 姚克 | 浙江大学医学院附属第二医院 | 9 | 4 | 9 | 34 | 55.6 | 14 | 3.78 | 3 |
| 2 | 孟杨 | 遵义市第一人民医院 | 1 | 1 | 1 | 33 | 100.0 | 33 | 33.00 | 1 |
| 3 | 郑志 | 上海交通大学附属第一人民医院 | 1 | 1 | 2 | 29 | 100.0 | 29 | 29.00 | 2 |
| 4 | 邵毅 | 南昌大学第一附属医院 | 16 | 6 | 28 | 27 | 62.5 | 7 | 1.69 | 4 |
| 4 | 李莹 | 北京协和医院 | 10 | 7 | 18 | 27 | 70.0 | 12 | 2.70 | 3 |
| 6 | 丛晨阳 | 山东中医药大学第二临床医学院 | 1 | 1 | 1 | 23 | 100.0 | 23 | 23.00 | 1 |
| 7 | 张瑞雪 | 山西医科大学第一医院 | 1 | 1 | 1 | 22 | 100.0 | 22 | 22.00 | 1 |
| 8 | 张秀兰 | 中山大学中山眼科中心 | 10 | 4 | 10 | 21 | 50.0 | 9 | 2.10 | 3 |
| 9 | 谢红莉 | 温州医学院 | 1 | 1 | 2 | 19 | 100.0 | 19 | 19.00 | 2 |
| 9 | 王爽 | 北京大学第一医院 | 1 | 1 | 3 | 19 | 100.0 | 19 | 19.00 | 1 |
| 11 | 王雪燕 | 襄阳市中心医院 | 9 | 8 | 12 | 18 | 44.4 | 6 | 2.00 | 4 |
| 11 | 谢丽莲 | 郴州市第一人民医院 | 5 | 4 | 5 | 18 | 60.0 | 14 | 3.60 | 2 |
| 11 | 朱梦钧 | 上海市眼病防治中心 | 11 | 5 | 11 | 18 | 45.5 | 7 | 1.64 | 3 |

| 序号 | 姓名 | 作者单位 | 前5年发文 | | | 前5年学科发文在2015年的被引 | | | | h指数（学科） |
|---|---|---|---|---|---|---|---|---|---|---|
| | | | 学科发文（篇） | 期刊分布（种） | 发文总量（篇） | 总频次 | 被引率（%） | 最高（次） | 篇均（次） | |
| 14 | 吴燕 | 宜兴市第二人民医院 | 2 | 2 | 2 | 17 | 100.0 | 14 | 8.50 | 2 |
| 14 | 葛坚 | 中山大学中山眼科中心 | 9 | 6 | 12 | 17 | 44.4 | 11 | 1.89 | 2 |
| 16 | 梁永强 | 东莞市太平人民医院 | 4 | 4 | 5 | 16 | 50.0 | 10 | 4.00 | 2 |
| 16 | 李华 | 北京大学第三医院 | 1 | 1 | 5 | 16 | 100.0 | 16 | 16.00 | 2 |
| 16 | 周倩 | 湖北省武汉市妇女医疗保健中心 | 1 | 1 | 1 | 16 | 100.0 | 16 | 16.00 | 1 |
| 19 | 李奇根 | 中山大学附属第三医院 | 1 | 1 | 1 | 15 | 100.0 | 15 | 15.00 | 1 |
| 19 | 管怀进 | 南通大学附属医院 | 5 | 4 | 10 | 15 | 60.0 | 12 | 3.00 | 2 |

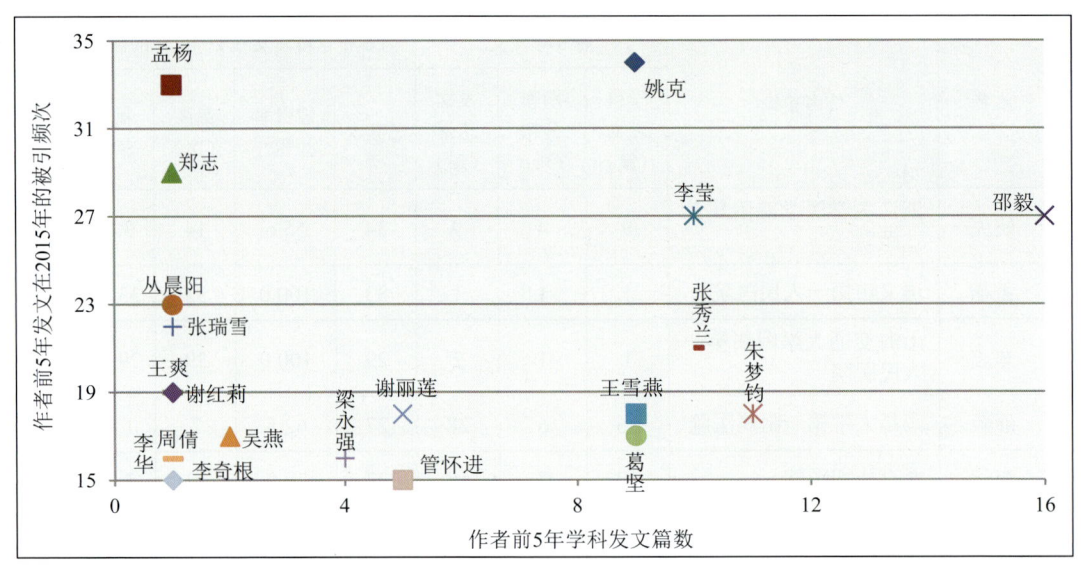

图17-7　眼科学学科高被引作者学科发文及被引对比

### 17.5.2　高被引作者科研合作关系

通过作者合著分析，获得2015年眼科学学科高被引作者及与其他学者之间的科研论文合作关系（不考虑论文署名次序），如图17-8所示（合著3次以下不显示）。可以看出，眼科学学科的高被引作者的论文合作现象比较普遍。学者邵毅、李莹和朱梦钧的发文量较多；邵毅的论文合作网络最为突出，在该学科的研究人员中表现出一定的集聚效应；邵毅和裴重刚、周琼等学者之间的合作关系最为紧密，显示出他们可能属于同一支科研团队。

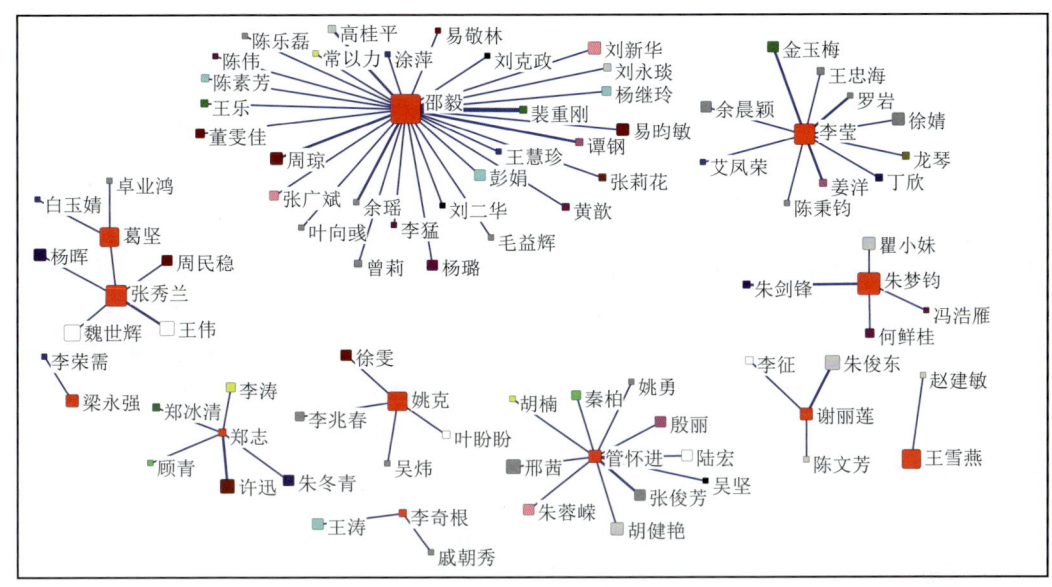

图 17-8　眼科学学科高被引作者科研论文合作关系

### 17.5.3　高被引作者发文主题关联

通过作者共被引分析，获得 2015 年眼科学学科高被引作者及与其他学者之间的发文主题关联（见图 17-9，共被引 3 次以下不显示）。如图 17-9 所示，眼科学学科的高被引作者基本主导了作者共被引网络，显示出该学科在热点主题上已经形成了优势较为明显的科研力量。学者姚克和孟杨的节点较大，显示出他们的学术成果在学科内得到较多关注；孙林与李华、孟杨与李奇根等学者之间的链接较强，意味着他们之间可能有较为相近的研究主题；以孟杨、朱梦钧等学者为主要节点的共被引作者簇初具规模，意味着这些学者的研究主题关联可能较为紧密。

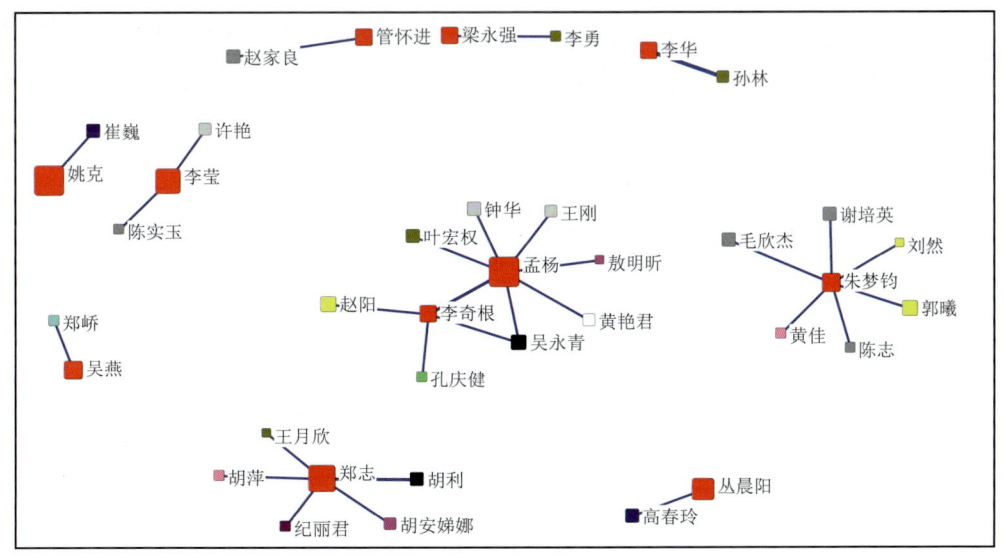

图 17-9　眼科学学科高被引作者发文主题关联

## 17.6 高被引机构分析

### 17.6.1 高被引机构

为便于比较，本书将眼科学学科的高被引机构分为医院和高等院校/科研院所两种类型。其中，被引频次 TOP 10 医院和被引频次 TOP 5 高等院校/科研院所的发文及被引情况分别见表 17-5 和表 17-6。其中，总被引频次较高的 3 所医院分别是首都医科大学附属北京同仁医院、郑州大学第一附属医院和北京协和医院，天津医科大学、山东省眼科研究所和温州医学院是总被引频次较高的 3 所高等院校/科研院所；前 5 年学科发文在 2015 年的被引率最高的医院和高等院校/科研院所分别是复旦大学附属眼耳鼻喉科医院和温州医学院，篇均被引最高的医院和高等院校/科研院所分别是上海交通大学附属第一人民医院和温州医学院。上述高被引机构的论文被引率和篇均被引频次对比如图 17-10 所示。

表 17-5 眼科学学科高被引医院 TOP 10

| 序号 | 第一作者单位 | 学科发文量（篇） | | 前 5 年学科发文在 2015 年的被引 | | | |
|---|---|---|---|---|---|---|---|
| | | 前 5 年 | 2015 年 | 频次 | 被引率(%) | 最高（次） | 篇均（次） |
| 1 | 首都医科大学附属北京同仁医院 | 772 | 129 | 401 | 30.3 | 13 | 0.52 |
| 2 | 郑州大学第一附属医院 | 280 | 55 | 165 | 35.7 | 6 | 0.59 |
| 3 | 北京协和医院 | 215 | 42 | 164 | 33.0 | 12 | 0.76 |
| 4 | 复旦大学附属眼耳鼻喉科医院 | 277 | 46 | 161 | 38.3 | 5 | 0.58 |
| 5 | 上海交通大学附属第一人民医院 | 173 | 30 | 133 | 28.9 | 29 | 0.77 |
| 6 | 天津市眼科医院 | 206 | 30 | 116 | 33.0 | 7 | 0.56 |
| 7 | 温州医学院附属眼视光医院 | 174 | 29 | 114 | 37.9 | 11 | 0.66 |
| 8 | 北京大学第三医院 | 154 | 25 | 108 | 29.2 | 16 | 0.70 |
| 9 | 武汉大学人民医院 | 202 | 22 | 97 | 29.7 | 7 | 0.48 |
| 10 | 中国中医科学院眼科医院 | 146 | 29 | 89 | 32.2 | 7 | 0.61 |

表 17-6 眼科学学科高被引高等院校/科研院所 TOP 5

| 序号 | 第一作者单位 | 学科发文量（篇） | | 前 5 年学科发文在 2015 年的被引 | | | |
|---|---|---|---|---|---|---|---|
| | | 前 5 年 | 2015 年 | 频次 | 被引率(%) | 最高（次） | 篇均（次） |
| 1 | 天津医科大学 | 154 | 22 | 95 | 29.9 | 8 | 0.62 |
| 2 | 山东省眼科研究所 | 75 | 14 | 67 | 49.3 | 6 | 0.89 |
| 3 | 温州医学院 | 50 | 15 | 58 | 50.0 | 19 | 1.16 |
| 4 | 河南省眼科研究所 | 69 | 13 | 50 | 43.5 | 4 | 0.72 |
| 4 | 中山大学 | 86 | 8 | 50 | 31.4 | 9 | 0.58 |

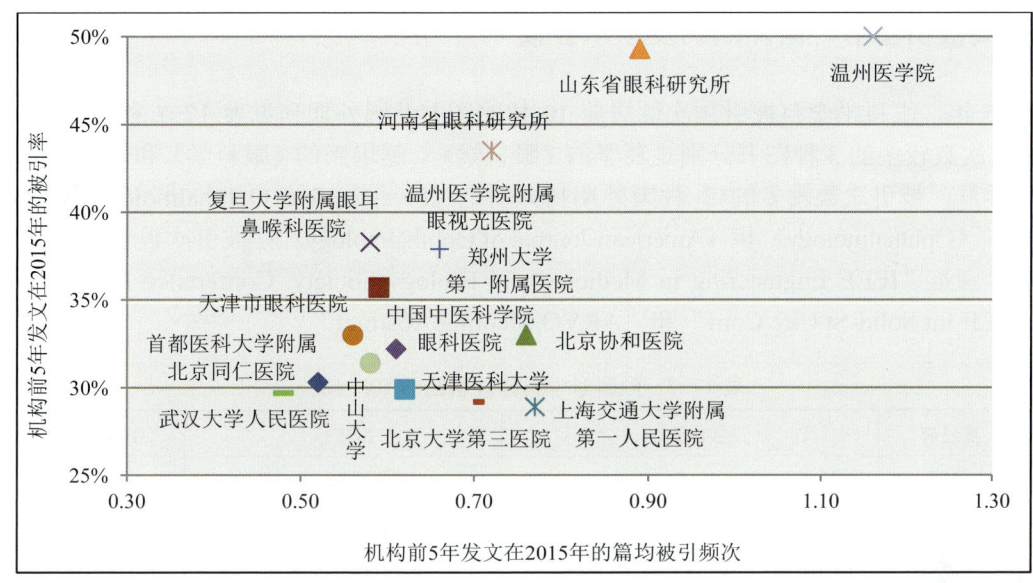

图 17-10　眼科学学科高被引机构论文篇均被引及被引率对比

### 17.6.2　高被引机构科研合作关系

通过合著分析，获得眼科学学科高被引机构之间及其与其他机构之间的科研合作关联，如图 17-11 所示（合作 25 次以下不显示）。分析得知，眼科学学科的机构合作链接比较紧密，表明学科内机构合作现象较为普遍；高被引机构基本主导了机构合作网络，显示出这些机构已经在学科内具有了一定的科研优势；温州医学院和温州医学院附属眼视光医院、上海交通大学附属第一人民医院与上海市眼病防治中心等机构之间的链接较强，表明它们的学术合作较为频繁。

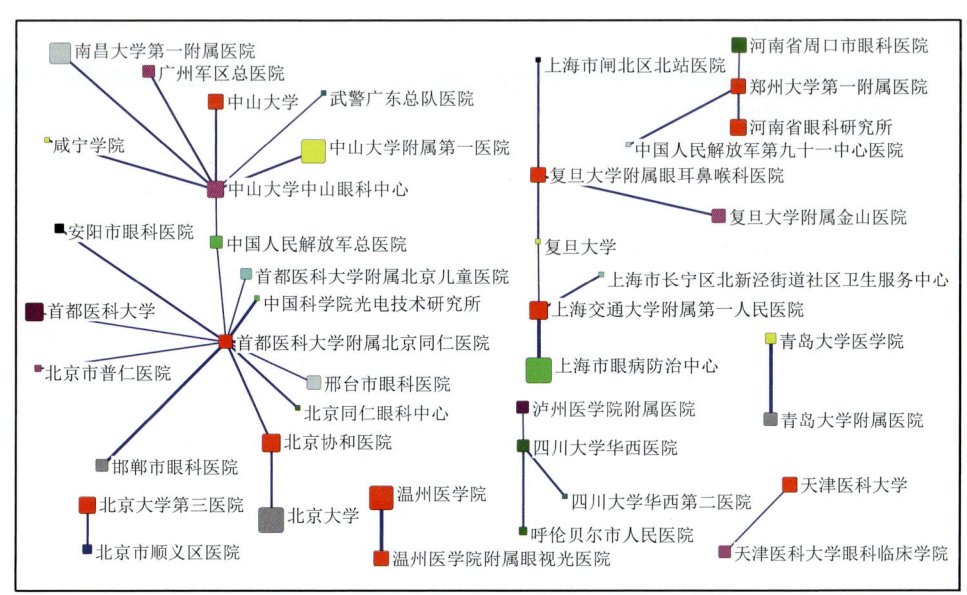

图 17-11　眼科学学科高被引机构科研合作关联

## 17.7 高被引图书、国外期刊及学术会议

2015 年，眼科学学科被引频次位居前 10 位的图书及国外期刊见表 17-7 和表 17-8。其中，被引次数较多的 3 种图书分别是葛坚的《眼科学》、赵堪兴的《眼科学》和刘家琦的《实用眼科学》；被引次数较多的 3 种国外期刊分别是《Investigative Ophthalmology & Visual Science》《Ophthalmology》和《American Journal of Ophthalmology》；被引次数较多的 3 场学术会议分别是"IEEE Engineering in Medicine and Biology Society. Conference Proceedings" "Proc IEEE Int Solid-St Circ Conf" 和 "ARVO Meeting Abstract"。

表 17-7　眼科学学科高被引图书 TOP 10

| 序号 | 责任者 | 图书名称 | 出版社 | 2015 年被引频次 |
|---|---|---|---|---|
| 1 | 葛坚 | 眼科学 | 人民卫生出版社 | 175 |
| 2 | 赵堪兴 | 眼科学 | 人民卫生出版社 | 142 |
| 3 | 刘家琦 | 实用眼科学 | 人民卫生出版社 | 132 |
| 4 | 李凤鸣 | 中华眼科学 | 人民卫生出版社 | 127 |
| 5 | 李凤鸣 | 眼科全书 | 人民卫生出版社 | 104 |
| 6 | 张承芬 | 眼底病学 | 人民卫生出版社 | 70 |
| 7 | 李绍珍 | 眼科手术学 | 人民卫生出版社 | 63 |
| 7 | 惠延年 | 眼科学 | 人民卫生出版社 | 63 |
| 9 | 刘祖国 | 眼表疾病学 | 人民卫生出版社 | 50 |
| 10 | 李美玉 | 青光眼学 | 人民卫生出版社 | 43 |

表 17-8　眼科学学科高被引国外期刊 TOP 10

| 序号 | 期刊名称 | 2015 年被引频次 |
|---|---|---|
| 1 | Investigative Ophthalmology & Visual Science | 3031 |
| 2 | Ophthalmology | 3020 |
| 3 | American Journal of Ophthalmology | 2206 |
| 4 | Journal of Cataract & Refractive Surgery | 2109 |
| 5 | British Journal of Ophthalmology | 1512 |
| 6 | Archives of Ophthalmology | 1218 |
| 7 | Retina | 987 |
| 8 | Graefe's Archive for Clinical and Experimental Ophthalmology | 817 |
| 9 | Eye | 789 |
| 10 | Cornea | 743 |

# 第 18 章　耳鼻喉科学学科高被引分析

## 18.1　学科论文概况

2010—2014 年,耳鼻喉科学学科共有 22446 位来自 7618 所机构的论文第一作者在 1013 种期刊上发表了 26337 篇学术论文。其中,80%以上的论文产出自 2688 所机构、16123 位作者,发表在 173 种期刊上。在前 5 年发表的这些论文中,有 8622 篇在 2015 年获得过引用,整体被引率为 32.7%,总被引频次为 15345 次,篇均被引 0.58 次;其中,高被引论文有 107 篇,单篇论文最高被引频次为 17 次,累计被引 993 次,篇均被引 9.28 次(表 18-1)。另外,2015 年耳鼻喉科学学科共发表论文 5720 篇,其中有 469 篇在当年获得过引用,总共被引 572 次。

表 18-1　耳鼻喉科学学科论文分布情况

| 年份 | 论文篇数 | 2015 年被引频次 | 2015 年被引率（%） | 2015 年高被引论文 | | | |
|---|---|---|---|---|---|---|---|
| | | | | 论文篇数 | 最高被引频次 | 总被引频次 | 篇均被引频次 |
| 2010 | 5302 | 2483 | 27.3 | 15 | 9 | 150 | 10.00 |
| 2011 | 5376 | 3075 | 32.1 | 28 | 17 | 242 | 8.64 |
| 2012 | 5313 | 3451 | 35.4 | 20 | 16 | 228 | 11.40 |
| 2013 | 5195 | 3812 | 38.7 | 21 | 12 | 195 | 9.29 |
| 2014 | 5151 | 2524 | 30.4 | 23 | 15 | 178 | 7.74 |
| 合计 | 26337 | 15345 | 32.7 | 107 | 17 | 993 | 9.28 |

从耳鼻喉科学学科论文的地域分布来看,2015 年被引频次较高的 5 个省、直辖市或自治区依次是广东、北京、江苏、河南和湖北(图 18-1);5 年论文产出量较多的 5 个省、直辖市或自治区依次是广东、北京、河南、江苏和山东(图 18-2)。

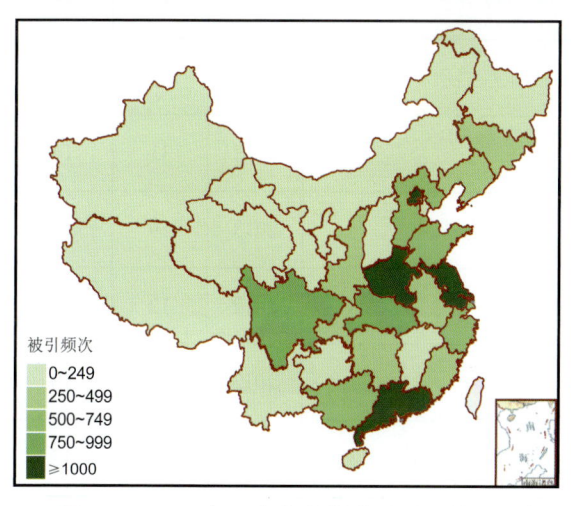

图18-1　2015年耳鼻喉科学学科地区被引分布

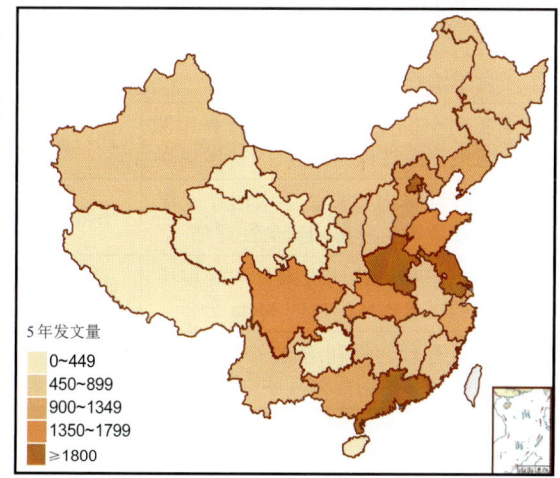

图18-2　耳鼻喉科学学科5年论文产出地区分布

## 18.2 高被引论文分析

在耳鼻喉科学学科,2015年被引频次位居前10位的论文(表18-2)平均被引频次为14.1次,是全部107篇高被引论文篇均被引频次的1.5倍。其中,被引频次最高的论文是韩冰于2012年发表的《中国内地新生儿听力筛查情况的回顾性分析》,随后4篇分别是齐鹤立于2012年发表的《老年耳鼻喉手术患者术后急性感染现况及手术后疼痛的疗效》、朱小燕于2012年发表的《鼻内镜手术治疗慢性鼻窦炎的临床疗效及其与临床分型的关系》、赵亮于2012年发表的《鼻内镜下治疗非侵袭性真菌性鼻窦炎35例》和陈伟南于2010年发表的《耳内镜下鼓膜置管联合腺样体切除术治疗儿童分泌性中耳炎》。

从论文分布来看,刊载高被引论文数量居前的3种期刊分别是《临床耳鼻咽喉头颈外科杂志》(13篇)、《中华耳鼻咽喉头颈外科杂志》(11篇)和《听力学及言语疾病杂志》(5篇),而《中国老年学杂志》《中国内镜杂志》《重庆医学》分别刊载了高被引论文TOP 10中的2篇;产出高被引论文数量居前的3所机构分别是首都医科大学附属北京同仁医院(3篇)、北京大学人民医院(3篇)和柳州市人民医院(2篇)。

表18-2 耳鼻喉科学学科高被引论文 TOP 10

| 序号 | 论文题名 | 第一作者 | 期刊名称 | 发表年份 | 被引频次 总频次 | 被引频次 2015年 |
|---|---|---|---|---|---|---|
| 1 | 中国内地新生儿听力筛查情况的回顾性分析 | 韩冰 | 听力学及言语疾病杂志 | 2012 | 34 | 16 |
| 2 | 老年耳鼻喉手术患者术后急性感染现况及手术后疼痛的疗效 | 齐鹤立 | 中国老年学杂志 | 2012 | 29 | 15 |
| 2 | 鼻内镜手术治疗慢性鼻窦炎的临床疗效及其与临床分型的关系 | 朱小燕 | 中国内镜杂志 | 2012 | 24 | 15 |
| 2 | 鼻内镜下治疗非侵袭性真菌性鼻窦炎35例 | 赵亮 | 中国内镜杂志 | 2012 | 19 | 15 |
| 2 | 耳内镜下鼓膜置管联合腺样体切除术治疗儿童分泌性中耳炎 | 陈伟南 | 中华耳科学杂志 | 2010 | 43 | 15 |
| 6 | 长期小剂量克拉霉素联合鼻用激素治疗慢性鼻-鼻窦炎的初步观察 | 刘巨波 | 临床耳鼻咽喉头颈外科杂志 | 2011 | 31 | 14 |
| 7 | 功能性鼻内镜鼻窦手术治疗老年慢性鼻窦炎鼻息肉安全性评估 | 韦富贵 | 中国老年学杂志 | 2013 | 19 | 13 |
| 7 | 等离子扁桃体切除术与常规扁桃体剥离术术后出血的Meta分析 | 张春林 | 重庆医学 | 2012 | 12 | 13 |
| 7 | 酮替芬联合舒利迭治疗哮喘合并变应性鼻炎的疗效观察 | 王东安 | 重庆医学 | 2013 | 18 | 13 |
| 10 | 耳内镜下鼓膜置管术治疗分泌性中耳炎98例 | 韦家锋 | 现代中西医结合杂志 | 2011 | 21 | 12 |

## 18.3 研究主题关联分析

在耳鼻喉科学学科，高被引论文累计被 2015 年发表的 758 篇论文引用了 993 次。通过分析施引文献关键词的词频及关键词之间的共现关系，获得 2015 年耳鼻喉科学学科的热点主题和主题关联，如图 18-3 所示（共现 5 次以下不显示）。由图 18-3 可知："慢性鼻窦炎""鼻内镜""鼻息肉"等关键词的文档词频较高，是 2015 年学科的研究热点；以"慢性鼻窦炎""鼻内镜""鼻息肉"等关键词为主要节点的多个概念相互关联，构成了学科内最为突出的研究主题簇。

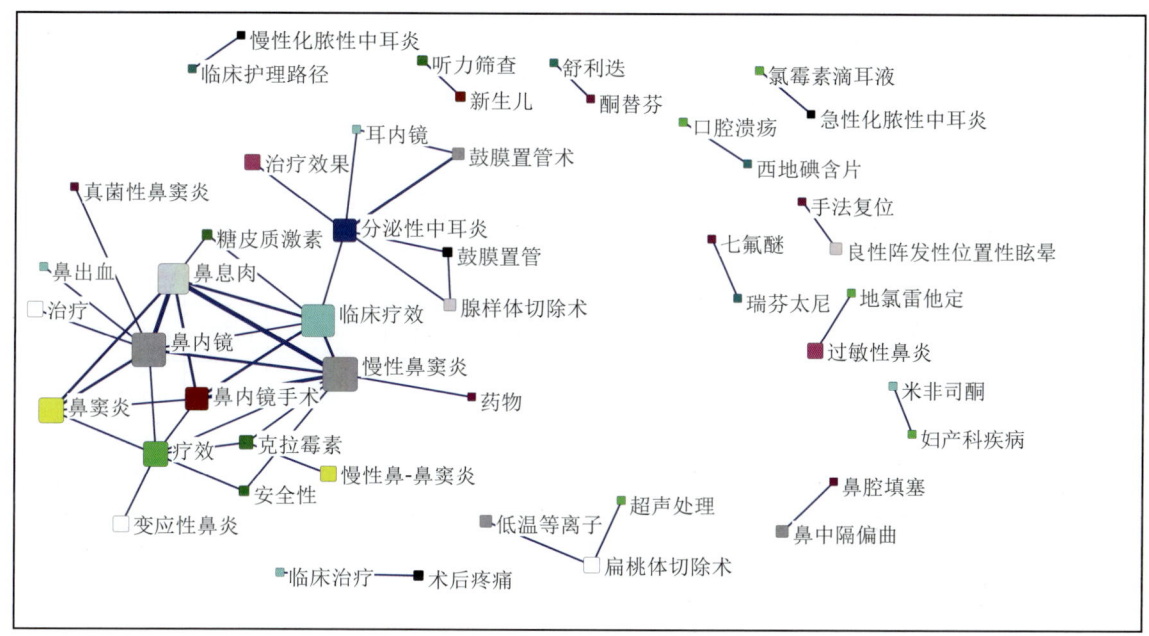

图 18-3　耳鼻喉科学学科 2015 年热点主题关联

## 18.4 学科高影响力期刊分析

### 18.4.1 学科高影响力期刊 TOP 10

在耳鼻喉科学学科，学科 5 年影响因子位居前 10 位的期刊见表 18-3，排在前 3 位的期刊分别是《中华耳鼻咽喉头颈外科杂志》《中华耳科学杂志》和《听力学及言语疾病杂志》。在表 18-3 中，学科载文量占其总载文量比例最大的期刊是《听力学及言语疾病杂志》；前 5 年学科载文在 2015 年被引率最高的期刊是《中华耳科学杂志》；期刊 5 年影响因子较高的前 3 种期刊分别是《中华耳鼻咽喉头颈外科杂志》《听力学及言语疾病杂志》和《中华耳科学杂志》；学科 5 年影响因子与期刊 5 年影响因子差异最大的期刊是《中华耳鼻咽喉头颈外科杂志》。表 18-3 中期刊的学科 5 年影响因子和前 5 年学科载文的 2015 年被引率对比如图 18-4 所示，2010—2015 年期刊 5 年影响因子的变动情况如图 18-5 所示。

表 18-3 耳鼻喉科学学科高影响力期刊基本指数

| 序号 | 期刊名称 | 前 5 年载文量 | | 2015 年学科被引 | | | 5 年影响因子 | | h 指数 (学科) |
|---|---|---|---|---|---|---|---|---|---|
| | | 学科（篇） | 占比（%） | 总量（篇） | 频次 | 被引率（%） | 高被引论文篇数 | 期刊 (2015) | 学科 (2015) | |
| 1 | 中华耳鼻咽喉头颈外科杂志 | 680 | 41.1 | 1655 | 668 | 37.9 | 11 | 1.119 | 0.982 | 11 |
| 2 | 中华耳科学杂志 | 554 | 65.5 | 846 | 465 | 40.1 | 4 | 0.762 | 0.839 | 7 |
| 3 | 听力学及言语疾病杂志 | 1014 | 88.8 | 1142 | 834 | 39.8 | 5 | 0.781 | 0.822 | 6 |
| 4 | 临床耳鼻咽喉头颈外科杂志 | 1757 | 58.1 | 3026 | 1297 | 36.4 | 13 | 0.645 | 0.738 | 9 |
| 5 | 中国耳鼻咽喉颅底外科杂志 | 636 | 63.9 | 996 | 376 | 35.8 | 1 | 0.489 | 0.591 | 5 |
| 6 | 中国耳鼻咽喉头颈外科 | 693 | 49.4 | 1403 | 323 | 27.4 | 2 | 0.477 | 0.466 | 6 |
| 7 | 山东大学耳鼻喉眼学报 | 584 | 54.1 | 1079 | 267 | 27.2 | 0 | 0.405 | 0.457 | 4 |
| 8 | 中国眼耳鼻喉科杂志 | 283 | 29.1 | 973 | 116 | 25.4 | 0 | 0.386 | 0.410 | 4 |
| 9 | 中国中西医结合耳鼻咽喉科杂志 | 365 | 44.8 | 814 | 121 | 22.5 | 0 | 0.354 | 0.332 | 4 |
| 10 | 中国听力语言康复科学杂志 | 352 | 61.3 | 574 | 69 | 11.9 | 0 | 0.160 | 0.196 | 4 |

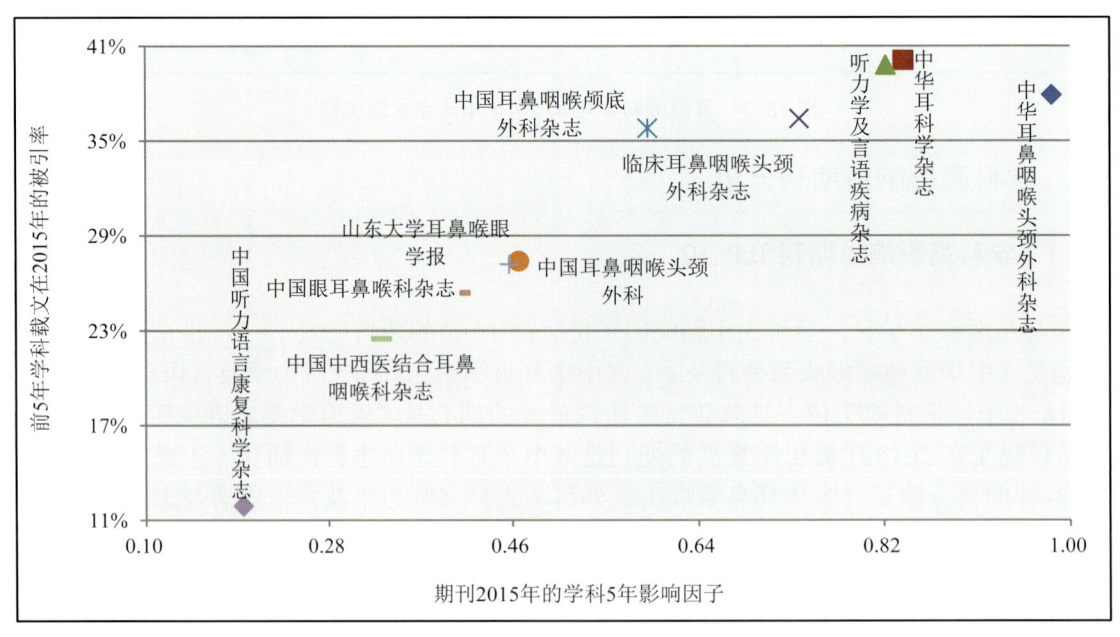

图 18-4 耳鼻喉科学学科高影响力期刊对比

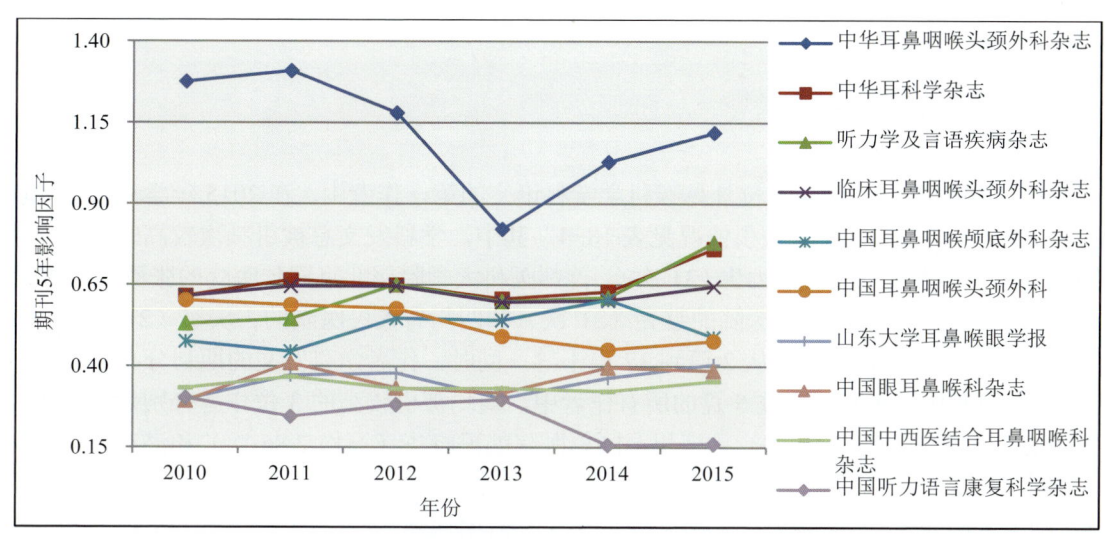

图18-5 耳鼻喉科学学科期刊5年影响因子变动

## 18.4.2 学科高影响力期刊载文主题关联

通过期刊共被引分析，获得耳鼻喉科学学科高影响力期刊及与其他期刊之间的载文主题关联，如图18-6所示（共被引11次以下不显示）。结果显示，耳鼻喉科学学科的高影响力期刊相互链接较为紧密，基本主导了该学科的期刊共被引网络，显示出该学科高影响力期刊可能共同刊载了许多相近的研究主题，热点研究主题分散在多种期刊上。《中华耳鼻咽喉头颈外科杂志》的学科5年影响因子较高，显示出该刊在学科内学术影响力较大；《临床耳鼻咽喉头颈外科杂志》与《听力学及言语疾病杂志》及《中华耳鼻咽喉头颈外科杂志》、《听力学及言语疾病杂志》与《中华耳科学杂志》等期刊之间的链接较强，意味着它们之间可能分别有较多相同或相近的载文主题。

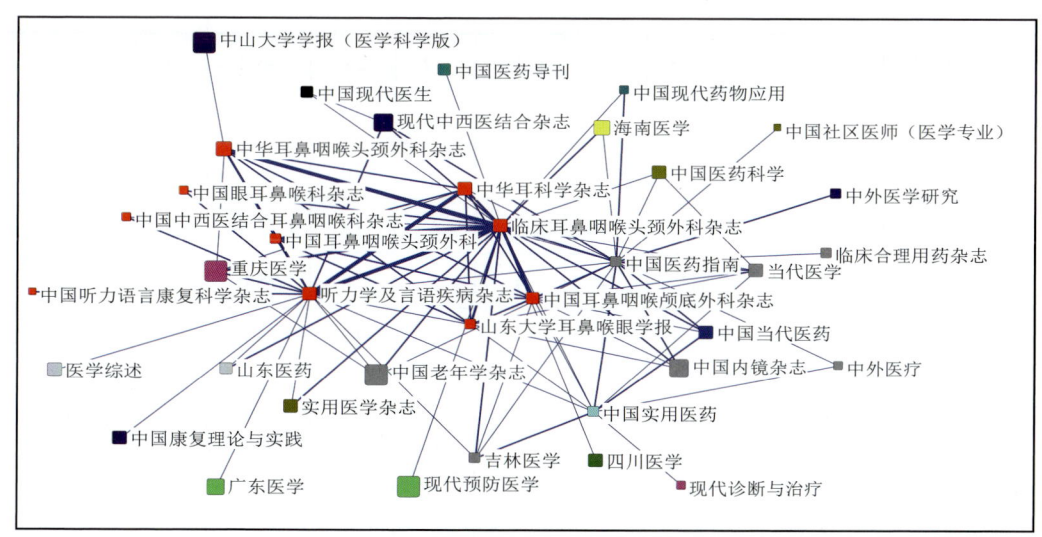

图18-6 耳鼻喉科学学科高影响力期刊载文主题关联

## 18.5 高被引作者分析

### 18.5.1 高被引作者 TOP 20

2010—2014年,在22446位耳鼻喉科学学科论文的第一作者中,在2015年学科被引频次位居前20位的学者的发文及被引情况见表18-4。其中,学科发文总被引频次较高的4位作者分别是北京大学人民医院的余力生(31次)、首都医科大学附属北京同仁医院的张罗(22次)、首都医科大学附属北京世纪坛医院的赵亮(21次)和四川省人民医院的古庆家(21次)。高被引作者的5年学科发文数量从2篇到17篇不等,同时,作者学科发文的期刊分布也在1种到10种之间变化。在发文超过5篇的所有作者中,篇均被引较高的3位作者分别是武汉市儿童医院的王淑芬(篇均3.40次)、广州军区总医院的冯晓华(篇均2.86次)和潜江市中心医院的刘建设(篇均2.83次);前5年发表学科论文较多的3位作者分别是复旦大学附属眼耳鼻喉科医院的王正敏(24篇)、上海交通大学医学院附属新华医院的黄治物(18篇)和义乌市中心医院的楼正才(17篇)。高被引作者的学科发文量和被引量对比如图18-7所示。

表18-4 耳鼻喉科学学科高被引作者 TOP 20

| 序号 | 姓名 | 作者单位 | 前5年发文 | | | 前5年学科发文在2015年的被引 | | | | h指数(学科) |
|---|---|---|---|---|---|---|---|---|---|---|
| | | | 学科发文(篇) | 期刊分布(种) | 发文总量(篇) | 总频次 | 被引率(%) | 最高(次) | 篇均(次) | |
| 1 | 余力生 | 北京大学人民医院 | 14 | 7 | 16 | 31 | 57.1 | 9 | 2.21 | 4 |
| 2 | 张罗 | 首都医科大学附属北京同仁医院 | 14 | 5 | 52 | 22 | 57.1 | 4 | 1.57 | 4 |
| 3 | 赵亮 | 首都医科大学附属北京世纪坛医院 | 2 | 2 | 3 | 21 | 100.0 | 15 | 10.50 | 2 |
| 3 | 古庆家 | 四川省人民医院 | 13 | 3 | 29 | 21 | 46.2 | 9 | 1.62 | 3 |
| 5 | 冯晓华 | 广州军区总医院 | 7 | 4 | 8 | 20 | 71.4 | 10 | 2.86 | 2 |
| 5 | 王旻 | 北京大学人民医院 | 4 | 3 | 5 | 20 | 75.0 | 11 | 5.00 | 3 |
| 7 | 朱小燕 | 河源市人民医院 | 4 | 4 | 5 | 18 | 75.0 | 15 | 4.50 | 2 |
| 7 | 陈伟南 | 东莞市太平人民医院 | 4 | 4 | 5 | 18 | 75.0 | 15 | 4.50 | 2 |
| 9 | 庄远岭 | 扬州市第一人民医院 | 4 | 3 | 4 | 17 | 75.0 | 12 | 4.25 | 2 |
| 9 | 王淑芬 | 武汉市儿童医院 | 5 | 1 | 5 | 17 | 80.0 | 9 | 3.40 | 2 |
| 9 | 韦富贵 | 柳州市人民医院 | 4 | 4 | 6 | 17 | 50.0 | 13 | 4.25 | 2 |
| 9 | 刘建设 | 潜江市中心医院 | 6 | 5 | 6 | 17 | 83.3 | 11 | 2.83 | 2 |
| 9 | 楼正才 | 义乌市中心医院 | 17 | 10 | 21 | 17 | 41.2 | 7 | 1.00 | 3 |

| 序号 | 姓名 | 作者单位 | 前5年发文 | | | 前5年学科发文在2015年的被引 | | | | h指数(学科) |
|---|---|---|---|---|---|---|---|---|---|---|
| | | | 学科发文(篇) | 期刊分布(种) | 发文总量(篇) | 总频次 | 被引率(%) | 最高(次) | 篇均(次) | |
| 14 | 韩冰 | 中国人民解放军总医院 | 2 | 2 | 4 | 16 | 50.0 | 16 | 8.00 | 3 |
| 15 | 韩德民 | 首都医科大学附属北京同仁医院 | 7 | 5 | 34 | 15 | 71.4 | 10 | 2.14 | 2 |
| 15 | 齐鹤立 | 通化市卫生学校 | 4 | 2 | 5 | 15 | 25.0 | 15 | 3.75 | 1 |
| 15 | 杨仕明 | 中国人民解放军总医院 | 7 | 5 | 8 | 15 | 57.1 | 7 | 2.14 | 3 |
| 15 | 周兵 | 首都医科大学附属北京同仁医院 | 7 | 3 | 17 | 15 | 71.4 | 5 | 2.14 | 3 |
| 15 | 蔡建良 | 东莞市厚街医院 | 4 | 4 | 5 | 15 | 100.0 | 7 | 3.75 | 3 |
| 15 | 黄雪琨 | 中山大学附属第三医院 | 15 | 9 | 21 | 15 | 33.3 | 6 | 1.00 | 3 |

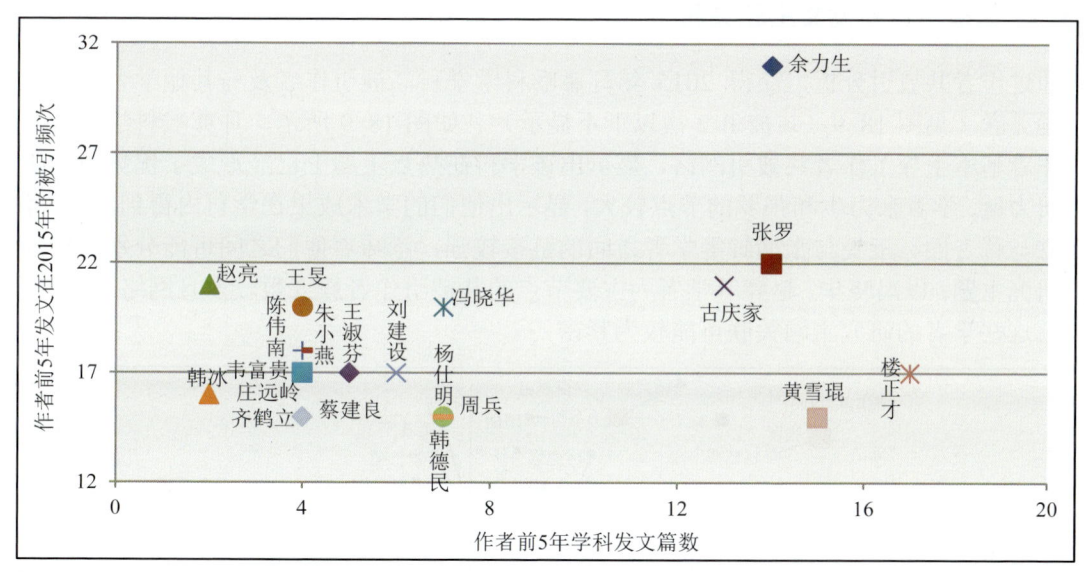

图18-7　耳鼻喉科学学科高被引作者学科发文及被引对比

## 18.5.2　高被引作者科研合作关系

通过作者合著分析，获得2015年耳鼻喉科学学科高被引作者及与其他学者之间的科研论文合作关系（不考虑论文署名次序），如图18-8所示（合著4次以下不显示）。可以看出，耳鼻喉科学学科的高被引作者的论文合作现象比较普遍。学者楼正才、黄雪琨和张罗的发文量较多；杨仕明的论文合作网络最为突出，在该学科的研究人员中表现出一定的集聚效应；张罗和韩德民、杨仕明和韩东一等学者之间的合作关系最为紧密，显示出他们可能分别属于同一支科研团队。

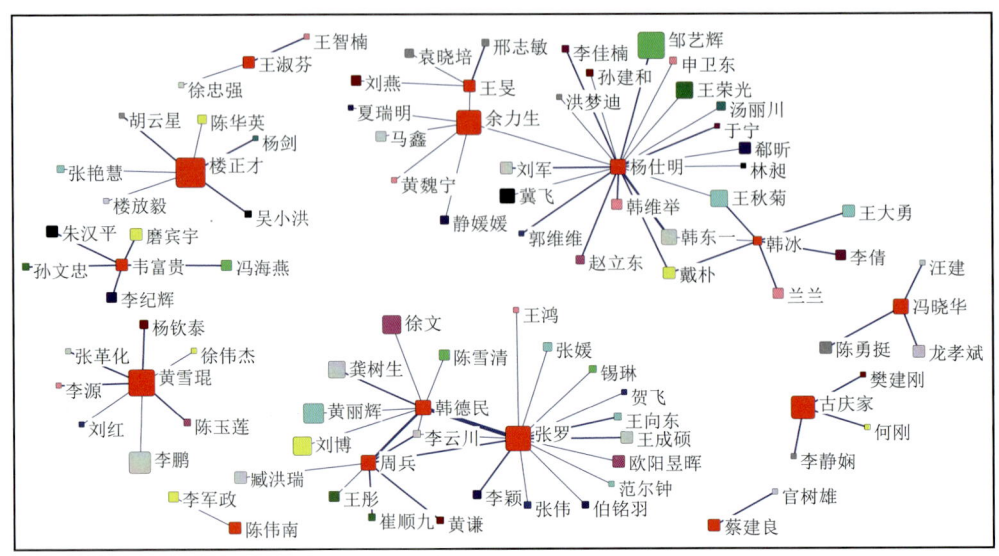

图 18-8　耳鼻喉科学学科高被引作者科研论文合作关系

### 18.5.3　高被引作者发文主题关联

通过作者共被引分析，获得 2015 年耳鼻喉科学学科高被引作者及与其他学者之间的发文主题关联（见图 18-9，共被引 2 次以下不显示）。如图 18-9 所示，耳鼻喉科学学科的高被引作者基本主导了作者共被引网络，显示出该学科在热点主题上已经形成了优势较为明显的科研力量。学者余力生和张罗的节点较大，显示出他们的学术成果在学科内得到较多关注；齐鹤立与蒋杏丽、王旻与张炳辉等学者之间的链接较强，意味着他们之间可能分别有较为相近的研究主题；以冯晓华、赵亮等学者为主要节点的共被引作者簇人数较多且网络规模较大，意味着这些学者的研究主题关联可能较为紧密。

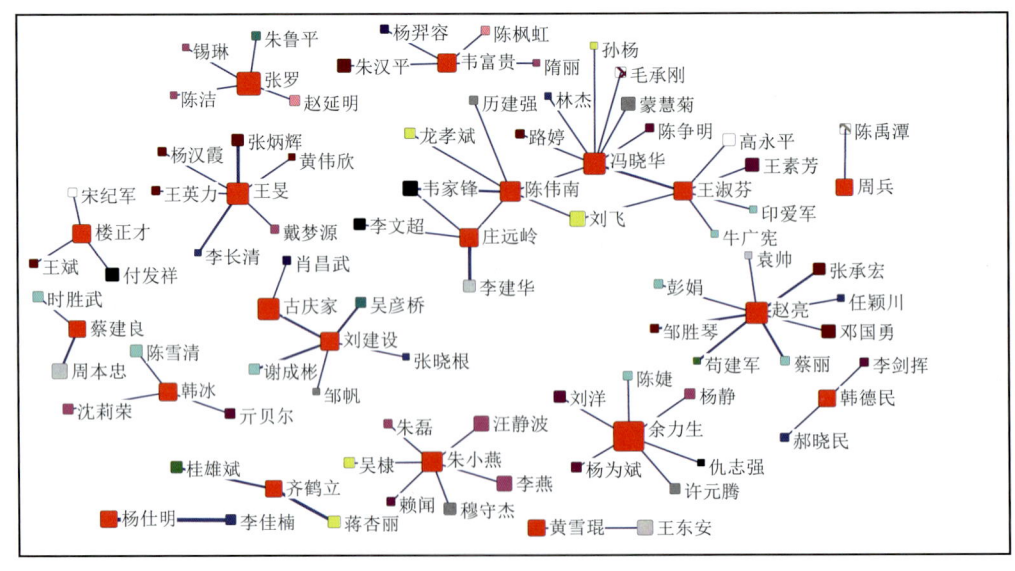

图 18-9　耳鼻喉科学学科高被引作者发文主题关联

## 18.6 高被引机构分析

### 18.6.1 高被引机构

为便于比较，本书将耳鼻喉科学学科的高被引机构分为医院和高等院校/科研院所两种类型。其中，被引频次 TOP 10 医院和被引频次 TOP 5 高等院校/科研院所的发文及被引情况分别见表 18-5 和表 18-6。其中，总被引频次较高的 3 所医院分别是首都医科大学附属北京同仁医院、中国人民解放军总医院和武汉大学人民医院，南京中医药大学、北京市耳鼻咽喉科研究所和山西医科大学是总被引频次较高的 3 所高等院校/科研院所；前 5 年学科发文在 2015 年的被引率最高的医院和高等院校/科研院所分别是中国人民解放军总医院和南京中医药大学，篇均被引最高的医院和高等院校/科研院所分别是北京大学人民医院和北京市耳鼻咽喉科研究所。上述高被引机构的论文被引率和篇均被引频次对比如图 18-10 所示。

表 18-5 耳鼻喉科学学科高被引医院 TOP 10

| 序号 | 第一作者单位 | 学科发文量（篇） | | 前 5 年学科发文在 2015 年的被引 | | | |
|---|---|---|---|---|---|---|---|
| | | 前 5 年 | 2015 年 | 频次 | 被引率(%) | 最高（次） | 篇均（次） |
| 1 | 首都医科大学附属北京同仁医院 | 426 | 50 | 329 | 35.9 | 10 | 0.77 |
| 2 | 中国人民解放军总医院 | 323 | 50 | 278 | 40.2 | 16 | 0.86 |
| 3 | 武汉大学人民医院 | 129 | 19 | 107 | 38.8 | 8 | 0.83 |
| 4 | 北京大学人民医院 | 67 | 8 | 77 | 32.8 | 11 | 1.15 |
| 5 | 中国人民解放军海军总医院 | 116 | 20 | 72 | 31.0 | 8 | 0.62 |
| 5 | 南京医科大学第一附属医院 | 95 | 10 | 72 | 36.8 | 11 | 0.76 |
| 7 | 郑州大学第一附属医院 | 147 | 19 | 71 | 32.7 | 7 | 0.48 |
| 8 | 上海交通大学医学院附属新华医院 | 94 | 21 | 69 | 38.3 | 6 | 0.73 |
| 9 | 四川大学华西医院 | 111 | 12 | 68 | 31.5 | 8 | 0.61 |
| 10 | 复旦大学附属眼耳鼻喉科医院 | 180 | 19 | 58 | 20.0 | 3 | 0.32 |

表 18-6 耳鼻喉科学学科高被引高等院校/科研院所 TOP 5

| 序号 | 第一作者单位 | 学科发文量（篇） | | 前 5 年学科发文在 2015 年的被引 | | | |
|---|---|---|---|---|---|---|---|
| | | 前 5 年 | 2015 年 | 频次 | 被引率(%) | 最高（次） | 篇均（次） |
| 1 | 南京中医药大学 | 45 | 11 | 34 | 40.0 | 8 | 0.76 |
| 2 | 北京市耳鼻咽喉科研究所 | 22 | 2 | 25 | 36.4 | 8 | 1.14 |
| 2 | 山西医科大学 | 45 | 6 | 25 | 31.1 | 4 | 0.56 |
| 4 | 中国聋儿康复研究中心 | 78 | 3 | 24 | 19.2 | 4 | 0.31 |
| 5 | 南方医科大学 | 30 | 4 | 23 | 33.3 | 6 | 0.77 |

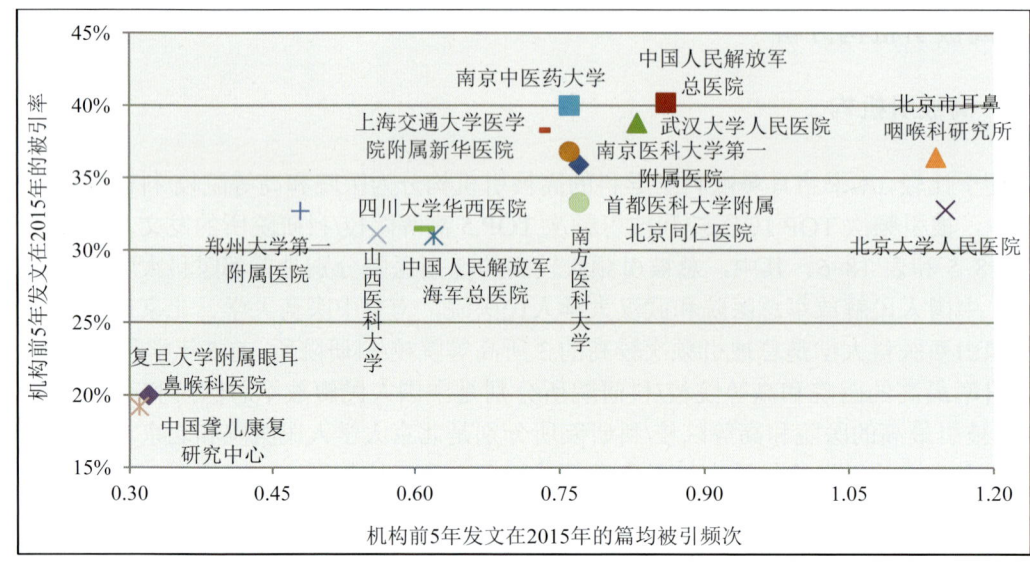

图 18-10　耳鼻喉科学学科高被引机构论文篇均被引及被引率对比

## 18.6.2　高被引机构科研合作关系

通过合著分析，获得耳鼻喉科学学科高被引机构之间及其与其他机构之间的科研合作关联，如图 18-11 所示（合作 21 次以下不显示）。分析得知，耳鼻喉科学学科的机构合作链接比较紧密，表明学科内机构合作现象较为普遍；高被引机构部分主导了机构合作网络，显示出这些机构已经在学科内具有了一定的科研优势；首都医科大学附属北京同仁医院与北京市耳鼻咽喉科研究所、中国人民解放军总医院与兰州大学第二医院等机构之间的链接较强，表明它们的学术合作较为频繁。

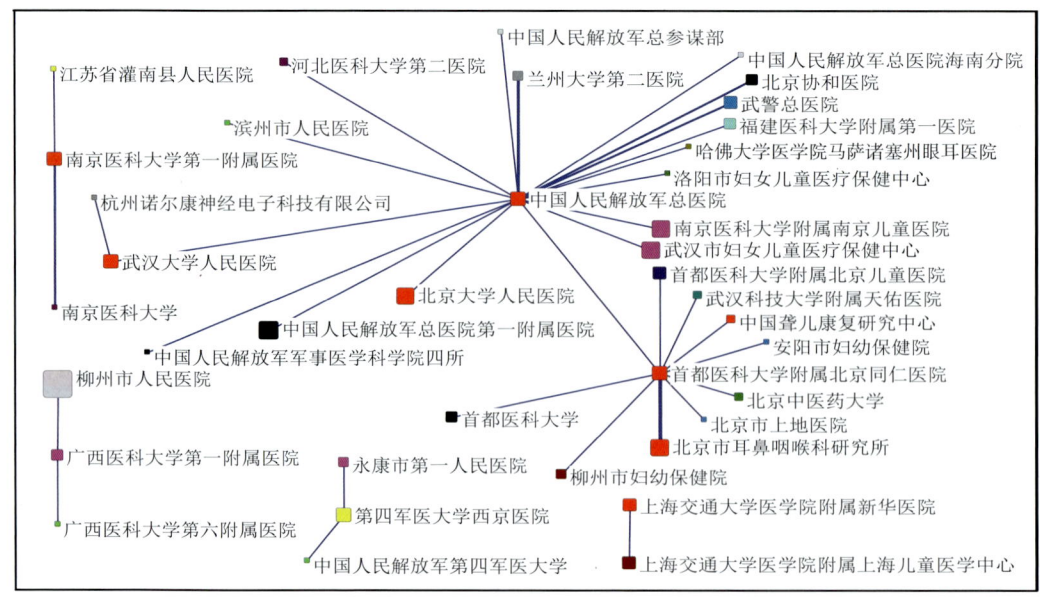

图 18-11　耳鼻喉科学学科高被引机构科研合作关联

## 18.7 高被引图书、国外期刊及学术会议

2015年,耳鼻喉科学学科被引频次位居前10位的图书及国外期刊见表18-7和表18-8。其中,被引次数较多的3种图书分别是黄选兆的《实用耳鼻咽喉头颈外科学》《实用耳鼻咽喉科学》和孔维佳的《耳鼻咽喉头颈外科学》;被引次数较多的3种国外期刊分别是《Laryngoscope》《Otolaryngology-Head and Neck Surgery》和《Otology & Neurotology》;被引次数较多的3场学术会议分别是"Conf Proc IEEE Eng Med Biol Soc""Proceedings of the Sixth International Tinnitus Seminar"和"Proc 28th Ann Conf Can Med Biol Eng Soc"。

表18-7 耳鼻喉科学学科高被引图书 TOP 10

| 序号 | 责任者 | 图书名称 | 出版社 | 2015年被引频次 |
|---|---|---|---|---|
| 1 | 黄选兆 | 实用耳鼻咽喉头颈外科学 | 人民卫生出版社 | 147 |
| 2 | 黄选兆 | 实用耳鼻咽喉科学 | 人民卫生出版社 | 111 |
| 3 | 孔维佳 | 耳鼻咽喉头颈外科学 | 人民卫生出版社 | 66 |
| 4 | 田勇泉 | 耳鼻咽喉头颈外科学 | 人民卫生出版社 | 60 |
| 5 | 胡亚美 | 诸福棠实用儿科学 | 人民卫生出版社 | 26 |
| 6 | 韩德民 | 鼻内镜外科学 | 人民卫生出版社 | 24 |
| 7 | 韩德民 | 鼻内窥镜外科学 | 人民卫生出版社 | 19 |
| 8 | 王士贞 | 中医耳鼻咽喉科学 | 中国中医药出版社 | 17 |
| 9 | 田勇泉 | 耳鼻咽喉科学 | 人民卫生出版社 | 15 |
| 9 | 国家中医药管理局 | 中医病证诊断疗效标准 | 南京大学出版社 | 15 |

表18-8 耳鼻喉科学学科高被引国外期刊 TOP 10

| 序号 | 期刊名称 | 2015年被引频次 |
|---|---|---|
| 1 | Laryngoscope | 1217 |
| 2 | Otolaryngology-Head and Neck Surgery | 924 |
| 3 | Otology & Neurotology | 560 |
| 4 | International Journal of Pediatric Otorhinolaryngology | 545 |
| 5 | Journal of Allergy and Clinical Immunology | 492 |
| 6 | European Archives of Oto-Rhino-Laryngology | 488 |
| 7 | Acta Oto-Laryngologica | 469 |
| 8 | Annals of Otology, Rhinology & Laryngology | 393 |
| 9 | Allergy | 369 |
| 10 | Hearing Research | 339 |

# 第 19 章　口腔医学学科高被引分析

## 19.1　学科论文概况

2010—2014 年，口腔医学学科共有 36288 位来自 10435 所机构的论文第一作者在 1143 种期刊上发表了 44506 篇学术论文。其中，80%以上的论文产出自 3051 所机构、25602 位作者，发表在 146 种期刊上。在前 5 年发表的这些论文中，有 14507 篇在 2015 年获得过引用，整体被引率为 32.6%，总被引频次为 26116 次，篇均被引 0.59 次；其中，高被引论文有 163 篇，单篇论文最高被引频次为 26 次，累计被引 1724 次，篇均被引 10.58 次（表 19-1）。另外，2015 年口腔医学学科共发表论文 9638 篇，其中有 759 篇在当年获得过引用，总共被引 957 次。

表 19-1　口腔医学学科论文分布情况

| 年份 | 论文篇数 | 2015 年被引频次 | 2015 年被引率（%） | 2015 年高被引论文 | | | |
|---|---|---|---|---|---|---|---|
| | | | | 论文篇数 | 最高被引频次 | 总被引频次 | 篇均被引频次 |
| 2010 | 8523 | 3946 | 27.9 | 27 | 19 | 248 | 9.19 |
| 2011 | 9102 | 5482 | 33.0 | 38 | 26 | 430 | 11.32 |
| 2012 | 8907 | 5784 | 34.7 | 33 | 26 | 405 | 12.27 |
| 2013 | 9268 | 6462 | 36.7 | 34 | 21 | 380 | 11.18 |
| 2014 | 8706 | 4442 | 30.3 | 31 | 17 | 261 | 8.42 |
| 合计 | 44506 | 26116 | 32.6 | 163 | 26 | 1724 | 10.58 |

从口腔医学学科论文的地域分布来看，2015 年被引频次较高的 5 个省、直辖市或自治区依次是广东、北京、江苏、山东和上海（图 19-1）；5 年论文产出量较多的 5 个省、直辖市或自治区依次是广东、江苏、北京、山东和河南（图 19-2）。

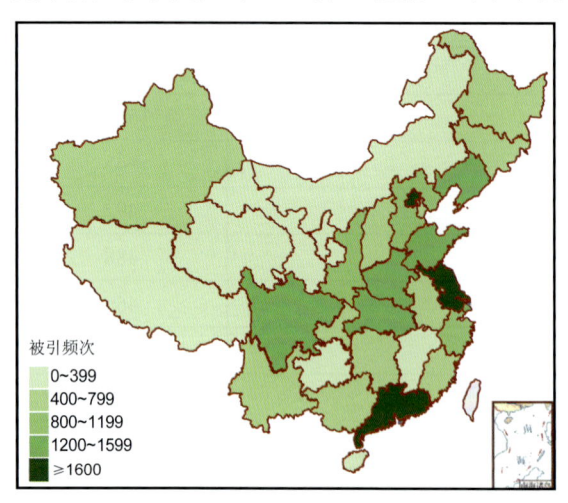
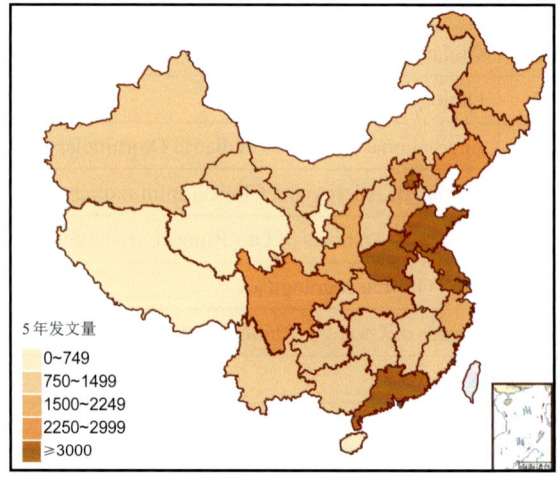

图19-1　2015年口腔医学学科地区被引分布　　图19-2　口腔医学学科5年论文产出地区分布

## 19.2 高被引论文分析

在口腔医学学科，2015 年被引频次位居前 10 位的论文（表 19-2）平均被引频次为 17.9 次，是全部 163 篇高被引论文篇均被引频次的 1.7 倍。其中，被引频次最高的论文是李源媛于 2011 年发表的《复发性口腔溃疡的治疗研究进展》，随后为马洪学于 2013 年发表的《玻璃纤维桩核与铸造金属桩核修复残根残冠及无桩修复牙体的临床效果评价》。

从论文分布来看，刊载高被引论文数量居前的 3 种期刊分别是《中华内分泌代谢杂志》（7 篇）、《中国医药指南》（6 篇）和《华西口腔医学杂志》（6 篇），而《华西口腔医学杂志》刊载了高被引论文 TOP 10 中的 2 篇；发表高被引论文较多的学者分别是第四军医大学口腔医学院的胡开进（2 篇）、北京大学口腔医学院/北京大学口腔医院的路瑞芳（2 篇）；产出高被引论文数量居前的 3 所机构分别是第四军医大学口腔医院（4 篇）、北京大学口腔医学院（4 篇）和第四军医大学口腔医学院（3 篇）。

表 19-2 口腔医学学科高被引论文 TOP 10

| 序号 | 论文题名 | 第一作者 | 期刊名称 | 发表年份 | 被引频次 总频次 | 被引频次 2015 年 |
|---|---|---|---|---|---|---|
| 1 | 复发性口腔溃疡的治疗研究进展 | 李源媛 | 中国实验方剂学杂志 | 2011 | 66 | 27 |
| 2 | 玻璃纤维桩核与铸造金属桩核修复残根残冠及无桩修复牙体的临床效果评价 | 马洪学 | 华西口腔医学杂志 | 2013 | 42 | 21 |
| 3 | 牙周维护治疗在保持牙周长期疗效中的作用 | 张勇 | 北京大学学报（医学版） | 2011 | 32 | 17 |
| 3 | 侵袭性牙周炎患者牙周基础治疗的疗效观察 | 刘博 | 华西口腔医学杂志 | 2010 | 46 | 17 |
| 3 | 微型种植体支抗在青少年口腔正畸治疗中的应用 | 冯毅 | 河北医药 | 2013 | 28 | 17 |
| 3 | 微创拔牙理念及技术操作 | 胡开进 | 国际口腔医学杂志 | 2011 | 46 | 17 |
| 3 | 牙周基础治疗对重度侵袭性牙周炎患者血清及龈沟液中 TNF-α、IL-4 水平的影响 | 鞠铎 | 中国老年学杂志 | 2011 | 30 | 17 |
| 8 | 可塑纤维桩与预成纤维桩在口腔修复中的临床效果观察 | 赵跃峰 | 齐齐哈尔医学院学报 | 2014 | 20 | 16 |
| 9 | 窝沟封闭术联合氟保护漆在预防儿童龋齿中的疗效观察 | 张晓蓉 | 重庆医学 | 2013 | 16 | 15 |
| 9 | 2 型糖尿病患者抑郁的患病率及相关危险因素分析 | 张娟 | 中华内分泌代谢杂志 | 2011 | 38 | 15 |

## 19.3 研究主题关联分析

在口腔医学学科，高被引论文累计被 2015 年发表的 1399 篇论文引用了 1724 次。通过分析施引文献关键词的词频及关键词之间的共现关系，获得 2015 年口腔医学学科的热点主题和主题关联，如图 19-3 所示（共现 8 次以下不显示）。由图 19-3 可知："疗效""口腔修复""牙周炎"等关键词的文档词频较高，是 2015 年学科的研究热点；以"疗效""口腔修复""牙周炎""根管治疗"等关键词为主要节点的多个概念相互关联，构成了学科内最为突出的研究主题簇。

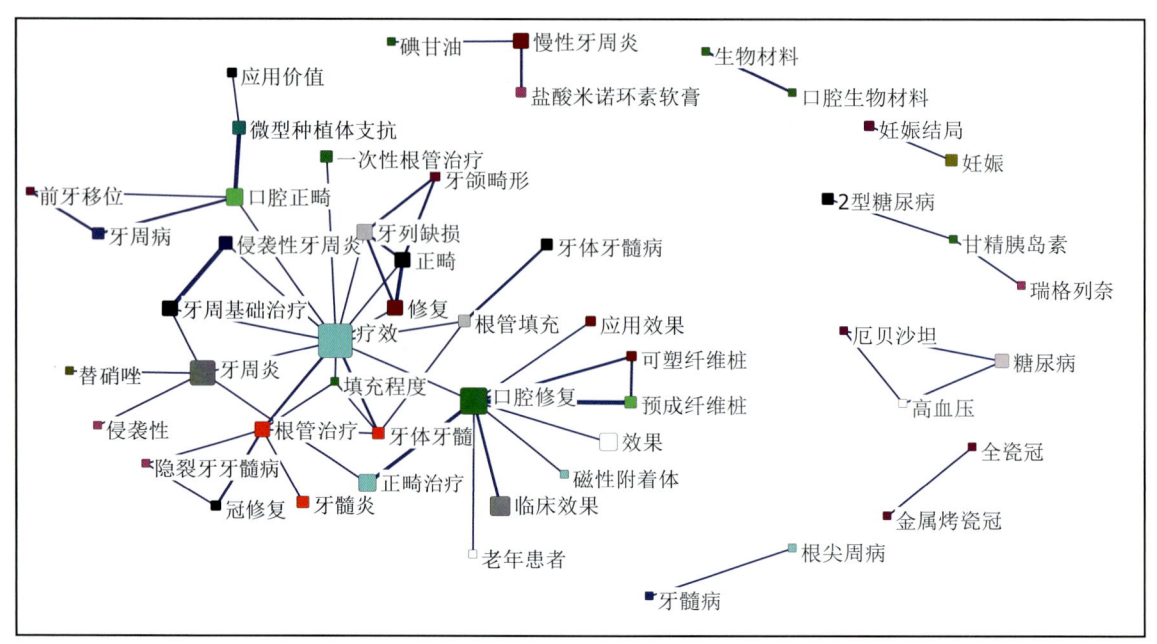

图 19-3　口腔医学学科 2015 年热点主题关联

## 19.4 学科高影响力期刊分析

### 19.4.1 学科高影响力期刊 TOP 10

在口腔医学学科，学科 5 年影响因子位居前 10 位的期刊见表 19-3，排在前 3 位的期刊分别是《华西口腔医学杂志》《实用口腔医学杂志》和《中华老年口腔医学杂志》。在表 19-3 中，学科载文量占其总载文量比例最大的期刊是《中国实用口腔科杂志》；前 5 年学科载文在 2015 年被引率最高的期刊是《华西口腔医学杂志》；期刊 5 年影响因子较高的前 3 种期刊分别是《华西口腔医学杂志》《中华老年口腔医学杂志》和《实用口腔医学杂志》；学科 5 年影响因子与期刊 5 年影响因子差异最大的期刊是《华西口腔医学杂志》。表 19-3 中期刊的学科 5 年影响因子和前 5 年学科载文的 2015 年被引率对比如图 19-4 所示，2010—2015 年期刊 5 年影响因子的变动情况如图 19-5 所示。

表 19-3　口腔医学学科高影响力期刊基本指数

| 序号 | 期刊名称 | 前5年载文量 | | | 2015年学科被引 | | | 5年影响因子 | | h指数（学科） |
|---|---|---|---|---|---|---|---|---|---|---|
| | | 学科（篇） | 占比（%） | 总量（篇） | 频次 | 被引率（%） | 高被引论文篇数 | 期刊（2015） | 学科（2015） | |
| 1 | 华西口腔医学杂志 | 617 | 64.3 | 960 | 732 | 49.9 | 6 | 0.969 | 1.186 | 8 |
| 2 | 实用口腔医学杂志 | 953 | 71.7 | 1330 | 827 | 41.2 | 5 | 0.768 | 0.868 | 7 |
| 3 | 中华老年口腔医学杂志 | 542 | 94.9 | 571 | 467 | 43.5 | 4 | 0.855 | 0.862 | 6 |
| 4 | 中华口腔医学杂志 | 941 | 77.4 | 1216 | 718 | 38.3 | 3 | 0.700 | 0.763 | 7 |
| 5 | 中国实用口腔科杂志 | 1336 | 99.9 | 1338 | 981 | 40.3 | 5 | 0.734 | 0.734 | 6 |
| 6 | 中国口腔种植学杂志 | 303 | 96.5 | 314 | 201 | 37.0 | 1 | 0.659 | 0.663 | 5 |
| 7 | 国际口腔医学杂志 | 840 | 69.9 | 1201 | 556 | 33.7 | 4 | 0.581 | 0.662 | 7 |
| 8 | 口腔颌面外科杂志 | 462 | 66.9 | 691 | 298 | 34.4 | 1 | 0.630 | 0.645 | 6 |
| 9 | 口腔颌面修复学杂志 | 567 | 98.1 | 578 | 354 | 37.4 | 0 | 0.619 | 0.624 | 4 |
| 10 | 中华口腔正畸学杂志 | 273 | 81.0 | 337 | 162 | 32.2 | 0 | 0.543 | 0.593 | 5 |

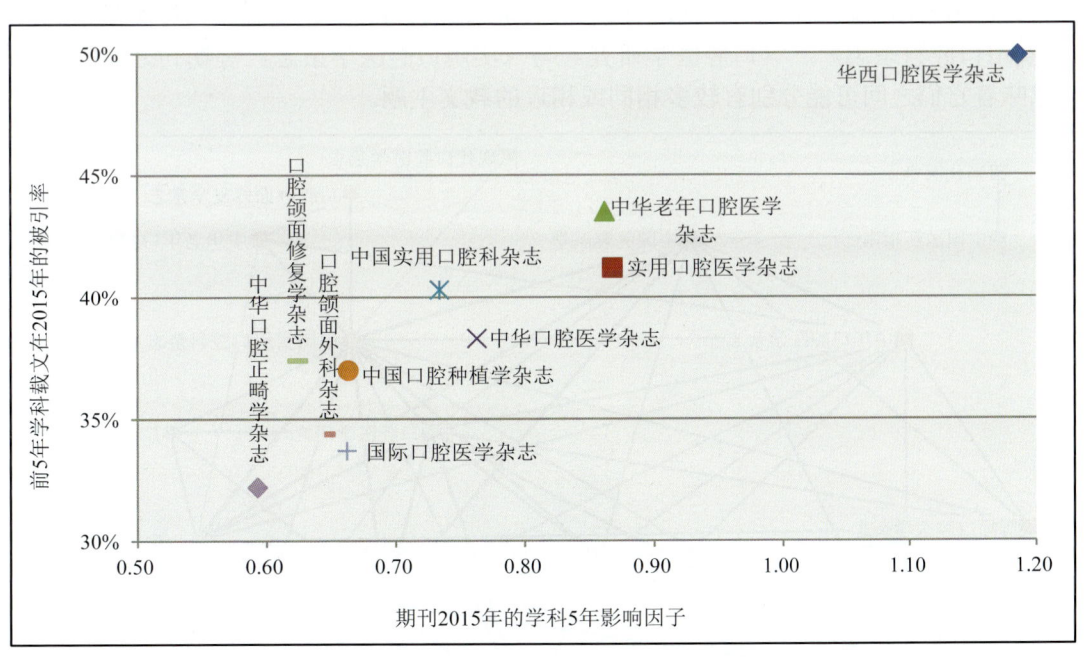

图 19-4　口腔医学学科高影响力期刊对比

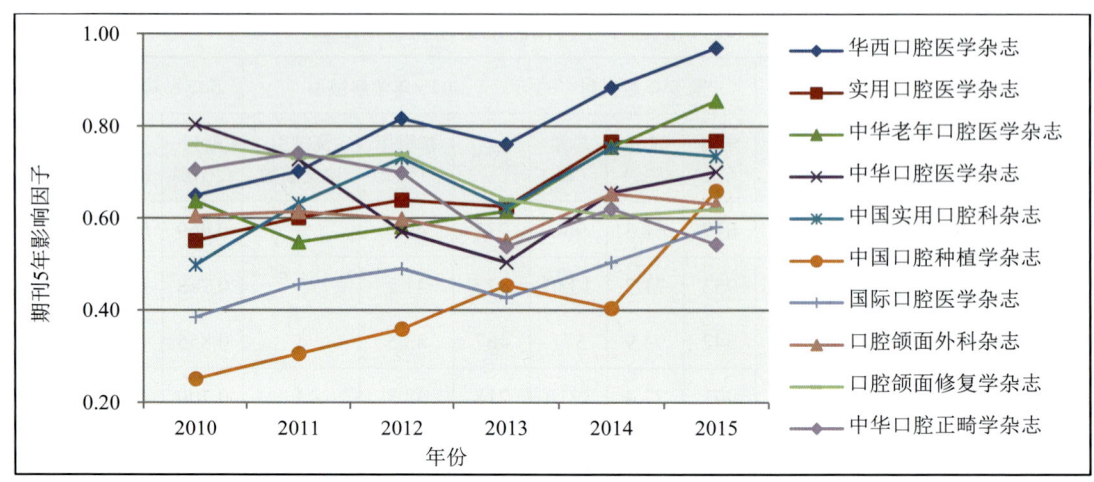

图 19-5 口腔医学学科期刊 5 年影响因子变动

### 19.4.2 学科高影响力期刊载文主题关联

通过期刊共被引分析,获得口腔医学学科高影响力期刊及与其他期刊之间的载文主题关联,如图 19-6 所示(共被引 23 次以下不显示)。结果显示,口腔医学学科的高影响力期刊相互链接较为紧密,基本主导了该学科的期刊共被引网络,显示出该学科高影响力期刊可能共同刊载了许多相近的研究主题,热点研究主题分散在多种期刊上。《华西口腔医学杂志》的学科 5 年影响因子较高,显示出该刊在学科内学术影响力较大;《临床口腔医学杂志》与《中国实用口腔科杂志》、《口腔医学研究》与《实用口腔医学杂志》等期刊之间的链接较强,意味着它们之间可能分别有较多相同或相近的载文主题。

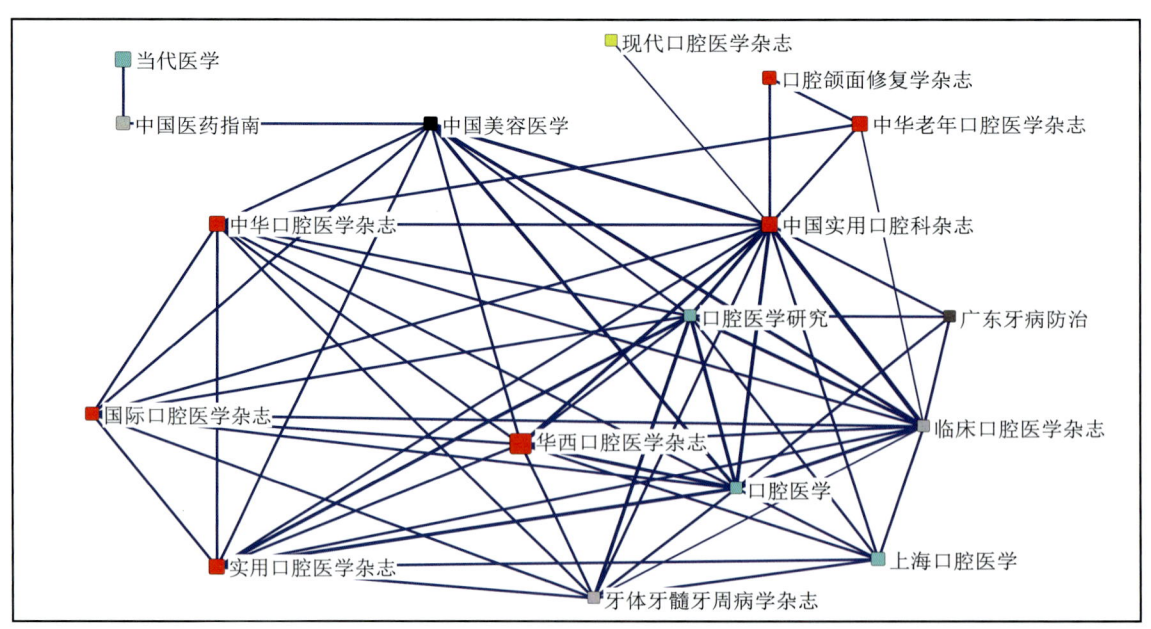

图 19-6 口腔医学学科高影响力期刊载文主题关联

## 19.5 高被引作者分析

### 19.5.1 高被引作者 TOP 20

2010—2014 年，在 36288 位口腔医学学科论文的第一作者中，在 2015 年学科被引频次位居前 20 位的学者的发文及被引情况见表 19-4。其中，学科发文总被引频次较高的 5 位作者分别是第四军医大学口腔医学院的胡开进（40 次）、大庆油田总医院的赵跃峰（22 次）、北京大学口腔医学院的冯海兰（22 次）、北京大学口腔医学院/北京大学口腔医院的路瑞芳（22 次）和聊城市人民医院的马洪学（22 次）。高被引作者的 5 年学科发文数量从 1 篇到 11 篇不等，同时，作者学科发文的期刊分布也在 1 种到 6 种之间变化。在发文超过 5 篇的所有作者中，篇均被引较高的 3 位作者分别是第四军医大学口腔医院的胡开进（篇均 8.00 次）、信阳市第一人民医院的余海云（篇均 3.80 次）和重庆三峡中心医院的邹红（篇均 3.40 次）；前 5 年发表学科论文较多的 3 位作者分别是浙江省台州医院的戴杰（20 篇）、吉林医药学院附属医院的万英明（19 篇）和中国人民解放军第 411 医院的陈铁楼（13 篇）。高被引作者的学科发文量和被引量对比如图 19-7 所示。

表 19-4 口腔医学学科高被引作者 TOP 20

| 序号 | 姓名 | 作者单位 | 前 5 年发文 | | | 前 5 年学科发文在 2015 年的被引 | | | | h 指数（学科） |
|---|---|---|---|---|---|---|---|---|---|---|
| | | | 学科发文（篇） | 期刊分布（种） | 发文总量（篇） | 总频次 | 被引率（%） | 最高（次） | 篇均（次） | |
| 1 | 胡开进 | 第四军医大学口腔医学院 | 5 | 5 | 8 | 40 | 50.0 | 17 | 8.00 | 3 |
| 2 | 赵跃峰 | 大庆油田总医院 | 7 | 4 | 7 | 22 | 42.9 | 16 | 3.14 | 1 |
| 2 | 冯海兰 | 北京大学口腔医学院 | 3 | 1 | 3 | 22 | 100.0 | 10 | 7.33 | 2 |
| 2 | 路瑞芳 | 北京大学口腔医学院/北京大学口腔医院 | 2 | 1 | 2 | 22 | 100.0 | 11 | 11.00 | 2 |
| 2 | 马洪学 | 聊城市人民医院 | 3 | 3 | 3 | 22 | 66.7 | 21 | 7.33 | 2 |
| 6 | 唐弘夫 | 珠海市妇幼保健院 | 3 | 2 | 3 | 20 | 66.7 | 13 | 6.67 | 1 |
| 6 | 于英 | 吉林省吉林市永恒口腔医院 | 2 | 1 | 2 | 20 | 100.0 | 14 | 10.00 | 2 |
| 6 | 冯毅 | 陕西省榆林市星元医院 | 2 | 2 | 2 | 20 | 100.0 | 17 | 10.00 | 2 |
| 6 | 刘洪臣 | 中国人民解放军总医院 | 11 | 3 | 13 | 20 | 72.7 | 5 | 1.82 | 2 |
| 6 | 张尢 | 武汉科技大学附属天佑医院 | 8 | 6 | 9 | 20 | 62.5 | 7 | 2.50 | 3 |
| 6 | 周明 | 中国人民解放军海军总医院 | 8 | 2 | 8 | 20 | 87.5 | 6 | 2.50 | 3 |
| 12 | 程志贤 | 白山市中医院 | 2 | 1 | 2 | 19 | 100.0 | 14 | 9.50 | 3 |

| 序号 | 姓名 | 作者单位 | 前5年发文 | | | 前5年学科发文在2015年的被引 | | | | h指数（学科） |
|---|---|---|---|---|---|---|---|---|---|---|
| | | | 学科发文（篇） | 期刊分布（种） | 发文总量（篇） | 总频次 | 被引率（%） | 最高（次） | 篇均（次） | |
| 12 | 余海云 | 信阳市第一人民医院 | 5 | 4 | 6 | 19 | 60.0 | 12 | 3.80 | 2 |
| 14 | 梁文武 | 广西医科大学第四附属医院 | 1 | 1 | 2 | 18 | 100.0 | 18 | 18.00 | 2 |
| 14 | 宁新丽 | 河北省涉县第一人民医院 | 6 | 4 | 6 | 18 | 66.7 | 7 | 3.00 | 1 |
| 16 | 鞠铎 | 浙江大学附属第一医院 | 1 | 1 | 1 | 17 | 100.0 | 17 | 17.00 | 1 |
| 16 | 刘博 | 天津市口腔医院 | 1 | 1 | 1 | 17 | 100.0 | 17 | 17.00 | 1 |
| 16 | 邹红 | 重庆三峡中心医院 | 5 | 5 | 5 | 17 | 80.0 | 8 | 3.40 | 1 |
| 16 | 张陶莉 | 北京市第一社会福利院 | 1 | 1 | 1 | 17 | 100.0 | 17 | 17.00 | 1 |
| 16 | 张勇 | 北京大学口腔医学院 | 1 | 1 | 1 | 17 | 100.0 | 17 | 17.00 | 1 |

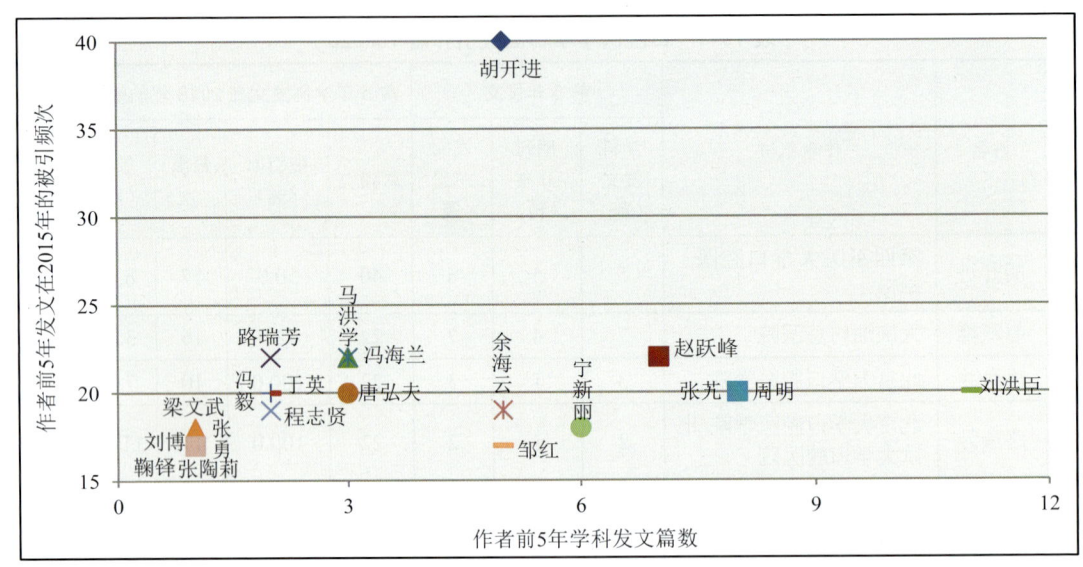

图 19-7　口腔医学学科高被引作者学科发文及被引对比

### 19.5.2　高被引作者科研合作关系

通过作者合著分析，获得2015年口腔医学学科高被引作者及与其他学者之间的科研论文合作关系（不考虑论文署名次序），如图19-8所示（合著5次以下不显示）。可以看出，口腔医学学科的高被引作者的论文合作现象比较普遍。学者刘洪臣、周明和赵跃峰的发文量较多；刘洪臣的论文合作网络最为突出，在该学科的研究人员中表现出一定的集聚效应；刘洪臣与鄂玲玲、王东胜等学者之间的合作关系最为紧密，显示出他们可能属于同一支科研团队。

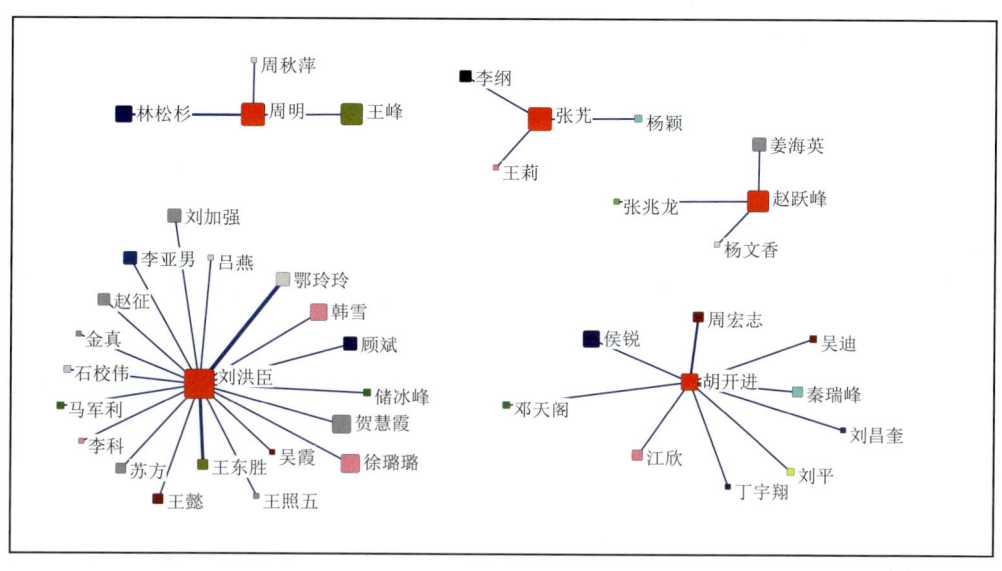

图 19-8　口腔医学学科高被引作者科研论文合作关系

### 19.5.3　高被引作者发文主题关联

通过作者共被引分析，获得 2015 年口腔医学学科高被引作者及与其他学者之间的发文主题关联（见图 19-9，共被引 3 次以下不显示）。如图 19-9 所示，口腔医学学科的高被引作者基本主导了作者共被引网络，显示出该学科在热点主题上已经形成了优势较为明显的科研力量。学者赵跃峰和冯海兰的节点较大，显示出他们的学术成果在学科内得到较多关注；赵跃峰与周聪颖、胡开进与於丽明等学者之间的链接较强，意味着他们之间可能分别有较为相近的研究主题；以冯毅、余海云等学者为主要节点的共被引作者簇初具规模，意味着这些学者的研究主题关联可能较为紧密。

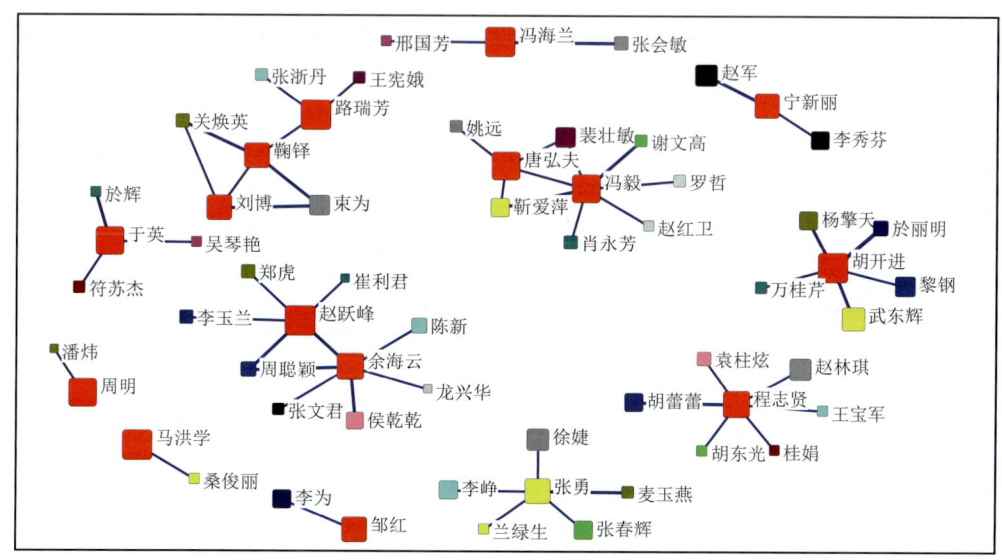

图 19-9　口腔医学学科高被引作者发文主题关联

## 19.6 高被引机构分析

### 19.6.1 高被引机构

为便于比较，本书将口腔医学学科的高被引机构分为医院和高等院校/科研院所两种类型。其中，被引频次 TOP 10 医院和被引频次 TOP 5 高等院校/科研院所的发文及被引情况分别见表 19-5 和表 19-6。其中，总被引频次较高的 3 所医院分别是上海交通大学医学院附属第九人民医院、四川大学华西口腔医院和中国人民解放军总医院，北京大学口腔医学院、第四军医大学口腔医学院和中国医科大学口腔医学院是总被引频次较高的 3 所高等院校/科研院所；前 5 年学科发文在 2015 年的被引率最高的医院和高等院校/科研院所分别是中国人民解放军总医院和北京大学口腔医学院，篇均被引最高的医院和高等院校/科研院所分别是中国人民解放军总医院和北京大学口腔医学院。上述高被引机构的论文被引率和篇均被引频次对比如图 19-10 所示。

表 19-5　口腔医学学科高被引医院 TOP 10

| 序号 | 第一作者单位 | 学科发文量（篇） | | 前 5 年学科发文在 2015 年的被引 | | | |
|---|---|---|---|---|---|---|---|
| | | 前 5 年 | 2015 年 | 频次 | 被引率(%) | 最高（次） | 篇均（次） |
| 1 | 上海交通大学医学院附属第九人民医院 | 756 | 133 | 505 | 37.3 | 8 | 0.67 |
| 2 | 四川大学华西口腔医院 | 358 | 78 | 265 | 37.4 | 8 | 0.74 |
| 3 | 中国人民解放军总医院 | 309 | 48 | 252 | 41.4 | 9 | 0.82 |
| 4 | 第四军医大学口腔医院 | 354 | 34 | 231 | 29.7 | 17 | 0.65 |
| 5 | 中山大学光华口腔医学院·附属口腔医院 | 372 | 74 | 194 | 33.1 | 7 | 0.52 |
| 6 | 重庆医科大学附属口腔医院 | 220 | 32 | 161 | 37.3 | 11 | 0.73 |
| 7 | 中国医科大学附属口腔医院 | 195 | 52 | 140 | 35.9 | 7 | 0.72 |
| 8 | 南京大学医学院附属口腔医院 | 185 | 37 | 137 | 36.2 | 10 | 0.74 |
| 9 | 大连市口腔医院 | 228 | 52 | 133 | 31.6 | 11 | 0.58 |
| 10 | 新疆医科大学第一附属医院 | 216 | 37 | 115 | 32.4 | 12 | 0.53 |

表 19-6　口腔医学学科高被引高等院校/科研院所 TOP 5

| 序号 | 第一作者单位 | 学科发文量（篇） | | 前 5 年学科发文在 2015 年的被引 | | | |
|---|---|---|---|---|---|---|---|
| | | 前 5 年 | 2015 年 | 频次 | 被引率(%) | 最高(次) | 篇均(次) |
| 1 | 北京大学口腔医学院 | 439 | 139 | 506 | 49.9 | 17 | 1.15 |
| 2 | 第四军医大学口腔医学院 | 494 | 127 | 321 | 36.0 | 14 | 0.65 |
| 3 | 中国医科大学口腔医学院 | 364 | 85 | 257 | 37.9 | 9 | 0.71 |
| 4 | 南京医科大学 | 332 | 43 | 179 | 33.1 | 10 | 0.54 |
| 5 | 四川大学 | 155 | 20 | 116 | 43.2 | 5 | 0.75 |

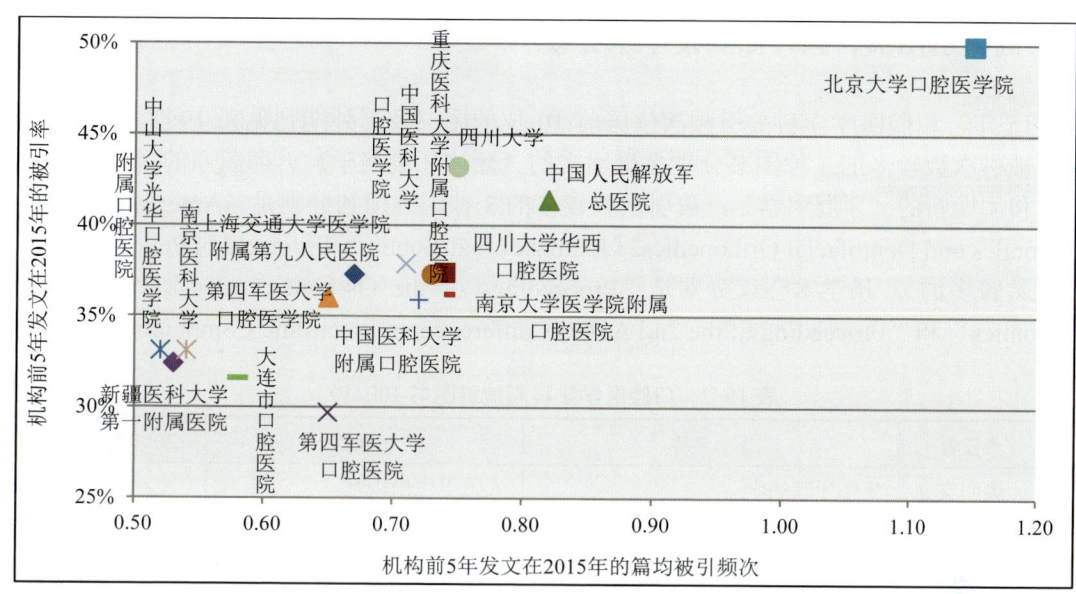

图 19-10　口腔医学学科高被引机构论文篇均被引及被引率对比

### 19.6.2　高被引机构科研合作关系

通过合著分析,获得口腔医学学科高被引机构之间及其与其他机构之间的科研合作关联,如图 19-11 所示(合作 36 次以下不显示)。分析得知,口腔医学学科的机构合作链接比较紧密,表明学科内机构合作现象较为普遍;高被引机构基本主导了机构合作网络,显示出这些机构已经在学科内具有了一定的科研优势;上海交通大学医学院附属第九人民医院与上海交通大学、四川大学与四川大学华西口腔医院等机构之间的链接较强,表明它们的学术合作较为频繁。

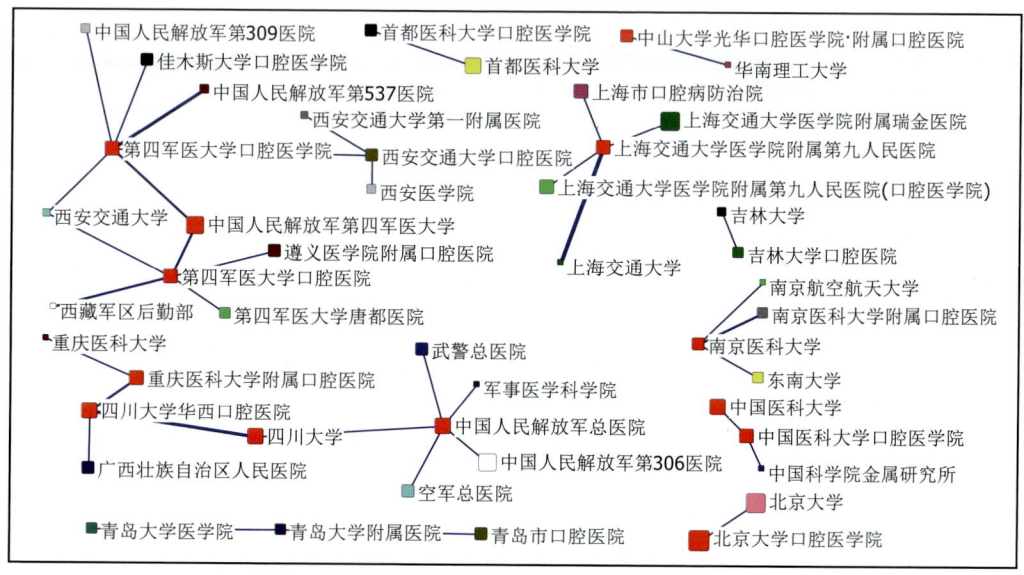

图 19-11　口腔医学学科高被引机构科研合作关联

## 19.7 高被引图书、国外期刊及学术会议

2015 年，口腔医学学科被引频次位居前 10 位的图书及国外期刊见表 19-7 和表 19-8。其中，被引次数较多的 3 种图书分别是樊明文的《牙体牙髓病学》、邱蔚六的《口腔颌面外科学》和孟焕新的《牙周病学》；被引次数较多的 3 种国外期刊分别是《American Journal of Orthodontics and Dentofacial Orthopedics》《Journal of Endodontics》和《Journal of Periodontology》；被引次数较多的 3 场学术会议分别是"Proceedings of the Osseoperception""Seminars in Orthodontics"和"Proceeding of the 2nd ASCE Conference on Electronic Computation"。

表 19-7 口腔医学学科高被引图书 TOP 10

| 序号 | 责任者 | 图书名称 | 出版社 | 2015 年被引频次 |
|---|---|---|---|---|
| 1 | 樊明文 | 牙体牙髓病学 | 人民卫生出版社 | 227 |
| 2 | 邱蔚六 | 口腔颌面外科学 | 人民卫生出版社 | 124 |
| 3 | 孟焕新 | 牙周病学 | 人民卫生出版社 | 110 |
| 4 | 傅民魁 | 口腔正畸学 | 人民卫生出版社 | 96 |
| 5 | 赵铱民 | 口腔修复学 | 人民卫生出版社 | 87 |
| 6 | 曹采方 | 牙周病学 | 人民卫生出版社 | 60 |
| 7 | 陈谦明 | 口腔黏膜病学 | 人民卫生出版社 | 59 |
| 8 | 皮昕 | 口腔解剖生理学 | 人民卫生出版社 | 51 |
| 9 | 张志愿 | 口腔颌面外科学 | 人民卫生出版社 | 48 |
| 10 | 于世凤 | 口腔组织病理学 | 人民卫生出版社 | 46 |

表 19-8 口腔医学学科高被引国外期刊 TOP 10

| 序号 | 期刊名称 | 2015 年被引频次 |
|---|---|---|
| 1 | American Journal of Orthodontics and Dentofacial Orthopedics | 1735 |
| 2 | Journal of Endodontics | 1724 |
| 3 | Journal of Periodontology | 1040 |
| 4 | The Angle Orthodontist | 1038 |
| 5 | Journal of Prosthetic Dentistry | 995 |
| 6 | Journal of Dental Research | 963 |
| 7 | Oral Surgery, Oral Medicine, Oral Pathology, Oral Radiology & Endodontics | 950 |
| 8 | Journal of Oral and Maxillofacial Surgery | 867 |
| 9 | Journal of Clinical Periodontology | 838 |
| 10 | Dental Materials | 792 |

# 第 20 章  特种医学学科高被引分析

## 20.1  学科论文概况

2010—2014 年,特种医学学科共有 31050 位来自 9380 所机构的论文第一作者在 1480 种期刊上发表了 31152 篇学术论文。其中,80% 以上的论文产出自 3324 所机构、23864 位作者,发表在 224 种期刊上。在前 5 年发表的这些论文中,有 9580 篇在 2015 年获得过引用,整体被引率为 30.8%,总被引频次为 16990 次,篇均被引 0.55 次;其中,高被引论文有 106 篇,单篇论文最高被引频次为 19 次,累计被引 1117 次,篇均被引 10.54 次(表 20-1)。另外,2015 年特种医学学科共发表论文 5412 篇,其中有 298 篇在当年获得过引用,总共被引 346 次。

表 20-1  特种医学学科论文分布情况

| 年份 | 论文篇数 | 2015 年被引频次 | 2015 年被引率(%) | 2015 年高被引论文 | | | |
|---|---|---|---|---|---|---|---|
| | | | | 论文篇数 | 最高被引频次 | 总被引频次 | 篇均被引频次 |
| 2010 | 4346 | 1928 | 27.1 | 11 | 7 | 114 | 10.36 |
| 2011 | 6789 | 3661 | 30.4 | 20 | 13 | 222 | 11.10 |
| 2012 | 7558 | 4493 | 32.5 | 27 | 19 | 282 | 10.44 |
| 2013 | 6587 | 4302 | 34.4 | 26 | 17 | 331 | 12.73 |
| 2014 | 5872 | 2606 | 27.6 | 22 | 15 | 168 | 7.64 |
| 合计 | 31152 | 16990 | 30.8 | 106 | 19 | 1117 | 10.54 |

从特种医学学科论文的地域分布来看,2015 年被引频次较高的 5 个省、直辖市或自治区依次是北京、广东、江苏、上海和山东(图 20-1);5 年论文产出量较多的 5 个省、直辖市或自治区依次是北京、江苏、广东、山东和上海(图 20-2)。

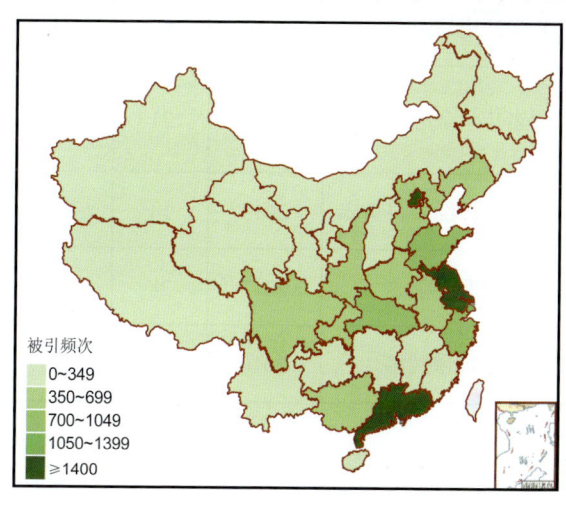

图20-1  2015年特种医学学科地区被引分布

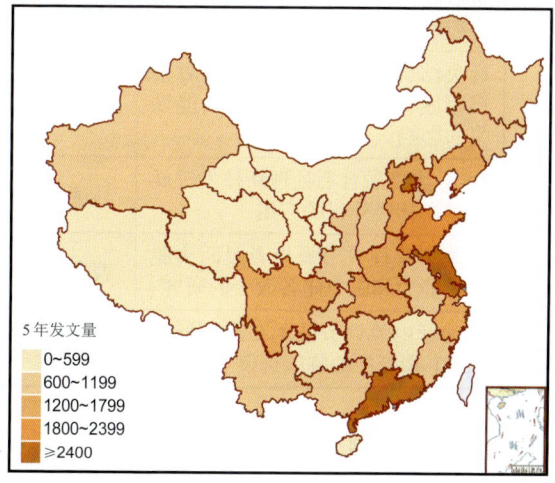

图20-2  特种医学学科5年论文产出地区分布

## 20.2 高被引论文分析

在特种医学学科，2015 年被引频次位居前 10 位的论文（表 20-2）平均被引频次为 15.4 次，是全部 106 篇高被引论文篇均被引频次的 1.5 倍。其中，被引频次最高的论文是黄昌林于 2012 年发表的《2009、2010 年全军军事训练伤流行病学抽样调查》，随后为李方财于 2011 年发表的《经皮椎弓根螺钉内固定结合椎体内植骨治疗胸腰椎骨折》。

从论文分布来看，刊载高被引论文数量居前的 3 种期刊分别是《中华放射学杂志》（17 篇）、《中国医学影像技术》（11 篇）和《中华耳鼻咽喉头颈外科杂志》（9 篇）；发表高被引论文较多的学者分别是上海交通大学医学院附属瑞金医院的林晓珠（2 篇）；产出高被引论文数量居前的 3 所机构分别是安徽医科大学第一附属医院（8 篇）、第二军医大学长征医院（4 篇）和上海交通大学医学院附属瑞金医院（3 篇）。

表 20-2  特种医学学科高被引论文 TOP 10

| 序号 | 论文题名 | 第一作者 | 期刊名称 | 发表年份 | 被引频次 总频次 | 被引频次 2015 年 |
|---|---|---|---|---|---|---|
| 1 | 2009、2010 年全军军事训练伤流行病学抽样调查 | 黄昌林 | 解放军医学杂志 | 2012 | 61 | 26 |
| 2 | 经皮椎弓根螺钉内固定结合椎体内植骨治疗胸腰椎骨折 | 李方财 | 中华骨科杂志 | 2011 | 39 | 18 |
| 3 | 迭代重建对前置门控冠状动脉CT图像质量及辐射剂量的影响 | 侯阳 | 中华放射学杂志 | 2013 | 20 | 16 |
| 3 | CT 能谱成像的基本原理及临床应用 | 任庆国 | 国际医学放射学杂志 | 2011 | 28 | 16 |
| 5 | 单孔电视胸腔镜手术临床应用的现状与进展 | 车国卫 | 中国胸心血管外科临床杂志 | 2012 | 31 | 15 |
| 6 | 宝石能谱 CT 在肿瘤诊断中的初步应用 | 林晓珠 | 诊断学理论与实践 | 2010 | 80 | 14 |
| 7 | 针灸结合康复治疗干预时机对不同程度脊髓损伤患者神经功能恢复的影响 | 陈启波 | 中国老年学杂志 | 2011 | 21 | 13 |
| 8 | DSA 影像融合后处理新技术进展及其在神经外科的应用 | 马廉亭 | 中国临床神经外科杂志 | 2013 | 14 | 12 |
| 8 | 膝关节骨性关节炎患者股四头肌动员能力和肌力储备改变的研究 | 曹龙军 | 中国康复医学杂志 | 2012 | 28 | 12 |
| 8 | 自动管电流调节技术在胸部低剂量 CT 筛查中的临床价值 | 张晓锦 | 中国医学影像技术 | 2010 | 34 | 12 |

## 20.3  研究主题关联分析

在特种医学学科，高被引论文累计被 2015 年发表的 1226 篇论文引用了 1117 次。通过分析施引文献关键词的词频及关键词之间的共现关系，获得 2015 年特种医学学科的热点主题和主题关联，如图 20-3 所示（共现 5 次以下不显示）。由图 20-3 可知："体层摄影术，X 线计算机""辐射剂量""诊断"等关键词的文档词频较高，是 2015 年学科的研究热点；以"体层摄影术，X 线计算机""辐射剂量""血管造影术"等关键词为主要节点的多个概念相互关联，构成了学科内最为突出的研究主题簇。

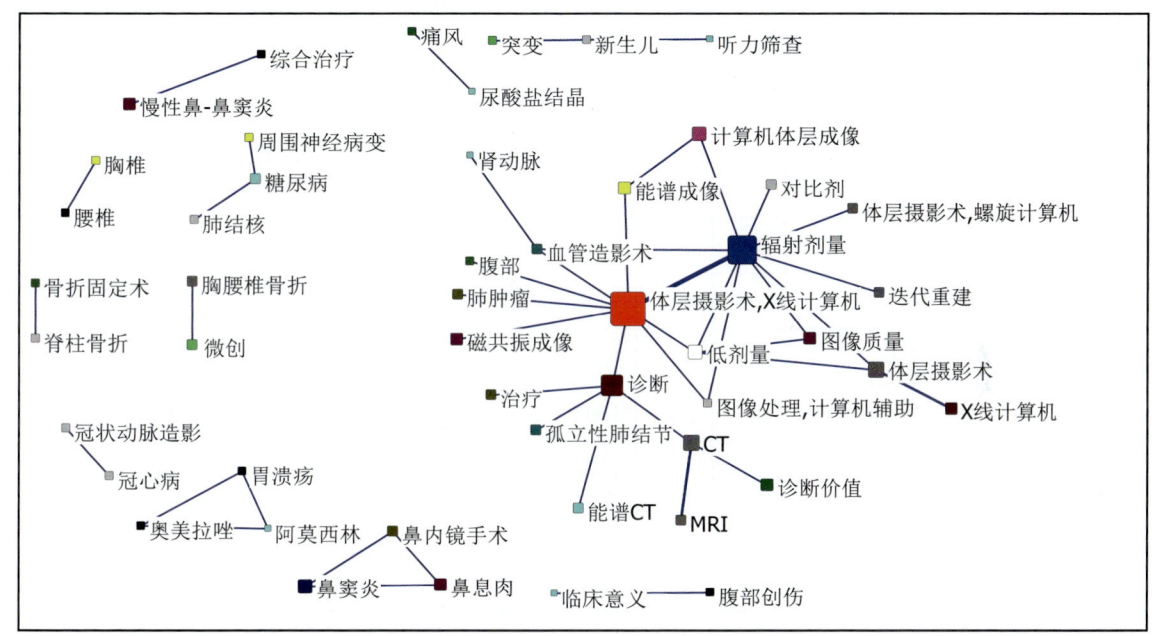

图 20-3　特种医学学科 2015 年热点主题关联

## 20.4　学科高影响力期刊分析

### 20.4.1　学科高影响力期刊 TOP 10

在特种医学学科，学科 5 年影响因子位居前 10 位的期刊见表 20-3，排在前 3 位的期刊分别是《中国 CT 和 MRI 杂志》《中国医学计算机成像杂志》和《中华核医学与分子影像杂志》。在表 20-3 中，学科载文量占其总载文量比例最大的期刊是《中国运动医学杂志》；前 5 年学科载文在 2015 年被引率最高的期刊是《中国 CT 和 MRI 杂志》；期刊 5 年影响因子较高的前 3 种期刊分别是《中国 CT 和 MRI 杂志》《中国医学计算机成像杂志》和《放射学实践》；学科 5 年影响因子与期刊 5 年影响因子差异最大的期刊是《中国 CT 和 MRI 杂志》。表 20-3 中期刊的学科 5 年影响因子和前 5 年学科载文的 2015 年被引率对比如图 20-4 所示，2010—2015 年期刊 5 年影响因子的变动情况如图 20-5 所示。

表20-3 特种医学学科高影响力期刊基本指数

| 序号 | 期刊名称 | 前5年载文量 | | | 2015年学科被引 | | | 5年影响因子 | | h指数(学科) |
|---|---|---|---|---|---|---|---|---|---|---|
| | | 学科（篇） | 占比（%） | 总量（篇） | 频次 | 被引率（%） | 高被引论文篇数 | 期刊(2015) | 学科(2015) | |
| 1 | 中国CT和MRI杂志 | 184 | 12.1 | 1526 | 278 | 59.2 | 5 | 1.013 | 1.511 | 8 |
| 2 | 中国医学计算机成像杂志 | 215 | 28.4 | 758 | 196 | 48.8 | 0 | 0.955 | 0.912 | 6 |
| 3 | 中华核医学与分子影像杂志 | 82 | 10.2 | 805 | 69 | 42.7 | 1 | 0.691 | 0.841 | 7 |
| 4 | 华南国防医学杂志 | 177 | 10.1 | 1751 | 137 | 42.9 | 1 | 0.591 | 0.774 | 5 |
| 5 | 放射学实践 | 921 | 37.6 | 2448 | 701 | 39.2 | 4 | 0.752 | 0.761 | 7 |
| 6 | 中国运动医学杂志 | 527 | 42.3 | 1246 | 375 | 42.1 | 2 | 0.666 | 0.712 | 7 |
| 7 | 实用医学影像杂志 | 290 | 27.6 | 1052 | 191 | 39.3 | 0 | 0.471 | 0.659 | 5 |
| 8 | 中华放射医学与防护杂志 | 433 | 33.5 | 1292 | 275 | 31.9 | 3 | 0.516 | 0.635 | 6 |
| 9 | 东南国防医药 | 191 | 12.5 | 1533 | 120 | 37.7 | 0 | 0.572 | 0.628 | 6 |
| 10 | 中国医学物理学杂志 | 146 | 12.8 | 1137 | 78 | 30.8 | 1 | 0.392 | 0.534 | 5 |

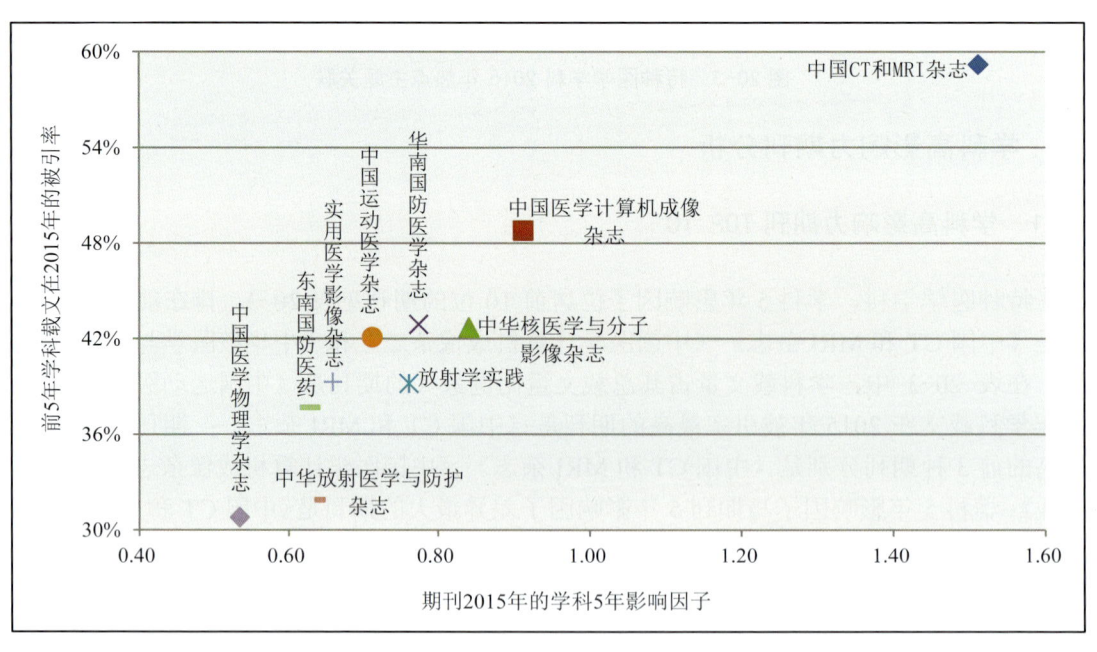

图20-4 特种医学学科高影响力期刊对比

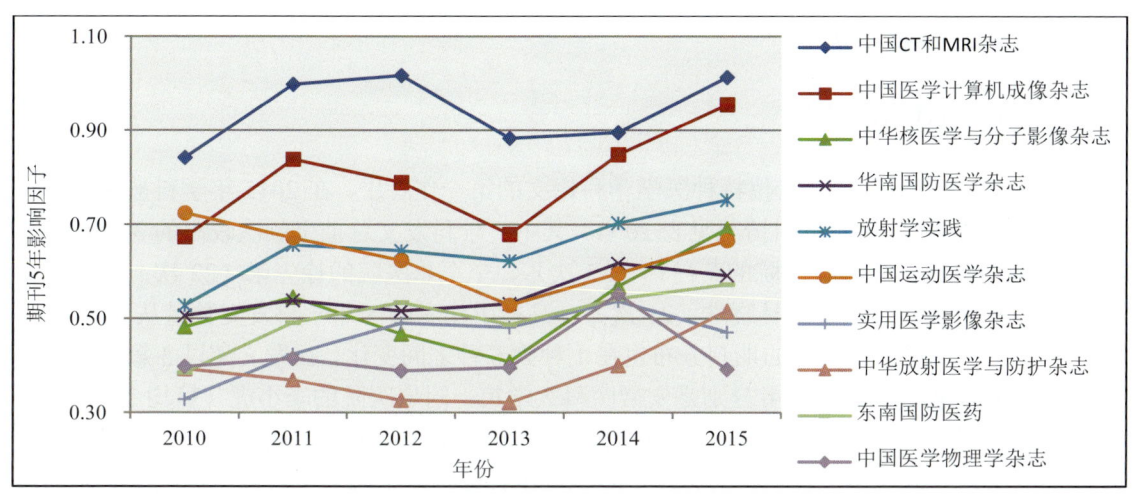

图 20-5　特种医学学科期刊 5 年影响因子变动

### 20.4.2　学科高影响力期刊载文主题关联

通过期刊共被引分析,获得特种医学学科高影响力期刊及与其他期刊之间的载文主题关联,如图 20-6 所示(共被引 5 次以下不显示)。结果显示,特种医学学科的高影响力期刊相互链接较为紧密,基本主导了该学科的期刊共被引网络,显示出该学科高影响力期刊可能共同刊载了许多相近的研究主题,热点研究主题分散在多种期刊上。《中国 CT 和 MRI 杂志》的学科 5 年影响因子较高,显示出该刊在学科内学术影响力较大;《放射学实践》与《中华放射学杂志》、《中国医学影像技术》与《中华放射学杂志》等期刊之间的链接较强,意味着它们之间可能分别有较多相同或相近的载文主题。

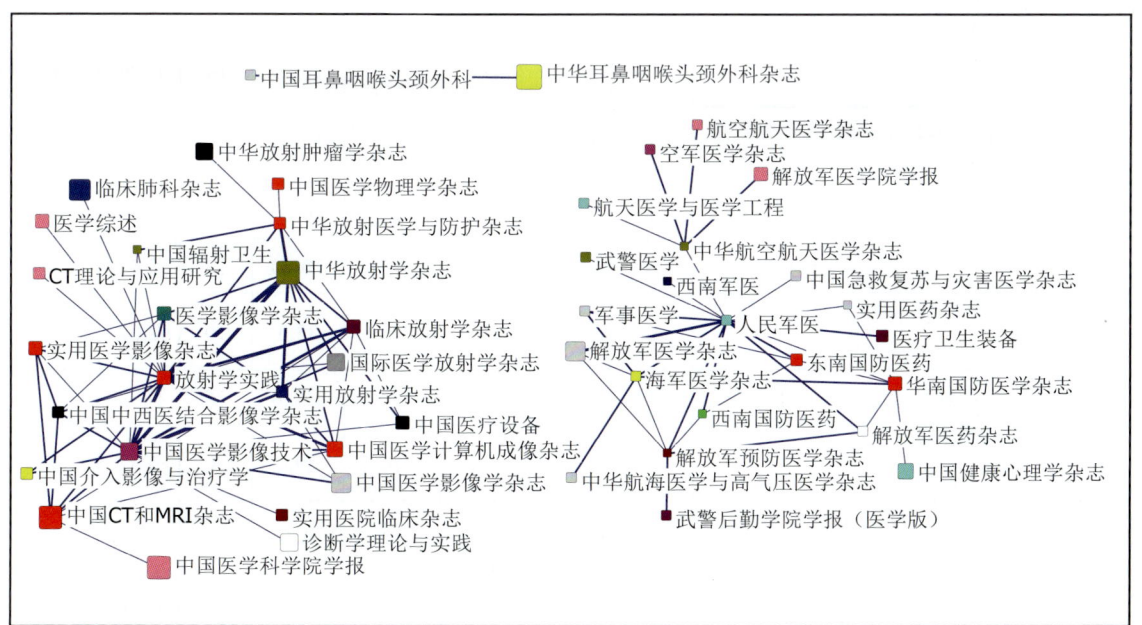

图 20-6　特种医学学科高影响力期刊载文主题关联

## 20.5 高被引作者分析

### 20.5.1 高被引作者 TOP 20

2010—2014年，在31050位特种医学学科论文的第一作者中，在2015年学科被引频次位居前20位的学者的发文及被引情况见表20-4。其中，学科发文总被引频次较高的3位作者分别是中国人民解放军第150医院的黄昌林（27次）、空军总医院的徐先荣（22次）和上海交通大学医学院附属瑞金医院的林晓珠（21次）。高被引作者的5年学科发文数量从1篇到31篇不等，同时，作者学科发文的期刊分布也在1种到6种之间变化。在发文超过5篇的所有作者中，篇均被引较高的3位作者分别是安徽医科大学第一附属医院的李小虎（篇均2.67次）、南京医科大学第一附属医院的孙涛（篇均2.50次）和首都医科大学附属北京同仁医院的张罗（篇均2.40次）；前5年发表学科论文较多的3位作者分别是中国人民解放军第252医院的田锦林（31篇）、中国人民解放军海军医学研究所的陈伯华（18篇）和空军总医院的徐先荣（17篇）。高被引作者的学科发文量和被引量对比如图20-7所示。

表20-4 特种医学学科高被引作者 TOP 20

| 序号 | 姓名 | 作者单位 | 前5年发文 | | | 前5年学科发文在2015年的被引 | | | | h指数（学科） |
|---|---|---|---|---|---|---|---|---|---|---|
| | | | 学科发文（篇） | 期刊分布（种） | 发文总量（篇） | 总频次 | 被引率（%） | 最高（次） | 篇均（次） | |
| 1 | 黄昌林 | 中国人民解放军第150医院 | 3 | 1 | 5 | 27 | 66.7 | 26 | 9.00 | 1 |
| 2 | 徐先荣 | 空军总医院 | 17 | 3 | 23 | 22 | 47.1 | 5 | 1.29 | 3 |
| 3 | 林晓珠 | 上海交通大学医学院附属瑞金医院 | 2 | 2 | 14 | 21 | 100.0 | 14 | 10.50 | 4 |
| 4 | 李方财 | 浙江大学医学院附属第二医院 | 1 | 1 | 5 | 18 | 100.0 | 18 | 18.00 | 2 |
| 4 | 王国凤 | 连云港市第一人民医院 | 1 | 1 | 13 | 18 | 100.0 | 18 | 18.00 | 2 |
| 6 | 张保翠 | 北京大学第一医院 | 3 | 2 | 3 | 17 | 100.0 | 12 | 5.67 | 2 |
| 7 | 李小虎 | 安徽医科大学第一附属医院 | 6 | 4 | 31 | 16 | 33.3 | 10 | 2.67 | 4 |
| 7 | 任庆国 | 复旦大学附属华东医院 | 1 | 1 | 1 | 16 | 100.0 | 16 | 16.00 | 1 |
| 7 | 田锦林 | 中国人民解放军第252医院 | 31 | 4 | 71 | 16 | 29.0 | 3 | 0.52 | 3 |
| 7 | 侯阳 | 中国医科大学附属盛京医院 | 1 | 1 | 2 | 16 | 100.0 | 16 | 16.00 | 2 |
| 11 | 车国卫 | 四川大学华西医院 | 1 | 1 | 6 | 15 | 100.0 | 15 | 15.00 | 3 |

| 序号 | 姓名 | 作者单位 | 前5年发文 | | | 前5年学科发文在2015年的被引 | | | | h指数（学科） |
|---|---|---|---|---|---|---|---|---|---|---|
| | | | 学科发文（篇） | 期刊分布（种） | 发文总量（篇） | 总频次 | 被引率（%） | 最高（次） | 篇均（次） | |
| 11 | 孙涛 | 南京医科大学第一附属医院 | 6 | 3 | 19 | 15 | 66.7 | 9 | 2.50 | 2 |
| 11 | 赵斌 | 山西医科大学第二医院 | 1 | 1 | 3 | 15 | 100.0 | 15 | 15.00 | 2 |
| 14 | 罗勇军 | 中国人民解放军第三军医大学 | 13 | 6 | 34 | 14 | 61.5 | 3 | 1.08 | 2 |
| 14 | 苟文静 | 第二军医大学长征医院 | 3 | 2 | 4 | 14 | 100.0 | 8 | 4.67 | 2 |
| 16 | 陈启波 | 广西壮族自治区人民医院 | 1 | 1 | 14 | 13 | 100.0 | 13 | 13.00 | 2 |
| 16 | 牛洪涛 | 河北省秦皇岛市第一医院 | 2 | 1 | 6 | 13 | 100.0 | 12 | 6.50 | 1 |
| 16 | 王乐 | 安徽医科大学第一附属医院 | 2 | 2 | 5 | 13 | 100.0 | 7 | 6.50 | 2 |
| 19 | 马廉亭 | 广州军区武汉总医院 | 1 | 1 | 7 | 12 | 100.0 | 12 | 12.00 | 1 |
| 19 | 蒋建新 | 第三军医大学大坪医院野战外科研究所 | 1 | 1 | 3 | 12 | 100.0 | 12 | 12.00 | 1 |

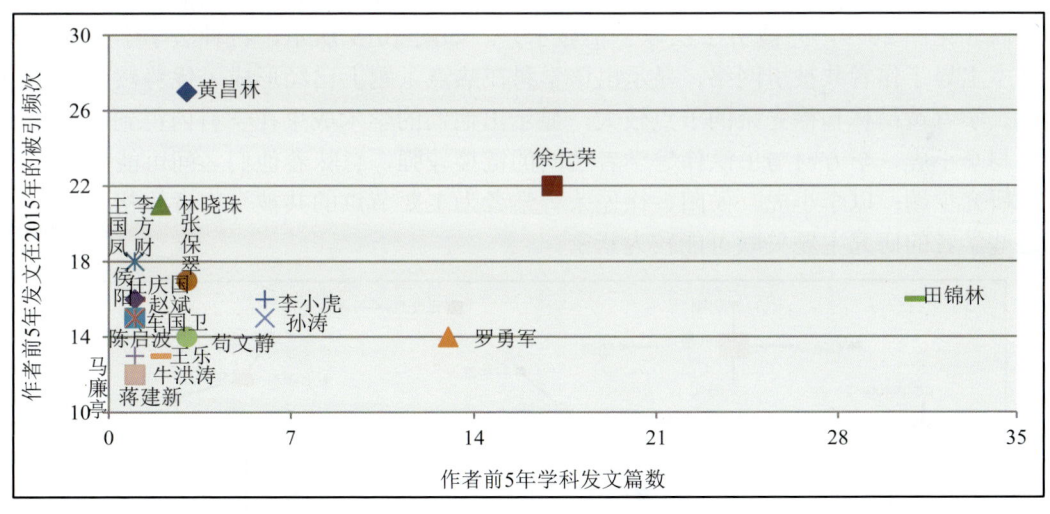

图 20-7　特种医学学科高被引作者学科发文及被引对比

## 20.5.2　高被引作者科研合作关系

通过作者合著分析，获得2015年特种医学学科高被引作者及与其他学者之间的科研论文合作关系（不考虑论文署名次序），如图20-8所示（合著3次以下不显示）。可以看出，特种医学学科的高被引作者的论文合作现象比较普遍。学者田锦林、徐先荣和付兆君的发文量较多；徐先荣的论文合作网络最为突出，在该学科的研究人员中表现出一定的集聚效应；徐先荣和刘红巾、崔丽、熊巍等学者之间的合作关系最为紧密，显示出他们可能属于同一支科研团队。

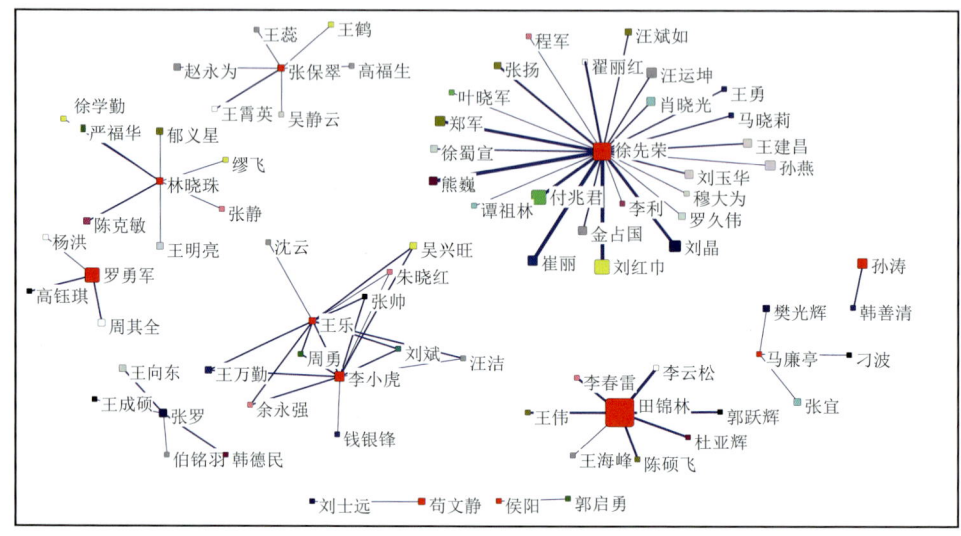

图 20-8　特种医学学科高被引作者科研论文合作关系

### 20.5.3　高被引作者发文主题关联

通过作者共被引分析，获得 2015 年特种医学学科高被引作者及与其他学者之间的发文主题关联（见图 20-9，共被引 2 次以下不显示）。如图 20-9 所示，特种医学学科的高被引作者基本主导了作者共被引网络，显示出该学科在热点主题上已经形成了优势较为明显的科研力量。学者黄昌林和徐先荣的节点较大，显示出他们的学术成果在学科内得到较多关注；任庆国与李小虎、李方财与王洪伟等学者之间的链接较强，意味着他们之间可能分别有较为相近的研究主题；以李小虎、侯阳、徐先荣等学者为主要节点的共被引作者簇初具规模，意味着这些学者的研究主题关联可能较为紧密。

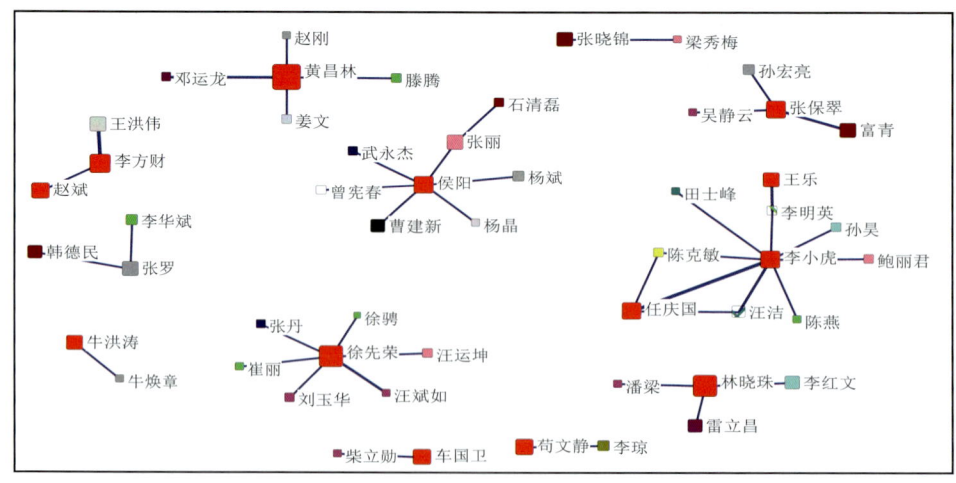

图 20-9　特种医学学科高被引作者发文主题关联

## 20.6 高被引机构分析

### 20.6.1 高被引机构

为便于比较,本书将特种医学学科的高被引机构分为医院和高等院校/科研院所两种类型。其中,被引频次 TOP 10 医院和被引频次 TOP 5 高等院校/科研院所的发文及被引情况分别见表 20-5 和表 20-6。其中,总被引频次较高的 3 所医院分别是中国人民解放军总医院、空军总医院和安徽医科大学第一附属医院,中国人民解放军第四军医大学、中国人民解放军海军医学研究所和中国人民解放军第三军医大学是总被引频次较高的 3 所高等院校/科研院所;前 5 年学科发文在 2015 年的被引率最高的医院和高等院校/科研院所分别是上海交通大学医学院附属瑞金医院和上海体育学院,篇均被引最高的医院和高等院校/科研院所分别是安徽医科大学第一附属医院和上海体育学院。上述高被引机构的论文被引率和篇均被引频次对比如图 20-10 所示。

表 20-5 特种医学学科高被引医院 TOP 10

| 序号 | 第一作者单位 | 学科发文量（篇） | | 前 5 年学科发文在 2015 年的被引 | | | |
|---|---|---|---|---|---|---|---|
| | | 前 5 年 | 2015 年 | 频次 | 被引率(%) | 最高（次） | 篇均（次） |
| 1 | 中国人民解放军总医院 | 265 | 50 | 180 | 38.9 | 9 | 0.68 |
| 2 | 空军总医院 | 334 | 65 | 166 | 29.0 | 5 | 0.50 |
| 3 | 安徽医科大学第一附属医院 | 61 | 11 | 117 | 45.9 | 11 | 1.92 |
| 4 | 中国人民解放军海军总医院 | 268 | 29 | 111 | 21.3 | 5 | 0.41 |
| 5 | 上海交通大学医学院附属瑞金医院 | 76 | 15 | 103 | 50.0 | 14 | 1.36 |
| 6 | 北京大学第一医院 | 111 | 27 | 99 | 43.2 | 12 | 0.89 |
| 7 | 南京医科大学第一附属医院 | 119 | 24 | 98 | 34.5 | 9 | 0.82 |
| 8 | 首都医科大学附属北京同仁医院 | 117 | 29 | 93 | 35.9 | 11 | 0.79 |
| 9 | 四川大学华西医院 | 134 | 30 | 90 | 32.8 | 15 | 0.67 |
| 10 | 北京协和医院 | 106 | 17 | 82 | 36.8 | 10 | 0.77 |

表 20-6 特种医学学科高被引高等院校/科研院所 TOP 5

| 序号 | 第一作者单位 | 学科发文量（篇） | | 前 5 年学科发文在 2015 年的被引 | | | |
|---|---|---|---|---|---|---|---|
| | | 前 5 年 | 2015 年 | 频次 | 被引率(%) | 最高（次） | 篇均（次） |
| 1 | 中国人民解放军第四军医大学 | 175 | 34 | 87 | 30.3 | 5 | 0.50 |
| 2 | 中国人民解放军海军医学研究所 | 265 | 50 | 82 | 20.8 | 6 | 0.31 |
| 2 | 中国人民解放军第三军医大学 | 154 | 20 | 82 | 29.2 | 5 | 0.53 |
| 4 | 上海体育学院 | 76 | 14 | 70 | 48.7 | 4 | 0.92 |
| 4 | 中国航天员科研训练中心 | 159 | 32 | 70 | 24.5 | 8 | 0.44 |

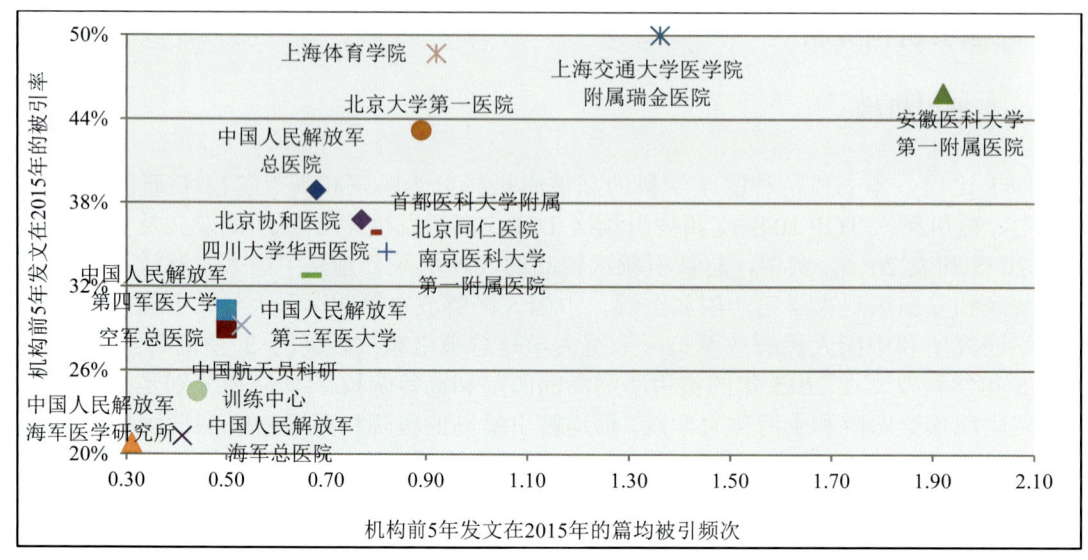

图 20-10 特种医学学科高被引机构论文篇均被引及被引率对比

### 20.6.2 高被引机构科研合作关系

通过合著分析，获得特种医学学科高被引机构之间及其与其他机构之间的科研合作关联，如图 20-11 所示（合作 30 次以下不显示）。分析得知，特种医学学科的机构合作链接比较紧密，表明学科内机构合作现象较为普遍；高被引机构基本主导了机构合作网络，显示出这些机构已经在学科内具有了一定的科研优势；中国人民解放军第 306 医院和中国航天员科研训练中心、空军总医院与中国人民解放军空军航空医学研究所等机构之间的链接较强，表明它们的学术合作较为频繁。

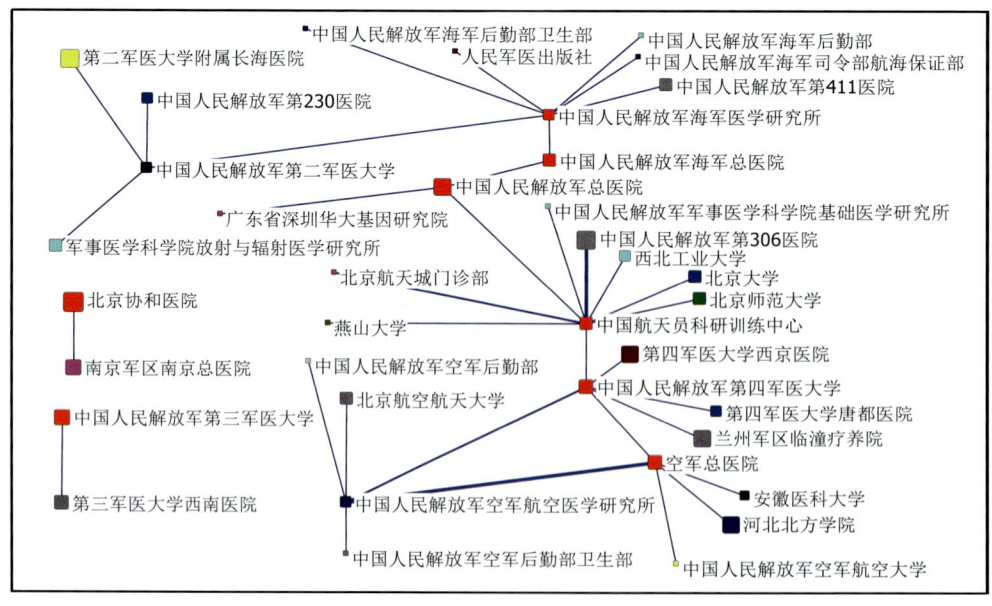

图 20-11 特种医学学科高被引机构科研合作关联

## 20.7 高被引图书、国外期刊及学术会议

2015 年，特种医学学科被引频次位居前 10 位的图书及国外期刊见表 20-7 和表 20-8。其中，被引次数较多的 3 种图书分别是殷蔚伯的《肿瘤放射治疗学》、胡逸民的《肿瘤放射物理学》和郭启勇的《实用放射学》；被引次数较多的 3 种国外期刊分别是《Radiology》《American Journal of Roentgenology》和《European Radiology》；被引次数较多的 3 场学术会议分别是"Science and Golf II: Proceedings of the World Scientific Congress of Golf""SICE Annual Conference"和"Proceedings of the Annual International Conference of the IEEE Engineering in Medicine and Biology Society"。

表 20-7 特种医学学科高被引图书 TOP 10

| 序号 | 责任者 | 图书名称 | 出版社 | 2015 年被引频次 |
| --- | --- | --- | --- | --- |
| 1 | 殷蔚伯 | 肿瘤放射治疗学 | 中国协和医科大学出版社 | 21 |
| 2 | 胡逸民 | 肿瘤放射物理学 | 原子能出版社 | 13 |
| 3 | 郭启勇 | 实用放射学 | 人民卫生出版社 | 11 |
| 4 | 张卫兵 | 特勤疗养学 | 人民军医出版社 | 10 |
| 4 | 高钰琪 | 高原军事医学 | 重庆出版社 | 10 |
| 6 | 陆再英 | 内科学 | 人民卫生出版社 | 9 |
| 7 | 吴在德 | 外科学 | 人民卫生出版社 | 8 |
| 7 | 白人驹 | 医学影像诊断学 | 人民卫生出版社 | 8 |
| 9 | 胥少汀 | 实用骨科学 | 人民军医出版社 | 7 |
| 9 | 李松年 | 现代全身 CT 诊断学 | 中国医药科技出版社 | 7 |

表 20-8 特种医学学科高被引国外期刊 TOP 10

| 序号 | 期刊名称 | 2015 年被引频次 |
| --- | --- | --- |
| 1 | Radiology | 759 |
| 2 | American Journal of Roentgenology | 561 |
| 3 | European Radiology | 370 |
| 4 | International Journal of Radiation Oncology · Biology · Physics | 335 |
| 5 | European Journal of Radiology | 308 |
| 6 | Medical Physics | 288 |
| 7 | PLoS One | 269 |
| 8 | Aviation, Space, and Environmental Medicine | 240 |
| 9 | Circulation | 235 |
| 10 | New England Journal of Medicine | 213 |

# 第 21 章 药学学科高被引分析

## 21.1 学科论文概况

2010—2014 年,药学学科共有 164948 位来自 30291 所机构的论文第一作者在 2302 种期刊上发表了 183681 篇学术论文。其中,80% 以上的论文产出自 5763 所机构、122504 位作者,发表在 187 种期刊上。在前 5 年发表的这些论文中,有 59157 篇在 2015 年获得过引用,整体被引率为 32.2%,总被引频次为 107660 次,篇均被引 0.59 次;其中,高被引论文有 707 篇,单篇论文最高被引频次为 117 次,累计被引 8239 次,篇均被引 11.65 次(表 21-1)。另外,2015 年药学学科共发表论文 33180 篇,其中有 2408 篇在当年获得过引用,总共被引 2988 次。

表 21-1 药学学科论文分布情况

| 年份 | 论文篇数 | 2015 年被引频次 | 2015 年被引率(%) | 2015 年高被引论文 | | | |
|---|---|---|---|---|---|---|---|
| | | | | 论文篇数 | 最高被引频次 | 总被引频次 | 篇均被引频次 |
| 2010 | 43838 | 22654 | 29.1 | 154 | 115 | 1905 | 12.37 |
| 2011 | 34547 | 21424 | 33.2 | 128 | 93 | 1674 | 13.08 |
| 2012 | 34977 | 21856 | 33.7 | 145 | 110 | 1784 | 12.30 |
| 2013 | 37673 | 26195 | 36.9 | 187 | 117 | 1948 | 10.42 |
| 2014 | 32646 | 15531 | 28.4 | 93 | 60 | 928 | 9.98 |
| 合计 | 183681 | 107660 | 32.2 | 707 | 117 | 8239 | 11.65 |

从药学学科论文的地域分布来看,2015 年被引频次较高的 5 个省、直辖市或自治区依次是浙江、北京、广东、江苏和河南(图 21-1);5 年论文产出量较多的 5 个省、直辖市或自治区依次是江苏、北京、广东、浙江和山东(图 21-2)。

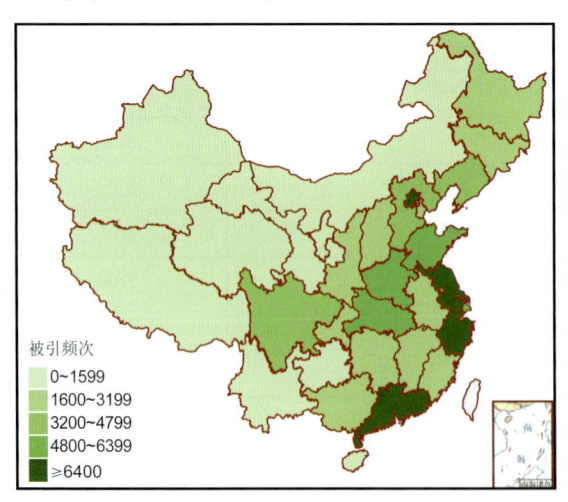

图21-1 2015年药学学科地区被引分布

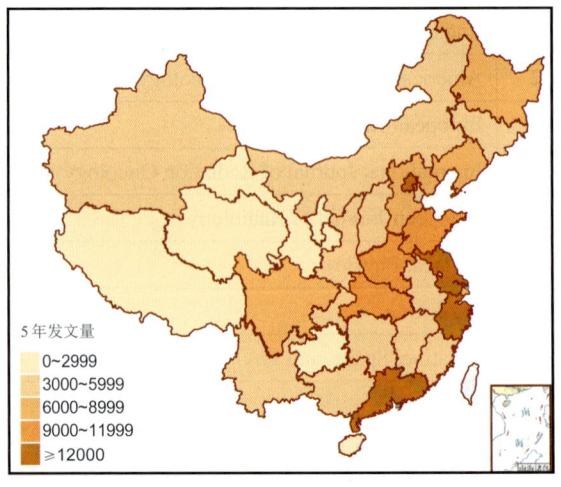

图21-2 药学学科5年论文产出地区分布

## 21.2 高被引论文分析

在药学学科，2015 年被引频次位居前 10 位的论文（表 21-2）平均被引频次为 53.6 次，是全部 707 篇高被引论文篇均被引频次的 4.6 倍。其中，被引频次最高的论文是岳修勤于 2010 年发表的《地佐辛与芬太尼应用于术后静脉镇痛的临床效果比较》，随后 2 篇分别是肖永红于 2012 年发表的《Mohnarin 2011 年度全国细菌耐药监测》和王临润于 2012 年发表的《品管圈管理在医疗机构中的应用价值》。

从论文分布来看，刊载高被引论文数量居前的 3 种期刊分别是《中国药业》（47 篇）、《中国临床药理学杂志》（29 篇）和《当代医学》（26 篇），而《中华麻醉学杂志》刊载了高被引论文 TOP 10 中的 2 篇；发表高被引论文居前的 3 位学者分别是北京大学第一医院的李耘（5 篇）、四川大学华西第二医院的张伶俐（2 篇）和广西医科大学第四附属医院的朱远群（2 篇）；产出高被引论文数量居前的 3 所机构分别是北京大学第一医院（20 篇）、浙江大学附属第一医院（8 篇）和中国人民解放军总医院（7 篇），而浙江大学附属第一医院产出了高被引论文 TOP 10 中的 3 篇。

表 21-2　药学学科高被引论文 TOP 10

| 序号 | 论文题名 | 第一作者 | 期刊名称 | 发表年份 | 被引频次 总频次 | 被引频次 2015 年 |
|---|---|---|---|---|---|---|
| 1 | 地佐辛与芬太尼应用于术后静脉镇痛的临床效果比较 | 岳修勤 | 中国疼痛医学杂志 | 2010 | 554 | 105 |
| 2 | Mohnarin 2011 年度全国细菌耐药监测 | 肖永红 | 中华医院感染学杂志 | 2012 | 224 | 102 |
| 3 | 品管圈管理在医疗机构中的应用价值 | 王临润 | 医药导报 | 2012 | 89 | 53 |
| 4 | 卫生部全国细菌耐药监测网（Mohnarin）2011—2012 年革兰阳性菌耐药监测报告 | 李耘 | 中国临床药理学杂志 | 2014 | 43 | 46 |
| 5 | 黄芩素和黄芩苷的药理作用及机制研究进展 | 辛文好 | 中国新药杂志 | 2013 | 71 | 45 |
| 6 | 新型镇静镇痛药——右美托咪定 | 易利丹 | 中国新药与临床杂志 | 2011 | 126 | 44 |
| 7 | 不同剂量右美咪啶抑制气管插管诱发患者心血管反应效应的比较 | 胡宪文 | 中华麻醉学杂志 | 2010 | 116 | 40 |
| 8 | 盐酸羟考酮注射液用于全麻患者术后镇痛的有效性和安全性：前瞻性、随机、盲法、多中心、阳性对照临床研究 | 许幸 | 中华麻醉学杂志 | 2013 | 47 | 38 |
| 9 | 品管圈在医院药剂科质量管理持续改善中的应用 | 王临润 | 中国药房 | 2010 | 87 | 32 |
| 10 | 氨氯地平阿托伐他汀钙片治疗高血压并高血脂的疗效 | 刘钰华 | 实用医学杂志 | 2010 | 80 | 31 |

## 21.3 研究主题关联分析

在药学学科，高被引论文累计被 2015 年发表的 7530 篇论文引用了 8239 次。通过分析施引文献关键词的词频及关键词之间的共现关系，获得 2015 年药学学科的热点主题和主题关联，如图 21-3 所示（共现 20 次以下不显示）。由图 21-3 可知："右美托咪定""疗效""抗菌药物"等关键词的文档词频较高，是 2015 年学科的研究热点；"胃溃疡"与"奥美拉唑"等概念之间的共现次数较多，显示出它们之间主题关联较为紧密。以"右美托咪定"与"丙泊酚"等关键词为主要节点的多个概念相互关联，构成了学科内较为突出的研究主题簇。

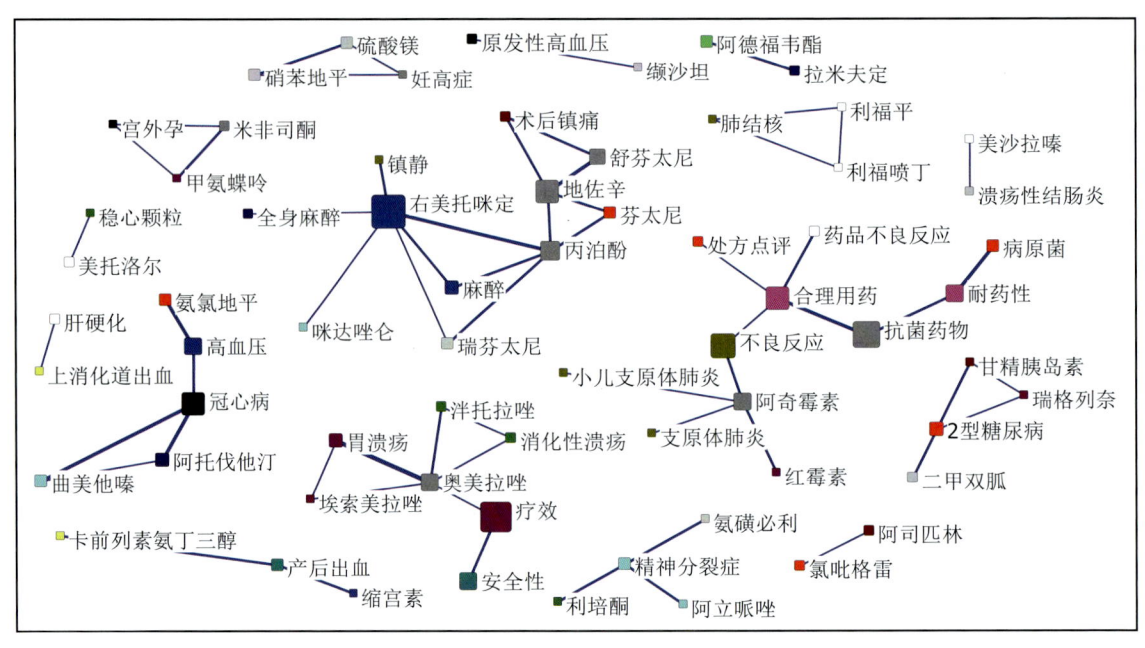

图 21-3　药学学科 2015 年热点主题关联

## 21.4 学科高影响力期刊分析

### 21.4.1 学科高影响力期刊 TOP 10

在药学学科，学科 5 年影响因子位居前 10 位的期刊见表 21-3，排在前 3 位的期刊分别是《临床麻醉学杂志》《实用药物与临床》和《中国生化药物杂志》。在表 21-3 中，学科载文量占其总载文量比例最大的期刊是《药物分析杂志》；前 5 年学科载文在 2015 年被引率最高的期刊是《临床麻醉学杂志》；期刊 5 年影响因子较高的前 3 种期刊分别是《临床麻醉学杂志》《实用药物与临床》和《中国临床药理学杂志》；学科 5 年影响因子与期刊 5 年影响因子差异最大的期刊是《中国生化药物杂志》。表 21-3 中期刊的学科 5 年影响因子和前 5 年学科载文的 2015 年被引率对比如图 21-4 所示，2010—2015 年期刊 5 年影响因子的变动情况如图 21-5 所示。

表 21-3　药学学科高影响力期刊基本指数

| 序号 | 期刊名称 | 前5年载文量 | | | 2015年学科被引 | | | 5年影响因子 | | h指数（学科） |
|---|---|---|---|---|---|---|---|---|---|---|
| | | 学科（篇） | 占比（%） | 总量（篇） | 频次 | 被引率（%） | 高被引论文篇数 | 期刊（2015） | 学科（2015） | |
| 1 | 临床麻醉学杂志 | 353 | 13.2 | 2675 | 609 | 52.7 | 16 | 1.642 | 1.725 | 17 |
| 2 | 实用药物与临床 | 921 | 41.8 | 2205 | 1025 | 47.0 | 13 | 1.121 | 1.113 | 11 |
| 3 | 中国生化药物杂志 | 499 | 27.6 | 1806 | 541 | 34.7 | 15 | 0.706 | 1.084 | 12 |
| 4 | 中国临床药理学杂志 | 1386 | 63.7 | 2177 | 1298 | 32.9 | 29 | 0.977 | 0.937 | 15 |
| 5 | 中国药业 | 5615 | 59.8 | 9382 | 5157 | 42.2 | 47 | 0.841 | 0.918 | 12 |
| 6 | 中国药物应用与监测 | 691 | 93.8 | 737 | 587 | 41.4 | 5 | 0.902 | 0.849 | 8 |
| 7 | 药学学报 | 1385 | 88.5 | 1565 | 1172 | 39.4 | 10 | 0.859 | 0.846 | 9 |
| 8 | 安徽医药 | 1103 | 22.6 | 4878 | 911 | 39.3 | 7 | 0.957 | 0.826 | 11 |
| 9 | 药物分析杂志 | 2847 | 99.4 | 2865 | 2202 | 40.6 | 9 | 0.771 | 0.773 | 8 |
| 10 | 中国新药与临床杂志 | 925 | 73.8 | 1254 | 698 | 35.1 | 6 | 0.722 | 0.755 | 8 |

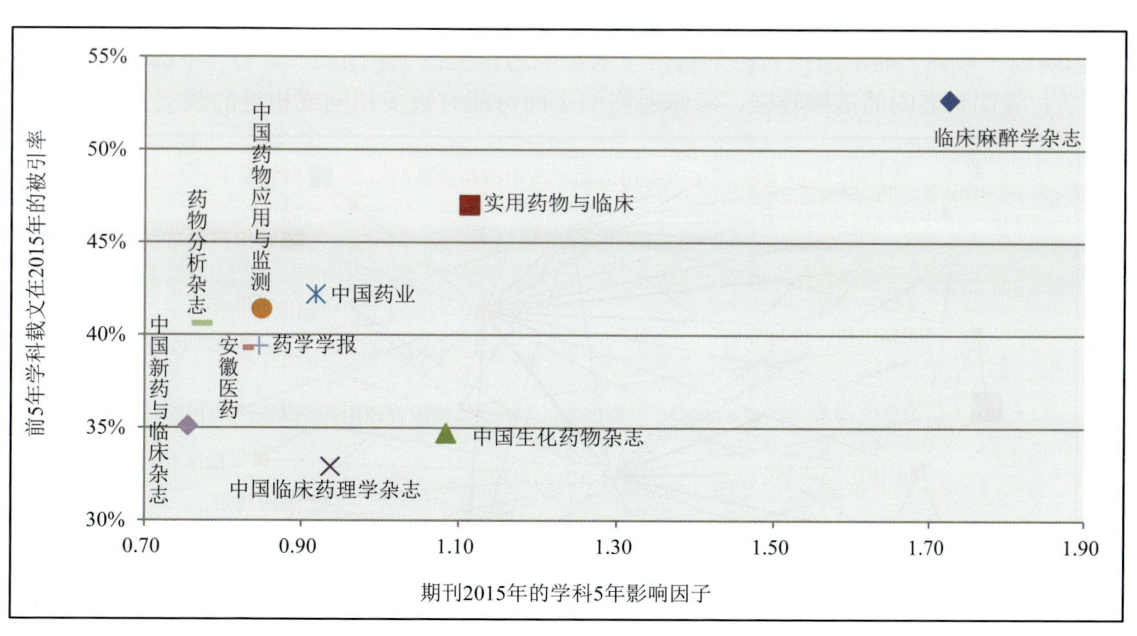

图 21-4　药学学科高影响力期刊对比

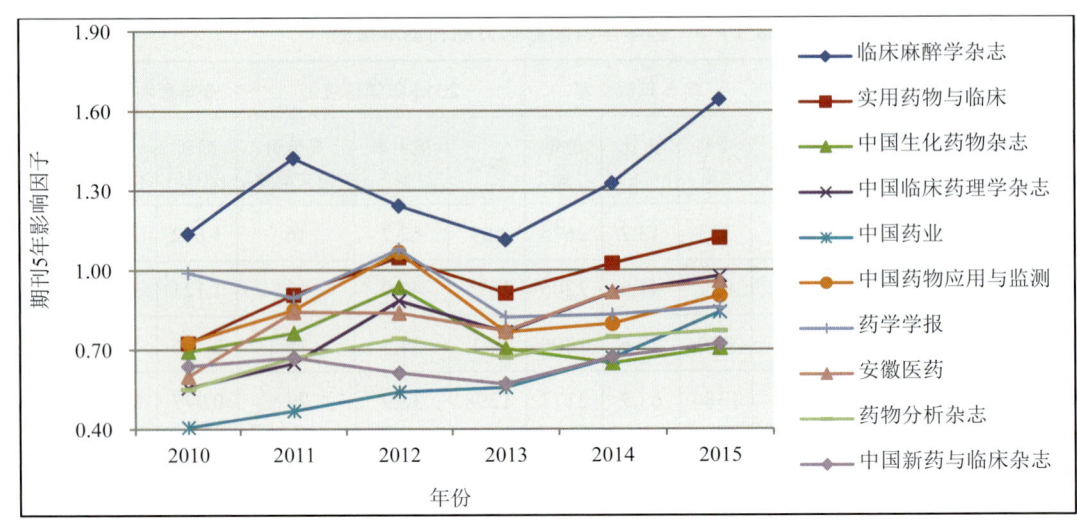

图 21-5　药学学科期刊 5 年影响因子变动

### 21.4.2　学科高影响力期刊载文主题关联

通过期刊共被引分析，获得药学学科高影响力期刊及与其他期刊之间的载文主题关联，如图 21-6 所示（共被引 64 次以下不显示）。结果显示，药学学科的高影响力期刊相互链接较为紧密，基本主导了该学科的期刊共被引网络，显示出该学科高影响力期刊可能共同刊载了许多相近的研究主题，热点研究主题分散在多种期刊上。《中华医院感染学杂志》的学科 5 年影响因子较高，显示出该刊在学科内学术影响力较大；《中国药业》与《中国药房》《海峡药学》等期刊之间的链接较强，意味着它们之间可能有较多相同或相近的载文主题。

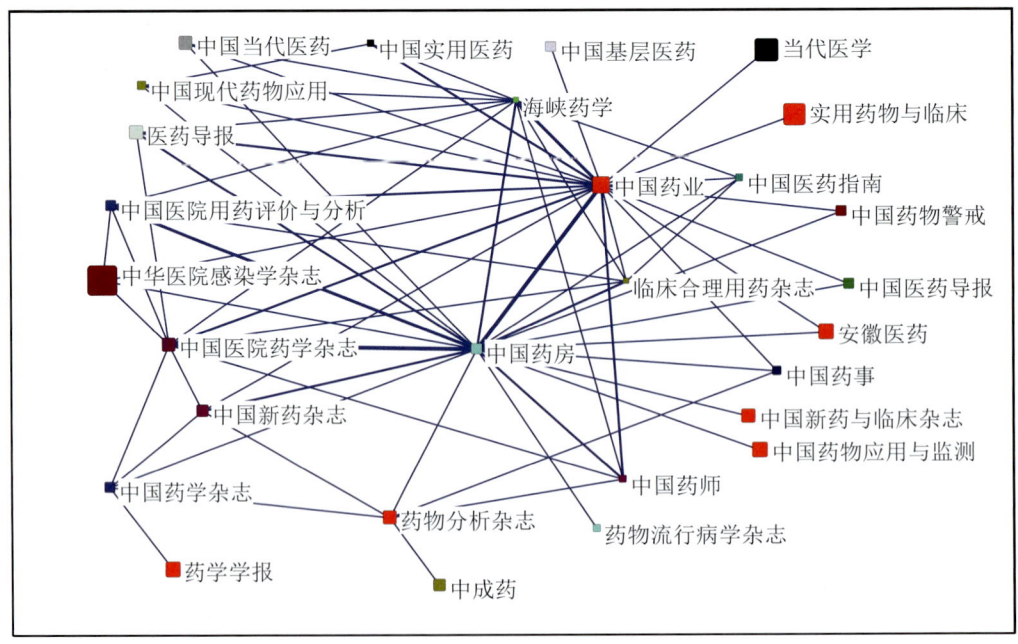

图 21-6　药学学科高影响力期刊载文主题关联

## 21.5 高被引作者分析

### 21.5.1 高被引作者 TOP 20

2010—2014 年，在 164948 位药学学科论文的第一作者中，在 2015 年学科被引频次位居前 20 位的学者的发文及被引情况见表 21-4。其中，学科发文总被引频次较高的 3 位作者分别是浙江大学附属第一医院的肖永红（120 次）、北京大学第一医院的李耘（108 次）和新乡医学院第一附属医院的岳修勤（105 次）。高被引作者的 5 年学科发文数量从 1 篇到 44 篇不等，同时，作者学科发文的期刊分布也在 1 种到 18 种之间变化。在发文超过 5 篇的所有作者中，篇均被引较高的 3 位作者分别是浙江大学附属第一医院的肖永红（篇均 8.57 次）、北京大学第一医院的李耘（篇均 7.20 次）和四川大学华西第二医院的张伶俐（篇均 6.00 次）；前 5 年发表学科论文较多的 3 位作者分别是中国人民解放军第 98 医院的孔飞飞（44 篇）、中国药科大学的丁锦希（34 篇）和中国药科大学的陈永法（29 篇）。高被引作者的学科发文量和被引量对比如图 21-7 所示。

表 21-4 药学学科高被引作者 TOP 20

| 序号 | 姓名 | 作者单位 | 前 5 年发文 | | | 前 5 年学科发文在 2015 年的被引 | | | | h 指数（学科） |
|---|---|---|---|---|---|---|---|---|---|---|
| | | | 学科发文（篇） | 期刊分布（种） | 发文总量（篇） | 总频次 | 被引率（%） | 最高（次） | 篇均（次） | |
| 1 | 肖永红 | 浙江大学附属第一医院 | 14 | 12 | 27 | 120 | 57.1 | 102 | 8.57 | 5 |
| 2 | 李耘 | 北京大学第一医院 | 15 | 4 | 18 | 108 | 46.7 | 46 | 7.20 | 5 |
| 3 | 岳修勤 | 新乡医学院第一附属医院 | 1 | 1 | 1 | 105 | 100.0 | 105 | 105.00 | 1 |
| 4 | 王临润 | 浙江大学附属第一医院 | 3 | 3 | 3 | 85 | 66.7 | 53 | 28.33 | 2 |
| 5 | 张明发 | 上海美优制药有限公司 | 24 | 5 | 112 | 54 | 54.2 | 12 | 2.25 | 7 |
| 6 | 易利丹 | 中南大学湘雅二医院 | 2 | 2 | 2 | 45 | 100.0 | 44 | 22.50 | 1 |
| 6 | 辛文妤 | 中国医学科学院 & 北京协和医学院 | 1 | 1 | 1 | 45 | 100.0 | 45 | 45.00 | 1 |
| 6 | 胡宪文 | 安徽医科大学第二附属医院 | 2 | 2 | 5 | 45 | 100.0 | 40 | 22.50 | 2 |
| 9 | 孔飞飞 | 中国人民解放军第 98 医院 | 44 | 18 | 72 | 42 | 43.2 | 7 | 0.95 | 4 |
| 9 | 吕媛 | 北京大学第一医院 | 8 | 3 | 11 | 42 | 75.0 | 17 | 5.25 | 5 |
| 11 | 李连新 | 北京军区总医院 | 18 | 5 | 22 | 41 | 77.8 | 12 | 2.28 | 4 |
| 11 | 郑波 | 北京大学第一医院 | 9 | 1 | 11 | 41 | 55.6 | 15 | 4.56 | 4 |

| 序号 | 姓名 | 作者单位 | 前5年发文 | | | 前5年学科发文在2015年的被引 | | | | h指数（学科） |
|---|---|---|---|---|---|---|---|---|---|---|
| | | | 学科发文（篇） | 期刊分布（种） | 发文总量（篇） | 总频次 | 被引率（%） | 最高（次） | 篇均（次） | |
| 13 | 许幸 | 北京大学第一医院 | 1 | 1 | 2 | 38 | 100.0 | 38 | 38.00 | 2 |
| 14 | 李春辉 | 中南大学湘雅医院 | 3 | 2 | 5 | 37 | 100.0 | 21 | 12.33 | 3 |
| 15 | 薛红 | 重庆公安消防总队医院 | 4 | 2 | 4 | 32 | 100.0 | 16 | 8.00 | 3 |
| 15 | 周和 | 湖北省中山医院 | 3 | 2 | 4 | 32 | 100.0 | 18 | 10.67 | 2 |
| 15 | 陈永法 | 中国药科大学 | 29 | 12 | 38 | 32 | 41.4 | 14 | 1.10 | 3 |
| 18 | 刘钰华 | 梧州市人民医院 | 4 | 4 | 8 | 31 | 25.0 | 31 | 7.75 | 2 |
| 19 | 张伶俐 | 四川大学华西第二医院 | 5 | 2 | 8 | 30 | 80.0 | 19 | 6.00 | 4 |
| 19 | 刘希德 | 日照市东港区人民医院 | 1 | 1 | 2 | 30 | 100.0 | 30 | 30.00 | 1 |

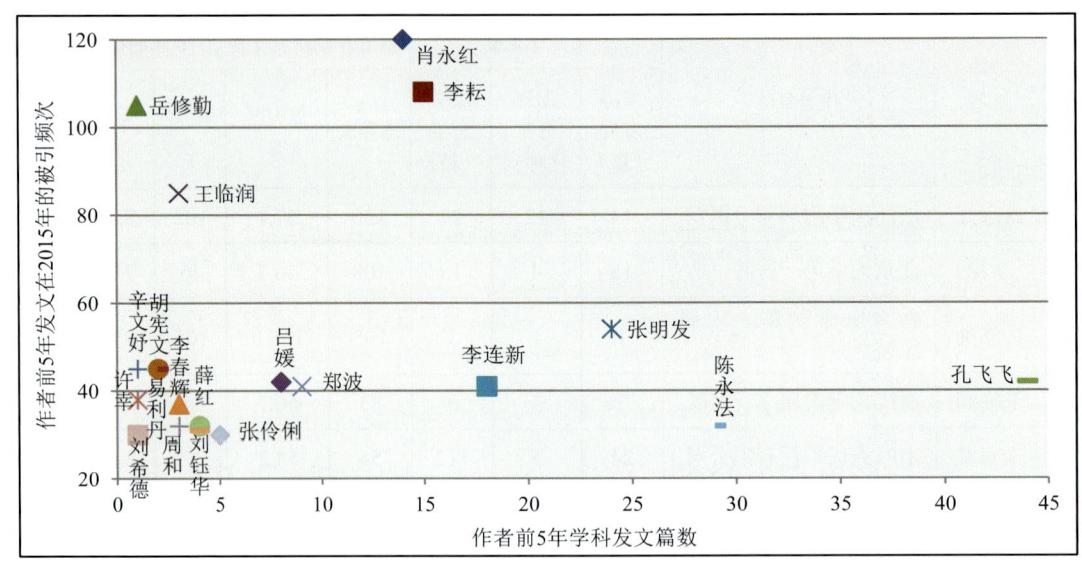

图 21-7　药学学科高被引作者学科发文及被引对比

### 21.5.2　高被引作者科研合作关系

通过作者合著分析，获得 2015 年药学学科高被引作者及与其他学者之间的科研论文合作关系（不考虑论文署名次序），如图 21-8 所示（合著 6 次以下不显示）。可以看出，药学学科的高被引作者的论文合作现象比较普遍。学者孔飞飞、陈永法和张明发的发文量较多；吕媛和易利丹的论文合作网络最为突出，在该学科的研究人员中表现出一定的集聚效应；孔飞飞和郭良君、易利丹和李健和等学者之间的合作关系最为紧密，显示出他们可能分别属于同一支科研团队。

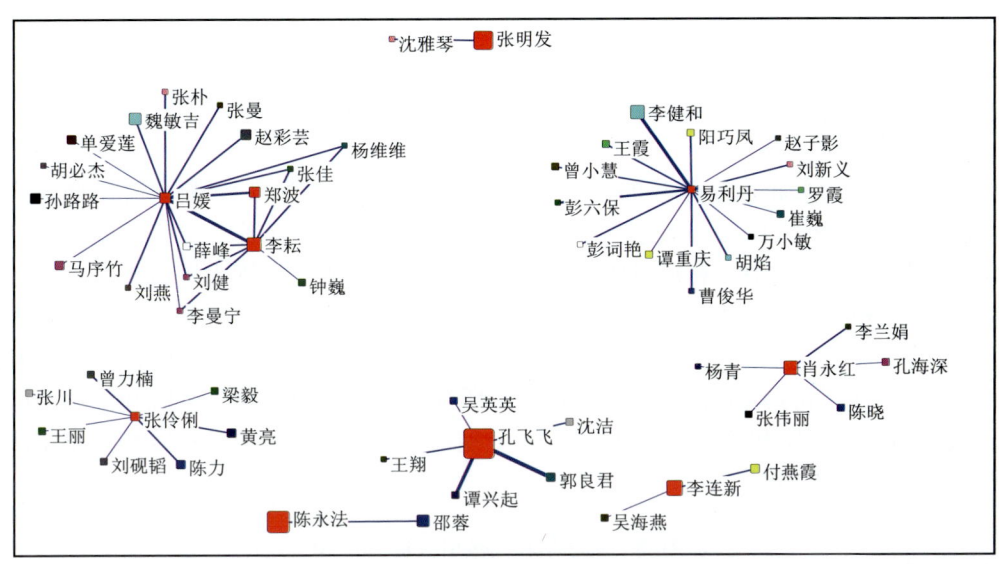

图 21-8　药学学科高被引作者科研论文合作关系

## 21.5.3　高被引作者发文主题关联

通过作者共被引分析，获得 2015 年药学学科高被引作者及与其他学者之间的发文主题关联（见图 21-9，共被引 3 次以下不显示）。如图 21-9 所示，药学学科的高被引作者基本主导了作者共被引网络，显示出该学科在热点主题上已经形成了优势较为明显的科研力量。学者肖永红和岳修勤的节点较大，显示出他们的学术成果在学科内得到较多关注；李耘与肖永红、郑波等学者之间的链接较强，意味着他们之间可能有较为相近的研究主题；以岳修勤、李耘等学者为主要节点的共被引作者簇初具规模，意味着这些学者的研究主题关联可能较为紧密。

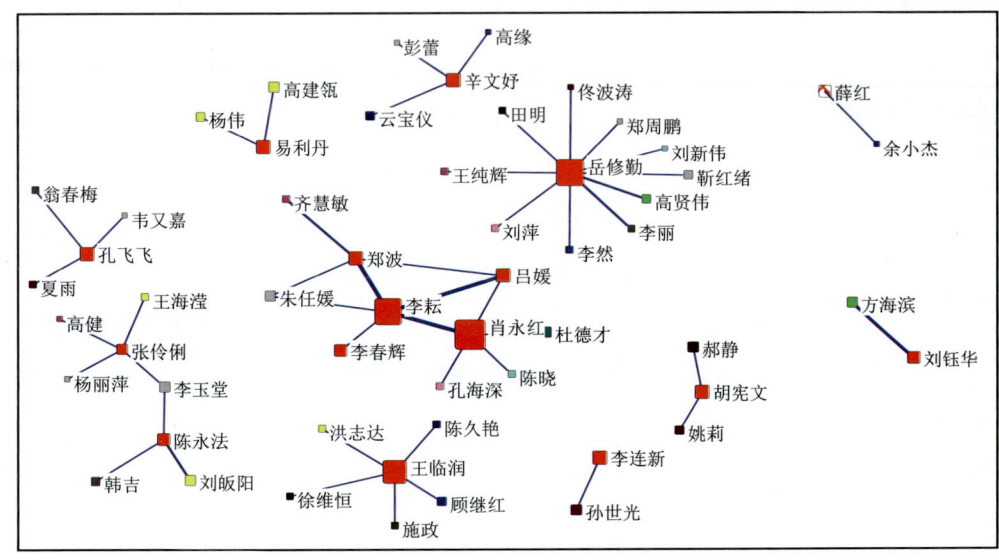

图 21-9　药学学科高被引作者发文主题关联

## 21.6 高被引机构分析

### 21.6.1 高被引机构

为便于比较，本书将药学学科的高被引机构分为医院和高等院校/科研院所两种类型。其中，被引频次 TOP 10 医院和被引频次 TOP 5 高等院校/科研院所的发文及被引情况分别见表 21-5 和表 21-6。其中，总被引频次较高的 3 所医院分别是中国人民解放军总医院、北京大学第一医院和华中科技大学同济医学院附属同济医院，中国药科大学、沈阳药科大学和中国食品药品检定研究院是总被引频次较高的 3 所高等院校/科研院所；前 5 年学科发文在 2015 年的被引率最高的医院和高等院校/科研院所分别是北京大学第三医院和南京中医药大学，篇均被引最高的医院和高等院校/科研院所分别是浙江大学附属第一医院和南京中医药大学。上述高被引机构的论文被引率和篇均被引频次对比如图 21-10 所示。

表 21-5 药学学科高被引医院 TOP 10

| 序号 | 第一作者单位 | 学科发文量（篇） | | 前 5 年学科发文在 2015 年的被引 | | | |
|---|---|---|---|---|---|---|---|
| | | 前 5 年 | 2015 年 | 频次 | 被引率(%) | 最高（次） | 篇均（次） |
| 1 | 中国人民解放军总医院 | 863 | 112 | 660 | 38.6 | 12 | 0.76 |
| 2 | 北京大学第一医院 | 409 | 51 | 594 | 39.9 | 46 | 1.45 |
| 3 | 华中科技大学同济医学院附属同济医院 | 518 | 84 | 391 | 37.8 | 11 | 0.75 |
| 4 | 四川大学华西医院 | 486 | 62 | 380 | 35.4 | 19 | 0.78 |
| 5 | 浙江大学附属第一医院 | 196 | 31 | 373 | 35.2 | 102 | 1.90 |
| 6 | 中国医科大学附属盛京医院 | 379 | 83 | 342 | 40.9 | 16 | 0.90 |
| 7 | 北京协和医院 | 385 | 58 | 331 | 34.3 | 26 | 0.86 |
| 8 | 北京军区总医院 | 325 | 40 | 304 | 41.2 | 19 | 0.94 |
| 9 | 北京大学第三医院 | 279 | 41 | 292 | 42.7 | 21 | 1.05 |
| 9 | 中南大学湘雅二医院 | 354 | 46 | 292 | 38.7 | 44 | 0.82 |

表 21-6 药学学科高被引高等院校/科研院所 TOP 5

| 序号 | 第一作者单位 | 学科发文量（篇） | | 前 5 年学科发文在 2015 年的被引 | | | |
|---|---|---|---|---|---|---|---|
| | | 前 5 年 | 2015 年 | 频次 | 被引率(%) | 最高（次） | 篇均（次） |
| 1 | 中国药科大学 | 2451 | 462 | 1391 | 32.9 | 19 | 0.57 |
| 2 | 沈阳药科大学 | 1794 | 288 | 929 | 31.9 | 11 | 0.52 |
| 3 | 中国食品药品检定研究院 | 828 | 159 | 539 | 35.4 | 12 | 0.65 |
| 4 | 南京中医药大学 | 615 | 101 | 437 | 36.4 | 15 | 0.71 |
| 5 | 广东药学院 | 674 | 114 | 406 | 33.1 | 28 | 0.60 |

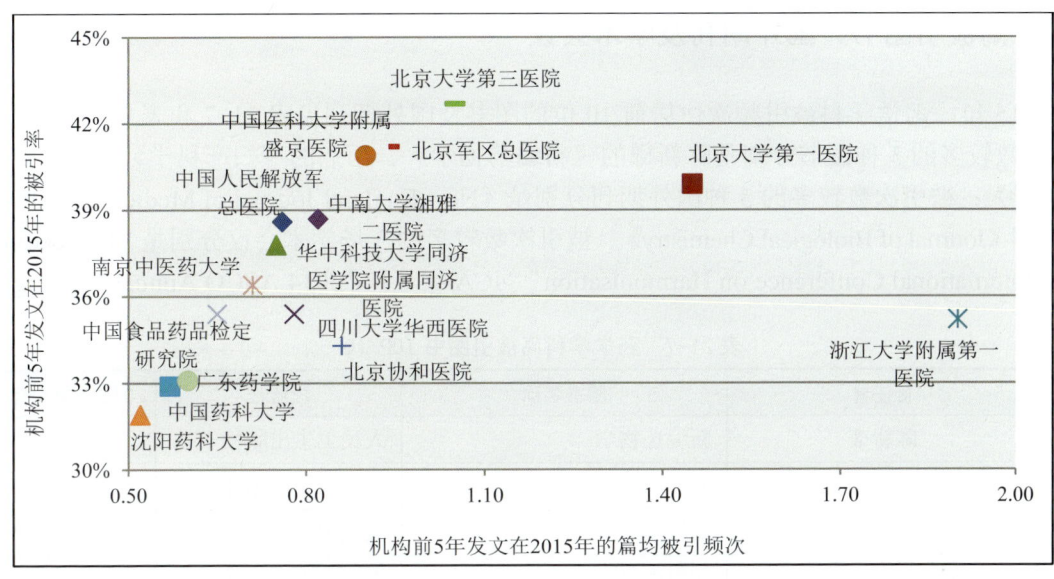

**图 21-10　药学学科高被引机构论文篇均被引及被引率对比**

### 21.6.2　高被引机构科研合作关系

通过合著分析，获得药学学科高被引机构之间及其与其他机构之间的科研合作关联，如图 21-11 所示（共被引 71 次以下不显示）。分析得知，药学学科的机构合作链接比较紧密，表明学科内机构合作现象较为普遍；高被引机构基本主导了机构合作网络，显示出这些机构已经在学科内具有了一定的科研优势；四川大学与四川大学华西医院、中国药科大学与江苏省食品药品检验所等机构之间的链接较强，表明它们的学术合作较为频繁。

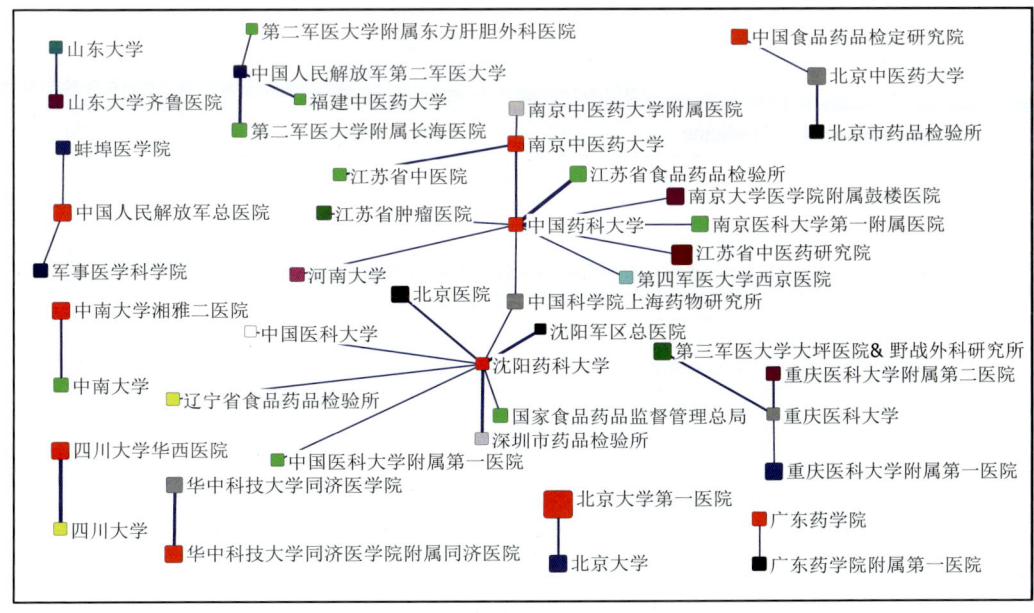

**图 21-11　药学学科高被引机构科研合作关联**

## 21.7 高被引图书、国外期刊及学术会议

2015年，药学学科被引频次位居前10位的图书及国外期刊见表21-7和表21-8。其中，被引次数较多的3种图书分别是陈新谦的《新编药物学》、乐杰的《妇产科学》和陆再英的《内科学》；被引次数较多的3种国外期刊分别是《New England Journal of Medicine》《PLoS One》和《Journal of Biological Chemistry》；被引次数较多的3场学术会议分别是"Proceedings of the International Conference on Harmonisation""ICAAC"和"2014 ASCO Annual Meeting"。

表21-7 药学学科高被引图书 TOP 10

| 序号 | 责任者 | 图书名称 | 出版社 | 2015年被引频次 |
|---|---|---|---|---|
| 1 | 陈新谦 | 新编药物学 | 人民卫生出版社 | 655 |
| 2 | 乐杰 | 妇产科学 | 人民卫生出版社 | 95 |
| 3 | 陆再英 | 内科学 | 人民卫生出版社 | 88 |
| 4 | 陈灏珠 | 实用内科学 | 人民卫生出版社 | 72 |
| 5 | 崔福德 | 药剂学 | 人民卫生出版社 | 66 |
| 6 | 郑筱萸 | 中药新药临床研究指导原则 | 中国医药科技出版社 | 65 |
| 7 | 杨宝峰 | 药理学 | 人民卫生出版社 | 61 |
| 8 | 卫生部合理用药专家委员会 | 中国医师药师临床用药指南 | 重庆出版社 | 57 |
| 9 | 叶任高 | 内科学 | 人民卫生出版社 | 55 |
| 10 | 徐叔云 | 药理实验方法学 | 人民卫生出版社 | 54 |

表21-8 药学学科高被引国外期刊 TOP 10

| 序号 | 期刊名称 | 2015年被引频次 |
|---|---|---|
| 1 | New England Journal of Medicine | 1743 |
| 2 | PLoS One | 1689 |
| 3 | Journal of Biological Chemistry | 1441 |
| 4 | Proceedings of the National Academy of Sciences of the United States of America | 1244 |
| 5 | International Journal of Pharmaceutics | 1220 |
| 6 | Antimicrobial Agents and Chemotherapy | 1170 |
| 7 | The Lancet | 1081 |
| 8 | Nature | 1048 |
| 9 | Bioorganic & Medicinal Chemistry Letters | 995 |
| 10 | Journal of Medicinal Chemistry | 906 |

# 第 22 章 农业科学与工程学科高被引分析

## 22.1 学科论文概况

2010—2014 年,农业科学与工程学科共有 120945 位来自 44502 所机构的论文第一作者在 2676 种期刊上发表了 132795 篇学术论文。其中,80% 以上的论文产出自 28157 所机构、94143 位作者,发表在 188 种期刊上。在前 5 年发表的这些论文中,有 29117 篇在 2015 年获得过引用,整体被引率为 21.9%,总被引频次为 57839 次,篇均被引 0.44 次;其中,高被引论文有 331 篇,单篇论文最高被引频次为 64 次,累计被引 4303 次,篇均被引 13.00 次(表 22-1)。另外,2015 年农业科学与工程学科共发表论文 29887 篇,其中有 1261 篇在当年获得过引用,总共被引 1537 次。

表 22-1 农业科学与工程学科论文分布情况

| 年份 | 论文篇数 | 2015年被引频次 | 2015年被引率（%） | 2015年高被引论文 | | | |
|---|---|---|---|---|---|---|---|
| | | | | 论文篇数 | 最高被引频次 | 总被引频次 | 篇均被引频次 |
| 2010 | 18072 | 11442 | 29.3 | 61 | 47 | 908 | 14.89 |
| 2011 | 24238 | 12182 | 23.7 | 59 | 40 | 903 | 15.31 |
| 2012 | 29257 | 12765 | 21.3 | 65 | 49 | 882 | 13.57 |
| 2013 | 28272 | 13090 | 23.5 | 92 | 64 | 1095 | 11.90 |
| 2014 | 32956 | 8360 | 15.7 | 54 | 43 | 515 | 9.54 |
| 合计 | 132795 | 57839 | 21.9 | 331 | 64 | 4303 | 13.00 |

从农业科学与工程学科论文的地域分布来看,2015 年被引频次较高的 5 个省、直辖市或自治区依次是北京、江苏、陕西、新疆和黑龙江(图 22-1);5 年论文产出量较多的 5 个省、直辖市或自治区依次是黑龙江、江苏、北京、陕西和河南(图 22-2)。

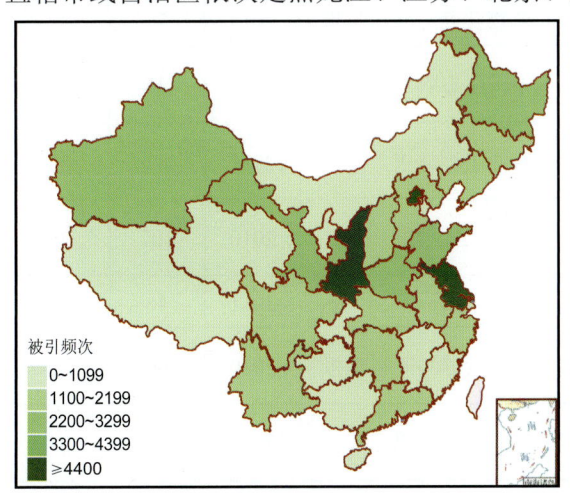
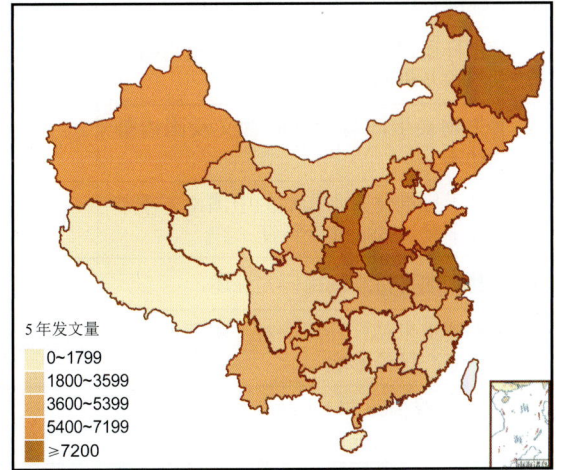

图22-1 2015年农业科学与工程学科地区被引分布　图22-2 农业科学与工程学科5年论文产出地区分布

## 22.2 高被引论文分析

在农业科学与工程学科，2015年被引频次位居前10位的论文（表22-2）平均被引频次为34.6次，是全部331篇高被引论文篇均被引频次的2.7倍。其中，被引频次最高的论文是何绪生于2011年发表的《生物炭对土壤肥料的作用及未来研究》，随后2篇分别是袁金华于2011年发表的《生物质炭的性质及其对土壤环境功能影响的研究进展》和杨晓光于2010年发表的《全球气候变暖对中国种植制度可能影响Ⅰ.气候变暖对中国种植制度北界和粮食产量可能影响的分析》。

从论文分布来看，刊载高被引论文数量居前的3种期刊分别是《农业工程学报》（51篇）、《应用生态学报》（24篇）和《生态学报》（17篇），而《农业工程学报》刊载了高被引论文TOP 10中的3篇；发表高被引论文居前的3位学者分别是扬州大学的张洪程（4篇）、中国农业大学的谢光辉（3篇）和中国气象科学研究院的赵俊芳（2篇）；产出高被引论文数量居前的3所机构分别是中国农业大学（27篇）、西北农林科技大学（23篇）和南京农业大学（13篇），而西北农林科技大学产出了高被引论文TOP 10中的3篇。

表22-2 农业科学与工程学科高被引论文 TOP 10

| 序号 | 论文题名 | 第一作者 | 期刊名称 | 发表年份 | 总频次 | 2015年 |
|---|---|---|---|---|---|---|
| 1 | 生物炭对土壤肥料的作用及未来研究 | 何绪生 | 中国农学通报 | 2011 | 97 | 46 |
| 2 | 生物质炭的性质及其对土壤环境功能影响的研究进展 | 袁金华 | 生态环境学报 | 2011 | 85 | 38 |
| 2 | 全球气候变暖对中国种植制度可能影响Ⅰ.气候变暖对中国种植制度北界和粮食产量可能影响的分析 | 杨晓光 | 中国农业科学 | 2010 | 122 | 38 |
| 4 | 保障我国粮食安全的肥料问题 | 朱兆良 | 植物营养与肥料学报 | 2013 | 73 | 37 |
| 5 | 秸秆还田对土壤有机质和氮素有效性影响及机制研究进展 | 潘剑玲 | 中国生态农业学报 | 2013 | 46 | 34 |
| 6 | 生物炭生产与农用的意义及国内外动态 | 何绪生 | 农业工程学报 | 2011 | 82 | 33 |
| 7 | 基于标准化降水指数的中国南方季节性干旱近58a演变特征 | 黄晚华 | 农业工程学报 | 2010 | 107 | 32 |
| 8 | 盐碱地可持续利用研究综述 | 王佳丽 | 地理学报 | 2011 | 46 | 30 |
| 9 | 不同玉米秸秆还田量对土壤肥力及冬小麦产量的影响 | 张静 | 植物营养与肥料学报 | 2010 | 66 | 29 |
| 9 | 基于ZigBee和Internet的温室群环境远程监控系统设计 | 张猛 | 农业工程学报 | 2013 | 27 | 29 |

## 22.3 研究主题关联分析

在农业科学与工程学科，高被引论文累计被 2015 年发表的 3245 篇论文引用了 4303 次。通过分析施引文献关键词的词频及关键词之间的共现关系，获得 2015 年农业科学与工程学科的热点主题和主题关联，如图 22-3 所示（共现 11 次以下不显示）。由图 22-3 可知："产量""生物炭""秸秆还田"等关键词的文档词频较高，是 2015 年学科的研究热点；以"产量"与"品质""秸秆还田""玉米"等关键词为主要节点的多个概念相互关联，构成了学科内最为突出的研究主题簇。

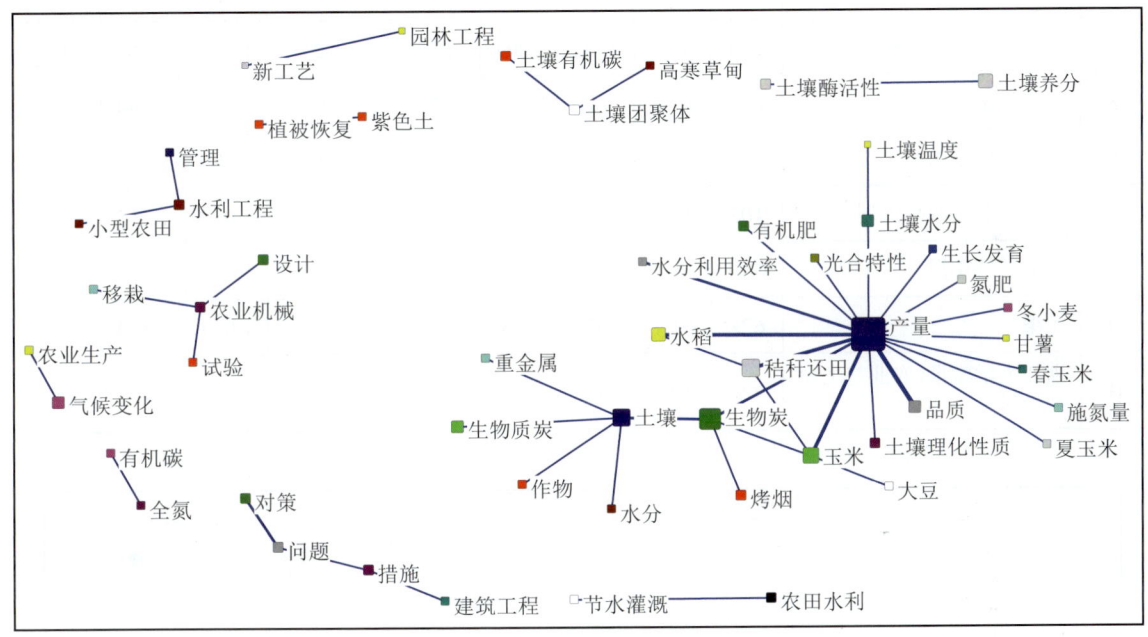

图 22-3　农业科学与工程学科 2015 年热点主题关联

## 22.4 学科高影响力期刊分析

### 22.4.1 学科高影响力期刊 TOP 10

在农业科学与工程学科，学科 5 年影响因子位居前 10 位的期刊见表 22-3，排在前 3 位的期刊分别是《农业工程学报》《植物营养与肥料学报》和《中国农业气象》。在表 22-3 中，学科载文量占其总载文量比例最大的期刊是《土壤学报》；前 5 年学科载文在 2015 年被引率最高的期刊是《农业工程学报》；期刊 5 年影响因子较高的前 3 种期刊分别是《农业工程学报》《植物营养与肥料学报》和《中国生态农业学报》；学科 5 年影响因子与期刊 5 年影响因子差异最大的期刊是《浙江大学学报（农业与生命科学版）》。表 22-3 中期刊的学科 5 年影响因子和前 5 年学科载文的 2015 年被引率对比如图 22-4 所示，2010—2015 年期刊 5 年影响因子的变动情况如图 22-5 所示。

表 22-3　农业科学与工程学科高影响力期刊基本指数

| 序号 | 期刊名称 | 前5年载文量 | | | 2015年学科被引 | | | 5年影响因子 | | h指数（学科） |
|---|---|---|---|---|---|---|---|---|---|---|
| | | 学科（篇） | 占比（%） | 总量（篇） | 频次 | 被引率（%） | 高被引论文篇数 | 期刊（2015） | 学科（2015） | |
| 1 | 农业工程学报 | 2313 | 40.9 | 5655 | 4730 | 62.7 | 51 | 1.941 | 2.045 | 17 |
| 2 | 植物营养与肥料学报 | 484 | 41.0 | 1180 | 918 | 56.6 | 15 | 1.890 | 1.897 | 12 |
| 3 | 中国农业气象 | 345 | 54.8 | 629 | 647 | 61.7 | 8 | 1.536 | 1.875 | 9 |
| 4 | 中国生态农业学报 | 570 | 42.5 | 1342 | 1004 | 58.8 | 12 | 1.621 | 1.761 | 12 |
| 5 | 土壤学报 | 651 | 67.7 | 961 | 1070 | 57.0 | 10 | 1.55 | 1.644 | 11 |
| 6 | 农业机械学报 | 1173 | 32.2 | 3643 | 1756 | 55.6 | 11 | 1.285 | 1.497 | 11 |
| 7 | 中国农业资源与区划 | 102 | 14.3 | 711 | 128 | 49.0 | 1 | 1.087 | 1.255 | 7 |
| 8 | 水土保持学报 | 1308 | 64.5 | 2028 | 1512 | 49.9 | 6 | 1.115 | 1.156 | 10 |
| 9 | 土壤 | 628 | 61.1 | 1028 | 725 | 47.1 | 4 | 1.087 | 1.154 | 9 |
| 10 | 浙江大学学报（农业与生命科学版） | 68 | 12.1 | 562 | 75 | 35.3 | 1 | 0.719 | 1.103 | 6 |

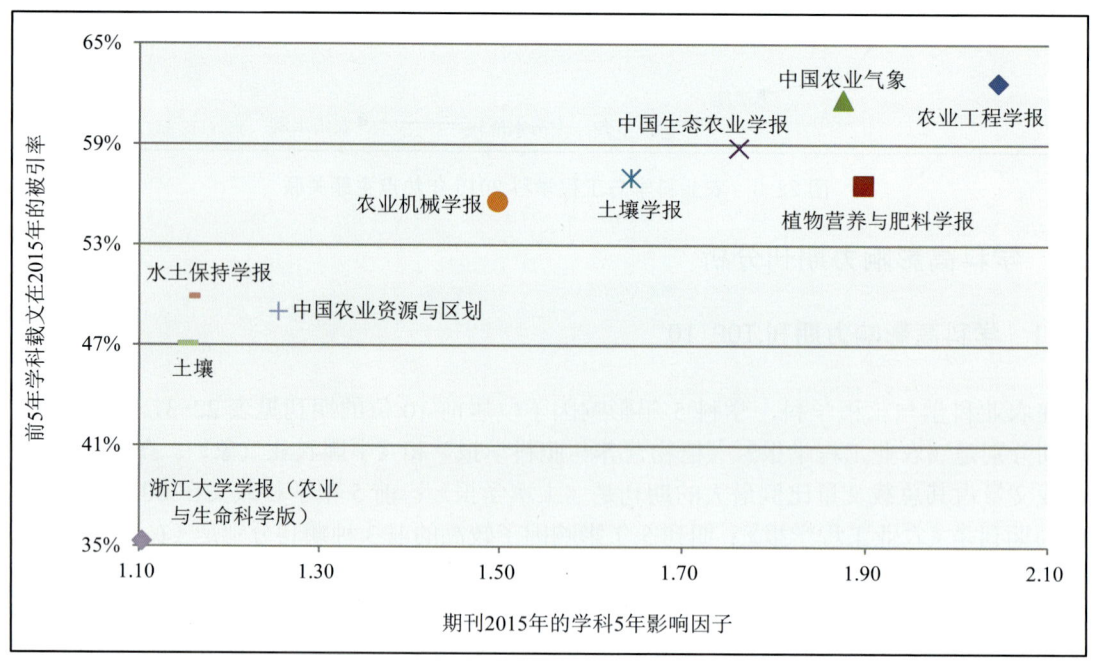

图 22-4　农业科学与工程学科高影响力期刊对比

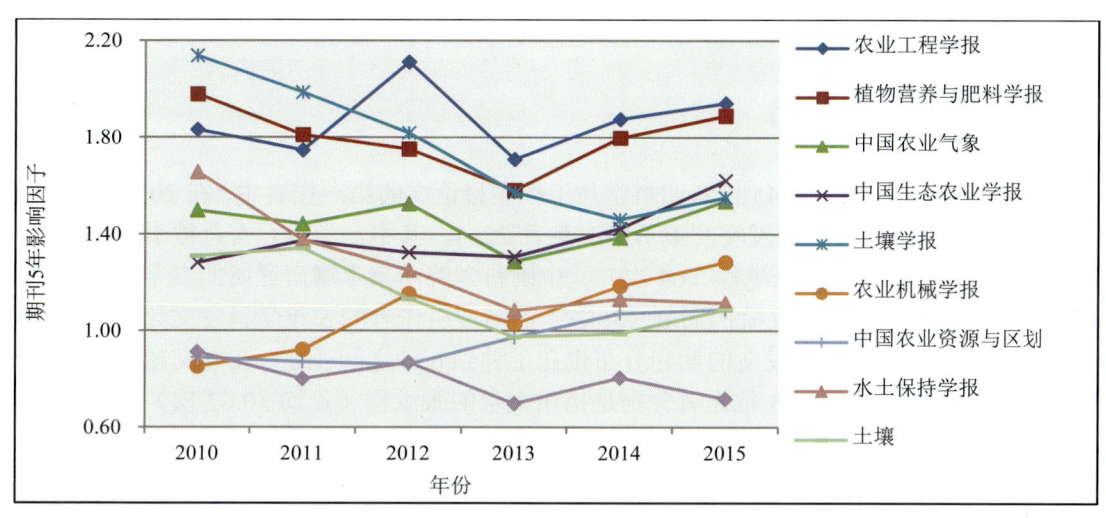

图 22-5　农业科学与工程学科期刊 5 年影响因子变动

## 22.4.2　学科高影响力期刊载文主题关联

通过期刊共被引分析，获得农业科学与工程学科高影响力期刊及与其他期刊之间的载文主题关联，如图 22-6 所示（共被引 55 次以下不显示）。结果显示，农业科学与工程学科的高影响力期刊相互链接较为紧密，基本主导了该学科的期刊共被引网络，显示出该学科高影响力期刊可能共同刊载了许多相近的研究主题，热点研究主题分散在多种期刊上。《农业工程学报》的学科 5 年影响因子较高，显示出该刊在学科内学术影响力较大；《农业工程学报》与《农业机械学报》《农机化研究》等期刊之间的链接较强，意味着它们之间可能有较多相同或相近的载文主题。

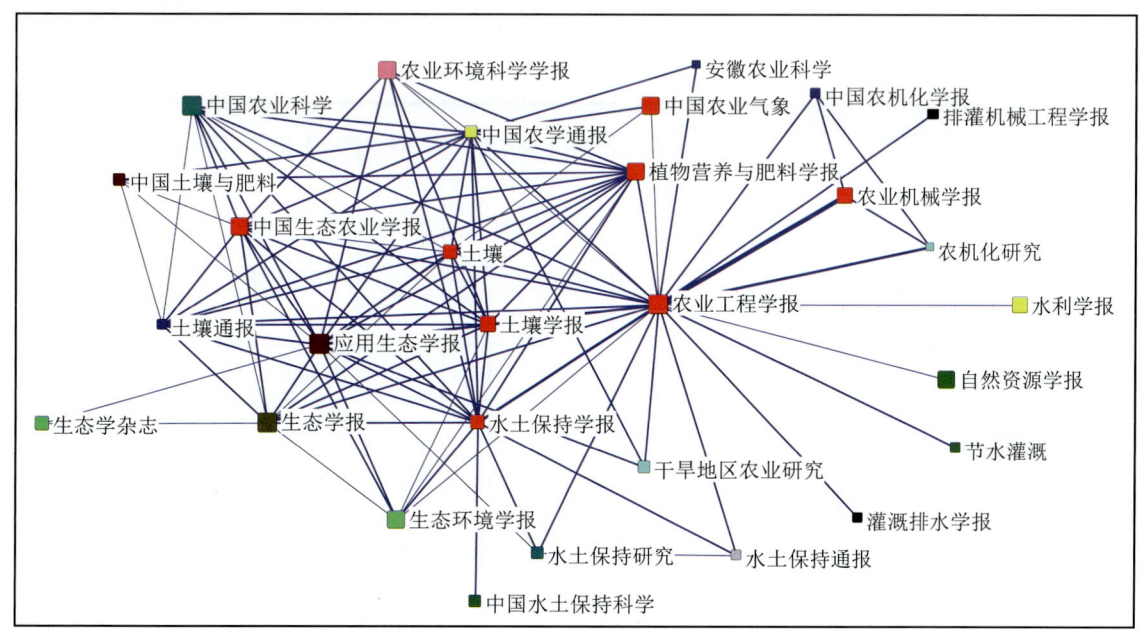

图 22-6　农业科学与工程学科高影响力期刊载文主题关联

## 22.5 高被引作者分析

### 22.5.1 高被引作者 TOP 20

2010—2014 年，在 120945 位农业科学与工程学科论文的第一作者中，在 2015 年学科被引频次位居前 20 位的学者的发文及被引情况见表 22-4。其中，学科发文总被引频次较高的 3 位作者分别是扬州大学的张洪程（64 次）、中国科学院南京土壤研究所的袁金华（62 次）和四川省宜宾市林业科学研究院的周舰（56 次）。高被引作者的 5 年学科发文数量从 1 篇到 16 篇不等，同时，作者学科发文的期刊分布也在 1 种到 6 种之间变化。在发文超过 5 篇的所有作者中，篇均被引较高的 3 位作者分别是扬州大学的张洪程（篇均 10.67 次）、中国气象科学研究院的赵俊芳（篇均 9.60 次）和湖南环境生物职业技术学院的杨宁（篇均 8.17 次）；前 5 年发表学科论文较多的 3 位作者分别是江西省吉水县农机局的刘开顺（63 篇）、湖北省十堰农校的陈茂春（52 篇）和陕西省岐山县农机技术推广站的王发明（44 篇）。高被引作者的学科发文量和被引量对比如图 22-7 所示。

表 22-4 农业科学与工程学科高被引作者 TOP 20

| 序号 | 姓名 | 作者单位 | 前 5 年发文 | | | 前 5 年学科发文在 2015 年的被引 | | | | h 指数（学科）|
|---|---|---|---|---|---|---|---|---|---|---|
| | | | 学科发文（篇）| 期刊分布（种）| 发文总量（篇）| 总频次 | 被引率（%）| 最高（次）| 篇均（次）| |
| 1 | 张洪程 | 扬州大学 | 6 | 5 | 32 | 64 | 100.0 | 19 | 10.67 | 8 |
| 2 | 袁金华 | 中国科学院南京土壤研究所 | 3 | 3 | 3 | 62 | 100.0 | 38 | 20.67 | 3 |
| 3 | 周舰 | 四川省宜宾市林业科学研究院 | 1 | 1 | 5 | 56 | 100.0 | 56 | 56.00 | 2 |
| 4 | 杨宁 | 湖南环境生物职业技术学院 | 6 | 5 | 26 | 49 | 83.3 | 15 | 8.17 | 9 |
| 5 | 赵俊芳 | 中国气象科学研究院 | 5 | 4 | 9 | 48 | 80.0 | 21 | 9.60 | 5 |
| 6 | 何绪生 | 西北农林科技大学 | 1 | 1 | 8 | 46 | 100.0 | 46 | 46.00 | 2 |
| 7 | 高海英 | 西北农林科技大学 | 4 | 2 | 4 | 44 | 100.0 | 23 | 11.00 | 3 |
| 8 | 王伟妮 | 华中农业大学 | 3 | 3 | 16 | 43 | 100.0 | 24 | 14.33 | 6 |
| 9 | 陈建能 | 浙江理工大学 | 11 | 2 | 13 | 41 | 63.6 | 13 | 3.73 | 5 |
| 10 | 范拴喜 | 宝鸡文理学院 | 1 | 1 | 12 | 38 | 100.0 | 38 | 38.00 | 2 |
| 11 | 朱兆良 | 中国科学院南京土壤研究所 | 1 | 1 | 2 | 37 | 100.0 | 37 | 37.00 | 2 |
| 12 | 谢光辉 | 中国农业大学 | 6 | 2 | 9 | 36 | 66.7 | 12 | 6.00 | 4 |

| 序号 | 姓名 | 作者单位 | 前5年发文 | | | 前5年学科发文在2015年的被引 | | | | h指数（学科） |
|---|---|---|---|---|---|---|---|---|---|---|
| | | | 学科发文（篇） | 期刊分布（种） | 发文总量（篇） | 总频次 | 被引率（%） | 最高（次） | 篇均（次） | |
| 12 | 雍太文 | 四川农业大学 | 6 | 4 | 10 | 36 | 83.3 | 14 | 6.00 | 4 |
| 14 | 侯贤清 | 西北农林科技大学 | 6 | 3 | 7 | 35 | 83.3 | 15 | 5.83 | 4 |
| 15 | 潘剑玲 | 兰州大学 | 1 | 1 | 2 | 34 | 100.0 | 34 | 34.00 | 1 |
| 16 | 彭世彰 | 河海大学 | 13 | 6 | 20 | 32 | 84.6 | 6 | 2.46 | 3 |
| 16 | 黄晚华 | 中国农业大学 | 1 | 1 | 1 | 32 | 100.0 | 32 | 32.00 | 1 |
| 16 | 李耀明 | 江苏大学 | 16 | 3 | 17 | 32 | 56.3 | 11 | 2.00 | 3 |
| 16 | 廖庆喜 | 华中农业大学 | 10 | 2 | 11 | 32 | 70.0 | 10 | 3.20 | 4 |
| 20 | 施卫东 | 江苏大学 | 13 | 2 | 78 | 31 | 76.9 | 6 | 2.38 | 6 |

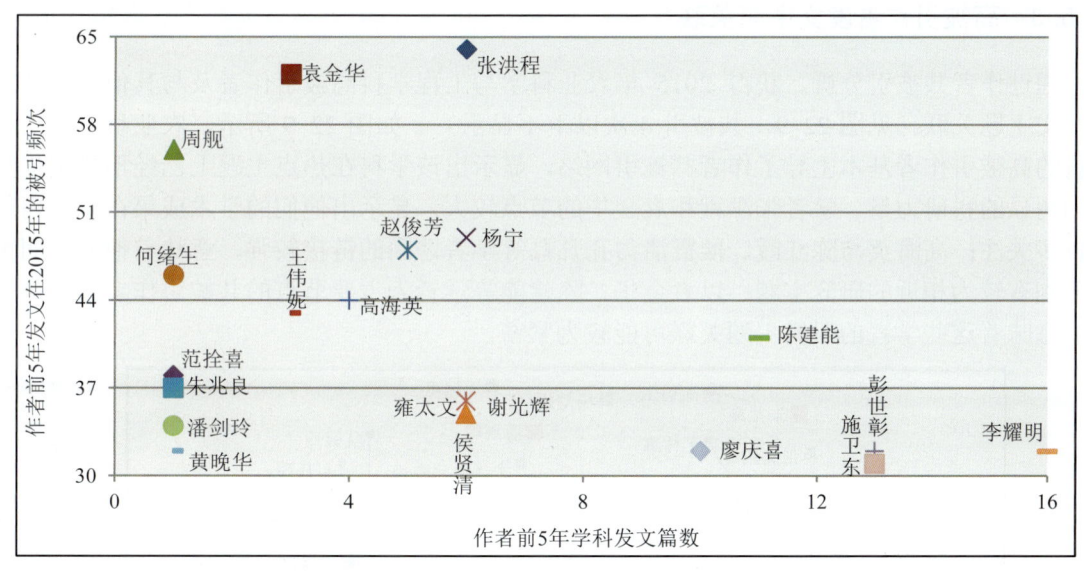

图 22-7　农业科学与工程学科高被引作者学科发文及被引对比

## 22.5.2　高被引作者科研合作关系

通过作者合著分析，获得 2015 年农业科学与工程学科高被引作者及与其他学者之间的科研论文合作关系（不考虑论文署名次序），如图 22-8 所示（合著 4 次以下不显示）。可以看出，农业科学与工程学科的高被引作者的论文合作现象比较普遍。学者李耀明、彭世彰和施卫东的发文量较多；李耀明的论文合作网络最为突出，在该学科的研究人员中表现出一定的集聚效应；李耀明和徐立章、彭世彰和徐俊增等学者之间的合作关系最为紧密，显示出他们可能分别属于同一支科研团队。

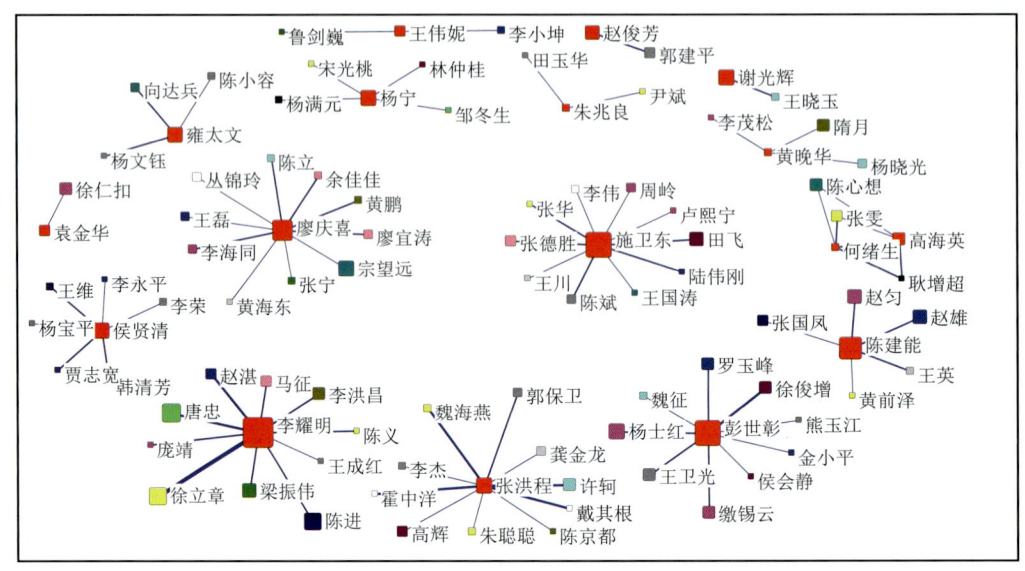

图 22-8 农业科学与工程学科高被引作者科研论文合作关系

### 22.5.3 高被引作者发文主题关联

通过作者共被引分析，获得 2015 年农业科学与工程学科高被引作者及与其他学者之间的发文主题关联（见图 22-9，共被引 4 次以下不显示）。如图 22-9 所示，农业科学与工程学科的高被引作者基本主导了作者共被引网络，显示出该学科在热点主题上已经形成了优势较为明显的科研力量。学者张洪程和袁金华的节点较大，显示出他们的学术成果在学科内得到较多关注；高海英与陈红霞、侯贤清与孔凡磊等学者之间的链接较强，意味着他们之间可能分别有较为相近的研究主题；以袁金华、陈建能等学者为主要节点的共被引作者簇初具规模，意味着这些学者的研究主题关联可能较为紧密。

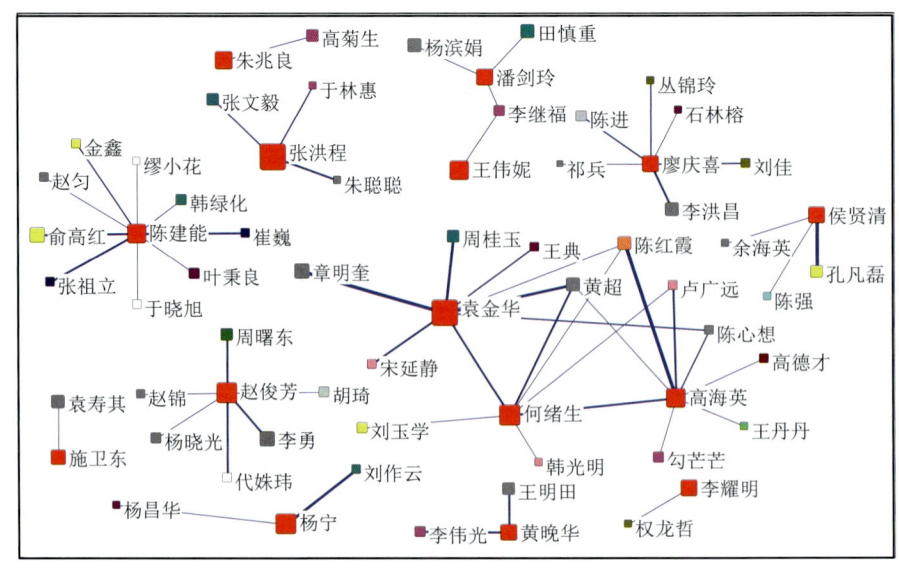

图 22-9 农业科学与工程学科高被引作者发文主题关联

## 22.6 高被引机构分析

### 22.6.1 高被引机构

为便于比较,本书将农业科学与工程学科的高被引机构分为高等院校和科研院所两种类型。其中,被引频次 TOP 10 高等院校和被引频次 TOP 5 科研院所的发文及被引情况分别见表 22-5 和表 22-6。其中,总被引频次较高的 3 所高等院校分别是西北农林科技大学、中国农业大学和南京农业大学,中国科学院南京土壤研究所、中国农业科学院农业资源与农业区划研究所和中国科学院地理科学与资源研究所是总被引频次较高的 3 所科研院所;前 5 年学科发文在 2015 年的被引率最高的高等院校和科研院所分别是中国农业大学和中国科学院地理科学与资源研究所,篇均被引最高的高等院校和科研院所分别是中国农业大学和中国农业科学院农业环境与可持续发展研究所。上述高被引机构的论文被引率和篇均被引频次对比如图 22-10 所示。

表 22-5 农业科学与工程学科高被引高等院校 TOP 10

| 序号 | 第一作者单位 | 学科发文量(篇) | | 前 5 年学科发文在 2015 年的被引 | | | |
|---|---|---|---|---|---|---|---|
| | | 前 5 年 | 2015 年 | 频次 | 被引率(%) | 最高(次) | 篇均(次) |
| 1 | 西北农林科技大学 | 2421 | 390 | 2960 | 48.3 | 46 | 1.22 |
| 2 | 中国农业大学 | 1511 | 296 | 2096 | 48.8 | 32 | 1.39 |
| 3 | 南京农业大学 | 968 | 185 | 1084 | 44.1 | 19 | 1.12 |
| 4 | 华中农业大学 | 612 | 90 | 779 | 42.5 | 24 | 1.27 |
| 5 | 甘肃农业大学 | 792 | 149 | 768 | 42.6 | 15 | 0.97 |
| 6 | 华南农业大学 | 767 | 149 | 763 | 41.5 | 12 | 0.99 |
| 7 | 山东农业大学 | 625 | 106 | 739 | 45.6 | 25 | 1.18 |
| 8 | 沈阳农业大学 | 847 | 141 | 683 | 38.0 | 26 | 0.81 |
| 9 | 北京林业大学 | 715 | 131 | 656 | 42.5 | 18 | 0.92 |
| 10 | 西南大学 | 743 | 146 | 655 | 39.4 | 12 | 0.88 |

表 22-6 农业科学与工程学科高被引科研院所 TOP 5

| 序号 | 第一作者单位 | 学科发文量(篇) | | 前 5 年学科发文在 2015 年的被引 | | | |
|---|---|---|---|---|---|---|---|
| | | 前 5 年 | 2015 年 | 频次 | 被引率(%) | 最高(次) | 篇均(次) |
| 1 | 中国科学院南京土壤研究所 | 545 | 101 | 860 | 54.5 | 38 | 1.58 |
| 2 | 中国农业科学院农业资源与农业区划研究所 | 338 | 31 | 625 | 54.7 | 18 | 1.85 |
| 3 | 中国科学院地理科学与资源研究所 | 302 | 46 | 431 | 56.6 | 21 | 1.43 |
| 4 | 农业部南京农业机械化研究所 | 254 | 43 | 314 | 46.1 | 16 | 1.24 |
| 5 | 中国农业科学院农业环境与可持续发展研究所 | 154 | 17 | 294 | 56.5 | 15 | 1.91 |

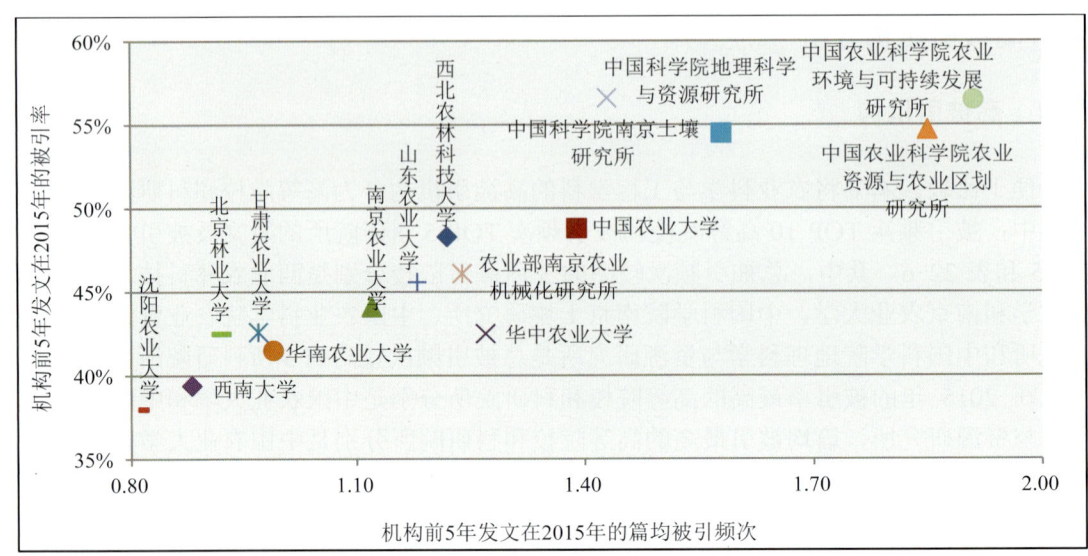

图 22-10　农业科学与工程学科高被引机构论文篇均被引及被引率对比

### 22.6.2　高被引机构科研合作关系

通过合著分析，获得农业科学与工程学科高被引机构之间及其与其他机构之间的科研合作关联，如图 22-11 所示（合作 67 次以下不显示）。分析得知，农业科学与工程学科的机构合作链接比较紧密，表明学科内机构合作现象较为普遍；高被引机构基本主导了机构合作网络，显示出这些机构已经在学科内具有了一定的科研优势；西北农林科技大学与中国科学院水利部水土保持研究所、中国科学院南京土壤研究所与南京农业大学等机构之间的链接较强，表明它们的学术合作较为频繁。

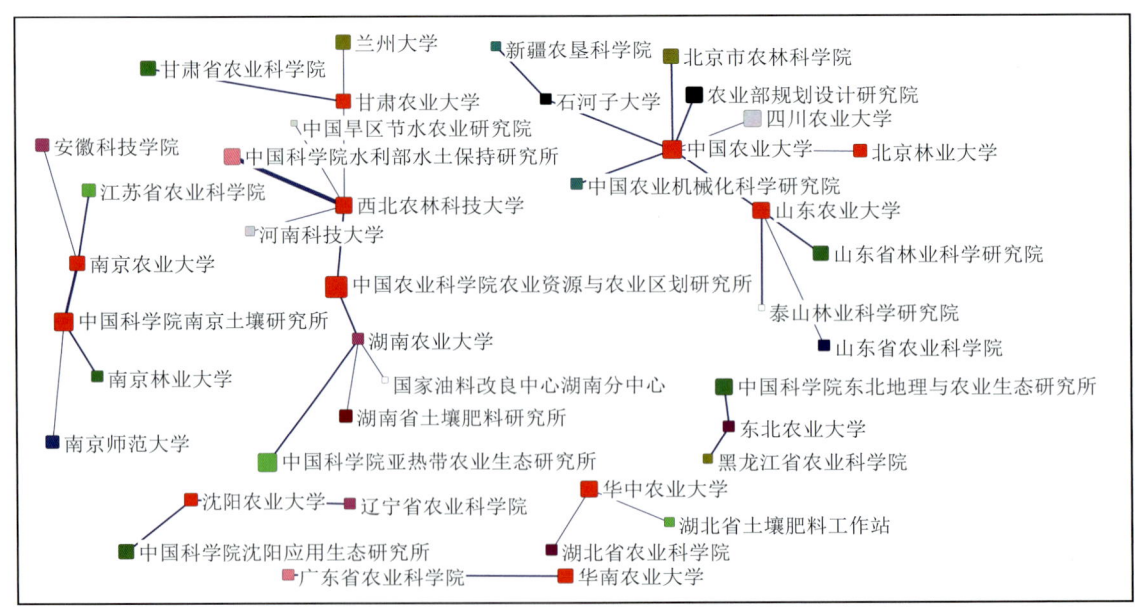

图 22-11　农业科学与工程学科高被引机构科研合作关联

## 22.7 高被引图书、国外期刊及学术会议

2015 年，农业科学与工程学科被引频次位居前 10 位的图书及国外期刊见表 22-7 和表 22-8。其中，被引次数较多的 3 种图书分别是鲍士旦的《土壤农化分析》、鲁如坤的《土壤农业化学分析方法》和黄昌勇的《土壤学》；被引次数较多的 3 种国外期刊分别是《Soil Biology & Biochemistry》《Soil Science Society of America Journal》和《Plant and Soil》；被引次数较多的 3 场学术会议分别是 "Conference Proceeding of Animal Production Systems Engineering" "American Society of Agricultural and Biological Engineers Annual International Meeting" 和 "EGU General Assembly Conference Abstracts"。

表 22-7 农业科学与工程学科高被引图书 TOP 10

| 序号 | 责任者 | 图书名称 | 出版社 | 2015 年被引频次 |
|---|---|---|---|---|
| 1 | 鲍士旦 | 土壤农化分析 | 中国农业出版社 | 527 |
| 2 | 鲁如坤 | 土壤农业化学分析方法 | 中国农业科技出版社 | 359 |
| 3 | 黄昌勇 | 土壤学 | 中国农业出版社 | 112 |
| 4 | 关松荫 | 土壤酶及其研究法 | 中国农业出版社 | 107 |
| 5 | 中国科学院南京土壤研究所 | 土壤理化分析 | 上海科学技术出版社 | 102 |
| 6 | 李合生 | 植物生理生化实验原理和技术 | 高等教育出版社 | 64 |
| 7 | 雷志栋 | 土壤水动力学 | 清华大学出版社 | 53 |
| 8 | 魏凤英 | 现代气候统计诊断与预测技术 | 气象出版社 | 46 |
| 9 | 王遵亲 | 中国盐渍土 | 科学出版社 | 45 |
| 9 | 全国土壤普查办公室 | 中国土壤 | 中国农业出版社 | 45 |

表 22-8 农业科学与工程学科高被引国外期刊 TOP 10

| 序号 | 期刊名称 | 2015 年被引频次 |
|---|---|---|
| 1 | Soil Biology & Biochemistry | 2259 |
| 2 | Soil Science Society of America Journal | 1673 |
| 3 | Plant and Soil | 1560 |
| 4 | Geoderma | 1197 |
| 5 | Soil & Tillage Research | 1062 |
| 6 | Agricultural Water Management | 1013 |
| 7 | Science | 851 |
| 8 | Field Crops Research | 848 |
| 9 | Nature | 838 |
| 10 | Bioresource Technology | 776 |

# 第 23 章　植物保护学科高被引分析

## 23.1　学科论文概况

2010—2014 年，植物保护学科共有 51535 位来自 21641 所机构的论文第一作者在 1589 种期刊上发表了 59354 篇学术论文。其中，80%以上的论文产出自 11334 所机构、39071 位作者，发表在 143 种期刊上。在前 5 年发表的这些论文中，有 13396 篇在 2015 年获得过引用，整体被引率为 22.6%，总被引频次为 21561 次，篇均被引 0.36 次；其中，高被引论文有 201 篇，单篇论文最高被引频次为 30 次，累计被引 1510 次，篇均被引 7.51 次（表 23-1）。另外，2015 年植物保护学科共发表论文 11935 篇，其中有 536 篇在当年获得过引用，总共被引 611 次。

表 23-1　植物保护学科论文分布情况

| 年份 | 论文篇数 | 2015 年被引频次 | 2015 年被引率（%） | 2015 年高被引论文 | | | |
|---|---|---|---|---|---|---|---|
| | | | | 论文篇数 | 最高被引频次 | 总被引频次 | 篇均被引频次 |
| 2010 | 11473 | 4118 | 22.2 | 40 | 21 | 329 | 8.22 |
| 2011 | 13207 | 4964 | 22.8 | 54 | 30 | 395 | 7.31 |
| 2012 | 13037 | 4610 | 21.9 | 52 | 24 | 366 | 7.04 |
| 2013 | 10486 | 4734 | 27.2 | 30 | 10 | 232 | 7.73 |
| 2014 | 11151 | 3135 | 19.1 | 25 | 15 | 188 | 7.52 |
| 合计 | 59354 | 21561 | 22.6 | 201 | 30 | 1510 | 7.51 |

从植物保护学科论文的地域分布来看，2015 年被引频次较高的 5 个省、直辖市或自治区依次是北京、江苏、山东、河南和浙江（图 23-1）；5 年论文产出量较多的 5 个省、直辖市或自治区依次是黑龙江、江苏、河南、山东和河北（图 23-2）。

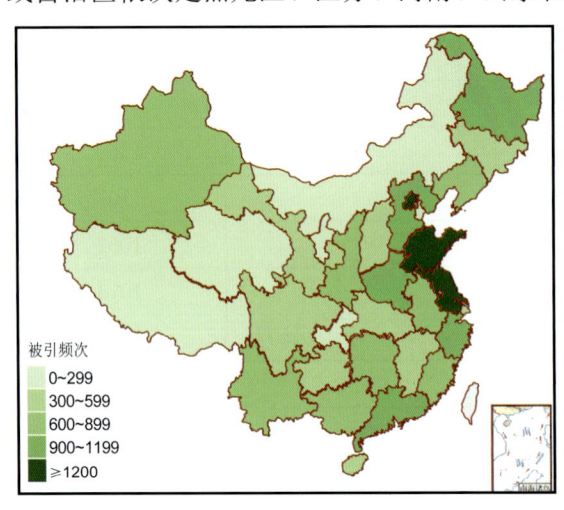

图 23-1　2015 年植物保护学科地区被引分布

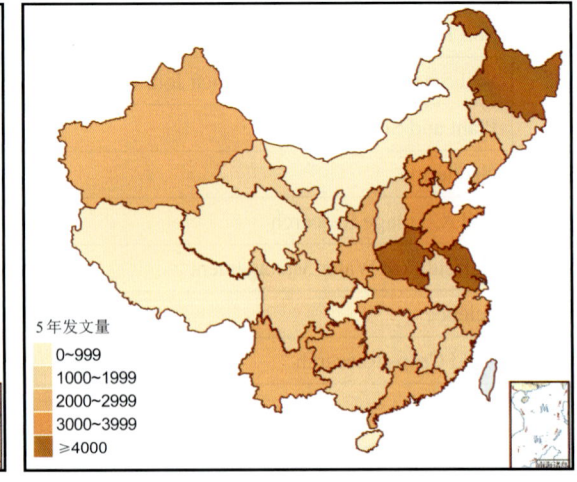

图 23-2　植物保护学科 5 年论文产出地区分布

## 23.2 高被引论文分析

在植物保护学科，2015 年被引频次位居前 10 位的论文（表 23-2）平均被引频次为 14.38 次，是全部 201 篇高被引论文篇均被引频次的 1.9 倍。其中，被引频次最高的论文是周国辉于 2010 年发表的《水稻新病害南方水稻黑条矮缩病发生特点及危害趋势分析》，随后 2 篇分别是霍治国于 2012 年发表的《气候变暖对中国农作物病虫害的影响》和郭荣于 2010 年发表的《水稻南方黑条矮缩病发生规律及防控对策初探》。

从论文分布来看，刊载高被引论文数量居前的 3 种期刊分别是《中国农业科学》（21 篇）、《植物保护》（15 篇）和《农业工程学报》（9 篇），《植物保护》《中国农业科学》和《中国植保导刊》分别刊载了高被引论文 TOP 10 中的 3 篇；发表高被引论文居前的 3 位学者分别是新疆农业科学院的郭文超（2 篇）、全国农业技术推广服务中心的夏敬源（2 篇）和合肥工业大学的金菊良（2 篇）；产出高被引论文数量居前的 3 所机构分别是全国农业技术推广服务中心（9 篇）、南京农业大学（8 篇）和华南农业大学（7 篇），而全国农业技术推广服务中心产出了高被引论文 TOP 10 中的 3 篇。

表 23-2 植物保护学科高被引论文 TOP 10

| 序号 | 论文题名 | 第一作者 | 期刊名称 | 发表年份 | 被引频次 总频次 | 被引频次 2015 年 |
|---|---|---|---|---|---|---|
| 1 | 水稻新病害南方水稻黑条矮缩病发生特点及危害趋势分析 | 周国辉 | 植物保护 | 2010 | 112 | 20 |
| 2 | 气候变暖对中国农作物病虫害的影响 | 霍治国 | 中国农业科学 | 2012 | 32 | 18 |
| 3 | 水稻南方黑条矮缩病发生规律及防控对策初探 | 郭荣 | 中国植保导刊 | 2010 | 67 | 16 |
| 4 | 西北-华北-长江中下游条锈病流行区系当前小麦品种(系)抗条锈病性评价 | 韩德俊 | 中国农业科学 | 2010 | 32 | 15 |
| 4 | 根系分泌物介导下植物-土壤-微生物互作关系研究进展与展望 | 吴林坤 | 植物生态学报 | 2014 | 20 | 15 |
| 4 | 甘肃省干旱灌区连作马铃薯根际土壤中镰刀菌的变化 | 牛秀群 | 草业学报 | 2011 | 35 | 15 |
| 7 | 南方水稻黑条矮缩病发生现状及防控对策 | 刘万才 | 中国植保导刊 | 2010 | 74 | 14 |
| 8 | 大力推进农作物病虫害绿色防控技术集成创新与产业化推广 | 夏敬源 | 中国植保导刊 | 2010 | 33 | 13 |
| 8 | 我国苹果主要病害研究进展与病害防治中的问题 | 李保华 | 植物保护 | 2013 | 19 | 13 |
| 10 | 我国植物病害生物防治的现状及发展策略 | 邱德文 | 植物保护 | 2010 | 31 | 12 |

| 序号 | 论文题名 | 第一作者 | 期刊名称 | 发表年份 | 被引频次 总频次 | 被引频次 2015 年 |
|---|---|---|---|---|---|---|
| 10 | 香蕉枯萎病致病菌筛选及致病菌浓度对香蕉枯萎病的影响 | 何欣 | 中国农业科学 | 2010 | 41 | 12 |
| 10 | 木霉菌生物防治作用机理与应用研究进展 | 陈捷 | 中国生物防治学报 | 2011 | 31 | 12 |
| 10 | 入侵生物苹果蠹蛾监测与防控技术研究——公益性行业（农业）科研专项（200903042）进展 | 张润志 | 应用昆虫学报 | 2012 | 10 | 12 |

## 23.3 研究主题关联分析

在植物保护学科，高被引论文累计被 2015 年发表的 1379 篇论文引用了 1510 次。通过分析施引文献关键词的词频及关键词之间的共现关系，获得 2015 年植物保护学科的热点主题和主题关联，如图 23-3 所示（共现 4 次以下不显示）。由图 23-3 可知："防治""小麦""生物防治"等关键词的文档词频较高，是 2015 年学科的研究热点；以"水稻""病虫害""绿色防控"等关键词为主要节点的多个概念相互关联，构成了学科内最为突出的研究主题簇。

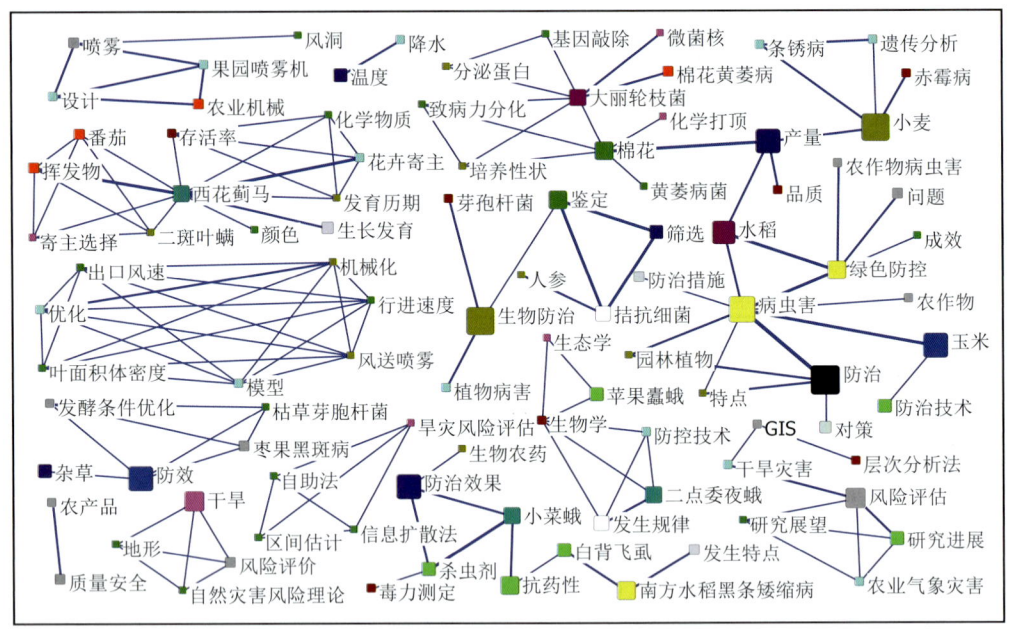

图 23-3　植物保护学科 2015 年热点主题关联

## 23.4 学科高影响力期刊分析

### 23.4.1 学科高影响力期刊 TOP 10

在植物保护学科，学科 5 年影响因子位居前 10 位的期刊见表 23-3，排在前 3 位的期刊分别是《华中农业大学学报》《植物保护学报》和《中国生物防治学报》。在表 23-3 中，学科载文量占其总载文量比例最大的期刊是《中国生物防治学报》；前 5 年学科载文在 2015 年被引率最高的期刊是《华中农业大学学报》；期刊 5 年影响因子较高的前 3 种期刊分别是《植物保护学报》《中国生物防治学报》和《植物保护》；学科 5 年影响因子与期刊 5 年影响因子差异最大的期刊是《华中农业大学学报》。表 23-3 中期刊的学科 5 年影响因子和前 5 年学科载文的 2015 年被引率对比如图 23-4 所示，2010—2015 年期刊 5 年影响因子的变动情况如图 23-5 所示。

表 23-3 植物保护学科高影响力期刊基本指数

| 序号 | 期刊名称 | 前 5 年载文量 | | | 2015 年学科被引 | | | 5 年影响因子 | | h 指数（学科） |
|---|---|---|---|---|---|---|---|---|---|---|
| | | 学科（篇） | 占比（%） | 总量（篇） | 频次 | 被引率（%） | 高被引论文篇数 | 期刊（2015） | 学科（2015） | |
| 1 | 华中农业大学学报 | 144 | 16.3 | 882 | 132 | 46.5 | 1 | 0.741 | 0.917 | 5 |
| 2 | 植物保护学报 | 635 | 85.3 | 744 | 577 | 42.7 | 7 | 0.914 | 0.909 | 7 |
| 3 | 中国生物防治学报 | 583 | 91.8 | 635 | 506 | 40.8 | 5 | 0.841 | 0.868 | 6 |
| 4 | 农药学学报 | 262 | 40.6 | 646 | 221 | 41.2 | 2 | 0.684 | 0.844 | 5 |
| 5 | 植物保护 | 1298 | 86.2 | 1506 | 993 | 40.4 | 15 | 0.755 | 0.765 | 8 |
| 6 | 植物病理学报 | 492 | 86.8 | 567 | 357 | 39.6 | 5 | 0.732 | 0.726 | 6 |
| 7 | 应用昆虫学报 | 506 | 35.9 | 1408 | 366 | 39.7 | 7 | 0.648 | 0.723 | 7 |
| 8 | 农产品质量与安全 | 138 | 15.9 | 866 | 90 | 28.3 | 3 | 0.482 | 0.652 | 6 |
| 9 | 生物安全学报 | 105 | 42.2 | 249 | 60 | 34.3 | 1 | 0.522 | 0.571 | 4 |
| 10 | 中国植保导刊 | 1283 | 90.9 | 1412 | 656 | 28.3 | 9 | 0.509 | 0.511 | 6 |

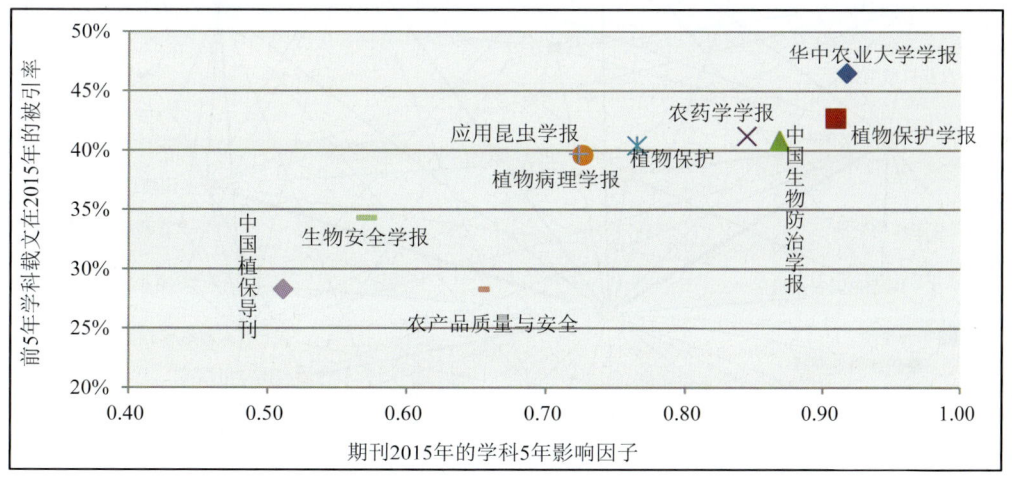

图 23-4 植物保护学科高影响力期刊对比

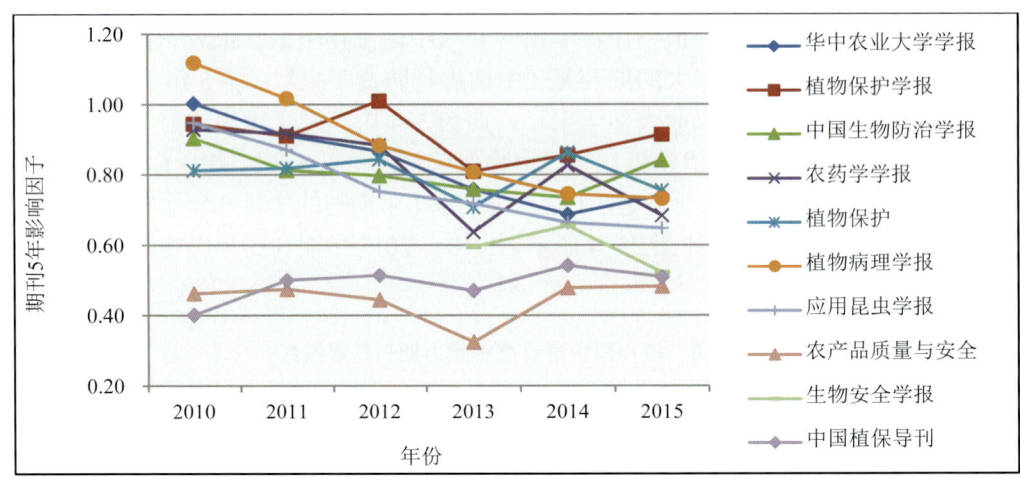

图 23-5　植物保护学科期刊 5 年影响因子变动

### 23.4.2　学科高影响力期刊载文主题关联

通过期刊共被引分析，获得植物保护学科高影响力期刊及与其他期刊之间的载文主题关联，如图 23-6 所示（共被引 20 次以下不显示）。结果显示，植物保护学科的高影响力期刊相互链接较为紧密，基本主导了该学科的期刊共被引网络，显示出该学科高影响力期刊可能共同刊载了许多相近的研究主题，热点研究主题分散在多种期刊上。《华中农业大学学报》的学科 5 年影响因子较高，显示出该刊在学科内学术影响力较大；《植物保护》与《植物保护学报》《中国植保导刊》等期刊之间的链接较强，意味着它们之间可能有较多相同或相近的载文主题。

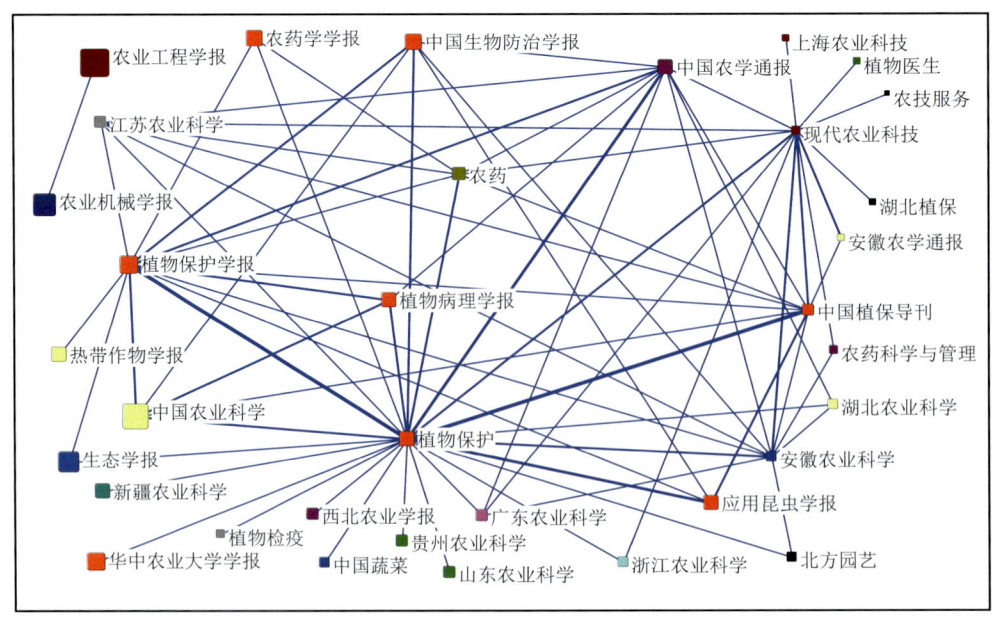

图 23-6　植物保护学科高影响力期刊载文主题关联

## 23.5 高被引作者分析

### 23.5.1 高被引作者 TOP 20

2010—2014年，在51535位植物保护学科论文的第一作者中，在2015年学科被引频次位居前20位的学者的发文及被引情况见表23-4。其中，学科发文总被引频次较高的2位作者分别是全国农业技术推广服务中心的曾娟（29次）和全国农业技术推广服务中心的刘万才（26次）。高被引作者的5年学科发文数量从1篇到28篇不等，同时，作者学科发文的期刊分布也在1种到11种之间变化。在发文超过5篇的所有作者中，篇均被引较高的3位作者分别是全国农业技术推广服务中心的夏敬源（篇均4.17次）、中国农业科学院植物保护研究所的邱德文（篇均3.80次）和西北农林科技大学的陈杰（篇均3.40次）；前5年发表学科论文较多的3位作者分别是湖南省沅江市农村工作办公室的曹涤环（55篇）、湖北省十堰农校的陈茂春（53篇）和沅江市农业局的李翠英（39篇）。高被引作者的学科发文量和被引量对比如图23-7所示。

表23-4 植物保护学科高被引作者 TOP 20

| 序号 | 姓名 | 作者单位 | 前5年发文 | | | 前5年学科发文在2015年的被引 | | | | h指数（学科） |
|---|---|---|---|---|---|---|---|---|---|---|
| | | | 学科发文（篇） | 期刊分布（种） | 发文总量（篇） | 总频次 | 被引率（%） | 最高（次） | 篇均（次） | |
| 1 | 曾娟 | 全国农业技术推广服务中心 | 13 | 5 | 15 | 29 | 76.9 | 7 | 2.23 | 3 |
| 2 | 刘万才 | 全国农业技术推广服务中心 | 14 | 1 | 14 | 26 | 50.0 | 14 | 1.86 | 3 |
| 3 | 郭文超 | 新疆农业科学院 | 8 | 3 | 9 | 25 | 87.5 | 7 | 3.13 | 3 |
| 3 | 夏敬源 | 全国农业技术推广服务中心 | 6 | 3 | 16 | 25 | 50.0 | 13 | 4.17 | 3 |
| 5 | 郭荣 | 全国农业技术推广服务中心 | 4 | 3 | 4 | 24 | 75.0 | 16 | 6.00 | 3 |
| 6 | 霍治国 | 中国气象科学研究院 | 2 | 1 | 3 | 21 | 100.0 | 18 | 10.50 | 3 |
| 7 | 周国辉 | 华南农业大学 | 1 | 1 | 1 | 20 | 100.0 | 20 | 20.00 | 1 |
| 8 | 张荣胜 | 江苏省农业科学院 | 10 | 6 | 11 | 19 | 80.0 | 5 | 1.90 | 2 |
| 8 | 邱德文 | 中国农业科学院植物保护研究所 | 5 | 4 | 9 | 19 | 60.0 | 12 | 3.80 | 3 |
| 10 | 衷敬峰 | 江西省万安县植保植检站 | 14 | 7 | 15 | 18 | 50.0 | 4 | 1.29 | 3 |
| 10 | 朱文达 | 湖北省农业科学院 | 27 | 9 | 34 | 18 | 37.0 | 3 | 0.67 | 3 |
| 10 | 马继芳 | 河北省农林科学院 | 12 | 3 | 13 | 18 | 75.0 | 3 | 1.50 | 3 |

| 序号 | 姓名 | 作者单位 | 前5年发文 | | | 前5年学科发文在2015年的被引 | | | | h指数(学科) |
|---|---|---|---|---|---|---|---|---|---|---|
| | | | 学科发文(篇) | 期刊分布(种) | 发文总量(篇) | 总频次 | 被引率(%) | 最高(次) | 篇均(次) | |
| 13 | 雒珺瑜 | 中国农业科学院棉花研究所 | 28 | 8 | 32 | 17 | 50.0 | 3 | 0.61 | 2 |
| 13 | 邱白晶 | 江苏大学 | 10 | 2 | 15 | 17 | 80.0 | 4 | 1.70 | 3 |
| 13 | 韩长志 | 西南林业大学 | 14 | 11 | 33 | 17 | 35.7 | 6 | 1.21 | 4 |
| 13 | 姜玉英 | 全国农业技术推广服务中心 | 19 | 6 | 19 | 17 | 47.4 | 5 | 0.89 | 2 |
| 13 | 陈杰 | 西北农林科技大学 | 5 | 4 | 5 | 17 | 80.0 | 9 | 3.40 | 3 |
| 18 | 金菊良 | 合肥工业大学 | 2 | 2 | 8 | 16 | 100.0 | 10 | 8.00 | 3 |
| 18 | 江幸福 | 中国农业科学院植物保护研究所 | 12 | 2 | 14 | 16 | 41.7 | 5 | 1.33 | 3 |
| 18 | 杨普云 | 全国农业技术推广服务中心 | 8 | 1 | 11 | 16 | 50.0 | 6 | 2.00 | 4 |

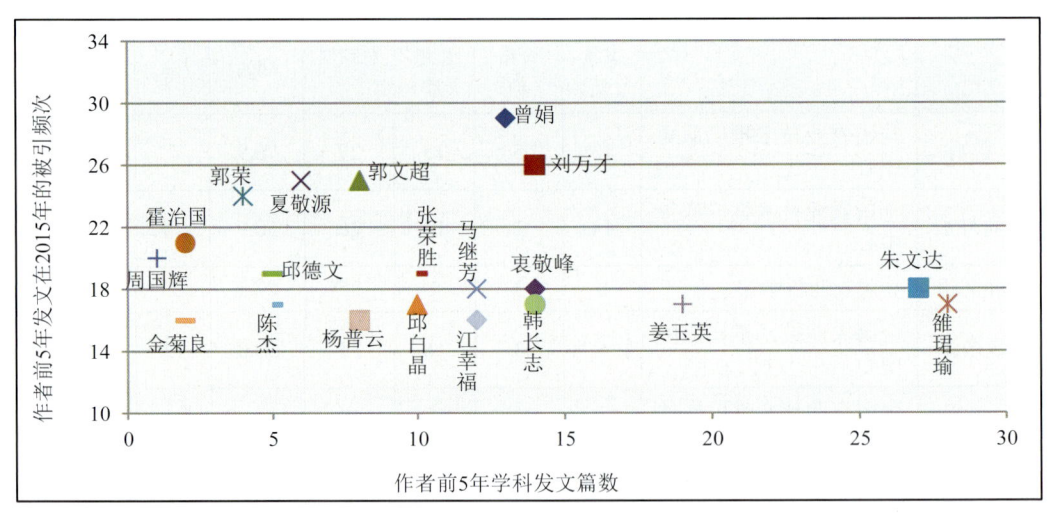

图 23-7  植物保护学科高被引作者学科发文及被引对比

### 23.5.2 高被引作者科研合作关系

通过作者合著分析，获得 2015 年植物保护学科高被引作者及与其他学者之间的科研论文合作关系（不考虑论文署名次序），如图 23-8 所示（合著 4 次以下不显示）。可以看出，植物保护学科的高被引作者的论文合作现象比较普遍。学者雒珺瑜、朱文达的发文量较多；马继芳的论文合作网络最为突出，在该学科的研究人员中表现出一定的集聚效应；姜玉英和曾娟之间的合作关系最为紧密，显示出他们可能属于同一支科研团队。

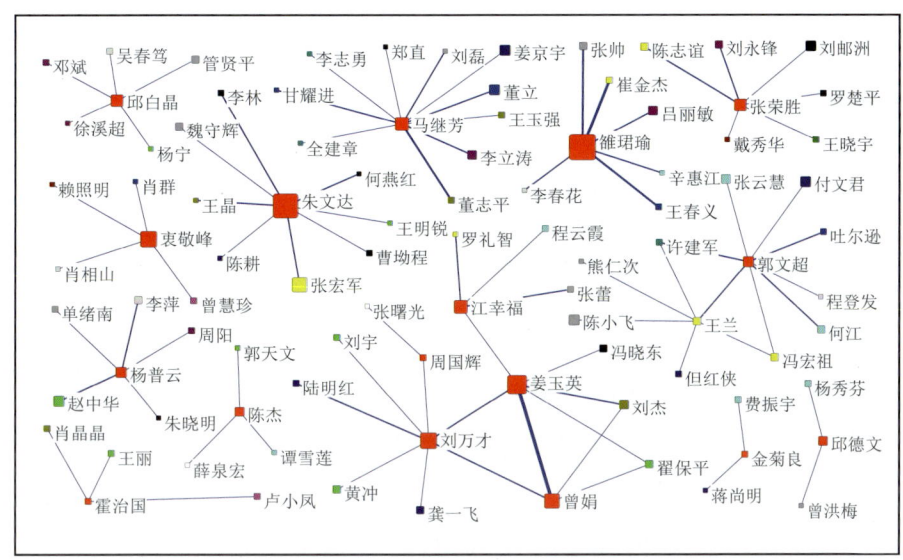

图 23-8　植物保护学科高被引作者科研论文合作关系

### 23.5.3　高被引作者发文主题关联

通过作者共被引分析，获得 2015 年植物保护学科高被引作者及与其他学者之间的发文主题关联（共被引 2 次以下不显示）。如图 23-9 所示，植物保护学科的高被引作者基本主导了作者共被引网络，显示出该学科在热点主题上已经形成了优势较为明显的科研力量。学者曾娟的节点较大，显示出其学术成果在学科内得到较多关注；刘万才与郭荣、周国辉等学者之间的链接较强，意味着他们之间可能有较为相近的研究主题；以周国辉、刘万才、郭荣等学者为主要节点的共被引作者簇人数较多且网络规模较大，意味着这些学者的研究主题关联可能较为紧密。

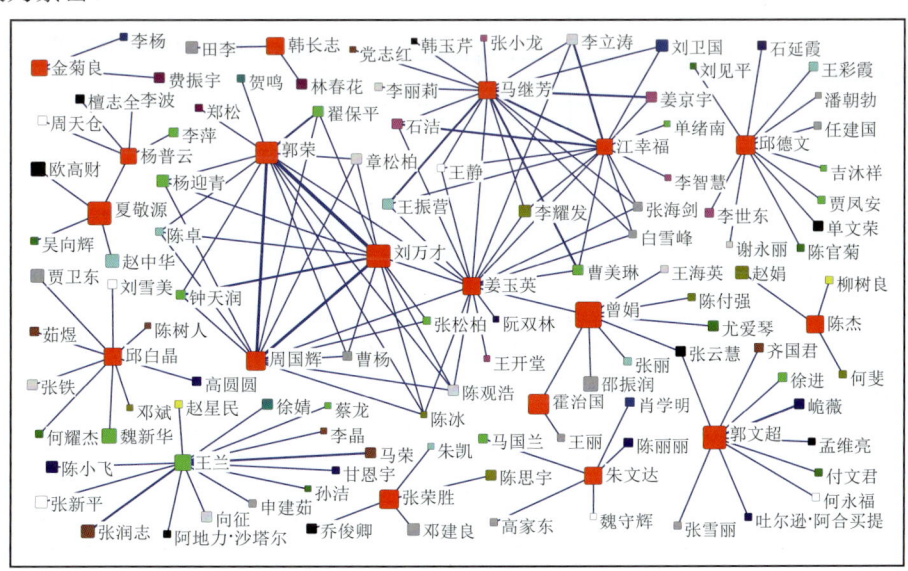

图 23-9　植物保护学科高被引作者发文主题关联

## 23.6 高被引机构分析

### 23.6.1 高被引机构

为便于比较，本书将植物保护学科的高被引机构分为高等院校和科研院所两种类型。其中，被引频次 TOP 10 高等院校和被引频次 TOP 5 科研院所的发文及被引情况分别见表 23-5 和表 23-6。其中，总被引频次较高的 3 所高等院校分别是西北农林科技大学、华南农业大学和南京农业大学，中国农业科学院植物保护研究所、江苏省农业科学院和河北省农林科学院是总被引频次较高的 3 所科研院所；前 5 年学科发文在 2015 年的被引率最高的高等院校和科研院所分别是山东农业大学和中国农业科学院植物保护研究所，篇均被引最高的高等院校和科研院所分别是南京农业大学和中国农业科学院植物保护研究所。上述高被引机构的论文被引率和篇均被引频次对比如图 23-10 所示。

表 23-5　植物保护学科高被引高等院校 TOP 10

| 序号 | 第一作者单位 | 学科发文量（篇） | | 前 5 年学科发文在 2015 年的被引 | | | |
|---|---|---|---|---|---|---|---|
| | | 前 5 年 | 2015 年 | 频次 | 被引率(%) | 最高（次） | 篇均（次） |
| 1 | 西北农林科技大学 | 599 | 86 | 413 | 37.4 | 15 | 0.69 |
| 2 | 华南农业大学 | 511 | 63 | 389 | 39.1 | 20 | 0.76 |
| 3 | 南京农业大学 | 477 | 75 | 382 | 40.3 | 12 | 0.80 |
| 4 | 中国农业大学 | 477 | 72 | 339 | 38.8 | 8 | 0.71 |
| 5 | 沈阳农业大学 | 497 | 67 | 324 | 36.6 | 9 | 0.65 |
| 6 | 湖南农业大学 | 481 | 84 | 298 | 33.9 | 10 | 0.62 |
| 7 | 河北农业大学 | 477 | 81 | 269 | 32.5 | 8 | 0.56 |
| 8 | 山东农业大学 | 365 | 47 | 256 | 41.6 | 8 | 0.70 |
| 9 | 云南农业大学 | 385 | 67 | 219 | 36.4 | 7 | 0.57 |
| 10 | 贵州大学 | 386 | 74 | 211 | 33.7 | 6 | 0.55 |

表 23-6　植物保护学科高被引科研院所 TOP 5

| 序号 | 第一作者单位 | 学科发文量（篇） | | 前 5 年学科发文在 2015 年的被引 | | | |
|---|---|---|---|---|---|---|---|
| | | 前 5 年 | 2015 年 | 频次 | 被引率(%) | 最高（次） | 篇均（次） |
| 1 | 中国农业科学院植物保护研究所 | 468 | 41 | 382 | 41.5 | 12 | 0.83 |
| 2 | 江苏省农业科学院 | 310 | 56 | 255 | 40.0 | 7 | 0.82 |
| 3 | 河北省农林科学院 | 245 | 31 | 170 | 35.9 | 7 | 0.69 |
| 4 | 广东省农业科学院 | 214 | 37 | 152 | 36.9 | 9 | 0.71 |
| 5 | 福建省农业科学院 | 248 | 52 | 134 | 34.3 | 4 | 0.54 |

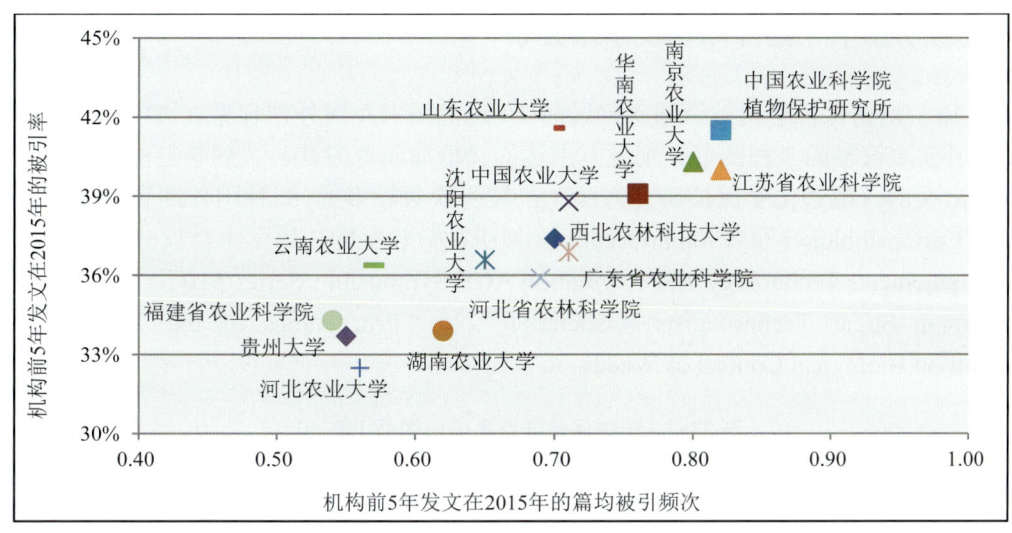

图 23-10　植物保护学科高被引机构论文篇均被引及被引率对比

### 23.6.2　高被引机构科研合作关系

通过合著分析，获得植物保护学科高被引机构之间及其与其他机构之间的科研合作关联，如图 23-11 所示（合作 40 次以下不显示）。分析得知，植物保护学科的机构合作链接比较紧密，表明学科内机构合作现象较为普遍；高被引机构基本主导了机构合作网络，显示出这些机构已经在学科内具有了一定的科研优势；江苏省农业科学院和南京农业大学、沈阳农业大学与辽宁省农业科学院等机构之间的链接较强，表明它们的学术合作较为频繁。

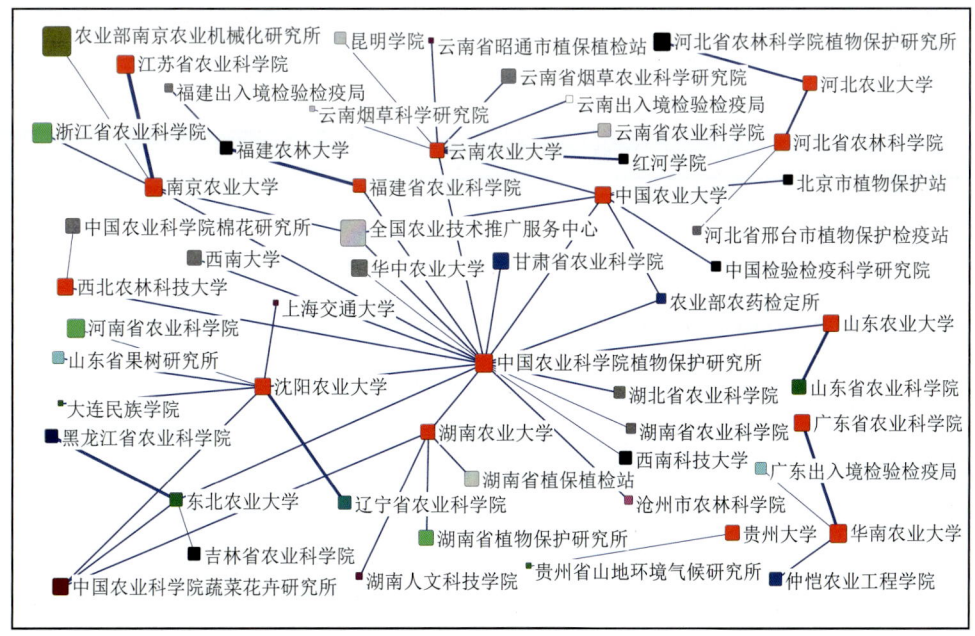

图 23-11　植物保护学科高被引机构科研合作关联

## 23.7 高被引图书、国外期刊及学术会议

2015年，植物保护学科被引频次位居前10位的图书及国外期刊见表23-7和表23-8。其中，被引次数较多的3种图书分别是方中达的《植病研究方法》、魏景超的《真菌鉴定手册》和慕立义的《植物化学保护研究方法》；被引次数较多的3种国外期刊分别是《Plant Disease》《Phytopathology》和《Crop Protection》；被引次数较多的3场学术会议分别是"Pesticide Waste Management. Technology and Regulation.ACS Symposium Series 510""Proceedings of South African Sugar Technologists Association"和"Proceedings of the X International Symposium on Biological Control of Weeds"。

表23-7 植物保护学科高被引图书 TOP 10

| 序号 | 责任者 | 图书名称 | 出版社 | 2015年被引频次 |
| --- | --- | --- | --- | --- |
| 1 | 方中达 | 植病研究方法 | 中国农业出版社 | 171 |
| 2 | 魏景超 | 真菌鉴定手册 | 上海科学技术出版社 | 59 |
| 3 | 慕立义 | 植物化学保护研究方法 | 中国农业出版社 | 37 |
| 4 | 东秀珠 | 常见细菌系统鉴定手册 | 科学出版社 | 33 |
| 5 | 唐启义 | 实用统计分析及其DPS数据处理系统 | 科学出版社 | 31 |
| 6 | 陆家云 | 植物病原真菌学 | 中国农业出版社 | 27 |
| 7 | 李合生 | 植物生理生化实验原理和技术 | 高等教育出版社 | 25 |
| 8 | 方中达 | 植病研究法 | 中国农业出版社 | 23 |
| 9 | 李扬汉 | 中国杂草志 | 中国农业出版社 | 22 |
| 10 | 刘维志 | 植物病原线虫学 | 中国农业出版社 | 21 |

表23-8 植物保护学科高被引国外期刊 TOP 10

| 序号 | 期刊名称 | 2015年被引频次 |
| --- | --- | --- |
| 1 | Plant Disease | 861 |
| 2 | Phytopathology | 844 |
| 3 | Crop Protection | 526 |
| 4 | Proceedings of the National Academy of Sciences of the United States of America | 477 |
| 5 | Journal of Economic Entomology | 425 |
| 6 | Plant Physiology | 419 |
| 7 | PLoS One | 418 |
| 8 | Pest Management Science | 394 |
| 8 | Science | 394 |
| 10 | Biological Control | 385 |

# 第 24 章　农作物学科高被引分析

## 24.1　学科论文概况

2010—2014 年，农作物学科共有 93295 位来自 31764 所机构的论文第一作者在 1994 种期刊上发表了 112740 篇学术论文。其中，80% 以上的论文产出自 11895 所机构、69716 位作者，发表在 144 种期刊上。在前 5 年发表的这些论文中，有 28141 篇在 2015 年获得过引用，整体被引率为 25.0%，总被引频次为 50899 次，篇均被引 0.45 次；其中，高被引论文有 318 篇，单篇论文最高被引频次为 54 次，累计被引 3479 次，篇均被引 10.94 次（表 24-1）。另外，2015 年农作物学科共发表论文 22781 篇，其中有 1102 篇在当年获得过引用，总共被引 1273 次。

表 24-1　农作物学科论文分布情况

| 年份 | 论文篇数 | 2015 年被引频次 | 2015 年被引率（%） | 2015 年高被引论文 | | | |
|---|---|---|---|---|---|---|---|
| | | | | 论文篇数 | 最高被引频次 | 总被引频次 | 篇均被引频次 |
| 2010 | 20866 | 10834 | 26.9 | 69 | 51 | 898 | 13.01 |
| 2011 | 24343 | 11624 | 25.1 | 65 | 54 | 836 | 12.86 |
| 2012 | 25652 | 11086 | 23.7 | 73 | 51 | 751 | 10.29 |
| 2013 | 20581 | 10710 | 29.1 | 60 | 42 | 615 | 10.25 |
| 2014 | 21298 | 6645 | 20.5 | 51 | 28 | 379 | 7.43 |
| 合计 | 112740 | 50899 | 25.0 | 318 | 54 | 3479 | 10.94 |

从农作物学科论文的地域分布来看，2015 年被引频次较高的 5 个省、直辖市或自治区依次是江苏、河南、北京、山东和黑龙江（图 24-1）；5 年论文产出量较多的 5 个省、直辖市或自治区依次是黑龙江、河南、江苏、贵州和云南（图 24-2）。

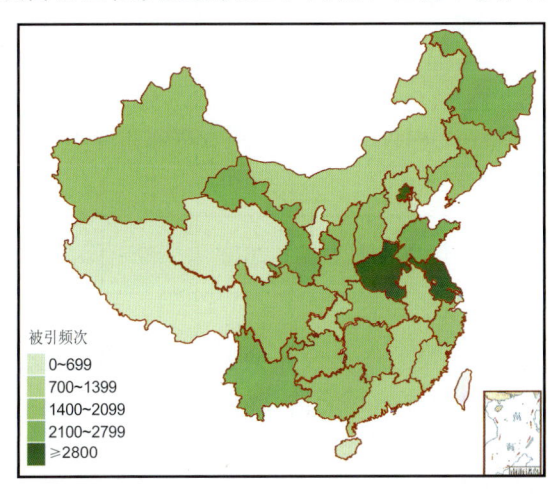

图 24-1　2015 年农作物学科地区被引分布

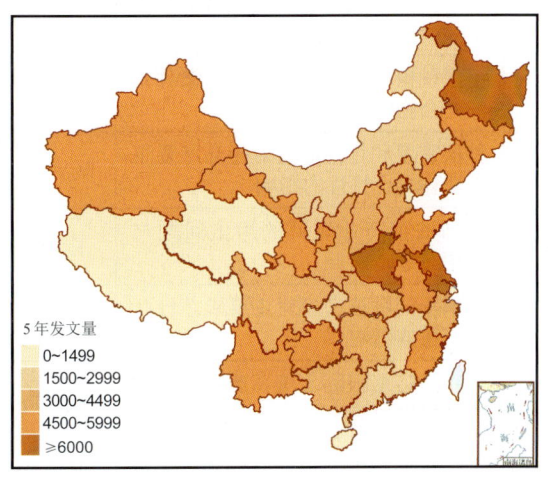

图 24-2　农作物学科 5 年论文产出地区分布

## 24.2 高被引论文分析

在农作物学科，2015 年被引频次位居前 10 位的论文（表 24-2）平均被引频次为 23.42 次，是全部 318 篇高被引论文篇均被引频次的 2.1 倍。其中，被引频次最高的论文是马代夫于 2012 年发表的《中国甘薯产业及产业技术的发展与展望》，随后 2 篇分别是朱德峰于 2010 年发表的《全球水稻生产现状与制约因素分析》和戴景瑞于 2010 年发表的《我国玉米育种科技创新问题的几点思考》。

从论文分布来看，刊载高被引论文数量居前的 3 种期刊分别是《中国农业科学》（50 篇）、《作物学报》（46 篇）和《生态学报》（18 篇），而《作物学报》刊载了高被引论文 TOP 10 中的 3 篇；发表高被引论文居前的 3 位学者分别是扬州大学的李杰（4 篇）、扬州大学的张洪程（4 篇）和河南农业大学的王宜伦（3 篇）；产出高被引论文数量居前的 3 所机构分别是扬州大学（19 篇）、西北农林科技大学（15 篇）和河南农业大学（14 篇），而山东农业大学产出了高被引论文 TOP 10 中的 2 篇。

表 24-2 农作物学科高被引论文 TOP 10

| 序号 | 论文题名 | 第一作者 | 期刊名称 | 发表年份 | 被引频次 总频次 | 被引频次 2015 年 |
|---|---|---|---|---|---|---|
| 1 | 中国甘薯产业及产业技术的发展与展望 | 马代夫 | 江苏农业学报 | 2012 | 55 | 28 |
| 2 | 全球水稻生产现状与制约因素分析 | 朱德峰 | 中国农业科学 | 2010 | 84 | 27 |
| 2 | 我国玉米育种科技创新问题的几点思考 | 戴景瑞 | 玉米科学 | 2010 | 89 | 27 |
| 4 | 中国棉花主栽品种 DNA 指纹图谱构建及 SSR 标记遗传多样性分析 | 匡猛 | 中国农业科学 | 2011 | 58 | 25 |
| 4 | 中国小麦育种进展与展望 | 何中虎 | 作物学报 | 2011 | 74 | 25 |
| 6 | 当今世界苹果产业发展趋势及我国苹果产业优质高效发展意见 | 陈学森 | 果树学报 | 2010 | 70 | 23 |
| 7 | 不同种植方式水稻高产栽培条件下的光合物质生产特征研究 | 李杰 | 作物学报 | 2011 | 52 | 21 |
| 7 | 种植密度和行距配置对超高产夏玉米群体光合特性的影响 | 杨吉顺 | 作物学报 | 2010 | 86 | 21 |
| 7 | 我国油菜产业发展的历史回顾与展望 | 王汉中 | 中国油料作物学报 | 2010 | 90 | 21 |
| 7 | 玉米不同种植密度对主要农艺性状和产量的影响 | 丰光 | 玉米科学 | 2011 | 61 | 21 |
| 7 | 连作马铃薯根际土壤真菌种群结构及其生物效应 | 孟品品 | 应用生态学报 | 2012 | 20 | 21 |
| 7 | 干旱胁迫对玉米苗期叶片光合作用和保护酶的影响 | 张仁和 | 生态学报 | 2011 | 58 | 21 |

## 24.3 研究主题关联分析

在农作物学科,高被引论文累计被 2015 年发表的 2969 篇论文引用了 3479 次。通过分析施引文献关键词的词频及关键词之间的共现关系,获得 2015 年农作物学科的热点主题和主题关联,如图 24-3 所示(共现 10 次以下不显示)。由图 24-3 可知:"产量""玉米"等关键词的文档词频较高,是 2015 年学科的研究热点;以"产量""玉米""氮肥"等关键词为主要节点的多个概念相互关联,构成了学科内最为突出的研究主题簇。

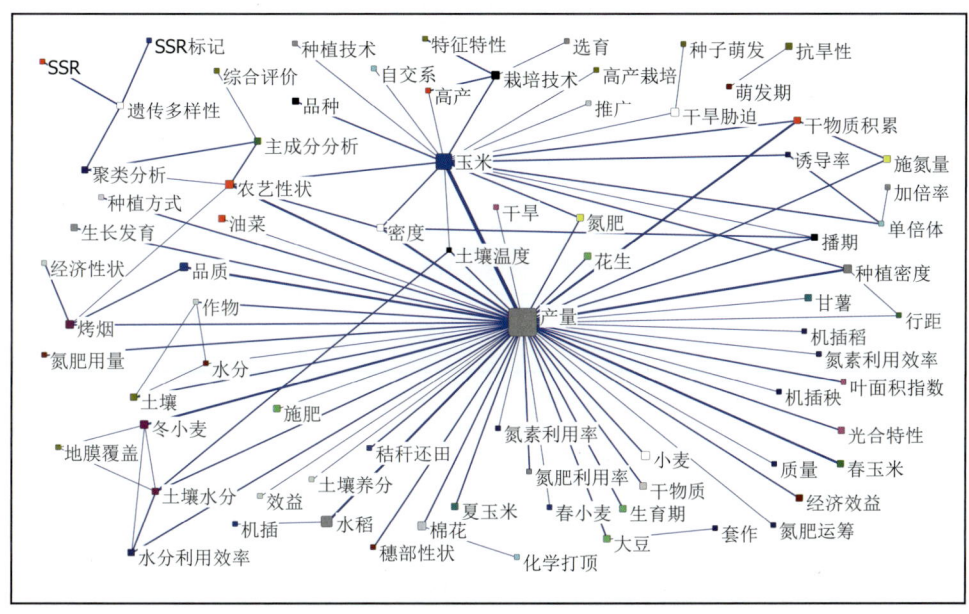

图 24-3　农作物学科 2015 年热点主题关联

## 24.4 学科高影响力期刊分析

### 24.4.1 学科高影响力期刊 TOP 10

在农作物学科,学科 5 年影响因子位居前 10 位的期刊见表 24-3,排在前 3 位的期刊分别是《中国农业科学》《草业学报》和《作物学报》。在表 24-3 中,学科载文量占其总载文量比例最大的期刊是《玉米科学》;前 5 年学科载文在 2015 年被引率最高的期刊是《中国农业科学》;期刊 5 年影响因子较高的前 3 种期刊分别是《草业学报》《作物学报》和《中国农业科学》;学科 5 年影响因子与期刊 5 年影响因子差异最大的期刊是《中国农业科学》。表 24-3 中期刊的学科 5 年影响因子和前 5 年学科载文的 2015 年被引率对比如图 24-4 所示,2010—2015 年期刊 5 年影响因子的变动情况如图 24-5 所示。

表 24-3 农作物学科高影响力期刊基本指数

| 序号 | 期刊名称 | 前5年载文量 | | | 2015年学科被引 | | | 5年影响因子 | | h指数(学科) |
|---|---|---|---|---|---|---|---|---|---|---|
| | | 学科(篇) | 占比(%) | 总量(篇) | 频次 | 被引率(%) | 高被引论文篇数 | 期刊(2015) | 学科(2015) | |
| 1 | 中国农业科学 | 897 | 28.8 | 3114 | 1862 | 58.8 | 50 | 1.662 | 2.076 | 16 |
| 2 | 草业学报 | 356 | 24.0 | 1482 | 734 | 57.6 | 16 | 2.183 | 2.062 | 15 |
| 3 | 作物学报 | 1047 | 70.7 | 1481 | 1940 | 58.6 | 46 | 1.698 | 1.853 | 12 |
| 4 | 植物遗传资源学报 | 443 | 40.8 | 1087 | 584 | 54.9 | 5 | 1.164 | 1.318 | 8 |
| 5 | 中国烟草科学 | 607 | 77.1 | 787 | 754 | 54.5 | 6 | 1.201 | 1.242 | 8 |
| 6 | 棉花学报 | 381 | 75.6 | 504 | 454 | 49.9 | 6 | 1.121 | 1.192 | 7 |
| 7 | 中国油料作物学报 | 456 | 64.9 | 703 | 526 | 45.6 | 8 | 1.097 | 1.154 | 8 |
| 8 | 中国农业科技导报 | 141 | 16.6 | 849 | 155 | 44.7 | 1 | 0.787 | 1.099 | 7 |
| 9 | 玉米科学 | 973 | 87.3 | 1115 | 1027 | 47.1 | 9 | 1.004 | 1.055 | 8 |
| 10 | 云南农业大学学报(自然科学) | 173 | 17.4 | 997 | 175 | 46.2 | 0 | 0.668 | 1.012 | 6 |

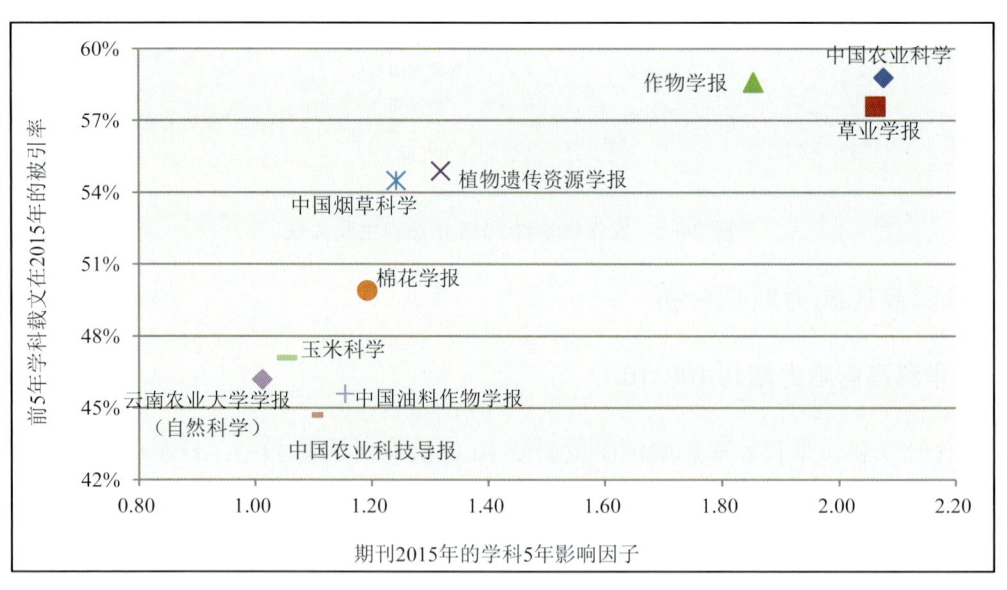

图 24-4 农作物学科高影响力期刊对比

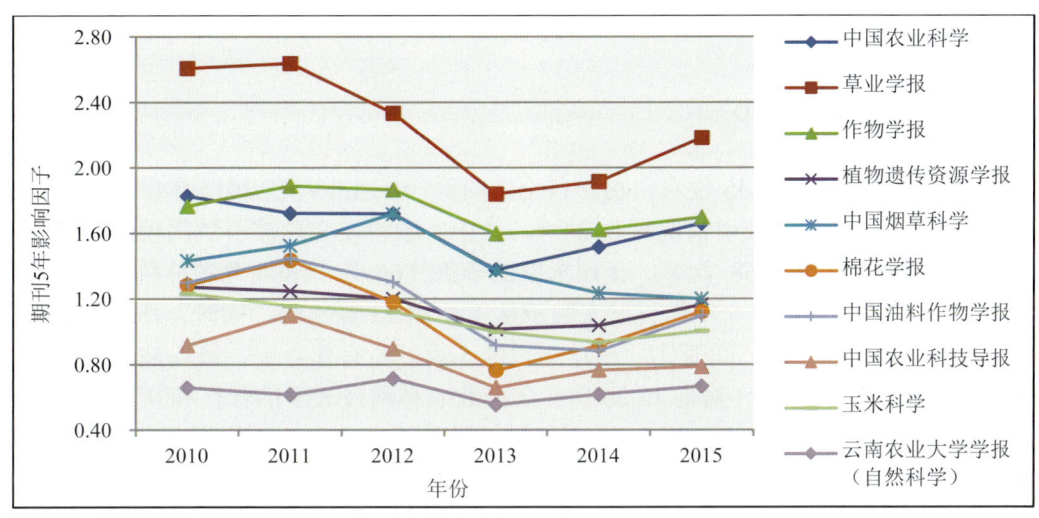

图 24-5  农作物学科期刊 5 年影响因子变动

### 24.4.2 学科高影响力期刊载文主题关联

通过期刊共被引分析，获得农作物学科高影响力期刊及与其他期刊之间的载文主题关联，如图 24-6 所示（共被引 45 次以下不显示）。结果显示，农作物学科的高影响力期刊相互链接较为紧密，基本主导了该学科的期刊共被引网络，显示出该学科高影响力期刊可能共同刊载了许多相近的研究主题，热点研究主题分散在多种期刊上。《中国农业科学》的学科 5 年影响因子较高，显示出该刊在学科内学术影响力较大；《中国农业科学》与《作物学报》期刊之间的链接较强，意味着它们之间可能有较多相同或相近的载文主题。

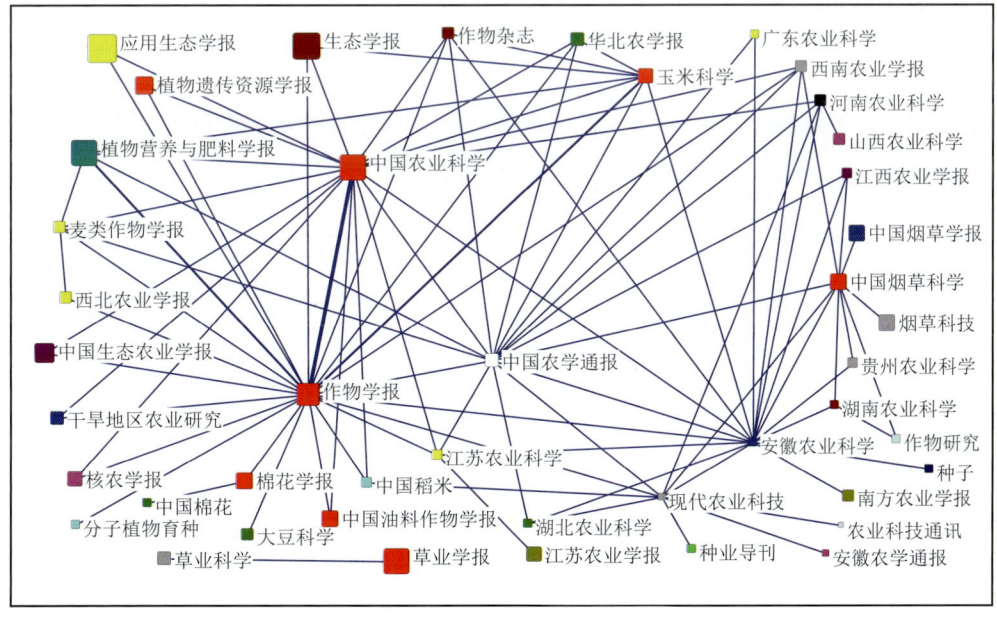

图 24-6  农作物学科高影响力期刊载文主题关联

## 24.5 高被引作者分析

### 24.5.1 高被引作者 TOP 20

2010—2014 年，在 93295 位农作物学科论文的第一作者中，在 2015 年学科被引频次位居前 20 位的学者的发文及被引情况见表 24-4。其中，学科发文总被引频次较高的 3 位作者分别是扬州大学的张洪程（68 次）、扬州大学的李杰（66 次）和西北农林科技大学的张仁和（55 次）。高被引作者的 5 年学科发文数量从 1 篇到 13 篇不等，同时，作者学科发文的期刊分布也在 1 种到 11 种之间变化。在发文超过 5 篇的所有作者中，篇均被引较高的 3 位作者分别是扬州大学的李杰（篇均 13.20 次）、西北农林科技大学的张仁和（篇均 9.17 次）和扬州大学的张洪程（篇均 8.50 次）；前 5 年发表学科论文较多的 3 位作者分别是湖北省竹山县农业局的熊飞（31 篇）、吉林省农业科学院的方向前（29 篇）和四川省草原科学研究院的汤宗孝（24 篇）。高被引作者的学科发文量和被引量对比如图 24-7 所示。

表 24-4 农作物学科高被引作者 TOP 20

| 序号 | 姓名 | 作者单位 | 前 5 年发文 | | | 前 5 年学科发文在 2015 年的被引 | | | | h 指数（学科） |
|---|---|---|---|---|---|---|---|---|---|---|
| | | | 学科发文（篇） | 期刊分布（种） | 发文总量（篇） | 总频次 | 被引率（%） | 最高（次） | 篇均（次） | |
| 1 | 张洪程 | 扬州大学 | 8 | 4 | 32 | 68 | 100.0 | 14 | 8.50 | 8 |
| 2 | 李杰 | 扬州大学 | 5 | 2 | 6 | 66 | 100.0 | 21 | 13.20 | 5 |
| 3 | 张仁和 | 西北农林科技大学 | 6 | 4 | 7 | 55 | 100.0 | 21 | 9.17 | 4 |
| 4 | 朱德峰 | 中国水稻研究所 | 8 | 4 | 10 | 50 | 50.0 | 27 | 6.25 | 3 |
| 5 | 龚金龙 | 扬州大学 | 13 | 9 | 19 | 43 | 76.9 | 11 | 3.31 | 5 |
| 6 | 何中虎 | 中国农业科学院作物科学研究所 | 4 | 3 | 6 | 41 | 50.0 | 25 | 10.25 | 2 |
| 7 | 王宜伦 | 河南农业大学 | 12 | 11 | 24 | 39 | 75.0 | 12 | 3.25 | 4 |
| 8 | 杨晓光 | 中国农业大学 | 1 | 1 | 4 | 38 | 100.0 | 38 | 38.00 | 3 |
| 9 | 杨建昌 | 扬州大学 | 2 | 2 | 2 | 37 | 100.0 | 20 | 18.50 | 2 |
| 9 | 匡猛 | 中国农业科学院棉花研究所 | 4 | 3 | 5 | 37 | 75.0 | 25 | 9.25 | 4 |
| 11 | 殷冬梅 | 河南农业大学 | 8 | 7 | 9 | 36 | 75.0 | 19 | 4.50 | 2 |
| 12 | 霍中洋 | 扬州大学 | 7 | 6 | 9 | 34 | 100.0 | 9 | 4.86 | 4 |
| 12 | 丰光 | 丹东市农业科学研究院 | 7 | 5 | 7 | 34 | 71.4 | 21 | 4.86 | 3 |
| 14 | 韦本辉 | 广西农业科学院 | 7 | 3 | 20 | 31 | 85.7 | 7 | 4.43 | 4 |
| 14 | 吴桂成 | 扬州大学 | 4 | 3 | 4 | 31 | 50.0 | 20 | 7.75 | 2 |
| 16 | 王伟妮 | 华中农业大学 | 5 | 2 | 16 | 30 | 100.0 | 7 | 6.00 | 6 |

| 序号 | 姓名 | 作者单位 | 前5年发文 | | | 前5年学科发文在2015年的被引 | | | | h指数(学科) |
|---|---|---|---|---|---|---|---|---|---|---|
| | | | 学科发文(篇) | 期刊分布(种) | 发文总量(篇) | 总频次 | 被引率(%) | 最高(次) | 篇均(次) | |
| 16 | 刘国顺 | 河南农业大学 | 8 | 6 | 9 | 30 | 100.0 | 7 | 3.75 | 4 |
| 16 | 邓小华 | 湖南农业大学 | 8 | 5 | 34 | 30 | 75.0 | 15 | 3.75 | 6 |
| 19 | 戢林 | 四川农业大学 | 4 | 3 | 4 | 29 | 100.0 | 14 | 7.25 | 3 |
| 19 | 李银水 | 中国农业科学院油料作物研究所 | 7 | 3 | 9 | 29 | 85.7 | 8 | 4.14 | 4 |
| 19 | 王汉中 | 中国农业科学院油料作物研究所 | 2 | 1 | 3 | 29 | 100.0 | 21 | 14.50 | 2 |

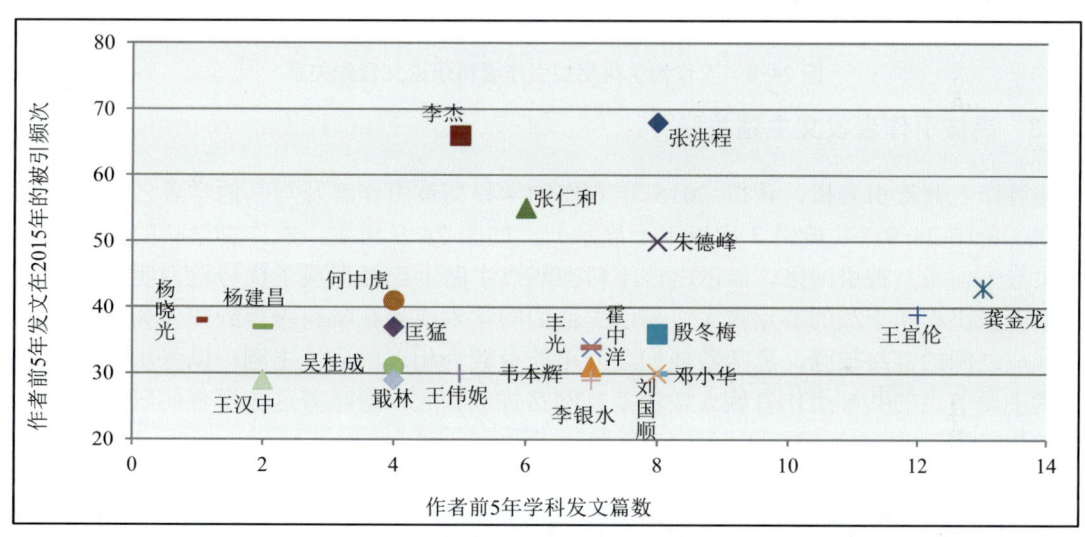

图 24-7　农作物学科高被引作者学科发文及被引对比

## 24.5.2　高被引作者科研合作关系

通过作者合著分析，获得2015年农作物学科高被引作者及与其他学者之间的科研论文合作关系（不考虑论文署名次序），如图24-8所示（合著7次以下不显示）。可以看出，农作物学科的高被引作者的论文合作现象比较普遍。学者龚金龙、王宜伦发文量较多；霍中洋、张洪程的论文合作网络最为突出，在该学科的研究人员中表现出一定的集聚效应；张洪程和霍中洋等学者之间的合作关系最为紧密，显示出他们可能属于同一支科研团队。

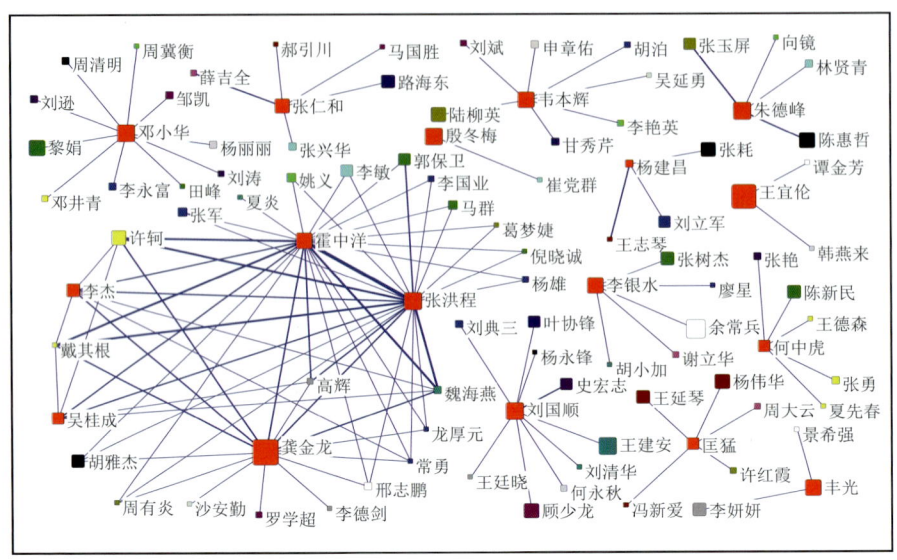

图 24-8　农作物学科高被引作者科研论文合作关系

### 24.5.3　高被引作者发文主题关联

通过作者共被引分析，获得 2015 年农作物学科高被引作者及与其他学者之间的发文主题关联（见图 24-9，共被引 3 次以下不显示）。如图 24-9 所示，农作物学科的高被引作者基本主导了作者共被引网络，显示出该学科在热点主题上已经形成了优势较为明显的科研力量。学者张洪程和李杰的节点较大，显示出他们的学术成果在学科内得到较多关注；张洪程与吴桂成之间的链接较强，意味着他们之间可能有较为相近的研究主题；以张洪程、李杰等学者为主要节点的共被引作者簇人数较多且网络规模较大，意味着这些学者的研究主题关联可能较为紧密。

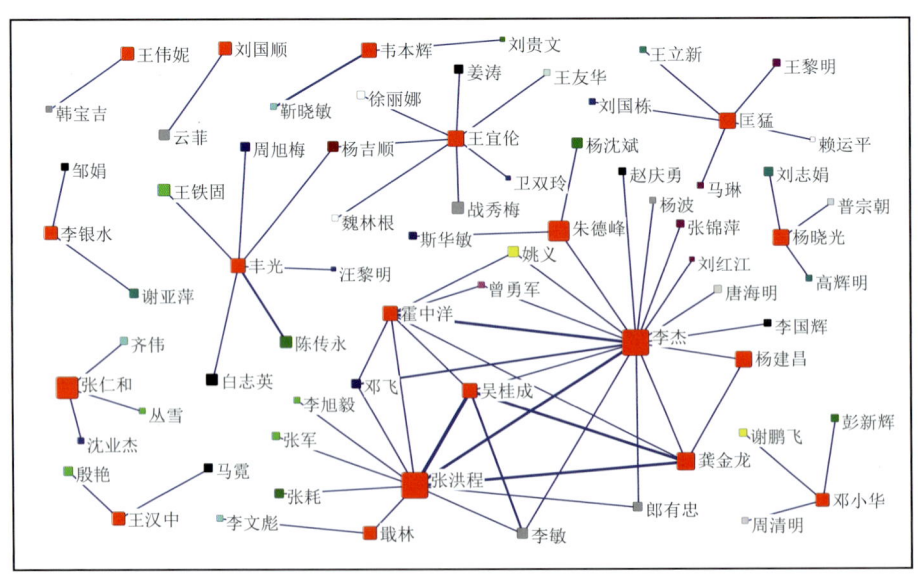

图 24-9　农作物学科高被引作者发文主题关联

## 24.6 高被引机构分析

### 24.6.1 高被引机构

为便于比较，本书将农作物学科的高被引机构分为高等院校和科研院所两种类型。其中，被引频次 TOP 10 高等院校和被引频次 TOP 5 科研院所的发文及被引情况分别见表 24-5 和表 24-6。其中，总被引频次较高的 3 所高等院校分别是河南农业大学、西北农林科技大学和湖南农业大学，中国农业科学院作物科学研究所、江苏省农业科学院和甘肃省农业科学院是总被引频次较高的 3 所科研院所；前 5 年学科发文在 2015 年的被引率最高的高等院校和科研院所分别是扬州大学和中国农业科学院作物科学研究所，篇均被引最高的高等院校和科研院所分别是扬州大学和中国农业科学院作物科学研究所。上述高被引机构的论文被引率和篇均被引频次对比如图 24-10 所示。

表 24-5 农作物学科高被引高等院校 TOP 10

| 序号 | 第一作者单位 | 学科发文量（篇） | | 前 5 年学科发文在 2015 年的被引 | | | |
|---|---|---|---|---|---|---|---|
| | | 前 5 年 | 2015 年 | 频次 | 被引率(%) | 最高（次） | 篇均（次） |
| 1 | 河南农业大学 | 1352 | 197 | 1382 | 46.1 | 19 | 1.02 |
| 2 | 西北农林科技大学 | 1251 | 194 | 1209 | 41.1 | 21 | 0.97 |
| 3 | 湖南农业大学 | 1545 | 261 | 964 | 33.2 | 15 | 0.62 |
| 4 | 扬州大学 | 566 | 83 | 870 | 48.4 | 21 | 1.54 |
| 5 | 南京农业大学 | 791 | 85 | 789 | 43.1 | 15 | 1.00 |
| 6 | 中国农业大学 | 643 | 109 | 756 | 45.4 | 38 | 1.18 |
| 7 | 甘肃农业大学 | 707 | 111 | 751 | 42.6 | 21 | 1.06 |
| 8 | 山东农业大学 | 581 | 73 | 681 | 48.0 | 21 | 1.17 |
| 9 | 沈阳农业大学 | 780 | 118 | 624 | 39.1 | 19 | 0.80 |
| 10 | 东北农业大学 | 951 | 141 | 621 | 36.0 | 9 | 0.65 |

表 24-6 农作物学科高被引科研院所 TOP 5

| 序号 | 第一作者单位 | 学科发文量（篇） | | 前 5 年学科发文在 2015 年的被引 | | | |
|---|---|---|---|---|---|---|---|
| | | 前 5 年 | 2015 年 | 频次 | 被引率(%) | 最高（次） | 篇均（次） |
| 1 | 中国农业科学院作物科学研究所 | 404 | 27 | 571 | 47.5 | 25 | 1.41 |
| 2 | 江苏省农业科学院 | 616 | 97 | 492 | 38.1 | 11 | 0.80 |
| 3 | 甘肃省农业科学院 | 487 | 77 | 407 | 38.8 | 20 | 0.84 |
| 4 | 山西省农业科学院 | 820 | 80 | 394 | 26.2 | 7 | 0.48 |
| 5 | 黑龙江省农业科学院 | 829 | 98 | 359 | 25.0 | 8 | 0.43 |

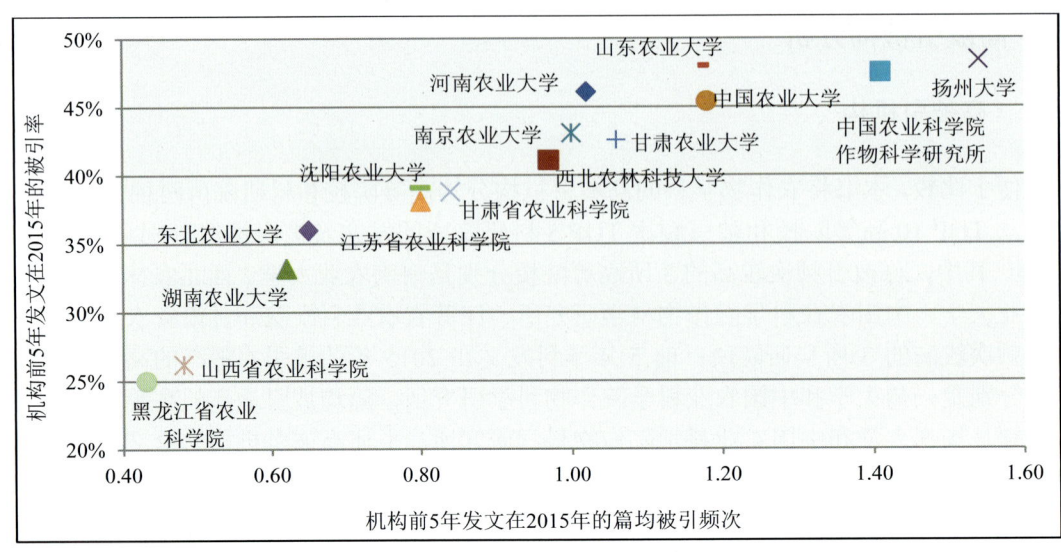

图 24-10 农作物学科高被引机构论文篇均被引及被引率对比

### 24.6.2 高被引机构科研合作关系

通过合著分析,获得农作物学科高被引机构之间及其与其他机构之间的科研合作关联,如图 24-11 所示(合作 100 次以下不显示)。分析得知,农作物学科的机构合作链接比较紧密,表明学科内机构合作现象较为普遍;高被引机构基本主导了机构合作网络,显示出这些机构已经在学科内具有了一定的科研优势;东北农业大学和黑龙江省农业科学院、江苏省农业科学院与南京农业大学等机构之间的链接较强,表明它们的学术合作较为频繁。

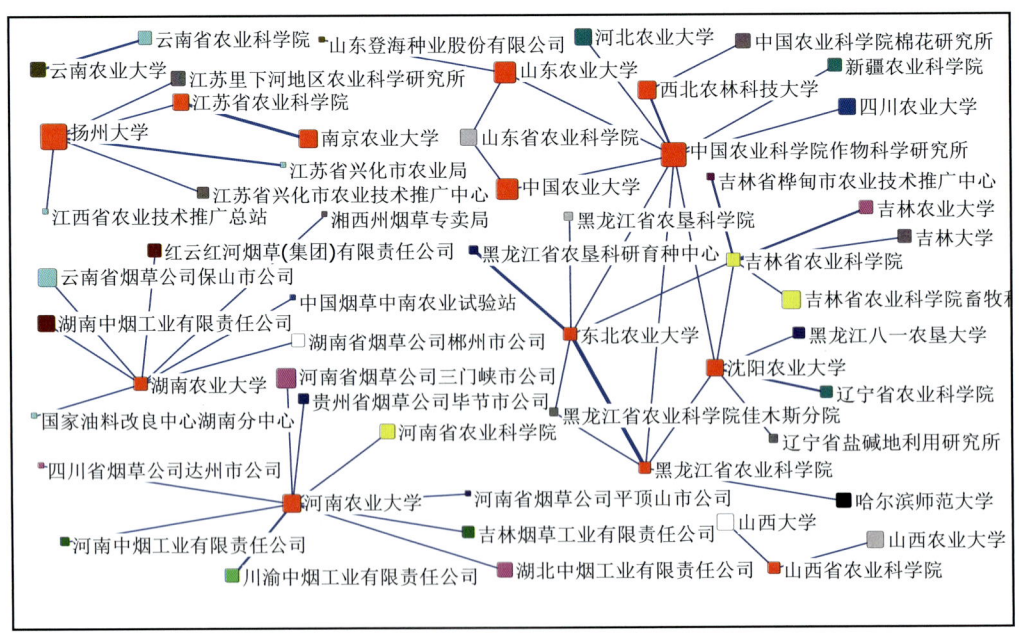

图 24-11 农作物学科高被引机构科研合作关联

## 24.7 高被引图书、国外期刊及学术会议

2015 年，农作物学科被引频次位居前 10 位的图书及国外期刊见表 24-7 和表 24-8。其中，被引次数较多的 3 种图书分别是鲍士旦的《土壤农化分析》、李合生的《植物生理生化实验原理和技术》和张志良的《植物生理学实验指导》；被引次数较多的 3 种国外期刊分别是《Plant Physiology》《Theoretical and Applied Genetics》和《Crop Science》；被引次数较多的 3 场学术会议分别是"Proceedings of the 5th International Safflower Conference""Proceedings of the Eighth International Symposium on Remote Sensing of Environment"和 "1st International Crown Rot Workshop for Wheat Improvement"。

表 24-7 农作物学科高被引图书 TOP 10

| 序号 | 责任者 | 图书名称 | 出版社 | 2015 年被引频次 |
|---|---|---|---|---|
| 1 | 鲍士旦 | 土壤农化分析 | 中国农业出版社 | 216 |
| 2 | 李合生 | 植物生理生化实验原理和技术 | 高等教育出版社 | 176 |
| 3 | 张志良 | 植物生理学实验指导 | 高等教育出版社 | 130 |
| 4 | 刘国顺 | 烟草栽培学 | 中国农业出版社 | 119 |
| 5 | 王瑞新 | 烟草化学 | 中国农业出版社 | 108 |
| 6 | 鲁如坤 | 土壤农业化学分析方法 | 中国农业科技出版社 | 78 |
| 7 | 邹琦 | 植物生理学实验指导 | 中国农业出版社 | 72 |
| 8 | 凌启鸿 | 作物群体质量 | 上海科学技术出版社 | 68 |
| 9 | 史宏志 | 烟草香味学 | 中国农业出版社 | 59 |
| 10 | 中国农业科学院烟草研究所 | 中国烟草栽培学 | 上海科学技术出版社 | 53 |

表 24-8 农作物学科高被引国外期刊 TOP 10

| 序号 | 期刊名称 | 2015 年被引频次 |
|---|---|---|
| 1 | Plant Physiology | 2232 |
| 2 | Theoretical and Applied Genetics | 2172 |
| 3 | Crop Science | 1556 |
| 4 | Field Crops Research | 1202 |
| 5 | Journal of Experimental Botany | 1122 |
| 6 | The Plant Cell | 1096 |
| 7 | Proceedings of the National Academy of Sciences of the United States of America | 1056 |
| 8 | The Plant Journal | 938 |
| 9 | Euphytica | 889 |
| 10 | Plant and Soil | 821 |

# 第 25 章 园艺学科高被引分析

## 25.1 学科论文概况

2010—2014 年，园艺学科共有 95947 位来自 36824 所机构的论文第一作者在 2156 种期刊上发表了 118551 篇学术论文。其中，80%以上的论文产出自 22633 所机构、72245 位作者，发表在 133 种期刊上。在前 5 年发表的这些论文中，有 22773 篇在 2015 年获得过引用，整体被引率为 19.2%，总被引频次为 37836 次，篇均被引 0.32 次；其中，高被引论文有 267 篇，单篇论文最高被引频次为 46 次，累计被引 2655 次，篇均被引 9.94 次（表 25-1）。另外，2015 年园艺学科共发表论文 25220 篇，其中有 869 篇在当年获得过引用，总共被引 1031 次。

表 25-1 园艺学科论文分布情况

| 年份 | 论文篇数 | 2015 年被引频次 | 2015 年被引率（%） | 2015 年高被引论文 | | | |
| --- | --- | --- | --- | --- | --- | --- | --- |
| | | | | 论文篇数 | 最高被引频次 | 总被引频次 | 篇均被引频次 |
| 2010 | 20917 | 7988 | 22.0 | 46 | 31 | 555 | 12.07 |
| 2011 | 25593 | 8224 | 19.2 | 63 | 46 | 608 | 9.65 |
| 2012 | 27432 | 8233 | 17.9 | 62 | 45 | 604 | 9.74 |
| 2013 | 21334 | 8429 | 23.2 | 58 | 40 | 593 | 10.22 |
| 2014 | 23275 | 4962 | 14.6 | 38 | 23 | 295 | 7.76 |
| 合计 | 118551 | 37836 | 19.2 | 267 | 46 | 2655 | 9.94 |

从园艺学科论文的地域分布来看，2015 年被引频次较高的 5 个省、直辖市或自治区依次是江苏、北京、山东、浙江和陕西（图 25-1）；5 年论文产出量较多的 5 个省、直辖市或自治区依次是山东、江苏、河北、河南和辽宁（图 25-2）。

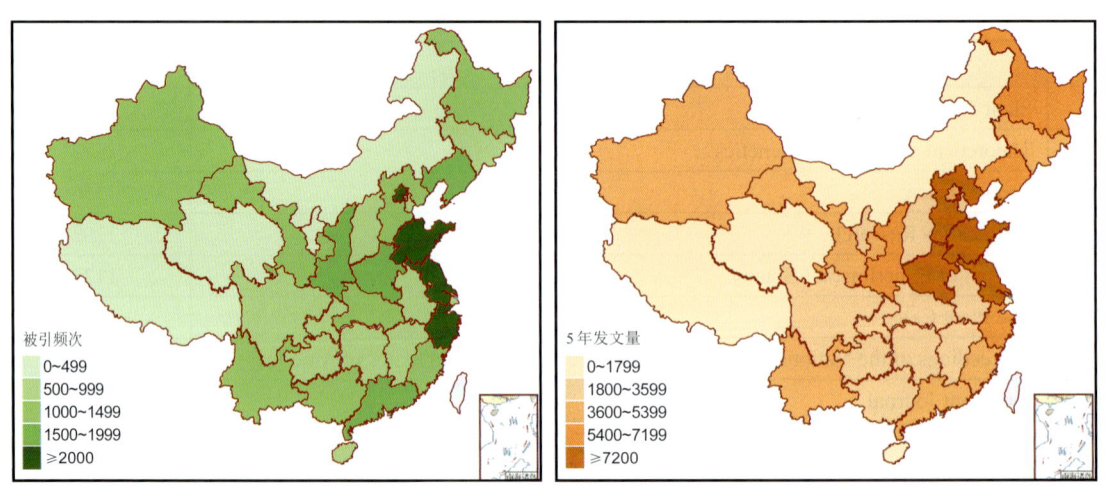

图 25-1 2015 年园艺学科地区被引分布　　图 25-2 园艺学科 5 年论文产出地区分布

## 25.2 高被引论文分析

在园艺学科，2015 年被引频次位居前 10 位的论文（表 25-2）平均被引频次为 39.27 次，是全部 267 篇高被引论文篇均被引频次的 4.0 倍。其中，被引频次最高的论文是戴玉成于 2010 年发表的《中国食用菌名录》，随后 2 篇分别是雷燕峰于 2010 年发表的《园林绿化工程施工管理的几点思考》和周舰于 2012 年发表的《现代城市园林景观设计现状及发展趋势思考》。

从论文分布来看，刊载高被引论文数量居前的 3 种期刊分别是《中国农业科学》（31 篇）、《园艺学报》（22 篇）和《果树学报》（19 篇），而《吉林农业 C 版》和《中国新技术新产品》分别刊载了高被引论文 TOP 10 中的 2 篇；发表高被引论文居前的 3 位学者分别是南京农业大学的郭世荣（2 篇）、农业部规划设计研究院的魏晓明（2 篇）和北京工业大学的管勇（2 篇）；产出高被引论文数量居前的 3 所机构分别是西北农林科技大学（19 篇）、南京农业大学（19 篇）和山东农业大学（13 篇）。

表 25-2 园艺学科高被引论文 TOP 10

| 序号 | 论文题名 | 第一作者 | 期刊名称 | 发表年份 | 被引频次 总频次 | 2015 年 |
|---|---|---|---|---|---|---|
| 1 | 中国食用菌名录 | 戴玉成 | 菌物学报 | 2010 | 322 | 90 |
| 2 | 园林绿化工程施工管理的几点思考 | 雷燕峰 | 中国新技术新产品 | 2010 | 173 | 75 |
| 3 | 现代城市园林景观设计现状及发展趋势思考 | 周舰 | 安徽农业科学 | 2012 | 62 | 56 |
| 4 | 园林工程施工管理中存在的问题及探讨 | 陈捷 | 中国园艺文摘 | 2011 | 63 | 35 |
| 5 | 探析园林施工新工艺的管理与技术要点 | 陈亚利 | 江西建材 | 2014 | 27 | 29 |
| 6 | 浅析优化园林绿化施工管理的有效策略 | 钟仁武 | 现代园艺 | 2012 | 24 | 26 |
| 6 | 园林施工及养护改善措施的探讨 | 王文成 | 吉林农业 C 版 | 2011 | 48 | 26 |
| 8 | 园林施工管理工作中存在的问题分析 | 张洪鹏 | 黑龙江科技信息 | 2011 | 60 | 25 |
| 9 | 我国设施园艺概况及发展趋势 | 郭世荣 | 中国蔬菜 | 2012 | 48 | 24 |
| 10 | 浅谈园林绿化施工技术管理措施 | 沈小娟 | 中国新技术新产品 | 2013 | 21 | 23 |
| 10 | 城市园林绿化工程施工与管理的探讨 | 杜丽 | 吉林农业 C 版 | 2011 | 41 | 23 |

## 25.3 研究主题关联分析

在园艺学科,高被引论文累计被 2015 年发表的 2386 篇论文引用了 2655 次。通过分析施引文献关键词的词频及关键词之间的共现关系,获得 2015 年园艺学科的热点主题和主题关联,如图 25-3 所示(共现 6 次以下不显示)。由图 25-3 可知:"园林绿化""产量"等关键词的文档词频较高,是 2015 年学科的研究热点;以"园林绿化""养护""施工"等关键词为主要节点的多个概念相互关联,构成了学科内最为突出的研究主题簇。

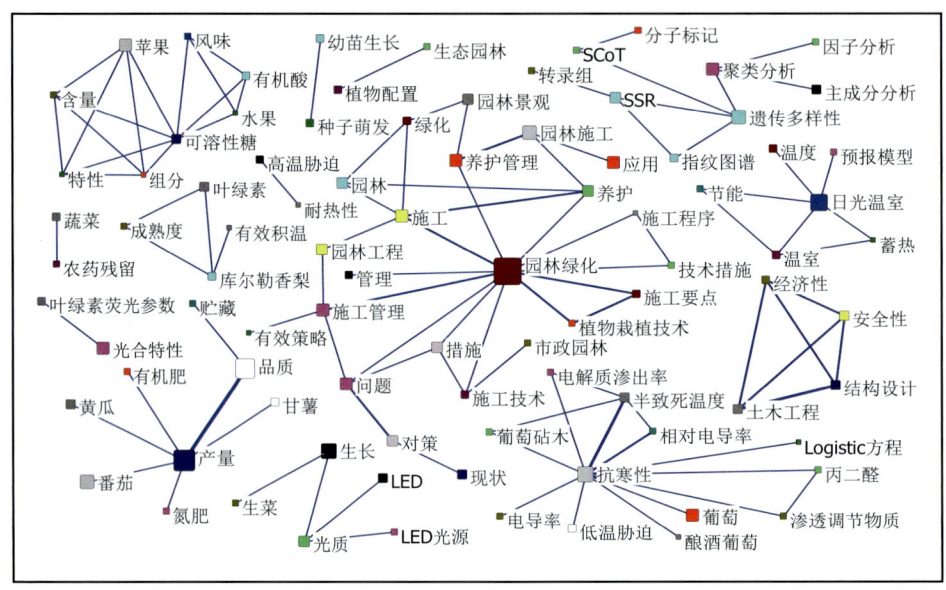

图 25-3 园艺学科 2015 年热点主题关联

## 25.4 学科高影响力期刊分析

### 25.4.1 学科高影响力期刊 TOP 10

在园艺学科,学科 5 年影响因子位居前 10 位的期刊见表 25-3,排在前 3 位的期刊分别是《果树学报》《经济林研究》和《园艺学报》。在表 25-3 中,学科载文量占其总载文量比例最大的期刊是《果树学报》;前 5 年学科载文在 2015 年被引率最高的期刊是《果树学报》;期刊 5 年影响因子较高的前 3 种期刊分别是《果树学报》《经济林研究》和《园艺学报》;学科 5 年影响因子与期刊 5 年影响因子差异最大的期刊是《山西农业大学学报(自然科学版)》。表 25-3 中期刊的学科 5 年影响因子和前 5 年学科载文的 2015 年被引率对比如图 25-4 所示,2010—2015 年期刊 5 年影响因子的变动情况如图 25-5 所示。

表 25-3 园艺学科高影响力期刊基本指数

| 序号 | 期刊名称 | 前 5 年载文量 | | | 2015 年学科被引 | | | 5 年影响因子 | | h 指数（学科） |
|---|---|---|---|---|---|---|---|---|---|---|
| | | 学科（篇） | 占比（%） | 总量（篇） | 频次 | 被引率（%） | 高被引论文篇数 | 期刊（2015） | 学科（2015） | |
| 1 | 果树学报 | 1200 | 98.6 | 1217 | 1294 | 47.9 | 19 | 1.063 | 1.078 | 7 |
| 2 | 经济林研究 | 615 | 79.8 | 771 | 578 | 45.4 | 1 | 0.986 | 0.940 | 6 |
| 3 | 园艺学报 | 2119 | 95.5 | 2220 | 1982 | 43.8 | 22 | 0.920 | 0.935 | 9 |
| 4 | 西北农林科技大学学报（自然科学版） | 325 | 12.7 | 2560 | 299 | 40.0 | 3 | 0.696 | 0.920 | 8 |
| 5 | 南京农业大学学报 | 173 | 19.7 | 877 | 157 | 39.9 | 4 | 0.770 | 0.908 | 7 |
| 6 | 保鲜与加工 | 249 | 47.7 | 522 | 208 | 41.0 | 2 | 0.778 | 0.835 | 6 |
| 7 | 甘肃农业大学学报 | 142 | 12.8 | 1111 | 112 | 41.5 | 2 | 0.582 | 0.789 | 6 |
| 8 | 江苏农业学报 | 314 | 19.9 | 1577 | 242 | 42.0 | 2 | 0.773 | 0.771 | 8 |
| 9 | 山西农业大学学报（自然科学版） | 95 | 13.0 | 732 | 72 | 37.9 | 2 | 0.455 | 0.758 | 5 |
| 10 | 食用菌学报 | 286 | 63.4 | 451 | 195 | 40.9 | 1 | 0.659 | 0.682 | 5 |

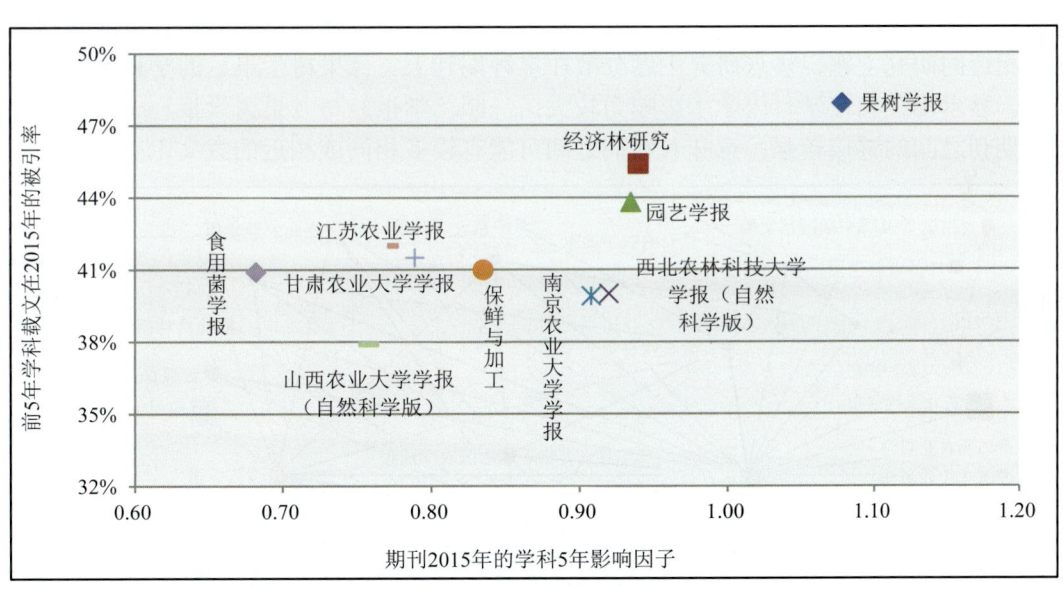

图 25-4 园艺学科高影响力期刊对比

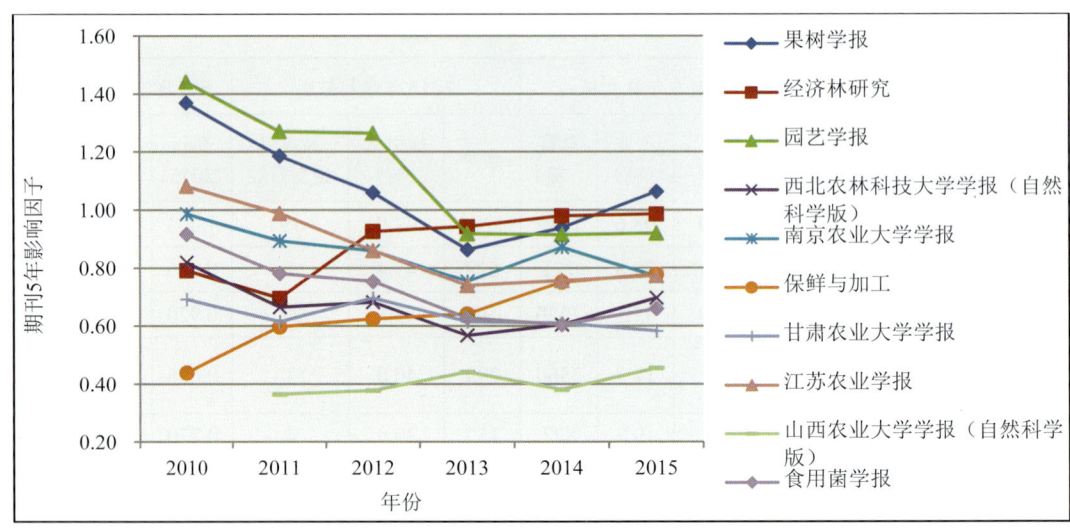

图 25-5　园艺学科期刊 5 年影响因子变动

### 25.4.2　学科高影响力期刊载文主题关联

通过期刊共被引分析，获得园艺学科高影响力期刊及与其他期刊之间的载文主题关联，如图 25-6 所示（共被引 30 次以下不显示）。结果显示，园艺学科的高影响力期刊相互链接较为紧密，部分主导了该学科的期刊共被引网络，显示出该学科高影响力期刊可能共同刊载了许多相近的研究主题，热点研究主题分散在多种期刊上。《果树学报》的学科 5 年影响因子较高，显示出该刊在学科内学术影响力较大；《园艺学报》与《果树学报》《中国农业科学》等期刊之间的链接较强，意味着它们之间可能有较多相同或相近的载文主题。

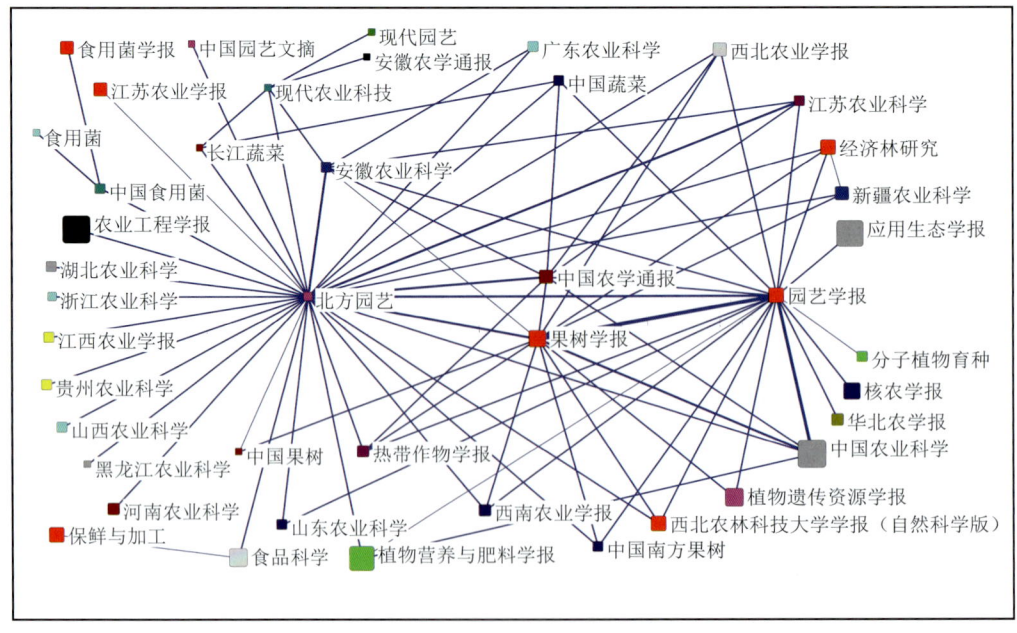

图 25-6　园艺学科高影响力期刊载文主题关联

## 25.5 高被引作者分析

### 25.5.1 高被引作者 TOP 20

2010—2014 年，在 95947 位园艺学科论文的第一作者中，在 2015 年学科被引频次位居前 20 位的学者的发文及被引情况见表 25-4。其中，学科发文总被引频次较高的 2 位作者分别是北京林业大学的戴玉成（90 次）和新疆农业大学的柴仲平（45 次）。高被引作者的 5 年学科发文数量从 1 篇到 43 篇不等，同时，作者学科发文的期刊分布也在 1 种到 18 种之间变化。在发文超过 5 篇的所有作者中，篇均被引较高的 3 位作者分别是农业部规划设计研究院的魏晓明（篇均 3.50 次）、北京市农林科学院的张强（篇均 3.50 次）和中华全国供销合作总社昆明食用菌研究所的吴素蕊（篇均 3.40 次）；前 5 年发表学科论文较多的 3 位作者分别是甘肃省静宁县林业局的王田利（174 篇）、湖南省益阳市赫山区蔬菜局的王迪轩（86 篇）和湖南省益阳市赫山区蔬菜局的何永梅（67 篇）。高被引作者的学科发文量和被引量对比如图 25-7 所示。

表 25-4 园艺学科高被引作者 TOP 20

| 序号 | 姓名 | 作者单位 | 前 5 年发文 | | | 前 5 年学科发文在 2015 年的被引 | | | | h 指数（学科） |
|---|---|---|---|---|---|---|---|---|---|---|
| | | | 学科发文（篇） | 期刊分布（种） | 发文总量（篇） | 总频次 | 被引率（%） | 最高（次） | 篇均（次） | |
| 1 | 戴玉成 | 北京林业大学 | 1 | 1 | 16 | 90 | 100.0 | 90 | 90.00 | 4 |
| 2 | 柴仲平 | 新疆农业大学 | 43 | 18 | 51 | 45 | 51.2 | 6 | 1.05 | 4 |
| 3 | 陈学森 | 山东农业大学 | 14 | 8 | 20 | 36 | 35.7 | 23 | 2.57 | 3 |
| 3 | 李凯 | 中冶南方工程技术有限公司 | 1 | 1 | 1 | 36 | 100.0 | 36 | 36.00 | 1 |
| 5 | 郭世荣 | 南京农业大学 | 2 | 2 | 2 | 35 | 100.0 | 24 | 17.50 | 2 |
| 6 | 潘学军 | 贵州大学 | 11 | 8 | 12 | 29 | 72.7 | 8 | 2.64 | 4 |
| 7 | 张强 | 北京市农林科学院 | 8 | 3 | 8 | 28 | 87.5 | 8 | 3.50 | 4 |
| 8 | 王志华 | 中国农业科学院果树研究所 | 20 | 9 | 22 | 27 | 60.0 | 4 | 1.35 | 3 |
| 8 | 葛顺峰 | 山东农业大学 | 9 | 6 | 13 | 27 | 66.7 | 11 | 3.00 | 4 |
| 10 | 钟仁武 | 江西省赣州市园林绿化工程公司 | 1 | 1 | 1 | 26 | 100.0 | 26 | 26.00 | 1 |
| 10 | 马庆华 | 中国林业科学研究院林业研究所 | 9 | 6 | 11 | 26 | 77.8 | 14 | 2.89 | 2 |
| 10 | 聂继云 | 中国农业科学院果树研究所 | 10 | 7 | 15 | 26 | 50.0 | 13 | 2.60 | 4 |
| 10 | 王文成 | 南宁市城景园林绿化工程有限公司 | 1 | 1 | 1 | 26 | 100.0 | 26 | 26.00 | 1 |

| 序号 | 姓名 | 作者单位 | 前5年发文 | | | 前5年学科发文在2015年的被引 | | | | h指数（学科） |
|---|---|---|---|---|---|---|---|---|---|---|
| | | | 学科发文（篇） | 期刊分布（种） | 发文总量（篇） | 总频次 | 被引率（%） | 最高（次） | 篇均（次） | |
| 14 | 张志刚 | 中国农业科学院蔬菜花卉研究所 | 10 | 9 | 11 | 24 | 70.0 | 14 | 2.40 | 2 |
| 14 | 李中华 | 农业部规划设计研究院 | 3 | 2 | 4 | 24 | 33.3 | 24 | 8.00 | 2 |
| 14 | 刘素慧 | 山东农业大学 | 3 | 2 | 3 | 24 | 100.0 | 15 | 8.00 | 3 |
| 17 | 陈温福 | 沈阳农业大学 | 1 | 1 | 3 | 23 | 100.0 | 23 | 23.00 | 3 |
| 17 | 杜丽 | 信阳农业高等专科学校 | 1 | 1 | 5 | 23 | 100.0 | 23 | 23.00 | 2 |
| 17 | 范苏鲁 | 山东省果树研究所 | 2 | 2 | 3 | 23 | 100.0 | 18 | 11.5 | 2 |
| 17 | 赵佐平 | 西北农林科技大学 | 4 | 4 | 4 | 23 | 100.0 | 8 | 5.75 | 4 |
| 17 | 姚改芳 | 南京农业大学 | 3 | 3 | 3 | 23 | 100.0 | 10 | 7.67 | 3 |

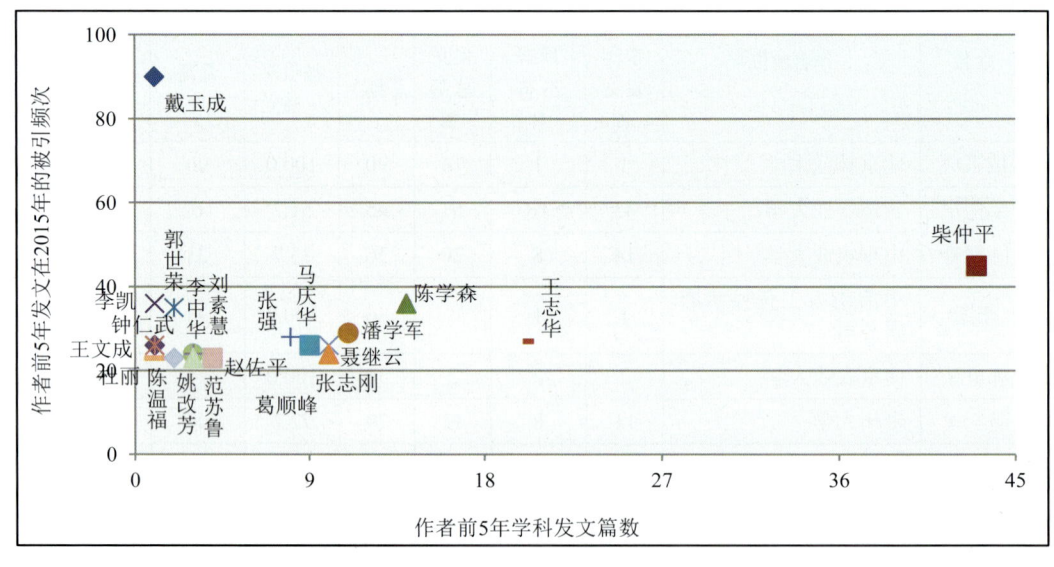

图 25-7　园艺学科高被引作者学科发文及被引对比

### 25.5.2　高被引作者科研合作关系

通过作者合著分析，获得2015年园艺学科高被引作者及与其他学者之间的科研论文合作关系（不考虑论文署名次序），如图25-8所示（合著5次以下不显示）。可以看出，园艺学科的高被引作者的论文合作现象比较普遍。学者柴仲平、王海波的发文量较多；陈学森的论文合作网络最为突出，在该学科的研究人员中表现出一定的集聚效应；王海波和王孝娣等学者之间的合作关系最为紧密，显示出他们可能属于同一支科研团队。

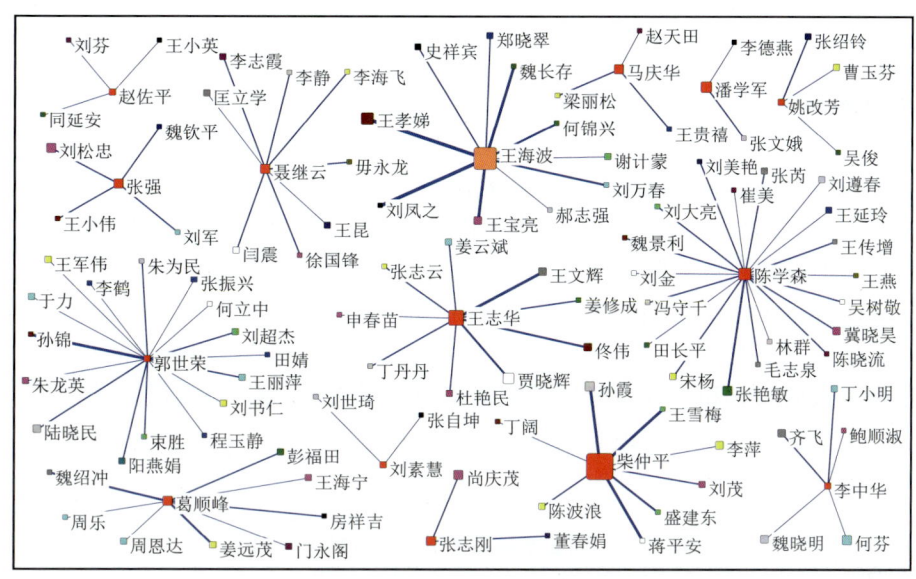

图 25-8　园艺学科高被引作者科研论文合作关系

### 25.5.3　高被引作者发文主题关联

通过作者共被引分析，获得 2015 年园艺学科高被引作者及与其他学者之间的发文主题关联（见图 25-9，共被引 2 次以下不显示）。如图 25-9 所示，园艺学科的高被引作者基本主导了作者共被引网络，显示出该学科在热点主题上已经形成了优势较为明显的科研力量。学者戴玉成的节点较大，显示出其学术成果在学科内得到较多关注；沈小娟与朱小斌之间的链接较强，意味着他们之间可能有较为相近的研究主题；以聂继云、姚改芳等学者为主要节点的共被引作者簇初具规模，意味着这些学者的研究主题关联可能较为紧密。

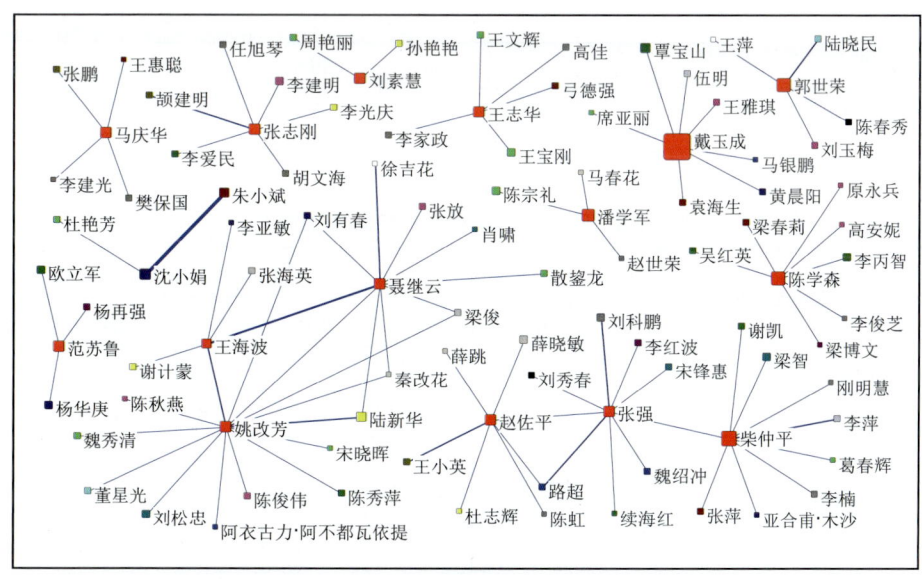

图 25-9　园艺学科高被引作者发文主题关联

## 25.6 高被引机构分析

### 25.6.1 高被引机构

为便于比较，本书将园艺学科的高被引机构分为高等院校和科研院所两种类型。其中，被引频次 TOP 10 高等院校和被引频次 TOP 5 科研院所的发文及被引情况分别见表 25-5 和表 25-6。其中，总被引频次较高的 3 所高等院校分别是西北农林科技大学、南京农业大学和山东农业大学，江苏省农业科学院、福建省农业科学院和中国农业科学院蔬菜花卉研究所是总被引频次较高的 3 所科研院所；前 5 年学科发文在 2015 年的被引率最高的高等院校和科研院所分别是南京农业大学和中国农业科学院蔬菜花卉研究所，篇均被引最高的高等院校和科研院所分别是南京农业大学和中国农业科学院蔬菜花卉研究所。上述高被引机构的论文被引率和篇均被引频次对比如图 25-10 所示。

表 25-5　园艺学科高被引高等院校 TOP 10

| 序号 | 第一作者单位 | 学科发文量（篇） | | 前 5 年学科发文在 2015 年的被引 | | | |
|---|---|---|---|---|---|---|---|
| | | 前 5 年 | 2015 年 | 频次 | 被引率(%) | 最高（次） | 篇均（次） |
| 1 | 西北农林科技大学 | 1519 | 249 | 1335 | 40.5 | 13 | 0.88 |
| 2 | 南京农业大学 | 986 | 145 | 938 | 42.8 | 24 | 0.96 |
| 3 | 山东农业大学 | 816 | 123 | 775 | 41.9 | 23 | 0.95 |
| 4 | 北京林业大学 | 668 | 97 | 570 | 38.3 | 90 | 0.85 |
| 5 | 沈阳农业大学 | 806 | 119 | 551 | 36.6 | 23 | 0.68 |
| 6 | 中国农业大学 | 695 | 93 | 517 | 38.8 | 8 | 0.74 |
| 7 | 新疆农业大学 | 689 | 129 | 427 | 33.5 | 8 | 0.62 |
| 8 | 河北农业大学 | 704 | 117 | 416 | 29.4 | 21 | 0.59 |
| 9 | 西南大学 | 565 | 88 | 393 | 36.1 | 8 | 0.70 |
| 10 | 华南农业大学 | 529 | 85 | 372 | 36.1 | 9 | 0.70 |

表 25-6　园艺学科高被引科研院所 TOP 5

| 序号 | 第一作者单位 | 学科发文量（篇） | | 前 5 年学科发文在 2015 年的被引 | | | |
|---|---|---|---|---|---|---|---|
| | | 前 5 年 | 2015 年 | 频次 | 被引率(%) | 最高（次） | 篇均（次） |
| 1 | 江苏省农业科学院 | 621 | 105 | 441 | 39.3 | 16 | 0.71 |
| 2 | 福建省农业科学院 | 595 | 93 | 318 | 30.4 | 7 | 0.53 |
| 3 | 中国农业科学院蔬菜花卉研究所 | 346 | 31 | 277 | 40.8 | 14 | 0.80 |
| 4 | 山东省果树研究所 | 543 | 98 | 263 | 25.8 | 18 | 0.48 |
| 5 | 北京市农林科学院 | 506 | 74 | 246 | 26.5 | 8 | 0.49 |

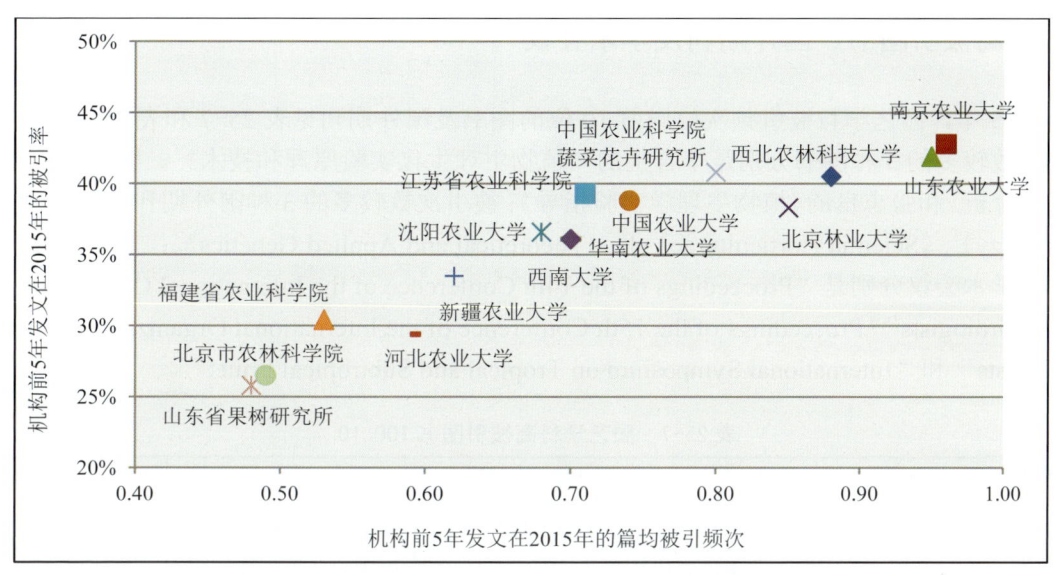

图 25-10　园艺学科高被引机构论文篇均被引及被引率对比

### 25.6.2　高被引机构科研合作关系

通过合著分析，获得园艺学科高被引机构之间及其与其他机构之间的科研合作关联，如图 25-11 所示（合作 55 次以下不显示）。分析得知，园艺学科的机构合作链接比较紧密，表明学科内机构合作现象较为普遍；高被引机构基本主导了机构合作网络，显示出这些机构已经在学科内具有了一定的科研优势；江苏省农业科学院和南京农业大学、广西大学与广西农业科学院等机构之间的链接较强，表明它们的学术合作较为频繁。

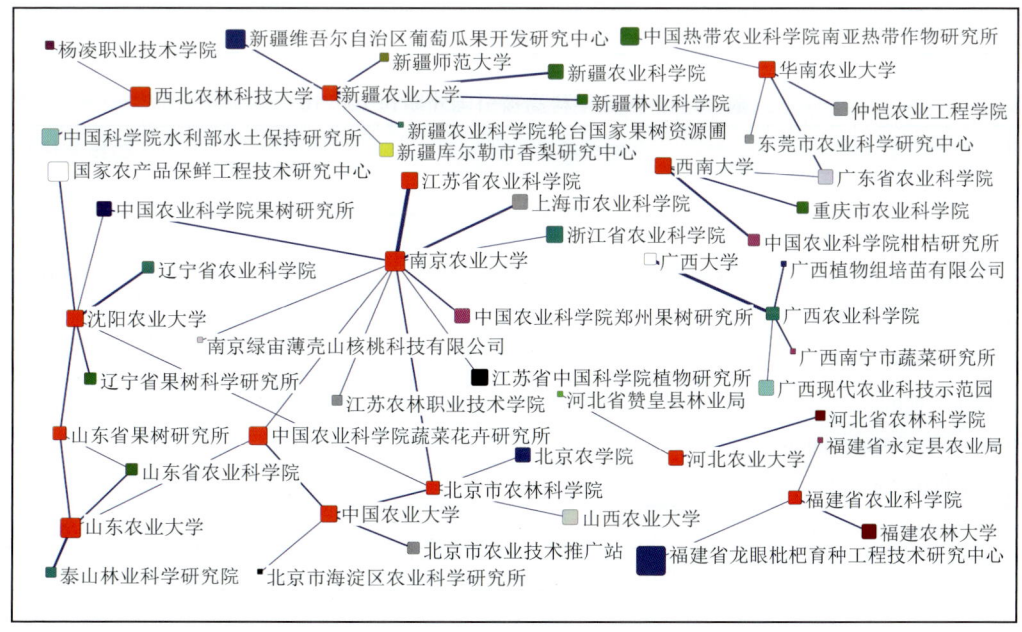

图 25-11　园艺学科高被引机构科研合作关联

## 25.7 高被引图书、国外期刊及学术会议

2015 年，园艺学科被引频次位居前 10 位的图书及国外期刊见表 25-7 和表 25-8。其中，被引次数较多的 3 种图书分别是李合生的《植物生理生化实验原理和技术》、鲍士旦的《土壤农化分析》和张志良的《植物生理学实验指导》；被引次数较多的 3 种国外期刊分别是《Plant Physiology》《Scientia Horticulturae》和《Theoretical and Applied Genetics》；被引次数较多的 3 场学术会议分别是 "Proceedings of the 14th Conference of the International Organization of Citrus Virologists" "Proceedings of the 15th Conference of the International Organization of Citrus Virologists" 和 "International Symposium on Tropical and Subtropical Fruits"。

表 25-7　园艺学科高被引图书 TOP 10

| 序号 | 责任者 | 图书名称 | 出版社 | 2015 年被引频次 |
| --- | --- | --- | --- | --- |
| 1 | 李合生 | 植物生理生化实验原理和技术 | 高等教育出版社 | 301 |
| 2 | 鲍士旦 | 土壤农化分析 | 中国农业出版社 | 156 |
| 3 | 张志良 | 植物生理学实验指导 | 高等教育出版社 | 116 |
| 4 | 曹建康 | 果蔬采后生理生化实验指导 | 中国轻工业出版社 | 78 |
| 4 | 邹琦 | 植物生理学实验指导 | 中国农业出版社 | 78 |
| 6 | 潘瑞炽 | 植物生理学 | 高等教育出版社 | 66 |
| 6 | 陈有民 | 园林树木学 | 中国林业出版社 | 66 |
| 8 | 中国科学院中国植物志编辑委员会 | 中国植物志 | 科学出版社 | 58 |
| 9 | 郭世荣 | 无土栽培学 | 中国农业出版社 | 55 |
| 9 | 鲁如坤 | 土壤农业化学分析方法 | 中国农业科技出版社 | 55 |

表 25-8　园艺学科高被引国外期刊 TOP 10

| 序号 | 期刊名称 | 2015 年被引频次 |
| --- | --- | --- |
| 1 | Plant Physiology | 1516 |
| 2 | Scientia Horticulturae | 927 |
| 3 | Theoretical and Applied Genetics | 748 |
| 4 | Journal of Experimental Botany | 745 |
| 5 | The Plant Cell | 692 |
| 6 | Food Chemistry | 636 |
| 7 | Journal of Agricultural and Food Chemistry | 559 |
| 8 | The Plant Journal | 557 |
| 9 | Horticultural Science | 537 |
| 10 | Postharvest Biology and Technology | 521 |

# 第 26 章 林业学科高被引分析

## 26.1 学科论文概况

2010—2014 年,林业学科共有 74270 位来自 25226 所机构的论文第一作者在 2024 种期刊上发表了 84434 篇学术论文。其中,80% 以上的论文产出自 13967 所机构、56349 位作者,发表在 143 种期刊上。在前 5 年发表的这些论文中,有 19784 篇在 2015 年获得过引用,整体被引率为 23.4%,总被引频次为 35812 次,篇均被引 0.42 次;其中,高被引论文有 259 篇,单篇论文最高被引频次为 37 次,累计被引 2708 次,篇均被引 10.46 次(表 26-1)。另外,2015 年林业学科共发表论文 16803 篇,其中有 795 篇在当年获得过引用,总共被引 951 次。

表 26-1 林业学科论文分布情况

| 年份 | 论文篇数 | 2015年被引频次 | 2015年被引率(%) | 2015年高被引论文 | | | |
|---|---|---|---|---|---|---|---|
| | | | | 论文篇数 | 最高被引频次 | 总被引频次 | 篇均被引频次 |
| 2010 | 13176 | 6635 | 27.4 | 52 | 36 | 543 | 10.44 |
| 2011 | 17516 | 7727 | 23.0 | 49 | 37 | 681 | 13.90 |
| 2012 | 19720 | 7994 | 22.1 | 53 | 36 | 535 | 10.09 |
| 2013 | 16608 | 8167 | 26.6 | 55 | 35 | 556 | 10.11 |
| 2014 | 17414 | 5289 | 19.4 | 50 | 25 | 393 | 7.86 |
| 合计 | 84434 | 35812 | 23.4 | 259 | 37 | 2708 | 10.46 |

从林业学科论文的地域分布来看,2015 年被引频次较高的 5 个省、直辖市或自治区依次是北京、黑龙江、浙江、江苏和广东(图 26-1);5 年论文产出量较多的 5 个省、直辖市或自治区依次是黑龙江、北京、福建、云南和浙江(图 26-2)。

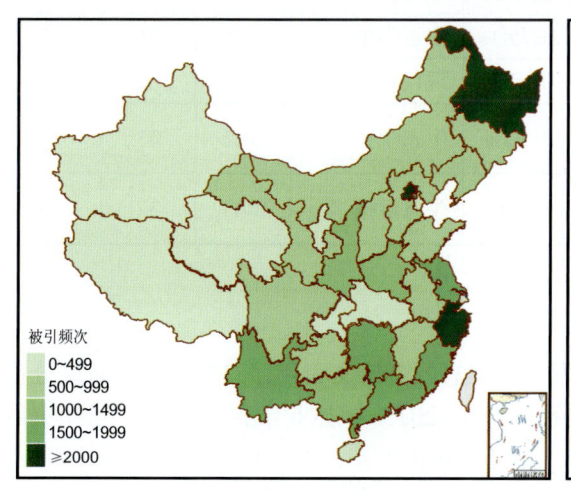

图 26-1 2015 年林业学科地区被引分布

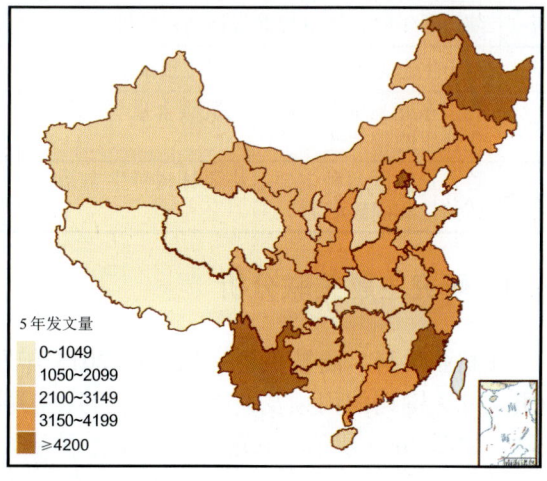

图 26-2 林业学科 5 年论文产出地区分布

## 26.2 高被引论文分析

在林业学科，2015 年被引频次位居前 10 位的论文（表 26-2）平均被引频次为 19.5 次，是全部 259 篇高被引论文篇均被引频次的 1.9 倍。其中，被引频次最高的论文是裴斌于 2013 年发表的《土壤干旱胁迫对沙棘叶片光合作用和抗氧化酶活性的影响》，随后 2 篇分别是李海奎于 2011 年发表的《基于森林清查资料的中国森林植被碳储量》和刘世荣于 2011 年发表的《中国森林土壤碳储量与土壤碳过程研究进展》。

从论文分布来看，刊载高被引论文数量居前的 3 种期刊分别是《生态学报》（40 篇）、《林业科学》（21 篇）和《应用生态学报》（15 篇），而《生态学报》刊载了高被引论文 TOP 10 中的 7 篇；发表高被引论文居前的 3 位学者分别是安徽省潜山县林业局的张国庆（4 篇）、中国林业科学研究院森林生态环境与保护研究所的王兵（3 篇）和中国林业科学研究院资源信息研究所的曾伟生（3 篇）；产出高被引论文数量居前的 3 所机构分别是东北林业大学（15 篇）、北京林业大学（15 篇）和西北农林科技大学（9 篇）。

表 26-2 林业学科高被引论文 TOP 10

| 序号 | 论文题名 | 第一作者 | 期刊名称 | 发表年份 | 被引频次 总频次 | 被引频次 2015 年 |
|---|---|---|---|---|---|---|
| 1 | 土壤干旱胁迫对沙棘叶片光合作用和抗氧化酶活性的影响 | 裴斌 | 生态学报 | 2013 | 43 | 33 |
| 2 | 基于森林清查资料的中国森林植被碳储量 | 李海奎 | 林业科学 | 2011 | 71 | 21 |
| 3 | 中国森林土壤碳储量与土壤碳过程研究进展 | 刘世荣 | 生态学报 | 2011 | 50 | 20 |
| 4 | 城市绿地的生态环境效应研究进展 | 苏泳娴 | 生态学报 | 2011 | 43 | 19 |
| 4 | 云南普洱季风常绿阔叶林演替系列植物和土壤 C、N、P 化学计量特征 | 刘万德 | 生态学报 | 2010 | 49 | 19 |
| 6 | 我国油茶产业现状及发展对策 | 王斌 | 林业科技开发 | 2011 | 42 | 18 |
| 7 | 陕西子午岭森林植物群落种间联结性 | 王乃江 | 生态学报 | 2010 | 41 | 17 |
| 8 | 基于生态论的生物灾害精细化预报理论研究 | 张国庆 | 现代农业科技 | 2014 | 3 | 16 |
| 8 | 我国东北土壤有机碳、无机碳含量与土壤理化性质的相关性 | 祖元刚 | 生态学报 | 2011 | 43 | 16 |
| 8 | 黄土丘陵区两种主要退耕还林树种生态系统碳储量和固碳潜力 | 刘迎春 | 生态学报 | 2011 | 32 | 16 |

## 26.3 研究主题关联分析

在林业学科，高被引论文累计被 2015 年发表的 2312 篇论文引用了 2708 次。通过分析施引文献关键词的词频及关键词之间的共现关系，获得 2015 年林业学科的热点主题和主题关联，如图 26-3 所示（共现 6 次以下不显示）。由图 26-3 可知："园林绿化""园林工程"等关键词的文档词频较高，是 2015 年学科的研究热点；以"园林绿化""施工""管理"等关键词为主要节点的多个概念相互关联，构成了学科内最为突出的研究主题簇。

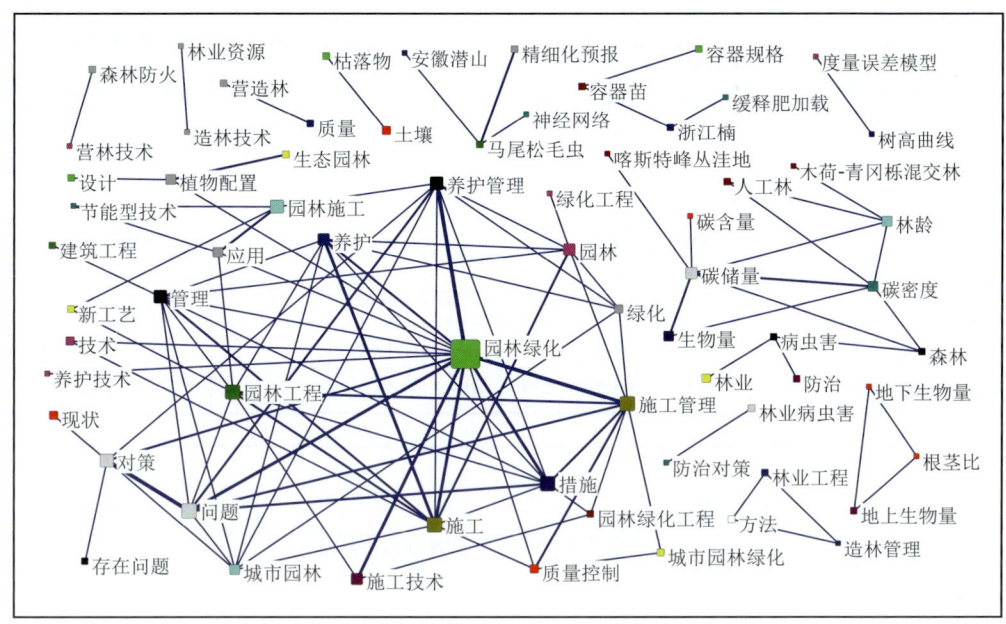

图 26-3 林业学科 2015 年热点主题关联

## 26.4 学科高影响力期刊分析

### 26.4.1 学科高影响力期刊 TOP 10

在林业学科，学科 5 年影响因子位居前 10 位的期刊见表 26-3，排在前 3 位的期刊分别是《林业科学》《林业科学研究》和《中南林业科技大学学报》。在表 26-3 中，学科载文量占其总载文量比例最大的期刊是《林业科学研究》；前 5 年学科载文在 2015 年被引率最高的期刊是《林业科学》；期刊 5 年影响因子较高的前 3 种期刊分别是《林业科学》《林业科学研究》和《中南林业科技大学学报》；学科 5 年影响因子与期刊 5 年影响因子差异最大的期刊是《世界林业研究》。表 26-3 中期刊的学科 5 年影响因子和前 5 年学科载文的 2015 年被引率对比如图 26-4 所示，2010—2015 年期刊 5 年影响因子的变动情况如图 26-5 所示。

表 26-3 林业学科高影响力期刊基本指数

| 序号 | 期刊名称 | 前 5 年载文量 | | | 2015 年学科被引 | | | 5 年影响因子 | | h 指数（学科） |
|---|---|---|---|---|---|---|---|---|---|---|
| | | 学科（篇） | 占比（%） | 总量（篇） | 频次 | 被引率（%） | 高被引论文篇数 | 期刊（2015） | 学科（2015） | |
| 1 | 林业科学 | 1626 | 84.7 | 1920 | 1952 | 49.3 | 21 | 1.145 | 1.200 | 9 |
| 2 | 林业科学研究 | 740 | 90.1 | 821 | 749 | 47.6 | 4 | 0.987 | 1.012 | 7 |
| 3 | 中南林业科技大学学报 | 1795 | 79.9 | 2247 | 1795 | 47.7 | 8 | 0.936 | 1.000 | 8 |
| 4 | 世界林业研究 | 325 | 56.3 | 577 | 289 | 40.6 | 1 | 0.759 | 0.889 | 6 |
| 5 | 北京林业大学学报 | 811 | 77.2 | 1051 | 700 | 40.1 | 6 | 0.840 | 0.863 | 7 |

| 序号 | 期刊名称 | 前5年载文量 | | | 2015年学科被引 | | | 5年影响因子 | | h指数(学科) |
|---|---|---|---|---|---|---|---|---|---|---|
| | | 学科(篇) | 占比(%) | 总量(篇) | 频次 | 被引率(%) | 高被引论文篇数 | 期刊(2015) | 学科(2015) | |
| 6 | 西北林学院学报 | 1374 | 74.2 | 1853 | 1171 | 43.6 | 5 | 0.877 | 0.852 | 8 |
| 7 | 南京林业大学学报（自然科学版） | 744 | 59.7 | 1247 | 629 | 41.7 | 5 | 0.778 | 0.845 | 7 |
| 8 | 森林工程 | 896 | 75.0 | 1195 | 724 | 40.0 | 6 | 0.740 | 0.808 | 7 |
| 9 | 浙江农林大学学报 | 681 | 75.1 | 907 | 532 | 43.6 | 1 | 0.794 | 0.781 | 7 |
| 10 | 森林与环境学报 | 254 | 59.2 | 429 | 193 | 43.3 | 0 | 0.739 | 0.760 | 5 |

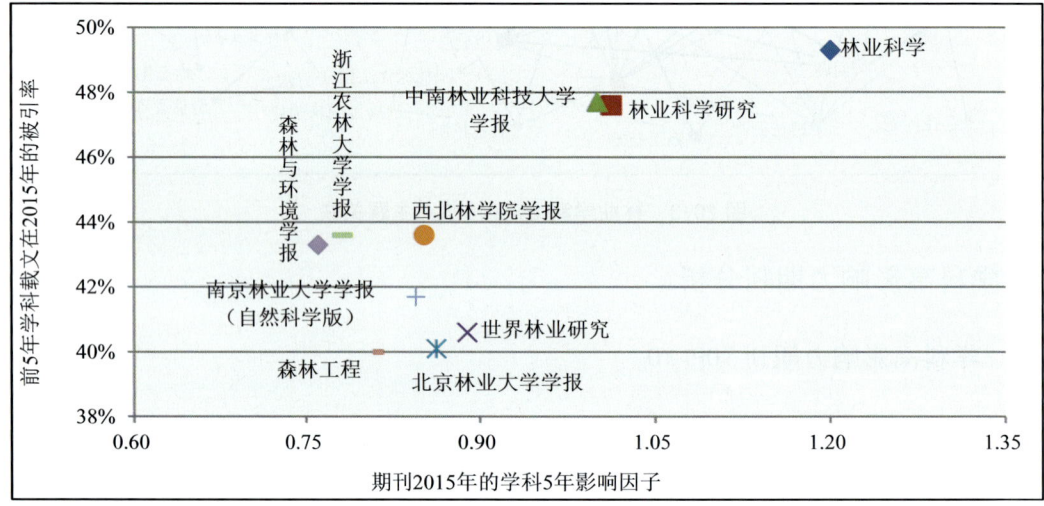

图 26-4　林业学科高影响力期刊对比

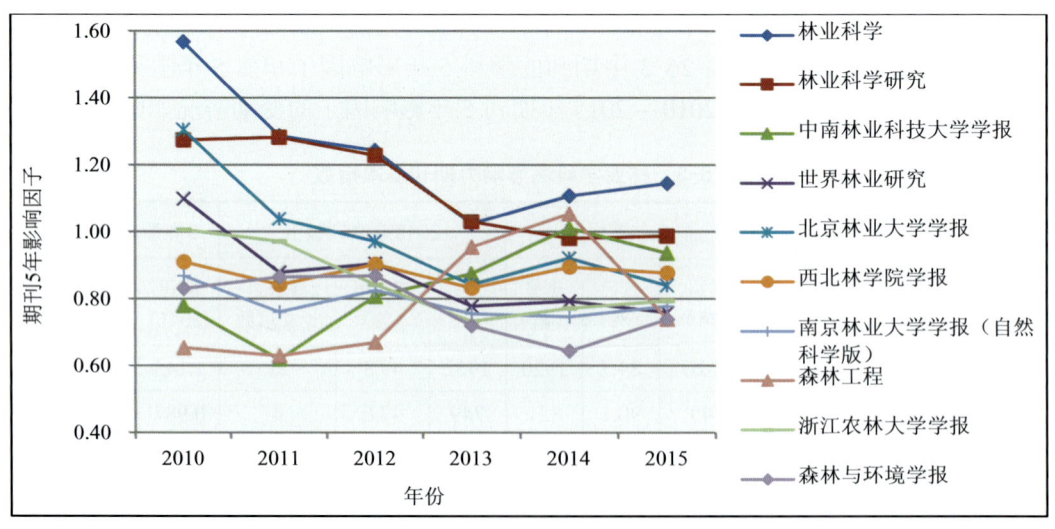

图 26-5　林业学科期刊5年影响因子变动

## 26.4.2 学科高影响力期刊载文主题关联

通过期刊共被引分析，获得林业学科高影响力期刊及与其他期刊之间的载文主题关联，如图 26-6 所示（共被引 25 次以下不显示）。结果显示，林业学科的高影响力期刊相互链接较为紧密，基本主导了该学科的期刊共被引网络，显示出该学科高影响力期刊可能共同刊载了许多相近的研究主题，热点研究主题分散在多种期刊上。《林业科学》的学科 5 年影响因子较高，显示出该刊在学科内学术影响力较大；《林业科学》与《林业科学研究》《生态学报》等期刊之间的链接较强，意味着它们之间可能有较多相同或相近的载文主题。

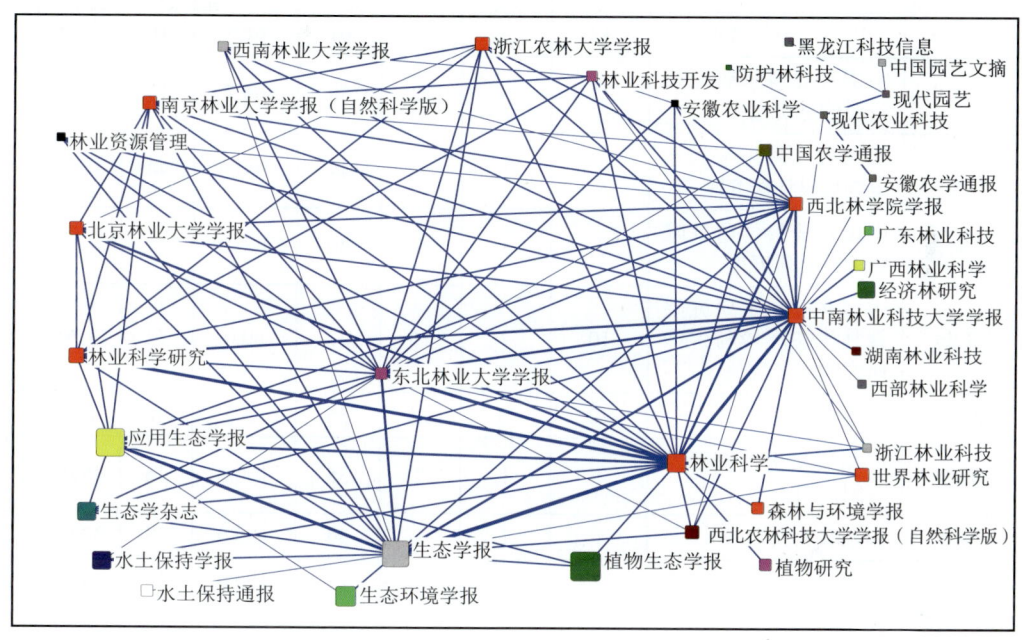

图 26-6　林业学科高影响力期刊载文主题关联

## 26.5　高被引作者分析

### 26.5.1　高被引作者 TOP 20

2010—2014 年，在 74270 位林业学科论文的第一作者中，在 2015 年学科被引频次位居前 20 位的学者的发文及被引情况见表 26-4。其中，学科发文总被引频次较高的 3 位作者分别是安徽省潜山县林业局的张国庆（61 次）、中国林业科学研究院资源信息研究所的曾伟生（50 次）和云南省红河州水利水电勘察设计研究院的李红鹏（44 次）。高被引作者的 5 年学科发文数量从 1 篇到 22 篇不等，同时，作者学科发文的期刊分布也在 1 种到 11 种之间变化。在发文超过 5 篇的所有作者中，篇均被引较高的 3 位作者分别是中国林业科学研究院资源信息研究所的李海奎（篇均 8.00 次）、中国科学院生态环境研究中心的陈法霖（篇均 5.00 次）和安徽省潜山县林业局的张国庆（篇均 4.69 次）；前 5 年发表学科论文较多的 3 位作者分别是中国林业科学研究院林业研究所的段爱国（23 篇）、《广西林业》杂志社的张雷（23 篇）

和《中国林业》编辑部的田新程（23篇）。高被引作者的学科发文量和被引量对比如图26-7所示。

表26-4 林业学科高被引作者 TOP 20

| 序号 | 姓名 | 作者单位 | 前5年发文 | | | 前5年学科发文在2015年的被引 | | | | h指数（学科） |
|---|---|---|---|---|---|---|---|---|---|---|
| | | | 学科发文（篇） | 期刊分布（种） | 发文总量（篇） | 总频次 | 被引率（%） | 最高（次） | 篇均（次） | |
| 1 | 张国庆 | 安徽省潜山县林业局 | 13 | 2 | 25 | 61 | 61.5 | 16 | 4.69 | 7 |
| 2 | 曾伟生 | 中国林业科学研究院资源信息研究所 | 12 | 6 | 12 | 50 | 66.7 | 13 | 4.17 | 5 |
| 3 | 李红鹇 | 云南省红河州水利水电勘察设计研究院 | 1 | 1 | 1 | 44 | 100.0 | 44 | 44.00 | 1 |
| 4 | 李海奎 | 中国林业科学研究院资源信息研究所 | 5 | 3 | 5 | 40 | 100.0 | 21 | 8.00 | 3 |
| 5 | 王兵 | 中国林业科学研究院森林生态环境与保护研究所 | 10 | 7 | 16 | 37 | 80.0 | 12 | 3.70 | 5 |
| 6 | 欧建德 | 明溪县林业局 | 22 | 11 | 22 | 35 | 45.5 | 8 | 1.59 | 4 |
| 6 | 陈捷 | 广州紫泉房地产开发有限公司 | 1 | 1 | 2 | 35 | 100.0 | 35 | 35.00 | 1 |
| 8 | 裴斌 | 山东农业大学 | 1 | 1 | 1 | 33 | 100.0 | 33 | 33.00 | 1 |
| 9 | 王立龙 | 安徽师范大学 | 2 | 1 | 13 | 29 | 100.0 | 15 | 14.50 | 3 |
| 9 | 陈亚利 | 深圳市铁汉生态环境股份有限公司 | 1 | 1 | 1 | 29 | 100.0 | 29 | 29.00 | 1 |
| 11 | 董利虎 | 东北林业大学 | 7 | 3 | 7 | 28 | 71.4 | 12 | 4.00 | 3 |
| 11 | 胡海清 | 东北林业大学 | 14 | 9 | 18 | 28 | 57.1 | 8 | 2.00 | 4 |
| 11 | 马岩 | 东北林业大学 | 20 | 8 | 55 | 28 | 55.0 | 10 | 1.40 | 3 |
| 14 | 刘万德 | 中国林业科学研究院资源昆虫研究所 | 4 | 4 | 8 | 26 | 100.0 | 19 | 6.50 | 3 |
| 15 | 张洪鹏 | 黑龙江省亚布力林业局 | 1 | 1 | 3 | 25 | 100.0 | 25 | 25.00 | 1 |
| 15 | 陈波 | 河北农业大学 | 3 | 2 | 3 | 25 | 100.0 | 13 | 8.33 | 2 |
| 15 | 陈法霖 | 中国科学院生态环境研究中心 | 5 | 4 | 5 | 25 | 100.0 | 8 | 5.00 | 4 |
| 15 | 吴国欣 | 广西林业勘测设计院 | 8 | 8 | 8 | 25 | 62.5 | 10 | 3.13 | 3 |
| 19 | 杨升 | 中国林业科学研究院林业研究所 | 5 | 5 | 5 | 23 | 100.0 | 9 | 4.60 | 3 |
| 19 | 姜立春 | 东北林业大学 | 8 | 4 | 8 | 23 | 87.5 | 6 | 2.88 | 3 |

| 序号 | 姓名 | 作者单位 | 前5年发文 | | | 前5年学科发文在2015年的被引 | | | | h指数（学科） |
|---|---|---|---|---|---|---|---|---|---|---|
| | | | 学科发文（篇） | 期刊分布（种） | 发文总量（篇） | 总频次 | 被引率（%） | 最高（次） | 篇均（次） | |
| 19 | 彭玉华 | 广西壮族自治区林业科学研究院 | 19 | 9 | 19 | 23 | 47.4 | 4 | 1.21 | 3 |
| 19 | 彭邵锋 | 湖南省林业科学院 | 13 | 5 | 17 | 23 | 76.9 | 4 | 1.77 | 3 |

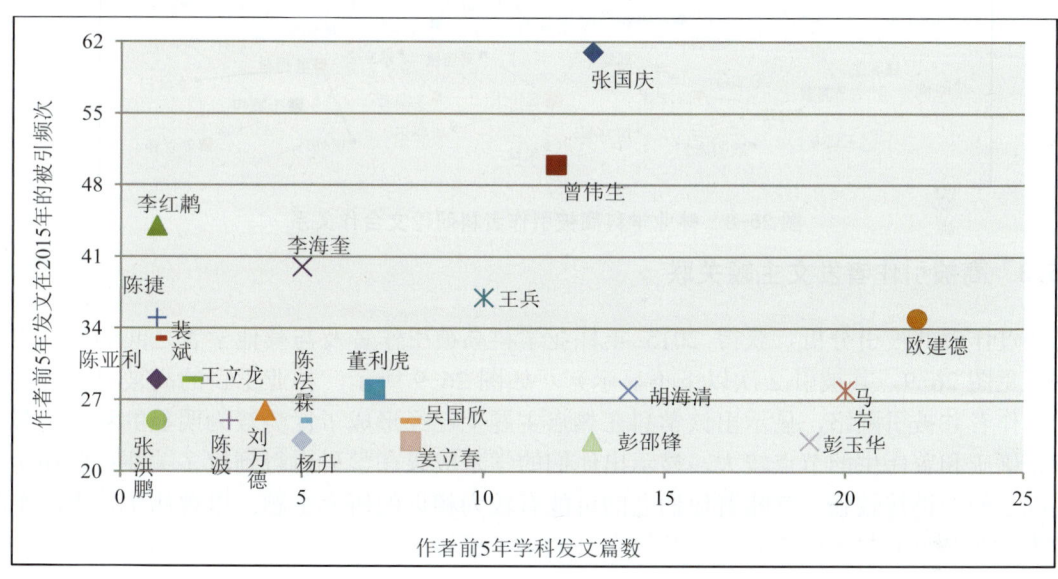

图 26-7　林业学科高被引作者学科发文及被引对比

### 26.5.2　高被引作者科研合作关系

通过作者合著分析，获得 2015 年林业学科高被引作者及与其他学者之间的科研论文合作关系（不考虑论文署名次序），如图 26-8 所示（合著 3 次以下不显示）。可以看出，林业学科的高被引作者的论文合作现象比较普遍。学者欧建德、马岩的发文量较多；彭玉华的论文合作网络最为突出，在该学科的研究人员中表现出一定的集聚效应；彭邵锋和陈永忠、王瑞等学者之间的合作关系最为紧密，显示出他们可能属于同一支科研团队。

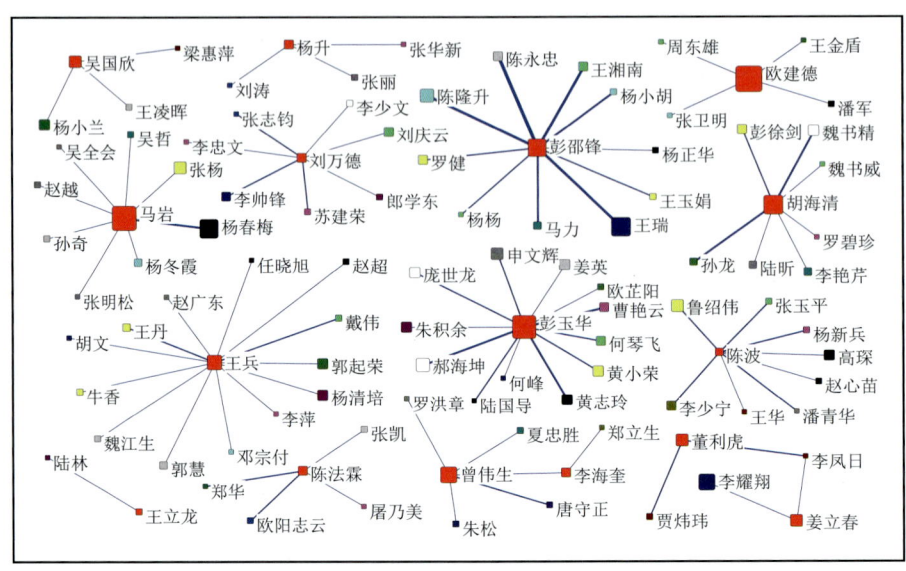

图 26-8　林业学科高被引作者科研论文合作关系

### 26.5.3　高被引作者发文主题关联

通过作者共被引分析，获得 2015 年林业学科高被引作者及与其他学者之间的发文主题关联（见图 26-9，共被引 2 次以下不显示）。如图 26-9 所示，林业学科的高被引作者基本主导了作者共被引网络，显示出该学科在热点主题上已经形成了优势较为明显的科研力量。学者张国庆和曾伟生的节点较大，显示出他们的学术成果在学科内得到较多关注；曾伟生与董利虎之间的链接较强，意味着他们之间可能有较为相近的研究主题；以曾伟生、李海奎等学者为主要节点的共被引作者簇人数较多且网络规模较大，意味着这些学者的研究主题关联可能较为紧密。

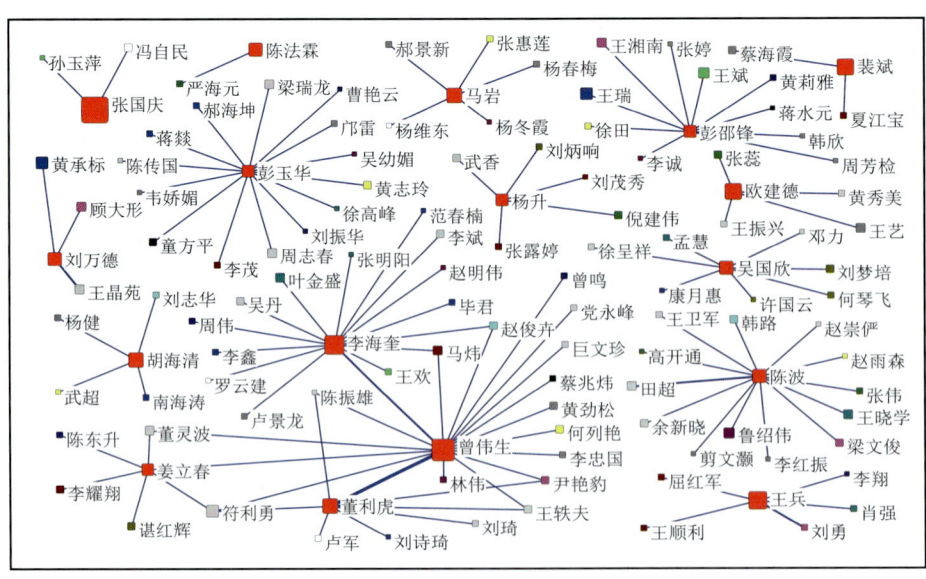

图 26-9　林业学科高被引作者发文主题关联

## 26.6 高被引机构分析

### 26.6.1 高被引机构

为便于比较，本书将林业学科的高被引机构分为高等院校和科研院所两种类型。其中，被引频次 TOP 10 高等院校和被引频次 TOP 5 科研院所的发文及被引情况分别见表 26-5 和表 26-6。其中，总被引频次较高的 3 所高等院校分别是北京林业大学、东北林业大学和中南林业科技大学，中国林业科学研究院亚热带林业研究所、中国林业科学研究院林业研究所和中国林业科学研究院森林生态环境与保护研究所是总被引频次较高的 3 所科研院所；前 5 年学科发文在 2015 年的被引率最高的高等院校和科研院所分别是中南林业科技大学和中国林业科学研究院森林生态环境与保护研究所，篇均被引最高的高等院校和科研院所分别是中南林业科技大学和中国林业科学研究院森林生态环境与保护研究所。上述高被引机构的论文被引率和篇均被引频次对比如图 26-10 所示。

表 26-5 林业学科高被引高等院校 TOP 10

| 序号 | 第一作者单位 | 学科发文量（篇） | | 前 5 年学科发文在 2015 年的被引 | | | |
|---|---|---|---|---|---|---|---|
| | | 前 5 年 | 2015 年 | 频次 | 被引率(%) | 最高(次) | 篇均(次) |
| 1 | 北京林业大学 | 2458 | 373 | 1968 | 39.1 | 12 | 0.80 |
| 2 | 东北林业大学 | 2267 | 453 | 1782 | 38.0 | 16 | 0.79 |
| 3 | 中南林业科技大学 | 1332 | 189 | 1180 | 42.7 | 10 | 0.90 |
| 4 | 南京林业大学 | 1544 | 237 | 1047 | 37.0 | 8 | 0.68 |
| 5 | 西北农林科技大学 | 984 | 158 | 880 | 42.0 | 17 | 0.89 |
| 6 | 浙江农林大学 | 865 | 148 | 693 | 41.2 | 11 | 0.80 |
| 7 | 西南林业大学 | 964 | 160 | 421 | 27.3 | 7 | 0.44 |
| 8 | 福建农林大学 | 583 | 117 | 404 | 37.4 | 11 | 0.69 |
| 9 | 华南农业大学 | 407 | 76 | 300 | 37.8 | 7 | 0.74 |
| 10 | 四川农业大学 | 337 | 33 | 259 | 36.8 | 11 | 0.77 |

表 26-6 林业学科高被引科研院所 TOP 5

| 序号 | 第一作者单位 | 学科发文量（篇） | | 前 5 年学科发文在 2015 年的被引 | | | |
|---|---|---|---|---|---|---|---|
| | | 前 5 年 | 2015 年 | 频次 | 被引率(%) | 最高(次) | 篇均(次) |
| 1 | 中国林业科学研究院亚热带林业研究所 | 354 | 41 | 426 | 48.6 | 18 | 1.20 |
| 2 | 中国林业科学研究院林业研究所 | 443 | 75 | 400 | 42.2 | 11 | 0.90 |
| 3 | 中国林业科学研究院森林生态环境与保护研究所 | 288 | 27 | 369 | 49.0 | 20 | 1.28 |
| 4 | 广西壮族自治区林业科学研究院 | 493 | 91 | 280 | 33.3 | 6 | 0.57 |
| 5 | 中国林业科学研究院资源信息研究所 | 230 | 32 | 276 | 43.0 | 21 | 1.20 |

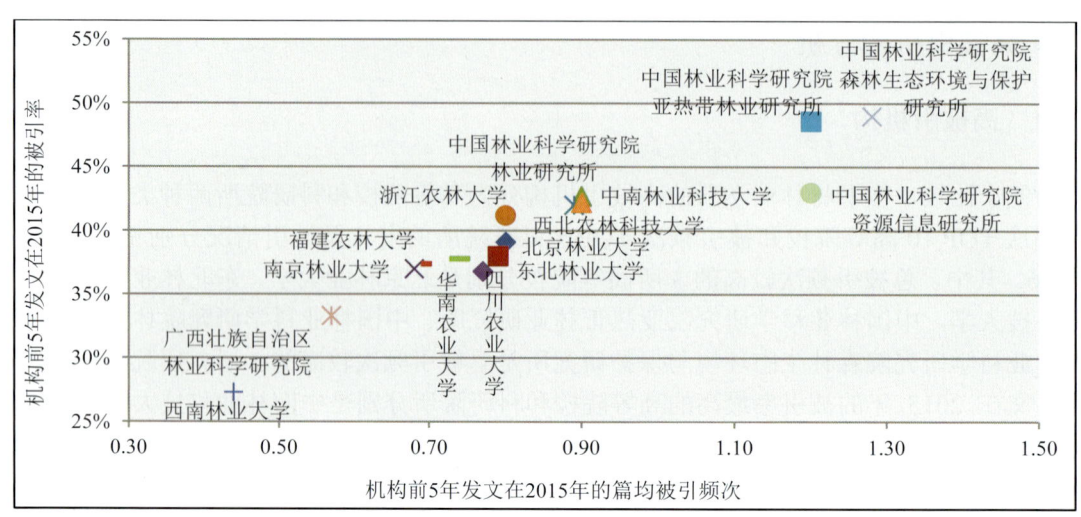

图 26-10 林业学科高被引机构论文篇均被引及被引率对比

### 26.6.2 高被引机构科研合作关系

通过合著分析，获得林业学科高被引机构之间及其与其他机构之间的科研合作关联，如图 26-11 所示（合作 61 次以下不显示）。分析得知，林业学科的机构合作链接比较紧密，表明学科内机构合作现象较为普遍；高被引机构基本主导了机构合作网络，显示出这些机构已经在学科内具有了一定的科研优势；河北农业大学和河北省木兰围场国有林场管理局、中南林业科技大学与湖南省林业科学院等机构之间的链接较强，表明它们的学术合作较为频繁。

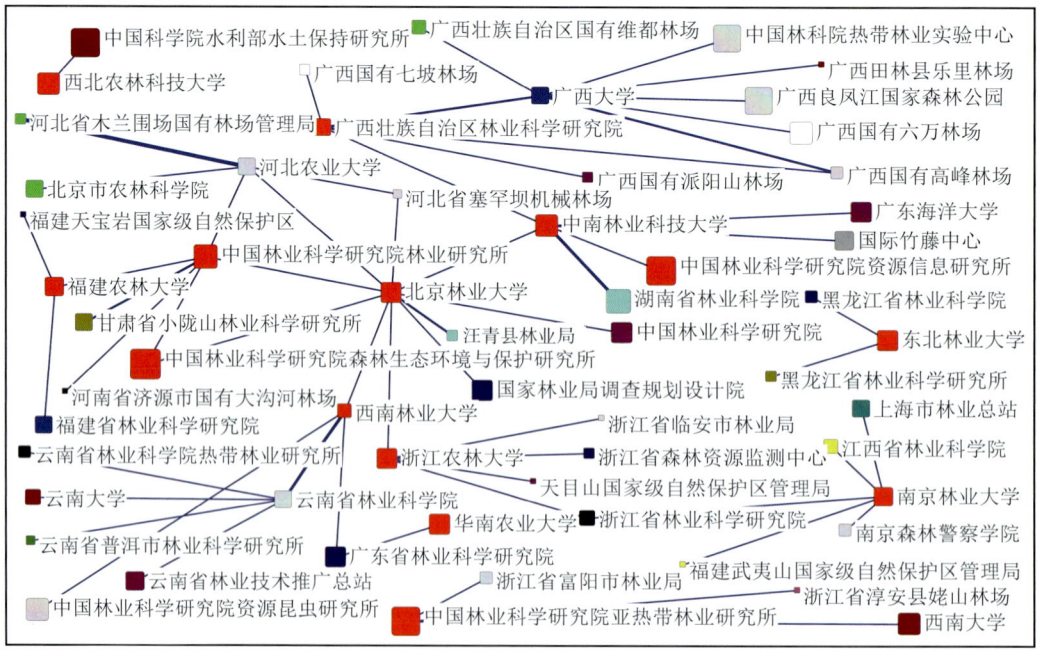

图 26-11 林业学科高被引机构科研合作关联

## 26.7 高被引图书、国外期刊及学术会议

2015年，林业学科被引频次位居前10位的图书及国外期刊见表26-7和表26-8。其中，被引次数较多的3种图书分别是孟宪宇的《测树学》、鲍士旦的《土壤农化分析》和鲁如坤的《土壤农业化学分析方法》；被引次数较多的3种国外期刊分别是《Forest Ecology and Management》《Soil Biology & Biochemistry》和《Science》；被引次数较多的3场学术会议分别是"International Natural Rubber Conference""Geoscience and Remote Sensing Symposium"和"Texas Pecan Grower Asociation 93rd Annual Conference & Trade Show"。

表26-7 林业学科高被引图书 TOP 10

| 序号 | 责任者 | 图书名称 | 出版社 | 2015年被引频次 |
| --- | --- | --- | --- | --- |
| 1 | 孟宪宇 | 测树学 | 中国林业出版社 | 102 |
| 2 | 鲍士旦 | 土壤农化分析 | 中国农业出版社 | 98 |
| 3 | 鲁如坤 | 土壤农业化学分析方法 | 中国农业科技出版社 | 86 |
| 4 | 陈有民 | 园林树木学 | 中国林业出版社 | 72 |
| 5 | 李合生 | 植物生理生化实验原理和技术 | 高等教育出版社 | 65 |
| 6 | 庄瑞林 | 中国油茶 | 中国林业出版社 | 63 |
| 7 | 中国科学院中国植物志编辑委员会 | 中国植物志 | 科学出版社 | 57 |
| 8 | 沈国舫 | 森林培育学 | 中国林业出版社 | 48 |
| 9 | 中国科学院南京土壤研究所 | 土壤理化分析 | 上海科学技术出版社 | 40 |
| 10 | 郑万钧 | 中国树木志 | 中国林业出版社 | 39 |

表26-8 林业学科高被引国外期刊 TOP 10

| 序号 | 期刊名称 | 2015年被引频次 |
| --- | --- | --- |
| 1 | Forest Ecology and Management | 1736 |
| 2 | Soil Biology & Biochemistry | 767 |
| 3 | Science | 736 |
| 4 | Canadian Journal of Forest Research | 675 |
| 5 | Ecology | 654 |
| 6 | Plant and Soil | 636 |
| 7 | Nature | 590 |
| 8 | Global Change Biology | 511 |
| 9 | New Phytologist | 501 |
| 10 | Plant Physiology | 487 |

# 第 27 章 畜牧、动物医学学科高被引分析

## 27.1 学科论文概况

2010—2014 年，畜牧、动物医学学科共有 138204 位来自 47444 所机构的论文第一作者在 2449 种期刊上发表了 208085 篇学术论文。其中，80%以上的论文产出自 24723 所机构、101177 位作者，发表在 104 种期刊上。在前 5 年发表的这些论文中，有 29341 篇在 2015 年获得过引用，整体被引率为 14.1%，总被引频次为 45209 次，篇均被引 0.22 次；其中，高被引论文有 379 篇，单篇论文最高被引频次为 60 次，累计被引 3376 次，篇均被引 8.91 次（表 27-1）。另外，2015 年畜牧、动物医学学科共发表论文 42857 篇，其中有 1150 篇在当年获得过引用，总共被引 1329 次。

表 27-1 畜牧、动物医学学科论文分布情况

| 年份 | 论文篇数 | 2015 年被引频次 | 2015 年被引率（%） | 2015 年高被引论文 | | | |
|---|---|---|---|---|---|---|---|
| | | | | 论文篇数 | 最高被引频次 | 总被引频次 | 篇均被引频次 |
| 2010 | 36244 | 8229 | 15.0 | 73 | 50 | 596 | 8.16 |
| 2011 | 45259 | 9910 | 13.7 | 100 | 60 | 930 | 9.30 |
| 2012 | 50630 | 9940 | 12.7 | 90 | 52 | 797 | 8.86 |
| 2013 | 34104 | 9927 | 18.4 | 62 | 40 | 594 | 9.58 |
| 2014 | 41848 | 7203 | 11.9 | 54 | 36 | 459 | 8.50 |
| 合计 | 208085 | 45209 | 14.1 | 379 | 60 | 3376 | 8.91 |

从畜牧、动物医学学科论文的地域分布来看，2015 年被引频次较高的 5 个省、直辖市或自治区依次是北京、江苏、山东、甘肃和黑龙江（图 27-1）；5 年论文产出量较多的 5 个省、直辖市或自治区依次是黑龙江、江苏、山东、河南和吉林（图 27-2）。

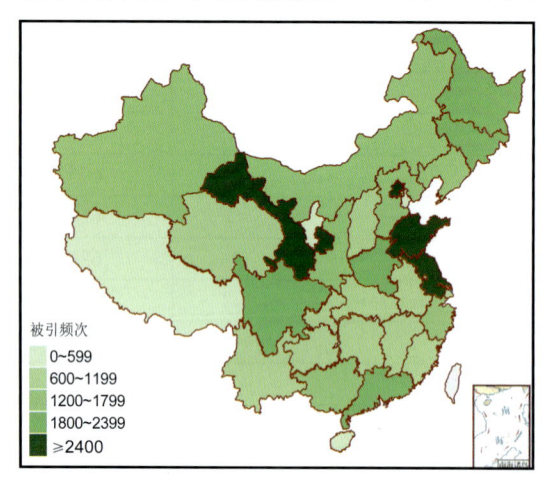

图 27-1 2015 年畜牧、动物医学学科地区被引分布　　图 27-2 畜牧、动物医学学科 5 年论文产出地区分布

## 27.2 高被引论文分析

在畜牧、动物医学学科，2015 年被引频次位居前 10 位的论文（表 27-2）平均被引频次为 20.8 次，是全部 379 篇高被引论文篇均被引频次的 2.3 倍。其中，被引频次最高的论文是彭金美于 2013 年发表的《猪伪狂犬病病毒新流行株的分离鉴定及抗原差异性分析》，随后 2 篇分别是李源于 2010 年发表的《紫花苜蓿种质耐盐性综合评价及盐胁迫下的生理反应》和南丽丽于 2014 年发表的《不同根型苜蓿根系发育能力研究》。

从论文分布来看，刊载高被引论文数量居前的 3 种期刊分别是《草业学报》（83 篇）、《动物营养学报》（35 篇）和《中国畜牧兽医》（19 篇），而《草业学报》刊载了高被引论文 TOP 10 中的 6 篇；发表高被引论文居前的 3 位学者分别是广东海洋大学的陈洁波（2 篇）、中国农业科学院哈尔滨兽医研究所的高玉龙（2 篇）和四川农业大学的季杨（2 篇）；产出高被引论文数量居前的 3 所机构分别是甘肃农业大学（18 篇）、南京农业大学（17 篇）和兰州大学（16 篇），而甘肃农业大学产出了高被引论文 TOP 10 中的 2 篇。

表 27-2 畜牧、动物医学学科高被引论文 TOP 10

| 序号 | 论文题名 | 第一作者 | 期刊名称 | 发表年份 | 总频次 | 2015 年 |
|---|---|---|---|---|---|---|
| 1 | 猪伪狂犬病病毒新流行株的分离鉴定及抗原差异性分析 | 彭金美 | 中国预防兽医学报 | 2013 | 49 | 35 |
| 2 | 紫花苜蓿种质耐盐性综合评价及盐胁迫下的生理反应 | 李源 | 草业学报 | 2010 | 66 | 26 |
| 3 | 不同根型苜蓿根系发育能力研究 | 南丽丽 | 草业学报 | 2014 | 15 | 22 |
| 4 | 布鲁氏菌病的研究进展 | 毛景东 | 中国畜牧兽医 | 2011 | 45 | 20 |
| 5 | 不同盐胁迫对白三叶种子萌发及幼苗生长的影响 | 卢艳敏 | 草业学报 | 2013 | 18 | 19 |
| 6 | 免疫后发病仔猪中伪狂犬病毒的分离和鉴定 | 童武 | 中国动物传染病学报 | 2013 | 25 | 18 |
| 6 | 鸭出血性卵巢炎的初步研究 | 曹贞贞 | 中国兽医杂志 | 2010 | 117 | 18 |
| 8 | 紫花苜蓿品种根部特性与持久性和生物量的关系 | 彭岚清 | 草业学报 | 2014 | 12 | 17 |
| 8 | 不同促生菌株组合对紫花苜蓿产量和品质的影响 | 韩华雯 | 草业学报 | 2013 | 19 | 17 |
| 10 | 青藏高原高寒草原生态系统土壤碳磷比的分布特征 | 王建林 | 草业学报 | 2014 | 13 | 16 |

## 27.3 研究主题关联分析

在畜牧、动物医学学科，高被引论文累计被 2015 年发表的 2765 篇论文引用了 3376 次。通过分析施引文献关键词的词频及关键词之间的共现关系，获得 2015 年畜牧、动物医学学科的热点主题和主题关联，如图 27-3 所示（共现 7 次以下不显示）。由图 27-3 可知："生产性能""生长性能"等关键词的文档词频较高，是 2015 年学科的研究热点；以"生产性能""紫花苜蓿""营养成分"等关键词为主要节点的多个概念相互关联，构成了学科内最为突出的研究主题簇。

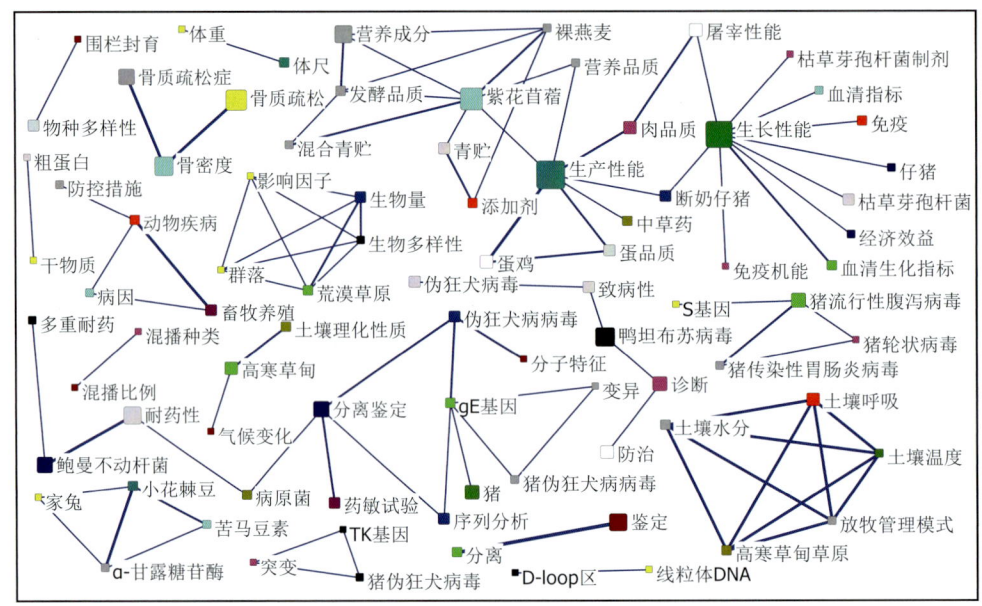

图 27-3　畜牧、动物医学学科 2015 年热点主题关联

## 27.4 学科高影响力期刊分析

### 27.4.1 学科高影响力期刊 TOP 10

在畜牧、动物医学学科，学科 5 年影响因子位居前 10 位的期刊见表 27-3，排在前 3 位的期刊分别是《草地学报》《中国草地学报》和《动物营养学报》。在表 27-3 中，学科载文量占其总载文量比例最大的期刊是《畜牧兽医学报》；前 5 年学科载文在 2015 年被引率最高的期刊是《草地学报》；期刊 5 年影响因子较高的前 3 种期刊分别是《中国草地学报》《草地学报》和《动物营养学报》；学科 5 年影响因子与期刊 5 年影响因子差异最大的期刊是《微生物与感染》。表 27-3 中期刊的学科 5 年影响因子和前 5 年学科载文的 2015 年被引率对比如图 27-4 所示，2010—2015 年期刊 5 年影响因子的变动情况如图 27-5 所示。

表 27-3 畜牧、动物医学学科高影响力期刊基本指数

| 序号 | 期刊名称 | 前 5 年载文量 | | 2015 年学科被引 | | | 5 年影响因子 | | h 指数 (学科) |
|---|---|---|---|---|---|---|---|---|---|
| | | 学科(篇) | 占比(%) | 总量(篇) | 频次 | 被引率(%) | 高被引论文篇数 | 期刊(2015) | 学科(2015) | |
| 1 | 草地学报 | 202 | 17.8 | 1137 | 274 | 54.0 | 8 | 1.005 | 1.356 | 8 |
| 2 | 中国草地学报 | 233 | 31.3 | 745 | 277 | 50.2 | 8 | 1.017 | 1.189 | 7 |
| 3 | 动物营养学报 | 1903 | 85.6 | 2222 | 1761 | 43.1 | 35 | 0.925 | 0.925 | 9 |
| 4 | 微生物与感染 | 45 | 14.4 | 312 | 41 | 31.1 | 1 | 0.500 | 0.911 | 5 |
| 5 | 扬州大学学报(农业与生命科学版) | 102 | 21.4 | 477 | 78 | 41.2 | 1 | 0.612 | 0.765 | 5 |
| 6 | 延边大学农学学报 | 55 | 13.0 | 424 | 37 | 32.7 | 2 | 0.415 | 0.673 | 4 |
| 7 | 草业科学 | 840 | 40.5 | 2075 | 549 | 36.7 | 6 | 0.725 | 0.654 | 8 |
| 8 | 中国畜牧兽医 | 2857 | 70.5 | 4050 | 1781 | 35.7 | 19 | 0.562 | 0.623 | 8 |
| 9 | 畜牧兽医学报 | 1598 | 94.6 | 1690 | 930 | 33.0 | 15 | 0.582 | 0.582 | 7 |
| 10 | 蚕业科学 | 771 | 74.5 | 1035 | 442 | 32.0 | 7 | 0.500 | 0.573 | 6 |

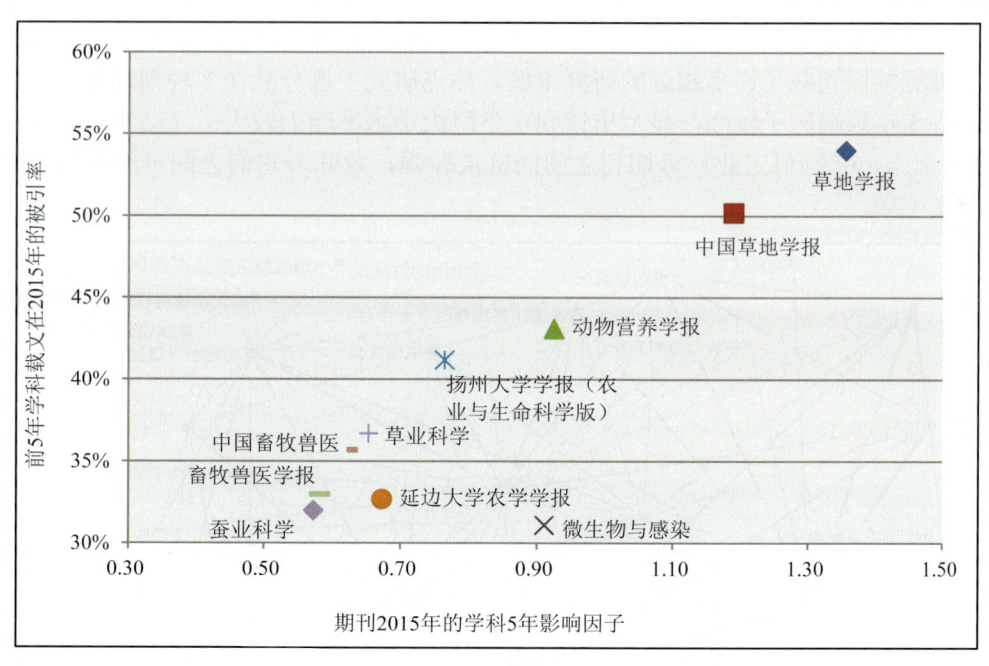

图 27-4 畜牧、动物医学学科高影响力期刊对比

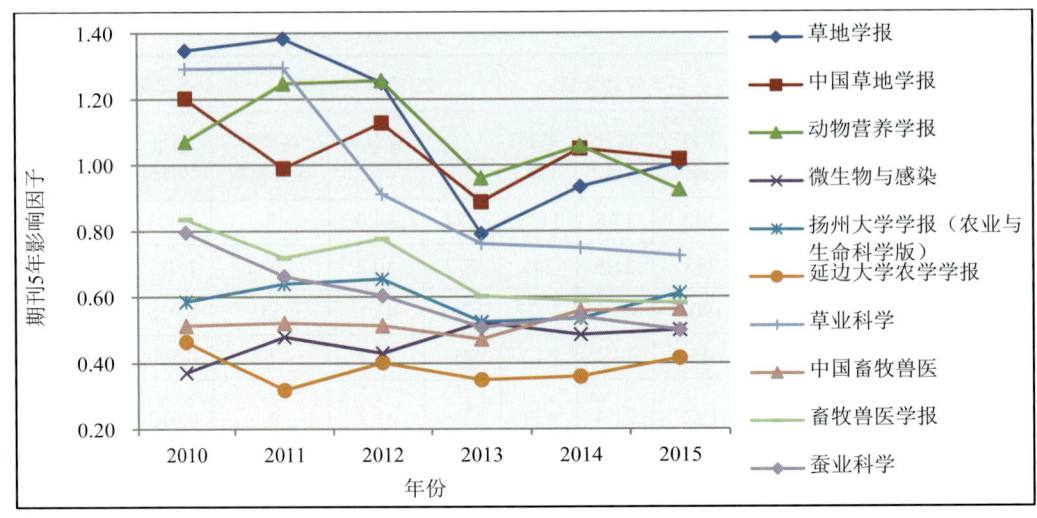

图 27-5 畜牧、动物医学学科期刊 5 年影响因子变动

### 27.4.2 学科高影响力期刊载文主题关联

通过期刊共被引分析，获得畜牧、动物医学学科高影响力期刊及与其他期刊之间的载文主题关联，如图 27-6 所示（共被引 40 次以下不显示）。结果显示，畜牧、动物医学学科的高影响力期刊相互链接较为紧密，基本主导了该学科的期刊共被引网络，显示出该学科高影响力期刊可能共同刊载了许多相近的研究主题，热点研究主题分散在多种期刊上。《草地学报》的学科 5 年影响因子较高，显示出该刊在学科内学术影响力较大；《动物营养学报》与《中国畜牧杂志》《饲料工业》等期刊之间的链接较强，意味着它们之间可能有较多相同或相近的载文主题。

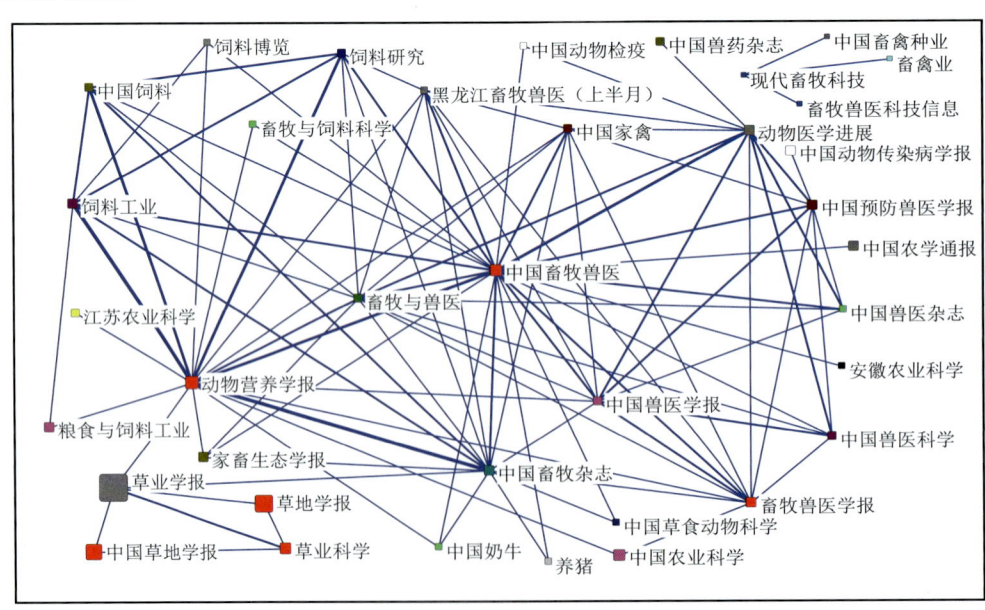

图 27-6 畜牧、动物医学学科高影响力期刊载文主题关联

## 27.5 高被引作者分析

### 27.5.1 高被引作者 TOP 20

2010—2014 年，在 138204 位畜牧、动物医学学科论文的第一作者中，在 2015 年学科被引频次位居前 20 位的学者的发文及被引情况见表 27-4。其中，学科发文总被引频次较高的 3 位作者分别是中国医科大学附属第一医院的陈佰义（117 次）、塔里木大学的王帅（59 次）和江苏省如东县蚕桑指导站的韩益飞（39 次）。高被引作者的 5 年学科发文数量从 1 篇到 59 篇不等，同时，作者学科发文的期刊分布也在 1 种到 22 种之间变化。在发文超过 5 篇的所有作者中，篇均被引较高的 3 位作者分别是兰州大学的刘兴元（篇均 3.50 次）、吉林农业大学的刘海燕（篇均 3.00 次）和中国农业科学院草原研究所的孙启忠（篇均 2.80 次）；前 5 年发表学科论文较多的 3 位作者分别是山东省无棣县畜牧兽医局的王秀（144 篇）、国家统计局盐城调查队的虞华（135 篇）和河北省邢台市兽医院的邢兰君（120 篇）。高被引作者的学科发文量和被引量对比如图 27-7 所示。

表 27-4 畜牧、动物医学学科高被引作者 TOP 20

| 序号 | 姓名 | 作者单位 | 前5年发文 | | | 前5年学科发文在2015年的被引 | | | | h指数（学科） |
|---|---|---|---|---|---|---|---|---|---|---|
| | | | 学科发文（篇） | 期刊分布（种） | 发文总量（篇） | 总频次 | 被引率（%） | 最高（次） | 篇均（次） | |
| 1 | 陈佰义 | 中国医科大学附属第一医院 | 1 | 1 | 12 | 117 | 100.0 | 117 | 117.00 | 2 |
| 2 | 王帅 | 塔里木大学 | 36 | 22 | 47 | 59 | 61.1 | 13 | 1.64 | 5 |
| 3 | 韩益飞 | 江苏省如东县蚕桑指导站 | 32 | 7 | 32 | 39 | 37.5 | 5 | 1.22 | 4 |
| 4 | 彭金美 | 中国农业科学院哈尔滨兽医研究所 | 2 | 1 | 2 | 35 | 50.0 | 35 | 17.50 | 1 |
| 5 | 刘兴元 | 兰州大学 | 8 | 5 | 13 | 28 | 100.0 | 10 | 3.50 | 3 |
| 6 | 万春和 | 福建省农业科学院 | 17 | 8 | 22 | 26 | 35.3 | 13 | 1.53 | 3 |
| 7 | 成钢 | 湖南文理学院 | 19 | 9 | 33 | 25 | 26.3 | 7 | 1.32 | 4 |
| 8 | 李建琴 | 浙江大学 | 16 | 3 | 20 | 24 | 75.0 | 4 | 1.50 | 3 |
| 8 | 秦俭 | 西南大学 | 4 | 2 | 24 | 24 | 75.0 | 16 | 6.00 | 3 |
| 8 | 郑伟 | 新疆农业大学 | 11 | 6 | 20 | 24 | 54.5 | 9 | 2.18 | 3 |
| 8 | 张吉鹍 | 江西省农业科学院 | 59 | 15 | 61 | 24 | 27.1 | 3 | 0.41 | 2 |
| 12 | 童武 | 中国农业科学院上海兽医研究所 | 4 | 2 | 5 | 23 | 75.0 | 18 | 5.75 | 2 |
| 12 | 陈洁波 | 广东海洋大学 | 14 | 10 | 14 | 23 | 57.1 | 6 | 1.64 | 3 |

| 序号 | 姓名 | 作者单位 | 前5年发文 | | | 前5年学科发文在2015年的被引 | | | | h指数(学科) |
|---|---|---|---|---|---|---|---|---|---|---|
| | | | 学科发文(篇) | 期刊分布(种) | 发文总量(篇) | 总频次 | 被引率(%) | 最高(次) | 篇均(次) | |
| 14 | 侯向阳 | 中国农业科学院草原研究所 | 12 | 7 | 22 | 22 | 33.3 | 11 | 1.83 | 4 |
| 14 | 李万军 | 辽宁医学院 | 22 | 7 | 25 | 22 | 40.9 | 4 | 1.00 | 3 |
| 14 | 南丽丽 | 甘肃农业大学 | 1 | 1 | 15 | 22 | 100.0 | 22 | 22.00 | 2 |
| 14 | 任继周 | 兰州大学 | 8 | 3 | 18 | 22 | 75.0 | 8 | 2.75 | 3 |
| 18 | 汪水平 | 西南大学荣昌校区 | 24 | 7 | 24 | 21 | 58.3 | 4 | 0.88 | 2 |
| 18 | 占今舜 | 湖南农业大学 | 27 | 13 | 35 | 21 | 37.0 | 6 | 0.78 | 3 |
| 18 | 刘自逵 | 湖南农业大学 | 43 | 14 | 49 | 21 | 30.2 | 5 | 0.49 | 2 |
| 18 | 李俊营 | 安徽省农业科学院 | 25 | 15 | 25 | 21 | 40.0 | 6 | 0.84 | 3 |
| 18 | 郝飞 | 贵州大学 | 16 | 8 | 16 | 21 | 37.5 | 7 | 1.31 | 3 |

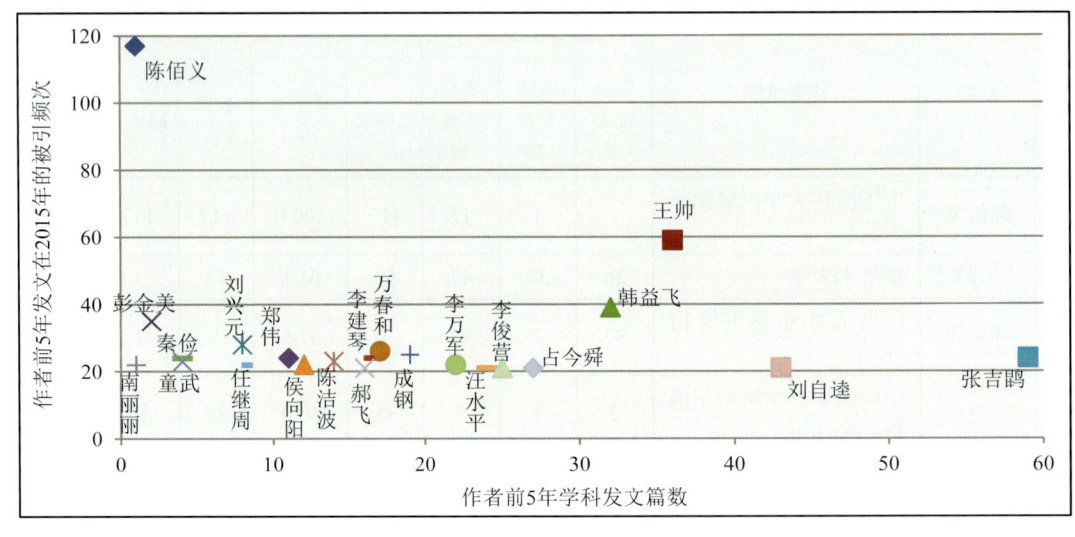

图27-7 畜牧、动物医学学科高被引作者学科发文及被引对比

### 27.5.2 高被引作者科研合作关系

通过作者合著分析，获得2015年畜牧、动物医学学科高被引作者及与其他学者之间的科研论文合作关系（不考虑论文署名次序），如图27-8所示（合著5次以下不显示）。可以看出，畜牧、动物医学学科的高被引作者的论文合作现象比较普遍。学者张吉鹍的发文量较多；万春和、李俊营的论文合作网络最为突出，在该学科的研究人员中表现出一定的集聚效应；万春和和黄瑜、施少华等学者之间的合作关系最为紧密，显示出他们可能属于同一支科研团队。

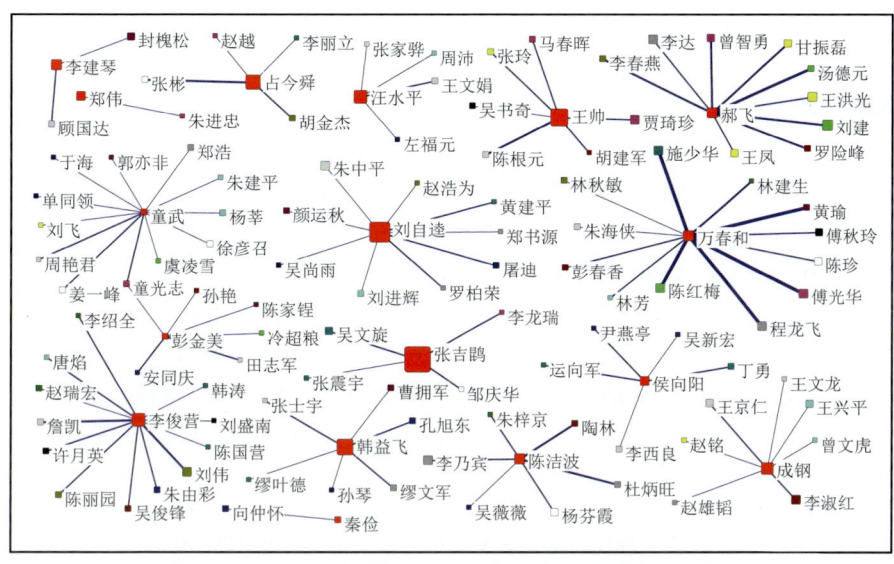

图 27-8 畜牧、动物医学学科高被引作者科研论文合作关系

### 27.5.3 高被引作者发文主题关联

通过作者共被引分析，获得 2015 年畜牧、动物医学学科高被引作者及与其他学者之间的发文主题关联（见图 27-9，共被引 2 次以下不显示）。如图 27-9 所示，畜牧、动物医学学科的高被引作者基本主导了作者共被引网络，显示出该学科在热点主题上已经形成了优势较为明显的科研力量。学者王帅的节点较大，显示出他们的学术成果在学科内得到较多关注；彭金美与童武之间的链接较强，意味着他们之间可能有较为相近的研究主题；以万春和、童武等学者为主要节点的共被引作者簇人数较多且网络规模较大，意味着这些学者的研究主题关联可能较为紧密。

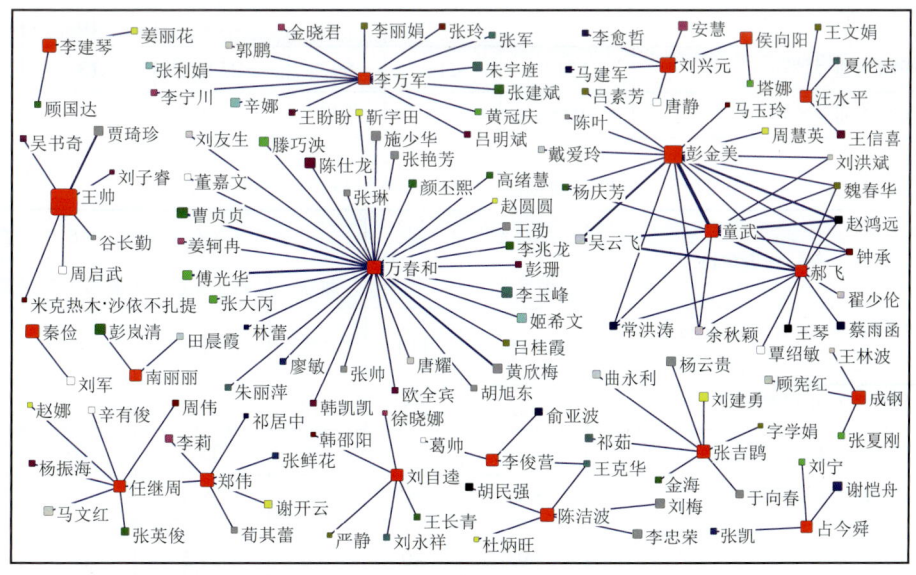

图 27-9 畜牧、动物医学学科高被引作者发文主题关联

## 27.6 高被引机构分析

### 27.6.1 高被引机构

为便于比较,本书将畜牧、动物医学学科的高被引机构分为高等院校和科研院所两种类型。其中,被引频次 TOP 10 高等院校和被引频次 TOP 5 科研院所的发文及被引情况分别见表 27-5 和表 27-6。其中,总被引频次较高的 3 所高等院校分别是中国农业大学、四川农业大学和东北农业大学,中国农业科学院北京畜牧兽医研究所、福建省农业科学院和中国农业科学院饲料研究所是总被引频次较高的 3 所科研院所;前 5 年学科发文在 2015 年的被引率最高的高等院校和科研院所分别是河南农业大学和中国农业科学院饲料研究所,篇均被引最高的高等院校和科研院所分别是甘肃农业大学和中国农业科学院饲料研究所。上述高被引机构的论文被引率和篇均被引频次对比如图 27-10 所示。

表 27-5  畜牧、动物医学学科高被引高等院校 TOP 10

| 序号 | 第一作者单位 | 学科发文量(篇) | | 前 5 年学科发文在 2015 年的被引 | | | |
|---|---|---|---|---|---|---|---|
| | | 前 5 年 | 2015 年 | 频次 | 被引率(%) | 最高(次) | 篇均(次) |
| 1 | 中国农业大学 | 1702 | 242 | 944 | 29.3 | 18 | 0.55 |
| 2 | 四川农业大学 | 1442 | 222 | 769 | 29.5 | 16 | 0.53 |
| 3 | 东北农业大学 | 1951 | 310 | 767 | 23.6 | 13 | 0.39 |
| 4 | 扬州大学 | 1758 | 287 | 734 | 25.5 | 7 | 0.42 |
| 5 | 甘肃农业大学 | 1163 | 199 | 694 | 28.0 | 22 | 0.60 |
| 6 | 西北农林科技大学 | 1562 | 256 | 656 | 26.5 | 11 | 0.42 |
| 7 | 南京农业大学 | 1303 | 164 | 649 | 27.6 | 10 | 0.50 |
| 8 | 内蒙古农业大学 | 1385 | 188 | 600 | 26.1 | 10 | 0.43 |
| 9 | 华南农业大学 | 1513 | 216 | 597 | 25.0 | 13 | 0.39 |
| 10 | 河南农业大学 | 938 | 135 | 527 | 30.9 | 14 | 0.56 |

表 27-6  畜牧、动物医学学科高被引科研院所 TOP 5

| 序号 | 第一作者单位 | 学科发文量(篇) | | 前 5 年学科发文在 2015 年的被引 | | | |
|---|---|---|---|---|---|---|---|
| | | 前 5 年 | 2015 年 | 频次 | 被引率(%) | 最高(次) | 篇均(次) |
| 1 | 中国农业科学院北京畜牧兽医研究所 | 715 | 114 | 395 | 31.3 | 9 | 0.55 |
| 2 | 福建省农业科学院 | 522 | 82 | 318 | 30.3 | 13 | 0.61 |
| 3 | 中国农业科学院饲料研究所 | 451 | 51 | 300 | 33.5 | 10 | 0.67 |
| 4 | 江苏省农业科学院 | 556 | 107 | 284 | 28.8 | 8 | 0.51 |
| 5 | 中国农业科学院哈尔滨兽医研究所 | 595 | 80 | 266 | 23.5 | 35 | 0.45 |

第27章 畜牧、动物医学学科高被引分析 291

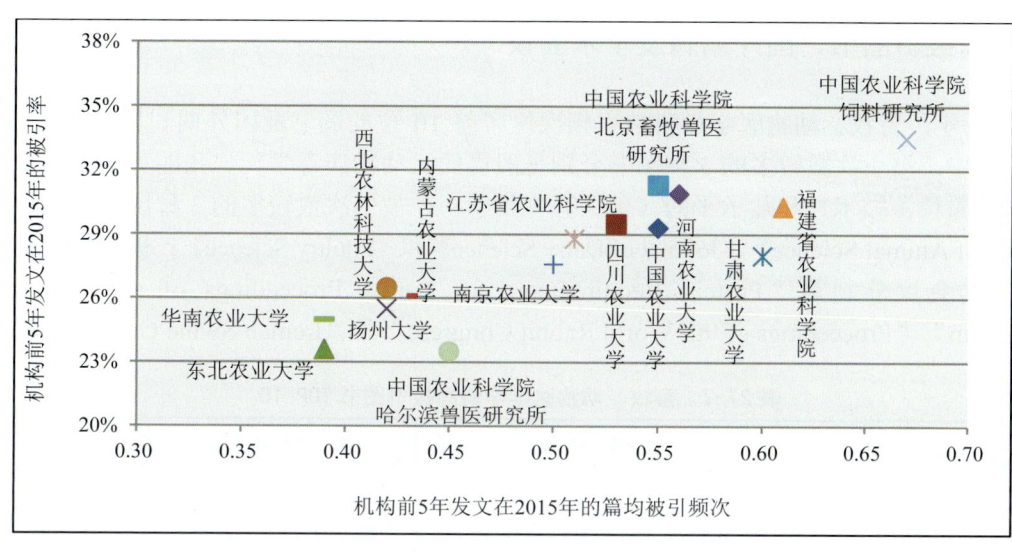

图 27-10 畜牧、动物医学学科高被引机构论文篇均被引及被引率对比

## 27.6.2 高被引机构科研合作关系

通过合著分析,获得畜牧、动物医学学科高被引机构之间及其与其他机构之间的科研合作关联,如图 27-11 所示(合作 130 次以下不显示)。分析得知,畜牧、动物医学学科的机构合作链接比较紧密,表明学科内机构合作现象较为普遍;高被引机构基本主导了机构合作网络,显示出这些机构已经在学科内具有了一定的科研优势;东北农业大学和中国农业科学院哈尔滨兽医研究所、内蒙古农牧业科学院与内蒙古农业大学等机构之间的链接较强,表明它们的学术合作较为频繁。

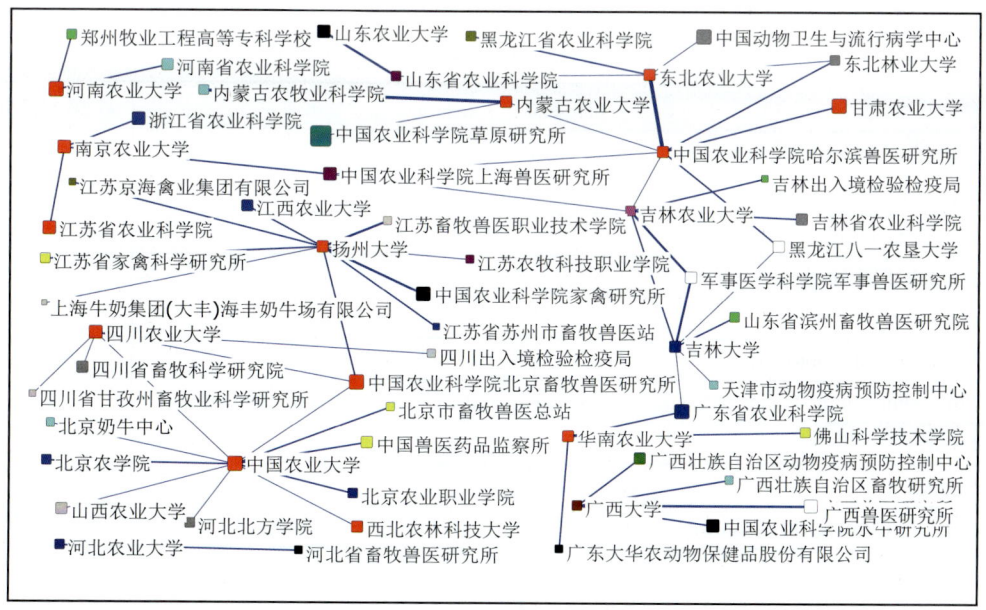

图 27-11 畜牧、动物医学学科高被引机构科研合作关联

## 27.7 高被引图书、国外期刊及学术会议

2015 年，畜牧、动物医学学科被引频次位居前 10 位的图书及国外期刊见表 27-7 和表 27-8。其中，被引次数较多的 3 种图书分别是殷震的《动物病毒学》、张丽英的《饲料分析及饲料质量检测技术》和陆承平的《兽医微生物学》；被引次数较多的 3 种国外期刊分别是《Journal of Animal Science》《Journal of Dairy Science》和《Poultry Science》；被引次数较多的 3 场学术会议分别是"Protein Requirements for Cattle: Proceedings of an International Symposium""Proceedings of 9th World Rabbit Congress"和"Leman Swine Conference"。

表 27-7　畜牧、动物医学学科高被引图书 TOP 10

| 序号 | 责任者 | 图书名称 | 出版社 | 2015 年被引频次 |
| --- | --- | --- | --- | --- |
| 1 | 殷震 | 动物病毒学 | 科学出版社 | 210 |
| 2 | 张丽英 | 饲料分析及饲料质量检测技术 | 中国农业大学出版社 | 150 |
| 3 | 陆承平 | 兽医微生物学 | 中国农业出版社 | 147 |
| 4 | 蔡宝祥 | 家畜传染病学 | 中国农业出版社 | 120 |
| 5 | 陈溥言 | 兽医传染病学 | 中国农业出版社 | 73 |
| 6 | 杨凤 | 动物营养学 | 中国农业出版社 | 62 |
| 7 | 冯仰廉 | 反刍动物营养学 | 科学出版社 | 53 |
| 8 | 东秀珠 | 常见细菌系统鉴定手册 | 科学出版社 | 50 |
| 9 | 杨宁 | 家禽生产学 | 中国农业出版社 | 49 |
| 10 | 赵有璋 | 羊生产学 | 中国农业出版社 | 48 |

表 27-8　畜牧、动物医学学科高被引国外期刊 TOP 10

| 序号 | 期刊名称 | 2015 年被引频次 |
| --- | --- | --- |
| 1 | Journal of Animal Science | 2989 |
| 2 | Journal of Dairy Science | 2530 |
| 3 | Poultry Science | 1830 |
| 4 | Journal of Virology | 1762 |
| 5 | PLoS One | 1512 |
| 6 | Veterinary Microbiology | 1441 |
| 7 | Proceedings of the National Academy of Sciences of the United States of America | 1374 |
| 8 | Nature | 1367 |
| 9 | Science | 1098 |
| 10 | Journal of Biological Chemistry | 1065 |

# 第 28 章  水产、渔业学科高被引分析

## 28.1  学科论文概况

2010—2014 年，水产、渔业学科共有 26990 位来自 10110 所机构的论文第一作者在 1588 种期刊上发表了 37168 篇学术论文。其中，80% 以上的论文产出自 7338 所机构、20590 位作者，发表在 103 种期刊上。在前 5 年发表的这些论文中，有 7252 篇在 2015 年获得过引用，整体被引率为 19.5%，总被引频次为 12522 次，篇均被引 0.34 次；其中，高被引论文有 97 篇，单篇论文最高被引频次为 16 次，累计被引 786 次，篇均被引 8.10 次（表 28-1）。另外，2015 年水产、渔业学科共发表论文 7125 篇，其中有 194 篇在当年获得过引用，总共被引 235 次。

表 28-1  水产、渔业学科论文分布情况

| 年份 | 论文篇数 | 2015 年被引频次 | 2015 年被引率（%） | 2015 年高被引论文 | | | |
|---|---|---|---|---|---|---|---|
| | | | | 论文篇数 | 最高被引频次 | 总被引频次 | 篇均被引频次 |
| 2010 | 5989 | 2534 | 23.4 | 14 | 11 | 125 | 8.93 |
| 2011 | 7747 | 2673 | 19.3 | 14 | 11 | 153 | 10.93 |
| 2012 | 8855 | 2654 | 17.2 | 17 | 9 | 149 | 8.76 |
| 2013 | 6979 | 2949 | 24.1 | 31 | 16 | 240 | 7.74 |
| 2014 | 7598 | 1712 | 15.1 | 21 | 8 | 119 | 5.67 |
| 合计 | 37168 | 12522 | 19.5 | 97 | 16 | 786 | 8.10 |

从水产、渔业学科论文的地域分布来看，2015 年被引频次较高的 5 个省、直辖市或自治区依次是上海、广东、山东、江苏和浙江（图 28-1）；5 年论文产出量较多的 5 个省、直辖市或自治区依次是山东、江苏、广东、上海和浙江（图 28-2）。

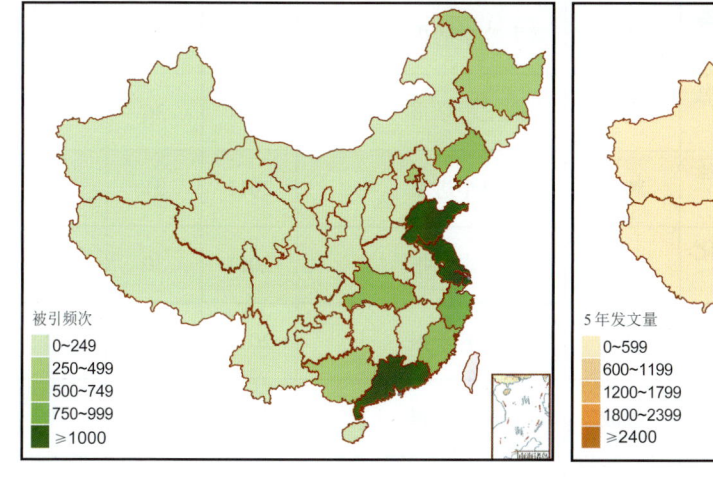

图 28-1  2015 年水产、渔业学科地区被引分布　　图 28-2  水产、渔业学科 5 年论文产出地区分布

## 28.2 高被引论文分析

在水产、渔业学科，2015 年被引频次位居前 10 位的论文（表 28-2）平均被引频次为 11.46 次，是全部 97 篇高被引论文篇均被引频次的 1.4 倍。其中，被引频次最高的论文是张鹏于 2010 年发表的《南海金枪鱼和鸢乌贼资源开发现状及前景》，随后 2 篇分别是杨洪雁于 2012 年发表的《水蛭药理作用的研究进展》和沈文英于 2011 年发表的《饲料中添加枯草芽孢杆菌对草鱼生长性能、免疫和抗氧化功能的影响》。

从论文分布来看，刊载高被引论文数量居前的 3 种期刊分别是《水产学报》（11 篇）、《动物营养学报》（6 篇）和《中国水产科学》（6 篇），而《动物营养学报》刊载了高被引论文 TOP 10 中的 2 篇；发表高被引论文较多的学者分别是广西大学的黄钧（2 篇）和中国水产科学研究院南海水产研究所的张鹏（2 篇）；产出高被引论文数量居前的 3 所机构分别是中国水产科学研究院南海水产研究所（5 篇）、上海海洋大学（4 篇）和中国海洋大学（4 篇），而中国水产科学研究院南海水产研究所产出了高被引论文 TOP 10 中的 2 篇。

表 28-2 水产、渔业学科高被引论文 TOP 10

| 序号 | 论文题名 | 第一作者 | 期刊名称 | 发表年份 | 被引频次 总频次 | 被引频次 2015 年 |
| --- | --- | --- | --- | --- | --- | --- |
| 1 | 南海金枪鱼和鸢乌贼资源开发现状及前景 | 张鹏 | 南方水产 | 2010 | 32 | 15 |
| 2 | 水蛭药理作用的研究进展 | 杨洪雁 | 东北农业大学学报 | 2012 | 29 | 13 |
| 2 | 饲料中添加枯草芽孢杆菌对草鱼生长性能、免疫和抗氧化功能的影响 | 沈文英 | 动物营养学报 | 2011 | 33 | 13 |
| 4 | 中国海水养殖大产业架构的战略思考 | 雷霁霖 | 中国水产科学 | 2010 | 39 | 12 |
| 4 | 广东与海南养殖罗非鱼无乳链球菌的分离、鉴定与特性分析 | 卢迈新 | 微生物学通报 | 2010 | 51 | 12 |
| 4 | 基于无线传感网络的规模化水产养殖智能监控系统 | 史兵 | 农业工程学报 | 2011 | 36 | 12 |
| 7 | 几种饲料原料对刺参幼参生长和体成分的影响 | 郭娜 | 渔业科学进展 | 2011 | 21 | 11 |
| 7 | 低盐度胁迫对银鲳幼鱼肝脏抗氧化酶、鳃和肾脏 ATP 酶活力的影响 | 尹飞 | 应用生态学报 | 2011 | 30 | 11 |
| 9 | 野生与养殖刀鲚肌肉营养成分的比较分析 | 唐雪 | 动物营养学报 | 2011 | 26 | 10 |
| 9 | 基于物联网的水产养殖智能化监控系统 | 颜波 | 农业机械学报 | 2014 | 8 | 10 |
| 9 | 南海区大型灯光罩网渔场渔期和渔获组成分析 | 张鹏 | 南方水产科学 | 2013 | 13 | 10 |

| 序号 | 论文题名 | 第一作者 | 期刊名称 | 发表年份 | 被引频次 总频次 | 被引频次 2015年 |
|---|---|---|---|---|---|---|
| 9 | 氨氮与拥挤胁迫对吉富品系尼罗罗非鱼幼鱼生长和肝脏抗氧化指标的联合影响 | 强俊 | 水产学报 | 2011 | 17 | 10 |
| 9 | 饲料中添加枯草芽孢杆菌对青鱼生长、消化酶活性和鱼体组成的影响 | 沈斌乾 | 水生生物学报 | 2013 | 12 | 10 |

## 28.3 研究主题关联分析

在水产、渔业学科，高被引论文累计被 2015 年发表的 589 篇论文引用了 786 次。通过分析施引文献关键词的词频及关键词之间的共现关系，获得 2015 年水产、渔业学科的热点主题和主题关联，如图 28-3 所示（共现 3 次以下不显示）。由图 28-3 可知："土木工程""生长"等关键词的文档词频较高，是 2015 年学科的研究热点；以"生长""抗氧化酶""肝脏"等关键词为主要节点的多个概念相互关联，构成了学科内最为突出的研究主题簇。

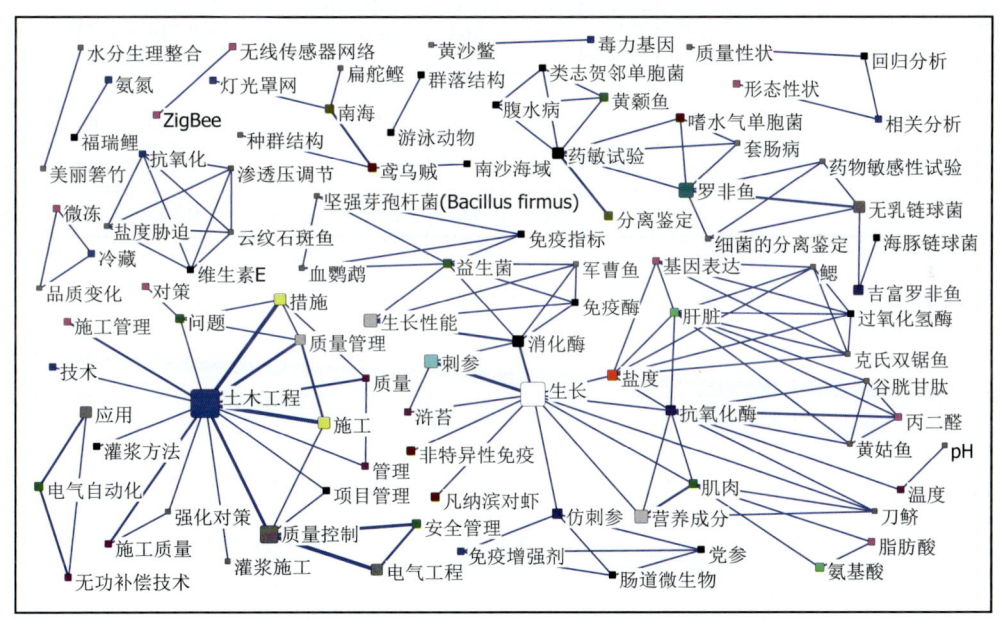

图 28-3　水产、渔业学科 2015 年热点主题关联

## 28.4 学科高影响力期刊分析

### 28.4.1 学科高影响力期刊 TOP 10

在水产、渔业学科，学科 5 年影响因子位居前 10 位的期刊见表 28-3，排在前 3 位的期刊分别是《南方水产科学》《水产学报》和《中国水产科学》。在表 28-3 中，学科载文量

占其总载文量比例最大的期刊是《中国水产科学》；前 5 年学科载文在 2015 年被引率最高的期刊是《水产学报》；期刊 5 年影响因子较高的前 3 种期刊分别是《南方水产科学》《中国水产科学》和《水产学报》；学科 5 年影响因子与期刊 5 年影响因子差异最大的期刊是《广东海洋大学学报》。表 28-3 中期刊的学科 5 年影响因子和前 5 年学科载文的 2015 年被引率对比如图 28-4 所示，2010 —2015 年期刊 5 年影响因子的变动情况如图 28-5 所示。

表 28-3　水产、渔业学科高影响力期刊基本指数

| 序号 | 期刊名称 | 前 5 年载文量 | | | 2015 年学科被引 | | | 5 年影响因子 | | h 指数（学科） |
|---|---|---|---|---|---|---|---|---|---|---|
| | | 学科（篇） | 占比（%） | 总量（篇） | 频次 | 被引率（%） | 高被引论文篇数 | 期刊(2015) | 学科(2015) | |
| 1 | 南方水产科学 | 335 | 65.4 | 512 | 387 | 49.0 | 1 | 1.084 | 1.155 | 6 |
| 2 | 水产学报 | 593 | 43.3 | 1370 | 680 | 49.7 | 11 | 1.009 | 1.147 | 8 |
| 3 | 中国水产科学 | 744 | 84.2 | 884 | 783 | 47.8 | 6 | 1.012 | 1.052 | 6 |
| 4 | 水生生物学报 | 285 | 28.8 | 990 | 293 | 43.9 | 4 | 0.848 | 1.028 | 7 |
| 5 | 大连海洋大学学报 | 429 | 62.1 | 691 | 364 | 43.4 | 1 | 0.729 | 0.848 | 6 |
| 6 | 渔业科学进展 | 497 | 71.7 | 693 | 364 | 38.8 | 3 | 0.719 | 0.732 | 6 |
| 7 | 海洋渔业 | 264 | 62.3 | 424 | 192 | 40.5 | 2 | 0.729 | 0.727 | 5 |
| 8 | 上海海洋大学学报 | 606 | 71.0 | 853 | 417 | 39.6 | 1 | 0.703 | 0.688 | 6 |
| 8 | 广东海洋大学学报 | 186 | 28.1 | 661 | 128 | 40.3 | 0 | 0.416 | 0.688 | 5 |
| 10 | 水产科学 | 706 | 75.6 | 934 | 474 | 38.2 | 1 | 0.645 | 0.671 | 5 |

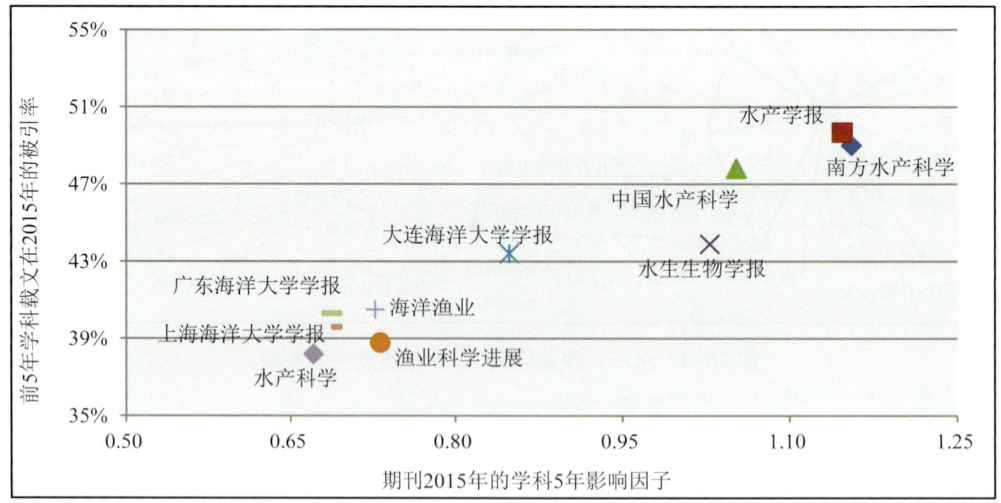

图 28-4　水产、渔业学科高影响力期刊对比

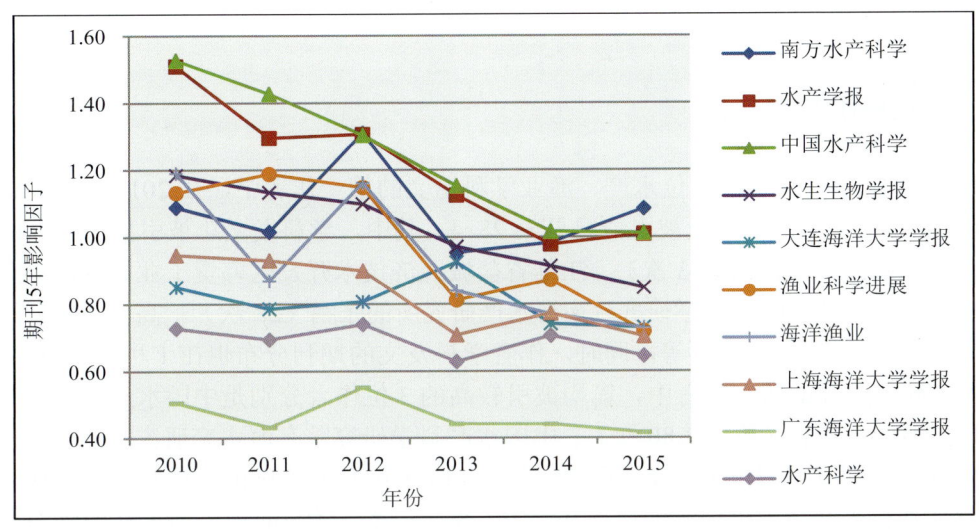

图 28-5 水产、渔业学科期刊 5 年影响因子变动

## 28.4.2 学科高影响力期刊载文主题关联

通过期刊共被引分析，获得水产、渔业学科高影响力期刊及与其他期刊之间的载文主题关联，如图 28-6 所示（共被引 20 次以下不显示）。结果显示，水产、渔业学科的高影响力期刊相互链接较为紧密，基本主导了该学科的期刊共被引网络，显示出该学科高影响力期刊可能共同刊载了许多相近的研究主题，热点研究主题分散在多种期刊上。《南方水产科学》的学科 5 年影响因子较高，显示出该刊在学科内学术影响力较大；《中国水产科学》与《水产学报》等期刊之间的链接较强，意味着它们之间可能有较多相同或相近的载文主题。

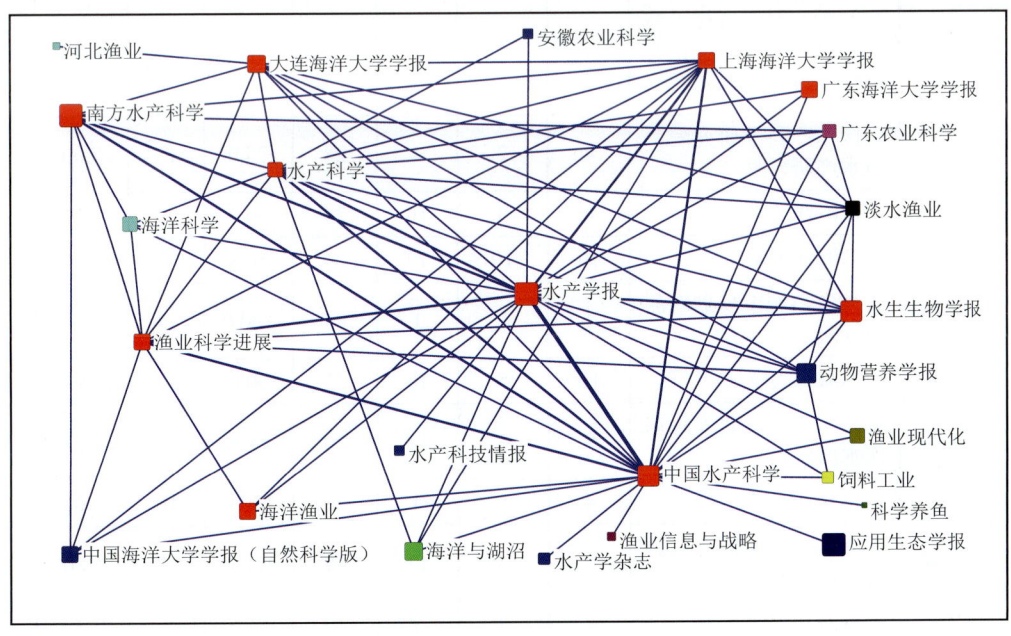

图 28-6 水产、渔业学科高影响力期刊载文主题关联

## 28.5 高被引作者分析

### 28.5.1 高被引作者 TOP 20

2010—2014 年，在 26990 位水产、渔业学科论文的第一作者中，在 2015 年学科被引频次位居前 20 位的学者的发文及被引情况见表 28-4。其中，学科发文总被引频次较高的 3 位作者分别是广西大学的黄钧（33 次）、江苏省盐城经济技术开发区韩资工业园管理办公室的郭宗平（30 次）和中国水产科学研究院南海水产研究所的张鹏（28 次）。高被引作者的 5 年学科发文数量从 1 篇到 21 篇不等，同时，作者学科发文的期刊分布也在 1 种到 10 种之间变化。在发文超过 5 篇的所有作者中，篇均被引较高的 3 位作者分别是中国水产科学研究院黄海水产研究所的雷霁霖（篇均 3.80 次）、中国水产科学研究院东海水产研究所的姜亚洲（篇均 3.00 次）和广西大学的黄钧（篇均 2.75 次）；前 5 年发表学科论文较多的 3 位作者分别是江苏省金湖县水产技术推广站的唐玉华（76 篇）、《海洋与渔业》杂志社的陈石娟（76 篇）和《海洋与渔业》杂志社的吕华当（66 篇）。高被引作者的学科发文量和被引量对比如图 28-7 所示。

表 28-4 水产、渔业学科高被引作者 TOP 20

| 序号 | 姓名 | 作者单位 | 前 5 年发文 | | | 前 5 年学科发文在 2015 年的被引 | | | | h 指数（学科） |
|---|---|---|---|---|---|---|---|---|---|---|
| | | | 学科发文（篇） | 期刊分布（种） | 发文总量（篇） | 总频次 | 被引率（%） | 最高（次） | 篇均（次） | |
| 1 | 黄钧 | 广西大学 | 12 | 4 | 12 | 33 | 66.7 | 9 | 2.75 | 4 |
| 2 | 郭宗平 | 江苏省盐城经济技术开发区韩资工业园管理办公室 | 1 | 1 | 1 | 30 | 100.0 | 30 | 30.00 | 1 |
| 3 | 张鹏 | 中国水产科学研究院南海水产研究所 | 4 | 2 | 4 | 28 | 75.0 | 15 | 7.00 | 3 |
| 4 | 王吉桥 | 大连海洋大学 | 16 | 3 | 16 | 24 | 56.3 | 6 | 1.50 | 3 |
| 4 | 栗志民 | 广东海洋大学 | 16 | 10 | 19 | 24 | 56.3 | 7 | 1.50 | 4 |
| 6 | 刘文春 | 吉林省白城市规划勘测设计院 | 1 | 1 | 1 | 23 | 100.0 | 23 | 23.00 | 1 |
| 6 | 陈新军 | 上海海洋大学 | 12 | 5 | 16 | 23 | 50.0 | 7 | 1.92 | 4 |
| 8 | 彭士明 | 中国水产科学研究院东海水产研究所 | 9 | 5 | 11 | 20 | 88.9 | 6 | 2.22 | 3 |
| 8 | 强俊 | 南京农业大学 | 4 | 3 | 4 | 20 | 100.0 | 10 | 5.00 | 3 |
| 10 | 雷霁霖 | 中国水产科学研究院黄海水产研究所 | 5 | 4 | 12 | 19 | 100.0 | 12 | 3.80 | 2 |
| 10 | 官文江 | 上海海洋大学 | 8 | 4 | 9 | 19 | 87.5 | 5 | 2.38 | 3 |

| 序号 | 姓名 | 作者单位 | 前5年发文 | | | 前5年学科发文在2015年的被引 | | | | h指数（学科） |
|---|---|---|---|---|---|---|---|---|---|---|
| | | | 学科发文（篇） | 期刊分布（种） | 发文总量（篇） | 总频次 | 被引率（%） | 最高（次） | 篇均（次） | |
| 12 | 卢迈新 | 中国水产科学研究院珠江水产研究所 | 3 | 3 | 3 | 17 | 66.7 | 12 | 5.67 | 2 |
| 12 | 蓝蔚青 | 上海海洋大学 | 9 | 6 | 35 | 17 | 77.8 | 4 | 1.89 | 3 |
| 12 | 徐钢春 | 中国水产科学研究院淡水渔业研究中心 | 8 | 6 | 14 | 17 | 62.5 | 6 | 2.13 | 3 |
| 15 | 许友卿 | 广西大学 | 21 | 7 | 39 | 16 | 47.6 | 5 | 0.76 | 3 |
| 15 | 王苍继 | 陕西地方电力（集团）有限公司岐山县电力局 | 1 | 1 | 1 | 16 | 100.0 | 16 | 16.00 | 1 |
| 17 | 吴莉芳 | 吉林农业大学 | 11 | 6 | 14 | 15 | 54.5 | 6 | 1.36 | 2 |
| 17 | 孙大江 | 中国水产科学研究院黑龙江水产研究所 | 3 | 1 | 3 | 15 | 100.0 | 7 | 5.00 | 2 |
| 17 | 刘健 | 中国水产科学研究院东海水产研究所 | 11 | 8 | 11 | 15 | 36.4 | 6 | 1.36 | 3 |
| 17 | 黎炯 | 中国水产科学研究院珠江水产研究所 | 3 | 3 | 4 | 15 | 100.0 | 7 | 5.00 | 2 |
| 17 | 姜亚洲 | 中国水产科学研究院东海水产研究所 | 5 | 4 | 5 | 15 | 80.0 | 8 | 3.00 | 2 |

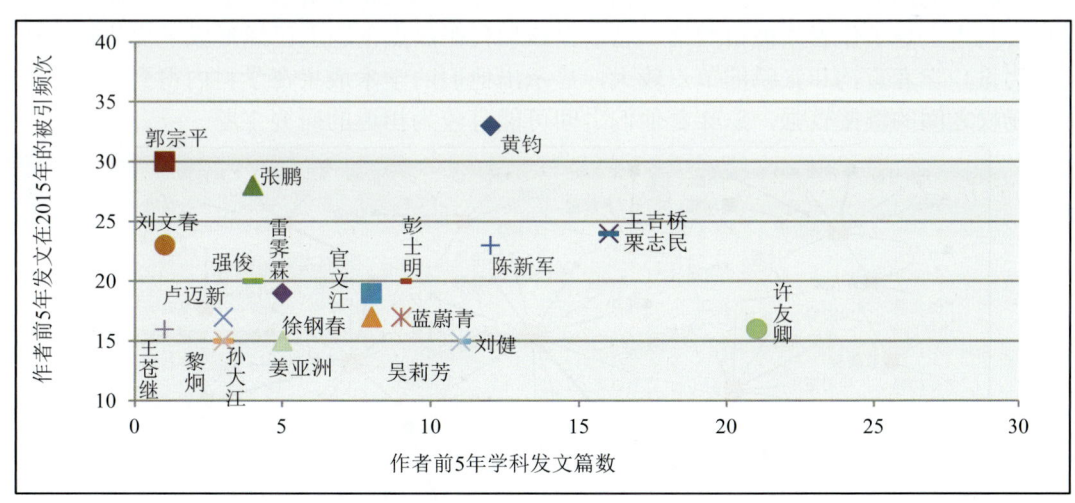

图 28-7　水产、渔业学科高被引作者学科发文及被引对比

## 28.5.2　高被引作者科研合作关系

通过作者合著分析，获得 2015 年水产、渔业学科高被引作者及与其他学者之间的科研论文合作关系（不考虑论文署名次序），如图 28-8 所示（合著 5 次以下不显示）。可

以看出，水产、渔业学科的高被引作者的论文合作现象比较普遍。学者许友卿的发文量较多；陈新军的论文合作网络最为突出，在该学科的研究人员中表现出一定的集聚效应；陈新军和官文江之间的合作关系最为紧密，显示出他们可能属于同一支科研团队。

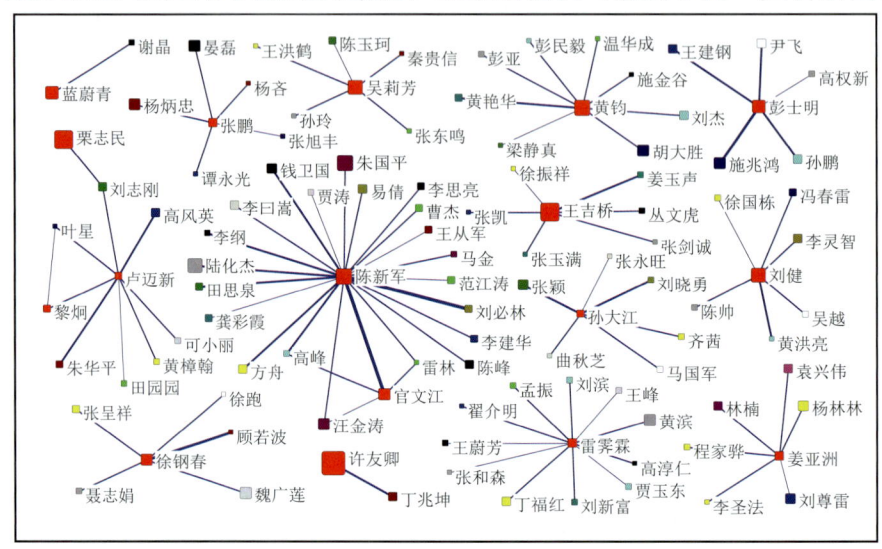

图 28-8　水产、渔业学科高被引作者科研论文合作关系

### 28.5.3　高被引作者发文主题关联

通过作者共被引分析，获得 2015 年水产、渔业学科高被引作者及与其他学者之间的发文主题关联（见图 28-9，共被引 2 次以下不显示）。如图 28-9 所示，水产、渔业学科的高被引作者基本主导了作者共被引网络，显示出该学科在热点主题上已经形成了优势较为明显的科研力量。学者黄钧和张鹏的节点较大，显示出他们的学术成果在学科内得到较多关注；张鹏与杨权之间的链接较强，意味着他们之间可能有较为相近的研究主题。

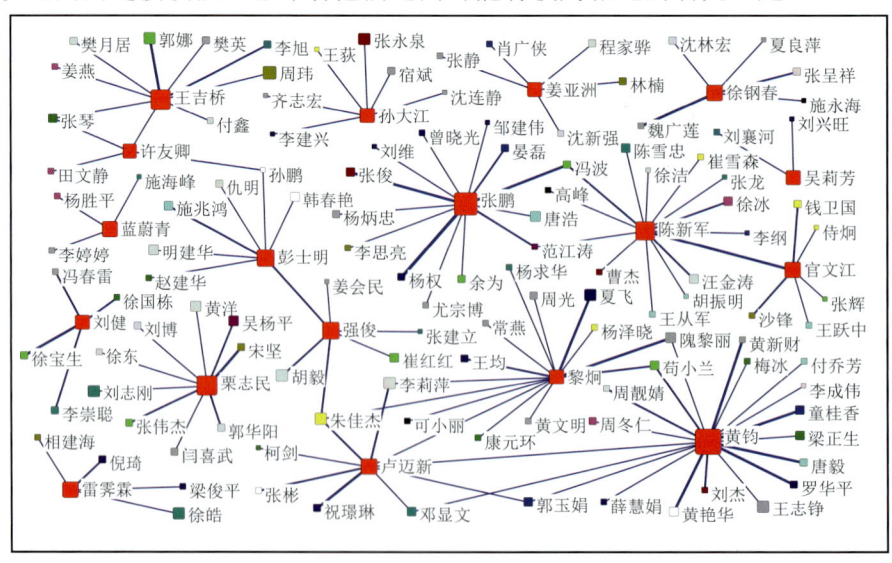

图 28-9　水产、渔业学科高被引作者发文主题关联

## 28.6 高被引机构分析

### 28.6.1 高被引机构

为便于比较，本书将水产、渔业学科的高被引机构分为高等院校和科研院所两种类型。其中，被引频次TOP 10高等院校和被引频次TOP 5科研院所的发文及被引情况分别见表28-5和表28-6。其中，总被引频次较高的3所高等院校分别是上海海洋大学、中国海洋大学和大连海洋大学，中国水产科学研究院东海水产研究所、中国水产科学研究院南海水产研究所和中国水产科学研究院黄海水产研究所是总被引频次较高的3所科研院所；前5年学科发文在2015年的被引率最高的高等院校和科研院所分别是南京农业大学和中国水产科学研究院东海水产研究所，篇均被引最高的高等院校和科研院所分别是南京农业大学和中国水产科学研究院东海水产研究所。上述高被引机构的论文被引率和篇均被引频次对比如图28-10所示。

表28-5 水产、渔业学科高被引高等院校TOP 10

| 序号 | 第一作者单位 | 学科发文量（篇） | | 前5年学科发文在2015年的被引 | | | |
|---|---|---|---|---|---|---|---|
| | | 前5年 | 2015年 | 频次 | 被引率(%) | 最高（次） | 篇均（次） |
| 1 | 上海海洋大学 | 1559 | 262 | 1047 | 36.6 | 8 | 0.67 |
| 2 | 中国海洋大学 | 769 | 136 | 495 | 34.9 | 11 | 0.64 |
| 3 | 大连海洋大学 | 635 | 138 | 424 | 37.8 | 8 | 0.67 |
| 4 | 广东海洋大学 | 570 | 91 | 367 | 36.1 | 7 | 0.64 |
| 5 | 华中农业大学 | 327 | 60 | 188 | 34.9 | 6 | 0.57 |
| 6 | 浙江海洋学院 | 381 | 77 | 158 | 26.8 | 5 | 0.41 |
| 6 | 南京农业大学 | 142 | 14 | 158 | 49.3 | 10 | 1.11 |
| 8 | 集美大学 | 281 | 56 | 147 | 31.3 | 5 | 0.52 |
| 8 | 宁波大学 | 316 | 41 | 147 | 29.4 | 6 | 0.47 |
| 10 | 广西大学 | 159 | 36 | 134 | 40.9 | 9 | 0.84 |

表28-6 水产、渔业学科高被引科研院所TOP 5

| 序号 | 第一作者单位 | 学科发文量（篇） | | 前5年学科发文在2015年的被引 | | | |
|---|---|---|---|---|---|---|---|
| | | 前5年 | 2015年 | 频次 | 被引率(%) | 最高（次） | 篇均（次） |
| 1 | 中国水产科学研究院东海水产研究所 | 487 | 76 | 450 | 43.9 | 11 | 0.92 |
| 2 | 中国水产科学研究院南海水产研究所 | 457 | 70 | 399 | 39.8 | 15 | 0.87 |
| 3 | 中国水产科学研究院黄海水产研究所 | 513 | 97 | 392 | 38.0 | 12 | 0.76 |
| 4 | 中国水产科学研究院黑龙江水产研究所 | 341 | 52 | 212 | 36.4 | 7 | 0.62 |
| 5 | 中国水产科学研究院珠江水产研究所 | 308 | 44 | 207 | 32.5 | 12 | 0.67 |

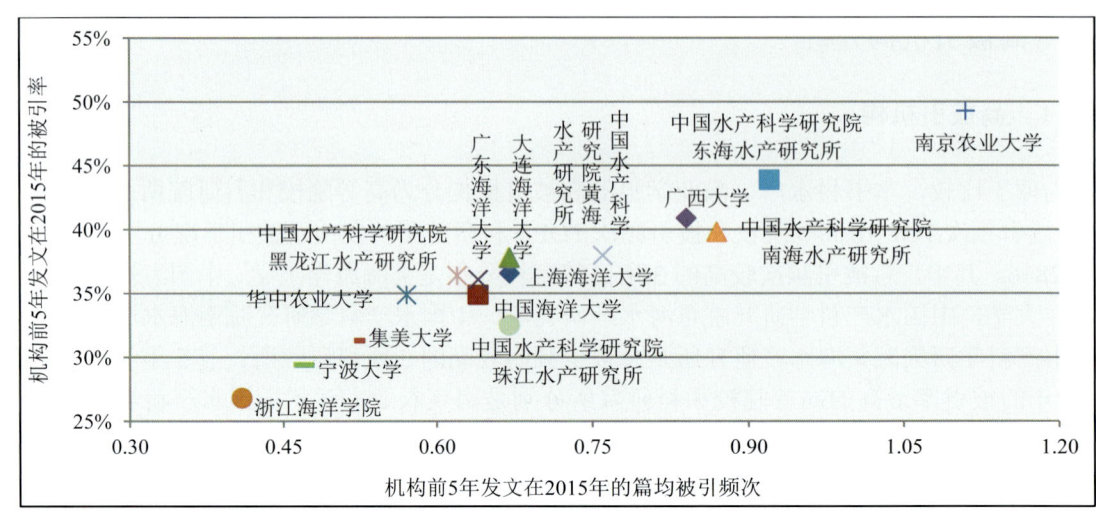

图 28-10　水产、渔业学科高被引机构论文篇均被引及被引率对比

### 28.6.2　高被引机构科研合作关系

通过合著分析，获得水产、渔业学科高被引机构之间及其与其他机构之间的科研合作关联，如图 28-11 所示（合作 52 次以下不显示）。分析得知，水产、渔业学科的机构合作链接比较紧密，表明学科内机构合作现象较为普遍；高被引机构基本主导了机构合作网络，显示出这些机构已经在学科内具有了一定的科研优势；中国海洋大学和中国水产科学研究院黄海水产研究所、华中农业大学与中国水产科学研究院长江水产研究所等机构之间的链接较强，表明它们的学术合作较为频繁。

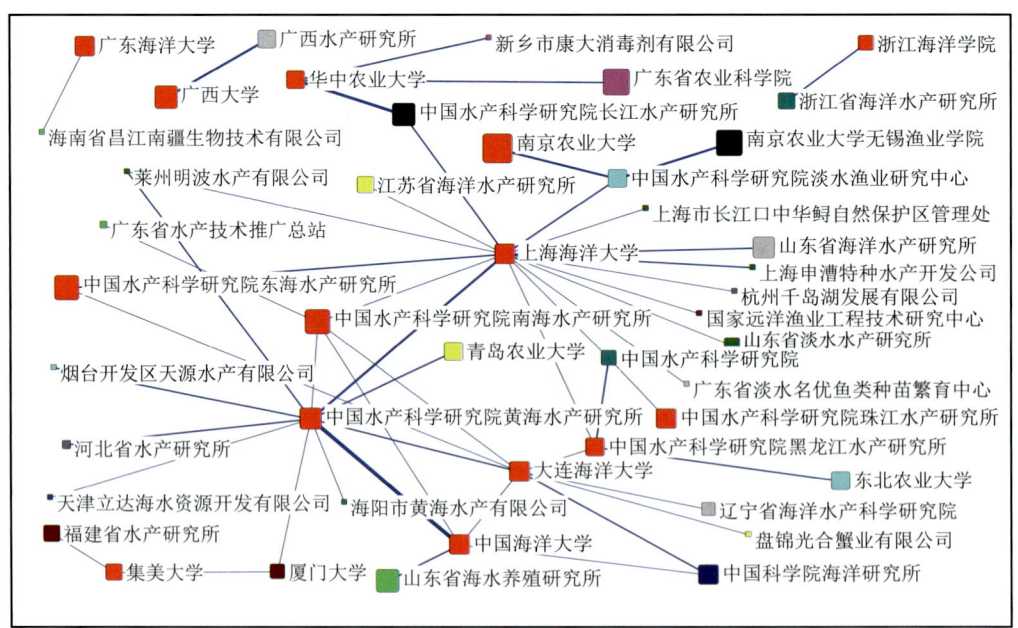

图 28-11　水产、渔业学科高被引机构科研合作关联

## 28.7 高被引图书、国外期刊及学术会议

2015 年，水产、渔业学科被引频次位居前 10 位的图书及国外期刊见表 28-7 和表 28-8。其中，被引次数较多的 3 种图书分别是殷名称的《鱼类生态学》、东秀珠的《常见细菌系统鉴定手册》和丁瑞华的《四川鱼类志》；被引次数较多的 3 种国外期刊分别是《Aquaculture》《Fish and Shellfish Immunology》和《Aquaculture Research》；被引次数较多的 3 场学术会议分别是"American Fisheries Society Symposium""IOTC Proceedings"和"6th International Congress on Marine Corrosion and Fouling: Marine Biology"。

表 28-7 水产、渔业学科高被引图书 TOP 10

| 序号 | 责任者 | 图书名称 | 出版社 | 2015 年被引频次 |
|---|---|---|---|---|
| 1 | 殷名称 | 鱼类生态学 | 中国农业出版社 | 37 |
| 2 | 东秀珠 | 常见细菌系统鉴定手册 | 科学出版社 | 29 |
| 3 | 丁瑞华 | 四川鱼类志 | 四川科学技术出版社 | 24 |
| 4 | 姚元之 | 竹叶亭杂记 | 中华书局 | 20 |
| 5 | 楼允东 | 鱼类育种学 | 中国农业出版社 | 17 |
| 6 | 张觉民 | 内陆水域渔业自然资源调查手册 | 中国农业出版社 | 16 |
| 6 | 农业部渔业局 | 中国渔业统计年鉴 | 中国农业出版社 | 16 |
| 6 | 詹秉义 | 渔业资源评估 | 中国农业出版社 | 16 |
| 6 | 李爱杰 | 水产动物营养与饲料学 | 中国农业出版社 | 16 |
| 10 | 周永欣 | 水生生物毒性试验方法 | 中国农业出版社 | 15 |
| 10 | 陈新军 | 渔业资源与渔场学 | 海洋出版社 | 15 |
| 10 | 章宗涉 | 淡水浮游生物研究方法 | 科学出版社 | 15 |
| 10 | 王武 | 鱼类增养殖学 | 中国农业出版社 | 15 |

表 28-8 水产、渔业学科高被引国外期刊 TOP 10

| 序号 | 期刊名称 | 2015 年被引频次 |
|---|---|---|
| 1 | Aquaculture | 3442 |
| 2 | Fish and Shellfish Immunology | 728 |
| 3 | Aquaculture Research | 500 |
| 4 | Journal of Fish Biology | 407 |
| 5 | Fisheries Research | 356 |
| 6 | Aquaculture Nutrition | 296 |
| 7 | Nature | 294 |
| 8 | Journal of Experimental Marine Biology and Ecology | 286 |
| 9 | Marine Biology | 271 |
| 9 | Fisheries Science | 271 |

# 第 29 章　一般工业技术学科高被引分析

## 29.1　学科论文概况

2010—2014 年，一般工业技术学科共有 70761 位来自 20420 所机构的论文第一作者在 3342 种期刊上发表了 72344 篇学术论文。其中，80%以上的论文产出自 9902 所机构、56670 位作者，发表在 402 种期刊上。在前 5 年发表的这些论文中，有 13767 篇在 2015 年获得过引用，整体被引率为 19.0%，总被引频次为 22299 次，篇均被引 0.31 次；其中，高被引论文有 160 篇，单篇论文最高被引频次为 29 次，累计被引 1708 次，篇均被引 10.68 次（表 29-1）。另外，2015 年一般工业技术学科共发表论文 15193 篇，其中有 408 篇在当年获得过引用，总共被引 482 次。

表 29-1　一般工业技术学科论文分布情况

| 年份 | 论文篇数 | 2015 年被引频次 | 2015 年被引率（%） | 2015 年高被引论文 | | | |
|---|---|---|---|---|---|---|---|
| | | | | 论文篇数 | 最高被引频次 | 总被引频次 | 篇均被引频次 |
| 2010 | 11024 | 3998 | 22.4 | 31 | 23 | 273 | 8.81 |
| 2011 | 15848 | 4692 | 18.1 | 36 | 24 | 354 | 9.83 |
| 2012 | 16077 | 4917 | 18.2 | 34 | 29 | 460 | 13.53 |
| 2013 | 12777 | 5027 | 24.4 | 32 | 23 | 348 | 10.88 |
| 2014 | 16618 | 3665 | 14.4 | 27 | 21 | 273 | 10.11 |
| 合计 | 72344 | 22299 | 19.0 | 160 | 29 | 1708 | 10.68 |

从一般工业技术学科论文的地域分布来看，2015 年被引频次较高的 5 个省、直辖市或自治区依次是北京、江苏、陕西、上海和广东（图 29-1）；5 年论文产出量较多的 5 个省、直辖市或自治区依次是北京、江苏、陕西、上海和广东（图 29-2）。

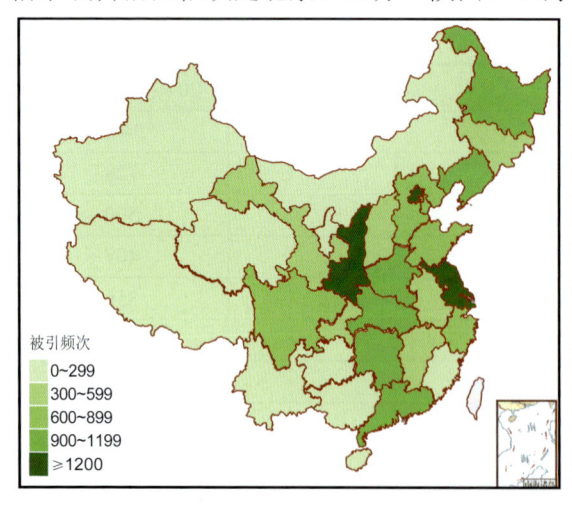

图 29-1　2015 年一般工业技术学科地区被引分布　　图 29-2　一般工业技术学科 5 年论文产出地区分布

## 29.2 高被引论文分析

在一般工业技术学科,2015 年被引频次位居前 10 位的论文(表 29-2)平均被引频次为 26.82 次,是全部 160 篇高被引论文篇均被引频次的 2.5 倍。其中,被引频次最高的论文是李为于 2012 年发表的《市政工程施工技术优化策略探讨》,随后 2 篇分别是江振于 2012 年发表的《数字化测绘技术在工程测量中的应用研究》和侯峰于 2013 年发表的《关于市政工程施工技术的优化策略分析》。

从论文分布来看,刊载高被引论文数量居前的 3 种期刊分别是《包装工程》(21 篇)、《现代商贸工业》(16 篇)和《科技致富向导》(12 篇),而《中国大学教学》刊载了高被引论文 TOP 10 中的 2 篇;发表高被引论文较多的学者是上海交通大学的王金福(2 篇);产出高被引论文数量居前的 3 所机构分别是中北大学(4 篇)、江南大学(4 篇)和上海交通大学(4 篇)。

表 29-2　一般工业技术学科高被引论文 TOP 10

| 序号 | 论文题名 | 第一作者 | 期刊名称 | 发表年份 | 被引频次 总频次 | 被引频次 2015 年 |
|---|---|---|---|---|---|---|
| 1 | 市政工程施工技术优化策略探讨 | 李为 | 现代商贸工业 | 2012 | 57 | 65 |
| 2 | 数字化测绘技术在工程测量中的应用研究 | 江振 | 赤峰学院学报(自然科学版) | 2012 | 56 | 45 |
| 3 | 关于市政工程施工技术的优化策略分析 | 侯峰 | 价值工程 | 2013 | 34 | 40 |
| 4 | 浅谈提高工程造价管理的几点对策 | 何荣满 | 中国科技博览 | 2010 | 24 | 20 |
| 4 | 现代工程测量技术的应用方向解析 | 张燕凯 | 产业与科技论坛 | 2013 | 13 | 20 |
| 6 | 对实施"卓越工程师教育培养计划"工作中几个问题的认识 | 陈启元 | 中国大学教学 | 2012 | 34 | 18 |
| 6 | 关于当前暖通空调安装技术中的难点分析 | 张春明 | 科技致富向导 | 2012 | 19 | 18 |
| 6 | 关于工程测绘测量技术的研究 | 杨文艳 | 科技传播 | 2012 | 23 | 18 |
| 9 | 浅论工程实践教育中的问题、对策及通识教育属性 | 孙康宁 | 中国大学教学 | 2011 | 42 | 17 |
| 9 | 解析机械自动化在机械制造中的应用 | 罗拥军 | 黑龙江科技信息 | 2013 | 15 | 17 |
| 9 | 浅议市政工程施工质量管理中存在的问题及对策 | 吴兵 | 中国新技术新产品 | 2013 | 15 | 17 |

## 29.3 研究主题关联分析

在一般工业技术学科,高被引论文累计被 2015 年发表的 1730 篇论文引用了 1708 次。

通过分析施引文献关键词的词频及关键词之间的共现关系，获得2015年一般工业技术学科的热点主题和主题关联，如图29-3所示（共现5次以下不显示）。由图29-3可知："应用""施工技术"等关键词的文档词频较高，是2015年学科的研究热点；以"应用""工程测量""施工技术"等关键词为主要节点的多个概念相互关联，构成了学科内最为突出的研究主题簇。

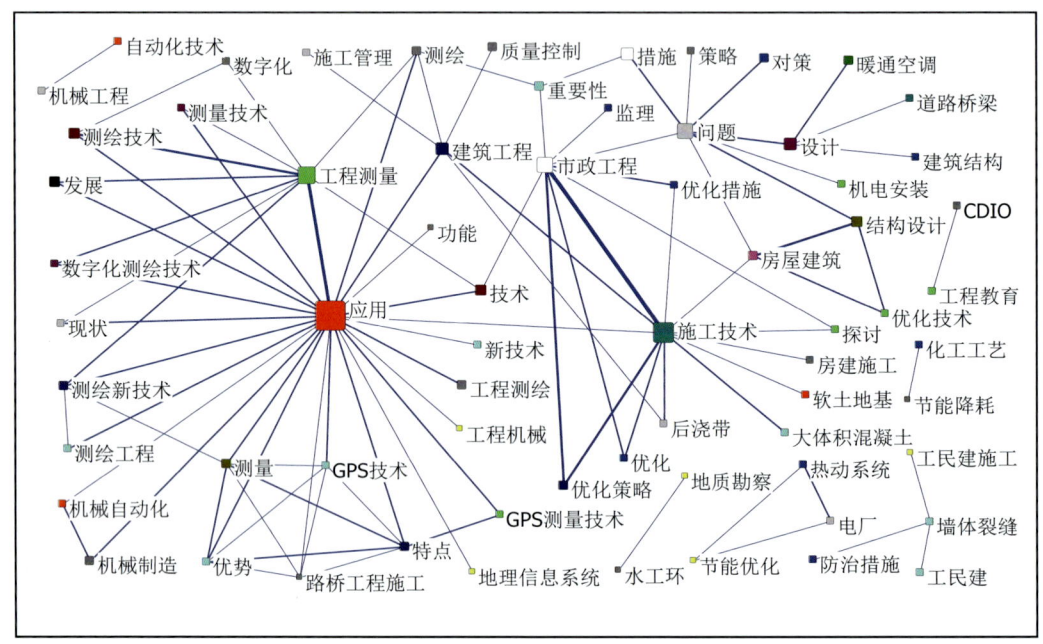

图 29-3　一般工业技术学科 2015 年热点主题关联

## 29.4　学科高影响力期刊分析

### 29.4.1　学科高影响力期刊 TOP 10

在一般工业技术学科，学科5年影响因子位居前10位的期刊见表29-3，排在前3位的期刊分别是《制冷学报》《复合材料学报》和《包装工程》。在表29-3中，学科载文量占其总载文量比例最大的期刊是《复合材料学报》；前5年学科载文在2015年被引率最高的期刊是《复合材料学报》；期刊5年影响因子较高的前3种期刊分别是《复合材料学报》《制冷学报》和《包装工程》；学科5年影响因子与期刊5年影响因子差异最大的期刊是《噪声与振动控制》。表29-3中期刊的学科5年影响因子和前5年学科载文的2015年被引率对比如图29-4所示，2010—2015年期刊5年影响因子的变动情况如图29-5所示。

表 29-3　一般工业技术学科高影响力期刊基本指数

| 序号 | 期刊名称 | 前 5 年载文量 | | | 2015 年学科被引 | | | 5 年影响因子 | | h 指数（学科） |
|---|---|---|---|---|---|---|---|---|---|---|
| | | 学科（篇） | 占比（%） | 总量（篇） | 频次 | 被引率（%） | 高被引论文篇数 | 期刊(2015) | 学科(2015) | |
| 1 | 制冷学报 | 326 | 55.8 | 584 | 222 | 34.0 | 4 | 0.634 | 0.681 | 6 |
| 2 | 复合材料学报 | 1137 | 85.5 | 1330 | 746 | 37.1 | 3 | 0.661 | 0.656 | 5 |
| 3 | 包装工程 | 3372 | 65.5 | 5149 | 2157 | 33.5 | 21 | 0.603 | 0.640 | 9 |
| 4 | 无机材料学报 | 297 | 21.0 | 1411 | 163 | 32.3 | 1 | 0.502 | 0.549 | 6 |
| 5 | 玻璃钢/复合材料 | 826 | 85.0 | 972 | 383 | 29.3 | 0 | 0.474 | 0.464 | 5 |
| 6 | 材料科学与工程学报 | 304 | 26.0 | 1170 | 140 | 28.9 | 0 | 0.485 | 0.461 | 4 |
| 7 | 包装学报 | 230 | 45.3 | 508 | 103 | 30.9 | 0 | 0.409 | 0.448 | 4 |
| 8 | 制冷技术 | 213 | 49.5 | 430 | 95 | 28.2 | 0 | 0.442 | 0.446 | 4 |
| 9 | 真空科学与技术学报 | 263 | 20.7 | 1271 | 117 | 29.7 | 0 | 0.465 | 0.445 | 5 |
| 10 | 噪声与振动控制 | 559 | 31.3 | 1786 | 206 | 23.6 | 2 | 0.418 | 0.369 | 5 |

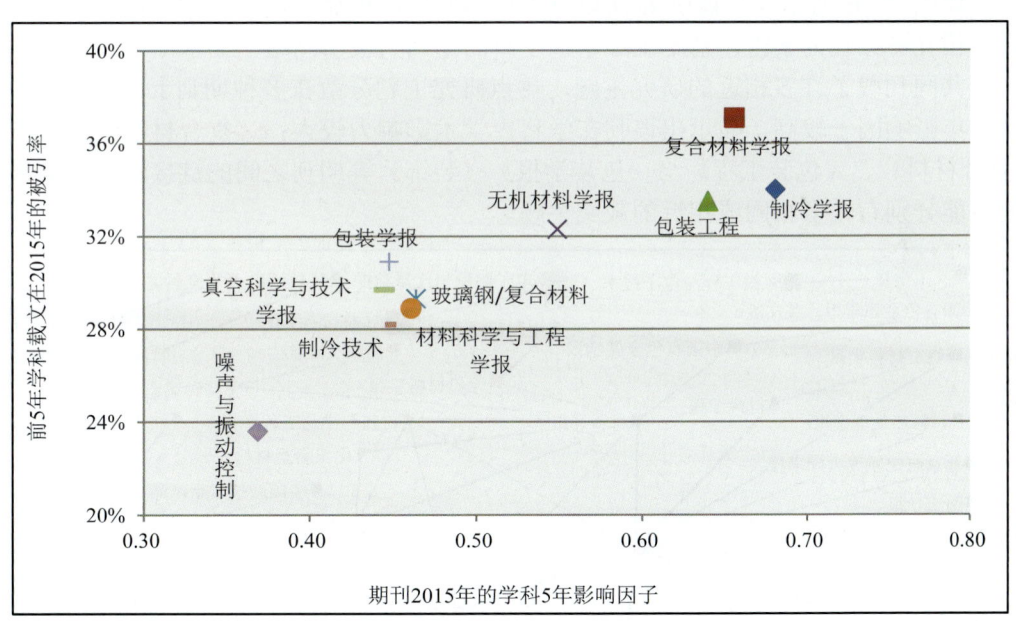

图 29-4　一般工业技术学科高影响力期刊对比

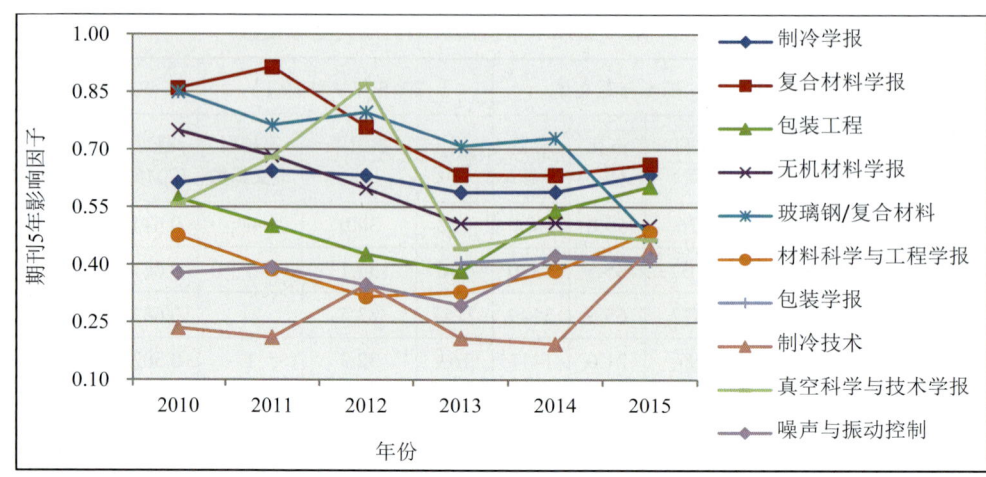

图 29-5　一般工业技术学科期刊 5 年影响因子变动

### 29.4.2　学科高影响力期刊载文主题关联

通过期刊共被引分析，获得一般工业技术学科高影响力期刊及与其他期刊之间的载文主题关联，如图 29-6 所示（共被引 6 次以下不显示）。结果显示，一般工业技术学科的高影响力期刊相互链接较为紧密，基本主导了该学科的期刊共被引网络，显示出该学科高影响力期刊可能共同刊载了许多相近的研究主题，热点研究主题分散在多种期刊上。《制冷学报》的学科 5 年影响因子较高，显示出该刊在学科内学术影响力较大；《复合材料学报》与《玻璃钢/复合材料》、《包装工程》与《包装学报》《装饰》等期刊之间的链接较强，意味着它们之间可能分别有较多相同或相近的载文主题。

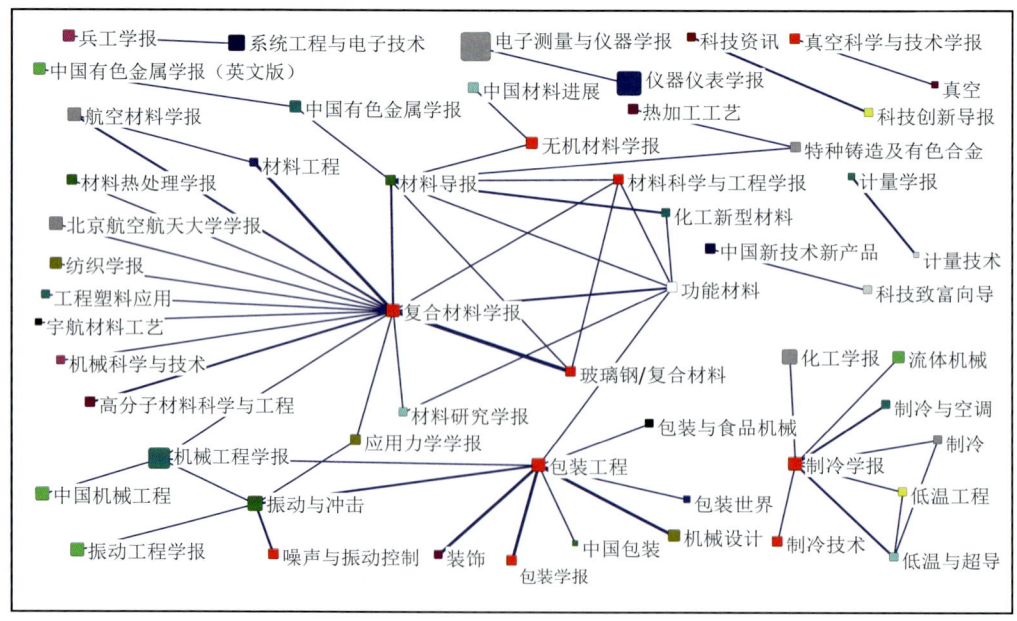

图 29-6　一般工业技术学科高影响力期刊载文主题关联

## 29.5 高被引作者分析

### 29.5.1 高被引作者 TOP 20

2010—2014 年，在 70761 位一般工业技术学科论文的第一作者中，在 2015 年学科被引频次位居前 20 位的学者的发文及被引情况见表 29-4。其中，学科发文总被引频次较高的 3 位作者分别是河南威丽市政园林有限公司的李为（65 次）、江西省国土资源勘测规划院的江振（45 次）、武昌工学院的马魁（29 次）和靖江市佳境建筑设计顾问有限公司的王健（29 次）。高被引作者的 5 年学科发文数量从 1 篇到 20 篇不等，同时，作者学科发文的期刊分布也在 1 种到 8 种之间变化。在发文超过 5 篇的所有作者中，篇均被引较高的 3 位作者分别是浙江大学的卢富德（篇均 3.29 次）、江西理工大学的余长林（篇均 3.00 次）和天津理工大学的张磊（篇均 3.00 次）；前 5 年发表学科论文较多的 3 位作者分别是沈阳建筑大学的马广韬（23 篇）、国家质量监督检验检疫总局的李慎安（22 篇）和哈尔滨工程大学的梁国龙（20 篇）。高被引作者的学科发文量和被引量对比如图 29-7 所示。

表 29-4 一般工业技术学科高被引作者 TOP 20

| 序号 | 姓名 | 作者单位 | 前 5 年发文 | | | 前 5 年学科发文在 2015 年的被引 | | | | h 指数（学科） |
|---|---|---|---|---|---|---|---|---|---|---|
| | | | 学科发文（篇） | 期刊分布（种） | 发文总量（篇） | 总频次 | 被引率（%） | 最高（次） | 篇均（次） | |
| 1 | 李为 | 河南威丽市政园林有限公司 | 1 | 1 | 1 | 65 | 100.0 | 65 | 65.00 | 1 |
| 2 | 江振 | 江西省国土资源勘测规划院 | 1 | 1 | 2 | 45 | 100.0 | 45 | 45.00 | 1 |
| 3 | 马魁 | 武昌工学院 | 1 | 1 | 4 | 29 | 100.0 | 29 | 29.00 | 1 |
| 3 | 王健 | 靖江市佳境建筑设计顾问有限公司 | 1 | 1 | 1 | 29 | 100.0 | 29 | 29.00 | 1 |
| 5 | 尹永静 | 河南正茂建设工程有限公司 | 1 | 1 | 1 | 27 | 100.0 | 27 | 27.00 | 1 |
| 6 | 周正干 | 北京航空航天大学 | 11 | 6 | 16 | 26 | 81.8 | 5 | 2.36 | 4 |
| 6 | 刘增华 | 北京工业大学 | 14 | 6 | 20 | 26 | 57.1 | 6 | 1.86 | 3 |
| 8 | 卢富德 | 浙江大学 | 7 | 5 | 8 | 23 | 100.0 | 6 | 3.29 | 3 |
| 9 | 戴宏民 | 重庆工商大学 | 20 | 3 | 23 | 21 | 50.0 | 3 | 1.05 | 3 |
| 10 | 李晓刚 | 北京林业大学 | 9 | 2 | 12 | 20 | 55.6 | 15 | 2.22 | 2 |
| 10 | 刘亮 | 河南缔华房地产开发有限公司 | 1 | 1 | 1 | 20 | 100.0 | 20 | 20.00 | 1 |
| 10 | 张燕凯 | 河北省第三测绘院 | 1 | 1 | 1 | 20 | 100.0 | 20 | 20.00 | 1 |
| 13 | 马一太 | 天津大学 | 16 | 8 | 27 | 19 | 50.0 | 8 | 1.19 | 2 |

| 序号 | 姓名 | 作者单位 | 前5年发文 | | | 前5年学科发文在2015年的被引 | | | | h 指数 (学科) |
|---|---|---|---|---|---|---|---|---|---|---|
| | | | 学科发文（篇） | 期刊分布（种） | 发文总量（篇） | 总频次 | 被引率（%） | 最高（次） | 篇均（次） | |
| 13 | 孙卫东 | 吉林省通化市城市建设动迁安置工作站 | 1 | 1 | 3 | 19 | 100.0 | 19 | 19.00 | 1 |
| 15 | 杨文艳 | 河北省迁安市城乡规划局 | 1 | 1 | 2 | 18 | 100.0 | 18 | 18.00 | 1 |
| 15 | 张春明 | 哈尔滨富达房地产开发有限公司 | 1 | 1 | 3 | 18 | 100.0 | 18 | 18.00 | 2 |
| 15 | 张磊 | 天津理工大学 | 6 | 2 | 13 | 18 | 50.0 | 13 | 3.00 | 2 |
| 15 | 陈启元 | 中南大学 | 1 | 1 | 3 | 18 | 100.0 | 18 | 18.00 | 1 |
| 19 | 陈怀艳 | 北京航天飞行控制中心 | 2 | 1 | 3 | 17 | 100.0 | 13 | 8.50 | 2 |
| 19 | 孙康宁 | 山东大学 | 1 | 1 | 4 | 17 | 100.0 | 17 | 17.00 | 1 |

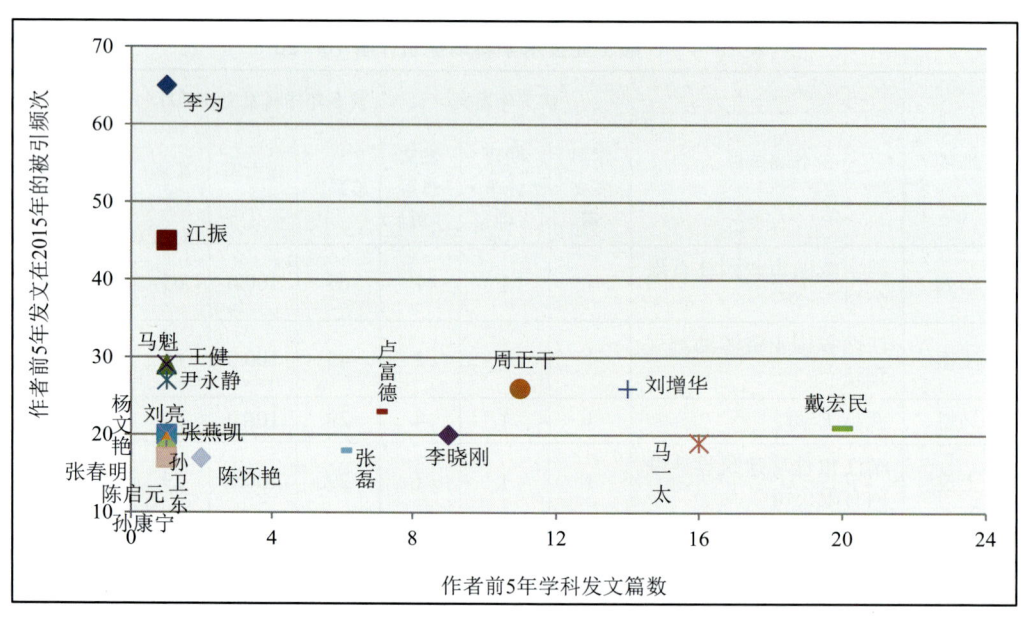

图 29-7　一般工业技术学科高被引作者学科发文及被引对比

## 29.5.2　高被引作者科研合作关系

通过作者合著分析，获得 2015 年一般工业技术学科高被引作者及与其他学者之间的科研论文合作关系（不考虑论文署名次序），如图 29-8 所示（合著 1 次以下不显示）。可以看出，一般工业技术学科的高被引作者的论文合作现象比较普遍。学者戴宏民和马一太的发文量较多；马一太的论文合作网络最为突出，在该学科的研究人员中表现出一定的集聚效应；马一太和李敏霞之间的合作关系最为紧密，显示出他们可能属于同一支科研团队。

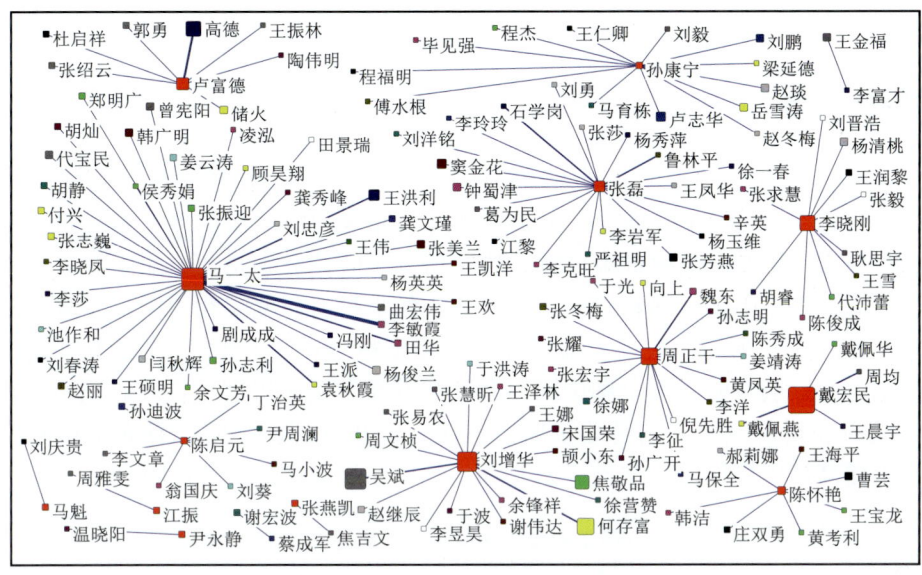

图 29-8　一般工业技术学科高被引作者科研论文合作关系

## 29.5.3　高被引作者发文主题关联

通过作者共被引分析，获得 2015 年一般工业技术学科高被引作者及与其他学者之间的发文主题关联。如图 29-9 所示，一般工业技术学科的高被引作者基本主导了作者共被引网络，显示出该学科在热点主题上已经形成了优势较为明显的科研力量。学者江振的节点较大，显示出其学术成果在学科内得到较多关注；卢富德与高德、陈怀艳与凌明祥等学者之间的链接较强，意味着他们之间可能分别有较为相近的研究主题；以刘增华、周正干等学者为主要节点的共被引作者簇人数较多且网络规模较大，意味着这些学者的研究主题关联可能较为紧密。

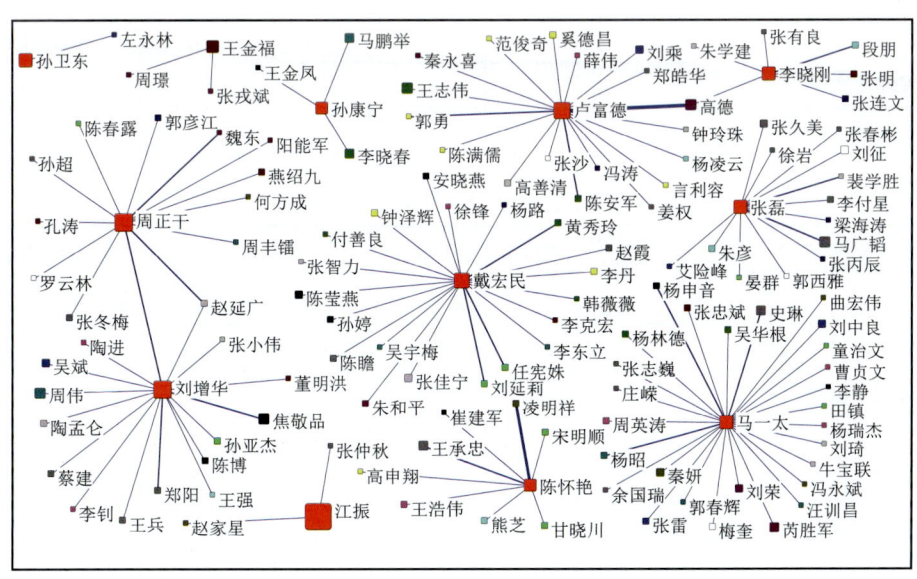

图 29-9　一般工业技术学科高被引作者发文主题关联

## 29.6 高被引机构分析

### 29.6.1 高被引机构

为便于比较，本书将一般工业技术学科的高被引机构分为高等院校和科研院所两种类型。其中，被引频次 TOP 10 高等院校和被引频次 TOP 5 科研院所的发文及被引情况分别见表 29-5 和表 29-6。其中，总被引频次较高的 3 所高等院校分别是北京航空航天大学、西北工业大学和江南大学，中国计量科学研究院、北京航空材料研究院和中国科学院声学研究所是总被引频次较高的 3 所科研院所；前 5 年学科发文在 2015 年的被引率最高的高等院校和科研院所分别是南京航空航天大学和中国科学院长春光学精密机械与物理研究所，篇均被引最高的高等院校和科研院所分别是北京航空航天大学和中国科学院长春光学精密机械与物理研究所。上述高被引机构的论文被引率和篇均被引频次对比如图 29-10 所示。

表 29-5　一般工业技术学科高被引高等院校 TOP 10

| 序号 | 第一作者单位 | 学科发文量（篇） | | 前 5 年学科发文在 2015 年的被引 | | | |
|---|---|---|---|---|---|---|---|
| | | 前 5 年 | 2015 年 | 频次 | 被引率(%) | 最高（次） | 篇均（次） |
| 1 | 北京航空航天大学 | 627 | 103 | 396 | 34.3 | 9 | 0.63 |
| 2 | 西北工业大学 | 1123 | 201 | 372 | 23.1 | 9 | 0.33 |
| 3 | 江南大学 | 636 | 97 | 335 | 28.3 | 12 | 0.53 |
| 4 | 南京航空航天大学 | 556 | 95 | 291 | 34.7 | 5 | 0.52 |
| 5 | 上海交通大学 | 575 | 100 | 265 | 28.9 | 8 | 0.46 |
| 6 | 中南大学 | 561 | 89 | 245 | 25.8 | 18 | 0.44 |
| 7 | 华南理工大学 | 425 | 56 | 226 | 30.4 | 10 | 0.53 |
| 8 | 浙江大学 | 444 | 63 | 214 | 26.6 | 8 | 0.48 |
| 9 | 上海理工大学 | 555 | 93 | 213 | 25.4 | 9 | 0.38 |
| 10 | 清华大学 | 359 | 52 | 207 | 27.0 | 10 | 0.58 |

表 29-6　一般工业技术学科高被引科研院所 TOP 5

| 序号 | 第一作者单位 | 学科发文量（篇） | | 前 5 年学科发文在 2015 年的被引 | | | |
|---|---|---|---|---|---|---|---|
| | | 前 5 年 | 2015 年 | 频次 | 被引率(%) | 最高（次） | 篇均（次） |
| 1 | 中国计量科学研究院 | 472 | 69 | 88 | 13.3 | 4 | 0.19 |
| 2 | 北京航空材料研究院 | 148 | 20 | 74 | 28.4 | 11 | 0.50 |
| 3 | 中国科学院声学研究所 | 171 | 30 | 69 | 25.1 | 7 | 0.40 |
| 4 | 合肥通用机械研究院 | 110 | 22 | 40 | 24.5 | 4 | 0.36 |
| 5 | 中国科学院长春光学精密机械与物理研究所 | 66 | 7 | 34 | 28.8 | 8 | 0.52 |

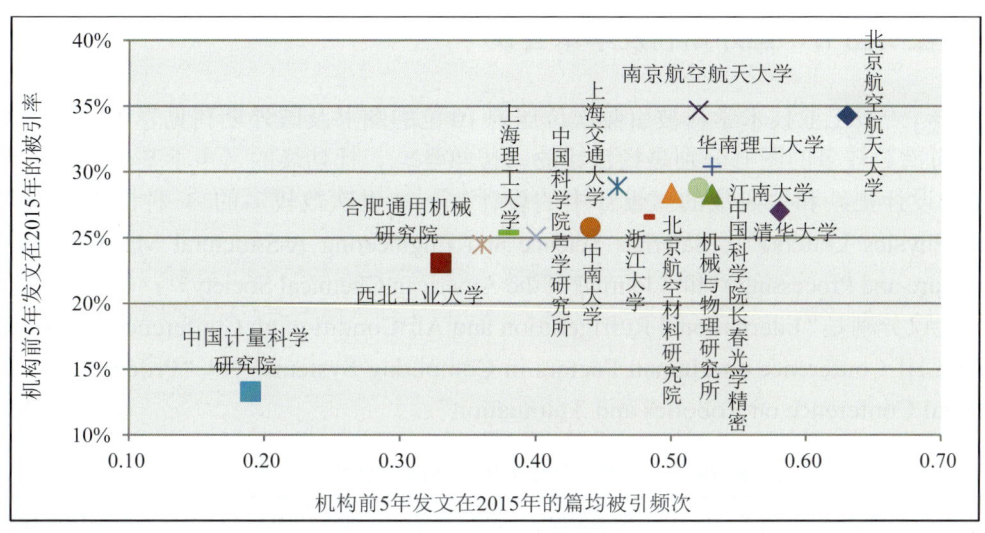

图 29-10 一般工业技术学科高被引机构论文篇均被引及被引率对比

## 29.6.2 高被引机构科研合作关系

通过合著分析，获得一般工业技术学科高被引机构之间及其与其他机构之间的科研合作关联，如图 29-11 所示（合作 23 次以下不显示）。分析得知，一般工业技术学科的机构合作链接比较紧密，表明学科内机构合作现象较为普遍；高被引机构基本主导了机构合作网络，显示出这些机构已经在学科内具有了一定的科研优势；北京航空航天大学和上海飞机制造有限公司、中国计量科学研究院与北京化工大学等机构之间的链接较强，表明它们的学术合作较为频繁。

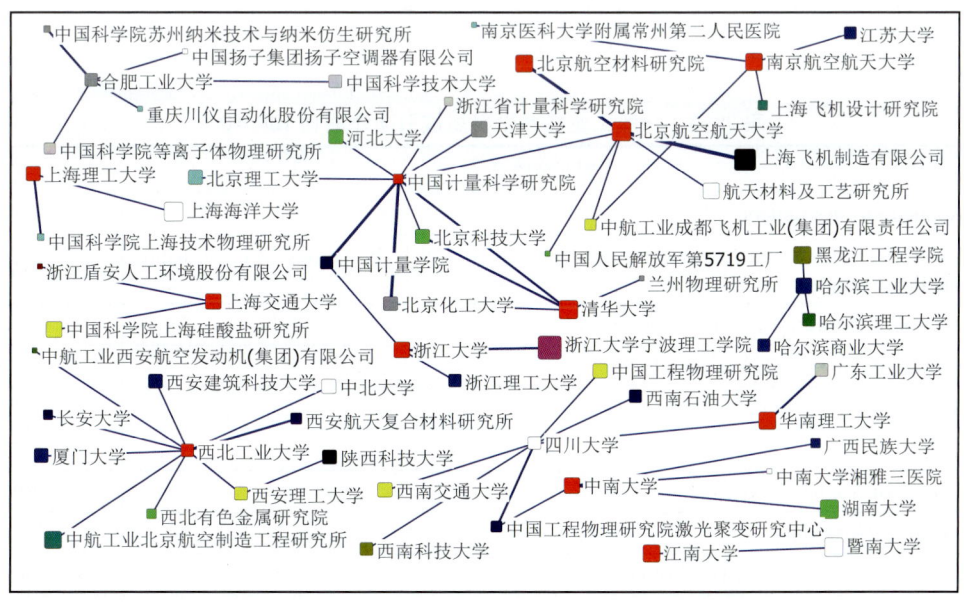

图 29-11 一般工业技术学科高被引机构科研合作关联

## 29.7 高被引图书、国外期刊及学术会议

2015年,一般工业技术学科被引频次位居前10位的图书及国外期刊见表29-7和表29-8。其中,被引次数较多的图书分别是杨世铭的《传热学》、杜功焕的《声学基础》、王受之的《世界现代设计史》和原研哉的《设计中的设计》;被引次数较多的3种国外期刊分别是《Applied Physics Letters》《Materials Science and Engineering A-Structural Materials Properties Microstructure and Processing》和《Journal of the American Chemical Society》;被引次数较多的3场学术会议分别是"International Refrigeration and Air Conditioning Conference""Proceedings of the SIGCHI Conference on Human Factors in Computing Systems"和"Proceedings of IEEE International Conference on Robotics and Automation"。

表 29-7 一般工业技术学科高被引图书 TOP 10

| 序号 | 责任者 | 图书名称 | 出版社 | 2015年被引频次 |
|---|---|---|---|---|
| 1 | 杨世铭 | 传热学 | 高等教育出版社 | 31 |
| 2 | 杜功焕 | 声学基础 | 南京大学出版社 | 26 |
| 3 | 王受之 | 世界现代设计史 | 中国青年出版社 | 25 |
| 3 | 原研哉 | 设计中的设计 | 山东人民出版社 | 25 |
| 5 | 沈观林 | 复合材料力学 | 清华大学出版社 | 23 |
| 6 | 丁玉兰 | 人机工程学 | 北京理工大学出版社 | 22 |
| 7 | 吴业正 | 制冷原理及设备 | 西安交通大学出版社 | 16 |
| 7 | 成大先 | 机械设计手册 | 化学工业出版社 | 16 |
| 9 | 达道安 | 真空设计手册 | 国防工业出版社 | 15 |
| 9 | 马大猷 | 噪声与振动控制工程手册 | 机械工业出版社 | 15 |

表 29-8 一般工业技术学科高被引国外期刊 TOP 10

| 序号 | 期刊名称 | 2015年被引频次 |
|---|---|---|
| 1 | Applied Physics Letters | 1057 |
| 2 | Materials Science and Engineering A-Structural Materials Properties Microstructure and Processing | 917 |
| 3 | Journal of the American Chemical Society | 864 |
| 4 | Journal of Alloys and Compounds | 840 |
| 5 | Science | 839 |
| 6 | Carbon | 813 |
| 7 | Journal of Applied Physics | 808 |
| 8 | Advanced Materials | 806 |
| 9 | Composites Science and Technology | 741 |
| 10 | Nano Letters | 717 |

# 第30章 矿业工程学科高被引分析

## 30.1 学科论文概况

2010—2014年,矿业工程学科共有100541位来自24642所机构的论文第一作者在2154种期刊上发表了112080篇学术论文。其中,80%以上的论文产出自5416所机构、74854位作者,发表在112种期刊上。在前5年发表的这些论文中,有26413篇在2015年获得过引用,整体被引率为23.6%,总被引频次为49012次,篇均被引0.44次;其中,高被引论文有326篇,单篇论文最高被引频次为57次,累计被引4104次,篇均被引12.59次(表30-1)。另外,2015年矿业工程学科共发表论文25435篇,其中有1140篇在当年获得过引用,总共被引1392次。

表30-1 矿业工程学科论文分布情况

| 年份 | 论文篇数 | 2015年被引频次 | 2015年被引率(%) | 2015年高被引论文 | | | |
|---|---|---|---|---|---|---|---|
| | | | | 论文篇数 | 最高被引频次 | 总被引频次 | 篇均被引频次 |
| 2010 | 17876 | 9158 | 25.1 | 46 | 38 | 827 | 17.98 |
| 2011 | 21543 | 10199 | 24.4 | 54 | 41 | 788 | 14.59 |
| 2012 | 24194 | 10828 | 23.9 | 84 | 57 | 1081 | 12.87 |
| 2013 | 22347 | 11189 | 27.1 | 62 | 49 | 754 | 12.16 |
| 2014 | 26120 | 7638 | 18.5 | 80 | 46 | 654 | 8.18 |
| 合计 | 112080 | 49012 | 23.6 | 326 | 57 | 4104 | 12.59 |

从矿业工程学科论文的地域分布来看,2015年被引频次较高的5个省、直辖市或自治区依次是北京、江苏、山西、河南和山东(图30-1);5年论文产出量较多的5个省、直辖市或自治区依次是山西、河南、山东、北京和江苏(图30-2)。

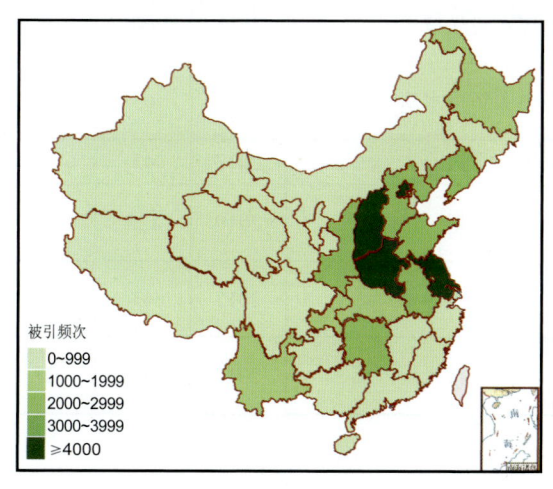

图30-1 2015年矿业工程学科地区被引分布

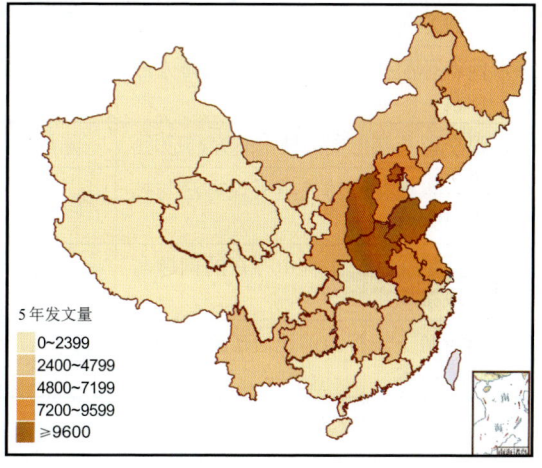

图30-2 矿业工程学科5年论文产出地区分布

## 30.2 高被引论文分析

在矿业工程学科，2015 年被引频次位居前 10 位的论文（表 30-2）平均被引频次为 37.18 次，是全部 326 篇高被引论文篇均被引频次的 3.0 倍。其中，被引频次最高的论文是康红普于 2010 年发表的《煤矿巷道锚杆支护应用实例分析》，随后 2 篇分别是康红普于 2010 年发表的《煤矿巷道支护技术的研究与应用》和康红普于 2010 年发表的《深部沿空留巷围岩变形特征与支护技术》。

从论文分布来看，刊载高被引论文数量居前的 3 种期刊分别是《煤炭学报》（108 篇）、《煤炭科学技术》（44 篇）和《采矿与安全工程学报》（28 篇），而《煤炭学报》刊载了高被引论文 TOP 10 中的 5 篇；发表高被引论文居前的 3 位学者分别是中国矿业大学（北京）的孙继平（9 篇）、四川大学的谢和平（5 篇）和煤炭科学研究总院开采设计研究分院的康红普（5 篇）；产出高被引论文数量居前的 3 所机构分别是中国矿业大学（70 篇）、中国矿业大学（北京）（37 篇）和北京科技大学（18 篇）。

表 30-2 矿业工程学科高被引论文 TOP 10

| 序号 | 论文题名 | 第一作者 | 期刊名称 | 发表年份 | 被引频次 总频次 | 被引频次 2015 年 |
|---|---|---|---|---|---|---|
| 1 | 煤矿巷道锚杆支护应用实例分析 | 康红普 | 岩石力学与工程学报 | 2010 | 181 | 62 |
| 2 | 煤矿巷道支护技术的研究与应用 | 康红普 | 煤炭学报 | 2010 | 85 | 51 |
| 3 | 深部沿空留巷围岩变形特征与支护技术 | 康红普 | 岩石力学与工程学报 | 2010 | 100 | 49 |
| 4 | 我国煤炭开采中的冲击地压机理和防治 | 姜耀东 | 煤炭学报 | 2014 | 44 | 38 |
| 5 | 三论数字矿山——借力物联网保障矿山安全与智能采矿 | 吴立新 | 煤炭学报 | 2012 | 59 | 32 |
| 5 | 我国煤层气勘探与开发技术现状及发展方向 | 秦勇 | 煤炭科学技术 | 2012 | 60 | 32 |
| 7 | 浅谈地质找矿勘查技术原则与方法创新 | 易宗旺 | 中国新技术新产品 | 2011 | 63 | 31 |
| 7 | 沿空留巷巷内支护技术研究与应用 | 陈勇 | 煤炭学报 | 2012 | 43 | 31 |
| 9 | 综合机械化固体充填采煤方法与技术研究 | 缪协兴 | 煤炭学报 | 2010 | 125 | 29 |
| 10 | 矿山地质探矿工程中存在的问题与解决措施 | 李享 | 科技创新导报 | 2012 | 43 | 27 |
| 10 | 新形势下浅析当前地质矿产勘查及找矿技术 | 杨联荣 | 中国新技术新产品 | 2012 | 47 | 27 |

## 30.3 研究主题关联分析

在矿业工程学科，高被引论文累计被 2015 年发表的 3228 篇论文引用了 4104 次。通过分析施引文献关键词的词频及关键词之间的共现关系，获得 2015 年矿业工程学科的热点主题和主题关联，如图 30-3 所示（共现 8 次以下不显示）。由图 30-3 可知："数值模拟""冲击地压""瓦斯抽采"等关键词的文档词频较高，是 2015 年学科的研究热点；以"数值模拟""冲击地压""巷道支护"等关键词为主要节点的多个概念相互关联，构成了学科内最为突出的研究主题簇。

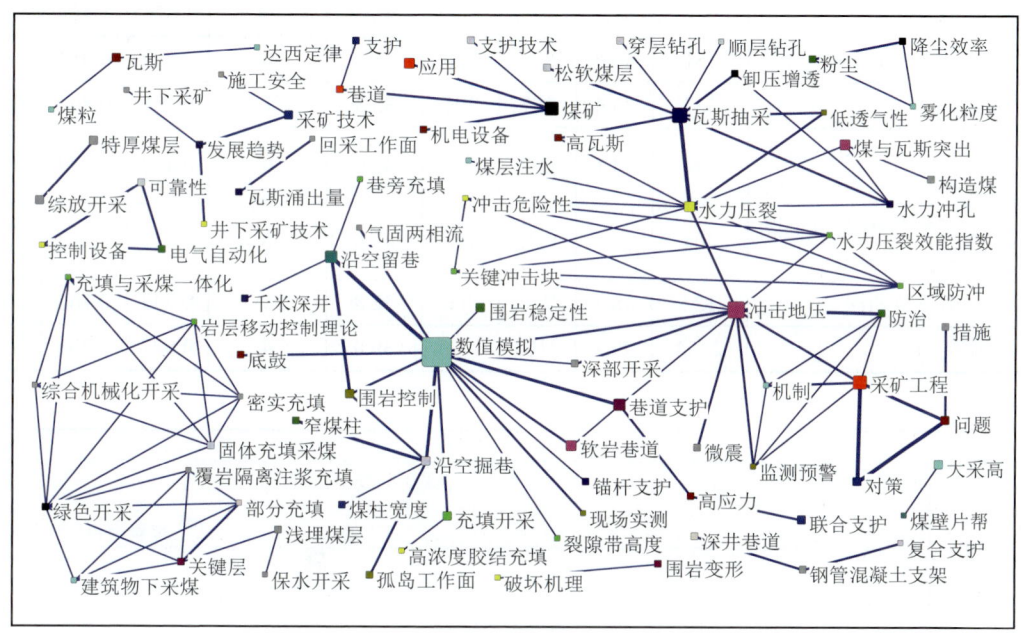

图 30-3 矿业工程学科 2015 年热点主题关联

## 30.4 学科高影响力期刊分析

### 30.4.1 学科高影响力期刊 TOP 10

在矿业工程学科，学科 5 年影响因子位居前 10 位的期刊见表 30-3，排在前 3 位的期刊分别是《煤炭学报》《中国矿业大学学报》和《采矿与安全工程学报》。在表 30-3 中，学科载文量占其总载文量比例最大的期刊是《采矿与安全工程学报》；前 5 年学科载文在 2015 年被引率最高的期刊是《煤炭学报》；期刊 5 年影响因子较高的前 3 种期刊分别是《煤炭学报》《采矿与安全工程学报》和《中国矿业大学学报》；学科 5 年影响因子与期刊 5 年影响因子差异最大的期刊是《中国矿业大学学报》。表 30-3 中期刊的学科 5 年影响因子和前 5 年学科载文的 2015 年被引率对比如图 30-4 所示，2010—2015 年期刊 5 年影响因子的变动情况如图 30-5 所示。

表 30-3　矿业工程学科高影响力期刊基本指数

| 序号 | 期刊名称 | 前 5 年载文量 | | 2015 年学科被引 | | | 5 年影响因子 | | h指数(学科) |
|---|---|---|---|---|---|---|---|---|---|
| | | 学科(篇) | 占比(%) | 总量(篇) | 频次 | 被引率(%) | 高被引论文篇数 | 期刊(2015) | 学科(2015) | |
| 1 | 煤炭学报 | 1649 | 62.3 | 2646 | 4106 | 61.6 | 108 | 2.132 | 2.490 | 20 |
| 2 | 中国矿业大学学报 | 352 | 35.1 | 1002 | 724 | 59.1 | 15 | 1.407 | 2.057 | 11 |
| 3 | 采矿与安全工程学报 | 790 | 90.6 | 872 | 1542 | 60.9 | 28 | 1.845 | 1.952 | 10 |
| 4 | 煤炭科学技术 | 1952 | 81.5 | 2395 | 2847 | 52.3 | 44 | 1.376 | 1.459 | 14 |
| 5 | 西安科技大学学报 | 351 | 40.0 | 878 | 320 | 45.6 | 0 | 0.789 | 0.912 | 7 |
| 6 | 爆破 | 337 | 43.4 | 777 | 291 | 35.3 | 1 | 0.721 | 0.864 | 7 |
| 7 | 湖南科技大学学报(自然科学版) | 86 | 14.1 | 608 | 73 | 43.0 | 0 | 0.479 | 0.849 | 6 |
| 8 | 辽宁工程技术大学学报(自然科学版) | 404 | 21.1 | 1912 | 328 | 42.6 | 0 | 0.637 | 0.812 | 7 |
| 9 | 煤田地质与勘探 | 122 | 15.8 | 770 | 93 | 32.8 | 1 | 0.743 | 0.762 | 6 |
| 10 | 金属矿山 | 2453 | 79.1 | 3103 | 1727 | 39.0 | 4 | 0.677 | 0.704 | 7 |

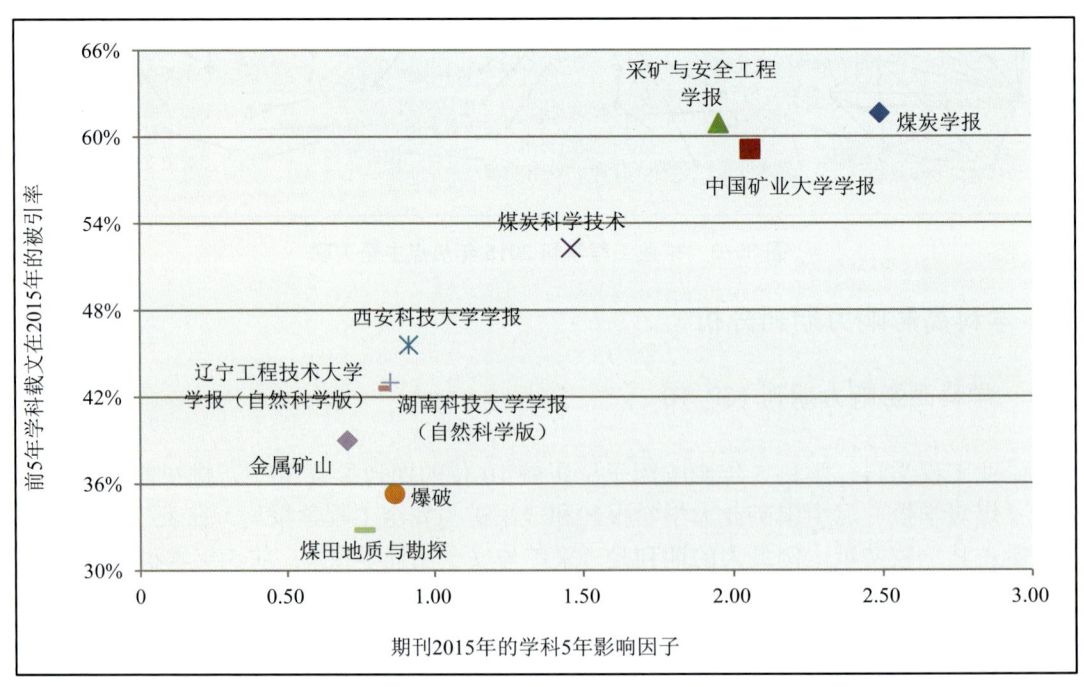

图 30-4　矿业工程学科高影响力期刊对比

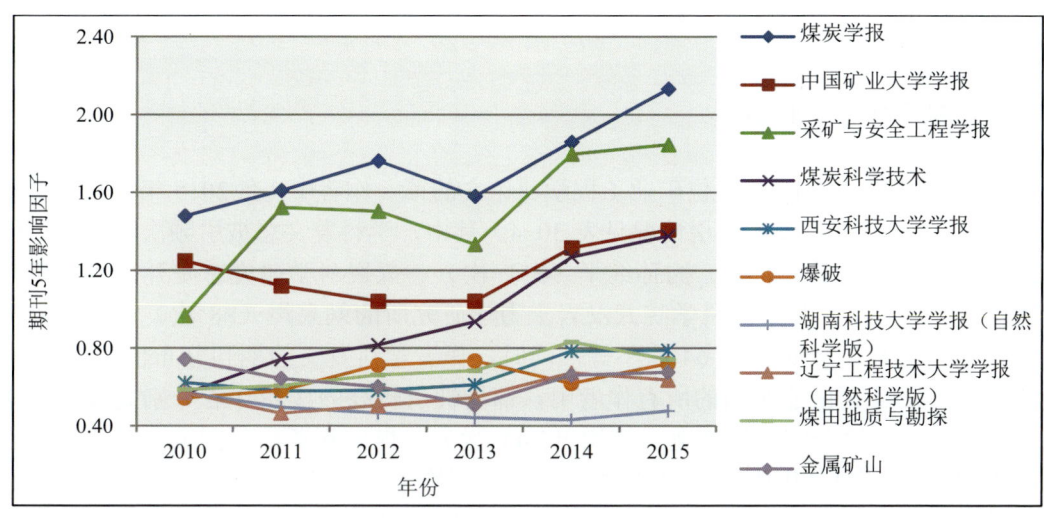

图 30-5　矿业工程学科期刊 5 年影响因子变动

### 30.4.2　学科高影响力期刊载文主题关联

通过期刊共被引分析，获得矿业工程学科高影响力期刊及与其他期刊之间的载文主题关联，如图 30-6 所示（共被引 45 次以下不显示）。结果显示，矿业工程学科的高影响力期刊相互链接较为紧密，基本主导了该学科的期刊共被引网络，显示出该学科高影响力期刊可能共同刊载了许多相近的研究主题，热点研究主题分散在多种期刊上。《煤炭学报》的学科 5 年影响因子较高，显示出该刊在学科内学术影响力较大；《煤炭学报》与《煤炭科学技术》《采矿与安全工程学报》等期刊之间的链接较强，意味着它们之间可能有较多相同或相近的载文主题。

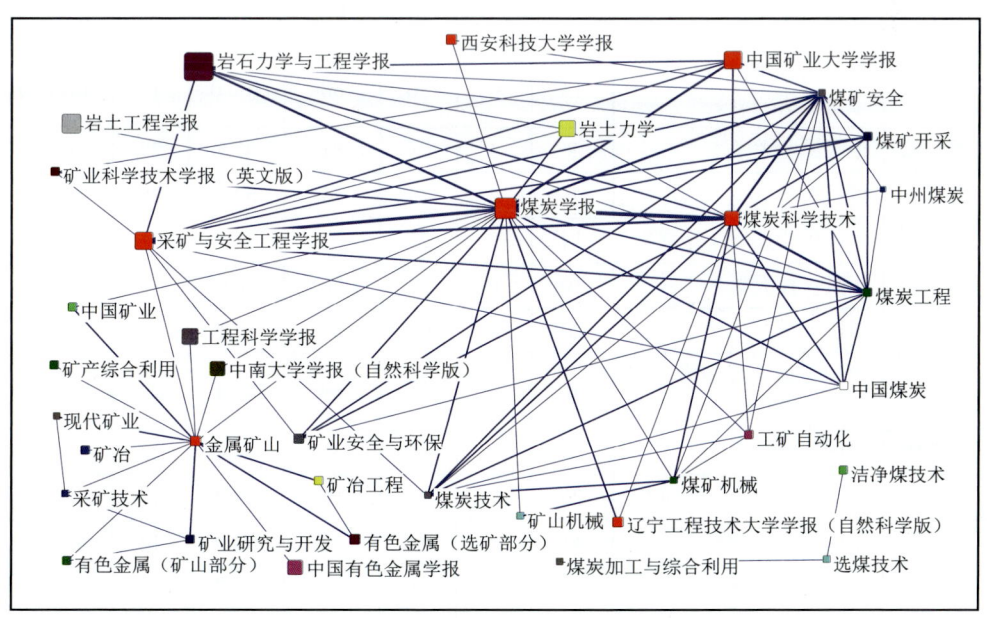

图 30-6　矿业工程学科高影响力期刊载文主题关联

## 30.5 高被引作者分析

### 30.5.1 高被引作者 TOP 20

2010—2014 年，在 100541 位矿业工程学科论文的第一作者中，在 2015 年学科被引频次位居前 20 位的学者的发文及被引情况见表 30-4。其中，学科发文总被引频次较高的 3 位作者分别是中国矿业大学（北京）的孙继平（251 次）、煤炭科学研究总院开采设计研究分院的康红普（157 次）和中国科学院武汉岩土力学研究所的刘泉声（88 次）。高被引作者的 5 年学科发文数量从 6 篇到 64 篇不等，同时，作者学科发文的期刊分布也在 2 种到 10 种之间变化。在发文超过 5 篇的所有作者中，篇均被引较高的 3 位作者分别是煤炭科学研究总院开采设计研究分院的康红普（篇均 17.44 次）、煤矿瓦斯治理国家工程研究中心的袁亮（篇均 11.50 次）和中国矿业大学的缪协兴（篇均 10.25 次）；前 5 年发表学科论文较多的 3 位作者分别是中国矿业大学（北京）的孙继平（64 篇）、内蒙古科技大学的王文才（56 篇）和内蒙古科技大学的张飞（51 篇）。高被引作者的学科发文量和被引量对比如图 30-7 所示。

表 30-4  矿业工程学科高被引作者 TOP 20

| 序号 | 姓名 | 作者单位 | 前 5 年发文 | | | 前 5 年学科发文在 2015 年的被引 | | | | h 指数（学科） |
|---|---|---|---|---|---|---|---|---|---|---|
| | | | 学科发文（篇） | 期刊分布（种） | 发文总量（篇） | 总频次 | 被引率（%） | 最高（次） | 篇均（次） | |
| 1 | 孙继平 | 中国矿业大学（北京） | 64 | 6 | 66 | 251 | 75.0 | 21 | 3.92 | 9 |
| 2 | 康红普 | 煤炭科学研究总院开采设计研究分院 | 9 | 4 | 10 | 157 | 100.0 | 51 | 17.44 | 7 |
| 3 | 刘泉声 | 中国科学院武汉岩土力学研究所 | 13 | 4 | 30 | 88 | 100.0 | 17 | 6.77 | 7 |
| 4 | 缪协兴 | 中国矿业大学 | 8 | 4 | 9 | 82 | 87.5 | 29 | 10.25 | 5 |
| 5 | 谢和平 | 四川大学 | 8 | 2 | 34 | 74 | 62.5 | 26 | 9.25 | 6 |
| 6 | 武强 | 中国矿业大学（北京） | 14 | 5 | 22 | 73 | 71.4 | 21 | 5.21 | 6 |
| 7 | 程卫民 | 山东科技大学 | 10 | 6 | 11 | 70 | 90.0 | 19 | 7.00 | 6 |
| 8 | 尹光志 | 重庆大学 | 20 | 6 | 28 | 69 | 80.0 | 10 | 3.45 | 6 |
| 8 | 袁亮 | 煤矿瓦斯治理国家工程研究中心 | 6 | 3 | 6 | 69 | 83.3 | 22 | 11.50 | 4 |
| 10 | 许家林 | 中国矿业大学 | 9 | 7 | 9 | 61 | 44.4 | 23 | 6.78 | 5 |
| 11 | 王家臣 | 中国矿业大学（北京） | 20 | 7 | 22 | 60 | 60.0 | 17 | 3.00 | 5 |
| 12 | 鞠金峰 | 中国矿业大学 | 11 | 4 | 11 | 59 | 90.9 | 12 | 5.36 | 5 |
| 13 | 姜耀东 | 中国矿业大学（北京） | 7 | 3 | 9 | 58 | 85.7 | 38 | 8.29 | 3 |
| 14 | 许江 | 重庆大学 | 22 | 6 | 39 | 57 | 63.6 | 14 | 2.59 | 5 |

| 序号 | 姓名 | 作者单位 | 前5年发文 | | | 前5年学科发文在2015年的被引 | | | | h指数(学科) |
|---|---|---|---|---|---|---|---|---|---|---|
| | | | 学科发文（篇） | 期刊分布（种） | 发文总量（篇） | 总频次 | 被引率（%） | 最高（次） | 篇均（次） | |
| 15 | 王金华 | 中国煤炭科工集团有限公司 | 14 | 5 | 21 | 56 | 57.1 | 15 | 4.00 | 5 |
| 15 | 王国法 | 天地科技股份有限公司 | 16 | 4 | 16 | 56 | 62.5 | 13 | 3.50 | 5 |
| 15 | 张农 | 中国矿业大学 | 11 | 7 | 11 | 56 | 63.6 | 18 | 5.09 | 5 |
| 18 | 王新民 | 中南大学 | 25 | 10 | 33 | 54 | 56.0 | 17 | 2.16 | 4 |
| 18 | 姜福兴 | 北京科技大学 | 17 | 5 | 20 | 54 | 64.7 | 15 | 3.18 | 4 |
| 20 | 伍永平 | 西安科技大学 | 23 | 9 | 24 | 53 | 52.2 | 12 | 2.30 | 5 |

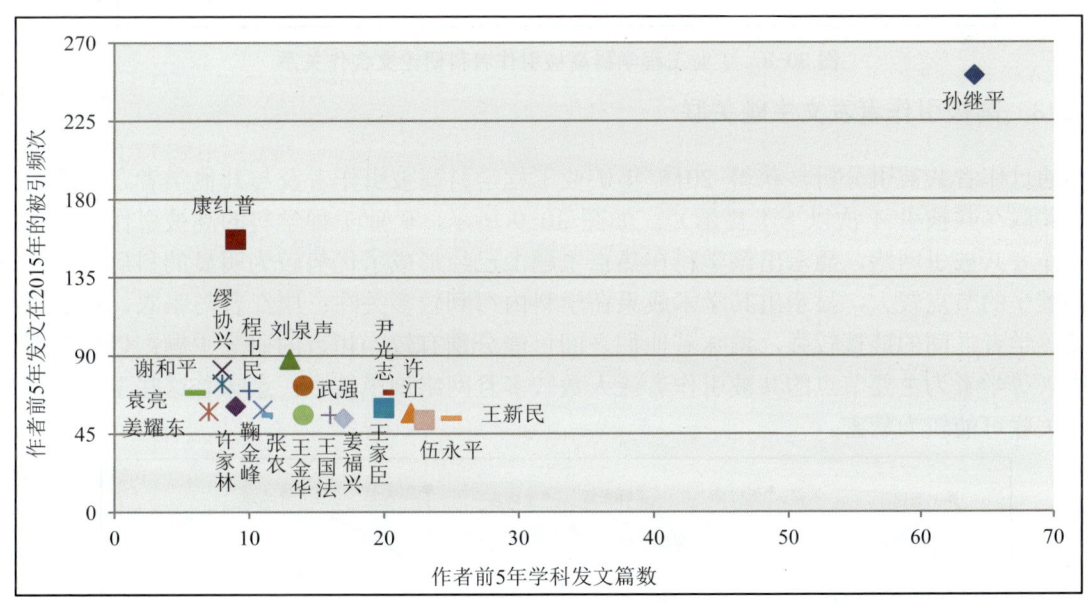

图 30-7　矿业工程学科高被引作者学科发文及被引对比

## 30.5.2　高被引作者科研合作关系

通过作者合著分析，获得 2015 年矿业工程学科高被引作者及与其他学者之间的科研论文合作关系（不考虑论文署名次序），如图 30-8 所示（合著 4 次以下不显示）。可以看出，矿业工程学科的高被引作者的论文合作现象比较普遍。学者王新民的发文量较多；尹光志的论文合作网络最为突出，在该学科的研究人员中表现出一定的集聚效应；程卫民和与周刚、许家林与鞠金峰之间的合作关系最为紧密，显示出他们可能分别属于同一支科研团队。

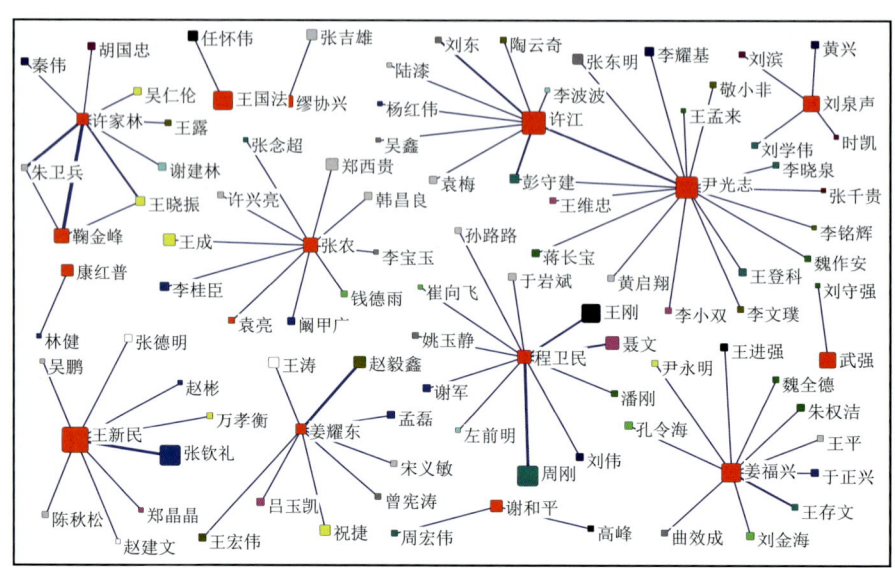

图 30-8 矿业工程学科高被引作者科研论文合作关系

### 30.5.3 高被引作者发文主题关联

通过作者共被引分析，获得 2015 年矿业工程学科高被引作者及与其他学者之间的发文主题关联（共被引 4 次以下不显示）。如图 30-9 所示，矿业工程学科的高被引作者基本主导了作者共被引网络，显示出该学科在热点主题上已经形成了优势较为明显的科研力量。学者孙继平的节点较大，显示出其学术成果在学科内得到较多关注；康红普与张农、程卫民与聂文等学者之间的链接较强，意味着他们之间可能分别有较为相近的研究主题；以康红普、缪协兴等学者为主要节点的共被引作者簇人数较多且网络规模较大，意味着这些学者的研究主题关联可能较为紧密。

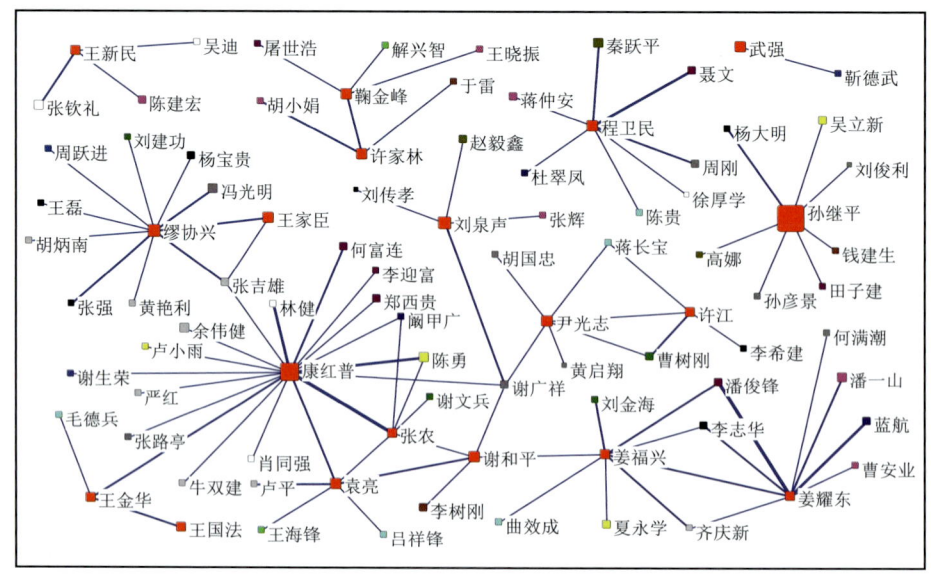

图 30-9 矿业工程学科高被引作者发文主题关联

## 30.6 高被引机构分析

### 30.6.1 高被引机构

为便于比较，本书将矿业工程学科的高被引机构分为高等院校和科研院所两种类型。其中，被引频次 TOP 10 高等院校和被引频次 TOP 5 科研院所的发文及被引情况分别见表 30-5 和表 30-6。其中，总被引频次较高的 3 所高等院校分别是中国矿业大学、中国矿业大学（北京）和北京科技大学，北京矿冶研究总院、煤炭科学研究总院开采设计研究分院和中国煤炭科工集团重庆研究院是总被引频次较高的 3 所科研院所；前 5 年学科发文在 2015 年的被引率最高的高等院校和科研院所分别是中南大学和煤炭科学研究总院开采设计研究分院，篇均被引最高的高等院校和科研院所分别是中南大学和煤炭科学研究总院开采设计研究分院。上述高被引机构的论文被引率和篇均被引频次对比如图 30-10 所示。

表 30-5　矿业工程学科高被引高等院校 TOP 10

| 序号 | 第一作者单位 | 学科发文量（篇） | | 前 5 年学科发文在 2015 年的被引 | | | |
|---|---|---|---|---|---|---|---|
| | | 前 5 年 | 2015 年 | 频次 | 被引率(%) | 最高（次） | 篇均（次） |
| 1 | 中国矿业大学 | 5312 | 655 | 4964 | 38.3 | 32 | 0.93 |
| 2 | 中国矿业大学（北京） | 2599 | 506 | 2457 | 37.2 | 38 | 0.95 |
| 3 | 北京科技大学 | 1323 | 197 | 1341 | 39.1 | 17 | 1.01 |
| 4 | 河南理工大学 | 2002 | 311 | 1249 | 28.4 | 25 | 0.62 |
| 5 | 中南大学 | 1185 | 194 | 1218 | 45.0 | 17 | 1.03 |
| 6 | 安徽理工大学 | 2016 | 351 | 1094 | 26.6 | 20 | 0.54 |
| 7 | 西安科技大学 | 1334 | 184 | 876 | 32.0 | 21 | 0.66 |
| 8 | 太原理工大学 | 2077 | 296 | 847 | 21.8 | 19 | 0.41 |
| 9 | 山东科技大学 | 1264 | 152 | 795 | 28.3 | 19 | 0.63 |
| 10 | 辽宁工程技术大学 | 1030 | 173 | 688 | 30.4 | 13 | 0.67 |

表 30-6　矿业工程学科高被引科研院所 TOP 5

| 序号 | 第一作者单位 | 学科发文量（篇） | | 前 5 年学科发文在 2015 年的被引 | | | |
|---|---|---|---|---|---|---|---|
| | | 前 5 年 | 2015 年 | 频次 | 被引率(%) | 最高（次） | 篇均（次） |
| 1 | 北京矿冶研究总院 | 743 | 143 | 417 | 31.1 | 9 | 0.56 |
| 2 | 煤炭科学研究总院开采设计研究分院 | 110 | 2 | 376 | 68.2 | 51 | 3.42 |
| 3 | 中国煤炭科工集团重庆研究院 | 189 | 60 | 182 | 43.4 | 15 | 0.96 |
| 4 | 煤炭科学研究总院 | 192 | 73 | 169 | 42.2 | 16 | 0.88 |
| 5 | 中国科学院武汉岩土力学研究所 | 65 | 12 | 153 | 58.5 | 17 | 2.35 |

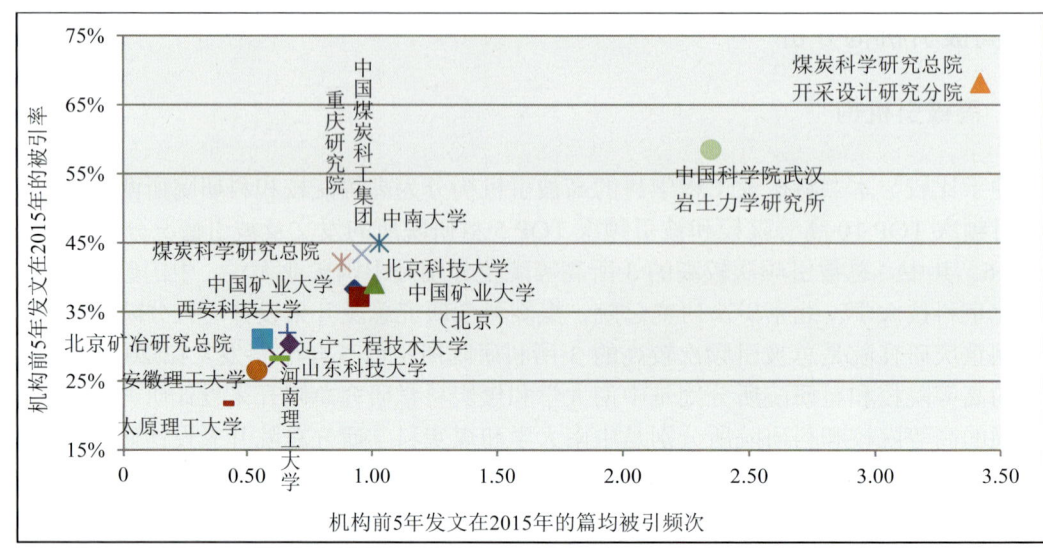

图 30-10　矿业工程学科高被引机构论文篇均被引及被引率对比

### 30.6.2　高被引机构科研合作关系

通过合著分析，获得矿业工程学科高被引机构之间及其与其他机构之间的科研合作关联，如图 30-11 所示（合作 40 次以下不显示）。分析得知，矿业工程学科的机构合作链接比较紧密，表明学科内机构合作现象较为普遍；高被引机构基本主导了机构合作网络，显示出这些机构已经在学科内具有了一定的科研优势；中国矿业大学和中国矿业大学（北京）、安徽理工大学与淮南矿业（集团）有限责任公司等机构之间的链接较强，表明它们的学术合作较为频繁。

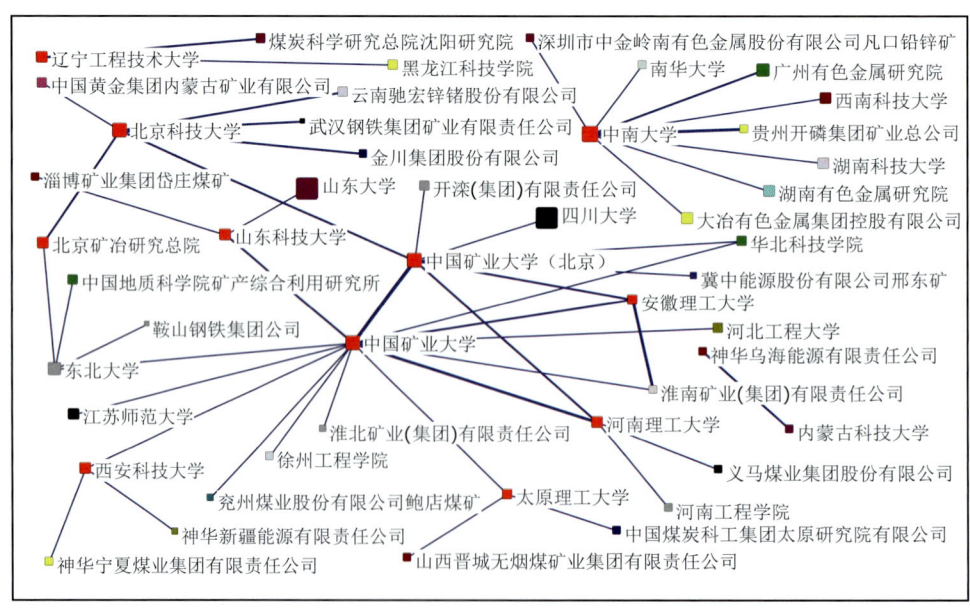

图 30-11　矿业工程学科高被引机构科研合作关联

## 30.7 高被引图书、国外期刊及学术会议

2015 年，矿业工程学科被引频次位居前 10 位的图书及国外期刊见表 30-7 和表 30-8。其中，被引次数较多的 3 种图书分别是钱鸣高的《矿山压力与岩层控制》、俞启香的《矿井瓦斯防治》和国家安全生产监督管理总局的《煤矿安全规程》；被引次数较多的 3 种国外期刊分别是《Minerals Engineering》《International Journal of Rock Mechanics and Mining Sciences》和《International Journal of Mineral Processing》；被引次数较多的 3 场学术会议分别是"Proceedings of the Coal Operators Conference""SPE Annual Technical Conference and Exhibition"和"Proceedings of the 25th International Conference on Ground Control in Mining"。

表 30-7 矿业工程学科高被引图书 TOP 10

| 序号 | 责任者 | 图书名称 | 出版社 | 2015 年被引频次 |
| --- | --- | --- | --- | --- |
| 1 | 钱鸣高 | 矿山压力与岩层控制 | 中国矿业大学出版社 | 439 |
| 2 | 俞启香 | 矿井瓦斯防治 | 中国矿业大学出版社 | 192 |
| 3 | 国家安全生产监督管理总局 | 煤矿安全规程 | 煤炭工业出版社 | 151 |
| 4 | 谢广元 | 选矿学 | 中国矿业大学出版社 | 144 |
| 5 | 张国枢 | 通风安全学 | 中国矿业大学出版社 | 129 |
| 6 | 徐永圻 | 煤矿开采学 | 中国矿业大学出版社 | 122 |
| 7 | 何国清 | 矿山开采沉陷学 | 中国矿业大学出版社 | 118 |
| 8 | 康红普 | 煤巷锚杆支护理论与成套技术 | 煤炭工业出版社 | 117 |
| 9 | 国家煤炭工业局 | 建筑物、水体、铁路及主要井巷煤柱留设与压煤开采规程 | 煤炭工业出版社 | 106 |
| 10 | 周世宁 | 煤层瓦斯赋存与流动理论 | 煤炭工业出版社 | 102 |

表 30-8 矿业工程学科高被引国外期刊 TOP 10

| 序号 | 期刊名称 | 2015 年被引频次 |
| --- | --- | --- |
| 1 | Minerals Engineering | 623 |
| 2 | International Journal of Rock Mechanics and Mining Sciences | 618 |
| 3 | International Journal of Mineral Processing | 388 |
| 4 | International Journal of Mining Science and Technology | 354 |
| 5 | Fuel | 300 |
| 6 | International Journal of Coal Geology | 298 |
| 7 | Tunnelling and Underground Space Technology | 170 |
| 7 | Hydrometallurgy | 170 |
| 9 | International Journal of Rock Mechanics and Mining Sciences & Geomechanics Abstracts | 145 |
| 10 | Mining Science and Technology | 139 |

# 第 31 章  石油、天然气工业学科高被引分析

## 31.1  学科论文概况

2010—2014 年,石油、天然气工业学科共有 100811 位来自 20100 所机构的论文第一作者在 1978 种期刊上发表了 107943 篇学术论文。其中,80%以上的论文产出自 2831 所机构、76038 位作者,发表在 110 种期刊上。在前 5 年发表的这些论文中,有 26662 篇在 2015 年获得过引用,整体被引率为 24.7%,总被引频次为 52548 次,篇均被引 0.49 次;其中,高被引论文有 317 篇,单篇论文最高被引频次为 56 次,累计被引 5032 次,篇均被引 15.87 次(表 31-1)。另外,2015 年石油、天然气工业学科共发表论文 27438 篇,其中有 834 篇在当年获得过引用,总共被引 1005 次。

表 31-1  石油、天然气工业学科论文分布情况

| 年份 | 论文篇数 | 2015 年被引频次 | 2015 年被引率(%) | 2015 年高被引论文 | | | |
|---|---|---|---|---|---|---|---|
| | | | | 论文篇数 | 最高被引频次 | 总被引频次 | 篇均被引频次 |
| 2010 | 15845 | 9174 | 30.2 | 65 | 44 | 964 | 14.83 |
| 2011 | 18451 | 10074 | 28.0 | 55 | 41 | 861 | 15.65 |
| 2012 | 21800 | 12070 | 25.8 | 57 | 46 | 1371 | 24.05 |
| 2013 | 23306 | 13442 | 28.2 | 74 | 56 | 1142 | 15.43 |
| 2014 | 28541 | 7788 | 15.8 | 66 | 38 | 694 | 10.52 |
| 合计 | 107943 | 52548 | 24.7 | 317 | 56 | 5032 | 15.87 |

从石油、天然气工业学科论文的地域分布来看,2015 年被引频次较高的 5 个省、直辖市或自治区依次是北京、山东、四川、陕西和黑龙江(图 31-1);5 年论文产出量较多的 5 个省、直辖市或自治区依次是北京、山东、黑龙江、陕西和辽宁(图 31-2)。

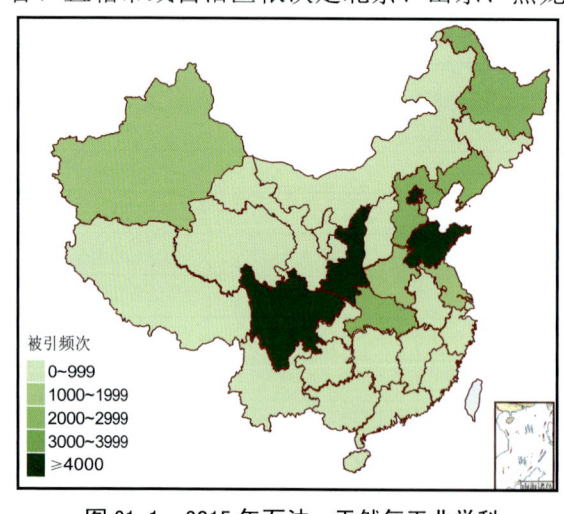

图 31-1  2015 年石油、天然气工业学科地区被引分布

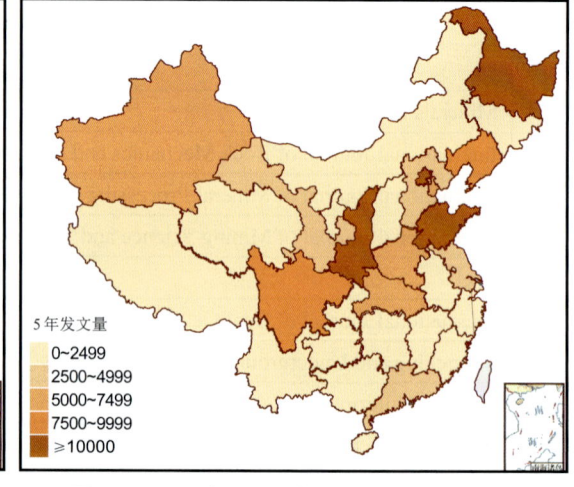

图 31-2  石油、天然气工业学科 5 年论文产出地区分布

## 31.2 高被引论文分析

在石油、天然气工业学科,2015 年被引频次位居前 10 位的论文(表 31-2)平均被引频次为 72.7 次,是全部 317 篇高被引论文篇均被引频次的 4.6 倍。其中,被引频次最高的论文是邹才能于 2012 年发表的《常规与非常规油气聚集类型、特征、机理及展望——以中国致密油和致密气为例》,随后 2 篇分别是贾承造于 2012 年发表的《中国致密油评价标准、主要类型、基本特征及资源前景》和贾承造于 2012 年发表的《中国非常规油气资源与勘探开发前景》。

从论文分布来看,刊载高被引论文数量居前的 3 种期刊分别是《石油学报》(46 篇)、《石油勘探与开发》(44 篇)和《天然气工业》(24 篇),而《石油学报》和《石油勘探与开发》分别刊载了高被引论文 TOP 10 中的 4 篇;发表高被引论文居前的 3 位学者分别是中国石油勘探开发研究院的邹才能(8 篇)、中国石油长庆油田公司的杨华(4 篇)和西安石油大学的赵靖舟(4 篇);产出高被引论文数量居前的 3 所机构分别是中国石油勘探开发研究院(33 篇)、中国石油大学(北京)(23 篇)和中国地质大学(北京)(21 篇),而中国石油勘探开发研究院产出了高被引论文 TOP 10 中的 4 篇。

表 31-2 石油、天然气工业学科高被引论文 TOP 10

| 序号 | 论文题名 | 第一作者 | 期刊名称 | 发表年份 | 被引频次 总频次 | 被引频次 2015 年 |
|---|---|---|---|---|---|---|
| 1 | 常规与非常规油气聚集类型、特征、机理及展望——以中国致密油和致密气为例 | 邹才能 | 石油学报 | 2012 | 235 | 116 |
| 2 | 中国致密油评价标准、主要类型、基本特征及资源前景 | 贾承造 | 石油学报 | 2012 | 213 | 112 |
| 3 | 中国非常规油气资源与勘探开发前景 | 贾承造 | 石油勘探与开发 | 2012 | 198 | 107 |
| 4 | 页岩气储层的基本特征及其评价 | 蒋裕强 | 天然气工业 | 2010 | 192 | 70 |
| 5 | 四川盆地焦石坝页岩气田形成与富集高产模式 | 郭彤楼 | 石油勘探与开发 | 2014 | 87 | 64 |
| 6 | 美国致密油开发现状及启示 | 林森虎 | 岩性油气藏 | 2011 | 145 | 62 |
| 7 | 中国致密砂岩气及在勘探开发上的重要意义 | 戴金星 | 石油勘探与开发 | 2012 | 99 | 54 |
| 8 | 页岩油形成机制、地质特征及发展对策 | 邹才能 | 石油勘探与开发 | 2013 | 74 | 49 |
| 9 | 压汞法和气体吸附法研究富有机质页岩孔隙特征 | 田华 | 石油学报 | 2012 | 82 | 48 |
| 10 | 鄂尔多斯盆地致密油、页岩油特征及资源潜力 | 杨华 | 石油学报 | 2013 | 90 | 45 |

## 31.3 研究主题关联分析

在石油、天然气工业学科，高被引论文累计被2015年发表的2505篇论文引用了5032次。通过分析施引文献关键词的词频及关键词之间的共现关系，获得2015年石油、天然气工业学科的热点主题和主题关联，如图31-3所示（共现17次以下不显示）。由图31-3可知："页岩气""鄂尔多斯盆地""致密油"等关键词的文档词频较高，是2015年学科的研究热点；以"页岩气""非常规油气""常规油气"等关键词为主要节点的多个概念相互关联，构成了学科内最为突出的研究主题簇。

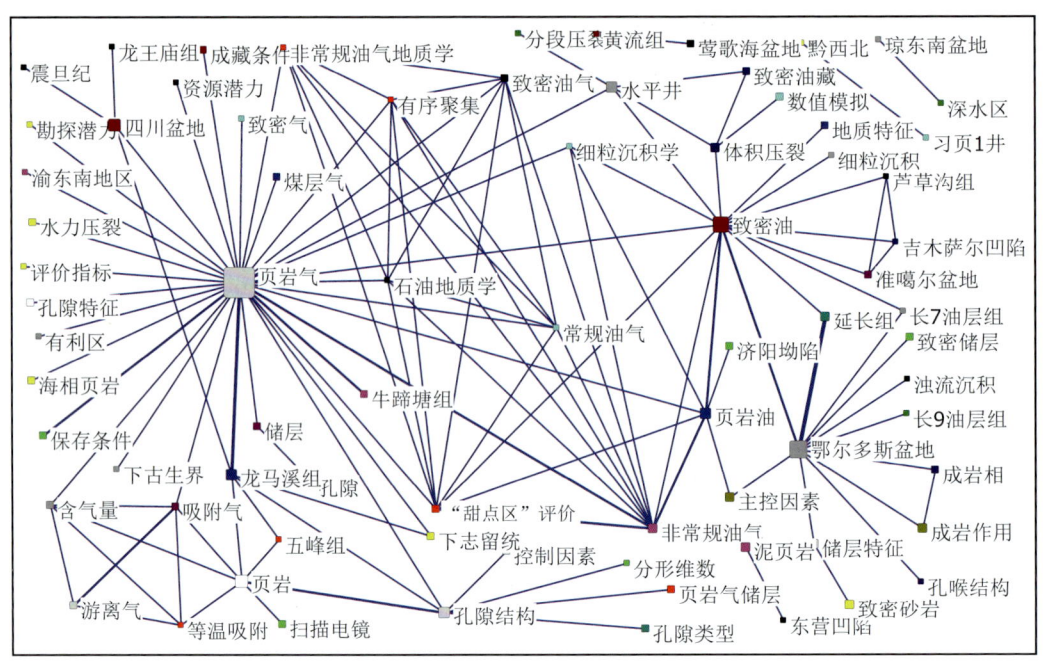

图 31-3　石油、天然气工业学科 2015 年热点主题关联

## 31.4　学科高影响力期刊分析

### 31.4.1　学科高影响力期刊 TOP 10

在石油、天然气工业学科，学科5年影响因子位居前10位的期刊见表31-3，排在前3位的期刊分别是《石油勘探与开发》《石油学报》和《石油与天然气地质》。在表31-3中，学科载文量占其总载文量比例最大的期刊是《石油实验地质》；前5年学科载文在2015年被引率最高的期刊是《石油勘探与开发》；期刊5年影响因子较高的前3种期刊分别是《石油勘探与开发》《石油学报》和《石油与天然气地质》；学科5年影响因子与期刊5年影响因子差异最大的期刊是《成都理工大学学报（自然科学版）》。表31-3中期刊的学科5年影响因子和前5年学科载文的2015年被引率对比如图31-4所示，2010—2015年期刊5年影响因子的变动情况如图31-5所示。

表 31-3　石油、天然气工业学科高影响力期刊基本指数

| 序号 | 期刊名称 | 前5年载文量 | | | 2015年学科被引 | | | 5年影响因子 | | h指数（学科） |
|---|---|---|---|---|---|---|---|---|---|---|
| | | 学科（篇） | 占比（%） | 总量（篇） | 频次 | 被引率（%） | 高被引论文篇数 | 期刊（2015） | 学科（2015） | |
| 1 | 石油勘探与开发 | 595 | 93.8 | 634 | 2168 | 66.1 | 44 | 3.514 | 3.644 | 18 |
| 2 | 石油学报 | 1022 | 94.0 | 1087 | 2737 | 62.6 | 46 | 2.647 | 2.678 | 16 |
| 3 | 石油与天然气地质 | 700 | 97.8 | 716 | 1427 | 61.9 | 19 | 2.035 | 2.039 | 12 |
| 4 | 中国石油勘探 | 299 | 69.1 | 433 | 522 | 59.9 | 5 | 1.677 | 1.746 | 8 |
| 5 | 天然气工业 | 1114 | 61.8 | 1803 | 1794 | 54.5 | 24 | 1.653 | 1.610 | 14 |
| 6 | 油气地质与采收率 | 949 | 94.7 | 1002 | 1444 | 60.7 | 6 | 1.491 | 1.522 | 9 |
| 7 | 石油实验地质 | 713 | 99.4 | 717 | 1049 | 56.8 | 4 | 1.464 | 1.471 | 9 |
| 8 | 天然气地球科学 | 1161 | 98.2 | 1182 | 1694 | 47.8 | 21 | 1.437 | 1.459 | 13 |
| 9 | 成都理工大学学报（自然科学版） | 247 | 43.0 | 575 | 345 | 48.6 | 5 | 1.057 | 1.397 | 7 |
| 10 | 岩性油气藏 | 604 | 71.7 | 842 | 834 | 55.0 | 2 | 1.297 | 1.381 | 8 |

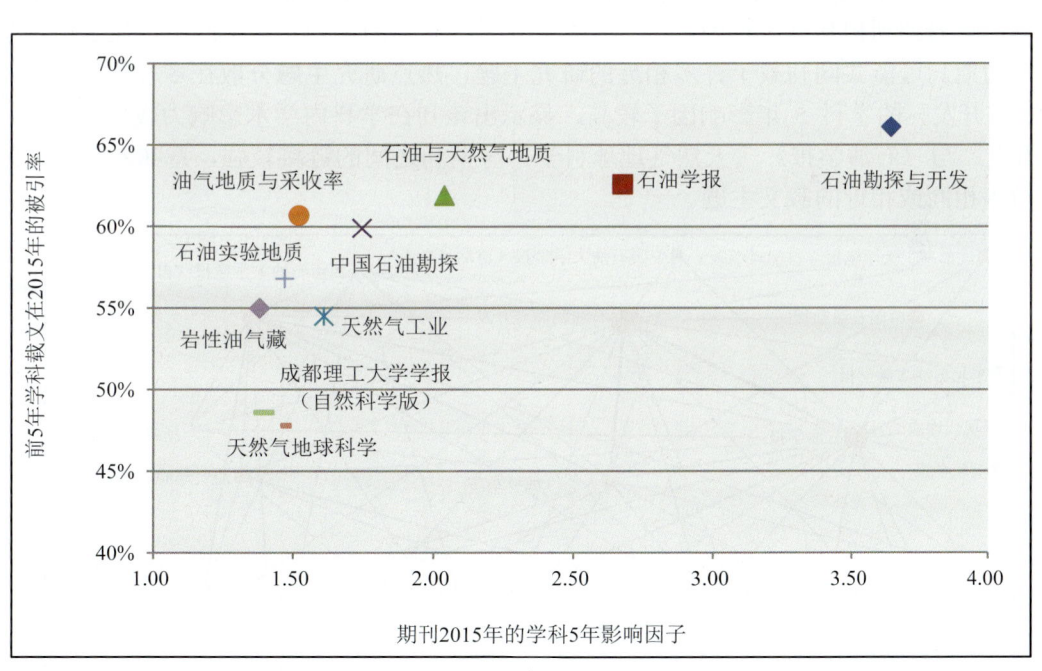

图 31-4　石油、天然气工业学科高影响力期刊对比

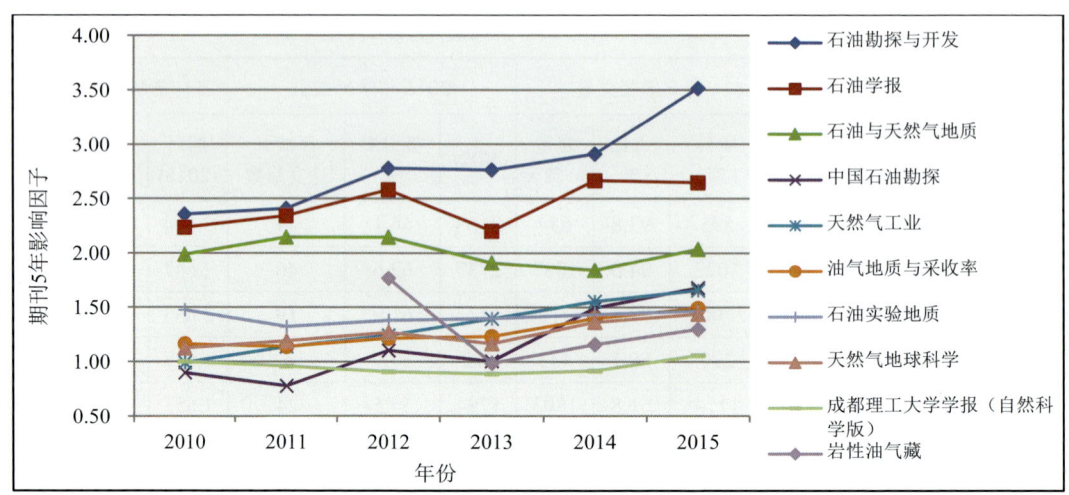

图 31-5　石油、天然气工业学科期刊 5 年影响因子变动

### 31.4.2　学科高影响力期刊载文主题关联

通过期刊共被引分析，获得石油、天然气工业学科高影响力期刊及与其他期刊之间的载文主题关联，如图 31-6 所示（共被引 76 次以下不显示）。结果显示，石油、天然气工业学科的高影响力期刊相互链接较为紧密，基本主导了该学科的期刊共被引网络，显示出该学科高影响力期刊可能共同刊载了许多相近的研究主题，热点研究主题分散在多种期刊上。《石油勘探与开发》的学科 5 年影响因子较高，显示出该刊在学科内学术影响力较大；《石油勘探与开发》与《石油学报》《天然气地球科学》等期刊之间的链接较强，意味着它们之间可能有较多相同或相近的载文主题。

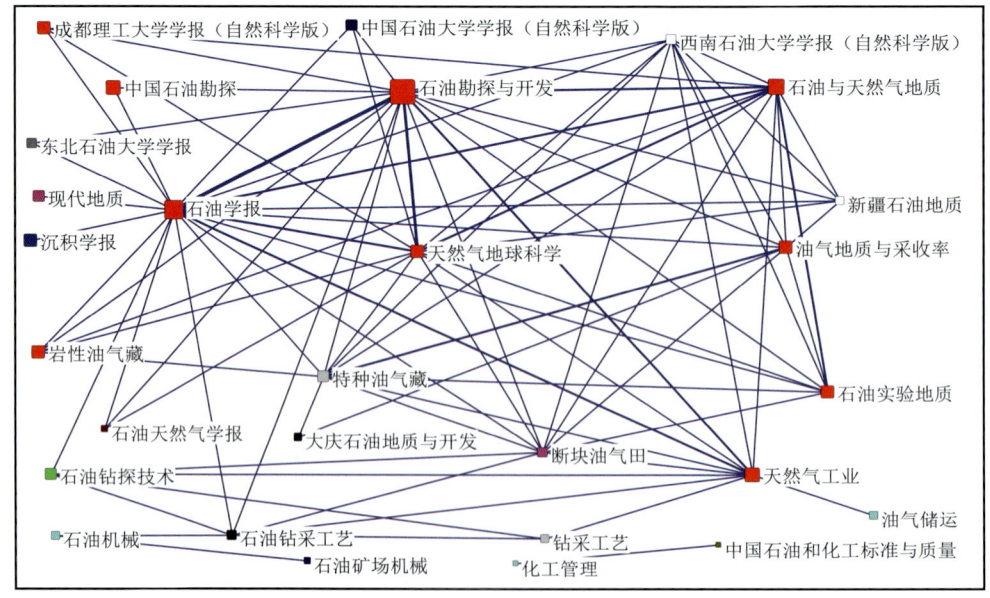

图 31-6　石油、天然气工业学科高影响力期刊载文主题关联

## 31.5 高被引作者分析

### 31.5.1 高被引作者TOP 20

2010—2014年，在100811位石油、天然气工业学科论文的第一作者中，在2015年学科被引频次位居前20位的学者的发文及被引情况见表31-4。其中，学科发文总被引频次较高的3位作者分别是中国石油勘探开发研究院的邹才能（461次）、中国石油天然气集团公司的贾承造（245次）和中国石油长庆油田公司的杨华（129次）。高被引作者的5年学科发文数量从1篇到25篇不等，同时，作者学科发文的期刊分布也在1种到11种之间变化。在发文超过5篇的所有作者中，篇均被引较高的3位作者分别是中国石油天然气集团公司的贾承造（篇均49.00次）、中国石油勘探开发研究院的邹才能（篇均35.46次）和中国石化勘探南方分公司的郭彤楼（篇均14.57次）；前5年发表学科论文较多的3位作者分别是西南石油大学的熊健（48篇）、中国石油勘探开发研究院的陈元千（40篇）和胜利油田孤东采油厂的朱益飞（34篇）。高被引作者的学科发文量和被引量对比如图31-7所示。

表31-4 石油、天然气工业学科高被引作者TOP 20

| 序号 | 姓名 | 作者单位 | 前5年发文 | | | 前5年学科发文在2015年的被引 | | | | h指数（学科） |
|---|---|---|---|---|---|---|---|---|---|---|
| | | | 学科发文（篇） | 期刊分布（种） | 发文总量（篇） | 总频次 | 被引率（%） | 最高（次） | 篇均（次） | |
| 1 | 邹才能 | 中国石油勘探开发研究院 | 13 | 5 | 38 | 461 | 69.2 | 148 | 35.46 | 10 |
| 2 | 贾承造 | 中国石油天然气集团公司 | 5 | 2 | 5 | 245 | 80.0 | 112 | 49.00 | 4 |
| 3 | 杨华 | 中国石油长庆油田公司 | 17 | 11 | 64 | 129 | 88.2 | 45 | 7.59 | 9 |
| 4 | 郭彤楼 | 中国石化勘探南方分公司 | 7 | 5 | 11 | 102 | 100.0 | 64 | 14.57 | 5 |
| 5 | 吴奇 | 中国石油勘探与生产分公司 | 4 | 4 | 4 | 89 | 75.0 | 33 | 22.25 | 3 |
| 6 | 蒋裕强 | 西南石油大学 | 6 | 6 | 16 | 77 | 83.3 | 70 | 12.83 | 4 |
| 7 | 赵靖舟 | 西安石油大学 | 7 | 4 | 7 | 75 | 85.7 | 21 | 10.71 | 5 |
| 8 | 姚泾利 | 长庆油田勘探开发研究院 | 11 | 6 | 16 | 69 | 72.7 | 38 | 6.27 | 5 |
| 9 | 林森虎 | 中国石油勘探开发研究院 | 1 | 1 | 1 | 62 | 100.0 | 62 | 62.00 | 1 |
| 10 | 赵金洲 | 西南石油大学 | 17 | 9 | 19 | 60 | 58.8 | 24 | 3.53 | 4 |
| 11 | 董大忠 | 中国石油勘探开发研究院 | 3 | 3 | 5 | 59 | 100.0 | 29 | 19.67 | 4 |
| 12 | 陈尚斌 | 中国矿业大学 | 5 | 3 | 7 | 58 | 60.0 | 29 | 11.60 | 4 |

| 序号 | 姓名 | 作者单位 | 前5年发文 | | | 前5年学科发文在2015年的被引 | | | | h指数（学科） |
|---|---|---|---|---|---|---|---|---|---|---|
| | | | 学科发文（篇） | 期刊分布（种） | 发文总量（篇） | 总频次 | 被引率（%） | 最高（次） | 篇均（次） | |
| 13 | 赵贤正 | 中国石油华北油田 | 25 | 11 | 33 | 55 | 68.0 | 10 | 2.20 | 5 |
| 14 | 戴金星 | 中国科学院 | 1 | 1 | 1 | 54 | 100.0 | 54 | 54.00 | 1 |
| 15 | 李建忠 | 中国石油勘探开发研究院 | 4 | 3 | 5 | 52 | 75.0 | 38 | 13.00 | 4 |
| 15 | 杜金虎 | 中国石油勘探与生产分公司 | 6 | 3 | 8 | 52 | 83.3 | 27 | 8.67 | 3 |
| 17 | 田华 | 中国石油勘探开发研究院 | 2 | 2 | 2 | 49 | 100.0 | 48 | 24.5 | 1 |
| 18 | 聂海宽 | 中国石化石油勘探开发研究院 | 6 | 5 | 22 | 48 | 100.0 | 22 | 8.00 | 6 |
| 19 | 张功成 | 中海油研究总院 | 18 | 6 | 22 | 47 | 77.8 | 6 | 2.61 | 5 |
| 20 | 朱筱敏 | 中国石油大学（北京） | 7 | 6 | 16 | 45 | 85.7 | 22 | 6.43 | 6 |

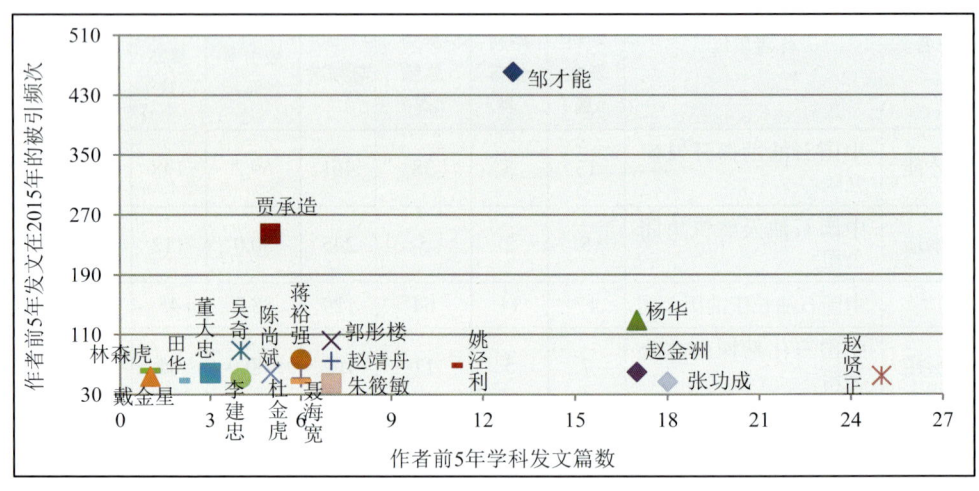

图 31-7　石油、天然气工业学科高被引作者学科发文及被引对比

## 31.5.2　高被引作者科研合作关系

通过作者合著分析，获得 2015 年石油、天然气工业学科高被引作者及与其他学者之间的科研论文合作关系（不考虑论文署名次序），如图 31-8 所示（合著 4 次以下不显示）。可以看出，石油、天然气工业学科的高被引作者的论文合作现象比较普遍。学者赵贤正、李勇明的发文量较多；张功成的论文合作网络最为突出，在该学科的研究人员中表现出一定的集聚效应；赵金洲和李勇明、胡永全等学者之间的合作关系最为紧密，显示出他们可能属于同一支科研团队。

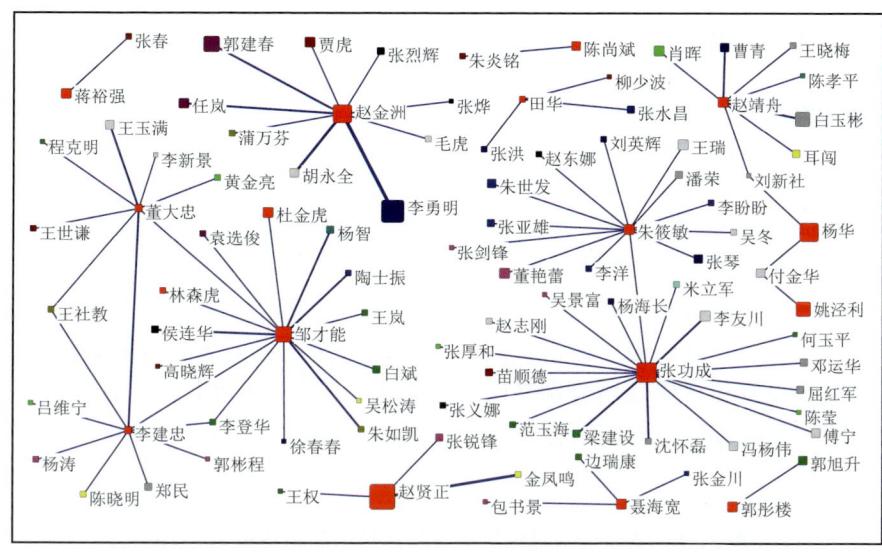

图 31-8　石油、天然气工业学科高被引作者科研论文合作关系

### 31.5.3　高被引作者发文主题关联

通过作者共被引分析，获得 2015 年石油、天然气工业学科高被引作者及与其他学者之间的发文主题关联（见图 31-9，共被引 7 次以下不显示）。如图 31-9 所示，石油、天然气工业学科的高被引作者基本主导了作者共被引网络，显示出该学科在热点主题上已经形成了优势较为明显的科研力量。学者邹才能的节点较大，显示出其学术成果在学科内得到较多关注；邹才能与贾承造、杨华等学者之间的链接较强，意味着他们之间可能有较为相近的研究主题；以邹才能、贾承造等学者为主要节点的共被引作者簇人数较多且网络规模较大，意味着这些学者的研究主题关联可能较为紧密。

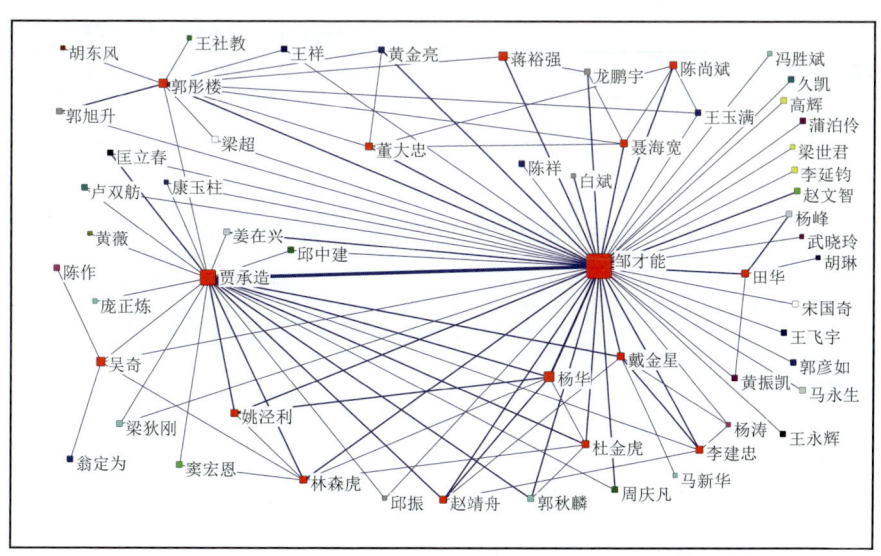

图 31-9　石油、天然气工业学科高被引作者发文主题关联

## 31.6 高被引机构分析

### 31.6.1 高被引机构

为便于比较，本书将石油、天然气工业学科的高被引机构分为高等院校和科研院所两种类型。其中，被引频次 TOP 10 高等院校和被引频次 TOP 5 科研院所的发文及被引情况分别见表 31-5 和表 31-6。其中，总被引频次较高的 3 所高等院校分别是中国石油大学（北京）、西南石油大学和中国石油大学（华东），中国石油勘探开发研究院、中国石化石油勘探开发研究院和中海油研究总院是总被引频次较高的 3 所科研院所；前 5 年学科发文在 2015 年的被引率最高的高等院校和科研院所分别是中国地质大学（北京）和中国石油勘探开发研究院，篇均被引最高的高等院校和科研院所分别是中国地质大学（北京）和中国石油勘探开发研究院。上述高被引机构的论文被引率和篇均被引频次对比如图 31-10 所示。

表 31-5　石油、天然气工业学科高被引高等院校 TOP 10

| 序号 | 第一作者单位 | 学科发文量（篇） | | 前 5 年学科发文在 2015 年的被引 | | | |
|---|---|---|---|---|---|---|---|
| | | 前 5 年 | 2015 年 | 频次 | 被引率(%) | 最高（次） | 篇均（次） |
| 1 | 中国石油大学（北京） | 4651 | 816 | 4078 | 38.2 | 30 | 0.88 |
| 2 | 西南石油大学 | 4364 | 744 | 2821 | 32.5 | 70 | 0.65 |
| 3 | 中国石油大学（华东） | 3440 | 613 | 2781 | 37.1 | 31 | 0.81 |
| 4 | 中国地质大学（北京） | 1071 | 138 | 1325 | 44.3 | 42 | 1.24 |
| 5 | 成都理工大学 | 1347 | 231 | 1105 | 36.6 | 13 | 0.82 |
| 6 | 长江大学 | 2793 | 371 | 980 | 19.6 | 20 | 0.35 |
| 7 | 东北石油大学 | 1872 | 289 | 978 | 27.7 | 18 | 0.52 |
| 8 | 西安石油大学 | 2672 | 501 | 916 | 18.8 | 21 | 0.34 |
| 9 | 辽宁石油化工大学 | 1279 | 211 | 564 | 27.5 | 9 | 0.44 |
| 10 | 西北大学 | 603 | 138 | 483 | 34.0 | 10 | 0.80 |

表 31-6　石油、天然气工业学科高被引科研院所 TOP 5

| 序号 | 第一作者单位 | 学科发文量（篇） | | 前 5 年学科发文在 2015 年的被引 | | | |
|---|---|---|---|---|---|---|---|
| | | 前 5 年 | 2015 年 | 频次 | 被引率(%) | 最高（次） | 篇均（次） |
| 1 | 中国石油勘探开发研究院 | 1240 | 204 | 2315 | 47.8 | 148 | 1.87 |
| 2 | 中国石化石油勘探开发研究院 | 620 | 83 | 704 | 45.3 | 22 | 1.14 |
| 3 | 中海油研究总院 | 768 | 172 | 493 | 32.3 | 9 | 0.64 |
| 4 | 中国石化石油工程技术研究院 | 396 | 76 | 425 | 40.2 | 21 | 1.07 |
| 5 | 胜利油田地质科学研究院 | 672 | 107 | 418 | 26.6 | 14 | 0.62 |

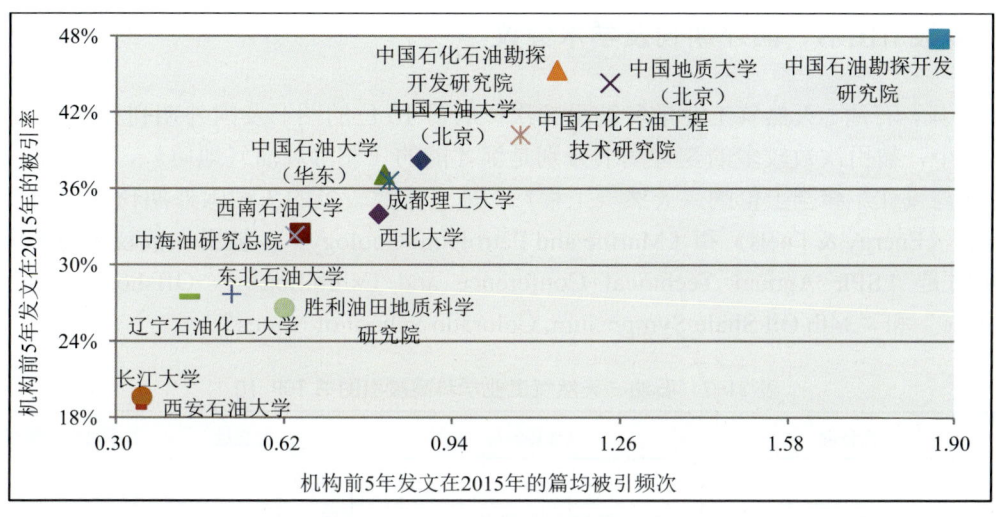

图 31-10　石油、天然气工业学科高被引机构论文篇均被引及被引率对比

### 31.6.2　高被引机构科研合作关系

通过合著分析，获得石油、天然气工业学科高被引机构之间及其与其他机构之间的科研合作关联，如图 31-11 所示（合作 166 次以下不显示）。分析得知，石油、天然气工业学科的机构合作链接比较紧密，表明学科内机构合作现象较为普遍；高被引机构基本主导了机构合作网络，显示出这些机构已经在学科内具有了一定的科研优势；中国石油大学（北京）与中国石油勘探开发研究院、西南石油大学与中国石油塔里木油田分公司等机构之间的链接较强，表明它们的学术合作较为频繁。

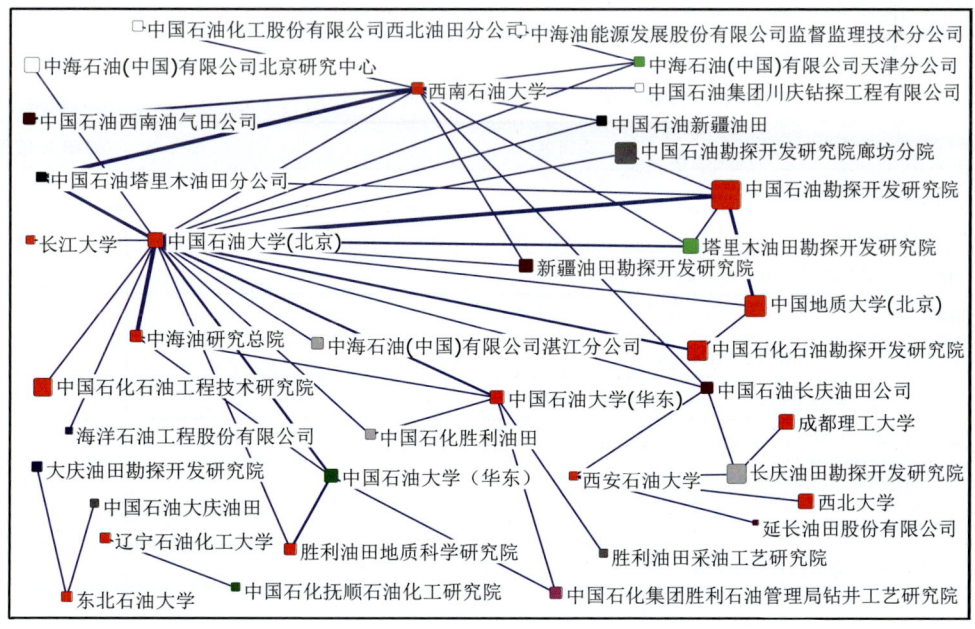

图 31-11　石油、天然气工业学科高被引机构科研合作关联

## 31.7 高被引图书、国外期刊及学术会议

2015年,石油、天然气工业学科被引频次位居前10位的图书及国外期刊见表31-7和表31-8。其中,被引次数较多的3种图书分别是邹才能的《非常规油气地质》、张琪的《采油工程原理与设计》和李士伦的《天然气工程》;被引次数较多的3种国外期刊分别是《Aapg Bulletin》《Energy & Fuels》和《Marine and Petroleum Geology》;被引次数较多的3场学术会议分别是"SPE Annual Technical Conference and Exhibition""Offshore Technology Conference"和"34th Oil Shale Symposium, Colorado School of Mines"。

表31-7 石油、天然气工业学科高被引图书 TOP 10

| 序号 | 责任者 | 图书名称 | 出版社 | 2015年被引频次 |
|---|---|---|---|---|
| 1 | 邹才能 | 非常规油气地质 | 地质出版社 | 93 |
| 2 | 张琪 | 采油工程原理与设计 | 石油大学出版社 | 61 |
| 3 | 李士伦 | 天然气工程 | 石油工业出版社 | 60 |
| 4 | 鄢捷年 | 钻井液工艺学 | 石油大学出版社 | 53 |
| 5 | 李道品 | 低渗透砂岩油田开发 | 石油工业出版社 | 51 |
| 6 | 何更生 | 油层物理 | 石油工业出版社 | 49 |
| 6 | 何自新 | 鄂尔多斯盆地演化与油气 | 石油工业出版社 | 49 |
| 6 | 刘崇建 | 油气井注水泥理论与应用 | 石油工业出版社 | 49 |
| 6 | 陈庭根 | 钻井工程理论与技术 | 石油大学出版社 | 49 |
| 10 | 王鸿勋 | 采油工艺原理 | 石油工业出版社 | 46 |

表31-8 石油、天然气工业学科高被引国外期刊 TOP 10

| 序号 | 期刊名称 | 2015年被引频次 |
|---|---|---|
| 1 | Aapg Bulletin | 2013 |
| 2 | Energy & Fuels | 580 |
| 3 | Marine and Petroleum Geology | 568 |
| 4 | Fuel | 561 |
| 5 | Journal of Petroleum Technology | 543 |
| 6 | Organic Geochemistry | 520 |
| 7 | Journal of Petroleum Science and Engineering | 507 |
| 8 | Industrial & Engineering Chemistry Research | 401 |
| 9 | SPE Journal | 326 |
| 10 | Applied Catalysis A: General | 312 |

# 第 32 章 冶金工业学科高被引分析

## 32.1 学科论文概况

2010—2014 年,冶金工业学科共有 30620 位来自 8433 所机构的论文第一作者在 1422 种期刊上发表了 32958 篇学术论文。其中,80%以上的论文产出自 2318 所机构、23201 位作者,发表在 143 种期刊上。在前 5 年发表的这些论文中,有 6323 篇在 2015 年获得过引用,整体被引率为 19.2%,总被引频次为 10119 次,篇均被引 0.31 次;其中,高被引论文有 68 篇,单篇论文最高被引频次为 11 次,累计被引 649 次,篇均被引 9.54 次(表 32-1)。另外,2015 年冶金工业学科共发表论文 6579 篇,其中有 179 篇在当年获得过引用,总共被引 219 次。

表 32-1 冶金工业学科论文分布情况

| 年份 | 论文篇数 | 2015 年被引频次 | 2015 年被引率(%) | 2015 年高被引论文 | | | |
|---|---|---|---|---|---|---|---|
| | | | | 论文篇数 | 最高被引频次 | 总被引频次 | 篇均被引频次 |
| 2010 | 7062 | 1989 | 17.5 | 14 | 9 | 128 | 9.14 |
| 2011 | 5933 | 1934 | 20.6 | 14 | 11 | 105 | 7.50 |
| 2012 | 6246 | 2132 | 20.6 | 12 | 9 | 164 | 13.67 |
| 2013 | 6541 | 2438 | 22.6 | 17 | 8 | 180 | 10.59 |
| 2014 | 7176 | 1626 | 15.3 | 11 | 4 | 72 | 6.55 |
| 合计 | 32958 | 10119 | 19.2 | 68 | 11 | 649 | 9.54 |

从冶金工业学科论文的地域分布来看,2015 年被引频次较高的 5 个省、直辖市或自治区依次是北京、湖南、辽宁、云南和河北(图 32-1);5 年论文产出量较多的 5 个省、直辖市或自治区依次是北京、辽宁、河北、山东和湖南(图 32-2)。

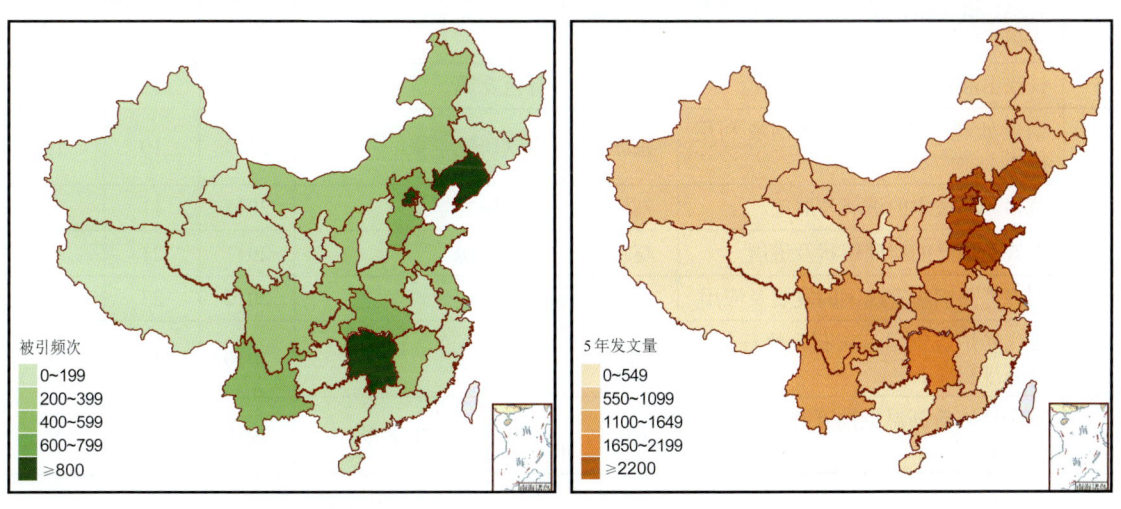

图 32-1 2015 年冶金工业学科地区被引分布　　图 32-2 冶金工业学科 5 年论文产出地区分布

## 32.2 高被引论文分析

在冶金工业学科，2015 年被引频次位居前 10 位的论文（表 32-2）平均被引频次为 10.2 次。其中，被引频次最高的论文是陈五一于 2010 年发表的《钛合金切削加工技术研究进展》，随后 3 篇分别是余永富于 2011 年发表的《Magnetizing Roasting Mechanism and Effective Ore Dressing Process for Oolitic Hematite Ore》、王明玉于 2010 年发表的《石煤提钒浸出过程研究现状与展望》和齐渊洪于 2013 年发表的《中国直接还原铁技术发展的现状及方向》。

从论文分布来看，刊载高被引论文数量居前的 3 种期刊分别是《有色金属（冶炼部分）》（12 篇）、《中国有色金属学报》（6 篇）和《中国有色冶金》（4 篇），而《钢铁研究学报》刊载了高被引论文 TOP 10 中的 2 篇；发表高被引论文较多的学者分别是中南大学的郭学益（2 篇）和东北大学的张勇（2 篇）；产出高被引论文数量居前的 3 所机构分别是中南大学（15 篇）、东北大学（5 篇）和北京科技大学（5 篇），而中南大学产出了高被引论文 TOP 10 中的 2 篇。

表 32-2　冶金工业学科高被引论文 TOP 10

| 序号 | 论文题名 | 第一作者 | 期刊名称 | 发表年份 | 被引频次 总频次 | 被引频次 2015 年 |
|---|---|---|---|---|---|---|
| 1 | 钛合金切削加工技术研究进展 | 陈五一 | 航空制造技术 | 2010 | 17 | 12 |
| 2 | Magnetizing Roasting Mechanism and Effective Ore Dressing Process for Oolitic Hematite Ore | 余永富 | 武汉理工大学学报（材料科学版）（英文版） | 2011 | 18 | 11 |
| 2 | 石煤提钒浸出过程研究现状与展望 | 王明玉 | 稀有金属 | 2010 | 32 | 11 |
| 2 | 中国直接还原铁技术发展的现状及方向 | 齐渊洪 | 中国冶金 | 2013 | 16 | 11 |
| 5 | Ti3Al 和 Ti2AlNb 基合金的研究与应用 | 张建伟 | 中国有色金属学报 | 2010 | 9 | 10 |
| 5 | 锌浸出液针铁矿法除铁 | 邓永贵 | 有色金属 | 2010 | 15 | 10 |
| 5 | 钢渣处理工艺与国内外钢渣利用技术 | 张朝晖 | 钢铁研究学报 | 2013 | 10 | 10 |
| 8 | 直接还原技术的进展与展望 | 刘松利 | 钢铁研究学报 | 2011 | 11 | 9 |
| 8 | 板式换热器的研究现状及进展 | 赵晓文 | 冶金能源 | 2011 | 21 | 9 |
| 8 | 国内外高钢级管线钢的发展及应用 | 张斌 | 石油工程建设 | 2012 | 23 | 9 |
| 8 | 氧气转炉炼钢用石灰石代替石灰节能减排初探 | 李宏 | 中国冶金 | 2010 | 12 | 9 |
| 8 | 基于铁矿粉高温特性互补的烧结优化配矿 | 吴胜利 | 北京科技大学学报 | 2010 | 27 | 9 |

## 32.3 研究主题关联分析

在冶金工业学科，高被引论文累计被 2015 年发表的 645 篇论文引用了 649 次。通过分析施引文献关键词的词频及关键词之间的共现关系，获得 2015 年冶金工业学科的热点主题和主题关联，如图 32-3 所示（共现 4 次以下不显示）。由图 32-3 可知："建筑工程""施工技术""燃气工程"等关键词的文档词频较高，是 2015 年学科的研究热点；以"建筑工程""施工技术""深基坑支护"等关键词为主要节点的多个概念相互关联，构成了学科内最为突出的研究主题簇。

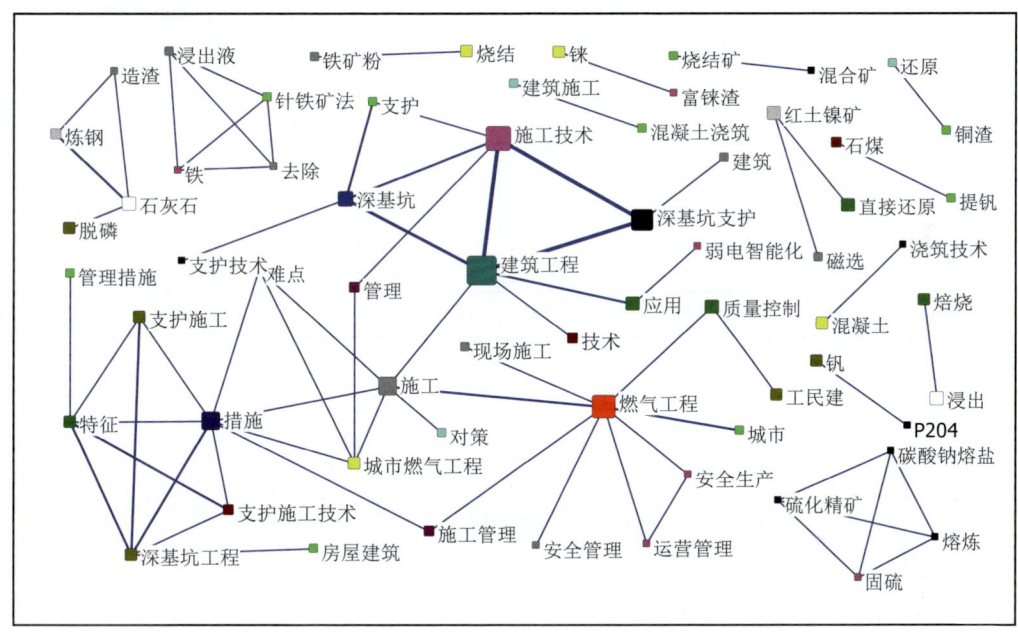

图 32-3　冶金工业学科 2015 年热点主题关联

## 32.4 学科高影响力期刊分析

### 32.4.1 学科高影响力期刊 TOP 10

在冶金工业学科，学科 5 年影响因子位居前 10 位的期刊见表 32-3，排在前 3 位的期刊分别是《有色金属（冶炼部分）》《钢铁》和《工程科学学报》。在表 32-3 中，学科载文量占其总载文量比例最大的期刊是《有色金属（冶炼部分）》；前 5 年学科载文在 2015 年被引率最高的期刊是《钢铁》；期刊 5 年影响因子较高的前 3 种期刊分别是《钢铁》《有色金属（冶炼部分）》和《工程科学学报》；学科 5 年影响因子与期刊 5 年影响因子差异最大的期刊是《贵金属》。表 32-3 中期刊的学科 5 年影响因子和前 5 年学科载文的 2015 年被引率对比如图 32-4 所示，2010—2015 年期刊 5 年影响因子的变动情况如图 32-5 所示。

表 32-3　冶金工业学科高影响力期刊基本指数

| 序号 | 期刊名称 | 前 5 年载文量 | | | 2015 年学科被引 | | | 5 年影响因子 | | h 指数（学科） |
|---|---|---|---|---|---|---|---|---|---|---|
| | | 学科（篇） | 占比（%） | 总量（篇） | 频次 | 被引率（%） | 高被引论文篇数 | 期刊(2015) | 学科(2015) | |
| 1 | 有色金属（冶炼部分） | 793 | 74.0 | 1072 | 662 | 39.0 | 12 | 0.735 | 0.835 | 6 |
| 2 | 钢铁 | 772 | 55.8 | 1383 | 611 | 42.9 | 2 | 0.739 | 0.791 | 6 |
| 3 | 工程科学学报 | 323 | 21.2 | 1521 | 218 | 37.2 | 0 | 0.663 | 0.675 | 7 |
| 4 | 钢铁研究学报 | 434 | 46.9 | 926 | 289 | 37.6 | 3 | 0.600 | 0.666 | 5 |
| 5 | 贵金属 | 115 | 20.0 | 574 | 70 | 30.4 | 1 | 0.387 | 0.609 | 5 |
| 6 | 黄金科学技术 | 81 | 11.3 | 716 | 48 | 38.3 | 0 | 0.447 | 0.593 | 4 |
| 7 | 中国冶金 | 537 | 60.5 | 887 | 275 | 28.3 | 3 | 0.459 | 0.512 | 5 |
| 8 | 安徽工业大学学报（自然科学版） | 86 | 14.8 | 581 | 40 | 31.4 | 0 | 0.277 | 0.465 | 3 |
| 9 | 粉末冶金材料科学与工程 | 222 | 26.2 | 846 | 102 | 29.3 | 0 | 0.447 | 0.459 | 4 |
| 10 | 有色冶金设计与研究 | 149 | 20.1 | 741 | 66 | 26.8 | 1 | 0.281 | 0.443 | 4 |

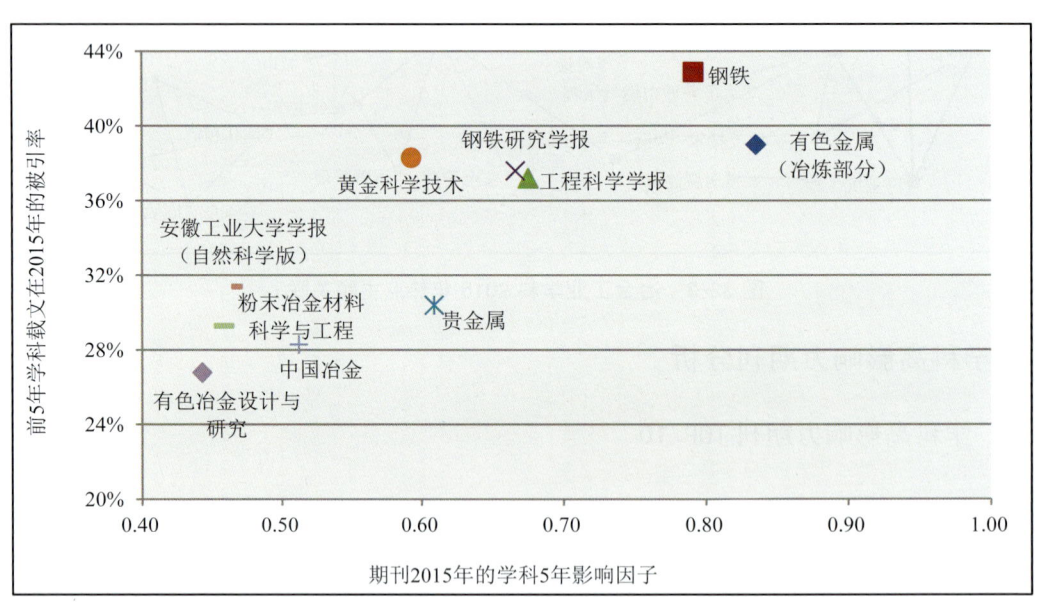

图 32-4　冶金工业学科高影响力期刊对比

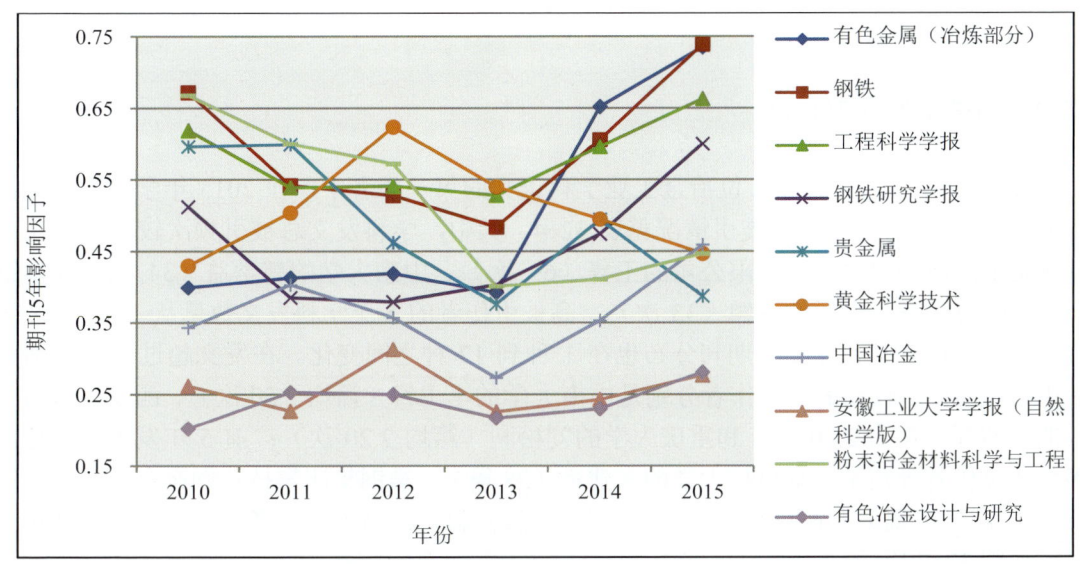

图 32-5　冶金工业学科期刊 5 年影响因子变动

## 32.4.2　学科高影响力期刊载文主题关联

通过期刊共被引分析，获得冶金工业学科高影响力期刊及与其他期刊之间的载文主题关联，如图 32-6 所示（共被引 10 次以下不显示）。结果显示，冶金工业学科的高影响力期刊相互链接较为紧密，基本主导了该学科的期刊共被引网络，显示出该学科高影响力期刊可能共同刊载了许多相近的研究主题，热点研究主题分散在多种期刊上。《有色金属（冶炼部分）》的学科 5 年影响因子较高，显示出该刊在学科内学术影响力较大；《钢铁》与《钢铁研究学报》《中国冶金》等期刊之间的链接较强，意味着它们之间可能有较多相同或相近的载文主题。

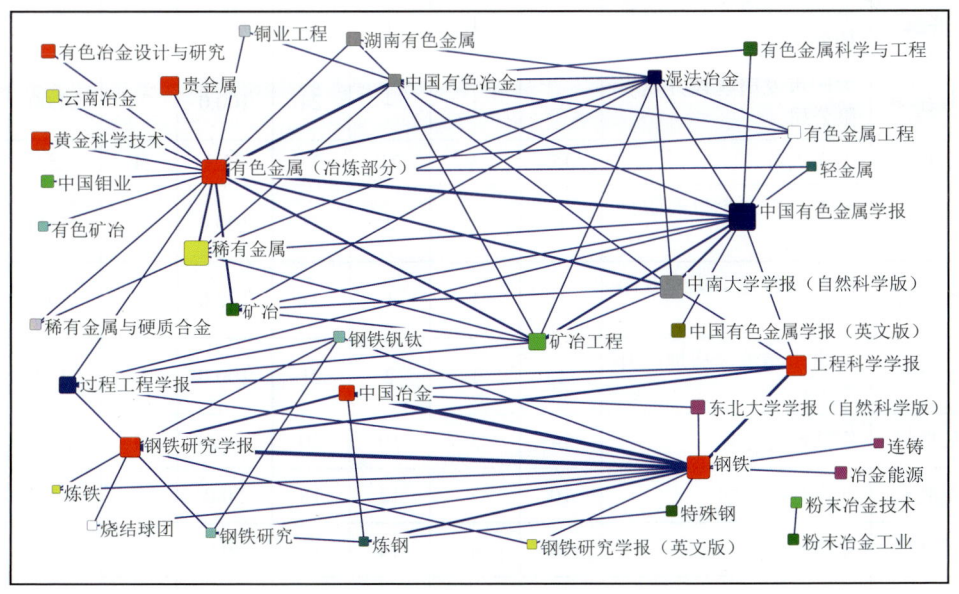

图 32-6　冶金工业学科高影响力期刊载文主题关联

## 32.5 高被引作者分析

### 32.5.1 高被引作者TOP 20

2010—2014年,在30620位冶金工业学科论文的第一作者中,在2015年学科被引频次位居前20位的学者的发文及被引情况见表32-4。其中,学科发文总被引频次较高的3位作者分别是上海海盛建筑安装有限公司的王隽(69次)、中南大学的郭学益(34次)和本钢设计研究院有限责任公司的齐麟(33次)。高被引作者的5年学科发文数量从1篇到28篇不等,同时,作者学科发文的期刊分布也在1种到17种之间变化。在发文超过5篇的所有作者中,篇均被引较高的3位作者分别是中南大学的李卫锋(篇均2.50次)、西安建筑科技大学的张朝晖(篇均2.20次)和重庆大学的刘松利(篇均2.20次);前5年发表学科论文较多的3位作者分别是北京科技大学的张建良(28篇)、攀钢集团攀枝花钢钒有限公司炼铁厂的何木光(25篇)和武汉科技大学的彭其春(22篇)。高被引作者的学科发文量和被引量对比如图32-7所示。

表32-4 冶金工业学科高被引作者TOP 20

| 序号 | 姓名 | 作者单位 | 前5年发文 | | | 前5年学科发文在2015年的被引 | | | | h指数(学科) |
|---|---|---|---|---|---|---|---|---|---|---|
| | | | 学科发文(篇) | 期刊分布(种) | 发文总量(篇) | 总频次 | 被引率(%) | 最高(次) | 篇均(次) | |
| 1 | 王隽 | 上海海盛建筑安装有限公司 | 1 | 1 | 1 | 69 | 100.0 | 69 | 69.00 | 1 |
| 2 | 郭学益 | 中南大学 | 17 | 7 | 28 | 34 | 58.8 | 6 | 2.00 | 5 |
| 3 | 齐麟 | 本钢设计研究院有限责任公司 | 1 | 1 | 1 | 33 | 100.0 | 33 | 33.00 | 1 |
| 4 | 薛春华 | 大庆市龙田建设开发有限公司 | 1 | 1 | 4 | 24 | 100.0 | 24 | 24.00 | 1 |
| 5 | 郑雅杰 | 中南大学 | 15 | 5 | 21 | 23 | 73.3 | 4 | 1.53 | 3 |
| 6 | 周崇才 | 安吉县管道燃气有限公司 | 1 | 1 | 2 | 21 | 100.0 | 21 | 21.00 | 1 |
| 6 | 潘美环 | 山东蓬建建工集团有限公司 | 1 | 1 | 1 | 21 | 100.0 | 21 | 21.00 | 1 |
| 6 | 方伟 | 南京市秦淮区房地产开发公司 | 1 | 1 | 2 | 21 | 100.0 | 21 | 21.00 | 1 |
| 9 | 殷瑞钰 | 钢铁研究总院 | 14 | 5 | 19 | 20 | 71.4 | 5 | 1.43 | 3 |
| 10 | 吴胜利 | 北京科技大学 | 10 | 5 | 12 | 18 | 50.0 | 9 | 1.80 | 2 |
| 11 | 范晓慧 | 中南大学 | 10 | 4 | 14 | 17 | 60.0 | 7 | 1.70 | 3 |
| 11 | 徐志高 | 武汉工程大学 | 8 | 3 | 12 | 17 | 87.5 | 5 | 2.13 | 2 |

| 序号 | 姓名 | 作者单位 | 前5年发文 | | | 前5年学科发文在2015年的被引 | | | | h指数（学科） |
|---|---|---|---|---|---|---|---|---|---|---|
| | | | 学科发文（篇） | 期刊分布（种） | 发文总量（篇） | 总频次 | 被引率（%） | 最高（次） | 篇均（次） | |
| 13 | 张福明 | 北京首钢国际工程技术有限公司 | 12 | 4 | 15 | 16 | 66.7 | 6 | 1.33 | 2 |
| 14 | 张建良 | 北京科技大学 | 28 | 17 | 32 | 15 | 25.0 | 3 | 0.54 | 3 |
| 14 | 王新华 | 北京科技大学 | 4 | 4 | 5 | 15 | 75.0 | 5 | 3.75 | 3 |
| 14 | 李卫锋 | 中南大学 | 6 | 5 | 6 | 15 | 100.0 | 5 | 2.50 | 3 |
| 14 | 李小斌 | 中南大学 | 13 | 4 | 19 | 15 | 46.2 | 6 | 1.15 | 2 |
| 18 | 胡俊鸽 | 鞍钢股份有限公司 | 17 | 9 | 19 | 14 | 47.1 | 3 | 0.82 | 2 |
| 19 | 李光辉 | 中南大学 | 4 | 3 | 6 | 13 | 75.0 | 8 | 3.25 | 2 |
| 19 | 庞建明 | 中国钢研科技集团有限公司 | 6 | 5 | 6 | 13 | 66.7 | 8 | 2.17 | 2 |
| 19 | 徐匡迪 | 中国工程院 | 4 | 2 | 18 | 13 | 100.0 | 7 | 3.25 | 3 |

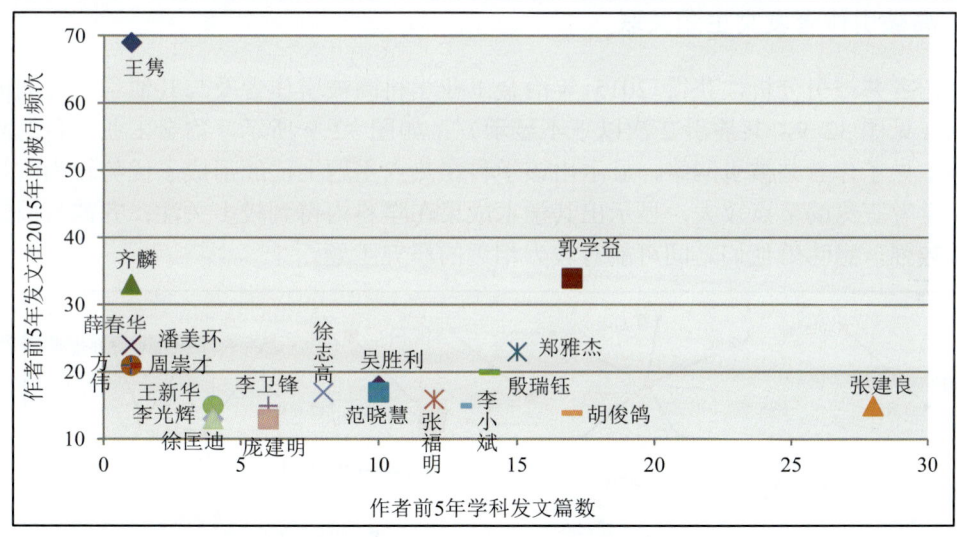

图 32-7　冶金工业学科高被引作者学科发文及被引对比

### 32.5.2　高被引作者科研合作关系

通过作者合著分析，获得2015年冶金工业学科高被引作者及与其他学者之间的科研论文合作关系（不考虑论文署名次序），如图32-8所示（合著4次以下不显示）。可以看出，冶金工业学科的高被引作者的论文合作现象比较普遍。学者张建良的发文量较多，论文合作网络也最为突出，在该学科的研究人员中表现出一定的集聚效应；张建良和左海滨、王新华和王万军等学者之间的合作关系最为紧密，显示出他们可能分别属于同一支科研团队。

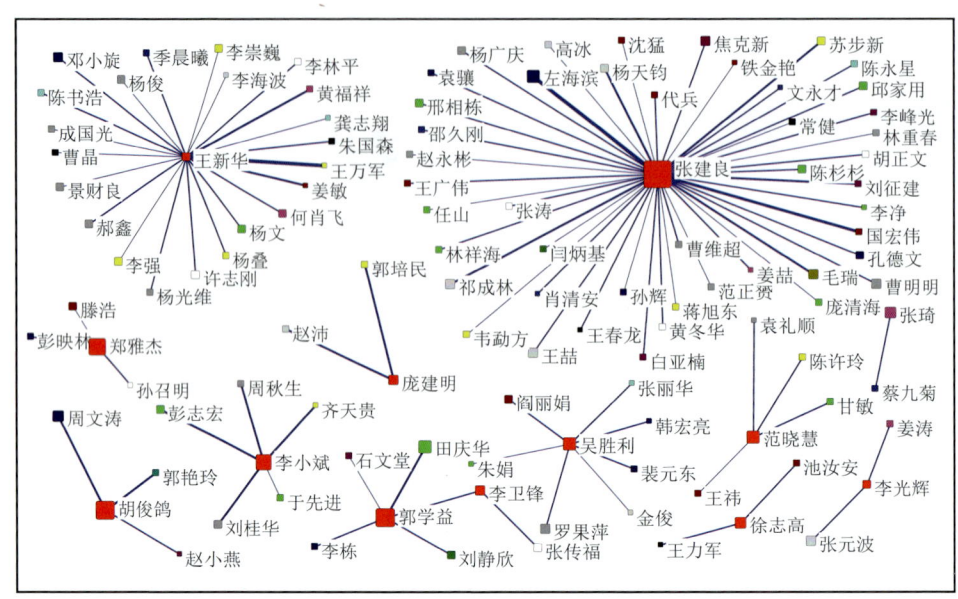

图 32-8　冶金工业学科高被引作者科研论文合作关系

## 32.5.3　高被引作者发文主题关联

通过作者共被引分析，获得 2015 年冶金工业学科高被引作者及与其他学者之间的发文主题关联（见图 32-9，共被引 2 次以下不显示）。如图 32-9 所示，冶金工业学科的高被引作者基本主导了作者共被引网络，显示出该学科在热点主题上已经形成了优势较为明显的科研力量。学者王隽的节点较大，显示出其学术成果在学科内得到较多关注；齐麟与周崇才之间的链接较强，意味着他们之间可能有较为相近的研究主题。

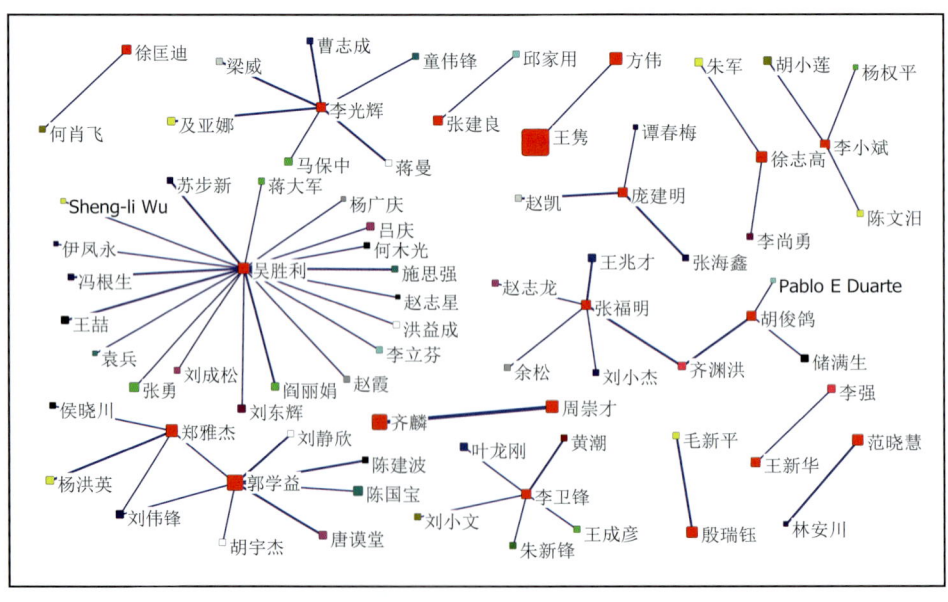

图 32-9　冶金工业学科高被引作者发文主题关联

## 32.6 高被引机构分析

### 32.6.1 高被引机构

为便于比较，本书将冶金工业学科的高被引机构分为高等院校和科研院所两种类型。其中，被引频次 TOP 10 高等院校和被引频次 TOP 5 科研院所的发文及被引情况分别见表 32-5 和表 32-6。其中，总被引频次较高的 3 所高等院校分别是北京科技大学、中南大学和东北大学，钢铁研究总院、北京矿冶研究总院和北京有色金属研究总院是总被引频次较高的 3 所科研院所；前 5 年学科发文在 2015 年的被引率最高的高等院校和科研院所分别是中南大学和昆明贵金属研究所，篇均被引最高的高等院校和科研院所分别是中南大学和昆明贵金属研究所。上述高被引机构的论文被引率和篇均被引频次对比如图 32-10 所示。

表 32-5 冶金工业学科高被引高等院校 TOP 10

| 序号 | 第一作者单位 | 学科发文量（篇） | | 前 5 年学科发文在 2015 年的被引 | | | |
|---|---|---|---|---|---|---|---|
| | | 前 5 年 | 2015 年 | 频次 | 被引率(%) | 最高（次） | 篇均（次） |
| 1 | 北京科技大学 | 1928 | 309 | 995 | 30.3 | 9 | 0.52 |
| 2 | 中南大学 | 1120 | 136 | 778 | 35.8 | 11 | 0.69 |
| 3 | 东北大学 | 918 | 134 | 458 | 29.6 | 7 | 0.50 |
| 4 | 昆明理工大学 | 536 | 91 | 267 | 31.5 | 6 | 0.50 |
| 5 | 武汉科技大学 | 404 | 64 | 187 | 27.2 | 5 | 0.46 |
| 6 | 河北联合大学 | 392 | 71 | 162 | 22.4 | 6 | 0.41 |
| 7 | 江西理工大学 | 300 | 53 | 139 | 28.0 | 6 | 0.46 |
| 8 | 内蒙古科技大学 | 307 | 43 | 115 | 23.1 | 8 | 0.37 |
| 9 | 贵州大学 | 215 | 44 | 110 | 29.8 | 5 | 0.51 |
| 10 | 重庆大学 | 234 | 28 | 99 | 26.1 | 9 | 0.42 |

表 32-6 冶金工业学科高被引科研院所 TOP 5

| 序号 | 第一作者单位 | 学科发文量（篇） | | 前 5 年学科发文在 2015 年的被引 | | | |
|---|---|---|---|---|---|---|---|
| | | 前 5 年 | 2015 年 | 频次 | 被引率(%) | 最高（次） | 篇均（次） |
| 1 | 钢铁研究总院 | 229 | 38 | 154 | 35.8 | 11 | 0.67 |
| 2 | 北京矿冶研究总院 | 176 | 30 | 132 | 36.4 | 7 | 0.75 |
| 3 | 北京有色金属研究总院 | 133 | 24 | 96 | 38.3 | 5 | 0.72 |
| 4 | 首钢技术研究院 | 103 | 22 | 51 | 26.2 | 5 | 0.50 |
| 5 | 昆明贵金属研究所 | 40 | 12 | 45 | 45.0 | 8 | 1.13 |

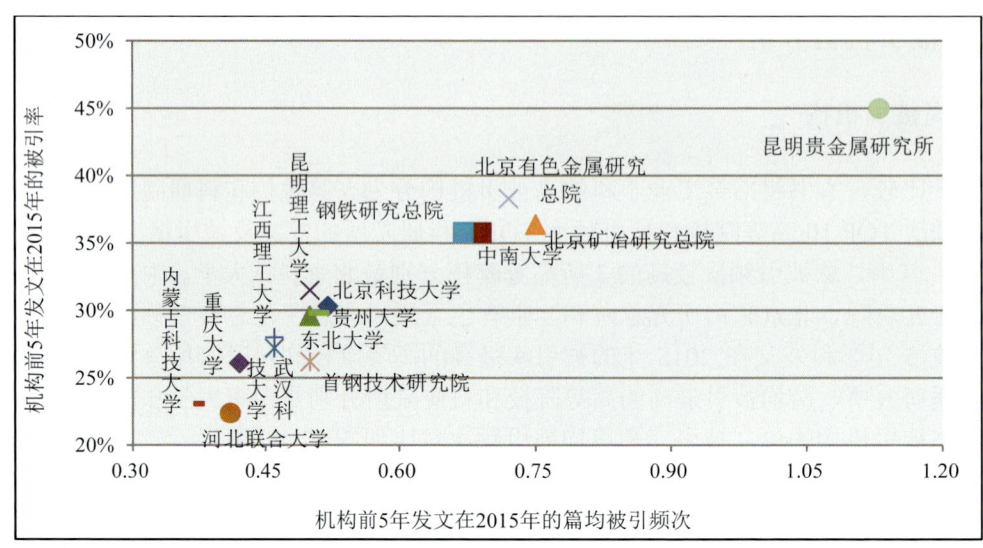

图 32-10　冶金工业学科高被引机构论文篇均被引及被引率对比

### 32.6.2　高被引机构科研合作关系

通过合著分析，获得冶金工业学科高被引机构之间及其与其他机构之间的科研合作关联，如图 32-11 所示（合作 40 次以下不显示）。分析得知，冶金工业学科的机构合作链接比较紧密，表明学科内机构合作现象较为普遍；高被引机构基本主导了机构合作网络，显示出这些机构已经在学科内具有了一定的科研优势；北京科技大学和首钢技术研究院、钢铁研究总院等机构之间的链接较强，表明它们的学术合作较为频繁。

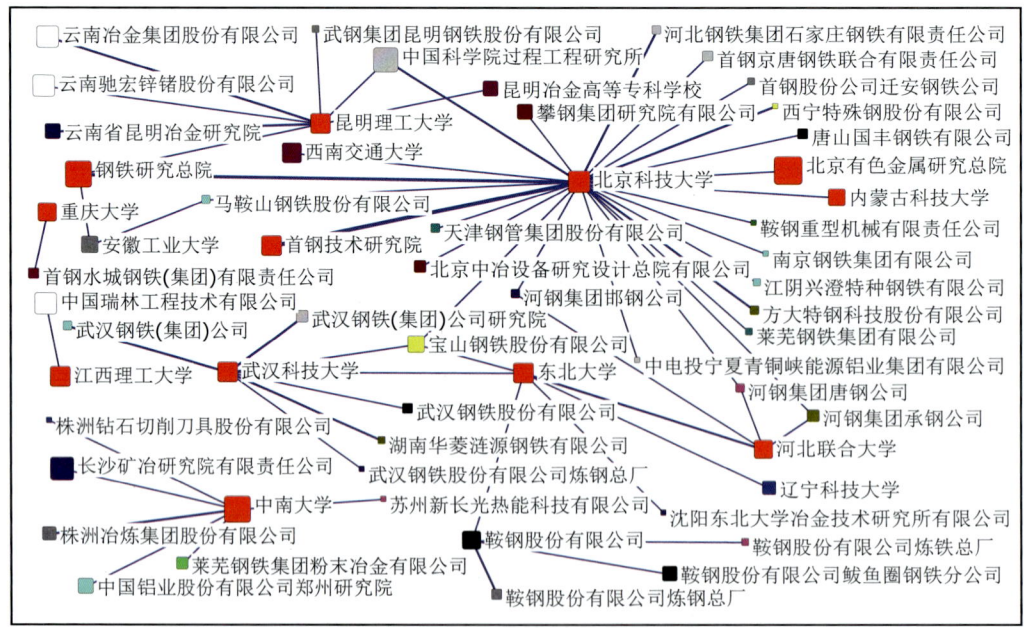

图 32-11　冶金工业学科高被引机构科研合作关联

## 32.7 高被引图书、国外期刊及学术会议

2015 年，冶金工业学科被引频次位居前 10 位的图书及国外期刊见表 32-7 和表 32-8。其中，被引次数较多的 3 种图书分别是黄希祜的《钢铁冶金原理》、周传典的《高炉炼铁生产技术手册》和朱祖泽的《现代铜冶金学》；被引次数较多的 3 种国外期刊分别是《ISIJ International》《Hydrometallurgy》和《Materials Science and Engineering A-Structural Materials Properties Microstructure and Processing》；被引次数较多的 3 场学术会议分别是"Steelmaking Conference Proceedings""Light Metals"和"AISTech 2015 Proceedings"。

表 32-7 冶金工业学科高被引图书 TOP 10

| 序号 | 责任者 | 图书名称 | 出版社 | 2015 年被引频次 |
| --- | --- | --- | --- | --- |
| 1 | 黄希祜 | 钢铁冶金原理 | 冶金工业出版社 | 83 |
| 2 | 周传典 | 高炉炼铁生产技术手册 | 冶金工业出版社 | 59 |
| 3 | 朱祖泽 | 现代铜冶金学 | 科学出版社 | 45 |
| 4 | 蔡开科 | 连铸坯质量控制 | 冶金工业出版社 | 33 |
| 5 | 王筱留 | 钢铁冶金学（炼铁部分） | 冶金工业出版社 | 31 |
| 6 | 陈家祥 | 炼钢常用图表数据手册 | 冶金工业出版社 | 27 |
| 7 | 刘业翔 | 现代铝电解 | 冶金工业出版社 | 26 |
| 7 | 蔡开科 | 连续铸钢原理与工艺 | 冶金工业出版社 | 26 |
| 9 | 梅光贵 | 湿法炼锌学 | 中南大学出版社 | 22 |
| 10 | 黄培云 | 粉末冶金原理 | 冶金工业出版社 | 21 |
| 10 | 成大先 | 机械设计手册 | 化学工业出版社 | 21 |

表 32-8 冶金工业学科高被引国外期刊 TOP 10

| 序号 | 期刊名称 | 2015 年被引频次 |
| --- | --- | --- |
| 1 | ISIJ International | 1239 |
| 2 | Hydrometallurgy | 913 |
| 3 | Materials Science and Engineering A-Structural Materials Properties Microstructure and Processing | 668 |
| 4 | Journal of Alloys and Compounds | 542 |
| 5 | Minerals Engineering | 336 |
| 6 | Acta Materialia | 321 |
| 7 | Metallurgical and Materials Transactions B: Process Metallurgy and Materials Processing Science | 314 |
| 8 | Ironmaking & Steelmaking | 289 |
| 9 | Journal of Materials Processing Technology | 267 |
| 10 | Journal of Iron and Steel Research, International | 262 |

# 第 33 章 金属学与金属工艺学科高被引分析

## 33.1 学科论文概况

2010—2014 年，金属学与金属工艺学科共有 104463 位来自 23032 所机构的论文第一作者在 2638 种期刊上发表了 127673 篇学术论文。其中，80%以上的论文产出自 4029 所机构、75914 位作者，发表在 211 种期刊上。在前 5 年发表的这些论文中，有 27386 篇在 2015 年获得过引用，整体被引率为 21.5%，总被引频次为 42491 次，篇均被引 0.33 次；其中，高被引论文有 383 篇，单篇论文最高被引频次为 60 次，累计被引 2950 次，篇均被引 7.70 次（表 33-1）。另外，2015 年金属学与金属工艺学科共发表论文 26267 篇，其中有 728 篇在当年获得过引用，总共被引 841 次。

表 33-1 金属学与金属工艺学科论文分布情况

| 年份 | 论文篇数 | 2015被引频次 | 2015年被引率（%） | 2015高被引论文 | | | |
|---|---|---|---|---|---|---|---|
| | | | | 论文篇数 | 最高被引频次 | 总被引频次 | 篇均被引频次 |
| 2010 | 23827 | 8288 | 22.1 | 75 | 46 | 649 | 8.65 |
| 2011 | 26130 | 8698 | 21.3 | 72 | 42 | 539 | 7.49 |
| 2012 | 27246 | 9215 | 21.9 | 78 | 41 | 585 | 7.50 |
| 2013 | 24734 | 10239 | 25.6 | 97 | 60 | 804 | 8.29 |
| 2014 | 25736 | 6051 | 16.5 | 61 | 34 | 373 | 6.11 |
| 合计 | 127673 | 42491 | 21.5 | 383 | 60 | 2950 | 7.70 |

从金属学与金属工艺学科论文的地域分布来看，2015 年被引频次较高的 5 个省、直辖市或自治区依次是北京、辽宁、江苏、陕西和上海（图 33-1）；5 年论文产出量较多的 5 个省、直辖市或自治区依次是北京、江苏、辽宁、陕西和山东（图 33-2）。

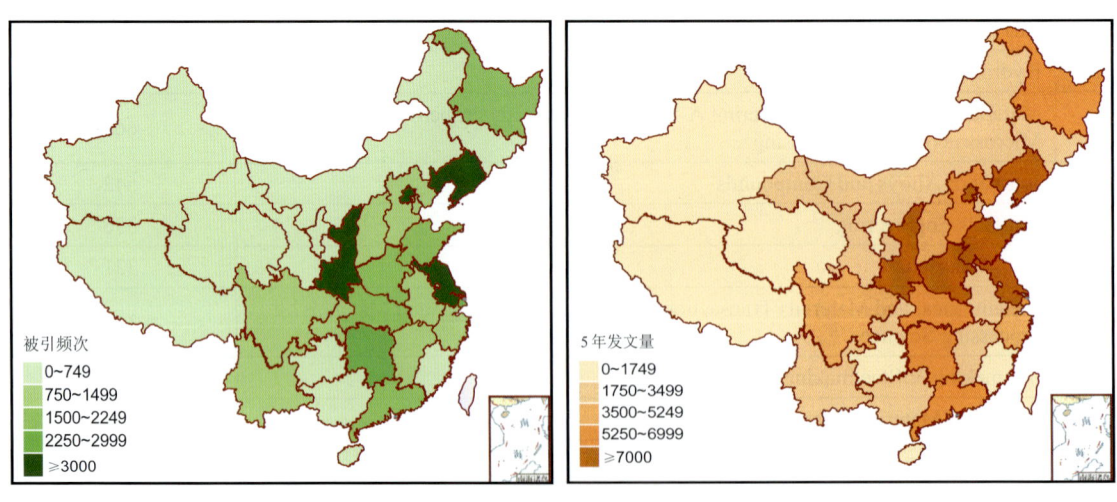

图 33-1 2015 年金属学与金属工艺学科地区被引分布　　图 33-2 金属学与金属工艺学科 5 年论文产出地区分布

## 33.2 高被引论文分析

在金属学与金属工艺学科，2015 年被引频次位居前 10 位的论文（表 33-2）平均被引频次为 20.9 次，是全部 383 篇高被引论文篇均被引频次的 2.7 倍。其中，被引频次最高的论文是刘兵于 2010 年发表的《大飞机用铝合金的研究现状及展望》，随后 2 篇分别是卢秉恒于 2013 年发表的《增材制造（3D 打印）技术发展》和丁文江于 2010 年发表的《高性能镁合金研究及应用的新进展》。

从论文分布来看，刊载高被引论文数量居前的 3 种期刊分别是《机械工程学报》（38 篇）、《热加工工艺》（26 篇）和《中国有色金属学报（英文版）》（21 篇），而《机械工程学报》和《热加工工艺》分别刊载了高被引论文 TOP 10 中的 2 篇；发表高被引论文居前的 3 位学者分别是西北工业大学的杨合（2 篇）、昆明贵金属研究所的王松（2 篇）和吉林大学的杨兆军（2 篇）；产出高被引论文数量居前的 3 所机构分别是北京科技大学（15 篇）、重庆大学（14 篇）和上海交通大学（14 篇），而中南大学产出了高被引论文 TOP 10 中的 2 篇。

表 33-2　金属学与金属工艺学科高被引论文 TOP 10

| 序号 | 论文题名 | 第一作者 | 期刊名称 | 发表年份 | 被引频次 总频次 | 被引频次 2015 年 |
| --- | --- | --- | --- | --- | --- | --- |
| 1 | 大飞机用铝合金的研究现状及展望 | 刘兵 | 中国有色金属学报 | 2010 | 103 | 34 |
| 2 | 增材制造（3D 打印）技术发展 | 卢秉恒 | 机械制造与自动化 | 2013 | 39 | 30 |
| 3 | 高性能镁合金研究及应用的新进展 | 丁文江 | 中国材料进展 | 2010 | 49 | 21 |
| 4 | 中国焊接制造领域学科发展研究 | 李晓延 | 机械工程学报 | 2012 | 34 | 20 |
| 5 | 高性能镁合金铸造技术研究进展 | 彭勇 | 铸造技术 | 2013 | 26 | 19 |
| 6 | 搅拌头压入速度和停留时间对 2024 铝合金搅拌摩擦焊接温度场的影响 | 吕赞 | 热加工工艺 | 2013 | 22 | 18 |
| 6 | 我国建筑钢结构焊接技术的发展现状和发展趋势 | 段斌 | 焊接技术 | 2012 | 29 | 18 |
| 8 | 激光立体成形高性能金属零件研究进展 | 黄卫东 | 中国材料进展 | 2010 | 26 | 17 |
| 9 | Nd 含量对 ZM6 镁合金力学性能的影响 | 孟宪宝 | 热加工工艺 | 2013 | 17 | 16 |
| 9 | 激光熔覆成形技术的研究进展 | 宋建丽 | 机械工程学报 | 2010 | 33 | 16 |

## 33.3 研究主题关联分析

在金属学与金属工艺学科，高被引论文累计被 2015 年发表的 2448 篇论文引用了 2950 次。通过分析施引文献关键词的词频及关键词之间的共现关系，获得 2015 年金属学与金属工艺学科的热点主题和主题关联，如图 33-3 所示（共现 5 次以下不显示）。由图 33-3 可知："力学性能""显微组织""镁合金"等关键词的文档词频较高，是 2015 年学科的研究热点；"力学性能"与"显微组织"等概念之间共现次数较多，显示出它们之间的主题较为紧密；以"力学性能""显微组织""镁合金"等关键词为主要节点的多个概念相互关联，构成了学科内最为突出的研究主题簇。

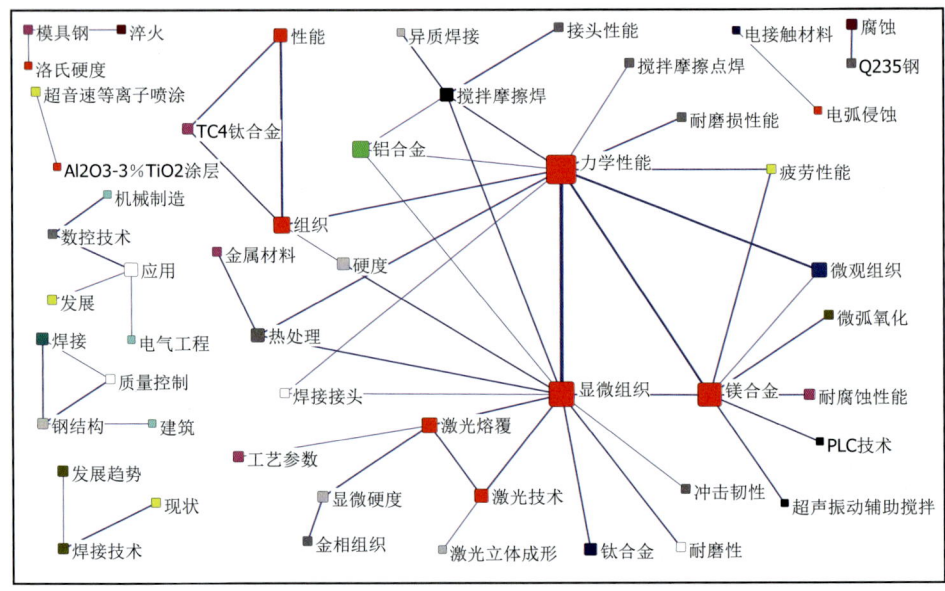

图 33-3  金属学与金属工艺学科 2015 年热点主题关联

## 33.4 学科高影响力期刊分析

### 33.4.1 学科高影响力期刊 TOP 10

在金属学与金属工艺学科，学科 5 年影响因子位居前 10 位的期刊见表 33-3，排在前 3 位的期刊分别是《中国材料进展》《装备环境工程》和《中国有色金属学报》。在表 33-3 中，学科载文量占其总载文量比例最大的期刊是《焊接学报》；前 5 年学科载文在 2015 年被引率最高的期刊是《装备环境工程》；期刊 5 年影响因子较高的前 3 种期刊分别是《中国有色金属学报》《稀有金属》和《中国材料进展》；学科 5 年影响因子与期刊 5 年影响因子差异最大的期刊是《中国材料进展》。表 33-3 中期刊的学科 5 年影响因子和前 5 年学科载文的 2015 年被引率对比如图 33-4 所示，2010—2015 年期刊 5 年影响因子的变动情况如图 33-5 所示。

表 33-3　金属学与金属工艺学科高影响力期刊基本指数

| 序号 | 期刊名称 | 前 5 年载文量 | | | 2015 年学科被引 | | | 5 年影响因子 | | h 指数 (学科) |
|---|---|---|---|---|---|---|---|---|---|---|
| | | 学科（篇） | 占比（%） | 总量（篇） | 频次 | 被引率（%） | 高被引论文篇数 | 期刊(2015) | 学科(2015) | |
| 1 | 中国材料进展 | 204 | 28.4 | 718 | 230 | 35.8 | 9 | 0.673 | 1.127 | 7 |
| 2 | 装备环境工程 | 218 | 20.9 | 1044 | 197 | 47.7 | 3 | 0.510 | 0.904 | 5 |
| 3 | 中国有色金属学报 | 1385 | 51.7 | 2677 | 1218 | 43.4 | 17 | 0.865 | 0.879 | 8 |
| 4 | 航空材料学报 | 306 | 48.0 | 637 | 237 | 45.1 | 1 | 0.653 | 0.775 | 4 |
| 5 | 稀有金属 | 437 | 43.8 | 997 | 335 | 42.1 | 2 | 0.718 | 0.767 | 6 |
| 6 | 中国有色金属学报（英文版） | 1740 | 63.9 | 2723 | 1229 | 34.3 | 21 | 0.666 | 0.706 | 8 |
| 7 | 金属学报 | 1032 | 81.2 | 1271 | 689 | 35.1 | 9 | 0.658 | 0.668 | 6 |
| 8 | 焊接学报 | 1848 | 92.7 | 1994 | 1227 | 38.0 | 13 | 0.655 | 0.664 | 6 |
| 9 | 表面技术 | 810 | 66.5 | 1218 | 520 | 34.8 | 7 | 0.608 | 0.642 | 7 |
| 10 | 材料工程 | 703 | 44.1 | 1594 | 428 | 37.8 | 0 | 0.491 | 0.609 | 5 |

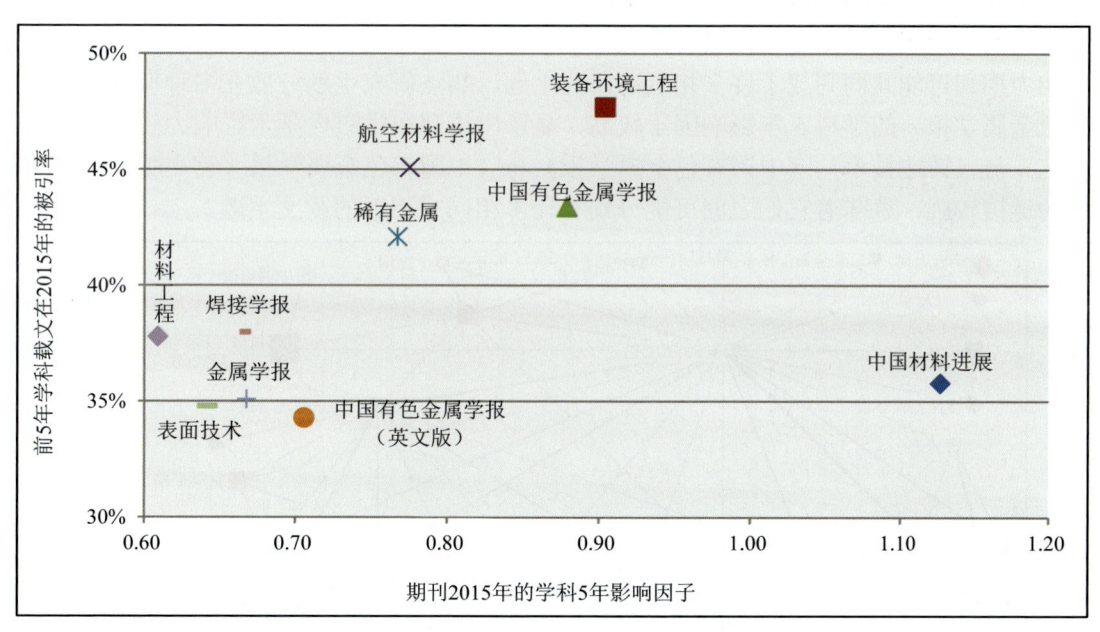

图 33-4　金属学与金属工艺学科高影响力期刊对比

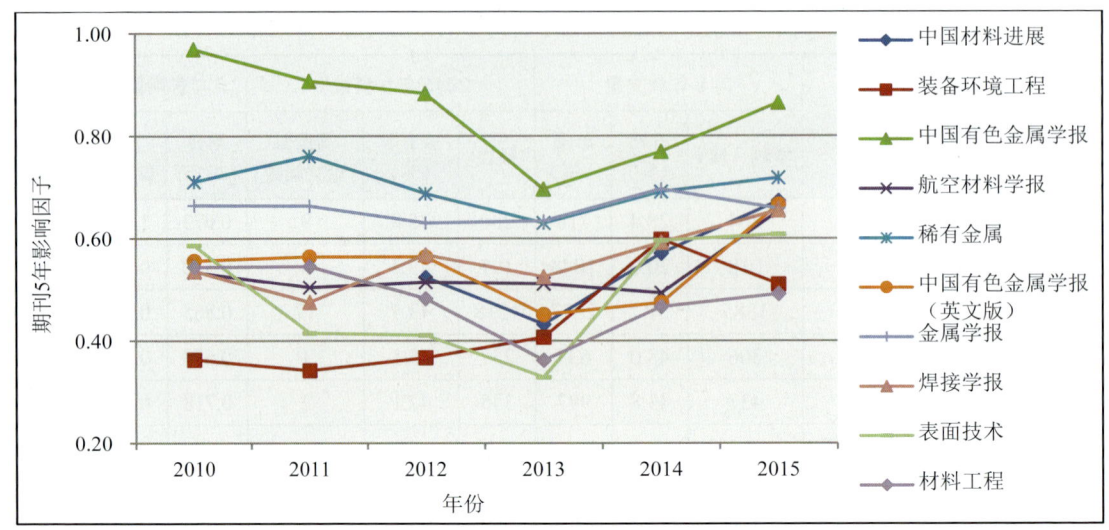

图 33-5 金属学与金属工艺学科期刊 5 年影响因子变动

### 33.4.2 学科高影响力期刊载文主题关联

通过期刊共被引分析,获得金属学与金属工艺学科高影响力期刊及与其他期刊之间的载文主题关联,如图 33-6 所示(共被引 39 次以下不显示)。结果显示,金属学与金属工艺学科的高影响力期刊相互链接较为紧密,部分主导了该学科的期刊共被引网络,显示出该学科高影响力期刊可能共同刊载了许多相近的研究主题,热点研究主题分散在多种期刊上。《中国有色金属学报》的学科 5 年影响因子较高,显示出该刊在学科内学术影响力较大;《热加工工艺》与《铸造技术》《中国有色金属学报》与《中国有色金属学报(英文版)》等期刊之间的链接较强,意味着它们之间可能分别有较多相同或相近的载文主题。

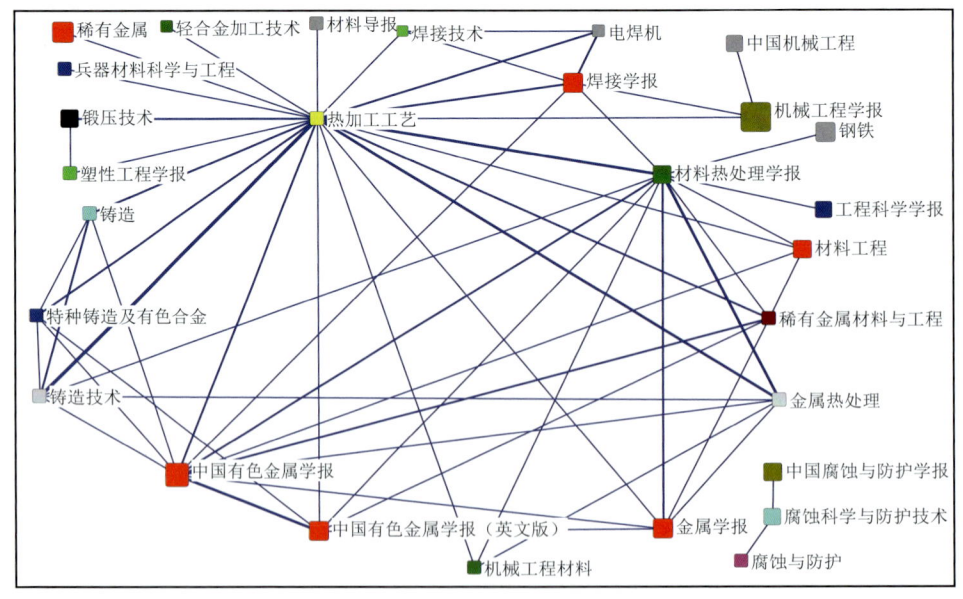

图 33-6 金属学与金属工艺学科高影响力期刊载文主题关联

## 33.5 高被引作者分析

### 33.5.1 高被引作者 TOP 20

2010—2014年，在104463位金属学与金属工艺学科论文的第一作者中，在2015年学科被引频次位居前20位的学者的发文及被引情况见表33-4。其中，学科发文总被引频次较高的3位作者分别是重庆大学的张丁非（41次）、上海交通大学的丁文江（40次）和中南大学的刘兵（38次）。高被引作者的5年学科发文数量从1篇到52篇不等，同时，作者学科发文的期刊分布也在1种到14种之间变化。在发文超过5篇的所有作者中，篇均被引较高的3位作者分别是中南大学的刘兵（篇均7.60次）、吉林大学的杨兆军（篇均6.20次）和重庆大学的陈先华（篇均3.00次）；前5年发表学科论文较多的3位作者分别是辽宁工程技术大学的马壮（52篇）、西安理工大学的张敏（50篇）和内蒙古科技大学的刘宗昌（48篇）。高被引作者的学科发文量和被引量对比如图33-7所示。

表33-4 金属学与金属工艺学科高被引作者 TOP 20

| 序号 | 姓名 | 作者单位 | 前5年发文 | | | 前5年学科发文在2015年的被引 | | | | h指数（学科） |
|---|---|---|---|---|---|---|---|---|---|---|
| | | | 学科发文（篇） | 期刊分布（种） | 发文总量（篇） | 总频次 | 被引率（%） | 最高（次） | 篇均（次） | |
| 1 | 张丁非 | 重庆大学 | 34 | 11 | 37 | 41 | 52.9 | 7 | 1.21 | 3 |
| 2 | 丁文江 | 上海交通大学 | 4 | 4 | 4 | 40 | 100.0 | 21 | 10.00 | 4 |
| 3 | 刘兵 | 中南大学 | 5 | 2 | 5 | 38 | 80.0 | 34 | 7.60 | 2 |
| 4 | 张新明 | 中南大学 | 38 | 11 | 39 | 35 | 50.0 | 7 | 0.92 | 2 |
| 5 | 马壮 | 辽宁工程技术大学 | 52 | 14 | 74 | 34 | 34.6 | 6 | 0.65 | 3 |
| 5 | 张敏 | 西安理工大学 | 50 | 13 | 55 | 34 | 38.0 | 4 | 0.68 | 3 |
| 7 | 李红英 | 中南大学 | 31 | 7 | 34 | 32 | 35.5 | 9 | 1.03 | 4 |
| 8 | 杨兆军 | 吉林大学 | 5 | 3 | 8 | 31 | 80.0 | 21 | 6.20 | 3 |
| 9 | 卢秉恒 | 西安交通大学 | 2 | 2 | 4 | 30 | 50.0 | 30 | 15.00 | 2 |
| 10 | 徐滨士 | 中国人民解放军装甲兵工程学院 | 10 | 9 | 38 | 29 | 70.0 | 14 | 2.90 | 5 |
| 10 | 张亮 | 江苏师范大学 | 20 | 12 | 21 | 29 | 40.0 | 8 | 1.45 | 3 |
| 12 | 刘宗昌 | 内蒙古科技大学 | 48 | 8 | 49 | 28 | 29.2 | 5 | 0.58 | 2 |
| 13 | 李旭东 | 中国人民解放军海军航空工程学院青岛分院 | 22 | 7 | 28 | 25 | 59.1 | 5 | 1.14 | 3 |
| 14 | 陈先华 | 重庆大学 | 8 | 6 | 8 | 24 | 87.5 | 7 | 3.00 | 3 |
| 14 | 孔德军 | 常州大学 | 16 | 8 | 40 | 24 | 62.5 | 4 | 1.50 | 3 |
| 14 | 任吉林 | 南昌航空大学 | 9 | 5 | 11 | 24 | 55.6 | 10 | 2.67 | 4 |

| 序号 | 姓名 | 作者单位 | 前5年发文 | | | 前5年学科发文在2015年的被引 | | | | h指数(学科) |
|---|---|---|---|---|---|---|---|---|---|---|
| | | | 学科发文（篇） | 期刊分布（种） | 发文总量（篇） | 总频次 | 被引率（%） | 最高（次） | 篇均（次） | |
| 14 | 宋晓村 | 南昌大学 | 1 | 1 | 1 | 24 | 100.0 | 24 | 24.00 | 1 |
| 18 | 姬书得 | 沈阳航空航天大学 | 14 | 8 | 14 | 23 | 57.1 | 5 | 1.64 | 3 |
| 18 | 李晓延 | 北京工业大学 | 4 | 4 | 5 | 23 | 50.0 | 20 | 5.75 | 2 |
| 18 | 王国栋 | 东北大学 | 8 | 5 | 13 | 23 | 50.0 | 12 | 2.88 | 3 |
| 18 | 王松 | 昆明贵金属研究所 | 17 | 7 | 26 | 23 | 41.2 | 7 | 1.35 | 3 |

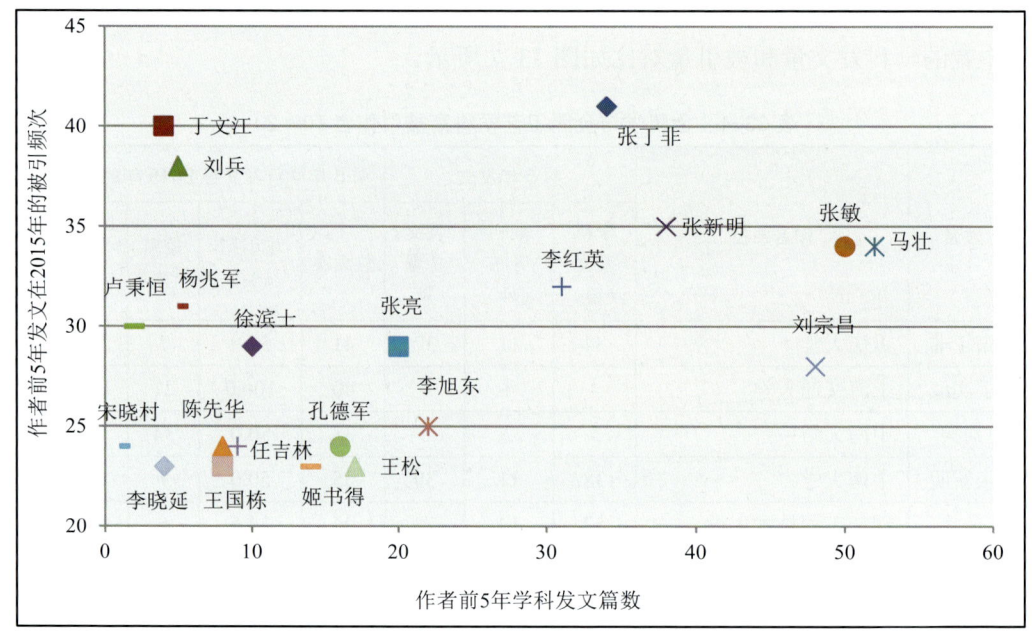

图 33-7　金属学与金属工艺学科高被引作者学科发文及被引对比

## 33.5.2　高被引作者科研合作关系

通过作者合著分析，获得2015年金属学与金属工艺学科高被引作者及与其他学者之间的科研论文合作关系（不考虑论文署名次序），如图 33-8 所示（合著9次以下不显示）。可以看出，金属学与金属工艺学科的高被引作者的论文合作现象比较普遍。学者马壮、刘宗昌和张敏的发文量较多；王国栋的论文合作网络最为突出，在该学科的研究人员中表现出一定的集聚效应；王国栋和刘振宇等学者之间的合作关系最为紧密，显示出他们可能属于同一支科研团队。

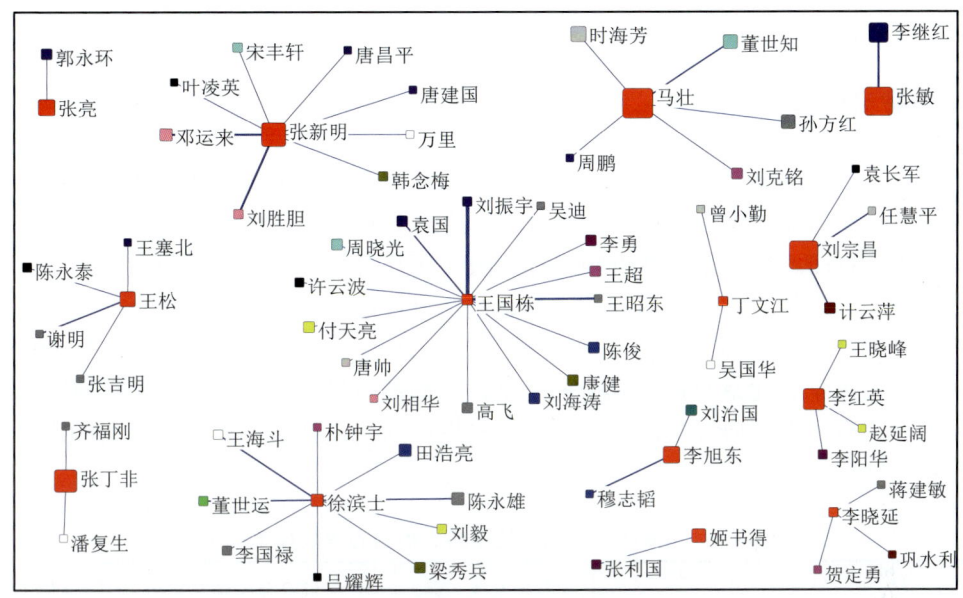

图 33-8　金属学与金属工艺学科高被引作者科研论文合作关系

### 33.5.3　高被引作者发文主题关联

通过作者共被引分析，获得 2015 年金属学与金属工艺学科高被引作者及与其他学者之间的发文主题关联（见图 33-9，共被引 2 次以下不显示）。如图 33-9 所示，金属学与金属工艺学科的高被引作者基本主导了作者共被引网络，显示出该学科在热点主题上已经形成了优势较为明显的科研力量。学者张丁非和刘兵的节点较大，显示出他们的学术成果在学科内得到较多关注；宋晓村与吕赞等学者之间的链接较强，意味着他们之间可能有较为相近的研究主题；以宋晓村等学者为主要节点的共被引作者簇网络初具规模，意味着这些学者的研究主题关联可能较为紧密。

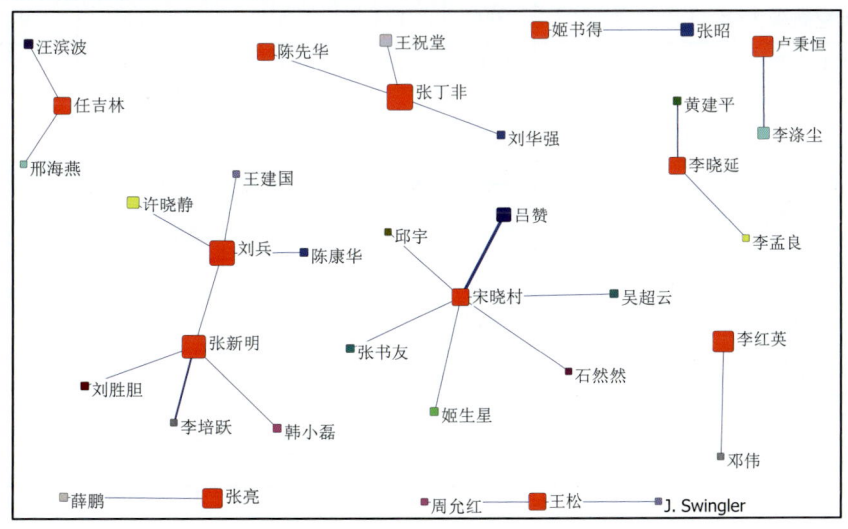

图 33-9　金属学与金属工艺学科高被引作者发文主题关联

## 33.6 高被引机构分析

### 33.6.1 高被引机构

为便于比较，本书将金属学与金属工艺学科的高被引机构分为高等院校和科研院所两种类型。其中，被引频次 TOP 10 高等院校和被引频次 TOP 5 科研院所的发文及被引情况分别见表 33-5 和表 33-6。其中，总被引频次较高的 3 所高等院校分别是北京科技大学、中南大学和东北大学，中国科学院金属研究所、北京航空材料研究院和北京有色金属研究总院是总被引频次较高的 3 所科研院所；前 5 年学科发文在 2015 年的被引率最高的高等院校和科研院所分别是中南大学和北京有色金属研究总院，篇均被引最高的高等院校和科研院所分别是中南大学和北京有色金属研究总院。上述高被引机构的论文被引率和篇均被引频次对比如图 33-10 所示。

表 33-5　金属学与金属工艺学科高被引高等院校 TOP 10

| 序号 | 第一作者单位 | 学科发文量（篇） | | 前 5 年学科发文在 2015 年的被引 | | | |
|---|---|---|---|---|---|---|---|
| | | 前 5 年 | 2015 年 | 频次 | 被引率(%) | 最高（次） | 篇均（次） |
| 1 | 北京科技大学 | 2842 | 464 | 1514 | 31.7 | 13 | 0.53 |
| 2 | 中南大学 | 1868 | 277 | 1131 | 33.7 | 34 | 0.61 |
| 3 | 东北大学 | 1566 | 220 | 798 | 31.7 | 14 | 0.51 |
| 4 | 上海交通大学 | 1225 | 181 | 654 | 27.5 | 21 | 0.53 |
| 5 | 重庆大学 | 1101 | 153 | 619 | 31.2 | 7 | 0.56 |
| 6 | 西北工业大学 | 1439 | 229 | 607 | 27.2 | 17 | 0.42 |
| 7 | 哈尔滨工业大学 | 1062 | 177 | 565 | 31.1 | 10 | 0.53 |
| 8 | 昆明理工大学 | 1051 | 196 | 540 | 32.8 | 11 | 0.51 |
| 9 | 南京航空航天大学 | 1099 | 183 | 517 | 29.6 | 9 | 0.47 |
| 10 | 兰州理工大学 | 1216 | 165 | 479 | 23.4 | 13 | 0.39 |

表 33-6　金属学与金属工艺学科高被引科研院所 TOP 5

| 序号 | 第一作者单位 | 学科发文量（篇） | | 前 5 年学科发文在 2015 年的被引 | | | |
|---|---|---|---|---|---|---|---|
| | | 前 5 年 | 2015 年 | 频次 | 被引率(%) | 最高（次） | 篇均（次） |
| 1 | 中国科学院金属研究所 | 554 | 77 | 331 | 32.5 | 8 | 0.60 |
| 2 | 北京航空材料研究院 | 504 | 75 | 298 | 34.7 | 5 | 0.59 |
| 3 | 北京有色金属研究总院 | 354 | 52 | 230 | 38.1 | 10 | 0.65 |
| 4 | 钢铁研究总院 | 342 | 70 | 182 | 35.1 | 9 | 0.53 |
| 5 | 西北有色金属研究院 | 296 | 52 | 143 | 26.4 | 12 | 0.48 |

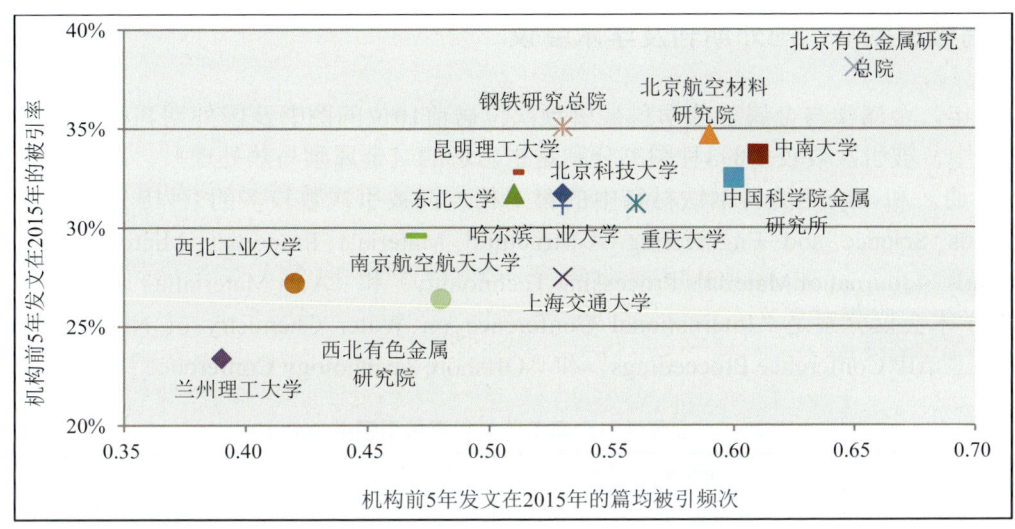

图 33-10  金属学与金属工艺学科高被引机构论文篇均被引及被引率对比

## 33.6.2 高被引机构科研合作关系

通过合著分析，获得金属学与金属工艺学科高被引机构之间及其与其他机构之间的科研合作关联，如图 33-11 所示（合作 72 次以下不显示）。分析得知，金属学与金属工艺学科的机构合作链接较为紧密，表明学科内机构合作现象非常普遍；高被引机构基本主导了机构合作网络，显示出这些机构已经在学科内具有了一定的科研优势；钢铁研究总院和昆明理工大学的链接较强，显示出它们的学术合作较为频繁。中国科学院金属研究所、中南大学的篇均被引较高，说明它们的研究成果总体看来较为受业内学者的关注。

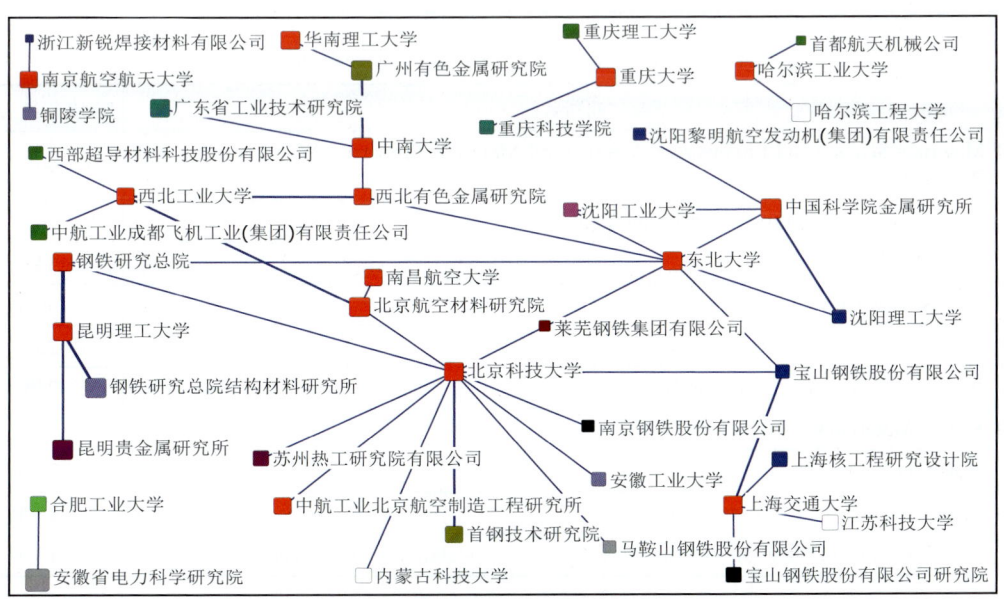

图 33-11  金属学与金属工艺学科高被引机构科研合作关联

## 33.7 高被引图书、国外期刊及学术会议

2015年，金属学与金属工艺学科被引频次位居前10位的图书及国外期刊见表33-7和表33-8。其中，被引次数较多的3种图书分别是崔忠圻的《金属学与热处理》、成大先的《机械设计手册》和雍岐龙的《钢铁材料中的第二相》；被引次数较多的3种国外期刊分别是《Materials Science and Engineering A-Structural Materials Properties Microstructure and Processing》《Journal of Materials Processing Technology》和《Acta Materialia》；被引次数较多的3场学术会议分别是"International Conference on Water Chemistry of Nuclear Reactor Systems""AIP Conference Proceedings"和"Offshore Technology Conference"。

表33-7 金属学与金属工艺学科高被引图书 TOP 10

| 序号 | 责任者 | 图书名称 | 出版社 | 2015年被引频次 |
|---|---|---|---|---|
| 1 | 崔忠圻 | 金属学与热处理 | 机械工业出版社 | 114 |
| 2 | 成大先 | 机械设计手册 | 化学工业出版社 | 103 |
| 3 | 雍岐龙 | 钢铁材料中的第二相 | 冶金工业出版社 | 70 |
| 4 | 陈振华 | 镁合金 | 化学工业出版社 | 59 |
| 4 | 陈祝年 | 焊接工程师手册 | 机械工业出版社 | 59 |
| 6 | 曹楚南 | 腐蚀电化学原理 | 化学工业出版社 | 52 |
| 7 | 曹楚南 | 电化学阻抗谱导论 | 科学出版社 | 48 |
| 7 | 何忠治 | 电工钢 | 冶金工业出版社 | 48 |
| 9 | 邹家祥 | 轧钢机械 | 冶金工业出版社 | 44 |
| 10 | 张喜燕 | 钛合金及应用 | 化学工业出版社 | 42 |

表33-8 金属学与金属工艺学科高被引国外期刊 TOP 10

| 序号 | 期刊名称 | 2015年被引频次 |
|---|---|---|
| 1 | Materials Science and Engineering A-Structural Materials Properties Microstructure and Processing | 6065 |
| 2 | Journal of Materials Processing Technology | 3616 |
| 3 | Acta Materialia | 3487 |
| 4 | Corrosion Science | 3000 |
| 5 | Surface and Coatings Technology | 2588 |
| 6 | Journal of Alloys and Compounds | 2485 |
| 7 | Scripta Materialia | 2270 |
| 8 | Materials & Design | 2249 |
| 9 | Materials Science and Engineering | 1500 |
| 10 | Metallurgical and Materials Transactions A: Physical Metallurgy and Materials Science | 1390 |

# 第34章 机械、仪表工业学科高被引分析

## 34.1 学科论文概况

2010—2014年，机械、仪表工业学科共有102258位来自27636所机构的论文第一作者在3166种期刊上发表了111422篇学术论文。其中，80%以上的论文产出自7580所机构、77408位作者，发表在259种期刊上。在前5年发表的这些论文中，有23210篇在2015年获得过引用，整体被引率为20.8%，总被引频次为38188次，篇均被引0.34次；其中，高被引论文有277篇，单篇论文最高被引频次为55次，累计被引2807次，篇均被引10.13次（表34-1）。另外，2015年机械、仪表工业学科共发表论文24143篇，其中有766篇在当年获得过引用，总共被引915次。

表34-1 机械、仪表工业学科论文分布情况

| 年份 | 论文篇数 | 2015被引频次 | 2015被引率（%） | 2015高被引论文 | | | |
|---|---|---|---|---|---|---|---|
| | | | | 论文篇数 | 最高被引频次 | 总被引频次 | 篇均被引频次 |
| 2010 | 18771 | 6406 | 20.9 | 50 | 35 | 501 | 10.02 |
| 2011 | 22348 | 7808 | 20.8 | 48 | 36 | 597 | 12.44 |
| 2012 | 23709 | 8672 | 21.7 | 55 | 40 | 577 | 10.49 |
| 2013 | 21686 | 9591 | 26.1 | 85 | 55 | 824 | 9.69 |
| 2014 | 24908 | 5711 | 15.5 | 39 | 25 | 308 | 7.90 |
| 合计 | 111422 | 38188 | 20.8 | 277 | 55 | 2807 | 10.13 |

从机械、仪表工业学科论文的地域分布来看，2015年被引频次较高的5个省、直辖市或自治区依次是江苏、北京、陕西、辽宁和浙江（图34-1）；5年论文产出量较多的5个省、直辖市或自治区依次是江苏、辽宁、北京、陕西和山东（图34-2）。

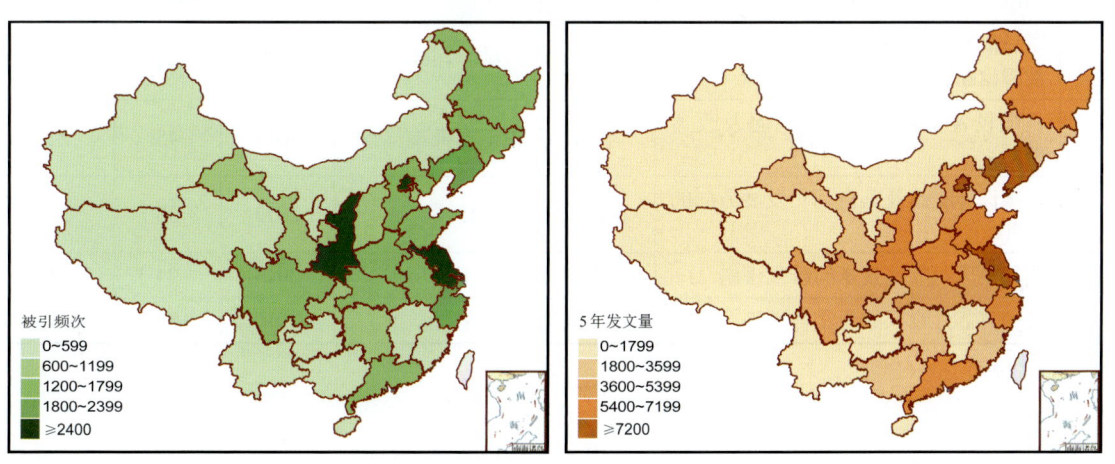

图34-1 2015年机械、仪表工业学科地区被引分布　图34-2 机械、仪表工业学科5年论文产出地区分布

## 34.2 高被引论文分析

在机械、仪表工业学科，2015 年被引频次位居前 10 位的论文（表 34-2）平均被引频次为 27.73 次，是全部 277 篇高被引论文篇均被引频次的 2.7 倍。其中，被引频次最高的论文是张宝坤于 2011 年发表的《机械设计制造及其自动化的发展方向》，随后 2 篇分别是刘超于 2013 年发表的《我国机械设计制造及其自动化发展方向研究》和王述彦于 2011 年发表的《基于模糊 PID 控制器的控制方法研究》。

从论文分布来看，刊载高被引论文数量居前的 3 种期刊分别是《机械工程学报》(42 篇)、《计算机集成制造系统》(13 篇) 和《光学精密工程》(12 篇)，而《机械工程学报》刊载了高被引论文 TOP 10 中的 4 篇；发表高被引论文居前的 3 位学者分别是西安交通大学的雷亚国（3 篇）、中国人民解放军装甲兵工程学院的徐滨士（3 篇）和中国农业大学的姚志峰（2 篇）；产出高被引论文数量居前的 3 所机构分别是江苏大学（14 篇）、重庆大学（12 篇）和中国科学院长春光学精密机械与物理研究所（10 篇）。

表 34-2 机械、仪表工业学科高被引论文 TOP 10

| 序号 | 论文题名 | 第一作者 | 期刊名称 | 发表年份 | 被引频次 总频次 | 被引频次 2015 年 |
|---|---|---|---|---|---|---|
| 1 | 机械设计制造及其自动化的发展方向 | 张宝坤 | 化工装备技术 | 2011 | 88 | 47 |
| 2 | 我国机械设计制造及其自动化发展方向研究 | 刘超 | 河南科技 | 2013 | 54 | 46 |
| 3 | 基于模糊 PID 控制器的控制方法研究 | 王述彦 | 机械科学与技术 | 2011 | 79 | 29 |
| 4 | 浅谈机械设计加工中应注意的几个问题 | 王杰 | 科技信息 | 2011 | 53 | 26 |
| 5 | 机械自动化技术应用与发展前景 | 王英 | 科技传播 | 2010 | 68 | 25 |
| 6 | 风力发电机状态监测和故障诊断技术的研究与进展 | 陈雪峰 | 机械工程学报 | 2011 | 65 | 24 |
| 7 | 奇异值差分谱理论及其在车床主轴箱故障诊断中的应用 | 赵学智 | 机械工程学报 | 2010 | 44 | 22 |
| 7 | 机电设备安装常见技术问题及改善办法 | 李季 | 湖南农机 | 2011 | 45 | 22 |
| 7 | 机械设计制造及其自动化发展方向的研究 | 农应斌 | 科技传播 | 2013 | 38 | 22 |
| 10 | 数控机床可靠性技术的研究进展 | 杨兆军 | 机械工程学报 | 2013 | 24 | 21 |
| 10 | 机械可靠性设计的内涵与递进 | 张义民 | 机械工程学报 | 2010 | 85 | 21 |

## 34.3 研究主题关联分析

在机械、仪表工业学科，高被引论文累计被 2015 年发表的 2681 篇论文引用了 2807 次。通过分析施引文献关键词的词频及关键词之间的共现关系，获得 2015 年机械、仪表工业学科的热点主题和主题关联，如图 34-3 所示（共现 8 次以下不显示）。由图 34-3 可知："自动化""故障诊断""机械设计"等关键词的文档词频较高，是 2015 年学科的研究热点；"自动化"与"机械设计制造"等概念之间的共现次数较多，显示它们之间主题关联较为紧密；以"自动化""机械制造""机械设计"等关键词为主要节点的多个概念相互关联，构成了学科内最为突出的研究主题簇。

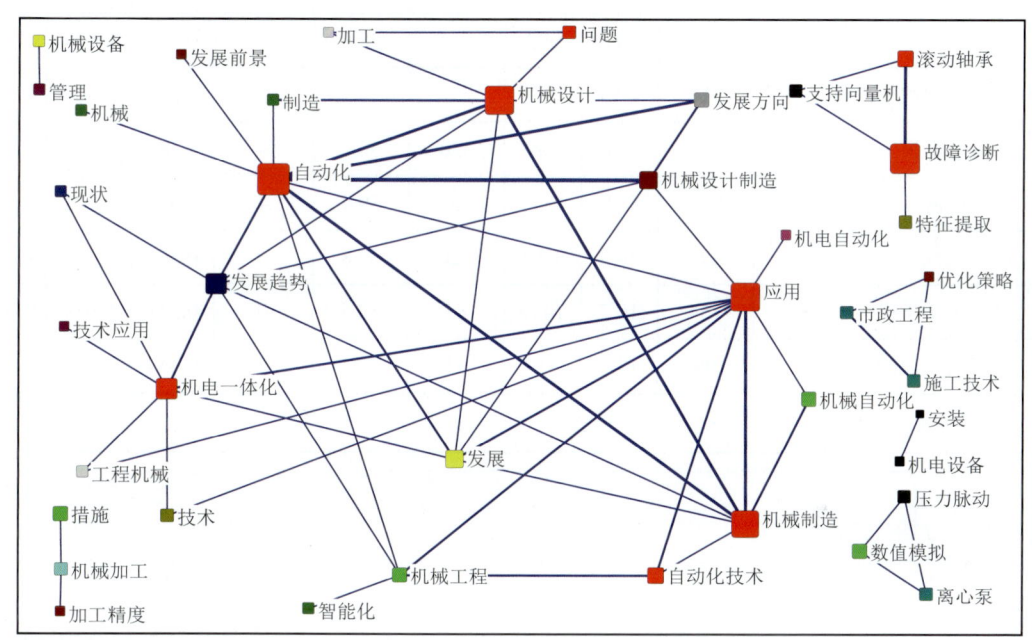

图 34-3　机械、仪表工业学科 2015 年热点主题关联

## 34.4 学科高影响力期刊分析

### 34.4.1 学科高影响力期刊 TOP 10

在机械、仪表工业学科，学科 5 年影响因子位居前 10 位的期刊见表 34-3，排在前 3 位的期刊分别是《机械工程学报》《振动工程学报》和《振动与冲击》。在表 34-3 中，学科载文量占其总载文量比例最大的期刊是《压力容器》；前 5 年学科载文在 2015 年被引率最高的期刊是《机械工程学报》；期刊 5 年影响因子较高的前 3 种期刊分别是《机械工程学报》《摩擦学学报》和《压力容器》；学科 5 年影响因子与期刊 5 年影响因子差异最大的期刊是《振动工程学报》。表 34-3 中期刊的学科 5 年影响因子和前 5 年学科载文的 2015 年被引率对比如图 34-4 所示，2010—2015 年期刊 5 年影响因子的变动情况如图 34-5 所示。

表 34-3 机械、仪表工业学科高影响力期刊基本指数

| 序号 | 期刊名称 | 前 5 年载文量 | | 2015 年学科被引 | | | 5 年影响因子 | | h 指数 (学科) |
|---|---|---|---|---|---|---|---|---|---|
| | | 学科（篇） | 占比（%） | 总量（篇） | 频次 | 被引率（%） | 高被引论文篇数 | 期刊 (2015) | 学科 (2015) | |
| 1 | 机械工程学报 | 1169 | 29.0 | 4027 | 1715 | 51.6 | 42 | 1.302 | 1.467 | 15 |
| 2 | 振动工程学报 | 139 | 19.8 | 702 | 130 | 41.0 | 3 | 0.732 | 0.935 | 7 |
| 3 | 振动与冲击 | 868 | 18.4 | 4729 | 738 | 40.3 | 11 | 0.726 | 0.850 | 10 |
| 4 | 压力容器 | 634 | 70.3 | 902 | 513 | 38.0 | 9 | 0.735 | 0.809 | 7 |
| 5 | 振动、测试与诊断 | 314 | 29.3 | 1070 | 254 | 44.9 | 3 | 0.700 | 0.809 | 7 |
| 6 | 摩擦学学报 | 417 | 69.6 | 599 | 320 | 38.6 | 4 | 0.781 | 0.767 | 6 |
| 7 | 流体机械 | 908 | 68.9 | 1318 | 665 | 39.4 | 4 | 0.684 | 0.732 | 6 |
| 8 | 中国机械工程 | 1268 | 34.3 | 3701 | 720 | 32.8 | 6 | 0.565 | 0.568 | 7 |
| 9 | 重庆大学学报 | 154 | 10.7 | 1439 | 83 | 32.5 | 0 | 0.511 | 0.539 | 6 |
| 10 | 中国医疗器械杂志 | 98 | 12.0 | 819 | 51 | 29.6 | 0 | 0.454 | 0.520 | 6 |

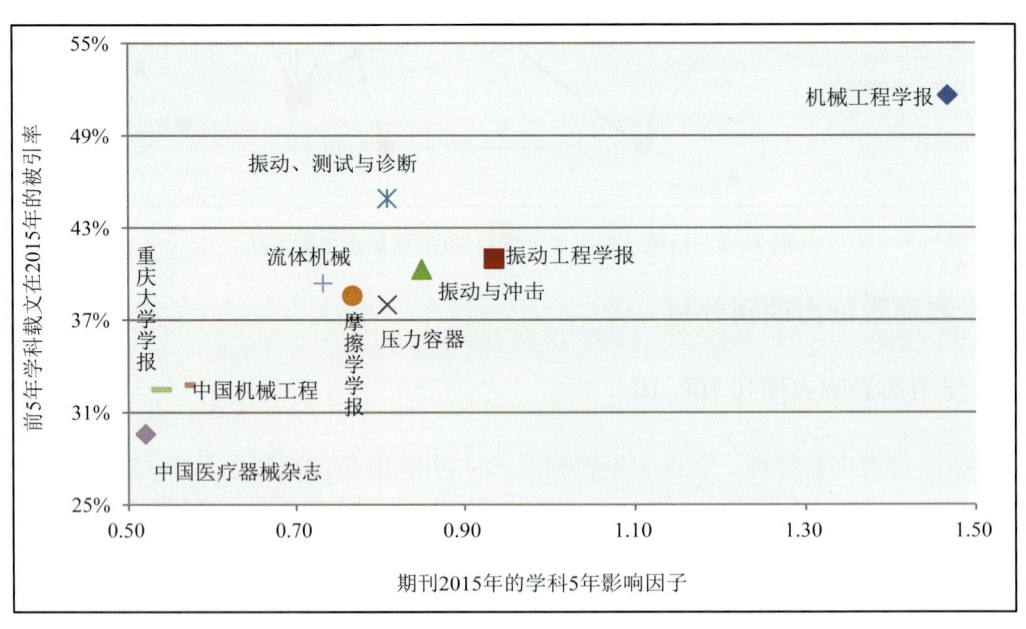

图 34-4 机械、仪表工业学科高影响力期刊对比

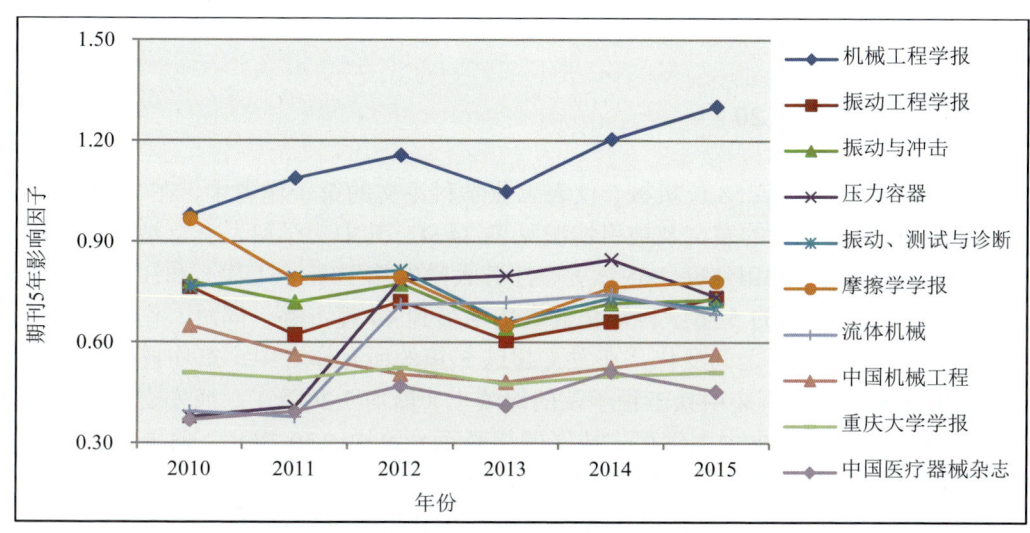

图 34-5　机械、仪表工业学科期刊 5 年影响因子变动

### 34.4.2　学科高影响力期刊载文主题关联

通过期刊共被引分析，获得机械、仪表工业学科高影响力期刊及与其他期刊之间的载文主题关联，如图 34-6 所示（共被引 23 次以下不显示）。结果显示，机械、仪表工业学科的高影响力期刊相互链接较为紧密，基本主导了该学科的期刊共被引网络，显示出该学科高影响力期刊可能共同刊载了许多相近的研究主题，热点研究主题分散在多种期刊上。《机械工程学报》的学科 5 年影响因子较高，显示出该刊在学科内学术影响力较大；《流体机械》与《压力容器》等期刊之间的链接较强，意味着它们之间可能有较多相同或相近的载文主题。

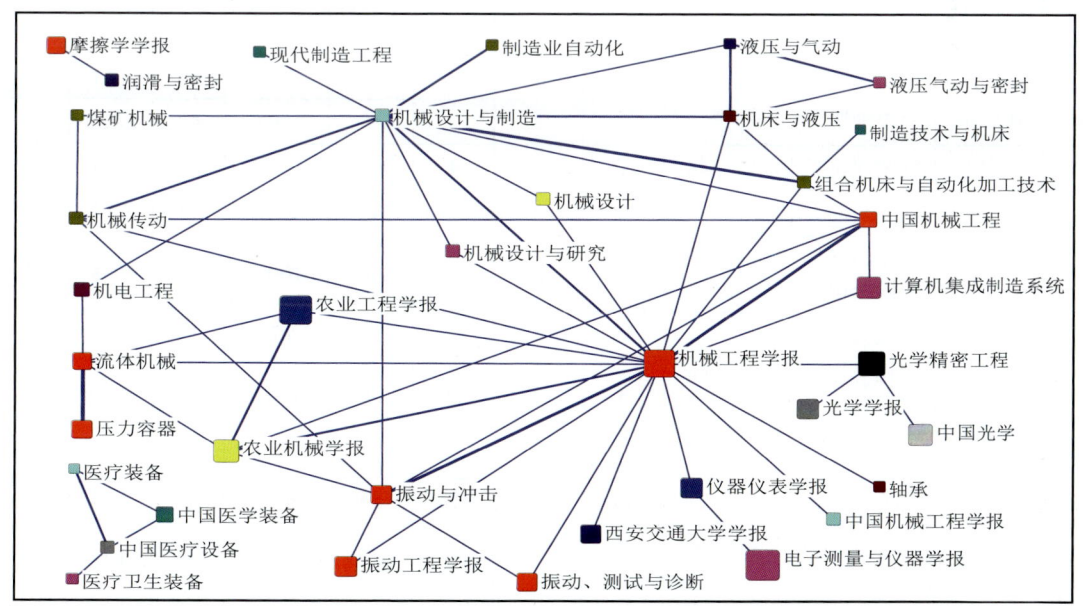

图 34-6　机械、仪表工业学科高影响力期刊载文主题关联

## 34.5 高被引作者分析

### 34.5.1 高被引作者 TOP 20

2010—2014年,在 102258 位机械、仪表工业学科论文的第一作者中,在 2015 年学科被引频次位居前 20 位的学者的发文及被引情况见表 34-4。其中,学科发文总被引频次较高的 3 位作者分别是三峡大学的田红亮(65 次)、江苏大学的施卫东(61 次)和江苏大学的刘厚林(57 次)。高被引作者的 5 年学科发文数量从 1 篇到 44 篇不等,同时,作者学科发文的期刊分布也在 1 种到 11 种之间变化。在发文超过 5 篇的所有作者中,篇均被引较高的 3 位作者分别是中国人民解放军装甲兵工程学院的徐滨士(篇均 7.20 次)、西安交通大学的雷亚国(篇均 6.43 次)和华北电力大学保定校区的胡爱军(篇均 5.20 次);前 5 年发表学科论文较多的 3 位作者分别是重庆大学的张根保(44 篇)、兰州理工大学的杨国来(39 篇)和三峡大学的田红亮(34 篇)。高被引作者的学科发文量和被引量对比如图 34-7 所示。

表 34-4 机械、仪表工业学科高被引作者 TOP 20

| 序号 | 姓名 | 作者单位 | 前 5 年发文 | | | 前 5 年学科发文在 2015 年的被引 | | | | h 指数(学科) |
|---|---|---|---|---|---|---|---|---|---|---|
| | | | 学科发文(篇) | 期刊分布(种) | 发文总量(篇) | 总频次 | 被引率(%) | 最高(次) | 篇均(次) | |
| 1 | 田红亮 | 三峡大学 | 34 | 11 | 88 | 65 | 61.8 | 7 | 1.91 | 4 |
| 2 | 施卫东 | 江苏大学 | 25 | 7 | 78 | 61 | 76.0 | 11 | 2.44 | 6 |
| 3 | 刘厚林 | 江苏大学 | 26 | 9 | 30 | 57 | 65.4 | 7 | 2.19 | 5 |
| 4 | 张德胜 | 江苏大学 | 23 | 8 | 27 | 52 | 73.9 | 7 | 2.26 | 5 |
| 5 | 唐进元 | 中南大学 | 31 | 11 | 45 | 50 | 64.5 | 13 | 1.61 | 4 |
| 6 | 张宝坤 | 宁夏宝塔石化设计院 | 2 | 2 | 2 | 49 | 100.0 | 47 | 24.50 | 2 |
| 7 | 刘超 | 辽宁地质工程职业学院 | 1 | 1 | 4 | 46 | 100.0 | 46 | 46.00 | 1 |
| 8 | 雷亚国 | 西安交通大学 | 7 | 2 | 7 | 45 | 85.7 | 15 | 6.43 | 4 |
| 9 | 侯峰 | 咸宁碧桂园房地产开发有限公司 | 1 | 1 | 1 | 40 | 100.0 | 40 | 40.00 | 1 |
| 10 | 尹超 | 重庆大学 | 15 | 5 | 15 | 38 | 40.0 | 15 | 2.53 | 3 |
| 11 | 徐滨士 | 中国人民解放军装甲兵工程学院 | 5 | 2 | 38 | 36 | 100.0 | 13 | 7.20 | 5 |
| 12 | 张根保 | 重庆大学 | 44 | 11 | 89 | 35 | 43.2 | 8 | 0.80 | 4 |
| 13 | 杨军虎 | 兰州理工大学 | 19 | 7 | 27 | 33 | 63.2 | 6 | 1.74 | 5 |
| 14 | 王国彪 | 国家自然科学基金委员会 | 7 | 3 | 17 | 31 | 57.1 | 19 | 4.43 | 3 |
| 14 | 张义民 | 东北大学 | 15 | 9 | 24 | 31 | 40.0 | 21 | 2.07 | 3 |

| 序号 | 姓名 | 作者单位 | 前5年发文 | | | 前5年学科发文在2015年的被引 | | | | h指数(学科) |
|---|---|---|---|---|---|---|---|---|---|---|
| | | | 学科发文(篇) | 期刊分布(种) | 发文总量(篇) | 总频次 | 被引率(%) | 最高(次) | 篇均(次) | |
| 16 | 杨孙圣 | 江苏大学 | 9 | 8 | 9 | 30 | 88.9 | 7 | 3.33 | 4 |
| 17 | 王述彦 | 长安大学 | 1 | 1 | 3 | 29 | 100.0 | 29 | 29.00 | 1 |
| 18 | 程军圣 | 湖南大学 | 14 | 7 | 50 | 28 | 64.3 | 6 | 2.00 | 4 |
| 18 | 王洋 | 江苏大学 | 20 | 7 | 27 | 28 | 60.0 | 6 | 1.40 | 4 |
| 20 | 彭旭东 | 浙江工业大学 | 17 | 6 | 18 | 27 | 76.5 | 3 | 1.59 | 3 |

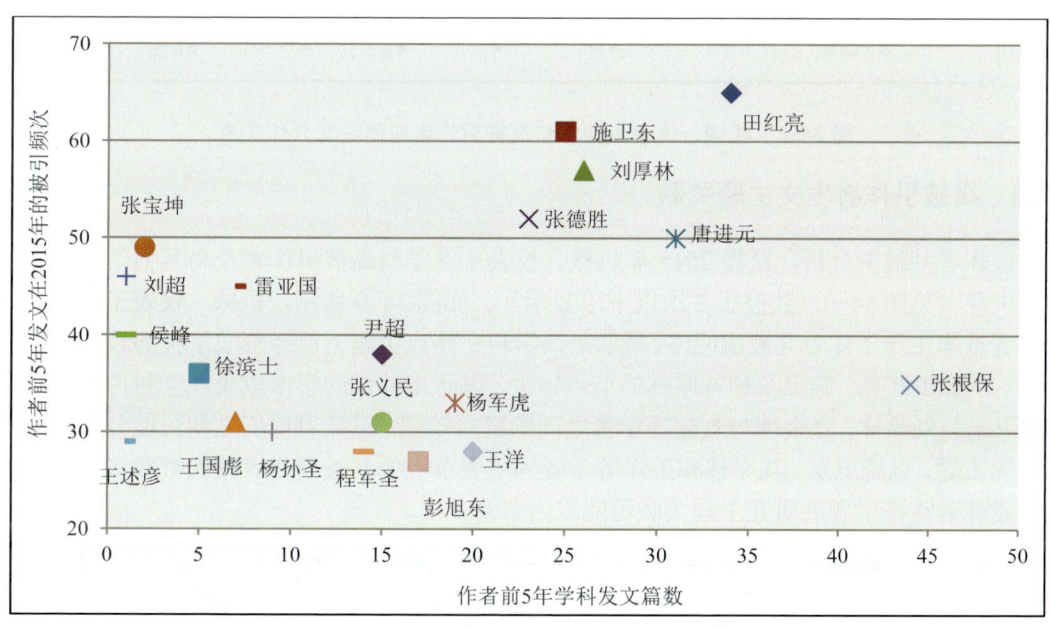

图34-7　机械、仪表工业学科高被引作者学科发文及被引对比

## 34.5.2　高被引作者科研合作关系

通过作者合著分析，获得2015年机械、仪表工业学科高被引作者及与其他学者之间的科研论文合作关系（不考虑论文署名次序），如图34-8所示（合著5次以下不显示）。可以看出，机械、仪表工业学科的高被引作者的论文合作现象比较普遍。学者张根保、田红亮和唐进元的发文量较多；施卫东、刘厚林的论文合作网络最为突出，在该学科的研究人员中表现出一定的集聚效应；施卫东和张德胜等学者之间的合作关系最为紧密，显示出他们可能属于同一支科研团队。

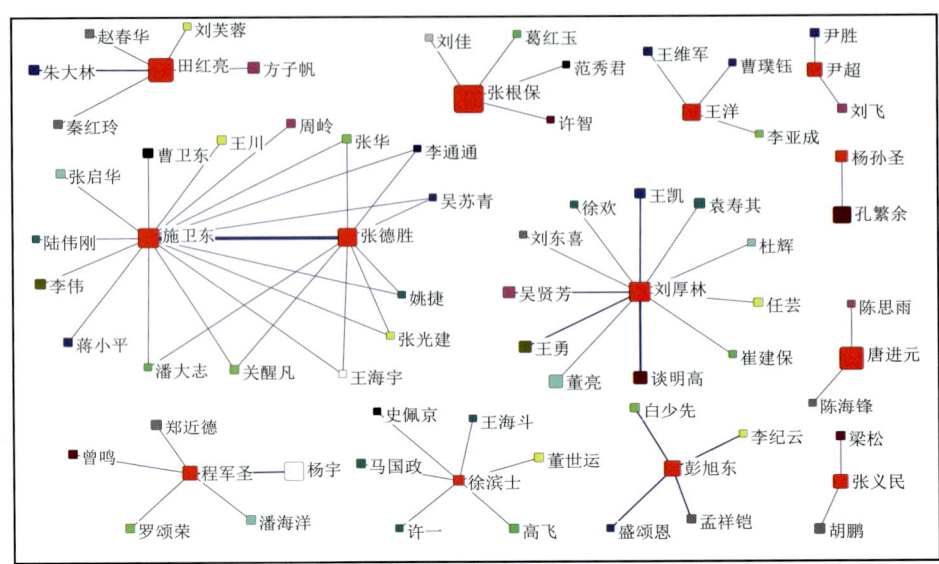

图 34-8　机械、仪表工业学科高被引作者科研论文合作关系

### 34.5.3　高被引作者发文主题关联

通过作者共被引分析，获得 2015 年机械、仪表工业学科高被引作者及与其他学者之间的发文主题关联（见图 34-9，共被引 2 次以下不显示）。如图 34-9 所示，机械、仪表工业学科的高被引作者基本主导了作者共被引网络，显示出该学科在热点主题上已经形成了优势较为明显的科研力量。学者田红亮、施卫东和刘厚林的节点较大，显示出他们的学术成果在学科内得到较多关注；施卫东与刘厚林、张宝坤与刘超等学者之间的链接较强，意味着他们之间可能分别有较为相近的研究主题；以施卫东、刘厚林和王洋等学者为主要节点的共被引作者簇人数较多且网络规模较大，意味着这些学者的研究主题关联可能较为紧密。

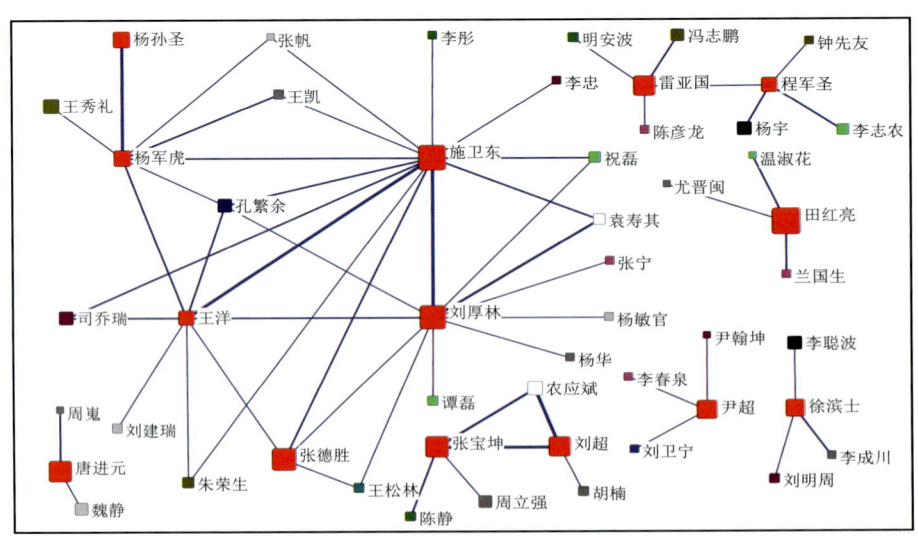

图 34-9　机械、仪表工业学科高被引作者发文主题关联

## 34.6 高被引机构分析

### 34.6.1 高被引机构

为便于比较，本书将机械、仪表工业学科的高被引机构分为高等院校和科研院所两种类型。其中，被引频次 TOP 10 高等院校和被引频次 TOP 5 科研院所的发文及被引情况分别见表 34-5 和表 34-6。其中，总被引频次较高的 3 所高等院校分别是江苏大学、重庆大学和浙江大学，中国科学院长春光学精密机械与物理研究所、合肥通用机械研究院和中国科学院兰州化学物理研究所是总被引频次较高的 3 所科研院所；前 5 年学科发文在 2015 年的被引率最高的高等院校和科研院所分别是江苏大学和中国科学院西安光学精密机械研究所，篇均被引最高的高等院校和科研院所分别是江苏大学和中国科学院兰州化学物理研究所。上述高被引机构的论文被引率和篇均被引频次对比如图 34-10 所示。

表 34-5　机械、仪表工业学科高被引高等院校 TOP 10

| 序号 | 第一作者单位 | 学科发文量（篇） | | 前 5 年学科发文在 2015 年的被引 | | | |
|---|---|---|---|---|---|---|---|
| | | 前 5 年 | 2015 年 | 频次 | 被引率(%) | 最高（次） | 篇均（次） |
| 1 | 江苏大学 | 1098 | 181 | 950 | 39.1 | 13 | 0.87 |
| 2 | 重庆大学 | 922 | 154 | 653 | 34.4 | 15 | 0.71 |
| 3 | 浙江大学 | 793 | 108 | 559 | 35.8 | 9 | 0.70 |
| 4 | 西北工业大学 | 1082 | 200 | 545 | 29.1 | 18 | 0.50 |
| 5 | 西安交通大学 | 655 | 130 | 514 | 33.7 | 24 | 0.78 |
| 6 | 合肥工业大学 | 929 | 172 | 456 | 29.4 | 8 | 0.49 |
| 7 | 兰州理工大学 | 875 | 136 | 404 | 27.8 | 13 | 0.46 |
| 8 | 南京航空航天大学 | 807 | 132 | 392 | 28.4 | 8 | 0.49 |
| 9 | 西南交通大学 | 809 | 146 | 364 | 27.1 | 8 | 0.45 |
| 10 | 上海交通大学 | 892 | 147 | 357 | 23.7 | 11 | 0.40 |

表 34-6　机械、仪表工业学科高被引科研院所 TOP 5

| 序号 | 第一作者单位 | 学科发文量（篇） | | 前 5 年学科发文在 2015 年的被引 | | | |
|---|---|---|---|---|---|---|---|
| | | 前 5 年 | 2015 年 | 频次 | 被引率(%) | 最高（次） | 篇均（次） |
| 1 | 中国科学院长春光学精密机械与物理研究所 | 839 | 124 | 582 | 33.4 | 13 | 0.69 |
| 2 | 合肥通用机械研究院 | 239 | 45 | 144 | 29.7 | 14 | 0.60 |
| 3 | 中国科学院兰州化学物理研究所 | 100 | 15 | 71 | 39.0 | 5 | 0.71 |
| 4 | 中国科学院西安光学精密机械研究所 | 84 | 8 | 56 | 41.7 | 5 | 0.67 |
| 5 | 中国科学院沈阳自动化研究所 | 119 | 17 | 49 | 25.2 | 5 | 0.41 |

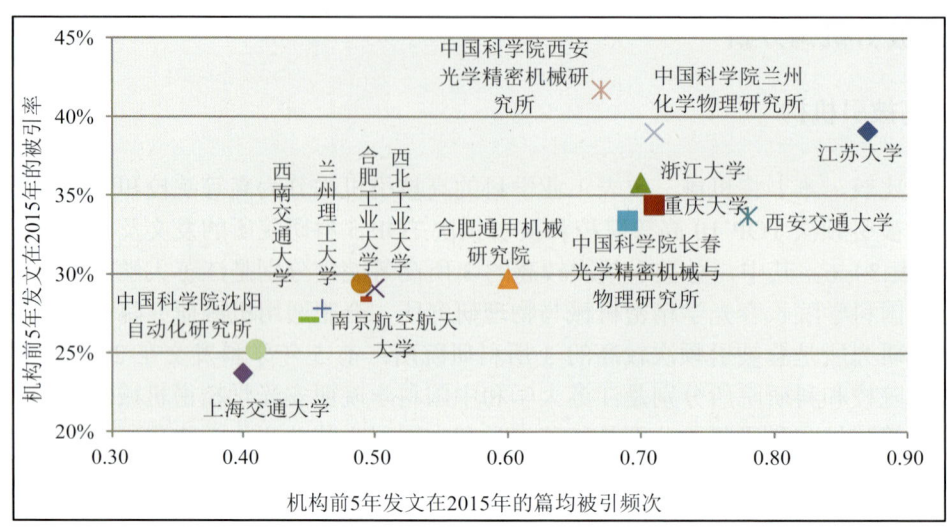

图 34-10　机械、仪表工业学科高被引机构论文篇均被引及被引率对比

### 34.6.2　高被引机构科研合作关系

通过合著分析，获得机械、仪表工业学科高被引机构之间及其与其他机构之间的科研合作关联，如图 34-11 所示（合作 25 次以下不显示）。分析得知，机械、仪表工业学科的机构合作链接比较紧密，表明学科内机构合作现象非常普遍；高被引机构基本主导了机构合作网络，显示出这些机构已经在学科内具有了一定的科研优势；西北工业大学和河南科技大学等机构之间的链接较强，显示出它们的学术合作较为频繁。江苏大学、西安交通大学的篇均被引较高，说明它们的研究成果总体看来较为受业内学者的关注。

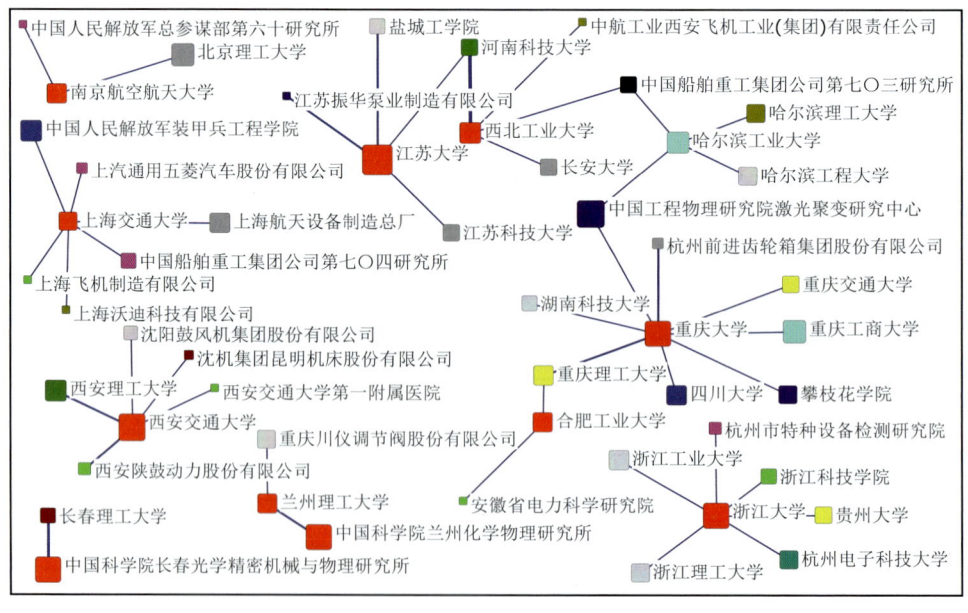

图 34-11　机械、仪表工业学科高被引机构科研合作关联

## 34.7 高被引图书、国外期刊及学术会议

2015 年，机械、仪表工业学科被引频次位居前 10 位的图书及国外期刊见表 34-7 和表 34-8。其中，被引次数较多的 3 种图书分别是成大先的《机械设计手册》、濮良贵的《机械设计》和张质文的《起重机设计手册》；被引次数较多的 3 种国外期刊分别是《Wear》《Mechanism and Machine Theory》和《Mechanical Systems and Signal Processing》；被引次数较多的 3 场学术会议分别是"IEEE International Conference on Robotics and Automation""Offshore Technology Conference"和"Proceedings of the American Control Conference"。

表 34-7 机械、仪表工业学科高被引图书 TOP 10

| 序号 | 责任者 | 图书名称 | 出版社 | 2015 年被引频次 |
|---|---|---|---|---|
| 1 | 成大先 | 机械设计手册 | 化学工业出版社 | 281 |
| 2 | 濮良贵 | 机械设计 | 高等教育出版社 | 157 |
| 3 | 张质文 | 起重机设计手册 | 中国铁道出版社 | 83 |
| 4 | 雷天觉 | 新编液压工程手册 | 北京理工大学出版社 | 76 |
| 5 | 关醒凡 | 现代泵理论与设计 | 中国宇航出版社 | 73 |
| 6 | 孙桓 | 机械原理 | 高等教育出版社 | 70 |
| 7 | 温诗铸 | 摩擦学原理 | 清华大学出版社 | 69 |
| 8 | 李壮云 | 液压元件与系统 | 机械工业出版社 | 62 |
| 9 | 刘鸿文 | 材料力学 | 高等教育出版社 | 61 |
| 10 | 王春行 | 液压控制系统 | 机械工业出版社 | 59 |

表 34-8 机械、仪表工业学科高被引国外期刊 TOP 10

| 序号 | 期刊名称 | 2015 年被引频次 |
|---|---|---|
| 1 | Wear | 986 |
| 2 | Mechanism and Machine Theory | 933 |
| 3 | Mechanical Systems and Signal Processing | 749 |
| 4 | International Journal of Machine Tools and Manufacture | 740 |
| 5 | Journal of Sound and Vibration | 730 |
| 6 | Journal of Mechanical Design | 582 |
| 7 | International Journal of Advanced Manufacturing Technology | 579 |
| 8 | Tribology International | 572 |
| 9 | Journal of Materials Processing Technology | 512 |
| 10 | Journal of Tribology | 511 |

# 第 35 章　能源与动力工程学科高被引分析

## 35.1　学科论文概况

2010—2014 年，能源与动力工程学科共有 67696 位来自 20715 所机构的论文第一作者在 2790 种期刊上发表了 72592 篇学术论文。其中，80%以上的论文产出自 8009 所机构、51910 位作者，发表在 302 种期刊上。在前 5 年发表的这些论文中，有 14240 篇在 2015 年获得过引用，整体被引率为 19.6%，总被引频次为 23944 次，篇均被引 0.33 次；其中，高被引论文有 172 篇，单篇论文最高被引频次为 27 次，累计被引 2064 次，篇均被引 12.00 次（表 35-1）。另外，2015 年能源与动力工程学科共发表论文 15142 篇，其中有 383 篇在当年获得过引用，总共被引 457 次。

表 35-1　能源与动力工程学科论文分布情况

| 年份 | 论文篇数 | 2015 年被引频次 | 2015 年被引率（%） | 2015 年高被引论文 | | | |
|---|---|---|---|---|---|---|---|
| | | | | 论文篇数 | 最高被引频次 | 总被引频次 | 篇均被引频次 |
| 2010 | 11588 | 4314 | 22.4 | 37 | 25 | 333 | 9.00 |
| 2011 | 14974 | 5103 | 19.9 | 46 | 26 | 453 | 9.85 |
| 2012 | 15594 | 5396 | 20.4 | 31 | 22 | 388 | 12.52 |
| 2013 | 14654 | 5657 | 22.3 | 33 | 27 | 501 | 15.18 |
| 2014 | 15782 | 3474 | 14.0 | 25 | 21 | 389 | 15.56 |
| 合计 | 72592 | 23944 | 19.6 | 172 | 27 | 2064 | 12.00 |

从能源与动力工程学科论文的地域分布来看，2015 年被引频次较高的 5 个省、直辖市或自治区依次是北京、上海、江苏、广东和陕西（图 35-1）；5 年论文产出量较多的 5 个省、直辖市或自治区依次是北京、江苏、上海、黑龙江和广东（图 35-2）。

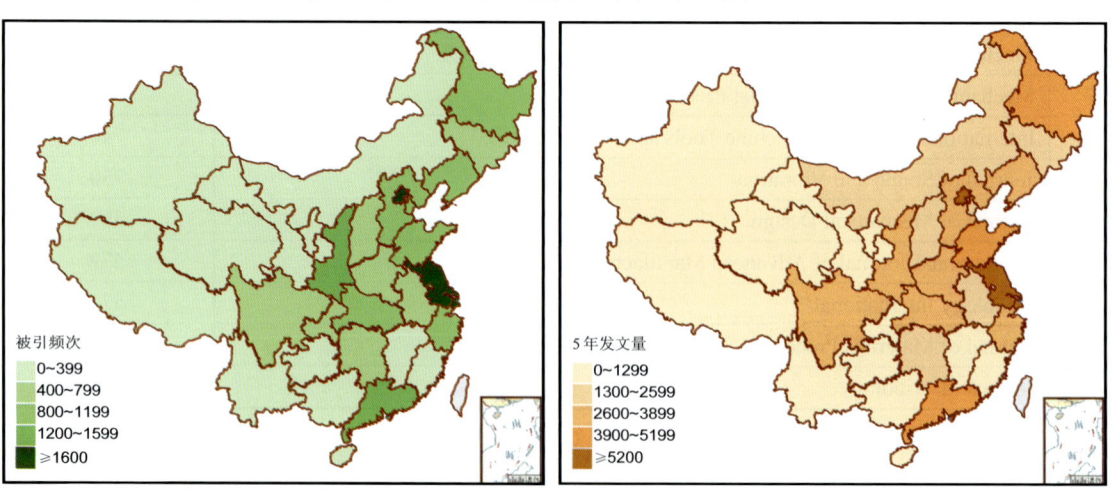

图 35-1　2015 年能源与动力工程学科地区被引分布　　图 35-2　能源与动力工程学科 5 年论文产出地区分布

## 35.2 高被引论文分析

在能源与动力工程学科，2015年被引频次位居前10位的论文（表35-2）平均被引频次为22.1次，是全部172篇高被引论文篇均被引频次的1.8倍。其中，被引频次最高的论文是连红奎于2011年发表的《我国工业余热回收利用技术综述》，随后2篇分别是周玉斌于2013年发表的《关于工民建施工中节能技术的应用》和陈温福于2011年发表的《生物炭应用技术研究》。

从论文分布来看，刊载高被引论文数量居前的3种期刊分别是《中国电机工程学报》（20篇）、《江西建材》（13篇）和《太阳能学报》（12篇），而《中国电机工程学报》与《中国科学院院刊》刊载了高被引论文TOP 10中的2篇；发表高被引论文较多的学者是清华大学的顾燕萍（2篇）；产出高被引论文数量居前的3所机构分别是华北电力大学（10篇）、清华大学（9篇）和西安交通大学（7篇）。

表35-2 能源与动力工程学科高被引论文TOP 10

| 序号 | 论文题名 | 第一作者 | 期刊名称 | 发表年份 | 总频次 | 2015年 |
|---|---|---|---|---|---|---|
| 1 | 我国工业余热回收利用技术综述 | 连红奎 | 节能技术 | 2011 | 67 | 28 |
| 2 | 关于工民建施工中节能技术的应用 | 周玉斌 | 黑龙江科技信息 | 2013 | 24 | 26 |
| 3 | 生物炭应用技术研究 | 陈温福 | 中国工程科学 | 2011 | 46 | 25 |
| 4 | 新疆准东煤特性研究及其锅炉选型 | 杨忠灿 | 热力发电 | 2010 | 46 | 23 |
| 5 | 电站锅炉余热深度利用及尾部受热面综合优化 | 徐钢 | 中国电机工程学报 | 2013 | 27 | 22 |
| 6 | 综述工民建施工节能的现实意义及具体措施 | 赵喜库 | 中国新技术新产品 | 2012 | 42 | 21 |
| 6 | 未来先进核裂变能——TMSR核能系统 | 江绵恒 | 中国科学院院刊 | 2012 | 37 | 21 |
| 6 | 未来先进核裂变能——ADS嬗变系统 | 詹文龙 | 中国科学院院刊 | 2012 | 40 | 21 |
| 9 | 增强型地热系统(干热岩)开发技术进展 | 许天福 | 科技导报 | 2012 | 26 | 17 |
| 9 | 基于高斯过程回归的短期风速预测 | 孙斌 | 中国电机工程学报 | 2012 | 26 | 17 |

## 35.3 研究主题关联分析

在能源与动力工程学科，高被引论文累计被2015年发表的2072篇论文引用了2064次。通过分析施引文献关键词的词频及关键词之间的共现关系，获得2015年能源与动力工程学科的热点主题和主题关联，如图35-3所示（共现6次以下不显示）。由图35-3可知："建筑工程""措施"等关键词的文档词频较高，是2015年学科的研究热点；"建筑工程"与"现场管理""土建施工"之间的共现次数较多，显示出它们之间主题关联较为紧密；以"建筑工程""措施"等关键词为主要节点的多个概念相互关联，构成了学科内最为突出的研究主题簇。

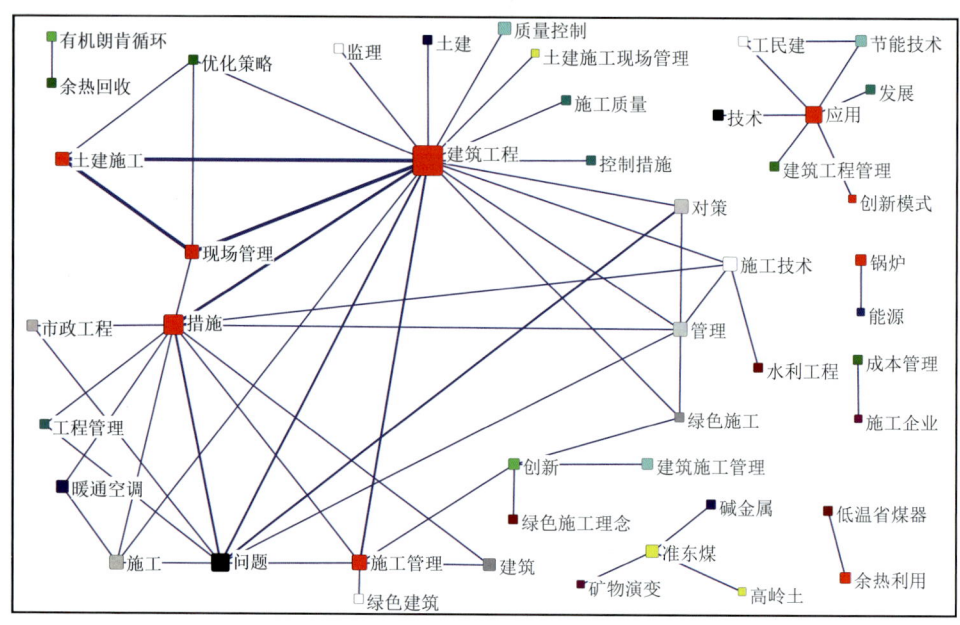

图35-3　能源与动力工程学科2015年热点主题关联

## 35.4 学科高影响力期刊分析

### 35.4.1 学科高影响力期刊TOP 10

在能源与动力工程学科，学科5年影响因子位居前10位的期刊见表35-3，排在前3位的期刊分别是《内燃机学报》《动力工程学报》和《太阳能学报》。在表35-3中，学科载文量占其总载文量比例最大的期刊是《内燃机工程》；前5年学科载文在2015年被引率最高的期刊是《内燃机学报》；期刊5年影响因子较高的前3种期刊分别是《动力工程学报》《内燃机学报》和《中国能源》；学科5年影响因子与期刊5年影响因子差异最大的期刊是《中国能源》。表35-3中期刊的学科5年影响因子和前5年学科载文的2015年被引率对比如图35-4所示，2010—2015年期刊5年影响因子的变动情况如图35-5所示。

表 35-3 能源与动力工程学科高影响力期刊基本指数

| 序号 | 期刊名称 | 前 5 年载文量 | | | 2015 年学科被引 | | | 5 年影响因子 | | h 指数（学科） |
|---|---|---|---|---|---|---|---|---|---|---|
| | | 学科（篇） | 占比（%） | 总量（篇） | 频次 | 被引率（%） | 高被引论文篇数 | 期刊（2015） | 学科（2015） | |
| 1 | 内燃机学报 | 528 | 99.4 | 531 | 399 | 41.7 | 2 | 0.751 | 0.756 | 5 |
| 2 | 动力工程学报 | 717 | 68.9 | 1041 | 533 | 39.6 | 4 | 0.792 | 0.743 | 7 |
| 3 | 太阳能学报 | 1240 | 55.1 | 2252 | 798 | 29.3 | 12 | 0.603 | 0.644 | 8 |
| 4 | 内燃机工程 | 714 | 100.0 | 714 | 432 | 36.0 | 1 | 0.605 | 0.605 | 5 |
| 5 | 可再生能源 | 1287 | 73.4 | 1753 | 715 | 30.5 | 5 | 0.533 | 0.556 | 7 |
| 6 | 热力发电 | 1184 | 58.8 | 2013 | 629 | 31.2 | 5 | 0.510 | 0.531 | 7 |
| 7 | 节能技术 | 407 | 49.5 | 822 | 209 | 25.3 | 3 | 0.547 | 0.514 | 6 |
| 8 | 燃烧科学与技术 | 363 | 66.4 | 547 | 176 | 29.2 | 0 | 0.556 | 0.485 | 5 |
| 9 | 中国能源 | 71 | 10.6 | 667 | 31 | 18.3 | 1 | 0.703 | 0.437 | 7 |
| 10 | 沈阳工程学院学报（自然科学版） | 99 | 16.3 | 609 | 40 | 29.3 | 0 | 0.296 | 0.404 | 4 |

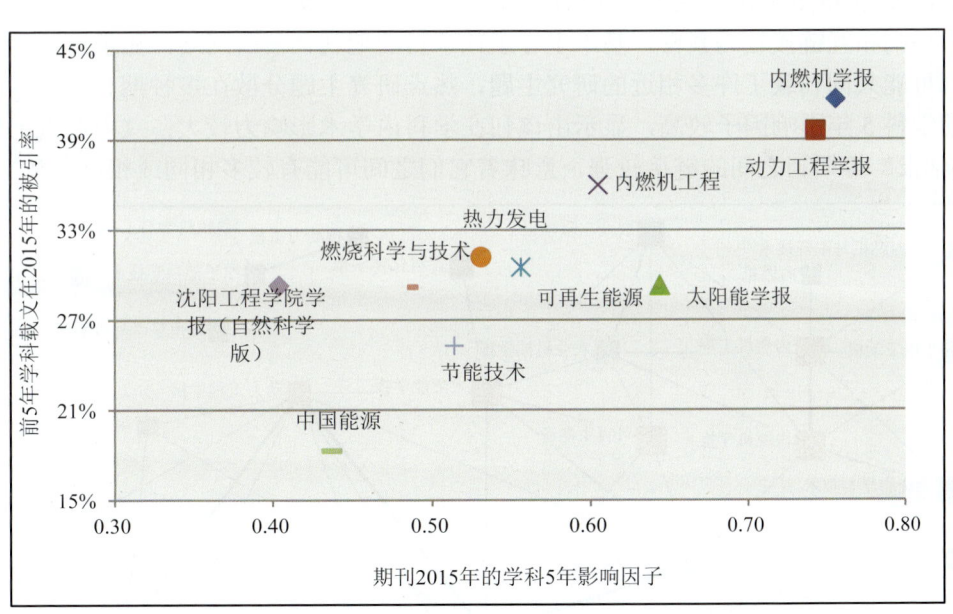

图 35-4 能源与动力工程学科高影响力期刊对比

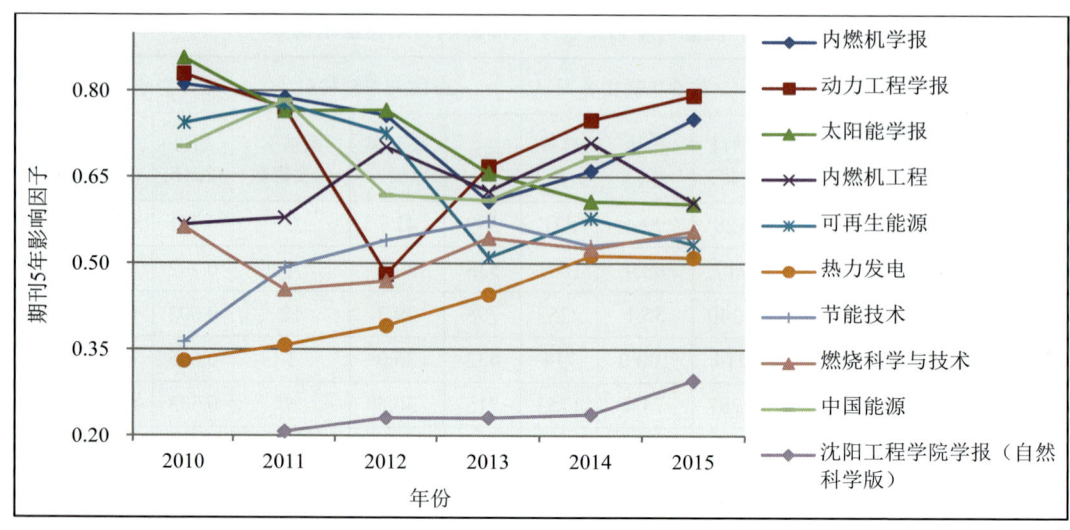

图 35-5 能源与动力工程学科期刊 5 年影响因子变动

## 35.4.2 学科高影响力期刊载文主题关联

通过期刊共被引分析，获得能源与动力工程学科高影响力期刊及与其他期刊之间的载文主题关联，如图 35-6 所示（共被引 12 次以下不显示）。结果显示，能源与动力工程学科的高影响力期刊相互链接较为紧密，基本主导了该学科的期刊共被引网络，显示出该学科高影响力期刊可能共同刊载了许多相近的研究主题，热点研究主题分散在多种期刊上。《内燃机学报》的学科 5 年影响因子较高，显示出该刊在学科内学术影响力较大；《内燃机工程》与《内燃机学报》等期刊之间的链接较强，意味着它们之间可能有较多相同或相近的载文主题。

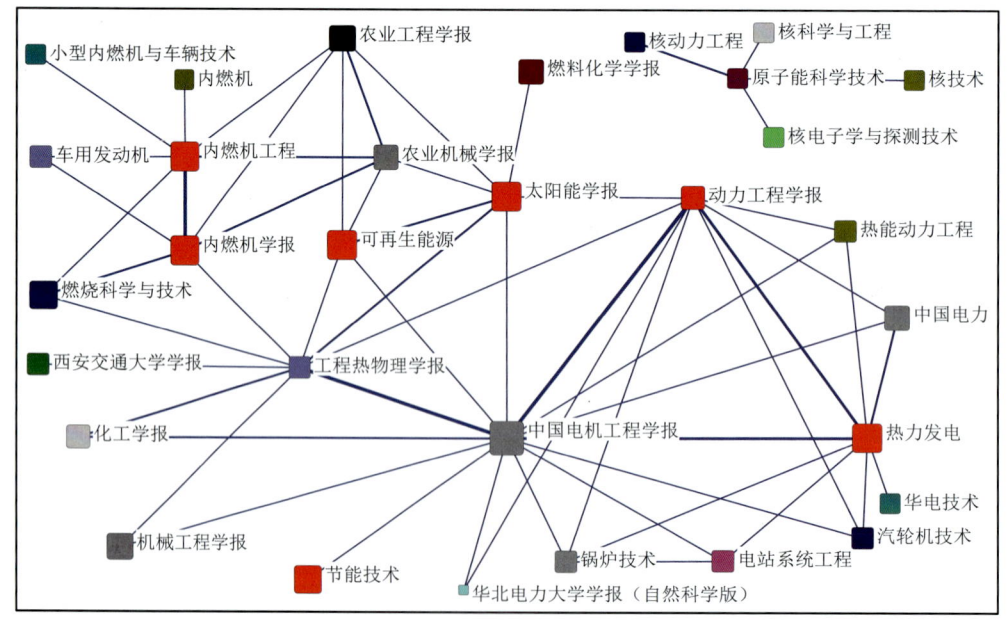

图 35-6 能源与动力工程学科高影响力期刊载文主题关联

## 35.5 高被引作者分析

### 35.5.1 高被引作者 TOP 20

2010—2014 年,在 67696 位能源与动力工程学科论文的第一作者中,在 2015 年学科被引频次位居前 20 位的学者的发文及被引情况见表 35-4。其中,学科发文总被引频次较高的 3 位作者分别是闽东能源投资有限公司的苏春富(116 次)、哈药集团制药总厂的孙佩刚(79 次)和东北电力大学的徐志明(41 次)。高被引作者的 5 年学科发文数量从 1 篇到 46 篇不等,同时,作者学科发文的期刊分布也在 1 种到 14 种之间变化。在发文超过 5 篇的所有作者中,篇均被引较高的 3 位作者分别是西安交通大学的赵钦新(篇均 3.67 次)、天津大学的张全长(篇均 3.20 次)和汕头大学的刘雄(篇均 3.00 次);前 5 年发表学科论文较多的 3 位作者分别是东北电力大学的徐志明(46 篇)、华北电力大学保定校区的闫顺林(36 篇)和华北电力大学保定校区的周兰欣(34 篇)。高被引作者的学科发文量和被引量对比如图 35-7 所示。

表 35-4 能源与动力工程学科高被引作者 TOP 20

| 序号 | 姓名 | 作者单位 | 前 5 年发文 | | | 前 5 年学科发文在 2015 年的被引 | | | | h 指数(学科) |
|---|---|---|---|---|---|---|---|---|---|---|
| | | | 学科发文(篇) | 期刊分布(种) | 发文总量(篇) | 总频次 | 被引率(%) | 最高(次) | 篇均(次) | |
| 1 | 苏春富 | 闽东能源投资有限公司 | 1 | 1 | 1 | 116 | 100.0 | 116 | 116.00 | 1 |
| 2 | 孙佩刚 | 哈药集团制药总厂 | 1 | 1 | 3 | 79 | 100.0 | 79 | 79.00 | 1 |
| 3 | 徐志明 | 东北电力大学 | 46 | 14 | 57 | 41 | 45.7 | 4 | 0.89 | 3 |
| 4 | 胡建炬 | 浙江大成工程项目管理有限公司 | 1 | 1 | 1 | 40 | 100.0 | 40 | 40.00 | 1 |
| 4 | 李德波 | 广东电网公司电力科学研究院 | 24 | 8 | 31 | 40 | 62.5 | 6 | 1.67 | 4 |
| 6 | 何绪生 | 西北农林科技大学 | 1 | 1 | 8 | 33 | 100.0 | 33 | 33.00 | 2 |
| 7 | 杨忠灿 | 西安热工研究院有限公司 | 4 | 4 | 4 | 32 | 100.0 | 23 | 8.00 | 2 |
| 8 | 周兰欣 | 华北电力大学 | 34 | 9 | 36 | 29 | 50.0 | 3 | 0.85 | 3 |
| 9 | 连红奎 | 清华大学 | 1 | 1 | 1 | 28 | 100.0 | 28 | 28.00 | 1 |
| 9 | 罗璐 | 重庆交通建设集团有限责任公司 | 1 | 1 | 2 | 28 | 100.0 | 28 | 28.00 | 1 |
| 11 | 韩中合 | 华北电力大学 | 27 | 12 | 40 | 27 | 55.6 | 6 | 1.00 | 3 |
| 12 | 周玉斌 | 双鸭山市金立建筑安装有限责任公司第一分公司 | 1 | 1 | 1 | 26 | 100.0 | 26 | 26.00 | 1 |
| 13 | 陈温福 | 辽宁省生物炭工程技术研究中心 | 1 | 1 | 1 | 25 | 100.0 | 25 | 25.00 | 1 |
| 13 | 顾燕萍 | 清华大学 | 3 | 2 | 4 | 25 | 100.0 | 13 | 8.33 | 2 |
| 13 | 骆凤平 | 九江学院 | 1 | 1 | 2 | 25 | 100.0 | 25 | 25.00 | 1 |

| 序号 | 姓名 | 作者单位 | 前5年发文 | | | 前5年学科发文在2015年的被引 | | | | h指数(学科) |
|---|---|---|---|---|---|---|---|---|---|---|
| | | | 学科发文（篇） | 期刊分布（种） | 发文总量（篇） | 总频次 | 被引率（%） | 最高（次） | 篇均（次） | |
| 16 | 梅德清 | 江苏大学 | 17 | 8 | 18 | 24 | 41.2 | 11 | 1.41 | 3 |
| 16 | 孙斌 | 东北电力大学 | 13 | 12 | 37 | 24 | 46.2 | 17 | 1.85 | 2 |
| 16 | 阎维平 | 华北电力大学保定校区 | 19 | 8 | 25 | 24 | 52.6 | 7 | 1.26 | 3 |
| 19 | 陈进 | 重庆大学 | 14 | 7 | 25 | 22 | 64.3 | 8 | 1.57 | 3 |
| 19 | 徐钢 | 华北电力大学保定校区 | 1 | 1 | 1 | 22 | 100.0 | 22 | 22.00 | 1 |
| 19 | 杨川 | 唐山方舟建筑装饰工程有限公司 | 1 | 1 | 1 | 22 | 100.0 | 22 | 22.00 | 1 |
| 19 | 姚春德 | 天津大学 | 29 | 9 | 43 | 22 | 31.0 | 5 | 0.76 | 3 |
| 19 | 张建辉 | 中铁十七局集团建筑工程有限公司 | 1 | 1 | 2 | 22 | 100.0 | 22 | 22.00 | 2 |
| 19 | 赵钦新 | 西安交通大学 | 6 | 1 | 9 | 22 | 66.7 | 15 | 3.67 | 3 |

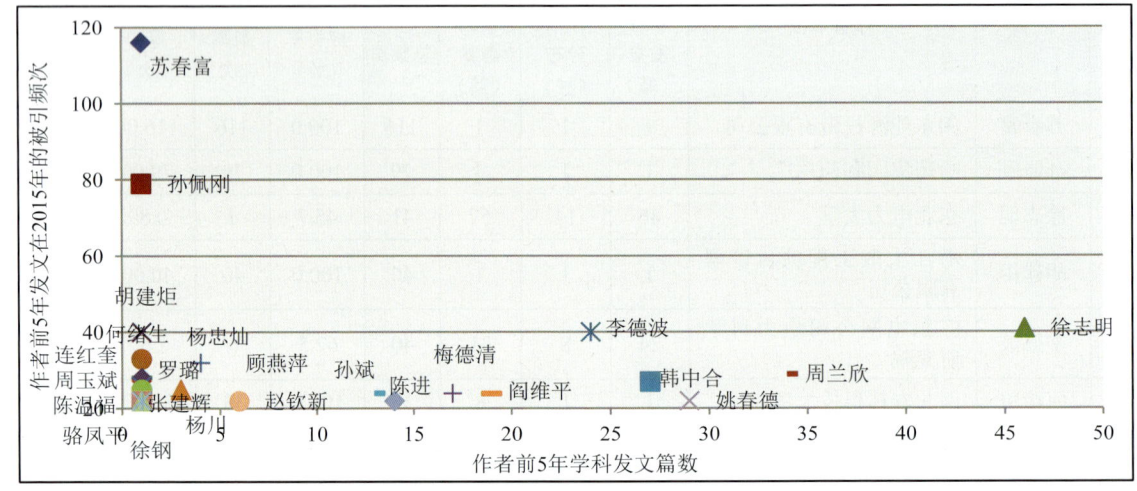

图 35-7　能源与动力工程学科高被引作者学科发文及被引对比

## 35.5.2 高被引作者科研合作关系

通过作者合著分析，获得 2015 年能源与动力工程学科高被引作者及与其他学者之间的科研论文合作关系（不考虑论文署名次序），如图 35-8 所示（合著 4 次以下不显示）。可以看出，能源与动力工程学科的高被引作者的论文合作现象比较普遍。学者徐志明、周兰欣和姚春德的发文量较多；姚春德的论文合作网络最为突出，在该学科的研究人员中表现出一定的集聚效应；梅德清与孙平、徐志明与张仲彬等学者之间的合作关系最为紧密，显示出他们可能分别属于同一支科研团队。

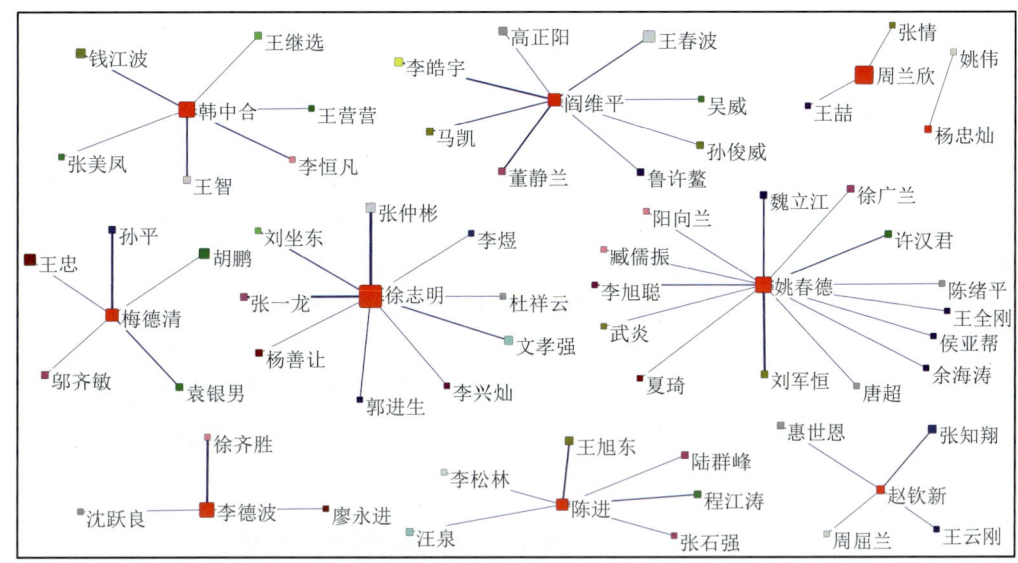

图 35-8　能源与动力工程学科高被引作者科研论文合作关系

## 35.5.3 高被引作者发文主题关联

通过作者共被引分析，获得 2015 年能源与动力工程学科高被引作者及与其他学者之间的发文主题关联（见图 35-9，共被引 2 次以下不显示）。如图 35-9 所示，能源与动力工程学科的高被引作者基本主导了作者共被引网络，显示出该学科在热点主题上已经形成了优势较为明显的科研力量。学者孙佩刚的节点较大，显示出其学术成果在学科内得到较多关注；杨忠灿与张守玉等学者之间的链接较强，意味着他们之间可能有较为相近的研究主题；以杨忠灿、徐钢等学者为主要节点的共被引作者簇初具规模，意味着这些学者的研究主题关联可能较为紧密。

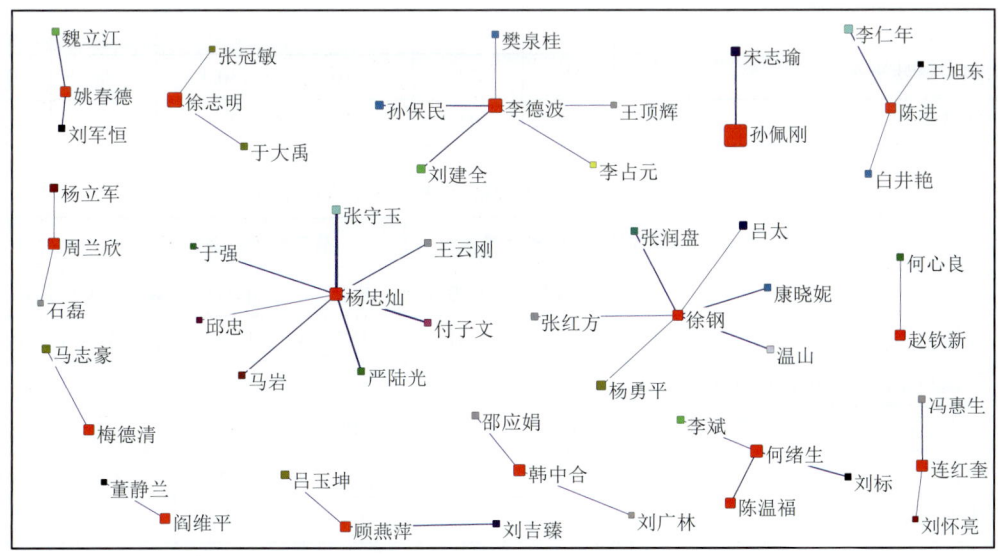

图 35-9　能源与动力工程学科高被引作者发文主题关联

## 35.6 高被引机构分析

### 35.6.1 高被引机构

为便于比较，本书将能源与动力工程学科的高被引机构分为高等院校和科研院所两种类型。其中，被引频次 TOP 10 高等院校和被引频次 TOP 5 科研院所的发文及被引情况分别见表 35-5 和表 35-6。其中，总被引频次较高的 3 所高等院校分别是华北电力大学、清华大学和天津大学，中国科学院工程热物理研究所、中国科学院广州能源研究所和广东电网公司电力科学研究院是总被引频次较高的 3 所科研院所；前 5 年学科发文在 2015 年的被引率最高的高等院校和科研院所分别是天津大学和农业部规划设计研究院，篇均被引最高的高等院校和科研院所分别是天津大学和农业部规划设计研究院。上述高被引机构的论文被引率和篇均被引频次对比如图 35-10 所示。

表 35-5 能源与动力工程学科高被引高等院校 TOP 10

| 序号 | 第一作者单位 | 学科发文量（篇） | | 前 5 年学科发文在 2015 年的被引 | | | |
|---|---|---|---|---|---|---|---|
| | | 前 5 年 | 2015 年 | 频次 | 被引率(%) | 最高（次） | 篇均（次） |
| 1 | 华北电力大学 | 2057 | 399 | 1254 | 31.2 | 22 | 0.61 |
| 2 | 清华大学 | 1532 | 305 | 660 | 23.5 | 28 | 0.43 |
| 3 | 天津大学 | 728 | 123 | 494 | 35.3 | 8 | 0.68 |
| 4 | 西安交通大学 | 1024 | 184 | 487 | 26.5 | 21 | 0.48 |
| 5 | 上海交通大学 | 1134 | 185 | 436 | 24.1 | 11 | 0.38 |
| 6 | 浙江大学 | 618 | 97 | 335 | 30.9 | 7 | 0.54 |
| 7 | 重庆大学 | 620 | 99 | 282 | 26.5 | 8 | 0.45 |
| 8 | 东南大学 | 595 | 77 | 280 | 26.6 | 7 | 0.47 |
| 9 | 华中科技大学 | 511 | 74 | 270 | 30.3 | 9 | 0.53 |
| 10 | 江苏大学 | 526 | 91 | 253 | 27.9 | 11 | 0.48 |

表 35-6 能源与动力工程学科高被引科研院所 TOP 5

| 序号 | 第一作者单位 | 学科发文量（篇） | | 前 5 年学科发文在 2015 年的被引 | | | |
|---|---|---|---|---|---|---|---|
| | | 前 5 年 | 2015 年 | 频次 | 被引率(%) | 最高（次） | 篇均（次） |
| 1 | 中国科学院工程热物理研究所 | 351 | 61 | 187 | 27.9 | 14 | 0.53 |
| 2 | 中国科学院广州能源研究所 | 271 | 47 | 146 | 29.9 | 8 | 0.54 |
| 3 | 广东电网公司电力科学研究院 | 145 | 31 | 105 | 37.9 | 6 | 0.72 |
| 4 | 中国核动力研究设计院 | 545 | 134 | 80 | 12.5 | 4 | 0.15 |
| 5 | 农业部规划设计研究院 | 40 | 6 | 68 | 55.0 | 10 | 1.70 |

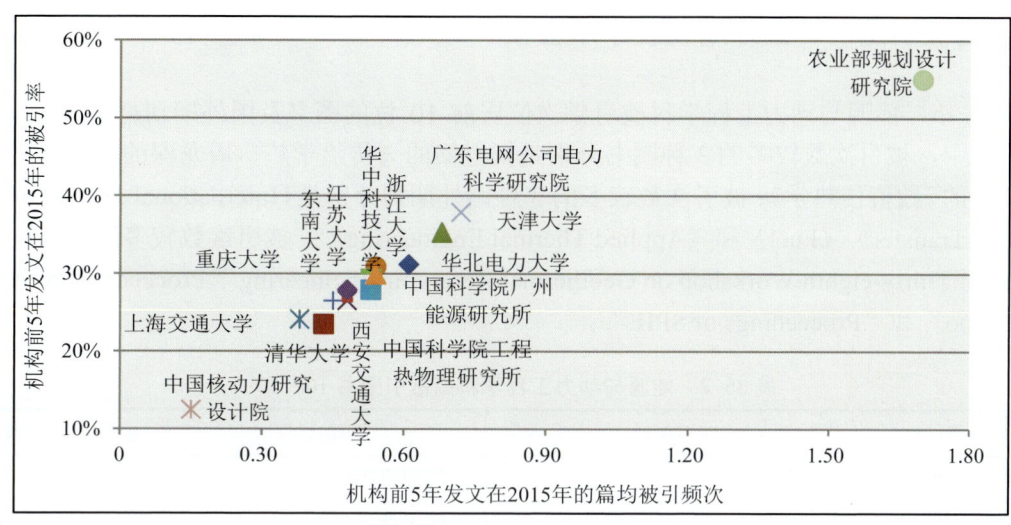

图 35-10　能源与动力工程学科高被引机构论文篇均被引及被引率对比

### 35.6.2　高被引机构科研合作关系

通过合著分析，获得能源与动力工程学科高被引机构之间及其与其他机构之间的科研合作关联，如图 35-11 所示（合作 45 次以下不显示）。分析得知，能源与动力工程学科的机构合作链接比较紧密，表明学科内机构合作现象非常普遍；高被引机构基本主导了机构合作网络，显示出这些机构已经在学科内具有了一定的科研优势；西安交通大学和东方汽轮机有限公司、中国核动力研究设计院等机构之间的链接较强，显示出它们的学术合作较为频繁。天津大学、广东电网公司电力科学研究院的篇均被引较高，说明它们的研究成果总体看来较为受业内学者的关注。

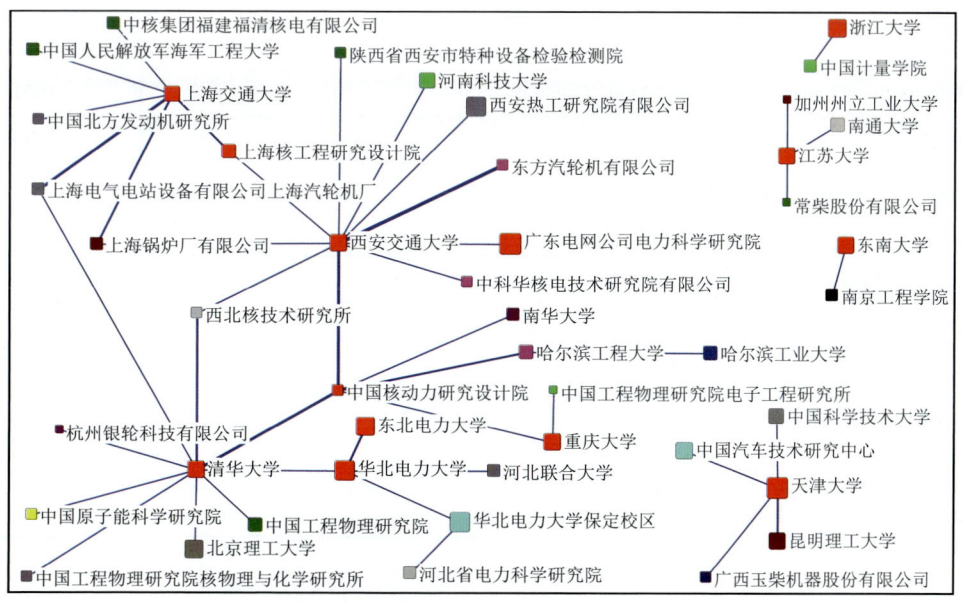

图 35-11　能源与动力工程学科高被引机构科研合作关联

## 35.7 高被引图书、国外期刊及学术会议

2015 年,能源与动力工程学科被引频次位居前 10 位的图书及国外期刊见表 35-7 和表 35-8。其中,被引次数较多的 3 种图书分别是杨世铭的《传热学》、周龙保的《内燃机学》和陶文铨的《数值传热学》;被引次数较多的 3 种国外期刊分别是《International Journal of Heat and Mass Transfer》《Fuel》和《Applied Thermal Engineering》;被引次数较多的 3 场学术会议分别是"Thirty-eighth Workshop on Geothermal Reservoir Engineering""Proceedings of ASME Turbo Expo"和"Proceedings of SPIE"。

表 35-7　能源与动力工程学科高被引图书 TOP 10

| 序号 | 责任者 | 图书名称 | 出版社 | 2015 年被引频次 |
| --- | --- | --- | --- | --- |
| 1 | 杨世铭 | 传热学 | 高等教育出版社 | 132 |
| 2 | 周龙保 | 内燃机学 | 机械工业出版社 | 113 |
| 3 | 陶文铨 | 数值传热学 | 西安交通大学出版社 | 79 |
| 4 | 林万超 | 火电厂热系统节能理论 | 西安交通大学出版社 | 34 |
| 5 | 冯俊凯 | 锅炉原理及计算 | 科学出版社 | 29 |
| 5 | 郑体宽 | 热力发电厂 | 中国电力出版社 | 29 |
| 7 | 王福军 | 计算流体动力学分析 | 清华大学出版社 | 26 |
| 7 | 沈维道 | 工程热力学 | 高等教育出版社 | 26 |
| 7 | 樊泉桂 | 锅炉原理 | 中国电力出版社 | 26 |
| 10 | 岑可法 | 循环流化床锅炉理论设计与运行 | 中国电力出版社 | 23 |

表 35-8　能源与动力工程学科高被引国外期刊 TOP 10

| 序号 | 期刊名称 | 2015 年被引频次 |
| --- | --- | --- |
| 1 | International Journal of Heat and Mass Transfer | 1651 |
| 2 | Fuel | 1044 |
| 3 | Applied Thermal Engineering | 926 |
| 4 | Energy | 713 |
| 5 | Applied Energy | 657 |
| 6 | Energy Conversion and Management | 650 |
| 7 | Energy & Fuels | 625 |
| 8 | Solar Energy | 592 |
| 9 | Nuclear Engineering and Design | 588 |
| 10 | Journal of Nuclear Materials | 546 |

# 第 36 章　电工技术学科高被引分析

## 36.1　学科论文概况

2010—2014 年，电工技术学科共有 230148 位来自 48836 所机构的论文第一作者在 3440 种期刊上发表了 247364 篇学术论文。其中，80%以上的论文产出自 11143 所机构、174513 位作者，发表在 239 种期刊上。在前 5 年发表的这些论文中，有 53400 篇在 2015 年获得过引用，整体被引率为 21.6%，总被引频次为 115798 次，篇均被引 0.47 次；其中，高被引论文有 603 篇，单篇论文最高被引频次为 128 次，累计被引 11666 次，篇均被引 19.35 次（表 36-1）。另外，2015 年电工技术学科共发表论文 61282 篇，其中有 2583 篇在当年获得过引用，总共被引 3288 次。

表 36-1　电工技术学科论文分布情况

| 年份 | 论文篇数 | 2015 年被引频次 | 2015 年被引率（%） | 2015 年高被引论文 | | | |
|---|---|---|---|---|---|---|---|
| | | | | 论文篇数 | 最高被引频次 | 总被引频次 | 篇均被引频次 |
| 2010 | 37544 | 20646 | 24.0 | 93 | 86 | 2162 | 23.25 |
| 2011 | 46551 | 23732 | 22.2 | 106 | 96 | 2486 | 23.45 |
| 2012 | 54196 | 25589 | 21.0 | 126 | 108 | 2611 | 20.72 |
| 2013 | 50612 | 28813 | 25.4 | 156 | 128 | 2893 | 18.54 |
| 2014 | 58461 | 17018 | 16.8 | 122 | 93 | 1514 | 12.41 |
| 合计 | 247364 | 115798 | 21.6 | 603 | 128 | 11666 | 19.35 |

从电工技术学科论文的地域分布来看，2015 被引频次较高的 5 个省、直辖市或自治区依次是北京、江苏、广东、湖北和浙江（图 36-1）；5 年论文产出量较多的 5 个省、直辖市或自治区依次是广东、江苏、北京、山东和黑龙江（图 36-2）。

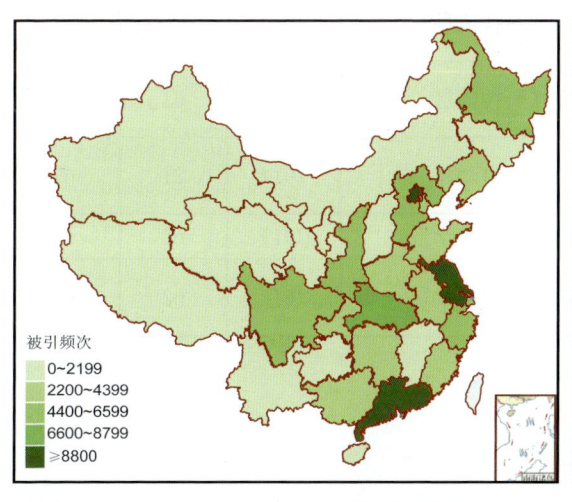

图 36-1　2015 年电工技术学科地区被引分布

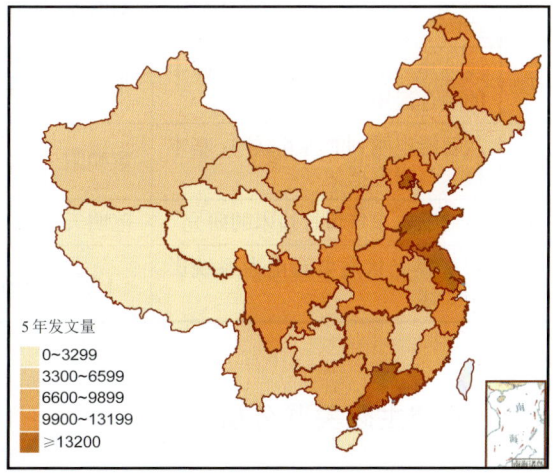

图 36-2　电工技术学科 5 年论文产出地区分布

## 36.2 高被引论文分析

在电工技术学科，2015 年被引频次位居前 10 位的论文（表 36-2）平均被引频次为 76.9 次，是全部 603 篇高被引论文篇均被引频次的 3.97 倍。其中，被引频次最高的论文是张丽英于 2010 年发表的《大规模风电接入电网的相关问题及措施》，随后 2 篇分别是王成山于 2010 年发表的《分布式发电、微网与智能配电网的发展与挑战》和汤广福于 2013 年发表的《多端直流输电与直流电网技术》。

从论文分布来看，刊载高被引论文数量居前的 3 种期刊分别是《中国电机工程学报》（117 篇）、《电力系统自动化》（112 篇）和《电网技术》（64 篇），而《中国电机工程学报》刊载了高被引论文 TOP 10 中的 4 篇；发表高被引论文居前的 3 位学者分别是合肥工业大学的丁明（7 篇）、天津大学的王成山（5 篇）和浙江大学的赵俊华（4 篇）；产出高被引论文数量居前的 3 所机构分别是中国电力科学研究院（47 篇）、清华大学（38 篇）和浙江大学（38 篇）。

表 36-2 电工技术学科高被引论文 TOP 10

| 序号 | 论文题名 | 第一作者 | 期刊名称 | 发表年份 | 被引频次 总频次 | 被引频次 2015 年 |
|---|---|---|---|---|---|---|
| 1 | 大规模风电接入电网的相关问题及措施 | 张丽英 | 中国电机工程学报 | 2010 | 281 | 106 |
| 2 | 分布式发电、微网与智能配电网的发展与挑战 | 王成山 | 电力系统自动化 | 2010 | 312 | 102 |
| 3 | 多端直流输电与直流电网技术 | 汤广福 | 中国电机工程学报 | 2013 | 100 | 81 |
| 4 | 智能电网大数据处理技术现状与挑战 | 宋亚奇 | 电网技术 | 2013 | 102 | 75 |
| 4 | 主动配电网技术及其进展 | 尤毅 | 电力系统自动化 | 2012 | 100 | 75 |
| 6 | 浅谈电气自动化的现状与发展方向 | 刘海龙 | 黑龙江科技信息 | 2010 | 163 | 72 |
| 7 | 浅谈电气自动化在电气工程中的融合运用 | 张嘉辉 | 黑龙江科技信息 | 2013 | 63 | 68 |
| 8 | 从智能电网到能源互联网：基本概念与研究框架 | 董朝阳 | 电力系统自动化 | 2014 | 21 | 67 |
| 9 | 主动配电系统可行技术的研究 | 范明天 | 中国电机工程学报 | 2013 | 65 | 63 |
| 10 | 大规模光伏发电对电力系统影响综述 | 丁明 | 中国电机工程学报 | 2014 | 62 | 60 |

## 36.3 研究主题关联分析

在电工技术学科，高被引论文累计被 2015 年发表的 7253 篇论文引用了 11666 次。通过分析施引文献关键词的词频及关键词之间的共现关系，获得 2015 年电工技术学科的热点主题和主题关联，如图 36-3 所示（共现 21 次以下不显示）。由图 36-3 可知："电气自动化""电动汽车""电气工程"等关键词的文档词频较高，是 2015 年学科的研究热点；"自动化"与"电气工程"之间的共现次数较多，显示出它们之间主题关联较为紧密；以"电气自动化""电气工程""应用"等关键词为主要节点的多个概念相互关联，构成了学科内最为突出的研究主题簇。

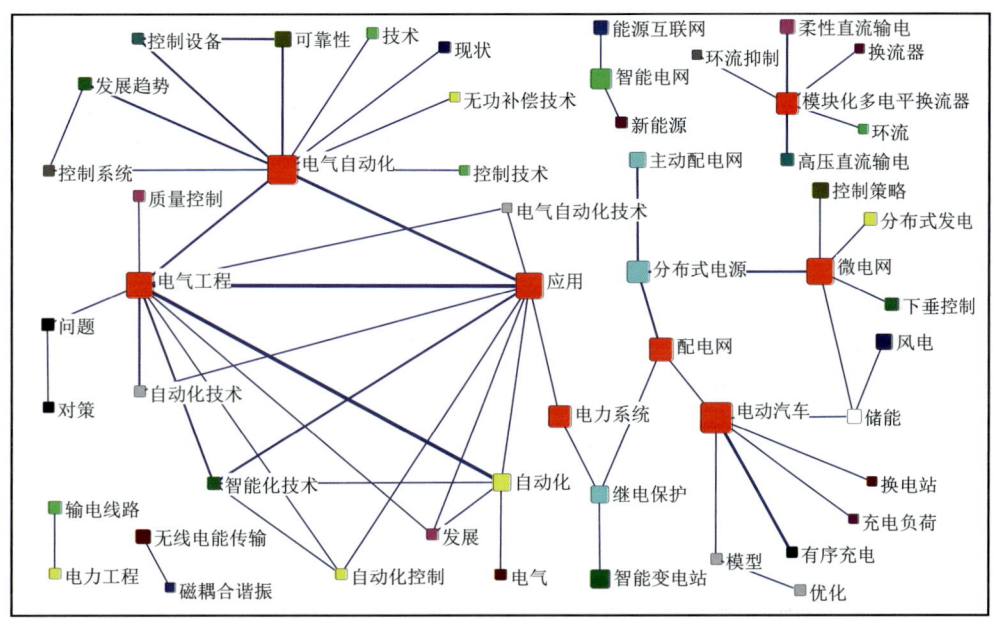

图 36-3　电工技术学科 2015 年热点主题关联

## 36.4　学科高影响力期刊分析

### 36.4.1　学科高影响力期刊 TOP 10

在电工技术学科，学科 5 年影响因子位居前 10 位的期刊见表 36-3，排在前 3 位的期刊分别是《中国电机工程学报》《电力系统自动化》和《电网技术》。在表 36-3 中，学科载文量占其总载文量比例最大的期刊是《电力系统保护与控制》；前 5 年学科载文在 2015 年被引率最高的期刊是《电力系统保护与控制》；期刊 5 年影响因子较高的前 3 种期刊分别是《电力系统自动化》《中国电机工程学报》和《电网技术》；学科 5 年影响因子与期刊 5 年影响因子差异最大的期刊是《中国电机工程学报》。表 36-3 中期刊的学科 5 年影响因子和前 5 年学科载文的 2015 年被引率对比如图 36-4 所示，2010—2015 年期刊 5 年影响因子的变动情况如图 36-5 所示。

表 36-3  电工技术学科高影响力期刊基本指数

| 序号 | 期刊名称 | 前 5 年载文量 | | | 2015 年学科被引 | | | 5 年影响因子 | | h 指数 (学科) |
|---|---|---|---|---|---|---|---|---|---|---|
| | | 学科（篇） | 占比（%） | 总量（篇） | 频次 | 被引率（%） | 高被引论文篇数 | 期刊 (2015) | 学科 (2015) | |
| 1 | 中国电机工程学报 | 3918 | 76.1 | 5147 | 10386 | 58.8 | 117 | 2.330 | 2.651 | 27 |
| 2 | 电力系统自动化 | 2967 | 89.7 | 3308 | 7822 | 59.5 | 112 | 2.557 | 2.636 | 24 |
| 3 | 电网技术 | 3086 | 97.4 | 3168 | 6627 | 60.6 | 64 | 2.156 | 2.147 | 19 |
| 4 | 电力系统保护与控制 | 3916 | 98.4 | 3978 | 7414 | 60.7 | 49 | 1.883 | 1.893 | 19 |
| 5 | 电工技术学报 | 2670 | 92.7 | 2881 | 5052 | 51.4 | 45 | 1.851 | 1.892 | 18 |
| 6 | 高电压技术 | 2485 | 83.7 | 2968 | 4409 | 57.6 | 21 | 1.696 | 1.774 | 14 |
| 7 | 电力自动化设备 | 1951 | 91.8 | 2126 | 2989 | 54.7 | 11 | 1.507 | 1.532 | 12 |
| 8 | 中国电力 | 1184 | 67.9 | 1745 | 1267 | 47.8 | 2 | 1.045 | 1.070 | 9 |
| 9 | 高压电器 | 1802 | 97.5 | 1849 | 1901 | 45.3 | 5 | 1.030 | 1.055 | 9 |
| 10 | 电机与控制学报 | 892 | 71.8 | 1243 | 867 | 45.1 | 1 | 0.944 | 0.972 | 7 |

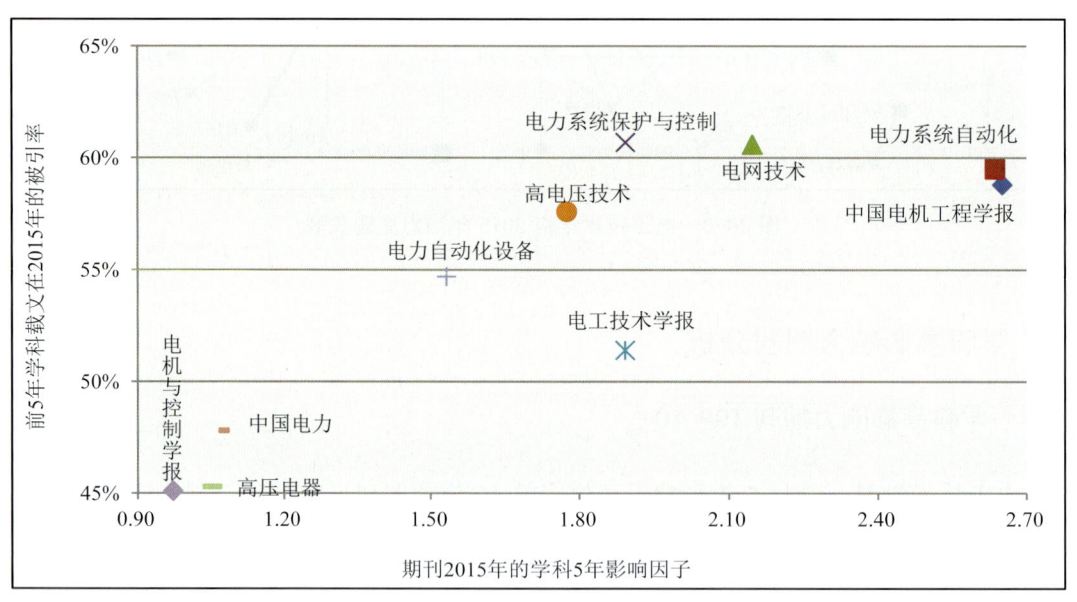

图 36-4  电工技术学科高影响力期刊对比

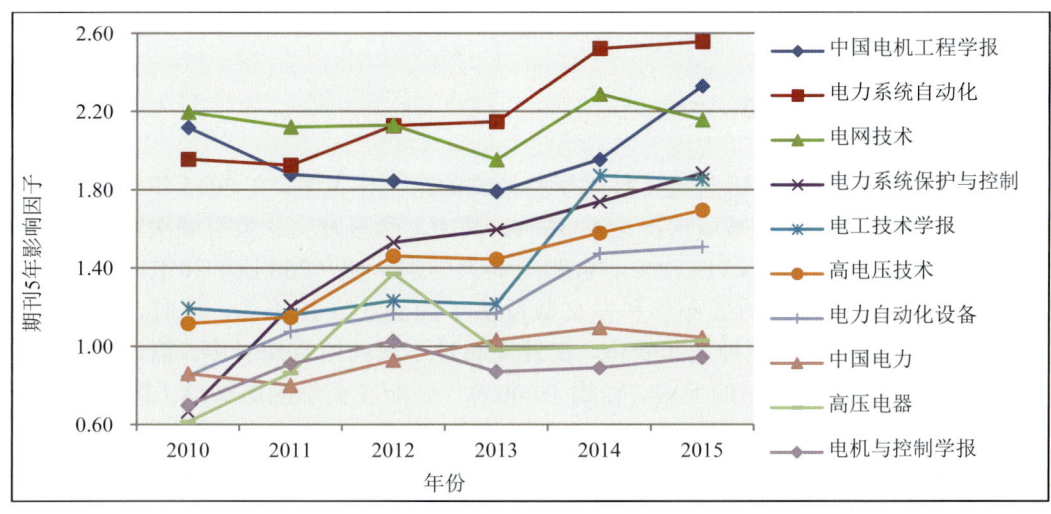

图 36-5 电工技术学科期刊 5 年影响因子变动

## 36.4.2 学科高影响力期刊载文主题关联

通过期刊共被引分析,获得电工技术学科高影响力期刊及与其他期刊之间的载文主题关联,如图 36-6 所示(共被引 104 次以下不显示)。结果显示,电工技术学科的高影响力期刊相互链接较为紧密,基本主导了该学科的期刊共被引网络,显示出该学科高影响力期刊可能共同刊载了许多相近的研究主题,热点研究主题分散在多种期刊上。《中国电机工程学报》的学科 5 年影响因子较高,显示出该刊在学科内学术影响力较大;《中国电机工程学报》与《电力系统自动化》《电网技术》《电力系统保护与控制》等期刊之间的链接较强,意味着它们之间可能有较多相同或相近的载文主题。

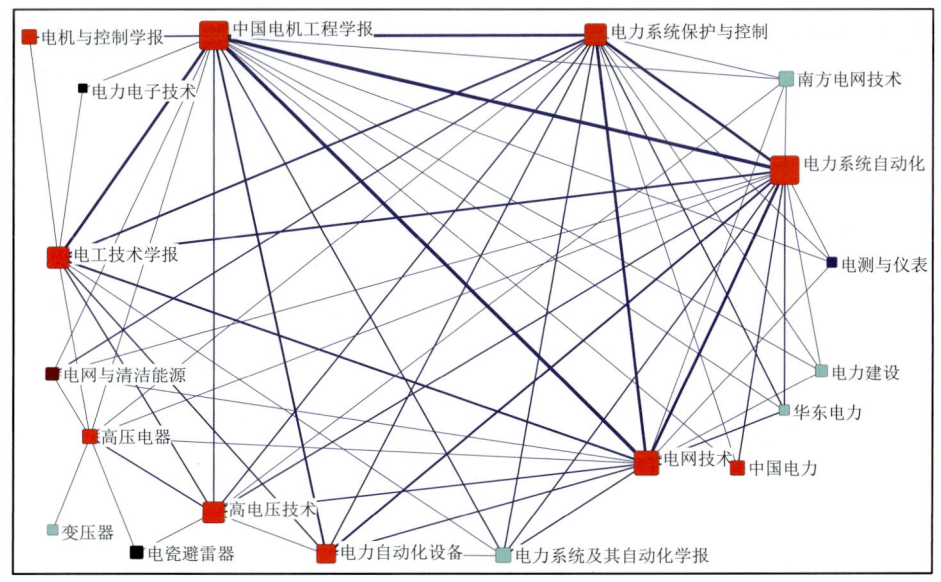

图 36-6 电工技术学科高影响力期刊载文主题关联

## 36.5 高被引作者分析

### 36.5.1 高被引作者 TOP 20

2010—2014 年，在 230148 位电工技术学科论文的第一作者中，在 2015 年学科被引频次位居前 20 位的学者的发文及被引情况见表 36-4。其中，学科发文总被引频次较高的 3 位作者分别是天津大学的王成山（319 次）、合肥工业大学的丁明（268 次）和重庆大学的廖瑞金（174 次）。高被引作者的 5 年学科发文数量从 1 篇到 115 篇不等，同时，作者学科发文的期刊分布也在 1 种到 18 种之间变化。在发文超过 5 篇的所有作者中，篇均被引较高的 3 位作者分别是上海交通大学的尤毅（篇均 19.00 次）、浙江大学的屠卿瑞（篇均 18.00 次）和浙江大学的赵俊华（篇均 18.00 次）；前 5 年发表学科论文较多的 3 位作者分别是华北电力大学的曾鸣（115 篇）、重庆大学的廖瑞金（59 篇）和山东达驰电气有限公司的刘传彝（57 篇）。高被引作者的学科发文量和被引量对比如图 36-7 所示。

表 36-4 电工技术学科高被引作者 TOP 20

| 序号 | 姓名 | 作者单位 | 前 5 年发文 | | | 前 5 年学科发文在 2015 年的被引 | | | | h 指数（学科） |
|---|---|---|---|---|---|---|---|---|---|---|
| | | | 学科发文（篇） | 期刊分布（种） | 发文总量（篇） | 总频次 | 被引率（%） | 最高（次） | 篇均（次） | |
| 1 | 王成山 | 天津大学 | 38 | 12 | 41 | 319 | 65.8 | 102 | 8.39 | 9 |
| 2 | 丁明 | 合肥工业大学 | 38 | 11 | 41 | 268 | 73.7 | 60 | 7.05 | 8 |
| 3 | 廖瑞金 | 重庆大学 | 59 | 8 | 69 | 174 | 66.1 | 19 | 2.95 | 8 |
| 4 | 刘健 | 陕西省电力科学研究院 | 32 | 8 | 32 | 157 | 75.0 | 18 | 4.91 | 8 |
| 5 | 管敏渊 | 浙江大学 | 8 | 5 | 18 | 133 | 100.0 | 36 | 16.63 | 7 |
| 6 | 汤广福 | 国网智能电网研究院 | 2 | 2 | 4 | 132 | 100.0 | 81 | 66.00 | 2 |
| 7 | 张保会 | 西安交通大学 | 27 | 5 | 27 | 127 | 77.8 | 21 | 4.70 | 7 |
| 8 | 姚致清 | 华中科技大学 | 4 | 2 | 4 | 120 | 100.0 | 39 | 30.00 | 4 |
| 9 | 屠卿瑞 | 浙江大学 | 6 | 5 | 6 | 108 | 100.0 | 34 | 18.00 | 4 |
| 9 | 赵争鸣 | 清华大学 | 8 | 6 | 10 | 108 | 62.5 | 52 | 13.50 | 3 |
| 11 | 曾鸣 | 华北电力大学 | 115 | 18 | 190 | 107 | 40.9 | 10 | 0.93 | 5 |
| 11 | 周林 | 重庆大学 | 23 | 11 | 24 | 107 | 60.9 | 36 | 4.65 | 6 |
| 13 | 张丽英 | 国家电网公司 | 1 | 1 | 1 | 106 | 100.0 | 106 | 106.00 | 1 |
| 13 | 张文亮 | 中国电力科学研究院 | 7 | 3 | 8 | 106 | 100.0 | 44 | 15.14 | 3 |
| 15 | 汤涌 | 中国电力科学研究院 | 12 | 2 | 12 | 95 | 91.7 | 37 | 7.92 | 6 |
| 15 | 尤毅 | 上海交通大学 | 5 | 3 | 5 | 95 | 80.0 | 75 | 19.00 | 3 |
| 17 | 蒋兴良 | 重庆大学 | 47 | 7 | 47 | 94 | 68.1 | 9 | 2.00 | 5 |
| 18 | 赵俊华 | 浙江大学 | 5 | 1 | 5 | 90 | 100.0 | 25 | 18.00 | 5 |

| 序号 | 姓名 | 作者单位 | 前5年发文 | | | 前5年学科发文在2015年的被引 | | | | h指数(学科) |
|---|---|---|---|---|---|---|---|---|---|---|
| | | | 学科发文(篇) | 期刊分布(种) | 发文总量(篇) | 总频次 | 被引率(%) | 最高(次) | 篇均(次) | |
| 19 | 葛少云 | 天津大学 | 24 | 9 | 25 | 89 | 75.0 | 18 | 3.71 | 6 |
| 19 | 李辉 | 重庆大学 | 35 | 7 | 44 | 89 | 62.9 | 10 | 2.54 | 5 |

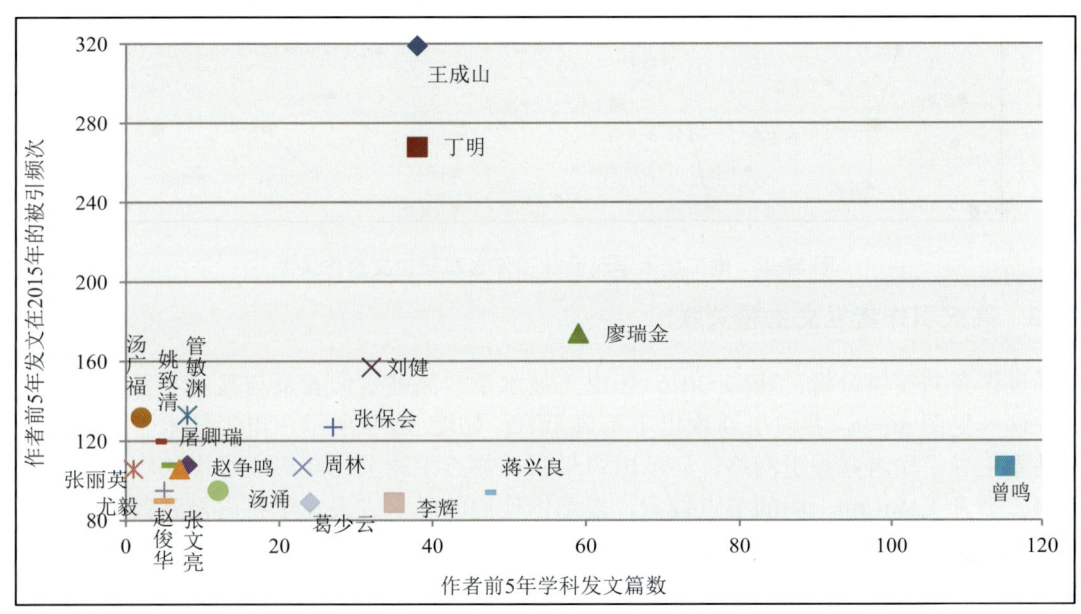

图 36-7　电工技术学科高被引作者学科发文及被引对比

### 36.5.2　高被引作者科研合作关系

通过作者合著分析，获得 2015 年电工技术学科高被引作者及与其他学者之间的科研论文合作关系（不考虑论文署名次序），如图 36-8 所示（合著 8 次以下不显示）。可以看出，电工技术学科的高被引作者的论文合作现象比较普遍。学者曾鸣和廖瑞金的发文量较多；曾鸣的论文合作网络最为突出，在该学科的研究人员中表现出一定的集聚效应；廖瑞金和杨丽君等学者之间的合作关系最为紧密，显示出他们可能属于同一支科研团队。

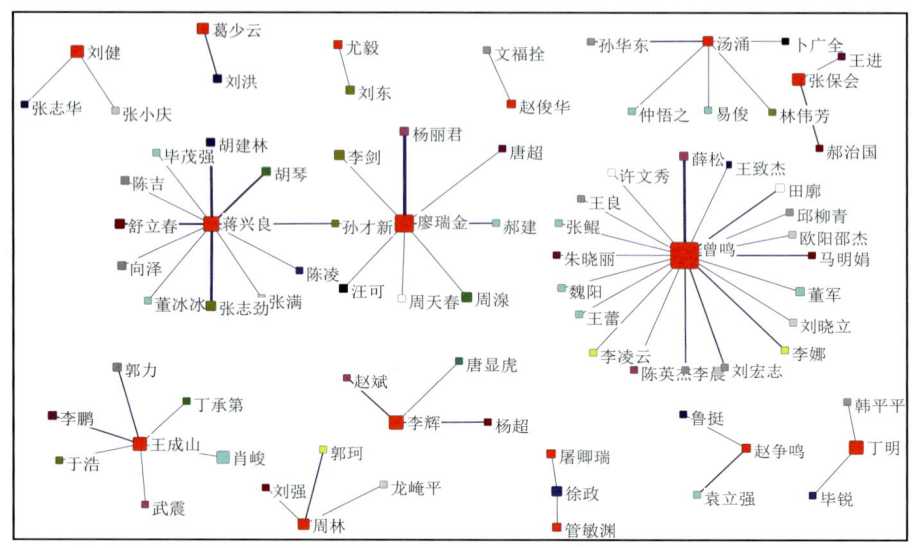

图 36-8　电工技术学科高被引作者科研论文合作关系

### 36.5.3　高被引作者发文主题关联

通过作者共被引分析，获得 2015 年电工技术学科高被引作者及与其他学者之间的发文主题关联（见图 36-9，共被引 9 次以下不显示）。如图 36-9 所示，电工技术学科的高被引作者基本主导了作者共被引网络，显示出该学科在热点主题上已经形成了优势较为明显的科研力量。学者王成山和丁明的节点较大，显示出他们的学术成果在学科内得到较多关注；尤毅与范明天等学者之间的链接较强，意味着他们之间可能有较为相近的研究主题；以管敏渊与屠卿瑞、王成山与丁明等学者为主要节点的共被引作者簇人数较多且网络规模较大，意味着这些学者的研究主题关联可能较为紧密。

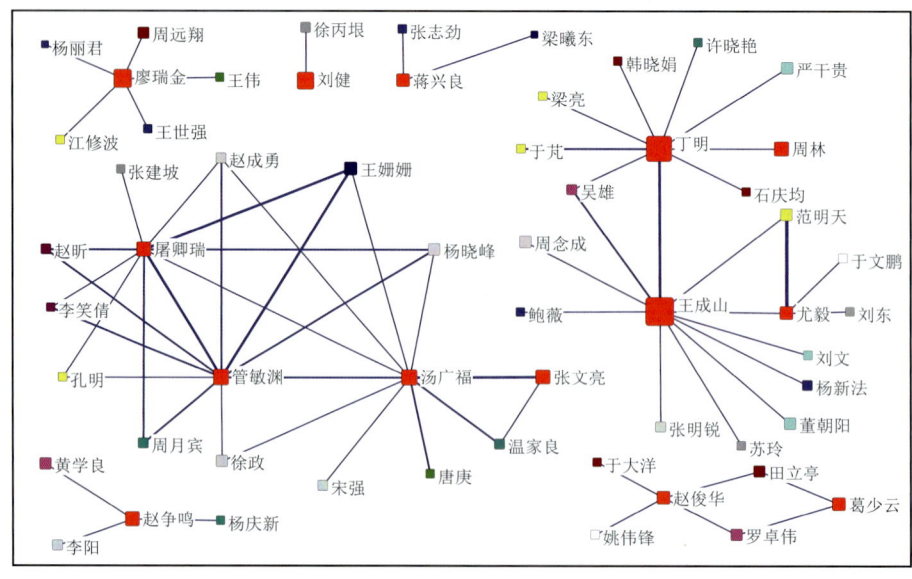

图 36-9　电工技术学科高被引作者发文主题关联

## 36.6 高被引机构分析

### 36.6.1 高被引机构

为便于比较,本书将电工技术学科的高被引机构分为高等院校和科研院所两种类型。其中,被引频次 TOP 10 高等院校和被引频次 TOP 5 科研院所的发文及被引情况分别见表 36-5 和表 36-6。其中,总被引频次较高的 3 所高等院校分别是华北电力大学、清华大学和重庆大学,中国电力科学研究院、国网电力科学研究院和中国科学院电工研究所是总被引频次较高的 3 所科研院所;前 5 年学科发文在 2015 年的被引率最高的高等院校和科研院所分别是清华大学和中国电力科学研究院,篇均被引最高的高等院校和科研院所分别是清华大学和中国电力科学研究院。上述高被引机构的论文被引率和篇均被引频次对比如图 36-10 所示。

表 36-5 电工技术学科高被引高等院校 TOP 10

| 序号 | 第一作者单位 | 学科发文量（篇） | | 前 5 年学科发文在 2015 年的被引 | | | |
|---|---|---|---|---|---|---|---|
| | | 前 5 年 | 2015 年 | 频次 | 被引率(%) | 最高(次) | 篇均(次) |
| 1 | 华北电力大学 | 6766 | 1237 | 6877 | 36.5 | 75 | 1.02 |
| 2 | 清华大学 | 1464 | 207 | 3238 | 53.8 | 55 | 2.21 |
| 3 | 重庆大学 | 2016 | 335 | 2789 | 48.5 | 36 | 1.38 |
| 4 | 浙江大学 | 1587 | 313 | 2696 | 46.4 | 36 | 1.70 |
| 5 | 华中科技大学 | 1246 | 241 | 2038 | 44.7 | 39 | 1.64 |
| 6 | 上海交通大学 | 2079 | 319 | 1892 | 33.2 | 75 | 0.91 |
| 7 | 西安交通大学 | 1223 | 178 | 1635 | 46.4 | 40 | 1.34 |
| 8 | 武汉大学 | 1375 | 193 | 1552 | 38.8 | 29 | 1.13 |
| 9 | 天津大学 | 844 | 128 | 1461 | 41.7 | 102 | 1.73 |
| 10 | 华南理工大学 | 1332 | 198 | 1456 | 42.5 | 24 | 1.09 |

表 36-6 电工技术学科高被引科研院所 TOP 5

| 序号 | 第一作者单位 | 学科发文量（篇） | | 前 5 年学科发文在 2015 年的被引 | | | |
|---|---|---|---|---|---|---|---|
| | | 前 5 年 | 2015 年 | 频次 | 被引率(%) | 最高（次） | 篇均（次） |
| 1 | 中国电力科学研究院 | 1741 | 308 | 3375 | 48.2 | 63 | 1.94 |
| 2 | 国网电力科学研究院 | 443 | 55 | 546 | 44.7 | 32 | 1.23 |
| 3 | 中国科学院电工研究所 | 362 | 57 | 400 | 40.1 | 18 | 1.10 |
| 4 | 广东电网公司电力科学研究院 | 449 | 103 | 385 | 43.2 | 15 | 0.86 |
| 5 | 南方电网科学研究院 | 267 | 40 | 359 | 42.7 | 67 | 1.34 |

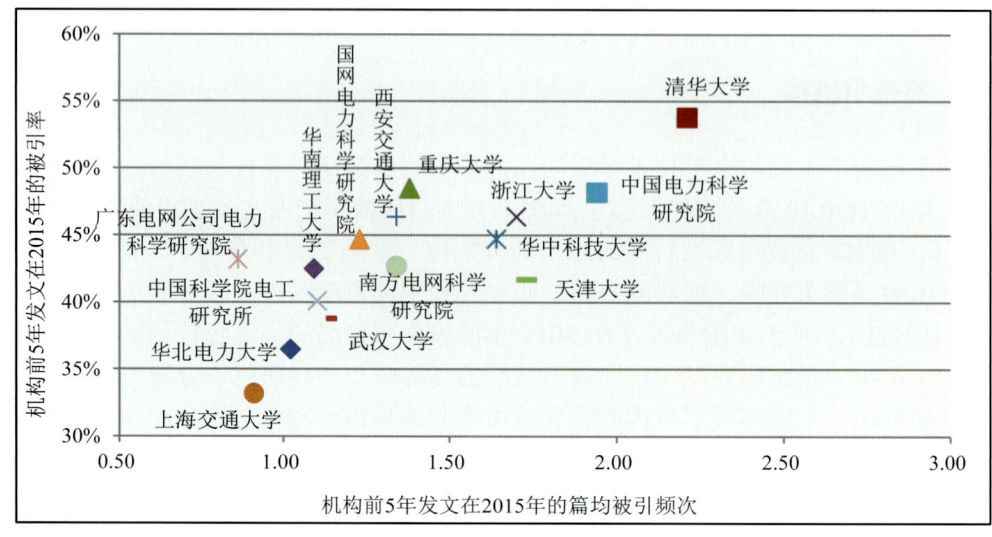

图 36-10　电工技术学科高被引机构论文篇均被引及被引率对比

### 36.6.2　高被引机构科研合作关系

通过合著分析，获得电工技术学科高被引机构之间及其与其他机构之间的科研合作关联，如图 36-11 所示（合作 126 次以下不显示）。分析得知，电工技术学科的机构合作链接比较紧密，表明学科内机构合作现象非常普遍；高被引机构基本主导了机构合作网络，显示出这些机构已经在学科内具有了一定的科研优势；中国电力科学研究院和华北电力大学、国家电网公司等机构之间的链接较强，显示出它们的学术合作较为频繁。清华大学、中国电力科学研究院的篇均被引较高，说明它们的研究成果总体看来较为受业内学者的关注。

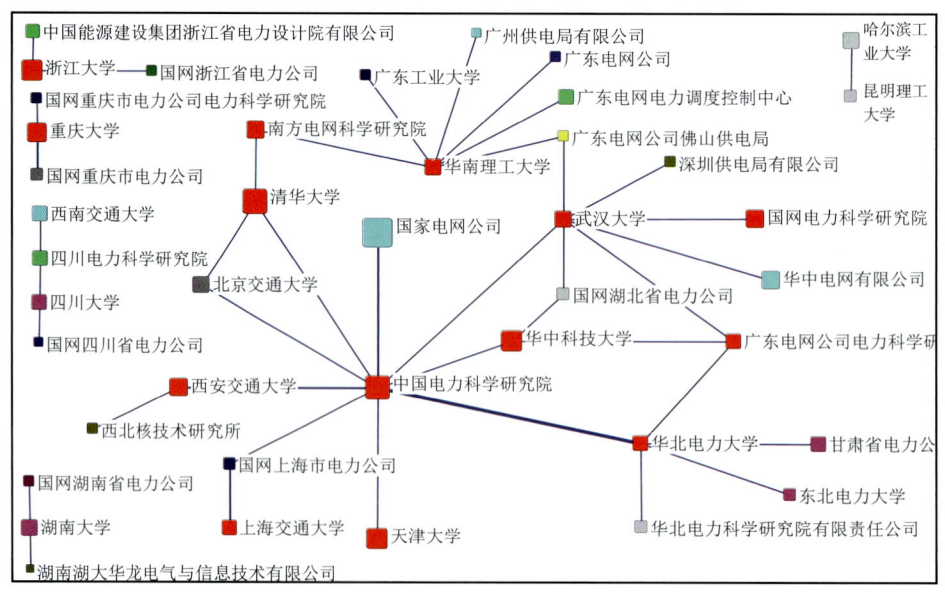

图 36-11　电工技术学科高被引机构科研合作关联

## 36.7 高被引图书、国外期刊及学术会议

2015 年，电工技术学科被引频次位居前 10 位的图书及国外期刊见表 36-7 和表 36-8。其中，被引次数较多的 3 种图书分别是赵畹君的《高压直流输电工程技术》、王兆安的《电力电子技术》和王兆安的《谐波抑制和无功功率补偿》；被引次数较多的 3 种国外期刊分别是《IEEE Transactions on Power Systems》《IEEE Transactions on Power Electronics》和《IEEE Transactions on Power Delivery》；被引次数较多的 3 场学术会议分别是 "IEEE Power and Energy Society General Meeting" "IEEE Power Engineering Society General Meeting" 和 "IEEE Power Electronics Specialists Conference"。

表 36-7  电工技术学科高被引图书 TOP 10

| 序号 | 责任者 | 图书名称 | 出版社 | 2015 年被引频次 |
|---|---|---|---|---|
| 1 | 赵畹君 | 高压直流输电工程技术 | 中国电力出版社 | 185 |
| 2 | 王兆安 | 电力电子技术 | 机械工业出版社 | 162 |
| 3 | 王兆安 | 谐波抑制和无功功率补偿 | 机械工业出版社 | 161 |
| 4 | 陈世坤 | 电机设计 | 机械工业出版社 | 114 |
| 5 | 唐任远 | 现代永磁电机理论与设计 | 机械工业出版社 | 103 |
| 6 | 贺家李 | 电力系统继电保护原理 | 中国电力出版社 | 97 |
| 6 | 张保会 | 电力系统继电保护 | 中国电力出版社 | 97 |
| 6 | 刘振亚 | 特高压电网 | 中国经济出版社 | 97 |
| 9 | 倪以信 | 动态电力系统的理论和分析 | 清华大学出版社 | 80 |
| 10 | 肖湘宁 | 电能质量分析与控制 | 中国电力出版社 | 77 |

表 36-8  电工技术学科高被引国外期刊 TOP 10

| 序号 | 期刊名称 | 2015 年被引频次 |
|---|---|---|
| 1 | IEEE Transactions on Power Systems | 4645 |
| 2 | IEEE Transactions on Power Electronics | 4220 |
| 3 | IEEE Transactions on Power Delivery | 4098 |
| 4 | IEEE Transactions on Industrial Electronics | 3623 |
| 5 | Journal of Power Sources | 2935 |
| 6 | IEEE Transactions on Industry Applications | 2331 |
| 7 | IEEE Transactions on Magnetics | 1782 |
| 8 | IEEE Transactions on Dielectrics and Electrical Insulation | 1652 |
| 9 | IEEE Transactions on Energy Conversion | 1562 |
| 10 | Electrochimica Acta | 1062 |

# 第 37 章 无线电电子学、电信技术学科高被引分析

## 37.1 学科论文概况

2010—2014 年，无线电电子学、电信技术学科共有 183063 位来自 33045 所机构的论文第一作者在 3620 种期刊上发表了 223653 篇学术论文。其中，80%以上的论文产出自 13629 所机构、147230 位作者，发表在 301 种期刊上。在前 5 年发表的这些论文中，有 38396 篇在 2015 年获得过引用，整体被引率为 17.2%，总被引频次为 60029 次，篇均被引 0.27 次；其中，高被引论文有 465 篇，单篇论文最高被引频次为 84 次，累计被引 4504 次，篇均被引 9.69 次（表 37-1）。另外，2015 年无线电电子学、电信技术学科共发表论文 40980 篇，其中有 1681 篇在当年获得过引用，总共被引 2053 次。

表 37-1　无线电电子学、电信技术学科论文分布情况

| 年份 | 论文篇数 | 2015<br>被引频次 | 2015 年<br>被引率（%） | 2015 高被引论文 | | | |
| --- | --- | --- | --- | --- | --- | --- | --- |
| | | | | 论文篇数 | 最高被引<br>频次 | 总被引<br>频次 | 篇均被引<br>频次 |
| 2010 | 37254 | 9614 | 16.4 | 69 | 47 | 849 | 12.3 |
| 2011 | 49783 | 11694 | 15.3 | 75 | 53 | 810 | 10.8 |
| 2012 | 53109 | 12925 | 15.7 | 99 | 71 | 917 | 9.26 |
| 2013 | 40925 | 15474 | 22.9 | 132 | 84 | 1237 | 9.37 |
| 2014 | 42582 | 10322 | 16.4 | 90 | 55 | 691 | 7.68 |
| 合计 | 223653 | 60029 | 17.2 | 465 | 84 | 4504 | 9.69 |

从无线电电子学、电信技术学科论文的地域分布来看，2015 年被引频次较高的 5 个省、直辖市或自治区依次是北京、陕西、江苏、四川和广东（图 37-1）；5 年论文产出量较多的 5 个省、直辖市或自治区依次是北京、江苏、陕西、广东和四川（图 37-2）。

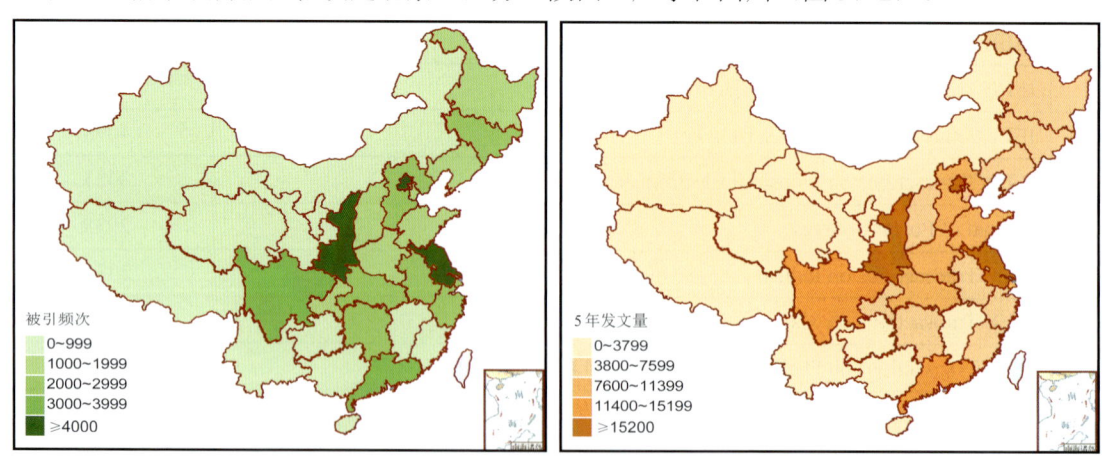

图 37-1　2015 年无线电电子学、电信技术学科　　图 37-2　无线电电子学、电信技术学科 5 年论文
　　　　　　地区被引分布　　　　　　　　　　　　　　　　产出地区分布

## 37.2 高被引论文分析

在无线电电子学、电信技术学科，2015年被引频次位居前10位的论文（表37-2）平均被引频次为44.2次，是全部465篇高被引论文篇均被引频次的4.6倍。其中，被引频次最高的论文是钱志鸿于2013年发表的《面向物联网的无线传感器网络综述》，随后2篇分别是管敏渊于2010年发表的《模块化多电平换流器型直流输电的调制策略》和尤肖虎于2014年发表的《5G移动通信发展趋势与若干关键技术》。

从论文分布来看，刊载高被引论文数量居前的3种期刊分别是《中国激光》（22篇）、《电子学报》（18篇）和《电子与信息学报》（14篇），而《电子学报》刊载了高被引论文TOP 10中的2篇；发表高被引论文居前的3位学者分别是吉林大学的钱志鸿（2篇）、重庆邮电大学的李校林（2篇）和南京邮电大学的朱洪波（2篇）；产出高被引论文数量居前的3所机构分别是国防科学技术大学（14篇）、中国科学院长春光学精密机械与物理研究所（10篇）和吉林大学（10篇），而南京邮电大学和吉林大学产出了高被引论文TOP 10中的2篇。

表37-2 无线电电子学、电信技术学科高被引论文 TOP 10

| 序号 | 论文题名 | 第一作者 | 期刊名称 | 发表年份 | 被引频次 总频次 | 被引频次 2015年 |
|---|---|---|---|---|---|---|
| 1 | 面向物联网的无线传感器网络综述 | 钱志鸿 | 电子与信息学报 | 2013 | 105 | 67 |
| 2 | 模块化多电平换流器型直流输电的调制策略 | 管敏渊 | 电力系统自动化 | 2010 | 163 | 54 |
| 3 | 5G移动通信发展趋势与若干关键技术 | 尤肖虎 | 中国科学（信息科学） | 2014 | 7 | 52 |
| 4 | 磁耦合谐振式无线电能传输技术新进展 | 赵争鸣 | 中国电机工程学报 | 2013 | 71 | 51 |
| 5 | 物联网技术与应用研究 | 钱志鸿 | 电子学报 | 2012 | 85 | 44 |
| 6 | 压缩感知回顾与展望 | 焦李成 | 电子学报 | 2011 | 150 | 42 |
| 7 | 物联网技术进展与应用 | 朱洪波 | 南京邮电大学学报（自然科学版） | 2011 | 111 | 35 |
| 8 | 电子信息工程的现代化技术探讨 | 李国林 | 硅谷 | 2012 | 86 | 33 |
| 9 | 物联网的技术思想与应用策略研究 | 朱洪波 | 通信学报 | 2010 | 137 | 32 |
| 9 | 大数据时代的挑战价值与应对策略 | 陈如明 | 移动通信 | 2012 | 76 | 32 |

## 37.3 研究主题关联分析

在无线电电子学、电信技术学科，高被引论文累计被2015年发表的3734篇论文引用了4504次。通过分析施引文献关键词的词频及关键词之间的共现关系，获得2015年无线电电子学、电信技术学科的热点主题和主题关联，如图37-3所示（共现5次以下不显示）。由图37-3可知："应用""物联网""电子信息工程""大数据"等关键词的文档词频较高，是2015年学科的研究热点；"现代化技术"与"电子信息工程"之间的共现次数较多，显示出它们之间主题关联较为紧密；以"电子信息工程""应用"等关键词为主要节点的多个概念相互关联，构成了学科内最为突出的研究主题簇。

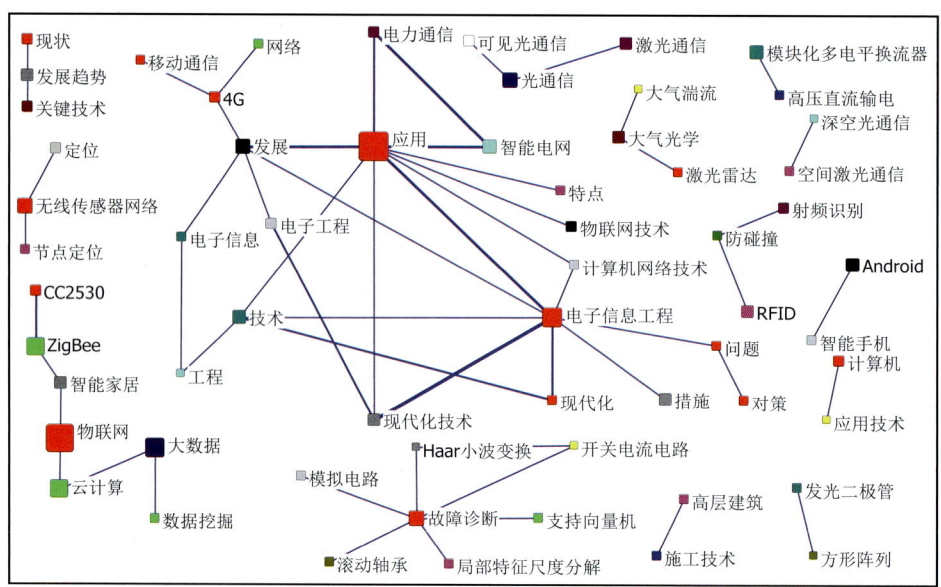

图 37-3　无线电电子学、电信技术学科 2015 年热点主题关联

## 37.4 学科高影响力期刊分析

### 37.4.1 学科高影响力期刊 TOP 10

在无线电电子学、电信技术学科，学科5年影响因子位居前10位的期刊见表37-3，排在前3位的期刊分别是《电子测量与仪器学报》《光学精密工程》和《中国激光》。在表37-3中，学科载文量占其总载文量比例最大的期刊是《中兴通讯技术》；前5年学科载文在2015年被引率最高的期刊是《光学精密工程》；期刊5年影响因子较高的前3种期刊分别是《电子测量与仪器学报》《光学精密工程》和《电子学报》；学科5年影响因子与期刊5年影响因子差异最大的期刊是《电子测量与仪器学报》。表37-3中期刊的学科5年影响因子和前5年学科载文的2015年被引率对比如图37-4所示，2010—2015年期刊5年影响因子的变动情况如图37-5所示。

表37-3 无线电电子学、电信技术学科高影响力期刊基本指数

| 序号 | 期刊名称 | 前5年载文量 | | | 2015年学科被引 | | | 5年影响因子 | | h指数(学科) |
|---|---|---|---|---|---|---|---|---|---|---|
| | | 学科(篇) | 占比(%) | 总量(篇) | 频次 | 被引率(%) | 高被引论文篇数 | 期刊(2015) | 学科(2015) | |
| 1 | 电子测量与仪器学报 | 329 | 28.2 | 1168 | 372 | 44.1 | 11 | 1.402 | 1.131 | 11 |
| 2 | 光学精密工程 | 505 | 20.7 | 2445 | 548 | 47.1 | 10 | 1.275 | 1.085 | 10 |
| 3 | 中国激光 | 1596 | 48.2 | 3311 | 1513 | 43.5 | 22 | 0.975 | 0.948 | 9 |
| 4 | 中国光学 | 204 | 27.8 | 735 | 187 | 35.8 | 5 | 0.948 | 0.917 | 8 |
| 5 | 电子学报 | 1053 | 39.3 | 2676 | 924 | 36.9 | 18 | 1.027 | 0.877 | 14 |
| 6 | 电力系统通信 | 539 | 76.7 | 703 | 468 | 42.3 | 7 | 0.795 | 0.868 | 7 |
| 7 | 电子与信息学报 | 2016 | 67.9 | 2969 | 1512 | 40.4 | 14 | 0.822 | 0.750 | 9 |
| 8 | 中兴通讯技术 | 397 | 79.2 | 501 | 269 | 28.2 | 10 | 0.657 | 0.678 | 8 |
| 9 | 光电子·激光 | 1197 | 48.8 | 2454 | 775 | 37.3 | 6 | 0.658 | 0.647 | 8 |
| 10 | 兵工学报 | 204 | 11.8 | 1727 | 130 | 32.8 | 1 | 0.587 | 0.637 | 6 |

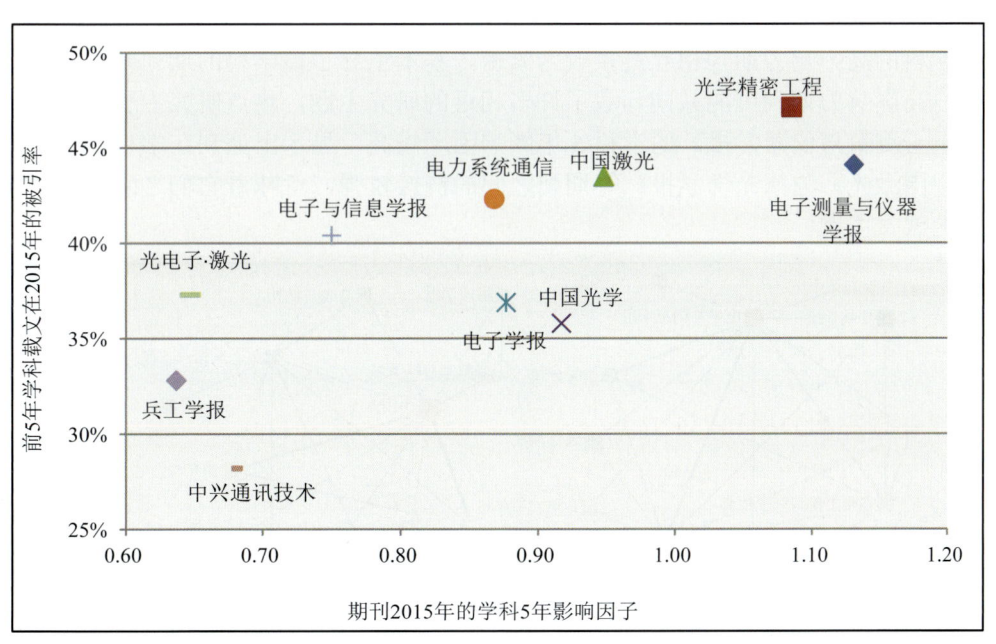

图37-4 无线电电子学、电信技术学科高影响力期刊对比

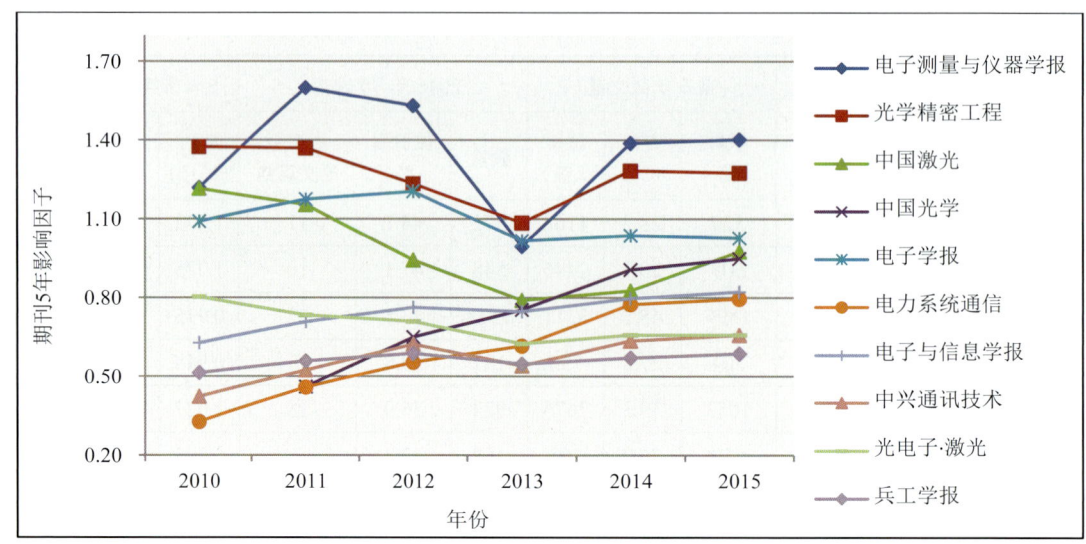

图 37-5　无线电电子学、电信技术学科期刊 5 年影响因子变动

### 37.4.2　学科高影响力期刊载文主题关联

通过期刊共被引分析，获得无线电电子学、电信技术学科高影响力期刊及与其他期刊之间的载文主题关联，如图 37-6 所示（共被引 2 次以下不显示）。结果显示，无线电电子学、电信技术学科的高影响力期刊相互链接较为紧密，基本主导了该学科的期刊共被引网络，显示出该学科高影响力期刊可能共同刊载了许多相近的研究主题，热点研究主题分散在多种期刊上。《电子测量与仪器学报》的学科 5 年影响因子较高，显示出该刊在学科内学术影响力较大；《中国激光》与《光学学报》等期刊之间的链接较强，意味着它们之间可能有较多相同或相近的载文主题。

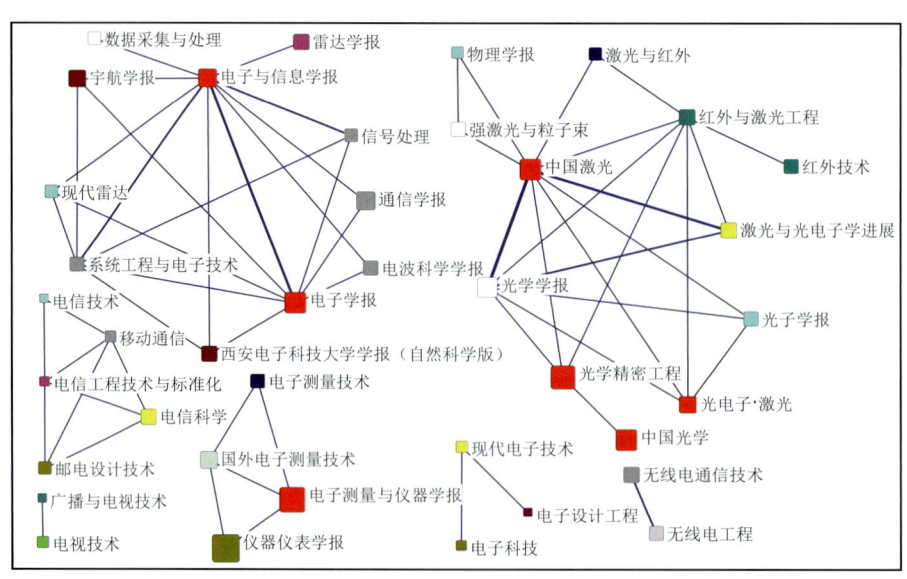

图 37-6　无线电电子学、电信技术学科高影响力期刊载文主题关联

## 37.5 高被引作者分析

### 37.5.1 高被引作者 TOP 20

2010—2014年，在183063位无线电电子学、电信技术学科论文的第一作者中，在2015年学科被引频次位居前20位的学者的发文及被引情况见表37-4。其中，学科发文总被引频次较高的3位作者分别是南京邮电大学的朱洪波（68次）、浙江大学的管敏渊（54次）和吉林大学的钱志鸿（53次）。高被引作者的5年学科发文数量从1篇到50篇不等，同时，作者学科发文的期刊分布也在1种到25种之间变化。在发文超过5篇的所有作者中，篇均被引较高的3位作者分别是江苏大学的葛茂忠（篇均4.20次）、南京电子技术研究所的周万幸（篇均4.20次）和湖南大学的程军圣（篇均4.17次）；前5年发表学科论文较多的3位作者分别是重庆邮电大学的陈发堂（56篇）、中国人民解放军国防信息学院的郎为民（53篇）和南京航空航天大学的吴一全（50篇）。高被引作者的学科发文量和被引量对比如图37-7所示。

表37-4 无线电电子学、电信技术学科高被引作者TOP 20

| 序号 | 姓名 | 作者单位 | 前5年发文 | | | 前5年学科发文在2015年的被引 | | | | h指数（学科） |
|---|---|---|---|---|---|---|---|---|---|---|
| | | | 学科发文（篇） | 期刊分布（种） | 发文总量（篇） | 总频次 | 被引率（%） | 最高（次） | 篇均（次） | |
| 1 | 朱洪波 | 南京邮电大学 | 4 | 4 | 9 | 68 | 75.0 | 35 | 17.00 | 3 |
| 2 | 管敏渊 | 浙江大学 | 1 | 1 | 18 | 54 | 100.0 | 54 | 54.00 | 7 |
| 3 | 钱志鸿 | 吉林大学 | 4 | 3 | 14 | 53 | 75.0 | 44 | 13.25 | 4 |
| 4 | 吴一全 | 南京航空航天大学 | 50 | 25 | 102 | 48 | 46.0 | 6 | 0.96 | 4 |
| 5 | 焦李成 | 西安电子科技大学 | 1 | 1 | 1 | 42 | 100.0 | 42 | 42.00 | 1 |
| 6 | 袁建国 | 重庆邮电大学 | 43 | 10 | 53 | 39 | 44.2 | 6 | 0.91 | 3 |
| 7 | 李国林 | 贵州大学科技学院 | 1 | 1 | 1 | 33 | 100.0 | 33 | 33.00 | 3 |
| 8 | 陈如明 | 工业和信息化部通信科学技术委员会 | 3 | 3 | 10 | 32 | 33.3 | 32 | 10.67 | 2 |
| 9 | 兰羽 | 陕西工业职业技术学院 | 23 | 7 | 48 | 29 | 34.8 | 16 | 1.26 | 4 |
| 9 | 童晓渝 | 中国联合网络通信集团有限公司 | 1 | 1 | 2 | 29 | 100.0 | 29 | 29.00 | 1 |
| 11 | 刘钟淇 | 清华大学 | 1 | 1 | 1 | 28 | 100.0 | 28 | 28.00 | 1 |
| 11 | 张学军 | 南京邮电大学 | 12 | 7 | 16 | 28 | 75.0 | 14 | 2.33 | 3 |
| 13 | 席裕庚 | 上海交通大学 | 1 | 1 | 5 | 27 | 100.0 | 27 | 27.00 | 2 |
| 14 | 陈仁祥 | 重庆大学 | 3 | 3 | 4 | 26 | 66.7 | 14 | 8.67 | 2 |
| 14 | 肖清华 | 华信邮电咨询设计研究院有限公司 | 19 | 3 | 21 | 26 | 52.6 | 6 | 1.37 | 3 |

| 序号 | 姓名 | 作者单位 | 前5年发文 | | | 前5年学科发文在2015年的被引 | | | | h指数（学科） |
|---|---|---|---|---|---|---|---|---|---|---|
| | | | 学科发文（篇） | 期刊分布（种） | 发文总量（篇） | 总频次 | 被引率（%） | 最高（次） | 篇均（次） | |
| 16 | 程军圣 | 湖南大学 | 6 | 4 | 50 | 25 | 83.3 | 18 | 4.17 | 4 |
| 16 | 关欣 | 中国人民解放军海军航空工程学院 | 11 | 8 | 12 | 25 | 54.5 | 8 | 2.27 | 3 |
| 18 | 蒋刚毅 | 宁波大学 | 4 | 2 | 5 | 24 | 75.0 | 21 | 6.00 | 2 |
| 19 | 焦尚彬 | 西安理工大学 | 4 | 4 | 18 | 23 | 50.0 | 22 | 5.75 | 2 |
| 19 | 石际 | 重庆邮电大学 | 3 | 2 | 3 | 23 | 33.3 | 23 | 7.67 | 1 |
| 19 | 赵太飞 | 西安理工大学 | 17 | 11 | 21 | 23 | 82.4 | 3 | 1.35 | 2 |

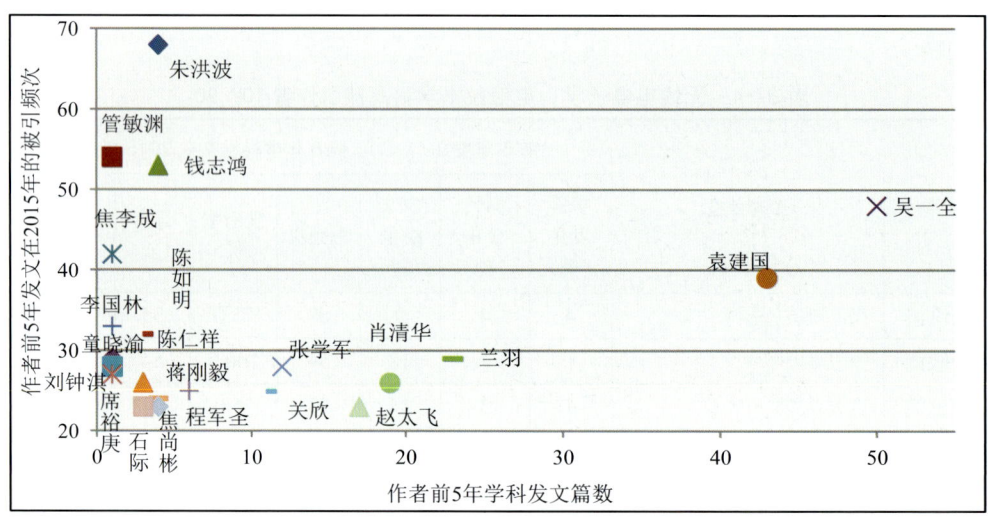

图 37-7 无线电电子学、电信技术学科高被引作者学科发文及被引对比

## 37.5.2 高被引作者科研合作关系

通过作者合著分析，获得2015年无线电电子学、电信技术学科高被引作者及与其他学者之间的科研论文合作关系（不考虑论文署名次序），如图37-8所示（合著2次以下不显示）。可以看出，无线电电子学、电信技术学科的高被引作者的论文合作现象比较普遍。学者吴一全和袁建国的发文量较多；袁建国的论文合作网络最为突出，在该学科的研究人员中表现出一定的集聚效应；蒋刚毅和郁梅、邵枫等学者之间的合作关系最为紧密，显示出他们可能属于同一支科研团队。

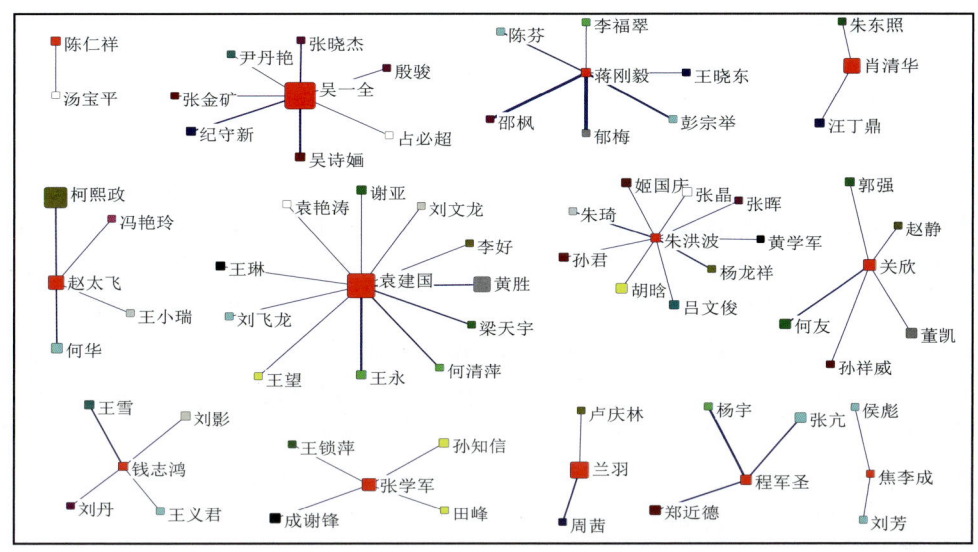

图 37-8　无线电电子学、电信技术学科高被引作者科研论文合作关系

### 37.5.3　高被引作者发文主题关联

通过作者共被引分析，获得 2015 年无线电电子学、电信技术学科高被引作者及与其他学者之间的发文主题关联（见图 37-9，共被引 2 次以下不显示）。如图 37-9 所示，无线电电子学、电信技术学科的高被引作者基本主导了作者共被引网络，显示出该学科在热点主题上已经形成了优势较为明显的科研力量。学者朱洪波和钱志鸿的节点较大，显示出他们的学术成果在学科内得到较多关注；钱志鸿与朱洪波、刘钟淇与管敏渊等学者之间的链接较强，意味着他们之间可能分别有较为相近的研究主题；以袁建国、焦李成、关欣等学者为主要节点的共被引作者簇初具规模，意味着这些学者的研究主题关联可能较为紧密。

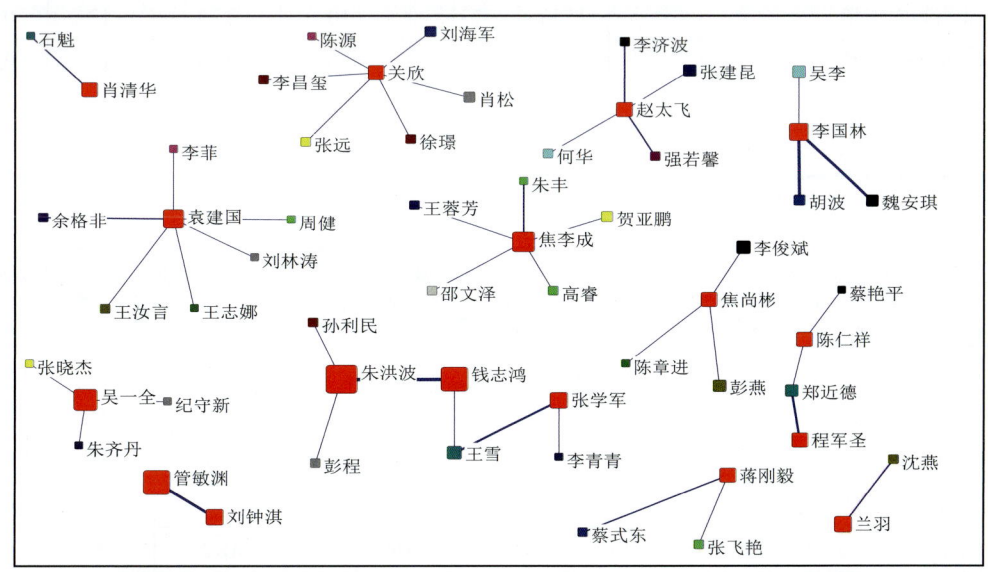

图 37-9　无线电电子学、电信技术学科高被引作者发文主题关联

## 37.6 高被引机构分析

### 37.6.1 高被引机构

为便于比较，本书将无线电电子学、电信技术学科的高被引机构分为高等院校和科研院所两种类型。其中，被引频次 TOP 10 高等院校和被引频次 TOP 5 科研院所的发文及被引情况分别见表 37-5 和表 37-6。其中，总被引频次较高的 3 所高等院校分别是西安电子科技大学、国防科学技术大学和电子科技大学，中国科学院长春光学精密机械与物理研究所、中国电子科技集团公司第五十四研究所和中国科学院电子学研究所是总被引频次较高的 3 所科研院所；前 5 年学科发文在 2015 年的被引率最高的高等院校和科研院所分别是国防科学技术大学和中国科学院长春光学精密机械与物理研究所，篇均被引最高的高等院校和科研院所分别是国防科学技术大学和中国科学院长春光学精密机械与物理研究所。上述高被引机构的论文被引率和篇均被引频次对比如图 37-10 所示。

表 37-5　无线电电子学、电信技术学科高被引高等院校 TOP 10

| 序号 | 第一作者单位 | 学科发文量（篇） | | 前 5 年学科发文在 2015 年的被引 | | | |
|---|---|---|---|---|---|---|---|
| | | 前 5 年 | 2015 年 | 频次 | 被引率(%) | 最高（次） | 篇均（次） |
| 1 | 西安电子科技大学 | 3331 | 503 | 1521 | 27.2 | 42 | 0.46 |
| 2 | 国防科学技术大学 | 2612 | 351 | 1239 | 28.4 | 14 | 0.47 |
| 3 | 电子科技大学 | 3393 | 482 | 983 | 20.2 | 21 | 0.29 |
| 4 | 空军工程大学 | 1897 | 369 | 745 | 23.7 | 19 | 0.39 |
| 5 | 重庆邮电大学 | 2640 | 498 | 714 | 17.1 | 23 | 0.27 |
| 6 | 南京邮电大学 | 1801 | 282 | 619 | 19.0 | 35 | 0.34 |
| 7 | 北京邮电大学 | 1546 | 231 | 610 | 23.3 | 12 | 0.39 |
| 8 | 西北工业大学 | 1683 | 255 | 570 | 21.4 | 17 | 0.34 |
| 9 | 清华大学 | 1343 | 188 | 532 | 22.4 | 28 | 0.40 |
| 10 | 南京航空航天大学 | 1095 | 178 | 505 | 26.7 | 13 | 0.46 |

表 37-6　无线电电子学、电信技术学科高被引科研院所 TOP 5

| 序号 | 第一作者单位 | 学科发文量（篇） | | 前 5 年学科发文在 2015 年的被引 | | | |
|---|---|---|---|---|---|---|---|
| | | 前 5 年 | 2015 年 | 频次 | 被引率(%) | 最高（次） | 篇均（次） |
| 1 | 中国科学院长春光学精密机械与物理研究所 | 1072 | 209 | 706 | 33.6 | 16 | 0.66 |
| 2 | 中国电子科技集团公司第五十四研究所 | 1122 | 210 | 472 | 27.3 | 6 | 0.42 |
| 3 | 中国科学院电子学研究所 | 778 | 99 | 367 | 28.0 | 20 | 0.47 |
| 4 | 南京电子技术研究所 | 673 | 58 | 293 | 24.2 | 15 | 0.44 |
| 5 | 中国电子科技集团公司第三十八研究所 | 952 | 169 | 253 | 18.2 | 5 | 0.27 |

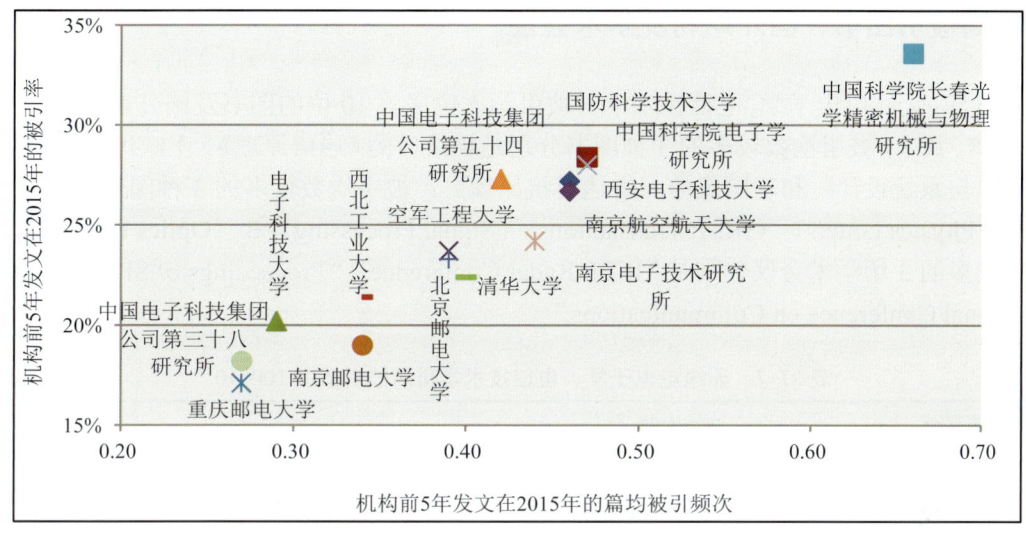

图 37-10　无线电电子学、电信技术学科高被引机构论文篇均被引及被引率对比

## 37.6.2　高被引机构科研合作关系

通过合著分析，获得无线电电子学、电信技术学科高被引机构之间及其与其他机构之间的科研合作关联，如图 37-11 所示（合作 56 次以下不显示）。分析得知，无线电电子学、电信技术学科的机构合作链接比较紧密，表明学科内机构合作现象非常普遍；高被引机构基本主导了机构合作网络，显示出这些机构已经在学科内具有了一定的科研优势；电子科技大学和珠海元盛电子科技股份有限公司等机构之间的链接较强，显示出它们的学术合作较为频繁。中国科学院长春光学精密机械与物理研究所、国防科学技术大学的篇均被引较高，说明它们的研究成果总体看来较为受业内学者的关注。

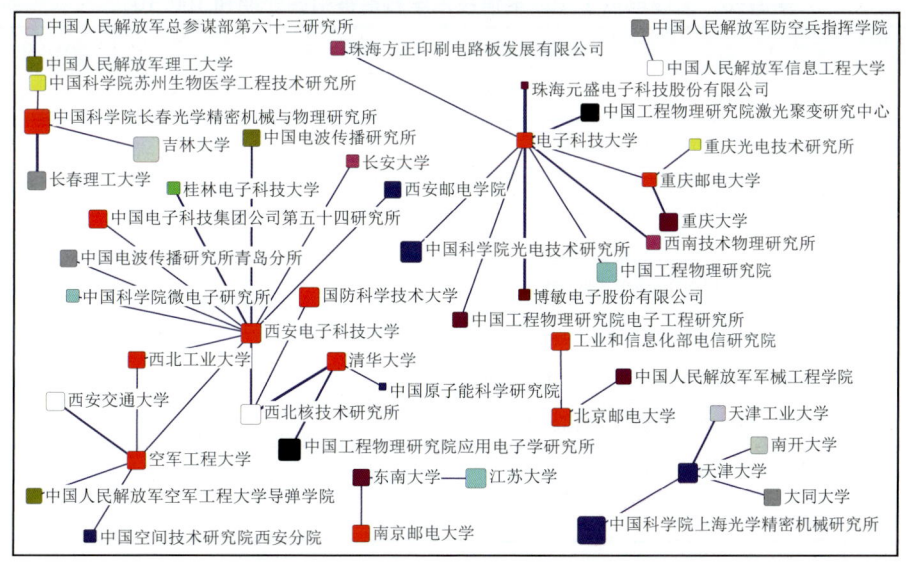

图 37-11　无线电电子学、电信技术学科高被引机构科研合作关联

## 37.7 高被引图书、国外期刊及学术会议

2015年,无线电电子学、电信技术学科被引频次位居前 10 位的图书及国外期刊见表 37-7 和表 37-8。其中,被引次数较多的 3 种图书分别是樊昌信的《通信原理》、王映民的《TD-LTE 技术原理与系统设计》和赵国庆的《雷达对抗原理》;被引次数较多的 3 种国外期刊分别是《Applied Physics Letters》《IEEE Transactions on Signal Processing》和《Optics Express》;被引次数较多的 3 场学术会议分别是"IEEE Radar Conference""Proceedings of SPIE"和"IEEE International Conference on Communications"。

表 37-7 无线电电子学、电信技术学科高被引图书 TOP 10

| 序号 | 责任者 | 图书名称 | 出版社 | 2015年被引频次 |
|---|---|---|---|---|
| 1 | 樊昌信 | 通信原理 | 国防工业出版社 | 115 |
| 2 | 王映民 | TD-LTE 技术原理与系统设计 | 人民邮电出版社 | 85 |
| 3 | 赵国庆 | 雷达对抗原理 | 西安电子科技大学出版社 | 73 |
| 4 | 丁鹭飞 | 雷达原理 | 西安电子科技大学出版社 | 69 |
| 5 | 保铮 | 雷达成像技术 | 电子工业出版社 | 65 |
| 6 | 童诗白 | 模拟电子技术基础 | 高等教育出版社 | 55 |
| 7 | 沈嘉 | 3GPP 长期演进(LTE)技术原理与系统设计 | 人民邮电出版社 | 52 |
| 8 | 黄培康 | 雷达目标特性 | 电子工业出版社 | 50 |
| 9 | 谢钢 | GPS 原理与接收机设计 | 电子工业出版社 | 48 |
| 10 | 何友 | 雷达数据处理及应用 | 电子工业出版社 | 47 |

表 37-8 无线电电子学、电信技术学科高被引国外期刊 TOP 10

| 序号 | 期刊名称 | 2015年被引频次 |
|---|---|---|
| 1 | Applied Physics Letters | 3520 |
| 2 | IEEE Transactions on Signal Processing | 3259 |
| 3 | Optics Express | 2731 |
| 4 | Optics Letters | 2231 |
| 4 | IEEE Transactions on Information Theory | 2231 |
| 6 | IEEE Transactions on Wireless Communications | 1826 |
| 7 | IEEE Transactions on Antennas and Propagation | 1779 |
| 8 | IEEE Transactions on Aerospace and Electronic Systems | 1735 |
| 9 | IEEE Transactions on Communications | 1724 |
| 10 | Journal of Applied Physics | 1457 |

# 第 38 章 自动化技术学科高被引分析

## 38.1 学科论文概况

2010—2014 年，自动化技术学科共有 111761 位来自 22712 所机构的论文第一作者在 3587 种期刊上发表了 120120 篇学术论文。其中，80%以上的论文产出自 3558 所机构、85372 位作者，发表在 499 种期刊上。在前 5 年发表的这些论文中，有 27944 篇在 2015 年获得过引用，整体被引率为 23.3%，总被引频次为 49909 次，篇均被引 0.42 次；其中，高被引论文有 331 篇，单篇论文最高被引频次为 66 次，累计被引 4381 次，篇均被引 13.24 次（表 38-1）。另外，2015 年自动化技术学科共发表论文 23405 篇，其中有 915 篇在当年获得过引用，总共被引 1141 次。

表 38-1 自动化技术学科论文分布情况

| 年份 | 论文篇数 | 2015被引频次 | 2015年被引率（%） | 2015高被引论文 | | | |
|---|---|---|---|---|---|---|---|
| | | | | 论文篇数 | 最高被引频次 | 总被引频次 | 篇均被引频次 |
| 2010 | 21655 | 8935 | 23.4 | 50 | 39 | 677 | 13.54 |
| 2011 | 25911 | 10780 | 22.9 | 78 | 59 | 1058 | 13.56 |
| 2012 | 26046 | 11208 | 23.9 | 79 | 62 | 1012 | 12.81 |
| 2013 | 23070 | 12518 | 28.7 | 83 | 66 | 1240 | 14.94 |
| 2014 | 23438 | 6468 | 17.6 | 41 | 27 | 394 | 9.61 |
| 合计 | 120120 | 49909 | 23.3 | 331 | 66 | 4381 | 13.24 |

从自动化技术学科论文的地域分布来看，2015 年被引频次较高的 5 个省、直辖市或自治区依次是北京、江苏、陕西、辽宁和上海（图 38-1）；5 年论文产出量较多的 5 个省、直辖市或自治区依次是江苏、北京、陕西、辽宁和山东（图 38-2）。

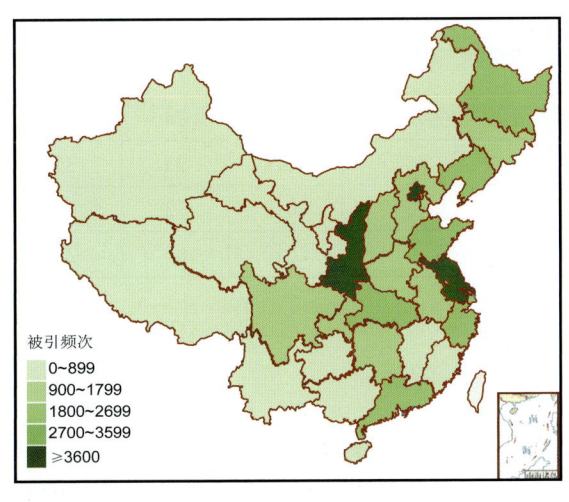

图 38-1 2015 年自动化技术学科地区被引分布

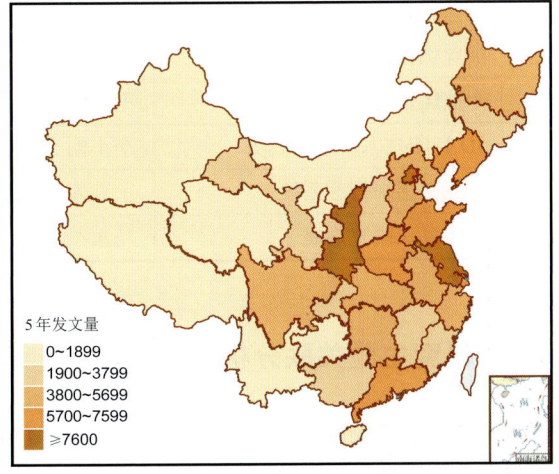

图 38-2 自动化技术学科 5 年论文产出地区分布

## 38.2 高被引论文分析

在自动化技术学科，2015 年被引频次位居前 10 位的论文（表 38-2）平均被引频次为 47 次，是全部 331 篇高被引论文篇均被引频次的 3.6 倍。其中，被引频次最高的论文是丁世飞于 2011 年发表的《支持向量机理论与算法研究综述》，随后 2 篇分别是莫家宁于 2013 年发表的《智能化技术在电气工程自动化控制中的应用探讨》和李修伟于 2011 年发表的《浅析电气自动化控制系统的应用及发展趋势》。

从论文分布来看，刊载高被引论文数量居前的 3 种期刊分别是《控制与决策》（15 篇）、《农业工程学报》（14 篇）和《自动化学报》（13 篇）；发表高被引论文居前的 3 位学者分别是中南大学的蔡自兴（2 篇）、国网冀北电力有限公司廊坊供电公司的肖云峰（2 篇）和北京航空航天大学的王田苗（2 篇）；产出高被引论文数量居前的 3 所机构分别是清华大学（7 篇）、重庆大学（6 篇）和江南大学（6 篇）。

表 38-2 自动化技术学科高被引论文 TOP 10

| 序号 | 论文题名 | 第一作者 | 期刊名称 | 发表年份 | 被引频次 总频次 | 被引频次 2015 年 |
|---|---|---|---|---|---|---|
| 1 | 支持向量机理论与算法研究综述 | 丁世飞 | 电子科技大学学报 | 2011 | 202 | 95 |
| 2 | 智能化技术在电气工程自动化控制中的应用探讨 | 莫家宁 | 机电信息 | 2013 | 96 | 76 |
| 3 | 浅析电气自动化控制系统的应用及发展趋势 | 李修伟 | 民营科技 | 2011 | 134 | 59 |
| 4 | 建筑电气工程的智能化技术应用分析 | 周子翔 | 科技创新与应用 | 2013 | 50 | 50 |
| 5 | 机械工程自动化技术存在的问题及措施 | 孙建亮 | 信息系统工程 | 2013 | 40 | 36 |
| 6 | 我国厂用工业电气自动化的发展现状与趋势 | 李红文 | 中小企业管理与科技 | 2010 | 62 | 34 |
| 7 | 个性化推荐系统综述 | 王国霞 | 计算机工程与应用 | 2012 | 74 | 31 |
| 7 | 3D 打印技术及应用趋势 | 李小丽 | 自动化仪表 | 2014 | 38 | 31 |
| 9 | 上下文感知推荐系统 | 王立才 | 软件学报 | 2012 | 72 | 30 |
| 10 | 遗传算法研究进展 | 马永杰 | 计算机应用研究 | 2012 | 67 | 28 |

## 38.3 研究主题关联分析

在自动化技术学科，高被引论文累计被 2015 年发表的 3858 篇论文引用了 4381 次。通过分析施引文献关键词的词频及关键词之间的共现关系，获得 2015 年自动化技术学科的热点主题和主题关联,如图 38-3 所示(共现 10 次以下不显示)。由图 38-3 可知:"应用""电气自动化""自动化""电气工程"等关键词的文档词频较高,是 2015 年学科的研究热点;"电气工程"与"自动化""智能化技术"之间的共现次数较多,显示出它们之间主题关联较为紧密;以"电气自动化""自动化""电气工程"等关键词为主要节点的多个概念相互关联,构成了学科内最为突出的研究主题簇(关键词"应用"所涉及的领域过于宽泛,因此未考虑其为构成本学科最突出的研究主题簇)。

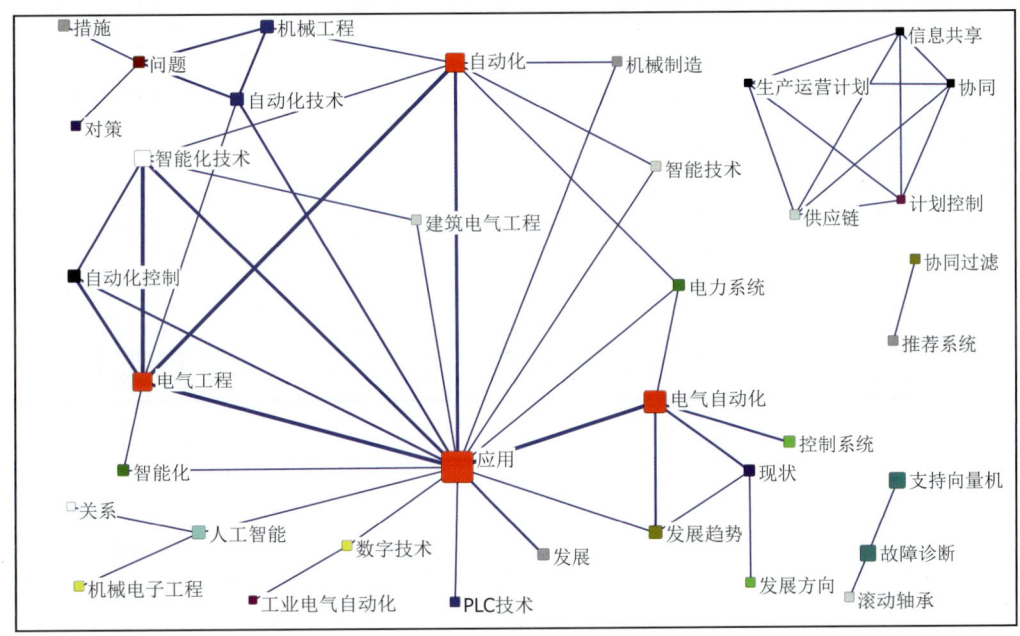

图 38-3 自动化技术学科 2015 年热点主题关联

## 38.4 学科高影响力期刊分析

### 38.4.1 学科高影响力期刊 TOP 10

在自动化技术学科,学科 5 年影响因子位居前 10 位的期刊见表 38-3,排在前 3 位的期刊分别是《仪器仪表学报》《自动化学报》和《南京信息工程大学学报》。在表 38-3 中,学科载文量占其总载文量比例最大的期刊是《机器人》;前 5 年学科载文在 2015 年被引率最高的期刊是《仪器仪表学报》;期刊 5 年影响因子较高的前 3 种期刊分别是《自动化学报》《仪器仪表学报》和《系统工程学报》;学科 5 年影响因子与期刊 5 年影响因子差异最大的期刊是《南京信息工程大学学报》。表 38-3 中期刊的学科 5 年影响因子和前 5 年学科载文的 2015 年被引率对比如图 38-4 所示,2010—2015 年期刊 5 年影响因子的变动情况如图 38-5 所示。

表 38-3  自动化技术学科高影响力期刊基本指数

| 序号 | 期刊名称 | 前5年载文量 | | | 2015年学科被引 | | | 5年影响因子 | | h指数(学科) |
|---|---|---|---|---|---|---|---|---|---|---|
| | | 学科(篇) | 占比(%) | 总量(篇) | 频次 | 被引率(%) | 高被引论文篇数 | 期刊(2015) | 学科(2015) | |
| 1 | 仪器仪表学报 | 578 | 22.3 | 2596 | 888 | 58.8 | 10 | 1.352 | 1.536 | 11 |
| 2 | 自动化学报 | 567 | 41.5 | 1365 | 797 | 49.2 | 13 | 1.426 | 1.406 | 13 |
| 3 | 南京信息工程大学学报 | 82 | 15.8 | 520 | 87 | 31.7 | 0 | 0.487 | 1.061 | 6 |
| 4 | 遥感学报 | 432 | 71.1 | 608 | 404 | 43.8 | 1 | 0.926 | 0.935 | 7 |
| 5 | 红外与毫米波学报 | 112 | 17.0 | 659 | 104 | 45.5 | 1 | 0.601 | 0.929 | 6 |
| 6 | 遥感技术与应用 | 615 | 70.9 | 867 | 568 | 42.6 | 3 | 0.885 | 0.924 | 7 |
| 7 | 国外电子测量技术 | 298 | 20.2 | 1478 | 272 | 40.6 | 1 | 0.722 | 0.913 | 9 |
| 8 | 系统工程学报 | 121 | 19.7 | 614 | 107 | 46.3 | 0 | 1.015 | 0.884 | 8 |
| 9 | 机器人 | 521 | 82.7 | 630 | 459 | 46.1 | 2 | 0.884 | 0.881 | 7 |
| 10 | 控制与决策 | 1225 | 55.6 | 2202 | 1061 | 38.3 | 15 | 0.968 | 0.866 | 12 |

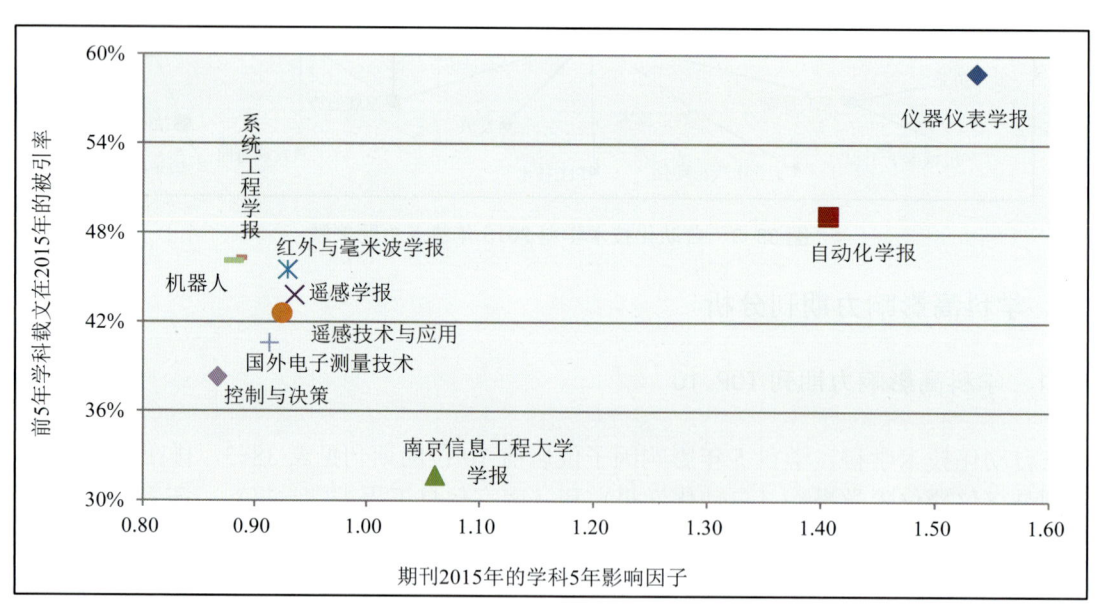

图 38-4  自动化技术学科高影响力期刊对比

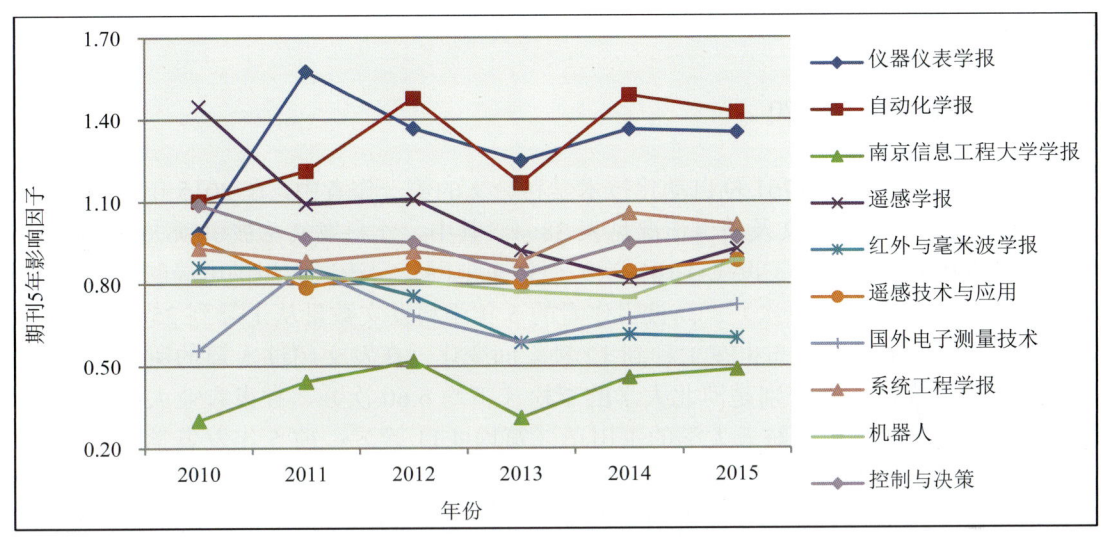

图 38-5　自动化技术学科期刊 5 年影响因子变动

## 38.4.2　学科高影响力期刊载文主题关联

通过期刊共被引分析，获得自动化技术学科高影响力期刊及与其他期刊之间的载文主题关联，如图 38-6 所示（共被引 19 次以下不显示）。结果显示，自动化技术学科的高影响力期刊相互链接较为紧密，基本主导了该学科的期刊共被引网络，显示出该学科高影响力期刊可能共同刊载了许多相近的研究主题，热点研究主题分散在多种期刊上。《仪器仪表学报》的学科 5 年影响因子较高，显示出该刊在学科内学术影响力较大；《控制与决策》与《控制理论与应用》《仪器仪表学报》与《电子测量技术》等期刊之间的链接较强，意味着它们之间可能分别有较多相同或相近的载文主题。

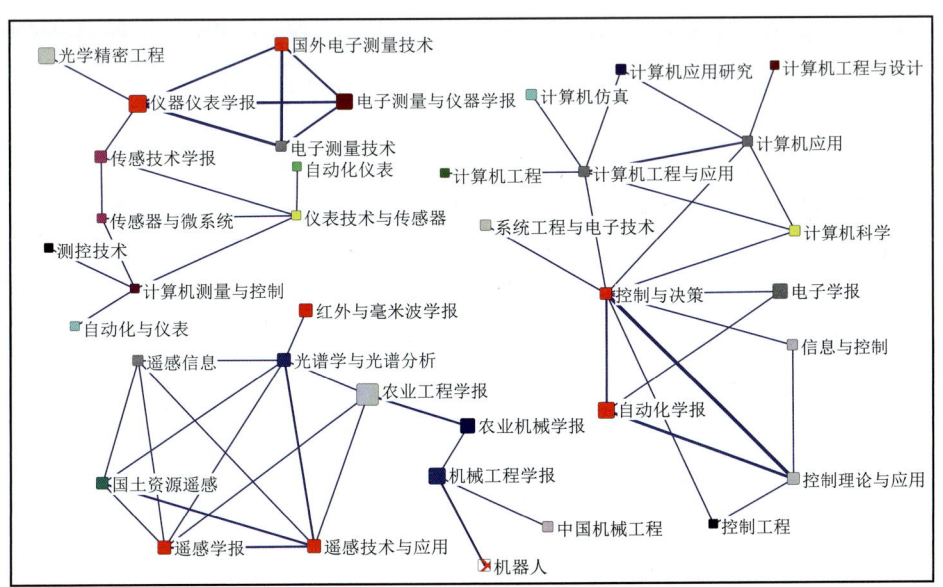

图 38-6　自动化技术学科高影响力期刊载文主题关联

## 38.5 高被引作者分析

### 38.5.1 高被引作者 TOP 20

2010—2014 年，在 111761 位自动化技术学科论文的第一作者中，在 2015 年学科被引频次位居前 20 位的学者的发文及被引情况见表 38-4。其中，学科发文总被引频次较高的 3 位作者分别是中国矿业大学的丁世飞（101 次）、广东电网公司清远连州供电局的莫家宁（76 次）和江南大学的丁锋（73 次）。高被引作者的 5 年学科发文数量从 1 篇到 25 篇不等，同时，作者学科发文的期刊分布也在 1 种到 12 种之间变化。在发文超过 5 篇的所有作者中，篇均被引较高的 3 位作者分别是河北大学的李松（篇均 6.60 次）、甘肃农业大学的韩俊英（篇均 4.80 次）和北京航空航天大学的王田苗（篇均 4.11 次）；前 5 年发表学科论文较多的 3 位作者分别是兰州理工大学的李炜（44 篇）、重庆邮电大学的张毅（36 篇）和大连理工大学的韩敏（28 篇）。高被引作者的学科发文量和被引量对比如图 38-7 所示。

表 38-4 自动化技术学科高被引作者 TOP 20

| 序号 | 姓名 | 作者单位 | 前 5 年发文 | | | 前 5 年学科发文在 2015 年的被引 | | | | h 指数（学科） |
|---|---|---|---|---|---|---|---|---|---|---|
| | | | 学科发文（篇） | 期刊分布（种） | 发文总量（篇） | 总频次 | 被引率（%） | 最高（次） | 篇均（次） | |
| 1 | 丁世飞 | 中国矿业大学 | 4 | 4 | 4 | 101 | 75.0 | 95 | 25.25 | 2 |
| 2 | 莫家宁 | 广东电网公司清远连州供电局 | 1 | 1 | 2 | 76 | 100.0 | 76 | 76.00 | 1 |
| 3 | 丁锋 | 江南大学 | 25 | 2 | 25 | 73 | 72.0 | 7 | 2.92 | 6 |
| 4 | 张新民 | 宁夏创想伟业电子科技有限公司 | 1 | 1 | 1 | 52 | 100.0 | 52 | 52.00 | 1 |
| 5 | 杜家菊 | 山东理工大学 | 1 | 1 | 2 | 51 | 100.0 | 51 | 51.00 | 1 |
| 6 | 周子翔 | 辽宁省盖州市工程投资预决算审核中心 | 1 | 1 | 1 | 50 | 100.0 | 50 | 50.00 | 1 |
| 7 | 赵春晖 | 哈尔滨工程大学 | 19 | 12 | 126 | 44 | 63.2 | 8 | 2.32 | 4 |
| 8 | 王田苗 | 北京航空航天大学 | 9 | 5 | 12 | 37 | 55.6 | 21 | 4.11 | 3 |
| 8 | 余凯 | 百度 | 1 | 1 | 1 | 37 | 100.0 | 37 | 37.00 | 1 |
| 10 | 孙建亮 | 中国核电工程有限公司 | 1 | 1 | 2 | 36 | 100.0 | 36 | 36.00 | 1 |
| 11 | 谢娟英 | 陕西师范大学 | 15 | 9 | 21 | 35 | 60.0 | 10 | 2.33 | 4 |
| 12 | 李红文 | 鹿泉金隅鼎鑫水泥有限公司 | 1 | 1 | 1 | 34 | 100.0 | 34 | 34.00 | 1 |
| 13 | 李松 | 河北大学 | 5 | 3 | 12 | 33 | 60.0 | 16 | 6.60 | 4 |
| 13 | 孙志军 | 解放军电子工程学院 | 1 | 1 | 3 | 33 | 100.0 | 33 | 33.00 | 2 |
| 13 | 张晨逸 | 浙江大学 | 1 | 1 | 1 | 33 | 100.0 | 33 | 33.00 | 1 |

| 序号 | 姓名 | 作者单位 | 前5年发文 | | | 前5年学科发文在2015年的被引 | | | | h 指数（学科） |
|---|---|---|---|---|---|---|---|---|---|---|
| | | | 学科发文（篇） | 期刊分布（种） | 发文总量（篇） | 总频次 | 被引率（%） | 最高（次） | 篇均（次） | |
| 16 | 刘大有 | 吉林大学 | 9 | 5 | 14 | 32 | 66.7 | 18 | 3.56 | 3 |
| 17 | 李小丽 | 上海产业技术研究院 | 1 | 1 | 2 | 31 | 100.0 | 31 | 31.00 | 1 |
| 17 | 王国霞 | 北京科技大学 | 1 | 1 | 6 | 31 | 100.0 | 31 | 31.00 | 3 |
| 19 | 王凡 | 西安工程大学 | 2 | 2 | 2 | 30 | 100.0 | 22 | 15.00 | 2 |
| 19 | 王立才 | 北京邮电大学 | 1 | 1 | 2 | 30 | 100.0 | 30 | 30.00 | 2 |

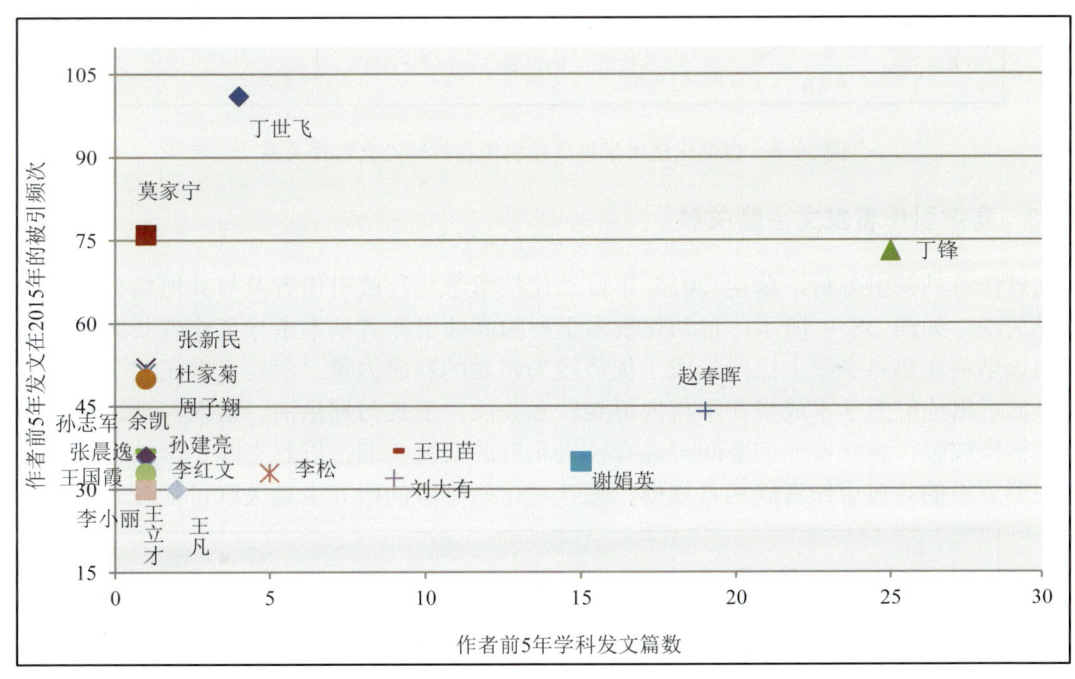

图 38-7　自动化技术学科高被引作者学科发文及被引对比

## 38.5.2　高被引作者科研合作关系

通过作者合著分析，获得2015年自动化技术学科高被引作者及与其他学者之间的科研论文合作关系（不考虑论文署名次序），如图 38-8 所示。可以看出，自动化技术学科的高被引作者的论文合作现象比较普遍。学者丁锋、赵春晖和谢娟英的发文量较多；王田苗、刘大有的论文合作网络最为突出，在该学科的研究人员中表现出一定的集聚效应；王田苗和陈殿生、梁建宏等学者之间的合作关系最为紧密，显示出他们可能属于同一支科研团队。

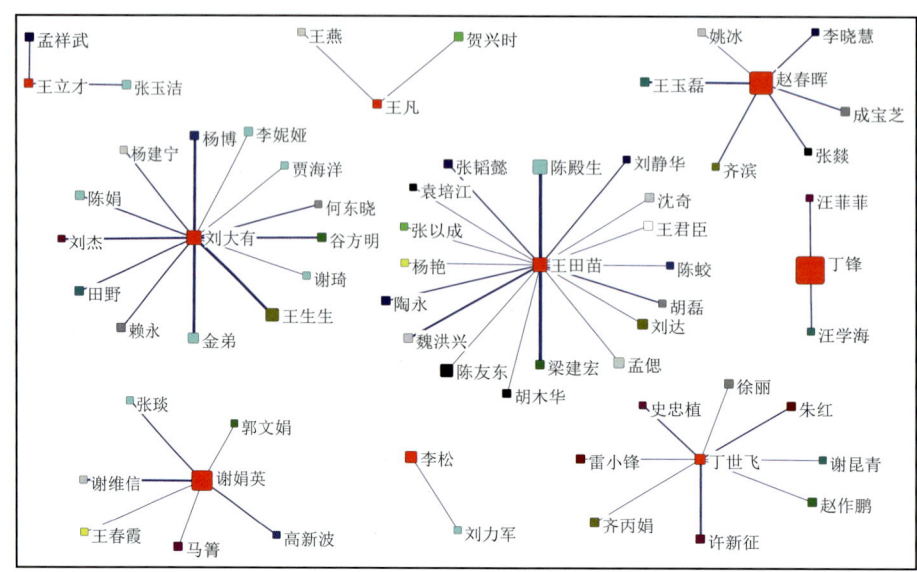

图 38-8　自动化技术学科高被引作者科研论文合作关系

### 38.5.3　高被引作者发文主题关联

通过作者共被引分析，获得 2015 年自动化技术学科高被引作者及与其他学者之间的发文主题关联。如图 38-9 所示，自动化技术学科的高被引作者基本主导了作者共被引网络，显示出该学科在热点主题上已经形成了优势较为明显的科研力量。学者丁世飞和丁锋的节点较大，显示出他们的学术成果在学科内得到较多关注；王凡与郑洪清、余凯与孙志军等学者之间的链接较强，意味着他们之间可能有较为相近的研究主题；以赵春晖、李松、王凡等学者为主要节点的共被引作者簇初具规模，意味着这些学者的研究主题关联可能较为紧密。

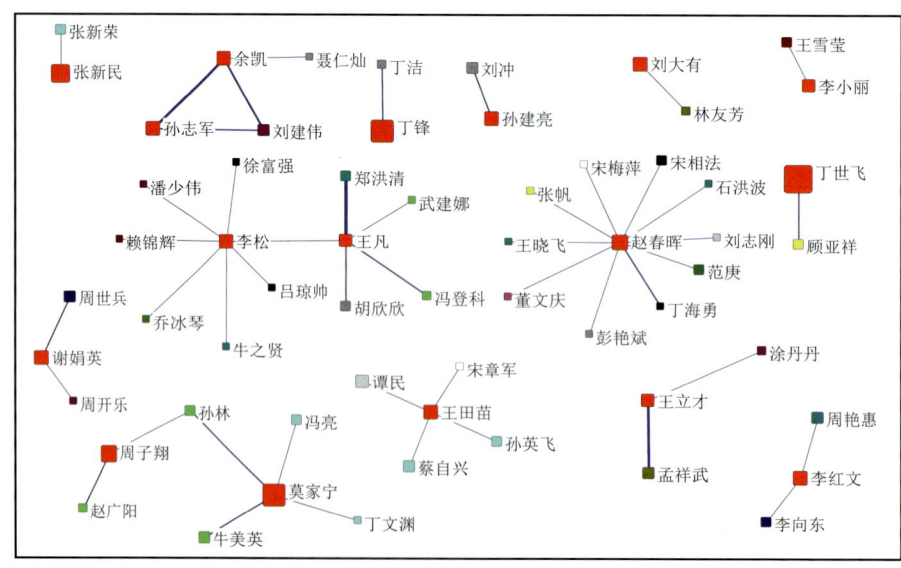

图 38-9　自动化技术学科高被引作者发文主题关联

## 38.6 高被引机构分析

### 38.6.1 高被引机构

为便于比较，本书将自动化技术学科的高被引机构分为高等院校和科研院所两种类型。其中，被引频次 TOP 10 高等院校和被引频次 TOP 5 科研院所的发文及被引情况分别见表 38-5 和表 38-6。其中，总被引频次较高的 3 所高等院校分别是西北工业大学、哈尔滨工业大学和浙江大学，中国科学院长春光学精密机械与物理研究所、中国科学院遥感应用研究所和中国科学院地理科学与资源研究所是总被引频次较高的 3 所科研院所；前 5 年学科发文在 2015 年的被引率最高的高等院校和科研院所分别是重庆大学和中国科学院地理科学与资源研究所，篇均被引最高的高等院校和科研院所分别是重庆大学和中国科学院地理科学与资源研究所。上述高被引机构的论文被引率和篇均被引频次对比如图 38-10 所示。

表 38-5 自动化技术学科高被引高等院校 TOP 10

| 序号 | 第一作者单位 | 学科发文量（篇） | | 前 5 年学科发文在 2015 年的被引 | | | |
|---|---|---|---|---|---|---|---|
| | | 前 5 年 | 2015 年 | 频次 | 被引率(%) | 最高（次） | 篇均（次） |
| 1 | 西北工业大学 | 1379 | 231 | 674 | 28.3 | 17 | 0.49 |
| 2 | 哈尔滨工业大学 | 1020 | 130 | 583 | 31.0 | 9 | 0.57 |
| 3 | 浙江大学 | 907 | 119 | 569 | 31.8 | 33 | 0.63 |
| 4 | 重庆大学 | 797 | 115 | 554 | 33.2 | 18 | 0.70 |
| 5 | 北京航空航天大学 | 1073 | 157 | 540 | 28.1 | 21 | 0.50 |
| 6 | 哈尔滨工程大学 | 827 | 132 | 531 | 32.5 | 10 | 0.64 |
| 7 | 中南大学 | 821 | 112 | 497 | 31.5 | 12 | 0.61 |
| 8 | 东北大学 | 798 | 175 | 468 | 32.3 | 16 | 0.59 |
| 9 | 中国矿业大学 | 656 | 68 | 442 | 27.7 | 95 | 0.67 |
| 10 | 南京航空航天大学 | 1021 | 154 | 441 | 25.9 | 12 | 0.43 |

表 38-6 自动化技术学科高被引科研院所 TOP 5

| 序号 | 第一作者单位 | 学科发文量（篇） | | 前 5 年学科发文在 2015 年的被引 | | | |
|---|---|---|---|---|---|---|---|
| | | 前 5 年 | 2015 年 | 频次 | 被引率(%) | 最高（次） | 篇均（次） |
| 1 | 中国科学院长春光学精密机械与物理研究所 | 592 | 110 | 508 | 37.5 | 18 | 0.86 |
| 2 | 中国科学院遥感应用研究所 | 189 | 17 | 240 | 50.3 | 11 | 1.27 |
| 3 | 中国科学院地理科学与资源研究所 | 93 | 14 | 168 | 54.8 | 16 | 1.81 |
| 4 | 中国科学院沈阳自动化研究所 | 286 | 52 | 163 | 30.8 | 7 | 0.57 |
| 5 | 中国科学院遥感与数字地球研究所 | 223 | 70 | 158 | 30.0 | 8 | 0.71 |

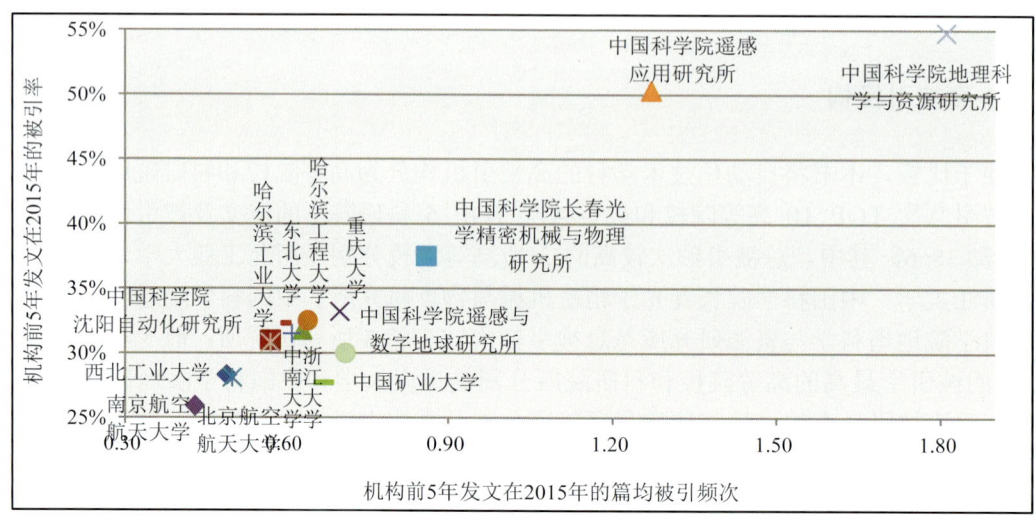

图 38-10　自动化技术学科高被引机构论文篇均被引及被引率对比

### 38.6.2　高被引机构科研合作关系

通过合著分析，获得自动化技术学科高被引机构之间及其与其他机构之间的科研合作关联，如图 38-11 所示（合作 25 次以下不显示）。分析得知，自动化技术学科的机构合作链接比较紧密，表明学科内机构合作现象非常普遍；高被引机构基本主导了机构合作网络，显示出这些机构已经在学科内具有了一定的科研优势；哈尔滨工业大学和哈尔滨理工大学、哈尔滨工程大学等机构之间的链接较强，显示出它们的学术合作较为频繁。中国科学院遥感应用研究所、中国科学院长春光学精密机械与物理研究所、重庆大学的篇均被引较高，说明它们的研究成果总体看来较为受业内学者的关注。

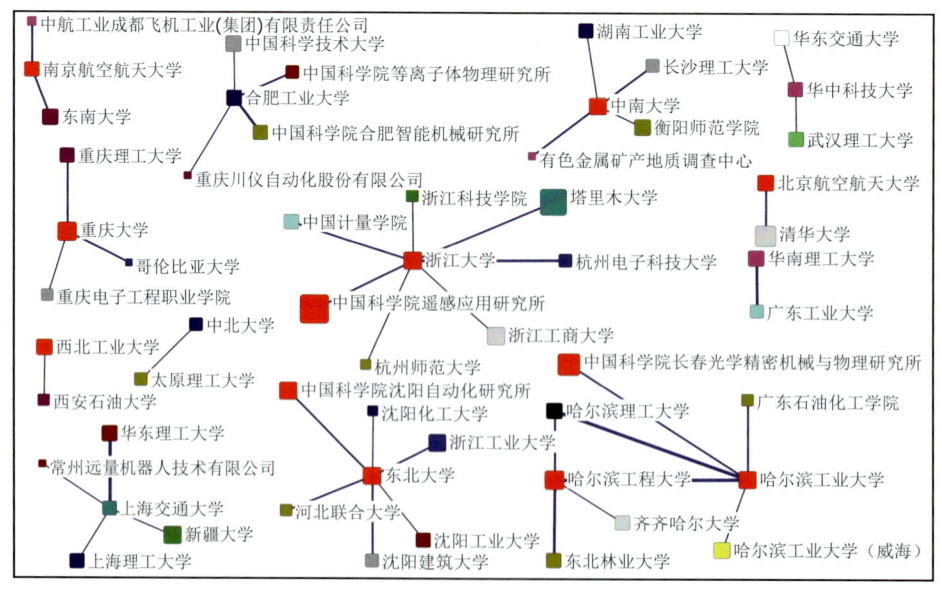

图 38-11　自动化技术学科高被引机构科研合作关联

## 38.7 高被引图书、国外期刊及学术会议

2015 年,自动化技术学科被引频次位居前 10 位的图书及国外期刊见表 38-7 和表 38-8。其中,被引次数较多的 3 种图书分别是蔡自兴的《机器人学》、刘金琨的《先进 PID 控制 Matlab 仿真》和赵英时的《遥感应用分析原理与方法》;被引次数较多的 3 种国外期刊分别是《IEEE Transactions on Automatic Control》《Automatica》和《Remote Sensing of Environment》;被引次数较多的 3 场学术会议分别是"IEEE International Conference on Robotics and Automation""IEEE/RSJ International Conference on Intelligent Robots and Systems"和"Proceedings of the American Control Conference"。

表 38-7 自动化技术学科高被引图书 TOP 10

| 序号 | 责任者 | 图书名称 | 出版社 | 2015 年被引频次 |
|---|---|---|---|---|
| 1 | 蔡自兴 | 机器人学 | 清华大学出版社 | 62 |
| 2 | 刘金琨 | 先进 PID 控制 Matlab 仿真 | 电子工业出版社 | 51 |
| 3 | 赵英时 | 遥感应用分析原理与方法 | 科学出版社 | 50 |
| 4 | 胡寿松 | 自动控制原理 | 科学出版社 | 41 |
| 5 | 孙利民 | 无线传感器网络 | 清华大学出版社 | 40 |
| 6 | 童诗白 | 模拟电子技术基础 | 高等教育出版社 | 34 |
| 7 | 刘金琨 | 滑模变结构控制 MATLAB 仿真 | 清华大学出版社 | 31 |
| 8 | 张文修 | 粗糙集理论与方法 | 科学出版社 | 29 |
| 9 | 黄真 | 高等空间机构学 | 高等教育出版社 | 28 |
| 10 | 廖常初 | PLC 编程及应用 | 机械工业出版社 | 27 |
| 11 | 刘金琨 | 先进 PID 控制及其 MATLAB 仿真 | 电子工业出版社 | 27 |

表 38-8 自动化技术学科高被引国外期刊 TOP 10

| 序号 | 期刊名称 | 2015 年被引频次 |
|---|---|---|
| 1 | IEEE Transactions on Automatic Control | 1579 |
| 2 | Automatica | 1548 |
| 3 | Remote Sensing of Environment | 1504 |
| 4 | IEEE Transactions on Geoscience and Remote Sensing | 1416 |
| 5 | IEEE Transactions on Pattern Analysis and Machine Intelligence | 815 |
| 6 | International Journal of Remote Sensing | 769 |
| 7 | Information Sciences | 742 |
| 8 | IEEE Transactions on Industrial Electronics | 727 |
| 9 | Expert Systems with Applications | 580 |
| 10 | Neurocomputing | 498 |

# 第 39 章 计算机技术学科高被引分析

## 39.1 学科论文概况

2010—2014年，计算机技术学科共有316914位来自55389所机构的论文第一作者在4894种期刊上发表了399616篇学术论文。其中，80%以上的论文产出自10636所机构、242709位作者，发表在426种期刊上。在前5年发表的这些论文中，有71536篇在2015年获得过引用，整体被引率为17.9%，总被引频次为123637次，篇均被引0.31次；其中，高被引论文有817篇，单篇论文最高被引频次为137次，累计被引12536次，篇均被引15.34次（表39-1）。另外，2015年计算机技术学科共发表论文71795篇，其中有2779篇在当年获得过引用，总共被引3414次。

表 39-1 计算机技术学科论文分布情况

| 年份 | 论文篇数 | 2015被引频次 | 2015年被引率（%） | 2015 高被引论文 | | | |
|---|---|---|---|---|---|---|---|
| | | | | 论文篇数 | 最高被引频次 | 总被引频次 | 篇均被引频次 |
| 2010 | 72166 | 20497 | 17.0 | 149 | 108 | 2002 | 13.44 |
| 2011 | 87250 | 25338 | 16.5 | 158 | 125 | 2853 | 18.06 |
| 2012 | 88301 | 28235 | 18.1 | 189 | 136 | 2847 | 15.06 |
| 2013 | 71730 | 30579 | 23.3 | 181 | 137 | 3182 | 17.58 |
| 2014 | 80169 | 18988 | 15.2 | 140 | 98 | 1652 | 11.80 |
| 合计 | 399616 | 123637 | 17.9 | 817 | 137 | 12536 | 15.34 |

从计算机技术学科论文的地域分布来看，2015年被引频次较高的5个省、直辖市或自治区依次是北京、江苏、陕西、广东和上海（图39-1）；5年论文产出量较多的5个省、直辖市或自治区依次是江苏、北京、广东、陕西和河南（图39-2）。

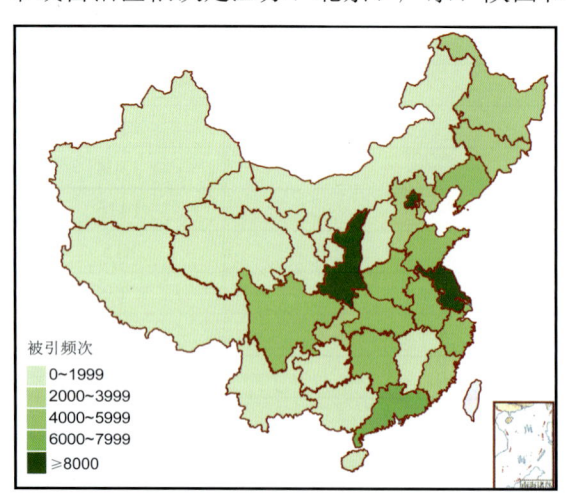

图 39-1 2015 年计算机技术学科地区被引分布

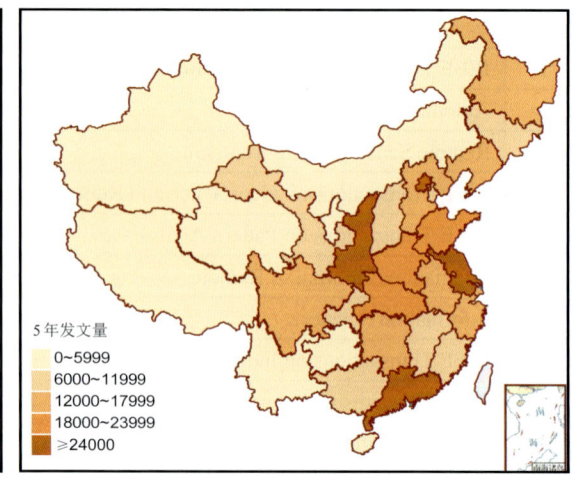

图 39-2 计算机技术学科 5 年论文产出地区分布

## 39.2 高被引论文分析

在计算机技术学科，2015 年被引频次位居前 10 位的论文（表 39-2）平均被引频次为 160.4 次，是全部 817 篇高被引论文篇均被引频次的 10.5 倍。其中，被引频次最高的论文是孟小峰于 2013 年发表的《大数据管理：概念、技术与挑战》，随后 2 篇分别是李国杰于 2012 年发表的《大数据研究：未来科技及经济社会发展的重大战略领域——大数据的研究现状与科学思考》和冯登国于 2011 年发表的《云计算安全研究》。

从论文分布来看，刊载高被引论文数量居前的 3 种期刊分别是《计算机学报》（88 篇）、《软件学报》（50 篇）和《计算机研究与发展》（39 篇），而《计算机学报》刊载了高被引论文 TOP 10 中的 3 篇；发表高被引论文居前的 3 位学者分别是清华大学的林闯（5 篇）、云南师范大学的高炜（4 篇）和北京航空航天大学的李伯虎（3 篇）；产出高被引论文数量居前的 3 所机构分别是清华大学（36 篇）、北京航空航天大学（24 篇）和国防科学技术大学（22 篇），而中国人民大学产出了高被引论文 TOP 10 中的 3 篇。

表 39-2　计算机技术学科高被引论文 TOP 10

| 序号 | 论文题名 | 第一作者 | 期刊名称 | 发表年份 | 被引频次 总频次 | 被引频次 2015 年 |
| --- | --- | --- | --- | --- | --- | --- |
| 1 | 大数据管理：概念、技术与挑战 | 孟小峰 | 计算机研究与发展 | 2013 | 714 | 404 |
| 2 | 大数据研究：未来科技及经济社会发展的重大战略领域——大数据的研究现状与科学思考 | 李国杰 | 中国科学院院刊 | 2012 | 490 | 264 |
| 3 | 云计算安全研究 | 冯登国 | 软件学报 | 2011 | 566 | 173 |
| 4 | 云计算：体系架构与关键技术 | 罗军舟 | 通信学报 | 2011 | 356 | 127 |
| 4 | 物联网：概念、架构与关键技术研究综述 | 孙其博 | 北京邮电大学学报 | 2010 | 503 | 127 |
| 6 | 网络大数据：现状与展望 | 王元卓 | 计算机学报 | 2013 | 191 | 119 |
| 7 | 架构大数据：挑战、现状与展望 | 王珊 | 计算机学报 | 2011 | 296 | 115 |
| 8 | 大数据时代的机遇与挑战 | 邬贺铨 | 求是 | 2013 | 181 | 106 |
| 9 | 大数据安全与隐私保护 | 冯登国 | 计算机学报 | 2014 | 106 | 92 |
| 10 | 大数据分析——RDBMS 与 MapReduce 的竞争与共生 | 覃雄派 | 软件学报 | 2012 | 210 | 77 |

## 39.3 研究主题关联分析

在计算机技术学科，高被引论文累计被 2015 年发表的 10550 篇论文引用了 12536 次。通过分析施引文献关键词的词频及关键词之间的共现关系，获得 2015 年计算机技术学科的热点主题和主题关联，如图 39-3 所示（共现 16 次以下不显示）。由图 39-3 可知："大数据""云计算""物联网"等关键词的文档词频较高，是 2015 年学科的研究热点；"大数据"与"云计算"之间的共现次数较多，显示出它们之间主题关联较为紧密；以"大数据""云计算""物联网"等关键词为主要节点的多个概念相互关联，构成了学科内最为突出的研究主题簇。

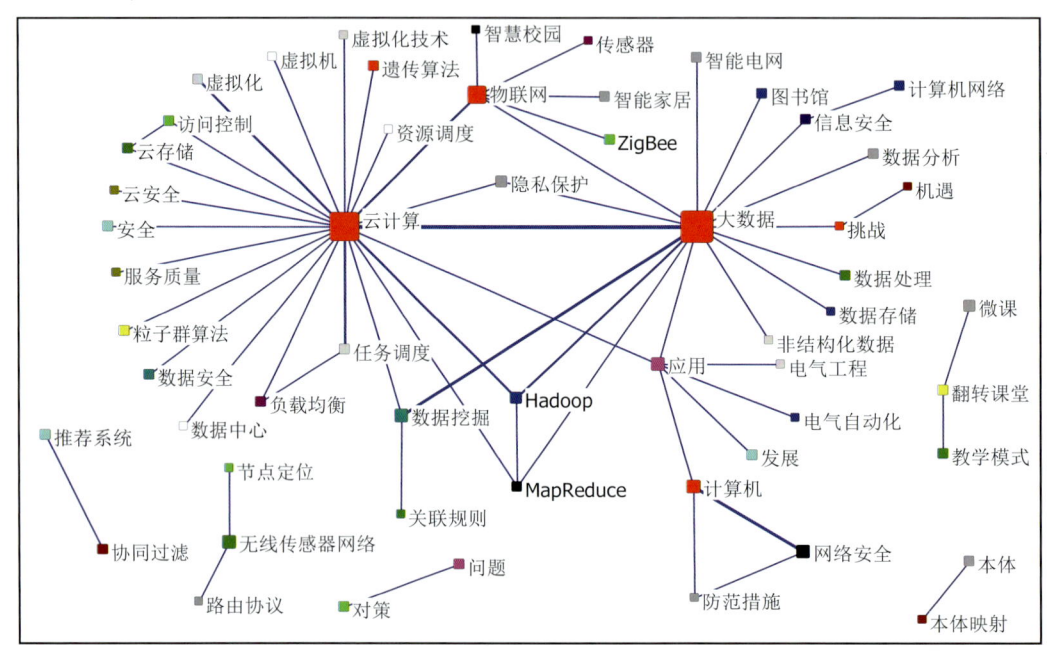

图 39-3　计算机技术学科 2015 年热点主题关联

## 39.4　学科高影响力期刊分析

### 39.4.1　学科高影响力期刊 TOP 10

在计算机技术学科，学科 5 年影响因子位居前 10 位的期刊见表 39-3，排在前 3 位的期刊分别是《计算机学报》《软件学报》和《计算机研究与发展》。在表 39-3 中，学科载文量占其总载文量比例最大的期刊是《中文信息学报》；前 5 年学科载文在 2015 年被引率最高的期刊是《计算机学报》；期刊 5 年影响因子较高的前 3 种期刊分别是《计算机学报》《软件学报》和《计算机研究与发展》；学科 5 年影响因子与期刊 5 年影响因子差异最大的期刊是《南京邮电大学学报（自然科学版）》。表 39-3 中期刊的学科 5 年影响因子和前 5 年学科载文的 2015 年被引率对比如图 39-4 所示，2010—2015 年期刊 5 年影响因子的变动情况如图 39-5 所示。

表 39-3　计算机技术学科高影响力期刊基本指数

| 序号 | 期刊名称 | 前 5 年载文量 | | | 2015 年学科被引 | | | 5 年影响因子 | | h 指数（学科） |
|---|---|---|---|---|---|---|---|---|---|---|
| | | 学科（篇） | 占比（%） | 总量（篇） | 频次 | 被引率（%） | 高被引论文篇数 | 期刊(2015) | 学科(2015) | |
| 1 | 计算机学报 | 1192 | 90.5 | 1317 | 3040 | 55.2 | 88 | 2.474 | 2.550 | 20 |
| 2 | 软件学报 | 1113 | 84.3 | 1321 | 2237 | 49.7 | 50 | 1.973 | 2.010 | 16 |
| 3 | 计算机研究与发展 | 1837 | 88.0 | 2088 | 2308 | 39.1 | 39 | 1.269 | 1.256 | 14 |
| 4 | 计算机集成制造系统 | 897 | 41.5 | 2162 | 906 | 41.5 | 15 | 1.000 | 1.010 | 12 |
| 5 | 通信学报 | 1086 | 60.4 | 1799 | 1071 | 38.5 | 16 | 0.893 | 0.986 | 11 |
| 6 | 北京邮电大学学报 | 285 | 28.6 | 996 | 252 | 27.4 | 2 | 0.498 | 0.884 | 6 |
| 7 | 液晶与显示 | 218 | 21.7 | 1006 | 192 | 44.0 | 1 | 0.549 | 0.881 | 6 |
| 8 | 南京邮电大学学报（自然科学版） | 172 | 24.2 | 711 | 146 | 28.5 | 4 | 0.428 | 0.849 | 7 |
| 9 | 中文信息学报 | 787 | 99.5 | 791 | 655 | 36.8 | 8 | 0.834 | 0.832 | 8 |
| 10 | 中国图象图形学报 | 1095 | 76.8 | 1425 | 909 | 39.8 | 8 | 0.825 | 0.830 | 9 |

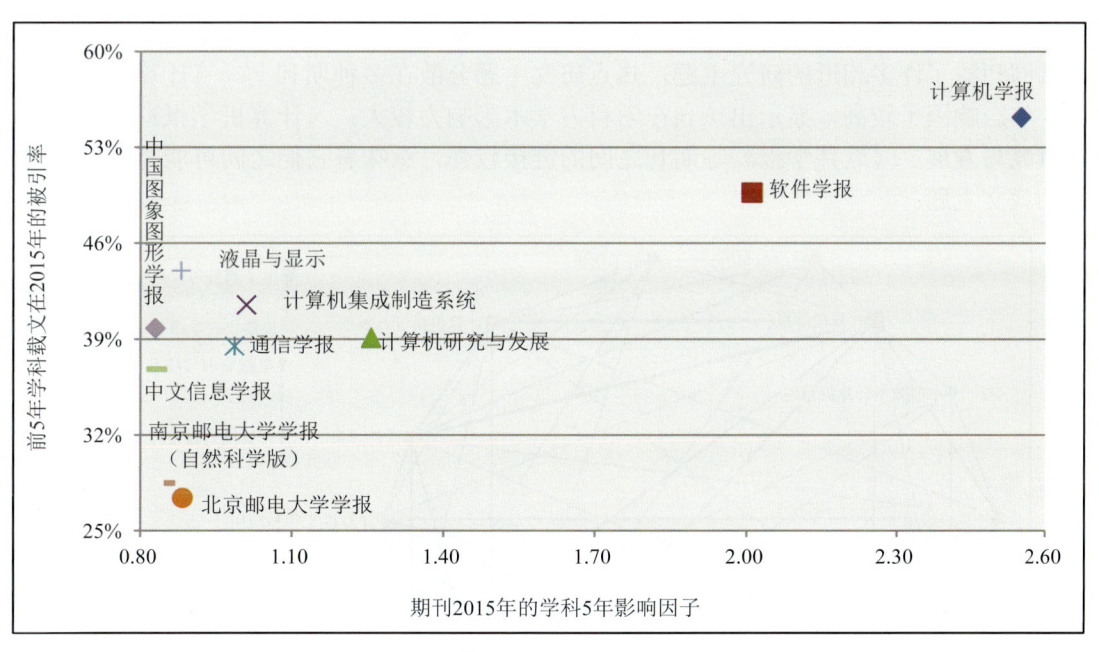

图 39-4　计算机技术学科高影响力期刊对比

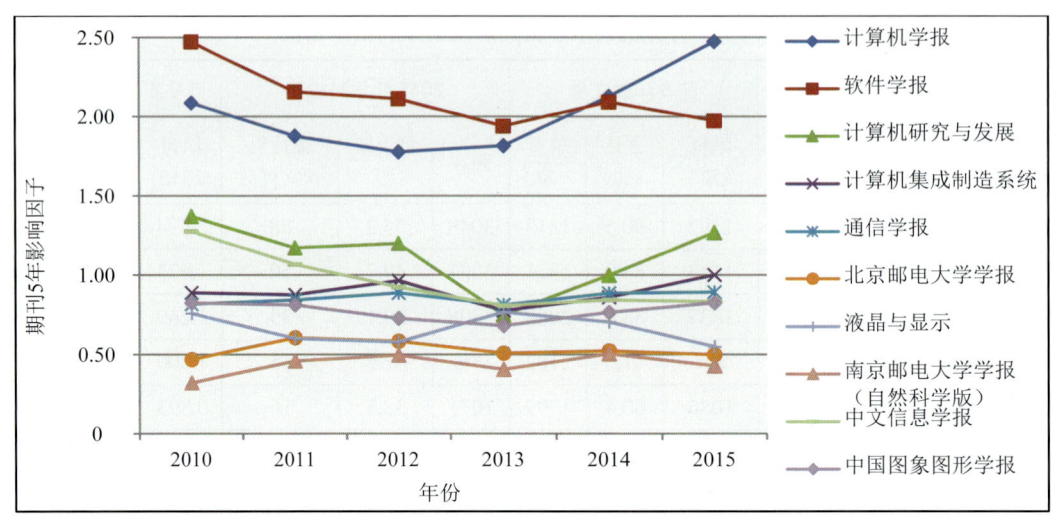

图 39-5 计算机技术学科期刊 5 年影响因子变动

### 39.4.2 学科高影响力期刊载文主题关联

通过期刊共被引分析，获得计算机技术学科高影响力期刊及与其他期刊之间的载文主题关联，如图 39-6 所示（共被引 93 次以下不显示）。结果显示，计算机技术学科的高影响力期刊相互链接较为紧密，部分主导了该学科的期刊共被引网络，显示出该学科高影响力期刊可能共同刊载了许多相近的研究主题，热点研究主题分散在多种期刊上。《计算机学报》的学科 5 年影响因子较高，显示出该刊在学科内学术影响力较大；《计算机学报》与《计算计算机研究与发展》《软件学报》等期刊之间的链接较强，意味着它们之间可能有较多相同或相近的载文主题。

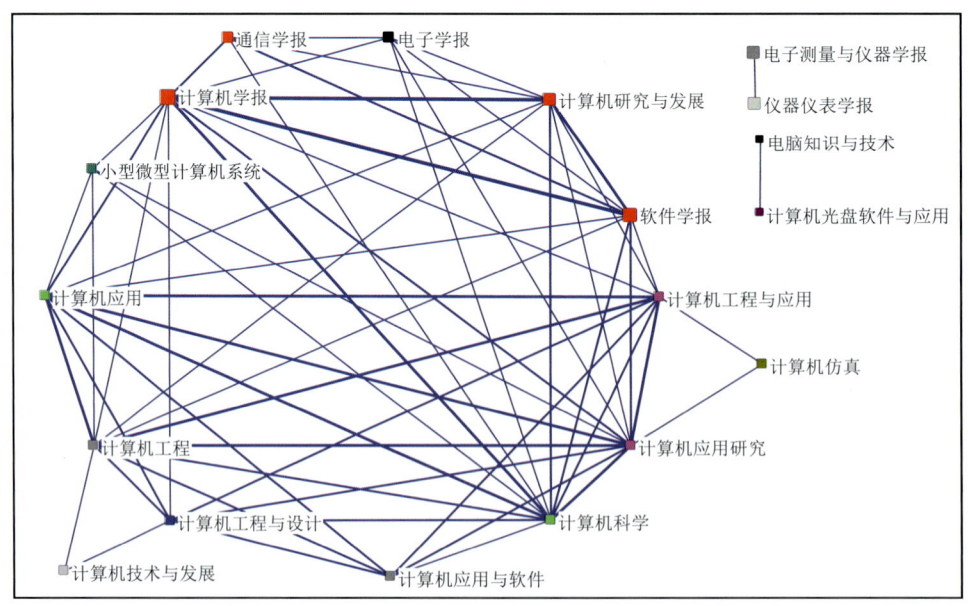

图 39-6 计算机技术学科高影响力期刊载文主题关联

## 39.5 高被引作者分析

### 39.5.1 高被引作者 TOP 20

2010—2014 年,在 316914 位计算机技术学科论文的第一作者中,在 2015 年学科被引频次位居前 20 位的学者的发文及被引情况见表 39-4。其中,学科发文总被引频次较高的 3 位作者分别是中国人民大学的孟小峰(430 次)、中国科学院软件研究所的冯登国(265 次)和中国科学院计算技术研究所的李国杰(264 次)。高被引作者的 5 年学科发文数量从 1 篇到 8 篇不等,同时,作者学科发文的期刊分布也在 1 种到 4 种之间变化。在发文超过 5 篇的所有作者中,篇均被引较高的 3 位作者分别是中国人民大学的孟小峰(篇均 86.00 次)、清华大学的林闯(篇均 17.38 次)和上海理工大学的刘长平(篇均 8.33 次);前 5 年发表学科论文较多的 3 位作者分别是沈阳工业大学的苑玮琦(65 篇)、燕山大学的胡正平(51 篇)和南京航空航天大学的朱俚治(42 篇)。高被引作者的学科发文量和被引量对比如图 39-7 所示。

表 39-4 计算机技术学科高被引作者 TOP 20

| 序号 | 姓名 | 作者单位 | 前 5 年发文 | | | 前 5 年学科发文在 2015 年的被引 | | | | h 指数（学科） |
|---|---|---|---|---|---|---|---|---|---|---|
| | | | 学科发文（篇） | 期刊分布（种） | 发文总量（篇） | 总频次 | 被引率（%） | 最高（次） | 篇均（次） | |
| 1 | 孟小峰 | 中国人民大学 | 5 | 3 | 8 | 430 | 60.0 | 404 | 86.00 | 2 |
| 2 | 冯登国 | 中国科学院软件研究所 | 3 | 3 | 5 | 265 | 66.7 | 173 | 88.33 | 2 |
| 3 | 李国杰 | 中国科学院计算技术研究所 | 4 | 3 | 5 | 264 | 25.0 | 264 | 66.00 | 1 |
| 4 | 罗军舟 | 东南大学 | 2 | 2 | 3 | 166 | 100.0 | 127 | 83.00 | 2 |
| 5 | 林闯 | 清华大学 | 8 | 2 | 9 | 139 | 87.5 | 50 | 17.38 | 6 |
| 6 | 孙其博 | 北京邮电大学 | 1 | 1 | 1 | 127 | 100.0 | 127 | 127.00 | 1 |
| 7 | 王元卓 | 中国科学院计算技术研究所 | 4 | 2 | 5 | 126 | 50.0 | 119 | 31.50 | 2 |
| 8 | 王珊 | 中国人民大学 | 2 | 2 | 7 | 115 | 50.0 | 115 | 57.50 | 1 |
| 9 | 覃雄派 | 中国人民大学 | 4 | 3 | 4 | 95 | 50.0 | 77 | 23.75 | 2 |
| 10 | 李伯虎 | 北京航空航天大学 | 3 | 1 | 4 | 91 | 100.0 | 36 | 30.33 | 4 |
| 11 | 钱志鸿 | 吉林大学 | 2 | 2 | 14 | 84 | 100.0 | 67 | 42.00 | 4 |
| 12 | 曹军威 | 清华大学 | 2 | 2 | 7 | 75 | 100.0 | 38 | 37.50 | 3 |
| 13 | 李乔 | 安徽工业大学 | 2 | 2 | 2 | 65 | 100.0 | 59 | 32.50 | 2 |
| 14 | 刘强 | 中国科学院计算技术研究所 | 1 | 1 | 1 | 60 | 100.0 | 60 | 60.00 | 1 |

| 序号 | 姓名 | 作者单位 | 前5年发文 | | | 前5年学科发文在2015年的被引 | | | | h指数(学科) |
|---|---|---|---|---|---|---|---|---|---|---|
| | | | 学科发文(篇) | 期刊分布(种) | 发文总量(篇) | 总频次 | 被引率(%) | 最高(次) | 篇均(次) | |
| 15 | 严霄凤 | 工业和信息化部 | 1 | 1 | 1 | 59 | 100.0 | 59 | 59.00 | 1 |
| 15 | 张建勋 | 北京理工大学 | 3 | 3 | 3 | 59 | 33.3 | 59 | 19.67 | 1 |
| 17 | 李建中 | 哈尔滨工业大学 | 2 | 2 | 2 | 58 | 500 | 58 | 29.00 | 1 |
| 18 | 卜彩丽 | 河南师范大学 | 2 | 2 | 11 | 57 | 50.0 | 57 | 28.50 | 2 |
| 18 | 彭宇 | 哈尔滨工业大学 | 7 | 4 | 15 | 57 | 85.7 | 32 | 8.14 | 5 |
| 20 | 王意洁 | 国防科学技术大学 | 3 | 2 | 3 | 55 | 100.0 | 52 | 18.33 | 2 |

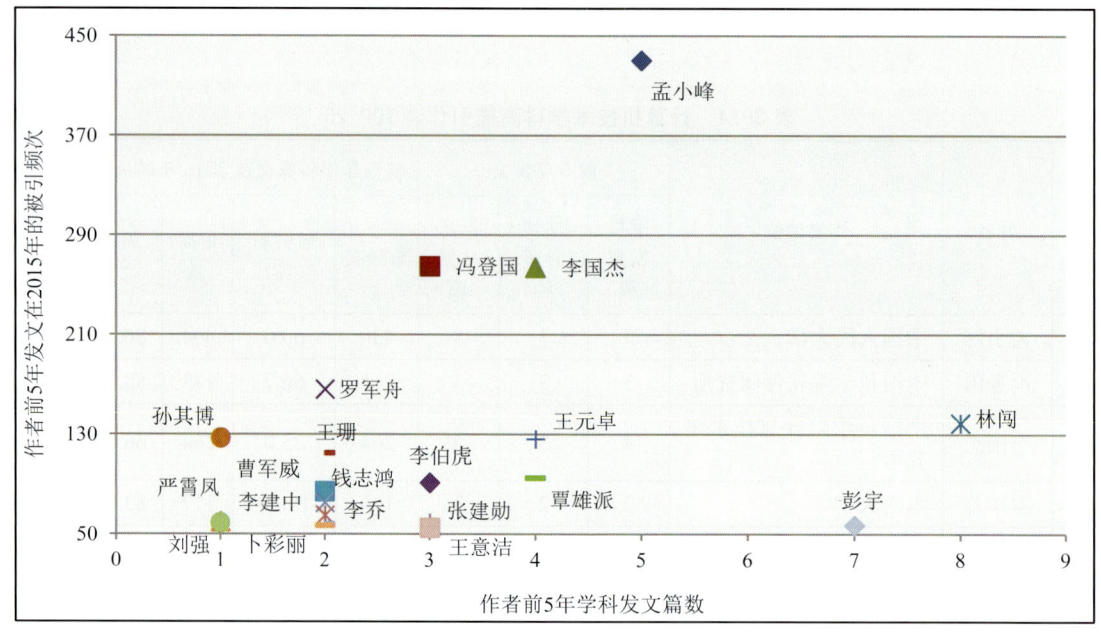

图 39-7  计算机技术学科高被引作者学科发文及被引对比

### 39.5.2 高被引作者科研合作关系

通过作者合著分析，获得2015年计算机技术学科高被引作者及与其他学者之间的科研论文合作关系（不考虑论文署名次序），如图39-8所示（合著3次以下不显示）。可以看出，计算机技术学科的高被引作者的论文合作现象比较普遍。学者林闯和彭宇的发文量较多；罗军舟的论文合作网络最为突出，在该学科的研究人员中表现出一定的集聚效应；李建中与高宏、罗军舟与李伟等学者之间的合作关系最为紧密，显示出他们可能分别属于同一支科研团队。

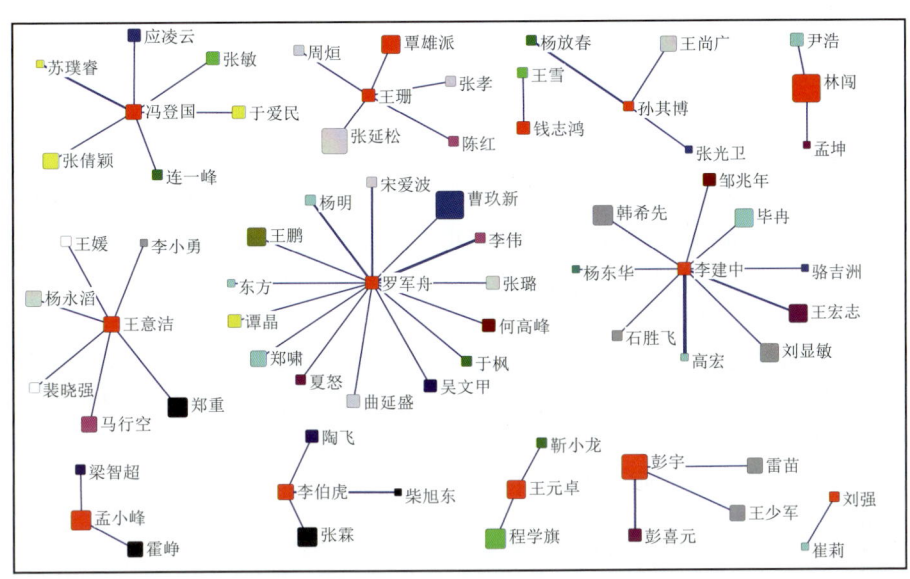

图 39-8　计算机技术学科高被引作者科研论文合作关系

### 39.5.3　高被引作者发文主题关联

通过作者共被引分析，获得 2015 年计算机技术学科高被引作者及与其他学者之间的发文主题关联（见图 39-9，共被引 4 次以下不显示）。如图 39-9 所示，计算机技术学科的高被引作者基本主导了作者共被引网络，显示出该学科在热点主题上已经形成了优势较为明显的科研力量。学者孟小峰和李国杰的节点较大，显示出他们的学术成果在学科内得到较多关注；孟小峰与李国杰、王珊、王元卓等学者之间的链接较强，意味着他们之间可能有较为相近的研究主题；以孟小峰、李国杰、冯登国、王珊等学者为主要节点的共被引作者簇人数较多且网络规模较大，意味着这些学者的研究主题关联可能较为紧密。

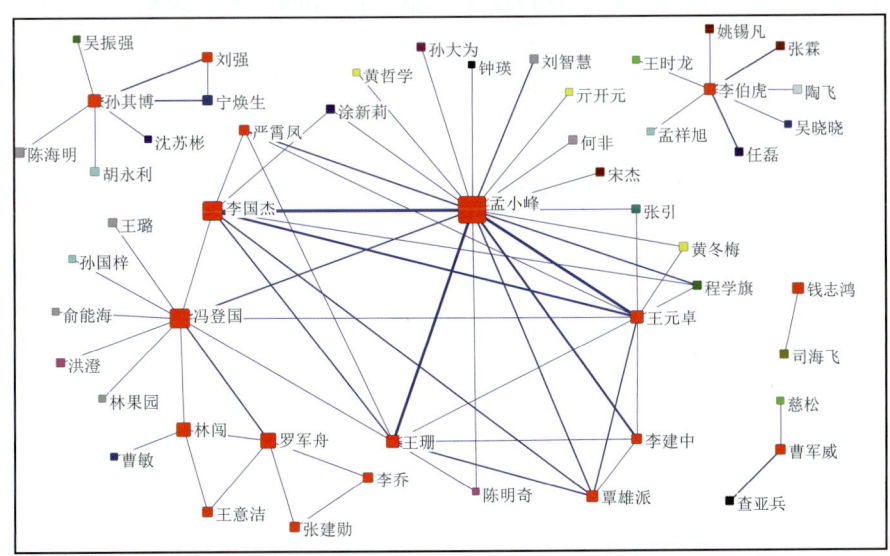

图 39-9　计算机技术学科高被引作者发文主题关联

## 39.6 高被引机构分析

### 39.6.1 高被引机构

为便于比较,本书将计算机技术学科的高被引机构分为高等院校和科研院所两种类型。其中,被引频次 TOP 10 高等院校和被引频次 TOP 5 科研院所的发文及被引情况分别见表 39-5 和表 39-6。其中,总被引频次较高的 3 所高等院校分别是国防科学技术大学、清华大学和西北工业大学,中国科学院计算技术研究所、中国科学院软件研究所和中国科学院长春光学精密机械与物理研究所是总被引频次较高的 3 所科研院所;前 5 年学科发文在 2015 年的被引率最高的高等院校和科研院所分别是北京邮电大学和中国科学院计算技术研究所,篇均被引最高的高等院校和科研院所分别是中国人民大学和中国科学院计算技术研究所。上述高被引机构的论文被引率和篇均被引频次对比如图 39-10 所示。

表 39-5 计算机技术学科高被引高等院校 TOP 10

| 序号 | 第一作者单位 | 学科发文量（篇） | | 前 5 年学科发文在 2015 年的被引 | | | |
|---|---|---|---|---|---|---|---|
| | | 前 5 年 | 2015 年 | 频次 | 被引率(%) | 最高（次） | 篇均（次） |
| 1 | 国防科学技术大学 | 3317 | 432 | 1798 | 26.7 | 52 | 0.54 |
| 2 | 清华大学 | 1693 | 251 | 1501 | 30.5 | 50 | 0.89 |
| 3 | 西北工业大学 | 3381 | 557 | 1500 | 26.6 | 14 | 0.44 |
| 4 | 北京邮电大学 | 1513 | 263 | 1233 | 31.9 | 127 | 0.81 |
| 5 | 北京航空航天大学 | 1711 | 232 | 1191 | 30.0 | 52 | 0.70 |
| 6 | 重庆大学 | 1975 | 258 | 1109 | 29.8 | 19 | 0.56 |
| 7 | 浙江大学 | 1627 | 235 | 1066 | 31.6 | 42 | 0.66 |
| 8 | 合肥工业大学 | 1722 | 228 | 1001 | 27.8 | 23 | 0.58 |
| 9 | 南京航空航天大学 | 2095 | 307 | 985 | 25.9 | 14 | 0.47 |
| 10 | 中国人民大学 | 331 | 45 | 951 | 29.3 | 404 | 2.87 |

表 39-6 计算机技术学科高被引科研院所 TOP 5

| 序号 | 第一作者单位 | 学科发文量（篇） | | 前 5 年学科发文在 2015 年的被引 | | | |
|---|---|---|---|---|---|---|---|
| | | 前 5 年 | 2015 年 | 频次 | 被引率(%) | 最高（次） | 篇均（次） |
| 1 | 中国科学院计算技术研究所 | 681 | 112 | 1114 | 34.9 | 264 | 1.64 |
| 2 | 中国科学院软件研究所 | 589 | 94 | 730 | 32.3 | 173 | 1.24 |
| 3 | 中国科学院长春光学精密机械与物理研究所 | 706 | 117 | 542 | 34.1 | 9 | 0.77 |
| 4 | 中国科学院研究生院 | 347 | 30 | 174 | 27.1 | 15 | 0.50 |
| 5 | 国家数字交换系统工程技术研究中心 | 351 | 82 | 173 | 25.4 | 15 | 0.49 |

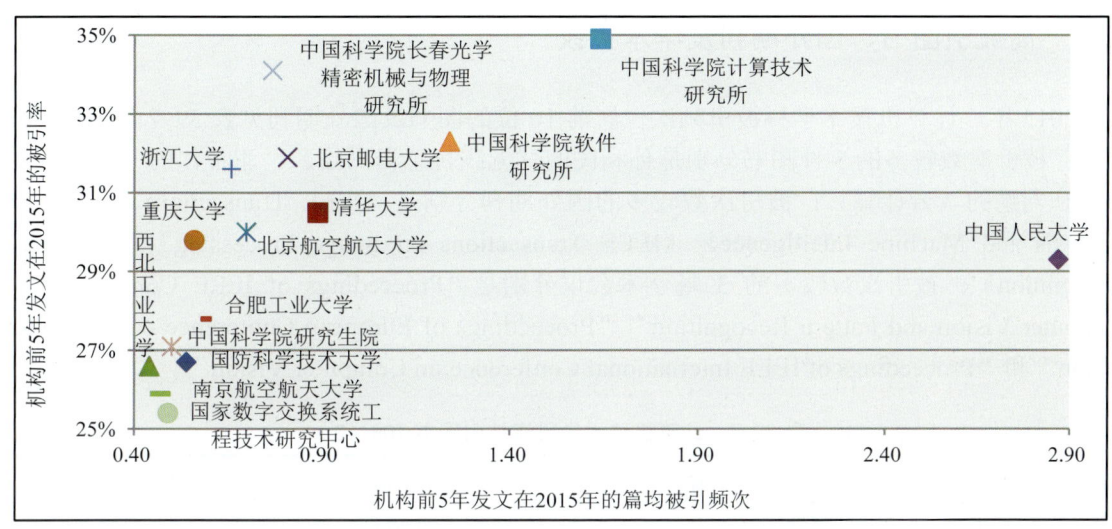

图 39-10 计算机技术学科高被引机构论文篇均被引及被引率对比

### 39.6.2 高被引机构科研合作关系

通过合著分析，获得计算机技术学科高被引机构之间及其与其他机构之间的科研合作关联，如图 39-11 所示（合作 45 次以下不显示）。分析得知，计算机技术学科的机构合作链接比较紧密，表明学科内机构合作现象非常普遍；高被引机构基本主导了机构合作网络，显示出这些机构已经在学科内具有了一定的科研优势；四川大学与成都信息工程学院、浙江大学与杭州电子科技大学等机构之间的链接较强，显示出它们的学术合作较为频繁。中国科学院软件研究所与清华大学、北京邮电大学的篇均被引较高，说明它们的研究成果总体看来较为受业内学者的关注。

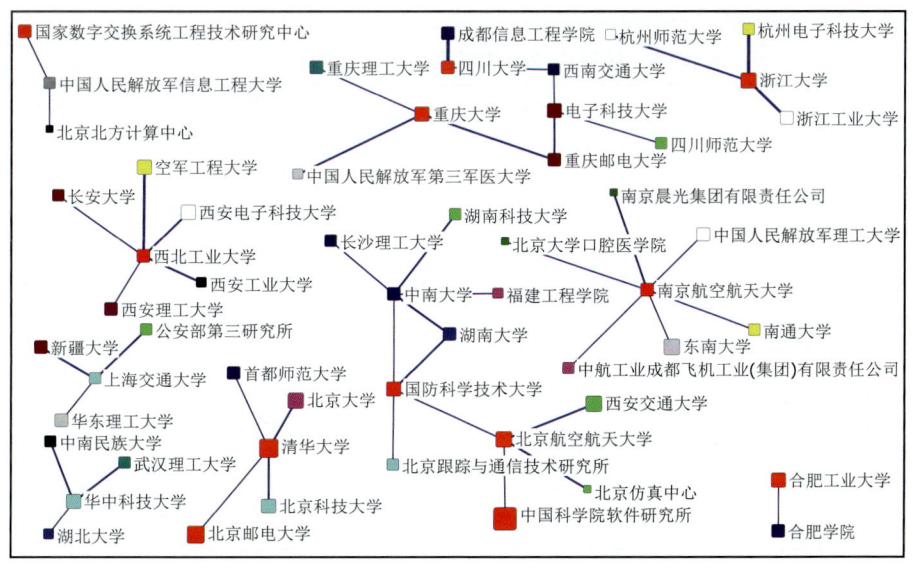

图 39-11 计算机技术学科高被引机构科研合作关联

## 39.7 高被引图书、国外期刊及学术会议

2015年，计算机技术学科被引频次位居前10位的图书及国外期刊见表39-7和表39-8。其中，被引次数较多的3种图书分别是孙利民的《无线传感器网络》、谢希仁的《计算机网络》和刘鹏的《云计算》；被引次数较多的国外期刊分别是《IEEE Transactions on Pattern Analysis and Machine Intelligence》《IEEE Transactions on Image Processing》和《Pattern Recognition》；被引次数较多的3场学术会议分别是"Proceedings of IEEE Conference on Computer Vision and Pattern Recognition""Proceedings of European Conference on Computer Vision"和"Proceedings of IEEE International Conference on Computer Vision"。

表39-7 计算机技术学科高被引图书 TOP 10

| 序号 | 责任者 | 图书名称 | 出版社 | 2015年被引频次 |
| --- | --- | --- | --- | --- |
| 1 | 孙利民 | 无线传感器网络 | 清华大学出版社 | 111 |
| 2 | 谢希仁 | 计算机网络 | 电子工业出版社 | 93 |
| 3 | 刘鹏 | 云计算 | 电子工业出版社 | 72 |
| 4 | 王珊 | 数据库系统概论 | 高等教育出版社 | 63 |
| 5 | 冈萨雷斯 | 数字图像处理 | 电子工业出版社 | 60 |
| 6 | 谭浩强 | C程序设计 | 清华大学出版社 | 51 |
| 7 | 萨师煊 | 数据库系统概论 | 高等教育出版社 | 46 |
| 8 | 韩家炜 | 数据挖掘概念与技术 | 机械工业出版社 | 45 |
| 9 | 张海藩 | 软件工程导论 | 清华大学出版社 | 44 |
| 10 | 汪小帆 | 复杂网络理论及其应用 | 清华大学出版社 | 40 |
| 11 | 项亮 | 推荐系统实践 | 人民邮电出版社 | 39 |

表39-8 计算机技术学科高被引国外期刊 TOP 10

| 序号 | 期刊名称 | 2015年被引频次 |
| --- | --- | --- |
| 1 | IEEE Transactions on Pattern Analysis and Machine Intelligence | 4733 |
| 2 | IEEE Transactions on Image Processing | 2948 |
| 3 | Pattern Recognition | 1983 |
| 4 | International Journal of Computer Vision | 1680 |
| 5 | Acm Transactions on Graphics | 1547 |
| 6 | Communications of the ACM | 1405 |
| 7 | Expert Systems with Applications | 1249 |
| 8 | IEEE Transactions on Information Theory | 1239 |
| 9 | Information Sciences | 1045 |
| 10 | Pattern Recognition Letters | 1014 |

# 第 40 章 化学工业学科高被引分析

## 40.1 学科论文概况

2010—2014 年，化学工业学科共有 164891 位来自 37076 所机构的论文第一作者在 3774 种期刊上发表了 193243 篇学术论文。其中，80%以上的论文产出自 12794 所机构、128898 位作者，发表在 330 种期刊上。在前 5 年发表的这些论文中，有 38005 篇在 2015 年获得过引用，整体被引率为 19.78%，总被引频次为 57363 次，篇均被引 0.3 次；其中，高被引论文有 529 篇，单篇论文最高被引频次为 73 次，累计被引 3918 次，篇均被引 7.41 次（表 40-1）。另外，2015 年化学工业学科共发表论文 40565 篇，其中有 1200 篇在当年获得过引用，总共被引 1385 次。

表 40-1　化学工业学科论文分布情况

| 年份 | 论文篇数 | 2015 被引频次 | 2015 年被引率（%） | 2015 高被引论文 | | | |
|---|---|---|---|---|---|---|---|
| | | | | 论文篇数 | 最高被引频次 | 总被引频次 | 篇均被引频次 |
| 2010 | 33813 | 11075 | 21.7 | 125 | 73 | 813 | 6.50 |
| 2011 | 41054 | 12388 | 19.5 | 115 | 66 | 935 | 8.13 |
| 2012 | 44242 | 12182 | 18.1 | 99 | 53 | 767 | 7.75 |
| 2013 | 35483 | 13102 | 23.8 | 102 | 65 | 857 | 8.40 |
| 2014 | 38651 | 8616 | 16.1 | 88 | 39 | 546 | 6.20 |
| 合计 | 193243 | 57363 | 19.7 | 529 | 73 | 3918 | 7.41 |

从化学工业学科论文的地域分布来看，2015 年被引频次较高的 5 个省、直辖市或自治区依次是北京、江苏、广东、上海和山东（图 40-1）；5 年论文产出量较多的 5 个省、直辖市或自治区依次是江苏、北京、山东、广东和河南（图 40-2）。

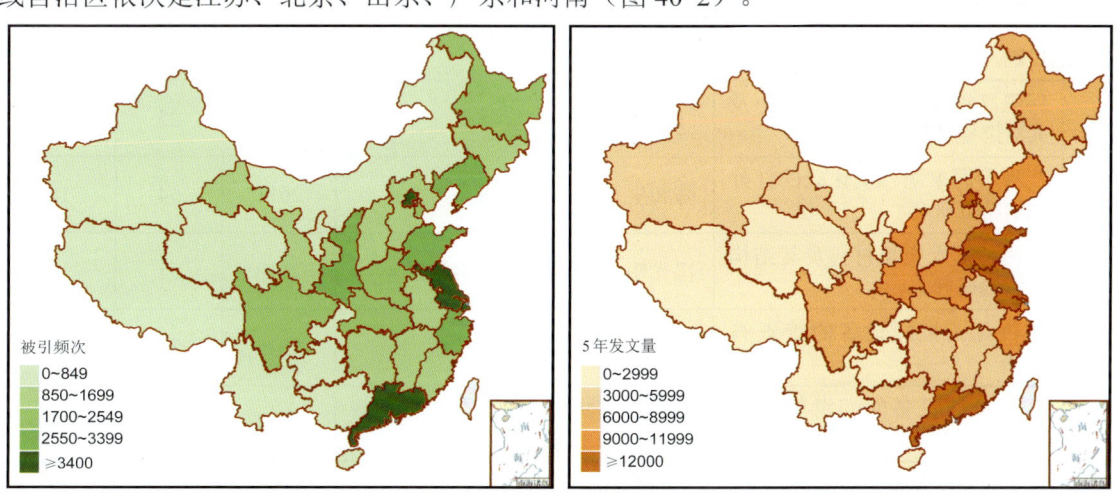

图 40-1　2015 年化学工业学科地区被引分布　　图 40-2　化学工业学科 5 年论文产出地区分布

## 40.2 高被引论文分析

在化学工业学科，2015 年被引频次位居前 10 位的论文（表 40-2）平均被引频次为 19.91 次，是全部 529 篇高被引论文篇均被引频次的 2.7 倍。其中，被引频次最高的论文是朱晓东于 2011 年发表的《浅析化工工艺设计中安全危险的问题》，随后 2 篇分别是孙翔宇于 2012 年发表的《多不饱和脂肪酸的研究进展》和邝东方于 2012 年发表的《浅析化工机械设备管理及维修保养技术》。

从论文分布来看，刊载高被引论文数量居前的 3 种期刊分别是《燃料化学学报》（17 篇）、《化工进展》（17 篇）和《中国石油和化工标准与质量》（17 篇），而《中国石油和化工标准与质量》和《化学工程与装备》分别刊载了高被引论文 TOP 10 中的 2 篇；发表高被引论文居前的 3 位学者分别是沈阳化工研究院有限公司的杨吉春（3 篇）、中国人民解放军海军工程大学的魏徵（2 篇）和川化集团有限责任公司的汪家铭（2 篇）；产出高被引论文数量居前的 3 所机构分别是华南理工大学（10 篇）、华东理工大学（7 篇）和太原理工大学（7 篇）。

表 40-2　化学工业学科高被引论文 TOP 10

| 序号 | 论文题名 | 第一作者 | 期刊名称 | 发表年份 | 被引频次 总频次 | 被引频次 2015 年 |
|---|---|---|---|---|---|---|
| 1 | 浅析化工工艺设计中安全危险的问题 | 朱晓东 | 化学工程与装备 | 2011 | 43 | 28 |
| 2 | 多不饱和脂肪酸的研究进展 | 孙翔宇 | 食品工业科技 | 2012 | 37 | 24 |
| 3 | 浅析化工机械设备管理及维修保养技术 | 邝东方 | 中国新技术新产品 | 2012 | 44 | 23 |
| 4 | 化工工艺中常见的节能降耗技术措施 | 杨健 | 中国石油和化工标准与质量 | 2013 | 24 | 21 |
| 5 | 化工工艺设计中的安全问题及控制 | 姚慧 | 企业技术开发（学术版） | 2012 | 8 | 19 |
| 6 | 新疆高钠煤中钠的赋存形态及其对燃烧过程的影响 | 陈川 | 燃料化学学报 | 2013 | 25 | 18 |
| 6 | 八种不同来源二氧化硅的红外光谱特征研究 | 陈和生 | 硅酸盐通报 | 2011 | 34 | 18 |
| 8 | 矿用超高水充填材料及其结构的实验研究 | 冯光明 | 中国矿业大学学报 | 2010 | 51 | 17 |
| 8 | 浅析化工机械设备的管理与维修 | 白烁星 | 化学工程与装备 | 2012 | 33 | 17 |
| 8 | 化工机械设备的润滑管理和保养 | 韩明山 | 中国石油和化工标准与质量 | 2011 | 46 | 17 |
| 8 | 化工设备安装施工技术探讨 | 李刚 | 河南化工 | 2011 | 34 | 17 |

## 40.3 研究主题关联分析

在化学工业学科，高被引论文累计被 2015 年发表的 2995 篇论文引用了 3918 次。通过分析施引文献关键词的词频及关键词之间的共现关系，获得 2015 年化学工业学科的热点主题和主题关联，如图 40-3 所示（共现 6 次以下不显示）。由图 40-3 可知："化工工艺""应用""电气工程"等关键词的文档词频较高，是 2015 年学科的研究热点；"电气工程"与"电气自动化"之间的共现次数较多，显示出它们之间主题关联较为紧密；以"化工工艺""电气工程""安全问题"等关键词为主要节点的多个概念相互关联，构成了学科内最为突出的研究主题簇。

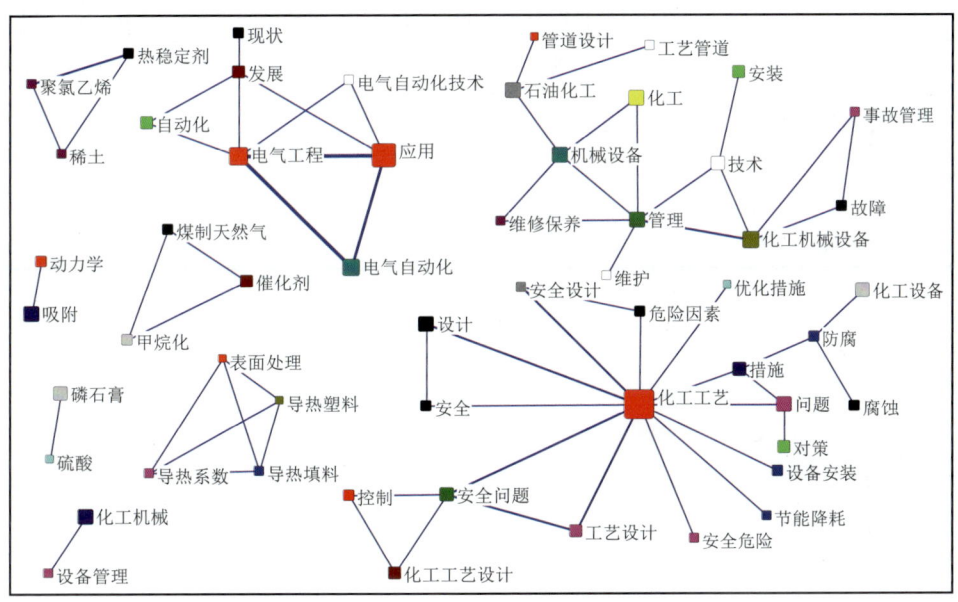

图 40-3　化学工业学科 2015 年热点主题关联

## 40.4 学科高影响力期刊分析

### 40.4.1 学科高影响力期刊 TOP 10

在化学工业学科，学科 5 年影响因子位居前 10 位的期刊见表 40-3，排在前 3 位的期刊分别是《燃料化学学报》《化工学报》和《生物质化学工程》。在表 40-3 中，学科载文量占其总载文量比例最大的期刊是《林产化学与工业》；前 5 年学科载文在 2015 年被引率最高的期刊是《燃料化学学报》；期刊 5 年影响因子较高的前 3 种期刊分别是《燃料化学学报》《化工学报》和《煤炭转化》；学科 5 年影响因子与期刊 5 年影响因子差异最大的期刊是《燃料化学学报》。表 40-3 中期刊的学科 5 年影响因子和前 5 年学科载文的 2015 年被引率对比如图 40-4 所示，2010—2015 年期刊 5 年影响因子的变动情况如图 40-5 所示。

表40-3 化学工业学科高影响力期刊基本指数

| 序号 | 期刊名称 | 前5年载文量 | | | 2015年学科被引 | | | 5年影响因子 | | h指数（学科） |
|---|---|---|---|---|---|---|---|---|---|---|
| | | 学科（篇） | 占比（%） | 总量（篇） | 频次 | 被引率（%） | 高被引论文篇数 | 期刊(2015) | 学科(2015) | |
| 1 | 燃料化学学报 | 398 | 33.6 | 1184 | 428 | 43.0 | 17 | 0.921 | 1.075 | 8 |
| 2 | 化工学报 | 1500 | 40.2 | 3727 | 1111 | 39.6 | 13 | 0.753 | 0.741 | 8 |
| 3 | 生物质化学工程 | 409 | 93.2 | 439 | 260 | 32.3 | 6 | 0.597 | 0.636 | 6 |
| 4 | 化工进展 | 1642 | 46.0 | 3568 | 1041 | 34.0 | 17 | 0.629 | 0.634 | 9 |
| 5 | 煤炭转化 | 443 | 87.0 | 509 | 281 | 34.8 | 5 | 0.658 | 0.634 | 6 |
| 6 | 石油化工 | 1299 | 90.3 | 1438 | 767 | 34.7 | 10 | 0.606 | 0.590 | 7 |
| 7 | 硅酸盐学报 | 654 | 33.7 | 1939 | 382 | 32.9 | 3 | 0.619 | 0.584 | 7 |
| 8 | 新型炭材料 | 227 | 51.0 | 445 | 131 | 30.8 | 1 | 0.517 | 0.577 | 4 |
| 9 | 林产化学与工业 | 877 | 99.9 | 878 | 498 | 34.5 | 2 | 0.567 | 0.568 | 5 |
| 10 | 过程工程学报 | 348 | 30.4 | 1144 | 194 | 30.7 | 3 | 0.532 | 0.557 | 6 |

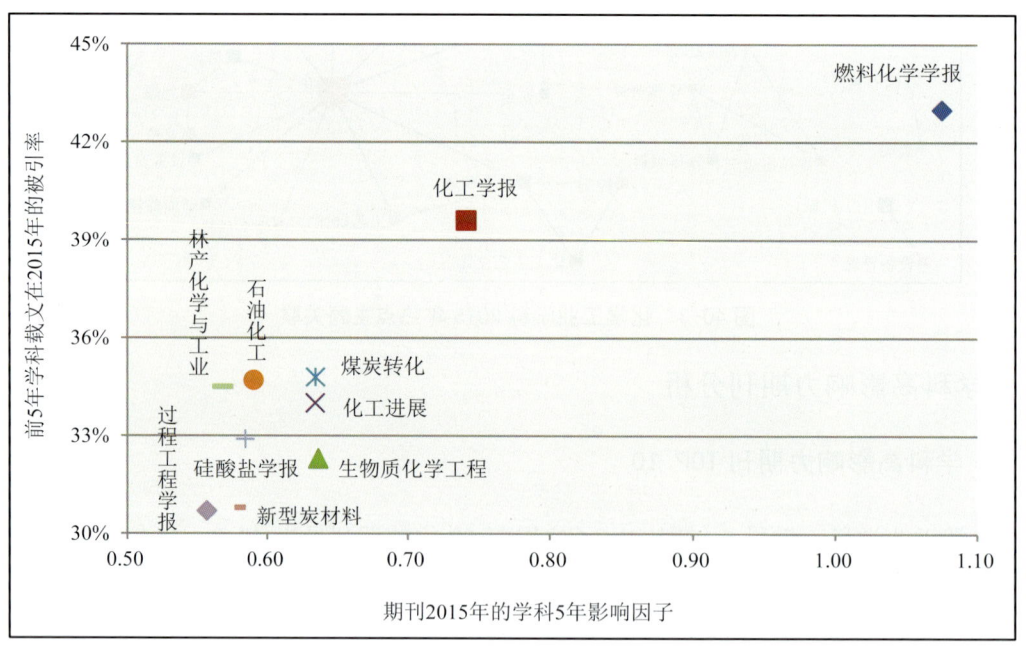

图40-4 化学工业学科高影响力期刊对比

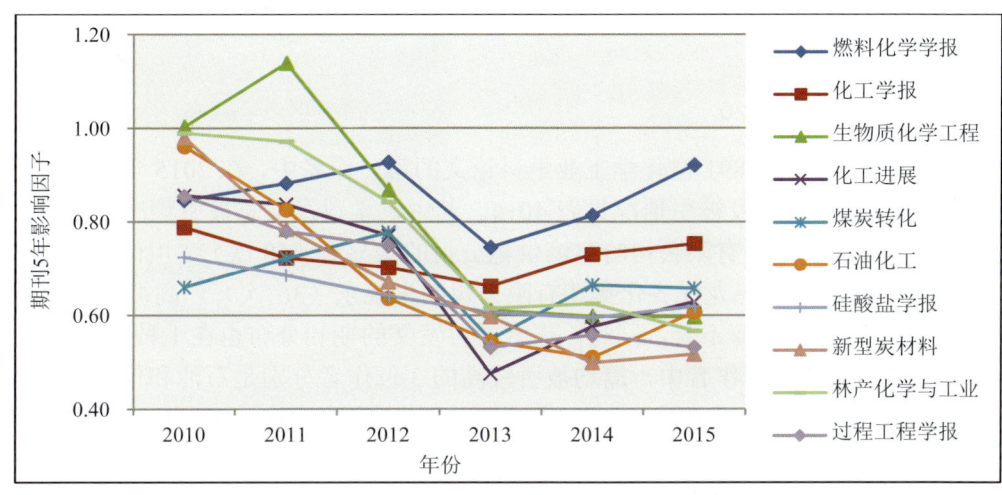

图 40-5　化学工业学科期刊 5 年影响因子变动

### 40.4.2　学科高影响力期刊载文主题关联

通过期刊共被引分析，获得化学工业学科高影响力期刊及与其他期刊之间的载文主题关联，如图 40-6 所示（共被引 25 次以下不显示）。结果显示，化学工业学科的高影响力期刊相互链接较为紧密，部分主导了该学科的期刊共被引网络，显示出该学科高影响力期刊可能共同刊载了许多相近的研究主题，热点研究主题分散在多种期刊上。《燃料化学学报》的学科 5 年影响因子较高，显示出该刊在学科内学术影响力较大；《塑料工业》与《中国塑料》《塑料工程应用》《塑料科技》《塑料》等期刊之间的链接较强，意味着它们之间可能有较多相同或相近的载文主题。

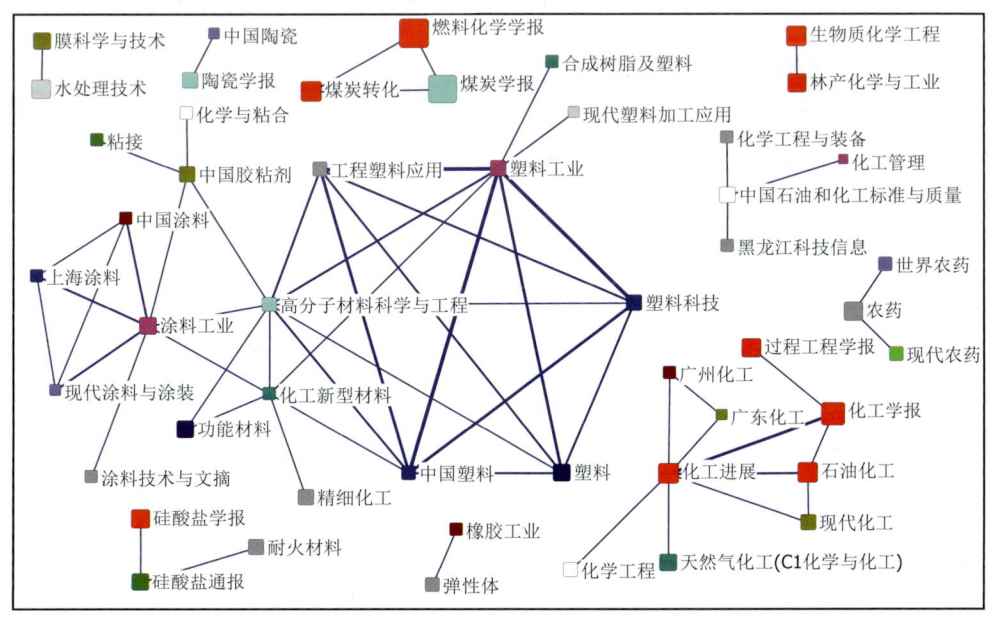

图 40-6　化学工业学科高影响力期刊载文主题关联

## 40.5 高被引作者分析

### 40.5.1 高被引作者 TOP 20

2010—2014 年，在 164891 位化学工业学科论文的第一作者中，在 2015 年学科被引频次位居前 20 位的学者的发文及被引情况见表 40-4。其中，学科发文总被引频次较高的 3 位作者分别是国网黑龙江省电力有限公司哈尔滨供电公司的张嘉辉（68 次）、川化集团有限责任公司的汪家铭（60 次）和黑龙江齐化集团有限公司的朱晓东（36 次）。高被引作者的 5 年学科发文数量从 1 篇到 73 篇不等，同时，作者学科发文的期刊分布也在 1 种到 17 种之间变化。在发文超过 5 篇的所有作者中，篇均被引较高的 3 位作者分别是石油和化学工业规划院的曲风臣（篇均 40.80 次）、中国矿业大学（北京）的王永刚（篇均 40.80 次）和沈阳化工大学的张雅静（篇均 40.60 次）；前 5 年发表学科论文较多的 3 位作者分别是宁波市海达塑料机械有限公司的张友根（87 篇）、川化集团有限责任公司的汪家铭（73 篇）和上海纺织工业职工大学的陈荣圻（71 篇）。高被引作者的学科发文量和被引量对比如图 40-7 所示。

表 40-4 化学工业学科高被引作者 TOP 20

| 序号 | 姓名 | 作者单位 | 前 5 年发文 | | | 前 5 年学科发文在 2015 年的被引 | | | | h 指数（学科） |
|---|---|---|---|---|---|---|---|---|---|---|
| | | | 学科发文（篇） | 期刊分布（种） | 发文总量（篇） | 总频次 | 被引率（%） | 最高（次） | 篇均（次） | |
| 1 | 张嘉辉 | 国网黑龙江省电力有限公司哈尔滨供电公司 | 1 | 1 | 1 | 68 | 100.0 | 68 | 68.00 | 1 |
| 2 | 汪家铭 | 川化集团有限责任公司 | 73 | 17 | 98 | 60 | 41.1 | 11 | 0.82 | 3 |
| 3 | 朱晓东 | 黑龙江齐化集团有限公司 | 2 | 1 | 3 | 36 | 100.0 | 28 | 18.00 | 2 |
| 4 | 华乃震 | 深圳诺普信农化股份有限公司 | 33 | 3 | 35 | 32 | 54.5 | 6 | 0.97 | 2 |
| 4 | 李群生 | 北京化工大学 | 49 | 9 | 54 | 32 | 36.7 | 4 | 0.65 | 3 |
| 6 | 陈荣圻 | 上海纺织工业职工大学 | 71 | 3 | 84 | 30 | 22.5 | 4 | 0.42 | 3 |
| 7 | 杨吉春 | 沈阳化工研究院有限公司 | 21 | 3 | 21 | 29 | 47.6 | 6 | 1.38 | 3 |
| 8 | 李玉芳 | 北京江宁化工技术研究所 | 44 | 10 | 46 | 28 | 31.8 | 8 | 0.64 | 3 |
| 9 | 刘作华 | 重庆大学 | 13 | 4 | 22 | 24 | 76.9 | 5 | 1.85 | 3 |
| 9 | 魏徵 | 中国人民解放军海军工程大学 | 12 | 6 | 18 | 24 | 66.7 | 7 | 40.00 | 3 |
| 9 | 张巍 | 派力固(大连)工业有限公司 | 16 | 12 | 37 | 24 | 50.0 | 5 | 1.50 | 3 |
| 12 | 邝东方 | 中国石油玉门油田炼油厂 | 1 | 1 | 2 | 23 | 100.0 | 23 | 23.00 | 1 |
| 13 | 黄良仙 | 陕西科技大学 | 26 | 8 | 34 | 21 | 50.0 | 4 | 0.81 | 3 |
| 13 | 蔺华林 | 中国神华煤制油化工有限公司上海研究院 | 9 | 6 | 10 | 21 | 55.6 | 9 | 40.33 | 2 |

| 序号 | 姓名 | 作者单位 | 前5年发文 | | | 前5年学科发文在2015年的被引 | | | | h指数（学科） |
|---|---|---|---|---|---|---|---|---|---|---|
| | | | 学科发文（篇） | 期刊分布（种） | 发文总量（篇） | 总频次 | 被引率（%） | 最高（次） | 篇均（次） | |
| 13 | 杨健 | 青海盐湖工业股份有限公司 | 1 | 1 | 1 | 21 | 100.0 | 21 | 21.00 | 1 |
| 13 | 张浩 | 安徽工业大学 | 16 | 7 | 39 | 21 | 68.8 | 5 | 1.31 | 4 |
| 17 | 陈川 | 上海理工大学 | 2 | 2 | 2 | 19 | 100.0 | 18 | 9.50 | 1 |
| 17 | 胡大成 | 齐齐哈尔大学 | 1 | 1 | 1 | 19 | 100.0 | 19 | 19.00 | 1 |
| 17 | 吴茂英 | 广东工业大学 | 14 | 7 | 15 | 19 | 57.1 | 8 | 1.36 | 2 |
| 17 | 姚慧 | 华陆工程科技有限责任公司 | 1 | 1 | 1 | 19 | 100.0 | 19 | 19.00 | 1 |

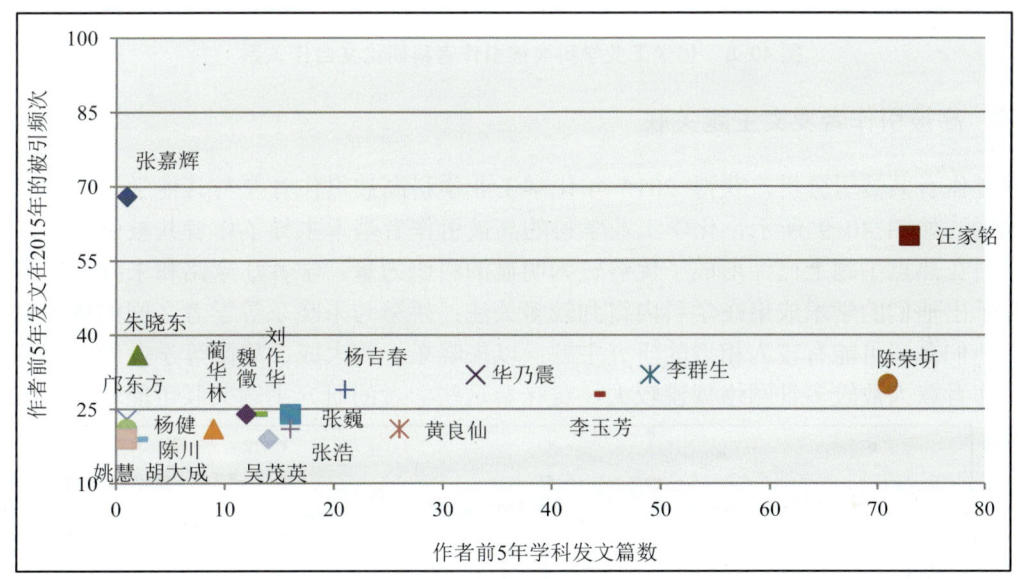

图 40-7　化学工业学科高被引作者学科发文及被引对比

## 40.5.2　高被引作者科研合作关系

通过作者合著分析，获得2015年化学工业学科高被引作者及与其他学者之间的科研论文合作关系（不考虑论文署名次序），如图40-8所示（合著3次以下不显示）。可以看出，化学工业学科的高被引作者的论文合作现象比较普遍。学者李群生、李玉芳和华乃震的发文量较多；李群生、黄良仙的论文合作网络最为突出，在该学科的研究人员中表现出一定的集聚效应；黄良仙与安秋凤、李玉芳与伍小明等学者之间的合作关系最为紧密，显示出他们可能分别属于同一支科研团队。

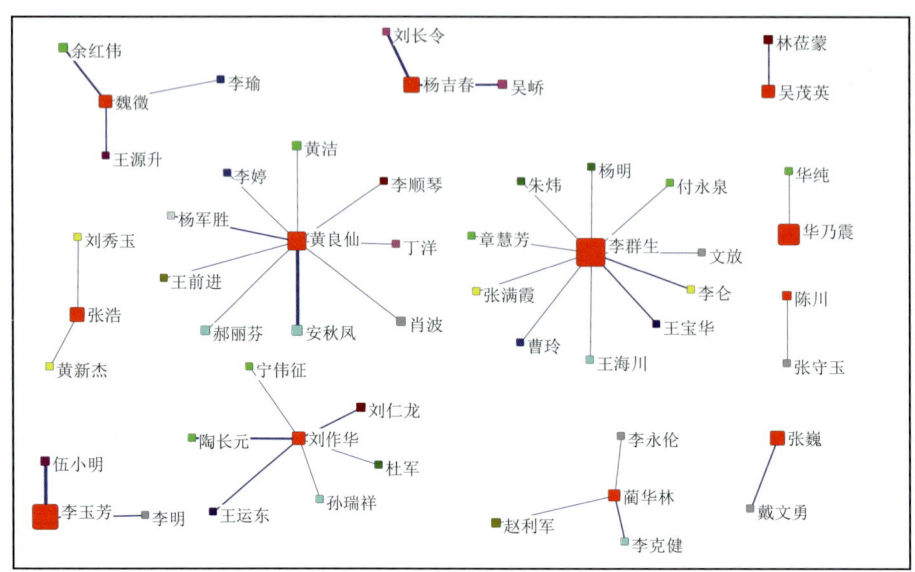

图 40-8　化学工业学科高被引作者科研论文合作关系

### 40.5.3　高被引作者发文主题关联

通过作者共被引分析，获得 2015 年化学工业学科高被引作者及与其他学者之间的发文主题关联。如图 40-9 所示，化学工业学科的高被引作者基本主导了作者共被引网络，显示出该学科在热点主题上已经形成了优势较为明显的科研力量。学者汪家铭和朱晓东的节点较大，显示出他们的学术成果在学科内得到较多关注；姚慧与朱晓东等学者之间的链接较强，意味着他们之间可能有较为相近的研究主题；以朱晓东、胡大成、魏徵等学者为主要节点的共被引作者簇人数较多且网络规模较大，意味着这些学者的研究主题关联可能较为紧密。

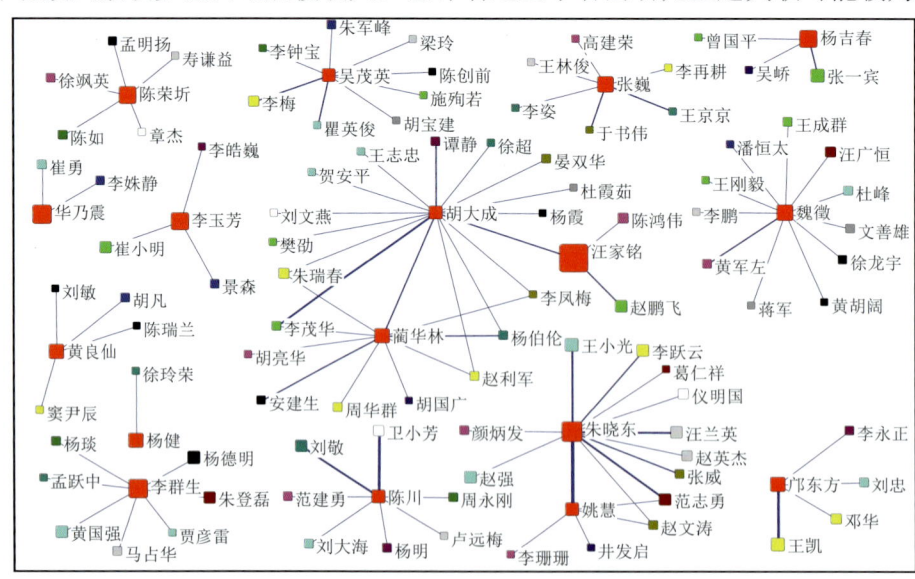

图 40-9　化学工业学科高被引作者发文主题关联

## 40.6 高被引机构分析

### 40.6.1 高被引机构

为便于比较，本书将化学工业学科的高被引机构分为高等院校和科研院所两种类型。其中，被引频次 TOP 10 高等院校和被引频次 TOP 5 科研院所的发文及被引情况分别见表 40-5 和表 40-6。其中，总被引频次较高的 3 所高等院校分别是华南理工大学、北京化工大学和华东理工大学，中国林业科学研究院林产化学工业研究所、中国石油化工股份有限公司北京化工研究院和中国科学院山西煤炭化学研究所是总被引频次较高的 3 所科研院所；前 5 年学科发文在 2015 年的被引率最高的高等院校和科研院所分别是陕西科技大学和中国林业科学研究院林产化学工业研究所，篇均被引最高的高等院校和科研院所分别是陕西科技大学和中国科学院过程工程研究所。上述高被引机构的论文被引率和篇均被引频次对比如图 40-10 所示。

表 40-5　化学工业学科高被引高等院校 TOP 10

| 序号 | 第一作者单位 | 学科发文量（篇） | | 前 5 年学科发文在 2015 年的被引 | | | |
|---|---|---|---|---|---|---|---|
| | | 前 5 年 | 2015 年 | 频次 | 被引率(%) | 最高（次） | 篇均（次） |
| 1 | 华南理工大学 | 2040 | 296 | 989 | 30.4 | 11 | 0.48 |
| 2 | 北京化工大学 | 2223 | 348 | 864 | 26.1 | 9 | 0.39 |
| 3 | 华东理工大学 | 1753 | 261 | 716 | 25.4 | 11 | 0.41 |
| 4 | 南京工业大学 | 1605 | 253 | 648 | 27.0 | 8 | 0.40 |
| 5 | 陕西科技大学 | 1125 | 174 | 581 | 31.9 | 7 | 0.52 |
| 6 | 四川大学 | 1669 | 253 | 550 | 22.0 | 8 | 0.33 |
| 7 | 青岛科技大学 | 2246 | 385 | 521 | 17.1 | 6 | 0.23 |
| 8 | 浙江大学 | 1034 | 165 | 482 | 27.2 | 12 | 0.47 |
| 9 | 天津大学 | 1006 | 206 | 431 | 27.5 | 10 | 0.43 |
| 10 | 江南大学 | 1087 | 214 | 362 | 22.4 | 6 | 0.33 |

表 40-6　化学工业学科高被引科研院所 TOP 5

| 序号 | 第一作者单位 | 学科发文量（篇） | | 前 5 年学科发文在 2015 年的被引 | | | |
|---|---|---|---|---|---|---|---|
| | | 前 5 年 | 2015 年 | 频次 | 被引率(%) | 最高（次） | 篇均（次） |
| 1 | 中国林业科学研究院林产化学工业研究所 | 636 | 106 | 390 | 36.6 | 7 | 0.60 |
| 2 | 中国石油化工股份有限公司北京化工研究院 | 347 | 52 | 199 | 28.2 | 10 | 0.57 |
| 3 | 中国科学院山西煤炭化学研究所 | 252 | 37 | 144 | 30.2 | 9 | 0.57 |
| 4 | 中国科学院过程工程研究所 | 207 | 36 | 127 | 32.9 | 8 | 0.61 |
| 5 | 中国石油兰州化工研究中心 | 330 | 40 | 113 | 21.2 | 7 | 0.34 |

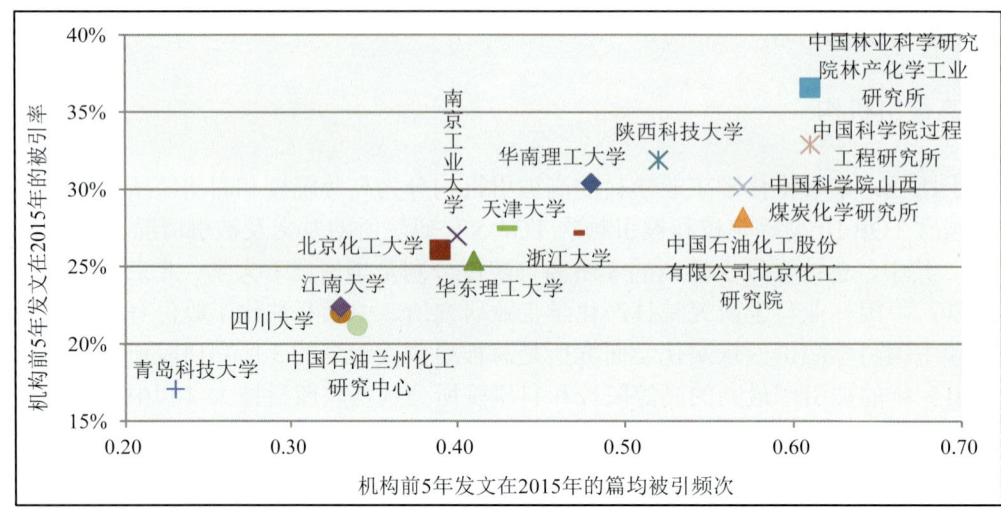

图 40-10　化学工业学科高被引机构论文篇均被引及被引率对比

### 40.6.2　高被引机构科研合作关系

通过合著分析，获得化学工业学科高被引机构之间及其与其他机构之间的科研合作关联，如图 40-11 所示（合作 51 次以下不显示）。分析得知，化学工业学科的机构合作链接比较紧密，表明学科内机构合作现象非常普遍；高被引机构基本主导了机构合作网络，显示出这些机构已经在学科内具有了一定的科研优势；北京化工大学与北京石油化工学院、华东理工大学与神华宁夏煤业集团煤炭化学工业分公司等机构之间的链接较强，显示出它们的学术合作较为频繁。中国科学院过程工程研究所与中国石油化工股份有限公司北京化工研究院的篇均被引较高，说明它们的研究成果总体看来较为受业内学者的关注。

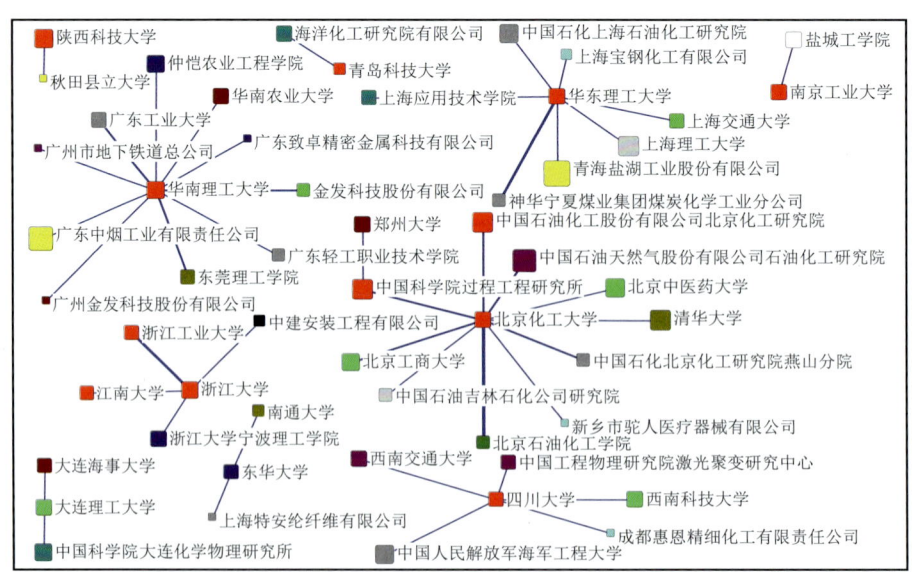

图 40-11　化学工业学科高被引机构科研合作关联

## 40.7 高被引图书、国外期刊及学术会议

2015 年，化学工业学科被引频次位居前 10 位的图书及国外期刊见表 40-7 和表 40-8。其中，被引次数较多的 3 种图书分别是何曼君的《高分子物理》、幸松民的《有机硅合成工艺及产品应用》和潘祖仁的《高分子化学》；被引次数较多的 3 种国外期刊分别是《Journal of Applied Polymer Science》《Industrial & Engineering Chemistry Research》和《Journal of the American Chemical Society》；被引次数较多的 3 场学术会议分别是 "Proceedings of Laurance Reid Gas Conditioning Conference" "NPRA Annual Meeting" 和 "ACS Symposium Series"。

表 40-7　化学工业学科高被引图书 TOP 10

| 序号 | 责任者 | 图书名称 | 出版社 | 2015 年被引频次 |
|---|---|---|---|---|
| 1 | 何曼君 | 高分子物理 | 复旦大学出版社 | 57 |
| 2 | 幸松民 | 有机硅合成工艺及产品应用 | 化学工业出版社 | 52 |
| 3 | 潘祖仁 | 高分子化学 | 化学工业出版社 | 40 |
| 4 | 徐如人 | 分子筛与多孔材料化学 | 科学出版社 | 38 |
| 5 | 成大先 | 机械设计手册 | 化学工业出版社 | 35 |
| 6 | 程殿彬 | 离子膜法制碱生产技术 | 化学工业出版社 | 33 |
| 6 | 杨世铭 | 传热学 | 高等教育出版社 | 33 |
| 8 | 金日光 | 高分子物理 | 化学工业出版社 | 31 |
| 9 | 曹同玉 | 聚合物乳液合成原理性能及应用 | 化学工业出版社 | 30 |
| 10 | 王松汉 | 乙烯装置技术与运行 | 中国石化出版社 | 29 |
| 10 | 谢克昌 | 煤的结构与反应性 | 科学出版社 | 29 |

表 40-8　化学工业学科高被引国外期刊 TOP 10

| 序号 | 期刊名称 | 2015 年被引频次 |
|---|---|---|
| 1 | Journal of Applied Polymer Science | 3543 |
| 2 | Industrial & Engineering Chemistry Research | 2709 |
| 3 | Journal of the American Chemical Society | 2573 |
| 4 | Polymer | 2342 |
| 5 | Journal of Membrane Science | 2292 |
| 6 | Fuel | 1906 |
| 7 | Macromolecules | 1893 |
| 8 | Chemical engineering science | 1509 |
| 9 | Applied Catalysis A: General | 1478 |
| 10 | Bioresource Technology | 1466 |

# 第 41 章 轻工业、手工业学科高被引分析

## 41.1 学科论文概况

2010—2014 年,轻工业、手工业学科共有 133496 位来自 31965 所机构的论文第一作者在 4004 种期刊上发表了 192342 篇学术论文。其中,80%以上的论文产出自 31964 所机构、110366 位作者,发表在 269 种期刊上。在前 5 年发表的这些论文中,有 39582 篇在 2015 年获得过引用,整体被引率为 20.6%,总被引频次为 65708 次,篇均被引 0.34 次;其中,高被引论文有 558 篇,单篇论文最高被引频次为 85 次,累计被引 4346 次,篇均被引 7.79 次(表 41-1)。另外,2015 年轻工业、手工业学科共发表论文 35825 篇,其中有 1303 篇在当年获得过引用,总共被引 1508 次。

表 41-1 轻工业、手工业学科论文分布情况

| 年份 | 论文篇数 | 2015 被引频次 | 2015 年被引率(%) | 2015 高被引论文 | | | |
|---|---|---|---|---|---|---|---|
| | | | | 论文篇数 | 最高被引频次 | 总被引频次 | 篇均被引频次 |
| 2010 | 27911 | 12258 | 25.8 | 74 | 51 | 716 | 9.68 |
| 2011 | 44629 | 13141 | 17.6 | 119 | 58 | 870 | 7.31 |
| 2012 | 54134 | 14978 | 16.4 | 150 | 85 | 1164 | 7.76 |
| 2013 | 33357 | 15968 | 28.1 | 153 | 76 | 1133 | 7.41 |
| 2014 | 32311 | 9363 | 19.4 | 62 | 30 | 463 | 7.47 |
| 合计 | 192342 | 65708 | 20.6 | 558 | 85 | 4346 | 7.79 |

从轻工业、手工业学科论文的地域分布来看,2015 年被引频次较高的 5 个省、直辖市或自治区依次是江苏、广东、北京、浙江和河南(图 41-1);5 年论文产出量较多的 5 个省、直辖市或自治区依次是江苏、北京、广东、河南和浙江(图 41-2)。

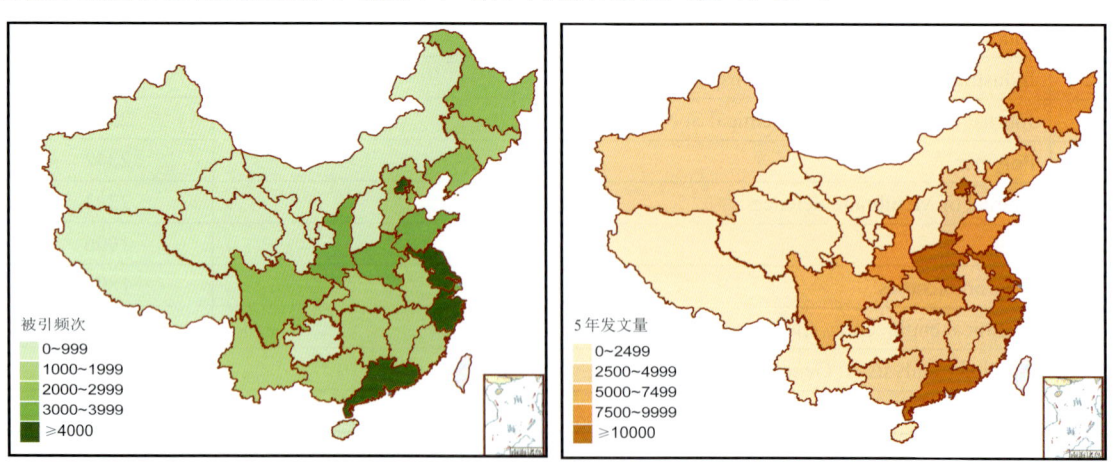

图 41-1 2015 年轻工业、手工业学科地区被引分布　图 41-2 轻工业、手工业学科 5 年论文产出地区分布

## 41.2 高被引论文分析

在轻工业、手工业学科，2015 年被引频次位居前 10 位的论文（表 41-2）平均被引频次为 17.5 次，是全部 558 篇高被引论文篇均被引频次的 2.2 倍。其中，被引频次最高的论文是刘晓慧于 2010 年发表的《顶空固相微萃取-气相色谱-质谱联用法分析黄茶香气成分》，随后 2 篇分别是张春娥于 2010 年发表的《亚油酸的研究进展》和宋江峰于 2010 年发表的《甜糯玉米软罐头主要挥发性物质主成分分析和聚类分析》。

从论文分布来看，刊载高被引论文数量居前的 3 种期刊分别是《食品科学》（118 篇）、《食品工业科技》（64 篇）和《现代食品科技》（27 篇），而《中国油脂》刊载了高被引论文 TOP 10 中的 2 篇；发表高被引论文居前的 3 位学者分别是湖南农业大学的邓小华（3 篇）、中国水产科学研究院南海水产研究所的吴燕燕（3 篇）和西南大学的索化夷（2 篇）；产出高被引论文数量居前的 3 所机构分别是江南大学（20 篇）、中国农业大学（14 篇）和北京工商大学（14 篇）。

表 41-2 轻工业、手工业学科高被引论文 TOP 10

| 序号 | 论文题名 | 第一作者 | 期刊名称 | 发表年份 | 被引频次 总频次 | 被引频次 2015 年 |
|---|---|---|---|---|---|---|
| 1 | 顶空固相微萃取-气相色谱-质谱联用法分析黄茶香气成分 | 刘晓慧 | 食品科学 | 2010 | 56 | 25 |
| 2 | 亚油酸的研究进展 | 张春娥 | 粮油加工 | 2010 | 45 | 22 |
| 3 | 甜糯玉米软罐头主要挥发性物质主成分分析和聚类分析 | 宋江峰 | 中国农业科学 | 2010 | 52 | 20 |
| 4 | 密集烤房不同装烟方式对烟叶质量及效益的影响 | 徐秀红 | 中国烟草科学 | 2010 | 38 | 17 |
| 4 | DHA 的生理功能及应用研究进展 | 曹万新 | 中国油脂 | 2011 | 29 | 17 |
| 6 | 食品中蜡样芽孢杆菌的研究进展 | 张伟伟 | 中国酿造 | 2010 | 33 | 16 |
| 7 | 高性能碳纤维的性能及其应用 | 张新元 | 棉纺织技术 | 2011 | 26 | 15 |
| 7 | 茶油的研究现状及应用前景 | 李丽 | 中国油脂 | 2010 | 43 | 15 |
| 9 | 白酒 79 个风味化合物嗅觉阈值测定 | 范文来 | 酿酒 | 2011 | 34 | 14 |
| 9 | 湘西烟叶质量风格特色感官评价 | 邓小华 | 中国烟草学报 | 2013 | 21 | 14 |

## 41.3 研究主题关联分析

在轻工业、手工业学科，高被引论文累计被2015年发表的4112篇论文引用了4346次。通过分析施引文献关键词的词频及关键词之间的共现关系，获得2015年轻工业、手工业学科的热点主题和主题关联，如图41-3所示（共现6次以下不显示）。由图41-3可知："品质""应用""抗氧化""提取"等关键词的文档词频较高，是2015年学科的研究热点；"电气工程"与"电气自动化"之间的共现次数较多，显示出它们之间主题关联较为紧密；以"提取""响应面法""抗氧化"等关键词为主要节点的多个概念相互关联，构成了学科内最为突出的研究主题簇。

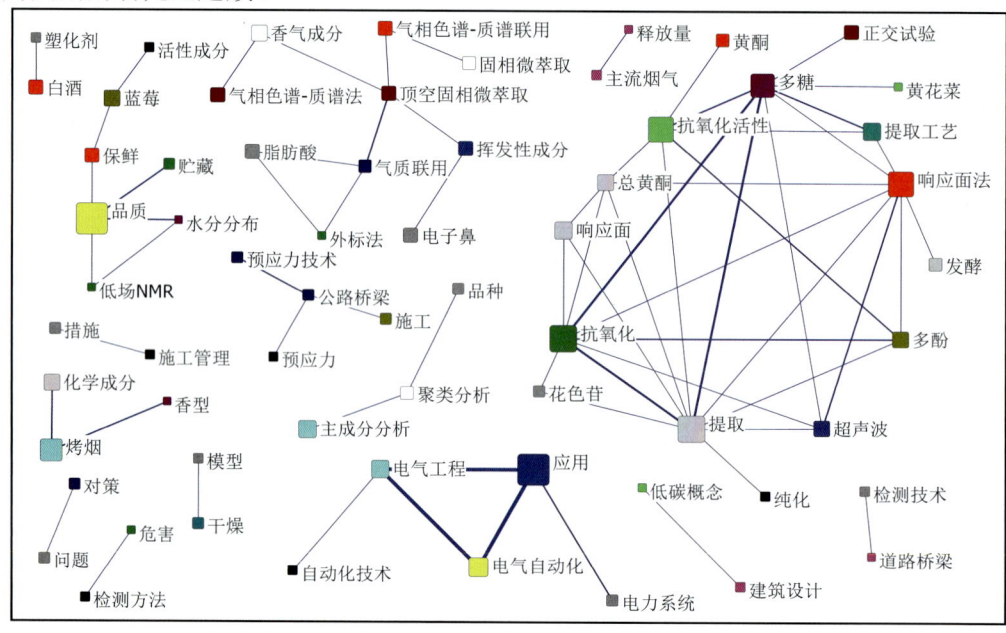

图41-3　轻工业、手工业学科2015年热点主题关联

## 41.4 学科高影响力期刊分析

### 41.4.1 学科高影响力期刊 TOP 10

在轻工业、手工业学科，学科5年影响因子位居前10位的期刊见表41-3，排在前3位的期刊分别是《茶叶科学》《中国烟草学报》和《食品科学》。在表41-3中，学科载文量占其总载文量比例最大的期刊是《食品科学技术学报》；前5年学科载文在2015年被引率最高的期刊是《茶叶科学》；期刊5年影响因子较高的前3种期刊分别是《茶叶科学》《中国烟草学报》和《食品科学》；学科5年影响因子与期刊5年影响因子差异最大的期刊是《茶叶科学》。表41-3中期刊的学科5年影响因子和前5年学科载文的2015年被引率对比如图41-4所示，2010—2015年期刊5年影响因子的变动情况如图41-5所示。

表 41-3 轻工业、手工业学科高影响力期刊基本指数

| 序号 | 期刊名称 | 前5年载文量 | | | 2015年学科被引 | | | 5年影响因子 | | h指数（学科） |
|---|---|---|---|---|---|---|---|---|---|---|
| | | 学科（篇） | 占比（%） | 总量（篇） | 频次 | 被引率（%） | 高被引论文篇数 | 期刊（2015） | 学科（2015） | |
| 1 | 茶叶科学 | 256 | 52.0 | 492 | 332 | 58.6 | 8 | 1.157 | 1.297 | 7 |
| 2 | 中国烟草学报 | 329 | 44.1 | 746 | 342 | 48.0 | 7 | 1.012 | 1.040 | 9 |
| 3 | 食品科学 | 6398 | 63.8 | 10034 | 6531 | 48.9 | 118 | 1.005 | 1.021 | 11 |
| 4 | 中国食品学报 | 1734 | 79.8 | 2173 | 1533 | 43.8 | 22 | 0.884 | 0.884 | 9 |
| 5 | 烟草科技 | 940 | 74.2 | 1266 | 773 | 42.3 | 15 | 0.863 | 0.822 | 7 |
| 6 | 现代食品科技 | 2544 | 82.4 | 3087 | 2032 | 41.7 | 27 | 0.757 | 0.799 | 7 |
| 7 | 中国粮油学报 | 1102 | 58.8 | 1873 | 871 | 41.0 | 8 | 0.799 | 0.790 | 6 |
| 8 | 食品与机械 | 1722 | 76.7 | 2245 | 1358 | 42.3 | 20 | 0.745 | 0.789 | 7 |
| 9 | 中国油脂 | 1240 | 76.3 | 1626 | 884 | 36.6 | 15 | 0.718 | 0.713 | 7 |
| 10 | 食品科学技术学报 | 525 | 91.5 | 574 | 358 | 37.9 | 1 | 0.652 | 0.682 | 5 |

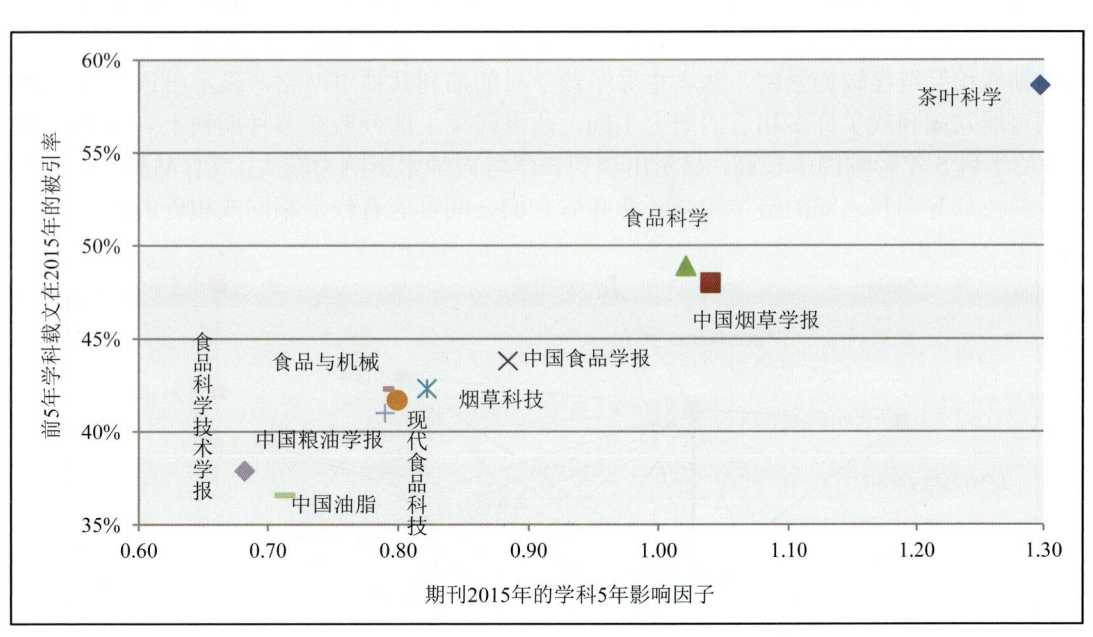

图 41-4 轻工业、手工业学科高影响力期刊对比

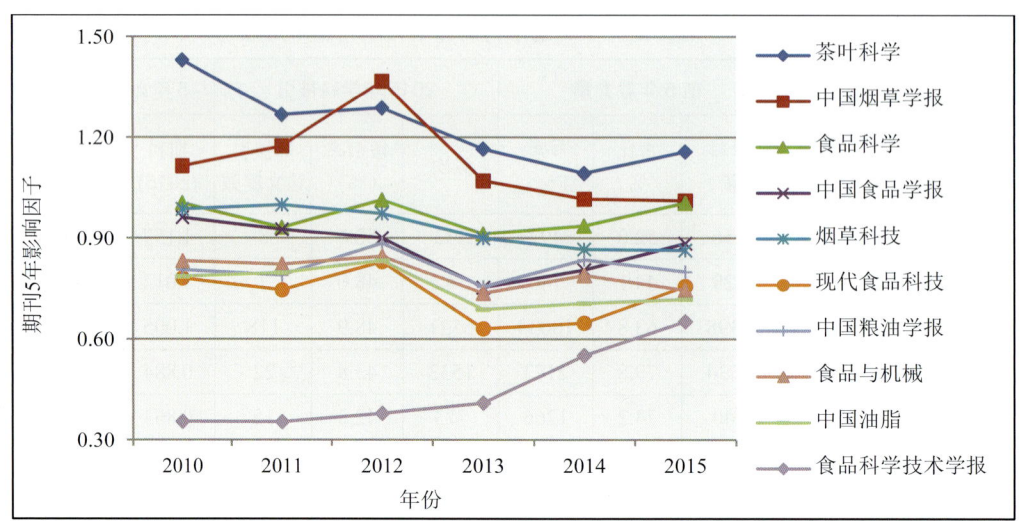

图 41-5　轻工业、手工业学科期刊 5 年影响因子变动

### 41.4.2　学科高影响力期刊载文主题关联

通过期刊共被引分析，获得轻工业、手工业学科高影响力期刊及与其他期刊之间的载文主题关联，如图 41-6 所示（共被引 90 次以下不显示）。结果显示，轻工业、手工业学科高影响力期刊相互链接较为紧密，基本主导了该学科的期刊共被引网络，显示出该学科高影响力期刊可能共同刊载了许多相近的研究主题，热点研究主题分散在多种期刊上。《中国烟草学报》的学科 5 年影响因子较高，显示出该刊在学科内学术影响力较大；《食品科学》与《食品工业科技》等期刊之间的链接较强，意味着它们之间可能有较多相同或相近的载文主题。

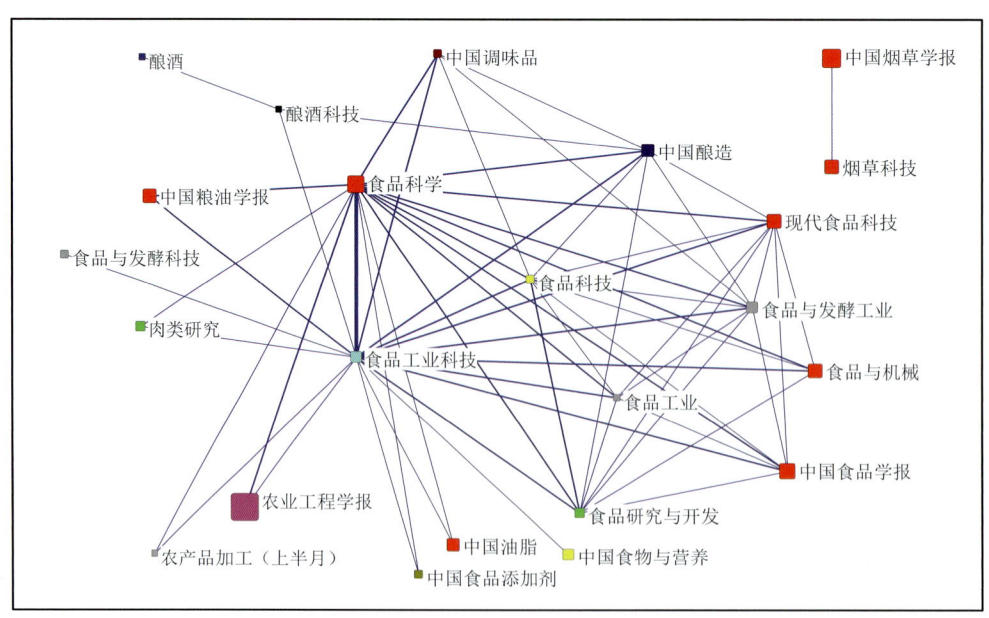

图 41-6　轻工业、手工业学科高影响力期刊载文主题关联

## 41.5 高被引作者分析

### 41.5.1 高被引作者TOP 20

2010—2014年，在133496位轻工业、手工业学科论文的第一作者中，在2015年学科被引频次位居前20位的学者的发文及被引情况见表41-4。其中，学科发文总被引频次较高的3位作者分别是渤海大学的李颖畅（51次）、江南大学的范文来（50次）和黄山学院的赵秀玲（50次）。高被引作者的5年学科发文数量从1篇到44篇不等，同时，作者学科发文的期刊分布也在1种到11种之间变化。在发文超过5篇的所有作者中，篇均被引较高的3位作者分别是湖南农业大学的邓小华（篇均6.83次）、青岛农业大学的吕振磊（篇均4.20次）和上海海洋大学的杨胜平（篇均3.40次）；前5年发表学科论文较多的3位作者分别是莆田市鸿立印刷包装有限公司的康启来（99篇）、《中国纺织》编辑部的闫文佳（58篇）和徐州工程学院的李超（56篇）。高被引作者的学科发文量和被引量对比如图41-7所示。

表41-4 轻工业、手工业学科高被引作者TOP 20

| 序号 | 姓名 | 作者单位 | 前5年发文 | | | 前5年学科发文在2015年的被引 | | | | h指数（学科） |
|---|---|---|---|---|---|---|---|---|---|---|
| | | | 学科发文（篇） | 期刊分布（种） | 发文总量（篇） | 总频次 | 被引率（%） | 最高（次） | 篇均（次） | |
| 1 | 李颖畅 | 渤海大学 | 30 | 8 | 32 | 51 | 63.3 | 6 | 1.70 | 4 |
| 2 | 范文来 | 江南大学 | 20 | 7 | 20 | 50 | 70.0 | 14 | 2.50 | 4 |
| 2 | 赵秀玲 | 黄山学院 | 27 | 8 | 34 | 50 | 63.0 | 6 | 1.85 | 4 |
| 4 | 陆廷超 | 云南第二公路桥梁工程有限公司 | 1 | 1 | 1 | 45 | 100.0 | 45 | 45.00 | 1 |
| 4 | 吴燕燕 | 中国水产科学研究院南海水产研究所 | 22 | 6 | 25 | 45 | 54.5 | 10 | 2.05 | 4 |
| 6 | 李加兴 | 吉首大学 | 17 | 4 | 20 | 43 | 76.5 | 8 | 2.53 | 4 |
| 7 | 邓小华 | 湖南农业大学 | 6 | 3 | 34 | 41 | 100.0 | 14 | 6.83 | 6 |
| 8 | 董庆利 | 上海理工大学 | 27 | 7 | 33 | 37 | 48.1 | 5 | 1.37 | 3 |
| 8 | 周显青 | 河南工业大学 | 38 | 7 | 44 | 37 | 55.3 | 5 | 0.97 | 3 |
| 10 | 顾赛麒 | 上海海洋大学 | 12 | 6 | 15 | 36 | 100.0 | 6 | 3.00 | 4 |
| 11 | 魏永义 | 漯河医学高等专科学校 | 44 | 8 | 52 | 34 | 36.4 | 7 | 0.77 | 3 |
| 12 | 唐杰 | 佳木斯大学口腔医学院 | 1 | 1 | 1 | 33 | 100.0 | 33 | 33.00 | 1 |
| 12 | 涂宗财 | 南昌大学 | 32 | 9 | 41 | 33 | 53.1 | 5 | 1.03 | 3 |
| 14 | 沈雷 | 江南大学 | 42 | 11 | 55 | 32 | 38.1 | 10 | 0.76 | 3 |
| 15 | 刘晓慧 | 山东农业大学 | 2 | 2 | 2 | 30 | 100.0 | 25 | 15.00 | 2 |
| 15 | 孟宪军 | 沈阳农业大学 | 19 | 5 | 33 | 30 | 78.9 | 8 | 1.58 | 3 |

| 序号 | 姓名 | 作者单位 | 前5年发文 | | | 前5年学科发文在2015年的被引 | | | | h指数(学科) |
|---|---|---|---|---|---|---|---|---|---|---|
| | | | 学科发文（篇） | 期刊分布（种） | 发文总量（篇） | 总频次 | 被引率（%） | 最高（次） | 篇均（次） | |
| 17 | 牛广财 | 黑龙江八一农垦大学 | 19 | 11 | 22 | 29 | 63.2 | 6 | 1.53 | 3 |
| 18 | 毕金峰 | 中国农业科学院农产品加工研究所 | 11 | 6 | 12 | 28 | 81.8 | 5 | 2.55 | 4 |
| 19 | 王秋霜 | 广东省农业科学院 | 12 | 8 | 16 | 27 | 58.3 | 10 | 2.25 | 3 |
| 20 | 姜绍通 | 合肥工业大学 | 16 | 7 | 25 | 25 | 68.8 | 5 | 1.56 | 4 |
| 20 | 王若兰 | 河南工业大学 | 27 | 11 | 36 | 25 | 44.4 | 5 | 0.93 | 3 |
| 20 | 吴盼 | 陕西科技大学 | 13 | 7 | 13 | 25 | 76.9 | 7 | 1.92 | 3 |
| 20 | 熊涛 | 南昌大学 | 19 | 4 | 24 | 25 | 47.4 | 6 | 1.32 | 3 |

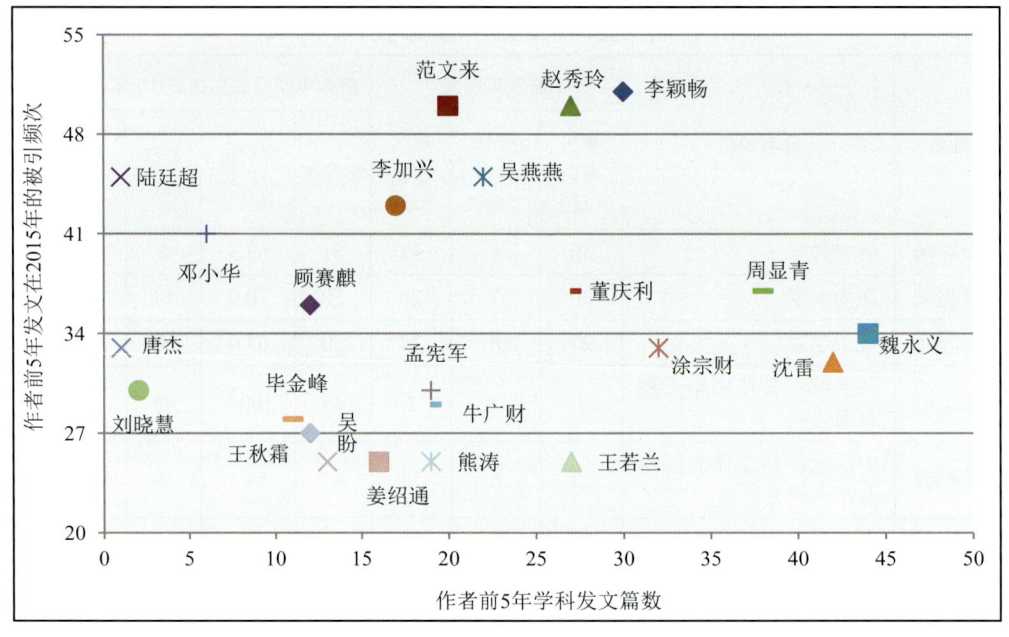

图41-7　轻工业、手工业学科高被引作者学科发文及被引对比

### 41.5.2　高被引作者科研合作关系

通过作者合著分析，获得2015年轻工业、手工业学科高被引作者及与其他学者之间的科研论文合作关系（不考虑论文署名次序），如图41-8所示（合著7次以下不显示）。可以看出，轻工业、手工业学科的高被引作者的论文合作现象比较普遍。学者魏永义、沈雷和周显青的发文量较多；吴燕燕、姜绍通的论文合作网络最为突出，在该学科的研究人员中表现出一定的集聚效应；周显青与张玉荣、吴燕燕与杨贤庆等学者之间的合作关系最为紧密，显示出他们可能分别属于同一支科研团队。

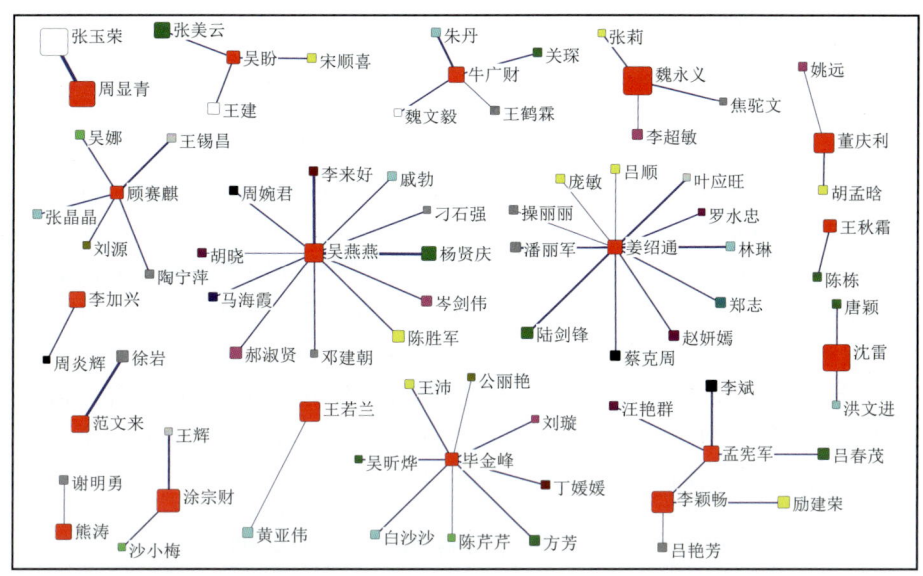

图 41-8　轻工业、手工业学科高被引作者科研论文合作关系

### 41.5.3　高被引作者发文主题关联

通过作者共被引分析，获得 2015 年轻工业、手工业学科高被引作者及与其他学者之间的发文主题关联（见图 41-9，共被引 2 次以下不显示）。如图 41-9 所示，轻工业、手工业学科的高被引作者基本主导了作者共被引网络，显示出该学科在热点主题上已经形成了优势较为明显的科研力量。学者范文来的节点较大，显示出其学术成果在学科内得到较多关注；顾赛麒与吴薇、任洪涛与王秋霜等学者之间的链接较强，意味着他们之间可能分别有较为相近的研究主题；以范文来、顾赛麒等学者为主要节点的共被引作者簇初具规模，意味着这些学者的研究主题关联可能较为紧密。

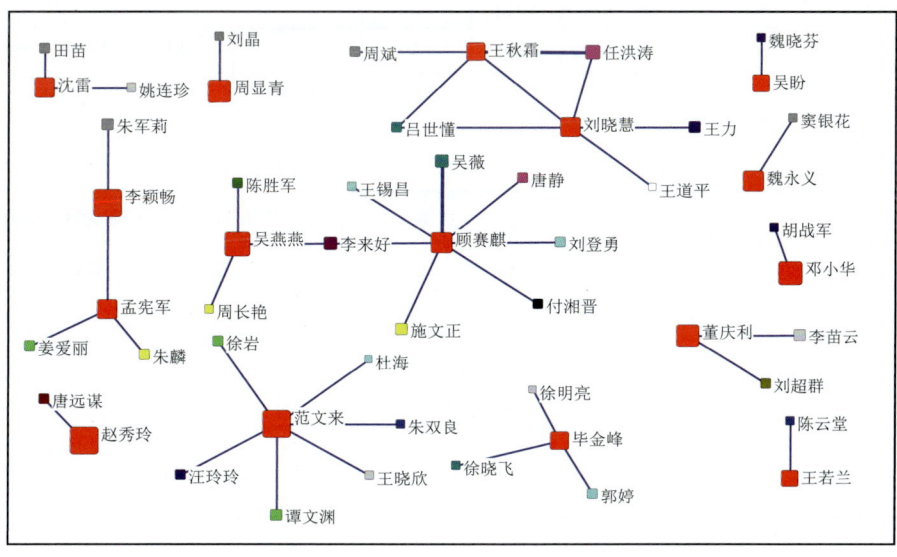

图 41-9　轻工业、手工业学科高被引作者发文主题关联

## 41.6 高被引机构分析

### 41.6.1 高被引机构

为便于比较，本书将轻工业、手工业学科的高被引机构分为高等院校和科研院所两种类型。其中，被引频次 TOP 10 高等院校和被引频次 TOP 5 科研院所的发文及被引情况分别见表 41-5 和表 41-6。其中，总被引频次较高的 3 所高等院校分别是江南大学、华南理工大学和西南大学，中国农业科学院农产品加工研究所、中国烟草总公司郑州烟草研究院和江苏省农业科学院是总被引频次较高的 3 所科研院所；前 5 年学科发文在 2015 年的被引率最高的高等院校和科研院所分别是南京农业大学和中国烟草总公司郑州烟草研究院，篇均被引最高的高等院校和科研院所分别是南京农业大学和中国水产科学研究院南海水产研究所。上述高被引机构的论文被引率和篇均被引频次对比如图 41-10 所示。

表 41-5  轻工业、手工业学科高被引高等院校 TOP 10

| 序号 | 第一作者单位 | 学科发文量（篇） | | 前 5 年学科发文在 2015 年的被引 | | | |
|---|---|---|---|---|---|---|---|
| | | 前 5 年 | 2015 年 | 频次 | 被引率(%) | 最高（次） | 篇均（次） |
| 1 | 江南大学 | 3309 | 612 | 1839 | 32.5 | 14 | 0.56 |
| 2 | 华南理工大学 | 2163 | 312 | 1190 | 33.8 | 10 | 0.55 |
| 3 | 西南大学 | 1430 | 227 | 1051 | 39.7 | 9 | 0.73 |
| 4 | 河南工业大学 | 2021 | 365 | 961 | 29.9 | 13 | 0.48 |
| 5 | 中国农业大学 | 1226 | 168 | 851 | 36.6 | 22 | 0.69 |
| 6 | 陕西科技大学 | 1969 | 345 | 790 | 25.9 | 12 | 0.40 |
| 7 | 西北农林科技大学 | 948 | 171 | 761 | 41.4 | 8 | 0.80 |
| 8 | 天津科技大学 | 1681 | 264 | 752 | 27.4 | 16 | 0.45 |
| 9 | 南京农业大学 | 778 | 149 | 703 | 44.1 | 13 | 0.90 |
| 10 | 东华大学 | 1933 | 302 | 672 | 22.2 | 11 | 0.35 |

表 41-6  轻工业、手工业学科高被引科研院所 TOP 5

| 序号 | 第一作者单位 | 学科发文量（篇） | | 前 5 年学科发文在 2015 年的被引 | | | |
|---|---|---|---|---|---|---|---|
| | | 前 5 年 | 2015 年 | 频次 | 被引率(%) | 最高（次） | 篇均（次） |
| 1 | 中国农业科学院农产品加工研究所 | 296 | 26 | 225 | 39.2 | 7 | 0.76 |
| 2 | 中国烟草总公司郑州烟草研究院 | 220 | 36 | 222 | 47.7 | 9 | 1.01 |
| 3 | 江苏省农业科学院 | 244 | 31 | 208 | 43.4 | 20 | 0.85 |
| 4 | 广东省农业科学院 | 205 | 60 | 199 | 44.4 | 10 | 0.97 |
| 5 | 中国水产科学研究院南海水产研究所 | 175 | 22 | 184 | 42.9 | 10 | 1.05 |

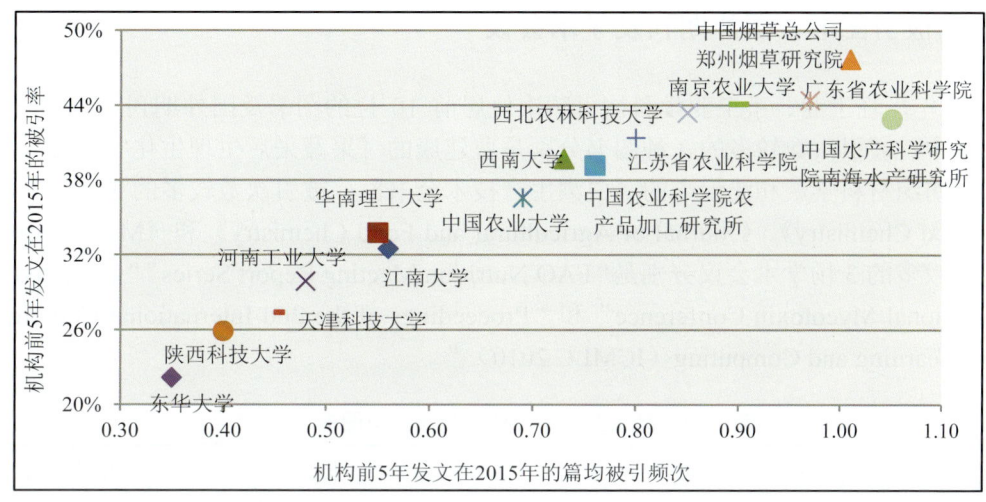

图 41-10 轻工业、手工业学科高被引机构论文篇均被引及被引率对比

### 41.6.2 高被引机构科研合作关系

通过合著分析，获得轻工业、手工业学科高被引机构之间及其与其他机构之间的科研合作关联，如图 41-11 所示（合作 61 次以下不显示）。分析得知，轻工业、手工业学科的机构合作链接比较紧密，表明学科内机构合作现象非常普遍；高被引机构基本主导了机构合作网络，显示出这些机构已经在学科内具有了一定的科研优势。华南理工大学与广东中烟工业有限责任公司、江南大学与中华全国供销合作总社杭州茶叶研究院等机构之间的链接较强，显示出它们的学术合作较为频繁。东华大学与江南大学的篇均被引较高，说明它们的研究成果总体看来较为受业内学者的关注。

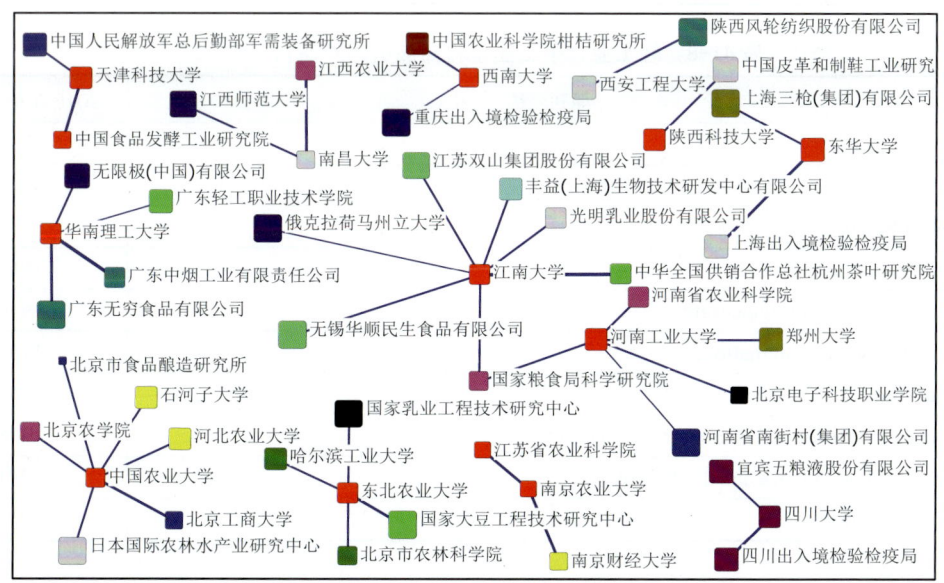

图 41-11 轻工业、手工业学科高被引机构科研合作关联

## 41.7 高被引图书、国外期刊及学术会议

2015 年，轻工业、手工业学科被引频次位居前 10 位的图书及国外期刊见表 41-7 和表 41-8。其中，被引次数较多的 3 种图书分别是曹建康的《果蔬采后生理生化实验指导》、于伟东的《纺织材料学》和沈怡方的《白酒生产技术全书》；被引次数较多的 3 种国外期刊分别是《Food Chemistry》《Journal of Agricultural and Food Chemistry》和《Meat Science》；被引次数较多的 3 场学术会议分别是 "FAO Nutrition Meeting Report Series" "Collected Papers of International Mycotoxin Conference" 和 "Proceedings of the 2nd International Conference on Machine Learning and Computing（ICMLC 2010）"。

表 41-7　轻工业、手工业学科高被引图书 TOP 10

| 序号 | 责任者 | 图书名称 | 出版社 | 2015 年被引频次 |
| --- | --- | --- | --- | --- |
| 1 | 曹建康 | 果蔬采后生理生化实验指导 | 中国轻工业出版社 | 113 |
| 2 | 于伟东 | 纺织材料学 | 中国纺织出版社 | 88 |
| 3 | 沈怡方 | 白酒生产技术全书 | 中国轻工业出版社 | 87 |
| 4 | 姚穆 | 纺织材料学 | 中国纺织出版社 | 63 |
| 5 | 宛晓春 | 茶叶生物化学 | 中国农业出版社 | 57 |
| 6 | 石淑兰 | 制浆造纸分析与检测 | 中国轻工业出版社 | 54 |
| 7 | 李合生 | 植物生理生化实验原理和技术 | 高等教育出版社 | 48 |
| 8 | 李里特 | 食品物性学 | 中国农业出版社 | 45 |
| 9 | 东秀珠 | 常见细菌系统鉴定手册 | 科学出版社 | 41 |
| 10 | 黄伟坤 | 食品检验与分析 | 中国轻工业出版社 | 40 |

表 41-8　轻工业、手工业学科高被引国外期刊 TOP 10

| 序号 | 期刊名称 | 2015 年被引频次 |
| --- | --- | --- |
| 1 | Food Chemistry | 7331 |
| 2 | Journal of Agricultural and Food Chemistry | 4814 |
| 3 | Meat Science | 2589 |
| 4 | Journal of Food Science | 1961 |
| 5 | Journal of Food Engineering | 1916 |
| 6 | Food Research International | 1765 |
| 7 | Carbohydrate Polymers | 1587 |
| 8 | International Journal of Food Microbiology | 1438 |
| 9 | LWT- Food Science and Technology | 1291 |
| 10 | Food Control | 1212 |

# 第42章 建筑科学学科高被引分析

## 42.1 学科论文概况

2010—2014年,建筑科学学科共有657032位来自169120所机构的论文第一作者在4693种期刊上发表了633546篇学术论文。其中,80%以上的论文产出自76513所机构、503481位作者,发表在196种期刊上。在前5年发表的这些论文中,有105478篇在2015年获得过引用,整体被引率为16.6%,总被引频次为257085次,篇均被引0.41次;其中,高被引论文有1122篇,单篇论文最高被引频次为226次,累计被引32989次,篇均被引29.40次(表42-1)。另外,2015年建筑科学学科共发表论文238217篇,其中有8460篇在当年获得过引用,总共被引13603次。

表42-1 建筑科学学科论文分布情况

| 年份 | 论文篇数 | 2015被引频次 | 2015年被引率(%) | 2015高被引论文 | | | |
|---|---|---|---|---|---|---|---|
| | | | | 论文篇数 | 最高被引频次 | 总被引频次 | 篇均被引频次 |
| 2010 | 89805 | 47275 | 21.0 | 191 | 171 | 6108 | 31.98 |
| 2011 | 115793 | 54564 | 18.2 | 239 | 210 | 7308 | 30.58 |
| 2012 | 127572 | 50540 | 16.2 | 207 | 185 | 6865 | 33.16 |
| 2013 | 115888 | 62440 | 20.4 | 252 | 226 | 8042 | 31.91 |
| 2014 | 184488 | 42266 | 11.6 | 233 | 195 | 4666 | 20.03 |
| 合计 | 633546 | 257085 | 16.6 | 1122 | 226 | 32989 | 29.40 |

从建筑科学学科论文的地域分布来看,2015年被引频次较高的5个省、直辖市或自治区依次是广东、黑龙江、江苏、浙江和北京(图42-1);5年论文产出量较多的5个省、直辖市或自治区依次是江苏、广东、河南、浙江和北京(图42-2)。

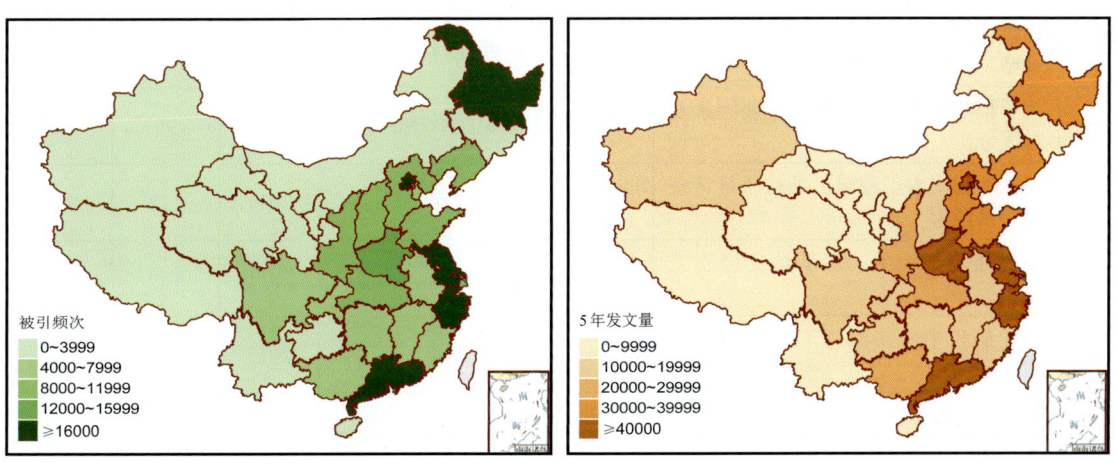

图42-1 2015年建筑科学学科地区被引分布　　图42-2 建筑科学学科5年论文产出地区分布

## 42.2 高被引论文分析

在建筑科学学科,2015 年被引频次位居前 10 位的论文(表 42-2)平均被引频次为 121 次,是全部 1122 篇高被引论文篇均被引频次的 4.1 倍。其中,被引频次最高的论文是杨颖于 2012 年发表的《建筑工程施工技术及其现场施工管理探讨》,随后 2 篇分别是蒋锦伟于 2013 年发表的《浅析防渗漏施工技术在房建施工中的应用探究》和陈金良于 2011 年发表的《提高建筑工程管理及施工质量控制的有效策略》。

从论文分布来看,刊载高被引论文数量居前的 3 种期刊分别是《黑龙江科技信息》(101 篇)、《中国新技术新产品》(65 篇)和《科技致富向导》(54 篇),而《科技致富向导》和《黑龙江科技信息》分别刊载了高被引论文 TOP 10 中的 2 篇;发表高被引论文居前的学者分别是山西省建筑设计研究院的高志强(2 篇)、同济大学的沈清基(2 篇)、广州市第四建筑工程有限公司的潘炎棠(2 篇)和徐州市新世纪房地产开发有限公司的朱思武(2 篇);产出高被引论文数量居前的 3 所机构分别是丽水学院(7 篇)、清华大学(5 篇)和浙江湖州建工集团有限公司(5 篇)。

表 42-2 建筑科学学科高被引论文 TOP 10

| 序号 | 论文题名 | 第一作者 | 期刊名称 | 发表年份 | 被引频次 | |
|---|---|---|---|---|---|---|
| | | | | | 总频次 | 2015 年 |
| 1 | 建筑工程施工技术及其现场施工管理探讨 | 杨颖 | 煤炭技术 | 2012 | 166 | 160 |
| 2 | 浅析防渗漏施工技术在房建施工中的应用探究 | 蒋锦伟 | 中国建筑金属结构 | 2013 | 137 | 141 |
| 3 | 提高建筑工程管理及施工质量控制的有效策略 | 陈金良 | 科技致富向导 | 2011 | 119 | 130 |
| 4 | 浅谈建筑工程中的深基坑支护施工技术 | 宋玉峰 | 黑龙江科技信息 | 2013 | 134 | 121 |
| 5 | 论建筑工程土建施工现场管理的优化策略 | 苏春富 | 江西建材 | 2014 | 83 | 116 |
| 6 | 关于影响建筑工程管理的主要因素及对策分析 | 李世凯 | 黑龙江科技信息 | 2013 | 96 | 115 |
| 7 | 关于加强土木工程施工项目质量管理的对策浅析 | 吴骏驰 | 科技致富向导 | 2011 | 138 | 114 |
| 8 | 浅析建筑工程中的深基坑支护施工技术 | 陆佰鑫 | 科技资讯 | 2011 | 159 | 110 |
| 9 | 房建施工中防渗漏施工技术的应用分析 | 周峰平 | 中华民居 | 2013 | 46 | 107 |
| 10 | 土木工程混凝土施工技术探讨 | 谢文利 | 产业与科技论坛 | 2012 | 113 | 96 |

## 42.3 研究主题关联分析

在建筑科学学科，高被引论文累计被 2015 年发表的 27946 篇论文引用了 32989 次。通过分析施引文献关键词的词频及关键词之间的共现关系，获得 2015 年建筑科学学科的热点主题和主题关联，如图 42-3 所示（共现 141 次以下不显示）。由图 42-3 可知："建筑工程""施工技术"等关键词的文档词频较高，是 2015 年学科的研究热点；"建筑工程"与"施工技术"之间的共现次数较多，显示出它们之间主题关联较为紧密；以"建筑工程""施工技术""措施"等关键词为主要节点的多个概念相互关联，构成了学科内最为突出的研究主题簇。

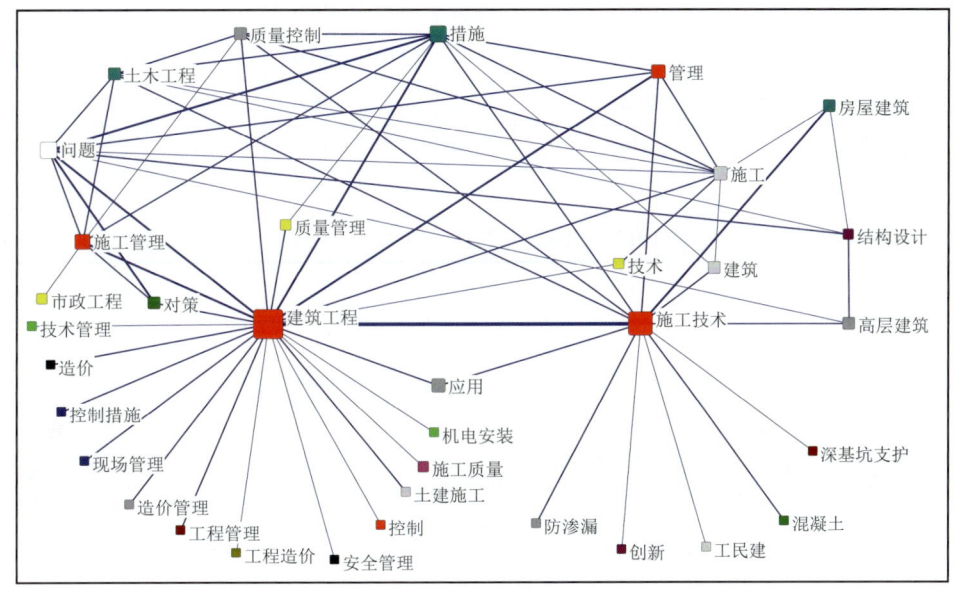

图 42-3　建筑科学学科 2015 年热点主题关联

## 42.4 学科高影响力期刊分析

### 42.4.1 学科高影响力期刊 TOP 10

在建筑科学学科，学科 5 年影响因子位居前 10 位的期刊见表 42-3，排在前 3 位的期刊分别是《中国建筑金属结构》《城市规划学刊》和《岩石力学与工程学报》。在表 42-3 中，学科载文量占其总载文量比例最大的期刊是《城市规划学刊》；前 5 年学科载文在 2015 年被引率最高的期刊是《岩石力学与工程学报》；期刊 5 年影响因子较高的前 3 种期刊分别是《岩石力学与工程学报》《城市规划学刊》和《中国建筑金属结构》；学科 5 年影响因子与期刊 5 年影响因子差异最大的期刊是《现代物业·新建设》。表 42-3 中期刊的学科 5 年影响因子和前 5 年学科载文的 2015 年被引率对比如图 42-4 所示，2010—2015 年期刊 5 年影响因子的变动情况如图 42-5 所示。

表 42-3　建筑科学学科高影响力期刊基本指数

| 序号 | 期刊名称 | 前5年载文量 | | | 2015年学科被引 | | | 5年影响因子 | | h指数（学科） |
|---|---|---|---|---|---|---|---|---|---|---|
| | | 学科（篇） | 占比（%） | 总量（篇） | 频次 | 被引率（%） | 高被引论文篇数 | 期刊(2015) | 学科(2015) | |
| 1 | 中国建筑金属结构 | 1918 | 76.2 | 2518 | 3157 | 34.8 | 34 | 1.488 | 1.646 | 26 |
| 2 | 城市规划学刊 | 724 | 99.9 | 725 | 1180 | 50.6 | 5 | 1.639 | 1.630 | 11 |
| 3 | 岩石力学与工程学报 | 1568 | 61.1 | 2568 | 2268 | 52.2 | 1 | 1.794 | 1.446 | 15 |
| 4 | 工程管理学报 | 407 | 43.8 | 929 | 569 | 41.0 | 4 | 1.080 | 1.398 | 12 |
| 5 | 城市规划 | 1061 | 86.5 | 1226 | 1377 | 46.0 | 5 | 1.307 | 1.298 | 13 |
| 6 | 岩土力学 | 2599 | 70.0 | 3714 | 3320 | 50.9 | 3 | 1.282 | 1.277 | 12 |
| 7 | 现代物业·新建设 | 710 | 24.1 | 2952 | 853 | 26.6 | 2 | 0.781 | 1.201 | 19 |
| 8 | 土木工程学报 | 949 | 70.1 | 1354 | 1139 | 47.8 | 1 | 1.225 | 1.200 | 10 |
| 9 | 建筑结构学报 | 1513 | 98.1 | 1543 | 1808 | 46.1 | 1 | 1.189 | 1.195 | 11 |
| 10 | 岩土工程学报 | 1917 | 86.5 | 2215 | 2044 | 47.9 | 1 | 1.131 | 1.066 | 10 |

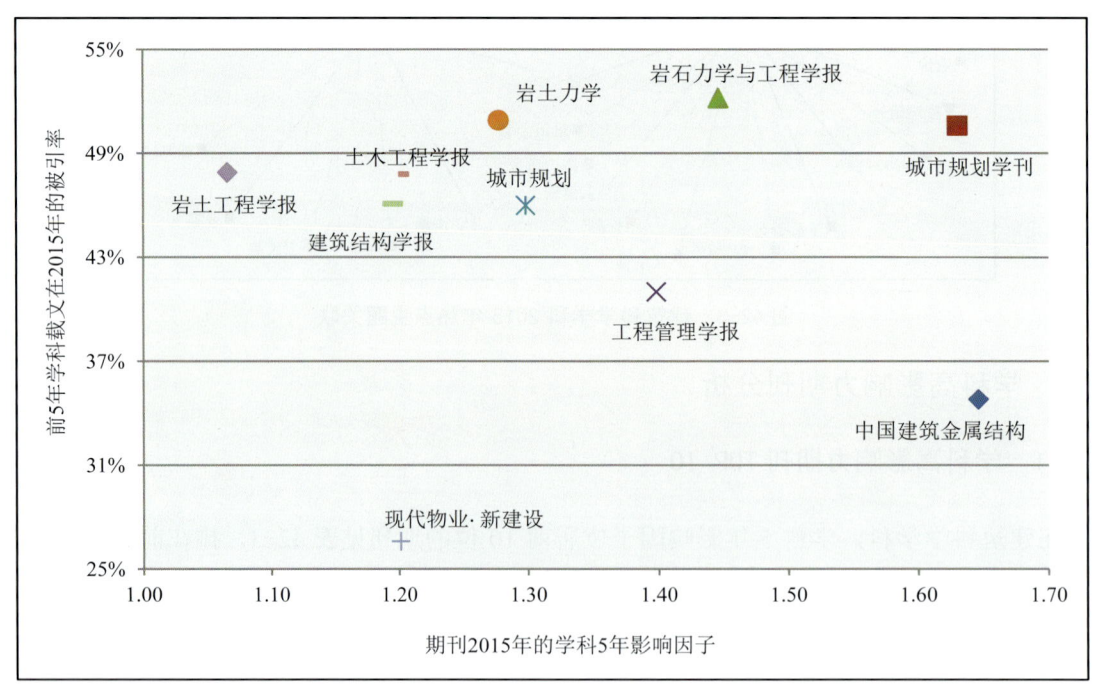

图 42-4　建筑科学学科高影响力期刊对比

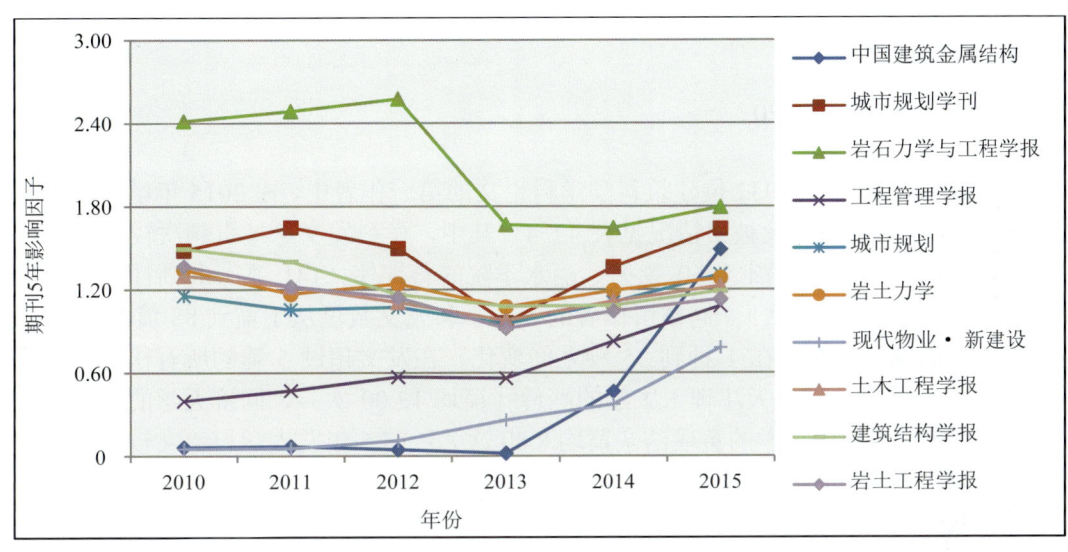

图 42-5　建筑科学学科期刊 5 年影响因子变动

## 42.4.2　学科高影响力期刊载文主题关联

通过期刊共被引分析，获得建筑科学学科高影响力期刊及与其他期刊之间的载文主题关联，如图 42-6 所示（共被引 166 次以下不显示）。结果显示，建筑科学学科的高影响力期刊相互链接较为紧密，部分主导了该学科的期刊共被引网络，显示出该学科高影响力期刊可能共同刊载了许多相近的研究主题，热点研究主题分散在多种期刊上。《中国建筑金属结构》的学科 5 年影响因子较高，显示出该刊在学科内学术影响力较大；《岩土力学》与《岩土工程学报》《岩石力学与工程学报》等期刊之间的链接较强，意味着它们之间可能有较多相同或相近的载文主题。

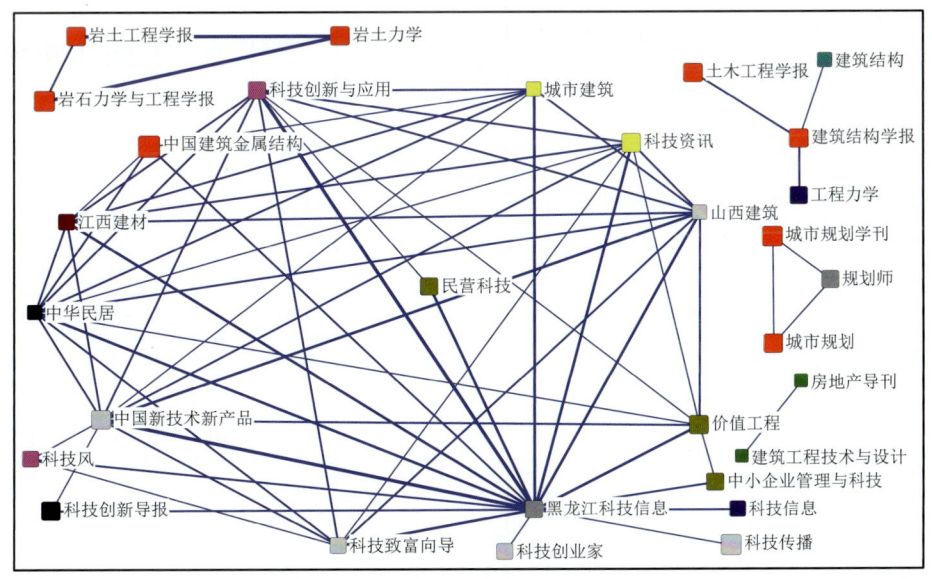

图 42-6　建筑科学学科高影响力期刊载文主题关联

## 42.5 高被引作者分析

### 42.5.1 高被引作者 TOP 20

2010—2014年，在657032位建筑科学学科论文的第一作者中，在2015年学科被引频次位居前20位的学者的发文及被引情况见表42-4。其中，学科发文总被引频次较高的3位作者分别是华北科技学院的杨颖（160次）、丽水学院的蒋锦伟（141次）和浙江立信建设发展有限公司的陈金良（131次）。高被引作者的5年学科发文数量从1篇到88篇不等，同时，作者学科发文的期刊分布也在1种到35种之间变化。在发文超过5篇的所有作者中，篇均被引较高的3位作者分别是天津理工大学的严玲（篇均12.00次）、同济大学的何清华（篇均10.13次）和华南理工大学的黄璞洁（篇均8.80次）；前5年发表学科论文较多的3位作者分别是广东工业大学的谢浩（111篇）、清华大学的王元清（88篇）和中国建材数字报网的中国建材数字报网（75篇）。高被引作者的学科发文量和被引量对比如图42-7所示。

表42-4 建筑科学学科高被引作者TOP 20

| 序号 | 姓名 | 作者单位 | 前5年发文 | | | 前5年学科发文在2015年的被引 | | | | h指数（学科） |
|---|---|---|---|---|---|---|---|---|---|---|
| | | | 学科发文（篇） | 期刊分布（种） | 发文总量（篇） | 总频次 | 被引率（%） | 最高（次） | 篇均（次） | |
| 1 | 杨颖 | 华北科技学院 | 1 | 1 | 1 | 160 | 100.0 | 160 | 160.00 | 1 |
| 2 | 蒋锦伟 | 丽水学院 | 1 | 1 | 1 | 141 | 100.0 | 141 | 141.00 | 1 |
| 3 | 陈金良 | 浙江立信建设发展有限公司 | 2 | 2 | 2 | 131 | 100.0 | 130 | 65.50 | 1 |
| 4 | 聂建国 | 清华大学 | 51 | 8 | 64 | 128 | 74.5 | 16 | 2.51 | 6 |
| 5 | 宋玉峰 | 黑龙江省城乡建设开发公司 | 2 | 2 | 3 | 121 | 50.0 | 121 | 60.50 | 1 |
| 6 | 李世凯 | 哈尔滨城市建设投资集团有限公司 | 1 | 1 | 1 | 115 | 100.0 | 115 | 115.00 | 1 |
| 7 | 吴骏驰 | 浙江湖州建工集团有限公司 | 1 | 1 | 1 | 114 | 100.0 | 114 | 114.00 | 1 |
| 8 | 陆佰鑫 | 浙江新屹建设有限公司 | 2 | 2 | 2 | 113 | 100.0 | 110 | 56.50 | 2 |
| 9 | 韩向明 | 山西建筑职业技术学院 | 3 | 2 | 4 | 110 | 66.7 | 95 | 36.67 | 2 |
| 10 | 周峰平 | 郑州恒基建筑安装工程有限公司 | 2 | 2 | 2 | 107 | 50.0 | 107 | 53.50 | 1 |
| 11 | 王元清 | 清华大学 | 88 | 35 | 92 | 103 | 48.9 | 9 | 1.17 | 4 |
| 12 | 祝成展 | 吴川市建筑安装工程公司 | 4 | 3 | 4 | 102 | 75.0 | 83 | 25.50 | 2 |
| 13 | 朱思武 | 徐州市新世纪房地产开发有限公司 | 2 | 1 | 2 | 97 | 100.0 | 49 | 48.50 | 2 |

| 序号 | 姓名 | 作者单位 | 前5年发文 | | | 前5年学科发文在2015年的被引 | | | | h指数(学科) |
|---|---|---|---|---|---|---|---|---|---|---|
| | | | 学科发文（篇） | 期刊分布（种） | 发文总量（篇） | 总频次 | 被引率（%） | 最高（次） | 篇均（次） | |
| 14 | 潘炎棠 | 广州市第四建筑工程有限公司 | 2 | 2 | 2 | 96 | 100.0 | 73 | 48.00 | 2 |
| 15 | 宿宗英 | 青岛市公用建筑设计研究院有限公司 | 2 | 2 | 2 | 95 | 100.0 | 93 | 47.50 | 2 |
| 15 | 王利 | 黑龙江省富裕县城镇建设管理处 | 1 | 1 | 1 | 95 | 100.0 | 95 | 95.00 | 1 |
| 17 | 陈宗平 | 广西大学 | 69 | 19 | 70 | 89 | 31.9 | 28 | 1.29 | 5 |
| 17 | 沈清基 | 同济大学 | 11 | 4 | 14 | 89 | 90.9 | 45 | 8.09 | 4 |
| 19 | 张玲 | 南京中冶和熙置业有限责任公司 | 1 | 1 | 2 | 88 | 100.0 | 88 | 88.00 | 1 |
| 20 | 高志强 | 山西省建筑设计研究院 | 3 | 1 | 3 | 87 | 100.0 | 48 | 29.00 | 2 |

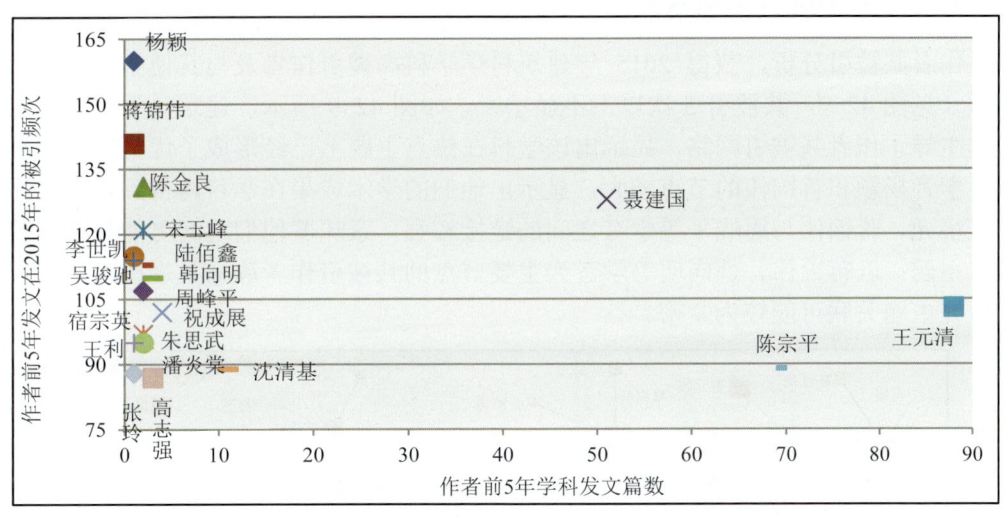

图 42-7  建筑科学学科高被引作者学科发文及被引对比

## 42.5.2 高被引作者科研合作关系

通过作者合著分析，获得 2015 年建筑科学学科高被引作者及与其他学者之间的科研论文合作关系（不考虑论文署名次序），如图 42-8 所示（合著 3 次以下不显示），建筑科学学科的高被引作者的论文合作现象比较普遍。学者王元清和陈宗平发文量较多；王元清的论文合作网络最为突出，在该学科的研究人员中表现出一定的集聚效应；王元清与石永久等学者之间的合作关系最为紧密，显示出他们可能属于同一支科研团队。

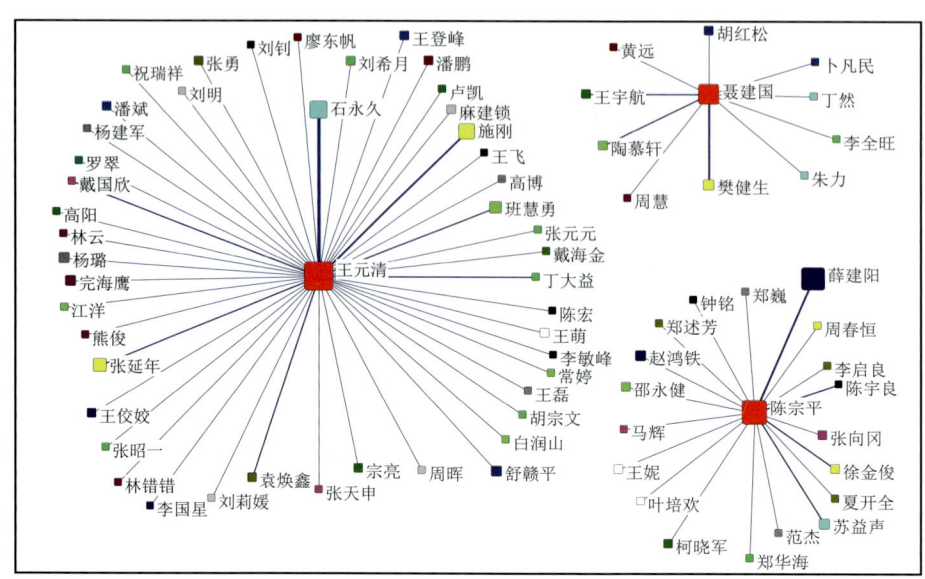

图 42-8　建筑科学学科高被引作者科研论文合作关系

### 42.5.3　高被引作者发文主题关联

通过作者共被引分析，获得 2015 年建筑科学学科高被引作者及与其他学者之间的发文主题关联（见图 42-9，共被引 5 次以下不显示）。如图 42-9 所示，建筑科学学科的高被引作者基本主导了作者共被引网络，显示出该学科在热点主题上已经形成了优势较为明显的科研力量。学者杨颖和蒋锦伟的节点较大，显示出他们的学术成果在学科内得到较多关注；宋玉峰与汪福元、蒋锦伟与周峰平等学者之间的链接较强，意味着他们之间可能分别有较为相近的研究主题；以蒋锦伟、韩向明等学者为主要节点的共被引作者簇初具规模，意味着这些学者的研究主题关联可能较为紧密。

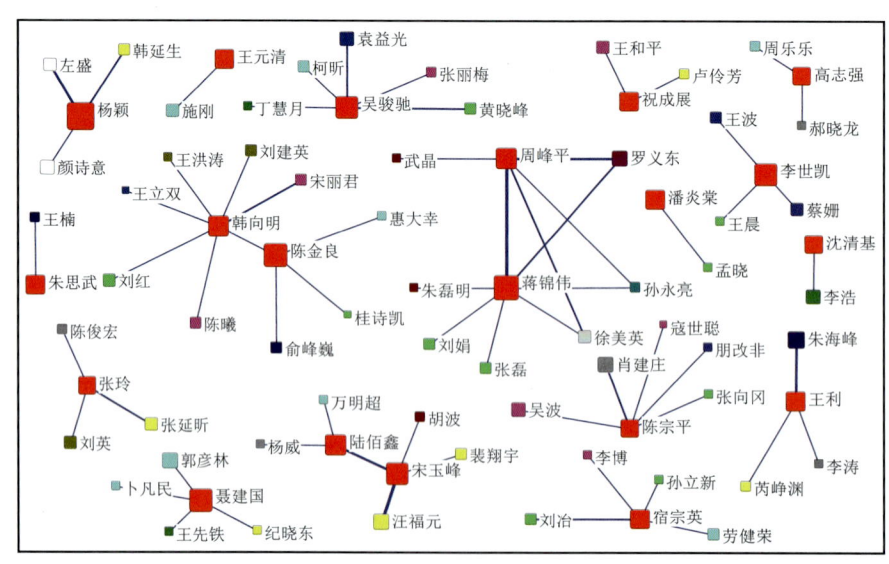

图 42-9　建筑科学学科高被引作者发文主题关联

## 42.6 高被引机构分析

### 42.6.1 高被引机构

为便于比较，本书将建筑科学学科的高被引机构分为高等院校和科研院所两种类型。其中，被引频次 TOP 10 高等院校和被引频次 TOP 5 科研院所的发文及被引情况分别见表 42-5 和表 42-6。其中，总被引频次较高的 3 所高等院校分别是同济大学、清华大学和重庆大学，中国科学院武汉岩土力学研究所、中国建筑科学研究院和中国城市规划设计研究院是总被引频次较高的 3 所科研院所；前 5 年学科发文在 2015 年的被引率最高的高等院校和科研院所分别是清华大学和中国科学院地理科学与资源研究所，篇均被引最高的高等院校和科研院所分别是清华大学和中国科学院地理科学与资源研究所。上述高被引机构的论文被引率和篇均被引频次对比如图 42-10 所示。

表 42-5 建筑科学学科高被引高等院校 TOP 10

| 序号 | 第一作者单位 | 学科发文量（篇） | | 前 5 年学科发文在 2015 年的被引 | | | |
|---|---|---|---|---|---|---|---|
| | | 前 5 年 | 2015 年 | 频次 | 被引率(%) | 最高（次） | 篇均（次） |
| 1 | 同济大学 | 7702 | 1284 | 4613 | 29.2 | 66 | 0.60 |
| 2 | 清华大学 | 2724 | 439 | 2370 | 34.5 | 68 | 0.87 |
| 3 | 重庆大学 | 3234 | 516 | 1644 | 26.5 | 51 | 0.51 |
| 4 | 西安建筑科技大学 | 3922 | 585 | 1529 | 21.9 | 13 | 0.39 |
| 5 | 东南大学 | 2637 | 426 | 1379 | 26.1 | 18 | 0.52 |
| 6 | 浙江大学 | 2379 | 443 | 1376 | 29.3 | 18 | 0.58 |
| 7 | 哈尔滨工业大学 | 2157 | 344 | 1213 | 25.5 | 21 | 0.56 |
| 8 | 华南理工大学 | 2274 | 338 | 1156 | 26.6 | 54 | 0.51 |
| 9 | 中南大学 | 1761 | 242 | 1139 | 30.3 | 22 | 0.65 |
| 10 | 天津大学 | 2486 | 408 | 1034 | 22.4 | 29 | 0.42 |

表 42-6 建筑科学学科高被引科研院所 TOP 5

| 序号 | 第一作者单位 | 学科发文量（篇） | | 前 5 年学科发文在 2015 年的被引 | | | |
|---|---|---|---|---|---|---|---|
| | | 前 5 年 | 2015 年 | 频次 | 被引率(%) | 最高（次） | 篇均（次） |
| 1 | 中国科学院武汉岩土力学研究所 | 515 | 107 | 655 | 49.7 | 16 | 1.27 |
| 2 | 中国建筑科学研究院 | 975 | 185 | 463 | 23.3 | 18 | 0.47 |
| 3 | 中国城市规划设计研究院 | 390 | 66 | 393 | 34.4 | 26 | 1.01 |
| 4 | 中国科学院地理科学与资源研究所 | 111 | 16 | 341 | 60.4 | 44 | 3.07 |
| 5 | 山西省建筑设计研究院 | 560 | 101 | 288 | 15.5 | 48 | 0.51 |

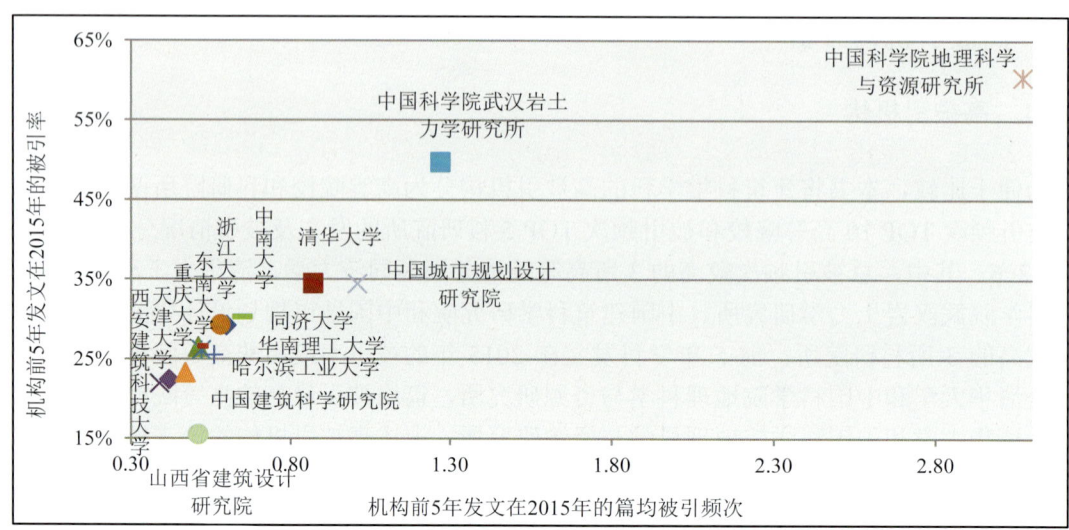

图 42-10　建筑科学学科高被引机构论文篇均被引及被引率对比

## 42.6.2　高被引机构科研合作关系

通过合著分析，获得建筑科学学科高被引机构之间及其与其他机构之间的科研合作关联，如图 42-11 所示（合作 69 次以下不显示）。分析得知，建筑科学学科的机构合作链接比较紧密，表明学科内机构合作现象非常普遍；高被引机构基本主导了机构合作网络，显示出这些机构已经在学科内具有了一定的科研优势。同济大学与同济大学建筑设计研究院（集团）有限公司、哈尔滨工业大学与北京工业大学等机构之间的链接较强，显示出它们的学术合作较为频繁。中国科学院武汉岩土力学研究所与清华大学的篇均被引较高，说明它们的研究成果总体看来较为受业内学者的关注。

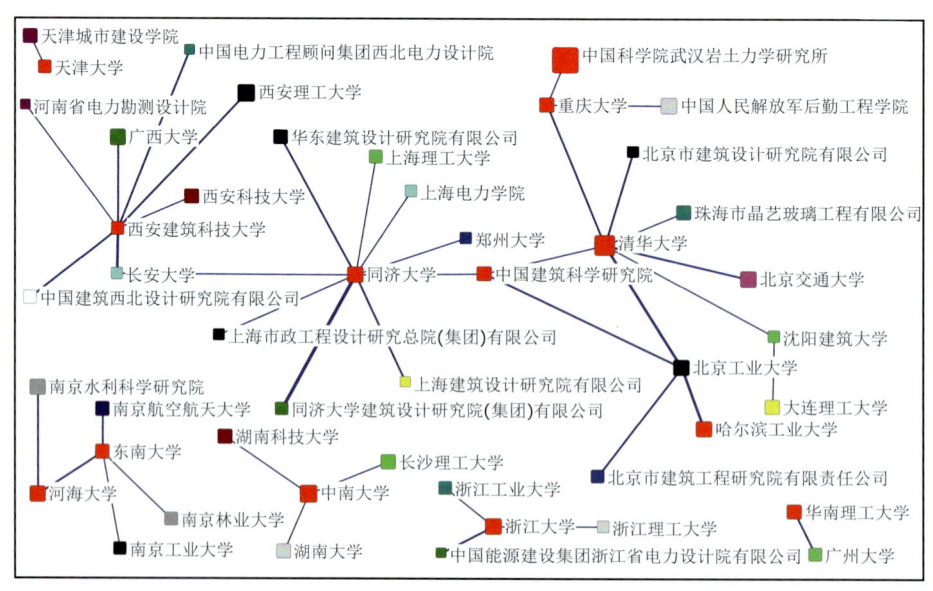

图 42-11　建筑科学学科高被引机构科研合作关联

## 42.7 高被引图书、国外期刊及学术会议

2015 年,建筑科学学科被引频次位居前 10 位的图书及国外期刊见表 42-7 和表 42-8。其中,被引次数较多的 3 种图书分别是陆耀庆的《实用供热空调设计手册》、王铁梦的《工程结构裂缝控制》和徐培福的《复杂高层建筑结构设计》;被引次数较多的 3 种国外期刊分别是《Cement and Concrete Research》《Journal of Structural Engineering》和《Construction and Building Materials》;被引次数较多的 3 场学术会议分别是"Digital Landscape Conference""Proceedings of International Symposium on Ultra-High Performance Fiber-Reinforced Concrete"和"Offshore Technology Conference"。

表 42-7 建筑科学学科高被引图书 TOP 10

| 序号 | 责任者 | 图书名称 | 出版社 | 2015 年被引频次 |
|---|---|---|---|---|
| 1 | 陆耀庆 | 实用供热空调设计手册 | 中国建筑工业出版社 | 279 |
| 2 | 王铁梦 | 工程结构裂缝控制 | 中国建筑工业出版社 | 208 |
| 3 | 徐培福 | 复杂高层建筑结构设计 | 中国建筑工业出版社 | 141 |
| 4 | 刘国彬 | 基坑工程手册 | 中国建筑工业出版社 | 131 |
| 5 | 刘建航 | 基坑工程手册 | 中国建筑工业出版社 | 115 |
| 6 | 周维权 | 中国古典园林史 | 清华大学出版社 | 108 |
| 7 | 王新敏 | ANSYS 工程结构数值分析 | 人民交通出版社 | 96 |
| 8 | 芦原义信 | 外部空间设计 | 中国建筑工业出版社 | 92 |
| 8 | 吴良镛 | 人居环境科学导论 | 中国建筑工业出版社 | 92 |
| 10 | 尹贻林 | 工程造价计价与控制 | 中国计划出版社 | 91 |

表 42-8 建筑科学学科高被引国外期刊 TOP 10

| 序号 | 期刊名称 | 2015 年被引频次 |
|---|---|---|
| 1 | Cement and Concrete Research | 2452 |
| 2 | Journal of Structural Engineering | 1977 |
| 3 | Construction and Building Materials | 1624 |
| 4 | Géotechnique | 1243 |
| 5 | Engineering Structures | 1226 |
| 6 | International Journal of Rock Mechanics and Mining Sciences | 1058 |
| 7 | Journal of Geotechnical and Geoenvironmental Engineering | 1038 |
| 8 | Journal of Constructional Steel Research | 968 |
| 9 | Canadian Geotechnical Journal | 892 |
| 10 | Energy and Buildings | 816 |

# 第 43 章 水利工程学科高被引分析

## 43.1 学科论文概况

2010—2014 年,水利工程学科共有 114781 位来自 35782 所机构的论文第一作者在 2372 种期刊上发表了 111066 篇学术论文。其中,80% 以上的论文产出自 13420 所机构、87379 位作者,发表在 115 种期刊上。在前 5 年发表的这些论文中,有 19115 篇在 2015 年获得过引用,整体被引率为 17.2%,总被引频次为 36276 次,篇均被引 0.33 次;其中,高被引论文有 212 篇,单篇论文最高被引频次为 41 次,累计被引 3690 次,篇均被引 17.41 次(表 43-1)。另外,2015 年水利工程学科共发表论文 37781 篇,其中有 1129 篇在当年获得过引用,总共被引 1496 次。

表 43-1 水利工程学科论文分布情况

| 年份 | 论文篇数 | 2015 年被引频次 | 2015 年被引率(%) | 2015 年高被引论文 | | | |
|---|---|---|---|---|---|---|---|
| | | | | 论文篇数 | 最高被引频次 | 总被引频次 | 篇均被引频次 |
| 2010 | 17436 | 6838 | 19.9 | 37 | 29 | 719 | 19.43 |
| 2011 | 20072 | 7373 | 18.2 | 37 | 33 | 878 | 23.73 |
| 2012 | 21905 | 7477 | 17.7 | 45 | 32 | 784 | 17.42 |
| 2013 | 21318 | 8755 | 20.8 | 53 | 41 | 874 | 16.49 |
| 2014 | 30335 | 5833 | 12.1 | 40 | 32 | 435 | 10.88 |
| 合计 | 111066 | 36276 | 17.2 | 212 | 41 | 3690 | 17.41 |

从水利工程学科论文的地域分布来看,2015 年被引频次较高的 5 个省、直辖市或自治区依次是江苏、北京、湖北、黑龙江和河南(图 43-1);5 年论文产出量较多的 5 个省、直辖市或自治区依次是江苏、河南、四川、湖北和新疆(图 43-2)。

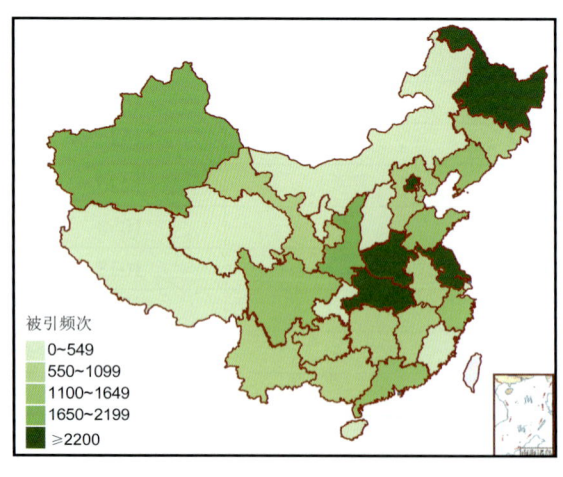

图 43-1 2015 年水利工程学科地区被引分布

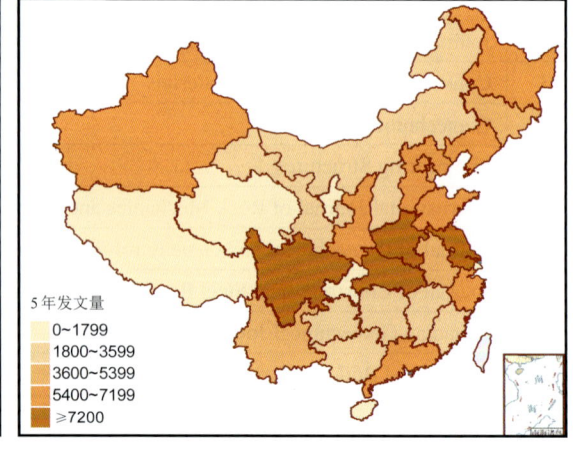

图 43-2 水利工程学科 5 年论文产出地区分布

## 43.2 高被引论文分析

在水利工程学科，2015 年被引频次位居前 10 位的论文（表 43-2）平均被引频次为 43.8 次，是全部 212 篇高被引论文篇均被引频次的 2.5 倍。其中，被引频次最高的论文是马龙军于 2011 年发表的《关于加强水利工程施工管理的必要性》，随后 2 篇分别是马晓颖于 2010 年发表的《市政给排水工程施工管理问题及对策研究》和王树峰于 2011 年发表的《论水利水电工程建筑的施工技术及管理》。

从论文分布来看，刊载高被引论文数量居前的 3 种期刊分别是《中国新技术新产品》（21 篇）、《黑龙江科技信息》（17 篇）和《中国水运（下半月）》（15 篇），而《黑龙江科技信息》刊载了高被引论文 TOP 10 中的 3 篇；发表高被引论文较多的学者分别是黑龙江省水利四处工程有限责任公司的靳长强（2 篇）和南京水利科学研究院的张建云（2 篇）；产出高被引论文数量居前的 3 所机构分别是武汉大学（4 篇）、中国水利水电科学研究院（3 篇）和中华人民共和国水利部（2 篇）。

表 43-2 水利工程学科高被引论文 TOP 10

| 序号 | 论文题名 | 第一作者 | 期刊名称 | 发表年份 | 被引频次 总频次 | 被引频次 2015 年 |
|---|---|---|---|---|---|---|
| 1 | 关于加强水利工程施工管理的必要性 | 马龙军 | 黑龙江科技信息 | 2011 | 106 | 61 |
| 2 | 市政给排水工程施工管理问题及对策研究 | 马晓颖 | 现代商贸工业 | 2010 | 85 | 57 |
| 3 | 论水利水电工程建筑的施工技术及管理 | 王树峰 | 黑龙江科技信息 | 2011 | 85 | 46 |
| 4 | 水利施工技术的现状及改进措施分析 | 郑良春 | 水利技术监督 | 2012 | 54 | 44 |
| 5 | 浅谈水利水电工程建筑的施工技术及管理 | 宋元红 | 黑龙江科技信息 | 2010 | 74 | 42 |
| 6 | 水利工程施工质量及控制措施 | 陈利伟 | 安徽水利水电职业技术学院学报 | 2011 | 101 | 40 |
| 6 | 水利工程中防渗技术的应用分析 | 张崇明 | 科技创新导报 | 2011 | 70 | 40 |
| 8 | 防渗处理施工技术在水利工程中的具体应用 | 张爱疆 | 科技风 | 2010 | 77 | 38 |
| 9 | 水利水电建筑工程施工技术应用探讨 | 黄谋 | 科技传播 | 2011 | 74 | 36 |
| 10 | 水利工程防渗处理施工技术综述 | 张振刚 | 科技致富向导 | 2011 | 47 | 34 |

## 43.3 研究主题关联分析

在水利工程学科，高被引论文累计被 2015 年发表的 3353 篇论文引用了 3690 次。通过分析施引文献关键词的词频及关键词之间的共现关系，获得 2015 年水利工程学科的热点主题和主题关联，如图 43-3 所示（共现 22 次以下不显示）。由图 43-3 可知："水利工程"和"施工技术"等关键词的文档词频较高，是 2015 年学科的研究热点；以"水利工程""施工技术""施工管理""水利水电"等关键词为主要节点的多个概念相互关联,构成了学科内最为突出的研究主题簇。

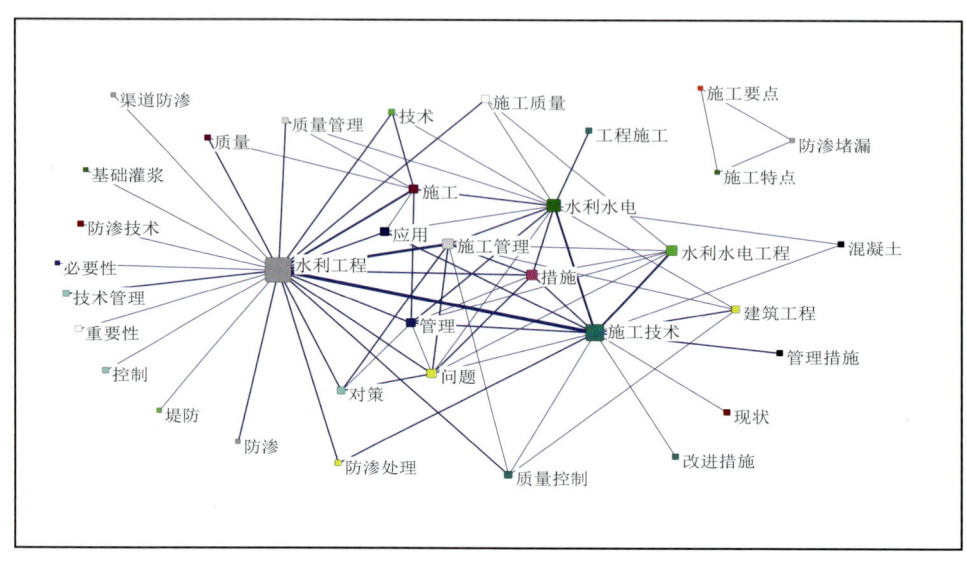

图 43-3　水利工程学科 2015 年热点主题关联

## 43.4　学科高影响力期刊分析

### 43.4.1　学科高影响力期刊 TOP 10

在水利工程学科,学科 5 年影响因子位居前 10 位的期刊见表 43-3,排在前 3 位的期刊分别是《水科学进展》《水利学报》和《水力发电学报》。在表 43-3 中,学科载文量占其总载文量比例最大的期刊是《泥沙研究》;前 5 年学科载文在 2015 年被引率最高的期刊是《水利学报》;期刊 5 年影响因子较高的前 3 种期刊分别是《水科学进展》《水利学报》和《河海大学学报(自然科学版)》;学科 5 年影响因子与期刊 5 年影响因子差异最大的期刊是《水科学进展》。表 43-3 中期刊的学科 5 年影响因子和前 5 年学科载文的 2015 年被引率对比如图 43-4 所示,2010—2015 年期刊 5 年影响因子的变动情况如图 43-5 所示。

表 43-3　水利工程学科高影响力期刊基本指数

| 序号 | 期刊名称 | 前 5 年载文量 | | 2015 年学科被引 | | | 5 年影响因子 | | h 指数(学科) |
|---|---|---|---|---|---|---|---|---|---|
| | | 学科(篇) | 占比(%) | 总量(篇) | 频次 | 被引率(%) | 高被引论文篇数 | 期刊(2015) | 学科(2015) | |
| 1 | 水科学进展 | 310 | 44.5 | 697 | 391 | 49.4 | 5 | 1.585 | 1.261 | 9 |
| 2 | 水利学报 | 628 | 50.2 | 1252 | 714 | 51.1 | 0 | 1.204 | 1.137 | 8 |
| 3 | 水力发电学报 | 1156 | 74.7 | 1548 | 896 | 41.0 | 1 | 0.732 | 0.775 | 6 |
| 4 | 河海大学学报(自然科学版) | 177 | 25.9 | 684 | 116 | 40.1 | 0 | 0.743 | 0.655 | 7 |

| 序号 | 期刊名称 | 前5年载文量 | | | 2015年学科被引 | | | 5年影响因子 | | h指数（学科） |
|---|---|---|---|---|---|---|---|---|---|---|
| | | 学科（篇） | 占比（%） | 总量（篇） | 频次 | 被引率（%） | 高被引论文篇数 | 期刊（2015） | 学科（2015） | |
| 5 | 应用基础与工程科学学报 | 73 | 10.1 | 722 | 45 | 38.4 | 0 | 0.694 | 0.616 | 6 |
| 6 | 水文 | 155 | 23.2 | 668 | 91 | 31.0 | 0 | 0.632 | 0.587 | 6 |
| 7 | 泥沙研究 | 374 | 86.2 | 434 | 212 | 31.0 | 0 | 0.597 | 0.567 | 4 |
| 8 | 水利水电科技进展 | 457 | 61.6 | 742 | 255 | 34.4 | 0 | 0.601 | 0.558 | 5 |
| 8 | 武汉大学学报（工学版） | 321 | 31.7 | 1014 | 179 | 34.6 | 0 | 0.447 | 0.558 | 5 |
| 10 | 水利技术监督 | 491 | 55.7 | 882 | 272 | 23.8 | 4 | 0.489 | 0.554 | 7 |

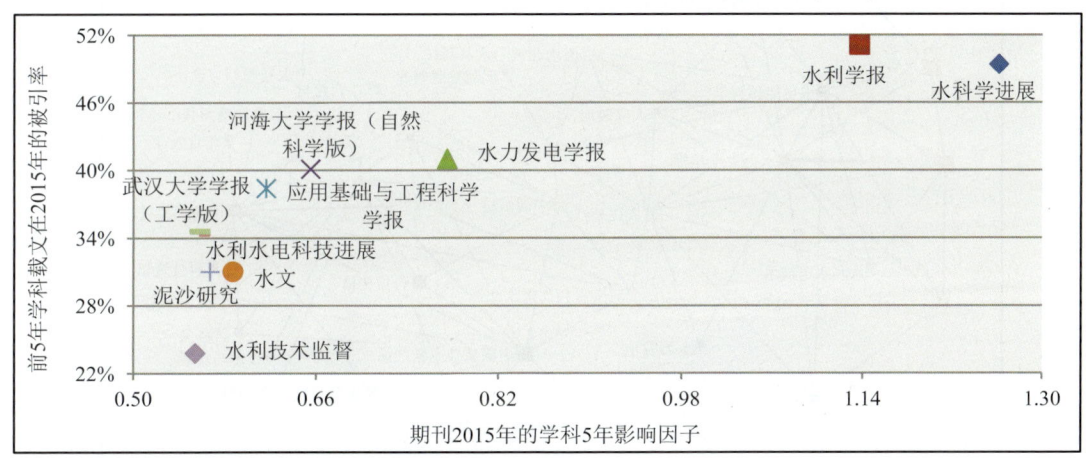

图 43-4 水利工程学科高影响力期刊对比

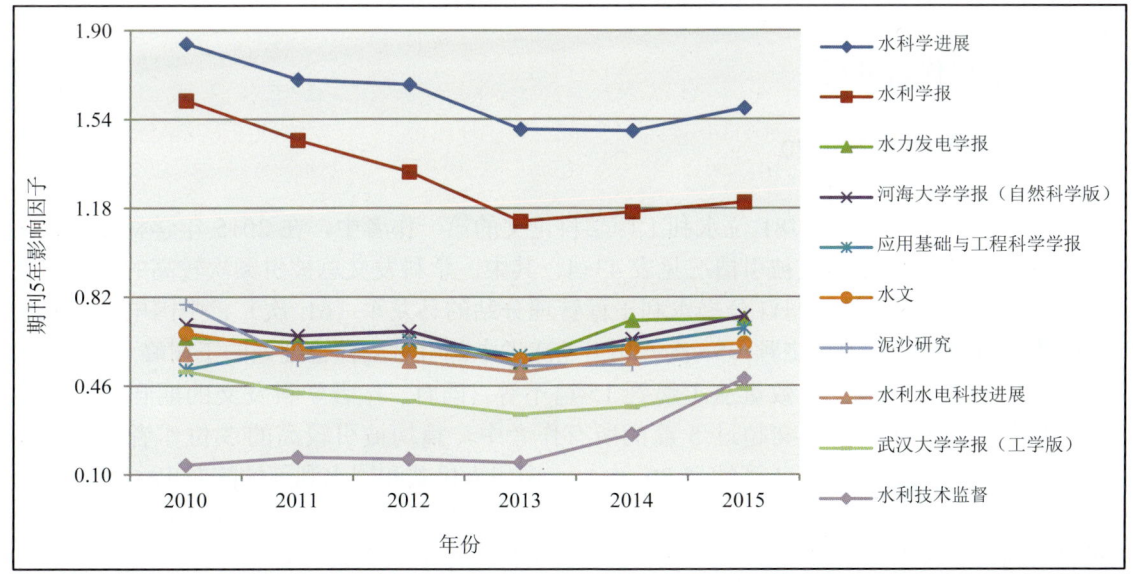

图 43-5 水利工程学科期刊5年影响因子变动

### 43.4.2 学科高影响力期刊载文主题关联

通过期刊共被引分析，获得水利工程学科高影响力期刊及与其他期刊之间的载文主题关联，如图43-6所示（共被引18次以下不显示）。结果显示，水利工程学科的高影响力期刊相互链接较为紧密，部分主导了该学科的期刊共被引网络，显示出该学科高影响力期刊可能共同刊载了许多相近的研究主题，热点研究主题分散在多种期刊上。《水科学进展》的学科5年影响因子较高，显示出该刊在学科内学术影响力较大；《水利学报》与《水力发电学报》《黑龙江科技信息》与《黑龙江水利科技》等期刊之间的链接较强，意味着它们之间可能分别有较多相同或相近的载文主题。

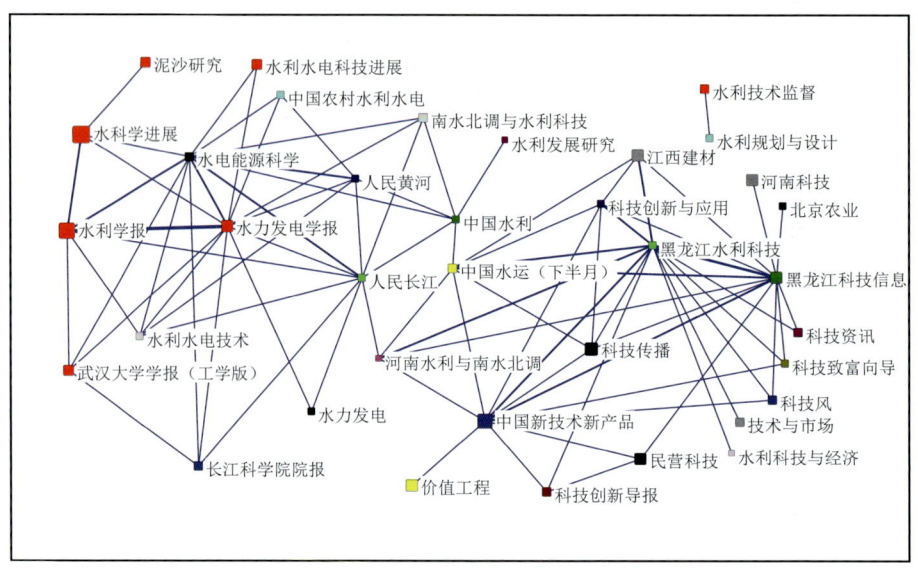

图43-6　水利工程学科高影响力期刊载文主题关联

## 43.5　高被引作者分析

### 43.5.1　高被引作者TOP 20

2010—2014年，在114781位水利工程学科论文的第一作者中，在2015年学科被引频次位居前20位的学者的发文及被引情况见表43-4。其中，学科发文总被引频次较高的3位作者分别是黑龙江省农垦总局牡丹江分局水利工程管理分站的马龙军（61次）、中国电力工程顾问集团西北电力设计院的马晓颖（57次）和黑龙江省中部引嫩工程管理处的王树峰（46次）。高被引作者的5年学科发文数量从1篇到15篇不等，同时，作者学科发文的期刊分布也在1种到9种之间变化。在发文超过5篇的所有作者中，篇均被引较高的3位作者分别是南京水利科学研究院的张建云（篇均5.80次）、中华人民共和国水利部的陈明忠（篇均3.80次）和大连理工大学的程春田（篇均3.67次）；前5年发表学科论文较多的3位作者分别是广东省水利水电科学研究院的黄智敏（42篇）、天津大学的张社荣（37篇）和黑龙江省齐齐哈尔市水务局的滕凯（35篇）。高被引作者的学科发文量和被引量对比如图43-7所示。

表 43-4 水利工程学科高被引作者 TOP 20

| 序号 | 姓名 | 作者单位 | 前 5 年发文 | | | 前 5 年学科发文在 2015 年的被引 | | | | h 指数（学科） |
|---|---|---|---|---|---|---|---|---|---|---|
| | | | 学科发文（篇） | 期刊分布（种） | 发文总量（篇） | 总频次 | 被引率（%） | 最高（次） | 篇均（次） | |
| 1 | 马龙军 | 黑龙江省农垦总局牡丹江分局水利工程管理分站 | 1 | 1 | 1 | 61 | 100.0 | 61 | 61.00 | 1 |
| 2 | 马晓颖 | 中国电力工程顾问集团西北电力设计院 | 1 | 1 | 1 | 57 | 100.0 | 57 | 57.00 | 1 |
| 3 | 王树峰 | 黑龙江省中部引嫩工程管理处 | 1 | 1 | 2 | 46 | 100.0 | 46 | 46.00 | 2 |
| 3 | 张伟 | 烟台国际经济技术合作集团有限公司 | 1 | 1 | 1 | 46 | 100.0 | 46 | 46.00 | 1 |
| 5 | 郑良春 | 浙江逸龙建设有限公司 | 2 | 2 | 2 | 45 | 100.0 | 44 | 22.50 | 1 |
| 5 | 虎少滨 | 哈尔滨市第三建筑工程有限公司 | 1 | 1 | 3 | 45 | 100.0 | 45 | 45.00 | 1 |
| 7 | 宋元红 | 贵州省遵义县石板镇水利站 | 2 | 1 | 2 | 42 | 50.0 | 42 | 21.00 | 1 |
| 8 | 张崇明 | 天津市静海县水务局 | 1 | 1 | 1 | 40 | 100.0 | 40 | 40.00 | 1 |
| 8 | 陈利伟 | 安徽水利开发股份有限公司 | 1 | 1 | 1 | 40 | 100.0 | 40 | 40.00 | 1 |
| 10 | 贺博 | 中国石油大庆油田道路管理公司 | 1 | 1 | 1 | 39 | 100.0 | 39 | 39.00 | 1 |
| 11 | 张爱疆 | 葛洲坝新疆工程局(有限公司) | 2 | 2 | 3 | 38 | 50.0 | 38 | 19.00 | 1 |
| 12 | 黄谋 | 广西河池水利电力建筑工程处 | 1 | 1 | 1 | 36 | 100.0 | 36 | 36.00 | 1 |
| 13 | 张振刚 | 山东省费县大田庄乡水利站 | 1 | 1 | 1 | 34 | 100.0 | 34 | 34.00 | 1 |
| 14 | 左其亭 | 郑州大学 | 15 | 9 | 66 | 33 | 46.7 | 12 | 2.20 | 5 |
| 15 | 张振中 | 广西海河水利建设有限责任公司 | 2 | 2 | 2 | 32 | 50.0 | 32 | 16.00 | 1 |
| 16 | 邸伟忠 | 辽宁省白石水库管理局 | 3 | 2 | 3 | 31 | 33.3 | 31 | 10.33 | 1 |
| 17 | 吴华平 | 河南省淮阳县水利局 | 1 | 1 | 1 | 30 | 100.0 | 30 | 30.00 | 1 |
| 18 | 张国新 | 中国水利水电科学研究院 | 14 | 4 | 16 | 29 | 64.3 | 6 | 2.07 | 3 |
| 18 | 张建云 | 南京水利科学研究院 | 5 | 4 | 9 | 29 | 80.0 | 15 | 5.80 | 3 |
| 18 | 李响 | 中国水利水电第一工程局有限公司 | 2 | 2 | 2 | 29 | 100.0 | 27 | 14.50 | 2 |

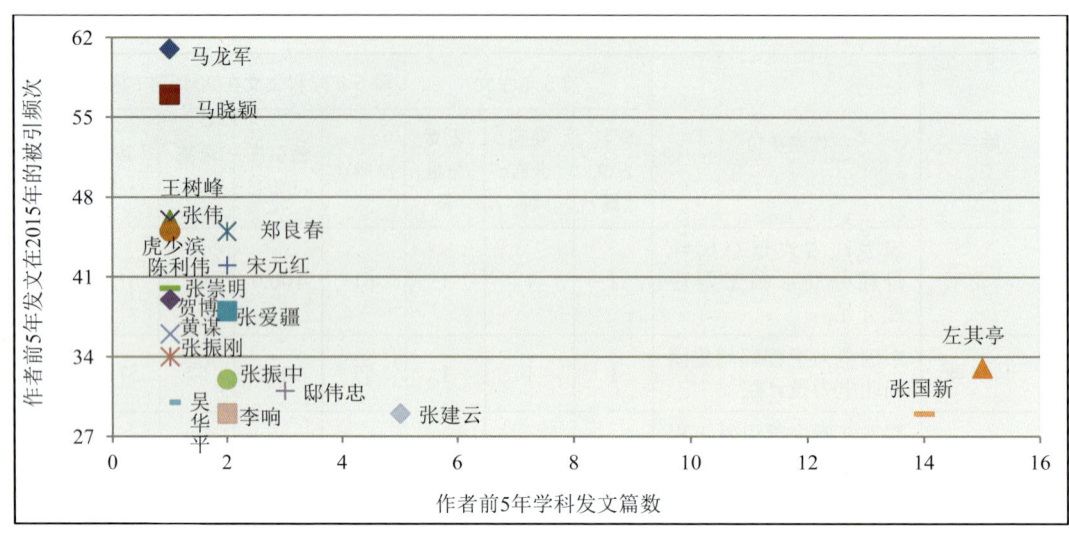

图 43-7　水利工程学科高被引作者学科发文及被引对比

## 43.5.2　高被引作者科研合作关系

通过作者合著分析，获得 2015 年水利工程学科高被引作者及与其他学者之间的科研论文合作关系（不考虑论文署名次序），如图 43-8 所示（合著 2 次以下不显示）。可以看出，水利工程学科的高被引者的论文合作现象比较普遍。学者左其亭和张国新的发文量较多；左其亭的论文合作网络最为突出，在该学科的研究人员中表现出一定的集聚效应；左其亭和窦明、张国新和刘有志等学者之间的合作关系最为紧密，显示出他们可能分别属于同一支科研团队。

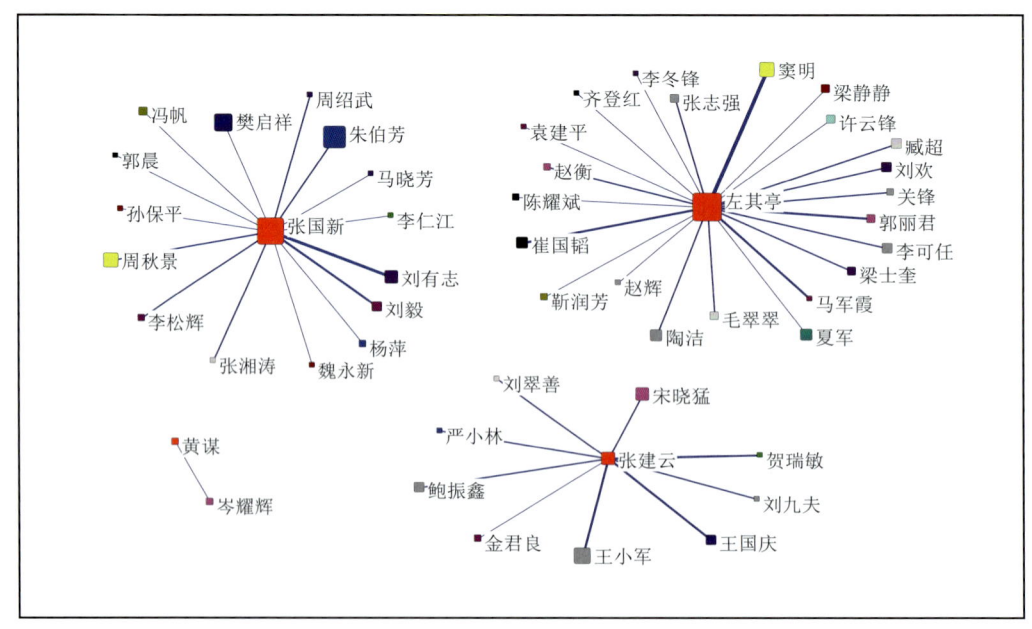

图 43-8　水利工程学科高被引作者科研论文合作关系

### 43.5.3 高被引作者发文主题关联

通过作者共被引分析,获得 2015 年水利工程学科高被引作者及与其他学者之间的发文主题关联(见图 43-9,共被引 3 次以下不显示)。如图 43-9 所示,水利工程学科的高被引作者基本主导了作者共被引网络,显示出该学科在热点主题上已经形成了优势较为明显的科研力量。学者马龙军和王树峰的节点较大,显示出他们的学术成果在学科内得到较多关注;王树峰与宋元红、张崇明与张爱疆等学者之间的链接较强,意味着他们之间可能分别有较为相近的研究主题;以张爱疆、张振刚等学者为主要节点的共被引作者簇人数较多且网络规模较大,意味着这些学者的研究主题关联可能较为紧密。

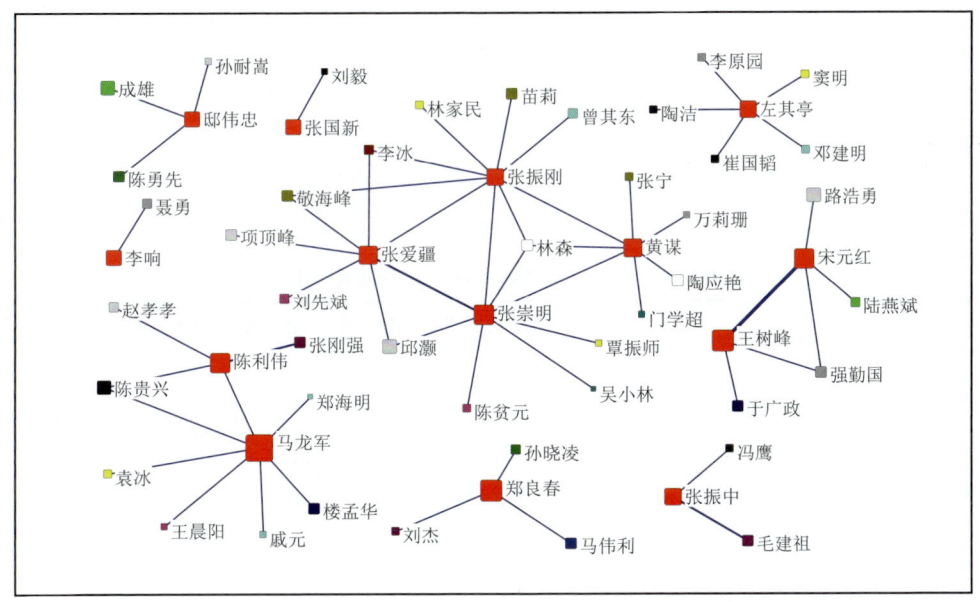

图 43-9 水利工程学科高被引作者发文主题关联

## 43.6 高被引机构分析

### 43.6.1 高被引机构

为便于比较,本书将水利工程学科的高被引机构分为高等院校和科研院所两种类型。其中,被引频次 TOP 10 高等院校和被引频次 TOP 5 科研院所的发文及被引情况分别见表 43-5 和表 43-6。其中,总被引频次较高的 3 所高等院校分别是河海大学、武汉大学和清华大学,中国水利水电科学研究院、南京水利科学研究院和长江水利委员会长江科学院是总被引频次较高的 3 所科研院所;前 5 年学科发文在 2015 年的被引率最高的高等院校和科研院所分别是清华大学和中国科学院地理科学与资源研究所,篇均被引最高的高等院校和科研院所分别是清华大学和中国科学院地理科学与资源研究所。上述高被引机构的论文被引率和篇均被引频次对比如图 43-10 所示。

表 43-5 水利工程学科高被引高等院校 TOP 10

| 序号 | 第一作者单位 | 学科发文量（篇） | | 前 5 年学科发文在 2015 年的被引 | | | |
|---|---|---|---|---|---|---|---|
| | | 前 5 年 | 2015 年 | 频次 | 被引率(%) | 最高（次） | 篇均（次） |
| 1 | 河海大学 | 2499 | 452 | 1196 | 29.4 | 11 | 0.48 |
| 2 | 武汉大学 | 1238 | 201 | 781 | 32.6 | 24 | 0.63 |
| 3 | 清华大学 | 487 | 71 | 339 | 35.9 | 9 | 0.70 |
| 4 | 四川大学 | 806 | 134 | 314 | 23.8 | 7 | 0.39 |
| 5 | 天津大学 | 541 | 116 | 286 | 29.0 | 7 | 0.53 |
| 6 | 西安理工大学 | 570 | 82 | 285 | 30.2 | 11 | 0.50 |
| 7 | 大连理工大学 | 567 | 99 | 282 | 30.3 | 8 | 0.50 |
| 8 | 华北水利水电学院 | 504 | 88 | 271 | 29.8 | 12 | 0.54 |
| 9 | 西北农林科技大学 | 433 | 60 | 261 | 32.1 | 9 | 0.60 |
| 10 | 三峡大学 | 587 | 112 | 210 | 24.5 | 9 | 0.36 |

表 43-6 水利工程学科高被引科研院所 TOP 5

| 序号 | 第一作者单位 | 学科发文量（篇） | | 前 5 年学科发文在 2015 年的被引 | | | |
|---|---|---|---|---|---|---|---|
| | | 前 5 年 | 2015 年 | 频次 | 被引率(%) | 最高（次） | 篇均（次） |
| 1 | 中国水利水电科学研究院 | 831 | 157 | 553 | 34.5 | 23 | 0.67 |
| 2 | 南京水利科学研究院 | 510 | 61 | 307 | 33.9 | 15 | 0.60 |
| 3 | 长江水利委员会长江科学院 | 423 | 64 | 251 | 34.5 | 8 | 0.59 |
| 4 | 长江水利委员会长江勘测规划设计研究院 | 357 | 67 | 181 | 28.9 | 11 | 0.51 |
| 5 | 中国科学院地理科学与资源研究所 | 94 | 17 | 143 | 46.8 | 22 | 1.52 |

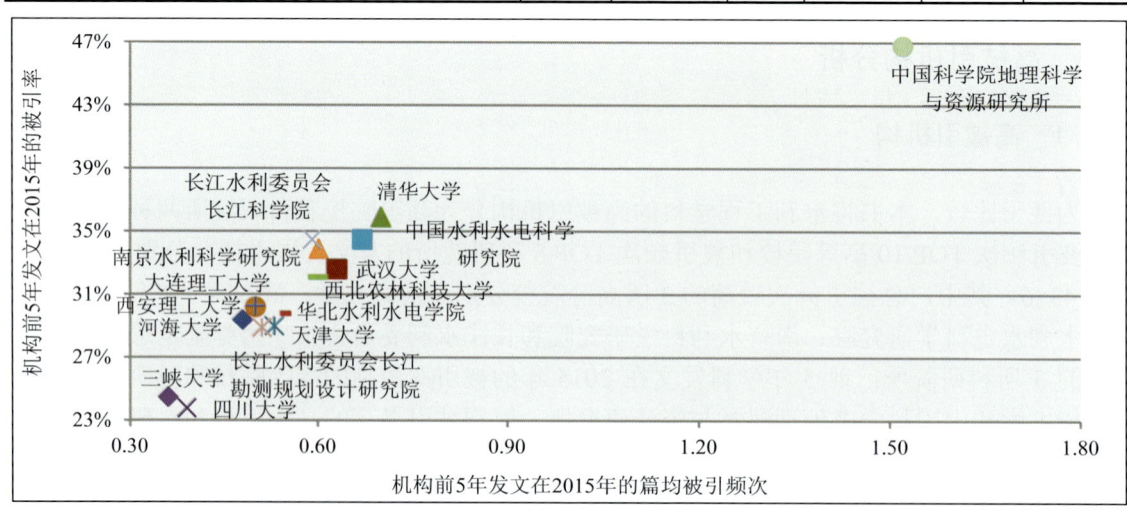

图 43-10 水利工程学科高被引机构论文篇均被引及被引率对比

### 43.6.2 高被引机构科研合作关系

通过合著分析，获得水利工程学科高被引机构之间及其与其他机构之间的科研合作关联，如图 43-11 所示（合作 31 次以下不显示）。分析得知，水利工程学科的机构合作链接较为紧密，表明学科内机构合作现象非常普遍；高被引机构基本主导了机构合作网络，显示出这些机构已经在学科内具有了一定的科研优势。河海大学和南京水利科学研究院、四川大学和中国电建集团成都勘测设计研究院有限公司等机构之间的链接较强，表明它们的学术合作较为频繁。

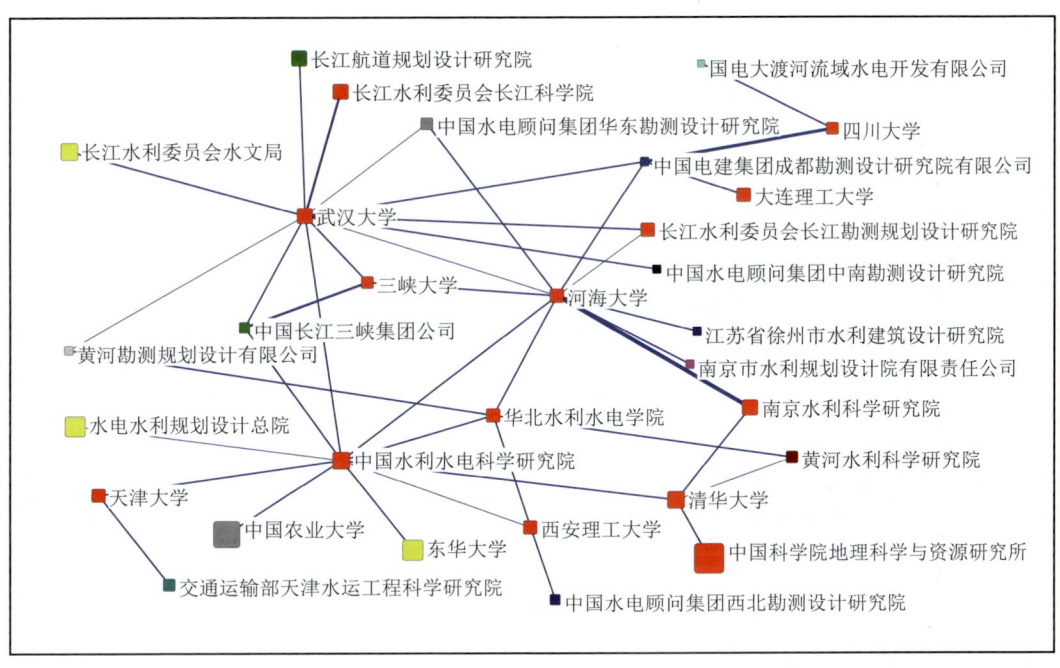

图 43-11　水利工程学科高被引机构科研合作关联

## 43.7　高被引图书、国外期刊及学术会议

2015 年，水利工程学科被引频次位居前 10 位的图书及国外期刊见表 43-7 和表 43-8。其中，被引次数较多的 3 种图书分别是朱伯芳的《大体积混凝土温度应力与温度控制》、吴持恭的《水力学》和钱宁的《泥沙运动力学》；被引次数较多的 3 种国外期刊分别是《Journal of Hydraulic Engineering》《Journal of Hydrology》和《Water Resources Research》；被引次数较多的 3 场学术会议分别是"IOP Conference Series: Earth and Environmental Science""World Environmental and Water Resources Congress"和"Proceedings of IEEE International Conference on Neural Networks"。

表 43-7  水利工程学科高被引图书 TOP 10

| 序号 | 责任者 | 图书名称 | 出版社 | 2015 年被引频次 |
| --- | --- | --- | --- | --- |
| 1 | 朱伯芳 | 大体积混凝土温度应力与温度控制 | 中国电力出版社 | 70 |
| 2 | 吴持恭 | 水力学 | 高等教育出版社 | 60 |
| 3 | 钱宁 | 泥沙运动力学 | 科学出版社 | 54 |
| 4 | 李炜 | 水力计算手册 | 中国水利水电出版社 | 50 |
| 5 | 吴中如 | 水工建筑物安全监控理论及其应用 | 高等教育出版社 | 42 |
| 6 | 顾冲时 | 大坝与坝基安全监控理论和方法及其应用 | 河海大学出版社 | 36 |
| 7 | 林继镛 | 水工建筑物 | 中国水利水电出版社 | 32 |
| 8 | 王铁梦 | 工程结构裂缝控制 | 中国建筑工业出版社 | 31 |
| 8 | 钱宁 | 河床演变学 | 科学出版社 | 29 |
| 10 | 毛昶熙 | 渗流计算分析与控制 | 中国水利水电出版社 | 23 |

表 43-8  水利工程学科高被引国外期刊 TOP 10

| 序号 | 期刊名称 | 2015 年被引频次 |
| --- | --- | --- |
| 1 | Journal of Hydraulic Engineering | 684 |
| 2 | Journal of Hydrology | 468 |
| 3 | Water Resources Research | 445 |
| 4 | Journal of Fluid Mechanics | 237 |
| 5 | Journal of Hydraulic Research | 196 |
| 6 | Hydrological Processes | 165 |
| 7 | Coastal Engineering | 159 |
| 8 | Cement and Concrete Research | 137 |
| 9 | Journal of Hydrodynamics | 119 |
| 10 | Advances in Water Resources | 118 |
| 10 | Water Resources Management | 118 |

# 第 44 章　交通运输学科高被引分析

## 44.1　学科论文概况

2010—2014 年,交通运输学科共有 297002 位来自 64947 所机构的论文第一作者在 3919 种期刊上发表了 340134 篇学术论文。其中,80% 以上的论文产出自 25214 所机构、226334 位作者,发表在 277 种期刊上。在前 5 年发表的这些论文中,有 60414 篇在 2015 年获得过引用,整体被引率为 17.8%,总被引频次为 111887 次,篇均被引 0.33 次;其中,高被引论文有 665 篇,单篇论文最高被引频次为 133 次,累计被引 11097 次,篇均被引 16.69 次(表 44-1)。另外,2015 年交通运输学科共发表论文 87070 篇,其中有 3195 篇在当年获得过引用,总共被引 4264 次。

表 44-1　交通运输学科论文分布情况

| 年份 | 论文篇数 | 2015 年被引频次 | 2015 年被引率(%) | 2015 年高被引论文 | | | |
|---|---|---|---|---|---|---|---|
| | | | | 论文篇数 | 最高被引频次 | 总被引频次 | 篇均被引频次 |
| 2010 | 55871 | 20446 | 19.7 | 121 | 94 | 1968 | 16.26 |
| 2011 | 69459 | 23405 | 18.0 | 143 | 116 | 2284 | 15.97 |
| 2012 | 75464 | 23155 | 16.7 | 127 | 107 | 2241 | 17.65 |
| 2013 | 62953 | 27015 | 22.0 | 149 | 133 | 2755 | 18.49 |
| 2014 | 76387 | 17866 | 13.8 | 125 | 100 | 1849 | 14.79 |
| 合计 | 340134 | 111887 | 17.8 | 665 | 133 | 11097 | 16.69 |

从交通运输学科论文的地域分布来看,2015 年被引频次较高的 5 个省、直辖市或自治区依次是北京、江苏、上海、陕西和河北(图 44-1);5 年论文产出量较多的 5 个省、直辖市或自治区依次是北京、江苏、河北、上海和广东(图 44-2)。

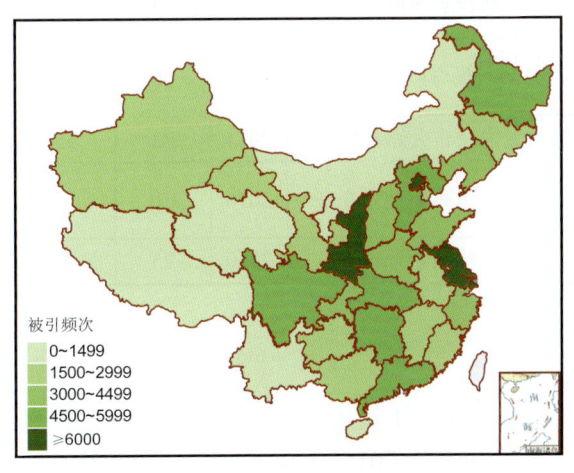
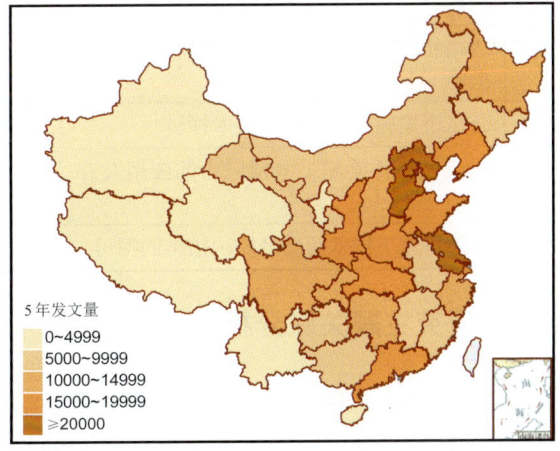

图 44-1　2015 年交通运输学科地区被引分布　　图 44-2　交通运输学科 5 年论文产出地区分布

## 44.2 高被引论文分析

在交通运输学科，2015 年被引频次位居前 10 位的论文（表 44-2）平均被引频次为 58.9 次，是全部 665 篇高被引论文篇均被引频次的 3.5 倍。其中，被引频次最高的论文是刘伟于 2010 年发表的《浅析路桥施工中预应力技术的应用》，随后 2 篇分别是谷新康于 2012 年发表的《关于公路桥梁施工技术及质量控制探讨》和夏继荣于 2012 年发表的《公路工程路基路面压实施工技术措施分析》。

从论文分布来看，刊载高被引论文数量居前的 3 种期刊分别是《黑龙江交通科技》（60 篇）、《中国新技术新产品》（53 篇）和《黑龙江科技信息》（37 篇），而《科技创新导报》刊载了高被引论文 TOP 10 中的 2 篇；发表高被引论文居前的 3 位学者分别是甘肃路桥第一公路工程有限责任公司的蔡兰生（2 篇）、山东省公路建设（集团）有限公司的肖启涛（2 篇）和黑龙江省龙建路桥第六工程有限公司的高亮亮（2 篇）；产出高被引论文数量居前的 3 所机构分别是贵州省公路工程集团有限公司（10 篇）、同济大学（9 篇）和黑龙江省龙建路桥第四工程有限公司（7 篇）。

表 44-2 交通运输学科高被引论文 TOP 10

| 序号 | 论文题名 | 第一作者 | 期刊名称 | 发表年份 | 被引频次 总频次 | 被引频次 2015 年 |
|---|---|---|---|---|---|---|
| 1 | 浅析路桥施工中预应力技术的应用 | 刘伟 | 价值工程 | 2010 | 111 | 74 |
| 2 | 关于公路桥梁施工技术及质量控制探讨 | 谷新康 | 黑龙江交通科技 | 2012 | 72 | 66 |
| 3 | 公路工程路基路面压实施工技术措施分析 | 夏继荣 | 科技创新导报 | 2012 | 83 | 62 |
| 4 | 电动汽车充电对电网影响的综述 | 高赐威 | 电网技术 | 2011 | 183 | 59 |
| 5 | 浅析路桥施工中预应力技术的应用 | 金龙云 | 科技传播 | 2011 | 95 | 57 |
| 6 | 试析预应力技术在公路桥梁施工中的应用 | 李锋 | 科技致富向导 | 2012 | 53 | 55 |
| 7 | 道路桥梁施工管理中存在的问题及优化措施 | 张海宁 | 产业与科技论坛 | 2011 | 50 | 55 |
| 8 | 公路桥梁施工中预应力技术探讨 | 成扬 | 内蒙古公路与运输 | 2011 | 72 | 55 |
| 9 | 浅谈公路桥梁施工中预应力的应用及存在的问题 | 俞建辉 | 中国高新技术企业 | 2010 | 101 | 54 |
| 10 | 对路桥施工技术及质量控制措施的探讨 | 任振华 | 科技创新导报 | 2010 | 75 | 52 |

## 44.3 研究主题关联分析

在交通运输学科，高被引论文累计被 2015 年发表的 9461 篇论文引用了 11097 次。通过分析施引文献关键词的词频及关键词之间的共现关系，获得 2015 年交通运输学科的热点主题和主题关联，如图 44-3 所示（共现 58 次以下不显示）。由图 44-3 可知："施工技术"

"道路桥梁""公路工程"等关键词的文档词频较高,是 2015 年学科的研究热点;以"公路桥梁""施工技术""公路工程""道路桥梁"等关键词为主要节点的多个概念相互关联,构成了学科内最为突出的研究主题簇。

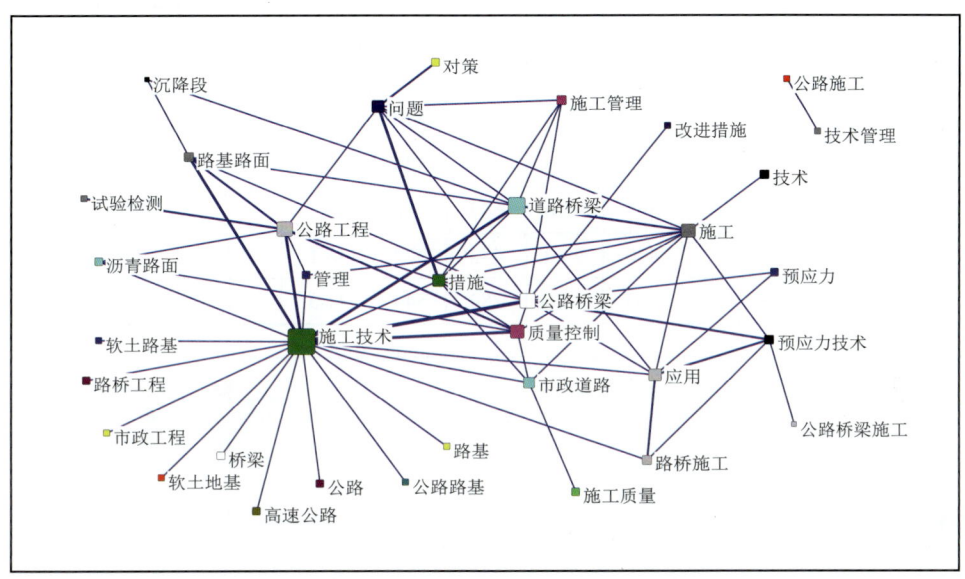

图 44-3　交通运输学科 2015 年热点主题关联

## 44.4　学科高影响力期刊分析

### 44.4.1　学科高影响力期刊 TOP 10

在交通运输学科,学科 5 年影响因子位居前 10 位的期刊见表 44-3,排在前 3 位的期刊分别是《现代隧道技术》《桥梁建设》和《中国铁道科学》。在表 44-3 中,学科载文量占其总载文量比例最大的期刊是《中国公路学报》;前 5 年学科载文在 2015 年被引率最高的期刊是《桥梁建设》;期刊 5 年影响因子较高的前 3 种期刊分别是《中国铁道科学》《现代隧道技术》和《桥梁建设》;学科 5 年影响因子与期刊 5 年影响因子差异最大的期刊是《同济大学学报(自然科学版)》。表 44-3 中期刊的学科 5 年影响因子和前 5 年学科载文的 2015 年被引率对比如图 44-4 所示,2010—2015 年期刊 5 年影响因子的变动情况如图 44-5 所示。

表 44-3　交通运输学科高影响力期刊基本指数

| 序号 | 期刊名称 | 前 5 年载文量 | | | 2015 年学科被引 | | | 5 年影响因子 | | h 指数(学科) |
|---|---|---|---|---|---|---|---|---|---|---|
| | | 学科(篇) | 占比(%) | 总量(篇) | 频次 | 被引率(%) | 高被引论文篇数 | 期刊(2015) | 学科(2015) | |
| 1 | 现代隧道技术 | 935 | 91.3 | 1024 | 982 | 49.3 | 3 | 1.015 | 1.050 | 7 |
| 2 | 桥梁建设 | 730 | 96.7 | 755 | 749 | 50.3 | 2 | 1.011 | 1.026 | 6 |
| 3 | 中国铁道科学 | 790 | 95.0 | 832 | 810 | 47.8 | 1 | 1.042 | 1.025 | 7 |

| 序号 | 期刊名称 | 前5年载文量 | | | 2015年学科被引 | | | 5年影响因子 | | h指数(学科) |
|---|---|---|---|---|---|---|---|---|---|---|
| | | 学科(篇) | 占比(%) | 总量(篇) | 频次 | 被引率(%) | 高被引论文篇数 | 期刊(2015) | 学科(2015) | |
| 4 | 中国公路学报 | 917 | 99.2 | 924 | 914 | 45.3 | 4 | 0.991 | 0.997 | 8 |
| 5 | 铁道学报 | 833 | 69.4 | 1200 | 816 | 48.1 | 1 | 0.891 | 0.980 | 8 |
| 6 | 西南交通大学学报 | 387 | 38.4 | 1008 | 370 | 45.2 | 1 | 0.784 | 0.956 | 7 |
| 7 | 同济大学学报（自然科学版） | 568 | 29.9 | 1901 | 529 | 43.5 | 2 | 0.750 | 0.931 | 8 |
| 8 | 交通运输工程学报 | 595 | 92.0 | 647 | 542 | 46.7 | 1 | 0.926 | 0.911 | 6 |
| 9 | 城市交通 | 440 | 93.0 | 473 | 372 | 36.1 | 3 | 0.846 | 0.845 | 7 |
| 10 | 长安大学学报（自然科学版） | 663 | 84.6 | 784 | 544 | 41.3 | 1 | 0.773 | 0.821 | 6 |

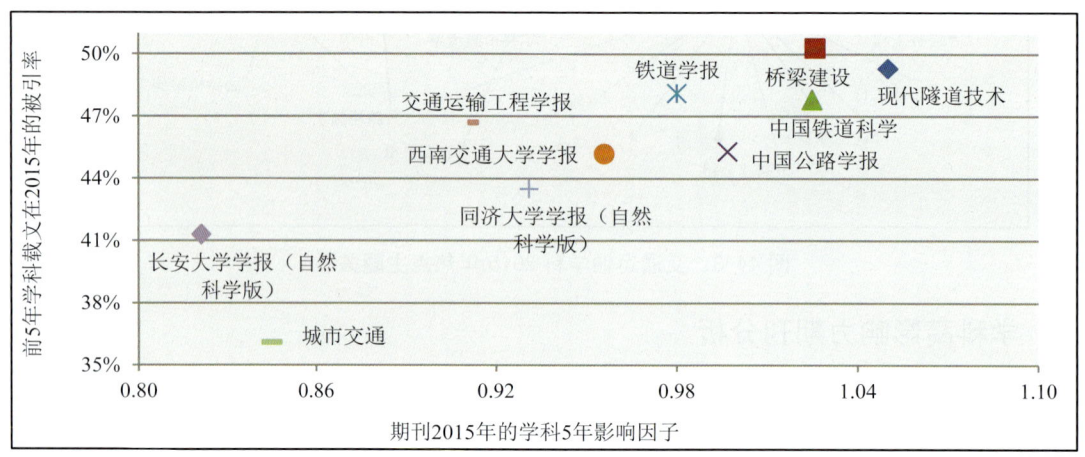

图44-4　交通运输学科高影响力期刊对比

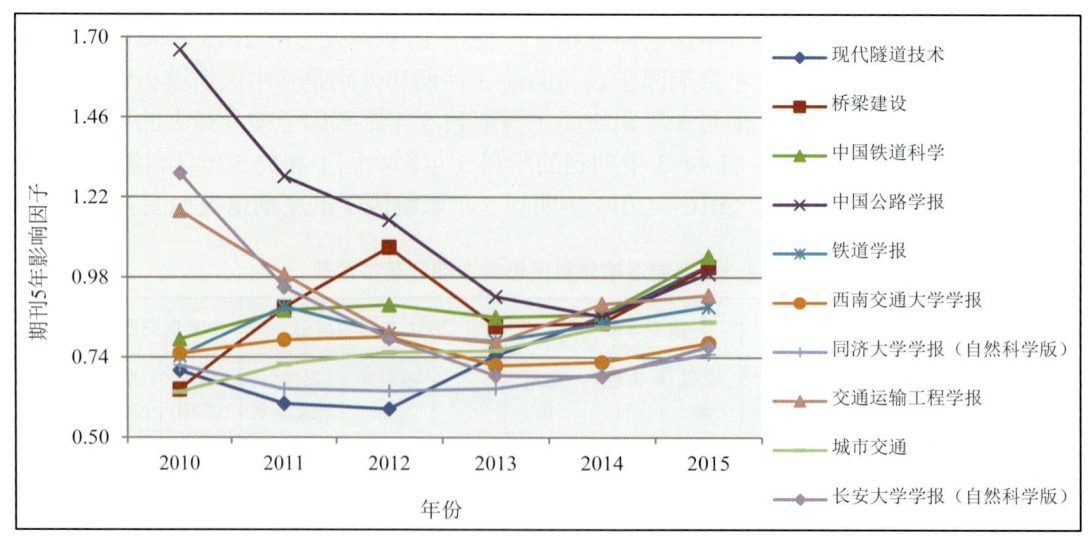

图44-5　交通运输学科期刊5年影响因子变动

## 44.4.2 学科高影响力期刊载文主题关联

通过期刊共被引分析，获得交通运输学科高影响力期刊及与其他期刊之间的载文主题关联，如图 44-6 所示（共被引 60 次以下不显示）。结果显示，交通运输学科的高影响力期刊相互链接较为紧密，基本主导了该学科的期刊共被引网络，显示出该学科高影响力期刊可能共同刊载了许多相近的研究主题，热点研究主题分散在多种期刊上。《岩石力学与工程学报》的学科 5 年影响因子较高，显示出该刊在学科内学术影响力较大；《黑龙江交通科技》与《交通运输研究》《山西建筑》等期刊之间的链接较强，意味着它们之间可能有较多相同或相近的载文主题。

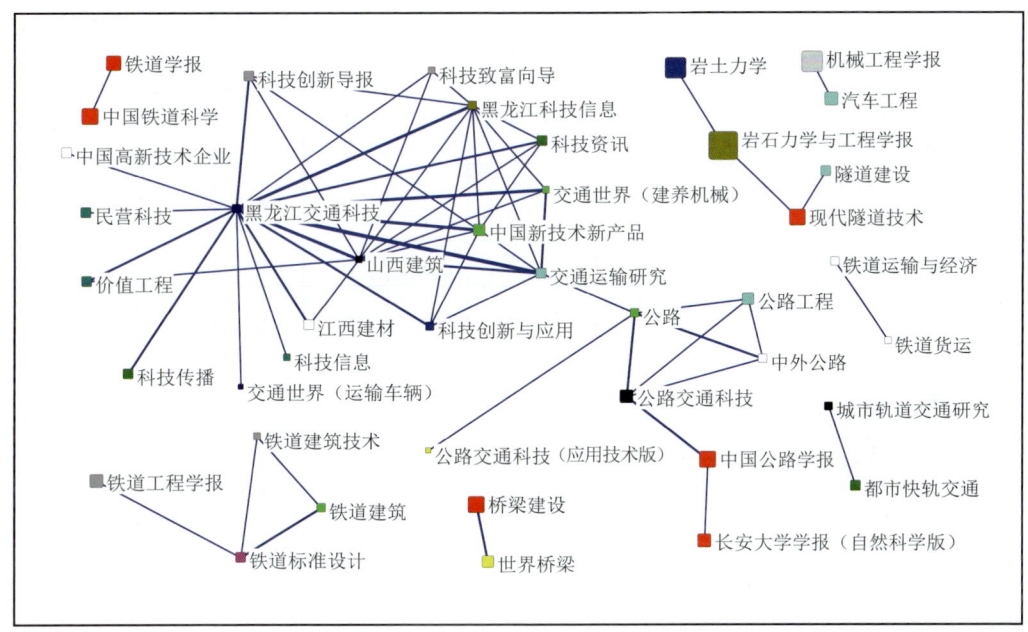

图 44-6　交通运输学科高影响力期刊载文主题关联

## 44.5　高被引作者分析

### 44.5.1　高被引作者 TOP 20

2010—2014 年，在 297002 位交通运输学科论文的第一作者中，在 2015 年学科被引频次位居前 20 位的学者的发文及被引情况见表 44-4。其中，学科发文总被引频次较高的 3 位作者分别是中国电子工程设计院的彭丽君（75 次）、中铁十三局集团第三工程有限公司的刘伟（74 次）和新疆路桥桥梁工程建设有限责任公司的谷新康（66 次）。高被引作者的 5 年学科发文数量从 1 篇到 47 篇不等，同时，作者学科发文的期刊分布也在 1 种到 18 种之间变化。在发文超过 5 篇的所有作者中，篇均被引较高的 3 位作者分别是河北省保定市交通运输局公路勘测设计院的王峰娟（篇均 11.20 次）、河北省唐山市交通建设质量监督处的郑世强（篇均 9.00 次）和山西省忻州市公路分局的乔晓春（篇均 6.40 次）；前 5 年发表学科论文较多的 3 位作者分别是珠江水运杂志社的陈小玲（50 篇）、西南交通大学的李永乐（47 篇）和《专用汽车》编辑部的张筱梅（46 篇）。高被引作者的学科发文量和被引量对比如图 44-7 所示。

表 44-4 交通运输学科高被引作者 TOP 20

| 序号 | 姓名 | 作者单位 | 前 5 年发文 | | | 前 5 年学科发文在 2015 年的被引 | | | | h 指数（学科） |
|---|---|---|---|---|---|---|---|---|---|---|
| | | | 学科发文（篇） | 期刊分布（种） | 发文总量（篇） | 总频次 | 被引率（%） | 最高（次） | 篇均（次） | |
| 1 | 彭丽君 | 中国电子工程设计院 | 1 | 1 | 1 | 75 | 100.0 | 75 | 75.00 | 1 |
| 2 | 刘伟 | 中铁十三局集团第三工程有限公司 | 1 | 1 | 1 | 74 | 100.0 | 74 | 74.00 | 1 |
| 3 | 谷新康 | 新疆路桥桥梁工程建设有限责任公司 | 4 | 4 | 4 | 66 | 25.0 | 66 | 16.50 | 1 |
| 4 | 夏继荣 | 安徽省淮南市公路工程公司 | 1 | 1 | 2 | 62 | 100.0 | 62 | 62.00 | 1 |
| 5 | 高赐威 | 东南大学 | 2 | 2 | 18 | 59 | 50.0 | 59 | 29.50 | 6 |
| 6 | 吕海清 | 河南省新安县公路管理局 | 3 | 3 | 3 | 57 | 66.7 | 38 | 19.00 | 2 |
| 6 | 任振华 | 山西省河运高速公路建设管理处 | 2 | 2 | 2 | 57 | 100.0 | 52 | 28.50 | 2 |
| 6 | 金龙云 | 珲春边境经济合作区基础设施投资有限公司 | 1 | 1 | 3 | 57 | 100.0 | 57 | 57.00 | 2 |
| 9 | 成扬 | 江苏省盐城市公路管理处 | 3 | 3 | 3 | 56 | 66.7 | 55 | 18.67 | 1 |
| 9 | 王峰娟 | 河北省保定市交通运输局公路勘测设计院 | 5 | 2 | 5 | 56 | 80.0 | 51 | 11.20 | 2 |
| 11 | 张海宁 | 山西省大同高速公路建设管理处 | 2 | 2 | 2 | 55 | 50.0 | 55 | 27.50 | 1 |
| 11 | 李锋 | 河南省卢氏县公路管理段 | 1 | 1 | 1 | 55 | 100.0 | 55 | 55.00 | 1 |
| 13 | 俞建辉 | 浙江天一交通建设有限公司 | 1 | 1 | 1 | 54 | 100.0 | 54 | 54.00 | 1 |
| 13 | 肖启涛 | 山东省公路建设（集团）有限公司 | 2 | 1 | 2 | 54 | 100.0 | 33 | 27.00 | 2 |
| 15 | 李术才 | 山东大学 | 13 | 3 | 37 | 53 | 69.2 | 21 | 4.08 | 6 |
| 16 | 史智勇 | 天门市公路管理局 | 1 | 1 | 1 | 51 | 100.0 | 51 | 51.00 | 1 |
| 17 | 李永乐 | 西南交通大学 | 47 | 18 | 58 | 48 | 55.3 | 4 | 1.02 | 3 |
| 18 | 尹枝阳 | 广州市市政工程监理有限公司 | 1 | 1 | 2 | 47 | 100.0 | 47 | 47.00 | 1 |

| 序号 | 姓名 | 作者单位 | 前5年发文 | | | 前5年学科发文在2015年的被引 | | | | h指数（学科） |
|---|---|---|---|---|---|---|---|---|---|---|
| | | | 学科发文（篇） | 期刊分布（种） | 发文总量（篇） | 总频次 | 被引率（%） | 最高（次） | 篇均（次） | |
| 19 | 王少飞 | 招商局重庆交通科研设计院有限公司 | 27 | 12 | 35 | 46 | 59.3 | 9 | 1.70 | 4 |
| 20 | 郑世强 | 河北省唐山市交通建设质量监督处 | 5 | 3 | 5 | 45 | 80.0 | 30 | 9.00 | 2 |

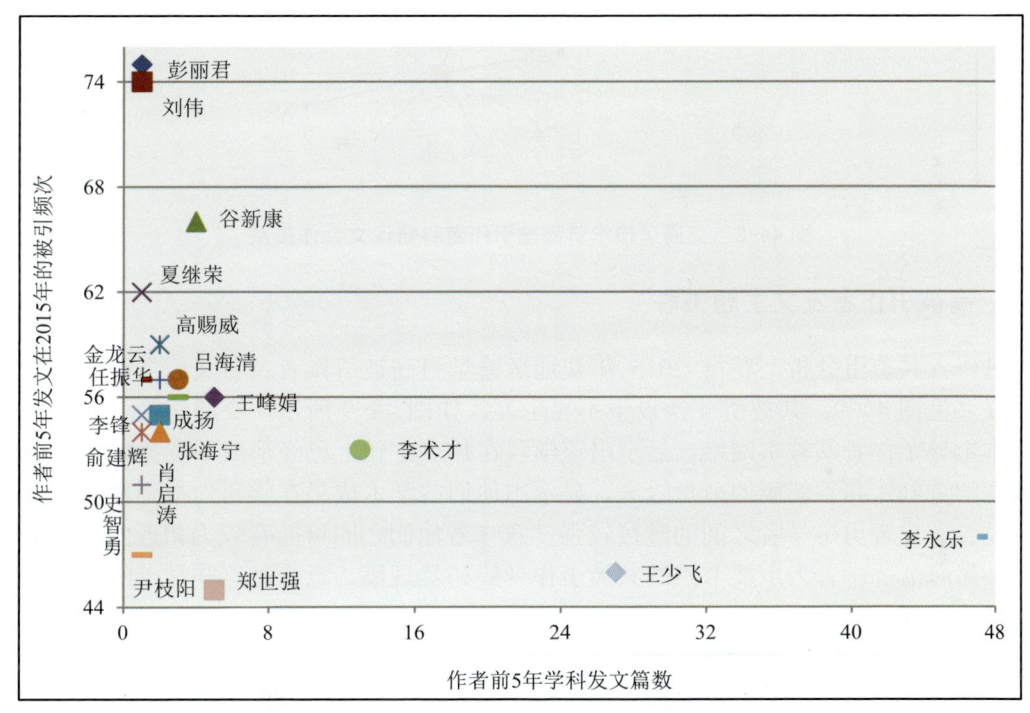

图 44-7　交通运输学科高被引作者学科发文及被引对比

## 44.5.2　高被引作者科研合作关系

通过作者合著分析，获得 2015 年交通运输学科高被引作者及与其他学者之间的科研论文合作关系（不考虑论文署名次序），如图 44-8 所示（合著 4 次以下不显示）。可以看出，交通运输学科的高被引作者的论文合作现象比较普遍。学者李永乐和王少飞的发文量较多；李永乐和李术才的论文合作网络最为突出，在该学科的研究人员中表现出一定的集聚效应；李术才和李利平、李永乐和廖海黎等学者之间的合作关系最为紧密，显示出他们可能分别属于同一支科研团队。

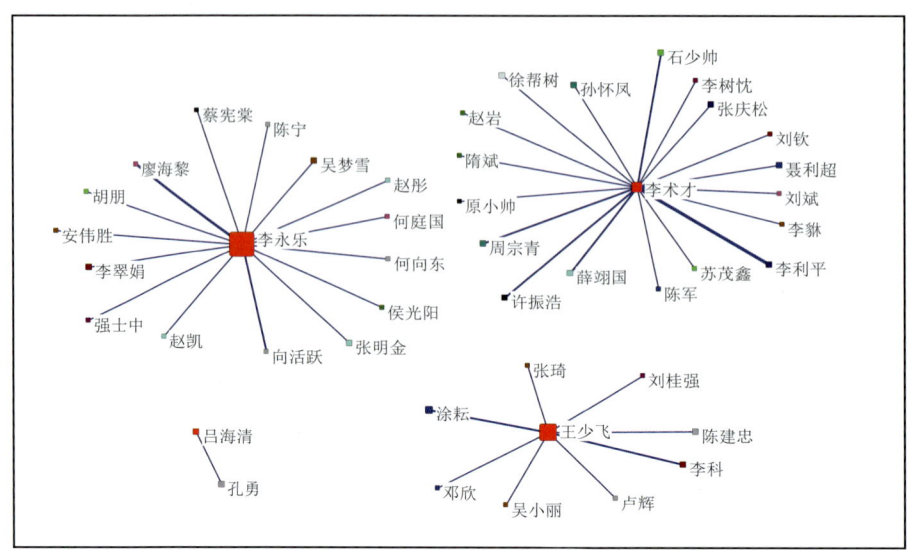

图 44-8　交通运输学科高被引作者科研论文合作关系

### 44.5.3　高被引作者发文主题关联

通过作者共被引分析，获得 2015 年交通运输学科高被引作者及与其他学者之间的发文主题关联（见图 44-9，共被引 4 次以下不显示）。如图 44-9 所示，交通运输学科的高被引作者基本主导了作者共被引网络，显示出该学科在热点主题上已经形成了优势较为明显的科研力量。学者刘伟和谷新康的节点较大，显示出他们的学术成果在学科内得到较多关注；刘伟与金龙云、史智勇等学者之间的链接较强，意味着他们之间可能有较为相近的研究主题；以刘伟、吕海清等学者为主要节点的共被引作者簇初具规模，意味着这些学者的研究主题关联可能较为紧密。

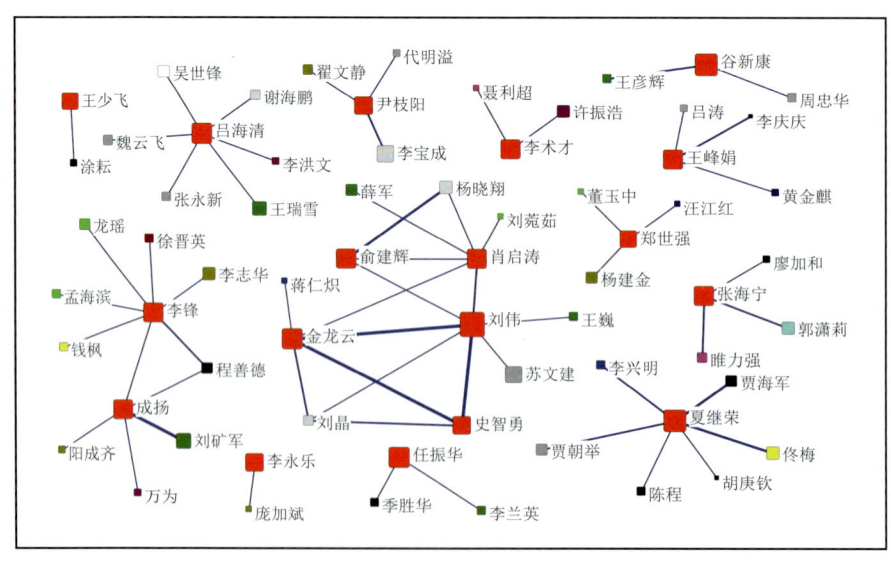

图 44-9　交通运输学科高被引作者发文主题关联

## 44.6 高被引机构分析

### 44.6.1 高被引机构

为便于比较，本书将交通运输学科的高被引机构分为高等院校和科研院所两种类型。其中，被引频次 TOP 10 高等院校和被引频次 TOP 5 科研院所的发文及被引情况分别见表 44-5 和表 44-6。其中，总被引频次较高的 3 所高等院校分别是西南交通大学、同济大学和长安大学，中国铁道科学研究院、交通运输部公路科学研究院和山西省交通科学研究院是总被引频次较高的 3 所科研院所；前 5 年学科发文在 2015 年的被引率最高的高等院校和科研院所分别是中南大学和中国铁道科学研究院，篇均被引最高的高等院校和科研院所分别是东南大学和中国铁道科学研究院。上述高被引机构的论文被引率和篇均被引频次对比如图 44-10 所示。

表 44-5 交通运输学科高被引高等院校 TOP 10

| 序号 | 第一作者单位 | 学科发文量（篇） | | 前 5 年学科发文在 2015 年的被引 | | | |
|---|---|---|---|---|---|---|---|
| | | 前 5 年 | 2015 年 | 频次 | 被引率(%) | 最高（次） | 篇均（次） |
| 1 | 西南交通大学 | 4552 | 873 | 2445 | 29.7 | 18 | 0.54 |
| 2 | 同济大学 | 4021 | 711 | 2270 | 30.0 | 14 | 0.56 |
| 3 | 长安大学 | 4632 | 948 | 2264 | 26.8 | 13 | 0.49 |
| 4 | 北京交通大学 | 2979 | 493 | 1947 | 34.6 | 12 | 0.65 |
| 5 | 东南大学 | 1424 | 240 | 1005 | 36.4 | 59 | 0.71 |
| 6 | 重庆交通大学 | 3289 | 550 | 978 | 18.8 | 9 | 0.30 |
| 7 | 长沙理工大学 | 1773 | 273 | 867 | 27.7 | 21 | 0.49 |
| 8 | 中南大学 | 1139 | 169 | 778 | 37.0 | 15 | 0.68 |
| 9 | 兰州交通大学 | 1721 | 255 | 695 | 24.3 | 8 | 0.40 |
| 10 | 吉林大学 | 1073 | 143 | 667 | 33.4 | 10 | 0.62 |

表 44-6 交通运输学科高被引科研院所 TOP 5

| 序号 | 第一作者单位 | 学科发文量（篇） | | 前 5 年学科发文在 2015 年的被引 | | | |
|---|---|---|---|---|---|---|---|
| | | 前 5 年 | 2015 年 | 频次 | 被引率(%) | 最高（次） | 篇均（次） |
| 1 | 中国铁道科学研究院 | 803 | 222 | 491 | 32.1 | 10 | 0.61 |
| 2 | 交通运输部公路科学研究院 | 671 | 105 | 309 | 27.4 | 10 | 0.46 |
| 3 | 山西省交通科学研究院 | 1009 | 222 | 288 | 17.3 | 12 | 0.29 |
| 4 | 中国船舶科学研究中心 | 303 | 37 | 155 | 28.7 | 8 | 0.51 |
| 5 | 天津市市政工程设计研究院 | 672 | 93 | 148 | 15.5 | 8 | 0.22 |

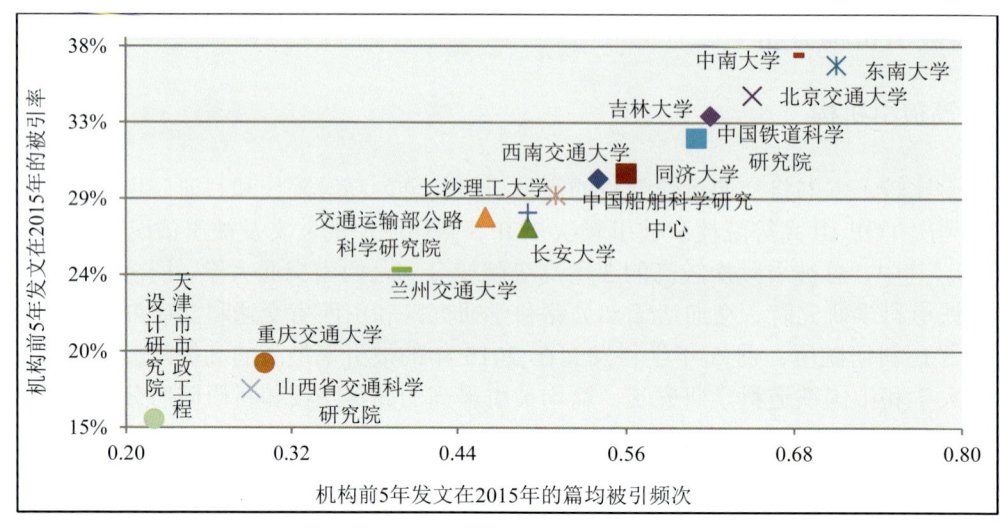

图 44-10　交通运输学科高被引机构论文篇均被引及被引率对比

### 44.6.2　高被引机构科研合作关系

通过合著分析，获得交通运输学科高被引机构之间及其与其他机构之间的科研合作关联，如图 44-11 所示（合作 64 次以下不显示）。分析得知，交通运输学科的机构合作链接较为紧密，表明学科内机构合作现象非常普遍；高被引机构基本主导了机构合作网络，显示出这些机构已经在学科内具有了一定的科研优势。重庆交通大学与招商局重庆交通科研设计院有限公司、吉林大学与中国第一汽车集团公司等机构之间的链接较强，表明它们之间的学术合作较为频繁。

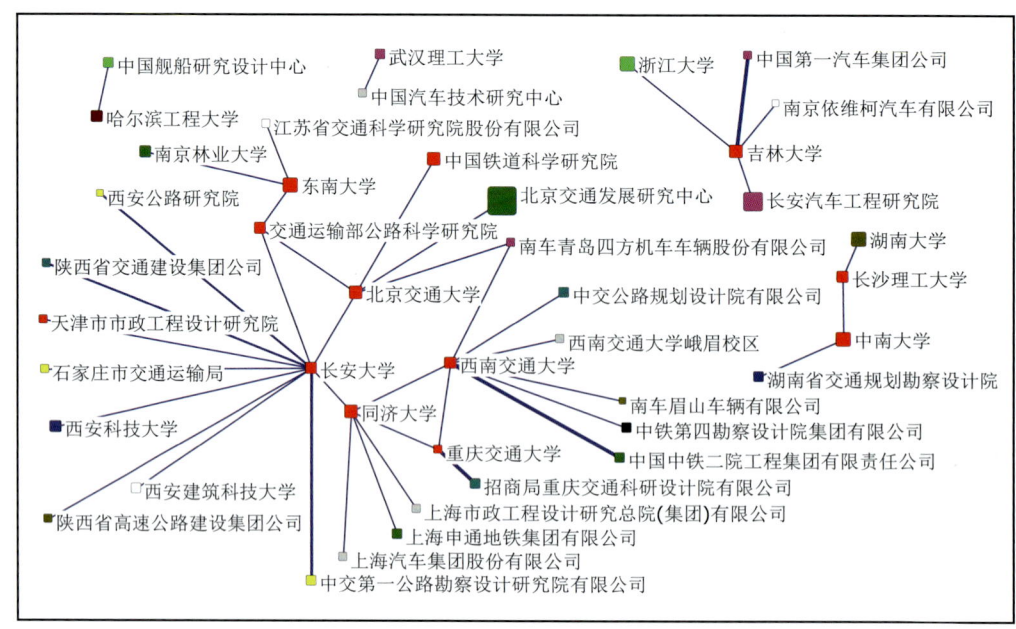

图 44-11　交通运输学科高被引机构科研合作关联

## 44.7 高被引图书、国外期刊及学术会议

2015 年,交通运输学科被引频次位居前 10 位的图书及国外期刊见表 44-7 和表 44-8。其中,被引次数较多的 3 种图书分别是余志生的《汽车理论》、范立础的《桥梁工程》和沈金安的《沥青及沥青混合料路用性能》;被引次数较多的 3 种国外期刊分别是《Journal of Sound and Vibration》《Vehicle System Dynamics》和《Tunnelling and Underground Space Technology》;被引次数较多的 3 场学术会议分别是"Proceedings of the American Control Conference""Offshore Technology Conference"和"Proceedings of the 7th International Conference on Soil Mechanics and Foundation Engineering"。

表 44-7　交通运输学科高被引图书 TOP 10

| 序号 | 责任者 | 图书名称 | 出版社 | 2015 年被引频次 |
|---|---|---|---|---|
| 1 | 余志生 | 汽车理论 | 机械工业出版社 | 428 |
| 2 | 范立础 | 桥梁工程 | 人民交通出版社 | 166 |
| 3 | 沈金安 | 沥青及沥青混合料路用性能 | 人民交通出版社 | 114 |
| 4 | 王望予 | 汽车设计 | 机械工业出版社 | 106 |
| 5 | 沙庆林 | 高速公路沥青路面早期破坏现象及预防 | 人民交通出版社 | 83 |
| 5 | 刘惟信 | 汽车设计 | 清华大学出版社 | 83 |
| 7 | 姚玲森 | 桥梁工程 | 人民交通出版社 | 81 |
| 7 | 周水兴 | 路桥施工计算手册 | 人民交通出版社 | 81 |
| 7 | 邓学钧 | 路基路面工程 | 人民交通出版社 | 81 |
| 10 | 项海帆 | 高等桥梁结构理论 | 人民交通出版社 | 79 |

表 44-8　交通运输学科高被引国外期刊 TOP 10

| 序号 | 期刊名称 | 2015 年被引频次 |
|---|---|---|
| 1 | Journal of Sound and Vibration | 761 |
| 2 | Vehicle System Dynamics | 652 |
| 3 | Tunnelling and Underground Space Technology | 573 |
| 4 | Transportation Research Part B:Methodological | 566 |
| 5 | Transportation Research Record | 506 |
| 6 | Journal of Structural Engineering | 435 |
| 7 | Construction and Building Materials | 423 |
| 8 | Journal of Transportation Engineering | 420 |
| 9 | Engineering Structures | 413 |
| 10 | European Journal of Operational Research | 361 |

# 第 45 章 航空、航天学科高被引分析

## 45.1 学科论文概况

2010—2014 年,航空、航天学科共有 40526 位来自 6086 所机构的论文第一作者在 2096 种期刊上发表了 48642 篇学术论文。其中,80%以上的论文产出自 1810 所机构、31479 位作者,发表在 163 种期刊上。在前 5 年发表的这些论文中,有 11378 篇在 2015 年获得过引用,整体被引率为 23.4%,总被引频次为 18529 次,篇均被引 0.38 次;其中,高被引论文有 142 篇,单篇论文最高被引频次为 20 次,累计被引 1189 次,篇均被引 8.37 次(表 45-1)。另外,2015 年航空、航天学科共发表论文 10818 篇,其中有 307 篇在当年获得过引用,总共被引 349 次。

表 45-1 航空、航天学科论文分布情况

| 年份 | 论文篇数 | 2015 年被引频次 | 2015 年被引率(%) | 2015 年高被引论文 | | | |
|---|---|---|---|---|---|---|---|
| | | | | 论文篇数 | 最高被引频次 | 总被引频次 | 篇均被引频次 |
| 2010 | 7948 | 3445 | 26.8 | 29 | 20 | 223 | 7.69 |
| 2011 | 10095 | 4042 | 24.3 | 24 | 17 | 237 | 9.88 |
| 2012 | 11680 | 4151 | 21.8 | 36 | 17 | 254 | 7.06 |
| 2013 | 9230 | 4457 | 28.6 | 31 | 20 | 297 | 9.58 |
| 2014 | 9689 | 2434 | 16.6 | 22 | 14 | 178 | 8.09 |
| 合计 | 48642 | 18529 | 23.4 | 142 | 20 | 1189 | 8.37 |

从航空、航天学科论文的地域分布来看,2015 年被引频次较高的 5 个省、直辖市或自治区依次是北京、陕西、江苏、上海和四川(图 45-1);5 年论文产出量较多的 5 个省、直辖市或自治区依次是北京、陕西、江苏、上海和四川(图 45-2)。

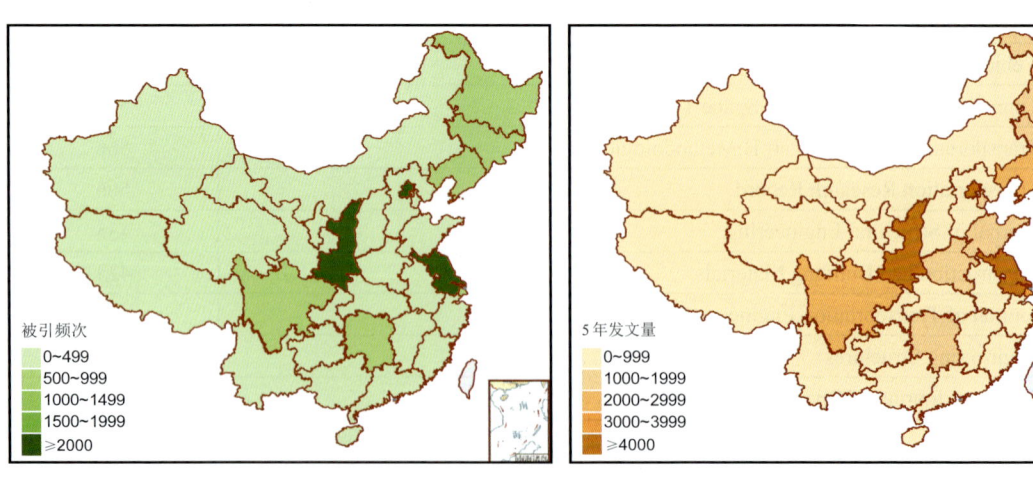

图 45-1 2015 年航空、航天学科地区被引分布　　图 45-2 航空、航天学科 5 年论文产出地区分布

## 45.2 高被引论文分析

在航空、航天学科，2015年被引频次位居前10位的论文（表45-2）平均被引频次为14.8次，是全部142篇高被引论文篇均被引频次的1.8倍。其中，被引频次最高的论文是李威于2011年发表的《碳纤维复合材料在航天领域的应用》，随后2篇分别是梁延德于2011年发表的《基于互补滤波器的四旋翼飞行器姿态解算》和岳基隆于2010年发表的《微小型四旋翼无人机研究进展及关键技术浅析》。

从论文分布来看，刊载高被引论文数量居前的3种期刊分别是《航空学报》（27篇）、《宇航学报》（13篇）和《航空制造技术》（12篇），而《中国光学》和《中国科学（技术科学）》分别刊载了高被引论文 TOP 10 中的2篇；发表高被引论文居前的3位学者分别是北京航空航天大学的林宇震（2篇）、南京航空航天大学的陈果（2篇）和中国科学院长春光学精密机械与物理研究所的巩盾（2篇）；产出高被引论文数量居前的3所机构分别是北京航空航天大学（21篇）、西北工业大学（15篇）和南京航空航天大学（14篇），而中国科学院长春光学精密机械与物理研究所产出了高被引论文 TOP 10 中的2篇。

表45-2 航空、航天学科高被引论文 TOP 10

| 序号 | 论文题名 | 第一作者 | 期刊名称 | 发表年份 | 被引频次 总频次 | 被引频次 2015年 |
|---|---|---|---|---|---|---|
| 1 | 碳纤维复合材料在航天领域的应用 | 李威 | 中国光学 | 2011 | 36 | 20 |
| 2 | 基于互补滤波器的四旋翼飞行器姿态解算 | 梁延德 | 传感器与微系统 | 2011 | 27 | 19 |
| 3 | 微小型四旋翼无人机研究进展及关键技术浅析 | 岳基隆 | 电光与控制 | 2010 | 38 | 17 |
| 4 | 嫦娥三号自主避障软着陆控制技术 | 张洪华 | 中国科学（技术科学） | 2014 | 3 | 15 |
| 5 | Adaptive neural control based on HGO for hypersonic flight vehicles | XU Bin | 中国科学:信息科学（英文版） | 2011 | 7 | 14 |
| 5 | 近空间高超声速飞行器对控制科学的挑战 | 黄琳 | 控制理论与应用 | 2011 | 31 | 14 |
| 7 | 机载光电平台目标定位与误差分析 | 孙辉 | 中国光学 | 2013 | 13 | 13 |
| 8 | 高分一号卫星的技术特点 | 白照广 | 中国航天 | 2013 | 18 | 12 |
| 8 | 中国月球探测器发展历程和经验初探 | 叶培建 | 中国科学（技术科学） | 2014 | 1 | 12 |
| 8 | 我国空间站工程总体构想 | 周建平 | 载人航天 | 2013 | 14 | 12 |

## 45.3 研究主题关联分析

在航空、航天学科，高被引论文累计被2015年发表的1334篇论文引用了1189次。通过分析施引文献关键词的词频及关键词之间的共现关系，获得2015年航空、航天学科的热点主题和主题关联，如图45-3所示（共现4次以下不显示）。由图45-3可知："土建工程"

"高超声速飞行器"等关键词的文档词频较高,是2015年学科的研究热点;以"施工技术""土建工程""措施"等关键词为主要节点的多个概念相互关联,构成了学科内最为突出的研究主题簇。

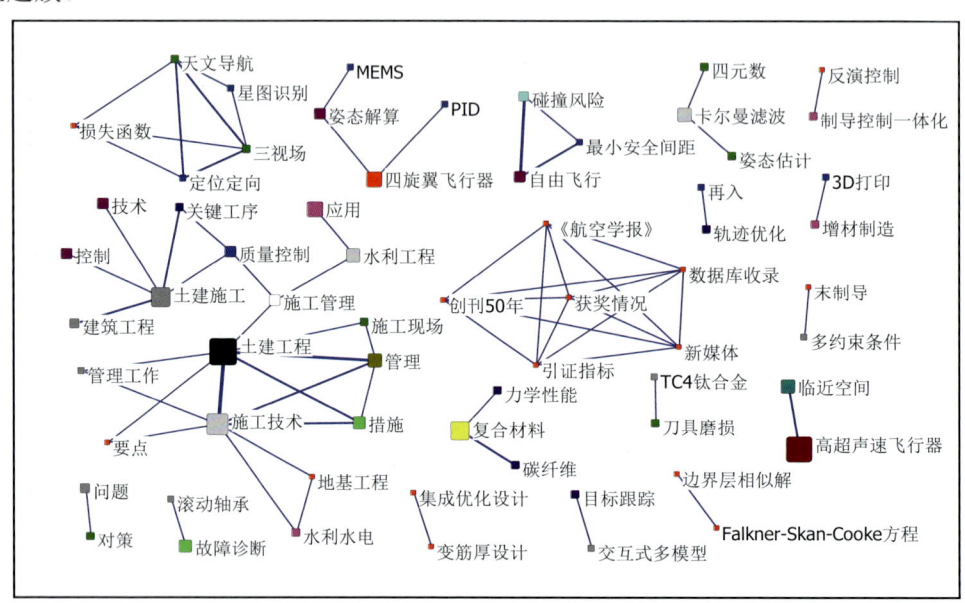

图45-3 航空、航天学科2015年热点主题关联

## 45.4 学科高影响力期刊分析

### 45.4.1 学科高影响力期刊TOP 10

在航空、航天学科,学科5年影响因子位居前10位的期刊见表45-3,排在前3位的期刊分别是《航空学报》《中国科学(技术科学)》和《宇航学报》。在表45-3中,学科载文量占其总载文量比例最大的期刊是《航空学报》;前5年学科载文在2015年被引率最高的期刊是《航空学报》;期刊5年影响因子较高的前3种期刊分别是《航空学报》《宇航学报》和《南京航空航天大学学报》;学科5年影响因子与期刊5年影响因子差异最大的期刊是《中国科学(技术科学)》。表45-3中期刊的学科5年影响因子和前5年学科载文的2015年被引率对比如图45-4所示,2010—2015年期刊5年影响因子的变动情况如图45-5所示。

表45-3 航空、航天学科高影响力期刊基本指数

| 序号 | 期刊名称 | 前5年载文量 | | | 2015年学科被引 | | | 5年影响因子 | | h指数(学科) |
|---|---|---|---|---|---|---|---|---|---|---|
| | | 学科(篇) | 占比(%) | 总量(篇) | 频次 | 被引率(%) | 高被引论文篇数 | 期刊(2015) | 学科(2015) | |
| 1 | 航空学报 | 1863 | 97.3 | 1914 | 1598 | 43.1 | 27 | 0.854 | 0.858 | 8 |
| 2 | 中国科学(技术科学) | 174 | 18.1 | 962 | 146 | 31.6 | 5 | 0.572 | 0.839 | 7 |
| 3 | 宇航学报 | 901 | 53.3 | 1689 | 681 | 40.7 | 13 | 0.742 | 0.756 | 7 |

| 序号 | 期刊名称 | 前5年载文量 | | | 2015年学科被引 | | | 5年影响因子 | | h指数(学科) |
|---|---|---|---|---|---|---|---|---|---|---|
| | | 学科(篇) | 占比(%) | 总量(篇) | 频次 | 被引率(%) | 高被引论文篇数 | 期刊(2015) | 学科(2015) | |
| 4 | 南京航空航天大学学报 | 344 | 38.2 | 900 | 200 | 34.0 | 4 | 0.581 | 0.581 | 6 |
| 5 | 航空动力学报 | 2218 | 92.0 | 2411 | 1133 | 30.9 | 9 | 0.519 | 0.511 | 6 |
| 6 | 北京航空航天大学学报 | 802 | 41.1 | 1950 | 379 | 28.3 | 4 | 0.485 | 0.473 | 5 |
| 7 | 推进技术 | 1118 | 90.4 | 1237 | 526 | 28.4 | 2 | 0.463 | 0.470 | 5 |
| 8 | 中国航空学报（英文版） | 494 | 60.2 | 820 | 227 | 27.3 | 2 | 0.483 | 0.460 | 5 |
| 9 | 空气动力学学报 | 604 | 78.1 | 773 | 274 | 29.0 | 0 | 0.506 | 0.454 | 5 |
| 10 | 弹道学报 | 103 | 19.3 | 534 | 46 | 33.0 | 0 | 0.483 | 0.447 | 4 |

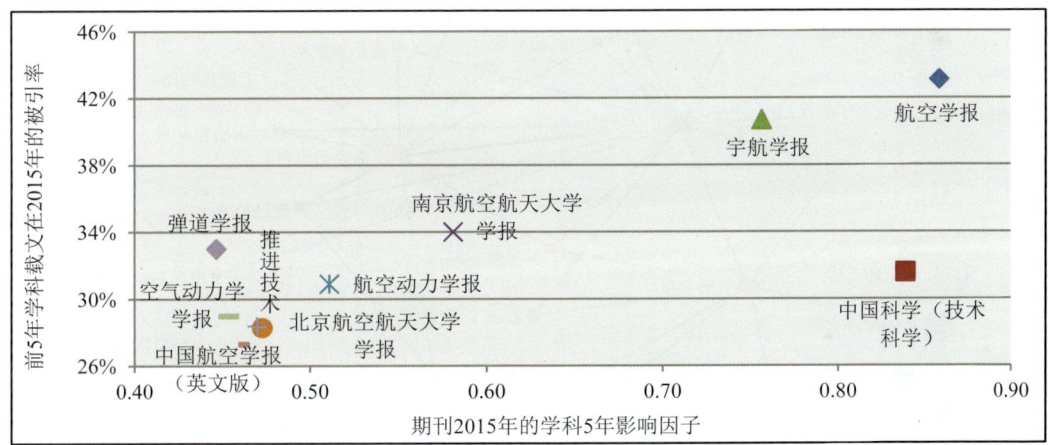

图 45-4　航空、航天学科高影响力期刊对比

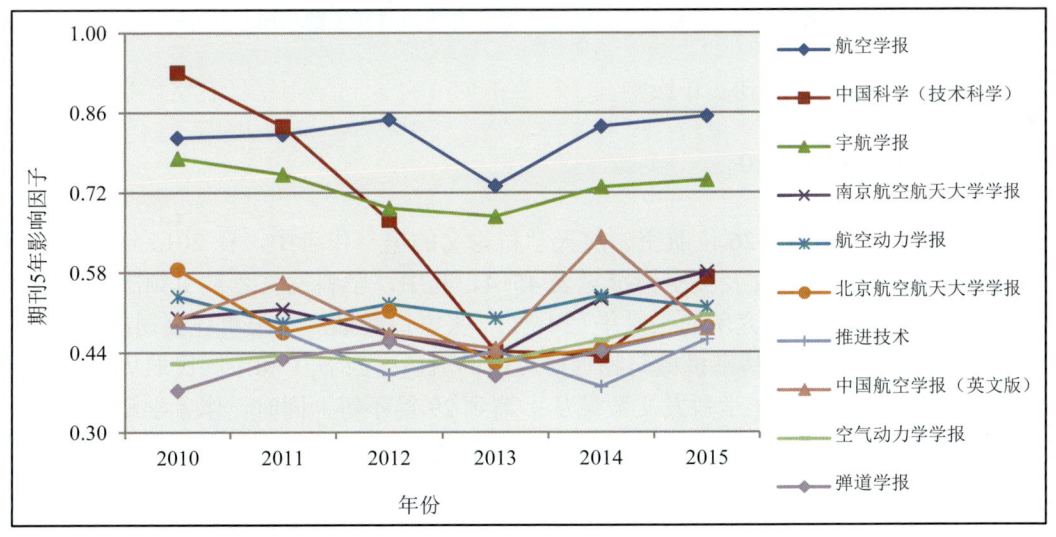

图 45-5　航空、航天学科期刊 5 年影响因子变动

### 45.4.2 学科高影响力期刊载文主题关联

通过期刊共被引分析,获得航空、航天学科高影响力期刊及与其他期刊之间的载文主题关联,如图 45-6 所示(共被引 14 次以下不显示)。结果显示,航空、航天学科的高影响力期刊相互链接较为紧密,基本主导了该学科的期刊共被引网络,显示出该学科高影响力期刊可能共同刊载了许多相近的研究主题,热点研究主题分散在多种期刊上。《中国光学》的学科 5 年影响因子较高,显示出该刊在学科内学术影响力较大;《航空动力学报》与《推进技术》《航空学报》等期刊之间的链接较强,意味着它们之间可能有较多相同或相近的载文主题。

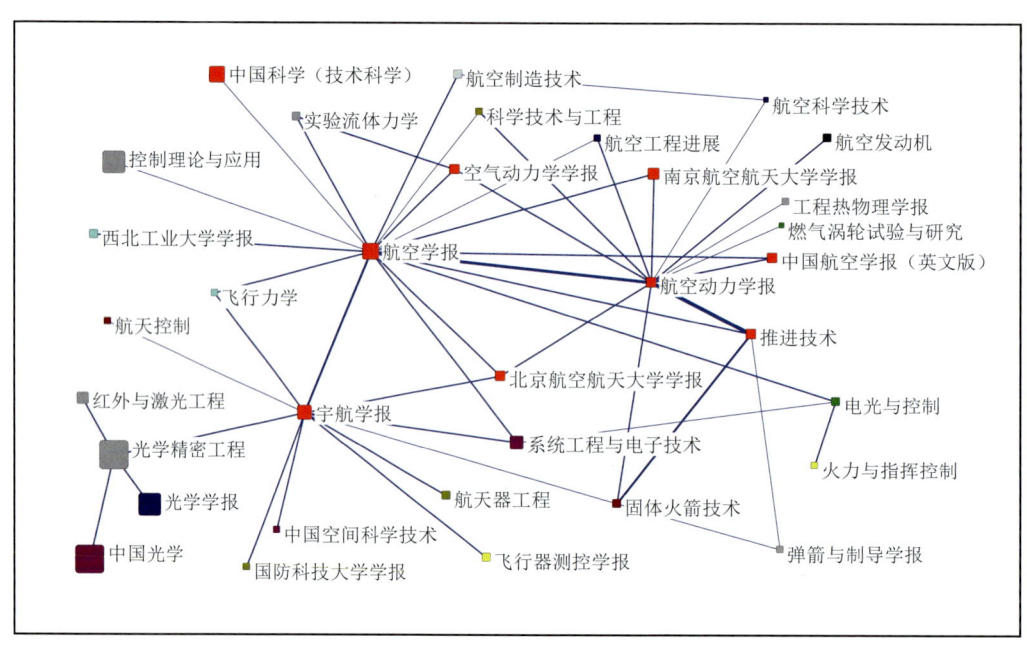

图 45-6 航空、航天学科高影响力期刊载文主题关联

## 45.5 高被引作者分析

### 45.5.1 高被引作者 TOP 20

2010—2014 年,在 40526 位航空、航天学科论文的第一作者中,在 2015 年学科被引频次位居前 20 位的学者的发文及被引情况见表 45-4。其中,学科发文总被引频次较高的 4 位作者分别是北京控制工程研究所的张洪华(24 次)、张家口卷烟厂有限责任公司的李志杰(23 次)、中国科学院长春光学精密机械与物理研究所的巩盾(22 次)和中国民航大学的王莉莉(22 次)。高被引作者的 5 年学科发文数量从 1 篇到 29 篇不等,同时,作者学科发文的期刊分布也在 1 种到 11 种之间变化。在发文超过 5 篇的所有作者中,篇均被引较高的 3 位作者分别是北京控制工程研究所的张洪华(篇均 4.80 次)、中国空间技术研究院的王家胜(篇均 3.80 次)和南京航空航天大学的陈果(篇均 3.20 次);前 5 年发表学科论文较多的 3 位作者

分别是中国民航大学的王莉莉（29 篇）、中国空气动力研究与发展中心的战培国（21 篇）和西北工业大学的白俊强（20 篇）。高被引作者的学科发文量和被引量对比如图45-7所示。

表 45-4　航空、航天学科高被引作者 TOP 20

| 序号 | 姓名 | 作者单位 | 前 5 年发文 | | | 前 5 年学科发文在 2015 年的被引 | | | | h 指数（学科） |
|---|---|---|---|---|---|---|---|---|---|---|
| | | | 学科发文（篇） | 期刊分布（种） | 发文总量（篇） | 总频次 | 被引率（%） | 最高（次） | 篇均（次） | |
| 1 | 张洪华 | 北京控制工程研究所 | 5 | 3 | 5 | 24 | 80.0 | 15 | 4.80 | 2 |
| 2 | 李志杰 | 张家口卷烟厂有限责任公司 | 1 | 1 | 1 | 23 | 100.0 | 23 | 23.00 | 1 |
| 3 | 巩盾 | 中国科学院长春光学精密机械与物理研究所 | 8 | 4 | 10 | 22 | 62.5 | 9 | 2.75 | 3 |
| 3 | 王莉莉 | 中国民航大学 | 29 | 11 | 32 | 22 | 27.6 | 7 | 0.76 | 3 |
| 5 | 吴大方 | 北京航空航天大学 | 11 | 10 | 15 | 21 | 63.6 | 7 | 1.91 | 3 |
| 6 | 李威 | 中国科学院长春光学精密机械与物理研究所 | 2 | 2 | 3 | 20 | 50.0 | 20 | 10.00 | 1 |
| 7 | 郭洪杰 | 中航工业沈阳飞机工业（集团）有限公司 | 9 | 2 | 12 | 19 | 77.8 | 6 | 2.11 | 2 |
| 7 | 梁延德 | 大连理工大学 | 1 | 1 | 9 | 19 | 100.0 | 19 | 19.00 | 2 |
| 7 | 严恭敏 | 西北工业大学 | 7 | 4 | 8 | 19 | 71.4 | 8 | 2.71 | 3 |
| 7 | 王家胜 | 中国空间技术研究院 | 5 | 2 | 6 | 19 | 80.0 | 9 | 3.80 | 3 |
| 11 | 徐肖豪 | 中国民航大学 | 11 | 5 | 13 | 18 | 36.4 | 11 | 1.64 | 2 |
| 11 | 王珉 | 南京航空航天大学 | 6 | 4 | 7 | 18 | 83.3 | 6 | 3.00 | 3 |
| 11 | 刘世杰 | 国防科学技术大学 | 7 | 3 | 7 | 18 | 71.4 | 6 | 2.57 | 3 |
| 11 | 张桂东 | 天津市北大港水库管理处 | 1 | 1 | 3 | 18 | 100.0 | 18 | 18.00 | 1 |
| 11 | 李舜酩 | 南京航空航天大学 | 1 | 1 | 5 | 18 | 100.0 | 18 | 18.00 | 2 |
| 16 | 崔平远 | 北京理工大学 | 10 | 5 | 11 | 17 | 70.0 | 5 | 1.70 | 2 |
| 16 | 马俊锋 | 中航天建设工程有限公司 | 1 | 1 | 1 | 17 | 100.0 | 17 | 17.00 | 1 |
| 16 | 唐正哲 | 辽宁省大连市旅顺口区工程质量监督站 | 1 | 1 | 2 | 17 | 100.0 | 17 | 17.00 | 1 |
| 16 | 岳基隆 | 国防科学技术大学 | 1 | 1 | 1 | 17 | 100.0 | 17 | 17.00 | 1 |
| 20 | 杨超 | 北京航空航天大学 | 11 | 3 | 12 | 16 | 45.5 | 8 | 1.45 | 2 |

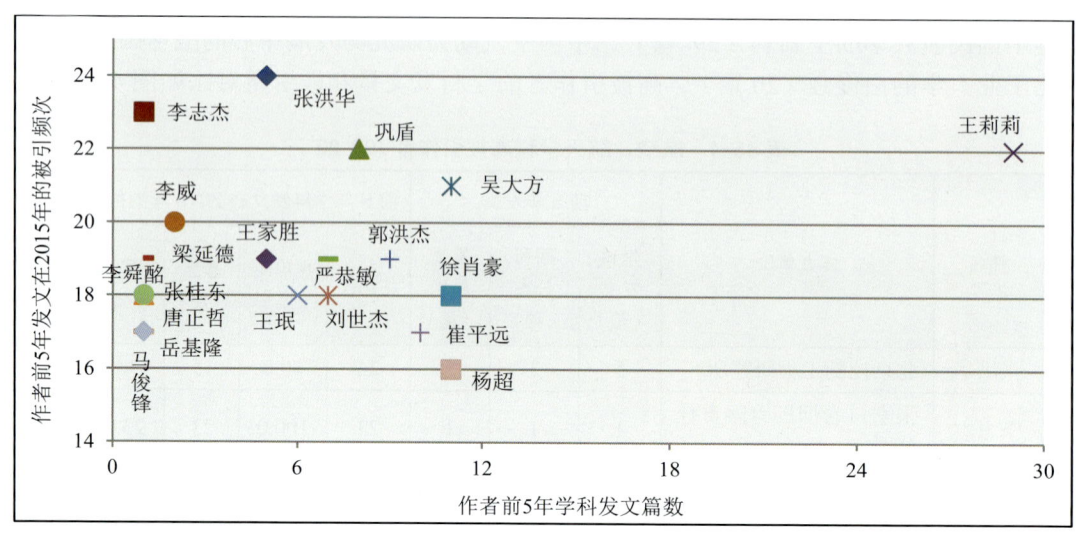

图 45-7　航空、航天学科高被引作者学科发文及被引对比

### 45.5.2　高被引作者科研合作关系

通过作者合著分析，获得 2015 年航空、航天学科高被引作者及与其他学者之间的科研论文合作关系（不考虑论文署名次序），如图 45-8 所示（合著 4 次以下不显示）。可以看出，航空、航天学科的高被引作者的论文合作现象比较普遍。学者王莉莉、杨超和吴大方的发文量较多；杨超的论文合作网络最为突出，在该学科的研究人员中表现出一定的集聚效应；杨超和吴志刚、徐肖豪和王飞等学者之间的合作关系最为紧密，显示出他们可能分别属于同一支科研团队。

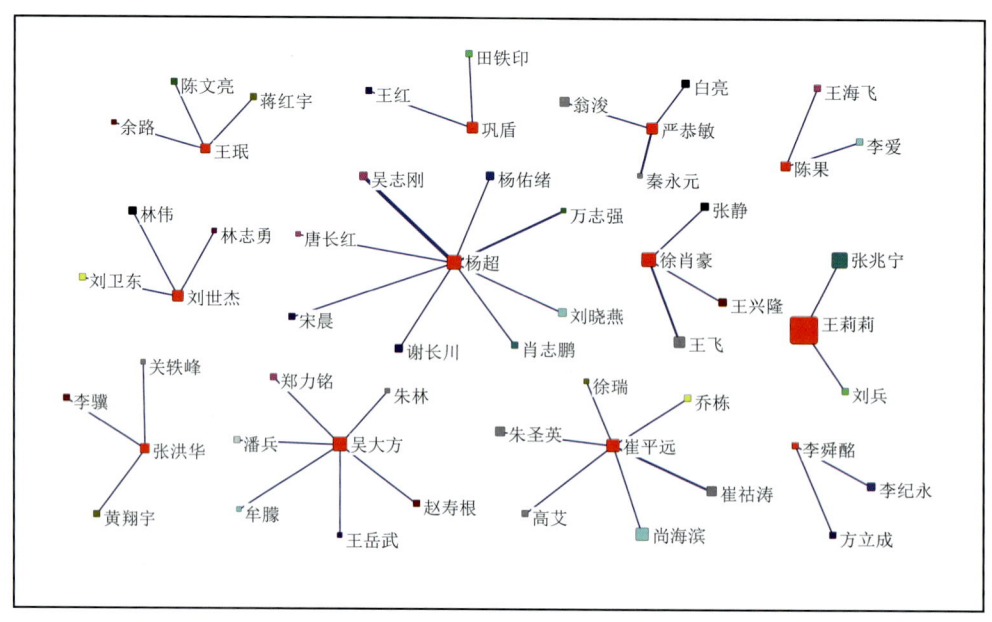

图 45-8　航空、航天学科高被引作者科研论文合作关系

## 45.5.3 高被引作者发文主题关联

通过作者共被引分析，获得 2015 年航空、航天学科高被引作者及与其他学者之间的发文主题关联（见图 45-9，共被引 2 次以下不显示）。如图 45-9 所示，航空、航天学科的高被引作者基本主导了作者共被引网络，显示出该学科在热点主题上已经形成了优势较为明显的科研力量。学者李志杰和巩盾的节点较大，显示出他们的学术成果在学科内得到较多关注；郭洪杰与王亮、严恭敏与王跃钢等学者之间的链接较强，意味着他们之间可能分别有较为相近的研究主题；以陈果、郭洪杰等学者为主要节点的共被引作者簇初具规模，意味着这些学者的研究主题关联可能较为紧密。

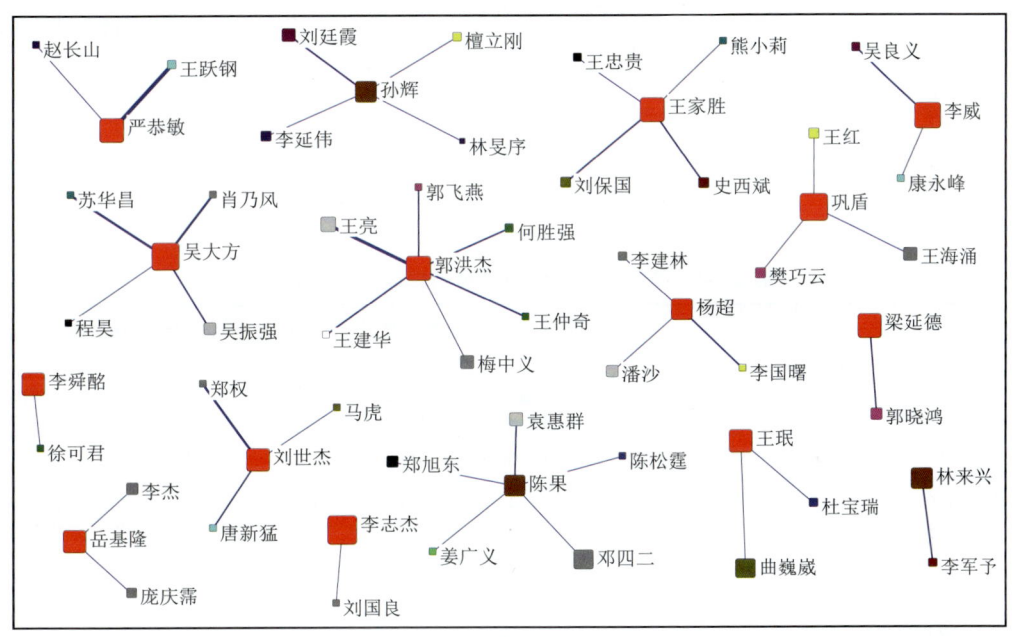

图 45-9　航空、航天学科高被引作者发文主题关联

## 45.6 高被引机构分析

### 45.6.1 高被引机构

为便于比较，本书将航空、航天学科的高被引机构分为高等院校和科研院所两种类型。其中，被引频次 TOP 10 高等院校和被引频次 TOP 5 科研院所的发文及被引情况分别见表 45-5 和表 45-6。其中，总被引频次较高的 3 所高等院校分别是西北工业大学、北京航空航天大学和南京航空航天大学，中国科学院长春光学精密机械与物理研究所、中国空气动力研究与发展中心和上海飞机设计研究院是总被引频次较高的 3 所科研院所；前 5 年学科发文在 2015 年的被引率最高的高等院校和科研院所分别是清华大学和中国科学院长春光学精密机械与物理研究所，篇均被引最高的高等院校和科研院所分别是清华大学和中国科学院长春光学精密机械与物理研究所。上述高被引机构的论文被引率和篇均被引频次对比如图 45-10 所示。

表 45-5 航空、航天学科高被引高等院校 TOP 10

| 序号 | 第一作者单位 | 学科发文量（篇） | | 前 5 年学科发文在 2015 年的被引 | | | |
|---|---|---|---|---|---|---|---|
| | | 前 5 年 | 2015 年 | 频次 | 被引率(%) | 最高（次） | 篇均（次） |
| 1 | 西北工业大学 | 4448 | 778 | 1920 | 27.1 | 8 | 0.43 |
| 2 | 北京航空航天大学 | 3362 | 520 | 1737 | 30.6 | 12 | 0.52 |
| 3 | 南京航空航天大学 | 2937 | 525 | 1531 | 31.7 | 18 | 0.52 |
| 4 | 空军工程大学 | 1275 | 220 | 554 | 27.7 | 6 | 0.43 |
| 5 | 哈尔滨工业大学 | 1092 | 160 | 539 | 29.9 | 9 | 0.49 |
| 6 | 国防科学技术大学 | 1142 | 145 | 502 | 26.5 | 17 | 0.44 |
| 7 | 中国民航大学 | 848 | 144 | 351 | 24.1 | 11 | 0.41 |
| 8 | 北京理工大学 | 510 | 77 | 271 | 29.6 | 9 | 0.53 |
| 9 | 中国人民解放军海军航空工程学院 | 652 | 128 | 239 | 23.6 | 8 | 0.37 |
| 10 | 清华大学 | 307 | 55 | 206 | 38.4 | 7 | 0.67 |

表 45-6 航空、航天学科高被引科研院所 TOP 5

| 序号 | 第一作者单位 | 学科发文量（篇） | | 前 5 年学科发文在 2015 年的被引 | | | |
|---|---|---|---|---|---|---|---|
| | | 前 5 年 | 2015 年 | 频次 | 被引率(%) | 最高（次） | 篇均（次） |
| 1 | 中国科学院长春光学精密机械与物理研究所 | 602 | 96 | 620 | 43.2 | 20 | 1.03 |
| 2 | 中国空气动力研究与发展中心 | 435 | 94 | 255 | 34.7 | 8 | 0.59 |
| 3 | 上海飞机设计研究院 | 1089 | 212 | 214 | 14.0 | 5 | 0.20 |
| 4 | 中国空间技术研究院 | 386 | 59 | 152 | 21.0 | 12 | 0.39 |
| 5 | 北京控制工程研究所 | 392 | 64 | 142 | 21.7 | 15 | 0.36 |

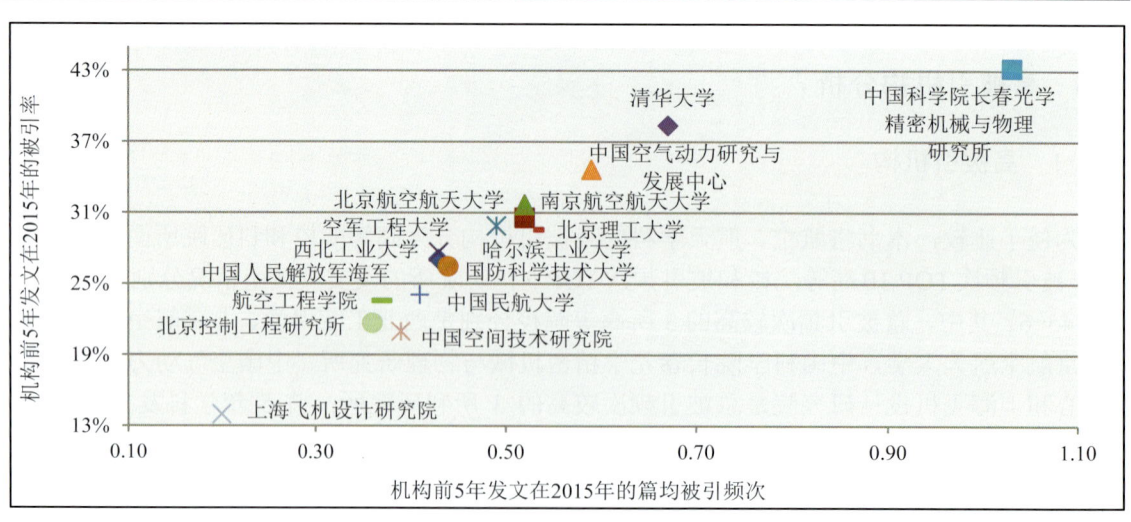

图 45-10 航空、航天学科高被引机构论文篇均被引及被引率对比

## 45.6.2 高被引机构科研合作关系

通过合著分析，获得航空、航天学科高被引机构之间及其与其他机构之间的科研合作关联，如图45-11所示（合作55次以下不显示）。分析得知，航空、航天学科的机构合作链接较为紧密，表明学科内机构合作现象非常普遍；高被引机构基本主导了机构合作网络，显示出这些机构已经在学科内具有了一定的科研优势。南京航空航天大学和中国燃气涡轮研究院、北京航空航天大学与中航工业沈阳发动机设计研究所等机构之间的链接较强，表明它们之间的学术合作较为频繁。

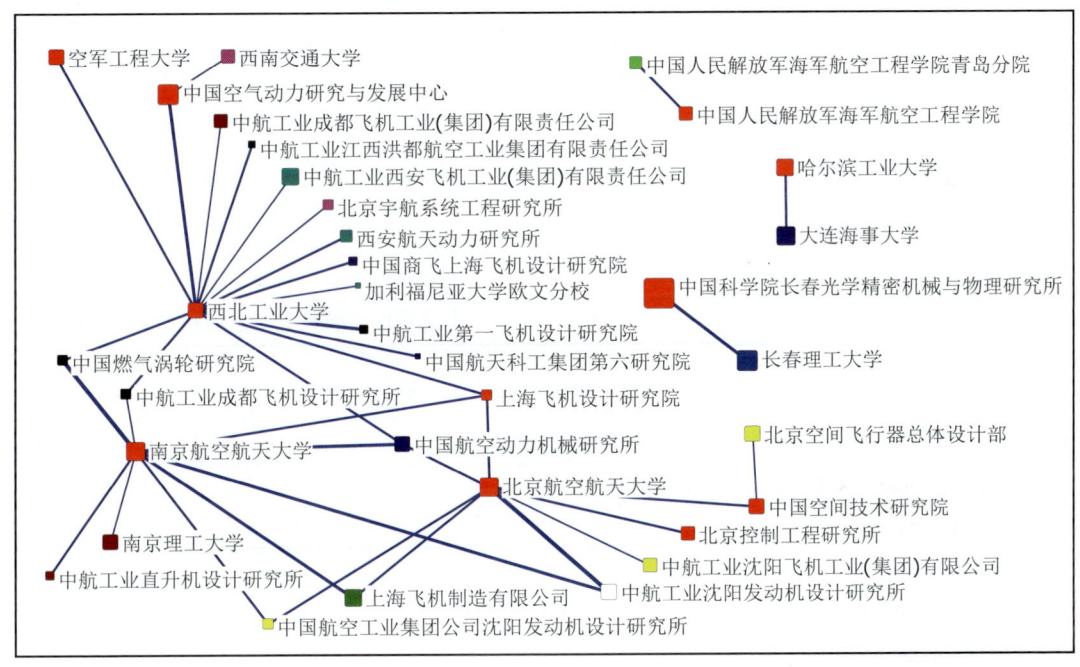

图45-11　航空、航天学科高被引机构科研合作关联

## 45.7　高被引图书、国外期刊及学术会议

2015年，航空、航天学科被引频次位居前10位的图书及国外期刊见表45-7和表45-8。其中，被引次数较多的3种图书分别是吴森堂的《飞行控制系统》、杨世铭的《传热学》和廉筱纯的《航空发动机原理》；被引次数较多的3种国外期刊分别是《Journal of Guidance, Control, and Dynamics》《AIAA Journal》和《Journal of Aircraft》；被引次数较多的3场学术会议分别是"AIAA Guidance, Navigation, and Control Conference and Exhibit""IEEE Aerospace Conference"和"American Control Conference"。

表 45-7　航空、航天学科高被引图书 TOP 10

| 序号 | 责任者 | 图书名称 | 出版社 | 2015年被引频次 |
| --- | --- | --- | --- | --- |
| 1 | 吴森堂 | 飞行控制系统 | 北京航空航天大学出版社 | 32 |
| 2 | 杨世铭 | 传热学 | 高等教育出版社 | 29 |
| 2 | 廉筱纯 | 航空发动机原理 | 西北工业大学出版社 | 29 |
| 4 | 秦永元 | 惯性导航 | 科学出版社 | 28 |
| 4 | 林宇震 | 燃气轮机燃烧室 | 国防工业出版社 | 28 |
| 6 | 钱杏芳 | 导弹飞行力学 | 北京理工大学出版社 | 24 |
| 7 | 秦永元 | 卡尔曼滤波与组合导航原理 | 西北工业大学出版社 | 20 |
| 8 | 方振平 | 航空飞行器飞行动力学 | 北京航空航天大学出版社 | 19 |
| 8 | 章仁为 | 卫星轨道姿态动力学与控制 | 北京航空航天大学出版社 | 19 |
| 10 | 陈光 | 航空发动机结构设计分析 | 北京航空航天大学出版社 | 16 |
| 10 | 陶文铨 | 数值传热学 | 西安交通大学出版社 | 16 |
| 10 | 范玉青 | 现代飞机制造技术 | 北京航空航天大学出版社 | 16 |
| 10 | 阎超 | 计算流体力学方法及应用 | 北京航空航天大学出版社 | 16 |

表 45-8　航空、航天学科高被引国外期刊 TOP 10

| 序号 | 期刊名称 | 2015年被引频次 |
| --- | --- | --- |
| 1 | Journal of Guidance, Control, and Dynamics | 1344 |
| 2 | AIAA Journal | 1109 |
| 3 | Journal of Aircraft | 901 |
| 4 | Journal of Turbomachinery | 582 |
| 5 | Journal of Spacecraft and Rockets | 557 |
| 5 | Journal of Propulsion and Power | 557 |
| 7 | IEEE Transactions on Aerospace and Electronic Systems | 399 |
| 8 | Journal of Computational Physics | 388 |
| 9 | Acta Astronautica | 348 |
| 10 | Journal of Sound and Vibration | 324 |

# 第 46 章　环境科学、安全科学学科高被引分析

## 46.1　学科论文概况

2010—2014 年,环境科学、安全科学学科共有 174464 位来自 48235 所机构的论文第一作者在 4901 种期刊上发表了 192861 篇学术论文。其中,80% 以上的论文产出自 17807 所机构、134304 位作者,发表在 555 种期刊上。在前 5 年发表的这些论文中,有 53819 篇在 2015 年获得过引用,整体被引率为 27.9%,总被引频次为 104927 次,篇均被引 0.54 次;其中,高被引论文有 627 篇,单篇论文最高被引频次为 111 次,累计被引 8542 次,篇均被引 13.62 次(表 46-1)。另外,2015 年环境科学、安全科学学科共发表论文 44403 篇,其中有 1984 篇在当年获得过引用,总共被引 2414 次。

表 46-1　环境科学、安全科学学科论文分布情况

| 年份 | 论文篇数 | 2015 年被引频次 | 2015 年被引率(%) | 2015 年高被引论文 | | | |
|---|---|---|---|---|---|---|---|
| | | | | 论文篇数 | 最高被引频次 | 总被引频次 | 篇均被引频次 |
| 2010 | 31336 | 19272 | 30.9 | 106 | 79 | 1391 | 13.12 |
| 2011 | 42399 | 22987 | 27.0 | 131 | 106 | 1885 | 14.39 |
| 2012 | 42109 | 22816 | 27.3 | 158 | 111 | 2039 | 12.91 |
| 2013 | 36606 | 24523 | 33.5 | 131 | 99 | 2024 | 15.45 |
| 2014 | 40411 | 15329 | 22.1 | 101 | 77 | 1203 | 11.91 |
| 合计 | 192861 | 104927 | 27.9 | 627 | 111 | 8542 | 13.62 |

从环境科学、安全科学学科论文的地域分布来看,2015 年被引频次较高的 5 个省、直辖市或自治区依次是北京、江苏、广东、上海和山东(图 46-1);5 年论文产出量较多的 5 个省、直辖市或自治区依次是北京、江苏、广东、山东和辽宁(图 46-2)。

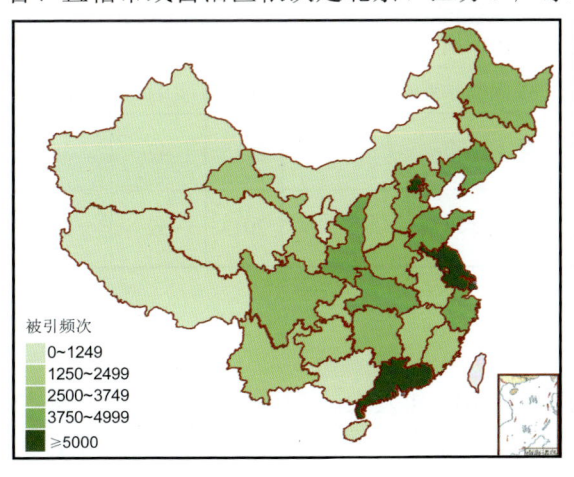

图 46-1　2015 年环境科学、安全科学学科地区被引分布

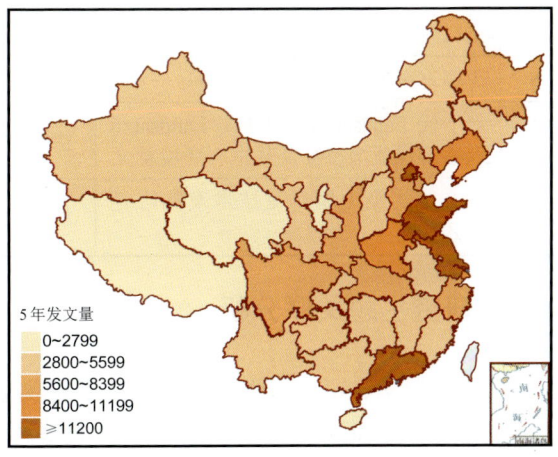

图 46-2　环境科学、安全科学学科 5 年论文产出地区分布

## 46.2 高被引论文分析

在环境科学、安全科学学科,2015 年被引频次位居前 10 位的论文(表 46-2)平均被引频次为 45.8 次,是全部 627 篇高被引论文篇均被引频次的 3.4 倍。其中,被引频次最高的论文是张小曳于 2013 年发表的《我国雾-霾成因及其治理的思考》,随后 2 篇分别是谷树忠于 2013 年发表的《生态文明建设的科学内涵与基本路径》和吴兑于 2012 年发表的《近十年中国灰霾天气研究综述》。

从论文分布来看,刊载高被引论文数量居前的 3 种期刊分别是《环境科学》(65 篇)、《环境科学学报》(46 篇)和《中国环境科学》(43 篇);发表高被引论文居前的 3 位学者分别是中国气象局广州热带海洋气象研究所的吴兑(5 篇)、中国环境科学研究院的吴丰昌(4 篇)和上海市环境科学研究院的周敏(3 篇);产出高被引论文数量居前的 3 所机构分别是中国环境科学研究院(23 篇)、中国科学院地理科学与资源研究所(17 篇)和中国科学院生态环境研究中心(17 篇),而中国科学院地理科学与资源研究所产出了高被引论文 TOP 10 中的 2 篇。

表 46-2 环境科学、安全科学学科高被引论文 TOP 10

| 序号 | 论文题名 | 第一作者 | 期刊名称 | 发表年份 | 被引频次 | |
|---|---|---|---|---|---|---|
| | | | | | 总频次 | 2015 年 |
| 1 | 我国雾-霾成因及其治理的思考 | 张小曳 | 科学通报 | 2013 | 98 | 62 |
| 2 | 生态文明建设的科学内涵与基本路径 | 谷树忠 | 资源科学 | 2013 | 82 | 56 |
| 3 | 近十年中国灰霾天气研究综述 | 吴兑 | 环境科学学报 | 2012 | 107 | 52 |
| 4 | 中国耕地土壤重金属污染概况 | 宋伟 | 水土保持研究 | 2013 | 63 | 49 |
| 5 | 刍议建筑施工现场安全管理 | 王跃军 | 中国安全生产科学技术 | 2012 | 46 | 44 |
| 6 | 北京地区冬春 $PM_{2.5}$ 和 $PM_{10}$ 污染水平时空分布及其与气象条件的关系 | 赵晨曦 | 环境科学 | 2014 | 38 | 42 |
| 7 | 染料废水处理技术研究进展 | 任南琪 | 化工学报 | 2013 | 70 | 41 |
| 8 | 土壤重金属污染评价方法进展 | 范拴喜 | 中国农学通报 | 2010 | 94 | 38 |
| 8 | 新一代 Landsat 系列卫星:Landsat 8 遥感影像新增特征及其生态环境意义 | 徐涵秋 | 生态学报 | 2013 | 42 | 38 |
| 10 | 重金属污染土壤修复技术及其修复实践 | 黄益宗 | 农业环境科学学报 | 2013 | 59 | 36 |

## 46.3 研究主题关联分析

在环境科学、安全科学学科,高被引论文累计被 2015 年发表的 7190 篇论文引用了 8542 次。通过分析施引文献关键词的词频及关键词之间的共现关系,获得 2015 年环境科学、安全科学学科的热点主题和主题关联,如图 46-3 所示(共现 18 次以下不显示)。由图 46-3 可知:"$PM_{2.5}$""重金属""土壤"等关键词的文档词频较高,是 2015 年学科的研究热点;

以"$PM_{2.5}$""$PM_{10}$"等关键词为主要节点的多个概念相互关联,构成了学科内最为突出的研究主题簇。

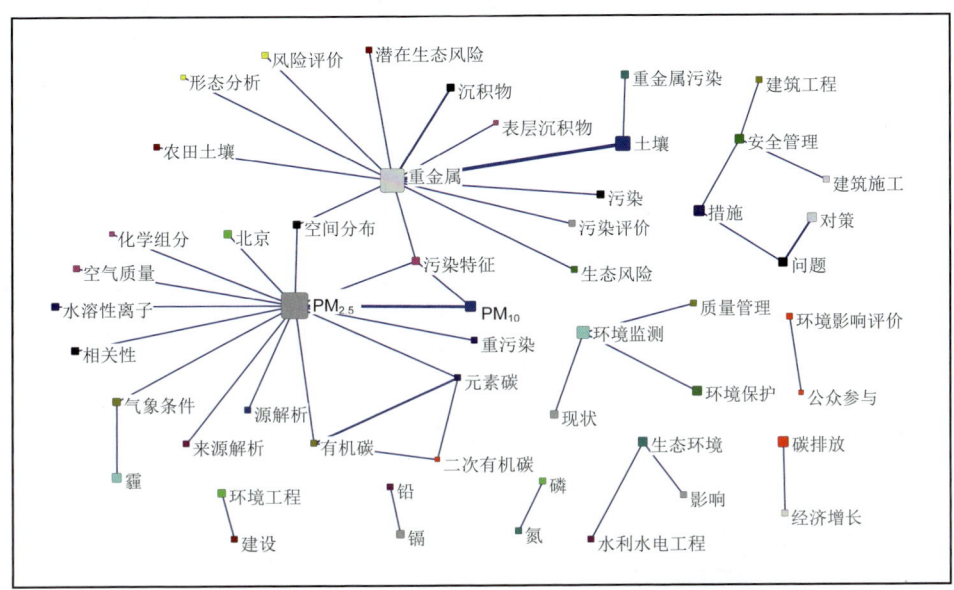

图 46-3　环境科学、安全科学学科 2015 年热点主题关联

## 46.4　学科高影响力期刊分析

### 46.4.1　学科高影响力期刊 TOP 10

在环境科学、安全科学学科,学科 5 年影响因子位居前 10 位的期刊见表 46-3,排在前 3 位的期刊分别是《资源科学》《中国人口·资源与环境》和《气象与环境学报》。在表 46-3 中,学科载文量占其总载文量比例最大的期刊是《中国环境科学》;前 5 年学科载文在 2015 年被引率最高的期刊是《资源科学》;期刊 5 年影响因子较高的前 3 种期刊分别是《中国人口·资源与环境》《资源科学》和《中国环境科学》;学科 5 年影响因子与期刊 5 年影响因子差异最大的期刊是《气象与环境学报》。表 46-3 中期刊的学科 5 年影响因子和前 5 年学科载文的 2015 年被引率对比如图 46-4 所示,2010—2015 年期刊 5 年影响因子的变动情况如图 46-5 所示。

表 46-3　环境科学、安全科学学科高影响力期刊基本指数

| 序号 | 期刊名称 | 前 5 年载文量 | | | 2015 年学科被引 | | | 5 年影响因子 | | h 指数（学科） |
|---|---|---|---|---|---|---|---|---|---|---|
| | | 学科（篇） | 占比（%） | 总量（篇） | 频次 | 被引率（%） | 高被引论文篇数 | 期刊（2015） | 学科（2015） | |
| 1 | 资源科学 | 433 | 23.8 | 1823 | 1041 | 65.4 | 18 | 1.978 | 2.404 | 15 |
| 2 | 中国人口·资源与环境 | 329 | 17.6 | 1866 | 728 | 64.4 | 16 | 2.200 | 2.213 | 16 |
| 3 | 气象与环境学报 | 97 | 15.9 | 609 | 187 | 42.3 | 6 | 1.340 | 1.928 | 10 |

| 序号 | 期刊名称 | 前5年载文量 | | | 2015年学科被引 | | | 5年影响因子 | | h指数(学科) |
|---|---|---|---|---|---|---|---|---|---|---|
| | | 学科(篇) | 占比(%) | 总量(篇) | 频次 | 被引率(%) | 高被引论文篇数 | 期刊(2015) | 学科(2015) | |
| 4 | 中国环境科学 | 2184 | 99.0 | 2206 | 3262 | 53.5 | 43 | 1.485 | 1.494 | 13 |
| 5 | 环境科学 | 3675 | 98.5 | 3731 | 5221 | 53.7 | 65 | 1.403 | 1.421 | 14 |
| 6 | 湿地科学 | 175 | 34.8 | 503 | 247 | 49.7 | 4 | 1.131 | 1.411 | 8 |
| 7 | 环境科学研究 | 1287 | 96.7 | 1331 | 1800 | 53.5 | 22 | 1.394 | 1.399 | 11 |
| 8 | 环境科学学报 | 2467 | 98.1 | 2514 | 3368 | 49.8 | 46 | 1.361 | 1.365 | 13 |
| 9 | 生态环境学报 | 1197 | 56.0 | 2136 | 1582 | 51.7 | 16 | 1.375 | 1.322 | 12 |
| 10 | 农业环境科学学报 | 1785 | 79.8 | 2238 | 2294 | 52.4 | 22 | 1.346 | 1.285 | 13 |

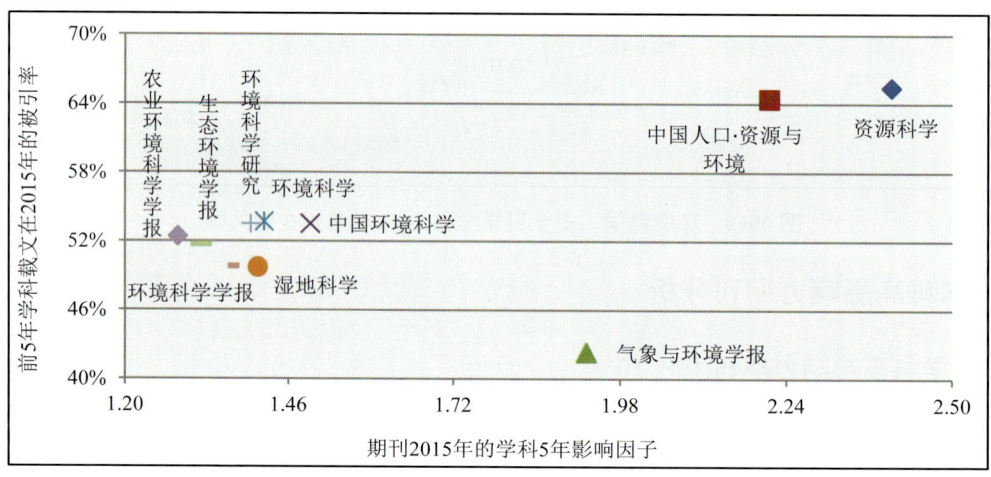

图 46-4  环境科学、安全科学学科高影响力期刊对比

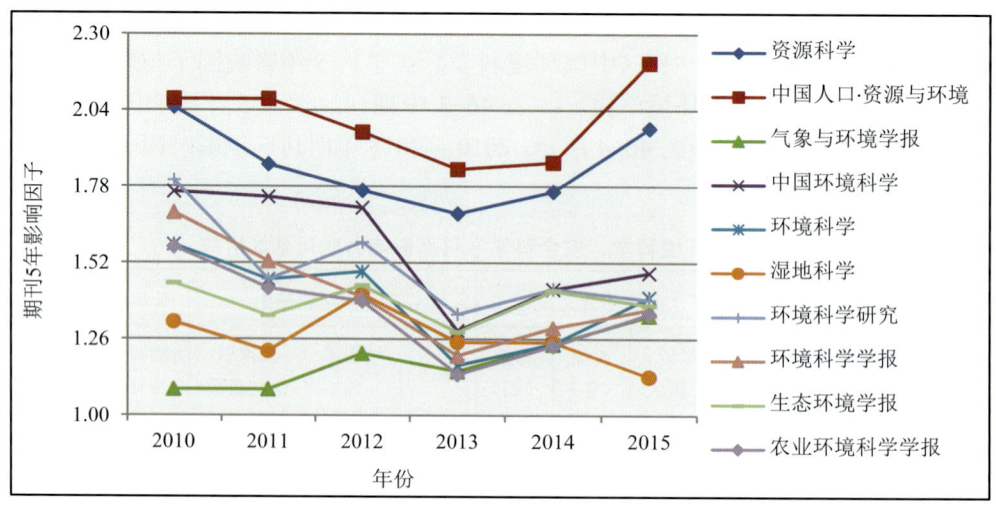

图 46-5  环境科学、安全科学学科期刊5年影响因子变动

## 46.4.2 学科高影响力期刊载文主题关联

通过期刊共被引分析,获得环境科学、安全科学学科高影响力期刊及与其他期刊之间的载文主题关联,如图 46-6 所示(共被引 103 次以下不显示)。结果显示,环境科学、安全科学学科的高影响力期刊相互链接较为紧密,基本主导了该学科的期刊共被引网络,显示出该学科高影响力期刊可能共同刊载了许多相近的研究主题,热点研究主题分散在多种期刊上。《生态学报》的学科 5 年影响因子较高,显示出该刊在学科内学术影响力较大;《环境科学》与《环境科学学报》《中国环境科学》等期刊之间的链接较强,意味着它们之间可能有较多相同或相近的载文主题。

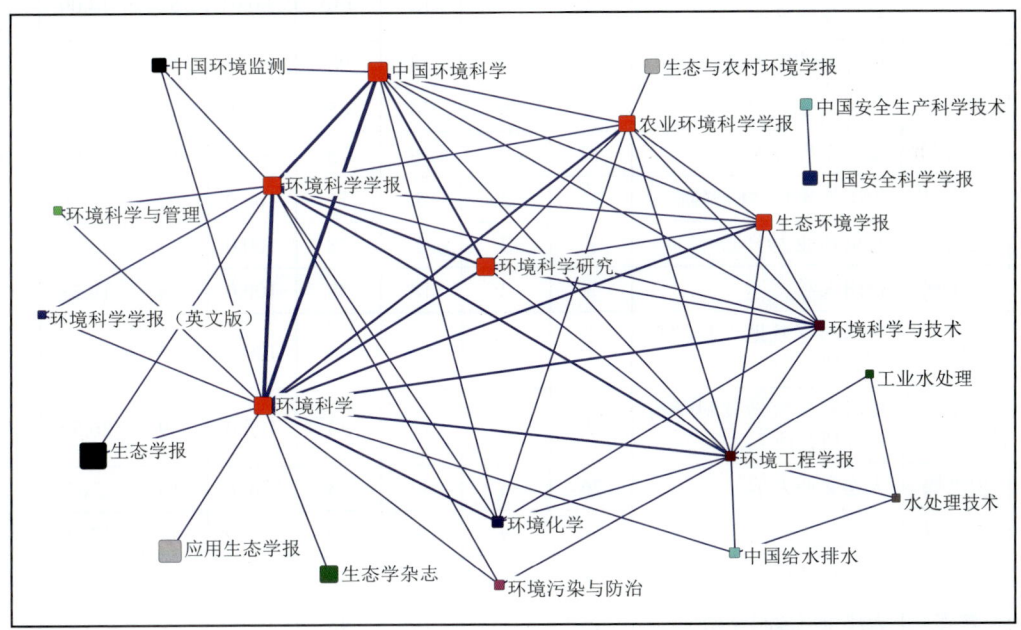

图 46-6　环境科学、安全科学学科高影响力期刊载文主题关联

## 46.5　高被引作者分析

### 46.5.1　高被引作者 TOP 20

2010—2014 年,在 174464 位环境科学、安全科学学科论文的第一作者中,在 2015 年学科被引频次位居前 20 位的学者的发文及被引情况见表 46-4。其中,学科发文总被引频次较高的 3 位作者分别是中国气象局广州热带海洋气象研究所的吴兑(140 次)、环境保护部环境规划院的王金南(98 次)和合肥工业大学的李如忠(85 次)。高被引作者的 5 年学科发文数量从 1 篇到 33 篇不等,同时,作者学科发文的期刊分布也在 1 种到 11 种之间变化。在发文超过 5 篇的所有作者中,篇均被引较高的 3 位作者分别是中国气象局广州热带海洋气象研究所的吴兑(篇均 14.00 次)、南京农业大学的潘根兴(篇均 8.80 次)和中国环境科学研究院的张新民(篇均 7.80 次);前 5 年发表学科论文较多的 3 位作者分别是沈阳建筑大学的

李亚峰（57 篇）、陕西理工学院的李琛（44 篇）和中国民航大学的王永刚（39 篇）。高被引作者的学科发文量和被引量对比如图 46-7 所示。

表 46-4 环境科学、安全科学学科高被引作者 TOP 20

| 序号 | 姓名 | 作者单位 | 前 5 年发文 | | | 前 5 年学科发文在 2015 年的被引 | | | | h 指数（学科） |
|---|---|---|---|---|---|---|---|---|---|---|
| | | | 学科发文（篇） | 期刊分布（种） | 发文总量（篇） | 总频次 | 被引率（%） | 最高（次） | 篇均（次） | |
| 1 | 吴兑 | 中国气象局广州热带海洋气象研究所 | 10 | 5 | 12 | 140 | 80.0 | 52 | 14.00 | 8 |
| 2 | 王金南 | 环境保护部环境规划院 | 33 | 11 | 38 | 98 | 63.6 | 11 | 2.97 | 7 |
| 3 | 李如忠 | 合肥工业大学 | 31 | 6 | 34 | 85 | 71.0 | 11 | 2.74 | 5 |
| 4 | 崔铁军 | 辽宁工程技术大学 | 17 | 8 | 39 | 75 | 82.4 | 16 | 4.41 | 6 |
| 5 | 张小曳 | 中国气象科学研究院 | 2 | 2 | 5 | 71 | 100.0 | 62 | 35.50 | 2 |
| 6 | 赵晨曦 | 北京林业大学 | 2 | 2 | 2 | 58 | 100.0 | 42 | 29.00 | 2 |
| 6 | 徐涵秋 | 福州大学 | 3 | 2 | 18 | 58 | 100.0 | 38 | 19.33 | 4 |
| 8 | 谷树忠 | 中国科学院地理科学与资源研究所 | 1 | 1 | 1 | 56 | 100.0 | 56 | 56.00 | 1 |
| 9 | 宋伟 | 中国科学院地理科学与资源研究所 | 2 | 2 | 12 | 53 | 100.0 | 49 | 26.50 | 4 |
| 9 | 王洪德 | 大连交通大学 | 26 | 6 | 42 | 53 | 76.9 | 10 | 2.04 | 4 |
| 11 | 任南琪 | 哈尔滨工业大学 | 4 | 4 | 5 | 50 | 100.0 | 41 | 12.50 | 3 |
| 12 | 吴丰昌 | 中国环境科学研究院 | 4 | 3 | 5 | 48 | 100.0 | 16 | 12.00 | 4 |
| 12 | 姚青 | 天津市气象科学研究所 | 13 | 7 | 14 | 48 | 92.3 | 8 | 3.69 | 4 |
| 14 | 黄益宗 | 中国科学院生态环境研究中心 | 7 | 3 | 9 | 46 | 57.1 | 36 | 6.57 | 3 |
| 15 | 潘本锋 | 中国环境监测总站 | 9 | 5 | 11 | 45 | 55.6 | 20 | 5.00 | 3 |
| 16 | 潘根兴 | 南京农业大学 | 5 | 4 | 8 | 44 | 80.0 | 24 | 8.80 | 3 |
| 16 | 王跃军 | 甘肃路桥第三公路工程有限责任公司 | 1 | 1 | 3 | 44 | 100.0 | 44 | 44.00 | 1 |
| 16 | 夏新 | 中国环境监测总站 | 18 | 11 | 21 | 44 | 44.4 | 28 | 2.44 | 3 |
| 16 | 傅贵 | 中国矿业大学（北京） | 11 | 4 | 14 | 44 | 72.7 | 12 | 4.00 | 5 |
| 16 | 赵普生 | 中国气象局北京城市气象研究所 | 3 | 3 | 3 | 44 | 100.0 | 24 | 14.67 | 3 |

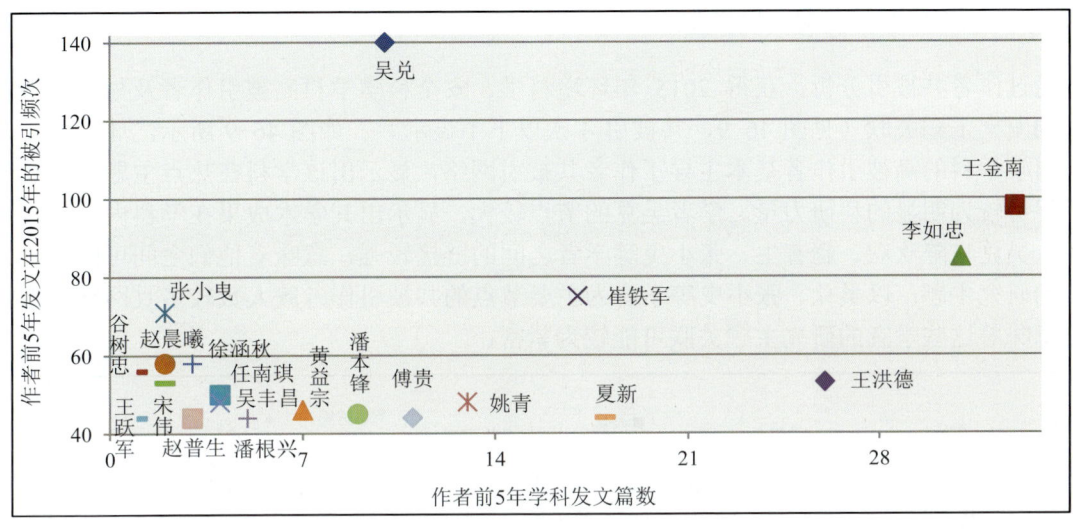

图 46-7 环境科学、安全科学学科高被引作者学科发文及被引对比

## 46.5.2 高被引作者科研合作关系

通过作者合著分析,获得 2015 年环境科学、安全科学学科高被引作者及与其他学者之间的科研论文合作关系(不考虑论文署名次序),如图 46-8 所示(合著 6 次以下不显示)。可以看出,环境科学、安全科学学科的高被引作者的论文合作现象比较普遍。学者王金南和李如忠的发文量较多;黄益宗的论文合作网络最为突出,在该学科的研究人员中表现出一定的集聚效应;潘根兴和李恋卿、夏新和彭刚华等学者之间的合作关系最为紧密,显示出他们可能分别属于同一支科研团队。

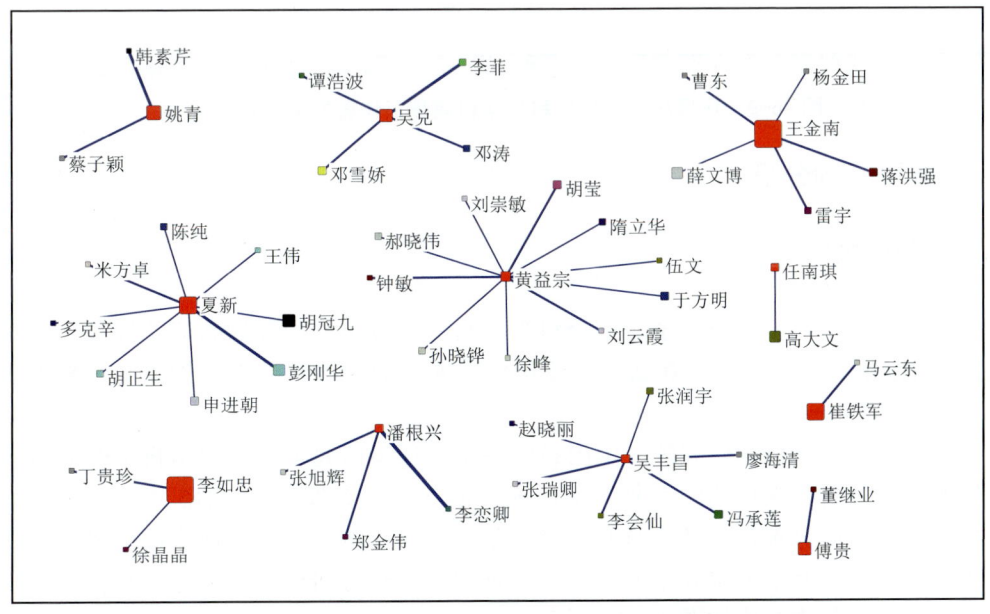

图 46-8 环境科学、安全科学学科高被引作者科研论文合作关系

### 46.5.3 高被引作者发文主题关联

通过作者共被引分析,获得 2015 年环境科学、安全科学学科高被引作者及与其他学者之间的发文主题关联(见图46-9,共被引 4 次以下不显示)。如图 46-9 所示,环境科学、安全科学学科的高被引作者基本主导了作者共被引网络,显示出该学科在热点主题上已经形成了优势较为明显的科研力量。学者吴兑的节点较大,显示出其学术成果在学科内得到较多关注;吴兑与陈欢欢、赵普生、张小曳等学者之间的链接较强,意味着他们之间可能有较为相近的研究主题;以吴兑、张小曳等学者为主要节点的共被引作者簇人数较多且网络规模较大,意味着这些学者的研究主题关联可能较为紧密。

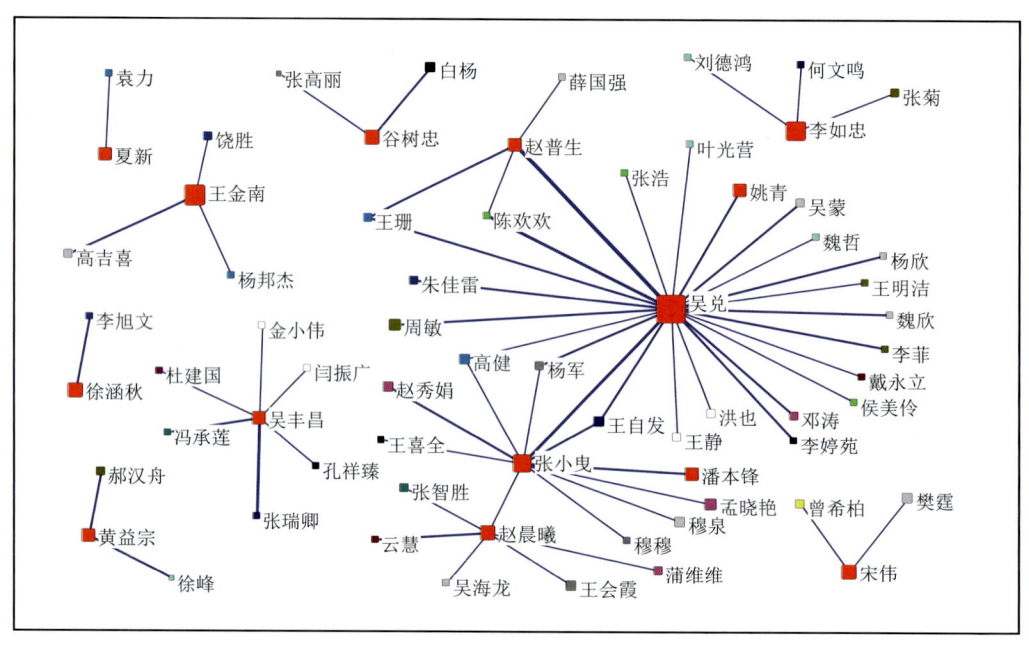

图 46-9　环境科学、安全科学学科高被引作者发文主题关联

## 46.6　高被引机构分析

### 46.6.1　高被引机构

为便于比较,本书将环境科学、安全科学学科的高被引机构分为高等院校和科研院所两种类型。其中,被引频次 TOP 10 高等院校和被引频次 TOP 5 科研院所的发文及被引情况分别见表 46-5 和表 46-6。其中,总被引频次较高的 3 所高等院校分别是清华大学、同济大学和南开大学,中国环境科学研究院、中国科学院生态环境研究中心和中国科学院地理科学与资源研究所是总被引频次较高的 3 所科研院所;前 5 年学科发文在 2015 年的被引率最高的高等院校和科研院所分别是南开大学和中国科学院南京土壤研究所,篇均被引最高的高等院校和科研院所分别是北京大学和中国科学院地理科学与资源研究所。上述高被引机构的论文被引率和篇均被引频次对比如图 46-10 所示。

表 46-5 环境科学、安全科学学科高被引高等院校 TOP 10

| 序号 | 第一作者单位 | 学科发文量（篇） | | 前5年学科发文在2015年的被引 | | | |
|---|---|---|---|---|---|---|---|
| | | 前5年 | 2015年 | 频次 | 被引率(%) | 最高（次） | 篇均（次） |
| 1 | 清华大学 | 1018 | 165 | 1073 | 44.0 | 24 | 1.05 |
| 2 | 同济大学 | 1329 | 223 | 1070 | 39.5 | 31 | 0.81 |
| 3 | 南开大学 | 816 | 121 | 1034 | 49.1 | 30 | 1.27 |
| 4 | 南京大学 | 928 | 138 | 981 | 40.5 | 32 | 1.06 |
| 5 | 北京师范大学 | 916 | 168 | 943 | 42.1 | 26 | 1.03 |
| 6 | 北京大学 | 644 | 110 | 861 | 43.6 | 32 | 1.34 |
| 7 | 华南理工大学 | 922 | 150 | 795 | 41.2 | 16 | 0.86 |
| 8 | 南京农业大学 | 664 | 96 | 776 | 46.8 | 24 | 1.17 |
| 9 | 浙江大学 | 856 | 153 | 775 | 40.9 | 23 | 0.91 |
| 10 | 重庆大学 | 1092 | 162 | 704 | 36.2 | 11 | 0.64 |

表 46-6 环境科学、安全科学学科高被引科研院所 TOP 5

| 序号 | 第一作者单位 | 学科发文量（篇） | | 前5年学科发文在2015年的被引 | | | |
|---|---|---|---|---|---|---|---|
| | | 前5年 | 2015年 | 频次 | 被引率(%) | 最高（次） | 篇均（次） |
| 1 | 中国环境科学研究院 | 1120 | 239 | 1416 | 47.2 | 23 | 1.26 |
| 2 | 中国科学院生态环境研究中心 | 735 | 141 | 1127 | 54.6 | 36 | 1.53 |
| 3 | 中国科学院地理科学与资源研究所 | 485 | 79 | 957 | 53.4 | 56 | 1.97 |
| 4 | 中国科学院南京土壤研究所 | 307 | 38 | 482 | 60.6 | 27 | 1.57 |
| 5 | 中国科学院南京地理与湖泊研究所 | 276 | 38 | 411 | 54.3 | 18 | 1.49 |

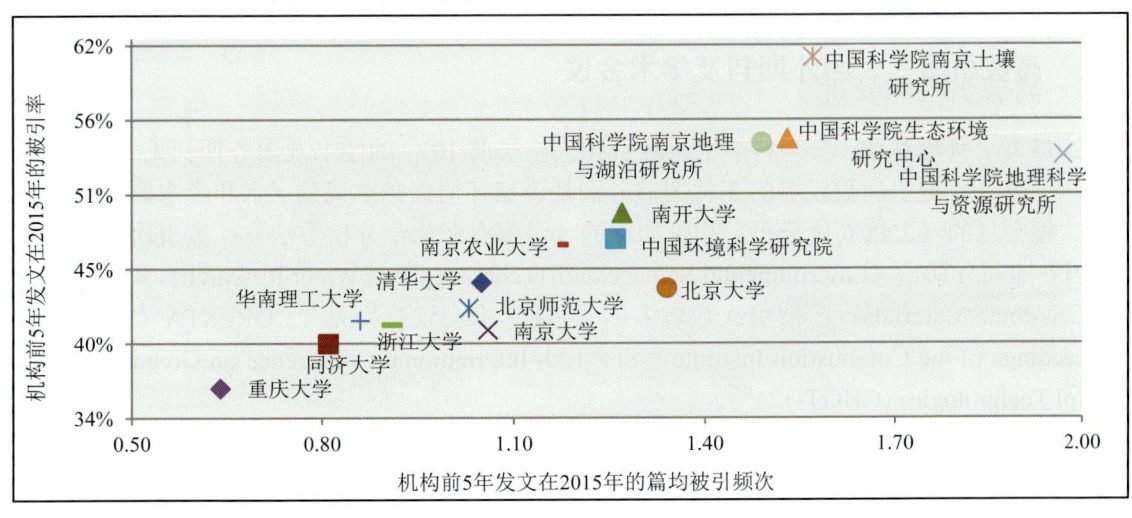

图 46-10 环境科学、安全科学学科高被引机构论文篇均被引及被引率对比

## 46.6.2 高被引机构科研合作关系

通过合著分析，获得环境科学、安全科学学科高被引机构之间及其与其他机构之间的科研合作关联，如图 46-11 所示（合作 81 次以下不显示）。分析得知，环境科学、安全科学学科的机构合作链接较为紧密，表明学科内机构合作现象非常普遍；高被引机构基本主导了机构合作网络，显示出这些机构已经在学科内具有了一定的科研优势。中国环境科学研究院和北京师范大学、东北农业大学等机构之间的链接较强，表明它们之间的学术合作较为频繁。

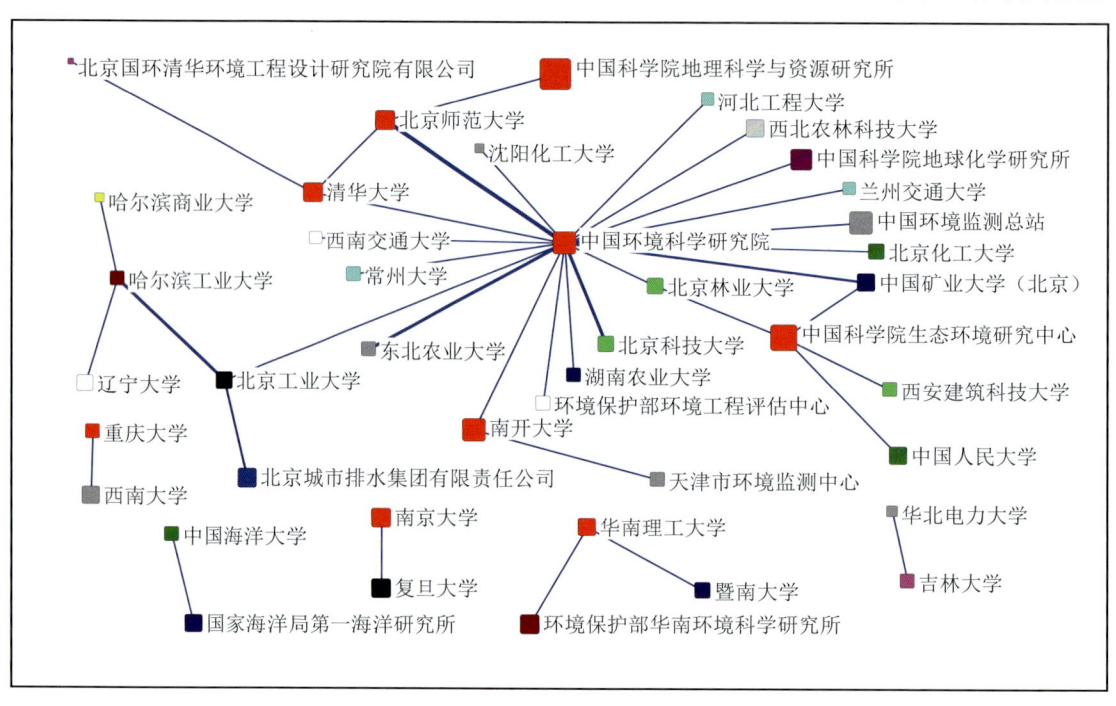

图 46-11　环境科学、安全科学学科高被引机构科研合作关联

## 46.7　高被引图书、国外期刊及学术会议

2015 年，环境科学、安全科学学科被引频次位居前 10 位的图书及国外期刊见表 46-7 和表 46-8。其中，被引次数较多的 3 种图书分别是国家环境保护总局的《水和废水监测分析方法》、鲍士旦的《土壤农化分析》和鲁如坤的《土壤农业化学分析方法》；被引次数较多的 3 种国外期刊分别是《Environmental Science and Technology》《Water Research》和《Journal of Hazardous Materials》；被引次数较多的 3 场学术会议分别是"CORESTA Congress""Proceedings of the Combustion Institute"和"12th International Conference on Greenhouse Gas Control Technologies (GHGT-12)"。

表 46-7 环境科学、安全科学学科高被引图书 TOP 10

| 序号 | 责任者 | 图书名称 | 出版社 | 2015年被引频次 |
|---|---|---|---|---|
| 1 | 国家环境保护总局 | 水和废水监测分析方法 | 中国环境科学出版社 | 466 |
| 2 | 鲍士旦 | 土壤农化分析 | 中国农业出版社 | 211 |
| 2 | 鲁如坤 | 土壤农业化学分析方法 | 中国农业科技出版社 | 211 |
| 4 | 奚旦立 | 环境监测 | 高等教育出版社 | 69 |
| 5 | 唐孝炎 | 大气环境化学 | 高等教育出版社 | 67 |
| 5 | 金相灿 | 湖泊富营养化调查规范 | 中国环境科学出版社 | 60 |
| 7 | 贺延龄 | 废水的厌氧生物处理 | 中国轻工业出版社 | 52 |
| 8 | 东秀珠 | 常见细菌系统鉴定手册 | 科学出版社 | 50 |
| 9 | 李合生 | 植物生理生化实验原理和技术 | 高等教育出版社 | 42 |
| 10 | 郝吉明 | 大气污染控制工程 | 高等教育出版社 | 36 |

表 46-8 环境科学、安全科学学科高被引国外期刊 TOP 10

| 序号 | 期刊名称 | 2015年被引频次 |
|---|---|---|
| 1 | Environmental Science and Technology | 7924 |
| 2 | Water Research | 6851 |
| 3 | Journal of Hazardous Materials | 5658 |
| 4 | Chemosphere | 5064 |
| 5 | Atmospheric Environment | 4560 |
| 6 | Bioresource Technology | 4241 |
| 7 | Science of the Total Environment | 3221 |
| 8 | Environmental Pollution | 2542 |
| 9 | Water Science and Technology | 2229 |
| 10 | Chemical Engineering Journal | 1969 |

# 第47章 哲学、社会科学学科高被引分析

## 47.1 学科论文概况

2010—2014年，哲学、社会科学学科共有572563位来自114626所机构的论文第一作者在5982种期刊上发表了840719篇学术论文。其中，80%以上的论文产出自30362所机构、403333位作者，发表在912种期刊上。在前5年发表的这些论文中，有106727篇在2015年获得过引用，整体被引率为12.7%，总被引频次为190430次，篇均被引0.23次；其中，高被引论文有1236篇，单篇论文最高被引频次为244次，累计被引18558次，篇均被引15.01次（表47-1）。另外，2015年哲学、社会科学学科共发表论文158513篇，其中有4294篇在当年获得过引用，总共被引5552次。

表47-1 哲学、社会科学学科论文分布情况

| 年份 | 论文篇数 | 2015年被引频次 | 2015年被引率（%） | 2015年高被引论文 | | | |
|---|---|---|---|---|---|---|---|
| | | | | 论文篇数 | 最高被引频次 | 总被引频次 | 篇均被引频次 |
| 2010 | 145524 | 34318 | 13.4 | 196 | 161 | 2980 | 15.20 |
| 2011 | 187295 | 38257 | 11.6 | 275 | 214 | 3781 | 13.75 |
| 2012 | 196402 | 40147 | 11.5 | 242 | 189 | 3749 | 15.49 |
| 2013 | 156608 | 44909 | 15.8 | 324 | 244 | 4715 | 14.55 |
| 2014 | 154890 | 32799 | 11.7 | 199 | 158 | 3333 | 16.75 |
| 合计 | 840719 | 190430 | 12.7 | 1236 | 244 | 18558 | 15.01 |

从哲学、社会科学学科论文的地域分布来看，2015年被引频次较高的5个省、直辖市或自治区依次是北京、江苏、上海、湖北和广东（图47-1）；5年论文产出量较多的5个省、直辖市或自治区依次是北京、江苏、上海、湖北和广东（图47-2）。

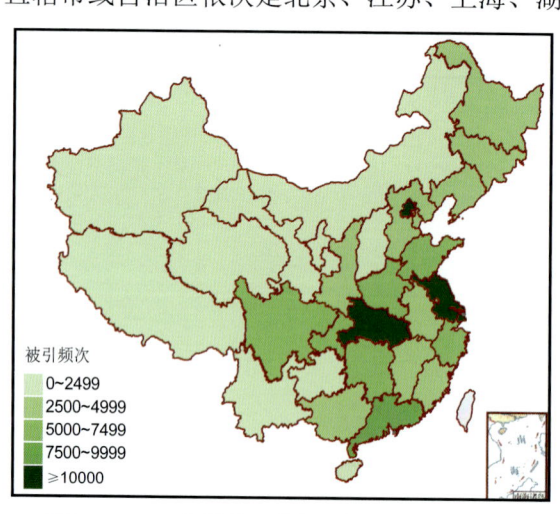

图47-1 2015年哲学、社会科学学科地区被引分布

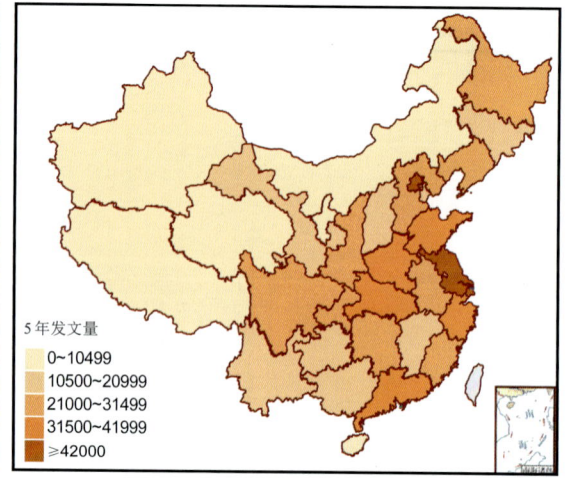

图47-2 哲学、社会科学学科5年论文产出地区分布

## 47.2 高被引论文分析

在哲学、社会科学学科，2015 年被引频次位居前 10 位的论文（表 47-2）平均被引频次为 90.1 次，是全部 1236 篇高被引论文篇均被引频次的 6.4 倍。其中，被引频次最高的论文是陈劲于 2012 年发表的《协同创新的理论基础与内涵》，随后 2 篇分别是刘永泽于 2013 年发表的《关于行政事业单位内部控制的几个问题》和何郁冰于 2012 年发表的《产学研协同创新的理论模式》。

从论文分布来看，刊载高被引论文数量居前的 3 种期刊分别是《中国法学》（60 篇）、《中国社会科学》（48 篇）和《法学研究》（33 篇），而《科学学研究》和《中国社会科学》分别刊载了高被引论文 TOP 10 中的 2 篇；发表高被引论文居前的 3 位学者分别是中国人民大学的王利明（12 篇）、清华大学的张明楷（11 篇）和北京大学的陈瑞华（8 篇）；产出高被引论文数量居前的 3 所机构分别是中国人民大学（98 篇）、北京大学（83 篇）和清华大学（64 篇）。

表 47-2 哲学、社会科学学科高被引论文 TOP 10

| 序号 | 论文题名 | 第一作者 | 期刊名称 | 发表年份 | 被引频次 总频次 | 被引频次 2015 年 |
|---|---|---|---|---|---|---|
| 1 | 协同创新的理论基础与内涵 | 陈劲 | 科学学研究 | 2012 | 375 | 154 |
| 2 | 关于行政事业单位内部控制的几个问题 | 刘永泽 | 会计研究 | 2013 | 203 | 131 |
| 3 | 产学研协同创新的理论模式 | 何郁冰 | 科学学研究 | 2012 | 307 | 131 |
| 4 | 智慧旅游的基本概念与理论体系 | 张凌云 | 旅游学刊 | 2012 | 151 | 107 |
| 5 | 项目制：一种新的国家治理体制 | 渠敬东 | 中国社会科学 | 2012 | 187 | 97 |
| 6 | 论国家治理与国家审计 | 刘家义 | 中国社会科学 | 2012 | 156 | 78 |
| 7 | 理解国家治理及其现代化 | 何增科 | 马克思主义与现实 | 2014 | 82 | 68 |
| 8 | 实质解释论的再提倡 | 张明楷 | 中国法学 | 2010 | 167 | 67 |
| 9 | 国家治理现代化进程中的社会治理体制创新 | 姜晓萍 | 中国行政管理 | 2014 | 81 | 65 |
| 10 | 当代中国国家治理体系分析 | 许耀桐 | 理论探索 | 2014 | 68 | 63 |

## 47.3 研究主题关联分析

在哲学、社会科学学科，高被引论文累计被 2015 年发表的 13297 篇论文引用了 18558 次。通过分析施引文献关键词的词频及关键词之间的共现关系，获得 2015 年哲学、社会科学学科的热点主题和主题关联，如图 47-3 所示（共现 17 次以下不显示）。由图 47-3 可知："国家治理""社会治理""大学生"等关键词的文档词频较高，是 2015 年学科的研究热点；

以"国家治理""现代化""国家治理体系"等关键词为主要节点的多个概念相互关联，构成了学科内最为突出的研究主题簇。

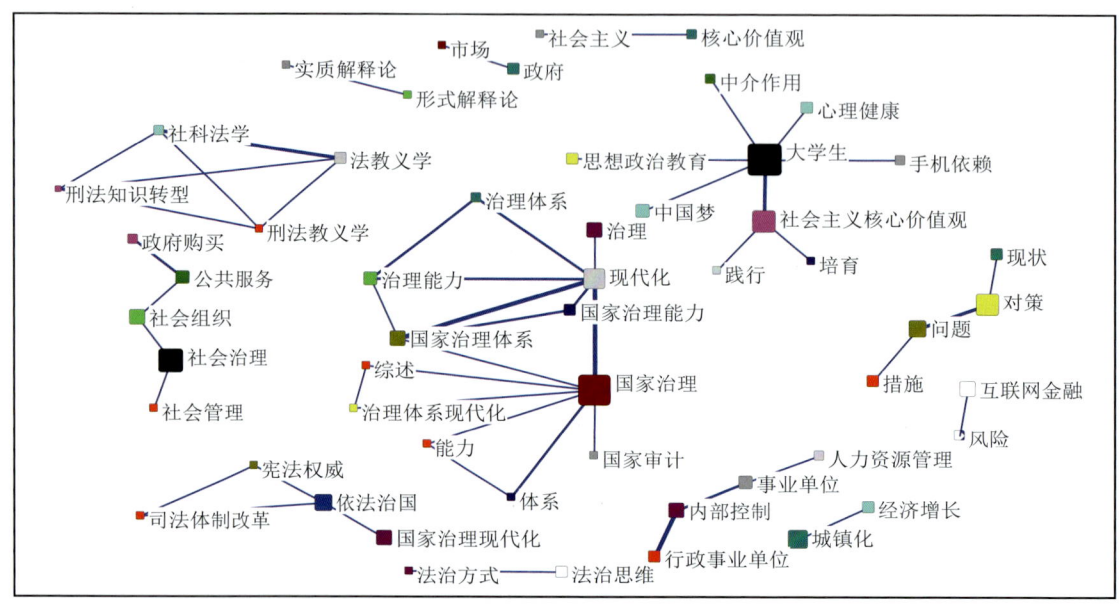

图 47-3　哲学、社会科学学科 2015 年热点主题关联

## 47.4　学科高影响力期刊分析

### 47.4.1　学科高影响力期刊 TOP 10

在哲学、社会科学学科，学科 5 年影响因子位居前 10 位的期刊见表 47-3，排在前 3 位的期刊分别是《中国法学》《中国社会科学》和《社会学研究》。在表 47-3 中，学科载文量占其总载文量比例最大的期刊是《法学研究》；前 5 年学科载文在 2015 年被引率最高的期刊是《中国法学》；期刊 5 年影响因子较高的前 3 种期刊分别是《中国社会科学》《中国法学》和《社会学研究》；学科 5 年影响因子与期刊 5 年影响因子差异最大的期刊是《中国社会科学》。表 47-3 中期刊的学科 5 年影响因子和前 5 年学科载文的 2015 年被引率对比如图 47-4 所示，2010—2015 年期刊 5 年影响因子的变动情况如图 47-5 所示。

表 47-3　哲学、社会科学学科高影响力期刊基本指数

| 序号 | 期刊名称 | 前 5 年载文量 | | | 2015 年学科被引 | | | 5 年影响因子 | | h 指数（学科） |
|---|---|---|---|---|---|---|---|---|---|---|
| | | 学科（篇） | 占比（%） | 总量（篇） | 频次 | 被引率（%） | 高被引论文篇数 | 期刊（2015） | 学科（2015） | |
| 1 | 中国法学 | 545 | 96.6 | 564 | 2199 | 67.5 | 60 | 4.060 | 4.035 | 18 |
| 2 | 中国社会科学 | 442 | 63.1 | 701 | 1767 | 62.7 | 48 | 4.732 | 3.998 | 25 |
| 3 | 社会学研究 | 268 | 66.0 | 406 | 797 | 62.3 | 25 | 3.042 | 2.974 | 14 |

| 序号 | 期刊名称 | 前5年载文量 | | | 2015年学科被引 | | | 5年影响因子 | | h指数(学科) |
|---|---|---|---|---|---|---|---|---|---|---|
| | | 学科(篇) | 占比(%) | 总量(篇) | 频次 | 被引率(%) | 高被引论文篇数 | 期刊(2015) | 学科(2015) | |
| 4 | 法学研究 | 570 | 97.6 | 584 | 1523 | 64.7 | 33 | 2.729 | 2.672 | 13 |
| 5 | 人口研究 | 276 | 76.7 | 360 | 727 | 58.0 | 19 | 2.756 | 2.634 | 13 |
| 6 | 中外法学 | 418 | 95.0 | 440 | 943 | 55.5 | 21 | 2.230 | 2.256 | 13 |
| 7 | 法学家 | 473 | 93.5 | 506 | 1035 | 59.8 | 15 | 2.121 | 2.188 | 11 |
| 8 | 公共管理学报 | 234 | 74.8 | 313 | 511 | 56.8 | 12 | 2.195 | 2.184 | 10 |
| 9 | 中国人口科学 | 206 | 46.4 | 444 | 391 | 48.5 | 10 | 1.946 | 1.898 | 12 |
| 10 | 清华法学 | 408 | 96.7 | 422 | 762 | 55.6 | 17 | 1.834 | 1.868 | 11 |

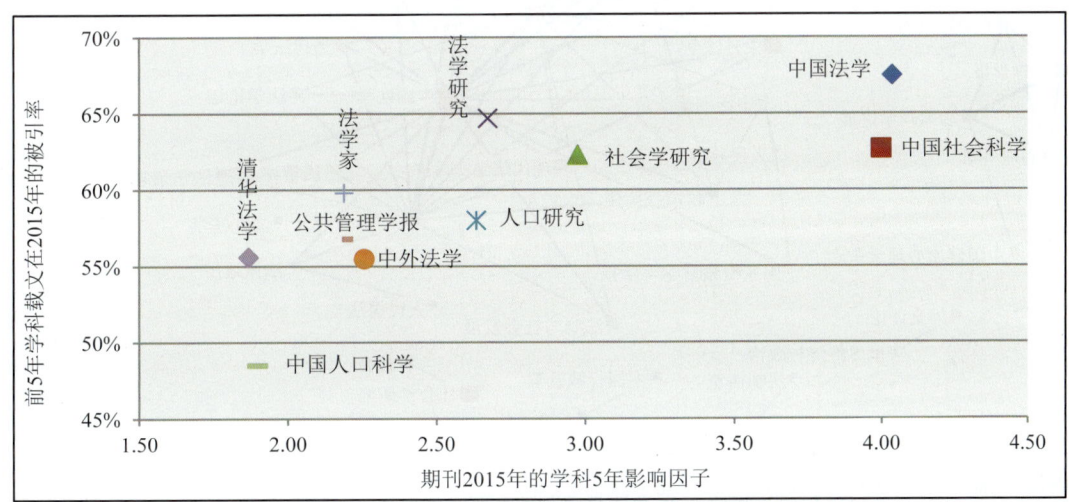

图 47-4　哲学、社会科学学科高影响力期刊对比

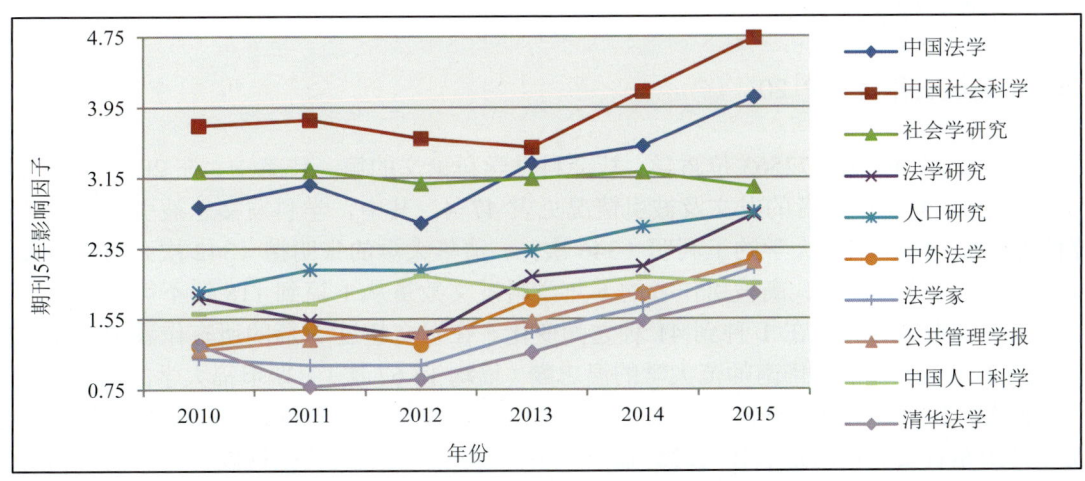

图 47-5　哲学、社会科学学科期刊5年影响因子变动

### 47.4.2 学科高影响力期刊载文主题关联

通过期刊共被引分析，获得哲学、社会科学学科高影响力期刊及与其他期刊之间的载文主题关联，如图47-6所示（共被引77次以下不显示）。结果显示，哲学、社会科学学科的高影响力期刊相互链接较为紧密，基本主导了该学科的期刊共被引网络，显示出该学科高影响力期刊可能共同刊载了许多相近的研究主题，热点研究主题分散在多种期刊上。《中国法学》的学科5年影响因子较高，显示出该刊在学科内学术影响力较大；《中国法学》与《法学研究》《法学》等期刊之间的链接较强，意味着它们之间可能有较多相同或相近的载文主题。

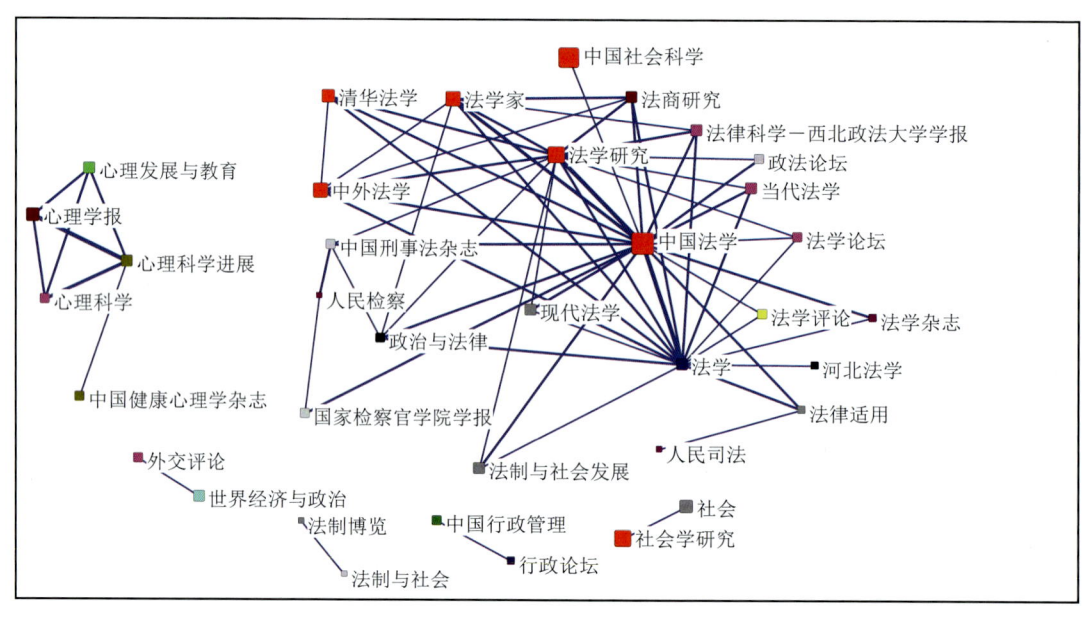

图47-6 哲学、社会科学学科高影响力期刊载文主题关联

## 47.5 高被引作者分析

### 47.5.1 高被引作者TOP 20

2010—2014年，在572563位哲学、社会科学学科论文的第一作者中，在2015年学科被引频次位居前20位的学者的发文及被引情况见表47-4。其中，学科发文总被引频次较高的3位作者分别是中国人民大学的王利明（346次）、清华大学的张明楷（342次）和中国人民大学的杨立新（276次）。高被引作者的5年学科发文数量从1篇到118篇不等，同时，作者学科发文的期刊分布也在1种到41种之间变化。在发文超过5篇的所有作者中，篇均被引较高的3位作者分别是华南师范大学的温忠麟（篇均16.67次）、斯坦福大学的周雪光（篇均15.75次）和南开大学的张阔（篇均10.17次）；前5年发表学科论文较多的3位作者分别是中共山东省委党校的张书林（235篇）、中共泰州市委党校的张树俊（151篇）和河南大学的王浩斌（135篇）。高被引作者的学科发文量和被引量对比如图47-7所示。

表 47-4 哲学、社会科学学科高被引作者 TOP 20

| 序号 | 姓名 | 作者单位 | 前 5 年发文 | | | 前 5 年学科发文在 2015 年的被引 | | | | h指数（学科） |
|---|---|---|---|---|---|---|---|---|---|---|
| | | | 学科发文（篇） | 期刊分布（种） | 发文总量（篇） | 总频次 | 被引率（%） | 最高（次） | 篇均（次） | |
| 1 | 王利明 | 中国人民大学 | 78 | 38 | 112 | 346 | 53.8 | 36 | 4.44 | 11 |
| 2 | 张明楷 | 清华大学 | 63 | 18 | 66 | 342 | 65.1 | 67 | 5.43 | 10 |
| 3 | 杨立新 | 中国人民大学 | 95 | 34 | 99 | 276 | 60.0 | 29 | 2.91 | 9 |
| 4 | 陈瑞华 | 北京大学 | 58 | 22 | 59 | 275 | 65.5 | 34 | 4.74 | 9 |
| 5 | 陈兴良 | 北京大学 | 65 | 29 | 66 | 269 | 66.2 | 44 | 4.14 | 9 |
| 6 | 龙宗智 | 四川大学 | 46 | 17 | 48 | 198 | 56.5 | 36 | 4.30 | 9 |
| 7 | 赵秉志 | 北京师范大学 | 118 | 41 | 123 | 190 | 43.2 | 18 | 1.61 | 7 |
| 8 | 陈卫东 | 中国人民大学 | 56 | 28 | 58 | 174 | 67.9 | 23 | 3.11 | 7 |
| 9 | 江必新 | 中南大学 | 39 | 25 | 40 | 172 | 74.4 | 29 | 4.41 | 7 |
| 10 | 于志刚 | 中国政法大学 | 60 | 34 | 64 | 154 | 68.3 | 24 | 2.57 | 7 |
| 11 | 姜明安 | 北京大学 | 45 | 25 | 50 | 150 | 44.4 | 29 | 3.33 | 7 |
| 12 | 贺雪峰 | 华中科技大学 | 37 | 27 | 346 | 142 | 51.4 | 23 | 3.84 | 9 |
| 13 | 劳东燕 | 清华大学 | 21 | 9 | 21 | 133 | 66.7 | 29 | 6.33 | 7 |
| 13 | 周光权 | 清华大学 | 49 | 21 | 50 | 133 | 55.1 | 24 | 2.71 | 7 |
| 15 | 刘永泽 | 中国内部控制研究中心 | 1 | 1 | 3 | 131 | 100.0 | 131 | 131.00 | 3 |
| 16 | 陈光中 | 中国政法大学 | 41 | 22 | 46 | 127 | 51.2 | 35 | 3.10 | 7 |
| 17 | 万毅 | 四川大学 | 55 | 27 | 56 | 114 | 40.0 | 26 | 2.07 | 5 |
| 18 | 段成荣 | 中国人民大学 | 13 | 10 | 20 | 110 | 61.5 | 40 | 8.46 | 5 |
| 19 | 穆光宗 | 北京大学 | 41 | 18 | 75 | 107 | 22.0 | 51 | 2.61 | 4 |
| 20 | 王思斌 | 北京大学 | 50 | 13 | 83 | 102 | 28.0 | 26 | 2.04 | 5 |

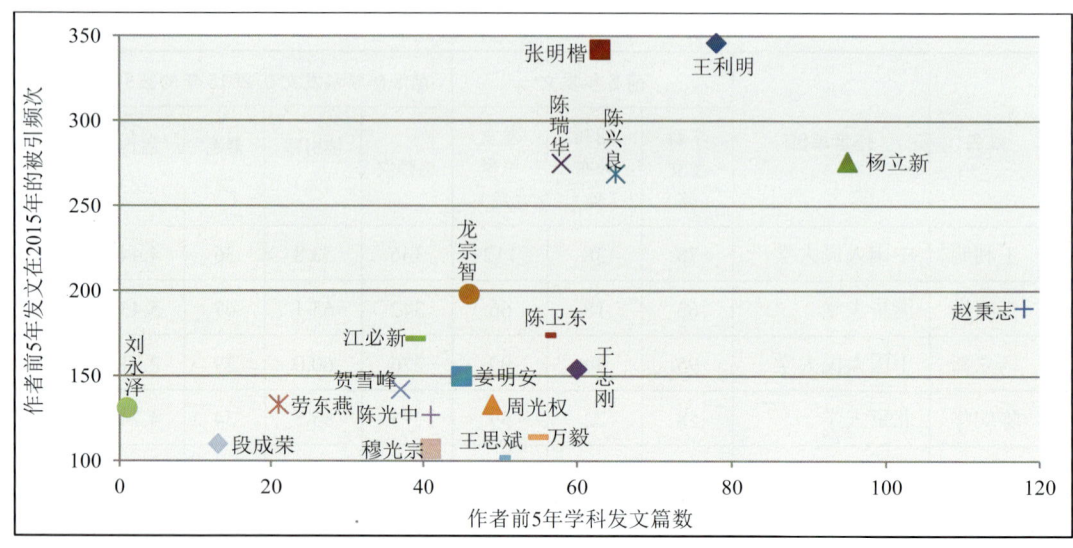

图 47-7 哲学、社会科学学科高被引作者学科发文及被引对比

### 47.5.2 高被引作者科研合作关系

通过作者合著分析,获得 2015 年哲学、社会科学学科高被引作者及与其他学者之间的科研论文合作关系(不考虑论文署名次序),如图 47-8 所示(合著 2 次以下不显示)。可以看出,哲学、社会科学学科的高被引作者的论文合作现象比较普遍。学者赵秉志和杨立新的发文量较多;赵秉志的论文合作网络最为突出,在该学科的研究人员中表现出一定的集聚效应;赵秉志和袁彬、陈卫东和程雷等学者之间的合作关系最为紧密,显示出他们可能分别属于同一支科研团队。

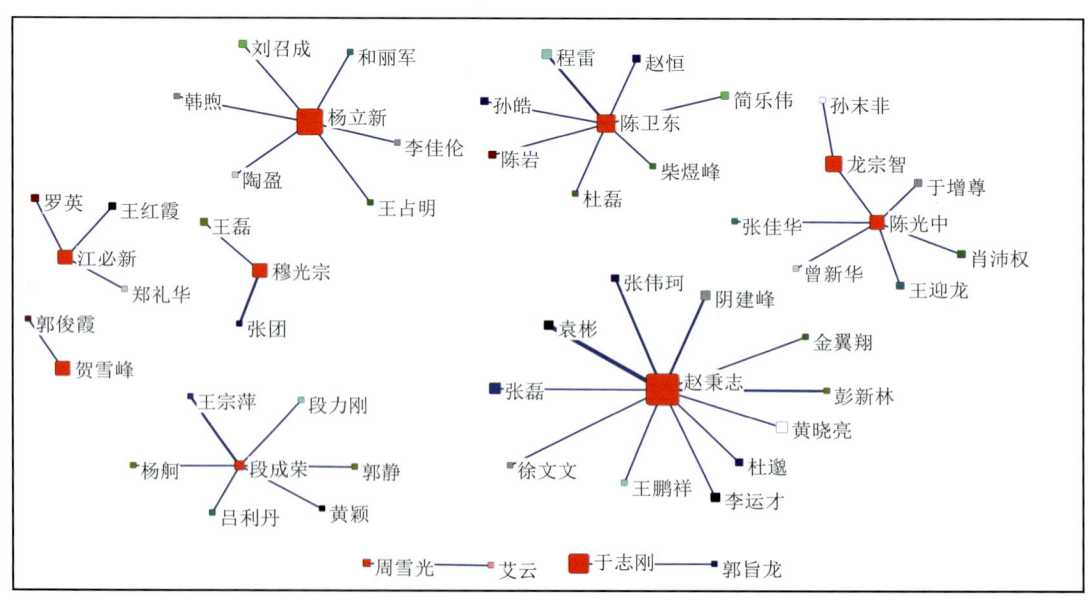

图 47-8 哲学、社会科学学科高被引作者科研论文合作关系

## 47.5.3 高被引作者发文主题关联

通过作者共被引分析，获得 2015 年哲学、社会科学学科高被引作者及与其他学者之间的发文主题关联（见图 47-9，共被引 9 次以下不显示）。如图 47-9 所示，哲学、社会科学学科的高被引作者基本主导了作者共被引网络，显示出该学科在热点主题上已经形成了优势较为明显的科研力量。学者王利明和张明楷的节点较大，显示出他们的学术成果在学科内得到较多关注；张明楷与陈兴良、陈瑞华与龙宗智等学者之间的链接较强，意味着他们之间可能分别有较为相近的研究主题；以张明楷、陈兴良等学者为主要节点的共被引作者簇人数较多且网络规模较大，意味着这些学者的研究主题关联可能较为紧密。

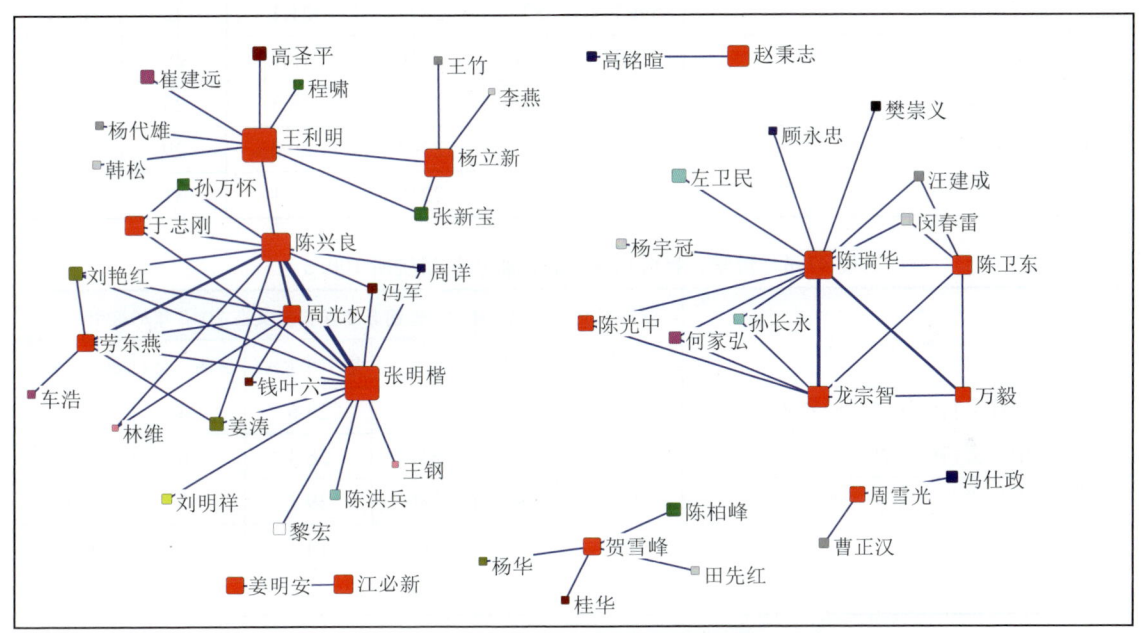

图 47-9　哲学、社会科学学科高被引作者发文主题关联

## 47.6　高被引机构分析

### 47.6.1　高被引机构

为便于比较，本书将哲学、社会科学学科的高被引机构分为高等院校和科研院所两种类型。其中，被引频次 TOP 10 高等院校和被引频次 TOP 5 科研院所的发文及被引情况分别见表 47-5 和表 47-6。其中，总被引频次较高的 3 所高等院校分别是中国人民大学、北京大学和清华大学，中国社会科学院法学研究所、中国社会科学院社会学研究所和中国科学院心理研究所是总被引频次较高的 3 所科研院所；前 5 年学科发文在 2015 年的被引率最高的高等院校和科研院所分别是清华大学和中国科学院心理研究所，篇均被引最高的高等院校和科研院所分别是清华大学和中国社会科学院社会学研究所。上述高被引机构的论文被引率和篇均被引频次对比如图 47-10 所示。

表 47-5 哲学、社会科学学科高被引高等院校 TOP 10

| 序号 | 第一作者单位 | 学科发文量（篇） | | 前 5 年学科发文在 2015 年的被引 | | | |
|---|---|---|---|---|---|---|---|
| | | 前 5 年 | 2015 年 | 频次 | 被引率（%） | 最高（次） | 篇均（次） |
| 1 | 中国人民大学 | 12163 | 1998 | 7116 | 22.4 | 41 | 0.59 |
| 2 | 北京大学 | 7931 | 1313 | 5245 | 24.6 | 51 | 0.66 |
| 3 | 清华大学 | 3740 | 697 | 3356 | 29.8 | 67 | 0.90 |
| 4 | 武汉大学 | 8558 | 1350 | 3186 | 18.5 | 29 | 0.37 |
| 5 | 中国政法大学 | 8530 | 1774 | 2928 | 16.5 | 35 | 0.34 |
| 6 | 北京师范大学 | 5963 | 882 | 2871 | 21.1 | 43 | 0.48 |
| 7 | 南京大学 | 7108 | 1256 | 2676 | 18.9 | 29 | 0.38 |
| 8 | 吉林大学 | 6264 | 1070 | 2279 | 18.3 | 23 | 0.36 |
| 9 | 复旦大学 | 5439 | 778 | 2264 | 20.2 | 29 | 0.42 |
| 10 | 华东政法大学 | 9010 | 1556 | 2218 | 13.1 | 31 | 0.25 |

表 47-6 哲学、社会科学学科高被引科研院所 TOP 5

| 序号 | 第一作者单位 | 学科发文量（篇） | | 前 5 年学科发文在 2015 年的被引 | | | |
|---|---|---|---|---|---|---|---|
| | | 前 5 年 | 2015 年 | 频次 | 被引率（%） | 最高（次） | 篇均（次） |
| 1 | 中国社会科学院法学研究所 | 676 | 71 | 520 | 29.6 | 24 | 0.77 |
| 2 | 中国社会科学院社会学研究所 | 263 | 40 | 318 | 38.4 | 26 | 1.21 |
| 3 | 中国科学院心理研究所 | 307 | 38 | 280 | 39.1 | 13 | 0.91 |
| 4 | 天津社会科学院 | 719 | 88 | 167 | 14.3 | 7 | 0.23 |
| 5 | 上海国际问题研究院 | 333 | 74 | 166 | 26.4 | 9 | 0.50 |

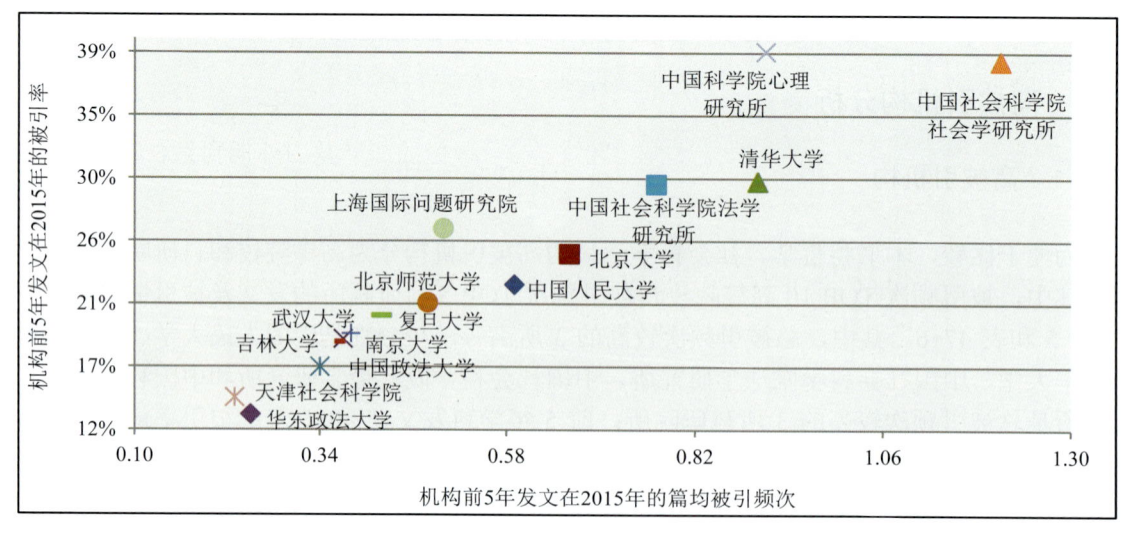

图 47-10 哲学、社会科学学科高被引机构论文篇均被引及被引率对比

### 47.6.2 高被引机构科研合作关系

通过合著分析，获得哲学、社会科学学科高被引机构之间及其与其他机构之间的科研合作关联，如图47-11所示（合作27次以下不显示）。分析得知，哲学、社会科学学科的机构合作链接比较紧密，表明学科内机构合作现象非常普遍；高被引机构基本主导了机构合作网络，显示出这些机构已经在学科内具有了一定的科研优势。中国人民公安大学与中华人民共和国公安部物证鉴定中心、复旦大学和卫生部食品安全综合协调与卫生监督局等机构之间的链接较强，表明它们之间的学术合作较为频繁。

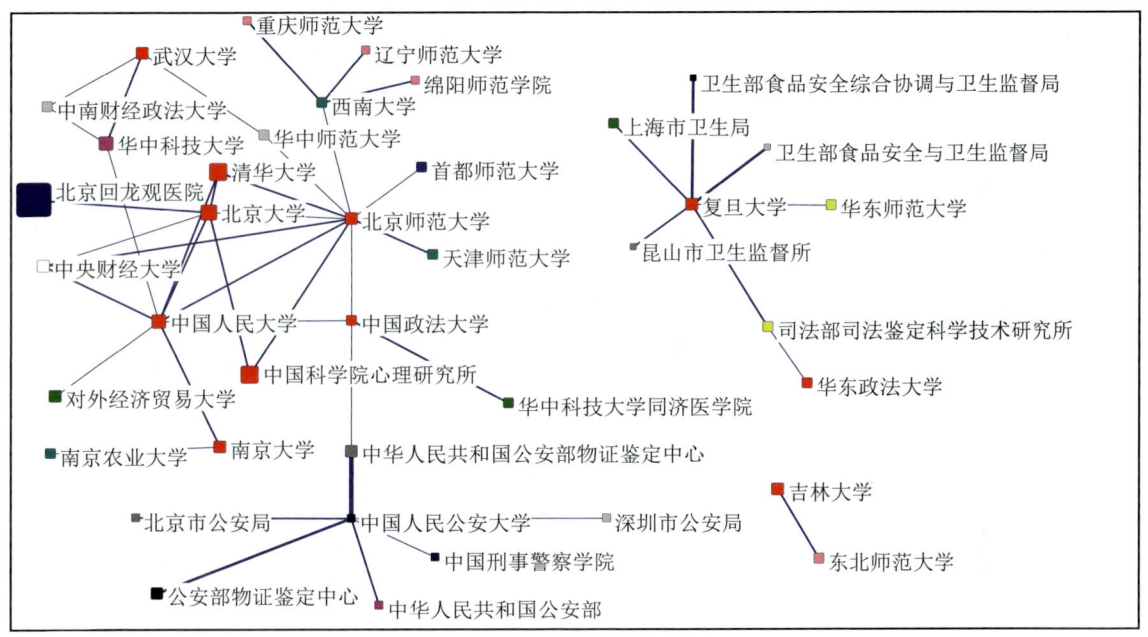

图 47-11 哲学、社会科学学科高被引机构科研合作关联

## 47.7 高被引图书、国外期刊及学术会议

2015年，哲学、社会科学学科被引频次位居前10位的图书及国外期刊见表47-7和表47-8。其中，被引次数较多的3种图书分别是马克思的《马克思恩格斯选集》、马克思的《马克思恩格斯全集》和邓小平的《邓小平文选》；被引次数较多的3种国外期刊分别是《Journal of Personality and Social Psychology》《Academy of management journal》和《Journal of Applied Psychology》；被引次数较多的3场学术会议分别是"CRS Report for Congress" "FRUS, the Conference of Berlin（the Potsdam Conference）"和"Bandung Revisited: The Legacy of the 1955 Asian-African Conference for International Order"。

表 47-7  哲学、社会科学学科高被引图书 TOP 10

| 序号 | 责任者 | 图书名称 | 出版社 | 2015 年被引频次 |
| --- | --- | --- | --- | --- |
| 1 | 马克思 | 马克思恩格斯选集 | 人民出版社 | 5606 |
| 2 | 马克思 | 马克思恩格斯全集 | 人民出版社 | 5519 |
| 3 | 邓小平 | 邓小平文选 | 人民出版社 | 3212 |
| 4 | 毛泽东 | 毛泽东选集 | 人民出版社 | 3027 |
| 5 | 马克思 | 马克思恩格斯文集 | 人民出版社 | 2742 |
| 6 | 列宁 | 列宁全集 | 人民出版社 | 1367 |
| 7 | 中共中央文献研究室 | 毛泽东文集 | 人民出版社 | 1322 |
| 7 | 张明楷 | 刑法学 | 法律出版社 | 1108 |
| 9 | 列宁 | 列宁选集 | 人民出版社 | 884 |
| 10 | 亚里士多德 | 政治学 | 商务印书馆 | 636 |

表 47-8  哲学、社会科学学科高被引国外期刊 TOP 10

| 序号 | 期刊名称 | 2015 年被引频次 |
| --- | --- | --- |
| 1 | Journal of Personality and Social Psychology | 2538 |
| 2 | Academy of Management Journal | 1178 |
| 3 | Journal of Applied Psychology | 1116 |
| 4 | Academy of Management Review | 825 |
| 5 | Science | 820 |
| 6 | Psychological Bulletin | 773 |
| 7 | Psychological Science | 704 |
| 8 | The American Economic Review | 701 |
| 9 | American Journal of Sociology | 694 |
| 10 | American Sociological Review | 644 |

# 第48章 经济学科高被引分析

## 48.1 学科论文概况

2010—2014年,经济学科共有1167764位来自264257所机构的论文第一作者在6326种期刊上发表了1755753篇学术论文。其中,80%以上的论文产出自148350所机构、863603位作者,发表在807种期刊上。在前5年发表的这些论文中,有246648篇在2015年获得过引用,整体被引率为14.0%,总被引频次为454589次,篇均被引0.26次;其中,高被引论文有2736篇,单篇论文最高被引频次为537次,累计被引46786次,篇均被引17.10次(表48-1)。另外,2015年经济学科共发表论文297128篇,其中有12489篇在当年获得过引用,总共被引16292次。

表48-1 经济学科论文分布情况

| 年份 | 论文篇数 | 2015年被引频次 | 2015年被引率(%) | 2015年高被引论文 | | | |
|---|---|---|---|---|---|---|---|
| | | | | 论文篇数 | 最高被引频次 | 总被引频次 | 篇均被引频次 |
| 2010 | 266860 | 78223 | 15.8 | 470 | 390 | 8642 | 18.39 |
| 2011 | 406400 | 96406 | 12.7 | 544 | 462 | 9772 | 17.96 |
| 2012 | 442995 | 100393 | 12.1 | 583 | 474 | 10544 | 18.09 |
| 2013 | 306955 | 105270 | 18.0 | 682 | 537 | 11429 | 16.76 |
| 2014 | 332543 | 74297 | 13.2 | 457 | 348 | 6399 | 14.00 |
| 合计 | 1755753 | 454589 | 14.0 | 2736 | 537 | 46786 | 17.10 |

从经济学科论文的地域分布来看,2015年被引频次较高的5个省、直辖市或自治区依次是北京、江苏、广东、湖北和上海(图48-1);5年论文产出量较多的5个省、直辖市或自治区依次是北京、江苏、山东、河南和广东(图48-2)。

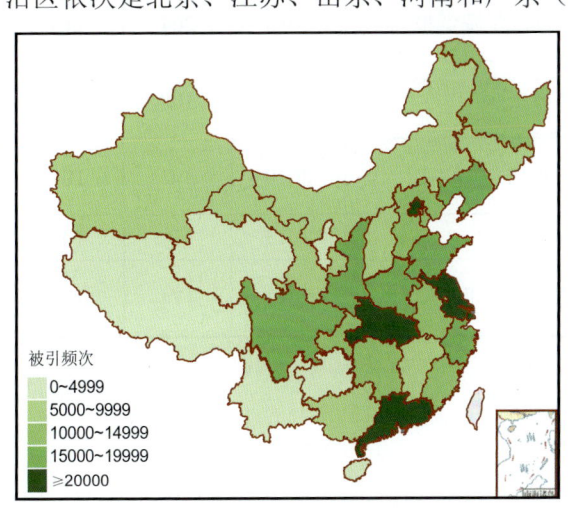

图48-1 2015年经济学科地区被引分布

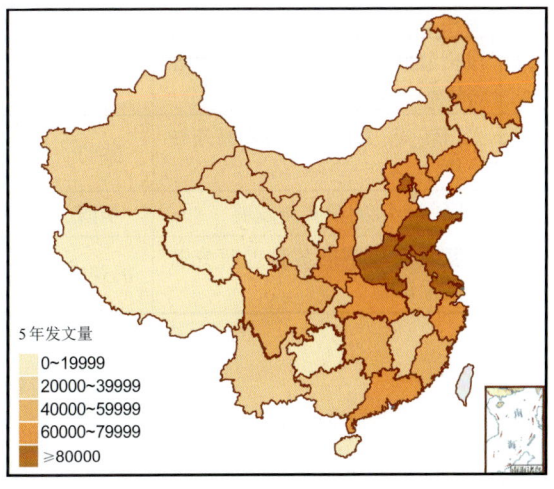

图48-2 经济学科5年论文产出地区分布

## 48.2 高被引论文分析

在经济学科，2015年被引频次位居前10位的论文（表48-2）平均被引频次为161.4次，是全部2736篇高被引论文篇均被引频次的9.4倍。其中，被引频次最高的论文是谢平于2012年发表的《互联网金融模式研究》，随后2篇分别是干春晖于2011年发表的《中国产业结构变迁对经济增长和波动的影响》和胡鞍钢于2014年发表的《"丝绸之路经济带"：战略内涵、定位和实现路径》。

从论文分布来看，刊载高被引论文数量居前的3种期刊分别是《经济研究》（202篇）、《管理世界》（152篇）和《会计研究》（141篇），而《经济研究》刊载了高被引论文TOP 10中的2篇；发表高被引论文居前的3位学者分别是南京大学的洪银兴（7篇）、中国人民大学的张杰（6篇）和华中科技大学的张兆国（5篇）；产出高被引论文数量居前的3所机构分别是中国人民大学（119篇）、南开大学（69篇）和北京大学（66篇）。

表 48-2 经济学科高被引论文 TOP 10

| 序号 | 论文题名 | 第一作者 | 期刊名称 | 发表年份 | 被引频次 总频次 | 2015年 |
|---|---|---|---|---|---|---|
| 1 | 互联网金融模式研究 | 谢平 | 金融研究 | 2012 | 971 | 586 |
| 2 | 中国产业结构变迁对经济增长和波动的影响 | 干春晖 | 经济研究 | 2011 | 356 | 141 |
| 3 | "丝绸之路经济带"：战略内涵、定位和实现路径 | 胡鞍钢 | 新疆师范大学学报（哲学社会科学版） | 2014 | 167 | 132 |
| 4 | 如何有效提升建筑工程施工技术管理水平 | 李建英 | 现代经济：现代物业中旬刊 | 2011 | 98 | 115 |
| 4 | 互联网金融模式及对传统银行业的影响 | 宫晓林 | 南方金融 | 2013 | 229 | 115 |
| 6 | 新型城镇化的战略意义和改革难题 | 张占斌 | 国家行政学院学报 | 2013 | 264 | 110 |
| 7 | 浅析建筑工程造价的动态管理与控制 | 杨德才 | 科技与企业 | 2013 | 108 | 105 |
| 8 | 人口转变、人口红利与刘易斯转折点 | 蔡昉 | 经济研究 | 2010 | 392 | 104 |
| 8 | 互联网金融的模式与发展 | 李博 | 中国金融 | 2013 | 171 | 104 |
| 10 | 大数据背景下商务管理研究若干前沿课题 | 冯芷艳 | 管理科学学报 | 2013 | 174 | 102 |

## 48.3 研究主题关联分析

在经济学科，高被引论文累计被 2015 年发表的 35326 篇论文引用了 46786 次。通过分析施引文献关键词的词频及关键词之间的共现关系，获得 2015 年经济学科的热点主题和主题关联，如图 48-3 所示（共现 51 次以下不显示）。由图 48-3 可知："建筑工程""互联网金融"等关键词的文档词频较高，是 2015 年学科的研究热点；以"建筑工程""管理""施工技术"等关键词为主要节点的多个概念相互关联，构成了学科内最为突出的研究主题簇。

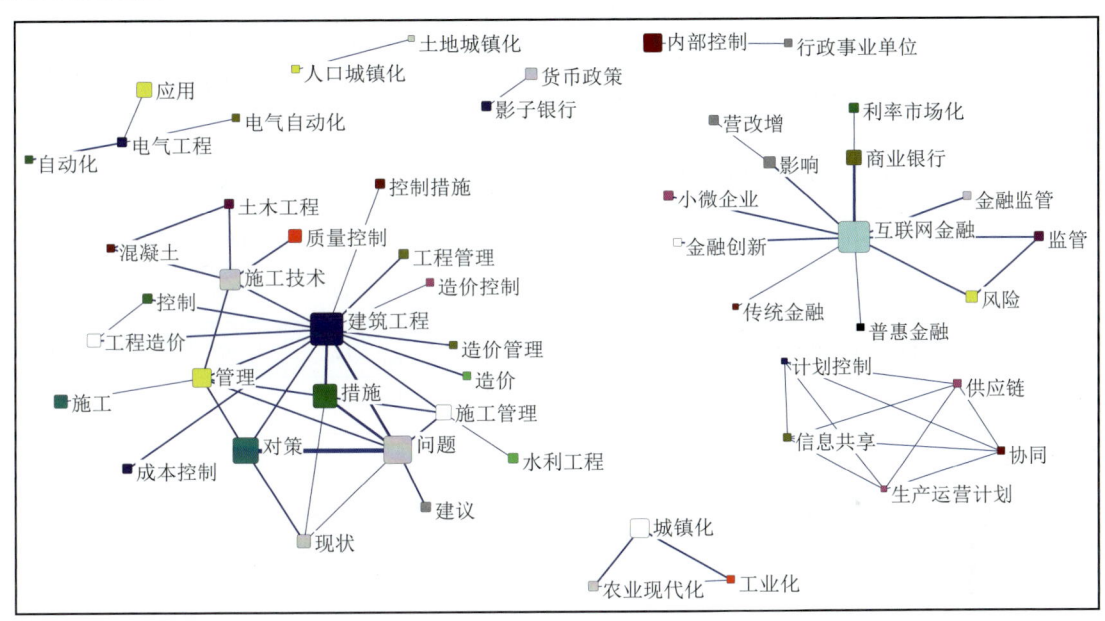

图 48-3 经济学科 2015 年热点主题关联

## 48.4 学科高影响力期刊分析

### 48.4.1 学科高影响力期刊 TOP 10

在经济学科，学科 5 年影响因子位居前 10 位的期刊见表 48-3，排在前 3 位的期刊分别是《经济研究》《会计研究》和《世界经济》。在表 48-3 中，学科载文量占其总载文量比例最大的期刊是《中国工业经济》；前 5 年学科载文在 2015 年被引率最高的期刊是《会计研究》；期刊 5 年影响因子较高的前 3 种期刊分别是《经济研究》《会计研究》和《世界经济》；学科 5 年影响因子与期刊 5 年影响因子差异最大的期刊是《自然资源学报》。表 48-3 中期刊的学科 5 年影响因子和前 5 年学科载文的 2015 年被引率对比如图 48-4 所示，2010—2015 年期刊 5 年影响因子的变动情况如图 48-5 所示。

表 48-3　经济学科高影响力期刊基本指数

| 序号 | 期刊名称 | 前5年载文量 | | | 2015年学科被引 | | | 5年影响因子 | | h指数（学科） |
|---|---|---|---|---|---|---|---|---|---|---|
| | | 学科（篇） | 占比（%） | 总量（篇） | 频次 | 被引率（%） | 高被引论文篇数 | 期刊(2015) | 学科(2015) | |
| 1 | 经济研究 | 940 | 92.1 | 1021 | 6061 | 63.3 | 202 | 6.588 | 6.448 | 35 |
| 2 | 会计研究 | 902 | 98.4 | 917 | 4196 | 70.8 | 141 | 4.787 | 4.652 | 23 |
| 3 | 世界经济 | 551 | 95.8 | 575 | 1955 | 63.9 | 52 | 3.522 | 3.548 | 18 |
| 4 | 管理世界 | 1410 | 91.0 | 1550 | 4904 | 60.1 | 152 | 3.334 | 3.478 | 24 |
| 5 | 南开管理评论 | 542 | 97.8 | 554 | 1657 | 65.3 | 37 | 3.240 | 3.057 | 15 |
| 6 | 中国工业经济 | 994 | 99.3 | 1001 | 2878 | 61.9 | 76 | 2.944 | 2.895 | 19 |
| 7 | 中国农村经济 | 587 | 94.5 | 621 | 1551 | 62.5 | 33 | 2.605 | 2.642 | 13 |
| 8 | 中国软科学 | 1007 | 73.9 | 1362 | 2548 | 62.9 | 52 | 2.289 | 2.530 | 16 |
| 9 | 自然资源学报 | 399 | 32.9 | 1213 | 950 | 65.9 | 12 | 1.985 | 2.381 | 12 |
| 10 | 管理科学学报 | 472 | 76.0 | 621 | 1042 | 62.7 | 15 | 2.317 | 2.208 | 12 |

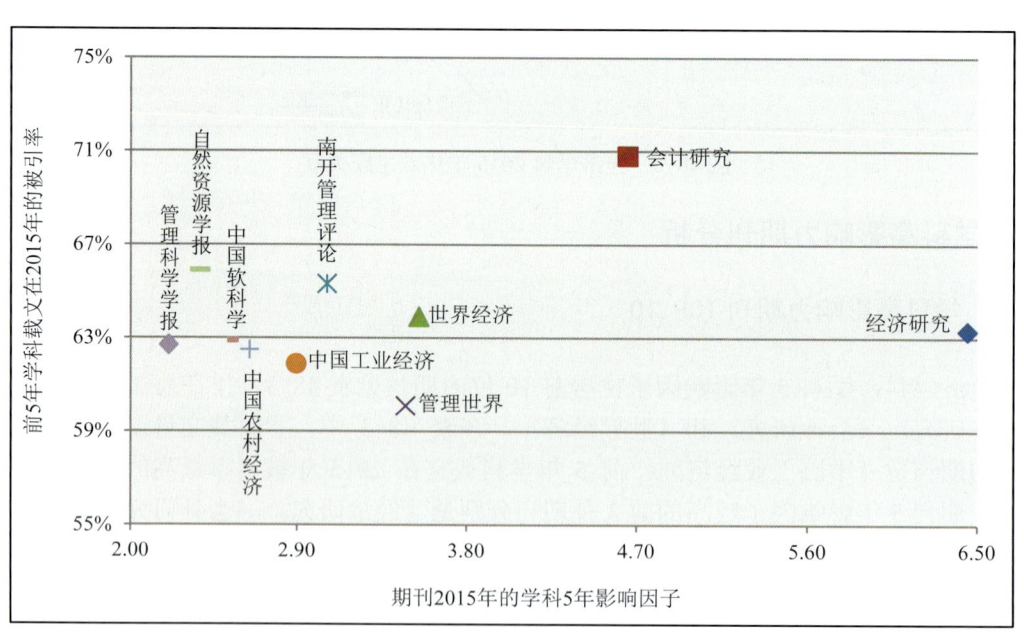

图 48-4　经济学科高影响力期刊对比

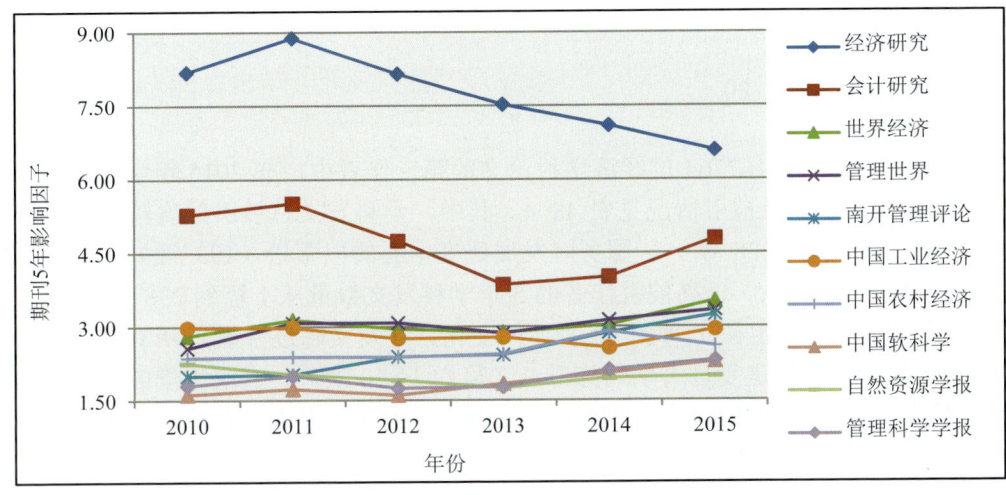

图 48-5　经济学科期刊 5 年影响因子变动

## 48.4.2　学科高影响力期刊载文主题关联

通过期刊共被引分析，获得经济学科高影响力期刊及与其他期刊之间的载文主题关联，如图 48-6 所示（共被引 179 次以下不显示）。结果显示，经济学科的高影响力期刊相互链接较为紧密，基本主导了该学科的期刊共被引网络，显示出该学科高影响力期刊可能共同刊载了许多相近的研究主题，热点研究主题分散在多种期刊上。《经济研究》的学科 5 年影响因子较高，显示出该刊在学科内学术影响力较大；《经济研究》与《管理世界》《世界经济》等期刊之间的链接较强，意味着它们之间可能有较多相同或相近的载文主题。

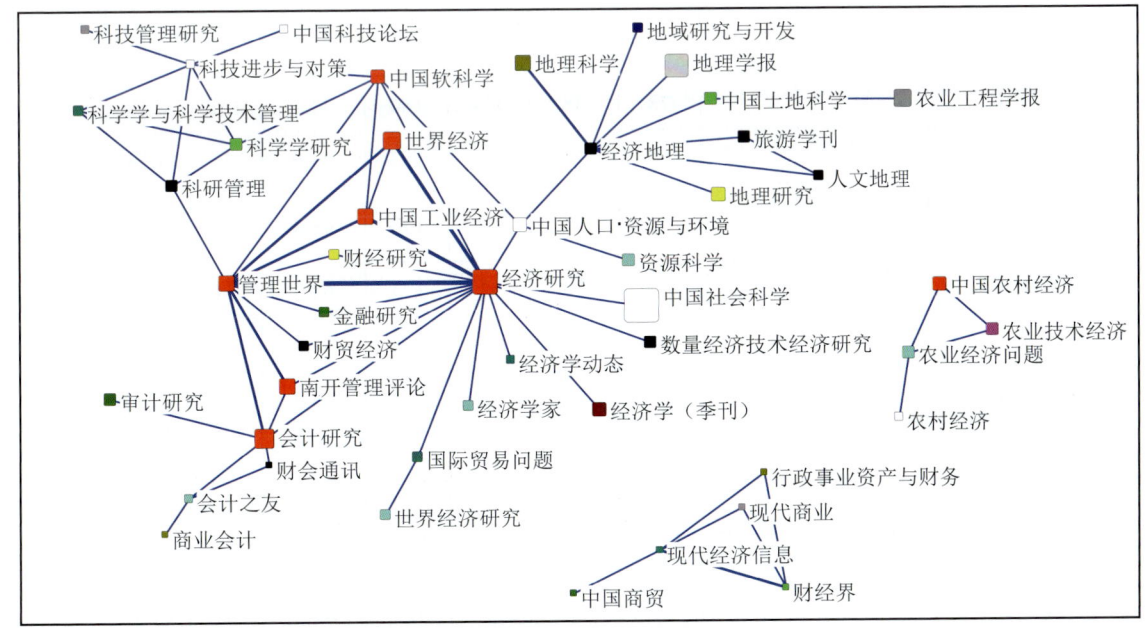

图 48-6　经济学科高影响力期刊载文主题关联

## 48.5 高被引作者分析

### 48.5.1 高被引作者 TOP 20

2010—2014 年，在 1167764 位经济学科论文的第一作者中，在 2015 年学科被引频次位居前 20 位的学者的发文及被引情况见表 48-4。其中，学科发文总被引频次较高的 3 位作者分别是浙江大学的陈劲（228 次）、国务院发展研究中心的巴曙松（193 次）和财政部财政科学研究所的贾康（188 次）。高被引作者的 5 年学科发文数量从 1 篇到 238 篇不等，同时，作者学科发文的期刊分布也在 1 种到 62 种之间变化。在发文超过 5 篇的所有作者中，篇均被引较高的 3 位作者分别是复旦大学的陈诗一（篇均 19.50 次）、武汉大学的余明桂（篇均 18.80 次）和北京联合大学的张凌云（篇均 17.25 次）；前 5 年发表学科论文较多的 3 位作者分别是卡莱（梅州）橡胶制品有限公司的董鹏（270 篇）、财政部财政科学研究所的贾康（238 篇）和《真空与低温》杂志社的本刊编辑部（208 篇）。高被引作者的学科发文量和被引量对比如图 48-7 所示。

表 48-4 经济学科高被引作者 TOP 20

| 序号 | 姓名 | 作者单位 | 前 5 年发文 | | | 前 5 年学科发文在 2015 年的被引 | | | | h 指数（学科） |
|---|---|---|---|---|---|---|---|---|---|---|
| | | | 学科发文（篇） | 期刊分布（种） | 发文总量（篇） | 总频次 | 被引率（%） | 最高（次） | 篇均（次） | |
| 1 | 陈劲 | 浙江大学 | 26 | 15 | 41 | 228 | 65.4 | 154 | 8.77 | 5 |
| 2 | 巴曙松 | 国务院发展研究中心 | 134 | 61 | 191 | 193 | 38.1 | 37 | 1.44 | 5 |
| 3 | 贾康 | 财政部财政科学研究所 | 238 | 62 | 342 | 188 | 27.7 | 10 | 0.79 | 7 |
| 4 | 胡鞍钢 | 清华大学 | 78 | 38 | 414 | 184 | 24.4 | 132 | 2.36 | 8 |
| 5 | 张杰 | 中国人民大学 | 54 | 24 | 65 | 183 | 42.6 | 34 | 3.39 | 8 |
| 6 | 蔡昉 | 中国社会科学院人口与劳动经济研究所 | 31 | 24 | 49 | 173 | 48.4 | 104 | 5.58 | 7 |
| 7 | 黄祖辉 | 浙江大学 | 42 | 27 | 51 | 171 | 64.3 | 54 | 4.07 | 6 |
| 8 | 洪银兴 | 南京大学 | 43 | 21 | 58 | 164 | 51.2 | 33 | 3.81 | 7 |
| 9 | 聂辉华 | 中国人民大学 | 12 | 7 | 19 | 161 | 75.0 | 84 | 13.42 | 4 |
| 10 | 王兵 | 暨南大学 | 19 | 10 | 21 | 157 | 52.6 | 92 | 8.26 | 6 |
| 10 | 白永秀 | 西北大学 | 51 | 25 | 58 | 157 | 49.0 | 76 | 3.08 | 6 |
| 12 | 林伯强 | 厦门大学 | 24 | 17 | 60 | 153 | 29.2 | 74 | 6.38 | 5 |
| 13 | 权小锋 | 厦门大学 | 4 | 4 | 5 | 145 | 100.0 | 94 | 36.25 | 4 |

| 序号 | 姓名 | 作者单位 | 前5年发文 | | | 前5年学科发文在2015年的被引 | | | | h指数（学科） |
|---|---|---|---|---|---|---|---|---|---|---|
| | | | 学科发文（篇） | 期刊分布（种） | 发文总量（篇） | 总频次 | 被引率（%） | 最高（次） | 篇均（次） | |
| 14 | 辜胜阻 | 武汉大学 | 55 | 27 | 71 | 139 | 56.4 | 30 | 2.53 | 7 |
| 15 | 张凌云 | 北京联合大学 | 8 | 5 | 11 | 138 | 62.5 | 107 | 17.25 | 3 |
| 16 | 张占斌 | 国家行政学院 | 42 | 26 | 82 | 132 | 21.4 | 110 | 3.14 | 4 |
| 17 | 何郁冰 | 中国科学院研究生院 | 1 | 1 | 1 | 131 | 100.0 | 131 | 131.00 | 1 |
| 18 | 陈诗一 | 复旦大学 | 6 | 4 | 9 | 117 | 100.0 | 42 | 19.50 | 7 |
| 19 | 方创琳 | 中国科学院地理科学与资源研究所 | 21 | 15 | 39 | 116 | 61.9 | 25 | 5.52 | 6 |
| 19 | 李建英 | 歌山建设集团有限公司广西分公司 | 2 | 2 | 2 | 116 | 100.0 | 115 | 58.00 | 1 |

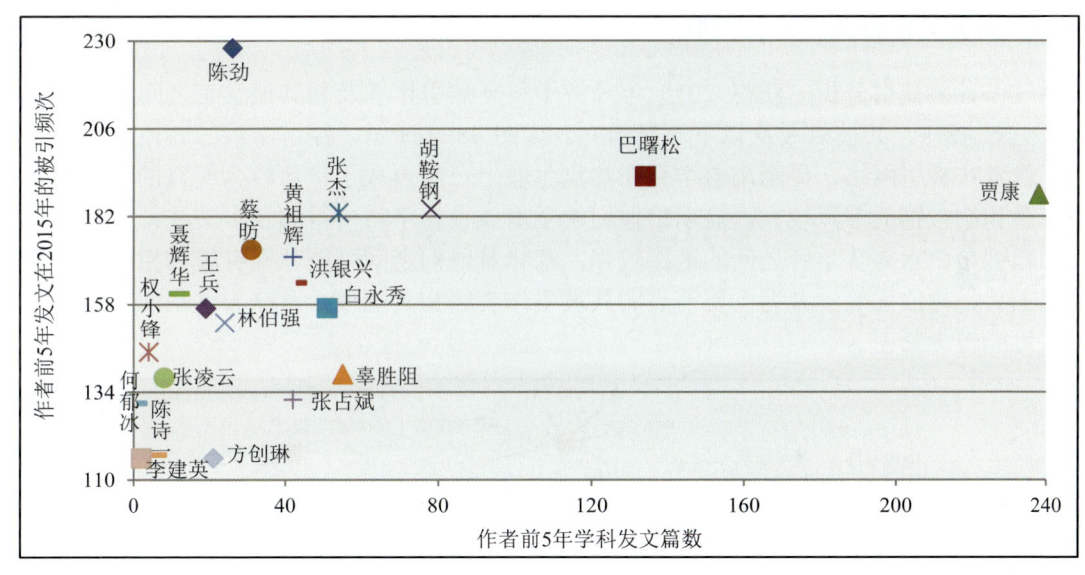

图48-7　经济学科高被引作者学科发文及被引对比

## 48.5.2　高被引作者科研合作关系

通过作者合著分析，获得2015年经济学科高被引作者及与其他学者之间的科研论文合作关系（不考虑论文署名次序），如图48-8所示（合著3次以下不显示）。可以看出，经济学科的高被引作者的论文合作现象比较普遍。学者贾康、巴曙松和胡鞍钢的发文量较多；贾康的论文合作网络最为突出，在该学科的研究人员中表现出一定的集聚效应；王颂吉和白永秀、巴曙松和朱元倩等学者之间的合作关系最为紧密，显示出他们可能分别属于同一支科研团队。

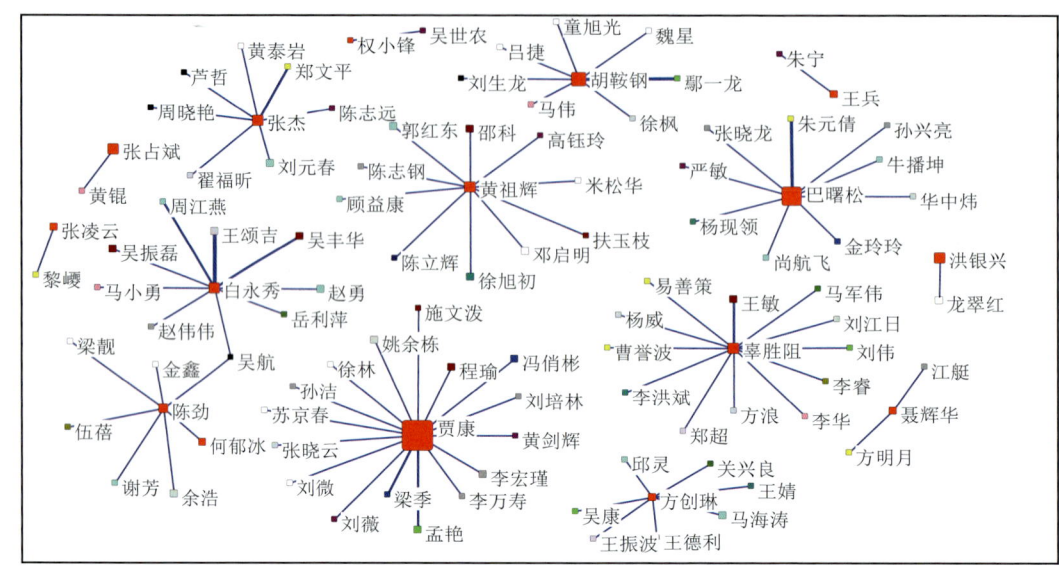

图 48-8　经济学科高被引作者科研论文合作关系

### 48.5.3　高被引作者发文主题关联

通过作者共被引分析，获得 2015 年经济学科高被引作者及与其他学者之间的发文主题关联（见图 48-9，共被引 8 次以下不显示）。如图 48-9 所示，经济学科的高被引作者基本主导了作者共被引网络，显示出该学科在热点主题上已经形成了优势较为明显的科研力量。学者陈劲和胡鞍钢的节点较大，显示出他们的学术成果在学科内得到较多关注；何郁冰与陈劲、胡鞍钢与白永秀等学者之间的链接较强，意味着他们之间可能分别有较为相近的研究主题；以王兵、林伯强等学者为主要节点的共被引作者簇初具规模，意味着这些学者的研究主题关联可能较为紧密。

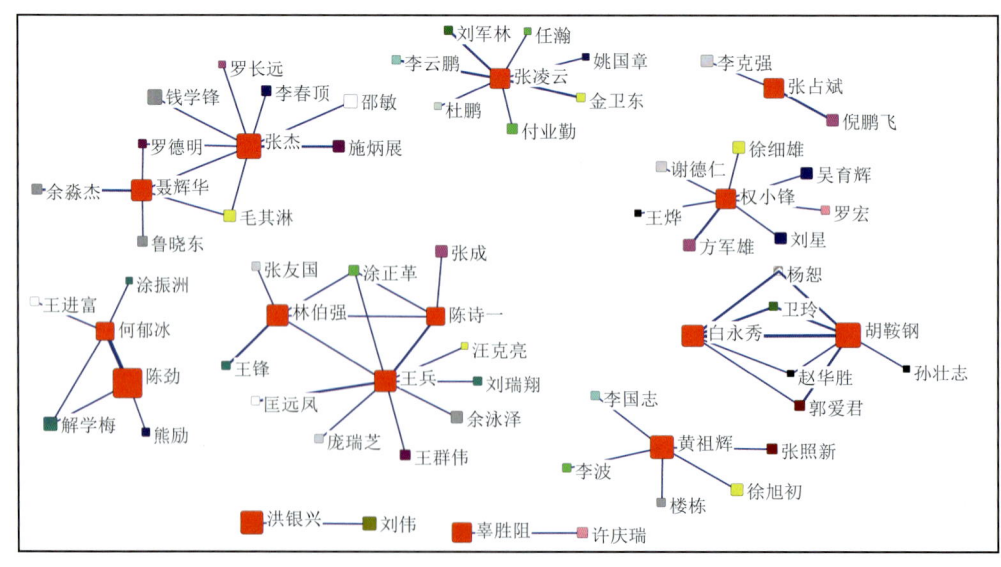

图 48-9　经济学科高被引作者发文主题关联

## 48.6 高被引机构分析

### 48.6.1 高被引机构

为便于比较，本书将经济学科的高被引机构分为高等院校和科研院所两种类型。其中，被引频次 TOP 10 高等院校和被引频次 TOP 5 科研院所的发文及被引情况分别见表 48-5 和表 48-6。其中，总被引频次较高的 3 所高等院校分别是中国人民大学、南开大学和北京大学，中国科学院地理科学与资源研究所、中国社会科学院和财政部财政科学研究所是总被引频次较高的 3 所科研院所；前 5 年学科发文在 2015 年的被引率最高的高等院校和科研院所分别是浙江大学和中国科学院地理科学与资源研究所，篇均被引最高的高等院校和科研院所分别是浙江大学和中国科学院地理科学与资源研究所。上述高被引机构的论文被引率和篇均被引频次对比如图 48-10 所示。

表 48-5　经济学科高被引高等院校 TOP 10

| 序号 | 第一作者单位 | 学科发文量（篇） | | 前 5 年学科发文在 2015 年的被引 | | | |
|---|---|---|---|---|---|---|---|
| | | 前 5 年 | 2015 年 | 频次 | 被引率（%） | 最高（次） | 篇均（次） |
| 1 | 中国人民大学 | 12123 | 1927 | 7918 | 24.5 | 84 | 0.65 |
| 2 | 南开大学 | 6424 | 844 | 4753 | 28.1 | 30 | 0.74 |
| 3 | 北京大学 | 6588 | 991 | 4574 | 25.0 | 52 | 0.69 |
| 4 | 南京大学 | 5511 | 805 | 4375 | 30.8 | 33 | 0.79 |
| 5 | 中南财经政法大学 | 10448 | 1557 | 4131 | 18.7 | 43 | 0.40 |
| 6 | 东北财经大学 | 7808 | 1177 | 3866 | 22.1 | 56 | 0.50 |
| 7 | 武汉大学 | 7230 | 1047 | 3718 | 21.8 | 71 | 0.51 |
| 8 | 西南财经大学 | 12420 | 2126 | 3430 | 13.0 | 41 | 0.28 |
| 9 | 厦门大学 | 4617 | 696 | 3365 | 26.7 | 94 | 0.73 |
| 10 | 浙江大学 | 3123 | 466 | 3125 | 32.9 | 154 | 1.00 |

表 48-6　经济学科高被引科研院所 TOP 5

| 序号 | 第一作者单位 | 学科发文量（篇） | | 前 5 年学科发文在 2015 年的被引 | | | |
|---|---|---|---|---|---|---|---|
| | | 前 5 年 | 2015 年 | 频次 | 被引率（%） | 最高（次） | 篇均（次） |
| 1 | 中国科学院地理科学与资源研究所 | 810 | 109 | 1994 | 57.3 | 43 | 2.46 |
| 2 | 中国社会科学院 | 2211 | 685 | 1547 | 26.4 | 62 | 0.70 |
| 3 | 财政部财政科学研究所 | 1708 | 306 | 969 | 25.9 | 32 | 0.57 |
| 4 | 国务院发展研究中心 | 1652 | 298 | 919 | 21.5 | 42 | 0.56 |
| 5 | 上海社会科学院 | 1305 | 209 | 687 | 25.7 | 31 | 0.53 |

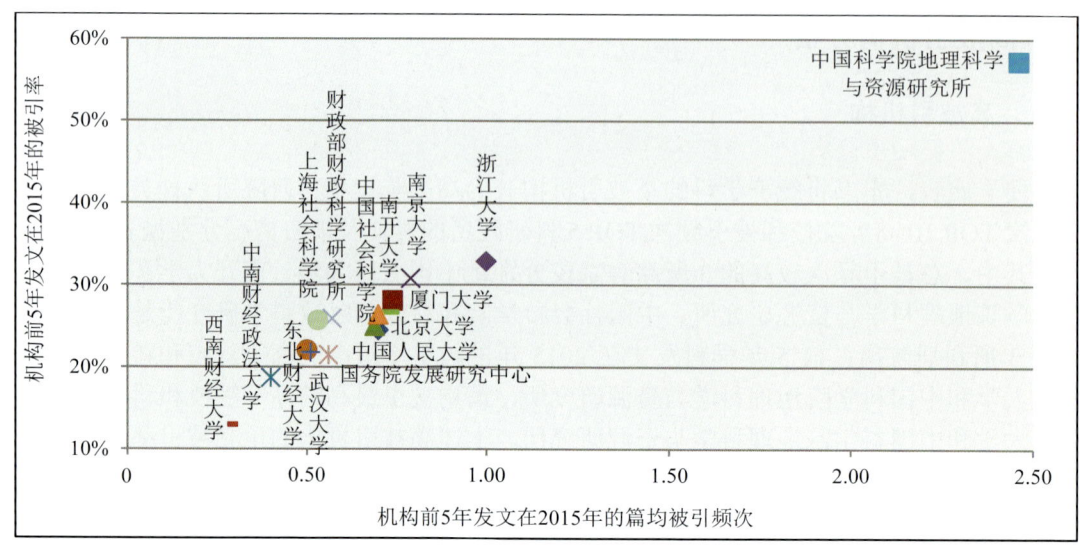

图 48-10　经济学科高被引机构论文篇均被引及被引率对比

## 48.6.2　高被引机构科研合作关系

通过合著分析，获得经济学科高被引机构之间及其与其他机构之间的科研合作关联，如图 48-11 所示（合作 43 次以下不显示）。分析得知，经济学科的机构合作链接比较紧密，表明学科内机构合作现象非常普遍；高被引机构基本主导了机构合作网络，显示出这些机构已经在学科内具有了一定的科研优势。北京大学和中国人民大学、中央财经大学等机构之间的链接较强，表明它们之间的学术合作较为频繁。

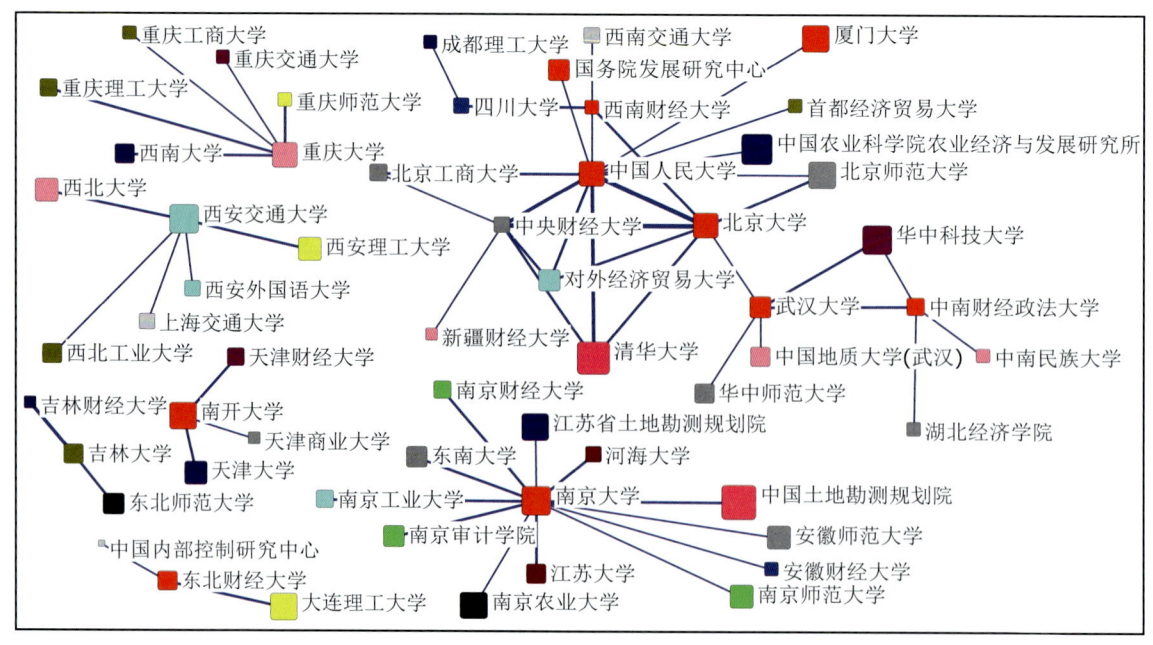

图 48-11　经济学科高被引机构科研合作关联

## 48.7 高被引图书、国外期刊及学术会议

2015 年，经济学科被引频次位居前 10 位的图书及国外期刊见表 48-7 和表 48-8。其中，被引次数较多的 3 种图书分别是马克思的《马克思恩格斯全集》、马克思的《马克思恩格斯选集》和马克思的《马克思恩格斯文集》；被引次数较多的 3 种国外期刊分别是《The American Economic Review》《Journal of Finance》和《Journal of Financial Economics》；被引次数较多的 3 场学术会议分别是"Carnegie-Rochester Conference Series on Public Policy""NBER Macroeconomics Annual"和"American Agricultural Economics association Annual Meeting"。

表 48-7 经济学科高被引图书 TOP 10

| 序号 | 责任者 | 图书名称 | 出版社 | 2015 年被引频次 |
| --- | --- | --- | --- | --- |
| 1 | 马克思 | 马克思恩格斯全集 | 人民出版社 | 1200 |
| 2 | 马克思 | 马克思恩格斯选集 | 人民出版社 | 690 |
| 3 | 马克思 | 马克思恩格斯文集 | 人民出版社 | 562 |
| 4 | 马克思 | 资本论 | 人民出版社 | 463 |
| 5 | 邓小平 | 邓小平文选 | 人民出版社 | 246 |
| 6 | 高铁梅 | 计量经济分析方法与建模 | 清华大学出版社 | 178 |
| 7 | 张维迎 | 博弈论与信息经济学 | 上海人民出版社 | 162 |
| 8 | 刘思峰 | 灰色系统理论及其应用 | 科学出版社 | 157 |
| 9 | 国家统计局 | 中国统计年鉴 | 中国统计出版社 | 137 |
| 10 | 李子奈 | 计量经济学 | 高等教育出版社 | 119 |

表 48-8 经济学科高被引国外期刊 TOP 10

| 序号 | 期刊名称 | 2015 年被引频次 |
| --- | --- | --- |
| 1 | The American Economic Review | 7602 |
| 2 | Journal of Finance | 6993 |
| 3 | Journal of Financial Economics | 6838 |
| 4 | Journal of Political Economy | 4470 |
| 5 | Strategic Management Journal | 4217 |
| 6 | Academy of Management Journal | 3866 |
| 7 | Quarterly Journal of Economics | 3824 |
| 8 | Management Science | 2987 |
| 9 | Academy of Management Review | 2986 |
| 10 | European Journal of Operational Research | 2685 |

# 第 49 章 文化传播学科高被引分析

## 49.1 学科论文概况

2010—2014 年，文化传播学科共有 628247 位来自 82222 所机构的论文第一作者在 5624 种期刊上发表了 1012721 篇学术论文。其中，80%以上的论文产出自 15370 所机构、423068 位作者，发表在 848 种期刊上。在前 5 年发表的这些论文中，有 92249 篇在 2015 年获得过引用，整体被引率为 9.1%，总被引频次为 139279 次，篇均被引 0.14 次；其中，高被引论文有 1091 篇，单篇论文最高被引频次为 198 次，累计被引 13399 次，篇均被引 12.28 次（表 49-1）。另外，2015 年文化传播学科共发表论文 184963 篇，其中有 4067 篇在当年获得过引用，总共被引 5013 次。

表 49-1 文化传播学科论文分布情况

| 年份 | 论文篇数 | 2015年被引频次 | 2015年被引率（%） | 2015年高被引论文 | | | |
|---|---|---|---|---|---|---|---|
| | | | | 论文篇数 | 最高被引频次 | 总被引频次 | 篇均被引频次 |
| 2010 | 173244 | 27785 | 10.5 | 208 | 152 | 2903 | 13.96 |
| 2011 | 235100 | 30526 | 8.5 | 253 | 198 | 3254 | 12.86 |
| 2012 | 244980 | 29242 | 8.0 | 228 | 154 | 2455 | 10.77 |
| 2013 | 177075 | 30039 | 11.1 | 246 | 188 | 2976 | 12.10 |
| 2014 | 182322 | 21687 | 8.1 | 156 | 117 | 1811 | 11.61 |
| 合计 | 1012721 | 139279 | 9.1 | 1091 | 198 | 13399 | 12.28 |

从文化传播学科论文的地域分布来看，2015 年被引频次较高的 5 个省、直辖市或自治区依次是北京、江苏、上海、广东和湖北（图 49-1）；5 年论文产出量较多的 5 个省、直辖市或自治区依次是江苏、北京、河南、湖北和广东（图 49-2）。

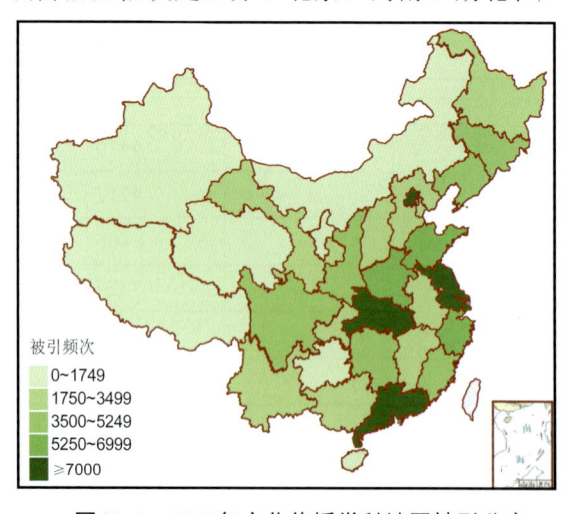

图49-1 2015年文化传播学科地区被引分布

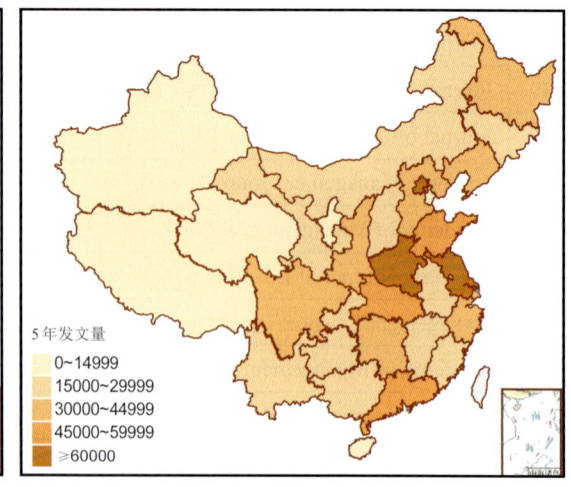

图49-2 文化传播学科5年论文产出地区分布

## 49.2 高被引论文分析

在文化传播学科，2015 年被引频次位居前 10 位的论文（表 49-2）平均被引频次为 68.5 次，是全部 1091 篇高被引论文篇均被引频次的 5.6 倍。其中，被引频次最高的论文是张渝江于 2012 年发表的《翻转课堂变革》，随后 2 篇分别是黄源深于 2010 年发表的《英语专业课程必须彻底改革——再谈"思辨缺席"》和文秋芳于 2013 年发表的《输出驱动假设在大学英语教学中的应用：思考与建议》。

从论文分布来看，刊载高被引论文数量居前的 3 种期刊分别是《外语界》（87 篇）、《中国翻译》（51 篇）和《外语电化教学》（51 篇），而《外语界》刊载了高被引论文 TOP 10 中的 2 篇；发表高被引论文居前的 3 位学者分别是复旦大学的蔡基刚（26 篇）、北京外国语大学的文秋芳（11 篇）和同济大学的张德禄（8 篇）；产出高被引论文数量居前的 3 所机构分别是复旦大学（46 篇）、北京外国语大学（44 篇）和南京大学（43 篇），而北京外国语大学产出了高被引论文 TOP 10 中的 3 篇。

表 49-2 文化传播学科高被引论文 TOP 10

| 序号 | 论文题名 | 第一作者 | 期刊名称 | 发表年份 | 被引频次 总频次 | 被引频次 2015 年 |
|---|---|---|---|---|---|---|
| 1 | 翻转课堂变革 | 张渝江 | 中国信息技术教育 | 2012 | 162 | 114 |
| 2 | 英语专业课程必须彻底改革——再谈"思辨缺席" | 黄源深 | 外语界 | 2010 | 328 | 95 |
| 3 | 输出驱动假设在大学英语教学中的应用：思考与建议 | 文秋芳 | 外语界 | 2013 | 102 | 83 |
| 4 | 生态翻译学的研究焦点与理论视角 | 胡庚申 | 中国翻译 | 2011 | 274 | 78 |
| 5 | 文学伦理学批评：基本理论与术语 | 聂珍钊 | 外国文学研究 | 2010 | 248 | 77 |
| 6 | 微信传播机制与治理问题研究 | 方兴东 | 现代传播 | 2013 | 90 | 62 |
| 7 | 大学英语需求分析模型的理论构建 | 陈冰冰 | 外语学刊 | 2010 | 132 | 49 |
| 8 | 我国英语专业与其他文科类大学生思辨能力的对比研究 | 文秋芳 | 外语教学与研究 | 2010 | 134 | 46 |
| 9 | 全球视野下的"数据新闻"：理念与实践 | 方洁 | 国际新闻界 | 2013 | 70 | 41 |
| 10 | 大学英语面临的挑战与对策：课程论视角 | 文秋芳 | 外语教学与研究（外国语文双月刊） | 2012 | 105 | 40 |

## 49.3 研究主题关联分析

在文化传播学科，高被引论文累计被 2015 年发表的 10522 篇论文引用了 13399 次。通过分析施引文献关键词的词频及关键词之间的共现关系，获得 2015 年文化传播学科的热点主题和主题关联，如图 49-3 所示（共现 14 次以下不显示）。由图 49-3 可知："大学英语""新媒体""微信"等关键词的文档词频较高，是 2015 年学科的研究热点；以"大学英语""ESP""教学改革"等关键词为主要节点的多个概念相互关联，构成了学科内最为突出的研究主题簇。

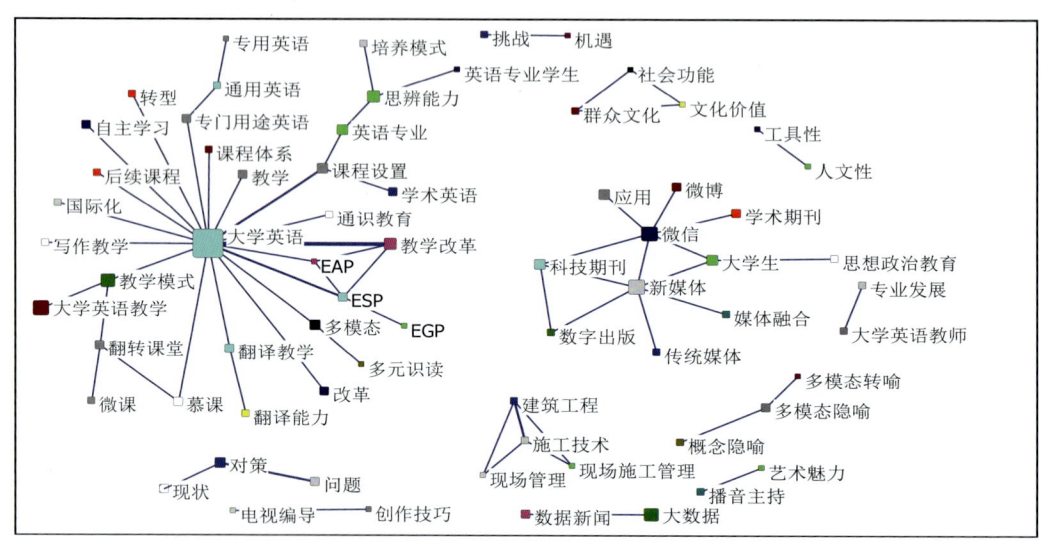

图 49-3　文化传播学科 2015 年热点主题关联

## 49.4　学科高影响力期刊分析

### 49.4.1　学科高影响力期刊 TOP 10

在文化传播学科，学科 5 年影响因子位居前 10 位的期刊见表 49-3，排在前 3 位的期刊分别是《外语界》《外语教学与研究》和《外语电化教学》。在表 49-3 中，学科载文量占其总载文量比例最大的期刊是《外语与外语教学》；前 5 年学科载文在 2015 年被引率最高的期刊是《外语界》；期刊 5 年影响因子较高的前 3 种期刊分别是《外语界》《外语电化教学》和《外语教学与研究》；学科 5 年影响因子与期刊 5 年影响因子差异最大的期刊是《外语教学理论与实践》。表 49-3 中期刊的学科 5 年影响因子和前 5 年学科载文的 2015 年被引率对比如图 49-4 所示，2010—2015 年期刊 5 年影响因子的变动情况如图 49-5 所示。

表 49-3　文化传播学科高影响力期刊基本指数

| 序号 | 期刊名称 | 前 5 年载文量 | | | 2015 年学科被引 | | | 5 年影响因子 | | h 指数（学科） |
|---|---|---|---|---|---|---|---|---|---|---|
| | | 学科（篇） | 占比（%） | 总量（篇） | 频次 | 被引率（%） | 高被引论文篇数 | 期刊（2015） | 学科（2015） | |
| 1 | 外语界 | 457 | 99.1 | 461 | 1941 | 66.7 | 87 | 4.213 | 4.247 | 18 |
| 2 | 外语教学与研究 | 468 | 93.8 | 499 | 1193 | 54.1 | 28 | 2.487 | 2.549 | 15 |
| 3 | 外语电化教学 | 476 | 98.8 | 482 | 1200 | 57.1 | 51 | 2.523 | 2.521 | 13 |

| 序号 | 期刊名称 | 前5年载文量 | | | 2015年学科被引 | | | 5年影响因子 | | h指数（学科） |
|---|---|---|---|---|---|---|---|---|---|---|
| | | 学科（篇） | 占比（%） | 总量（篇） | 频次 | 被引率（%） | 高被引论文篇数 | 期刊（2015） | 学科（2015） | |
| 4 | 中国外语 | 535 | 95.9 | 558 | 1197 | 46.2 | 30 | 2.206 | 2.237 | 15 |
| 5 | 外语教学理论与实践 | 157 | 44.6 | 352 | 322 | 49.0 | 13 | 1.903 | 2.051 | 11 |
| 6 | 中国翻译 | 842 | 94.2 | 894 | 1320 | 40.1 | 51 | 1.529 | 1.568 | 12 |
| 7 | 外语与外语教学 | 708 | 99.4 | 712 | 999 | 43.8 | 30 | 1.403 | 1.411 | 12 |
| 8 | 外语教学 | 889 | 99.1 | 897 | 1117 | 43.1 | 35 | 1.249 | 1.256 | 11 |
| 9 | 中国科技期刊研究 | 973 | 56.9 | 1711 | 1052 | 43.3 | 20 | 1.075 | 1.081 | 12 |
| 10 | 外国语 | 420 | 94.6 | 444 | 441 | 37.4 | 6 | 1.101 | 1.050 | 8 |

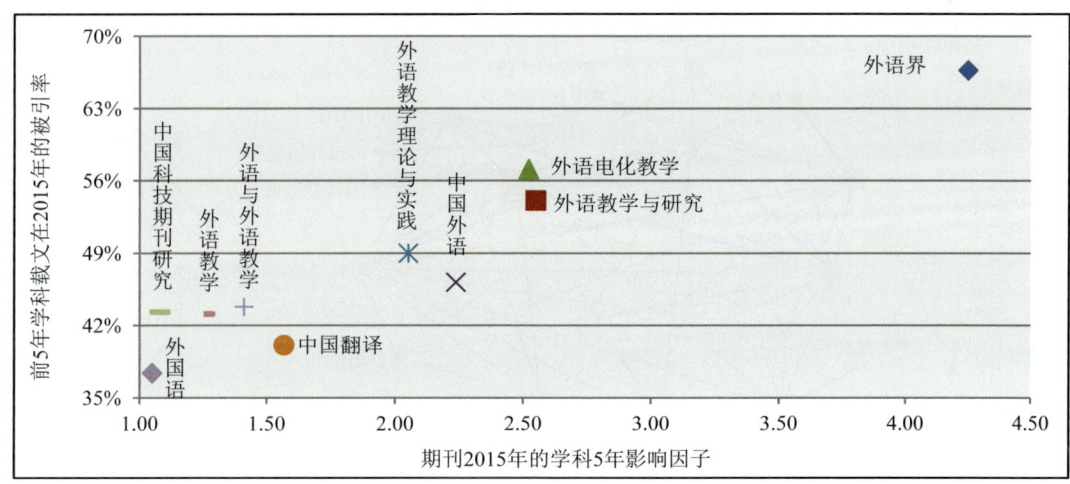

图 49-4　文化传播学科高影响力期刊对比

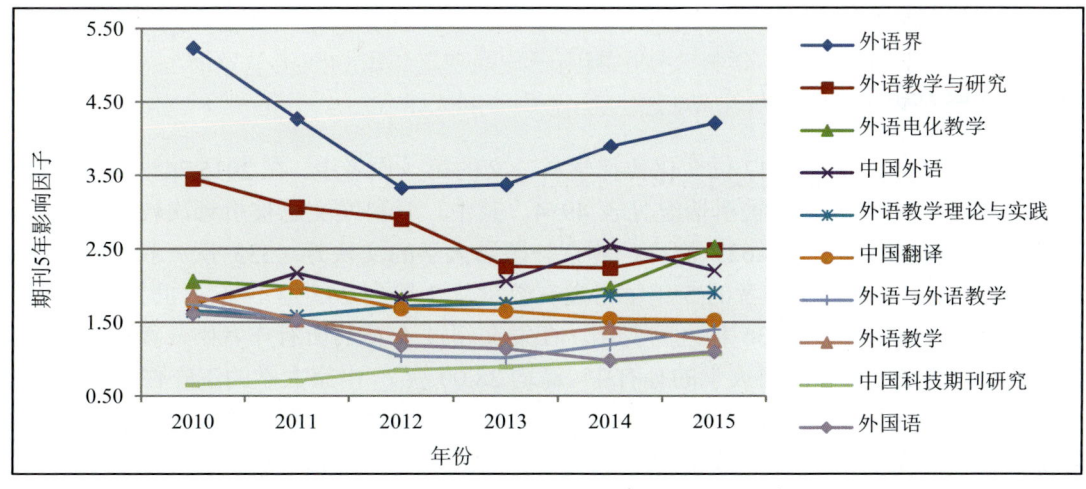

图 49-5　文化传播学科期刊 5 年影响因子变动

### 49.4.2 学科高影响力期刊载文主题关联

通过期刊共被引分析，获得文化传播学科高影响力期刊及与其他期刊之间的载文主题关联，如图49-6所示（共被引44次以下不显示）。结果显示，文化传播学科的高影响力期刊相互链接较为紧密，基本主导了该学科的期刊共被引网络，显示出该学科高影响力期刊可能共同刊载了许多相近的研究主题，热点研究主题分散在多种期刊上。《外语界》的学科5年影响因子较高，显示出该刊在学科内学术影响力较大；《中国科技期刊研究》与《编辑学报》《外语界》与《中国外语》等期刊之间的链接较强，意味着它们之间可能分别有较多相同或相近的载文主题。

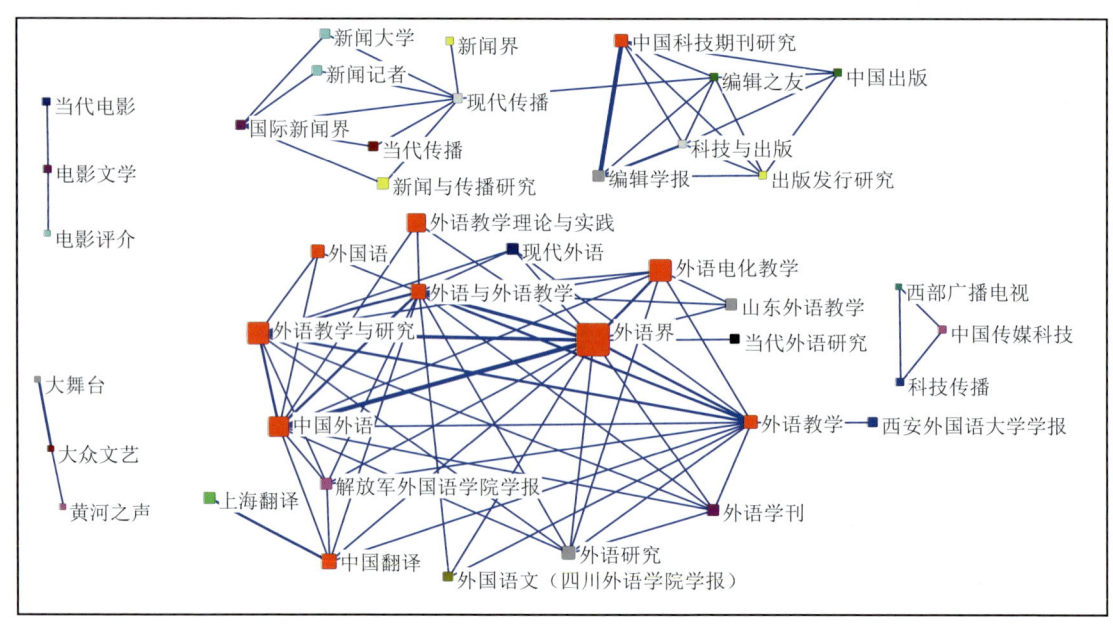

图49-6 文化传播学科高影响力期刊载文主题关联

## 49.5 高被引作者分析

### 49.5.1 高被引作者TOP 20

2010—2014年，在628247位文化传播学科论文的第一作者中，在2015年学科被引频次位居前20位的学者的发文及被引情况见表49-4。其中，学科发文总被引频次较高的3位作者分别是复旦大学的蔡基刚（623次）、北京外国语大学的文秋芳（333次）和南京大学的王守仁（302次）。高被引作者的5年学科发文数量从2篇到245篇不等，同时，作者学科发文的期刊分布也在2种到36种之间变化。在发文超过5篇的所有作者中，篇均被引较高的3位作者分别是北京外国语大学的孙有中（篇均28.00次）、南京大学的王守仁（篇均25.17次）和复旦大学的蔡基刚（篇均16.39次）；前5年发表学科论文较多的3位作者分别是中国人民大学的陈力丹（245篇）、河南师范大学的苏全有（196篇）和中国人民大学的喻国明（131篇）。高被引作者的学科发文量和被引量对比如图49-7所示。

表 49-4 文化传播学科高被引作者 TOP 20

| 序号 | 姓名 | 作者单位 | 前5年发文 | | | 前5年学科发文在2015年的被引 | | | | h指数（学科） |
|---|---|---|---|---|---|---|---|---|---|---|
| | | | 学科发文（篇） | 期刊分布（种） | 发文总量（篇） | 总频次 | 被引率（%） | 最高（次） | 篇均（次） | |
| 1 | 蔡基刚 | 复旦大学 | 38 | 15 | 49 | 623 | 86.8 | 58 | 16.39 | 17 |
| 2 | 文秋芳 | 北京外国语大学 | 24 | 11 | 31 | 333 | 70.8 | 83 | 13.88 | 9 |
| 3 | 王守仁 | 南京大学 | 12 | 7 | 15 | 302 | 75.0 | 113 | 25.17 | 6 |
| 4 | 张德禄 | 同济大学 | 30 | 16 | 31 | 168 | 63.3 | 44 | 5.60 | 7 |
| 5 | 孙有中 | 北京外国语大学 | 5 | 3 | 6 | 140 | 100.0 | 75 | 28.00 | 5 |
| 6 | 束定芳 | 上海外国语大学 | 17 | 10 | 22 | 132 | 70.6 | 33 | 7.76 | 7 |
| 7 | 喻国明 | 中国人民大学 | 131 | 28 | 194 | 131 | 35.1 | 10 | 1.00 | 6 |
| 8 | 彭兰 | 中国人民大学 | 40 | 21 | 58 | 123 | 55.0 | 20 | 3.08 | 7 |
| 9 | 聂珍钊 | 华中师范大学 | 17 | 10 | 18 | 119 | 47.1 | 77 | 7.00 | 3 |
| 10 | 胡庚申 | 澳门理工学院 | 8 | 5 | 8 | 101 | 62.5 | 78 | 12.63 | 3 |
| 11 | 黄源深 | 上海对外贸易学院 | 3 | 2 | 3 | 100 | 100.0 | 95 | 33.33 | 2 |
| 12 | 王立非 | 对外经济贸易大学 | 23 | 12 | 23 | 91 | 60.9 | 24 | 3.96 | 5 |
| 13 | 陈力丹 | 中国人民大学 | 245 | 36 | 382 | 87 | 18.0 | 10 | 0.36 | 5 |
| 14 | 陈冰冰 | 温州大学 | 2 | 2 | 4 | 85 | 100.0 | 49 | 42.50 | 2 |
| 15 | 冉永平 | 广东外语外贸大学 | 13 | 9 | 14 | 79 | 76.9 | 15 | 6.08 | 6 |
| 16 | 胡文仲 | 北京外国语大学 | 4 | 3 | 6 | 76 | 75.0 | 44 | 19.00 | 3 |
| 16 | 徐锦芬 | 华中科技大学 | 22 | 11 | 23 | 76 | 77.3 | 10 | 3.45 | 6 |
| 18 | 徐盛桓 | 河南大学 | 15 | 10 | 20 | 74 | 80.0 | 15 | 4.93 | 6 |
| 18 | 仲伟合 | 广东外语外贸大学 | 18 | 9 | 25 | 74 | 38.9 | 25 | 4.11 | 5 |
| 20 | 穆雷 | 广东外语外贸大学 | 19 | 12 | 20 | 73 | 63.2 | 20 | 3.84 | 5 |

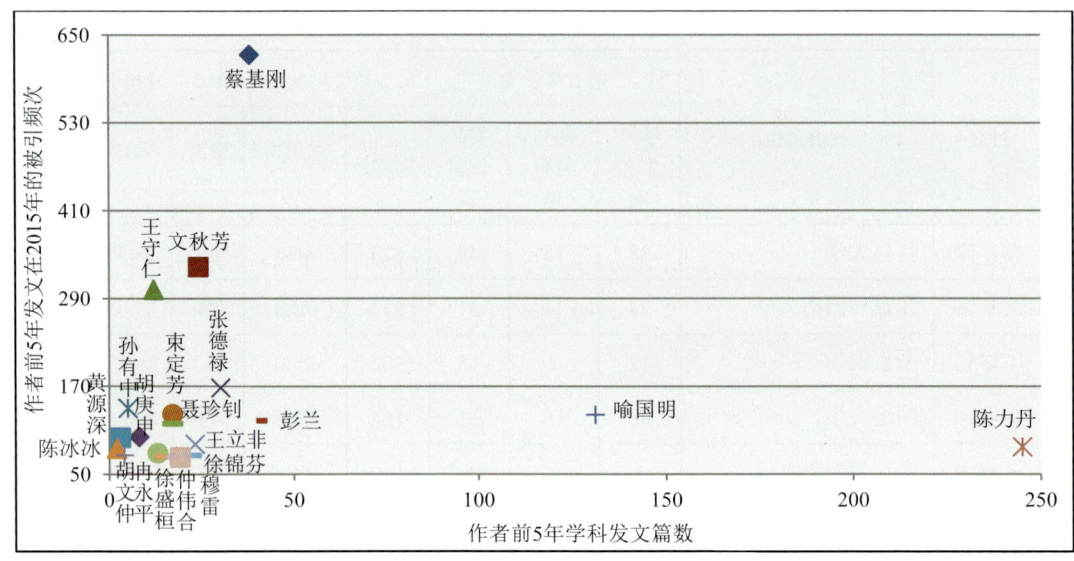

图 49-7　文化传播学科高被引作者学科发文及被引对比

### 49.5.2　高被引作者科研合作关系

通过作者合著分析，获得2015年文化传播学科高被引作者及与其他学者之间的科研论文合作关系（不考虑论文署名次序），如图49-8所示（合著2次以下不显示）。可以看出，文化传播学科的高被引作者的论文合作现象比较普遍。学者陈力丹和喻国明的发文量较多，论文合作网络也最为突出，在该学科的研究人员中表现出一定的集聚效应；陈力丹和毛湛文、喻国明和李彪等学者之间的合作关系最为紧密，显示出他们可能分别属于同一支科研团队。

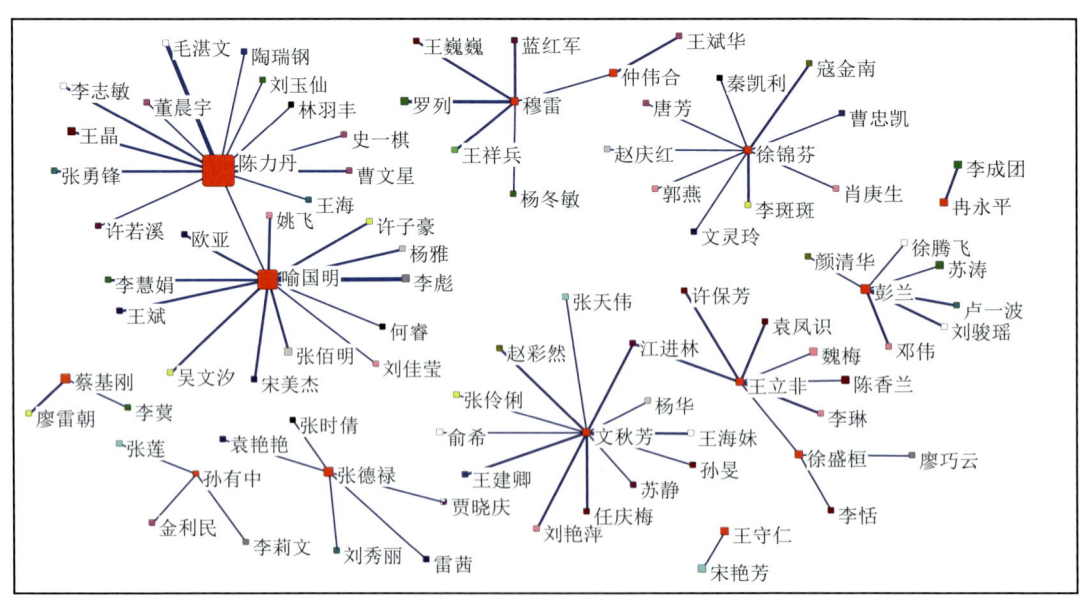

图 49-8　文化传播学科高被引作者科研论文合作关系

### 49.5.3 高被引作者发文主题关联

通过作者共被引分析，获得 2015 年文化传播学科高被引作者及与其他学者之间的发文主题关联（见图 49-9，共被引 7 次以下不显示）。如图 49-9 所示，文化传播学科的高被引作者基本主导了作者共被引网络，显示出该学科在热点主题上已经形成了优势较为明显的科研力量。学者蔡基刚和文秋芳的节点较大，显示出他们的学术成果在学科内得到较多关注；蔡基刚与王守仁、文秋芳等学者之间的链接较强，意味着他们之间可能有较为相近的研究主题；以蔡基刚、文秋芳等学者为主要节点的共被引作者簇人数较多且网络规模较大，意味着这些学者的研究主题关联可能较为紧密。

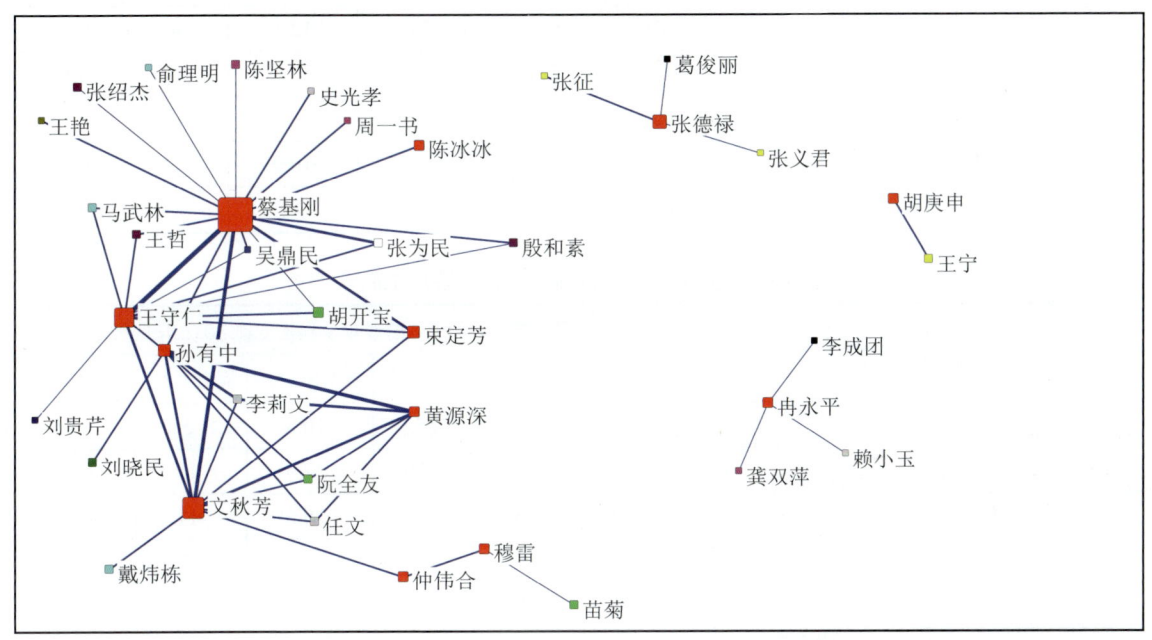

图 49-9　文化传播学科高被引作者发文主题关联

## 49.6　高被引机构分析

### 49.6.1　高被引机构

为便于比较，本书将文化传播学科的高被引机构分为高等院校和科研院所两种类型。其中，被引频次 TOP 10 高等院校和被引频次 TOP 5 科研院所的发文及被引情况分别见表 49-5 和表 49-6。其中，总被引频次较高的 3 所高等院校分别是南京大学、复旦大学和中国人民大学，中国艺术研究院、中国社会科学院语言研究所和上海社会科学院是总被引频次较高的 3 所科研院所；前 5 年学科发文在 2015 年的被引率最高的高等院校和科研院所分别是北京外国语大学和中国社会科学院语言研究所，篇均被引最高的高等院校和科研院所分别是北京外国语大学和中国社会科学院语言研究所。上述高被引机构的论文被引率和篇均被引频次对比如图 49-10 所示。

表 49-5　文化传播学科高被引高等院校 TOP 10

| 序号 | 第一作者单位 | 学科发文量（篇） | | 前 5 年学科发文在 2015 年的被引 | | | |
|---|---|---|---|---|---|---|---|
| | | 前 5 年 | 2015 年 | 频次 | 被引率（%） | 最高（次） | 篇均（次） |
| 1 | 南京大学 | 6485 | 1072 | 2147 | 14.6 | 113 | 0.33 |
| 2 | 复旦大学 | 4834 | 671 | 1899 | 15.6 | 58 | 0.39 |
| 3 | 中国人民大学 | 5630 | 920 | 1883 | 16.1 | 41 | 0.33 |
| 4 | 中国传媒大学 | 8484 | 1558 | 1741 | 12.5 | 25 | 0.21 |
| 5 | 北京大学 | 5625 | 959 | 1618 | 15.6 | 23 | 0.29 |
| 6 | 武汉大学 | 6702 | 1075 | 1386 | 12.1 | 30 | 0.21 |
| 7 | 北京外国语大学 | 1491 | 256 | 1231 | 17.8 | 83 | 0.83 |
| 8 | 四川大学 | 9271 | 1479 | 1199 | 8.7 | 17 | 0.13 |
| 9 | 北京师范大学 | 6485 | 973 | 1110 | 10.9 | 22 | 0.17 |
| 10 | 华中师范大学 | 6064 | 1144 | 1040 | 9.6 | 77 | 0.17 |

表 49-6　文化传播学科高被引科研院所 TOP 5

| 序号 | 第一作者单位 | 学科发文量（篇） | | 前 5 年学科发文在 2015 年的被引 | | | |
|---|---|---|---|---|---|---|---|
| | | 前 5 年 | 2015 年 | 频次 | 被引率（%） | 最高（次） | 篇均（次） |
| 1 | 中国艺术研究院 | 1530 | 248 | 252 | 10.8 | 5 | 0.16 |
| 2 | 中国社会科学院语言研究所 | 237 | 21 | 179 | 27.4 | 15 | 0.76 |
| 3 | 上海社会科学院 | 620 | 85 | 170 | 16.5 | 11 | 0.27 |
| 4 | 中国社会科学院文学研究所 | 850 | 56 | 161 | 12.7 | 7 | 0.19 |
| 5 | 中国社会科学院近代史研究所 | 456 | 45 | 137 | 19.3 | 6 | 0.30 |

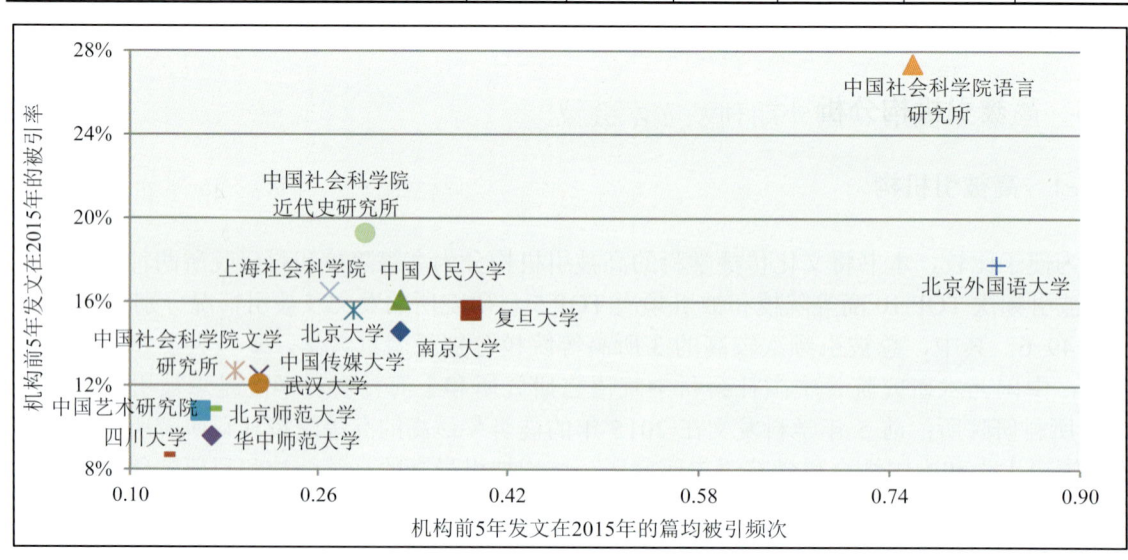

图 49-10　文化传播学科高被引机构论文篇均被引及被引率对比

## 49.6.2 高被引机构科研合作关系

通过合著分析,获得文化传播学科高被引机构之间及其与其他机构之间的科研合作关联,如图 49-11 所示(合作 15 次以下不显示)。分析得知,文化传播学科的机构合作链接比较紧密,表明学科内机构合作现象非常普遍;高被引机构基本主导了机构合作网络,显示出这些机构已经在学科内具有了一定的科研优势。河北大学和保定学院、中国传媒大学和中国中央电视台等机构之间的链接较强,表明它们之间的学术合作较为频繁。

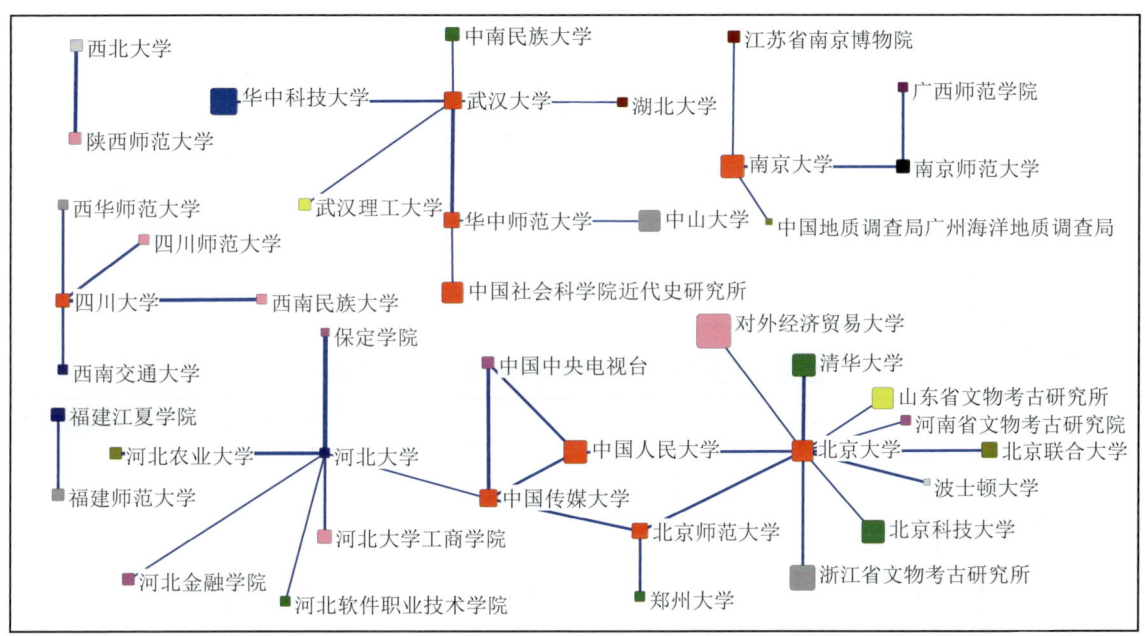

图 49-11　文化传播学科高被引机构科研合作关联

## 49.7　高被引图书、国外期刊及学术会议

2015 年,文化传播学科被引频次位居前 10 位的图书及国外期刊见表 49-7 和表 49-8。其中,被引次数较多的 3 种图书分别是司马迁的《史记》、班固的《汉书》和郭庆光的《传播学教程》;被引次数较多的 3 种国外期刊分别是《Applied Linguistics》《Journal of Pragmatics》和《Language Learning》;被引次数较多的 3 场学术会议分别是"Proceedings of the SIGCHI Conference on Human Factors in Computing Systems""The Québec Conference"和"Conference Papers-International Communication Association"。

表 49-7　文化传播学科高被引图书 TOP 10

| 序号 | 责任者 | 图书名称 | 出版社 | 2015 年被引频次 |
| --- | --- | --- | --- | --- |
| 1 | 司马迁 | 史记 | 中华书局 | 1193 |
| 2 | 班固 | 汉书 | 中华书局 | 931 |
| 3 | 郭庆光 | 传播学教程 | 中国人民大学出版社 | 584 |
| 4 | 范晔 | 后汉书 | 中华书局 | 561 |
| 5 | 脱脱 | 宋史 | 中华书局 | 545 |
| 6 | 许慎 | 说文解字 | 中华书局 | 525 |
| 7 | 欧阳修 | 新唐书 | 中华书局 | 476 |
| 8 | 刘昫 | 旧唐书 | 中华书局 | 462 |
| 9 | 毛泽东 | 毛泽东选集 | 人民出版社 | 456 |
| 10 | 房玄龄 | 晋书 | 中华书局 | 430 |

表 49-8　文化传播学科高被引国外期刊 TOP 10

| 序号 | 期刊名称 | 2015 年被引频次 |
| --- | --- | --- |
| 1 | Applied Linguistics | 910 |
| 2 | Journal of Pragmatics | 790 |
| 3 | Language Learning | 729 |
| 4 | TESOL Quarterly | 595 |
| 5 | The Modern Language Journal | 536 |
| 6 | Language | 450 |
| 7 | Studies in Second Language Acquisition | 430 |
| 8 | Linguistic Inquiry | 422 |
| 9 | System | 369 |
| 10 | Journal of Second Language Writing | 365 |

# 第50章 图书情报档案学科高被引分析

## 50.1 学科论文概况

2010—2014年,图书情报档案学科共有121175位来自34050所机构的论文第一作者在4641种期刊上发表了174671篇学术论文。其中,80%以上的论文产出自10343所机构、86457位作者,发表在281种期刊上。在前5年发表的这些论文中,有33805篇在2015年获得过引用,整体被引率为19.4%,总被引频次为61425次,篇均被引0.35次;其中,高被引论文有361篇,单篇论文最高被引频次为70次,累计被引6085次,篇均被引16.86次(表50-1)。另外,2015年图书情报档案学科共发表论文35931篇,其中有1709篇在当年获得过引用,总共被引2230次。

表50-1 图书情报档案学科论文分布情况

| 年份 | 论文篇数 | 2015年被引频次 | 2015年被引率(%) | 2015年高被引论文 | | | |
|---|---|---|---|---|---|---|---|
| | | | | 论文篇数 | 最高被引频次 | 总被引频次 | 篇均被引频次 |
| 2010 | 30421 | 9800 | 19.2 | 58 | 45 | 797 | 13.74 |
| 2011 | 36251 | 11679 | 18.1 | 74 | 61 | 1164 | 15.73 |
| 2012 | 39964 | 13288 | 17.8 | 75 | 61 | 1439 | 19.19 |
| 2013 | 32941 | 15635 | 24.4 | 80 | 70 | 1553 | 19.41 |
| 2014 | 35094 | 11023 | 17.7 | 74 | 60 | 1132 | 15.30 |
| 合计 | 174671 | 61425 | 19.4 | 361 | 70 | 6085 | 16.86 |

从图书情报档案学科论文的地域分布来看,2015年被引频次较高的5个省、直辖市或自治区依次是北京、江苏、广东、湖北和河南(图50-1);5年论文产出量较多的5个省、直辖市或自治区依次是江苏、北京、广东、黑龙江和河南(图50-2)。

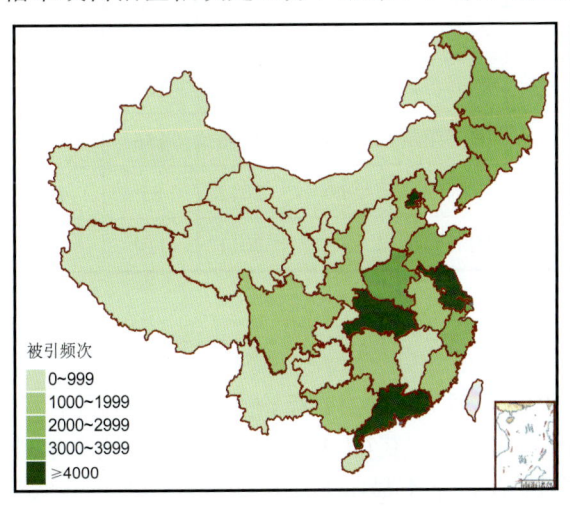

图50-1 2015年图书情报档案学科地区被引分布

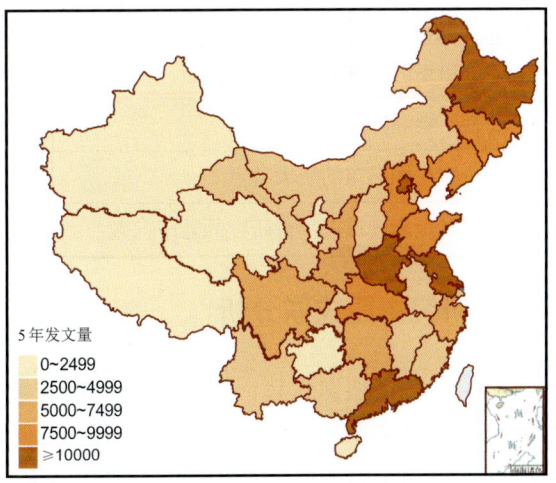

图50-2 图书情报档案学科5年论文产出地区分布

## 50.2 高被引论文分析

在图书情报档案学科，2015 年被引频次位居前 10 位的论文（表 50-2）平均被引频次为 54.8 次，是全部 361 篇高被引论文篇均被引频次的 3.3 倍。其中，被引频次最高的论文是黄浩波于 2013 年发表的《微信及其在图书馆信息服务中的应用》，随后 2 篇分别是傅天珍于 2014 年发表的《高校图书馆应对 MOOC 挑战的策略探讨》和刘启元于 2012 年发表的《文献题录信息挖掘技术方法及其软件 SATI 的实现——以中外图书情报学为例》。

从论文分布来看，刊载高被引论文数量居前的 3 种期刊分别是《图书情报工作》（46 篇）、《中国图书馆学报》（31 篇）和《图书馆杂志》（22 篇），而《图书与情报》刊载了高被引论文 TOP 10 中的 3 篇；发表高被引论文居前的 3 位学者分别是武汉大学的邱均平（8 篇）、中国科学院文献情报中心的张晓林（5 篇）和中国科学院文献情报中心的初景利（4 篇）；产出高被引论文数量居前的 3 所机构分别是武汉大学（34 篇）、中国科学院文献情报中心（16 篇）和北京大学（11 篇），而上海社会科学院和浙江大学分别产出了高被引论文 TOP 10 中的 2 篇。

表 50-2 图书情报档案学科高被引论文 TOP 10

| 序号 | 论文题名 | 第一作者 | 期刊名称 | 发表年份 | 被引频次 总频次 | 被引频次 2015 年 |
|---|---|---|---|---|---|---|
| 1 | 微信及其在图书馆信息服务中的应用 | 黄浩波 | 图书馆学刊 | 2013 | 150 | 66 |
| 2 | 高校图书馆应对 MOOC 挑战的策略探讨 | 傅天珍 | 大学图书馆学报 | 2014 | 84 | 64 |
| 3 | 文献题录信息挖掘技术方法及其软件 SATI 的实现——以中外图书情报学为例 | 刘启元 | 信息资源管理学报 | 2012 | 108 | 61 |
| 4 | MOOCs 的兴起及图书馆的角色 | 秦鸿 | 中国图书馆学报 | 2014 | 83 | 60 |
| 5 | 大数据带给图书馆的影响与挑战 | 韩翠峰 | 图书与情报 | 2012 | 132 | 58 |
| 6 | 未来图书馆的新模式——智慧图书馆 | 王世伟 | 图书馆建设 | 2011 | 135 | 55 |
| 7 | 大数据时代的图书馆服务浅析 | 杨海燕 | 图书与情报 | 2012 | 100 | 50 |
| 8 | 基于物联网的智慧图书馆 | 严栋 | 图书馆学刊 | 2010 | 156 | 46 |
| 9 | 论智慧图书馆的三大特点 | 王世伟 | 中国图书馆学报 | 2012 | 83 | 44 |
| 9 | 图书馆阅读推广亟待研究的若干问题 | 王波 | 图书与情报 | 2011 | 114 | 44 |

## 50.3 研究主题关联分析

在图书情报档案学科，高被引论文累计被 2015 年发表的 4251 篇论文引用了 6085 次。通过分析施引文献关键词的词频及关键词之间的共现关系，获得 2015 年图书情报档案学科的热点主题和主题关联，如图 50-3 所示（共现 22 次以下不显示）。由图 50-3 可知："高校图书馆""图书馆""大数据"等关键词的文档词频较高,是 2015 年学科的研究热点;以"高校图书馆""微信""大数据""学科服务"等关键词为主要节点的多个概念相互关联,构成了学科内最为突出的研究主题簇。

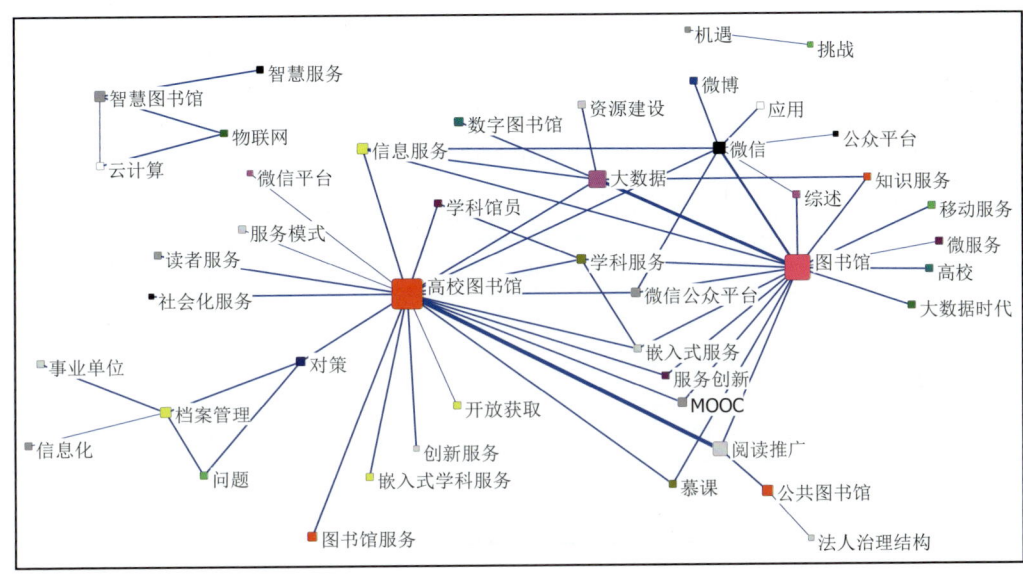

图 50-3　图书情报档案学科 2015 年热点主题关联

## 50.4　学科高影响力期刊分析

### 50.4.1　学科高影响力期刊 TOP 10

在图书情报档案学科,学科 5 年影响因子位居前 10 位的期刊见表 50-3,排在前 3 位的期刊分别是《中国图书馆学报》《大学图书馆学报》和《图书与情报》。在表 50-3 中,学科载文量占其总载文量比例最大的期刊是《图书馆论坛》;前 5 年学科载文在 2015 年被引率最高的期刊是《中国图书馆学报》;期刊 5 年影响因子较高的前 3 种期刊分别是《中国图书馆学报》《大学图书馆学报》和《图书与情报》;学科 5 年影响因子与期刊 5 年影响因子差异最大的期刊是《中国图书馆学报》。表 50-3 中期刊的学科 5 年影响因子和前 5 年学科载文的 2015 年被引率对比如图 50-4 所示,2010—2015 年期刊 5 年影响因子的变动情况如图 50-5 所示。

表 50-3　图书情报档案学科高影响力期刊基本指数

| 序号 | 期刊名称 | 前 5 年载文量 | | | 2015 年学科被引 | | | 5 年影响因子 | | h 指数（学科） |
|---|---|---|---|---|---|---|---|---|---|---|
| | | 学科（篇） | 占比（%） | 总量（篇） | 频次 | 被引率（%） | 高被引论文篇数 | 期刊（2015） | 学科（2015） | |
| 1 | 中国图书馆学报 | 364 | 76.0 | 479 | 1281 | 72.5 | 31 | 3.004 | 3.519 | 16 |
| 2 | 大学图书馆学报 | 562 | 72.0 | 781 | 1236 | 62.3 | 21 | 1.932 | 2.199 | 14 |

| 序号 | 期刊名称 | 前5年载文量 | | | 2015年学科被引 | | | 5年影响因子 | | h指数(学科) |
|---|---|---|---|---|---|---|---|---|---|---|
| | | 学科(篇) | 占比(%) | 总量(篇) | 频次 | 被引率(%) | 高被引论文篇数 | 期刊(2015) | 学科(2015) | |
| 3 | 图书与情报 | 740 | 70.1 | 1056 | 1439 | 56.1 | 21 | 1.532 | 1.945 | 14 |
| 4 | 情报资料工作 | 572 | 69.5 | 823 | 861 | 50.9 | 13 | 1.179 | 1.505 | 11 |
| 5 | 图书情报知识 | 427 | 70.0 | 610 | 615 | 54.6 | 9 | 1.203 | 1.440 | 10 |
| 6 | 图书情报工作 | 2526 | 64.2 | 3936 | 3418 | 51.2 | 46 | 1.083 | 1.353 | 16 |
| 7 | 国家图书馆学刊 | 434 | 76.7 | 566 | 545 | 54.4 | 5 | 1.007 | 1.256 | 7 |
| 8 | 图书馆论坛 | 1273 | 79.4 | 1604 | 1494 | 49.8 | 15 | 0.972 | 1.174 | 11 |
| 9 | 图书馆杂志 | 1216 | 74.1 | 1642 | 1341 | 43.5 | 22 | 0.884 | 1.103 | 12 |
| 10 | 情报杂志 | 1233 | 40.6 | 3035 | 1316 | 51.5 | 4 | 0.931 | 1.067 | 11 |

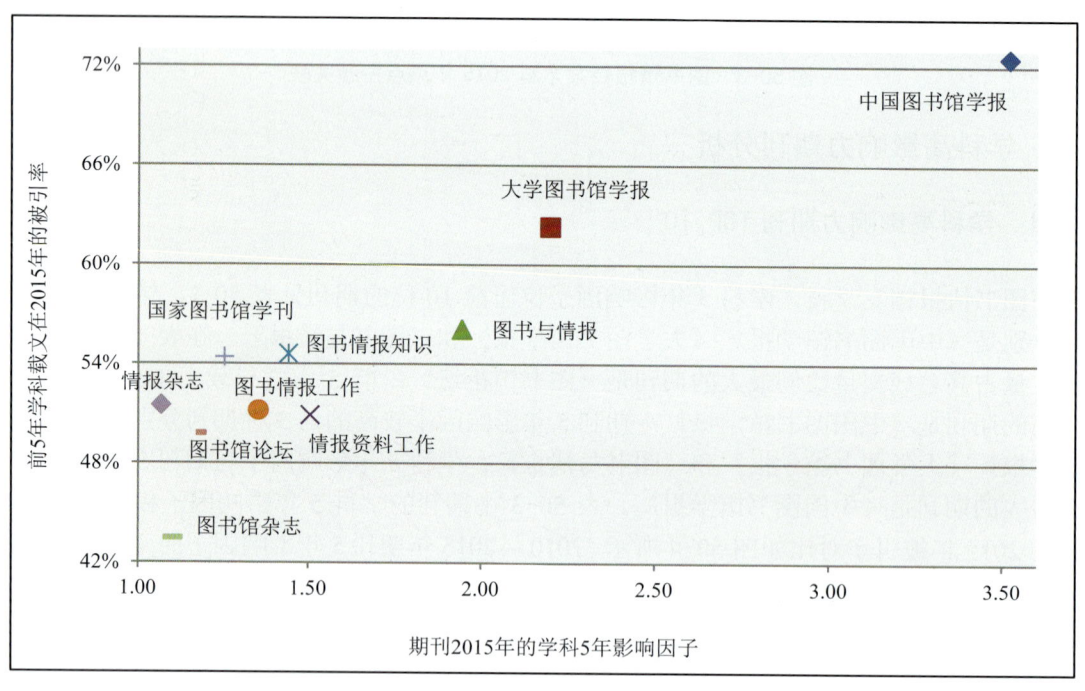

图50-4　图书情报档案学科高影响力期刊对比

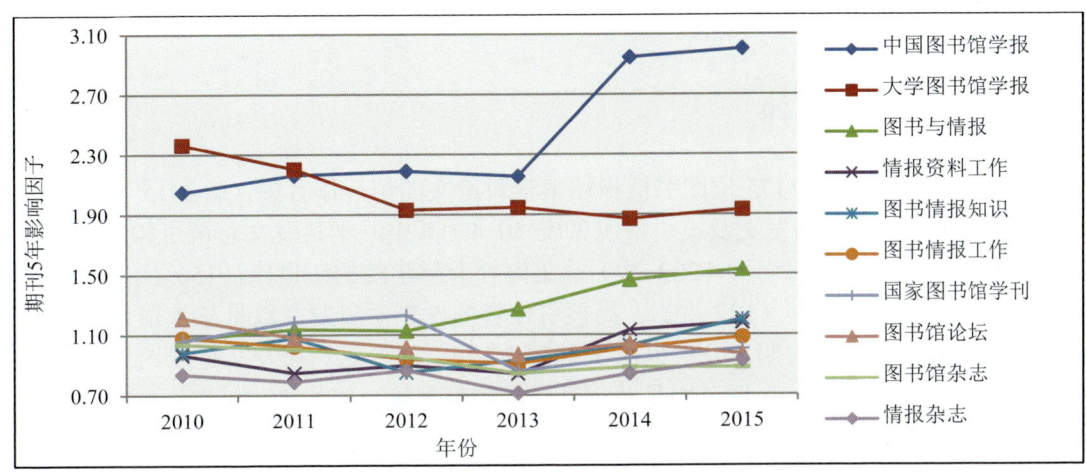

图 50-5　图书情报档案学科期刊 5 年影响因子变动

## 50.4.2　学科高影响力期刊载文主题关联

通过期刊共被引分析，获得图书情报档案学科高影响力期刊及与其他期刊之间的载文主题关联，如图 50-6 所示（共被引 99 次以下不显示）。结果显示，图书情报档案学科的高影响力期刊相互链接较为紧密，基本主导了该学科的期刊共被引网络，显示出该学科高影响力期刊可能共同刊载了许多相近的研究主题，热点研究主题分散在多种期刊上。《中国图书馆学报》的学科 5 年影响因子较高，显示出该刊在学科内学术影响力较大；《图书情报工作》与《中国图书馆学报》《图书馆学研究》《图书馆建设》等期刊之间的链接较强，意味着它们之间可能有较多相同或相近的载文主题。

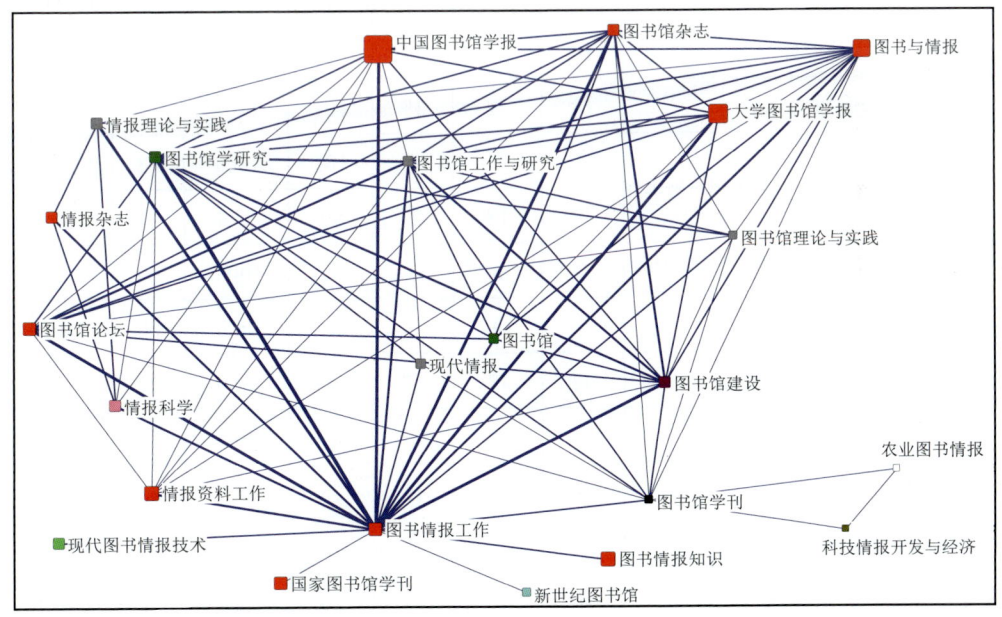

图 50-6　图书情报档案学科高影响力期刊载文主题关联

## 50.5 高被引作者分析

### 50.5.1 高被引作者 TOP 20

2010—2014 年,在 121175 位图书情报档案学科论文的第一作者中,在 2015 年学科被引频次位居前 20 位的学者的发文及被引情况见表 50-4。其中,学科发文总被引频次较高的 3 位作者分别是武汉大学的邱均平(282 次)、上海社会科学院的王世伟(156 次)和中国科学院文献情报中心的初景利(127 次)。高被引作者的 5 年学科发文数量从 1 篇到 116 篇不等,同时,作者学科发文的期刊分布也在 1 种到 22 种之间变化。在发文超过 5 篇的所有作者中,篇均被引较高的 3 位作者分别是兰州商学院的韩翠峰(篇均 20.20 次)、广西医科大学的黄浩波(篇均 17.40 次)和电子科技大学的秦鸿(篇均 13.14 次);前 5 年发表学科论文较多的 3 位作者分别是武汉大学的邱均平(116 篇)、郑州师范学院的袁红军(85 篇)和南开大学的王知津(77 篇)。高被引作者的学科发文量和被引量对比如图 50-7 所示。

表 50-4 图书情报档案学科高被引作者 TOP 20

| 序号 | 姓名 | 作者单位 | 前 5 年发文 | | | 前 5 年学科发文在 2015 年的被引 | | | | h 指数(学科) |
|---|---|---|---|---|---|---|---|---|---|---|
| | | | 学科发文(篇) | 期刊分布(种) | 发文总量(篇) | 总频次 | 被引率(%) | 最高(次) | 篇均(次) | |
| 1 | 邱均平 | 武汉大学 | 116 | 22 | 194 | 282 | 55.2 | 22 | 2.43 | 9 |
| 2 | 王世伟 | 上海社会科学院 | 27 | 9 | 40 | 156 | 55.6 | 55 | 5.78 | 5 |
| 3 | 初景利 | 中国科学院文献情报中心 | 11 | 6 | 14 | 127 | 90.9 | 38 | 11.55 | 6 |
| 4 | 张晓林 | 中国科学院文献情报中心 | 10 | 3 | 14 | 123 | 100.0 | 36 | 12.30 | 6 |
| 5 | 范并思 | 华东师范大学 | 18 | 12 | 19 | 101 | 66.7 | 19 | 5.61 | 7 |
| 5 | 韩翠峰 | 兰州商学院 | 5 | 4 | 6 | 101 | 60.0 | 58 | 20.20 | 2 |
| 7 | 柯平 | 南开大学 | 47 | 18 | 50 | 97 | 57.4 | 11 | 2.06 | 5 |
| 8 | 秦鸿 | 电子科技大学 | 7 | 6 | 7 | 92 | 100.0 | 60 | 13.14 | 4 |
| 9 | 黄浩波 | 广西医科大学 | 5 | 3 | 9 | 87 | 40.0 | 66 | 17.40 | 2 |
| 10 | 赵蓉英 | 武汉大学 | 42 | 13 | 57 | 86 | 50.0 | 22 | 2.05 | 5 |
| 11 | 司莉 | 武汉大学 | 42 | 18 | 47 | 82 | 40.5 | 20 | 1.95 | 5 |
| 12 | 刘华 | 上海大学 | 9 | 7 | 11 | 75 | 66.7 | 35 | 8.33 | 3 |
| 13 | 罗博 | 武汉大学 | 8 | 7 | 9 | 70 | 75.0 | 43 | 8.75 | 3 |
| 13 | 马晓亭 | 兰州商学院 | 50 | 16 | 59 | 70 | 52.0 | 8 | 1.40 | 5 |

| 序号 | 姓名 | 作者单位 | 前5年发文 | | | 前5年学科发文在2015年的被引 | | | | h指数（学科） |
|---|---|---|---|---|---|---|---|---|---|---|
| | | | 学科发文（篇） | 期刊分布（种） | 发文总量（篇） | 总频次 | 被引率（%） | 最高（次） | 篇均（次） | |
| 15 | 傅天珍 | 浙江大学 | 4 | 3 | 5 | 68 | 75.0 | 64 | 17.00 | 2 |
| 16 | 茆意宏 | 南京农业大学 | 6 | 5 | 11 | 66 | 83.3 | 22 | 11.00 | 5 |
| 17 | 陈臣 | 兰州商学院 | 50 | 14 | 52 | 64 | 38.0 | 14 | 1.28 | 4 |
| 18 | 刘启元 | 浙江大学 | 1 | 1 | 1 | 61 | 100.0 | 61 | 61.00 | 1 |
| 19 | 黄幼菲 | 西安铁路职业技术学院 | 28 | 18 | 28 | 60 | 53.6 | 11 | 2.14 | 5 |
| 20 | 蒋永福 | 黑龙江大学 | 21 | 13 | 24 | 57 | 66.7 | 14 | 2.71 | 4 |

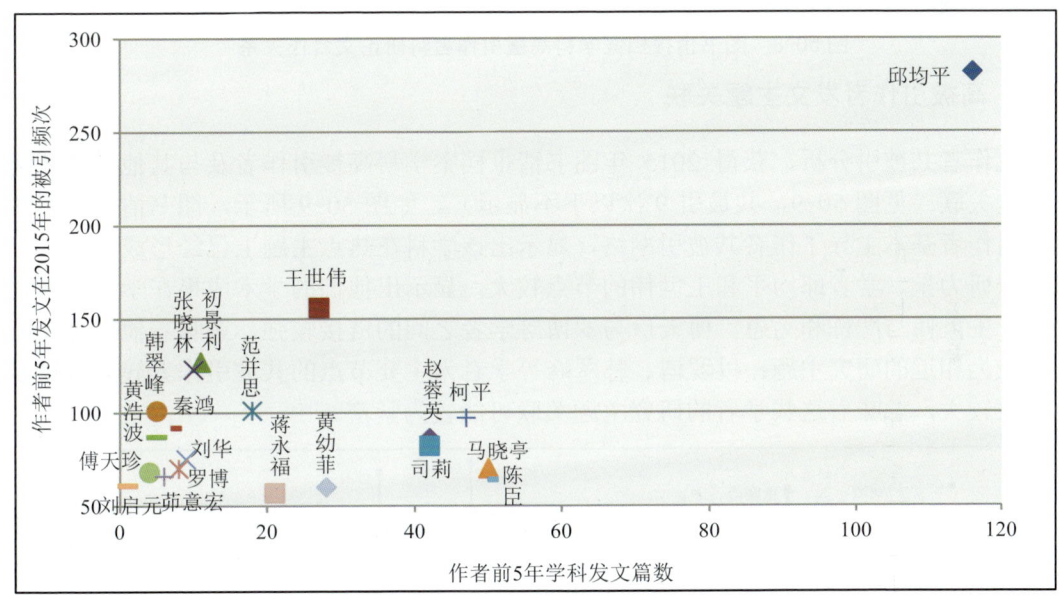

图 50-7　图书情报档案学科高被引作者学科发文及被引对比

## 50.5.2　高被引作者科研合作关系

通过作者合著分析，获得 2015 年图书情报档案学科高被引作者及与其他学者之间的科研论文合作关系（不考虑论文署名次序），如图 50-8 所示（合著 4 次以下不显示）。可以看出，图书情报档案学科的高被引作者的论文合作现象比较普遍。学者邱均平、马晓亭和陈臣的发文量较多；邱均平的论文合作网络最为突出，在该学科的研究人员中表现出一定的集聚效应；马晓亭和陈臣、邱均平和余厚强等学者之间的合作关系最为紧密，显示出他们可能分别属于同一支科研团队。

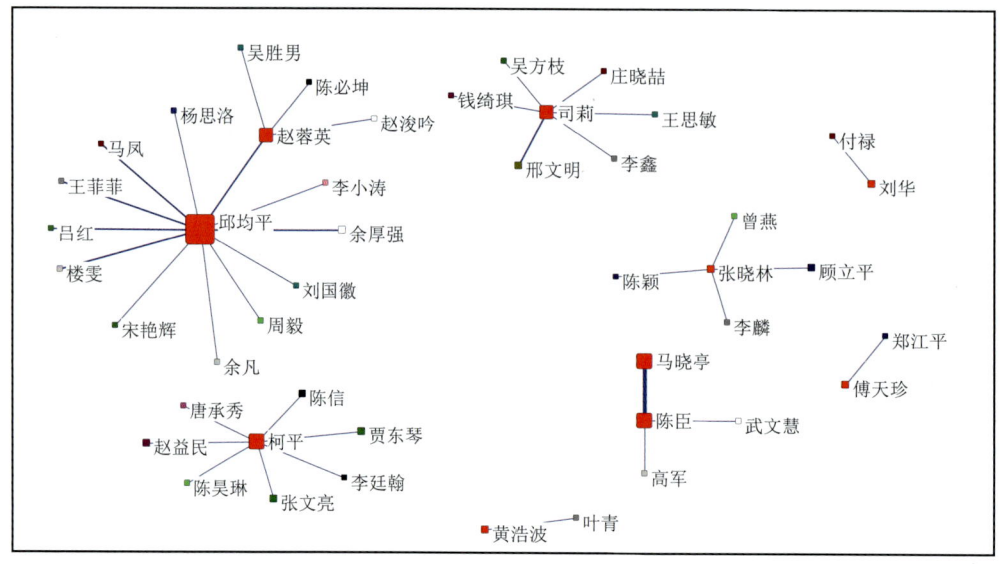

图 50-8　图书情报档案学科高被引作者科研论文合作关系

### 50.5.3　高被引作者发文主题关联

通过作者共被引分析，获得 2015 年图书情报档案学科高被引作者及与其他学者之间的发文主题关联（见图 50-9，共被引 9 次以下不显示）。如图 50-9 所示，图书情报档案学科的高被引作者基本主导了作者共被引网络，显示出该学科在热点主题上已经形成了优势较为明显的科研力量。学者邱均平和王世伟的节点较大，显示出他们的学术成果在学科内得到较多关注；王世伟与严栋和乌恩、傅天珍与罗博等学者之间的链接较强，意味着他们之间可能分别有较为相近的研究主题；以罗博、韩翠峰等学者为主要节点的共被引作者簇人数较多且网络规模较大，意味着这些学者的研究主题关联可能较为紧密。

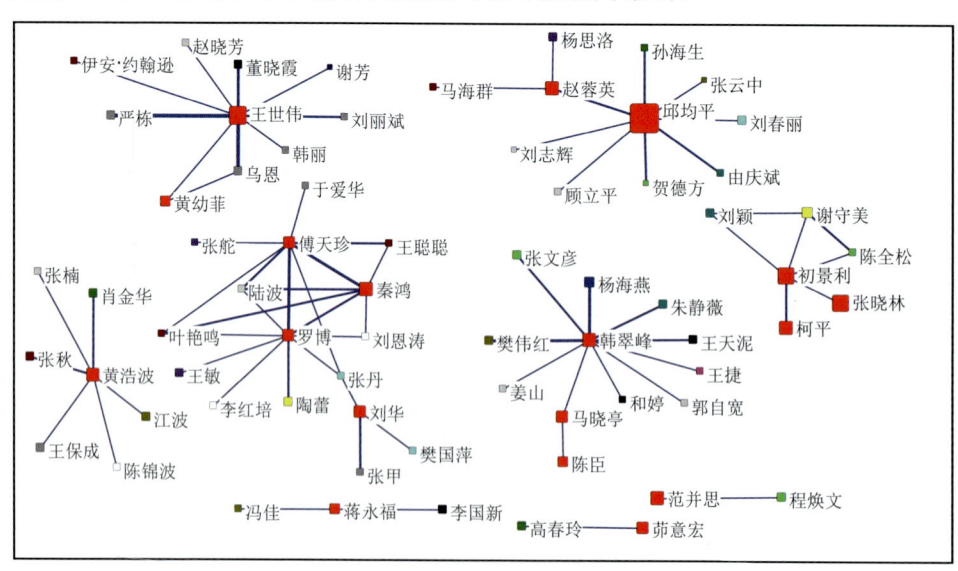

图 50-9　图书情报档案学科高被引作者发文主题关联

## 50.6 高被引机构分析

### 50.6.1 高被引机构

为便于比较，本书将图书情报档案学科的高被引机构分为高等院校和科研院所两种类型。其中，被引频次 TOP 10 高等院校和被引频次 TOP 5 科研院所的发文及被引情况分别见表 50-5 和表 50-6。其中，总被引频次较高的 3 所高等院校分别是武汉大学、北京大学和南京大学，中国科学院文献情报中心、中国科学技术信息研究所和上海社会科学院是总被引频次较高的 3 所科研院所；前 5 年学科发文在 2015 年的被引率最高的高等院校和科研院所分别是清华大学和中国科学院文献情报中心，篇均被引最高的高等院校和科研院所分别是清华大学和中国科学院文献情报中心。上述高被引机构的论文被引率和篇均被引频次对比如图 50-10 所示。

表 50-5 图书情报档案学科高被引高等院校 TOP 10

| 序号 | 第一作者单位 | 学科发文量（篇） | | 前 5 年学科发文在 2015 年的被引 | | | |
|---|---|---|---|---|---|---|---|
| | | 前 5 年 | 2015 年 | 频次 | 被引率（%） | 最高（次） | 篇均（次） |
| 1 | 武汉大学 | 2066 | 310 | 2072 | 35.8 | 43 | 1.00 |
| 2 | 北京大学 | 1018 | 165 | 896 | 33.9 | 44 | 0.88 |
| 3 | 南京大学 | 1412 | 263 | 783 | 28.7 | 16 | 0.55 |
| 4 | 中山大学 | 774 | 101 | 572 | 32.7 | 28 | 0.74 |
| 5 | 中国人民大学 | 767 | 131 | 539 | 29.7 | 22 | 0.70 |
| 6 | 吉林大学 | 789 | 125 | 521 | 32.6 | 19 | 0.66 |
| 6 | 南开大学 | 644 | 108 | 521 | 36.8 | 34 | 0.81 |
| 8 | 上海大学 | 771 | 154 | 501 | 28.0 | 35 | 0.65 |
| 9 | 清华大学 | 415 | 59 | 449 | 37.6 | 37 | 1.08 |
| 10 | 郑州大学 | 996 | 162 | 402 | 22.2 | 16 | 0.40 |

表 50-6 图书情报档案学科高被引科研院所 TOP 5

| 序号 | 第一作者单位 | 学科发文量（篇） | | 前 5 年学科发文在 2015 年的被引 | | | |
|---|---|---|---|---|---|---|---|
| | | 前 5 年 | 2015 年 | 频次 | 被引率（%） | 最高（次） | 篇均（次） |
| 1 | 中国科学院文献情报中心 | 368 | 98 | 749 | 58.2 | 38 | 2.04 |
| 2 | 中国科学技术信息研究所 | 942 | 177 | 594 | 31.2 | 12 | 0.63 |
| 3 | 上海社会科学院 | 89 | 14 | 181 | 34.8 | 55 | 2.03 |
| 4 | 中国科学院文献情报中心兰州分馆 | 97 | 20 | 131 | 57.7 | 13 | 1.35 |
| 5 | 中国科学院文献情报中心成都分馆 | 64 | 19 | 116 | 57.8 | 16 | 1.81 |

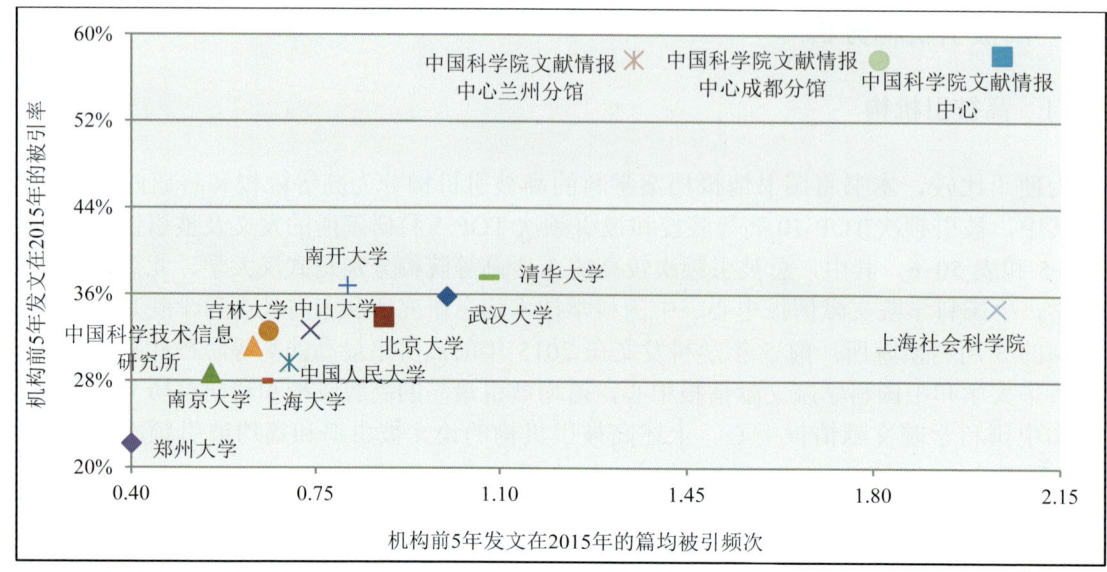

图 50-10　图书情报档案学科高被引机构论文篇均被引及被引率对比

## 50.6.2　高被引机构科研合作关系

通过合著分析，获得图书情报档案学科高被引机构之间及其与其他机构之间的科研合作关联，如图 50-11 所示（合作 20 次以下不显示）。分析得知，图书情报档案学科的机构合作链接比较紧密，表明学科内机构合作现象非常普遍；高被引机构基本主导了机构合作网络，显示出这些机构已经在学科内具有了一定的科研优势。中国科学技术信息研究所与南京大学、吉林大学与东北师范大学等机构之间的链接较强，表明它们之间分别存在较为频繁的学术合作。

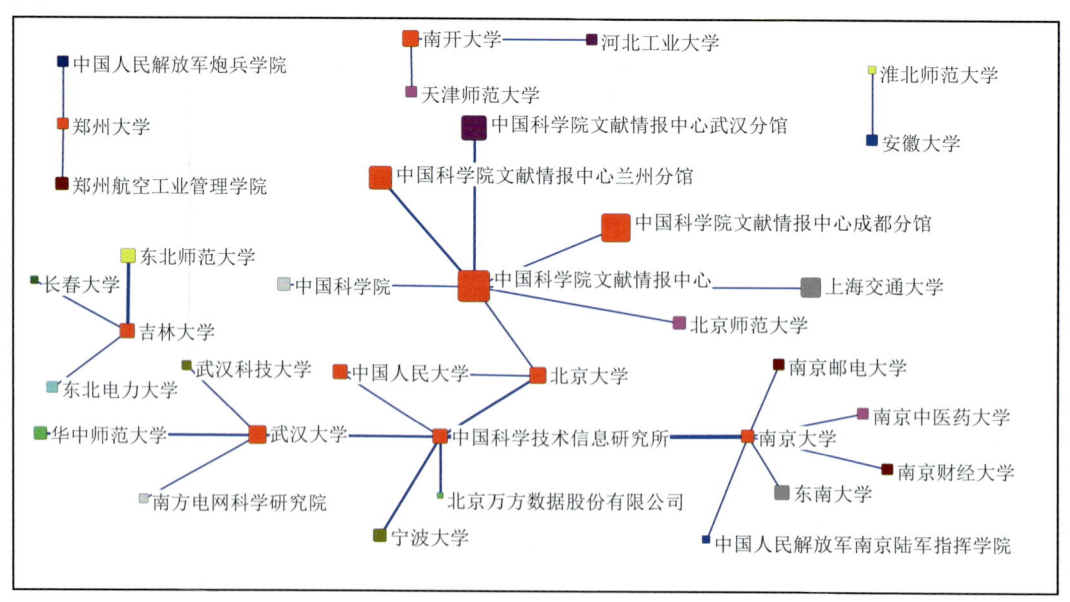

图 50-11　图书情报档案学科高被引机构科研合作关联

## 50.7 高被引图书、国外期刊及学术会议

2015年,图书情报档案学科被引频次位居前10位的图书及国外期刊见表50-7和表50-8。其中,被引次数较多的3种图书分别是冯惠玲的《档案学概论》、邱均平的《信息计量学》和吴宝康的《档案学概论》;被引次数较多的3种国外期刊分别是《Scientometrics》《Journal of the American Society for Information Science and Technology》和《Research Policy》;被引次数较多的3场学术会议分别是"Proceedings of the SIGCHI Conference on Human Factors in Computing Systems""Proceedings of the 19th International Conference on World Wide Web"和"Proceedings of the 5th Workshop on Personal Information Management"。

表50-7 图书情报档案学科高被引图书 TOP 10

| 序号 | 责任者 | 图书名称 | 出版社 | 2015年被引频次 |
|---|---|---|---|---|
| 1 | 冯惠玲 | 档案学概论 | 中国人民大学出版社 | 90 |
| 2 | 邱均平 | 信息计量学 | 武汉大学出版社 | 76 |
| 3 | 吴宝康 | 档案学概论 | 中国人民大学出版社 | 33 |
| 4 | 吴慰慈 | 图书馆学概论 | 北京图书馆出版社 | 32 |
| 5 | 于良芝 | 图书馆学导论 | 科学出版社 | 31 |
| 6 | 阮冈纳赞 | 图书馆学五定律 | 书目文献出版社 | 30 |
| 7 | 王宏钧 | 中国博物馆学基础 | 上海古籍出版社 | 28 |
| 8 | 程焕文 | 信息资源共享 | 高等教育出版社 | 27 |
| 9 | 冯惠玲 | 电子文件管理教程 | 中国人民大学出版社 | 24 |
| 10 | 陈兆祦 | 档案管理学基础 | 中国人民大学出版社 | 22 |

表50-8 图书情报档案学科高被引国外期刊 TOP 10

| 序号 | 期刊名称 | 2015年被引频次 |
|---|---|---|
| 1 | Scientometrics | 1041 |
| 2 | Journal of the American Society for Information Science and Technology | 622 |
| 3 | Research Policy | 377 |
| 4 | Science | 350 |
| 5 | Nature | 310 |
| 6 | Information Processing & Management | 248 |
| 7 | Journal of the American Society for Information Science | 221 |
| 8 | Journal of Academic Librarianship | 215 |
| 9 | Journal of Informetrics | 212 |
| 10 | Journal of the Association for Information Science and Technology | 211 |

# 第51章 教育学科高被引分析

## 51.1 学科论文概况

2010—2014年,教育学科共有2107504位来自346832所机构的论文第一作者在5432种期刊上发表了2738041篇学术论文。其中,80%以上的论文产出自50312所机构、1480957位作者,发表在505种期刊上。在前5年发表的这些论文中,有274661篇在2015年获得过引用,整体被引率为10.0%,总被引频次为447933次,篇均被引0.16次;其中,高被引论文有3203篇,单篇论文最高被引频次为533次,累计被引46019次,篇均被引14.37次(表51-1)。另外,2015年教育学科共发表论文626274篇,其中有13813篇在当年获得过引用,总共被引16699次。

表51-1 教育学科论文分布情况

| 年份 | 论文篇数 | 2015年被引频次 | 2015年被引率(%) | 2015年高被引论文 | | | |
|---|---|---|---|---|---|---|---|
| | | | | 论文篇数 | 最高被引频次 | 总被引频次 | 篇均被引频次 |
| 2010 | 414426 | 86201 | 12.6 | 627 | 463 | 7959 | 12.69 |
| 2011 | 544303 | 94721 | 10.6 | 720 | 533 | 9088 | 12.62 |
| 2012 | 632354 | 93466 | 9.1 | 590 | 457 | 8933 | 15.14 |
| 2013 | 536854 | 101885 | 11.3 | 689 | 529 | 12707 | 18.44 |
| 2014 | 610104 | 71660 | 7.7 | 577 | 402 | 7332 | 12.71 |
| 合计 | 2738041 | 447933 | 10.0 | 3203 | 533 | 46019 | 14.37 |

从教育学科论文的地域分布来看,2015年被引频次较高的5个省、直辖市或自治区依次是江苏、北京、广东、浙江和河南(图51-1);5年论文产出量较多的5个省、直辖市或自治区依次是江苏、河北、河南、广东和浙江(图51-2)。

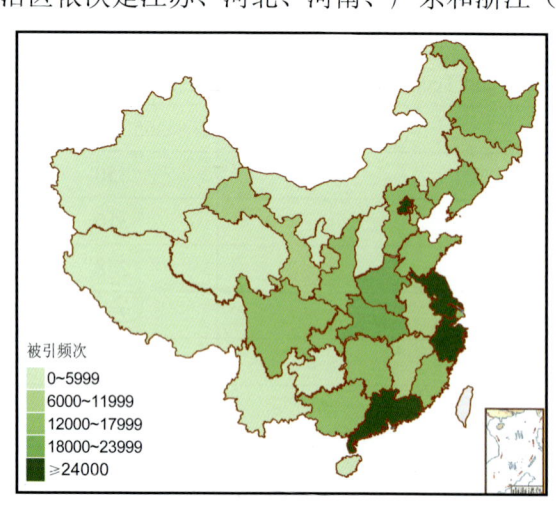

图51-1 2015年教育学科地区被引分布

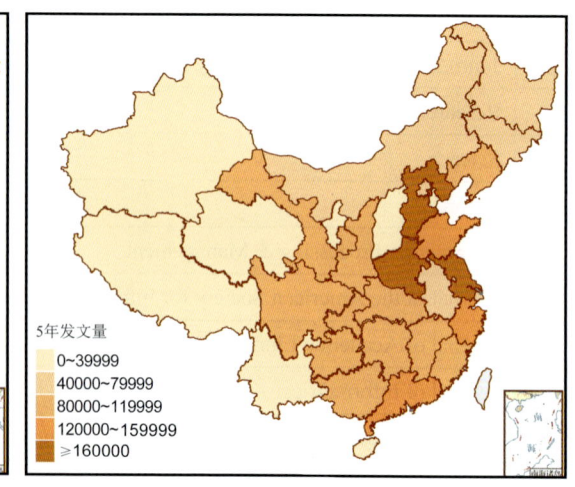

图51-2 教育学科5年论文产出地区分布

## 51.2 高被引论文分析

在教育学科，2015年被引频次位居前10位的论文（表51-2）平均被引频次为336.1次，是全部3203篇高被引论文篇均被引频次的23.4倍。其中，被引频次最高的论文是张金磊于2012年发表的《翻转课堂教学模式研究》，随后2篇分别是钟晓流于2013年发表的《信息化环境中基于翻转课堂理念的教学设计研究》和胡铁生于2013年发表的《我国微课发展的三个阶段及其启示》。

从论文分布来看，刊载高被引论文数量居前的3种期刊分别是《教育研究》（102篇）、《中国电化教育》（98篇）和《实验技术与管理》（91篇）；发表高被引论文居前的3位学者分别是河北联合大学的黄璐（22篇）、清华大学的林健（14篇）和华东师范大学的祝智庭（11篇）；产出高被引论文数量居前的3所机构分别是北京师范大学（120篇）、华东师范大学（73篇）和清华大学（51篇），而南京大学和广东省佛山市教育局分别产出了高被引论文TOP 10中的2篇。

表51-2 教育学科高被引论文TOP 10

| 序号 | 论文题名 | 第一作者 | 期刊名称 | 发表年份 | 被引频次 | |
|---|---|---|---|---|---|---|
| | | | | | 总频次 | 2015年 |
| 1 | 翻转课堂教学模式研究 | 张金磊 | 远程教育杂志 | 2012 | 1430 | 997 |
| 2 | 信息化环境中基于翻转课堂理念的教学设计研究 | 钟晓流 | 开放教育研究 | 2013 | 655 | 491 |
| 3 | 我国微课发展的三个阶段及其启示 | 胡铁生 | 远程教育杂志 | 2013 | 464 | 429 |
| 4 | 微课程设计模式研究——基于国内外微课程的对比分析 | 梁乐明 | 开放教育研究 | 2013 | 499 | 326 |
| 5 | 微课的含义与发展 | 黎加厚 | 中小学信息技术教育 | 2013 | 412 | 308 |
| 6 | 微课及其应用与影响 | 焦建利 | 中小学信息技术教育 | 2013 | 267 | 213 |
| 7 | 高校微课建设的现状分析与发展对策研究 | 胡铁生 | 现代教育技术 | 2014 | 182 | 169 |
| 8 | MOOC的发展及其对高等教育的影响 | 王文礼 | 江苏高教 | 2013 | 265 | 154 |
| 9 | 翻转课堂及其有效实施策略刍议 | 朱宏洁 | 电化教育研究 | 2013 | 186 | 144 |
| 10 | 翻转课堂教学模型的设计——基于国内外典型案例分析 | 王红 | 现代教育技术 | 2013 | 154 | 130 |

## 51.3 研究主题关联分析

在教育学科，高被引论文累计被2015年发表的32596篇论文引用了46019次。通过分析施引文献关键词的词频及关键词之间的共现关系，获得2015年教育学科的热点主题和主题关联,如图 51-3 所示(共现 36 次以下不显示)。由图 51-3 可知:"翻转课堂""微课""教学模式"等关键词的文档词频较高,是 2015 年学科的研究热点;以"翻转课堂""微课""教学模式"等关键词为主要节点的多个概念相互关联,构成了学科内最为突出的研究主题簇。

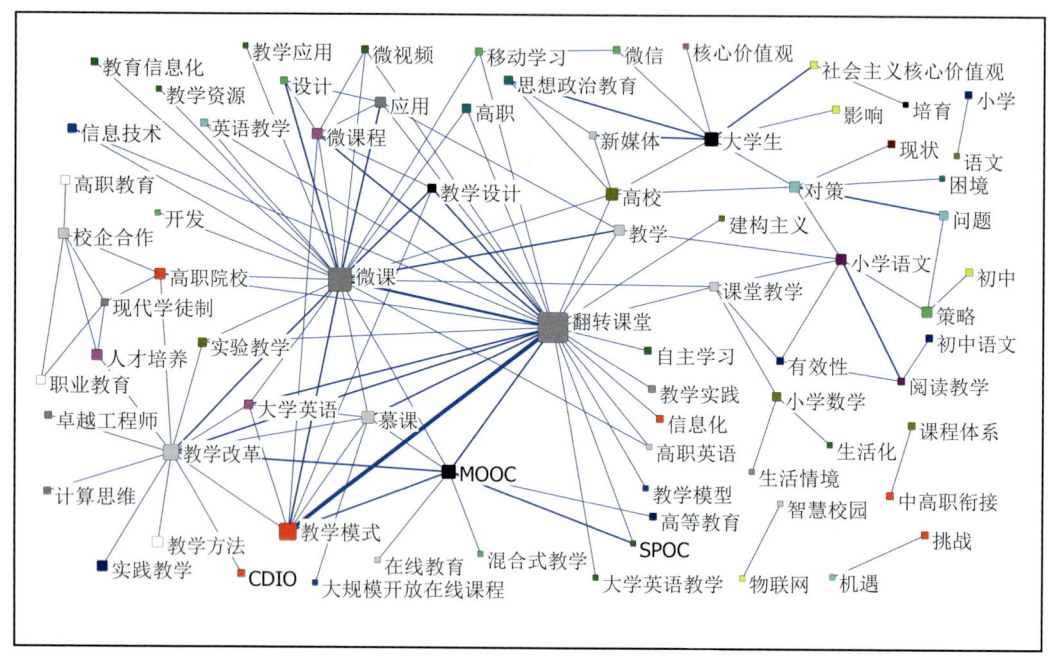

图 51-3 教育学科 2015 年热点主题关联

## 51.4 学科高影响力期刊分析

### 51.4.1 学科高影响力期刊 TOP 10

在教育学科,学科 5 年影响因子位居前 10 位的期刊见表 51-3,排在前 3 位的期刊分别是《远程教育杂志》《开放教育研究》和《北京师范大学学报(社会科学版)》。在表 51-3 中,学科载文量占其总载文量比例最大的期刊是《中国电化教育》;前 5 年学科载文在 2015 年被引率最高的期刊是《北京师范大学学报(社会科学版)》;期刊 5 年影响因子较高的前 3 种期刊分别是《远程教育杂志》《开放教育研究》和《中国电化教育》;学科 5 年影响因子与期刊 5 年影响因子差异最大的期刊是《北京师范大学学报(社会科学版)》。表 51-3 中期刊的学科 5 年影响因子和前 5 年学科载文的 2015 年被引率对比如图 51-4 所示,2010—2015 年期刊 5 年影响因子的变动情况如图 51-5 所示。

表 51-3　教育学科高影响力期刊基本指数

| 序号 | 期刊名称 | 前 5 年载文量 | | | 2015 年学科被引 | | | 5 年影响因子 | | h 指数（学科） |
|---|---|---|---|---|---|---|---|---|---|---|
| | | 学科（篇） | 占比（%） | 总量（篇） | 频次 | 被引率（%） | 高被引论文篇数 | 期刊（2015） | 学科（2015） | |
| 1 | 远程教育杂志 | 530 | 97.6 | 543 | 3020 | 50.6 | 33 | 5.587 | 5.698 | 19 |
| 2 | 开放教育研究 | 559 | 98.1 | 570 | 1911 | 50.3 | 32 | 3.367 | 3.419 | 13 |
| 3 | 北京师范大学学报（社会科学版） | 92 | 15.1 | 611 | 237 | 54.3 | 9 | 1.191 | 2.576 | 12 |
| 4 | 中国电化教育 | 1867 | 99.9 | 1869 | 3964 | 53.5 | 98 | 2.128 | 2.123 | 24 |
| 5 | 教育研究 | 1605 | 96.1 | 1671 | 3257 | 51.9 | 102 | 1.998 | 2.029 | 18 |
| 6 | 现代远程教育研究 | 484 | 97.0 | 499 | 968 | 46.1 | 21 | 1.988 | 2.000 | 11 |
| 7 | 高等工程教育研究 | 944 | 90.5 | 1043 | 1820 | 44.9 | 47 | 1.902 | 1.928 | 16 |
| 8 | 电化教育研究 | 1482 | 99.0 | 1497 | 2626 | 48.0 | 55 | 1.756 | 1.772 | 16 |
| 9 | 现代教育技术 | 1836 | 99.5 | 1845 | 3186 | 43.7 | 67 | 1.730 | 1.735 | 20 |
| 10 | 中国大学教学 | 1368 | 88.8 | 1540 | 2319 | 44.7 | 69 | 1.742 | 1.695 | 17 |

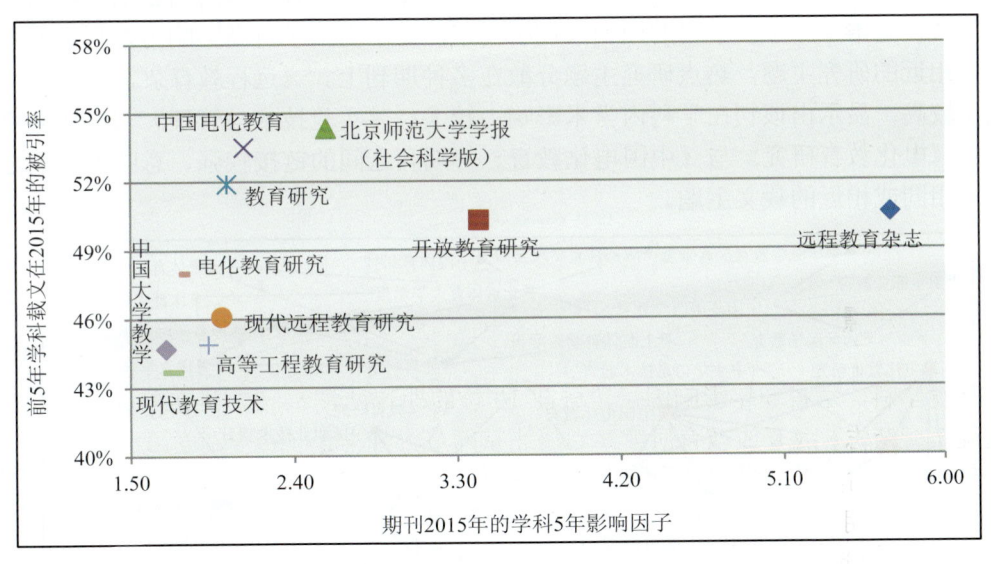

图 51-4　教育学科高影响力期刊对比

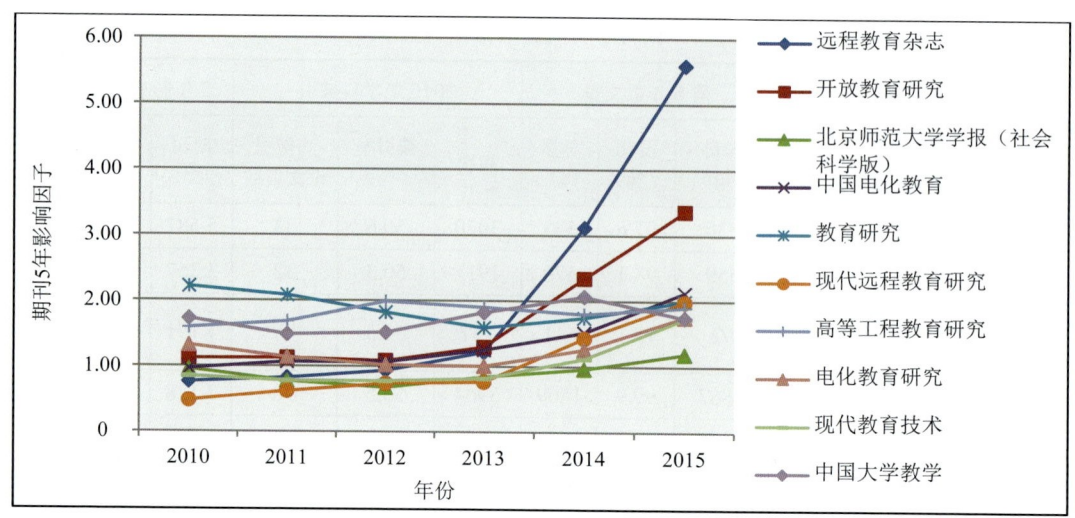

图 51-5  教育学科期刊 5 年影响因子变动

### 51.4.2 学科高影响力期刊载文主题关联

通过期刊共被引分析，获得教育学科高影响力期刊及与其他期刊之间的载文主题关联，如图 51-6 所示（共被引 118 次以下不显示）。结果显示，教育学科的高影响力期刊相互链接较为紧密，基本主导了该学科的期刊共被引网络，显示出该学科高影响力期刊可能共同刊载了许多相近的研究主题，热点研究主题分散在多种期刊上。《远程教育杂志》的学科 5 年影响因子较高，显示出该刊在学科内学术影响力较大；《实验技术与管理》与《实验室研究与探索》《电化教育研究》与《中国电化教育》等期刊之间的链接较强，意味着它们之间可能有较多相同或相近的载文主题。

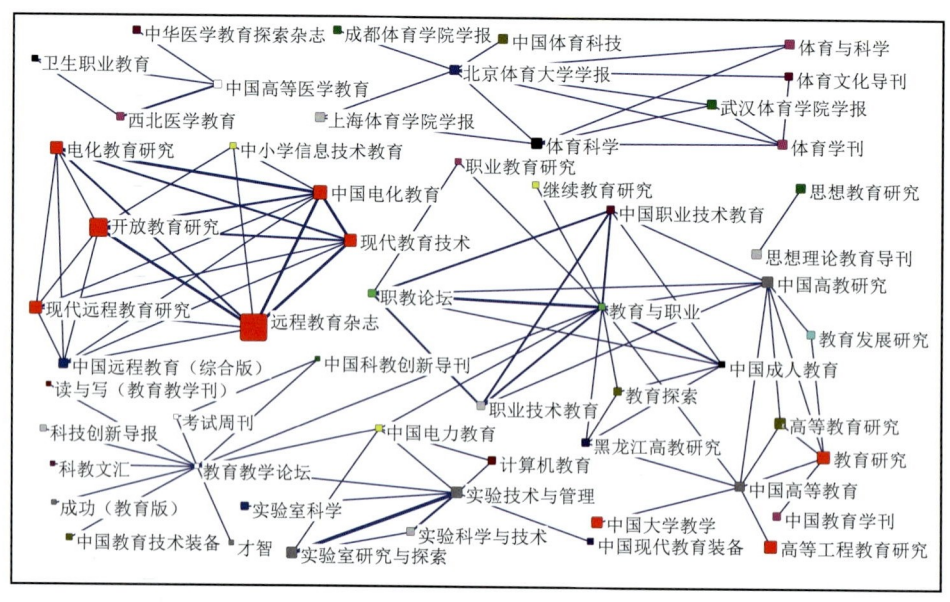

图 51-6  教育学科高影响力期刊载文主题关联

## 51.5 高被引作者分析

### 51.5.1 高被引作者 TOP 20

2010—2014年，在2107504位教育学科论文的第一作者中，在2015年学科被引频次位居前20位的学者的发文及被引情况见表51-4。其中，学科发文总被引频次较高的3位作者分别是南京大学的张金磊（1091次）、广东省佛山市教育局的胡铁生（977次）和清华大学的钟晓流（495次）。高被引作者的5年学科发文数量从2篇到57篇不等，同时，作者学科发文的期刊分布也在2种到24种之间变化。在发文超过5篇的所有作者中，篇均被引较高的3位作者分别是清华大学的钟晓流（篇均82.50次）、广东省佛山市教育局的胡铁生（篇均61.06次）和上海师范大学的黎加厚（篇均45.14次）；前5年发表学科论文较多的3位作者分别是山东省枣庄市市中区实验小学的贾宪章（131篇）、江苏省太仓高级中学的唐惠忠（128篇）和滁州职业技术学院的张健（119篇）。高被引作者的学科发文量和被引量对比如图51-7所示。

表51-4　教育学科高被引作者 TOP 20

| 序号 | 姓名 | 作者单位 | 前5年发文 | | | 前5年学科发文在2015年的被引 | | | | h指数（学科） |
|---|---|---|---|---|---|---|---|---|---|---|
| | | | 学科发文（篇） | 期刊分布（种） | 发文总量（篇） | 总频次 | 被引率（%） | 最高（次） | 篇均（次） | |
| 1 | 张金磊 | 南京大学 | 3 | 2 | 3 | 1091 | 100.0 | 997 | 363.67 | 3 |
| 2 | 胡铁生 | 广东省佛山市教育局 | 16 | 8 | 17 | 977 | 68.8 | 429 | 61.06 | 8 |
| 3 | 钟晓流 | 清华大学 | 6 | 5 | 7 | 495 | 50.0 | 491 | 82.50 | 2 |
| 4 | 林健 | 清华大学 | 31 | 6 | 36 | 454 | 83.9 | 63 | 14.65 | 13 |
| 5 | 梁乐明 | 南京大学 | 2 | 2 | 2 | 373 | 100.0 | 326 | 186.5 | 2 |
| 6 | 黄璐 | 华北理工大学 | 45 | 16 | 82 | 363 | 86.7 | 30 | 8.07 | 12 |
| 7 | 焦建利 | 华南师范大学 | 42 | 9 | 68 | 344 | 40.5 | 213 | 8.19 | 6 |
| 8 | 黎加厚 | 上海师范大学 | 7 | 4 | 10 | 316 | 57.1 | 308 | 45.14 | 2 |
| 9 | 王萍 | 上海大学 | 17 | 8 | 26 | 235 | 52.9 | 95 | 13.82 | 5 |
| 10 | 祝智庭 | 华东师范大学 | 31 | 11 | 35 | 232 | 61.3 | 27 | 7.48 | 11 |
| 11 | 何克抗 | 北京师范大学 | 36 | 13 | 37 | 202 | 61.1 | 53 | 5.61 | 7 |
| 11 | 黄荣怀 | 北京师范大学 | 17 | 6 | 18 | 202 | 64.7 | 66 | 11.88 | 7 |
| 13 | 别敦荣 | 厦门大学 | 57 | 24 | 61 | 182 | 59.6 | 26 | 3.19 | 8 |
| 14 | 姜大源 | 教育部职业技术教育中心研究所 | 30 | 12 | 33 | 166 | 60.0 | 38 | 5.53 | 7 |
| 15 | 王文礼 | 井冈山大学 | 24 | 11 | 24 | 155 | 8.3 | 154 | 6.46 | 1 |

| 序号 | 姓名 | 作者单位 | 前5年发文 | | | 前5年学科发文在2015年的被引 | | | | h指数(学科) |
|---|---|---|---|---|---|---|---|---|---|---|
| | | | 学科发文（篇） | 期刊分布（种） | 发文总量（篇） | 总频次 | 被引率（%） | 最高（次） | 篇均（次） | |
| 16 | 李青 | 北京邮电大学 | 20 | 9 | 25 | 154 | 60.0 | 97 | 7.70 | 5 |
| 17 | 朱宏洁 | 南京师范大学泰州学院 | 3 | 2 | 3 | 144 | 33.3 | 144 | 48.00 | 1 |
| 18 | 马秀麟 | 北京师范大学 | 10 | 5 | 12 | 135 | 50.0 | 121 | 13.50 | 3 |
| 19 | 张一春 | 南京师范大学 | 8 | 6 | 10 | 134 | 62.5 | 122 | 16.75 | 3 |
| 20 | 赵兴龙 | 中央电化教育馆 | 8 | 5 | 8 | 132 | 37.5 | 77 | 16.50 | 2 |
| 20 | 黄兆信 | 温州大学 | 20 | 9 | 23 | 132 | 70.0 | 44 | 6.60 | 7 |

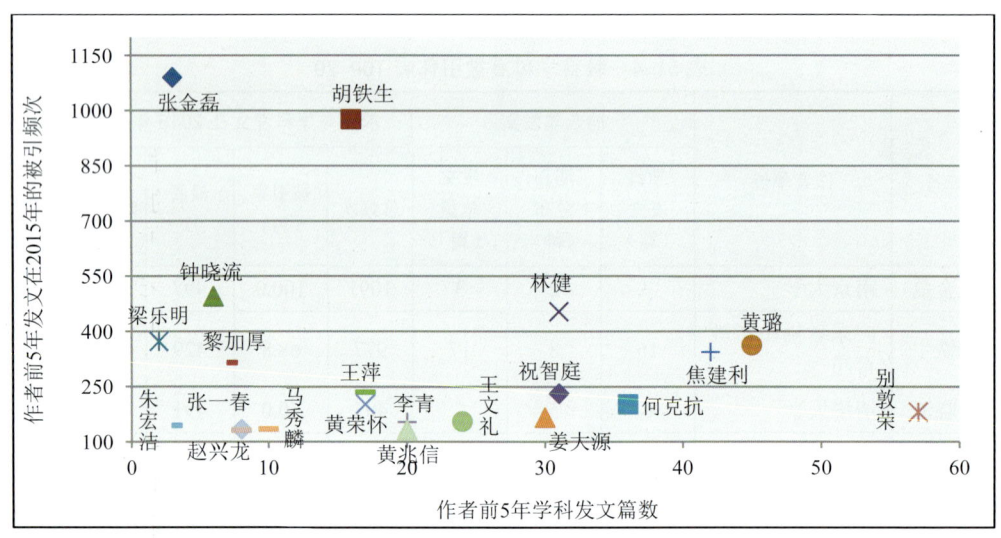

图 51-7 教育学科高被引作者学科发文及被引对比

## 51.5.2 高被引作者科研合作关系

通过作者合著分析，获得2015年教育学科高被引作者及与其他学者之间的科研论文合作关系（不考虑论文署名次序），如图51-8所示（合著2次以下不显示）。可以看出，教育学科的高被引作者的论文合作现象比较普遍。学者别敦荣、焦建利的发文量较多；祝智庭的论文合作网络最为突出，在该学科的研究人员中表现出一定的集聚效应；张一春和兰国帅、钟晓流和宋述强等学者之间的合作关系最为紧密，显示出他们可能分别属于同一支科研团队。

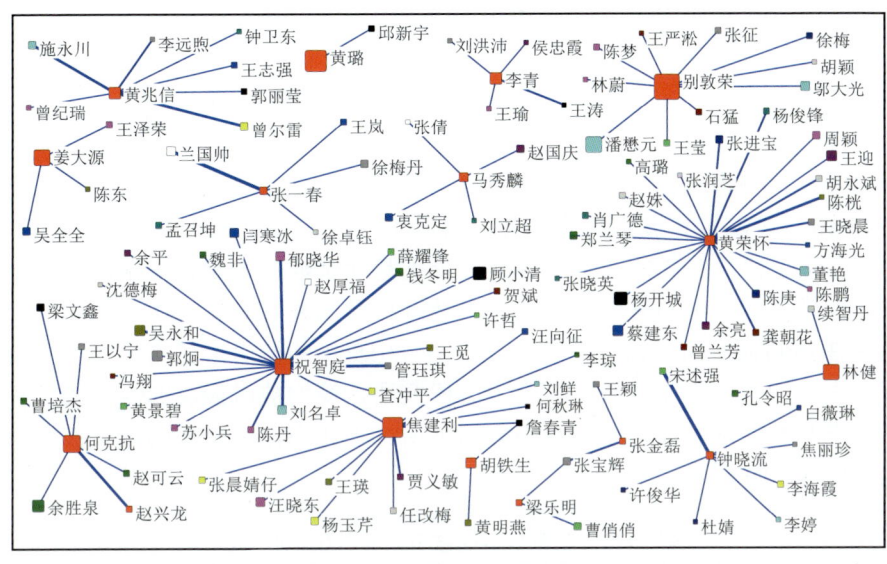

图 51-8　教育学科高被引作者科研论文合作关系

### 51.5.3　高被引作者发文主题关联

通过作者共被引分析，获得 2015 年教育学科高被引作者及与其他学者之间的发文主题关联（见图 51-9，共被引 11 次以下不显示）。如图 51-9 所示，教育学科的高被引作者基本主导了作者共被引网络，显示出该学科在热点主题上已经形成了优势较为明显的科研力量。学者张金磊和胡铁生的节点较大，显示出他们的学术成果在学科内得到较多关注；张金磊与钟晓流、胡铁生与梁乐明等学者之间的链接较强，意味着他们之间可能分别有较为相近的研究主题；以张金磊、胡铁生、钟晓流等学者为主要节点的共被引作者簇人数较多且网络规模较大，意味着这些学者的研究主题关联可能较为紧密。

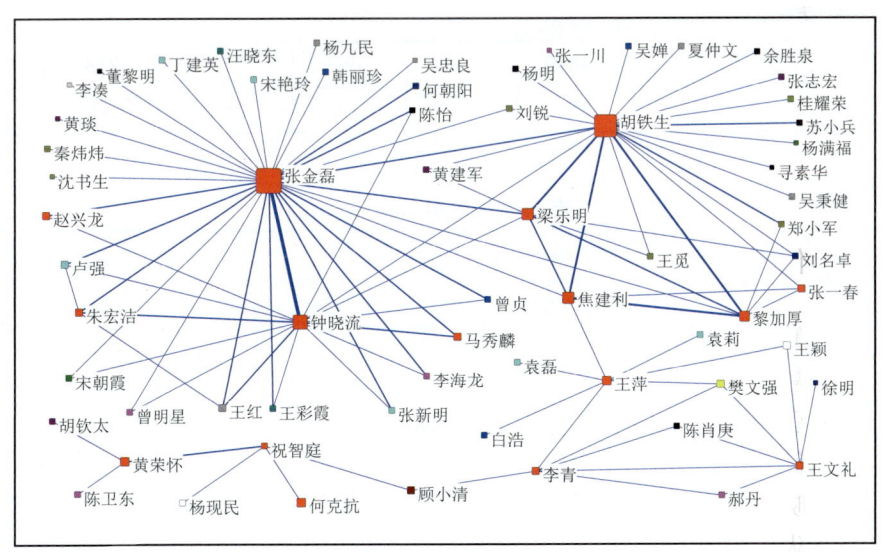

图 51-9　教育学科高被引作者发文主题关联

## 51.6 高被引机构分析

### 51.6.1 高被引机构

为便于比较,本书将教育学科的高被引机构分为高等院校和科研院所两种类型。其中,被引频次 TOP 10 高等院校和被引频次 TOP 5 科研院所的发文及被引情况分别见表 51-5 和表 51-6。其中,总被引频次较高的 3 所高等院校分别是北京师范大学、华东师范大学和西南大学,教育部职业技术教育中心研究所、上海市教育科学研究院和北京教育科学研究院是总被引频次较高的 3 所科研院所;前 5 年学科发文在 2015 年的被引率最高的高等院校和科研院所分别是清华大学和教育部职业技术教育中心研究所,篇均被引最高的高等院校和科研院所分别是清华大学和教育部职业技术教育中心研究所。上述高被引机构的论文被引率和篇均被引频次对比如图 51-10 所示。

表 51-5 教育学科高被引高等院校 TOP 10

| 序号 | 第一作者单位 | 学科发文量(篇) | | 前 5 年学科发文在 2015 年的被引 | | | |
|---|---|---|---|---|---|---|---|
| | | 前 5 年 | 2015 年 | 频次 | 被引率(%) | 最高(次) | 篇均(次) |
| 1 | 北京师范大学 | 7513 | 1109 | 5302 | 25.4 | 121 | 0.71 |
| 2 | 华东师范大学 | 7801 | 1221 | 4528 | 23.3 | 71 | 0.58 |
| 3 | 西南大学 | 9825 | 1608 | 3054 | 16.6 | 23 | 0.31 |
| 4 | 东北师范大学 | 4483 | 828 | 2715 | 24.3 | 130 | 0.61 |
| 5 | 清华大学 | 1751 | 302 | 2704 | 30.8 | 491 | 1.54 |
| 6 | 南京大学 | 1891 | 320 | 2646 | 24.1 | 997 | 1.40 |
| 7 | 南京师范大学 | 6146 | 933 | 2560 | 20.6 | 122 | 0.42 |
| 8 | 华中师范大学 | 6260 | 1044 | 2557 | 18.5 | 80 | 0.41 |
| 9 | 华南师范大学 | 4630 | 709 | 2462 | 22.1 | 213 | 0.53 |
| 10 | 北京大学 | 2568 | 408 | 1897 | 28.0 | 47 | 0.74 |

表 51-6 教育学科高被引科研院所 TOP 5

| 序号 | 第一作者单位 | 学科发文量(篇) | | 前 5 年学科发文在 2015 年的被引 | | | |
|---|---|---|---|---|---|---|---|
| | | 前 5 年 | 2015 年 | 频次 | 被引率(%) | 最高(次) | 篇均(次) |
| 1 | 教育部职业技术教育中心研究所 | 189 | 15 | 363 | 45.0 | 38 | 1.92 |
| 2 | 上海市教育科学研究院 | 525 | 86 | 318 | 25.7 | 18 | 0.61 |
| 3 | 北京教育科学研究院 | 808 | 127 | 273 | 16.6 | 23 | 0.34 |
| 4 | 第二军医大学附属长海医院 | 248 | 42 | 235 | 39.9 | 18 | 0.95 |
| 5 | 中国教育科学研究院 | 414 | 103 | 224 | 25.8 | 12 | 0.54 |

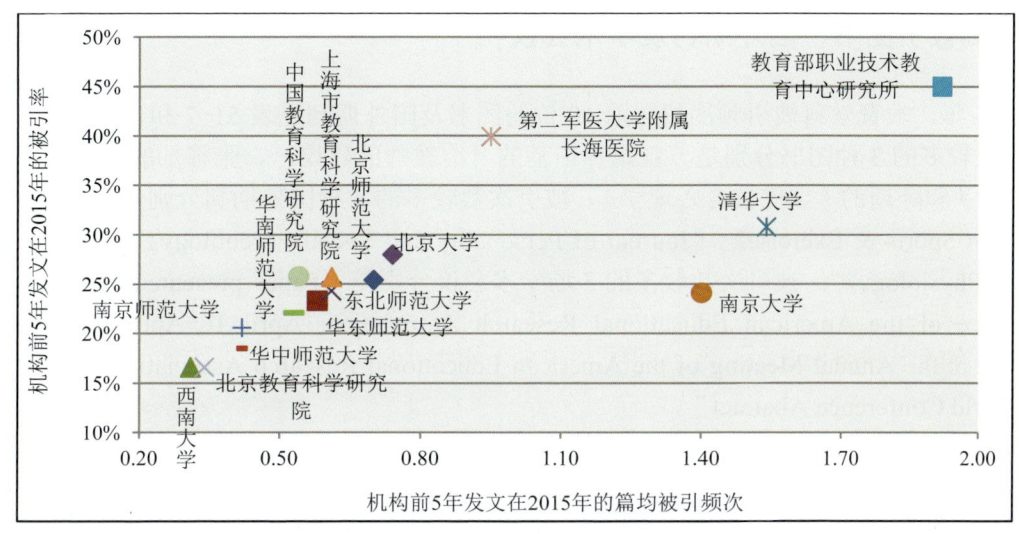

图 51-10　教育学科高被引机构论文篇均被引及被引率对比

## 51.6.2　高被引机构科研合作关系

通过合著分析，获得教育学科高被引机构之间及其与其他机构之间的科研合作关联，如图 51-11 所示（合作 23 次以下不显示）。分析得知，教育学科的机构合作链接比较紧密，表明学科内机构合作现象较为普遍；高被引机构基本主导了机构合作网络，显示出这些机构已经在学科内具有了一定的科研优势。北京师范大学和首都师范大学、北京大学等机构之间的链接较强，表明它们之间的学术合作较为频繁。

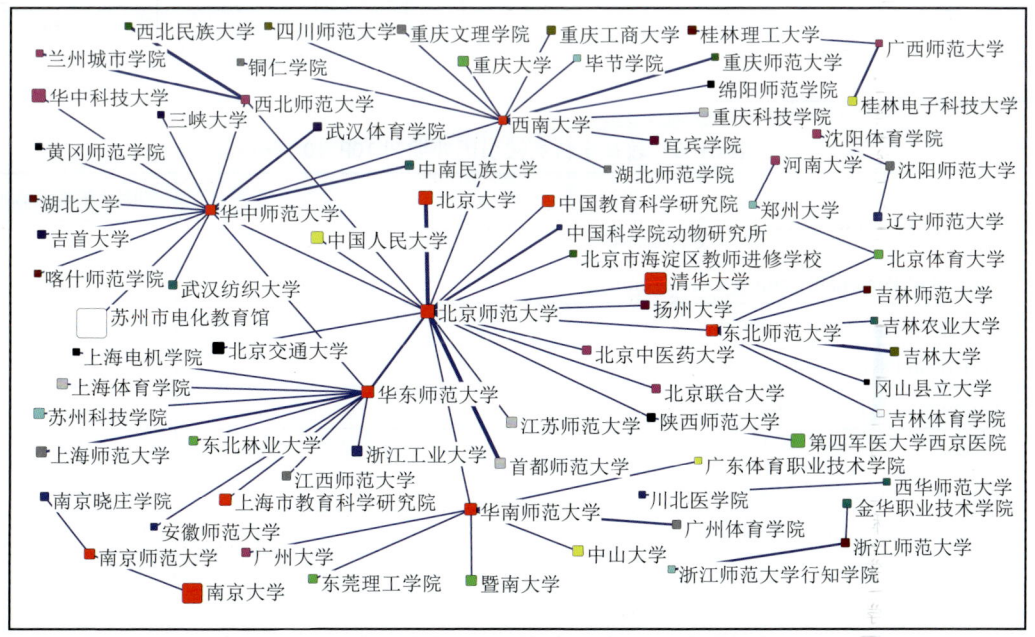

图 51-11　教育学科高被引机构科研合作关联

## 51.7 高被引图书、国外期刊及学术会议

2015年，教育学科被引频次位居前10位的图书及国外期刊见表51-7和表51-8。其中，被引次数较多的3种图书分别是苏霍姆林斯基的《给教师的建议》、张耀灿的《现代思想政治教育学》和陈琦的《当代教育心理学》；被引次数较多的3种国外期刊分别是《Medicine & Science in Sports & Exercise》《Journal of Personality and Social Psychology》和《Journal of Applied Physiology》；被引次数较多的3场学术会议分别是"Paper presented at the Annual Conference of the American Educational Research Association, April 16–April 20""Paper Presented at the Annual Meeting of the American Educational Research Association"和"ISME 2014 World Conference Abatract"。

表51-7 教育学科高被引图书 TOP 10

| 序号 | 责任者 | 图书名称 | 出版社 | 2015年被引频次 |
| --- | --- | --- | --- | --- |
| 1 | 苏霍姆林斯基 | 给教师的建议 | 教育科学出版社 | 533 |
| 2 | 张耀灿 | 现代思想政治教育学 | 人民出版社 | 420 |
| 3 | 陈琦 | 当代教育心理学 | 北京师范大学出版社 | 378 |
| 4 | 王道俊 | 教育学 | 人民教育出版社 | 363 |
| 5 | 田麦久 | 运动训练学 | 人民体育出版社 | 331 |
| 6 | 姜大源 | 职业教育学研究新论 | 教育科学出版社 | 328 |
| 7 | 张大均 | 教育心理学 | 人民教育出版社 | 317 |
| 8 | 叶澜 | 教师角色与教师发展新探 | 教育科学出版社 | 301 |
| 9 | 雅斯贝尔斯 | 什么是教育 | 生活·读书·新知三联书店 | 278 |
| 10 | 马克思 | 马克思恩格斯选集 | 人民出版社 | 252 |

表51-8 教育学科高被引国外期刊 TOP 10

| 序号 | 期刊名称 | 2015年被引频次 |
| --- | --- | --- |
| 1 | Medicine & Science in Sports & Exercise | 775 |
| 2 | Journal of Personality and Social Psychology | 716 |
| 3 | Journal of Applied Physiology | 488 |
| 4 | American Psychologist | 449 |
| 5 | Computers & Education | 440 |
| 6 | Science | 435 |
| 7 | Journal of Educational Psychology | 403 |
| 8 | Teaching and Teacher Education | 378 |
| 9 | TESOL Quarterly | 373 |
| 10 | Nature | 361 |

# 参考文献

[1] 中国科学技术信息研究所. 2011 年版中国科技期刊引证报告（核心版）[M]. 北京：科学技术文献出版社，2011.

[2] 曾建勋. 2011 年版中国期刊引证报告（扩刊版）[M]. 北京：科学技术文献出版社，2011.

[3] 曾建勋，李旭林. 中国期刊高被引指数的探究[J]. 中国科技期刊研究，2007，18（4）：555-557.

[4] 曾建勋，赵捷，吴雯娜，等. 基于引文的知识链接服务体系研究[J]. 情报理论与实践，2009，32（5）：1-4.

[5] 贺德方，郑彦宁. 世界高影响力学术论文科学计量学分析（1978—2008）[M]. 北京：科学技术文献出版社，2010.

[6] 贺德方. 中国高影响力论文产出状况的国际比较研究[J]. 中国软科学，2011（9）：94-99.

[7] 贺德方. 事实型数据：科技情报研究工作的基石[J]. 情报学报，2010，29（5）：771-776.

[8] 苏新宁，邓三鸿，韩新民. 中国人文社会科学学术影响力报告[M]. 北京：高等教育出版社，2011.

[9] 苏新宁. 中国人文社会科学图书学术影响力报告[M]. 北京：中国社会科学出版社，2011.

[10] 邱均平，燕今伟，刘霞. 中国学术期刊评价研究报告：RCCSE 权威期刊、核心期刊排行榜与指南（2011—2012）[M]. 北京：科学出版社，2011.

[11] 朱强，蔡蓉华，何峻. 中文核心期刊要目总览（2011 年版）[M]. 北京：北京大学出版社，2011.

[12] 万锦堃，薛芳渝. 中国学术期刊综合引证报告（2008）[M]. 北京：科学出版社，2008.

[13] 姜晓辉. 中国人文社会科学核心期刊要览（2008）[M]. 北京：社会科学文献出版社，2009.

[14] 中国科学引文数据库项目组. 中国科学计量指标：论文与引文统计（2011 年卷）[M]. 北京：知识产权出版社，2012.

[15] 中国科学引文数据库项目组. 中国科学计量指标：期刊引证报告（2011 年卷）[M]. 北京：知识产权出版社，2011.

[16] 潘教峰，张晓林，王小梅，等. 科学结构地图 2009[M]. 北京：科学出版社，2010.